2021
춘하추동 만세력-Ⅱ

한명호 엮음

도서출판 두원 출판미디어

만세력- II

엮은이 / 한명호
펴 낸 이 / 한원석
펴 낸 곳 / 두원출판미디어
강원도 춘천시 효자3동612-2
☎ 033) 242-5612,244-5612 FAX 033) 251-5611

등록 / 2010.02.24. 제333호
♣ 파본, 낙장본은 교환하여 드립니다.
홈페이지: www.dooweonmedia.co.kr
: www.internetsajoo.com
♣ E-mail :doo1616@naver.com

초판 1쇄 2020. 10. 30 ISBN 979-11-85895-20-2

정가 15,000 원

2021 " 만세력-II " 를 펴내면서

벌써 한참 전에 했어야 할 일인데, 그대로 있어서는 안 되는 일인데 하면서도, 알고도 못 한 일이었는데 이제라도 다시 할 수 있다는 것에 대한 작은 기쁨과도 같은 일이었습니다. 근 십여 년 만에 다시 만세력을 매만지게 되었습니다. 처음의 기획에서부터 편집도 직접 하였습니다. 전문적인 편집인은 아니더라도 직접 만들고 싶었습니다. 제작의 전 과정도 두루 같이 하면서 살펴보았습니다. 용지의 선택도, 그 외의 많은 일에도 직접 관여하며 표지도 직접 꾸며보았습니다. 부족한 면이 많다는 것을 알면서도, 흉잡힐 사안이 많다는 것을 알면서도 직접 부딪혀 보았습니다. 이 모든 것을 극복하도록 만든 것, 그것은 정성 이었습니다. 지성이면 감천이라는 생각으로 마련하였습니다. 나름대로 세세한 부분을 직접 실무자로써 느껴지는 필요한 부분을 집중적으로 다루어보았습니다. 많은 부분을 수록하려 하였으나 실질적인 부분에 비중을 두고 다루어보았습니다.

역사(歷史)를 알아야 천기天氣를 살필 수 있다는 것은 누구나 알 것입니다. 알기 쉽게 집약하여 놓은 것이 만세력 입니다. 각각의 절기를 알기 쉽게 나누어 표기하였습니다. 입절만 생각하다가 실수를 하는 우를 범하지 않게 하도록 함입니다. 제일 큰 차이입니다. 세세한 부분은 책장을 넘기고 자세히 보시면 시각적인 효과가 나타날 것입니다. 가격 또한 부담이 없는 가격을 책정하였습니다. 어느 분야를 전공하신 분이라도 지니고 다닐 종합적인 만세력으로 부끄럽지 않으리라 생각합니다. 더 다루지 못한 부분 더욱 노력하여 보완을 하려고 합니다. 혁신적이고, 춘하추동 만세력은 시리즈로 여러 형태로 계속 이어질 것입니다.
많은 지도와 연락을 부탁드립니다.

2020년 10월 30일
엮은이 한명호 올림.

-------차례------------

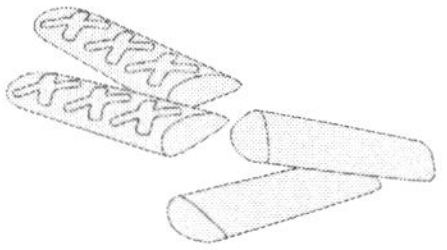

【 절기(節氣)도표 】

구분 월(月)	년간年干 입절(立節)	갑,기 년	을,경 년	병,신 년	정,임 년	무,계 년
1월	입춘(立春)	병인(丙寅)	무인(戊寅)	경인(庚寅)	임인(壬寅)	갑인(甲寅)
2월	경칩(驚蟄)	정묘(丁卯)	기묘(己卯)	신묘(辛卯)	계묘(癸卯)	을묘(乙卯)
3월	청명(淸明)	무진(戊辰)	경진(庚辰)	임진(壬辰)	갑진(甲辰)	병진(丙辰)
4월	입하(立夏)	기사(己巳)	신사(辛巳)	계사(癸巳)	을사(乙巳)	정사(丁巳)
5월	망종(芒種)	경오(庚午)	임오(壬午)	갑오(甲午)	병오(丙午)	무오(戊午)
6월	소서(小暑)	신미(辛未)	계미(癸未)	을미(乙未)	정미(丁未)	기미(己未)
7월	입추(立秋)	임신(壬申)	갑신(甲申)	병신(丙申)	무신(戊申)	경신(庚申)
8월	백로(白露)	계유(癸酉)	을유(乙酉)	정유(丁酉)	기유(己酉)	신유(辛酉)
9월	한로(寒露)	갑술(甲戌)	병술(丙戌)	무술(戊戌)	경술(庚戌)	임술(壬戌)
10월	입동(立冬)	을해(乙亥)	정해(丁亥)	기해(己亥)	신해(辛亥)	계해(癸亥)
11월	대설(大雪)	병자(丙子)	무자(戊子)	경자(庚子)	임자(壬子)	갑자(甲子)
12월	소한(小寒)	정축(丁丑)	기축(己丑)	신축(辛丑)	계축(癸丑)	을축(乙丑)

【 절기(節氣)개요(槪要) 】

24절기(절기)		음력陰曆	양력陽曆	일출시각	일몰시각
춘春	입춘(入春); 봄이 시작 되는 철	정월절	2월4일경	07:33	17:58
	우수(雨水):비가 내리는 철	정월중	2월19일경	07:17	18;15
	경칩(驚蟄):동면곤충이 깨어나는 철	2월절	3월6일경	06:57	18:30
	춘분(春分):봄 태양환경의 분기 철	2월중	3월21일경	06:35	18:44
	청명(淸明):날씨가 맑고 밝은 철	3월절	4월5일경	06:13	18:58
	곡우(穀雨):곡식에 비가 내리는 철	3월중	4월20일경	05:51	19:11
하夏	입하(立夏);여름이 시작되는 철	4월절	5월 6일경	05:32	19:26
	소만(小滿):보리가 굵어지는 철	4월중	5월21일경	05:19	19:36
	망종(芒種):보리를 베는 철	5월절	6월 6일경	05:11	19:50
	하지(夏至);여름의 막바지 철	5월중	6월21일경	05:11	19:56
	소서(小署);조금 더운 철	6월절	7월7일경	05:17	19:56
	대서(大署):매우 더운 철	6월중	7월23일경	05:28	19:48
추秋	입추(立秋);가을이 시작되는 철	7월절	8월8일경	05:41	19:33
	처서(處署):더위가 그치는 철	7월중	8월23일경	05:44	19:55
	백로(白露):흰 이슬이 내리는 철	8월절	9월8일경	06:07	18:52
	추분(秋分):가을의 분기 철	8월중	9월23일경	06:20	18:29
	한로(寒露);찬 이슬이 내리는 철	9월절	10월8일경	06:33	18:06
	상강(霜降):서리가 내리는 철	9월중	10월23일경	06:48	17:44
동冬	입동(立冬);겨울이 시작 되는 철	10월절	11월7일경	07:03	17:27
	소설(小雪);눈이 조금 오는 철	10월중	11월22일경	07:18	17;17
	대설(大雪);눈이 많이 오는 철	11월절	12월7일경	07:33	17:13
	동지(冬至):겨울의 막바지 철	11월중	12월12일경	07:43	17:17
	소한(小寒):조금 추운 철	12월절	1월5일경	07:47	17:28
	대한(大寒):매우 추운 철	12월중	1월20일경	07:44	17:42

약간의 변동이 있을 수 있으므로 만세력을 확인하시기 바랍니다.

【 시(時) 간지(干支) 조견표 】

☯ 야(夜) 자시(子時)와, 조(朝) 자시(子時), 구별하지 않은 경우.

일간 오행(五行) / 출생 시간(時間)		갑(甲) 기(己)	을(乙) 경(庚)	병(丙) 신(辛)	정(丁) 임(壬)	무(戊) 계(癸)
23:30-01:30	자시 子時)	갑자 甲子	병자 丙子	무자 戊子	경자 庚子	임자 壬子
01:30-03:30	축시 丑時	을축 乙丑	정축 丁丑	기축 己丑	신축 辛丑	계축 癸丑
03:30-05:30	인시 寅時	병인 丙寅	무인 戊寅	경인 庚寅	임인 壬寅	갑인 甲寅
05:30-07:30	묘시 卯時	정묘 丁卯	기묘 己卯	신묘 辛卯	계묘 癸卯	을묘 乙卯
07:30-09:30	진시 辰時	무진 戊辰	경진 庚辰	임진 壬辰	갑진 甲辰	병진 丙辰
09:30-11:30	사시 巳時	기사 己巳	신사 辛巳	계사 癸巳	을사 乙巳	정사 丁巳
11:30-13:30	오시 午時	경오 庚午	임오 壬午	갑오 甲午	병오 丙午	무오 戊午
13:30-15:30	미시 未時	신미 辛未	계미 癸未	을미 乙未	정미 丁未	기미 己未
15:30-17:30	신시 申時	임신 壬申	갑신 甲申	병신 丙申	무신 戊申	경신 庚申
07:30-19;30	유시 酉時	계유 癸酉	을유 乙酉	정유 丁酉	기유 己酉	신유 辛酉
19:30-21:30	술시 戌時	갑술 甲戌	병술 丙戌	무술 戊戌	경술 庚戌	임술 壬戌
21:30-23:30	해시 亥時	을해 乙亥	정해 丁亥	기해 己亥	신해 辛亥	계해 癸亥

【 시(時) 간지(干支) 조견표 】

☯ 야(夜) 자시(子時)와, 조(朝) 자시(子時), 구별하는 경우

일간 오행(五行) / 출생 시간(時間)		갑(甲) 기(己)	을(乙) 경(庚)	병(丙) 신(辛)	정(丁) 임(壬)	무(戊) 계(癸)
24:30-01:30 조(朝)자시(子時	자시 子時	갑자 甲子	병자 丙子	무자 戊子	경자 庚子	임자 壬子
01:30-03:30	축시 丑時	을축 乙丑	정축 丁丑	기축 己丑	신축 辛丑	계축 癸丑
03:30-05:30	인시 寅時	병인 丙寅	무인 戊寅	경인 庚寅	임인 壬寅	갑인 甲寅
05:30-07:30	묘시 卯時	정묘 丁卯	기묘 己卯	신묘 辛卯	계묘 癸卯	을묘 乙卯
07:30-09:30	진시 辰時	무진 戊辰	경진 庚辰	임진 壬辰	갑진 甲辰	병진 丙辰
09:30-11:30	사시 巳時	기사 己巳	신사 辛巳	계사 癸巳	을사 乙巳	정사 丁巳
11:30-13:30	오시 午時	경오 庚午	임오 壬午	갑오 甲午	병오 丙午	무오 戊午
13:30-15:30	미시 未時	신미 辛未	계미 癸未	을미 乙未	정미 丁未	기미 己未
15:30-17:30	신시 申時	임신 壬申	갑신 甲申	병신 丙申	무신 戊申	경신 庚申
07:30-19;30	유시 酉時	계유 癸酉	을유 乙酉	정유 丁酉	기유 己酉	신유 辛酉
19:30-21:30	술시 戌時	갑술 甲戌	병술 丙戌	무술 戊戌	경술 庚戌	임술 壬戌
21:30-23:30	해시 亥時	을해 乙亥	정해 丁亥	기해 己亥	신해 辛亥	계해 癸亥
23:30-24:30 야(夜)자시(子時	자시 子時	병자 丙子	무자 戊子	경자 庚子	임자 壬子	갑자 甲子

【 년두법 年頭法 】

생년 / 생월	甲,己年 갑·기년	乙,庚年 을·경년	丙,申年 병·신년	丁,壬年 정·임년	戊癸年 무·계년
1 월	丙寅 병인	戊寅 무인	庚寅 경인	壬寅 임인	甲寅 갑인
2 월	丁卯 정묘	己卯 기묘	辛卯 신묘	癸卯 계묘	乙卯 을묘
3 월	戊辰 무진	庚辰 경진	壬辰 임진	甲辰 갑진	丙辰 병진
4 월	己巳 기사	辛巳 신사	癸巳 계사	乙巳 을사	丁巳 정사
5 월	庚午 경오	壬午 임오	甲午 갑오	丙午 병오	戊午 무오
6 월	辛未 신미	癸未 계미	乙未 을미	丁未 정미	己未 기미
7 월	壬申 임신	甲申 갑신	丙申 병신	戊申 무신	庚申 경신
8 월	癸酉 계유	乙酉 을유	丁酉 정유	己酉 기유	辛酉 신유
9 월	甲戌 갑술	丙戌 병술	戊戌 무술	庚戌 경술	壬戌 임술
10 월	乙亥 을해	丁亥 정해	己亥 기해	辛亥 신해	癸亥 계해
11 월	丙子 병자	戊子 무자	庚子 경자	壬子 임자	甲子 갑자
12 월	丁丑 정축	己丑 기축	辛丑 신축	癸丑 계축	乙丑 을축

【 표준시 참고사항 】

경선 기준 표준시	적용 기간(期間)
동경 127도 30분	1908년 04/29일 18:30⇒18:00으로 조정~1912년 01/01일 11시30분 까지
동경 135도 30분	1912년 01/01일 11:30⇒12:00조정 조정~1954년 03/21일 00시 30분 까지
동경 127도 30분	1954년 03/21일 00:30⇒00:00조정 조정~1961년 08/09일 00시 00분 까지
동경 135도 30분	1961년 08/10일 00:00⇒00:30조정 조정~현재 까지 사용되고 있음

◉ 대한민국의 표준시 기준 변경 현황

◉ 대한민국의 서머타임 기준 변경 현황(적용 시작과 종료)

해당년도	서머타임 시작	서머타임종료	기준
1948	05/31일 23시00분⇒24시00분으로	09/12일 24시00분⇒23시00분으로	동경 135도 00분
1949	04/02일 23시00분⇒24시00분으로	09/10일 24시00분⇒23시00분으로	동경 135도 00분
1950	03/31일 23시00분⇒24시00분으로	09/09일 24시00분⇒23시00분으로	동경 135도 00분
1951	05/06일 23시00분⇒24시00분으로	09/08일 24시00분⇒23시00분으로	동경 135도 00분
1955	05/05일 00시00분⇒01시00분으로	09/09일 01시00분⇒00시00분으로	동경 127도 30분
1956	05/20일 00시00분⇒01시00분으로	09/30일 01시00분⇒00시00분으로	동경 127도 30분
1957	05/05일 00시00분⇒01시00분으로	09/22일 01시00분⇒00시00분으로	동경 127도 30분
1958	05/04일 00시00분⇒01시00분으로	09/21일 01시00분⇒00시00분으로	동경 127도 30분
1959	05/03일 00시00분⇒01시00분으로	09/20일 01시00분⇒00시00분으로	동경 127도 30분
1960	05/01일 00시00분⇒01시00분으로	09/18일 01시00분⇒00시00분으로	동경 127도 30분
1987	05/10일 02시00분⇒03시00분으로	10/11일 03시00분⇒02시00분으로	동경 135도 00분
1988	05/08일 02시00분⇒03시00분으로	10/09일 03시00분⇒02시00분으로	동경 135도 00분

◉ 상기 서머타임 적용에 대한 번거로움을 없애기 위해 해당년도의 날짜를 확인하여 절입시간 까지 계산하여 수록, 시작과 종료되는 절기 및 시간까지 확인하여 수록되었기에 일일이 서머타임에 대한 착각의 염려는 안하셔도 됩니다. 수정을 하다 보니 절기가 바뀌는 경우도 나타나기도 합니다. 많은 분들이 간혹 하시는 실수는 없으리라 확신 합니다. 윤초는 1972부터 사용. 1/1,7/1 1초를 더하거나 빼서 적용. 개념은 윤년과 같으나 사용은 다름.

☯ 현재 표준시로 인하여 시간 차이가 30분씩 나는 점을 참고하시기 바랍니다.
이것은 시간지 조견표를 참조하시면 됩니다. 수정하여 올려 있습니다.

【사주의 각 위치에 따른 해석과 응용】

위치 / 기준	시(時柱)	일(日柱)	월(月柱)	년(年柱)
시간적 관계	앞(미래)		뒤(과거)	
위치적 관계	후(後)(뒤)		선(先)(앞)	
상하관계	후배, 부하	본인(本人)	윗사람, 선배	기관의장, 우두머리
가족관계	자손(子孫)	본인, 배우자	부모,형제	선조,조상
나이로 보는 관계	말년(末年)	중말년 (中末年)	중년(中年)	초년(初年)
사회관계	후대(後代)	가정(家政)	사회(社會)	국가(國家)
성장관계	실(實)	화(花)	묘(苗)	근(根)
수리관계	정(貞)	이(利)	형(亨)	원(元)
천체,우주	시간과 공간	지구	달	해

※ 대략적인 분류를 한 것이다. 자세한 것은 추후 내용을 가미하기로 합니다.

☯【 다양한 비교 오행.】

오행 / 구분	목(木)	화(火)	토(土)	금(金)	수(水)
	인정(仁情)	예의(禮儀)	신용 (信用)	의리(義理)	지혜 (知慧)
	강직(剛直)	조급(躁急)	후중 (厚重)	냉정(冷情)	원만 (圓滿)
	희(喜)	락(樂)	사(思)	로(怒)	애(愛)
	경사(慶事)	명랑(明朗)	한 대 (寒帶)	급속(急速)	포용 (包容)
	정도(正道)	달변(達辯)	허경 (虛驚)	숙살(肅殺)	비밀 (秘密)
	유덕(有德)	솔직(率直)	구사 (久事)	변혁(變革)	인내 (忍耐)
	경화(硬化)	분산(分散)	집결 (集結)	건실(健實)	응결 (凝結)
	곡직(曲直)	염상(炎上)	가색 (稼穡)	종혁(從革)	윤하 (潤下)

☯【 다양한 비교 오행.】-자연

구분(區分) / 오행(五行)	천간(天干)	음양(陰陽)	구분(區分)	의미(意味), 질(質)
목(木)	갑(甲)	양(陽)	대림 大林)	동량지목(棟樑之木)
	을(乙)	음(陰)	초목(草木)	유목(幼木), 풀, 굽은 나무
화(火)	병(丙)	양(陽)	태양(太陽)	태양(太陽),빛, 열
	정(丁)	음(陰)	등촉(燈燭)	등, 모닥불,
토(土)	무(戊)	양(陽)	성원(城垣)	광야(廣野),태산(泰山)
	기(己)	음(陰)	전원(田園)	전(田),답(畓)
금(金)	경(庚)	양(陽)	검극(劍戟)	무쇠, 강철
	신(辛)	음(陰)	주옥(珠玉)	유약한 쇠, 철사, 핀
수(水)	임(壬)	양(陽)	강호(江湖)	바다, 큰 호수
	계(癸)	음(陰)	우로(雨露)	시냇물, 샘물

☯ 【 다양한 비교 오행.】 - 건강편

오행(五行) 구분(區分)	목(木)	화(火)	토(土)	금(金)	수(水)
	간(肝)	심장 (心腸)	비(脾)	폐(肺)	신장 (腎臟)
	담(膽)	소장 (小腸)	위(胃)	대장 (大腸)	방광 (膀胱)
	신경 (神經)	정신 (精神)	비육 (肥肉)	골격 (骨格)	신기 (腎氣)
	수족 (手足)	시력 視力)	복부 (腹部)	피부 (皮膚)	비뇨기 (泌尿器)
	모발(毛髮) 두(頭)	안(顔) 체온(體溫)	요(腰)	치아(齒牙) 기관지 (氣管支)	수분(水分) 당뇨(糖尿)
	풍(風)	열(熱)	습(濕)	조(燥)	한(寒)
	인후 (咽喉)	혈압 (血壓)	원(腕)	조혈 (造血)	산(疝)

♣ 감각적(感覺的)인 면으로 분류한 오행.

오행(五行) / 구분(區分)	목(木)	화(火)	토(土)	금(金)	수(水)
오각 (五覺)	촉(觸)	시(視)	미(味)	후(嗅)	청(聽)

♣ 오관(五官)으로 분류하여 보는 방법(方法).

오관(五官)이라 함은 귀, 눈, 코, 입, 눈 (이(耳), 목(目), 구(口), 비(鼻), 미(眉))의 총칭인데, 관상학(觀相學)에서 주로 많이 사용을 하는 단어이다.

오행 / 구분	목(木)	화(火)	토(土)	금(金)	수(水)
오관	목(目)	설(舌)	구(口)	비(鼻)	이(耳)

♣ 정(精))적인 면으로 보는 오행.

오행 / 구분	목(木)	화(火)	토(土)	금(金)	수(水)
	혼(魂)	신(神)	의(意)	귀(鬼)	정(精)

♣ 소리로 보는 오행 -------- 음(音)으로 보는 오행.

오행 / 구분	목(木)	화(火)	토(土)	금(金)	수(水)
소리(音)	각(角)	치(緻)	궁(宮)	상(商)	우(羽)

♣ 성(聲)으로 보는 오행.

음(音)과 성(聲)은 다 같은 소리의 뜻을 내포하고 있다.

오행(五行) / 구분(區分)	목(木)	화(火)	토(土)	금(金)	수(水)
소리(聲)	호(呼)	언(言)	가(歌)	곡(哭)	신음 (呻吟)

♣ 냄새로 구분하는 오행.

모든 물체(物體)는 각각의 고유한 향(香)을 갖고 있다. 그리고 그것이 변화될 경우도 다른 독특한 향을 내기도 하지만 부패(腐敗)한 경우, 먼지, 기타 우리가 모르는 냄새와 향(香)도 많은 것이다. 그 각각을 분류하여보자.

오행(五行) / 구분(區分)	목(木)	화(火)	토(土)	금(金)	수(水)
냄세	조(臊)	초(焦)	향(香)	성(腥)	부(腐)

♣ 생물체(生物體)로 보는 오행.

지구상에 존재하는 모든 생명체를 오행으로 분류하여 보는 것이다.

오행(五行) / 구분(區分)	목(木)	화(火)	토(土)	금(金)	수(水)
생물체	초목 (草木)	우족 (羽族)	족복 (足腹)	곤충 (昆蟲)	어족 (魚族)

♣ 귀(鬼)로 구분하는 오행.

그야말로 귀신이야기다. 씨나락 까먹는 소리라고 할지도 모른다. 그러나 있는 것은 있는 것이다. 그다음은 본인의 결정여하에 달린 것이고

오행(五行) / 구분(區分)	목(木)	화(火)	토(土)	금(金)	수(水)
귀(鬼)	나무	불	흙	금속	물

♣ 과일로 보는 오행.

과일은 그 색(色)과 향(香)이 매우 그윽하다. 결실의 산물인 것이다. 제각각 그 특징과 의미를 살펴보도록 하자. 제사상(祭祀床)에는 항상 과일이 올라간다.

오행(五行) / 구분(區分)	목(木)	화(火)	토(土)	금(金)	수(水)
과일	이(李); 오얏	행(杏); 살구	조(棗): 대추	도(桃): 복숭아	율(栗); 밤

♣ 비의 형태로 구분하는 오행.

일진(日辰)을 보아가며 비가 오더라도 어떤 형태로 올 것인가를 예측을 하는 것이다.

오행(五行) / 구분(區分)	목(木)	화(火)	토(土)	금(金)	수(水)
비의 종류	뇌우 (雷雨)	폭우 (暴雨)	몽우 (蒙雨)	예우 (銳雨)	림우 (霖雨)

♣ 구름으로 비교하는 오행과 색(色).

각각의 일진(日辰)이 어느 오행에 해당이 되는 가를 확인 후에

오행(五行) / 구분(區分)	목(木)	화(火)	토(土)	금(金)	수(水)
구름 색(色)	청운 (青雲)	적운 (赤雲)	황운 (黃雲)	백운 (白雲)	흑운 (黑雲)

☯ 【 직능, 업종분야로 보는 오행.】

오행(五行) 구분(區分)	목(木)	화(火)	토(土)	금(金)	수(水)
직능 (職能) 업종 (業種)	교육 (教育)	문화공보	농림,축산	국방(國防), 감사	외교 (外交)
	체신 (遞信)	동(動)자(資) 부	건설 (建設)	교통,항공	외무 (外務)
	임업 (林業)	상공,경제	통일부, 전매청	조선 (造船)	주류 (酒類)
	섬유 (纖維)	화공 (化工)	토건 (土建)	기계 (機械)	수산업
	제지 (製紙)	전기 (電氣)	부동산	제철 (製鐵)	양식 (養殖)
	가구 (家具)	유류 (油類)	토산품	광업 (鑛業)	상하수도
	예능(藝能), 연예(演藝)	항공(航空)분 야,원자력,	민속(民俗 분야, 토속	제련 (製鍊)업	치수(治水)사 업,수력
	농림 (農林)	화학 (化學)	골동품	양품 (洋品)	냉동업 (冷凍業)
	악기,음악	문화 (文化)	중재 (仲裁)	정비,관리	무역업
	원예 (園藝)	온난방, 열관리	중개업, 펀드	중장비	원양 (遠洋)업,유흥 업
	죽세공 (竹細工)	소방(消防) 분야	토지구획정리	비철(非鐵) 금속	숙박업,온천, 호텔업
	목공예	컴퓨터	컨설팅	검경찰	해운,항만
	분식 (粉食)	인터넷	화랑,경매	군,국정원	양식업

♣ 【 자연(自然)에 비유한 오행.】

오행(五行) / 구분(區分)	목(木)	화(火)	토(土)	금(金)	수(水)
자연(自然)	동량(棟樑)	로야(爐冶)	안산(岸山)	금철(金鐵)	해포(海浦)
	지엽(枝葉)	등촉(燈燭)	전답(田畓)	금은(金銀)	천천(川泉)
	목(木); 나무	화(花); 꽃	과도(過度)	실과(實果)	수장(收藏)
	근(根)	전기(電氣)	제방(堤防)	동선(銅線)	호수(湖水)
	초(草)	광선(光線)	사(砂)	부근(斧斤)	설(雪)
	림(林)	전자파(電子波)	암석(岩石)	비금속(非金屬)	빙(氷)
	좌(左)	상(上)	중앙(中央)	우(右)	하(下)
	장(長)	역(逆) 상(上)	원(圓)	각(角)	미(美)

☯ 【 地支藏干表 (지지장간표)】

월(月) / 구분(區分)		1	2	3	4	5	6	7	8	9	10	11	12
지지		寅	卯	辰	巳	午	未	申	酉	戌	亥	子	丑
餘氣 여기	支	戊	甲	乙	戊	丙	丁	戊	庚	申	戊	壬	癸
	日	7	10	9	7	10	9	7	10	9	7	10	9
仲氣 중기	支	丙		癸	庚	己	乙	壬		丁	壬		申
	日	7		3	7	9	3	7		3	7		3
正氣 정기	支	甲	乙	戊	丙	丁	己	庚	申	戊	壬	癸	己
	日	16	20	18	16	11	18	16	20	18	16	20	18

♣ 지지에 장축(藏畜)하고 있는 천간을 논하는데 30일 가운데 기운이 나타나는 일수를 나타내는 것이다.

❥지지가 함축하고 있는 천간의 기운이 작용하는 기간을 나타내는 것으로 사주 통변에 있어서 매우 중요한 사항이다.

【 포태법의 분류 】

천간 / 12운성	갑(甲)	을(乙)	병(丙)	정(丁)	무(戊)	기(己)	경(庚)	신(辛)	임(壬)	계(癸)
포(胞)	신(申)	유(酉)	해(亥)	자(子)	해(亥)	자(子)	인(寅)	묘(卯)	사(巳)	오(午)
태(胎)	유(酉)	신(申)	자(子)	해(亥)	자(子)	해(亥)	묘(卯)	인(寅)	오(午)	사(巳)
양(陽)	술(戌)	미(未)	축(丑)	술(戌)	축(丑)	술(戌)	진(辰)	축(丑)	미(未)	진(辰)
생(生)	해(亥)	오(午)	인(寅)	유(酉)	인(寅)	유(酉)	사(巳)	자(子)	신(申)	묘(卯)
욕(浴)	자(子)	사(巳)	묘(卯)	신(申)	묘(卯)	신(申)	오(午)	해(亥)	유(酉)	인(寅)
대(帶)	축(丑)	진(辰)	진(辰)	미(未)	진(辰)	미(未)	미(未)	술(戌)	술(戌)	축(丑)
관(官)	인(寅)	묘(卯)	사(巳)	오(午)	사(巳)	오(午)	신(申)	유(酉)	해(亥)	자(子)
왕(旺)	묘(卯)	인(寅)	오(午)	사(巳)	오(午)	사(巳)	유(酉)	신(申)	자(子)	해(亥)
쇠(衰)	진(辰)	축(丑)	미(未)	진(辰)	미(未)	진(辰)	술(戌)	미(未)	축(丑)	술(戌)
병(病)	사(巳)	자(子)	신(申)	묘(卯)	신(申)	묘(卯)	해(亥)	오(午)	인(寅)	유(酉)
사(死)	오(午)	해(亥)	유(酉)	인(寅)	유(酉)	인(寅)	자(子)	사(巳)	묘(卯)	신(申)
묘(墓)	미(未)	술(戌)	술(戌)	축(丑)	술(戌)	축(丑)	축(丑)	진(辰)	진(辰)	미(未)

※왕궁(旺宮)을 기준, 순행(順行), 역행(逆行)을 행(行)한다.

【 격국의 분류 】

기본적인 면으로의 분류.

- 격국(格局)
  - 내격(內格)
    - ❖정팔격(正八格)
      - 식신격(食神格),상관격(傷官格)
      - 인수격(印綬格),편인격(偏印格)
      - 정재격(正財格),편재격(偏財格)
      - 정관격(正官格), 편관격(偏官格)
      - 식신격(食神格), 상관격(傷官格)
    - ❖ 정격(正格)
    - ❖ 십정격(十正格)--건록격(建祿格), 양인격(羊刃格) 포함
  - 외격(外格),특별격(特別格),편격(偏格),변격(變格),잡격(雜格)
    - ❖ 전왕격(專旺格)-일행득기격(一行得氣格)
      - 곡직격(曲直格)
      - 염상격(炎上格)
      - 가색격(稼穡格)
      - 종혁격(從革格)
      - 윤하격(潤下格)
    - ❖ 종격(從格)
      - 종왕격(從旺格)
      - 종강격(從强格)
      - 종세격(從勢格)
      - 종아격(從兒格)
      - 종재격(從財格)
      - 종살격(從殺格)

격국의 분류는 세부적인 면에서 약간씩 견해가 다를 수도 있으나 일반적인 분류법으로 나타낸 것이다.

【육십갑자(六十甲子) 공망표(空亡表)】

갑인(甲寅)	갑진(甲辰)	갑오(甲午)	갑신(甲申)	갑술(甲戌)	갑자(甲子)	육십갑자 六十甲子
을묘(乙卯)	을사(乙巳)	을미(乙未)	을유(乙酉)	을해(乙亥)	을축(乙丑)	
병진(丙辰)	병오(丙午)	병신(丙申)	병술(丙戌)	병자(丙子)	병인(丙寅)	
정사(丁巳)	정미(丁未)	정유(丁酉)	정해(丁亥)	정축(丁丑)	정묘(丁卯)	
무오(戊午)	무신(戊申)	무술(戊戌)	무자(戊子)	무인(戊寅)	무진(戊辰)	
기미(己未)	기유(己酉)	기해(己亥)	기축(己丑)	기묘(己卯)	기사(己巳)	
경신(庚申)	경술(庚戌)	경자(庚子)	경인(庚寅)	경진(庚辰)	경오(庚午)	
신유(辛酉)	신해(辛亥)	신축(辛丑)	신묘(辛卯)	신사(辛巳)	신미(辛未)	
임술(壬戌)	임자(壬子)	임인(壬寅)	임진(壬辰)	임오(壬午)	임신(壬申)	
계해(癸亥)	계축(癸丑)	계묘(癸卯)	계사(癸巳)	계미(癸未)	계유(癸酉)	
자축(子丑)	인묘(寅卯)	진사(辰巳)	오미(午未)	신유(辛酉)	술해(戌亥)	공망(空亡)

갑자(甲子)순(旬)--술해(戌亥), 갑술(甲戌)순(旬)--신유(辛酉),

갑신(甲申)순(旬)--오미(午未), 갑오(甲午)순(旬)--진사(辰巳),

갑진(甲辰)순(旬)--인묘(寅卯), 갑인(甲寅)순(旬)--자축(子丑) 이 공망(空亡)에 해당.

【 십이신살十二神殺조견표 】

십이신살十二神殺 조견표

삼합(三合) 구분(신살)	사유축巳酉丑	해묘미亥卯未	신자진申子辰	인오술寅午戌
겁살 劫煞	인(寅)	신(申)	사(巳)	해(亥)
재살 災殺	묘(卯)	유(酉)	오(午)	자(子)
천살 天殺	진(辰)	술(戌)	미(未)	축(丑)
지살 地殺	사(巳)	해(亥)	신(辛)	인(寅)
년살 年殺	오(午)	자(子)	유(酉)	묘(卯)
월살 月殺	미(未)	축(丑)	술(戌)	진(辰)
망신 亡身	신(申)	인(寅)	해(亥)	사(巳)
장성 將星	유(酉)	묘(卯)	자(子)	오(午)
반안 攀鞍	술(戌)	진(辰)	축(丑)	미(未)
역마 驛馬	해(亥)	사(巳)	인(寅)	신(辛)
육해 六害	자(子)	오(午)	묘(卯)	유(酉)
화개 華蓋	축(丑)	미(未)	진(辰)	술(戌)

【十二神殺의 분석】

【 겁살(劫煞).】

◘ 일간(日干)을 기준으로 하여 볼 경우.(겁살표)

오행(五行)	목(木)		화(火)		토(土)		금(金)		수(水)	
십간(十干)	甲	乙	丙	丁	戊	己	庚	辛	壬	癸
절(絶)	申		亥		亥		寅		巳	
사(死)		亥		寅		寅		巳		申

◘ (양(陽)은 절(絶)이요, 음(陰)은 사(死)이다.)

지지	子	丑	寅	卯	辰	巳	午	未	申	酉	戌	亥
겁살	巳	寅	亥	申	巳	寅	亥	申	巳	寅	亥	申

◘ 지지(地支)와의 대조(對照)로 살펴보는 겁살과의 관계인 것이다.

【 재살(災殺).】

☯ (양간(陽干)의 경우).--태궁(胎宮)에 해당하는 것이 재살(災殺)

천간 / 지지	갑(甲)	병(丙)	무(戊)	경(庚)	임(壬)
자(子)	년살(年殺)	재살 (災殺)	재살 (災殺)	육해 (六害)	장생 (長生)
오(午)	육해 (六害)	장생 (長生)	장생 (長生)	년살 (年殺)	재살 (災殺)
묘(卯)	장생 (長生)	년살 (年殺)	년살(年殺)	재살 (災殺)	육해 (六害)
유(酉)	재살 (災殺)	육해 (六害)	육해 (六害)	장생 (長生)	년살 (年殺)

◘ 장성(將星)과, 재살(災殺)이 충(沖)하고, 년살(年殺)과, 육해(六害)가 충沖)한다.

☯ (음간(陰干)의 경우).----병궁(病宮)에 해당.----양간의 역마(驛馬)

천간 / 지지	을(乙)	정(丁)	기(己)	신(辛)	계(癸)
자(子)	역마(驛馬)	겁살(劫煞)	겁살(劫煞)	지살(地殺)	망신(亡身)
오(午)	지살(地殺)	망신(亡身)	망신(亡身)	역마(驛馬)	겁살(劫煞)
묘(卯)	망신(亡身)	역마(驛馬)	역마(驛馬)	겁살(劫煞)	지살(地殺)
유(酉)	겁살(劫煞)	지살(地殺)	지살(地殺)	망신(亡身)	역마(驛馬)

☯ 년지(年支), 일지(日支) 기준으로 볼 경우.

삼합(三合) / 신살(殺)	사유축 (巳酉丑)	해묘미 (亥卯未)	신자진 (申子辰)	인오술 (寅午戌)
재살(災殺)	묘(卯)	유(酉)	오(午)	자(子)

☯ 일간(日干) 기준으로 볼 경우.

오행(五行) / 구분(區分)	목(木)		화(火)		(土)		금(金)		수(水)	
십간(十干)	甲	乙	丙	丁	戊	己	庚	辛	壬	癸
태(胎)	酉		子		子		卯		午	
병(病)		子		卯		卯		午		酉

(양(陽)은 태궁(胎宮)이요, 음(陰)은 병궁(病宮)이다.)

✺ 지지(地支) 재살(災殺) 신살표(神殺表).

地支	子	丑	寅	卯	辰	巳	午	未	申	酉	戌	亥
災煞	午	卯	子	酉	午	卯	子	酉	午	卯	子	酉

지지(地支)와의 대조로 살펴보는 재살(災殺)과의 관계다.

【 천살(天殺) 】

◇ 년지(年支), 일지(日支)를 기준으로 하여 볼 경우.

삼합(三合) / 신살 神殺	❶ 사유축 (巳酉丑)	❷ 해묘미 (亥卯未)	❸ 신자진 (申子辰)	❹ 인오술 (寅午戌)
천살(天殺)	진(辰)	술(戌)	미(未)	축(丑)

☯ 삼합(三合)의 첫 글자의 앞 자(字)가 천살(天殺)이다.

◇ 일간(日干)을 기준으로 하여 보는 천살표(天殺表).

오행(五行)		목(木)		화(火)		토(土)		금(金)		수(水)	
십간(十干)		甲	乙	丙	丁	戊	己	庚	辛	壬	癸
십이 운성	양(養)	戌		丑		丑		辰		未	
	쇠(衰)		丑		辰		辰		未		戌

(양간(陽干)은 양(養)이요, 음간(陰干)은 쇠(衰)이다.)

☯. 양간(陽干)으로 보는 진술축미(辰戌丑未).

양간(陽干) / 지지(地支)	갑(甲)	병(丙)	무(戊)	경(庚)	임(壬)
진(辰)	반안(攀鞍)	월살(月殺)	월살(月殺)	천살(天殺)	화개(華蓋)
술(戌)	천살(天殺)	화개(華蓋)	화개(華蓋)	반안(攀鞍)	월살(月殺)
축(丑)	월살(月殺)	천살(天殺)	천살(天殺)	화개(華蓋)	반안(攀鞍)
미(未)	화개(華蓋)	반안(攀鞍)	반안(攀鞍)	월살(月殺)	천살(天殺)

☯. 음간(陰干)으로 보는 진술축미(辰戌丑未).

음간(陰干) / 지지(地支)	을(乙)	정(丁)	기(己)	신(辛)	계(癸)
진(辰)	월살(月殺)	반안(攀鞍)	반안(攀鞍)	화개(華蓋)	천살(天殺)
술(戌)	화개(華蓋)	천살(天殺)	천살(天殺)	월살(月殺)	반안(攀鞍)
축(丑)	반안(攀鞍)	화개(華蓋)	화개(華蓋)	천살(天殺)	월살(月殺)
미(未)	천살(天殺)	월살(月殺)	월살(月殺)	반안(攀鞍)	화개(華蓋)

【 지살(地殺).】

◘ 년지(年支), 일지(日支)를 기준으로 하여 볼 경우.

삼합(三合)	❶ 사유축 (巳酉丑)	❷ 해묘미 (亥卯未)	❸ 신자진 (申子辰)	❹ 인오술 (寅午戌)
지살(地殺)	사(巳)	해(亥)	신(申)	인(寅)

◘ 일간(日干)을 기준으로 하여 볼 경우의 지살(地殺).

오행(五行)		목(木)		화(火)		토(土)		금(金)		수(水)	
십간(十干)		甲	乙	丙	丁	戊	己	庚	辛	壬	癸
십이운성	생(生)	亥		寅		寅		巳		申	
	왕(旺)		寅		巳		巳		申		亥

◘ (양간(陽干)은 생(生)이요, 음간(陰干)은 왕(旺)이다.)인신사해(寅申巳亥)가 해당 된다.

☯ (양간(陽干)의 경우.)

陽干 / 地支	갑(甲)	병(丙)	무(戊)	경(庚)	임(壬)
인(寅)	망신(亡身)	지살(地殺)	지살(地殺)	겁살(劫煞)	역마(驛馬)
신(申)	겁살(劫煞)	역마(驛馬)	역마(驛馬)	망신(亡身)	지살(地殺)
사(巳)	역마(驛馬)	망신(亡身)	망신(亡身)	지살(地殺)	겁살(劫煞)
해(亥)	지살(地殺)	겁살(劫煞)	겁살(劫煞)	역마(驛馬)	망신(亡身)

☯ (음간(陰干)의 경우).

陰干 / 地支	을(乙)	정(丁)	기(己)	신(辛)	계(癸)
인(寅)	장생(長生)	육해(六害)	육해(六害)	재살(災殺)	년살(年殺)
신(申)	재살(災殺)	년살(年殺)	년살(年殺)	장생(長生)	육해(六害)
사(巳)	년살(年殺)	장생(長生)	장생(長生)	육해(六害)	재살(災殺)
해(亥)	육해(六害)	재살(災殺)	재살(災殺)	년살(年殺)	장생(長生)

【 년살(年殺).】

◘ 년지(年支), 일지(日支)를 기준으로 하여 볼 경우.

삼합(三合) / 신살(殺)	❶ 사유축 (巳酉丑)	❷ 해묘미 (亥卯未)	❸ 신자진 (申子辰)	❹ 인오술 (寅午戌)
년살(年殺)	오(午)	자(子)	유(酉)	묘(卯)

◘ 일간(日干)을 기준으로 하여 볼 경우.

오행(五行)		목(木)		화(火)		토(土)		금(金)		수(水)	
십간(十干)		甲	乙	丙	丁	戊	己	庚	辛	壬	癸
십이운성	목욕沐浴)	자(子)		묘(卯)		묘(卯)		오(午)		유(酉)	
	건록建祿)		묘(卯)		오(午)		오(午)		유(酉)		자(子)

✹ (양간(陽干)은 목욕(沐浴)이요, 음간(陰干)은 건록(建祿)이다.) 자오묘유(子午卯酉)가 해당 된다.

【 월살(月殺).---고초살(枯焦殺) 】

◘ 년지(年支), 일지(日支)를 기준으로 하여 보는 월살(月殺).

삼합(三合) 신살(殺)	❶ 사유축 (巳酉丑)	❷ 해묘미 (亥卯未)	❸ 신자진 (申子辰)	❹ 인오술 (寅午戌)
월살(月殺)	미(未)	축(丑)	술(戌)	진(辰)

◘ 일간(日干)을 기준으로 하여 볼 경우.

오행(五行)		목(木)		화(火)		토(土)		금(金)		수(水)	
십간(十干)		甲	乙	丙	丁	戊	己	庚	辛	壬	癸
십이운성	관대(冠帶)	축(丑)		진(辰)		진(辰)		미(未)		술(戌)	
	관대(冠帶)		진(辰)		미(未)		미(未)		술(戌)		축(丑)

☯ (월살(月殺)의 경우, 양간(陽干)은 관대(冠帶)요, 음간(陰干)도 관대(冠帶)이다.)
진술축미(辰,戌,丑,未)가 해당 된다.

✪ 삼합(三合)의 끝 자는 화개(華蓋)다. 화개란 종교인데, 신앙(信仰)이다. 삶의 정신적(精神的) 종착역(終着驛)이다. 생(生)의 마지막 장식을 거부하면서, 억지를 부린다. 이승에서의 미련이 남아 있다. 음(陰)이 있으면 양(陽)이 있다. 정신적(精神的)인 면을 거부하니 육체적(肉體的)인 면으로 타격(打擊)을 입는다.

연평도에서 천안 함이 두 동강 나듯 육신(肉身)이 갈라진다.
매사 쪼개지고, 커가지 못한다. 중도에서 흐름이 절단 난다. 발전(發展)의 끝이다.

☯ . 양간(陽干)으로 보는 진술축미(辰,戌,丑,未).

陽干 地支	갑(甲)	병(丙)	무(戊)	경(庚)	임(壬)
진(辰)	반안(攀鞍)	월살(月殺)	월살(月殺)	천살(天殺)	화개(華蓋)
술(戌)	천살(天殺)	화개(華蓋)	화개(華蓋)	반안(攀鞍)	월살(月殺)
축(丑)	월살(月殺)	천살(天殺)	천살(天殺)	화개(華蓋)	반안(攀鞍)
미(未)	화개(華蓋)	반안(攀鞍)	반안(攀鞍)	월살(月殺)	천살(天殺)

☯ . 음간(陰干)으로 보는 진술축미(辰,戌,丑,未).

陰干 / 地支	을(乙)	정(丁)	기(己)	신(辛)	계(癸)
진(辰)	월살(月殺)	반안(攀鞍)	반안(攀鞍)	화개(華蓋)	천살(天殺)
술(戌)	화개(華蓋)	천살(天殺)	천살(天殺)	월살(月殺)	반안(攀鞍)
축(丑)	반안(攀鞍)	화개(華蓋)	화개(華蓋)	천살(天殺)	월살(月殺)
미(未)	천살(天殺)	월살(月殺)	월살(月殺)	반안(攀鞍)	화개(華蓋)

【 망신살(亡身殺).】

◆ 년지(年支), 일지(日支)를 기준으로 하여 보는 망신살(亡身殺).

삼합(三合)	❶ 사유축 (巳酉丑)	❷ 해묘미 (亥卯未)	❸ 신자진 (申子辰)	❹ 인오술 (寅午戌)
망신(亡神)	신(申)	인(寅)	해(亥)	사(巳)

⬆ 삼합(三合)화(化)한 오행과, 동일(同一)한 오행(五行)을 찾아본다.

◆ 일간(日干)을 기준으로 하여 볼 경우.

오행(五行)		목(木)		화(火)		토(土)		금(金)		수(水)	
십간 (十干)		甲	乙	丙	丁	戊	己	庚	辛	壬	癸
십이 운성	망신 亡身	인 (寅)		사 (巳)		사 (巳)		신 (申)		해 (亥)	
	목욕 沐浴		사 (巳)		신 (申)		신 (申)		해 (亥)		인 (寅)

⬆ 망신살(亡身殺)의 경우, 양간(陽干)은 망신(亡身), 음간(陰干)은 목욕(沐浴). 전체적으로 인신사해(寅申巳亥)가 해당이 된다.

【 장성(將星).】

◆ 년지(年支), 일지(日支)를 기준으로 하여 보는 장성살(將星殺).

삼합(三合) / 신살(殺)	❶ 사유축 (巳酉丑)	❷ 해묘미 (亥卯未)	❸ 신자진 (申子辰)	❹ 인오술 (寅午戌)
장성(將星)	유(酉)	묘(卯)	자(子)	오(午)

◆ 일간(日干)을 기준으로 하여 볼 경우.

오행(五行)		목(木)		화(火)		토(土)		금(金)		수(水)	
십간(十干)		甲	乙	丙	丁	戊	己	庚	辛	壬	癸
십이 운성	제왕帝旺	묘 (卯)		오 (午)		오 (午)		유 (酉)		자 (子)	
	장생長生		오 (午)		유 (酉)		유 (酉)		자 (子)		묘 (卯)

◆ (장성살(將星殺)의 경우, 양간(陽干)은 제왕(帝旺), 음간(陰干)은 장생(長生).) 전체적으로 자, 오, 묘, 유(子午卯酉)가 해당 된다.

【 반안(攀鞍).】

◆ 년지(年支), 일지(日支)를 기준으로 하여 보는 반안살(攀鞍殺).

삼합(三合) / 신살(殺)	❶ 사유축 (巳酉丑)	❷ 해묘미 (亥卯未)	❸ 신자진 (申子辰)	❹ 인오술 (寅午戌)
반안	술(戌)	진(辰)	축(丑)	미(未)

신자진(申子辰) : 중간 자(子) 다음 축(丑)이 반안살(攀鞍殺).

해묘미(亥卯未) : 중간 묘(卯) 다음 진(辰)이 반안살(攀鞍殺).

인오술(寅午戌) : 중간 오(午) 다음 미(未)가 반안살(攀鞍殺).

사유축(巳酉丑) : 중간 유(酉) 다음 술(戌)이 반안살(攀鞍殺).

◆ 일간(日干)을 기준으로 하여 볼 경우의 반안살(攀鞍殺).

오행(五行)		목(木)		화(火)		토(土)		금(金)		(水)	
십간 (十干)		甲	乙	丙	丁	戊	己	庚	辛	壬	癸
십이운성	쇠궁 衰宮	진 辰		미 未		미 未		술 戌		축 丑	
	양궁 養宮		미 未		술 戌		술 戌		축 丑		진 辰

◆ (반안살(攀鞍殺)의 경우, 양간(陽干)은 쇠궁(衰宮), 음간(陰干)은 양궁(養宮).) 전체적으로 진, 술, 축, 미 (辰戌丑未)가 해당이 된다.

【 역마살(驛馬殺).】

◘ 년지(年支), 일지(日支)를 기준으로 하여 보는 역마살(驛馬殺).

삼합(三合)	❶ 사유축 (巳酉丑)	❷ 해묘미 (亥卯未)	❸ 신자진 (申子辰)	❹ 인오술 (寅午戌)
역마(驛馬)	해(亥)	사(巳)	인(寅)	신(申)

☯ (역마살(驛馬殺)의 경우, 양간(陽干)은 병궁(病宮), 음간(陰干)은 태궁(胎宮).)

전체적으로 인신사해(寅申巳亥)가 해당 된다.

◘ 일간(日干)을 기준으로 하여 볼 경우의 역마살(驛馬殺).

오행(五行)		목(木)		화(火)		토(土)		금(金)		수(水)	
십간(十干)		甲	乙	丙	丁	戊	己	庚	辛	壬	癸
십이운성	병궁 病宮)	사 巳		신 申		신 申		해 亥		인 寅	
	태궁 胎宮)		신 申		해 亥		해 亥		인 寅		사 巳

【 육해살(六害殺).】

지지(地支) 육합(六合), 육해(六害) 연결도(連結圖).

신(申)	미(未)	오(午)	사(巳)
❸사(巳)◉⑤	❷오(午)◉⑥	⑥◉미(未)❶	⑤◉신(申)❺
유(酉)			진(辰)
❹진(辰)◉④			④◉유(酉)❻
술(戌)			묘(卯)
❹묘(卯)◉③			③◉술(戌)❻
❸인(寅)◉②	❷축(丑)◉①	①◉자(子)❶	②◉해(亥)❺
해(亥)	자(子)	축(丑)	인(寅)

✪ 육합(六合)은 천지인(天地人) 합이요, 계절(季節)의 합(合)이다, 내합(內合)이요, 외합(外合)이다. 각 숫자대로 연결하면 내항(內項), 외항(外項)의 연결임을 알 것이다. 육해(六害)의 경우는 상하(上下)로 하여 숫자를 연결한다.

◆ 년지(年支), 일지(日支)를 기준으로 하여 보는 육해살(六害殺).

삼합(三合) / 신살(殺)	❶ 사유축 (巳酉丑)	❷ 해묘미 (亥卯未)	❸ 신자진 (申子辰)	❹ 인오술 (寅午戌)
육해(六害)	자(子)	오(午)	묘(卯)	유(酉)

◆ 일간(日干)을 기준으로 하여 볼 경우의 육해살(六害殺).

오행(五行)		목(木)		화(火)		토(土)		금(金)		수(水)	
십간(十干)		甲	乙	丙	丁	戊	己	庚	辛	壬	癸
십이운성	사궁 死宮	오 午		유 酉		유 酉		자 子		묘 卯	
	절궁 絶宮		유 酉		자 子		자 子		묘 卯		오 午

◆ (육해살(六害殺)의 경우, 양간(陽干)은 사궁(死宮), 음간(陰干)은 절궁(絶宮).) 전체적으로 자오묘유(子午卯酉)가 해당 된다.

【 화개살(華蓋殺).】

◆ 년지(年支), 일지(日支)를 기준으로 하여 보는 화개살(華蓋殺).

삼합(三合)	❶ 사유축 (巳酉丑)	❷ 해묘미 (亥卯未)	❸ 신자진 (申子辰)	❹ 인오술 (寅午戌)
화개(華蓋)	축(丑)	미(未)	진(辰)	술(戌)

◆ 일간(日干)을 기준으로 하여 볼 경우의 화개살(華蓋殺).

오행(五行)		목(木)		화(火)		토(土)		금(金)		수(水)	
십간(十干)		甲	乙	丙	丁	戊	己	庚	辛	壬	癸
십이운성	묘궁 墓宮	미 未		술 戌		술 戌		축 丑		진 辰	
	묘궁 墓宮		술 戌		축 丑		축 丑		진 辰		미 未

◆ (화개살(華蓋殺)의 경우, 양간(陽干), 음간(陰干) 모두 묘궁(墓宮)에 해당한다.) 전체적으로 진술축미(辰,戌,丑,未)가 해당 된다.

【 양인살(羊刃殺).】

❑. 천간(天干)과 지지(地支)의 양인(羊刃)관계.

천간	갑(甲)	을(乙)	병(丙)	정(丁)	무(戊)	기(己)	경(庚)	신(辛)	임(壬)	계(癸)
양인	묘(卯)	진(辰)	오(午)	미(未)	오(午)	미(未)	유(酉)	술(戌)	자(子)	축(丑)

✪ 화(火), 토(土)는 동격(同格)으로 한다.

【 공망살(空亡殺).】

❑. 절로공망(截路空亡)의 구성.

일간(日干)	갑기(甲己)	을경(乙庚)	병신(丙辛)	정임(丁壬)	무계(戊癸)
시지(時支)	신유(申酉)	오미(午未)	진사(辰巳)	인묘(寅卯)	자축(子丑)

【 시간(時間) 구성(九星)조견표(早見表).】

循類	中	循	양(陽)	中	循	음(陰)
일(日)	子午卯酉	辰戌丑未	寅申巳亥	子午卯酉	辰戌丑未	寅申巳亥
자시(子時)	1	4	7	9	6	3
축시(丑時)	2	5	8	8	5	2
인시(寅時)	3	6	9	7	4	1
묘시(卯時)	4	7	1	6	3	9
진시(辰時)	5	8	2	5	2	8
사시(巳時)	6	9	3	4	1	7
오시(午時)	7	1	4	3	9	6
미시(未時)	8	2	5	2	8	5
신시(申時)	9	3	6	1	7	4
유시(酉時)	1	4	7	9	6	3
술시(戌時)	2	5	8	8	5	2
해시(亥時)	3	6	9	7	4	1

◉ 순행, 역행을 참조바랍니다.

【 월(月)별 구성(구星)조견표(早見表).】

절기(節氣) / 지지(地支)	입춘 1월	경칩 2월	청명 3월	입하 4월	망종 5월	소서 6월	입추 7월	백로 8월	한로 9월	입동 10월	대설 11월	소설 12월
子午卯酉	八白	七赤	六白	五黃	四綠	三碧	二黑	一白	九紫	八白	七赤	六白
辰戌丑未	五黃	四綠	三碧	二黑	一白	九紫	八白	七赤	六白	五黃	四綠	三碧
寅申巳亥	二黑	一白	九紫	八白	七赤	六白	五黃	四綠	三碧	二黑	一白	九紫

【 삼원갑자 년(年)별 구성(九星)조견표(早見表).】

삼원갑자 (三元甲子) 해당년도							상원갑자 1864-1923	중원갑자 1924-1983	하원갑자 1984-2043
甲子	癸酉	임오	辛卯	庚子	己酉	戊午	1白	4綠	7赤
乙丑	甲戌	癸未	壬辰	辛丑	庚戌	己未	9紫	3碧	6白
丙寅	乙亥	甲申	癸巳	壬寅	辛亥	庚申	8白	2黑	5黃
丁卯	丙子	乙酉	甲午	癸卯	壬子	辛酉	7赤	1白	4綠
戊辰	丁丑	丙戌	乙未	甲辰	癸丑	壬戌	6白	9紫	3碧
己巳	戊寅	丁亥	丙申	乙巳	甲寅	癸亥	5黃	8白	2黑
庚午	己卯	戊子	丁酉	丙午	乙卯		4綠	7赤	1白
辛未	庚辰	己丑	戊戌	丁未	丙辰		3碧	6白	9紫
壬申	신사	庚寅	己亥	戊申	丁巳		2黑	5黃	8白

❶

을	갑	계	임	신	경	기
축	술	미	진	축	술	미

5황(黃)	1백(白)	3벽(碧)
4록(綠)	6백(白)	8백(白)
9자(紫)	2흑(黑)	7적(赤)

정	병	을	갑	계	임	신
묘	자	유	오	묘	자	유

3벽(碧)	8백(白)	1백(白)
2흑(黑)	4록(綠)	6백(白)
7적(赤)	9자(紫)	5황(黃)

❷

❶ 2021년 신축(辛丑)년을 기준하여 작성할 때 하원(下元)갑자(甲子)에 해당하므로 (❶)의 경우에 해당하므로 6백(白)을 중앙의 자리에 위치하도록 한다.

❷ 2014년 갑오(甲午)년을 기준하여 작성할 때 하원(下元)갑자(甲子)에 해당하므로 (❷)의 경우에 해당하므로 4록(綠)을 중앙의 자리에 위치하도록 한다.

命宮(명궁)地支(지지) 속견표

생월	출생시 / 절기(節氣)	卯時	寅時	丑時	子時	亥時	戌時	酉時	申時	未時	午時	巳時	辰時
1월	대한(大寒)	子	丑	寅	卯	辰	巳	午	未	申	酉	戌	亥
2월	우수(雨水)	亥	子	丑	寅	卯	辰	巳	午	未	申	酉	戌
3월	춘분(春分)	戌	亥	子	丑	寅	卯	辰	巳	午	未	申	酉
4월	곡우(穀雨)	酉	戌	亥	子	丑	寅	卯	辰	巳	午	未	申
5월	소만(小滿)	申	酉	戌	亥	子	丑	寅	卯	辰	巳	午	未
6월	하지(夏至)	未	申	酉	戌	亥	子	丑	寅	卯	辰	巳	午
7월	대서(大暑)	午	未	申	酉	戌	亥	子	丑	寅	卯	辰	巳
8월	처서(處暑)	巳	午	未	申	酉	戌	亥	子	丑	寅	卯	辰
9월	추분(秋分)	辰	巳	午	未	申	酉	戌	亥	子	丑	寅	卯
10월	상강(霜降)	卯	辰	巳	午	未	申	酉	戌	亥	子	丑	寅
11월	소설(小雪)	寅	卯	辰	巳	午	未	申	酉	戌	亥	子	丑
12월	동지(冬至)	丑	寅	卯	辰	巳	午	未	申	酉	戌	亥	子

◉ 생월과 생시를 대조한다. 생월은 월의 후반부 절기를 사용한다.

간지 命宮(명궁) 속견표

月(월)의 節氣(절기)를 확인 시 항상 주의. 時(시)를 확인 후 해당하는 地支(지지)를 선택한다.

생년 / 명궁	甲己 (갑기)년	乙庚 (을경)년	丙申 (병신)년	丁壬 (정임)년	戊癸 (무계)년
寅	丙寅(병인)	戊寅(무인)	庚寅(경인)	壬寅(임인)	甲寅(갑인)
卯	丁卯(정묘)	己卯(기묘)	辛卯(신묘)	癸卯(계묘)	乙卯(을묘)
辰	戊辰(무진)	庚辰(경진)	壬辰(임진)	甲辰(갑진)	丙辰(병진)
巳	己巳(기사)	辛巳(신사)	癸巳(계사)	乙巳(을사)	丁巳(정사)
午	庚午(경오)	壬午(임오)	甲午(갑오)	丙午(병오)	戊午(무오)
未	辛未(신미)	癸未(계미)	乙未(을미)	丁未(정미)	己未(기미)
申	壬申(임신)	甲申(갑신)	丙申(병신)	戊申(무신)	庚申(경신)
酉	癸酉(계유)	乙酉(을유)	丁酉(정유)	己酉(기유)	辛酉(신유)
戌	甲戌(갑술)	丙戌(병술)	戊戌(무술)	庚戌(경술)	壬戌(임술)
亥	乙亥(을해)	丁亥(정해)	己亥(기해)	辛亥(신해)	癸亥(계해)
子	丙子(병자)	戊子(무자)	庚子(경자)	壬子(임자)	甲子(갑자)
丑	丁丑(정축)	己丑(기축)	辛丑(신축)	癸丑(계축)	乙丑(을축)

◉ 명궁 지지를 찾은 후 좌측 지지에 안착 후 년을 찾으면 명궁의 간지가 나타난다.

九星(구성)의 名稱(명칭)과 九宮(구궁)의 變化圖(변화도).

	巳(사)	午(오)	未(미)	
辰(진)	4綠 木星	9紫 火星	2黑 土星	申(신)
卯(묘)	3白 木星	5黃 土星	7赤 金星	酉(유)
寅(인)	8白 土星	1白 水性	6白 金星	戌(술)
	丑(축)	子(자)	亥(해)	

☯ 九宮(구궁)의 名稱(명칭)과 본 位置(위치).

구분 / 구성	五行(오행)	方位(방위)	본위치
1백수성	水星(수성)	北方(북방)	子(자)방
2흑토성	土星(토성)	西南方(서남방)	未申(미신)방
3백목성	木星(목성)	東方(동방)	卯(묘)방
4록목성	木星(목성)	東南方(동남방)	辰巳(진사)방
5황토성	土星(토성)	中央(중앙)	中央(중앙)
6백금성	金星(금성)	西北方(서북방)	戌亥(술해)방
7적금성	金星(금성)	西方(서방)	酉(유)방
8백토성	土星(토성)	東北方(동북방)	丑寅(축인)방
9자화성	火星(화성)	南方(남방)	午(오)방

4綠木 **음덕, 자애(우유부단)** 자녀결혼 장녀결혼 귀인내조 성취감 일의 번창 신규사업발전 바람기주의 장거리이동 경사가 발생 연령은 장녀 전염병 코 호흡기계통 갑상선	**9紫火 南(남)** **명예, 망신** 명예 인기 환호 표창 사기 실물 소송 망신 이별수 갈등 화재 연령은 차녀 뇌 심장병 고혈압 여난 뜬구름 잡기 허영에 조심	**2黑土** **성실, 근면, 이동** 근검 절약으로 기틀을 마련한다 어머니 연상녀 수전노 가출 농토 가옥 토지 부동산 가족불화 이동 이민 연령은 중년 부인 비 위 위장 소화기 관련
東(동) 3白木 **발전** 모든 일에 활기가 넘친다. 지나침은 항상 화를 부른다. 몸짱과 같은 형상이다. 아직은 완전하지 않다. 성숙하는 단계다. 심각애정 이동수 잠시 숨을 고르는 것이 좋다.	**혁신, 불길** 보수성이 요구된다. 변화에 신중을 기해야 한다. 자중함이 좋다. 개축 불길 출산 사망 가출 행불 진중함필요. 보이스피싱이 거래다 조심해야한다.	**西(서) 7赤金** **유흥,애교, 금융전자** 이성교재 환락 과다지출 금전관리 주의. 투자조심 색정 여난 삼각애정 수술주의 투기 투자금물. 연령은 소녀 입 혀 치아관련 주의
8白土 **가정, 준비, 계획** 계혁하고 준비를 한다. 가정에 문제가 발생한다 부동산, 주식 매매문제 상속 유산 이주 변동수 고민 끝에 묘수를 궁리 연령은 소년, 손과 발, 요추-건강 새로운 탄생을 위한 서곡이다. 잘못되면 수장된다.	**北(북) 1白水** **부하, 타락** 부하 후배 직원등 원만한 대화타협이 필요 색란, 음주 실수주의 도난 실물 투잡 고민 귀인내조 개업 연령은 차남 신장 비뇨기과 허리병	**6白金** **권위, 미해결** 승진 승급 지나친 권위의식 금물 금전거래 보증 확신 주의 희생이 절실, 매사 미결이 많아진다. 낙방 탈락 좌절 사고 주의 연령은 아버지 웃사람 상관 뇌,종양

九宮(구궁) 각 星(성)의 특징.

六十甲子(육십갑자) 해당 年(년) 속견표

육십갑자	해당년도	육십갑자	해당년도	육십갑자	해당년도
甲子(갑자)	1924, 1984, 2044	甲申(갑신)	1884, 1944, 2004	甲辰(갑진)	1904, 1964, 2024
乙丑(을축)	1925, 1985, 2045	乙酉(을유)	1885, 1945, 2005	乙巳(을사)	1905, 1965, 2025
丙寅(병인)	1926, 1986, 2046	丙戌(병술)	1886, 1946, 2006	丙午(병오)	1906, 1966, 2026
丁卯(정묘)	1927, 1987, 2047	丁亥(정해)	1887, 1947, 2007	丁未(정미)	1907, 1967, 2027
戊辰(무진)	1928, 1988, 2048	戊子(무자)	1888, 1948, 2008	戊申(무신)	1908, 1968, 2028
己巳(기사)	1929, 1989, 2049	己丑(기축)	1889, 1949, 2009	己酉(기유)	1909, 1969, 2029
庚午(경오)	1930, 1990, 2050	庚寅(경인)	1890, 1950, 2010	庚戌(경술)	1910, 1970, 2030
辛未(신미)	1931, 1991, 2051	辛卯(신묘)	1891, 1951, 2011	辛亥(신해)	1911, 1971, 2031
壬申(임신)	1932, 1992, 2052	壬辰(임진)	1892, 1952, 2012	壬子(임자)	1912, 1972, 2032
癸酉(계유)	1933, 1993, 2053	癸巳(계사)	1893, 1953, 2013	癸丑(계축)	1913, 1973, 2033
甲戌(갑술)	1934, 1994, 2054	甲午(갑오)	1894, 1954, 2014	甲寅(갑인)	1914, 1974, 2034
乙亥(을해)	1935, 1995, 2055	乙未(을미)	1895, 1955, 2015	乙卯(을묘)	1915, 1975, 2035
丙子(병자)	1936, 1996, 2056	丙申(병신)	1896, 1956, 2016	丙辰(병진)	1916, 1976, 2036
丁丑(정축)	1937,1997, 2057	丁酉(정유)	1897, 1957, 2017	丁巳(정사)	1917, 1977, 2037
戊寅(무인)	1938, 1998, 2058	戊戌(무술)	1898, 1958, 2018	戊午(무오)	1918, 1978, 2038
己卯(기묘)	1939, 1999, 2059	己亥(기해)	1899, 1959, 2019	己未(기미)	1919, 1979, 2039
庚辰(경진)	1940, 2000, 2060	庚子(경자)	1900, 1960, 2020	庚申(경신)	1920, 1980, 2040
辛巳(신사)	1941, 2001, 2061	辛丑(신축)	1901, 1961, 2021	辛酉(신유)	1921, 1981, 2041
壬午(임오)	1942, 2002, 2062	壬寅(임인)	1902, 1962, 2022	壬戌(임술)	1922, 1982, 2042
癸未(계미)	1943, 2003, 2063	癸卯(계묘)	1903, 1963, 2023	癸亥(계해)	1923, 1983, 2043

◉ 육십갑자와 그에 해당하는 년도를 각각 대입한 것이다.

六十甲子(육십갑자) 納音(납음) 속견표

甲子(갑자) 1循(순)		甲子(갑자) 4循(순)	
甲子(갑자) 乙丑(을축)	해중금(海中金)	甲午(갑오) 乙未(을미)	사중금(沙中金)
丙寅(병인) 丁卯(정묘)	노중화(爐中火)	丙申(병신) 丁酉(정유)	산하화(山下火)
戊辰(무진) 己巳(기사)	대림목(大林木)	戊戌(무술) 己亥(기해)	평지목(平地木)
庚午(경오) 辛未(신미)	로방토(路傍土)	庚子(경자) 辛丑(신축)	벽상토(壁上土)
壬申(임신) 癸酉(계유)	검봉금(劍鋒金)	壬寅(임인) 癸卯(계묘)	금박금(金箔金)
甲子(갑자) 2循(순)		**甲子(갑자) 5循(순)**	
甲戌(갑술) 乙亥(을해)	산두화(山頭火)	甲辰(갑진) 乙巳(을사)	복등화(覆燈火)
丙子(병자) 丁丑(정축)	간하수(澗下水)	丙午(병오) 丁未(정미)	천하수(天河水)
戊寅(무인) 己卯(기묘)	성두토(城頭土)	戊申(무신) 己酉(기유)	대역토(大驛土)
庚辰(경진) 辛巳(신사)	백랍금(白臘金)	庚戌(경술) 辛亥(신해)	차천금(釵釧金)
壬午(임오) 癸未(계미)	양류목(楊柳木)	壬子(임자) 癸丑(계축)	상자목(桑柘木)
甲子(갑자) 3循(순)		**甲子(갑자) 6循(순)**	
甲申(갑신) 乙酉(을유)	정중수(井中水)	甲寅(갑인) 乙卯(을묘)	대계수(大溪水)
丙戌(병술) 丁亥(정해)	옥상토(屋上土)	丙辰(병진) 丁巳(정사)	사중토(沙中土)
戊子(무자) 己丑(기축)	벽력화(霹靂火)	戊午(무오) 己未(기미)	천상화(天上火)
庚寅(경인) 辛卯(신묘)	송백목(松柏木)	庚申(경신) 辛酉(신유)	석류목(石榴木)
壬辰(임진) 癸巳(계사)	장류수(長流水)	壬戌(임술) 癸亥(계해)	대해수(大海水)

2021
춘하추동 만세력-2 (증보판)

1901년-2050년
(150년)

(매년 양력신년1월 / 음력전년12월 부터 시작.)

단기 4234 年	1901년	上元). 辛丑年 납음(壁上土),본명성(九紫火)
불기 2445 年		대장군(酉서방), 상살(동방), 상문(卯동방),조객(亥서북방), 납음(벽상토), 【삼재(해,자,축)년】 臘享(납향):1902년1월24일(음12/15)

소한 6일 08시 53분 【음12월】 ➡ **【己丑月(기축월)】** ☯ 대한 21일 02시 17분

양력 1 (음력 11/11 ~ 12/12)	1	2	3	4	5	6	7	8	9	10	11	12	13	14	15	16	17	18	19	20	21	22	23	24	25	26	27	28	29	30	31
요일	화	수	목	금	토	일	월	화	수	목	금	토	일	월	화	수	목	금	토	일	월	화	수	목	금	토	일	월	화	수	목
일진 日辰	己卯	庚辰	辛巳	壬午	癸未	甲申	乙酉	丙戌	丁亥	戊子	己丑	庚寅	辛卯	壬辰	癸巳	甲午	乙未	丙申	丁酉	戊戌	己亥	庚子	辛丑	壬寅	癸卯	甲辰	乙巳	丙午	丁未	戊申	己酉
음력	11	12	13	14	15	16	17	18	19	20	21	22	23	24	25	26	27	28	29	12/1	2	3	4	5	6	7	8	9	10	11	12
대운 남	2	1	1	1	1	소	10	9	9	9	8	8	8	7	7	7	6	6	6	5	대	5	4	4	4	3	3	3	2	2	2
대운 여	8	8	9	9	9	한	1	1	1	1	2	2	2	3	3	3	4	4	4	5	한	5	6	6	6	7	7	7	8	8	8

입춘 4일 20시 40분 【음1월】 ➡ **【庚寅月(경인월)】** ☯ 우수 19일 16시 45분

양력 2 (음력 12/13 ~ 01/10)	1	2	3	4	5	6	7	8	9	10	11	12	13	14	15	16	17	18	19	20	21	22	23	24	25	26	27	28	辛丑年
요일	금	토	일	월	화	수	목	금	토	일	월	화	수	목	금	토	일	월	화	수	목	금	토	일	월	화	수	목	
일진 日辰	庚戌	辛亥	壬子	癸丑	甲寅	乙卯	丙辰	丁巳	戊午	己未	庚申	辛酉	壬戌	癸亥	甲子	乙丑	丙寅	丁卯	戊辰	己巳	庚午	辛未	壬申	癸酉	甲戌	乙亥	丙子	丁丑	
음력	13	14	15	16	17	18	19	20	21	22	23	24	25	26	27	28	29	30	1/1	2	3	4	5	6	7	8	9	10	
대운 남	1	1	1	입	1	1	1	1	2	2	2	3	3	3	4	4	4	5	우	5	6	6	6	7	7	7	8	8	
대운 여	9	9	9	춘	10	9	9	9	8	8	8	7	7	7	6	6	6	5	수	5	4	4	4	3	3	3	2	2	

경칩 6일 15시 11분 【음2월】 ➡ **【辛卯月(신묘월)】** ☯ 춘분 21일 16시 24분

양력 3 (음력 01/11 ~ 02/12)	1	2	3	4	5	6	7	8	9	10	11	12	13	14	15	16	17	18	19	20	21	22	23	24	25	26	27	28	29	30	31
요일	금	토	일	월	화	수	목	금	토	일	월	화	수	목	금	토	일	월	화	수	목	금	토	일	월	화	수	목	금	토	일
일진 日辰	戊寅	己卯	庚辰	辛巳	壬午	癸未	甲申	乙酉	丙戌	丁亥	戊子	己丑	庚寅	辛卯	壬辰	癸巳	甲午	乙未	丙申	丁酉	戊戌	己亥	庚子	辛丑	壬寅	癸卯	甲辰	乙巳	丙午	丁未	戊申
음력	11	12	13	14	15	16	17	18	19	20	21	22	23	24	25	26	27	28	29	2/1	2	3	4	5	6	7	8	9	10	11	12
대운 남	8	9	9	9	10	경	1	1	1	1	2	2	2	3	3	3	4	4	4	5	춘	5	6	6	6	7	7	7	8	8	8
대운 여	2	1	1	1	1	칩	10	9	9	9	8	8	8	7	7	7	6	6	6	5	분	5	4	4	4	3	3	3	2	2	2

청명 5일 20시 44분 【음3월】 ➡ **【壬辰月(임진월)】** ☯ 곡우 21일 04시 14분

양력 4 (음력 02/3 ~ 03/12)	1	2	3	4	5	6	7	8	9	10	11	12	13	14	15	16	17	18	19	20	21	22	23	24	25	26	27	28	29	30
요일	월	화	수	목	금	토	일	월	화	수	목	금	토	일	월	화	수	목	금	토	일	월	화	수	목	금	토	일	월	화
일진 日辰	己酉	庚戌	辛亥	壬子	癸丑	甲寅	乙卯	丙辰	丁巳	戊午	己未	庚申	辛酉	壬戌	癸亥	甲子	乙丑	丙寅	丁卯	戊辰	己巳	庚午	辛未	壬申	癸酉	甲戌	乙亥	丙子	丁丑	戊寅
음력	13	14	15	16	17	18	19	20	21	22	23	24	25	26	27	28	29	30	3/1	2	3	4	5	6	7	8	9	10	11	12
대운 남	9	9	9	10	청	1	1	1	1	2	2	2	3	3	3	4	4	4	5	5	곡	6	6	6	7	7	7	8	8	8
대운 여	1	1	1	1	명	10	10	9	9	9	8	8	8	7	7	7	6	6	6	5	우	5	4	4	4	3	3	3	2	2

입하 6일 14시 50분 【음4월】 ➡ **【癸巳月(계사월)】** ☯ 소만 22일 04시 05분

양력 5 (음력 03/13 ~ 04/14)	1	2	3	4	5	6	7	8	9	10	11	12	13	14	15	16	17	18	19	20	21	22	23	24	25	26	27	28	29	30	31
요일	수	목	금	토	일	월	화	수	목	금	토	일	월	화	수	목	금	토	일	월	화	수	목	금	토	일	월	화	수	목	금
일진 日辰	己卯	庚辰	辛巳	壬午	癸未	甲申	乙酉	丙戌	丁亥	戊子	己丑	庚寅	辛卯	壬辰	癸巳	甲午	乙未	丙申	丁酉	戊戌	己亥	庚子	辛丑	壬寅	癸卯	甲辰	乙巳	丙午	丁未	戊申	己酉
음력	13	14	15	16	17	18	19	20	21	22	23	24	25	26	27	28	29	4/1	2	3	4	5	6	7	8	9	10	11	12	13	14
대운 남	9	9	9	10	10	입	1	1	1	1	2	2	2	3	3	3	4	4	4	5	5	소	6	6	6	7	7	7	8	8	8
대운 여	2	1	1	1	1	하	10	10	9	9	9	8	8	8	7	7	7	6	6	6	5	만	5	4	4	4	3	3	3	2	2

망종 6일 19시 37분 【음5월】 ➡ **【甲午月(갑오월)】** ☯ 하지 22일 12시 28분

양력 6 (음력 04/15 ~ 05/15)	1	2	3	4	5	6	7	8	9	10	11	12	13	14	15	16	17	18	19	20	21	22	23	24	25	26	27	28	29	30
요일	토	일	월	화	수	목	금	토	일	월	화	수	목	금	토	일	월	화	수	목	금	토	일	월	화	수	목	금	토	일
일진 日辰	庚戌	辛亥	壬子	癸丑	甲寅	乙卯	丙辰	丁巳	戊午	己未	庚申	辛酉	壬戌	癸亥	甲子	乙丑	丙寅	丁卯	戊辰	己巳	庚午	辛未	壬申	癸酉	甲戌	乙亥	丙子	丁丑	戊寅	己卯
음력	15	16	17	18	19	20	21	22	23	24	25	26	27	28	29	5/1	2	3	4	5	6	7	8	9	10	11	12	13	14	15
대운 남	9	9	9	10	10	망	1	1	1	1	2	2	2	3	3	3	4	4	4	5	5	하	6	6	6	7	7	7	8	8
대운 여	2	1	1	1	1	종	10	10	9	9	9	8	8	8	7	7	7	6	6	6	5	지	5	4	4	4	3	3	3	2

한식(4월06일), 초복(7월21일), 중복(7월31일), 말복(8월10일) ☂춘사(春社)3/21
☀추사(秋社)9/27토왕지절(土旺之節):4월18일,7월20일,10월21일,1월18일(신년양력),
臘享(납향):1월24일(신년양력)

1901 辛丑年

소서 8일 06시 08분 【음6월】 ➡ 【乙未月(을미월)】 ☯ 대서 23일 23시 24분

양력 7	양력	1	2	3	4	5	6	7	8	9	10	11	12	13	14	15	16	17	18	19	20	21	22	23	24	25	26	27	28	29	30	31
	요일	월	화	수	목	금	토	일	월	화	수	목	금	토	일	월	화	수	목	금	토	일	월	화	수	목	금	토	일	월	화	수
	일진 日辰	庚辰	辛巳	壬午	癸未	甲申	乙酉	丙戌	丁亥	戊子	己丑	庚寅	辛卯	壬辰	癸巳	甲午	乙未	丙申	丁酉	戊戌	己亥	庚子	辛丑	壬寅	癸卯	甲辰	乙巳	丙午	丁未	戊申	己酉	庚戌
음력 05/16 ~ 06/16	음력	16	17	18	19	20	21	22	23	24	25	26	27	28	29	30	6/1	2	3	4	5	6	7	8	9	10	11	12	13	14	15	16
대운	남	8	9	9	9	10	10	10	소	1	1	1	1	2	2	2	3	3	3	4	4	4	5	대	5	6	6	6	7	7	7	8
	여	2	2	2	1	1	1	1	서	10	10	10	9	9	9	8	8	8	7	7	7	6	6	서	5	5	5	4	4	4	3	3

입추 8일 15시 46분 【음7월】 ➡ 【丙申月(병신월)】 ☯ 처서 24일 06시 08분

양력 8	양력	1	2	3	4	5	6	7	8	9	10	11	12	13	14	15	16	17	18	19	20	21	22	23	24	25	26	27	28	29	30	31
	요일	목	금	토	일	월	화	수	목	금	토	일	월	화	수	목	금	토	일	월	화	수	목	금	토	일	월	화	수	목	금	토
	일진 日辰	辛亥	壬子	癸丑	甲寅	乙卯	丙辰	丁巳	戊午	己未	庚申	辛酉	壬戌	癸亥	甲子	乙丑	丙寅	丁卯	戊辰	己巳	庚午	辛未	壬申	癸酉	甲戌	乙亥	丙子	丁丑	戊寅	己卯	庚辰	辛巳
음력 06/17 ~ 07/18	음력	17	18	19	20	21	22	23	24	25	26	27	28	29	7/1	2	3	4	5	6	7	8	9	10	11	12	13	14	15	16	17	18
대운	남	8	8	9	9	9	10	10	입	1	1	1	1	2	2	2	3	3	3	4	4	4	5	5	처	6	6	6	7	7	7	8
	여	3	2	2	2	1	1	1	추	10	10	9	9	9	8	8	8	7	7	7	6	6	6	5	서	5	4	4	4	3	3	3

백로 8일 18시 10분 【음8월】 ➡ 【丁酉月(정유월)】 ☯ 추분 24일 03시 09분

양력 9	양력	1	2	3	4	5	6	7	8	9	10	11	12	13	14	15	16	17	18	19	20	21	22	23	24	25	26	27	28	29	30
	요일	일	월	화	수	목	금	토	일	월	화	수	목	금	토	일	월	화	수	목	금	토	일	월	화	수	목	금	토	일	월
	일진 日辰	壬午	癸未	甲申	乙酉	丙戌	丁亥	戊子	己丑	庚寅	辛卯	壬辰	癸巳	甲午	乙未	丙申	丁酉	戊戌	己亥	庚子	辛丑	壬寅	癸卯	甲辰	乙巳	丙午	丁未	戊申	己酉	庚戌	辛亥
음력 07/19 ~ 08/18	음력	19	20	21	22	23	24	25	26	27	28	29	30	8/1	2	3	4	5	6	7	8	9	10	11	12	13	14	15	16	17	18
대운	남	8	8	9	9	9	10	10	백	1	1	1	1	2	2	2	3	3	3	4	4	4	5	5	추	6	6	6	7	7	7
	여	2	2	2	1	1	1	1	로	10	9	9	9	8	8	8	7	7	7	6	6	6	5	5	분	4	4	4	3	3	3

한로 9일 09시 07분 【음9월】 ➡ 【戊戌月(무술월)】 ☯ 상강 24일 11시 46분

양력 10	양력	1	2	3	4	5	6	7	8	9	10	11	12	13	14	15	16	17	18	19	20	21	22	23	24	25	26	27	28	29	30	31
	요일	화	수	목	금	토	일	월	화	수	목	금	토	일	월	화	수	목	금	토	일	월	화	수	목	금	토	일	월	화	수	목
	일진 日辰	壬子	癸丑	甲寅	乙卯	丙辰	丁巳	戊午	己未	庚申	辛酉	壬戌	癸亥	甲子	乙丑	丙寅	丁卯	戊辰	己巳	庚午	辛未	壬申	癸酉	甲戌	乙亥	丙子	丁丑	戊寅	己卯	庚辰	辛巳	壬午
음력 08/19 ~ 09/20	음력	19	20	21	22	23	24	25	26	27	28	29	9/1	2	3	4	5	6	7	8	9	10	11	12	13	14	15	16	17	18	19	20
대운	남	8	8	8	9	9	9	10	10	한	1	1	1	2	2	2	3	3	3	4	4	4	5	5	상	6	6	6	7	7	7	8
	여	2	2	2	1	1	1	1	1	로	10	9	9	9	8	8	8	7	7	7	6	6	6	5	강	5	4	4	4	3	3	3

입동 8일 11시 35분 【음10월】 ➡ 【己亥月(기해월)】 ☯ 소설 23일 08시 41분

양력 11	양력	1	2	3	4	5	6	7	8	9	10	11	12	13	14	15	16	17	18	19	20	21	22	23	24	25	26	27	28	29	30
	요일	금	토	일	월	화	수	목	금	토	일	월	화	수	목	금	토	일	월	화	수	목	금	토	일	월	화	수	목	금	토
	일진 日辰	癸未	甲申	乙酉	丙戌	丁亥	戊子	己丑	庚寅	辛卯	壬辰	癸巳	甲午	乙未	丙申	丁酉	戊戌	己亥	庚子	辛丑	壬寅	癸卯	甲辰	乙巳	丙午	丁未	戊申	己酉	庚戌	辛亥	壬子
음력 09/21 ~ 10/0	음력	21	22	23	24	25	26	27	28	29	30	10/1	2	3	4	5	6	7	8	9	10	11	12	13	14	15	16	17	18	19	20
대운	남	8	8	8	9	9	9	10	입	1	1	1	1	2	2	2	3	3	3	4	4	4	5	소	5	6	6	6	7	7	7
	여	2	2	2	1	1	1	1	동	10	9	9	9	8	8	8	7	7	7	6	6	6	5	설	5	4	4	4	3	3	3

대설 8일 03시 53분 【음11월】 ➡ 【庚子月(경자월)】 ☯ 동지 22일 21시 37분

양력 12	양력	1	2	3	4	5	6	7	8	9	10	11	12	13	14	15	16	17	18	19	20	21	22	23	24	25	26	27	28	29	30	31
	요일	일	월	화	수	목	금	토	일	월	화	수	목	금	토	일	월	화	수	목	금	토	일	월	화	수	목	금	토	일	월	화
	일진 日辰	癸丑	甲寅	乙卯	丙辰	丁巳	戊午	己未	庚申	辛酉	壬戌	癸亥	甲子	乙丑	丙寅	丁卯	戊辰	己巳	庚午	辛未	壬申	癸酉	甲戌	乙亥	丙子	丁丑	戊寅	己卯	庚辰	辛巳	壬午	癸未
음력 10/21 ~ 11/21	음력	21	22	23	24	25	26	27	28	29	30	11/1	2	3	4	5	6	7	8	9	10	11	12	13	14	15	16	17	18	19	20	21
대운	남	8	8	8	9	9	9	10	대	1	1	1	1	2	2	2	3	3	3	4	4	4	동	5	6	6	6	7	7	7	8	8
	여	2	2	1	1	1	1	1	설	9	9	9	8	8	8	7	7	7	6	6	6	5	지	5	4	4	4	3	3	3	2	2

단기 4235 年 | 불기 2446 年 | **1902년** | 上元 **壬寅年** 납음(金箔金),본명성(八白土)

대장군(子북방), 삼살(북방), 상문(辰동남방),조객(子북방), 납음(금박금), 【삼재(신,유,술)년】 臘享(납향):1903년1월19일(음12/21)

소한 6일 14시 52분 【음12월】 ➡ **【辛丑月(신축월)】** ☯ 대한 21일 08시 12분

양력 1	1	2	3	4	5	6	7	8	9	10	11	12	13	14	15	16	17	18	19	20	21	22	23	24	25	26	27	28	29	30	31
요일	수	목	금	토	일	월	화	수	목	금	토	일	월	화	수	목	금	토	일	월	화	수	목	금	토	일	월	화	수	목	금
일진 日辰	甲申	乙酉	丙戌	丁亥	戊子	己丑	庚寅	辛卯	壬辰	癸巳	甲午	乙未	丙申	丁酉	戊戌	己亥	庚子	辛丑	壬寅	癸卯	甲辰	乙巳	丙午	丁未	戊申	己酉	庚戌	辛亥	壬子	癸丑	甲寅
음력 (11/21 ~ 12/22)	21	22	23	24	25	26	27	28	29	12/1	2	3	4	5	6	7	8	9	10	11	12	13	14	15	16	17	18	19	20	21	22
대운 남	8	8	9	9	9	소	1	1	1	1	2	2	2	3	3	3	4	4	4	5	대	5	6	6	6	7	7	7	8	8	8
대운 여	2	1	1	1	1	한	10	9	9	9	8	8	8	7	7	7	6	6	6	5	한	5	4	4	4	3	3	3	2	2	2

입춘 5일 02시 38분 【음1월】 ➡ **【壬寅月(임인월)】** ☯ 우수 19일 22시 40분

양력 2	1	2	3	4	5	6	7	8	9	10	11	12	13	14	15	16	17	18	19	20	21	22	23	24	25	26	27	28
요일	토	일	월	화	수	목	금	토	일	월	화	수	목	금	토	일	월	화	수	목	금	토	일	월	화	수	목	금
일진 日辰	乙卯	丙辰	丁巳	戊午	己未	庚申	辛酉	壬戌	癸亥	甲子	乙丑	丙寅	丁卯	戊辰	己巳	庚午	辛未	壬申	癸酉	甲戌	乙亥	丙子	丁丑	戊寅	己卯	庚辰	辛巳	壬午
음력 (12/23 ~ 01/21)	23	24	25	26	27	28	29	1/1	2	3	4	5	6	7	8	9	10	11	12	13	14	15	16	17	18	19	20	21
대운 남	9	9	9	10	입	9	9	9	8	8	8	7	7	7	6	6	6	5	우	5	4	4	4	3	3	3	2	2
대운 여	1	1	1	1	춘	1	1	1	1	2	2	2	3	3	3	4	4	4	수	5	5	6	6	6	7	7	7	8

壬寅年

경칩 6일 21시 08분 【음2월】 ➡ **【癸卯月(계묘월)】** ☯ 춘분 21일 22시 17분

양력 3	1	2	3	4	5	6	7	8	9	10	11	12	13	14	15	16	17	18	19	20	21	22	23	24	25	26	27	28	29	30	31
요일	토	일	월	화	수	목	금	토	일	월	화	수	목	금	토	일	월	화	수	목	금	토	일	월	화	수	목	금	토	일	월
일진 日辰	癸未	甲申	乙酉	丙戌	丁亥	戊子	己丑	庚寅	辛卯	壬辰	癸巳	甲午	乙未	丙申	丁酉	戊戌	己亥	庚子	辛丑	壬寅	癸卯	甲辰	乙巳	丙午	丁未	戊申	己酉	庚戌	辛亥	壬子	癸丑
음력 (01/22 ~ 02/22)	22	23	24	25	26	27	28	29	30	2/1	2	3	4	5	6	7	8	9	10	11	12	13	14	15	16	17	18	19	20	21	22
대운 남	2	1	1	1	1	경	10	10	9	9	9	8	8	8	7	7	7	6	6	6	춘	5	5	4	4	4	3	3	3	2	2
대운 여	8	8	9	9	9	칩	1	1	1	1	2	2	2	3	3	3	4	4	4	5	분	5	6	6	6	7	7	7	8	8	8

청명 6일 02시 38분 【음3월】 ➡ **【甲辰月(갑진월)】** ☯ 곡우 21일 10시 04분

양력 4	1	2	3	4	5	6	7	8	9	10	11	12	13	14	15	16	17	18	19	20	21	22	23	24	25	26	27	28	29	30
요일	화	수	목	금	토	일	월	화	수	목	금	토	일	월	화	수	목	금	토	일	월	화	수	목	금	토	일	월	화	수
일진 日辰	甲寅	乙卯	丙辰	丁巳	戊午	己未	庚申	辛酉	壬戌	癸亥	甲子	乙丑	丙寅	丁卯	戊辰	己巳	庚午	辛未	壬申	癸酉	甲戌	乙亥	丙子	丁丑	戊寅	己卯	庚辰	辛巳	壬午	癸未
음력 (02/3 ~ 03/23)	23	24	25	26	27	28	29	3/1	2	3	4	5	6	7	8	9	10	11	12	13	14	15	16	17	18	19	20	21	22	23
대운 남	2	1	1	1	1	청	10	9	9	9	8	8	8	7	7	7	6	6	6	5	곡	5	4	4	4	3	3	3	2	2
대운 여	9	9	9	10	10	명	1	1	1	1	2	2	2	3	3	3	4	4	4	5	우	6	6	6	7	7	7	8	8	8

입하 6일 20시 39분 【음4월】 ➡ **【乙巳月(을사월)】** ☯ 소만 22일 09시 54분

양력 5	1	2	3	4	5	6	7	8	9	10	11	12	13	14	15	16	17	18	19	20	21	22	23	24	25	26	27	28	29	30	31
요일	목	금	토	일	월	화	수	목	금	토	일	월	화	수	목	금	토	일	월	화	수	목	금	토	일	월	화	수	목	금	토
일진 日辰	甲申	乙酉	丙戌	丁亥	戊子	己丑	庚寅	辛卯	壬辰	癸巳	甲午	乙未	丙申	丁酉	戊戌	己亥	庚子	辛丑	壬寅	癸卯	甲辰	乙巳	丙午	丁未	戊申	己酉	庚戌	辛亥	壬子	癸丑	甲寅
음력 (03/24 ~ 04/24)	24	25	26	27	28	29	30	4/1	2	3	4	5	6	7	8	9	10	11	12	13	14	15	16	17	18	19	20	21	22	23	24
대운 남	2	1	1	1	1	입	10	10	10	9	9	9	8	8	8	7	7	7	6	6	6	소	5	5	4	4	4	3	3	3	2
대운 여	9	9	9	10	10	하	1	1	1	1	2	2	2	3	3	3	4	4	4	5	5	만	6	6	6	7	7	7	8	8	8

망종 7일 01시 20분 【음5월】 ➡ **【丙午月(병오월)】** ☯ 하지 22일 18시 15분

양력 6	1	2	3	4	5	6	7	8	9	10	11	12	13	14	15	16	17	18	19	20	21	22	23	24	25	26	27	28	29	30
요일	일	월	화	수	목	금	토	일	월	화	수	목	금	토	일	월	화	수	목	금	토	일	월	화	수	목	금	토	일	월
일진 日辰	乙卯	丙辰	丁巳	戊午	己未	庚申	辛酉	壬戌	癸亥	甲子	乙丑	丙寅	丁卯	戊辰	己巳	庚午	辛未	壬申	癸酉	甲戌	乙亥	丙子	丁丑	戊寅	己卯	庚辰	辛巳	壬午	癸未	甲申
음력 (04/25 ~ 05/25)	25	26	27	28	29	5/1	2	3	4	5	6	7	8	9	10	11	12	13	14	15	16	17	18	19	20	21	22	23	24	25
대운 남	2	2	1	1	1	1	망	10	10	9	9	9	8	8	8	7	7	7	6	6	6	하	5	5	4	4	4	3	3	3
대운 여	9	9	9	10	10	10	종	1	1	1	1	2	2	2	3	3	3	4	4	4	5	지	5	6	6	6	7	7	7	8

한식(4월06일), 초복(7월16일), 중복(7월26일), 말복(8월15일) 춘사(春社)3/26
추사(秋社)9/22
토왕지절(土旺之節):4월18일,7월21일,10월21일,신년 1월18일,(양력)

소서8일 11시 46분 【음6월】 ➡ **【丁未月(정미월)】** ☯ 대서 24일 05시 10분

		1	2	3	4	5	6	7	8	9	10	11	12	13	14	15	16	17	18	19	20	21	22	23	24	25	26	27	28	29	30	31
양력 7	요일	화	수	목	금	토	일	월	화	수	목	금	토	일	월	화	수	목	금	토	일	월	화	수	목	금	토	일	월	화	수	목
	일진 日辰	乙酉	丙戌	丁亥	戊子	己丑	庚寅	辛卯	壬辰	癸巳	甲午	乙未	丙申	丁酉	戊戌	己亥	庚子	辛丑	壬寅	癸卯	甲辰	乙巳	丙午	丁未	戊申	己酉	庚戌	辛亥	壬子	癸丑	甲寅	乙卯
음력 05/26 ~ 06/27	음력	26	27	28	29	6/1	2	3	4	5	6	7	8	9	10	11	12	13	14	15	16	17	18	19	20	21	22	23	24	25	26	27
대운	남	2	2	2	1	1	1	1	소	10	10	9	9	9	8	8	8	7	7	7	6	6	6	5	대	5	4	4	4	3	3	3
	여	8	8	9	9	9	10	10	서	1	1	1	1	2	2	2	3	3	3	4	4	4	5	5	서	6	6	6	7	7	7	8

입추 8일 21시 22분 【음7월】 ➡ **【戊申月(무신월)】** ☯ 처서 24일 11시 53분

		1	2	3	4	5	6	7	8	9	10	11	12	13	14	15	16	17	18	19	20	21	22	23	24	25	26	27	28	29	30	31
양력 8	요일	금	토	일	월	화	수	목	금	토	일	월	화	수	목	금	토	일	월	화	수	목	금	토	일	월	화	수	목	금	토	일
	일진 日辰	丙辰	丁巳	戊午	己未	庚申	辛酉	壬戌	癸亥	甲子	乙丑	丙寅	丁卯	戊辰	己巳	庚午	辛未	壬申	癸酉	甲戌	乙亥	丙子	丁丑	戊寅	己卯	庚辰	辛巳	壬午	癸未	甲申	乙酉	丙戌
음력 06/28 ~ 07/28	음력	28	29	30	7/1	2	3	4	5	6	7	8	9	10	11	12	13	14	15	16	17	18	19	20	21	22	23	24	25	26	27	28
대운	남	2	2	2	1	1	1	1	입	10	10	9	9	9	8	8	8	7	7	7	6	6	6	5	처	5	4	4	4	3	3	3
	여	8	8	9	9	9	10	10	추	1	1	1	1	2	2	2	3	3	3	4	4	4	5	5	서	6	6	6	7	7	7	8

백로 8일 23시 47분 【음8월】 ➡ **【己酉月(기유월)】** ☯ 추분 24일 08시 55분

		1	2	3	4	5	6	7	8	9	10	11	12	13	14	15	16	17	18	19	20	21	22	23	24	25	26	27	28	29	30
양력 9	요일	월	화	수	목	금	토	일	월	화	수	목	금	토	일	월	화	수	목	금	토	일	월	화	수	목	금	토	일	월	화
	일진 日辰	丁亥	戊子	己丑	庚寅	辛卯	壬辰	癸巳	甲午	乙未	丙申	丁酉	戊戌	己亥	庚子	辛丑	壬寅	癸卯	甲辰	乙巳	丙午	丁未	戊申	己酉	庚戌	辛亥	壬子	癸丑	甲寅	乙卯	丙辰
음력 07/29 ~ 08/29	음력	29	8/1	2	3	4	5	6	7	8	9	10	11	12	13	14	15	16	17	18	19	20	21	22	23	24	25	26	27	28	29
대운	남	2	2	2	1	1	1	1	백	10	10	9	9	9	8	8	8	7	7	7	6	6	6	5	추	5	4	4	4	3	3
	여	8	8	9	9	9	10	10	로	1	1	1	1	2	2	2	3	3	3	4	4	4	5	5	분	6	6	6	7	7	7

한로 9일 14시 45분 【음9월】 ➡ **【庚戌月(경술월)】** ☯ 상강 24일 17시 36분

		1	2	3	4	5	6	7	8	9	10	11	12	13	14	15	16	17	18	19	20	21	22	23	24	25	26	27	28	29	30	31
양력 10	요일	수	목	금	토	일	월	화	수	목	금	토	일	월	화	수	목	금	토	일	월	화	수	목	금	토	일	월	화	수	목	금
	일진 日辰	丁巳	戊午	己未	庚申	辛酉	壬戌	癸亥	甲子	乙丑	丙寅	丁卯	戊辰	己巳	庚午	辛未	壬申	癸酉	甲戌	乙亥	丙子	丁丑	戊寅	己卯	庚辰	辛巳	壬午	癸未	甲申	乙酉	丙戌	丁亥
음력 08/30 ~ 10/01	음력	30	9/1	2	3	4	5	6	7	8	9	10	11	12	13	14	15	16	17	18	19	20	21	22	23	24	25	26	27	28	29	10/1
대운	남	3	2	2	2	1	1	1	1	한	10	9	9	9	8	8	8	7	7	7	6	6	6	5	상	5	4	4	4	3	3	3
	여	8	8	8	9	9	9	10	10	로	1	1	1	1	2	2	2	3	3	3	4	4	4	5	강	5	6	6	6	7	7	7

입동 8일 17시 18분 【음10월】 ➡ **【辛亥月(신해월)】** ☯ 소설 23일 14시 36분

		1	2	3	4	5	6	7	8	9	10	11	12	13	14	15	16	17	18	19	20	21	22	23	24	25	26	27	28	29	30
양력 11	요일	토	일	월	화	수	목	금	토	일	월	화	수	목	금	토	일	월	화	수	목	금	토	일	월	화	수	목	금	토	일
	일진 日辰	戊子	己丑	庚寅	辛卯	壬辰	癸巳	甲午	乙未	丙申	丁酉	戊戌	己亥	庚子	辛丑	壬寅	癸卯	甲辰	乙巳	丙午	丁未	戊申	己酉	庚戌	辛亥	壬子	癸丑	甲寅	乙卯	丙辰	丁巳
음력 10/02 ~ 11/01	음력	2	3	4	5	6	7	8	9	10	11	12	13	14	15	16	17	18	19	20	21	22	23	24	25	26	27	28	29	30	11/1
대운	남	2	2	2	1	1	1	1	입	10	9	9	9	8	8	8	7	7	7	6	6	6	5	소	5	4	4	4	3	3	3
	여	8	8	8	9	9	9	10	동	1	1	1	1	2	2	2	3	3	3	4	4	4	5	설	5	6	6	6	7	7	7

대설 8일 09시 41분 【음11월】 ➡ **【壬子月(임자월)】** ☯ 동지 23일 03시 36분

		1	2	3	4	5	6	7	8	9	10	11	12	13	14	15	16	17	18	19	20	21	22	23	24	25	26	27	28	29	30	31
양력 12	요일	월	화	수	목	금	토	일	월	화	수	목	금	토	일	월	화	수	목	금	토	일	월	화	수	목	금	토	일	월	화	수
	일진 日辰	戊午	己未	庚申	辛酉	壬戌	癸亥	甲子	乙丑	丙寅	丁卯	戊辰	己巳	庚午	辛未	壬申	癸酉	甲戌	乙亥	丙子	丁丑	戊寅	己卯	庚辰	辛巳	壬午	癸未	甲申	乙酉	丙戌	丁亥	戊子
음력 11/02 ~ 12/02	음력	2	3	4	5	6	7	8	9	10	11	12	13	14	15	16	17	18	19	20	21	22	23	24	25	26	27	28	29	30	12/1	2
대운	남	2	2	2	1	1	1	1	대	9	9	9	8	8	8	7	7	7	6	6	6	5	5	동	4	4	4	3	3	3	2	2
	여	8	8	8	9	9	9	10	설	1	1	1	1	2	2	2	3	3	3	4	4	4	5	지	5	6	6	6	7	7	7	8

단기 4236 年	1903년	상원 癸卯年 납음(金箔金),본명성(七赤金)
불기 2447 年		대장군(子북방), 삼살(酉서방), 상문(巳동남방),조객(丑동북방), 납음(금박금), 【삼재(사,오,미)년】 臘享(납향):1904년1월26일(음12/09)

소한 6일 20시 44분 【음12월】 ➡ 【癸丑月(계축월)】 ☯ 대한 21일 14시 14분

양력 1	1	2	3	4	5	6	7	8	9	10	11	12	13	14	15	16	17	18	19	20	21	22	23	24	25	26	27	28	29	30	31
요일	목	금	토	일	월	화	수	목	금	토	일	월	화	수	목	금	토	일	월	화	수	목	금	토	일	월	화	수	목	금	토
일진 日辰	己丑	庚寅	辛卯	壬辰	癸巳	甲午	乙未	丙申	丁酉	戊戌	己亥	庚子	辛丑	壬寅	癸卯	甲辰	乙巳	丙午	丁未	戊申	己酉	庚戌	辛亥	壬子	癸丑	甲寅	乙卯	丙辰	丁巳	戊午	己未
음력 (12/03 ~ 01/03)	3	4	5	6	7	8	9	10	11	12	13	14	15	16	17	18	19	20	21	22	23	24	25	26	27	28	29	30	1/1	2	3
대운 남	2	1	1	1	1	소	10	9	9	9	8	8	8	7	7	7	6	6	6	5	대	5	4	4	4	3	3	3	2	2	2
대운 여	8	8	9	9	9	한	1	1	1	1	2	2	2	3	3	3	4	4	4	5	한	5	6	6	6	7	7	7	8	8	8

입춘 5일 08시 31분 【음1월】 ➡ 【甲寅月(갑인월)】 ☯ 우수 20일 04시 41분

양력 2	1	2	3	4	5	6	7	8	9	10	11	12	13	14	15	16	17	18	19	20	21	22	23	24	25	26	27	28
요일	일	월	화	수	목	금	토	일	월	화	수	목	금	토	일	월	화	수	목	금	토	일	월	화	수	목	금	토
일진 日辰	庚申	辛酉	壬戌	癸亥	甲子	乙丑	丙寅	丁卯	戊辰	己巳	庚午	辛未	壬申	癸酉	甲戌	乙亥	丙子	丁丑	戊寅	己卯	庚辰	辛巳	壬午	癸未	甲申	乙酉	丙戌	丁亥
음력 (01/04 ~ 02/02)	4	5	6	7	8	9	10	11	12	13	14	15	16	17	18	19	20	21	22	23	24	25	26	27	28	29	2/1	2
대운 남	1	1	1	1	입	1	1	1	1	2	2	2	3	3	3	4	4	4	5	우	5	6	6	6	7	7	7	8
대운 여	9	9	9	10	춘	10	9	9	9	8	8	8	7	7	7	6	6	6	5	수	5	4	4	4	3	3	3	2

癸卯年

경칩 7일 02시 59분 【음2월】 ➡ 【乙卯月(을묘월)】 ☯ 춘분 22일 04시 15분

양력 3	1	2	3	4	5	6	7	8	9	10	11	12	13	14	15	16	17	18	19	20	21	22	23	24	25	26	27	28	29	30	31
요일	일	월	화	수	목	금	토	일	월	화	수	목	금	토	일	월	화	수	목	금	토	일	월	화	수	목	금	토	일	월	화
일진 日辰	戊子	己丑	庚寅	辛卯	壬辰	癸巳	甲午	乙未	丙申	丁酉	戊戌	己亥	庚子	辛丑	壬寅	癸卯	甲辰	乙巳	丙午	丁未	戊申	己酉	庚戌	辛亥	壬子	癸丑	甲寅	乙卯	丙辰	丁巳	戊午
음력 (02/03 ~ 03/03)	3	4	5	6	7	8	9	10	11	12	13	14	15	16	17	18	19	20	21	22	23	24	25	26	27	28	29	30	3/1	2	3
대운 남	8	8	9	9	9	10	경	1	1	1	1	2	2	2	3	3	3	4	4	4	5	춘	5	6	6	6	7	7	7	8	8
대운 여	2	2	1	1	1	1	칩	10	9	9	9	8	8	8	7	7	7	6	6	6	5	분	5	4	4	4	3	3	3	2	2

청명 6일 08시 26분 【음3월】 ➡ 【丙辰月(병진월)】 ☯ 곡우 21일 15시 59분

양력 4	1	2	3	4	5	6	7	8	9	10	11	12	13	14	15	16	17	18	19	20	21	22	23	24	25	26	27	28	29	30
요일	수	목	금	토	일	월	화	수	목	금	토	일	월	화	수	목	금	토	일	월	화	수	목	금	토	일	월	화	수	목
일진 日辰	己未	庚申	辛酉	壬戌	癸亥	甲子	乙丑	丙寅	丁卯	戊辰	己巳	庚午	辛未	壬申	癸酉	甲戌	乙亥	丙子	丁丑	戊寅	己卯	庚辰	辛巳	壬午	癸未	甲申	乙酉	丙戌	丁亥	戊子
음력 (03/04 ~ 04/04)	4	5	6	7	8	9	10	11	12	13	14	15	16	17	18	19	20	21	22	23	24	25	26	27	28	29	4/1	2	3	4
대운 남	8	9	9	9	10	청	1	1	1	1	2	2	2	3	3	3	4	4	4	5	곡	5	6	6	6	7	7	7	8	8
대운 여	2	1	1	1	1	명	10	10	9	9	9	8	8	8	7	7	7	6	6	6	우	5	5	4	4	4	3	3	3	2

입하 7일 02시 25분 【음4월】 ➡ 【丁巳月(정사월)】 ☯ 소만 22일 15시 45분

양력 5	1	2	3	4	5	6	7	8	9	10	11	12	13	14	15	16	17	18	19	20	21	22	23	24	25	26	27	28	29	30	31
요일	금	토	일	월	화	수	목	금	토	일	월	화	수	목	금	토	일	월	화	수	목	금	토	일	월	화	수	목	금	토	일
일진 日辰	己丑	庚寅	辛卯	壬辰	癸巳	甲午	乙未	丙申	丁酉	戊戌	己亥	庚子	辛丑	壬寅	癸卯	甲辰	乙巳	丙午	丁未	戊申	己酉	庚戌	辛亥	壬子	癸丑	甲寅	乙卯	丙辰	丁巳	戊午	己未
음력 (04/05 ~ 05/05)	5	6	7	8	9	10	11	12	13	14	15	16	17	18	19	20	21	22	23	24	25	26	27	28	29	30	5/1	2	3	4	5
대운 남	8	9	9	9	10	10	입	1	1	1	1	2	2	2	3	3	3	4	4	4	5	소	5	6	6	6	7	7	7	8	8
대운 여	2	2	1	1	1	1	하	10	10	9	9	9	8	8	8	7	7	7	6	6	6	만	5	4	4	4	3	3	3	2	2

망종 7일 07시 07분 【음5월】 ➡ 【戊午月(무오월)】 ☯ 하지 23일 00시 05분

양력 6	1	2	3	4	5	6	7	8	9	10	11	12	13	14	15	16	17	18	19	20	21	22	23	24	25	26	27	28	29	30
요일	월	화	수	목	금	토	일	월	화	수	목	금	토	일	월	화	수	목	금	토	일	월	화	수	목	금	토	일	월	화
일진 日辰	庚申	辛酉	壬戌	癸亥	甲子	乙丑	丙寅	丁卯	戊辰	己巳	庚午	辛未	壬申	癸酉	甲戌	乙亥	丙子	丁丑	戊寅	己卯	庚辰	辛巳	壬午	癸未	甲申	乙酉	丙戌	丁亥	戊子	己丑
음력 (05/06 ~ 윤5/06)	6	7	8	9	10	11	12	13	14	15	16	17	18	19	20	21	22	23	24	25	26	27	28	29	윤5	2	3	4	5	6
대운 남	8	9	9	9	10	10	망	1	1	1	1	2	2	2	3	3	3	4	4	4	5	5	하	6	6	6	7	7	7	8
대운 여	2	2	1	1	1	1	종	10	10	9	9	9	8	8	8	7	7	7	6	6	6	5	지	5	4	4	4	3	3	3

한식(4월07일), 초복(7월21일), 중복(7월31일), 말복(8월10일) 춘사(春社)3/21
추사(秋社)9/27
토왕지절(土旺之節):4월18일,7월21일,10월21일,신년1월19일,(양력)

1903 癸卯年

소서 8일 17시 37분 【음6월】 ➡ **【己未月(기미월)】** ☯ 대서 24일 10시 59분

양력 7 / 음력 윤5/07 ~ 06/08	양력	1	2	3	4	5	6	7	8	9	10	11	12	13	14	15	16	17	18	19	20	21	22	23	24	25	26	27	28	29	30	31
	요일	수	목	금	토	일	월	화	수	목	금	토	일	월	화	수	목	금	토	일	월	화	수	목	금	토	일	월	화	수	목	금
	일진 日辰	庚寅	辛卯	壬辰	癸巳	甲午	乙未	丙申	丁酉	戊戌	己亥	庚子	辛丑	壬寅	癸卯	甲辰	乙巳	丙午	丁未	戊申	己酉	庚戌	辛亥	壬子	癸丑	甲寅	乙卯	丙辰	丁巳	戊午	己未	庚申
	음력	7	8	9	10	11	12	13	14	15	16	17	18	19	20	21	22	23	24	25	26	27	28	29	6/1	2	3	4	5	6	7	8
대운	남	8	8	9	9	9	10	10	소	1	1	1	1	2	2	2	3	3	3	4	4	4	5	5	대	6	6	6	7	7	7	8
대운	여	2	2	2	1	1	1	1	서	10	10	10	9	9	9	8	8	8	7	7	7	6	6	6	서	5	5	4	4	4	3	3

입추 9일 03시 16분 【음7월】 ➡ **【庚申月(경신월)】** ☯ 처서 24일 17시 42분

양력 8 / 음력 06/09 ~ 07/09	양력	1	2	3	4	5	6	7	8	9	10	11	12	13	14	15	16	17	18	19	20	21	22	23	24	25	26	27	28	29	30	31
	요일	토	일	월	화	수	목	금	토	일	월	화	수	목	금	토	일	월	화	수	목	금	토	일	월	화	수	목	금	토	일	월
	일진 日辰	辛酉	壬戌	癸亥	甲子	乙丑	丙寅	丁卯	戊辰	己巳	庚午	辛未	壬申	癸酉	甲戌	乙亥	丙子	丁丑	戊寅	己卯	庚辰	辛巳	壬午	癸未	甲申	乙酉	丙戌	丁亥	戊子	己丑	庚寅	辛卯
	음력	9	10	11	12	13	14	15	16	17	18	19	20	21	22	23	24	25	26	27	28	29	30	7/1	2	3	4	5	6	7	8	9
대운	남	8	8	9	9	9	10	10	10	입	1	1	1	1	2	2	2	3	3	3	4	4	4	5	처	5	6	6	6	7	7	7
대운	여	3	2	2	2	1	1	1	1	추	10	10	9	9	9	8	8	8	7	7	7	6	6	6	서	5	5	4	4	4	3	3

백로 9일 05시 42분 【음8월】 ➡ **【辛酉月(신유월)】** ☯ 추분 24일 14시 44분

양력 9 / 음력 07/10 ~ 08/10	양력	1	2	3	4	5	6	7	8	9	10	11	12	13	14	15	16	17	18	19	20	21	22	23	24	25	26	27	28	29	30
	요일	화	수	목	금	토	일	월	화	수	목	금	토	일	월	화	수	목	금	토	일	월	화	수	목	금	토	일	월	화	수
	일진 日辰	壬辰	癸巳	甲午	乙未	丙申	丁酉	戊戌	己亥	庚子	辛丑	壬寅	癸卯	甲辰	乙巳	丙午	丁未	戊申	己酉	庚戌	辛亥	壬子	癸丑	甲寅	乙卯	丙辰	丁巳	戊午	己未	庚申	辛酉
	음력	10	11	12	13	14	15	16	17	18	19	20	21	22	23	24	25	26	27	28	29	8/1	2	3	4	5	6	7	8	9	10
대운	남	8	8	8	9	9	9	10	10	백	1	1	1	1	2	2	2	3	3	3	4	4	4	5	추	5	6	6	6	7	7
대운	여	3	2	2	2	1	1	1	1	로	10	9	9	9	8	8	8	7	7	7	6	6	6	5	분	5	4	4	4	3	3

한로 9일 20시 42분 【음9월】 ➡ **【壬戌月(임술월)】** ☯ 상강 24일 23시 23분

양력 10 / 음력 08/11 ~ 09/12	양력	1	2	3	4	5	6	7	8	9	10	11	12	13	14	15	16	17	18	19	20	21	22	23	24	25	26	27	28	29	30	31
	요일	목	금	토	일	월	화	수	목	금	토	일	월	화	수	목	금	토	일	월	화	수	목	금	토	일	월	화	수	목	금	토
	일진 日辰	壬戌	癸亥	甲子	乙丑	丙寅	丁卯	戊辰	己巳	庚午	辛未	壬申	癸酉	甲戌	乙亥	丙子	丁丑	戊寅	己卯	庚辰	辛巳	壬午	癸未	甲申	乙酉	丙戌	丁亥	戊子	己丑	庚寅	辛卯	壬辰
	음력	11	12	13	14	15	16	17	18	19	20	21	22	23	24	25	26	27	28	29	9/1	2	3	4	5	6	7	8	9	10	11	12
대운	남	7	8	8	8	9	9	9	10	한	1	1	1	1	2	2	2	3	3	3	4	4	4	5	상	5	6	6	6	7	7	7
대운	여	3	2	2	2	1	1	1	1	로	10	9	9	9	8	8	8	7	7	7	6	6	6	5	강	5	4	4	4	3	3	3

입동 8일 23시 13분 【음10월】 ➡ **【癸亥月(계해월)】** ☯ 소설 23일 20시 22분

양력 11 / 음력 09/13 ~ 10/12	양력	1	2	3	4	5	6	7	8	9	10	11	12	13	14	15	16	17	18	19	20	21	22	23	24	25	26	27	28	29	30
	요일	일	월	화	수	목	금	토	일	월	화	수	목	금	토	일	월	화	수	목	금	토	일	월	화	수	목	금	토	일	월
	일진 日辰	癸巳	甲午	乙未	丙申	丁酉	戊戌	己亥	庚子	辛丑	壬寅	癸卯	甲辰	乙巳	丙午	丁未	戊申	己酉	庚戌	辛亥	壬子	癸丑	甲寅	乙卯	丙辰	丁巳	戊午	己未	庚申	辛酉	壬戌
	음력	13	14	15	16	17	18	19	20	21	22	23	24	25	26	27	28	29	30	10/1	2	3	4	5	6	7	8	9	10	11	12
대운	남	8	8	8	9	9	9	10	입	1	1	1	1	2	2	2	3	3	3	4	4	4	5	소	5	6	6	6	7	7	7
대운	여	2	2	2	1	1	1	1	동	10	9	9	9	8	8	8	7	7	7	6	6	6	5	설	5	4	4	4	3	3	3

대설 8일 15시 35분 【음11월】 ➡ **【甲子月(갑자월)】** ☯ 동지 23일 09시 21분

양력 12 / 음력 10/13 ~ 11/13	양력	1	2	3	4	5	6	7	8	9	10	11	12	13	14	15	16	17	18	19	20	21	22	23	24	25	26	27	28	29	30	31
	요일	화	수	목	금	토	일	월	화	수	목	금	토	일	월	화	수	목	금	토	일	월	화	수	목	금	토	일	월	화	수	목
	일진 日辰	癸亥	甲子	乙丑	丙寅	丁卯	戊辰	己巳	庚午	辛未	壬申	癸酉	甲戌	乙亥	丙子	丁丑	戊寅	己卯	庚辰	辛巳	壬午	癸未	甲申	乙酉	丙戌	丁亥	戊子	己丑	庚寅	辛卯	壬辰	癸巳
	음력	13	14	15	16	17	18	19	20	21	22	23	24	25	26	27	28	29	30	11/1	2	3	4	5	6	7	8	9	10	11	12	13
대운	남	8	8	8	9	9	9	10	대	1	1	1	1	2	2	2	3	3	3	4	4	4	5	동	5	6	6	6	7	7	7	8
대운	여	2	2	2	1	1	1	1	설	10	9	9	9	8	8	8	7	7	7	6	6	6	5	지	5	4	4	4	3	3	3	2

단기 4237 年
불기 2448 年

1904년

상원 甲辰年 납음(覆燈火),본명성(六白金)

대장군(子북방), 삼살(남방), 상문(午남방), 조객(寅동북방),납음(복등화), 삼재(인,묘,진)　臘享(납향):1905년1월20일(음12/15)

소한 7일 02시 37분　【음12월】 ➡　**【乙丑月(을축월)】** ☯　대한 21일 19시 58분

양력 1 / 음력 11/14 ▮ 12/15

양력	1	2	3	4	5	6	7	8	9	10	11	12	13	14	15	16	17	18	19	20	21	22	23	24	25	26	27	28	29	30	31
요일	금	토	일	월	화	수	목	금	토	일	월	화	수	목	금	토	일	월	화	수	목	금	토	일	월	화	수	목	금	토	일
일진 日辰	甲午	乙未	丙申	丁酉	戊戌	己亥	庚子	辛丑	壬寅	癸卯	甲辰	乙巳	丙午	丁未	戊申	己酉	庚戌	辛亥	壬子	癸丑	甲寅	乙卯	丙辰	丁巳	戊午	己未	庚申	辛酉	壬戌	癸亥	甲子
음력	14	15	16	17	18	19	20	21	22	23	24	25	26	27	28	29	12/1	2	3	4	5	6	7	8	9	10	11	12	13	14	15
대운 남	8	8	9	9	9	10	소	1	1	1	1	2	2	2	3	3	3	4	4	4	대	5	5	6	6	6	7	7	7	8	8
대운 여	2	2	1	1	1	1	한	9	9	9	8	8	8	7	7	7	6	6	6	5	한	5	4	4	4	3	3	3	2	2	2

입춘 5일 14시 24분　【음1월】 ➡　**【丙寅月(병인월)】** ☯　우수 20일 10시 25분

양력 2 / 음력 12/16 ▮ 01/14

양력	1	2	3	4	5	6	7	8	9	10	11	12	13	14	15	16	17	18	19	20	21	22	23	24	25	26	27	28	29
요일	월	화	수	목	금	토	일	월	화	수	목	금	토	일	월	화	수	목	금	토	일	월	화	수	목	금	토	일	월
일진 日辰	乙丑	丙寅	丁卯	戊辰	己巳	庚午	辛未	壬申	癸酉	甲戌	乙亥	丙子	丁丑	戊寅	己卯	庚辰	辛巳	壬午	癸未	甲申	乙酉	丙戌	丁亥	戊子	己丑	庚寅	辛卯	壬辰	癸巳
음력	16	17	18	19	20	21	22	23	24	25	26	27	28	29	30	1/1	2	3	4	5	6	7	8	9	10	11	12	13	14
대운 남	8	9	9	9	입	10	9	9	9	8	8	8	7	7	7	6	6	6	5	우	5	4	4	4	3	3	3	2	2
대운 여	1	1	1	1	춘	1	1	1	1	2	2	2	3	3	3	4	4	4	5	수	5	6	6	6	7	7	7	8	8

甲辰年

경칩 6일 08시 52분　【음2월】 ➡　**【丁卯月(정묘월)】** ☯　춘분 21일 09시 59분

양력 3 / 음력 01/15 ▮ 02/15

양력	1	2	3	4	5	6	7	8	9	10	11	12	13	14	15	16	17	18	19	20	21	22	23	24	25	26	27	28	29	30	31
요일	화	수	목	금	토	일	월	화	수	목	금	토	일	월	화	수	목	금	토	일	월	화	수	목	금	토	일	월	화	수	목
일진 日辰	甲午	乙未	丙申	丁酉	戊戌	己亥	庚子	辛丑	壬寅	癸卯	甲辰	乙巳	丙午	丁未	戊申	己酉	庚戌	辛亥	壬子	癸丑	甲寅	乙卯	丙辰	丁巳	戊午	己未	庚申	辛酉	壬戌	癸亥	甲子
음력	15	16	17	18	19	20	21	22	23	24	25	26	27	28	29	30	2/1	2	3	4	5	6	7	8	9	10	11	12	13	14	15
대운 남	2	1	1	1	1	경	10	9	9	9	8	8	8	7	7	7	6	6	6	5	춘	5	4	4	4	3	3	3	2	2	2
대운 여	8	9	9	9	10	칩	1	1	1	1	2	2	2	3	3	3	4	4	4	5	분	5	6	6	6	7	7	7	8	8	8

청명 5일 14시 19분　【음3월】 ➡　**【戊辰月(무진월)】** ☯　곡우 20일 21시 42분

양력 4 / 음력 02/16 ▮ 03/15

양력	1	2	3	4	5	6	7	8	9	10	11	12	13	14	15	16	17	18	19	20	21	22	23	24	25	26	27	28	29	30
요일	금	토	일	월	화	수	목	금	토	일	월	화	수	목	금	토	일	월	화	수	목	금	토	일	월	화	수	목	금	토
일진 日辰	乙丑	丙寅	丁卯	戊辰	己巳	庚午	辛未	壬申	癸酉	甲戌	乙亥	丙子	丁丑	戊寅	己卯	庚辰	辛巳	壬午	癸未	甲申	乙酉	丙戌	丁亥	戊子	己丑	庚寅	辛卯	壬辰	癸巳	甲午
음력	16	17	18	19	20	21	22	23	24	25	26	27	28	29	30	3/1	2	3	4	5	6	7	8	9	10	11	12	13	14	15
대운 남	1	1	1	1	청	10	10	9	9	9	8	8	8	7	7	7	6	6	6	곡	5	5	4	4	4	3	3	3	2	2
대운 여	9	9	9	10	명	1	1	1	1	2	2	2	3	3	3	4	4	4	5	우	5	6	6	6	7	7	7	8	8	8

입하 6일 08시 19분　【음4월】 ➡　**【己巳月(기사월)】** ☯　소만 21일 21시 29분

양력 5 / 음력 03/16 ▮ 04/17

양력	1	2	3	4	5	6	7	8	9	10	1	12	13	14	15	16	17	18	19	20	21	22	23	24	25	26	27	28	29	30	31
요일	일	월	화	수	목	금	토	일	월	화	수	목	금	토	일	월	화	수	목	금	토	일	월	화	수	목	금	토	일	월	화
일진 日辰	乙未	丙申	丁酉	戊戌	己亥	庚子	辛丑	壬寅	癸卯	甲辰	乙巳	丙午	丁未	戊申	己酉	庚戌	辛亥	壬子	癸丑	甲寅	乙卯	丙辰	丁巳	戊午	己未	庚申	辛酉	壬戌	癸亥	甲子	乙丑
음력	16	17	18	19	20	21	22	23	24	25	26	27	28	29	4/1	2	3	4	5	6	7	8	9	10	11	12	13	14	15	16	17
대운 남	2	1	1	1	1	입	10	10	9	9	9	8	8	8	7	7	7	6	6	6	소	5	5	4	4	4	3	3	3	2	2
대운 여	9	9	9	10	10	하	1	1	1	1	2	2	2	3	3	3	4	4	4	5	만	5	6	6	6	7	7	7	8	8	8

망종 6일 16시 01분　【음5월】 ➡　**【庚午月(경오월)】** ☯　하지 22일 05시 51분

양력 6 / 음력 04/18 ▮ 05/17

양력	1	2	3	4	5	6	7	8	9	10	11	12	13	14	15	16	17	18	19	20	21	22	23	24	25	26	27	28	29	30
요일	수	목	금	토	일	월	화	수	목	금	토	일	월	화	수	목	금	토	일	월	화	수	목	금	토	일	월	화	수	목
일진 日辰	丙寅	丁卯	戊辰	己巳	庚午	辛未	壬申	癸酉	甲戌	乙亥	丙子	丁丑	戊寅	己卯	庚辰	辛巳	壬午	癸未	甲申	乙酉	丙戌	丁亥	戊子	己丑	庚寅	辛卯	壬辰	癸巳	甲午	乙未
음력	18	19	20	21	22	23	24	25	26	27	28	29	30	5/1	2	3	4	5	6	7	8	9	10	11	12	13	14	15	16	17
대운 남	2	1	1	1	1	망	10	10	9	9	9	8	8	8	7	7	7	6	6	6	5	하	5	4	4	4	3	3	3	2
대운 여	9	9	9	10	10	종	1	1	1	1	2	2	2	3	3	3	4	4	4	5	5	지	6	6	6	7	7	7	8	8

한식(4월06일), 초복(7월15일), 중복(7월25일), 말복(8월14일) ☂춘사(春社)3/25
☀추사(秋社)9/21土王토왕지절(土旺之節):4월17일,7월20일,10월21일,신년1월18일,(양력)臘享(납향):1월20일신년(양)

1904 甲辰年

소서 7일 23시 32분 【음6월】 ➡ 【辛未月(신미월)】 ☯ 대서 23일 16시 50분

양력 7 / 음력 05/04 – 06/19

양력	1	2	3	4	5	6	7	8	9	10	11	12	13	14	15	16	17	18	19	20	21	22	23	24	25	26	27	28	29	30	31
요일	금	토	일	월	화	수	목	금	토	일	월	화	수	목	금	토	일	월	화	수	목	금	토	일	월	화	수	목	금	토	일
일진 日辰	丙申	丁酉	戊戌	己亥	庚子	辛丑	壬寅	癸卯	甲辰	乙巳	丙午	丁未	戊申	己酉	庚戌	辛亥	壬子	癸丑	甲寅	乙卯	丙辰	丁巳	戊午	己未	庚申	辛酉	壬戌	癸亥	甲子	乙丑	丙寅
음력	18	19	20	21	22	23	24	25	26	27	28	29	6/1	2	3	4	5	6	7	8	9	10	11	12	13	14	15	16	17	18	19
대운 남	2	2	1	1	1	1	소	10	10	10	9	9	9	8	8	8	7	7	7	6	6	6	대	5	5	4	4	4	3	3	3
대운 여	8	9	9	9	10	10	서	1	1	1	1	2	2	2	3	3	3	4	4	4	5	5	서	6	6	6	7	7	7	8	8

입추 8일 09시 12분 【음7월】 ➡ 【壬申月(임신월)】 ☯ 처서 23일 23시 36분

양력 8 / 음력 06/20 – 07/21

양력	1	2	3	4	5	6	7	8	9	10	11	12	13	14	15	16	17	18	19	20	21	22	23	24	25	26	27	28	29	30	31
요일	월	화	수	목	금	토	일	월	화	수	목	금	토	일	월	화	수	목	금	토	일	월	화	수	목	금	토	일	월	화	수
일진 日辰	丁卯	戊辰	己巳	庚午	辛未	壬申	癸酉	甲戌	乙亥	丙子	丁丑	戊寅	己卯	庚辰	辛巳	壬午	癸未	甲申	乙酉	丙戌	丁亥	戊子	己丑	庚寅	辛卯	壬辰	癸巳	甲午	乙未	丙申	丁酉
음력	20	21	22	23	24	25	26	27	28	29	7/1	2	3	4	5	6	7	8	9	10	11	12	13	14	15	16	17	18	19	20	21
대운 남	2	2	2	1	1	1	1	입	10	10	9	9	9	8	8	8	7	7	7	6	6	6	처	5	5	4	4	4	3	3	3
대운 여	8	9	9	9	10	10	10	추	1	1	1	1	2	2	2	3	3	3	4	4	4	5	서	5	6	6	6	7	7	7	8

백로 8일 11시 38분 【음8월】 ➡ 【癸酉月(계유월)】 ☯ 추분23일 20시 40분

양력 9 / 음력 07/22 – 08/21

양력	1	2	3	4	5	6	7	8	9	10	11	12	13	14	15	16	17	18	19	20	21	22	23	24	25	26	27	28	29	30
요일	목	금	토	일	월	화	수	목	금	토	일	월	화	수	목	금	토	일	월	화	수	목	금	토	일	월	화	수	목	금
일진 日辰	戊戌	己亥	庚子	辛丑	壬寅	癸卯	甲辰	乙巳	丙午	丁未	戊申	己酉	庚戌	辛亥	壬子	癸丑	甲寅	乙卯	丙辰	丁巳	戊午	己未	庚申	辛酉	壬戌	癸亥	甲子	乙丑	丙寅	丁卯
음력	22	23	24	25	26	27	28	29	30	8/1	2	3	4	5	6	7	8	9	10	11	12	13	14	15	16	17	18	19	20	21
대운 남	2	2	2	1	1	1	1	백	10	10	9	9	9	8	8	8	7	7	7	6	6	6	추	5	5	4	4	4	3	3
대운 여	8	8	9	9	9	10	10	로	1	1	1	1	2	2	2	3	3	3	4	4	4	5	분	5	6	6	6	7	7	7

한로 9일 02시 36분 【음9월】 ➡ 【甲戌月(갑술월)】 ☯ 상강 24일 05시 19분

양력 10 / 음력 08/22 – 09/23

양력	1	2	3	4	5	6	7	8	9	10	11	12	13	14	15	16	17	18	19	20	21	22	23	24	25	26	27	28	29	30	31
요일	토	일	월	화	수	목	금	토	일	월	화	수	목	금	토	일	월	화	수	목	금	토	일	월	화	수	목	금	토	일	월
일진 日辰	戊辰	己巳	庚午	辛未	壬申	癸酉	甲戌	乙亥	丙子	丁丑	戊寅	己卯	庚辰	辛巳	壬午	癸未	甲申	乙酉	丙戌	丁亥	戊子	己丑	庚寅	辛卯	壬辰	癸巳	甲午	乙未	丙申	丁酉	戊戌
음력	22	23	24	25	26	27	28	29	9/1	2	3	4	5	6	7	8	9	10	11	12	13	14	15	16	17	18	19	20	21	22	23
대운 남	3	2	2	2	1	1	1	1	한	10	9	9	9	8	8	8	7	7	7	6	6	6	5	상	5	4	4	4	3	3	3
대운 여	8	8	8	9	9	9	10	10	로	1	1	1	1	2	2	2	3	3	3	4	4	4	5	강	5	6	6	6	7	7	7

입동 8일 05시 05분 【음10월】 ➡ 【乙亥月(을해월)】 ☯ 소설 23일 02시 16분

양력 11 / 음력 09/24 – 10/24

양력	1	2	3	4	5	6	7	8	9	10	11	12	13	14	15	16	17	18	19	20	21	22	23	24	25	26	27	28	29	30
요일	화	수	목	금	토	일	월	화	수	목	금	토	일	월	화	수	목	금	토	일	월	화	수	목	금	토	일	월	화	수
일진 日辰	己亥	庚子	辛丑	壬寅	癸卯	甲辰	乙巳	丙午	丁未	戊申	己酉	庚戌	辛亥	壬子	癸丑	甲寅	乙卯	丙辰	丁巳	戊午	己未	庚申	辛酉	壬戌	癸亥	甲子	乙丑	丙寅	丁卯	戊辰
음력	24	25	26	27	28	29	10/1	2	3	4	5	6	7	8	9	10	11	12	13	14	15	16	17	18	19	20	21	22	23	24
대운 남	2	2	2	1	1	1	1	입	9	9	9	8	8	8	7	7	7	6	6	6	5	5	소	4	4	4	3	3	3	2
대운 여	8	8	8	9	9	9	10	동	1	1	1	1	2	2	2	3	3	3	4	4	4	5	설	5	6	6	6	7	7	7

대설 7일 21시 25분 【음11월】 ➡ 【丙子月(병자월)】 ☯ 동지 22일 15시 14분

양력 12 / 음력 10/25 – 11/25

양력	1	2	3	4	5	6	7	8	9	10	11	12	13	14	15	16	17	18	19	20	21	22	23	24	25	26	27	28	29	30	31
요일	목	금	토	일	월	화	수	목	금	토	일	월	화	수	목	금	토	일	월	화	수	목	금	토	일	월	화	수	목	금	토
일진 日辰	己巳	庚午	辛未	壬申	癸酉	甲戌	乙亥	丙子	丁丑	戊寅	己卯	庚辰	辛巳	壬午	癸未	甲申	乙酉	丙戌	丁亥	戊子	己丑	庚寅	辛卯	壬辰	癸巳	甲午	乙未	丙申	丁酉	戊戌	己亥
음력	25	26	27	28	29	30	11/1	2	3	4	5	6	7	8	9	10	11	12	13	14	15	16	17	18	19	20	21	22	23	24	25
대운 남	2	2	1	1	1	1	대	10	9	9	9	8	8	8	7	7	7	6	6	6	5	동	5	4	4	4	3	3	3	2	2
대운 여	8	8	8	9	9	9	설	1	1	1	1	2	2	2	3	3	3	4	4	4	5	지	5	6	6	6	7	7	7	8	8

단기 4238 年
불기 2449 年

1905년 상원 乙巳年 납음(覆燈火),본명성(五黃土)

대장군(卯동방), 삼살(동방), 상문(未서남방),조객(卯동방), 납음(복등화),【삼재(해,자,축)년】 臘享(납향):1906년1월15일(음12/21)

소한 6일 08시 27분 【음12월】 ➡ 【丁丑月(정축월)】 ☯ 대한 21일 01시 52분

양력 1 (음력 11/26 ~ 12/26)	1	2	3	4	5	6	7	8	9	10	11	12	13	14	15	16	17	18	19	20	21	22	23	24	25	26	27	28	29	30	31
요일	일	월	화	수	목	금	토	일	월	화	수	목	금	토	일	월	화	수	목	금	토	일	월	화	수	목	금	토	일	월	화
일진 日辰	庚子	辛丑	壬寅	癸卯	甲辰	乙巳	丙午	丁未	戊申	己酉	庚戌	辛亥	壬子	癸丑	甲寅	乙卯	丙辰	丁巳	戊午	己未	庚申	辛酉	壬戌	癸亥	甲子	乙丑	丙寅	丁卯	戊辰	己巳	庚午
음력	26	27	28	29	30	12/1	2	3	4	5	6	7	8	9	10	11	12	13	14	15	16	17	18	19	20	21	22	23	24	25	26
대운 남	2	1	1	1	1	소	9	9	9	8	8	8	7	7	7	6	6	6	5	5	대	4	4	4	3	3	3	2	2	2	1
대운 여	8	9	9	9	10	한	1	1	1	1	2	2	2	3	3	3	4	4	4	5	한	5	6	6	6	7	7	7	8	8	8

입춘 4일 20시 16분 【음1월】 ➡ 【戊寅月(무인월)】 ☯ 우수 19일 16시 21분

양력 2 (음력 12/27 ~ 01/25)	1	2	3	4	5	6	7	8	9	10	11	12	13	14	15	16	17	18	19	20	21	22	23	24	25	26	27	28
요일	수	목	금	토	일	월	화	수	목	금	토	일	월	화	수	목	금	토	일	월	화	수	목	금	토	일	월	화
일진 日辰	辛未	壬申	癸酉	甲戌	乙亥	丙子	丁丑	戊寅	己卯	庚辰	辛巳	壬午	癸未	甲申	乙酉	丙戌	丁亥	戊子	己丑	庚寅	辛卯	壬辰	癸巳	甲午	乙未	丙申	丁酉	戊戌
음력	27	28	29	1/1	2	3	4	5	6	7	8	9	10	11	12	13	14	15	16	17	18	19	20	21	22	23	24	25
대운 남	1	1	1	입	1	1	1	1	2	2	2	3	3	3	4	4	4	5	우	5	6	6	6	7	7	7	8	8
대운 여	9	9	9	춘	10	9	9	9	8	8	8	7	7	7	6	6	6	5	수	5	4	4	4	3	3	3	2	2

乙巳年

경칩 6일 14시 46분 【음2월】 ➡ 【己卯月(기묘월)】 ☯ 춘분 21일 15시 58분

양력 3 (음력 01/26 ~ 02/26)	1	2	3	4	5	6	7	8	9	10	11	12	13	14	15	16	17	18	19	20	21	22	23	24	25	26	27	28	29	30	31
요일	수	목	금	토	일	월	화	수	목	금	토	일	월	화	수	목	금	토	일	월	화	수	목	금	토	일	월	화	수	목	금
일진 日辰	己亥	庚子	辛丑	壬寅	癸卯	甲辰	乙巳	丙午	丁未	戊申	己酉	庚戌	辛亥	壬子	癸丑	甲寅	乙卯	丙辰	丁巳	戊午	己未	庚申	辛酉	壬戌	癸亥	甲子	乙丑	丙寅	丁卯	戊辰	己巳
음력	26	27	28	29	30	2/1	2	3	4	5	6	7	8	9	10	11	12	13	14	15	16	17	18	19	20	21	22	23	24	25	26
대운 남	8	9	9	9	10	경	1	1	1	1	2	2	2	3	3	3	4	4	4	5	춘	5	6	6	6	7	7	7	8	8	8
대운 여	2	1	1	1	1	칩	10	9	9	9	8	8	8	7	7	7	6	6	6	5	분	5	4	4	4	3	3	3	2	2	2

청명 5일 20시 15분 【음3월】 ➡ 【庚辰月(경진월)】 ☯ 곡우 21일 03시 44분

양력 4 (음력 02/27 ~ 03/26)	1	2	3	4	5	6	7	8	9	10	11	12	13	14	15	16	17	18	19	20	21	22	23	24	25	26	27	28	29	30
요일	토	일	월	화	수	목	금	토	일	월	화	수	목	금	토	일	월	화	수	목	금	토	일	월	화	수	목	금	토	일
일진 日辰	庚午	辛未	壬申	癸酉	甲戌	乙亥	丙子	丁丑	戊寅	己卯	庚辰	辛巳	壬午	癸未	甲申	乙酉	丙戌	丁亥	戊子	己丑	庚寅	辛卯	壬辰	癸巳	甲午	乙未	丙申	丁酉	戊戌	己亥
음력	27	28	29	30	3/1	2	3	4	5	6	7	8	9	10	11	12	13	14	15	16	17	18	19	20	21	22	23	24	25	26
대운 남	9	9	9	10	청	1	1	1	1	2	2	2	3	3	3	4	4	4	5	5	곡	6	6	6	7	7	7	8	8	8
대운 여	1	1	1	1	명	10	10	9	9	9	8	8	8	7	7	7	6	6	6	5	우	5	4	4	4	3	3	3	2	2

입하 6일 14시 14분 【음4월】 ➡ 【辛巳月(신사월)】 ☯ 소만 22일 03시 31분

양력 5 (음력 04/27 ~ 04/28)	1	2	3	4	5	6	7	8	9	10	11	12	13	14	15	16	17	18	19	20	21	22	23	24	25	26	27	28	29	30	31
요일	월	화	수	목	금	토	일	월	화	수	목	금	토	일	월	화	수	목	금	토	일	월	화	수	목	금	토	일	월	화	수
일진 日辰	庚子	辛丑	壬寅	癸卯	甲辰	乙巳	丙午	丁未	戊申	己酉	庚戌	辛亥	壬子	癸丑	甲寅	乙卯	丙辰	丁巳	戊午	己未	庚申	辛酉	壬戌	癸亥	甲子	乙丑	丙寅	丁卯	戊辰	己巳	庚午
음력	27	28	29	4/1	2	3	4	5	6	7	8	9	10	11	12	13	14	15	16	17	18	19	20	21	22	23	24	25	26	27	28
대운 남	9	9	9	10	10	입	1	1	1	1	2	2	2	3	3	3	4	4	4	5	5	소	6	6	6	7	7	7	8	8	8
대운 여	2	1	1	1	1	하	10	10	9	9	9	8	8	8	7	7	7	6	6	6	5	만	5	4	4	4	3	3	3	2	2

망종 6일 18시 54분 【음5월】 ➡ 【壬午月(임오월)】 ☯ 하지 22일 11시 51분

양력 6 (음력 04/29 ~ 05/28)	1	2	3	4	5	6	7	8	9	10	11	12	13	14	15	16	17	18	19	20	21	22	23	24	25	26	27	28	29	30
요일	목	금	토	일	월	화	수	목	금	토	일	월	화	수	목	금	토	일	월	화	수	목	금	토	일	월	화	수	목	금
일진 日辰	辛未	壬申	癸酉	甲戌	乙亥	丙子	丁丑	戊寅	己卯	庚辰	辛巳	壬午	癸未	甲申	乙酉	丙戌	丁亥	戊子	己丑	庚寅	辛卯	壬辰	癸巳	甲午	乙未	丙申	丁酉	戊戌	己亥	庚子
음력	29	30	5/1	2	3	4	5	6	7	8	9	10	11	12	13	14	15	16	17	18	19	20	21	22	23	24	25	26	27	28
대운 남	9	9	9	10	10	망	1	1	1	1	2	2	2	3	3	3	4	4	4	5	5	하	6	6	6	7	7	7	8	8
대운 여	2	1	1	1	1	종	10	10	10	9	9	9	8	8	8	7	7	7	6	6	6	지	5	5	4	4	4	3	3	3

한식(4월06일), 초복(7월20일), 중복(7월30일),
말복(8월09일)☂춘사(春社)3/20 ☀추사(秋社)9/26
토왕지절(土旺之節):4월18일,7월20일,10월21일,신년 1월18일,(신년양력)

1905 乙巳年

소서 8일 05시 20분 【음6월】 ➡ 【癸未月(계미월)】 ☯ 대서 23일 22시 46분

양력 7 (음력 05/29 ~ 06/29)	1	2	3	4	5	6	7	8	9	10	11	12	13	14	15	16	17	18	19	20	21	22	23	24	25	26	27	28	29	30	31
요일	토	일	월	화	수	목	금	토	일	월	화	수	목	금	토	일	월	화	수	목	금	토	일	월	화	수	목	금	토	일	월
일진 日辰	辛丑	壬寅	癸卯	甲辰	乙巳	丙午	丁未	戊申	己酉	庚戌	辛亥	壬子	癸丑	甲寅	乙卯	丙辰	丁巳	戊午	己未	庚申	辛酉	壬戌	癸亥	甲子	乙丑	丙寅	丁卯	戊辰	己巳	庚午	辛未
음력	29	30	6/1	2	3	4	5	6	7	8	9	10	11	12	13	14	15	16	17	18	19	20	21	22	23	24	25	26	27	28	29
대운 남	8	9	9	9	10	10	10	소	1	1	1	1	2	2	2	3	3	3	4	4	4	5	대	5	6	6	6	7	7	7	8
대운 여	2	2	2	1	1	1	1	서	10	10	9	9	9	8	8	8	7	7	7	6	6	6	서	5	5	4	4	4	3	3	3

입추 8일 14시 57분 【음7월】 ➡ 【甲申月(갑신월)】 ☯ 처서 24일 05시 29분

양력 8 (음력 07/01 ~ 08/02)	1	2	3	4	5	6	7	8	9	10	11	12	13	14	15	16	17	18	19	20	21	22	23	24	25	26	27	28	29	30	31
요일	화	수	목	금	토	일	월	화	수	목	금	토	일	월	화	수	목	금	토	일	월	화	수	목	금	토	일	월	화	수	목
일진 日辰	壬申	癸酉	甲戌	乙亥	丙子	丁丑	戊寅	己卯	庚辰	辛巳	壬午	癸未	甲申	乙酉	丙戌	丁亥	戊子	己丑	庚寅	辛卯	壬辰	癸巳	甲午	乙未	丙申	丁酉	戊戌	己亥	庚子	辛丑	壬寅
음력	7/1	2	3	4	5	6	7	8	9	10	11	12	13	14	15	16	17	18	19	20	21	22	23	24	25	26	27	28	29	8/1	2
대운 남	8	8	9	9	9	10	10	입	1	1	1	1	2	2	2	3	3	3	4	4	4	5	5	처	6	6	6	7	7	7	8
대운 여	2	2	2	1	1	1	1	추	10	10	9	9	9	8	8	8	7	7	7	6	6	6	5	서	5	4	4	4	3	3	3

백로 8일 17시 22분 【음8월】 ➡ 【乙酉月(을유월)】 ☯ 추분 24일 02시 30분

양력 9 (음력 08/03 ~ 09/02)	1	2	3	4	5	6	7	8	9	10	11	12	13	14	15	16	17	18	19	20	21	22	23	24	25	26	27	28	29	30
요일	금	토	일	월	화	수	목	금	토	일	월	화	수	목	금	토	일	월	화	수	목	금	토	일	월	화	수	목	금	토
일진 日辰	癸卯	甲辰	乙巳	丙午	丁未	戊申	己酉	庚戌	辛亥	壬子	癸丑	甲寅	乙卯	丙辰	丁巳	戊午	己未	庚申	辛酉	壬戌	癸亥	甲子	乙丑	丙寅	丁卯	戊辰	己巳	庚午	辛未	壬申
음력	3	4	5	6	7	8	9	10	11	12	13	14	15	16	17	18	19	20	21	22	23	24	25	26	27	28	29	30	9/1	2
대운 남	8	8	9	9	9	10	10	백	1	1	1	1	2	2	2	3	3	3	4	4	4	5	5	추	6	6	6	7	7	7
대운 여	2	2	2	1	1	1	1	로	10	10	9	9	9	8	8	8	7	7	7	6	6	6	5	분	5	4	4	4	3	3

한로 9일 08시 20분 【음9월】 ➡ 【丙戌月(병술월)】 ☯ 상강 24일 11시 08분

양력 10 (음력 09/03 ~ 10/04)	1	2	3	4	5	6	7	8	9	10	11	12	13	14	15	16	17	18	19	20	21	22	23	24	25	26	27	28	29	30	31
요일	일	월	화	수	목	금	토	일	월	화	수	목	금	토	일	월	화	수	목	금	토	일	월	화	수	목	금	토	일	월	화
일진 日辰	癸酉	甲戌	乙亥	丙子	丁丑	戊寅	己卯	庚辰	辛巳	壬午	癸未	甲申	乙酉	丙戌	丁亥	戊子	己丑	庚寅	辛卯	壬辰	癸巳	甲午	乙未	丙申	丁酉	戊戌	己亥	庚子	辛丑	壬寅	癸卯
음력	3	4	5	6	7	8	9	10	11	12	13	14	15	16	17	18	19	20	21	22	23	24	25	26	27	28	29	10/1	2	3	4
대운 남	8	8	8	9	9	9	10	10	한	1	1	1	1	2	2	2	3	3	3	4	4	4	5	상	5	6	6	6	7	7	7
대운 여	3	2	2	2	1	1	1	1	로	10	9	9	9	8	8	8	7	7	7	6	6	6	5	강	5	4	4	4	3	3	3

입동 8일 10시 50분 【음10월】 ➡ 【丁亥月(정해월)】 ☯ 소설 23일 08시 05분

양력 11 (음력 10/05 ~ 11/04)	1	2	3	4	5	6	7	8	9	10	11	12	13	14	15	16	17	18	19	20	21	22	23	24	25	26	27	28	29	30
요일	수	목	금	토	일	월	화	수	목	금	토	일	월	화	수	목	금	토	일	월	화	수	목	금	토	일	월	화	수	목
일진 日辰	甲辰	乙巳	丙午	丁未	戊申	己酉	庚戌	辛亥	壬子	癸丑	甲寅	乙卯	丙辰	丁巳	戊午	己未	庚申	辛酉	壬戌	癸亥	甲子	乙丑	丙寅	丁卯	戊辰	己巳	庚午	辛未	壬申	癸酉
음력	5	6	7	8	9	10	11	12	13	14	15	16	17	18	19	20	21	22	23	24	25	26	27	28	29	30	11/1	2	3	4
대운 남	8	8	9	9	9	10	10	입	1	1	1	1	2	2	2	3	3	3	4	4	4	5	소	5	6	6	6	7	7	7
대운 여	2	2	2	1	1	1	1	동	10	9	9	9	8	8	8	7	7	7	6	6	6	5	설	5	4	4	4	3	3	3

대설 8일 03시 11분 【음11월】 ➡ 【戊子月(무자월)】 ☯ 동지 22일 21시 04분

양력 12 (음력 11/05 ~ 12/06)	1	2	3	4	5	6	7	8	9	10	11	12	13	14	15	16	17	18	19	20	21	22	23	24	25	26	27	28	29	30	31
요일	금	토	일	월	화	수	목	금	토	일	월	화	수	목	금	토	일	월	화	수	목	금	토	일	월	화	수	목	금	토	일
일진 日辰	甲戌	乙亥	丙子	丁丑	戊寅	己卯	庚辰	辛巳	壬午	癸未	甲申	乙酉	丙戌	丁亥	戊子	己丑	庚寅	辛卯	壬辰	癸巳	甲午	乙未	丙申	丁酉	戊戌	己亥	庚子	辛丑	壬寅	癸卯	甲辰
음력	5	6	7	8	9	10	11	12	13	14	15	16	17	18	19	20	21	22	23	24	25	26	27	28	29	12/1	2	3	4	5	6
대운 남	8	8	8	9	9	9	10	대	1	1	1	1	2	2	2	3	3	3	4	4	4	동	5	5	6	6	6	7	7	7	8
대운 여	2	2	2	1	1	1	1	설	9	9	9	8	8	8	7	7	7	6	6	6	5	지	5	4	4	4	3	3	3	2	2

단기 4239 年 불기 2450 年	1906년	상원 丙午年 납음(天河水),본명성(四綠木) 대장군(卯동방). 삼살(北방), 상문(申서남방),조객(辰동남방), 납음(천하수), 【삼재(신,유,술)년】 臘享(납향):1907년1월22일(음12/09)

소한 6일 14시 14분 【음12월】 ➡ 【己丑月(기축월)】 ☯ 대한 21일 07시 43분

양력 1 (음력 12/07 ~ 01/07)	1	2	3	4	5	6	7	8	9	10	11	12	13	14	15	16	17	18	19	20	21	22	23	24	25	26	27	28	29	30	31
요일	월	화	수	목	금	토	일	월	화	수	목	금	토	일	월	화	수	목	금	토	일	월	화	수	목	금	토	일	월	화	수
일진 日辰	乙巳	丙午	丁未	戊申	己酉	庚戌	辛亥	壬子	癸丑	甲寅	乙卯	丙辰	丁巳	戊午	己未	庚申	辛酉	壬戌	癸亥	甲子	乙丑	丙寅	丁卯	戊辰	己巳	庚午	辛未	壬申	癸酉	甲戌	乙亥
음력	7	8	9	10	11	12	13	14	15	16	17	18	19	20	21	22	23	24	25	26	27	28	29	30	1/1	2	3	4	5	6	7
대운 남	8	8	9	9	9	소	1	1	1	1	2	2	2	3	3	3	4	4	4	5	대	5	6	6	6	7	7	7	8	8	8
대운 여	2	1	1	1	1	한	10	9	9	9	8	8	8	7	7	7	6	6	6	5	한	5	4	4	4	3	3	3	2	2	2

입춘 5일 02시 04분 【음1월】 ➡ 【庚寅月(경인월)】 ☯ 우수 19일 22시 15분

양력 2 (음력 01/08 ~ 02/06)	1	2	3	4	5	6	7	8	9	10	11	12	13	14	15	16	17	18	19	20	21	22	23	24	25	26	27	28
요일	목	금	토	일	월	화	수	목	금	토	일	월	화	수	목	금	토	일	월	화	수	목	금	토	일	월	화	수
일진 日辰	丙子	丁丑	戊寅	己卯	庚辰	辛巳	壬午	癸未	甲申	乙酉	丙戌	丁亥	戊子	己丑	庚寅	辛卯	壬辰	癸巳	甲午	乙未	丙申	丁酉	戊戌	己亥	庚子	辛丑	壬寅	癸卯
음력	8	9	10	11	12	13	14	15	16	17	18	19	20	21	22	23	24	25	26	27	28	29	2/1	2	3	4	5	6
대운 남	9	9	9	10	입	9	9	9	8	8	8	7	7	7	6	6	6	5	우	5	4	4	4	3	3	3	2	2
대운 여	1	1	1	1	춘	1	1	1	1	2	2	2	3	3	3	4	4	4	수	5	5	6	6	6	7	7	7	8

丙午年

경칩 6일 20시 36분 【음2월】 ➡ 【辛卯月(신묘월)】 ☯ 춘분 21일 21시 53분

양력 3 (음력 02/07 ~ 03/07)	1	2	3	4	5	6	7	8	9	10	11	12	13	14	15	16	17	18	19	20	21	22	23	24	25	26	27	28	29	30	31
요일	목	금	토	일	월	화	수	목	금	토	일	월	화	수	목	금	토	일	월	화	수	목	금	토	일	월	화	수	목	금	토
일진 日辰	甲辰	乙巳	丙午	丁未	戊申	己酉	庚戌	辛亥	壬子	癸丑	甲寅	乙卯	丙辰	丁巳	戊午	己未	庚申	辛酉	壬戌	癸亥	甲子	乙丑	丙寅	丁卯	戊辰	己巳	庚午	辛未	壬申	癸酉	甲戌
음력	7	8	9	10	11	12	13	14	15	16	17	18	19	20	21	22	23	24	25	26	27	28	29	30	3/1	2	3	4	5	6	7
대운 남	2	1	1	1	1	경	10	10	9	9	9	8	8	8	7	7	7	6	6	6	춘	5	5	4	4	4	3	3	3	2	2
대운 여	8	9	9	9	10	칩	1	1	1	1	2	2	2	3	3	3	4	4	4	5	분	5	6	6	6	7	7	7	8	8	8

청명 6일 02시 07분 【음3월】 ➡ 【壬辰月(임진월)】 ☯ 곡우 21일 09시 39분

양력 4 (음력 03/08 ~ 04/07)	1	2	3	4	5	6	7	8	9	10	11	12	13	14	15	16	17	18	19	20	21	22	23	24	25	26	27	28	29	30
요일	일	월	화	수	목	금	토	일	월	화	수	목	금	토	일	월	화	수	목	금	토	일	월	화	수	목	금	토	일	월
일진 日辰	乙亥	丙子	丁丑	戊寅	己卯	庚辰	辛巳	壬午	癸未	甲申	乙酉	丙戌	丁亥	戊子	己丑	庚寅	辛卯	壬辰	癸巳	甲午	乙未	丙申	丁酉	戊戌	己亥	庚子	辛丑	壬寅	癸卯	甲辰
음력	8	9	10	11	12	13	14	15	16	17	18	19	20	21	22	23	24	25	26	27	28	29	30	4/1	2	3	4	5	6	7
대운 남	2	1	1	1	1	청	10	9	9	9	8	8	8	7	7	7	6	6	6	5	곡	5	4	4	4	3	3	3	2	2
대운 여	9	9	9	10	10	명	1	1	1	1	2	2	2	3	3	3	4	4	4	5	우	5	6	6	6	7	7	7	8	8

입하 6일 20시 09분 【음4월】 ➡ 【癸巳月(계사월)】 ☯ 소만 22일 09시 25분

양력 5 (음력 04/08 ~ 윤4/09)	1	2	3	4	5	6	7	8	9	10	11	12	13	14	15	16	17	18	19	20	21	22	23	24	25	26	27	28	29	30	31
요일	화	수	목	금	토	일	월	화	수	목	금	토	일	월	화	수	목	금	토	일	월	화	수	목	금	토	일	월	화	수	목
일진 日辰	乙巳	丙午	丁未	戊申	己酉	庚戌	辛亥	壬子	癸丑	甲寅	乙卯	丙辰	丁巳	戊午	己未	庚申	辛酉	壬戌	癸亥	甲子	乙丑	丙寅	丁卯	戊辰	己巳	庚午	辛未	壬申	癸酉	甲戌	乙亥
음력	8	9	10	11	12	13	14	15	16	17	18	19	20	21	22	23	24	25	26	27	28	29	윤4	2	3	4	5	6	7	8	9
대운 남	2	1	1	1	1	입	10	10	10	9	9	9	8	8	8	7	7	7	6	6	6	소	5	5	4	4	4	3	3	3	2
대운 여	9	9	9	10	10	하	1	1	1	1	2	2	2	3	3	3	4	4	4	5	5	만	6	6	6	7	7	7	8	8	8

망종 7일 00시 49분 【음5월】 ➡ 【甲午月(갑오월)】 ☯ 하지 22일 17시 42분

양력 6 (음력 윤4/10 ~ 05/09)	1	2	3	4	5	6	7	8	9	10	11	12	13	14	15	16	17	18	19	20	21	22	23	24	25	26	27	28	29	30
요일	금	토	일	월	화	수	목	금	토	일	월	화	수	목	금	토	일	월	화	수	목	금	토	일	월	화	수	목	금	토
일진 日辰	丙子	丁丑	戊寅	己卯	庚辰	辛巳	壬午	癸未	甲申	乙酉	丙戌	丁亥	戊子	己丑	庚寅	辛卯	壬辰	癸巳	甲午	乙未	丙申	丁酉	戊戌	己亥	庚子	辛丑	壬寅	癸卯	甲辰	乙巳
음력	10	11	12	13	14	15	16	17	18	19	20	21	22	23	24	25	26	27	28	29	30	5/1	2	3	4	5	6	7	8	9
대운 남	2	2	1	1	1	1	망	10	10	9	9	9	8	8	8	7	7	7	6	6	6	하	5	5	4	4	4	3	3	3
대운 여	9	9	9	10	10	10	종	1	1	1	1	2	2	2	3	3	3	4	4	4	5	지	5	6	6	6	7	7	7	8

한식(4월6일), 초복(7월15일), 중복(7월25일), 말복(8월14일) ☂춘사(春社)3/25
☀추사(秋社)9/21
토왕지절(土旺之節):4월18일,7월21일,10월21일, 신년 1월18일,(양력)

1906 丙午年

소서 8일 11시 15분 【음6월】 ➡ 【乙未月(을미월)】 ☯ 대서 24일 04시 33분

양력 7	양력	1	2	3	4	5	6	7	8	9	10	11	12	13	14	15	16	17	18	19	20	21	22	23	24	25	26	27	28	29	30	31
	요일	일	월	화	수	목	금	토	일	월	화	수	목	금	토	일	월	화	수	목	금	토	일	월	화	수	목	금	토	일	월	화
	일진 日辰	丙午	丁未	戊申	己酉	庚戌	辛亥	壬子	癸丑	甲寅	乙卯	丙辰	丁巳	戊午	己未	庚申	辛酉	壬戌	癸亥	甲子	乙丑	丙寅	丁卯	戊辰	己巳	庚午	辛未	壬申	癸酉	甲戌	乙亥	丙子
음력 05/10 ~ 06/11	음력	10	11	12	13	14	15	16	17	18	19	20	21	22	23	24	25	26	27	28	29	6/1	2	3	4	5	6	7	8	9	10	11
대운	남	2	2	2	1	1	1	1	소	10	10	9	9	9	8	8	8	7	7	7	6	6	6	5	대	5	4	4	4	3	3	3
	여	8	8	9	9	9	10	10	서	1	1	1	1	2	2	2	3	3	3	4	4	4	5	5	서	6	6	6	7	7	7	8

입추 8일 20시 52분 【음7월】 ➡ 【丙申月(병신월)】 ☯ 처서 24일 11시 14분

양력 8	양력	1	2	3	4	5	6	7	8	9	10	11	12	13	14	15	16	17	18	19	20	21	22	23	24	25	26	27	28	29	30	31
	요일	수	목	금	토	일	월	화	수	목	금	토	일	월	화	수	목	금	토	일	월	화	수	목	금	토	일	월	화	수	목	금
	일진 日辰	丁丑	戊寅	己卯	庚辰	辛巳	壬午	癸未	甲申	乙酉	丙戌	丁亥	戊子	己丑	庚寅	辛卯	壬辰	癸巳	甲午	乙未	丙申	丁酉	戊戌	己亥	庚子	辛丑	壬寅	癸卯	甲辰	乙巳	丙午	丁未
음력 06/2 ~ 07/12	음력	12	13	14	15	16	17	18	19	20	21	22	23	24	25	26	27	28	29	30	7/1	2	3	4	5	6	7	8	9	10	11	12
대운	남	2	2	2	1	1	1	1	입	10	10	9	9	9	8	8	8	7	7	7	6	6	6	5	처	5	4	4	4	3	3	3
	여	8	8	9	9	9	10	10	추	1	1	1	1	2	2	2	3	3	3	4	4	4	5	5	서	6	6	6	7	7	7	8

백로 8일 23시 16분 【음8월】 ➡ 【丁酉月(정유월)】 ☯ 추분 24일 08시 15분

양력 9	양력	1	2	3	4	5	6	7	8	9	10	11	12	13	14	15	16	17	18	19	20	21	22	23	24	25	26	27	28	29	30
	요일	토	일	월	화	수	목	금	토	일	월	화	수	목	금	토	일	월	화	수	목	금	토	일	월	화	수	목	금	토	일
	일진 日辰	戊申	己酉	庚戌	辛亥	壬子	癸丑	甲寅	乙卯	丙辰	丁巳	戊午	己未	庚申	辛酉	壬戌	癸亥	甲子	乙丑	丙寅	丁卯	戊辰	己巳	庚午	辛未	壬申	癸酉	甲戌	乙亥	丙子	丁丑
음력 07/13 ~ 08/13	음력	13	14	15	16	17	18	19	20	21	22	23	24	25	26	27	28	29	8/1	2	3	4	5	6	7	8	9	10	11	12	13
대운	남	2	2	2	1	1	1	1	백	10	10	9	9	9	8	8	8	7	7	7	6	6	6	5	추	5	4	4	4	3	3
	여	8	8	9	9	9	10	10	로	1	1	1	1	2	2	2	3	3	3	4	4	4	5	5	분	6	6	6	7	7	7

한로 9일 14시 15분 【음9월】 ➡ 【戊戌月(무술월)】 ☯ 상강 24일 16시 56분

양력 10	양력	1	2	3	4	5	6	7	8	9	10	11	12	13	14	15	16	17	18	19	20	21	22	23	24	25	26	27	28	29	30	31
	요일	월	화	수	목	금	토	일	월	화	수	목	금	토	일	월	화	수	목	금	토	일	월	화	수	목	금	토	일	월	화	수
	일진 日辰	戊寅	己卯	庚辰	辛巳	壬午	癸未	甲申	乙酉	丙戌	丁亥	戊子	己丑	庚寅	辛卯	壬辰	癸巳	甲午	乙未	丙申	丁酉	戊戌	己亥	庚子	辛丑	壬寅	癸卯	甲辰	乙巳	丙午	丁未	戊申
음력 08/14 ~ 09/14	음력	14	15	16	17	18	19	20	21	22	23	24	25	26	27	28	29	30	9/1	2	3	4	5	6	7	8	9	10	11	12	13	14
대운	남	3	2	2	2	1	1	1	1	한	10	9	9	9	8	8	8	7	7	7	6	6	6	5	상	5	4	4	4	3	3	3
	여	8	8	8	9	9	9	10	10	로	1	1	1	1	2	2	2	3	3	3	4	4	4	5	강	5	6	6	6	7	7	7

입동 8일 16시 47분 【음10월】 ➡ 【己亥月(기해월)】 ☯ 소설 23일 13시 54분

양력 11	양력	1	2	3	4	5	6	7	8	9	10	11	12	13	14	15	16	17	18	19	20	21	22	23	24	25	26	27	28	29	30
	요일	목	금	토	일	월	화	수	목	금	토	일	월	화	수	목	금	토	일	월	화	수	목	금	토	일	월	화	수	목	금
	일진 日辰	己酉	庚戌	辛亥	壬子	癸丑	甲寅	乙卯	丙辰	丁巳	戊午	己未	庚申	辛酉	壬戌	癸亥	甲子	乙丑	丙寅	丁卯	戊辰	己巳	庚午	辛未	壬申	癸酉	甲戌	乙亥	丙子	丁丑	戊寅
음력 09/15 ~ 10/15	음력	15	16	17	18	19	20	21	22	23	24	25	26	27	28	29	10/1	2	3	4	5	6	7	8	9	10	11	12	13	14	15
대운	남	2	2	2	1	1	1	1	입	10	9	9	9	8	8	8	7	7	7	6	6	6	5	소	5	4	4	4	3	3	3
	여	8	8	8	9	9	9	10	동	1	1	1	1	2	2	2	3	3	3	4	4	4	5	설	5	6	6	6	7	7	7

대설 8일 09시 10분 【음11월】 ➡ 【庚子月(경자월)】 ☯ 동지 23일 02시 53분

양력 12	양력	1	2	3	4	5	6	7	8	9	10	11	12	13	14	15	16	17	18	19	20	21	22	23	24	25	26	27	28	29	30	31
	요일	토	일	월	화	수	목	금	토	일	월	화	수	목	금	토	일	월	화	수	목	금	토	일	월	화	수	목	금	토	일	월
	일진 日辰	己卯	庚辰	辛巳	壬午	癸未	甲申	乙酉	丙戌	丁亥	戊子	己丑	庚寅	辛卯	壬辰	癸巳	甲午	乙未	丙申	丁酉	戊戌	己亥	庚子	辛丑	壬寅	癸卯	甲辰	乙巳	丙午	丁未	戊申	己酉
음력 10/16 ~ 11/16	음력	16	17	18	19	20	21	22	23	24	25	26	27	28	29	30	11/1	2	3	4	5	6	7	8	9	10	11	12	13	14	15	16
대운	남	2	2	2	1	1	1	1	대	9	9	9	8	8	8	7	7	7	6	6	6	5	5	동	4	4	4	3	3	3	2	2
	여	8	8	8	9	9	9	10	설	1	1	1	1	2	2	2	3	3	3	4	4	4	5	지	5	6	6	6	7	7	7	8

단기 4240 年 불기 2451 年	1907년	상원(丁未年 ,납음(天河水),본명성(三碧木)
		대장군(卯동방), 삼살(酉서방), 상문(酉서방),조객(巳동남방), 납음(천하수), 【삼재(사,오,미년】 臘享(납향):1908년1월17일(음12/14)

소한 6일 20시 11분 【음12월】 ➡ **【辛丑月(신축월)】** ☯ 대한 21일 13시 31분

양력 1 음력 11/17 ~ 12/18	1	2	3	4	5	6	7	8	9	10	11	12	13	14	15	16	17	18	19	20	21	22	23	24	25	26	27	28	29	30	31
요일	화	수	목	금	토	일	월	화	수	목	금	토	일	월	화	수	목	금	토	일	월	화	수	목	금	토	일	월	화	수	목
일진 日辰	庚戌	辛亥	壬子	癸丑	甲寅	乙卯	丙辰	丁巳	戊午	己未	庚申	辛酉	壬戌	癸亥	甲子	乙丑	丙寅	丁卯	戊辰	己巳	庚午	辛未	壬申	癸酉	甲戌	乙亥	丙子	丁丑	戊寅	己卯	庚辰
음력	17	18	19	20	21	22	23	24	25	26	27	28	29	12/1	2	3	4	5	6	7	8	9	10	11	12	13	14	15	16	17	18
대운 남	2	1	1	1	1	소	10	9	9	9	8	8	8	7	7	7	6	6	6	5	대	5	4	4	4	3	3	3	2	2	2
대운 여	8	8	9	9	9	한	1	1	1	1	2	2	2	3	3	3	4	4	4	5	한	5	6	6	6	7	7	7	8	8	8

입춘 5일 07시 59분 【음1월】 ➡ **【壬寅月(임인월)】** ☯ 우수 20일 03시 58분

양력 2 음력 12/19 ~ 01/16	1	2	3	4	5	6	7	8	9	10	11	12	13	14	15	16	17	18	19	20	21	22	23	24	25	26	27	28	丁未年
요일	금	토	일	월	화	수	목	금	토	일	월	화	수	목	금	토	일	월	화	수	목	금	토	일	월	화	수	목	
일진 日辰	辛巳	壬午	癸未	甲申	乙酉	丙戌	丁亥	戊子	己丑	庚寅	辛卯	壬辰	癸巳	甲午	乙未	丙申	丁酉	戊戌	己亥	庚子	辛丑	壬寅	癸卯	甲辰	乙巳	丙午	丁未	戊申	
음력	19	20	21	22	23	24	25	26	27	28	29	30	1/1	2	3	4	5	6	7	8	9	10	11	12	13	14	15	16	
대운 남	1	1	1	1	입	1	1	1	1	2	2	2	3	3	3	4	4	4	5	우	5	6	6	6	7	7	7	8	
대운 여	9	9	9	10	춘	10	9	9	9	8	8	8	7	7	7	6	6	6	5	수	5	4	4	4	3	3	3	2	

경칩 7일 02시 27분 【음2월】 ➡ **【癸卯月(계묘월)】** ☯ 춘분 22일 03시 33분

양력 3 음력 01/17 ~ 02/18	1	2	3	4	5	6	7	8	9	10	11	12	13	14	15	16	17	18	19	20	21	22	23	24	25	26	27	28	29	30	31
요일	금	토	일	월	화	수	목	금	토	일	월	화	수	목	금	토	일	월	화	수	목	금	토	일	월	화	수	목	금	토	일
일진 日辰	己酉	庚戌	辛亥	壬子	癸丑	甲寅	乙卯	丙辰	丁巳	戊午	己未	庚申	辛酉	壬戌	癸亥	甲子	乙丑	丙寅	丁卯	戊辰	己巳	庚午	辛未	壬申	癸酉	甲戌	乙亥	丙子	丁丑	戊寅	己卯
음력	17	18	19	20	21	22	23	24	25	26	27	28	29	2/1	2	3	4	5	6	7	8	9	10	11	12	13	14	15	16	17	18
대운 남	8	8	9	9	9	10	경	1	1	1	1	2	2	2	3	3	3	4	4	4	5	춘	5	6	6	6	7	7	7	8	8
대운 여	2	2	1	1	1	1	칩	10	9	9	9	8	8	8	7	7	7	6	6	6	5	분	5	4	4	4	3	3	3	2	2

청명 6일 07시 55분 【음3월】 ➡ **【甲辰月(갑진월)】** ☯ 곡우 21일 15시 57분

양력 4 음력 02/19 ~ 03/18	1	2	3	4	5	6	7	8	9	10	11	12	13	14	15	16	17	18	19	20	21	22	23	24	25	26	27	28	29	30
요일	월	화	수	목	금	토	일	월	화	수	목	금	토	일	월	화	수	목	금	토	일	월	화	수	목	금	토	일	월	화
일진 日辰	庚辰	辛巳	壬午	癸未	甲申	乙酉	丙戌	丁亥	戊子	己丑	庚寅	辛卯	壬辰	癸巳	甲午	乙未	丙申	丁酉	戊戌	己亥	庚子	辛丑	壬寅	癸卯	甲辰	乙巳	丙午	丁未	戊申	己酉
음력	19	20	21	22	23	24	25	26	27	28	29	30	3/1	2	3	4	5	6	7	8	9	10	11	12	13	14	15	16	17	18
대운 남	8	9	9	9	10	청	1	1	1	1	2	2	2	3	3	3	4	4	4	5	곡	5	6	6	6	7	7	7	8	8
대운 여	2	1	1	1	1	명	10	10	9	9	9	8	8	8	7	7	7	6	6	6	우	5	5	4	4	4	3	3	3	2

입하 7일 01시 54분 【음4월】 ➡ **【乙巳月(을사월)】** ☯ 소만 22일 15시 03분

양력 5 음력 03/19 ~ 04/20	1	2	3	4	5	6	7	8	9	10	11	12	13	14	15	16	17	18	19	20	21	22	23	24	25	26	27	28	29	30	31
요일	수	목	금	토	일	월	화	수	목	금	토	일	월	화	수	목	금	토	일	월	화	수	목	금	토	일	월	화	수	목	금
일진 日辰	庚戌	辛亥	壬子	癸丑	甲寅	乙卯	丙辰	丁巳	戊午	己未	庚申	辛酉	壬戌	癸亥	甲子	乙丑	丙寅	丁卯	戊辰	己巳	庚午	辛未	壬申	癸酉	甲戌	乙亥	丙子	丁丑	戊寅	己卯	庚辰
음력	19	20	21	22	23	24	25	26	27	28	29	4/1	2	3	4	5	6	7	8	9	10	11	12	13	14	15	16	17	18	19	20
대운 남	8	9	9	9	10	10	입	1	1	1	1	2	2	2	3	3	3	4	4	4	5	소	5	6	6	6	7	7	7	8	8
대운 여	2	2	1	1	1	1	하	10	10	9	9	9	8	8	8	7	7	7	6	6	6	만	5	5	4	4	4	3	3	3	2

망종 7일 06시 33분 【음5월】 ➡ **【丙午月(병오월)】** ☯ 하지 22일 23시 23분

양력 6 음력 04/21 ~ 05/20	1	2	3	4	5	6	7	8	9	10	11	12	13	14	15	16	17	18	19	20	21	22	23	24	25	26	27	28	29	30
요일	토	일	월	화	수	목	금	토	일	월	화	수	목	금	토	일	월	화	수	목	금	토	일	월	화	수	목	금	토	일
일진 日辰	辛巳	壬午	癸未	甲申	乙酉	丙戌	丁亥	戊子	己丑	庚寅	辛卯	壬辰	癸巳	甲午	乙未	丙申	丁酉	戊戌	己亥	庚子	辛丑	壬寅	癸卯	甲辰	乙巳	丙午	丁未	戊申	己酉	庚戌
음력	21	22	23	24	25	26	27	28	29	30	5/1	2	3	4	5	6	7	8	9	10	11	12	13	14	15	16	17	18	19	20
대운 남	8	9	9	9	10	10	망	1	1	1	1	2	2	2	3	3	3	4	4	4	5	하	5	6	6	6	7	7	7	8
대운 여	2	2	1	1	1	1	종	10	10	9	9	9	8	8	8	7	7	7	6	6	6	지	5	5	4	4	4	3	3	3

한식(4월7일), 초복(7월20일), 중복(7월25일), 말복(8월9일)☂춘사(春社)3/20
☀추사(秋社)9/26
토왕지절(土旺之節):4월18일,7월21일,10월21일, 신년 1월18일,(양력)

1907 丁未年

소서 8일 16시 59분 【음6월】 ➡ **【丁未月(정미월)】** ☯ 대서 24일 10시 18분

양력 7 (음력 05/21 ~ 06/22)		1	2	3	4	5	6	7	8	9	10	11	12	13	14	15	16	17	18	19	20	21	22	23	24	25	26	27	28	29	30	31
요일		월	화	수	목	금	토	일	월	화	수	목	금	토	일	월	화	수	목	금	토	일	월	화	수	목	금	토	일	월	화	수
일진 日辰		辛亥	壬子	癸丑	甲寅	乙卯	丙辰	丁巳	戊午	己未	庚申	辛酉	壬戌	癸亥	甲子	乙丑	丙寅	丁卯	戊辰	己巳	庚午	辛未	壬申	癸酉	甲戌	乙亥	丙子	丁丑	戊寅	己卯	庚辰	辛巳
음력		21	22	23	24	25	26	27	28	29	6/1	2	3	4	5	6	7	8	9	10	11	12	13	14	15	16	17	18	19	20	21	22
대운	남	8	9	9	9	10	10	10	소	1	1	1	1	2	2	2	3	3	3	4	4	4	5	5	대	6	6	6	7	7	7	8
	여	2	2	2	1	1	1	1	서	10	10	10	9	9	9	8	8	8	7	7	7	6	6	6	서	5	5	4	4	4	3	3

입추 9일 02시 36분 【음7월】 ➡ **【戊申月(무신월)】** ☯ 처서 24일 17시 03분

양력 8 (음력 06/23 ~ 07/23)		1	2	3	4	5	6	7	8	9	10	11	12	13	14	15	16	17	18	19	20	21	22	23	24	25	26	27	28	29	30	31
요일		목	금	토	일	월	화	수	목	금	토	일	월	화	수	목	금	토	일	월	화	수	목	금	토	일	월	화	수	목	금	토
일진 日辰		壬午	癸未	甲申	乙酉	丙戌	丁亥	戊子	己丑	庚寅	辛卯	壬辰	癸巳	甲午	乙未	丙申	丁酉	戊戌	己亥	庚子	辛丑	壬寅	癸卯	甲辰	乙巳	丙午	丁未	戊申	己酉	庚戌	辛亥	壬子
음력		23	24	25	26	27	28	29	30	7/1	2	3	4	5	6	7	8	9	10	11	12	13	14	15	16	17	18	19	20	21	22	23
대운	남	8	8	9	9	9	10	10	10	입	1	1	1	1	2	2	2	3	3	3	4	4	4	5	처	5	6	6	6	7	7	7
	여	3	2	2	2	1	1	1	1	추	10	10	9	9	9	8	8	8	7	7	7	6	6	6	서	5	5	4	4	4	3	3

백로 9일 05시 02분 【음8월】 ➡ **【己酉月(기유월)】** ☯ 추분 24일 14시 09분

양력 9 (음력 07/24 ~ 08/23)		1	2	3	4	5	6	7	8	9	10	11	12	13	14	15	16	17	18	19	20	21	22	23	24	25	26	27	28	29	30
요일		일	월	화	수	목	금	토	일	월	화	수	목	금	토	일	월	화	수	목	금	토	일	월	화	수	목	금	토	일	월
일진 日辰		癸丑	甲寅	乙卯	丙辰	丁巳	戊午	己未	庚申	辛酉	壬戌	癸亥	甲子	乙丑	丙寅	丁卯	戊辰	己巳	庚午	辛未	壬申	癸酉	甲戌	乙亥	丙子	丁丑	戊寅	己卯	庚辰	辛巳	壬午
음력		24	25	26	27	28	29	30	8/1	2	3	4	5	6	7	8	9	10	11	12	13	14	15	16	17	18	19	20	21	22	23
대운	남	8	8	8	9	9	9	10	10	백	1	1	1	1	2	2	2	3	3	3	4	4	4	5	추	5	6	6	6	7	7
	여	3	2	2	2	1	1	1	1	로	10	9	9	9	8	8	8	7	7	7	6	6	6	5	분	5	4	4	4	3	3

한로 9일 20시 03분 【음9월】 ➡ **【庚戌月(경술월)】** ☯ 상강 24일 22시 52분

양력 10 (음력 08/24 ~ 09/25)		1	2	3	4	5	6	7	8	9	10	11	12	13	14	15	16	17	18	19	20	21	22	23	24	25	26	27	28	29	30	31
요일		화	수	목	금	토	일	월	화	수	목	금	토	일	월	화	수	목	금	토	일	월	화	수	목	금	토	일	월	화	수	목
일진 日辰		癸未	甲申	乙酉	丙戌	丁亥	戊子	己丑	庚寅	辛卯	壬辰	癸巳	甲午	乙未	丙申	丁酉	戊戌	己亥	庚子	辛丑	壬寅	癸卯	甲辰	乙巳	丙午	丁未	戊申	己酉	庚戌	辛亥	壬子	癸丑
음력		24	25	26	27	28	29	9/1	2	3	4	5	6	7	8	9	10	11	12	13	14	15	16	17	18	19	20	21	22	23	24	25
대운	남	7	8	8	8	9	9	9	10	한	1	1	1	1	2	2	2	3	3	3	4	4	4	5	상	5	6	6	6	7	7	7
	여	3	2	2	2	1	1	1	1	로	10	9	9	9	8	8	8	7	7	7	6	6	6	5	강	5	4	4	4	3	3	3

입동 8일 22시 36분 【음10월】 ➡ **【辛亥月(신해월)】** ☯ 소설 23일 19시 52분

양력 11 (음력 09/26 ~ 10/25)		1	2	3	4	5	6	7	8	9	10	11	12	13	14	15	16	17	18	19	20	21	22	23	24	25	26	27	28	29	30
요일		금	토	일	월	화	수	목	금	토	일	월	화	수	목	금	토	일	월	화	수	목	금	토	일	월	화	수	목	금	토
일진 日辰		甲寅	乙卯	丙辰	丁巳	戊午	己未	庚申	辛酉	壬戌	癸亥	甲子	乙丑	丙寅	丁卯	戊辰	己巳	庚午	辛未	壬申	癸酉	甲戌	乙亥	丙子	丁丑	戊寅	己卯	庚辰	辛巳	壬午	癸未
음력		26	27	28	29	30	10/1	2	3	4	5	6	7	8	9	10	11	12	13	14	15	16	17	18	19	20	21	22	23	24	25
대운	남	8	8	8	9	9	9	10	입	1	1	1	1	2	2	2	3	3	3	4	4	4	5	소	5	6	6	6	7	7	7
	여	2	2	2	1	1	1	1	동	10	9	9	9	8	8	8	7	7	7	6	6	6	5	설	5	4	4	4	3	3	3

대설 8일 15시 00분 【음11월】 ➡ **【壬子月(임자월)】** ☯ 동지 23일 08시 52분

양력 12 (음력 10/26 ~ 12/27)		1	2	3	4	5	6	7	8	9	10	11	12	13	14	15	16	17	18	19	20	21	22	23	24	25	26	27	28	29	30	31
요일		일	월	화	수	목	금	토	일	월	화	수	목	금	토	일	월	화	수	목	금	토	일	월	화	수	목	금	토	일	월	화
일진 日辰		甲申	乙酉	丙戌	丁亥	戊子	己丑	庚寅	辛卯	壬辰	癸巳	甲午	乙未	丙申	丁酉	戊戌	己亥	庚子	辛丑	壬寅	癸卯	甲辰	乙巳	丙午	丁未	戊申	己酉	庚戌	辛亥	壬子	癸丑	甲寅
음력		26	27	28	29	11/1	2	3	4	5	6	7	8	9	10	11	12	13	14	15	16	17	18	19	20	21	22	23	24	25	26	27
대운	남	8	8	8	9	9	9	10	대	1	1	1	1	2	2	2	3	3	3	4	4	4	5	동	5	6	6	6	7	7	7	8
	여	2	2	2	1	1	1	1	설	10	9	9	9	8	8	8	7	7	7	6	6	6	5	지	5	4	4	4	3	3	3	2

단기 4241 年 | 불기 2452 年

1908년 상원 戊申年 납음(大驛土),본명성(二黑土)

대장군(午남방), 삼살(남방), 상문(戌서북방), 조객(午남방),납음(대역토), 삼재(인,묘,진)년 臘享(납향):1909년1월11일(음12/20)

원숭이

소한 7일 02시 01분 【음12월】 ➡ 【癸丑月(계축월)】 ☯ 대한 21일 19시 28분

양력 1 · 음력 11/28 ~ 12/28

양력	1	2	3	4	5	6	7	8	9	10	11	12	13	14	15	16	17	18	19	20	21	22	23	24	25	26	27	28	29	30	31
요일	수	목	금	토	일	월	화	수	목	금	토	일	월	화	수	목	금	토	일	월	화	수	목	금	토	일	월	화	수	목	금
일진 日辰	乙卯	丙辰	丁巳	戊午	己未	庚申	辛酉	壬戌	癸亥	甲子	乙丑	丙寅	丁卯	戊辰	己巳	庚午	辛未	壬申	癸酉	甲戌	乙亥	丙子	丁丑	戊寅	己卯	庚辰	辛巳	壬午	癸未	甲申	乙酉
음력	28	29	30	12/1	2	3	4	5	6	7	8	9	10	11	12	13	14	15	16	17	18	19	20	21	22	23	24	25	26	27	28
대운 남	8	8	9	9	9	10	소	1	1	1	1	2	2	2	3	3	3	4	4	4	대	5	5	6	6	6	7	7	7	8	8
대운 여	2	2	1	1	1	1	한	9	9	9	8	8	8	7	7	7	6	6	6	5	한	5	4	4	4	3	3	3	2	2	2

입춘 5일 13시 47분 【음1월】 ➡ 【甲寅月(갑인월)】 ☯ 우수 20일 09시 54분

양력 2 · 음력 12/29 ~ 01/28

양력	1	2	3	4	5	6	7	8	9	10	11	12	13	14	15	16	17	18	19	20	21	22	23	24	25	26	27	28	29
요일	토	일	월	화	수	목	금	토	일	월	화	수	목	금	토	일	월	화	수	목	금	토	일	월	화	수	목	금	토
일진 日辰	丙戌	丁亥	戊子	己丑	庚寅	辛卯	壬辰	癸巳	甲午	乙未	丙申	丁酉	戊戌	己亥	庚子	辛丑	壬寅	癸卯	甲辰	乙巳	丙午	丁未	戊申	己酉	庚戌	辛亥	壬子	癸丑	甲寅
음력	29	1/1	2	3	4	5	6	7	8	9	10	11	12	13	14	15	16	17	18	19	20	21	22	23	24	25	26	27	28
대운 남	9	9	9	10	입	9	9	9	9	8	8	8	7	7	7	6	6	6	5	우	4	4	4	3	3	3	2	2	2
대운 여	1	1	1	1	춘	1	1	1	1	2	2	2	3	3	3	4	4	4	5	수	5	6	6	6	7	7	7	8	8

戊申年

경칩 6일 08시 14분 【음2월】 ➡ 【乙卯月(을묘월)】 ☯ 춘분 21일 09시 27분

양력 3 · 음력 01/29 ~ 02/29

양력	1	2	3	4	5	6	7	8	9	10	11	12	13	14	15	16	17	18	19	20	21	22	23	24	25	26	27	28	29	30	31
요일	일	월	화	수	목	금	토	일	월	화	수	목	금	토	일	월	화	수	목	금	토	일	월	화	수	목	금	토	일	월	화
일진 日辰	乙卯	丙辰	丁巳	戊午	己未	庚申	辛酉	壬戌	癸亥	甲子	乙丑	丙寅	丁卯	戊辰	己巳	庚午	辛未	壬申	癸酉	甲戌	乙亥	丙子	丁丑	戊寅	己卯	庚辰	辛巳	壬午	癸未	甲申	乙酉
음력	29	30	2/1	2	3	4	5	6	7	8	9	10	11	12	13	14	15	16	17	18	19	20	21	22	23	24	25	26	27	28	29
대운 남	1	1	1	1	1	소	10	9	9	9	8	8	8	7	7	7	6	6	6	5	춘	5	4	4	4	3	3	3	2	2	2
대운 여	8	9	9	9	10	한	1	1	1	1	2	2	2	3	3	3	4	4	4	5	분	5	6	6	6	7	7	7	8	8	8

청명 5일 13시 40분 【음3월】 ➡ 【丙辰月(병진월)】 ☯ 곡우 20일 21시 11분

양력 4 · 음력 03/01 ~ 04/01

양력	1	2	3	4	5	6	7	8	9	10	11	12	13	14	15	16	17	18	19	20	21	22	23	24	25	26	27	28	29	30
요일	수	목	금	토	일	월	화	수	목	금	토	일	월	화	수	목	금	토	일	월	화	수	목	금	토	일	월	화	수	목
일진 日辰	丙戌	丁亥	戊子	己丑	庚寅	辛卯	壬辰	癸巳	甲午	乙未	丙申	丁酉	戊戌	己亥	庚子	辛丑	壬寅	癸卯	甲辰	乙巳	丙午	丁未	戊申	己酉	庚戌	辛亥	壬子	癸丑	甲寅	乙卯
음력	3/1	2	3	4	5	6	7	8	9	10	11	12	13	14	15	16	17	18	19	20	21	22	23	24	25	26	27	28	29	4/1
대운 남	1	1	1	1	청	10	10	9	9	9	8	8	8	7	7	7	6	6	6	곡	5	5	4	4	4	3	3	3	2	2
대운 여	9	9	9	10	명	1	1	1	1	2	2	2	3	3	3	4	4	4	5	우	5	6	6	6	7	7	7	8	8	8

입하 6일 07시 38분 【음4월】 ➡ 【丁巳月(정사월)】 ☯ 소만 21일 20시 58분

양력 5 · 음력 04/02 ~ 05/02

양력	1	2	3	4	5	6	7	8	9	10	11	12	13	14	15	16	17	18	19	20	21	22	23	24	25	26	27	28	29	30	31
요일	금	토	일	월	화	수	목	금	토	일	월	화	수	목	금	토	일	월	화	수	목	금	토	일	월	화	수	목	금	토	일
일진 日辰	丙辰	丁巳	戊午	己未	庚申	辛酉	壬戌	癸亥	甲子	乙丑	丙寅	丁卯	戊辰	己巳	庚午	辛未	壬申	癸酉	甲戌	乙亥	丙子	丁丑	戊寅	己卯	庚辰	辛巳	壬午	癸未	甲申	乙酉	丙戌
음력	2	3	4	5	6	7	8	9	10	11	12	13	14	15	16	17	18	19	20	21	22	23	24	25	26	27	28	29	30	5/1	2
대운 남	2	1	1	1	1	입	10	10	9	9	9	8	8	8	7	7	7	6	6	6	소	5	5	4	4	4	3	3	3	2	2
대운 여	9	9	9	10	10	하	1	1	1	1	2	2	2	3	3	3	4	4	4	5	만	5	6	6	6	7	7	7	8	8	8

망종 6일 12시 19분 【음5월】 ➡ 【戊午月(무오월)】 ☯ 하지 22일 05시 19분

양력 6 · 음력 05/03 ~ 06/02

양력	1	2	3	4	5	6	7	8	9	10	11	12	13	14	15	16	17	18	19	20	21	22	23	24	25	26	27	28	29	30
요일	월	화	수	목	금	토	일	월	화	수	목	금	토	일	월	화	수	목	금	토	일	월	화	수	목	금	토	일	월	화
일진 日辰	丁亥	戊子	己丑	庚寅	辛卯	壬辰	癸巳	甲午	乙未	丙申	丁酉	戊戌	己亥	庚子	辛丑	壬寅	癸卯	甲辰	乙巳	丙午	丁未	戊申	己酉	庚戌	辛亥	壬子	癸丑	甲寅	乙卯	丙辰
음력	3	4	5	6	7	8	9	10	11	12	13	14	15	16	17	18	19	20	21	22	23	24	25	26	27	28	29	30	6/1	2
대운 남	2	1	1	1	1	망	10	10	9	9	9	8	8	8	7	7	7	6	6	6	5	하	5	4	4	4	3	3	3	2
대운 여	9	9	9	10	10	종	1	1	1	1	2	2	2	3	3	3	4	4	4	5	5	지	6	6	6	7	7	7	8	8

한식(4월06일),초복(7월14일),중복(7월24일),말복(8월13일)
☂춘사(春社)3/24☀추사(秋社)9/20
토왕지절(土旺之節):4월17일,7월20일,10월21일, 신년 1월18일,(양력)

1908 戊申年

소서 7일 22시 48분 【음6월】 ➡ 【己未月(기미월)】 ☯ 대서 23일 16시 14분

양력 7 / 음력 06/03 - 07/04

양력	1	2	3	4	5	6	7	8	9	10	11	12	13	14	15	16	17	18	19	20	21	22	23	24	25	26	27	28	29	30	31
요일	수	목	금	토	일	월	화	수	목	금	토	일	월	화	수	목	금	토	일	월	화	수	목	금	토	일	월	화	수	목	금
일진 日辰	丁巳	戊午	己未	庚申	辛酉	壬戌	癸亥	甲子	乙丑	丙寅	丁卯	戊辰	己巳	庚午	辛未	壬申	癸酉	甲戌	乙亥	丙子	丁丑	戊寅	己卯	庚辰	辛巳	壬午	癸未	甲申	乙酉	丙戌	丁亥
음력	3	4	5	6	7	8	9	10	11	12	13	14	15	16	17	18	19	20	21	22	23	24	25	26	27	28	29	7/1	2	3	4
대운 남	2	2	1	1	1	1	소	10	10	10	9	9	9	8	8	8	7	7	7	6	6	6	대	5	5	4	4	4	3	3	3
대운 여	8	9	9	9	10	10	서	1	1	1	1	2	2	2	3	3	3	4	4	4	5	5	서	6	6	6	7	7	7	8	8

입추 8일 08시 27분 【음7월】 ➡ 【庚申月(경신월)】 ☯ 처서 23일 22시 57분

양력 8 / 음력 07/05 - 08/05

양력	1	2	3	4	5	6	7	8	9	10	11	12	13	14	15	16	17	18	19	20	21	22	23	24	25	26	27	28	29	30	31
요일	토	일	월	화	수	목	금	토	일	월	화	수	목	금	토	일	월	화	수	목	금	토	일	월	화	수	목	금	토	일	월
일진 日辰	戊子	己丑	庚寅	辛卯	壬辰	癸巳	甲午	乙未	丙申	丁酉	戊戌	己亥	庚子	辛丑	壬寅	癸卯	甲辰	乙巳	丙午	丁未	戊申	己酉	庚戌	辛亥	壬子	癸丑	甲寅	乙卯	丙辰	丁巳	戊午
음력	5	6	7	8	9	10	11	12	13	14	15	16	17	18	19	20	21	22	23	24	25	26	27	28	29	30	8/1	2	3	4	5
대운 남	2	2	2	1	1	1	1	입	10	10	9	9	9	8	8	8	7	7	7	6	6	6	처	5	5	4	4	4	3	3	3
대운 여	8	9	9	9	10	10	10	추	1	1	1	1	2	2	2	3	3	3	4	4	4	5	서	5	6	6	6	7	7	7	8

백로 8일 10시 52분 【8월】 ➡ 【辛酉月(신유월)】 ☯ 추분 23일 19시 58분

양력 9 / 음력 08/06 - 09/06

양력	1	2	3	4	5	6	7	8	9	10	11	12	13	14	15	16	17	18	19	20	21	22	23	24	25	26	27	28	29	30
요일	화	수	목	금	토	일	월	화	수	목	금	토	일	월	화	수	목	금	토	일	월	화	수	목	금	토	일	월	화	수
일진 日辰	己未	庚申	辛酉	壬戌	癸亥	甲子	乙丑	丙寅	丁卯	戊辰	己巳	庚午	辛未	壬申	癸酉	甲戌	乙亥	丙子	丁丑	戊寅	己卯	庚辰	辛巳	壬午	癸未	甲申	乙酉	丙戌	丁亥	戊子
음력	6	7	8	9	10	11	12	13	14	15	16	17	18	19	20	21	22	23	24	25	26	27	28	29	9/1	2	3	4	5	6
대운 남	2	2	2	1	1	1	1	백	10	10	9	9	9	8	8	8	7	7	7	6	6	6	추	5	5	4	4	4	3	3
대운 여	8	9	9	9	9	10	10	로	1	1	1	1	2	2	2	3	3	3	4	4	4	5	분	5	6	6	6	7	7	7

한로 9일 01시 51분 【음9월】 ➡ 【壬戌月(임술월)】 ☯ 상강 24일 04시 37분

양력 10 / 음력 08/10 - 10/07

양력	1	2	3	4	5	6	7	8	9	10	11	12	13	14	15	16	17	18	19	20	21	22	23	24	25	26	27	28	29	30	31
요일	목	금	토	일	월	화	수	목	금	토	일	월	화	수	목	금	토	일	월	화	수	목	금	토	일	월	화	수	목	금	토
일진 日辰	己丑	庚寅	辛卯	壬辰	癸巳	甲午	乙未	丙申	丁酉	戊戌	己亥	庚子	辛丑	壬寅	癸卯	甲辰	乙巳	丙午	丁未	戊申	己酉	庚戌	辛亥	壬子	癸丑	甲寅	乙卯	丙辰	丁巳	戊午	己未
음력	7	8	9	10	11	12	13	14	15	16	17	18	19	20	21	22	23	24	25	26	27	28	29	30	10/1	2	3	4	5	6	7
대운 남	3	2	2	2	1	1	1	1	한	10	9	9	9	8	8	8	7	7	7	6	6	6	5	상	5	4	4	4	3	3	3
대운 여	8	8	8	9	9	9	10	10	로	1	1	1	1	2	2	2	3	3	3	4	4	4	5	강	5	6	6	6	7	7	7

입동 8일 04시 22분 【음10월】 ➡ 【癸亥月(계해월)】 ☯ 소설 23일 01시 35분

양력 11 / 음력 10/08 - 11/07

양력	1	2	3	4	5	6	7	8	9	10	11	12	13	14	15	16	17	18	19	20	21	22	23	24	25	26	27	28	29	30
요일	일	월	화	수	목	금	토	일	월	화	수	목	금	토	일	월	화	수	목	금	토	일	월	화	수	목	금	토	일	월
일진 日辰	庚申	辛酉	壬戌	癸亥	甲子	乙丑	丙寅	丁卯	戊辰	己巳	庚午	辛未	壬申	癸酉	甲戌	乙亥	丙子	丁丑	戊寅	己卯	庚辰	辛巳	壬午	癸未	甲申	乙酉	丙戌	丁亥	戊子	己丑
음력	8	9	10	11	12	13	14	15	16	17	18	19	20	21	22	23	24	25	26	27	28	29	30	11/1	2	3	4	5	6	7
대운 남	2	2	2	1	1	1	1	입	9	9	9	8	8	8	7	7	7	6	6	6	5	5	소	4	4	4	3	3	3	2
대운 여	8	8	8	9	9	9	10	동	1	1	1	1	2	2	2	3	3	3	4	4	4	5	설	5	6	6	6	7	7	7

대설 7일 20시 44분 【음11월】 ➡ 【甲子月(갑자월)】 ☯ 동지 22일 14시 34분

양력 12 / 음력 11/08 - 12/09

양력	1	2	3	4	5	6	7	8	9	10	11	12	13	14	15	16	17	18	19	20	21	22	23	24	25	26	27	28	29	30	31
요일	화	수	목	금	토	일	월	화	수	목	금	토	일	월	화	수	목	금	토	일	월	화	수	목	금	토	일	월	화	수	목
일진 日辰	庚寅	辛卯	壬辰	癸巳	甲午	乙未	丙申	丁酉	戊戌	己亥	庚子	辛丑	壬寅	癸卯	甲辰	乙巳	丙午	丁未	戊申	己酉	庚戌	辛亥	壬子	癸丑	甲寅	乙卯	丙辰	丁巳	戊午	己未	庚申
음력	8	9	10	11	12	13	14	15	16	17	18	19	20	21	22	23	24	25	26	27	28	29	12/1	2	3	4	5	6	7	8	9
대운 남	2	2	1	1	1	1	대	10	9	9	9	8	8	8	7	7	7	6	6	6	5	동	5	4	4	4	3	3	3	2	2
대운 여	8	8	8	9	9	9	설	1	1	1	1	2	2	2	3	3	3	4	4	4	5	지	5	6	6	6	7	7	7	8	8

단기 4242 年
불기 2453 年

1909년

상원 **己酉年** 납음(大驛土),본명성(一白水)

대장군(午남방), 삼살(동방), 상문(亥서북방),조객(未서남방),납음(대역토),【삼재(해,자,축)년】 臘享(납향):1910년1월18일(음12/08)

닭 

소한 6일 07시 45분 【음12월】 ➡ **【乙丑月(을축월)】** ☯ 대한 21일 01시 11분

양력 1	양력	1	2	3	4	5	6	7	8	9	10	11	12	13	14	15	16	17	18	19	20	21	22	23	24	25	26	27	28	29	30	31
	요일	금	토	일	월	화	수	목	금	토	일	월	화	수	목	금	토	일	월	화	수	목	금	토	일	월	화	수	목	금	토	일
	일진 日辰	辛酉	壬戌	癸亥	甲子	乙丑	丙寅	丁卯	戊辰	己巳	庚午	辛未	壬申	癸酉	甲戌	乙亥	丙子	丁丑	戊寅	己卯	庚辰	辛巳	壬午	癸未	甲申	乙酉	丙戌	丁亥	戊子	己丑	庚寅	辛卯
음력 12/10 ~ 01/10	음력	10	11	12	13	14	15	16	17	18	19	20	21	22	23	24	25	26	27	28	29	30	1/1	2	3	4	5	6	7	8	9	10
대운	남	2	1	1	1	1	소	9	9	9	8	8	8	7	7	7	6	6	6	5	5	대	4	4	4	3	3	3	2	2	2	1
	여	8	9	9	9	10	한	1	1	1	1	2	2	2	3	3	3	4	4	4	5	한	5	6	6	6	7	7	7	8	8	8

입춘 4일 19시 33분 【음1월】 ➡ **【丙寅月(병인월)】** ☯ 우수 19일 15시 38분

양력 2	양력	1	2	3	4	5	6	7	8	9	10	11	12	13	14	15	16	17	18	19	20	21	22	23	24	25	26	27	28
	요일	월	화	수	목	금	토	일	월	화	수	목	금	토	일	월	화	수	목	금	토	일	월	화	수	목	금	토	일
	일진 日辰	壬辰	癸巳	甲午	乙未	丙申	丁酉	戊戌	己亥	庚子	辛丑	壬寅	癸卯	甲辰	乙巳	丙午	丁未	戊申	己酉	庚戌	辛亥	壬子	癸丑	甲寅	乙卯	丙辰	丁巳	戊午	己未
음력 01/11 ~ 02/09	음력	11	12	13	14	15	16	17	18	19	20	21	22	23	24	25	26	27	28	29	2/1	2	3	4	5	6	7	8	9
대운	남	1	1	1	입	1	1	1	1	2	2	2	3	3	3	4	4	4	5	우	5	6	6	6	7	7	7	8	8
	여	9	9	9	춘	10	9	9	9	8	8	8	7	7	7	6	6	6	5	수	5	4	4	4	3	3	3	2	2

己酉年

경칩 6일 14시 01분 【음2월】 ➡ **【丁卯月(정묘월)】** ☯ 춘분 21일 15시 13분

양력 3	양력	1	2	3	4	5	6	7	8	9	10	11	12	13	14	15	16	17	18	19	20	21	22	23	24	25	26	27	28	29	30	31
	요일	월	화	수	목	금	토	일	월	화	수	목	금	토	일	월	화	수	목	금	토	일	월	화	수	목	금	토	일	월	화	수
	일진 日辰	庚申	辛酉	壬戌	癸亥	甲子	乙丑	丙寅	丁卯	戊辰	己巳	庚午	辛未	壬申	癸酉	甲戌	乙亥	丙子	丁丑	戊寅	己卯	庚辰	辛巳	壬午	癸未	甲申	乙酉	丙戌	丁亥	戊子	己丑	庚寅
음력 02/10 ~ 윤2/10	음력	10	11	12	13	14	15	16	17	18	19	20	21	22	23	24	25	26	27	28	29	30	윤2	2	3	4	5	6	7	8	9	10
대운	남	8	9	9	9	10	경	1	1	1	1	2	2	2	3	3	3	4	4	4	5	춘	5	6	6	6	7	7	7	8	8	8
	여	2	1	1	1	1	칩	10	9	9	9	8	8	8	7	7	7	6	6	6	5	분	5	4	4	4	3	3	3	2	2	2

청명 5일 19시 30분 【음3월】 ➡ **【戊辰月(무진월)】** ☯ 곡우 21일 02시 58분

양력 4	양력	1	2	3	4	5	6	7	8	9	10	11	12	13	14	15	16	17	18	19	20	21	22	23	24	25	26	27	28	29	30
	요일	목	금	토	일	월	화	수	목	금	토	일	월	화	수	목	금	토	일	월	화	수	목	금	토	일	월	화	수	목	금
	일진 日辰	辛卯	壬辰	癸巳	甲午	乙未	丙申	丁酉	戊戌	己亥	庚子	辛丑	壬寅	癸卯	甲辰	乙巳	丙午	丁未	戊申	己酉	庚戌	辛亥	壬子	癸丑	甲寅	乙卯	丙辰	丁巳	戊午	己未	庚申
음력 윤2/11 ~ 0311	음력	11	12	13	14	15	16	17	18	19	20	21	22	23	24	25	26	27	28	29	3/1	2	3	4	5	6	7	8	9	10	11
대운	남	9	9	9	10	청	1	1	1	1	2	2	2	3	3	3	4	4	4	5	5	곡	6	6	6	7	7	7	8	8	8
	여	1	1	1	1	명	10	10	9	9	9	8	8	8	7	7	7	6	6	6	5	우	5	4	4	4	3	3	3	2	2

입하 6일 13시 31분 【음4월】 ➡ **【己巳月(기사월)】** ☯ 소만 22일 02시 45분

양력 5	양력	1	2	3	4	5	6	7	8	9	10	11	12	13	14	15	16	17	18	19	20	21	22	23	24	25	26	27	28	29	30	31
	요일	토	일	월	화	수	목	금	토	일	월	화	수	목	금	토	일	월	화	수	목	금	토	일	월	화	수	목	금	토	일	월
	일진 日辰	辛酉	壬戌	癸亥	甲子	乙丑	丙寅	丁卯	戊辰	己巳	庚午	辛未	壬申	癸酉	甲戌	乙亥	丙子	丁丑	戊寅	己卯	庚辰	辛巳	壬午	癸未	甲申	乙酉	丙戌	丁亥	戊子	己丑	庚寅	辛卯
음력 03/12 ~ 04/13	음력	12	13	14	15	16	17	18	19	20	21	22	23	24	25	26	27	28	29	4/1	2	3	4	5	6	7	8	9	10	11	12	13
대운	남	9	9	9	10	10	입	1	1	1	1	2	2	2	3	3	3	4	4	4	5	5	소	6	6	6	7	7	7	8	8	8
	여	2	1	1	1	1	하	10	10	9	9	9	8	8	8	7	7	7	6	6	6	5	만	5	4	4	4	3	3	3	2	2

망종 6일 18시 14분 【음5월】 ➡ **【庚午月(경오월)】** ☯ 하지 22일 11시 06분

양력 6	양력	1	2	3	4	5	6	7	8	9	10	11	12	13	14	15	16	17	18	19	20	21	22	23	24	25	26	27	28	29	30
	요일	화	수	목	금	토	일	월	화	수	목	금	토	일	월	화	수	목	금	토	일	월	화	수	목	금	토	일	월	화	수
	일진 日辰	壬辰	癸巳	甲午	乙未	丙申	丁酉	戊戌	己亥	庚子	辛丑	壬寅	癸卯	甲辰	乙巳	丙午	丁未	戊申	己酉	庚戌	辛亥	壬子	癸丑	甲寅	乙卯	丙辰	丁巳	戊午	己未	庚申	辛酉
음력 04/14 ~ 05/13	음력	14	15	16	17	18	19	20	21	22	23	24	25	26	27	28	29	30	5/1	2	3	4	5	6	7	8	9	10	11	12	13
대운	남	9	9	9	10	10	망	1	1	1	1	2	2	2	3	3	3	4	4	4	5	5	하	6	6	6	7	7	7	8	8
	여	2	1	1	1	1	종	10	10	10	9	9	9	8	8	8	7	7	7	6	6	6	지	5	5	4	4	4	3	3	3

한식(4월06일), 초복(7월19일), 중복(7월29일), 말복(8월8일)☂춘사(春社)3/19
☀추사(秋社)9/25토왕지절(土旺之節):4월18일,7월20일,10월21일,
신년 1월18일,(양력) 臘享(납향):음12/08

1909 己酉年

소서 8일 04시 44분 【음6월】➡ 【辛未月(신미월)】 ☯ 대서 23일 22시 01분

양력 7 (음력 05/14~06/15)	1	2	3	4	5	6	7	8	9	10	11	12	13	14	15	16	17	18	19	20	21	22	23	24	25	26	27	28	29	30	31
요일	목	금	토	일	월	화	수	목	금	토	일	월	화	수	목	금	토	일	월	화	수	목	금	토	일	월	화	수	목	금	토
일진 日辰	壬戌	癸亥	甲子	乙丑	丙寅	丁卯	戊辰	己巳	庚午	辛未	壬申	癸酉	甲戌	乙亥	丙子	丁丑	戊寅	己卯	庚辰	辛巳	壬午	癸未	甲申	乙酉	丙戌	丁亥	戊子	己丑	庚寅	辛卯	壬辰
음력	14	15	16	17	18	19	20	21	22	23	24	25	26	27	28	29	6/1	2	3	4	5	6	7	8	9	10	11	12	13	14	15
대운 남	8	8	9	9	9	10	10	소	1	1	1	1	2	2	2	3	3	3	4	4	4	5	대	5	6	6	6	7	7	7	8
대운 여	2	2	2	1	1	1	1	서	10	10	9	9	9	8	8	8	7	7	7	6	6	6	서	5	5	4	4	4	3	3	3

입추 8일 14시 23분 【음7월】➡ 【壬申月(임신월)】 ☯ 처서 24일 04시 44분

양력 8 (음력 06/16~07/6)	1	2	3	4	5	6	7	8	9	10	11	12	13	14	15	16	17	18	19	20	21	22	23	24	25	26	27	28	29	30	31
요일	일	월	화	수	목	금	토	일	월	화	수	목	금	토	일	월	화	수	목	금	토	일	월	화	수	목	금	토	일	월	화
일진 日辰	癸巳	甲午	乙未	丙申	丁酉	戊戌	己亥	庚子	辛丑	壬寅	癸卯	甲辰	乙巳	丙午	丁未	戊申	己酉	庚戌	辛亥	壬子	癸丑	甲寅	乙卯	丙辰	丁巳	戊午	己未	庚申	辛酉	壬戌	癸亥
음력	16	17	18	19	20	21	22	23	24	25	26	27	28	29	30	7/1	2	3	4	5	6	7	8	9	10	11	12	13	14	15	16
대운 남	8	8	9	9	9	10	10	입	1	1	1	1	2	2	2	3	3	3	4	4	4	5	5	처	6	6	6	7	7	7	8
대운 여	2	2	2	1	1	1	1	추	10	10	9	9	9	8	8	8	7	7	7	6	6	6	5	서	5	4	4	4	3	3	3

백로 8일 16시 47분 【음8월】➡ 【癸酉月(계유월)】 ☯ 추분 24일 01시 45분

양력 9 (음력 07/17~08/17)	1	2	3	4	5	6	7	8	9	10	11	12	13	14	15	16	17	18	19	20	21	22	23	24	25	26	27	28	29	30
요일	수	목	금	토	일	월	화	수	목	금	토	일	월	화	수	목	금	토	일	월	화	수	목	금	토	일	월	화	수	목
일진 日辰	甲子	乙丑	丙寅	丁卯	戊辰	己巳	庚午	辛未	壬申	癸酉	甲戌	乙亥	丙子	丁丑	戊寅	己卯	庚辰	辛巳	壬午	癸未	甲申	乙酉	丙戌	丁亥	戊子	己丑	庚寅	辛卯	壬辰	癸巳
음력	17	18	19	20	21	22	23	24	25	26	27	28	29	8/1	2	3	4	5	6	7	8	9	10	11	12	13	14	15	16	17
대운 남	8	8	9	9	9	10	10	백	1	1	1	1	2	2	2	3	3	3	4	4	4	5	5	추	6	6	6	7	7	7
대운 여	2	2	2	1	1	1	1	로	10	10	9	9	9	8	8	8	7	7	7	6	6	6	5	분	5	4	4	4	3	3

한로 9일 07시 43분 【음9월】➡ 【甲戌月(갑술월)】 ☯ 상강 24일 10시 23분

양력 10 (음력 08/18~09/18)	1	2	3	4	5	6	7	8	9	10	11	12	13	14	15	16	17	18	19	20	21	22	23	24	25	26	27	28	29	30	31
요일	금	토	일	월	화	수	목	금	토	일	월	화	수	목	금	토	일	월	화	수	목	금	토	일	월	화	수	목	금	토	일
일진 日辰	甲午	乙未	丙申	丁酉	戊戌	己亥	庚子	辛丑	壬寅	癸卯	甲辰	乙巳	丙午	丁未	戊申	己酉	庚戌	辛亥	壬子	癸丑	甲寅	乙卯	丙辰	丁巳	戊午	己未	庚申	辛酉	壬戌	癸亥	甲子
음력	18	19	20	21	22	23	24	25	26	27	28	29	30	9/1	2	3	4	5	6	7	8	9	10	11	12	13	14	15	16	17	18
대운 남	8	8	8	9	9	9	10	10	한	1	1	1	1	2	2	2	3	3	3	4	4	4	5	상	5	6	6	6	7	7	7
대운 여	3	2	2	2	1	1	1	1	로	10	9	9	9	8	8	8	7	7	7	6	6	6	5	강	5	4	4	4	3	3	3

입동 8일 10시 13분 【음10월】➡ 【乙亥月(을해월)】 ☯ 소설 23일 07시 20분

양력 11 (음력 09/19~10/18)	1	2	3	4	5	6	7	8	9	10	11	12	13	14	15	16	17	18	19	20	21	22	23	24	25	26	27	28	29	30
요일	월	화	수	목	금	토	일	월	화	수	목	금	토	일	월	화	수	목	금	토	일	월	화	수	목	금	토	일	월	화
일진 日辰	乙丑	丙寅	丁卯	戊辰	己巳	庚午	辛未	壬申	癸酉	甲戌	乙亥	丙子	丁丑	戊寅	己卯	庚辰	辛巳	壬午	癸未	甲申	乙酉	丙戌	丁亥	戊子	己丑	庚寅	辛卯	壬辰	癸巳	甲午
음력	19	20	21	22	23	24	25	26	27	28	29	30	10/1	2	3	4	5	6	7	8	9	10	11	12	13	14	15	16	17	18
대운 남	8	8	8	9	9	9	10	입	1	1	1	1	2	2	2	3	3	3	4	4	4	5	소	5	6	6	6	7	7	7
대운 여	2	2	2	1	1	1	1	동	10	9	9	9	8	8	8	7	7	7	6	6	6	5	설	5	4	4	4	3	3	3

대설 8일 02시 35분 【음11월】➡ 【丙子月(병자월)】 ☯ 동지 22일 20시 20분

양력 12 (음력 10/19~11/19)	1	2	3	4	5	6	7	8	9	10	11	12	13	14	15	16	17	18	19	20	21	22	23	24	25	26	27	28	29	30	31
요일	수	목	금	토	일	월	화	수	목	금	토	일	월	화	수	목	금	토	일	월	화	수	목	금	토	일	월	화	수	목	금
일진 日辰	乙未	丙申	丁酉	戊戌	己亥	庚子	辛丑	壬寅	癸卯	甲辰	乙巳	丙午	丁未	戊申	己酉	庚戌	辛亥	壬子	癸丑	甲寅	乙卯	丙辰	丁巳	戊午	己未	庚申	辛酉	壬戌	癸亥	甲子	乙丑
음력	19	20	21	22	23	24	25	26	27	28	29	30	11/1	2	3	4	5	6	7	8	9	10	11	12	13	14	15	16	17	18	19
대운 남	8	8	8	9	9	9	10	대	1	1	1	1	2	2	2	3	3	3	4	4	4	동	5	5	6	6	6	7	7	7	8
대운 여	2	2	2	1	1	1	1	설	9	9	9	8	8	8	7	7	7	6	6	6	5	지	5	4	4	4	3	3	3	2	2

단기 4243 年	1910년	상원 庚戌年 납음(釵釧金),본명성(九紫火)
불기 2454 年		대장군(午남방), 삼살(北방), 상문(子북방),조객(申서남방), 납음(차천금),【삼재(신,유,술)년】 臘享(납향):1911년1월25일(음12/25)

소한 6일 13시 38분 【음12월】 ➡ 【丁丑月(정축월)】 ☯ 대한 21일 06시 59분

양력 1 (음력 11/20~12/21) 양력	1	2	3	4	5	6	7	8	9	10	11	12	13	14	15	16	17	18	19	20	21	22	23	24	25	26	27	28	29	30	31
요일	토	일	월	화	수	목	금	토	일	월	화	수	목	금	토	일	월	화	수	목	금	토	일	월	화	수	목	금	토	일	월
일진 日辰	丙寅	丁卯	戊辰	己巳	庚午	辛未	壬申	癸酉	甲戌	乙亥	丙子	丁丑	戊寅	己卯	庚辰	辛巳	壬午	癸未	甲申	乙酉	丙戌	丁亥	戊子	己丑	庚寅	辛卯	壬辰	癸巳	甲午	乙未	丙申
음력	20	21	22	23	24	25	26	27	28	29	12/1	2	3	4	5	6	7	8	9	10	11	12	13	14	15	16	17	18	19	20	21
대운 남	8	9	9	9	10	소	1	1	1	1	2	2	2	3	3	3	4	4	4	5	대	5	6	6	6	7	7	7	8	8	8
대운 여	2	1	1	1	1	한	10	9	9	9	8	8	8	7	7	7	6	6	6	5	한	5	4	4	4	3	3	3	2	2	2

입춘 5일 01시 27분 【음1월】 ➡ 【戊寅月(무인월)】 ☯ 우수 19일 21시 28분

양력 2 (음력 12/22~01/19) 양력	1	2	3	4	5	6	7	8	9	10	11	12	13	14	15	16	17	18	19	20	21	22	23	24	25	26	27	28	
요일	화	수	목	금	토	일	월	화	수	목	금	토	일	월	화	수	목	금	토	일	월	화	수	목	금	토	일	월	庚
일진 日辰	丁酉	戊戌	己亥	庚子	辛丑	壬寅	癸卯	甲辰	乙巳	丙午	丁未	戊申	己酉	庚戌	辛亥	壬子	癸丑	甲寅	乙卯	丙辰	丁巳	戊午	己未	庚申	辛酉	壬戌	癸亥	甲子	戌
음력	22	23	24	25	26	27	28	29	30	1/1	2	3	4	5	6	7	8	9	10	11	12	13	14	15	16	17	18	19	年
대운 남	9	9	9	10	입	9	9	9	8	8	8	7	7	7	6	6	6	5	우	5	4	4	4	3	3	3	2	2	
대운 여	1	1	1	1	춘	1	1	1	1	2	2	2	3	3	3	4	4	4	수	5	5	6	6	6	7	7	7	8	

경칩 6일 19시 57분 【음2월】 ➡ 【己卯月(기묘월)】 ☯ 춘분 21일 21시 03분

양력 3 (음력 01/20~02/21) 양력	1	2	3	4	5	6	7	8	9	10	11	12	13	14	15	16	17	18	19	20	21	22	23	24	25	26	27	28	29	30	31
요일	화	수	목	금	토	일	월	화	수	목	금	토	일	월	화	수	목	금	토	일	월	화	수	목	금	토	일	월	화	수	목
일진 日辰	乙丑	丙寅	丁卯	戊辰	己巳	庚午	辛未	壬申	癸酉	甲戌	乙亥	丙子	丁丑	戊寅	己卯	庚辰	辛巳	壬午	癸未	甲申	乙酉	丙戌	丁亥	戊子	己丑	庚寅	辛卯	壬辰	癸巳	甲午	乙未
음력	20	21	22	23	24	25	26	27	28	29	2/1	2	3	4	5	6	7	8	9	10	11	12	13	14	15	16	17	18	19	20	21
대운 남	2	1	1	1	1	경	10	10	9	9	9	8	8	8	7	7	7	6	6	6	춘	5	5	4	4	4	3	3	3	2	2
대운 여	8	8	9	9	9	칩	1	1	1	1	2	2	2	3	3	3	4	4	4	5	분	5	6	6	6	7	7	7	8	8	8

청명 6일 01시 23분 【음3월】 ➡ 【庚辰月(경진월)】 ☯ 곡우 21일 08시 46분

양력 4 (음력 02/22~03/21) 양력	1	2	3	4	5	6	7	8	9	10	11	12	13	14	15	16	17	18	19	20	21	22	23	24	25	26	27	28	29	30
요일	금	토	일	월	화	수	목	금	토	일	월	화	수	목	금	토	일	월	화	수	목	금	토	일	월	화	수	목	금	토
일진 日辰	丙申	丁酉	戊戌	己亥	庚子	辛丑	壬寅	癸卯	甲辰	乙巳	丙午	丁未	戊申	己酉	庚戌	辛亥	壬子	癸丑	甲寅	乙卯	丙辰	丁巳	戊午	己未	庚申	辛酉	壬戌	癸亥	甲子	乙丑
음력	22	23	24	25	26	27	28	29	30	3/1	2	3	4	5	6	7	8	9	10	11	12	13	14	15	16	17	18	19	20	21
대운 남	2	1	1	1	1	청	10	9	9	9	8	8	8	7	7	7	6	6	6	5	곡	5	4	4	4	3	3	3	2	2
대운 여	9	9	9	10	10	명	1	1	1	1	2	2	2	3	3	3	4	4	4	5	우	5	6	6	6	7	7	7	8	8

입하 6일 19시 19분 【음4월】 ➡ 【辛巳月(신사월)】 ☯ 소만 22일 08시 30분

양력 5 (음력 03/22~04/23) 양력	1	2	3	4	5	6	7	8	9	10	11	12	13	14	15	16	17	18	19	20	21	22	23	24	25	26	27	28	29	30	31
요일	일	월	화	수	목	금	토	일	월	화	수	목	금	토	일	월	화	수	목	금	토	일	월	화	수	목	금	토	일	월	화
일진 日辰	丙寅	丁卯	戊辰	己巳	庚午	辛未	壬申	癸酉	甲戌	乙亥	丙子	丁丑	戊寅	己卯	庚辰	辛巳	壬午	癸未	甲申	乙酉	丙戌	丁亥	戊子	己丑	庚寅	辛卯	壬辰	癸巳	甲午	乙未	丙申
음력	22	23	24	25	26	27	28	29	4/1	2	3	4	5	6	7	8	9	10	11	12	13	14	15	16	17	18	19	20	21	22	23
대운 남	2	1	1	1	1	입	10	10	9	9	9	8	8	8	7	7	7	6	6	6	5	소	5	4	4	4	3	3	3	2	2
대운 여	8	9	9	9	10	하	1	1	1	1	2	2	2	3	3	3	4	4	4	5	5	만	6	6	6	7	7	7	8	8	8

망종 6일 23시 56분 【음5월】 ➡ 【壬午月(임오월)】 ☯ 하지 22일 16시 49분

양력 6 (음력 04/24~05/24) 양력	1	2	3	4	5	6	7	8	9	10	11	12	13	14	15	16	17	18	19	20	21	22	23	24	25	26	27	28	29	30
요일	수	목	금	토	일	월	화	수	목	금	토	일	월	화	수	목	금	토	일	월	화	수	목	금	토	일	월	화	수	목
일진 日辰	丁酉	戊戌	己亥	庚子	辛丑	壬寅	癸卯	甲辰	乙巳	丙午	丁未	戊申	己酉	庚戌	辛亥	壬子	癸丑	甲寅	乙卯	丙辰	丁巳	戊午	己未	庚申	辛酉	壬戌	癸亥	甲子	乙丑	丙寅
음력	24	25	26	27	28	29	5/1	2	3	4	5	6	7	8	9	10	11	12	13	14	15	16	17	18	19	20	21	22	23	24
대운 남	2	1	1	1	1	망	10	10	10	9	9	9	8	8	8	7	7	7	6	6	6	하	5	5	4	4	4	3	3	3
대운 여	9	9	9	10	10	종	1	1	1	1	2	2	2	3	3	3	4	4	4	5	5	지	6	6	6	7	7	7	8	8

한식(4월06일), 초복(7월19일), 중복(7월24일), 말복(8월13일) ☂춘사(春社)3/24
☀추사(秋社)9/20 토왕지절(土旺之節):4월18일,7월21일,10월21일,
신년 1월18일,(양력) ☯ 臘享(납향):음12/25

1910 庚戌年

소서 8일 10시 21분 【음6월】 ➡ 【癸未月(계미월)】 ☯ 대서 24일 03시 43분

양력 7 · 음력 05/25 ~ 06/25

양력	1	2	3	4	5	6	7	8	9	10	11	12	13	14	15	16	17	18	19	20	21	22	23	24	25	26	27	28	29	30	31
요일	금	토	일	월	화	수	목	금	토	일	월	화	수	목	금	토	일	월	화	수	목	금	토	일	월	화	수	목	금	토	일
일진 日辰	丁卯	戊辰	己巳	庚午	辛未	壬申	癸酉	甲戌	乙亥	丙子	丁丑	戊寅	己卯	庚辰	辛巳	壬午	癸未	甲申	乙酉	丙戌	丁亥	戊子	己丑	庚寅	辛卯	壬辰	癸巳	甲午	乙未	丙申	丁酉
음력	25	26	27	28	29	30	6/1	2	3	4	5	6	7	8	9	10	11	12	13	14	15	16	17	18	19	20	21	22	23	24	25
대운 남	2	2	2	1	1	1	1	소	10	10	9	9	9	8	8	8	7	7	7	6	6	6	5	대	5	4	4	4	3	3	3
대운 여	8	9	9	9	10	10	10	서	1	1	1	1	2	2	2	3	3	3	4	4	4	5	5	서	6	6	6	7	7	7	8

입추 8일 19시 57분 【음7월】 ➡ 【甲申月(갑신월)】 ☯ 처서 24일 10시 57분

양력 8 · 음력 06/26 ~ 07/27

양력	1	2	3	4	5	6	7	8	9	10	11	12	13	14	15	16	17	18	19	20	21	22	23	24	25	26	27	28	29	30	31
요일	월	화	수	목	금	토	일	월	화	수	목	금	토	일	월	화	수	목	금	토	일	월	화	수	목	금	토	일	월	화	수
일진 日辰	戊戌	己亥	庚子	辛丑	壬寅	癸卯	甲辰	乙巳	丙午	丁未	戊申	己酉	庚戌	辛亥	壬子	癸丑	甲寅	乙卯	丙辰	丁巳	戊午	己未	庚申	辛酉	壬戌	癸亥	甲子	乙丑	丙寅	丁卯	戊辰
음력	26	27	28	29	7/1	2	3	4	5	6	7	8	9	10	11	12	13	14	15	16	17	18	19	20	21	22	23	24	25	26	27
대운 남	2	2	2	1	1	1	1	입	10	10	9	9	9	8	8	8	7	7	7	6	6	6	5	처	5	4	4	4	3	3	3
대운 여	8	8	9	9	9	10	10	추	1	1	1	1	2	2	2	3	3	3	4	4	4	5	5	서	6	6	6	7	7	7	8

백로 8일 22시 22분 【음8월】 ➡ 【乙酉月(을유월)】 ☯ 추분 24일 07시 31분

양력 9 · 음력 07/28 ~ 08/27

양력	1	2	3	4	5	6	7	8	9	10	11	12	13	14	15	16	17	18	19	20	21	22	23	24	25	26	27	28	29	30	
요일	목	금	토	일	월	화	수	목	금	토	일	월	화	수	목	금	토	일	월	화	수	목	금	토	일	월	화	수	목	금	
일진 日辰	己巳	庚午	辛未	壬申	癸酉	甲戌	乙亥	丙子	丁丑	戊寅	己卯	庚辰	辛巳	壬午	癸未	甲申	乙酉	丙戌	丁亥	戊子	己丑	庚寅	辛卯	壬辰	癸巳	甲午	乙未	丙申	丁酉	戊戌	
음력	28	29	30	8/1	2	3	4	5	6	7	8	9	10	11	12	13	14	15	16	17	18	19	20	21	22	23	24	25	26	27	
대운 남	2	2	2	1	1	1	1	백	10	10	9	9	9	8	8	8	7	7	7	6	6	6	5	추	5	4	4	4	3	3	
대운 여	8	8	9	9	9	10	10	로	1	1	1	1	2	2	2	3	3	3	4	4	4	5	5	분	6	6	6	7	7	7	

한로 9일 13시 21분 【음9월】 ➡ 【丙戌月(병술월)】 ☯ 상강 24일 16시 11분

양력 10 · 음력 08/28 ~ 09/29

양력	1	2	3	4	5	6	7	8	9	10	11	12	13	14	15	16	17	18	19	20	21	22	23	24	25	26	27	28	29	30	31
요일	토	일	월	화	수	목	금	토	일	월	화	수	목	금	토	일	월	화	수	목	금	토	일	월	화	수	목	금	토	일	월
일진 日辰	己亥	庚子	辛丑	壬寅	癸卯	甲辰	乙巳	丙午	丁未	戊申	己酉	庚戌	辛亥	壬子	癸丑	甲寅	乙卯	丙辰	丁巳	戊午	己未	庚申	辛酉	壬戌	癸亥	甲子	乙丑	丙寅	丁卯	戊辰	己巳
음력	28	29	9/1	2	3	4	5	6	7	8	9	10	11	12	13	14	15	16	17	18	19	20	21	22	23	24	25	26	27	28	29
대운 남	3	2	2	2	1	1	1	1	한	10	9	9	9	8	8	8	7	7	7	6	6	6	5	상	5	4	4	4	3	3	3
대운 여	8	8	8	9	9	9	10	10	로	1	1	1	1	2	2	2	3	3	3	4	4	4	5	강	5	6	6	6	7	7	7

입동 8일 15시 54분 【음10월】 ➡ 【丁亥月(정해월)】 ☯ 소설 23일 13시 11분

양력 11 · 음력 09/30 ~ 10/29

양력	1	2	3	4	5	6	7	8	9	10	11	12	13	14	15	16	17	18	19	20	21	22	23	24	25	26	27	28	29	30	
요일	화	수	목	금	토	일	월	화	수	목	금	토	일	월	화	수	목	금	토	일	월	화	수	목	금	토	일	월	화	수	
일진 日辰	庚午	辛未	壬申	癸酉	甲戌	乙亥	丙子	丁丑	戊寅	己卯	庚辰	辛巳	壬午	癸未	甲申	乙酉	丙戌	丁亥	戊子	己丑	庚寅	辛卯	壬辰	癸巳	甲午	乙未	丙申	丁酉	戊戌	己亥	
음력	30	10/1	2	3	4	5	6	7	8	9	10	11	12	13	14	15	16	17	18	19	20	21	22	23	24	25	26	27	28	29	
대운 남	2	2	2	1	1	1	1	입	10	9	9	9	8	8	8	7	7	7	6	6	6	5	소	5	4	4	4	3	3	3	
대운 여	8	8	8	9	9	9	10	동	1	1	1	1	2	2	2	3	3	3	4	4	4	5	설	5	6	6	6	7	7	7	

대설 8일 08시 17분 【음11월】 ➡ 【戊子月(무자월)】 ☯ 동지 23일 02시 12분

양력 12 · 음력 10/30 ~ 11/30

양력	1	2	3	4	5	6	7	8	9	10	11	12	13	14	15	16	17	18	19	20	21	22	23	24	25	26	27	28	29	30	31
요일	목	금	토	일	월	화	수	목	금	토	일	월	화	수	목	금	토	일	월	화	수	목	금	토	일	월	화	수	목	금	토
일진 日辰	庚子	辛丑	壬寅	癸卯	甲辰	乙巳	丙午	丁未	戊申	己酉	庚戌	辛亥	壬子	癸丑	甲寅	乙卯	丙辰	丁巳	戊午	己未	庚申	辛酉	壬戌	癸亥	甲子	乙丑	丙寅	丁卯	戊辰	己巳	庚午
음력	30	11/1	2	3	4	5	6	7	8	9	10	11	12	13	14	15	16	17	18	19	20	21	22	23	24	25	26	27	28	29	30
대운 남	2	2	2	1	1	1	1	대	9	9	9	8	8	8	7	7	7	6	6	6	5	5	동	4	4	4	3	3	3	2	2
대운 여	8	8	8	9	9	9	10	설	1	1	1	1	2	2	2	3	3	3	4	4	4	5	지	5	6	6	6	7	7	7	8

단기 4244 年 / 불기 2455 年	1911년	상원 辛亥年 납음(釵釧金),본명성(八白土)

대장군(酉서방), 삼살(酉서방), 상문(丑동북방),조객(酉서방), 납음(차천금),【삼재(사,오,미)년】 臘享(납향):1912년1월20일(음12/02)

돼지

소한 6일 19시 21분 【음12월】 ➡ 【己丑月(기축월)】 ☯ 대한 21일 02시 51분

양력 1 (음력 12/02 ~ 01/02)	1	2	3	4	5	6	7	8	9	10	11	12	13	14	15	16	17	18	19	20	21	22	23	24	25	26	27	28	29	30	31
요일	일	월	화	수	목	금	토	일	월	화	수	목	금	토	일	월	화	수	목	금	토	일	월	화	수	목	금	토	일	월	화
일진 日辰	辛未	壬申	癸酉	甲戌	乙亥	丙子	丁丑	戊寅	己卯	庚辰	辛巳	壬午	癸未	甲申	乙酉	丙戌	丁亥	戊子	己丑	庚寅	辛卯	壬辰	癸巳	甲午	乙未	丙申	丁酉	戊戌	己亥	庚子	辛丑
음력	12/1	2	3	4	5	6	7	8	9	10	11	12	13	14	15	16	17	18	19	20	21	22	23	24	25	26	27	28	29	1/1	2
대운 남	2	1	1	1	1	소	10	9	9	9	8	8	8	7	7	7	6	6	6	5	대	5	4	4	4	3	3	3	2	2	2
대운 여	8	9	9	9	10	한	1	1	1	1	2	2	2	3	3	3	4	4	4	5	한	5	6	6	6	7	7	7	8	8	8

입춘 5일 07시 10분 【음1월】 ➡ 【庚寅月(경인월)】 ☯ 우수 20일 03시 20분

양력 2 (음력 01/03 ~ 01/30)	1	2	3	4	5	6	7	8	9	10	11	12	13	14	15	16	17	18	19	20	21	22	23	24	25	26	27	28
요일	수	목	금	토	일	월	화	수	목	금	토	일	월	화	수	목	금	토	일	월	화	수	목	금	토	일	월	화
일진 日辰	壬寅	癸卯	甲辰	乙巳	丙午	丁未	戊申	己酉	庚戌	辛亥	壬子	癸丑	甲寅	乙卯	丙辰	丁巳	戊午	己未	庚申	辛酉	壬戌	癸亥	甲子	乙丑	丙寅	丁卯	戊辰	己巳
음력	3	4	5	6	7	8	9	10	11	12	13	14	15	16	17	18	19	20	21	22	23	24	25	26	27	28	29	30
대운 남	1	1	1	1	입	1	1	1	1	2	2	2	3	3	3	4	4	4	5	우	5	6	6	6	7	7	7	8
대운 여	9	9	9	10	춘	10	9	9	9	8	8	8	7	7	7	6	6	6	5	수	5	4	4	4	3	3	3	2

辛亥年

경칩 7일 01시 39분 【음2월】 ➡ 【辛卯月(신묘월)】 ☯ 춘분 22일 02시 54분

양력 3 (음력 02/01 ~ 03/02)	1	2	3	4	5	6	7	8	9	10	11	12	13	14	15	16	17	18	19	20	21	22	23	24	25	26	27	28	29	30	31
요일	수	목	금	토	일	월	화	수	목	금	토	일	월	화	수	목	금	토	일	월	화	수	목	금	토	일	월	화	수	목	금
일진 日辰	庚午	辛未	壬申	癸酉	甲戌	乙亥	丙子	丁丑	戊寅	己卯	庚辰	辛巳	壬午	癸未	甲申	乙酉	丙戌	丁亥	戊子	己丑	庚寅	辛卯	壬辰	癸巳	甲午	乙未	丙申	丁酉	戊戌	己亥	庚子
음력	2/1	3	4	5	6	7	8	9	10	11	12	13	14	15	16	17	18	19	20	21	22	23	24	25	26	27	28	29	29	3/1	2
대운 남	8	8	9	9	9	10	경	1	1	1	1	2	2	2	3	3	3	4	4	4	5	춘	5	6	6	6	7	7	7	8	8
대운 여	2	2	1	1	1	1	칩	10	9	9	9	8	8	8	7	7	7	6	6	6	5	분	5	4	4	4	3	3	3	2	2

청명 6일 07시 05분 【음3월】 ➡ 【壬辰月(임진월)】 ☯ 곡우 21일 14시 36분

양력 4 (음력 02/01 ~ 03/02)	1	2	3	4	5	6	7	8	9	10	11	12	13	14	15	16	17	18	19	20	21	22	23	24	25	26	27	28	29	30	31
요일	수	목	금	토	일	월	화	수	목	금	토	일	월	화	수	목	금	토	일	월	화	수	목	금	토	일	월	화	수	목	금
일진 日辰	庚午	辛未	壬申	癸酉	甲戌	乙亥	丙子	丁丑	戊寅	己卯	庚辰	辛巳	壬午	癸未	甲申	乙酉	丙戌	丁亥	戊子	己丑	庚寅	辛卯	壬辰	癸巳	甲午	乙未	丙申	丁酉	戊戌	己亥	庚子
음력	2/1	3	4	5	6	7	8	9	10	11	12	13	14	15	16	17	18	19	20	21	22	23	24	25	26	27	28	29	29	3/1	2
대운 남	8	8	9	9	9	10	경	1	1	1	1	2	2	2	3	3	3	4	4	4	5	춘	5	6	6	6	7	7	7	8	8
대운 여	2	2	1	1	1	1	칩	10	9	9	9	8	8	8	7	7	7	6	6	6	5	분	5	4	4	4	3	3	3	2	2

입하 7일 01시 00분 【음4월】 ➡ 【癸巳月(계사월)】 ☯ 소만 22일 14시 19분

양력 5 (음력 04/03 ~ 05/04)	1	2	3	4	5	6	7	8	9	10	11	12	13	14	15	16	17	18	19	20	21	22	23	24	25	26	27	28	29	30	31
요일	월	화	수	목	금	토	일	월	화	수	목	금	토	일	월	화	수	목	금	토	일	월	화	수	목	금	토	일	월	화	수
일진 日辰	辛未	壬申	癸酉	甲戌	乙亥	丙子	丁丑	戊寅	己卯	庚辰	辛巳	壬午	癸未	甲申	乙酉	丙戌	丁亥	戊子	己丑	庚寅	辛卯	壬辰	癸巳	甲午	乙未	丙申	丁酉	戊戌	己亥	庚子	辛丑
음력	3	4	5	6	7	8	9	10	11	12	13	14	15	16	17	18	19	20	21	22	23	24	25	26	27	28	29	5/1	2	3	4
대운 남	8	9	9	9	10	10	입	1	1	1	1	2	2	2	3	3	3	4	4	4	5	소	5	6	6	6	7	7	7	8	8
대운 여	2	2	1	1	1	1	하	10	10	9	9	9	8	8	8	7	7	7	6	6	6	만	5	5	4	4	4	3	3	3	2

망종 7일 05시 38분 【음5월】 ➡ 【甲午月(갑오월)】 ☯ 하지 22일 22시 36분

양력 6 (음력 05/05 ~ 06/05)	1	2	3	4	5	6	7	8	9	10	11	12	13	14	15	16	17	18	19	20	21	22	23	24	25	26	27	28	29	30
요일	목	금	토	일	월	화	수	목	금	토	일	월	화	수	목	금	토	일	월	화	수	목	금	토	일	월	화	수	목	금
일진 日辰	壬寅	癸卯	甲辰	乙巳	丙午	丁未	戊申	己酉	庚戌	辛亥	壬子	癸丑	甲寅	乙卯	丙辰	丁巳	戊午	己未	庚申	辛酉	壬戌	癸亥	甲子	乙丑	丙寅	丁卯	戊辰	己巳	庚午	辛未
음력	5	6	7	8	9	10	11	12	13	14	15	16	17	18	19	20	21	22	23	24	25	26	27	28	29	6/1	2	3	4	5
대운 남	8	9	9	9	10	10	망	1	1	1	1	2	2	2	3	3	3	4	4	4	5	하	5	6	6	6	7	7	7	8
대운 여	2	2	1	1	1	1	종	10	10	9	9	9	8	8	8	7	7	7	6	6	6	지	5	5	4	4	4	3	3	3

한식(4월07일), 초복(7월19일), 중복(7월29일), 말복(8월18일)☂춘사(春社)3/19
☀추사(秋社)9/25 토왕지절(土旺之節):4월18일,7월21일,10월21일,신년1월18일,(양력)
臘享(납향):1월20일신년(음12/02)

1911 辛亥年

소서 8일 16시 05분 【음6월】 ➡ 【乙未月(을미월)】 ☯ 대서 24일 09시 29분

양력 7 / 음력 06/06 ~ 윤6/06

양력	1	2	3	4	5	6	7	8	9	10	11	12	13	14	15	16	17	18	19	20	21	22	23	24	25	26	27	28	29	30	31
요일	토	일	월	화	수	목	금	토	일	월	화	수	목	금	토	일	월	화	수	목	금	토	일	월	화	수	목	금	토	일	월
일진 日辰	壬申	癸酉	甲戌	乙亥	丙子	丁丑	戊寅	己卯	庚辰	辛巳	壬午	癸未	甲申	乙酉	丙戌	丁亥	戊子	己丑	庚寅	辛卯	壬辰	癸巳	甲午	乙未	丙申	丁酉	戊戌	己亥	庚子	辛丑	壬寅
음력	6	7	8	9	10	11	12	13	14	15	16	17	18	19	20	21	22	23	24	25	26	27	28	29	30	윤6	2	3	4	5	6
대운 남	8	8	9	9	9	10	10	소	1	1	1	1	2	2	2	3	3	3	4	4	4	5	5	대	6	6	6	7	7	7	8
대운 여	2	2	2	1	1	1	1	서	10	10	10	9	9	9	8	8	8	7	7	7	6	6	6	서	5	5	4	4	4	3	3

입추 9일 01시 44분 【음7월】 ➡ 【丙申月(병신월)】 ☯ 처서 24일 16시 13분

양력 8 / 음력 윤6/07 ~ 07/08

양력	1	2	3	4	5	6	7	8	9	10	11	12	13	14	15	16	17	18	19	20	21	22	23	24	25	26	27	28	29	30	31
요일	화	수	목	금	토	일	월	화	수	목	금	토	일	월	화	수	목	금	토	일	월	화	수	목	금	토	일	월	화	수	목
일진 日辰	癸卯	甲辰	乙巳	丙午	丁未	戊申	己酉	庚戌	辛亥	壬子	癸丑	甲寅	乙卯	丙辰	丁巳	戊午	己未	庚申	辛酉	壬戌	癸亥	甲子	乙丑	丙寅	丁卯	戊辰	己巳	庚午	辛未	壬申	癸酉
음력	7	8	9	10	11	12	13	14	15	16	17	18	19	20	21	22	23	24	25	26	27	28	29	7/1	2	3	4	5	6	7	8
대운 남	8	8	9	9	9	10	10	10	입	1	1	1	1	2	2	2	3	3	3	4	4	4	5	처	5	6	6	6	7	7	7
대운 여	2	2	2	1	1	1	1	1	추	10	10	9	9	9	8	8	8	7	7	7	6	6	6	서	5	4	4	4	3	3	3

백로 9일 04시 13분 【음8월】 ➡ 【丁酉月(정유월)】 ☯ 추분 24일 13시 18분

양력 9 / 음력 07/09 ~ 08/09

양력	1	2	3	4	5	6	7	8	9	10	11	12	13	14	15	16	17	18	19	20	21	22	23	24	25	26	27	28	29	30
요일	금	토	일	월	화	수	목	금	토	일	월	화	수	목	금	토	일	월	화	수	목	금	토	일	월	화	수	목	금	토
일진 日辰	甲戌	乙亥	丙子	丁丑	戊寅	己卯	庚辰	辛巳	壬午	癸未	甲申	乙酉	丙戌	丁亥	戊子	己丑	庚寅	辛卯	壬辰	癸巳	甲午	乙未	丙申	丁酉	戊戌	己亥	庚子	辛丑	壬寅	癸卯
음력	9	10	11	12	13	14	15	16	17	18	19	20	21	22	23	24	25	26	27	28	29	8/1	2	3	4	5	6	7	8	9
대운 남	8	8	8	9	9	9	10	10	백	1	1	1	1	2	2	2	3	3	3	4	4	4	5	추	5	6	6	6	7	7
대운 여	2	2	2	2	1	1	1	1	로	10	9	9	9	8	8	8	7	7	7	6	6	6	5	분	5	4	4	4	3	3

한로 9일 19시 15분 【음9월】 ➡ 【戊戌月(무술월)】 ☯ 상강 24일 21시 58분

양력 10 / 음력 08/10 ~ 09/10

양력	1	2	3	4	5	6	7	8	9	10	11	12	13	14	15	16	17	18	19	20	21	22	23	24	25	26	27	28	29	30	31
요일	일	월	화	수	목	금	토	일	월	화	수	목	금	토	일	월	화	수	목	금	토	일	월	화	수	목	금	토	일	월	화
일진 日辰	甲辰	乙巳	丙午	丁未	戊申	己酉	庚戌	辛亥	壬子	癸丑	甲寅	乙卯	丙辰	丁巳	戊午	己未	庚申	辛酉	壬戌	癸亥	甲子	乙丑	丙寅	丁卯	戊辰	己巳	庚午	辛未	壬申	癸酉	甲戌
음력	10	11	12	13	14	15	16	17	18	19	20	21	22	23	24	25	26	27	28	29	30	9/1	2	3	4	5	6	7	8	9	10
대운 남	7	8	8	8	9	9	9	10	한	1	1	1	1	2	2	2	3	3	3	4	4	4	5	상	5	6	6	6	7	7	7
대운 여	3	2	2	2	1	1	1	1	로	10	9	9	9	8	8	8	7	7	7	6	6	6	5	강	5	4	4	4	3	3	3

입동 8일 21시 47분 【음10월】 ➡ 【己亥月(기해월)】 ☯ 소설 23일 18시 56분

양력 11 / 음력 09/11 ~ 10/10

양력	1	2	3	4	5	6	7	8	9	10	11	12	13	14	15	16	17	18	19	20	21	22	23	24	25	26	27	28	29	30
요일	수	목	금	토	일	월	화	수	목	금	토	일	월	화	수	목	금	토	일	월	화	수	목	금	토	일	월	화	수	목
일진 日辰	乙亥	丙子	丁丑	戊寅	己卯	庚辰	辛巳	壬午	癸未	甲申	乙酉	丙戌	丁亥	戊子	己丑	庚寅	辛卯	壬辰	癸巳	甲午	乙未	丙申	丁酉	戊戌	己亥	庚子	辛丑	壬寅	癸卯	甲辰
음력	11	12	13	14	15	16	17	18	19	20	21	22	23	24	25	26	27	28	29	30	10/1	2	3	4	5	6	7	8	9	10
대운 남	8	8	8	9	9	9	10	입	1	1	1	1	2	2	2	3	3	3	4	4	4	5	소	5	6	6	6	7	7	7
대운 여	2	2	2	1	1	1	1	동	10	9	9	9	8	8	8	7	7	7	6	6	6	5	설	5	4	4	4	3	3	3

대설 8일 14시 08분 【음11월】 ➡ 【庚子月(경자월)】 ☯ 동지 23일 07시 53분

양력 12 / 음력 10/11 ~ 11/12

양력	1	2	3	4	5	6	7	8	9	10	11	12	13	14	15	16	17	18	19	20	21	22	23	24	25	26	27	28	29	30	31
요일	금	토	일	월	화	수	목	금	토	일	월	화	수	목	금	토	일	월	화	수	목	금	토	일	월	화	수	목	금	토	일
일진 日辰	乙巳	丙午	丁未	戊申	己酉	庚戌	辛亥	壬子	癸丑	甲寅	乙卯	丙辰	丁巳	戊午	己未	庚申	辛酉	壬戌	癸亥	甲子	乙丑	丙寅	丁卯	戊辰	己巳	庚午	辛未	壬申	癸酉	甲戌	乙亥
음력	11	12	13	14	15	16	17	18	19	20	21	22	23	24	25	26	27	28	29	11/1	2	3	4	5	6	7	8	9	10	11	12
대운 남	8	8	8	9	9	9	10	대	1	1	1	1	2	2	2	3	3	3	4	4	4	5	동	5	6	6	6	7	7	7	8
대운 여	2	2	2	1	1	1	1	설	10	9	9	9	8	8	8	7	7	7	6	6	6	5	지	5	4	4	4	3	3	3	2

檀紀 4245 年 佛紀 2456 年

1912년 上元 壬子年 납음(桑柘木), 본명성(七赤金)

대장군(酉서방), 삼살(南방), 상문(寅동북방), 조객(戌서북방), 납음(상자목), 삼재(인,묘,진)년 臘享(납향):1913년1월26일(음12/20)

소한 7일 01시 08분 【음12월】➡ 【辛丑月(신축월)】 ☯ 대한 21일 18시 29분

양력 1 (음력 11/13~12/13)	1	2	3	4	5	6	7	8	9	10	11	12	13	14	15	16	17	18	19	20	21	22	23	24	25	26	27	28	29	30	31
요일	월	화	수	목	금	토	일	월	화	수	목	금	토	일	월	화	수	목	금	토	일	월	화	수	목	금	토	일	월	화	수
일진 日辰	丙子	丁丑	戊寅	己卯	庚辰	辛巳	壬午	癸未	甲申	乙酉	丙戌	丁亥	戊子	己丑	庚寅	辛卯	壬辰	癸巳	甲午	乙未	丙申	丁酉	戊戌	己亥	庚子	辛丑	壬寅	癸卯	甲辰	乙巳	丙午
음력	13	14	15	16	17	18	19	20	21	22	23	24	25	26	27	28	29	30	12/1	2	3	4	5	6	7	8	9	10	11	12	13
대운 남	8	8	9	9	9	10	소	1	1	1	1	2	2	2	3	3	3	4	4	4	대	5	5	6	6	6	7	7	7	8	8
대운 여	2	2	1	1	1	1	한	9	9	9	8	8	8	7	7	7	6	6	6	5	한	5	4	4	4	3	3	3	2	2	2

입춘 5일 12시 54분 【음1월】➡ 【壬寅月(임인월)】 ☯ 우수 20일 08시 56분

양력 2 (음력 12/14~01/12)	1	2	3	4	5	6	7	8	9	10	11	12	13	14	15	16	17	18	19	20	21	22	23	24	25	26	27	28	29
요일	목	금	토	일	월	화	수	목	금	토	일	월	화	수	목	금	토	일	월	화	수	목	금	토	일	월	화	수	목
일진 日辰	丁未	戊申	己酉	庚戌	辛亥	壬子	癸丑	甲寅	乙卯	丙辰	丁巳	戊午	己未	庚申	辛酉	壬戌	癸亥	甲子	乙丑	丙寅	丁卯	戊辰	己巳	庚午	辛未	壬申	癸酉	甲戌	乙亥
음력	14	15	16	17	18	19	20	21	22	23	24	25	26	27	28	29	30	1/1	2	3	4	5	6	7	8	9	10	11	12
대운 남	8	9	9	9	입	9	9	9	`9	8	8	8	7	7	7	6	6	6	5	우	5	4	4	4	3	3	3	2	2
대운 여	1	1	1	1	춘	1	1	1	1	2	2	2	3	3	3	4	4	4	5	수	5	6	6	6	7	7	7	8	8

壬子年

경칩 6일 07시 21분 【음2월】➡ 【癸卯月(계묘월)】 ☯ 춘분 21일 08시 29분

양력 3 (음력 01/13~02/13)	1	2	3	4	5	6	7	8	9	10	11	12	13	14	15	16	17	18	19	20	21	22	23	24	25	26	27	28	29	30	31
요일	금	토	일	월	화	수	목	금	토	일	월	화	수	목	금	토	일	월	화	수	목	금	토	일	월	화	수	목	금	토	일
일진 日辰	丙子	丁丑	戊寅	己卯	庚辰	辛巳	壬午	癸未	甲申	乙酉	丙戌	丁亥	戊子	己丑	庚寅	辛卯	壬辰	癸巳	甲午	乙未	丙申	丁酉	戊戌	己亥	庚子	辛丑	壬寅	癸卯	甲辰	乙巳	丙午
음력	13	14	15	16	17	18	19	20	21	22	23	24	25	26	27	28	29	30	2/1	2	3	4	5	6	7	8	9	10	11	12	13
대운 남	2	1	1	1	1	경	10	9	9	9	8	8	8	7	7	7	6	6	6	5	춘	5	4	4	4	3	3	3	2	2	2
대운 여	8	9	9	9	10	칩	1	1	1	1	2	2	2	3	3	3	4	4	4	5	분	5	6	6	6	7	7	7	8	8	8

청명 5일 12시 48분 【음3월】➡ 【甲辰月(갑진월)】 ☯ 곡우 20일 20시 12분

양력 4 (음력 02/14~03/14)	1	2	3	4	5	6	7	8	9	10	11	12	13	14	15	16	17	18	19	20	21	22	23	24	25	26	27	28	29	30
요일	월	화	수	목	금	토	일	월	화	수	목	금	토	일	월	화	수	목	금	토	일	월	화	수	목	금	토	일	월	화
일진 日辰	丁未	戊申	己酉	庚戌	辛亥	壬子	癸丑	甲寅	乙卯	丙辰	丁巳	戊午	己未	庚申	辛酉	壬戌	癸亥	甲子	乙丑	丙寅	丁卯	戊辰	己巳	庚午	辛未	壬申	癸酉	甲戌	乙亥	丙子
음력	14	15	16	17	18	19	20	21	22	23	24	25	26	27	28	29	3/1	2	3	4	5	6	7	8	9	10	11	12	13	14
대운 남	1	1	1	1	청	10	10	9	9	9	8	8	8	7	7	7	6	6	6	곡	5	5	4	4	4	3	3	3	2	2
대운 여	9	9	10	10	명	1	1	1	1	2	2	2	3	3	3	4	4	4	5	우	5	6	6	6	7	7	7	8	8	8

입하 6일 06시 47분 【음4월】➡ 【乙巳月(을사월)】 ☯ 소만 21일 19시 57분

양력 5 (음력 03/15~04/15)	1	2	3	4	5	6	7	8	9	10	11	12	13	14	15	16	17	18	19	20	21	22	23	24	25	26	27	28	29	30	31
요일	수	목	금	토	일	월	화	수	목	금	토	일	월	화	수	목	금	토	일	월	화	수	목	금	토	일	월	화	수	목	금
일진 日辰	丁丑	戊寅	己卯	庚辰	辛巳	壬午	癸未	甲申	乙酉	丙戌	丁亥	戊子	己丑	庚寅	辛卯	壬辰	癸巳	甲午	乙未	丙申	丁酉	戊戌	己亥	庚子	辛丑	壬寅	癸卯	甲辰	乙巳	丙午	丁未
음력	15	16	17	18	19	20	21	22	23	24	25	26	27	28	29	30	4/1	2	3	4	5	6	7	8	9	10	11	12	13	14	15
대운 남	2	1	1	1	1	입	10	10	9	9	9	8	8	8	7	7	7	6	6	6	소	5	5	4	4	4	3	3	3	2	2
대운 여	9	9	9	10	10	하	1	1	1	1	2	2	2	3	3	3	4	4	4	5	만	5	6	6	6	7	7	7	8	8	8

망종 6일 11시 28분 【음5월】➡ 【丙午月(병오월)】 ☯ 하지 22일 04시 17분

양력 6 (음력 04/16~05/16)	1	2	3	4	5	6	7	8	9	10	11	12	13	14	15	16	17	18	19	20	21	22	23	24	25	26	27	28	29	30
요일	토	일	월	화	수	목	금	토	일	월	화	수	목	금	토	일	월	화	수	목	금	토	일	월	화	수	목	금	토	일
일진 日辰	戊申	己酉	庚戌	辛亥	壬子	癸丑	甲寅	乙卯	丙辰	丁巳	戊午	己未	庚申	辛酉	壬戌	癸亥	甲子	乙丑	丙寅	丁卯	戊辰	己巳	庚午	辛未	壬申	癸酉	甲戌	乙亥	丙子	丁丑
음력	16	17	18	19	20	21	22	23	24	25	26	27	28	29	5/1	2	3	4	5	6	7	8	9	10	11	12	13	14	15	16
대운 남	2	1	1	1	1	망	10	10	9	9	9	8	8	8	7	7	7	6	6	6	5	하	5	4	4	4	3	3	3	2
대운 여	9	9	9	10	10	종	1	1	1	1	2	2	2	3	3	3	4	4	4	5	5	지	6	6	6	7	7	7	8	8

한식(4월06일), 초복(7월13일), 중복(7월23일), 말복(8월12일)☂춘사(春社)3/23
☀추사(秋社)9/19토왕지절(土旺之節):4월17일,7월20일,10월21일,
신년1월18일(음12/12)臘享(납향):1월26일(음12/20)

1912 壬子年

소서 7일 21시 57분 【음6월】 ➡ 【丁未月(정미월)】 ☯ 대서 23일 15시 14분

양력 7 / 음력 05/17 ~ 06/18

양력	1	2	3	4	5	6	7	8	9	10	11	12	13	14	15	16	17	18	19	20	21	22	23	24	25	26	27	28	29	30	31
요일	월	화	수	목	금	토	일	월	화	수	목	금	토	일	월	화	수	목	금	토	일	월	화	수	목	금	토	일	월	화	수
일진 日辰	戊寅	己卯	庚辰	辛巳	壬午	癸未	甲申	乙酉	丙戌	丁亥	戊子	己丑	庚寅	辛卯	壬辰	癸巳	甲午	乙未	丙申	丁酉	戊戌	己亥	庚子	辛丑	壬寅	癸卯	甲辰	乙巳	丙午	丁未	戊申
음력	17	18	19	20	21	22	23	24	25	26	27	28	29	6/1	2	3	4	5	6	7	8	9	10	11	12	13	14	15	16	17	18
대운 남	2	2	1	1	1	1	소	10	10	10	9	9	9	8	8	8	7	7	7	6	6	6	대	5	5	4	4	4	3	3	3
대운 여	9	9	9	10	10	10	서	1	1	1	1	2	2	2	3	3	3	4	4	4	5	5	서	6	6	6	7	7	7	8	8

입추 8일 07시 37분 【음7월】 ➡ 【戊申月(무신월)】 ☯ 처서 23일 22시 01분

양력 8 / 음력 06/19 ~ 07/19

양력	1	2	3	4	5	6	7	8	9	10	11	12	13	14	15	16	17	18	19	20	21	22	23	24	25	26	27	28	29	30	31
요일	목	금	토	일	월	화	수	목	금	토	일	월	화	수	목	금	토	일	월	화	수	목	금	토	일	월	화	수	목	금	토
일진 日辰	己酉	庚戌	辛亥	壬子	癸丑	甲寅	乙卯	丙辰	丁巳	戊午	己未	庚申	辛酉	壬戌	癸亥	甲子	乙丑	丙寅	丁卯	戊辰	己巳	庚午	辛未	壬申	癸酉	甲戌	乙亥	丙子	丁丑	戊寅	己卯
음력	19	20	21	22	23	24	25	26	27	28	29	30	7/1	2	3	4	5	6	7	8	9	10	11	12	13	14	15	16	17	18	19
대운 남	2	2	2	1	1	1	1	입	10	10	9	9	9	8	8	8	7	7	7	6	6	6	처	5	5	4	4	4	3	3	3
대운 여	8	9	9	9	10	10	10	추	1	1	1	1	2	2	2	3	3	3	4	4	4	5	서	6	6	6	7	7	7	8	8

백로 8일 10시 06분 【음8월】 ➡ 【己酉月(기유월)】 ☯ 추분 23일 19시 08분

양력 9 / 음력 07/20 ~ 08/20

양력	1	2	3	4	5	6	7	8	9	10	11	12	13	14	15	16	17	18	19	20	21	22	23	24	25	26	27	28	29	30
요일	일	월	화	수	목	금	토	일	월	화	수	목	금	토	일	월	화	수	목	금	토	일	월	화	수	목	금	토	일	월
일진 日辰	庚辰	辛巳	壬午	癸未	甲申	乙酉	丙戌	丁亥	戊子	己丑	庚寅	辛卯	壬辰	癸巳	甲午	乙未	丙申	丁酉	戊戌	己亥	庚子	辛丑	壬寅	癸卯	甲辰	乙巳	丙午	丁未	戊申	己酉
음력	20	21	22	23	24	25	26	27	28	29	8/1	2	3	4	5	6	7	8	9	10	11	12	13	14	15	16	17	18	19	20
대운 남	2	2	2	1	1	1	1	백	10	10	9	9	9	8	8	8	7	7	7	6	6	6	추	5	5	4	4	4	3	3
대운 여	8	8	9	9	9	10	10	로	1	1	1	1	2	2	2	3	3	3	4	4	4	5	분	5	6	6	6	7	7	7

한로 9일 01시 07분 【음9월】 ➡ 【庚戌月(경술월)】 ☯ 상강 24일 03시 50분

양력 10 / 음력 08/21 ~ 09/22

양력	1	2	3	4	5	6	7	8	9	10	11	12	13	14	15	16	17	18	19	20	21	22	23	24	25	26	27	28	29	30	31
요일	화	수	목	금	토	일	월	화	수	목	금	토	일	월	화	수	목	금	토	일	월	화	수	목	금	토	일	월	화	수	목
일진 日辰	庚戌	辛亥	壬子	癸丑	甲寅	乙卯	丙辰	丁巳	戊午	己未	庚申	辛酉	壬戌	癸亥	甲子	乙丑	丙寅	丁卯	戊辰	己巳	庚午	辛未	壬申	癸酉	甲戌	乙亥	丙子	丁丑	戊寅	己卯	庚辰
음력	21	22	23	24	25	26	27	28	29	9/1	2	3	4	5	6	7	8	9	10	11	12	13	14	15	16	17	18	19	20	21	22
대운 남	3	2	2	2	1	1	1	1	한	10	9	9	9	8	8	8	7	7	7	6	6	6	5	상	5	4	4	4	3	3	3
대운 여	8	8	8	9	9	9	10	10	로	1	1	1	1	2	2	2	3	3	3	4	4	4	5	강	5	6	6	6	7	7	7

입동 8일 03시 39분 【음10월】 ➡ 【辛亥月(신해월)】 ☯ 소설 23일 00시 48분

양력 11 / 음력 09/23 ~ 10/22

양력	1	2	3	4	5	6	7	8	9	10	11	12	13	14	15	16	17	18	19	20	21	22	23	24	25	26	27	28	29	30
요일	금	토	일	월	화	수	목	금	토	일	월	화	수	목	금	토	일	월	화	수	목	금	토	일	월	화	수	목	금	토
일진 日辰	辛巳	壬午	癸未	甲申	乙酉	丙戌	丁亥	戊子	己丑	庚寅	辛卯	壬辰	癸巳	甲午	乙未	丙申	丁酉	戊戌	己亥	庚子	辛丑	壬寅	癸卯	甲辰	乙巳	丙午	丁未	戊申	己酉	庚戌
음력	23	24	25	26	27	28	29	30	10/1	2	3	4	5	6	7	8	9	10	11	12	13	14	15	16	17	18	19	20	21	22
대운 남	2	2	2	1	1	1	1	입	9	9	9	8	8	8	7	7	7	6	6	6	5	5	소	4	4	4	3	3	3	2
대운 여	8	8	8	9	9	9	10	동	1	1	1	1	2	2	2	3	3	3	4	4	4	5	설	5	6	6	6	7	7	7

대설 7일 19시 59분 【음11월】 ➡ 【壬子月(임자월)】 ☯ 동지 22일 13시 45분

양력 12 / 음력 10/23 ~ 11/23

양력	1	2	3	4	5	6	7	8	9	10	11	12	13	14	15	16	17	18	19	20	21	22	23	24	25	26	27	28	29	30	31
요일	일	월	화	수	목	금	토	일	월	화	수	목	금	토	일	월	화	수	목	금	토	일	월	화	수	목	금	토	일	월	화
일진 日辰	辛亥	壬子	癸丑	甲寅	乙卯	丙辰	丁巳	戊午	己未	庚申	辛酉	壬戌	癸亥	甲子	乙丑	丙寅	丁卯	戊辰	己巳	庚午	辛未	壬申	癸酉	甲戌	乙亥	丙子	丁丑	戊寅	己卯	庚辰	辛巳
음력	23	24	25	26	27	28	29	30	11/1	2	3	4	5	6	7	8	9	10	11	12	13	14	15	16	17	18	19	20	21	22	23
대운 남	2	2	1	1	1	1	대	10	9	9	9	8	8	8	7	7	7	6	6	6	5	동	5	4	4	4	3	3	3	2	2
대운 여	8	8	8	9	9	9	설	1	1	1	1	2	2	2	3	3	3	4	4	4	5	지	5	6	6	6	7	7	7	8	8

檀紀 4246 年	1913년	上元 癸丑年 납음(桑柘木),본명성(六白金)
佛紀 2457 年		대장군(酉서방), 삼살(東방), 상문(卯동방),조객(亥서북방), 납음(상자목), 【삼재(해,자,축)년】 臘享(납향):1914년 1월 21일(음12/26)

소한 6일 06시 58분 【음12월】 ➡ **【癸丑月(계축월)】** ☯ 대한 21일 00시 19분

양력 1 (음력 11/24~12/25)																															
양력	1	2	3	4	5	6	7	8	9	10	11	12	13	14	15	16	17	18	19	20	21	22	23	24	25	26	27	28	29	30	31
요일	수	목	금	토	일	월	화	수	목	금	토	일	월	화	수	목	금	토	일	월	화	수	목	금	토	일	월	화	수	목	금
일진 日辰	壬午	癸未	甲申	乙酉	丙戌	丁亥	戊子	己丑	庚寅	辛卯	壬辰	癸巳	甲午	乙未	丙申	丁酉	戊戌	己亥	庚子	辛丑	壬寅	癸卯	甲辰	乙巳	丙午	丁未	戊申	己酉	庚戌	辛亥	壬子
음력	24	25	26	27	28	29	12/1	2	3	4	5	6	7	8	9	10	11	12	13	14	15	16	17	18	19	20	21	22	23	24	25
대운 남	2	1	1	1	1	소	9	9	9	8	8	8	7	7	7	6	6	6	5	5	대	4	4	4	3	3	3	2	2	2	1
대운 여	8	9	9	9	10	한	1	1	1	1	2	2	2	3	3	3	4	4	4	5	한	5	6	6	6	7	7	7	8	8	8

입춘 4일 18시 43분 【음1월】 ➡ **【甲寅月(갑인월)】** ☯ 우수 19일 14시 44분

양력 2 (음력 12/26~01/23)																												
양력	1	2	3	4	5	6	7	8	9	10	11	12	13	14	15	16	17	18	19	20	21	22	23	24	25	26	27	28
요일	토	일	월	화	수	목	금	토	일	월	화	수	목	금	토	일	월	화	수	목	금	토	일	월	화	수	목	금
일진 日辰	癸丑	甲寅	乙卯	丙辰	丁巳	戊午	己未	庚申	辛酉	壬戌	癸亥	甲子	乙丑	丙寅	丁卯	戊辰	己巳	庚午	辛未	壬申	癸酉	甲戌	乙亥	丙子	丁丑	戊寅	己卯	庚辰
음력	26	27	28	29	30	1/1	2	3	4	5	6	7	8	9	10	11	12	13	14	15	16	17	18	19	20	21	22	23
대운 남	1	1	1	입	1	1	1	1	2	2	2	3	3	3	4	4	4	5	우	5	6	6	6	7	7	7	8	8
대운 여	9	9	9	춘	10	9	9	9	8	8	8	7	7	7	6	6	6	5	수	5	4	4	4	3	3	3	2	2

癸丑年

경칩 6일 13시 09분 【음2월】 ➡ **【乙卯月(을묘월)】** ☯ 춘분 21일 14시 18분

양력 3 (음력 01/24~02/24)																															
양력	1	2	3	4	5	6	7	8	9	10	11	12	13	14	15	16	17	18	19	20	21	22	23	24	25	26	27	28	29	30	31
요일	토	일	월	화	수	목	금	토	일	월	화	수	목	금	토	일	월	화	수	목	금	토	일	월	화	수	목	금	토	일	월
일진 日辰	辛巳	壬午	癸未	甲申	乙酉	丙戌	丁亥	戊子	己丑	庚寅	辛卯	壬辰	癸巳	甲午	乙未	丙申	丁酉	戊戌	己亥	庚子	辛丑	壬寅	癸卯	甲辰	乙巳	丙午	丁未	戊申	己酉	庚戌	辛亥
음력	24	25	26	27	28	29	30	2/1	2	3	4	5	6	7	8	9	10	11	12	13	14	15	16	17	18	19	20	21	22	23	24
대운 남	8	9	9	9	10	경	1	1	1	1	2	2	2	3	3	3	4	4	4	5	춘	5	6	6	6	7	7	7	8	8	8
대운 여	2	1	1	1	1	칩	10	9	9	9	8	8	8	7	7	7	6	6	6	5	분	5	4	4	4	3	3	3	2	2	2

청명 5일 18시 36분 【음3월】 ➡ **【丙辰月(병진월)】** ☯ 곡우 21일 02시 03분

양력 4 (음력 02/25~03/24)																														
양력	1	2	3	4	5	6	7	8	9	10	11	12	13	14	15	16	17	18	19	20	21	22	23	24	25	26	27	28	29	30
요일	화	수	목	금	토	일	월	화	수	목	금	토	일	월	화	수	목	금	토	일	월	화	수	목	금	토	일	월	화	수
일진 日辰	壬子	癸丑	甲寅	乙卯	丙辰	丁巳	戊午	己未	庚申	辛酉	壬戌	癸亥	甲子	乙丑	丙寅	丁卯	戊辰	己巳	庚午	辛未	壬申	癸酉	甲戌	乙亥	丙子	丁丑	戊寅	己卯	庚辰	辛巳
음력	25	26	27	28	29	30	3/1	2	3	4	5	6	7	8	9	10	11	12	13	14	15	16	17	18	19	20	21	22	23	24
대운 남	9	9	9	10	청	1	1	1	1	2	2	2	3	3	3	4	4	4	5	5	곡	6	6	6	7	7	7	8	8	8
대운 여	1	1	1	1	명	10	10	9	9	9	8	8	8	7	7	7	6	6	6	5	우	5	4	4	4	3	3	3	2	2

입하 6일 12시 35분 【음4월】 ➡ **【丁巳月(정사월)】** ☯ 소만 22일 01시 50분

양력 5 (음력 03/25~04/26)																															
양력	1	2	3	4	5	6	7	8	9	10	11	12	13	14	15	16	17	18	19	20	21	22	23	24	25	26	27	28	29	30	31
요일	목	금	토	일	월	화	수	목	금	토	일	월	화	수	목	금	토	일	월	화	수	목	금	토	일	월	화	수	목	금	토
일진 日辰	壬午	癸未	甲申	乙酉	丙戌	丁亥	戊子	己丑	庚寅	辛卯	壬辰	癸巳	甲午	乙未	丙申	丁酉	戊戌	己亥	庚子	辛丑	壬寅	癸卯	甲辰	乙巳	丙午	丁未	戊申	己酉	庚戌	辛亥	壬子
음력	25	26	27	28	29	4/1	2	3	4	5	6	7	8	9	10	11	12	13	14	15	16	17	18	19	20	21	22	23	24	25	26
대운 남	9	9	9	10	10	입	1	1	1	1	2	2	2	3	3	3	4	4	4	5	5	소	6	6	6	7	7	7	8	8	8
대운 여	2	1	1	1	1	하	10	10	9	9	9	8	8	8	7	7	7	6	6	6	5	만	5	4	4	4	3	3	3	2	2

망종 6일 17시 14분 【음5월】 ➡ **【戊午月(무오월)】** ☯ 하지 22일 10시 10분

양력 6 (음력 04/27~05/26)																														
양력	1	2	3	4	5	6	7	8	9	10	11	12	13	14	15	16	17	18	19	20	21	22	23	24	25	26	27	28	29	30
요일	일	월	화	수	목	금	토	일	월	화	수	목	금	토	일	월	화	수	목	금	토	일	월	화	수	목	금	토	일	월
일진 日辰	癸丑	甲寅	乙卯	丙辰	丁巳	戊午	己未	庚申	辛酉	壬戌	癸亥	甲子	乙丑	丙寅	丁卯	戊辰	己巳	庚午	辛未	壬申	癸酉	甲戌	乙亥	丙子	丁丑	戊寅	己卯	庚辰	辛巳	壬午
음력	27	28	29	30	5/1	2	3	4	5	6	7	8	9	10	11	12	13	14	15	16	17	18	19	20	21	22	23	24	25	26
대운 남	9	9	9	10	10	망	1	1	1	1	2	2	2	3	3	3	4	4	4	5	5	하	6	6	6	7	7	7	8	8
대운 여	2	1	1	1	1	종	10	10	10	9	9	9	8	8	8	7	7	7	6	6	6	지	5	5	4	4	4	3	3	3

한식(4월06일), 초복(7월18일), 중복(7월28일), 말복(8월17일)☂춘사(春社)3/18
☀추사(秋社)9/24 토왕지절(土旺之節):4월18일,7월20일,10월21일,신년1월18일(음12/24)
臘享(납향) : 1914년1월21일(음12/26)

1913 癸丑年

소서 8일 03시 39분 【음6월】 ➡ 【己未月(기미월)】 ☯ 대서 23일 21시 04분

양력 7	양력	1	2	3	4	5	6	7	8	9	10	11	12	13	14	15	16	17	18	19	20	21	22	23	24	25	26	27	28	29	30	31
	요일	화	수	목	금	토	일	월	화	수	목	금	토	일	월	화	수	목	금	토	일	월	화	수	목	금	토	일	월	화	수	목
	일진 日辰	癸未	甲申	乙酉	丙戌	丁亥	戊子	己丑	庚寅	辛卯	壬辰	癸巳	甲午	乙未	丙申	丁酉	戊戌	己亥	庚子	辛丑	壬寅	癸卯	甲辰	乙巳	丙午	丁未	戊申	己酉	庚戌	辛亥	壬子	癸丑
음력 05/27 ~ 06/28	음력	27	28	29	6/1	2	3	4	5	6	7	8	9	10	11	12	13	14	15	16	17	18	19	20	21	22	23	24	25	26	27	28
대운	남	8	9	9	9	10	10	10	소	1	1	1	1	2	2	2	3	3	3	4	4	4	5	대	5	6	6	6	7	7	7	8
	여	2	2	2	1	1	1	1	서	10	10	9	9	9	8	8	8	7	7	7	6	6	6	서	5	5	4	4	4	3	3	3

입추 8일 13시 16분 【음7월】 ➡ 【庚申月(경신월)】 ☯ 처서 24일 03시 48분

양력 8	양력	1	2	3	4	5	6	7	8	9	10	11	12	13	14	15	16	17	18	19	20	21	22	23	24	25	26	27	28	29	30	31
	요일	금	토	일	월	화	수	목	금	토	일	월	화	수	목	금	토	일	월	화	수	목	금	토	일	월	화	수	목	금	토	일
	일진 日辰	甲寅	乙卯	丙辰	丁巳	戊午	己未	庚申	辛酉	壬戌	癸亥	甲子	乙丑	丙寅	丁卯	戊辰	己巳	庚午	辛未	壬申	癸酉	甲戌	乙亥	丙子	丁丑	戊寅	己卯	庚辰	辛巳	壬午	癸未	甲申
음력 06/29 ~ 07/30	음력	29	7/1	2	3	4	5	6	7	8	9	10	11	12	13	14	15	16	17	18	19	20	21	22	23	24	25	26	27	28	29	30
대운	남	8	8	9	9	9	10	10	입	1	1	1	1	2	2	2	3	3	3	4	4	4	5	5	처	6	6	6	7	7	7	8
	여	2	2	2	1	1	1	1	추	10	10	9	9	9	8	8	8	7	7	7	6	6	6	5	서	5	4	4	4	3	3	3

백로 8일 15시 42분 【음8월】 ➡ 【辛酉月(신유월)】 ☯ 추분 24일 00시 53분

양력 9	양력	1	2	3	4	5	6	7	8	9	10	11	12	13	14	15	16	17	18	19	20	21	22	23	24	25	26	27	28	29	30
	요일	월	화	수	목	금	토	일	월	화	수	목	금	토	일	월	화	수	목	금	토	일	월	화	수	목	금	토	일	월	화
	일진 日辰	乙酉	丙戌	丁亥	戊子	己丑	庚寅	辛卯	壬辰	癸巳	甲午	乙未	丙申	丁酉	戊戌	己亥	庚子	辛丑	壬寅	癸卯	甲辰	乙巳	丙午	丁未	戊申	己酉	庚戌	辛亥	壬子	癸丑	甲寅
음력 08/01 ~ 09/01	음력	8/1	2	3	4	5	6	7	8	9	10	11	12	13	14	15	16	17	18	19	20	21	22	23	24	25	26	27	28	29	9/1
대운	남	8	8	9	9	9	10	10	백	1	1	1	1	2	2	2	3	3	3	4	4	4	5	5	추	6	6	6	7	7	7
	여	2	2	2	1	1	1	1	로	10	10	9	9	9	8	8	8	7	7	7	6	6	6	5	분	5	4	4	4	3	3

한로 9일 06시 44분 【음9월】 ➡ 【壬戌月(임술월)】 ☯ 상강 24일 09시 35분

양력 10	양력	1	2	3	4	5	6	7	8	9	10	11	12	13	14	15	16	17	18	19	20	21	22	23	24	25	26	27	28	29	30	31
	요일	수	목	금	토	일	월	화	수	목	금	토	일	월	화	수	목	금	토	일	월	화	수	목	금	토	일	월	화	수	목	금
	일진 日辰	乙卯	丙辰	丁巳	戊午	己未	庚申	辛酉	壬戌	癸亥	甲子	乙丑	丙寅	丁卯	戊辰	己巳	庚午	辛未	壬申	癸酉	甲戌	乙亥	丙子	丁丑	戊寅	己卯	庚辰	辛巳	壬午	癸未	甲申	乙酉
음력 09/02 ~ 10/03	음력	2	3	4	5	6	7	8	9	10	11	12	13	14	15	16	17	18	19	20	21	22	23	24	25	26	27	28	29	10/1	2	3
대운	남	8	8	8	9	9	9	10	10	한	1	1	1	1	2	2	2	3	3	3	4	4	4	5	상	5	6	6	6	7	7	7
	여	3	2	2	2	1	1	1	1	로	10	9	9	9	8	8	8	7	7	7	6	6	6	5	강	5	4	4	4	3	3	3

입동 8일 09시 18분 【음10월】 ➡ 【癸亥月(계해월)】 ☯ 소설 23일 06시 35분

양력 11	양력	1	2	3	4	5	6	7	8	9	10	11	12	13	14	15	16	17	18	19	20	21	22	23	24	25	26	27	28	29	30
	요일	토	일	월	화	수	목	금	토	일	월	화	수	목	금	토	일	월	화	수	목	금	토	일	월	화	수	목	금	토	일
	일진 日辰	丙戌	丁亥	戊子	己丑	庚寅	辛卯	壬辰	癸巳	甲午	乙未	丙申	丁酉	戊戌	己亥	庚子	辛丑	壬寅	癸卯	甲辰	乙巳	丙午	丁未	戊申	己酉	庚戌	辛亥	壬子	癸丑	甲寅	乙卯
음력 10/04 ~ 11/03	음력	4	5	6	7	8	9	10	11	12	13	14	15	16	17	18	19	20	21	22	23	24	25	26	27	28	29	30	11/1	2	3
대운	남	8	8	8	9	9	9	10	입	1	1	1	1	2	2	2	3	3	3	4	4	4	5	소	5	6	6	6	7	7	7
	여	2	2	2	1	1	1	1	동	10	9	9	9	8	8	8	7	7	7	6	6	6	5	설	5	4	4	4	3	3	3

대설 8일 01시 41분 【음11월】 ➡ 【甲子月(갑자월)】 ☯ 동지 22일 19시 35분

양력 12	양력	1	2	3	4	5	6	7	8	9	10	11	12	13	14	15	16	17	18	19	20	21	22	23	24	25	26	27	28	29	30	31
	요일	월	화	수	목	금	토	일	월	화	수	목	금	토	일	월	화	수	목	금	토	일	월	화	수	목	금	토	일	월	화	수
	일진 日辰	丙辰	丁巳	戊午	己未	庚申	辛酉	壬戌	癸亥	甲子	乙丑	丙寅	丁卯	戊辰	己巳	庚午	辛未	壬申	癸酉	甲戌	乙亥	丙子	丁丑	戊寅	己卯	庚辰	辛巳	壬午	癸未	甲申	乙酉	丙戌
음력 11/04 ~ 12/05	음력	4	5	6	7	8	9	10	11	12	13	14	15	16	17	18	19	20	21	22	23	24	25	26	27	28	29	12/1	2	3	4	5
대운	남	8	8	8	9	9	9	10	대	1	1	1	1	2	2	2	3	3	3	4	4	4	동	5	5	6	6	6	7	7	7	8
	여	2	2	2	1	1	1	1	설	9	9	9	8	8	8	7	7	7	6	6	6	5	지	5	4	4	4	3	3	3	2	2

단기 4247 年
불기 2458 年

1914년

上元 甲寅年 납음(大溪水), 본명성(五黃土)

대장군(子북방), 삼살(北방), 상문(辰동남방),조객(子북방), 납음(대계수), 【삼재(신,유,술)년】 臘享(납향):1915년 1월 16일(음12/02)

소한 6일 12시 43분 【음12월】 ➡ 【乙丑月(을축월)】 ☯ 대한 21일 06시 12분

양력 1 (음력 12/06 ~ 01/06)	1	2	3	4	5	6	7	8	9	10	11	12	13	14	15	16	17	18	19	20	21	22	23	24	25	26	27	28	29	30	31
요일	목	금	토	일	월	화	수	목	금	토	일	월	화	수	목	금	토	일	월	화	수	목	금	토	일	월	화	수	목	금	토
일진 日辰	丁亥	戊子	己丑	庚寅	辛卯	壬辰	癸巳	甲午	乙未	丙申	丁酉	戊戌	己亥	庚子	辛丑	壬寅	癸卯	甲辰	乙巳	丙午	丁未	戊申	己酉	庚戌	辛亥	壬子	癸丑	甲寅	乙卯	丙辰	丁巳
음력	6	7	8	9	10	11	12	13	14	15	16	17	18	19	20	21	22	23	24	25	26	27	28	29	30	1/1	2	3	4	5	6
대운 남	8	8	9	9	9	소	1	1	1	1	2	2	2	3	3	3	4	4	4	5	대	5	6	6	6	7	7	7	8	8	8
대운 여	2	1	1	1	1	한	10	9	9	9	8	8	8	7	7	7	6	6	6	5	한	5	4	4	4	3	3	3	2	2	2

입춘 5일 00시 29분 【음1월】 ➡ 【丙寅月(병인월)】 ☯ 우수 19일 20시 38분

양력 2 (음력 01/07 ~ 02/04)	1	2	3	4	5	6	7	8	9	10	11	12	13	14	15	16	17	18	19	20	21	22	23	24	25	26	27	28
요일	일	월	화	수	목	금	토	일	월	화	수	목	금	토	일	월	화	수	목	금	토	일	월	화	수	목	금	토
일진 日辰	戊午	己未	庚申	辛酉	壬戌	癸亥	甲子	乙丑	丙寅	丁卯	戊辰	己巳	庚午	辛未	壬申	癸酉	甲戌	乙亥	丙子	丁丑	戊寅	己卯	庚辰	辛巳	壬午	癸未	甲申	乙酉
음력	7	8	9	10	11	12	13	14	15	16	17	18	19	20	21	22	23	24	25	26	27	28	29	30	2/1	2	3	4
대운 남	9	9	9	10	입	9	9	9	8	8	8	7	7	7	6	6	6	5	우	5	4	4	4	3	3	3	2	2
대운 여	1	1	1	1	춘	1	1	1	1	2	2	2	3	3	3	4	4	4	수	5	5	6	6	6	7	7	7	8

甲寅年

경칩 6일 18시 56분 【음2월】 ➡ 【丁卯月(정묘월)】 ☯ 춘분 21일 20시 11분

양력 3 (음력 02/05 ~ 03/05)	1	2	3	4	5	6	7	8	9	10	11	12	13	14	15	16	17	18	19	20	21	22	23	24	25	26	27	28	29	30	31
요일	일	월	화	수	목	금	토	일	월	화	수	목	금	토	일	월	화	수	목	금	토	일	월	화	수	목	금	토	일	월	화
일진 日辰	丙戌	丁亥	戊子	己丑	庚寅	辛卯	壬辰	癸巳	甲午	乙未	丙申	丁酉	戊戌	己亥	庚子	辛丑	壬寅	癸卯	甲辰	乙巳	丙午	丁未	戊申	己酉	庚戌	辛亥	壬子	癸丑	甲寅	乙卯	丙辰
음력	5	6	7	8	9	10	11	12	13	14	15	16	17	18	19	20	21	22	23	24	25	26	27	28	29	30	3/1	2	3	4	5
대운 남	2	1	1	1	1	경	10	10	9	9	9	8	8	8	7	7	7	6	6	6	춘	5	5	4	4	4	3	3	3	2	2
대운 여	8	8	9	9	9	칩	1	1	1	1	2	2	2	3	3	3	4	4	4	5	분	5	6	6	6	7	7	7	8	8	8

청명 6일 00시 22분 【음3월】 ➡ 【戊辰月(무진월)】 ☯ 곡우 21일 07시 53분

양력 4 (음력 03/06 ~ 04/06)	1	2	3	4	5	6	7	8	9	10	11	12	13	14	15	16	17	18	19	20	21	22	23	24	25	26	27	28	29	30
요일	수	목	금	토	일	월	화	수	목	금	토	일	월	화	수	목	금	토	일	월	화	수	목	금	토	일	월	화	수	목
일진 日辰	丁巳	戊午	己未	庚申	辛酉	壬戌	癸亥	甲子	乙丑	丙寅	丁卯	戊辰	己巳	庚午	辛未	壬申	癸酉	甲戌	乙亥	丙子	丁丑	戊寅	己卯	庚辰	辛巳	壬午	癸未	甲申	乙酉	丙戌
음력	6	7	8	9	10	11	12	13	14	15	16	17	18	19	20	21	22	23	24	25	26	27	28	29	4/1	2	3	4	5	6
대운 남	2	1	1	1	1	청	10	9	9	9	8	8	8	7	7	7	6	6	6	5	곡	5	4	4	4	3	3	3	2	2
대운 여	9	9	9	10	10	명	1	1	1	1	2	2	2	3	3	3	4	4	4	5	우	5	6	6	6	7	7	7	8	8

입하 6일 18시 20분 【음4월】 ➡ 【己巳月(기사월)】 ☯ 소만 22일 07시 38분

양력 5 (음력 04/07 ~ 05/07)	1	2	3	4	5	6	7	8	9	10	11	12	13	14	15	16	17	18	19	20	21	22	23	24	25	26	27	28	29	30	31
요일	금	토	일	월	화	수	목	금	토	일	월	화	수	목	금	토	일	월	화	수	목	금	토	일	월	화	수	목	금	토	일
일진 日辰	丁亥	戊子	己丑	庚寅	辛卯	壬辰	癸巳	甲午	乙未	丙申	丁酉	戊戌	己亥	庚子	辛丑	壬寅	癸卯	甲辰	乙巳	丙午	丁未	戊申	己酉	庚戌	辛亥	壬子	癸丑	甲寅	乙卯	丙辰	丁巳
음력	7	8	9	10	11	12	13	14	15	16	17	18	19	20	21	22	23	24	25	26	27	28	29	30	5/1	2	3	4	5	6	7
대운 남	2	1	1	1	1	입	10	10	9	9	9	8	8	8	7	7	7	6	6	6	5	소	5	4	4	4	3	3	3	2	2
대운 여	8	9	9	9	10	하	1	1	1	1	2	2	2	3	3	3	4	4	4	5	5	만	6	6	6	7	7	7	8	8	8

망종 6일 23시 00분 【음5월】 ➡ 【庚午月(경오월)】 ☯ 하지 22일 15시 55분

양력 6 (음력 05/08 ~ 윤5/07)	1	2	3	4	5	6	7	8	9	10	11	12	13	14	15	16	17	18	19	20	21	22	23	24	25	26	27	28	29	30
요일	월	화	수	목	금	토	일	월	화	수	목	금	토	일	월	화	수	목	금	토	일	월	화	수	목	금	토	일	월	화
일진 日辰	戊午	己未	庚申	辛酉	壬戌	癸亥	甲子	乙丑	丙寅	丁卯	戊辰	己巳	庚午	辛未	壬申	癸酉	甲戌	乙亥	丙子	丁丑	戊寅	己卯	庚辰	辛巳	壬午	癸未	甲申	乙酉	丙戌	丁亥
음력	8	9	10	11	12	13	14	15	16	17	18	19	20	21	22	23	24	25	26	27	28	29	30	윤5	2	3	4	5	6	7
대운 남	2	1	1	1	1	망	10	10	10	9	9	9	8	8	8	7	7	7	6	6	6	하	5	5	4	4	4	3	3	3
대운 여	9	9	9	10	10	종	1	1	1	1	2	2	2	3	3	3	4	4	4	5	5	지	6	6	6	7	7	7	8	8

한식(4월06일), 초복(7월18일), 중복(7월28일), 말복(8월17일)☂춘사(春社)3/23
☀추사(秋社)9/19 토왕지절(土旺之節):4월18일,7월20일,10월21일,1월18일(음12/04)
臘享(납향):1915년1월16일(음12/02)

1914 甲寅年

소서 8일 09시 27분 【음6월】➡ 【辛未月(신미월)】 ☯ 대서 24일 02시 47분

양력 7 (음력 05/08~06/09)	1	2	3	4	5	6	7	8	9	10	11	12	13	14	15	16	17	18	19	20	21	22	23	24	25	26	27	28	29	30	31
요일	수	목	금	토	일	월	화	수	목	금	토	일	월	화	수	목	금	토	일	월	화	수	목	금	토	일	월	화	수	목	금
일진 日辰	戊子	己丑	庚寅	辛卯	壬辰	癸巳	甲午	乙未	丙申	丁酉	戊戌	己亥	庚子	辛丑	壬寅	癸卯	甲辰	乙巳	丙午	丁未	戊申	己酉	庚戌	辛亥	壬子	癸丑	甲寅	乙卯	丙辰	丁巳	戊午
음력	8	9	10	11	12	13	14	15	16	17	18	19	20	21	22	23	24	25	26	27	28	29	6/1	2	3	4	5	6	7	8	9
대운 남	2	2	2	1	1	1	1	소	10	10	9	9	9	8	8	8	7	7	7	6	6	6	5	대	5	4	4	4	3	3	3
대운 여	8	9	9	9	10	10	10	서	1	1	1	1	2	2	2	3	3	3	4	4	4	5	5	서	6	6	6	7	7	7	8

입추 8일 19시 05분 【음7월】➡ 【壬申月(임신월)】 ☯ 처서 24일 09시 30분

양력 8 (음력 06/10~07/11)	1	2	3	4	5	6	7	8	9	10	11	12	13	14	15	16	17	18	19	20	21	22	23	24	25	26	27	28	29	30	31
요일	토	일	월	화	수	목	금	토	일	월	화	수	목	금	토	일	월	화	수	목	금	토	일	월	화	수	목	금	토	일	월
일진 日辰	己未	庚申	辛酉	壬戌	癸亥	甲子	乙丑	丙寅	丁卯	戊辰	己巳	庚午	辛未	壬申	癸酉	甲戌	乙亥	丙子	丁丑	戊寅	己卯	庚辰	辛巳	壬午	癸未	甲申	乙酉	丙戌	丁亥	戊子	己丑
음력	10	11	12	13	14	15	16	17	18	19	20	21	22	23	24	25	26	27	28	29	7/1	2	3	4	5	6	7	8	9	10	11
대운 남	2	2	2	1	1	1	1	입	10	10	9	9	9	8	8	8	7	7	7	6	6	6	5	처	5	4	4	4	3	3	3
대운 여	8	8	9	9	9	10	10	추	1	1	1	1	2	2	2	3	3	3	4	4	4	5	5	서	6	6	6	7	7	7	8

백로 8일 21시 33분 【음8월】➡ 【癸酉月(계유월)】 ☯ 추분 24일 06시 34분

양력 9 (음력 07/12~08/11)	1	2	3	4	5	6	7	8	9	10	11	12	13	14	15	16	17	18	19	20	21	22	23	24	25	26	27	28	29	30
요일	화	수	목	금	토	일	월	화	수	목	금	토	일	월	화	수	목	금	토	일	월	화	수	목	금	토	일	월	화	수
일진 日辰	庚寅	辛卯	壬辰	癸巳	甲午	乙未	丙申	丁酉	戊戌	己亥	庚子	辛丑	壬寅	癸卯	甲辰	乙巳	丙午	丁未	戊申	己酉	庚戌	辛亥	壬子	癸丑	甲寅	乙卯	丙辰	丁巳	戊午	己未
음력	12	13	14	15	16	17	18	19	20	21	22	23	24	25	26	27	28	29	30	8/1	2	3	4	5	6	7	8	9	10	11
대운 남	2	2	2	1	1	1	1	백	10	10	9	9	9	8	8	8	7	7	7	6	6	6	6	추	5	4	4	4	3	3
대운 여	8	8	9	9	9	10	10	로	1	1	1	1	2	2	2	3	3	3	4	4	4	5	5	분	6	6	6	7	7	7

한로 9일 12시 35분 【음9월】➡ 【甲戌月(갑술월)】 ☯ 상강 24일 15시 17분

양력 10 (음력 08/12~09/13)	1	2	3	4	5	6	7	8	9	10	11	12	13	14	15	16	17	18	19	20	21	22	23	24	25	26	27	28	29	30	31
요일	목	금	토	일	월	화	수	목	금	토	일	월	화	수	목	금	토	일	월	화	수	목	금	토	일	월	화	수	목	금	토
일진 日辰	庚申	辛酉	壬戌	癸亥	甲子	乙丑	丙寅	丁卯	戊辰	己巳	庚午	辛未	壬申	癸酉	甲戌	乙亥	丙子	丁丑	戊寅	己卯	庚辰	辛巳	壬午	癸未	甲申	乙酉	丙戌	丁亥	戊子	己丑	庚寅
음력	12	13	14	15	16	17	18	19	20	21	22	23	24	25	26	27	28	29	9/1	2	3	4	5	6	7	8	9	10	11	12	13
대운 남	3	2	2	2	1	1	1	1	한	10	9	9	9	8	8	8	7	7	7	6	6	6	5	상	5	4	4	4	3	3	3
대운 여	8	8	8	9	9	9	10	10	로	1	1	1	1	2	2	2	3	3	3	4	4	4	5	강	5	6	6	6	7	7	7

입동 8일 15시 11분 【음10월】➡ 【乙亥月(을해월)】 ☯ 소설 23일 12시 20분

양력 11 (음력 09/14~10/13)	1	2	3	4	5	6	7	8	9	10	11	12	13	14	15	16	17	18	19	20	21	22	23	24	25	26	27	28	29	30
요일	일	월	화	수	목	금	토	일	월	화	수	목	금	토	일	월	화	수	목	금	토	일	월	화	수	목	금	토	일	월
일진 日辰	辛卯	壬辰	癸巳	甲午	乙未	丙申	丁酉	戊戌	己亥	庚子	辛丑	壬寅	癸卯	甲辰	乙巳	丙午	丁未	戊申	己酉	庚戌	辛亥	壬子	癸丑	甲寅	乙卯	丙辰	丁巳	戊午	己未	庚申
음력	14	15	16	17	18	19	20	21	22	23	24	25	26	27	28	29	30	10/1	2	3	4	5	6	7	8	9	10	11	12	13
대운 남	2	2	2	1	1	1	1	입	10	9	9	9	8	8	8	7	7	7	6	6	6	5	소	5	4	4	4	3	3	3
대운 여	8	8	8	9	9	9	10	동	1	1	1	1	2	2	2	3	3	3	4	4	4	5	설	5	6	6	6	7	7	7

대설 8일 07시 37분 【음11월】➡ 【丙子月(병자월)】 ☯ 동지 23일 01시 22분

양력 12 (음력 10/14~11/15)	1	2	3	4	5	6	7	8	9	10	11	12	13	14	15	16	17	18	19	20	21	22	23	24	25	26	27	28	29	30	31
요일	화	수	목	금	토	일	월	화	수	목	금	토	일	월	화	수	목	금	토	일	월	화	수	목	금	토	일	월	화	수	목
일진 日辰	辛酉	壬戌	癸亥	甲子	乙丑	丙寅	丁卯	戊辰	己巳	庚午	辛未	壬申	癸酉	甲戌	乙亥	丙子	丁丑	戊寅	己卯	庚辰	辛巳	壬午	癸未	甲申	乙酉	丙戌	丁亥	戊子	己丑	庚寅	辛卯
음력	14	15	16	17	18	19	20	21	22	23	24	25	26	27	28	29	11/1	2	3	4	5	6	7	8	9	10	11	12	13	14	15
대운 남	2	2	2	1	1	1	1	대	9	9	9	8	8	8	7	7	7	6	6	6	5	5	동	5	4	4	4	3	3	3	2
대운 여	8	8	8	9	9	9	10	설	1	1	1	1	2	2	2	3	3	3	4	4	4	5	지	5	6	6	6	7	7	7	8

단기 4248 年	1915년	上元 乙卯年 납음(大溪水), 본명성(四綠木)
불기 2459 年		대장군(子북방), 삼살(酉서방), 상문(巳동남방), 조객(丑동북방), 납음(대계수), 【삼재(사,오,미)년】 臘享(납향):1916년1월23일(음12/19)

소한 6일 18시 40분 【음12월】 ➡ 【丁丑月(정축월)】 ☯ 대한 21일 12시 00분

양력 1	1	2	3	4	5	6	7	8	9	10	11	12	13	14	15	16	17	18	19	20	21	22	23	24	25	26	27	28	29	30	31
요일	금	토	일	월	화	수	목	금	토	일	월	화	수	목	금	토	일	월	화	수	목	금	토	일	월	화	수	목	금	토	일
일진 日辰	壬辰	癸巳	甲午	乙未	丙申	丁酉	戊戌	己亥	庚子	辛丑	壬寅	癸卯	甲辰	乙巳	丙午	丁未	戊申	己酉	庚戌	辛亥	壬子	癸丑	甲寅	乙卯	丙辰	丁巳	戊午	己未	庚申	辛酉	壬戌
음력 (11/16~12/17)	16	17	18	19	20	21	22	23	24	25	26	27	28	29	12/1	2	3	4	5	6	7	8	9	10	11	12	13	14	15	16	17
대운 남	2	1	1	1	1	소	10	9	9	9	8	8	8	7	7	7	6	6	6	5	대	5	4	4	4	3	3	3	2	2	2
대운 여	8	8	9	9	9	한	1	1	1	1	2	2	2	3	3	3	4	4	4	5	한	5	6	6	6	7	7	7	8	8	8

입춘 5일 06시 25분 【음1월】 ➡ 【戊寅月(무인월)】 ☯ 우수 20일 02시 23분

양력 2	1	2	3	4	5	6	7	8	9	10	11	12	13	14	15	16	17	18	19	20	21	22	23	24	25	26	27	28
요일	월	화	수	목	금	토	일	월	화	수	목	금	토	일	월	화	수	목	금	토	일	월	화	수	목	금	토	일
일진 日辰	癸亥	甲子	乙丑	丙寅	丁卯	戊辰	己巳	庚午	辛未	壬申	癸酉	甲戌	乙亥	丙子	丁丑	戊寅	己卯	庚辰	辛巳	壬午	癸未	甲申	乙酉	丙戌	丁亥	戊子	己丑	庚寅
음력 (12/18~01/15)	18	19	20	21	22	23	24	25	26	27	28	29	30	1/1	2	3	4	5	6	7	8	9	10	11	12	13	14	15
대운 남	1	1	1	1	입	1	1	1	1	2	2	2	3	3	3	4	4	4	5	우	5	6	6	6	7	7	7	8
대운 여	9	9	9	10	춘	10	9	9	9	8	8	8	7	7	7	6	6	6	5	수	5	4	4	4	3	3	3	2

乙卯年

경칩 7일 00시 48분 【음2월】 ➡ 【己卯月(기묘월)】 ☯ 춘분 22일 01시 51분

양력 3	1	2	3	4	5	6	7	8	9	10	11	12	13	14	15	16	17	18	19	20	21	22	23	24	25	26	27	28	29	30	31
요일	월	화	수	목	금	토	일	월	화	수	목	금	토	일	월	화	수	목	금	토	일	월	화	수	목	금	토	일	월	화	수
일진 日辰	辛卯	壬辰	癸巳	甲午	乙未	丙申	丁酉	戊戌	己亥	庚子	辛丑	壬寅	癸卯	甲辰	乙巳	丙午	丁未	戊申	己酉	庚戌	辛亥	壬子	癸丑	甲寅	乙卯	丙辰	丁巳	戊午	己未	庚申	辛酉
음력 (01/19~02/16)	16	17	18	19	20	21	22	23	24	25	26	27	28	29	30	2/1	2	3	4	5	6	7	8	9	10	11	12	13	14	15	16
대운 남	8	8	9	9	9	10	경	1	1	1	1	2	2	2	3	3	3	4	4	4	5	춘	5	6	6	6	7	7	7	8	8
대운 여	2	2	1	1	1	1	칩	10	9	9	9	8	8	8	7	7	7	6	6	6	5	분	5	4	4	4	3	3	3	2	2

청명 6일 06시 09분 【음3월】 ➡ 【庚辰月(경진월)】 ☯ 곡우 21일 13시 29분

양력 4	1	2	3	4	5	6	7	8	9	10	11	12	13	14	15	16	17	18	19	20	21	22	23	24	25	26	27	28	29	30
요일	목	금	토	일	월	화	수	목	금	토	일	월	화	수	목	금	토	일	월	화	수	목	금	토	일	월	화	수	목	금
일진 日辰	壬戌	癸亥	甲子	乙丑	丙寅	丁卯	戊辰	己巳	庚午	辛未	壬申	癸酉	甲戌	乙亥	丙子	丁丑	戊寅	己卯	庚辰	辛巳	壬午	癸未	甲申	乙酉	丙戌	丁亥	戊子	己丑	庚寅	辛卯
음력 (02/17~03/17)	17	18	19	20	21	22	23	24	25	26	27	28	29	3/1	2	3	4	5	6	7	8	9	10	11	12	13	14	15	16	17
대운 남	8	9	9	9	10	청	1	1	1	1	2	2	2	3	3	3	4	4	4	5	곡	5	6	6	6	7	7	7	8	8
대운 여	2	1	1	1	1	명	10	10	9	9	9	8	8	8	7	7	7	6	6	6	우	5	5	4	4	4	3	3	3	2

입하 7일 00시 03분 【음4월】 ➡ 【辛巳月(신사월)】 ☯ 소만 22일 13시 10분

양력 5	1	2	3	4	5	6	7	8	9	10	11	12	13	14	15	16	17	18	19	20	21	22	23	24	25	26	27	28	29	30	31
요일	토	일	월	화	수	목	금	토	일	월	화	수	목	금	토	일	월	화	수	목	금	토	일	월	화	수	목	금	토	일	월
일진 日辰	壬辰	癸巳	甲午	乙未	丙申	丁酉	戊戌	己亥	庚子	辛丑	壬寅	癸卯	甲辰	乙巳	丙午	丁未	戊申	己酉	庚戌	辛亥	壬子	癸丑	甲寅	乙卯	丙辰	丁巳	戊午	己未	庚申	辛酉	壬戌
음력 (03/18~04/18)	18	19	20	21	22	23	24	25	26	27	28	29	30	4/1	2	3	4	5	6	7	8	9	10	11	12	13	14	15	16	17	18
대운 남	8	9	9	9	10	10	입	1	1	1	1	2	2	2	3	3	3	4	4	4	5	소	5	6	6	6	7	7	7	8	8
대운 여	2	2	1	1	1	1	하	10	10	9	9	9	8	8	8	7	7	7	6	6	6	만	5	5	4	4	4	3	3	3	2

망종 7일 04시 40분 【음5월】 ➡ 【壬午月(임오월)】 ☯ 하지 22일 21시 29분

양력 6	1	2	3	4	5	6	7	8	9	10	11	12	13	14	15	16	17	18	19	20	21	22	23	24	25	26	27	28	29	30
요일	화	수	목	금	토	일	월	화	수	목	금	토	일	월	화	수	목	금	토	일	월	화	수	목	금	토	일	월	화	수
일진 日辰	癸亥	甲子	乙丑	丙寅	丁卯	戊辰	己巳	庚午	辛未	壬申	癸酉	甲戌	乙亥	丙子	丁丑	戊寅	己卯	庚辰	辛巳	壬午	癸未	甲申	乙酉	丙戌	丁亥	戊子	己丑	庚寅	辛卯	壬辰
음력 (04/19~05/18)	19	20	21	22	23	24	25	26	27	28	29	30	5/1	2	3	4	5	6	7	8	9	10	11	12	13	14	15	16	17	18
대운 남	8	9	9	9	10	10	망	1	1	1	1	2	2	2	3	3	3	4	4	4	5	하	5	6	6	6	7	7	7	8
대운 여	2	2	1	1	1	1	종	10	10	9	9	9	8	8	8	7	7	7	6	6	6	지	5	5	4	4	4	3	3	3

한식(4월07일), 초복(7월18일), 중복(7월28일), 말복(8월17일)☂춘사(春社)3/18
☀추사(秋社)9/24토왕지절(土旺之節):4월18일,7월21일,10월21일,
1월18일(음12/14)臘享(납향):1916년1월23일(음12/19)

1915 乙卯年

소서 8일 15시 08분 【음6월】➡ 【癸未月(계미월)】 ☯ 대서 24일 08시 26분

양력 7 / 음력 05/19 ~ 06/20

양력	1	2	3	4	5	6	7	8	9	10	11	12	13	14	15	16	17	18	19	20	21	22	23	24	25	26	27	28	29	30	31
요일	목	금	토	일	월	화	수	목	금	토	일	월	화	수	목	금	토	일	월	화	수	목	금	토	일	월	화	수	목	금	토
일진	癸	甲	乙	丙	丁	戊	己	庚	辛	壬	癸	甲	乙	丙	丁	戊	己	庚	辛	壬	癸	甲	乙	丙	丁	戊	己	庚	辛	壬	癸
日辰	巳	午	未	申	酉	戌	亥	子	丑	寅	卯	辰	巳	午	未	申	酉	戌	亥	子	丑	寅	卯	辰	巳	午	未	申	酉	戌	亥
음력	19	20	21	22	23	24	25	26	27	28	29	6/1	2	3	4	5	6	7	8	9	10	11	12	13	14	15	16	17	18	19	20
대운 남	8	9	9	9	10	10	10	소	1	1	1	1	2	2	2	3	3	3	4	4	4	5	5	대	6	6	6	7	7	7	8
대운 여	2	2	2	1	1	1	1	서	10	10	10	9	9	9	8	8	8	7	7	7	6	6	6	서	5	5	4	4	4	3	3

입추 9일 00시 48분 【음7월】➡ 【甲申月(갑신월)】 ☯ 처서 24일 15시 15분

양력 8 / 음력 06/21 ~ 07/21

양력	1	2	3	4	5	6	7	8	9	10	11	12	13	14	15	16	17	18	19	20	21	22	23	24	25	26	27	28	29	30	31
요일	일	월	화	수	목	금	토	일	월	화	수	목	금	토	일	월	화	수	목	금	토	일	월	화	수	목	금	토	일	월	화
일진	甲	乙	丙	丁	戊	己	庚	辛	壬	癸	甲	乙	丙	丁	戊	己	庚	辛	壬	癸	甲	乙	丙	丁	戊	己	庚	辛	壬	癸	甲
日辰	子	丑	寅	卯	辰	巳	午	未	申	酉	戌	亥	子	丑	寅	卯	辰	巳	午	未	申	酉	戌	亥	子	丑	寅	卯	辰	巳	午
음력	21	22	23	24	25	26	27	28	29	30	7/1	2	3	4	5	6	7	8	9	10	11	12	13	14	15	16	17	18	19	20	21
대운 남	8	8	9	9	9	10	10	10	입	1	1	1	1	2	2	2	3	3	3	4	4	4	5	처	5	6	6	6	7	7	7
대운 여	3	2	2	2	1	1	1	1	추	10	10	9	9	9	8	8	8	7	7	7	6	6	6	서	5	5	4	4	4	3	3

백로 9일 03시 17분 【음8월】➡ 【乙酉月(을유월)】 ☯ 추분 24일 12시 24분

양력 9 / 음력 07/22 ~ 08/22

양력	1	2	3	4	5	6	7	8	9	10	11	12	13	14	15	16	17	18	19	20	21	22	23	24	25	26	27	28	29	30
요일	수	목	금	토	일	월	화	수	목	금	토	일	월	화	수	목	금	토	일	월	화	수	목	금	토	일	월	화	수	목
일진	乙	丙	丁	戊	己	庚	辛	壬	癸	甲	乙	丙	丁	戊	己	庚	辛	壬	癸	甲	乙	丙	丁	戊	己	庚	辛	壬	癸	甲
日辰	未	申	酉	戌	亥	子	丑	寅	卯	辰	巳	午	未	申	酉	戌	亥	子	丑	寅	卯	辰	巳	午	未	申	酉	戌	亥	子
음력	22	23	24	25	26	27	28	29	8/1	2	3	4	5	6	7	8	9	10	11	12	13	14	15	16	17	18	19	20	21	22
대운 남	8	8	8	9	9	9	10	10	백	1	1	1	1	2	2	2	3	3	3	4	4	4	5	추	5	6	6	6	7	7
대운 여	3	2	2	2	1	1	1	1	로	10	9	9	9	8	8	8	7	7	7	6	6	6	5	분	5	4	4	4	3	3

한로 9일 18시 21분 【음9월】➡ 【丙戌月(병술월)】 ☯ 상강 24일 21시 10분

양력 10 / 음력 08/23 ~ 09/23

양력	1	2	3	4	5	6	7	8	9	10	11	12	13	14	15	16	17	18	19	20	21	22	23	24	25	26	27	28	29	30	31
요일	금	토	일	월	화	수	목	금	토	일	월	화	수	목	금	토	일	월	화	수	목	금	토	일	월	화	수	목	금	토	일
일진	乙	丙	丁	戊	己	庚	辛	壬	癸	甲	乙	丙	丁	戊	己	庚	辛	壬	癸	甲	乙	丙	丁	戊	己	庚	辛	壬	癸	甲	乙
日辰	丑	寅	卯	辰	巳	午	未	申	酉	戌	亥	子	丑	寅	卯	辰	巳	午	未	申	酉	戌	亥	子	丑	寅	卯	辰	巳	午	未
음력	23	24	25	26	27	28	29	30	9/1	2	3	4	5	6	7	8	9	10	11	12	13	14	15	16	17	18	19	20	21	22	23
대운 남	7	8	8	8	9	9	9	10	한	1	1	1	1	2	2	2	3	3	3	4	4	4	5	상	5	6	6	6	7	7	7
대운 여	3	2	2	2	1	1	1	1	로	10	9	9	9	8	8	8	7	7	7	6	6	6	5	강	5	4	4	4	3	3	3

입동 8일 20시 58분 【음10월】➡ 【丁亥月(정해월)】 ☯ 소설 23일 18시 14분

양력 11 / 음력 09/24 ~ 10/24

양력	1	2	3	4	5	6	7	8	9	10	11	12	13	14	15	16	17	18	19	20	21	22	23	24	25	26	27	28	29	30
요일	월	화	수	목	금	토	일	월	화	수	목	금	토	일	월	화	수	목	금	토	일	월	화	수	목	금	토	일	월	화
일진	丙	丁	戊	己	庚	辛	壬	癸	甲	乙	丙	丁	戊	己	庚	辛	壬	癸	甲	乙	丙	丁	戊	己	庚	辛	壬	癸	甲	乙
日辰	申	酉	戌	亥	子	丑	寅	卯	辰	巳	午	未	申	酉	戌	亥	子	丑	寅	卯	辰	巳	午	未	申	酉	戌	亥	子	丑
음력	24	25	26	27	28	29	10/1	2	3	4	5	6	7	8	9	10	11	12	13	14	15	16	17	18	19	20	21	22	23	24
대운 남	8	8	8	9	9	9	10	입	1	1	1	1	2	2	2	3	3	3	4	4	4	5	소	5	6	6	6	7	7	7
대운 여	2	2	2	1	1	1	1	동	10	9	9	9	8	8	8	7	7	7	6	6	6	5	설	5	4	4	4	3	3	3

대설 8일 13시 24분 【음11월】➡ 【戊子月(무자월)】 ☯ 동지 23일 07시 16분

양력 12 / 음력 10/25 ~ 11/25

양력	1	2	3	4	5	6	7	8	9	10	11	12	13	14	15	16	17	18	19	20	21	22	23	24	25	26	27	28	29	30	31
요일	수	목	금	토	일	월	화	수	목	금	토	일	월	화	수	목	금	토	일	월	화	수	목	금	토	일	월	화	수	목	금
일진	丙	丁	戊	己	庚	辛	壬	癸	甲	乙	丙	丁	戊	己	庚	辛	壬	癸	甲	乙	丙	丁	戊	己	庚	辛	壬	癸	甲	乙	丙
日辰	寅	卯	辰	巳	午	未	申	酉	戌	亥	子	丑	寅	卯	辰	巳	午	未	申	酉	戌	亥	子	丑	寅	卯	辰	巳	午	未	申
음력	25	26	27	28	29	30	11/1	2	3	4	5	6	7	8	9	10	11	12	13	14	15	16	17	18	19	20	21	22	23	24	25
대운 남	8	8	8	9	9	9	10	대	1	1	1	1	2	2	2	3	3	3	4	4	4	5	동	5	6	6	6	7	7	7	8
대운 여	2	2	2	1	1	1	1	설	10	9	9	9	8	8	8	7	7	7	6	6	6	5	지	5	4	4	4	3	3	3	2

단기 4249 年
불기 2460 年

1916년

上元 丙辰年 납음(沙中土), 본명성(三碧木)

대장군(子북방), 삼살(南방), 상문(午남방), 조객(寅동북방),납음(사중토), 삼재(인,묘,진)년 臘享(납향):1917년1월17일(음12/24)

소한 7일 00시 28분 【음12월】 ➡ **【己丑月(기축월)】** ☯ 대한 21일 17시 54분

양력 1 (음력 11/26~12/27)	1	2	3	4	5	6	7	8	9	10	11	12	13	14	15	16	17	18	19	20	21	22	23	24	25	26	27	28	29	30	31
요일	토	일	월	화	수	목	금	토	일	월	화	수	목	금	토	일	월	화	수	목	금	토	일	월	화	수	목	금	토	일	월
일진 日辰	丁酉	戊戌	己亥	庚子	辛丑	壬寅	癸卯	甲辰	乙巳	丙午	丁未	戊申	己酉	庚戌	辛亥	壬子	癸丑	甲寅	乙卯	丙辰	丁巳	戊午	己未	庚申	辛酉	壬戌	癸亥	甲子	乙丑	丙寅	丁卯
음력	26	27	28	29	12/1	2	3	4	5	6	7	8	9	10	11	12	13	14	15	16	17	18	19	20	21	22	23	24	25	26	27
대운 남	8	8	9	9	9	10	소	1	1	1	1	2	2	2	3	3	3	4	4	4	대	5	5	6	6	6	7	7	7	8	8
대운 여	2	2	1	1	1	1	한	9	9	9	8	8	8	7	7	7	6	6	6	5	한	5	4	4	4	3	3	3	2	2	2

입춘 5일 12시 14분 【음1월】 ➡ **【庚寅月(경인월)】** ☯ 우수 20일 08시 18분

양력 2 (음력 12/28~01/26)	1	2	3	4	5	6	7	8	9	10	11	12	13	14	15	16	17	18	19	20	21	22	23	24	25	26	27	28	29
요일	화	수	목	금	토	일	월	화	수	목	금	토	일	월	화	수	목	금	토	일	월	화	수	목	금	토	일	월	화
일진 日辰	戊辰	己巳	庚午	辛未	壬申	癸酉	甲戌	乙亥	丙子	丁丑	戊寅	己卯	庚辰	辛巳	壬午	癸未	甲申	乙酉	丙戌	丁亥	戊子	己丑	庚寅	辛卯	壬辰	癸巳	甲午	乙未	丙申
음력	28	29	30	1/1	2	3	4	5	6	7	8	9	10	11	12	13	14	15	16	17	18	19	20	21	22	23	24	25	26
대운 남	8	9	9	9	입	10	9	9	9	8	8	8	7	7	7	6	6	6	5	우	5	4	4	4	3	3	3	2	2
대운 여	1	1	1	1	춘	1	1	1	1	2	2	2	3	3	3	4	4	4	5	수	5	6	6	6	7	7	7	8	8

丙辰年

경칩 6일 06시 37분 【음2월】 ➡ **【辛卯月(신묘월)】** ☯ 춘분 21일 07시 47분

양력 3 (음력 01/27~02/28)	1	2	3	4	5	6	7	8	9	10	11	12	13	14	15	16	17	18	19	20	21	22	23	24	25	26	27	28	29	30	31
요일	수	목	금	토	일	월	화	수	목	금	토	일	월	화	수	목	금	토	일	월	화	수	목	금	토	일	월	화	수	목	금
일진 日辰	丁酉	戊戌	己亥	庚子	辛丑	壬寅	癸卯	甲辰	乙巳	丙午	丁未	戊申	己酉	庚戌	辛亥	壬子	癸丑	甲寅	乙卯	丙辰	丁巳	戊午	己未	庚申	辛酉	壬戌	癸亥	甲子	乙丑	丙寅	丁卯
음력	27	28	29	2/1	2	3	4	5	6	7	8	9	10	11	12	13	14	15	16	17	18	19	20	21	22	23	24	25	26	27	28
대운 남	2	1	1	1	1	경	10	9	9	9	8	8	8	7	7	7	6	6	6	5	춘	5	4	4	4	3	3	3	2	2	2
대운 여	8	9	9	9	10	칩	1	1	1	1	2	2	2	3	3	3	4	4	4	5	분	5	6	6	6	7	7	7	8	8	8

청명 5일 11시 58분 【음3월】 ➡ **【壬辰月(임진월)】** ☯ 곡우 20일 19시 25분

양력 4 (음력 02/29~03/28)	1	2	3	4	5	6	7	8	9	10	11	12	13	14	15	16	17	18	19	20	21	22	23	24	25	26	27	28	29	30
요일	토	일	월	화	수	목	금	토	일	월	화	수	목	금	토	일	월	화	수	목	금	토	일	월	화	수	목	금	토	일
일진 日辰	戊辰	己巳	庚午	辛未	壬申	癸酉	甲戌	乙亥	丙子	丁丑	戊寅	己卯	庚辰	辛巳	壬午	癸未	甲申	乙酉	丙戌	丁亥	戊子	己丑	庚寅	辛卯	壬辰	癸巳	甲午	乙未	丙申	丁酉
음력	29	30	3/1	2	3	4	5	6	7	8	9	10	11	12	13	14	15	16	17	18	19	20	21	22	23	24	25	26	27	28
대운 남	1	1	1	1	청	10	10	9	9	9	8	8	8	7	7	7	6	6	6	곡	5	5	4	4	4	3	3	3	2	2
대운 여	9	9	9	10	명	1	1	1	1	2	2	2	3	3	3	4	4	4	5	우	5	6	6	6	7	7	7	8	8	8

입하 6일 05시 50분 【음4월】 ➡ **【癸巳月(계사월)】** ☯ 소만 21일 19시 06분

양력 5 (음력 03/29~04/30)	1	2	3	4	5	6	7	8	9	10	11	12	13	14	15	16	17	18	19	20	21	22	23	24	25	26	27	28	29	30	31
요일	월	화	수	목	금	토	일	월	화	수	목	금	토	일	월	화	수	목	금	토	일	월	화	수	목	금	토	일	월	화	수
일진 日辰	戊戌	己亥	庚子	辛丑	壬寅	癸卯	甲辰	乙巳	丙午	丁未	戊申	己酉	庚戌	辛亥	壬子	癸丑	甲寅	乙卯	丙辰	丁巳	戊午	己未	庚申	辛酉	壬戌	癸亥	甲子	乙丑	丙寅	丁卯	戊辰
음력	29	4/1	2	3	4	5	6	7	8	9	10	11	12	13	14	15	16	17	18	19	20	21	22	23	24	25	26	27	28	29	30
대운 남	2	1	1	1	1	입	10	10	9	9	9	8	8	8	7	7	7	6	6	6	소	5	5	4	4	4	3	3	3	2	2
대운 여	9	9	9	10	10	하	1	1	1	1	2	2	2	3	3	3	4	4	4	5	만	5	6	6	6	7	7	7	8	8	8

망종 6일 10시 26분 【음5월】 ➡ **【甲午月(갑오월)】** ☯ 하지 22일 03시 24분

양력 6 (음력 05/01~06/01)	1	2	3	4	5	6	7	8	9	10	11	12	13	14	15	16	17	18	19	20	21	22	23	24	25	26	27	28	29	30
요일	목	금	토	일	월	화	수	목	금	토	일	월	화	수	목	금	토	일	월	화	수	목	금	토	일	월	화	수	목	금
일진 日辰	己巳	庚午	辛未	壬申	癸酉	甲戌	乙亥	丙子	丁丑	戊寅	己卯	庚辰	辛巳	壬午	癸未	甲申	乙酉	丙戌	丁亥	戊子	己丑	庚寅	辛卯	壬辰	癸巳	甲午	乙未	丙申	丁酉	戊戌
음력	5/1	2	3	4	5	6	7	8	9	10	11	12	13	14	15	16	17	18	19	20	21	22	23	24	25	26	27	28	29	6/1
대운 남	2	1	1	1	1	망	10	10	9	9	9	8	8	8	7	7	7	6	6	6	6	하	5	5	4	4	4	3	3	3
대운 여	9	9	9	10	10	종	1	1	1	1	2	2	2	3	3	3	4	4	4	5	5	지	6	6	6	7	7	7	8	8

한식(4월06일), 초복(7월12일), 중복(7월22일), 말복(8월11일)☂춘사(春社)3/22
☀추사(秋社)9/28토왕지절(土旺之節):4월17일,7월20일,10월21일,1월18일(음12/25)臘享(
납향):1917년1월17일(음12/24)

1916 丙辰年

소서 7일 20시 54분 【음6월】 ➡ **【乙未月(을미월)】** ☯ 대서 23일 14시 21분

양력 7	1	2	3	4	5	6	7	8	9	10	11	12	13	14	15	16	17	18	19	20	21	22	23	24	25	26	27	28	29	30	31
요일	토	일	월	화	수	목	금	토	일	월	화	수	목	금	토	일	월	화	수	목	금	토	일	월	화	수	목	금	토	일	월
일진 日辰	己亥	庚子	辛丑	壬寅	癸卯	甲辰	乙巳	丙午	丁未	戊申	己酉	庚戌	辛亥	壬子	癸丑	甲寅	乙卯	丙辰	丁巳	戊午	己未	庚申	辛酉	壬戌	癸亥	甲子	乙丑	丙寅	丁卯	戊辰	己巳
음력 (06/02–07/02)	2	3	4	5	6	7	8	9	10	11	12	13	14	15	16	17	18	19	20	21	22	23	24	25	26	27	28	29	30	7/1	2
대운 남	2	2	1	1	1	1	소	10	10	10	9	9	9	8	8	8	7	7	7	6	6	6	대	5	5	4	4	4	3	3	3
대운 여	8	9	9	9	10	10	서	1	1	1	1	2	2	2	3	3	3	4	4	4	5	5	서	6	6	6	7	7	7	8	8

입추 8일 06시 35분 【음7월】 ➡ **【丙申月(병신월)】** ☯ 처서 23일 21시 09분

양력 8	1	2	3	4	5	6	7	8	9	10	11	12	13	14	15	16	17	18	19	20	21	22	23	24	25	26	27	28	29	30	31
요일	화	수	목	금	토	일	월	화	수	목	금	토	일	월	화	수	목	금	토	일	월	화	수	목	금	토	일	월	화	수	목
일진 日辰	庚午	辛未	壬申	癸酉	甲戌	乙亥	丙子	丁丑	戊寅	己卯	庚辰	辛巳	壬午	癸未	甲申	乙酉	丙戌	丁亥	戊子	己丑	庚寅	辛卯	壬辰	癸巳	甲午	乙未	丙申	丁酉	戊戌	己亥	庚子
음력 (07/03–08/03)	3	4	5	6	7	8	9	10	11	12	13	14	15	16	17	18	19	20	21	22	23	24	25	26	27	28	29	30	8/1	2	3
대운 남	3	2	2	1	1	1	1	입	10	10	9	9	9	8	8	8	7	7	7	6	6	6	처	5	5	4	4	4	3	3	3
대운 여	8	9	9	9	10	10	10	추	1	1	1	1	2	2	2	3	3	3	4	4	4	5	서	5	6	6	6	7	7	7	8

백로 8일 09시 05분 【음8월】 ➡ **【丁酉月(정유월)】** ☯ 추분 23일 18시 15분

양력 9	1	2	3	4	5	6	7	8	9	10	11	12	13	14	15	16	17	18	19	20	21	22	23	24	25	26	27	28	29	30
요일	금	토	일	월	화	수	목	금	토	일	월	화	수	목	금	토	일	월	화	수	목	금	토	일	월	화	수	목	금	토
일진 日辰	辛丑	壬寅	癸卯	甲辰	乙巳	丙午	丁未	戊申	己酉	庚戌	辛亥	壬子	癸丑	甲寅	乙卯	丙辰	丁巳	戊午	己未	庚申	辛酉	壬戌	癸亥	甲子	乙丑	丙寅	丁卯	戊辰	己巳	庚午
음력 (08/04–09/04)	4	5	6	7	8	9	10	11	12	13	14	15	16	17	18	19	20	21	22	23	24	25	26	27	28	29	9/1	2	3	4
대운 남	2	2	2	1	1	1	1	백	10	10	9	9	9	8	8	8	7	7	7	6	6	6	추	5	5	4	4	4	3	3
대운 여	8	8	9	9	9	10	10	로	1	1	1	1	2	2	2	3	3	3	4	4	4	5	분	5	6	6	6	7	7	7

한로 9일 00시 08분 【음9월】 ➡ **【戊戌月(무술월)】** ☯ 상강 24일 02시 57분

양력 10	1	2	3	4	5	6	7	8	9	10	11	12	13	14	15	16	17	18	19	20	21	22	23	24	25	26	27	28	29	30	31
요일	일	월	화	수	목	금	토	일	월	화	수	목	금	토	일	월	화	수	목	금	토	일	월	화	수	목	금	토	일	월	화
일진 日辰	辛未	壬申	癸酉	甲戌	乙亥	丙子	丁丑	戊寅	己卯	庚辰	辛巳	壬午	癸未	甲申	乙酉	丙戌	丁亥	戊子	己丑	庚寅	辛卯	壬辰	癸巳	甲午	乙未	丙申	丁酉	戊戌	己亥	庚子	辛丑
음력 (09/05–10/05)	5	6	7	8	9	10	11	12	13	14	15	16	17	18	19	20	21	22	23	24	25	26	27	28	29	30	10/1	2	3	4	5
대운 남	3	2	2	2	1	1	1	1	한	10	9	9	9	8	8	8	7	7	7	6	6	6	5	상	5	4	4	4	3	3	3
대운 여	8	8	8	9	9	9	10	10	로	1	1	1	1	2	2	2	3	3	3	4	4	4	5	강	5	6	6	6	7	7	7

입동 8일 02시 42분 【음10월】 ➡ **【己亥月(기해월)】** ☯ 소설 22일 23시 58분

양력 11	1	2	3	4	5	6	7	8	9	10	11	12	13	14	15	16	17	18	19	20	21	22	23	24	25	26	27	28	29	30
요일	수	목	금	토	일	월	화	수	목	금	토	일	월	화	수	목	금	토	일	월	화	수	목	금	토	일	월	화	수	목
일진 日辰	壬寅	癸卯	甲辰	乙巳	丙午	丁未	戊申	己酉	庚戌	辛亥	壬子	癸丑	甲寅	乙卯	丙辰	丁巳	戊午	己未	庚申	辛酉	壬戌	癸亥	甲子	乙丑	丙寅	丁卯	戊辰	己巳	庚午	辛未
음력 (10/06–11/06)	6	7	8	9	10	11	12	13	14	15	16	17	18	19	20	21	22	23	24	25	26	27	28	29	11/1	2	3	4	5	6
대운 남	2	2	2	1	1	1	1	입	9	9	9	8	8	8	7	7	7	6	6	6	5	소	5	4	4	4	3	3	3	2
대운 여	8	8	8	9	9	9	10	동	1	1	1	1	2	2	2	3	3	3	4	4	4	설	5	6	6	6	6	7	7	7

대설 7일 19시 06분 【음11월】 ➡ **【庚子月(경자월)】** ☯ 동지 22일 12시 59분

양력 12	1	2	3	4	5	6	7	8	9	10	11	12	13	14	15	16	17	18	19	20	21	22	23	24	25	26	27	28	29	30	31
요일	금	토	일	월	화	수	목	금	토	일	월	화	수	목	금	토	일	월	화	수	목	금	토	일	월	화	수	목	금	토	일
일진 日辰	壬申	癸酉	甲戌	乙亥	丙子	丁丑	戊寅	己卯	庚辰	辛巳	壬午	癸未	甲申	乙酉	丙戌	丁亥	戊子	己丑	庚寅	辛卯	壬辰	癸巳	甲午	乙未	丙申	丁酉	戊戌	己亥	庚子	辛丑	壬寅
음력 (10/07–12/07)	7	8	9	10	11	12	13	14	15	16	17	18	19	20	21	22	23	24	25	26	27	28	29	30	12/1	2	3	4	5	6	7
대운 남	2	2	1	1	1	1	대	10	9	9	9	8	8	8	7	7	7	6	6	6	5	동	5	4	4	4	3	3	3	2	2
대운 여	8	8	8	9	9	9	설	1	1	1	1	2	2	2	3	3	3	4	4	4	5	지	5	6	6	6	7	7	7	8	8

단기 4250 年	1917년	上元 丁巳年 납음(沙中土), 본명성(二黑土)
불기 2461 年		대장군(卯동방), 삼살(東방), 상문(未서남방),조객(卯동방), 납음(사중토), 【삼재(해,자,축)년】 臘享(납향):1918년1월24일(음12/12)

소한 6일 06시 10분 【음12월】 ➡ 【辛丑月(신축월)】 ☯ 대한 20일 23시 37분

양력 1 (음력 11/08 ~ 01/09)	양력	1	2	3	4	5	6	7	8	9	10	11	12	13	14	15	16	17	18	19	20	21	22	23	24	25	26	27	28	29	30	31
	요일	월	화	수	목	금	토	일	월	화	수	목	금	토	일	월	화	수	목	금	토	일	월	화	수	목	금	토	일	월	화	수
	일진 日辰	癸卯	甲辰	乙巳	丙午	丁未	戊申	己酉	庚戌	辛亥	壬子	癸丑	甲寅	乙卯	丙辰	丁巳	戊午	己未	庚申	辛酉	壬戌	癸亥	甲子	乙丑	丙寅	丁卯	戊辰	己巳	庚午	辛未	壬申	癸酉
	음력	8	9	10	11	12	13	14	15	16	17	18	19	20	21	22	23	24	25	26	27	28	29	1/1	2	3	4	5	6	7	8	9
대운	남	2	1	1	1	1	소	9	9	9	8	8	8	7	7	7	6	6	6	5	대	5	4	4	4	3	3	3	2	2	2	1
대운	여	8	9	9	9	10	한	1	1	1	1	2	2	2	3	3	3	4	4	4	한	5	5	6	6	6	7	7	7	8	8	8

입춘 4일 17시 58분 【음1월】 ➡ 【壬寅月(임인월)】 ☯ 우수 19일 14시 05분

양력 2 (음력 01/10 ~ 02/07)	양력	1	2	3	4	5	6	7	8	9	10	11	12	13	14	15	16	17	18	19	20	21	22	23	24	25	26	27	28
	요일	목	금	토	일	월	화	수	목	금	토	일	월	화	수	목	금	토	일	월	화	수	목	금	토	일	월	화	수
	일진 日辰	甲戌	乙亥	丙子	丁丑	戊寅	己卯	庚辰	辛巳	壬午	癸未	甲申	乙酉	丙戌	丁亥	戊子	己丑	庚寅	辛卯	壬辰	癸巳	甲午	乙未	丙申	丁酉	戊戌	己亥	庚子	辛丑
	음력	10	11	12	13	14	15	16	17	18	19	20	21	22	23	24	25	26	27	28	29	30	2/1	2	3	4	5	6	7
대운	남	1	1	1	입	1	1	1	1	2	2	2	3	3	3	4	4	4	5	우	5	6	6	6	7	7	7	8	8
대운	여	9	9	9	춘	10	9	9	9	8	8	8	7	7	7	6	6	6	5	수	5	4	4	4	3	3	3	2	2

丁巳年

경칩 6일 12시 25분 【음2월】 ➡ 【癸卯月(계묘월)】 ☯ 춘분 21일 13시 37분

양력 3 (음력 02/08 ~ 윤2/09)	양력	1	2	3	4	5	6	7	8	9	10	11	12	13	14	15	16	17	18	19	20	21	22	23	24	25	26	27	28	29	30	31
	요일	목	금	토	일	월	화	수	목	금	토	일	월	화	수	목	금	토	일	월	화	수	목	금	토	일	월	화	수	목	금	토
	일진 日辰	壬寅	癸卯	甲辰	乙巳	丙午	丁未	戊申	己酉	庚戌	辛亥	壬子	癸丑	甲寅	乙卯	丙辰	丁巳	戊午	己未	庚申	辛酉	壬戌	癸亥	甲子	乙丑	丙寅	丁卯	戊辰	己巳	庚午	辛未	壬申
	음력	8	9	10	11	12	13	14	15	16	17	18	19	20	21	22	23	24	25	26	27	28	29	윤2	2	3	4	5	6	7	8	9
대운	남	8	9	9	9	10	경	1	1	1	1	2	2	2	3	3	3	4	4	4	5	춘	5	6	6	6	7	7	7	8	8	8
대운	여	2	1	1	1	1	칩	10	9	9	9	8	8	8	7	7	7	6	6	6	5	분	5	4	4	4	3	3	3	2	2	2

청명 5일 17시 50분 【음3월】 ➡ 【甲辰月(갑진월)】 ☯ 곡우 21일 01시 17분

양력 4 (음력 윤2/10 ~ 03/10)	양력	1	2	3	4	5	6	7	8	9	10	11	12	13	14	15	16	17	18	19	20	21	22	23	24	25	26	27	28	29	30
	요일	일	월	화	수	목	금	토	일	월	화	수	목	금	토	일	월	화	수	목	금	토	일	월	화	수	목	금	토	일	월
	일진 日辰	癸酉	甲戌	乙亥	丙子	丁丑	戊寅	己卯	庚辰	辛巳	壬午	癸未	甲申	乙酉	丙戌	丁亥	戊子	己丑	庚寅	辛卯	壬辰	癸巳	甲午	乙未	丙申	丁酉	戊戌	己亥	庚子	辛丑	壬寅
	음력	10	11	12	13	14	15	16	17	18	19	20	21	22	23	24	25	26	27	28	29	3/1	2	3	4	5	6	7	8	9	10
대운	남	9	9	9	10	청	1	1	1	1	2	2	2	3	3	3	4	4	4	5	5	곡	6	6	6	7	7	7	8	8	8
대운	여	1	1	1	1	명	10	10	9	9	9	8	8	8	7	7	7	6	6	6	5	우	5	4	4	4	3	3	3	2	2

입하 6일 11시 46분 【음4월】 ➡ 【乙巳月(을사월)】 ☯ 소만 22일 00시 59분

양력 5 (음력 03/11 ~ 04/11)	양력	1	2	3	4	5	6	7	8	9	10	11	12	13	14	15	16	17	18	19	20	21	22	23	24	25	26	27	28	29	30	31
	요일	화	수	목	금	토	일	월	화	수	목	금	토	일	월	화	수	목	금	토	일	월	화	수	목	금	토	일	월	화	수	목
	일진 日辰	癸卯	甲辰	乙巳	丙午	丁未	戊申	己酉	庚戌	辛亥	壬子	癸丑	甲寅	乙卯	丙辰	丁巳	戊午	己未	庚申	辛酉	壬戌	癸亥	甲子	乙丑	丙寅	丁卯	戊辰	己巳	庚午	辛未	壬申	癸酉
	음력	11	12	13	14	15	16	17	18	19	20	21	22	23	24	25	26	27	28	29	30	4/1	2	3	4	5	6	7	8	9	10	11
대운	남	9	9	9	10	10	입	1	1	1	1	2	2	2	3	3	3	4	4	4	5	5	소	6	6	6	7	7	7	8	8	8
대운	여	2	1	1	1	1	하	10	10	9	9	9	8	8	8	7	7	7	6	6	6	5	만	5	4	4	4	3	3	3	2	2

망종 6일 16시 23분 【음5월】 ➡ 【丙午月(병오월)】 ☯ 하지 22일 09시 14분

양력 6 (음력 04/12 ~ 05/12)	양력	1	2	3	4	5	6	7	8	9	10	11	12	13	14	15	16	17	18	19	20	21	22	23	24	25	26	27	28	29	30
	요일	금	토	일	월	화	수	목	금	토	일	월	화	수	목	금	토	일	월	화	수	목	금	토	일	월	화	수	목	금	토
	일진 日辰	甲戌	乙亥	丙子	丁丑	戊寅	己卯	庚辰	辛巳	壬午	癸未	甲申	乙酉	丙戌	丁亥	戊子	己丑	庚寅	辛卯	壬辰	癸巳	甲午	乙未	丙申	丁酉	戊戌	己亥	庚子	辛丑	壬寅	癸卯
	음력	12	13	14	15	16	17	18	19	20	21	22	23	24	25	26	27	28	29	5/1	2	3	4	5	6	7	8	9	10	11	12
대운	남	9	9	9	10	10	망	1	1	1	1	2	2	2	3	3	3	4	4	4	5	5	하	6	6	6	7	7	7	8	8
대운	여	2	1	1	1	1	종	10	10	10	9	9	9	8	8	8	7	7	7	6	6	6	지	5	5	4	4	4	3	3	3

한식(4월06일), 초복(7월17일), 중복(7월27일), 말복(8월16일) 춘사(春社)3/17
추사(秋社)9/23토왕지절(土旺之節):4월17일,7월20일,10월21일,1월18일(음12/06)
臘享(납향):1918년1월24일(음12/12)

1917 丁巳年

소서 8일 07시 58분 【음6월】 ➡ 【丁未月(정미월)】 대서 24일 01시 20분

양력 7 (음력 05/13 ~ 06/13)

양력	1	2	3	4	5	6	7	8	9	10	11	12	13	14	15	16	17	18	19	20	21	22	23	24	25	26	27	28	29	30	31
요일	일	월	화	수	목	금	토	일	월	화	수	목	금	토	일	월	화	수	목	금	토	일	월	화	수	목	금	토	일	월	화
일진 日辰	甲辰	乙巳	丙午	丁未	戊申	己酉	庚戌	辛亥	壬子	癸丑	甲寅	乙卯	丙辰	丁巳	戊午	己未	庚申	辛酉	壬戌	癸亥	甲子	乙丑	丙寅	丁卯	戊辰	己巳	庚午	辛未	壬申	癸酉	甲戌
음력	13	14	15	16	17	18	19	20	21	22	23	24	25	26	27	28	29	30	6/1	2	3	4	5	6	7	8	9	10	11	12	13
대운 남	8	9	9	9	10	10	10	소	1	1	1	1	2	2	2	3	3	3	4	4	4	5	대	5	6	6	6	7	7	7	8
대운 여	2	2	2	1	1	1	1	서	10	10	9	9	9	8	8	8	7	7	7	6	6	6	서	5	5	4	4	4	3	3	3

입추 8일 12시 30분 【음7월】 ➡ 【戊申月(무신월)】 처서 24일 02시 54분

양력 8 (음력 06/14 ~ 07/14)

양력	1	2	3	4	5	6	7	8	9	10	11	12	13	14	15	16	17	18	19	20	21	22	23	24	25	26	27	28	29	30	31
요일	수	목	금	토	일	월	화	수	목	금	토	일	월	화	수	목	금	토	일	월	화	수	목	금	토	일	월	화	수	목	금
일진 日辰	乙亥	丙子	丁丑	戊寅	己卯	庚辰	辛巳	壬午	癸未	甲申	乙酉	丙戌	丁亥	戊子	己丑	庚寅	辛卯	壬辰	癸巳	甲午	乙未	丙申	丁酉	戊戌	己亥	庚子	辛丑	壬寅	癸卯	甲辰	乙巳
음력	14	15	16	17	18	19	20	21	22	23	24	25	26	27	28	29	30	7/1	2	3	4	5	6	7	8	9	10	11	12	13	14
대운 남	8	8	9	9	9	10	10	입	1	1	1	1	2	2	2	3	3	3	4	4	4	5	5	처	6	6	6	7	7	7	8
대운 여	2	2	2	1	1	1	1	추	10	10	9	9	9	8	8	8	7	7	7	6	6	6	5	서	5	4	4	4	3	3	3

백로 8일 14시 59분 【음8월】 ➡ 【己酉月(기유월)】 추분 24일 00시 00분

양력 9 (음력 07/15 ~ 08/15)

양력	1	2	3	4	5	6	7	8	9	10	11	12	13	14	15	16	17	18	19	20	21	22	23	24	25	26	27	28	29	30
요일	토	일	월	화	수	목	금	토	일	월	화	수	목	금	토	일	월	화	수	목	금	토	일	월	화	수	목	금	토	일
일진 日辰	丙午	丁未	戊申	己酉	庚戌	辛亥	壬子	癸丑	甲寅	乙卯	丙辰	丁巳	戊午	己未	庚申	辛酉	壬戌	癸亥	甲子	乙丑	丙寅	丁卯	戊辰	己巳	庚午	辛未	壬申	癸酉	甲戌	乙亥
음력	15	16	17	18	19	20	21	22	23	24	25	26	27	28	29	8/1	2	3	4	5	6	7	8	9	10	11	12	13	14	15
대운 남	8	8	9	9	9	10	10	백	1	1	1	1	2	2	2	3	3	3	4	4	4	5	5	추	6	6	6	7	7	7
대운 여	2	2	2	1	1	1	1	로	10	10	9	9	9	8	8	8	7	7	7	6	6	6	5	분	5	4	4	4	3	3

한로 9일 06시 02분 【음9월】 ➡ 【庚戌月(경술월)】 상강 24일 08시 44분

양력 10 (음력 08/16 ~ 09/16)

양력	1	2	3	4	5	6	7	8	9	10	11	12	13	14	15	16	17	18	19	20	21	22	23	24	25	26	27	28	29	30	31
요일	월	화	수	목	금	토	일	월	화	수	목	금	토	일	월	화	수	목	금	토	일	월	화	수	목	금	토	일	월	화	수
일진 日辰	丙子	丁丑	戊寅	己卯	庚辰	辛巳	壬午	癸未	甲申	乙酉	丙戌	丁亥	戊子	己丑	庚寅	辛卯	壬辰	癸巳	甲午	乙未	丙申	丁酉	戊戌	己亥	庚子	辛丑	壬寅	癸卯	甲辰	乙巳	丙午
음력	16	17	18	19	20	21	22	23	24	25	26	27	28	29	30	9/1	2	3	4	5	6	7	8	9	10	11	12	13	14	15	16
대운 남	8	8	8	9	9	9	10	10	한	1	1	1	1	2	2	2	3	3	3	4	4	4	5	상	5	6	6	6	7	7	7
대운 여	3	2	2	2	1	1	1	1	로	10	9	9	9	8	8	8	7	7	7	6	6	6	5	강	5	4	4	4	3	3	3

입동 8일 08시 37분 【음10월】 ➡ 【辛亥月(신해월)】 소설 23일 05시 45분

양력 11 (음력 09/17 ~ 10/16)

양력	1	2	3	4	5	6	7	8	9	10	11	12	13	14	15	16	17	18	19	20	21	22	23	24	25	26	27	28	29	30
요일	목	금	토	일	월	화	수	목	금	토	일	월	화	수	목	금	토	일	월	화	수	목	금	토	일	월	화	수	목	금
일진 日辰	丁未	戊申	己酉	庚戌	辛亥	壬子	癸丑	甲寅	乙卯	丙辰	丁巳	戊午	己未	庚申	辛酉	壬戌	癸亥	甲子	乙丑	丙寅	丁卯	戊辰	己巳	庚午	辛未	壬申	癸酉	甲戌	乙亥	丙子
음력	17	18	19	20	21	22	23	24	25	26	27	28	29	30	10/1	2	3	4	5	6	7	8	9	10	11	12	13	14	15	16
대운 남	8	8	8	9	9	9	10	입	1	1	1	1	2	2	2	3	3	3	4	4	4	5	소	5	6	6	6	7	7	7
대운 여	2	2	2	1	1	1	1	동	10	9	9	9	8	8	8	7	7	7	6	6	6	5	설	5	4	4	4	3	3	3

대설 8일 01시 01분 【음11월】 ➡ 【壬子月(임자월)】 동지 22일 18시 46분

양력 12 (음력 10/17 ~ 11/18)

양력	1	2	3	4	5	6	7	8	9	10	11	12	13	14	15	16	17	18	19	20	21	22	23	24	25	26	27	28	29	30	31
요일	토	일	월	화	수	목	금	토	일	월	화	수	목	금	토	일	월	화	수	목	금	토	일	월	화	수	목	금	토	일	월
일진 日辰	丁丑	戊寅	己卯	庚辰	辛巳	壬午	癸未	甲申	乙酉	丙戌	丁亥	戊子	己丑	庚寅	辛卯	壬辰	癸巳	甲午	乙未	丙申	丁酉	戊戌	己亥	庚子	辛丑	壬寅	癸卯	甲辰	乙巳	丙午	丁未
음력	17	18	19	20	21	22	23	24	25	26	27	28	29	11/1	2	3	4	5	6	7	8	9	10	11	12	13	14	15	16	17	18
대운 남	8	8	8	9	9	9	10	대	1	1	1	1	2	2	2	3	3	3	4	4	4	동	5	5	6	6	6	7	7	7	8
대운 여	2	2	2	1	1	1	1	설	9	9	9	8	8	8	7	7	7	6	6	6	5	지	5	4	4	4	3	3	3	2	2

단기 4251 年	불기 2462 年

1918년

上元 戊午年 납음(天上火),본명성(一白水)

대장군(卯동방). 삼살(北방), 상문(申서남방),조객(辰동남방), 납음(천상화),【삼재(신,유,술)년】臘享(납향):1919년1월19일(음12/18)

소한 6일 12시 04분 【음12월】 ➡ **【癸丑月(계축월)】** ☯ 대한 21일 05시 25분

양력 1 / 음력 11/19 – 12/19

양력	1	2	3	4	5	6	7	8	9	10	11	12	13	14	15	16	17	18	19	20	21	22	23	24	25	26	27	28	29	30	31
요일	화	수	목	금	토	일	월	화	수	목	금	토	일	월	화	수	목	금	토	일	월	화	수	목	금	토	일	월	화	수	목
일진 日辰	戊申	己酉	庚戌	辛亥	壬子	癸丑	甲寅	乙卯	丙辰	丁巳	戊午	己未	庚申	辛酉	壬戌	癸亥	甲子	乙丑	丙寅	丁卯	戊辰	己巳	庚午	辛未	壬申	癸酉	甲戌	乙亥	丙子	丁丑	戊寅
음력	19	20	21	22	23	24	25	26	27	28	29	30	12/1	2	3	4	5	6	7	8	9	10	11	12	13	14	15	16	17	18	19
대운 남	8	8	9	9	9	소	1	1	1	1	2	2	2	3	3	3	4	4	4	5	대	5	6	6	6	7	7	7	8	8	8
대운 여	2	1	1	1	1	한	9	9	9	8	8	8	7	7	7	6	6	6	5	5	한	4	4	4	3	3	3	2	2	2	1

입춘 4일 23시 53분 【음1월】 ➡ **【甲寅月(갑인월)】** ☯ 우수 19일 19시 53분

양력 2 / 음력 12/20 – 01/18

양력	1	2	3	4	5	6	7	8	9	10	11	12	13	14	15	16	17	18	19	20	21	22	23	24	25	26	27	28
요일	금	토	일	월	화	수	목	금	토	일	월	화	수	목	금	토	일	월	화	수	목	금	토	일	월	화	수	목
일진 日辰	己卯	庚辰	辛巳	壬午	癸未	甲申	乙酉	丙戌	丁亥	戊子	己丑	庚寅	辛卯	壬辰	癸巳	甲午	乙未	丙申	丁酉	戊戌	己亥	庚子	辛丑	壬寅	癸卯	甲辰	乙巳	丙午
음력	20	21	22	23	24	25	26	27	28	29	1/1	2	3	4	5	6	7	8	9	10	11	12	13	14	15	16	17	18
대운 남	9	9	9	입	10	9	9	9	8	8	8	7	7	7	6	6	6	5	우	5	4	4	4	3	3	3	2	2
대운 여	1	1	1	춘	1	1	1	1	2	2	2	3	3	3	4	4	4	5	수	5	6	6	6	7	7	7	8	8

戊午年

경칩 6일 18시 21분 【음2월】 ➡ **【乙卯月(을묘월)】** ☯ 춘분 21일 19시 26분

양력 3 / 음력 01/19 – 02/19

양력	1	2	3	4	5	6	7	8	9	10	11	12	13	14	15	16	17	18	19	20	21	22	23	24	25	26	27	28	29	30	31
요일	금	토	일	월	화	수	목	금	토	일	월	화	수	목	금	토	일	월	화	수	목	금	토	일	월	화	수	목	금	토	일
일진 日辰	丁未	戊申	己酉	庚戌	辛亥	壬子	癸丑	甲寅	乙卯	丙辰	丁巳	戊午	己未	庚申	辛酉	壬戌	癸亥	甲子	乙丑	丙寅	丁卯	戊辰	己巳	庚午	辛未	壬申	癸酉	甲戌	乙亥	丙子	丁丑
음력	19	20	21	22	23	24	25	26	27	28	29	30	2/1	2	3	4	5	6	7	8	9	10	11	12	13	14	15	16	17	18	19
대운 남	2	1	1	1	1	경	10	9	9	9	8	8	8	7	7	7	6	6	6	5	춘	5	4	4	4	3	3	3	2	2	2
대운 여	8	9	9	9	10	칩	1	1	1	1	2	2	2	3	3	3	4	4	4	5	분	5	6	6	6	7	7	7	8	8	8

청명 5일 23시 45분 【음3월】 ➡ **【丙辰月(병진월)】** ☯ 곡우 21일 07시 05분

양력 4 / 음력 02/20 – 03/20

양력	1	2	3	4	5	6	7	8	9	10	11	12	13	14	15	16	17	18	19	20	21	22	23	24	25	26	27	28	29	30
요일	월	화	수	목	금	토	일	월	화	수	목	금	토	일	월	화	수	목	금	토	일	월	화	수	목	금	토	일	월	화
일진 日辰	戊寅	己卯	庚辰	辛巳	壬午	癸未	甲申	乙酉	丙戌	丁亥	戊子	己丑	庚寅	辛卯	壬辰	癸巳	甲午	乙未	丙申	丁酉	戊戌	己亥	庚子	辛丑	壬寅	癸卯	甲辰	乙巳	丙午	丁未
음력	20	21	22	23	24	25	26	27	28	29	3/1	2	3	4	5	6	7	8	9	10	11	12	13	14	15	16	17	18	19	20
대운 남	1	1	1	1	청	10	10	9	9	9	8	8	8	7	7	7	6	6	6	5	곡	5	4	4	4	3	3	3	2	2
대운 여	9	9	9	10	명	1	1	1	1	2	2	2	3	3	3	4	4	4	5	5	우	6	6	6	7	7	7	8	8	8

입하 6일 17시 38분 【음4월】 ➡ **【丁巳月(정사월)】** ☯ 소만 22일 06시 46분

양력 5 / 음력 03/21 – 04/22

양력	1	2	3	4	5	6	7	8	9	10	11	12	13	14	15	16	17	18	19	20	21	22	23	24	25	26	27	28	29	30	31
요일	수	목	금	토	일	월	화	수	목	금	토	일	월	화	수	목	금	토	일	월	화	수	목	금	토	일	월	화	수	목	금
일진 日辰	戊申	己酉	庚戌	辛亥	壬子	癸丑	甲寅	乙卯	丙辰	丁巳	戊午	己未	庚申	辛酉	壬戌	癸亥	甲子	乙丑	丙寅	丁卯	戊辰	己巳	庚午	辛未	壬申	癸酉	甲戌	乙亥	丙子	丁丑	戊寅
음력	21	22	23	24	25	26	27	28	29	4/1	2	3	4	5	6	7	8	9	10	11	12	13	14	15	16	17	18	19	20	21	22
대운 남	2	1	1	1	1	입	10	10	9	9	9	8	8	8	7	7	7	6	6	6	6	소	5	4	4	4	3	3	3	2	2
대운 여	9	9	9	10	10	하	1	1	1	1	2	2	2	3	3	3	4	4	4	5	5	만	6	6	6	7	7	7	8	8	8

망종 6일 22시 11분 【음5월】 ➡ **【戊午月(무오월)】** ☯ 하지 22일 15시 00분

양력 6 / 음력 04/23 – 05/22

양력	1	2	3	4	5	6	7	8	9	10	11	12	13	14	15	16	17	18	19	20	21	22	23	24	25	26	27	28	29	30
요일	토	일	월	화	수	목	금	토	일	월	화	수	목	금	토	일	월	화	수	목	금	토	일	월	화	수	목	금	토	일
일진 日辰	己卯	庚辰	辛巳	壬午	癸未	甲申	乙酉	丙戌	丁亥	戊子	己丑	庚寅	辛卯	壬辰	癸巳	甲午	乙未	丙申	丁酉	戊戌	己亥	庚子	辛丑	壬寅	癸卯	甲辰	乙巳	丙午	丁未	戊申
음력	23	24	25	26	27	28	29	30	5/1	2	3	4	5	6	7	8	9	10	11	12	13	14	15	16	17	18	19	20	21	22
대운 남	2	1	1	1	1	망	10	10	10	9	9	9	8	8	8	7	7	7	6	6	6	하	5	5	4	4	4	3	3	3
대운 여	9	9	9	10	10	종	1	1	1	1	2	2	2	3	3	3	4	4	4	5	5	지	6	6	6	7	7	7	8	8

한식(4월06일), 초복(7월12일), 중복(7월22일), 말복(8월11일) 춘사(春社)3/22
추사(秋社)9/28 토왕지절(土旺之節):4월18일,7월20일,10월21일,1월18일(음12/17)
臘享(납향):1919년1월19일(음12/18)

1918 戊午年

소서 8일 08시 32분 【음6월】 ➡ 【己未月(기미월)】 ☯ 대서 24일 01시 51분

양력 7	양력	1	2	3	4	5	6	7	8	9	10	11	12	13	14	15	16	17	18	19	20	21	22	23	24	25	26	27	28	29	30	31
	요일	월	화	수	목	금	토	일	월	화	수	목	금	토	일	월	화	수	목	금	토	일	월	화	수	목	금	토	일	월	화	수
	일진	己	庚	辛	壬	癸	甲	乙	丙	丁	戊	己	庚	辛	壬	癸	甲	乙	丙	丁	戊	己	庚	辛	壬	癸	甲	乙	丙	丁	戊	己
	日辰	酉	戌	亥	子	丑	寅	卯	辰	巳	午	未	申	酉	戌	亥	子	丑	寅	卯	辰	巳	午	未	申	酉	戌	亥	子	丑	寅	卯
음력 05/23 ~ 06/24	음력	23	24	25	26	27	28	29	6/1	2	3	4	5	6	7	8	9	10	11	12	13	14	15	16	17	18	19	20	21	22	23	24
대운	남	2	2	2	1	1	1	1	소	10	10	9	9	9	8	8	8	7	7	7	6	6	6	5	대	5	4	4	4	3	3	3
	여	8	9	9	9	10	10	10	서	1	1	1	1	2	2	2	3	3	3	4	4	4	5	5	서	6	6	6	7	7	7	8

입추 8일 18시 08분 【음7월】 ➡ 【庚申月(경신월)】 ☯ 처서 24일 08시 37분

양력 8	양력	1	2	3	4	5	6	7	8	9	10	11	12	13	14	15	16	17	18	19	20	21	22	23	24	25	26	27	28	29	30	31
	요일	목	금	토	일	월	화	수	목	금	토	일	월	화	수	목	금	토	일	월	화	수	목	금	토	일	월	화	수	목	금	토
	일진	庚	辛	壬	癸	甲	乙	丙	丁	戊	己	庚	辛	壬	癸	甲	乙	丙	丁	戊	己	庚	辛	壬	癸	甲	乙	丙	丁	戊	己	庚
	日辰	辰	巳	午	未	申	酉	戌	亥	子	丑	寅	卯	辰	巳	午	未	申	酉	戌	亥	子	丑	寅	卯	辰	巳	午	未	申	酉	戌
음력 06/25 ~ 07/25	음력	25	26	27	28	29	30	7/1	2	3	4	5	6	7	8	9	10	11	12	13	14	15	16	17	18	19	20	21	22	23	24	25
대운	남	2	2	2	1	1	1	1	입	10	10	9	9	9	8	8	8	7	7	7	6	6	6	5	처	5	4	4	4	3	3	3
	여	8	8	9	9	9	10	10	추	1	1	1	1	2	2	2	3	3	3	4	4	4	5	5	서	6	6	6	7	7	7	8

백로 8일 20시 36분 【음8월】 ➡ 【辛酉月(신유월)】 ☯ 추분 24일 05시 46분

양력 9	양력	1	2	3	4	5	6	7	8	9	10	11	12	13	14	15	16	17	18	19	20	21	22	23	24	25	26	27	28	29	30
	요일	일	월	화	수	목	금	토	일	월	화	수	목	금	토	일	월	화	수	목	금	토	일	월	화	수	목	금	토	일	월
	일진	辛	壬	癸	甲	乙	丙	丁	戊	己	庚	辛	壬	癸	甲	乙	丙	丁	戊	己	庚	辛	壬	癸	甲	乙	丙	丁	戊	己	庚
	日辰	亥	子	丑	寅	卯	辰	巳	午	未	申	酉	戌	亥	子	丑	寅	卯	辰	巳	午	未	申	酉	戌	亥	子	丑	寅	卯	辰
음력 07/26 ~ 08/26	음력	26	27	28	29	8/1	2	3	4	5	6	7	8	9	10	11	12	13	14	15	16	17	18	19	20	21	22	23	24	25	26
대운	남	2	2	2	1	1	1	1	백	10	10	9	9	9	8	8	8	7	7	7	6	6	6	5	추	5	4	4	4	3	3
	여	8	8	9	9	9	10	10	로	1	1	1	1	2	2	2	3	3	3	4	4	4	5	5	분	6	6	6	7	7	7

한로 9일 11시 40분 【음9월】 ➡ 【壬戌月(임술월)】 ☯ 상강 24일 14시 33분

양력 10	양력	1	2	3	4	5	6	7	8	9	10	11	12	13	14	15	16	17	18	19	20	21	22	23	24	25	26	27	28	29	30	31
	요일	화	수	목	금	토	일	월	화	수	목	금	토	일	월	화	수	목	금	토	일	월	화	수	목	금	토	일	월	화	수	목
	일진	辛	壬	癸	甲	乙	丙	丁	戊	己	庚	辛	壬	癸	甲	乙	丙	丁	戊	己	庚	辛	壬	癸	甲	乙	丙	丁	戊	己	庚	辛
	日辰	巳	午	未	申	酉	戌	亥	子	丑	寅	卯	辰	巳	午	未	申	酉	戌	亥	子	丑	寅	卯	辰	巳	午	未	申	酉	戌	亥
음력 08/27 ~ 09/27	음력	27	28	29	30	9/1	2	3	4	5	6	7	8	9	10	11	12	13	14	15	16	17	18	19	20	21	22	23	24	25	26	27
대운	남	3	2	2	2	1	1	1	1	한	10	9	9	9	8	8	8	7	7	7	6	6	6	5	상	5	4	4	4	3	3	3
	여	8	8	8	9	9	9	10	10	로	1	1	1	1	2	2	2	3	3	3	4	4	4	5	강	5	6	6	6	7	7	7

입동 8일 14시 19분 【음10월】 ➡ 【癸亥月(계해월)】 ☯ 소설 23일 11시 38분

양력 11	양력	1	2	3	4	5	6	7	8	9	10	11	12	13	14	15	16	17	18	19	20	21	22	23	24	25	26	27	28	29	30
	요일	금	토	일	월	화	수	목	금	토	일	월	화	수	목	금	토	일	월	화	수	목	금	토	일	월	화	수	목	금	토
	일진	壬	癸	甲	乙	丙	丁	戊	己	庚	辛	壬	癸	甲	乙	丙	丁	戊	己	庚	辛	壬	癸	甲	乙	丙	丁	戊	己	庚	辛
	日辰	子	丑	寅	卯	辰	巳	午	未	申	酉	戌	亥	子	丑	寅	卯	辰	巳	午	未	申	酉	戌	亥	子	丑	寅	卯	辰	巳
음력 09/28 ~ 10/27	음력	28	29	30	10/1	2	3	4	5	6	7	8	9	10	11	12	13	14	15	16	17	18	19	20	21	22	23	24	25	26	27
대운	남	2	2	2	1	1	1	1	입	10	9	9	9	8	8	8	7	7	7	6	6	6	5	소	5	4	4	4	3	3	3
	여	8	8	8	9	9	9	10	동	1	1	1	1	2	2	2	3	3	3	4	4	4	5	설	5	6	6	6	7	7	7

대설 8일 06시 47분 【음11월】 ➡ 【甲子月(갑자월)】 ☯ 동지 23일 00시 42분

양력 12	양력	1	2	3	4	5	6	7	8	9	10	11	12	13	14	15	16	17	18	19	20	21	22	23	24	25	26	27	28	29	30	31
	요일	일	월	화	수	목	금	토	일	월	화	수	목	금	토	일	월	화	수	목	금	토	일	월	화	수	목	금	토	일	월	화
	일진	壬	癸	甲	乙	丙	丁	戊	己	庚	辛	壬	癸	甲	乙	丙	丁	戊	己	庚	辛	壬	癸	甲	乙	丙	丁	戊	己	庚	辛	壬
	日辰	午	未	申	酉	戌	亥	子	丑	寅	卯	辰	巳	午	未	申	酉	戌	亥	子	丑	寅	卯	辰	巳	午	未	申	酉	戌	亥	子
음력 10/28 ~ 11/28	음력	28	29	30	11/1	2	3	4	5	6	7	8	9	10	11	12	13	14	15	16	17	18	19	20	21	22	23	24	25	26	27	28
대운	남	2	2	2	1	1	1	1	대	9	9	9	8	8	8	7	7	7	6	6	6	5	5	동	4	4	4	3	3	3	2	2
	여	8	8	8	9	9	9	10	설	1	1	1	1	2	2	2	3	3	3	4	4	4	5	지	5	6	6	6	7	7	7	8

단기 4252 年
불기 2463 年

1919년

上元 己未年 납음(天上火), 본명성(九紫火)

대장군(卯동방). 삼살(酉서방). 상문(酉서방), 조객(巳동남방). 납음(천상화). 【삼재(사,오,미)년】 臘享(납향):1920년1월26일(음12/06)

양

소한 6일 17시 52분 【음12월】 → 【乙丑月(을축월)】 ☯ 대한 21일 11시 21분

양력 1 (음력 11/29 ~ 12/30)	1	2	3	4	5	6	7	8	9	10	11	12	13	14	15	16	17	18	19	20	21	22	23	24	25	26	27	28	29	30	31
요일	수	목	금	토	일	월	화	수	목	금	토	일	월	화	수	목	금	토	일	월	화	수	목	금	토	일	월	화	수	목	금
일진 日辰	癸丑	甲寅	乙卯	丙辰	丁巳	戊午	己未	庚申	辛酉	壬戌	癸亥	甲子	乙丑	丙寅	丁卯	戊辰	己巳	庚午	辛未	壬申	癸酉	甲戌	乙亥	丙子	丁丑	戊寅	己卯	庚辰	辛巳	壬午	癸未
음력	29	12/1	2	3	4	5	6	7	8	9	10	11	12	13	14	15	16	17	18	19	20	21	22	23	24	25	26	27	28	29	30
대운 남	2	1	1	1	1	소	10	9	9	9	8	8	8	7	7	7	6	6	6	5	대	5	4	4	4	3	3	3	2	2	2
대운 여	8	8	9	9	9	한	1	1	1	1	2	2	2	3	3	3	4	4	4	5	한	5	6	6	6	7	7	7	8	8	8

입춘 5일 05시 39분 【음1월】 → 【丙寅月(병인월)】 ☯ 우수 20일 01시 48분

양력 2 (음력 01/01 ~ 01/28)	1	2	3	4	5	6	7	8	9	10	11	12	13	14	15	16	17	18	19	20	21	22	23	24	25	26	27	28
요일	토	일	월	화	수	목	금	토	일	월	화	수	목	금	토	일	월	화	수	목	금	토	일	월	화	수	목	금
일진 日辰	甲申	乙酉	丙戌	丁亥	戊子	己丑	庚寅	辛卯	壬辰	癸巳	甲午	乙未	丙申	丁酉	戊戌	己亥	庚子	辛丑	壬寅	癸卯	甲辰	乙巳	丙午	丁未	戊申	己酉	庚戌	辛亥
음력	1/1	2	3	4	5	6	7	8	9	10	11	12	13	14	15	16	17	18	19	20	21	22	23	24	25	26	27	28
대운 남	1	1	1	1	입	1	1	1	1	2	2	2	3	3	3	4	4	4	5	우	5	6	6	6	7	7	7	8
대운 여	9	9	9	10	춘	10	9	9	9	8	8	8	7	7	7	6	6	6	5	수	5	4	4	4	3	3	3	2

己未年

경칩 7일 00시 06분 【음2월】 → 【丁卯月(정묘월)】 ☯ 춘분 22일 01시 19분

양력 3 (음력 01/29 ~ 02/30)	1	2	3	4	5	6	7	8	9	10	11	12	13	14	15	16	17	18	19	20	21	22	23	24	25	26	27	28	29	30	31
요일	토	일	월	화	수	목	금	토	일	월	화	수	목	금	토	일	월	화	수	목	금	토	일	월	화	수	목	금	토	일	월
일진 日辰	壬子	癸丑	甲寅	乙卯	丙辰	丁巳	戊午	己未	庚申	辛酉	壬戌	癸亥	甲子	乙丑	丙寅	丁卯	戊辰	己巳	庚午	辛未	壬申	癸酉	甲戌	乙亥	丙子	丁丑	戊寅	己卯	庚辰	辛巳	壬午
음력	29	2/1	2	3	4	5	6	7	8	9	10	11	12	13	14	15	16	17	18	19	20	21	22	23	24	25	26	27	28	29	30
대운 남	8	8	9	9	9	10	경	1	1	1	1	2	2	2	3	3	3	4	4	4	5	춘	5	6	6	6	7	7	7	8	8
대운 여	2	2	1	1	1	1	칩	10	9	9	9	8	8	8	7	7	7	6	6	6	5	분	5	4	4	4	3	3	3	2	2

청명 6일 05시 29분 【음3월】 → 【戊辰月(무진월)】 ☯ 곡우 21일 12시 59분

양력 4 (음력 03/01 ~ 04/01)	1	2	3	4	5	6	7	8	9	10	11	12	13	14	15	16	17	18	19	20	21	22	23	24	25	26	27	28	29	30
요일	화	수	목	금	토	일	월	화	수	목	금	토	일	월	화	수	목	금	토	일	월	화	수	목	금	토	일	월	화	수
일진 日辰	癸未	甲申	乙酉	丙戌	丁亥	戊子	己丑	庚寅	辛卯	壬辰	癸巳	甲午	乙未	丙申	丁酉	戊戌	己亥	庚子	辛丑	壬寅	癸卯	甲辰	乙巳	丙午	丁未	戊申	己酉	庚戌	辛亥	壬子
음력	3/1	2	3	4	5	6	7	8	9	10	11	12	13	14	15	16	17	18	19	20	21	22	23	24	25	26	27	28	29	4/1
대운 남	8	9	9	9	10	청	1	1	1	1	2	2	2	3	3	3	4	4	4	5	곡	5	6	6	6	7	7	7	8	8
대운 여	2	1	1	1	1	명	10	9	9	9	8	8	8	7	7	7	6	6	6	5	우	5	4	4	4	3	3	3	2	2

입하 6일 23시 22분 【음4월】 → 【己巳月(기사월)】 ☯ 소만 22일 12시 39분

양력 5 (음력 04/02 ~ 05/03)	1	2	3	4	5	6	7	8	9	10	11	12	13	14	15	16	17	18	19	20	21	22	23	24	25	26	27	28	29	30	31
요일	목	금	토	일	월	화	수	목	금	토	일	월	화	수	목	금	토	일	월	화	수	목	금	토	일	월	화	수	목	금	토
일진 日辰	癸丑	甲寅	乙卯	丙辰	丁巳	戊午	己未	庚申	辛酉	壬戌	癸亥	甲子	乙丑	丙寅	丁卯	戊辰	己巳	庚午	辛未	壬申	癸酉	甲戌	乙亥	丙子	丁丑	戊寅	己卯	庚辰	辛巳	壬午	癸未
음력	2	3	4	5	6	7	8	9	10	11	12	13	14	15	16	17	18	19	20	21	22	23	24	25	26	27	28	29	5/1	2	3
대운 남	8	9	9	9	10	입	1	1	1	1	2	2	2	3	3	3	4	4	4	5	5	소	6	6	6	7	7	7	8	8	8
대운 여	2	1	1	1	1	하	10	10	10	9	9	9	8	8	8	7	7	7	6	6	6	만	5	5	4	4	4	3	3	3	2

망종 7일 03시 57분 【음5월】 → 【庚午月(경오월)】 ☯ 하지 22일 20시 54분

양력 6 (음력 05/04 ~ 06/03)	1	2	3	4	5	6	7	8	9	10	11	12	13	14	15	16	17	18	19	20	21	22	23	24	25	26	27	28	29	30
요일	일	월	화	수	목	금	토	일	월	화	수	목	금	토	일	월	화	수	목	금	토	일	월	화	수	목	금	토	일	월
일진 日辰	甲申	乙酉	丙戌	丁亥	戊子	己丑	庚寅	辛卯	壬辰	癸巳	甲午	乙未	丙申	丁酉	戊戌	己亥	庚子	辛丑	壬寅	癸卯	甲辰	乙巳	丙午	丁未	戊申	己酉	庚戌	辛亥	壬子	癸丑
음력	4	5	6	7	8	9	10	11	12	13	14	15	16	17	18	19	20	21	22	23	24	25	26	27	28	29	30	6/1	2	3
대운 남	9	9	9	10	10	10	망	1	1	1	1	2	2	2	3	3	3	4	4	4	5	하	5	6	6	6	7	7	7	8
대운 여	2	2	1	1	1	1	종	10	10	9	9	9	8	8	8	7	7	7	6	6	6	지	5	5	4	4	4	3	3	3

한식(4월07일), 초복(7월17일), 중복(7월27일), 말복(8월16일) 춘사(春社)3/17
추사(秋社)9/23토왕지절(土旺之節):4월18일,7월21일,10월21일,1월18일(음11/28)
臘享(납향):1920년1월26일(음12/06)

1919 己未年

소서 8일 14시 21분 【음6월】 ➡ 【辛未月(신미월)】 대서 24일 07시 45분

양력 7 / 음력 06/04 ~ 07/05

양력	1	2	3	4	5	6	7	8	9	10	11	12	13	14	15	16	17	18	19	20	21	22	23	24	25	26	27	28	29	30	31
요일	화	수	목	금	토	일	월	화	수	목	금	토	일	월	화	수	목	금	토	일	월	화	수	목	금	토	일	월	화	수	목
일진 日辰	甲寅	乙卯	丙辰	丁巳	戊午	己未	庚申	辛酉	壬戌	癸亥	甲子	乙丑	丙寅	丁卯	戊辰	己巳	庚午	辛未	壬申	癸酉	甲戌	乙亥	丙子	丁丑	戊寅	己卯	庚辰	辛巳	壬午	癸未	甲申
음력	4	5	6	7	8	9	10	11	12	13	14	15	16	17	18	19	20	21	22	23	24	25	26	27	28	29	7/1	2	3	4	5
대운 남	8	8	9	9	9	10	10	소	1	1	1	1	2	2	2	3	3	3	4	4	4	5	5	대	6	6	6	7	7	7	8
대운 여	2	2	2	1	1	1	1	서	10	10	9	9	9	8	8	8	7	7	7	6	6	6	5	서	5	4	4	4	3	3	3

입추 8일 23시 58분 【음7월】 ➡ 【壬申月(임신월)】 처서 24일 14시 28분

양력 8 / 음력 07/06 ~ 윤7/06

양력	1	2	3	4	5	6	7	8	9	10	11	12	13	14	15	16	17	18	19	20	21	22	23	24	25	26	27	28	29	30	31
요일	금	토	일	월	화	수	목	금	토	일	월	화	수	목	금	토	일	월	화	수	목	금	토	일	월	화	수	목	금	토	일
일진 日辰	乙酉	丙戌	丁亥	戊子	己丑	庚寅	辛卯	壬辰	癸巳	甲午	乙未	丙申	丁酉	戊戌	己亥	庚子	辛丑	壬寅	癸卯	甲辰	乙巳	丙午	丁未	戊申	己酉	庚戌	辛亥	壬子	癸丑	甲寅	乙卯
음력	6	7	8	9	10	11	12	13	14	15	16	17	18	19	20	21	22	23	24	25	26	27	28	29	30	윤7	2	3	4	5	6
대운 남	8	8	9	9	9	10	10	입	1	1	1	1	2	2	2	3	3	3	4	4	4	5	5	처	6	6	6	7	7	7	8
대운 여	2	2	2	1	1	1	1	추	10	10	10	9	9	9	8	8	8	7	7	7	6	6	6	서	5	5	4	4	4	3	3

백로 9일 02시 28분 【음8월】 ➡ 【癸酉月(계유월)】 추분 24일 11시 35분

양력 9 / 음력 07/07 ~ 08/07

양력	1	2	3	4	5	6	7	8	9	10	11	12	13	14	15	16	17	18	19	20	21	22	23	24	25	26	27	28	29	30
요일	월	화	수	목	금	토	일	월	화	수	목	금	토	일	월	화	수	목	금	토	일	월	화	수	목	금	토	일	월	화
일진 日辰	丙辰	丁巳	戊午	己未	庚申	辛酉	壬戌	癸亥	甲子	乙丑	丙寅	丁卯	戊辰	己巳	庚午	辛未	壬申	癸酉	甲戌	乙亥	丙子	丁丑	戊寅	己卯	庚辰	辛巳	壬午	癸未	甲申	乙酉
음력	7	8	9	10	11	12	13	14	15	16	17	18	19	20	21	22	23	24	25	26	27	28	29	8/1	2	3	4	5	6	7
대운 남	8	8	9	9	9	10	10	10	백	1	1	1	1	2	2	2	3	3	3	4	4	4	5	추	5	6	6	6	7	7
대운 여	3	2	2	2	1	1	1	1	로	10	9	9	9	8	8	8	7	7	7	6	6	6	5	분	5	4	4	4	3	3

한로 9일 17시 33분 【음9월】 ➡ 【甲戌月(갑술월)】 상강 24일 20시 21분

양력 10 / 음력 08/08 ~ 09/08

양력	1	2	3	4	5	6	7	8	9	10	11	12	13	14	15	16	17	18	19	20	21	22	23	24	25	26	27	28	29	30	31
요일	수	목	금	토	일	월	화	수	목	금	토	일	월	화	수	목	금	토	일	월	화	수	목	금	토	일	월	화	수	목	금
일진 日辰	丙戌	丁亥	戊子	己丑	庚寅	辛卯	壬辰	癸巳	甲午	乙未	丙申	丁酉	戊戌	己亥	庚子	辛丑	壬寅	癸卯	甲辰	乙巳	丙午	丁未	戊申	己酉	庚戌	辛亥	壬子	癸丑	甲寅	乙卯	丙辰
음력	8	9	10	11	12	13	14	15	16	17	18	19	20	21	22	23	24	25	26	27	28	29	30	9/1	2	3	4	5	6	7	8
대운 남	7	8	8	8	9	9	9	10	한	1	1	1	1	2	2	2	3	3	3	4	4	4	5	상	5	6	6	6	7	7	7
대운 여	3	2	2	2	1	1	1	1	로	10	9	9	9	8	8	8	7	7	7	6	6	6	5	강	5	4	4	4	3	3	3

입동 8일 20시 12분 【음10월】 ➡ 【乙亥月(을해월)】 소설 23일 17시 25분

양력 11 / 음력 09/09 ~ 10/08

양력	1	2	3	4	5	6	7	8	9	10	11	12	13	14	15	16	17	18	19	20	21	22	23	24	25	26	27	28	29	30
요일	토	일	월	화	수	목	금	토	일	월	화	수	목	금	토	일	월	화	수	목	금	토	일	월	화	수	목	금	토	일
일진 日辰	丁巳	戊午	己未	庚申	辛酉	壬戌	癸亥	甲子	乙丑	丙寅	丁卯	戊辰	己巳	庚午	辛未	壬申	癸酉	甲戌	乙亥	丙子	丁丑	戊寅	己卯	庚辰	辛巳	壬午	癸未	甲申	乙酉	丙戌
음력	9	10	11	12	13	14	15	16	17	18	19	20	21	22	23	24	25	26	27	28	29	30	10/1	2	3	4	5	6	7	8
대운 남	8	8	8	9	9	9	10	입	1	1	1	1	2	2	2	3	3	3	4	4	4	5	소	5	6	6	6	7	7	7
대운 여	2	2	2	1	1	1	1	동	10	9	9	9	8	8	8	7	7	7	6	6	6	5	설	5	4	4	4	3	3	3

대설 8일 12시 38분 【음11월】 ➡ 【丙子月(병자월)】 동지 23일 06시 27분

양력 12 / 음력 10/09 ~ 11/10

양력	1	2	3	4	5	6	7	8	9	10	11	12	13	14	15	16	17	18	19	20	21	22	23	24	25	26	27	28	29	30	31
요일	월	화	수	목	금	토	일	월	화	수	목	금	토	일	월	화	수	목	금	토	일	월	화	수	목	금	토	일	월	화	수
일진 日辰	丁亥	戊子	己丑	庚寅	辛卯	壬辰	癸巳	甲午	乙未	丙申	丁酉	戊戌	己亥	庚子	辛丑	壬寅	癸卯	甲辰	乙巳	丙午	丁未	戊申	己酉	庚戌	辛亥	壬子	癸丑	甲寅	乙卯	丙辰	丁巳
음력	9	10	11	12	13	14	15	16	17	18	19	20	21	22	23	24	25	26	27	28	29	11/1	2	3	4	5	6	7	8	9	10
대운 남	8	8	8	9	9	9	10	대	1	1	1	1	2	2	2	3	3	3	4	4	4	5	동	5	6	6	6	7	7	7	8
대운 여	2	2	2	1	1	1	1	설	9	9	9	8	8	8	7	7	7	6	6	6	5	5	지	4	4	4	3	3	3	2	2

단기 4253 年	1920년	上元 庚申年 납음(石榴木), 본명성(八白土)
불기 2464 年		대장군(午남방), 삼살(南방), 상문(戌서북방), 조객(午남방), 납음(석류목), 삼재(인,묘,진) 臘享(납향):1921년1월20일(음12/12)

원숭이

소한 6일 23시 41분 【음12월】 ➡ 【丁丑月(정축월)】 ☯ 대한 21일 17시 04분

양력 1 / 음력 11/11 – 12/11

양력	1	2	3	4	5	6	7	8	9	10	11	12	13	14	15	16	17	18	19	20	21	22	23	24	25	26	27	28	29	30	31
요일	목	금	토	일	월	화	수	목	금	토	일	월	화	수	목	금	토	일	월	화	수	목	금	토	일	월	화	수	목	금	토
일진 日辰	戊午	己未	庚申	辛酉	壬戌	癸亥	甲子	乙丑	丙寅	丁卯	戊辰	己巳	庚午	辛未	壬申	癸酉	甲戌	乙亥	丙子	丁丑	戊寅	己卯	庚辰	辛巳	壬午	癸未	甲申	乙酉	丙戌	丁亥	戊子
음력	11	12	13	14	15	16	17	18	19	20	21	22	23	24	25	26	27	28	29	30	12/1	2	3	4	5	6	7	8	9	10	11
대운 남	8	8	9	9	9	소	1	1	1	1	2	2	2	3	3	3	4	4	4	5	대	5	6	6	6	7	7	7	8	8	8
대운 여	2	1	1	1	1	한	10	9	9	9	8	8	8	7	7	7	6	6	6	5	한	5	4	4	4	3	3	3	2	2	2

입춘 5일 11시 27분 【음1월】 ➡ 【戊寅月(무인월)】 ☯ 우수 20일 07시 29분

양력 2 / 음력 12/12 – 01/10

양력	1	2	3	4	5	6	7	8	9	10	11	12	13	14	15	16	17	18	19	20	21	22	23	24	25	26	27	28	29
요일	일	월	화	수	목	금	토	일	월	화	수	목	금	토	일	월	화	수	목	금	토	일	월	화	수	목	금	토	일
일진 日辰	己丑	庚寅	辛卯	壬辰	癸巳	甲午	乙未	丙申	丁酉	戊戌	己亥	庚子	辛丑	壬寅	癸卯	甲辰	乙巳	丙午	丁未	戊申	己酉	庚戌	辛亥	壬子	癸丑	甲寅	乙卯	丙辰	丁巳
음력	12	13	14	15	16	17	18	19	20	21	22	23	24	25	26	27	28	29	30	1/1	2	3	4	5	6	7	8	9	10
대운 남	9	9	9	10	입	9	9	9	9	8	8	8	7	7	7	6	6	6	5	우	5	4	4	4	3	3	3	2	2
대운 여	1	1	1	1	춘	1	1	1	1	2	2	2	3	3	3	4	4	4	5	수	5	6	6	6	7	7	7	8	8

庚申年

경칩 6일 05시 51분 【음2월】 ➡ 【己卯月(기묘월)】 ☯ 춘분 21일 06시 59분

양력 3 / 음력 01/11 – 02/12

양력	1	2	3	4	5	6	7	8	9	10	11	12	13	14	15	16	17	18	19	20	21	22	23	24	25	26	27	28	29	30	31
요일	월	화	수	목	금	토	일	월	화	수	목	금	토	일	월	화	수	목	금	토	일	월	화	수	목	금	토	일	월	화	수
일진 日辰	戊午	己未	庚申	辛酉	壬戌	癸亥	甲子	乙丑	丙寅	丁卯	戊辰	己巳	庚午	辛未	壬申	癸酉	甲戌	乙亥	丙子	丁丑	戊寅	己卯	庚辰	辛巳	壬午	癸未	甲申	乙酉	丙戌	丁亥	戊子
음력	11	12	13	14	15	16	17	18	19	20	21	22	23	24	25	26	27	28	29	2/1	2	3	4	5	6	7	8	9	10	11	12
대운 남	2	1	1	1	1	경	10	9	9	9	8	8	8	7	7	7	6	6	6	5	춘	5	4	4	4	3	3	3	2	2	2
대운 여	8	9	9	9	10	칩	1	1	1	1	2	2	2	3	3	3	4	4	4	5	분	5	6	6	6	7	7	7	8	8	8

청명 5일 11시 55분 【음3월】 ➡ 【庚辰月(경진월)】 ☯ 곡우 20일 18시 39분

양력 4 / 음력 02/13 – 03/12

양력	1	2	3	4	5	6	7	8	9	10	11	12	13	14	15	16	17	18	19	20	21	22	23	24	25	26	27	28	29	30
요일	목	금	토	일	월	화	수	목	금	토	일	월	화	수	목	금	토	일	월	화	수	목	금	토	일	월	화	수	목	금
일진 日辰	己丑	庚寅	辛卯	壬辰	癸巳	甲午	乙未	丙申	丁酉	戊戌	己亥	庚子	辛丑	壬寅	癸卯	甲辰	乙巳	丙午	丁未	戊申	己酉	庚戌	辛亥	壬子	癸丑	甲寅	乙卯	丙辰	丁巳	戊午
음력	13	14	15	16	17	18	19	20	21	22	23	24	25	26	27	28	29	30	3/1	2	3	4	5	6	7	8	9	10	11	12
대운 남	1	1	1	1	청	10	10	9	9	9	8	8	8	7	7	7	6	6	6	곡	5	5	4	4	4	3	3	3	2	2
대운 여	9	9	9	10	명	1	1	1	1	2	2	2	3	3	3	4	4	4	5	우	5	6	6	6	7	7	7	8	8	8

입하 6일 05시 11분 【음4월】 ➡ 【辛巳月(신사월)】 ☯ 소만 21일 18시 22분

양력 5 / 음력 03/13 – 04/14

양력	1	2	3	4	5	6	7	8	9	10	11	12	13	14	15	16	17	18	19	20	21	22	23	24	25	26	27	28	29	30	31
요일	토	일	월	화	수	목	금	토	일	월	화	수	목	금	토	일	월	화	수	목	금	토	일	월	화	수	목	금	토	일	월
일진 日辰	己未	庚申	辛酉	壬戌	癸亥	甲子	乙丑	丙寅	丁卯	戊辰	己巳	庚午	辛未	壬申	癸酉	甲戌	乙亥	丙子	丁丑	戊寅	己卯	庚辰	辛巳	壬午	癸未	甲申	乙酉	丙戌	丁亥	戊子	己丑
음력	13	14	15	16	17	18	19	20	21	22	23	24	25	26	27	28	29	4/1	2	3	4	5	6	7	8	9	10	11	12	13	14
대운 남	2	1	1	1	1	입	10	10	9	9	9	8	8	8	7	7	7	6	6	6	소	5	5	4	4	4	3	3	3	2	2
대운 여	9	9	9	10	10	하	1	1	1	1	2	2	2	3	3	3	4	4	4	5	만	5	6	6	6	7	7	7	8	8	8

망종 6일 09시 50분 【음5월】 ➡ 【壬午月(임오월)】 ☯ 하지 22일 02시 40분

양력 6 / 음력 04/15 – 05/15

양력	1	2	3	4	5	6	7	8	9	10	11	12	13	14	15	16	17	18	19	20	21	22	23	24	25	26	27	28	29	30
요일	화	수	목	금	토	일	월	화	수	목	금	토	일	월	화	수	목	금	토	일	월	화	수	목	금	토	일	월	화	수
일진 日辰	庚寅	辛卯	壬辰	癸巳	甲午	乙未	丙申	丁酉	戊戌	己亥	庚子	辛丑	壬寅	癸卯	甲辰	乙巳	丙午	丁未	戊申	己酉	庚戌	辛亥	壬子	癸丑	甲寅	乙卯	丙辰	丁巳	戊午	己未
음력	15	16	17	18	19	20	21	22	23	24	25	26	27	28	29	5/1	2	3	4	5	6	7	8	9	10	11	12	13	14	15
대운 남	2	1	1	1	1	망	10	10	9	9	9	8	8	8	7	7	7	6	6	6	5	하	5	4	4	4	3	3	3	2
대운 여	9	9	9	10	10	종	1	1	1	1	2	2	2	3	3	3	4	4	4	5	5	지	6	6	6	7	7	7	8	8

한식(4월06일), 초복(7월21일), 중복(7월31일), 말복(8월10일)☂춘사(春社)3/21
☀추사(秋社)9/27 토왕지절(土旺之節):4월17일,7월20일,10월21일,1월18일(음12/10)
臘享(납향):1921년1월20일(음12/12)

1920 庚申年

소서 7일 20시 19분 【음6월】➡ 【癸未月(계미월)】 ☯ 대서 23일 13시 35분

양력 7	1	2	3	4	5	6	7	8	9	10	11	12	13	14	15	16	17	18	19	20	21	22	23	24	25	26	27	28	29	30	31
요일	목	금	토	일	월	화	수	목	금	토	일	월	화	수	목	금	토	일	월	화	수	목	금	토	일	월	화	수	목	금	토
일진 日辰	庚申	辛酉	壬戌	癸亥	甲子	乙丑	丙寅	丁卯	戊辰	己巳	庚午	辛未	壬申	癸酉	甲戌	乙亥	丙子	丁丑	戊寅	己卯	庚辰	辛巳	壬午	癸未	甲申	乙酉	丙戌	丁亥	戊子	己丑	庚寅
음력 (05/16~06/16)	16	17	18	19	20	21	22	23	24	25	26	27	28	29	30	6/1	2	3	4	5	6	7	8	9	10	11	12	13	14	15	16
대운 남	2	2	1	1	1	1	소	10	10	10	9	9	9	8	8	8	7	7	7	6	6	6	대	5	5	4	4	4	3	3	3
대운 여	8	9	9	9	10	10	서	1	1	1	1	2	2	2	3	3	3	4	4	4	5	5	서	6	6	6	7	7	7	8	8

입추 8일 05시 58분 【음7월】➡ 【甲申月(갑신월)】 ☯ 처서 23일 20시 21분

양력 8	1	2	3	4	5	6	7	8	9	10	11	12	13	14	15	16	17	18	19	20	21	22	23	24	25	26	27	28	29	30	31
요일	일	월	화	수	목	금	토	일	월	화	수	목	금	토	일	월	화	수	목	금	토	일	월	화	수	목	금	토	일	월	화
일진 日辰	辛卯	壬辰	癸巳	甲午	乙未	丙申	丁酉	戊戌	己亥	庚子	辛丑	壬寅	癸卯	甲辰	乙巳	丙午	丁未	戊申	己酉	庚戌	辛亥	壬子	癸丑	甲寅	乙卯	丙辰	丁巳	戊午	己未	庚申	辛酉
음력 (06/17~07/18)	17	18	19	20	21	22	23	24	25	26	27	28	29	7/1	2	3	4	5	6	7	8	9	10	11	12	13	14	15	16	17	18
대운 남	2	2	2	1	1	1	1	입	10	10	9	9	9	8	8	8	7	7	7	6	6	6	처	5	5	4	4	4	3	3	3
대운 여	8	9	9	9	10	10	10	추	1	1	1	1	2	2	2	3	3	3	4	4	4	5	서	5	6	6	6	7	7	7	8

백로 8일 08시 27분 【음8월】➡ 【乙酉月(을유월)】 ☯ 추분 23일 17시 28분

양력 9	1	2	3	4	5	6	7	8	9	10	11	12	13	14	15	16	17	18	19	20	21	22	23	24	25	26	27	28	29	30
요일	수	목	금	토	일	월	화	수	목	금	토	일	월	화	수	목	금	토	일	월	화	수	목	금	토	일	월	화	수	목
일진 日辰	壬戌	癸亥	甲子	乙丑	丙寅	丁卯	戊辰	己巳	庚午	辛未	壬申	癸酉	甲戌	乙亥	丙子	丁丑	戊寅	己卯	庚辰	辛巳	壬午	癸未	甲申	乙酉	丙戌	丁亥	戊子	己丑	庚寅	辛卯
음력 (07/19~08/19)	19	20	21	22	23	24	25	26	27	28	29	8/1	2	3	4	5	6	7	8	9	10	11	12	13	14	15	16	17	18	19
대운 남	2	2	2	1	1	1	1	백	10	9	9	9	8	8	8	7	7	7	6	6	6	5	추	5	4	4	4	3	3	3
대운 여	8	8	9	9	9	10	10	로	1	1	1	1	2	2	2	3	3	3	4	4	4	5	분	5	6	6	6	7	7	7

한로 8일 23시 29분 【음9월】➡ 【丙戌月(병술월)】 ☯ 상강 24일 02시 13분

양력 10	1	2	3	4	5	6	7	8	9	10	11	12	13	14	15	16	17	18	19	20	21	22	23	24	25	26	27	28	29	30	31
요일	금	토	일	월	화	수	목	금	토	일	월	화	수	목	금	토	일	월	화	수	목	금	토	일	월	화	수	목	금	토	일
일진 日辰	壬辰	癸巳	甲午	乙未	丙申	丁酉	戊戌	己亥	庚子	辛丑	壬寅	癸卯	甲辰	乙巳	丙午	丁未	戊申	己酉	庚戌	辛亥	壬子	癸丑	甲寅	乙卯	丙辰	丁巳	戊午	己未	庚申	辛酉	壬戌
음력 (08/20~09/20)	20	21	22	23	24	25	26	27	28	29	30	9/1	2	3	4	5	6	7	8	9	10	11	12	13	14	15	16	17	18	19	20
대운 남	2	2	2	1	1	1	1	한	10	10	9	9	9	8	8	8	7	7	7	6	6	6	5	상	5	4	4	4	3	3	3
대운 여	8	8	8	9	9	9	10	로	1	1	1	1	2	2	2	3	3	3	4	4	4	5	5	강	6	6	6	7	7	7	8

입동 8일 02시 05분 【음10월】➡ 【丁亥月(정해월)】 ☯ 소설 22일 23시 15분

양력 11	1	2	3	4	5	6	7	8	9	10	11	12	13	14	15	16	17	18	19	20	21	22	23	24	25	26	27	28	29	30
요일	월	화	수	목	금	토	일	월	화	수	목	금	토	일	월	화	수	목	금	토	일	월	화	수	목	금	토	일	월	화
일진 日辰	癸亥	甲子	乙丑	丙寅	丁卯	戊辰	己巳	庚午	辛未	壬申	癸酉	甲戌	乙亥	丙子	丁丑	戊寅	己卯	庚辰	辛巳	壬午	癸未	甲申	乙酉	丙戌	丁亥	戊子	己丑	庚寅	辛卯	壬辰
음력 (09/21~10/20)	21	22	23	24	25	26	27	28	29	30	10/1	2	3	4	5	6	7	8	9	10	11	12	13	14	15	16	17	18	19	20
대운 남	2	2	2	1	1	1	1	입	9	9	9	8	8	8	7	7	7	6	6	6	5	소	5	4	4	4	3	3	3	2
대운 여	8	8	9	9	9	10	10	동	1	1	1	1	2	2	2	3	3	3	4	4	4	설	5	5	6	6	6	7	7	7

대설 7일 18시 30분 【음11월】➡ 【戊子月(무자월)】 ☯ 동지 22일 12시 17분

양력 12	1	2	3	4	5	6	7	8	9	10	11	12	13	14	15	16	17	18	19	20	21	22	23	24	25	26	27	28	29	30	31
요일	수	목	금	토	일	월	화	수	목	금	토	일	월	화	수	목	금	토	일	월	화	수	목	금	토	일	월	화	수	목	금
일진 日辰	癸巳	甲午	乙未	丙申	丁酉	戊戌	己亥	庚子	辛丑	壬寅	癸卯	甲辰	乙巳	丙午	丁未	戊申	己酉	庚戌	辛亥	壬子	癸丑	甲寅	乙卯	丙辰	丁巳	戊午	己未	庚申	辛酉	壬戌	癸亥
음력 (10/21~11/22)	21	22	23	24	25	26	27	28	29	11/1	2	3	4	5	6	7	8	9	10	11	12	13	14	15	16	17	18	19	20	21	22
대운 남	2	2	1	1	1	1	대	10	9	9	9	8	8	8	7	7	7	6	6	6	5	동	5	4	4	4	3	3	3	2	2
대운 여	8	8	8	9	9	9	설	1	1	1	1	2	2	2	3	3	3	4	4	4	5	지	5	6	6	6	7	7	7	8	8

단기 4254 年	1921년	上元·辛酉年 납음(石榴木),본명성(七赤金)
불기 2465 年		대장군(午남방), 삼살(동방), 상문(亥서북방),조객(未서남방), 납음(석류목),【삼재(해,자,축)년】 臘享(납향):1922년1월15일(음12/18)

닭

소한 6일 05시 34분 【음12월】 ➡ **【己丑月(기축월)】** ☯ 대한 20일 22시 55분

양력 1	양력	1	2	3	4	5	6	7	8	9	10	11	12	13	14	15	16	17	18	19	20	21	22	23	24	25	26	27	28	29	30	31
	요일	토	일	월	화	수	목	금	토	일	월	화	수	목	금	토	일	월	화	수	목	금	토	일	월	화	수	목	금	토	일	월
	일진 日辰	甲子	乙丑	丙寅	丁卯	戊辰	己巳	庚午	辛未	壬申	癸酉	甲戌	乙亥	丙子	丁丑	戊寅	己卯	庚辰	辛巳	壬午	癸未	甲申	乙酉	丙戌	丁亥	戊子	己丑	庚寅	辛卯	壬辰	癸巳	甲午
음력 11/23 ~ 12/23	음력	23	24	25	26	27	28	29	30	12/1	2	3	4	5	6	7	8	9	10	11	12	13	14	15	16	17	18	19	20	21	22	23
대운	남	2	1	1	1	1	소	9	9	9	8	8	8	7	7	7	6	6	6	5	대	5	4	4	4	3	3	3	2	2	2	1
	여	8	9	9	9	10	한	1	1	1	1	2	2	2	3	3	3	4	4	4	한	5	5	6	6	6	7	7	7	8	8	8

입춘 4일 17시 20분 【음1월】 ➡ **【庚寅月(경인월)】** ☯ 우수 19일 13시 20분

양력 2	양력	1	2	3	4	5	6	7	8	9	10	11	12	13	14	15	16	17	18	19	20	21	22	23	24	25	26	27	28	
	요일	화	수	목	금	토	일	월	화	수	목	금	토	일	월	화	수	목	금	토	일	월	화	수	목	금	토	일	월	辛
	일진 日辰	乙未	丙申	丁酉	戊戌	己亥	庚子	辛丑	壬寅	癸卯	甲辰	乙巳	丙午	丁未	戊申	己酉	庚戌	辛亥	壬子	癸丑	甲寅	乙卯	丙辰	丁巳	戊午	己未	庚申	辛酉	壬戌	酉
음력 12/24 ~ 01/21	음력	24	25	26	27	28	29	30	1/1	2	3	4	5	6	7	8	9	10	11	12	13	14	15	16	17	18	19	20	21	年
대운	남	1	1	1	입	1	1	1	1	2	2	2	3	3	3	4	4	4	5	우	5	6	6	6	7	7	7	8	8	
	여	9	9	9	춘	10	9	9	9	8	8	8	7	7	7	6	6	6	5	수	5	4	4	4	3	3	3	2	2	

경칩 6일 11시 45분 【음2월】 **【辛卯月(신묘월)】** ☯ 춘분 21일 12시 51분

양력 3	양력	1	2	3	4	5	6	7	8	9	10	11	12	13	14	15	16	17	18	19	20	21	22	23	24	25	26	27	28	29	30	31
	요일	화	수	목	금	토	일	월	화	수	목	금	토	일	월	화	수	목	금	토	일	월	화	수	목	금	토	일	월	화	수	목
	일진 日辰	癸亥	甲子	乙丑	丙寅	丁卯	戊辰	己巳	庚午	辛未	壬申	癸酉	甲戌	乙亥	丙子	丁丑	戊寅	己卯	庚辰	辛巳	壬午	癸未	甲申	乙酉	丙戌	丁亥	戊子	己丑	庚寅	辛卯	壬辰	癸巳
음력 01/22 ~ 02/22	음력	22	23	24	25	26	27	28	29	30	2/1	2	3	4	5	6	7	8	9	10	11	12	13	14	15	16	17	18	19	20	21	22
대운	남	8	9	9	9	10	경	1	1	1	1	2	2	2	3	3	3	4	4	4	5	춘	5	6	6	6	7	7	7	8	8	8
	여	2	1	1	1	1	칩	10	9	9	9	8	8	8	7	7	7	6	6	6	5	분	5	4	4	4	3	3	3	2	2	2

청명 5일 17시 09분 【음3월】 **【壬辰月(임진월)】** ☯ 곡우 21일 00시 32분

양력 4	양력	1	2	3	4	5	6	7	8	9	10	11	12	13	14	15	16	17	18	19	20	21	22	23	24	25	26	27	28	29	30
	요일	금	토	일	월	화	수	목	금	토	일	월	화	수	목	금	토	일	월	화	수	목	금	토	일	월	화	수	목	금	토
	일진 日辰	甲午	乙未	丙申	丁酉	戊戌	己亥	庚子	辛丑	壬寅	癸卯	甲辰	乙巳	丙午	丁未	戊申	己酉	庚戌	辛亥	壬子	癸丑	甲寅	乙卯	丙辰	丁巳	戊午	己未	庚申	辛酉	壬戌	癸亥
음력 02/23 ~ 03/23	음력	23	24	25	26	27	28	29	3/1	2	3	4	5	6	7	8	9	10	11	12	13	14	15	16	17	18	19	20	21	22	23
대운	남	9	9	9	10	청	1	1	1	1	2	2	2	3	3	3	4	4	4	5	5	곡	6	6	6	7	7	7	8	8	8
	여	1	1	1	1	명	10	10	9	9	9	8	8	8	7	7	7	6	6	6	5	우	5	4	4	4	3	3	3	2	2

입하 6일 11시 04분 【음4월】 **【癸巳月(계사월)】** ☯ 소만 22일 00시 17분

양력 5	양력	1	2	3	4	5	6	7	8	9	10	11	12	13	14	15	16	17	18	19	20	21	22	23	24	25	26	27	28	29	30	31
	요일	일	월	화	수	목	금	토	일	월	화	수	목	금	토	일	월	화	수	목	금	토	일	월	화	수	목	금	토	일	월	화
	일진 日辰	甲子	乙丑	丙寅	丁卯	戊辰	己巳	庚午	辛未	壬申	癸酉	甲戌	乙亥	丙子	丁丑	戊寅	己卯	庚辰	辛巳	壬午	癸未	甲申	乙酉	丙戌	丁亥	戊子	己丑	庚寅	辛卯	壬辰	癸巳	甲午
음력 03/24 ~ 04/24	음력	24	25	26	27	28	29	30	4/1	2	3	4	5	6	7	8	9	10	11	12	13	14	15	16	17	18	19	20	21	22	23	24
대운	남	9	9	9	10	10	입	1	1	1	1	2	2	2	3	3	3	4	4	4	5	5	소	6	6	6	7	7	7	8	8	8
	여	2	1	1	1	1	하	10	10	9	9	9	8	8	8	7	7	7	6	6	6	5	만	5	4	4	4	3	3	3	2	2

망종 6일 15시 42분 【음5월】 **【甲午月(갑오월)】** ☯ 하지 22일 08시 36분

양력 6	양력	1	2	3	4	5	6	7	8	9	10	11	12	13	14	15	16	17	18	19	20	21	22	23	24	25	26	27	28	29	30
	요일	수	목	금	토	일	월	화	수	목	금	토	일	월	화	수	목	금	토	일	월	화	수	목	금	토	일	월	화	수	목
	일진 日辰	乙未	丙申	丁酉	戊戌	己亥	庚子	辛丑	壬寅	癸卯	甲辰	乙巳	丙午	丁未	戊申	己酉	庚戌	辛亥	壬子	癸丑	甲寅	乙卯	丙辰	丁巳	戊午	己未	庚申	辛酉	壬戌	癸亥	甲子
음력 04/25 ~ 05/25	음력	25	26	27	28	29	5/1	2	3	4	5	6	7	8	9	10	11	12	13	14	15	16	17	18	19	20	21	22	23	24	25
대운	남	9	9	9	10	10	망	1	1	1	1	2	2	2	3	3	3	4	4	4	5	5	하	6	6	6	7	7	7	8	8
	여	2	1	1	1	1	종	10	10	10	9	9	9	8	8	8	7	7	7	6	6	6	지	5	5	4	4	4	3	3	3

한식(4월06일), 초복(7월16일), 중복(7월26일), 말복(8월15일)☂춘사(春社)3/26
☀추사(秋社)9/22 토왕지절(土旺之節):4월17일,7월20일,10월21일,1월18일(신년양력),
臘享(납향):1922년 1월20일(신년양력)

1921 辛酉年

소서 8일 02시 07분 【음6월】 ⟶ 【乙未月(을미월)】 ☯ 대서 23일 19시 30분

양력 7	양력	1	2	3	4	5	6	7	8	9	10	11	12	13	14	15	16	17	18	19	20	21	22	23	24	25	26	27	28	29	30	31
	요일	금	토	일	월	화	수	목	금	토	일	월	화	수	목	금	토	일	월	화	수	목	금	토	일	월	화	수	목	금	토	일
	일진 日辰	乙丑	丙寅	丁卯	戊辰	己巳	庚午	辛未	壬申	癸酉	甲戌	乙亥	丙子	丁丑	戊寅	己卯	庚辰	辛巳	壬午	癸未	甲申	乙酉	丙戌	丁亥	戊子	己丑	庚寅	辛卯	壬辰	癸巳	甲午	乙未
음력 05/26 ~ 06/27	음력	26	27	28	29	6/1	2	3	4	5	6	7	8	9	10	11	12	13	14	15	16	17	18	19	20	21	22	23	24	25	26	27
대운	남	8	9	9	9	10	10	10	소	1	1	1	1	2	2	2	3	3	3	4	4	4	5	대	5	6	6	6	7	7	7	8
	여	2	2	2	1	1	1	1	서	10	10	9	9	9	8	8	8	7	7	7	6	6	6	서	5	5	4	4	4	3	3	3

입추 8일 11시 44분 【음7월】 ⟶ 【丙申月(병신월)】 ☯ 처서 24일 02시 15분

양력 8	양력	1	2	3	4	5	6	7	8	9	10	11	12	13	14	15	16	17	18	19	20	21	22	23	24	25	26	27	28	29	30	31
	요일	월	화	수	목	금	토	일	월	화	수	목	금	토	일	월	화	수	목	금	토	일	월	화	수	목	금	토	일	월	화	수
	일진 日辰	丙申	丁酉	戊戌	己亥	庚子	辛丑	壬寅	癸卯	甲辰	乙巳	丙午	丁未	戊申	己酉	庚戌	辛亥	壬子	癸丑	甲寅	乙卯	丙辰	丁巳	戊午	己未	庚申	辛酉	壬戌	癸亥	甲子	乙丑	丙寅
음력 06/28 ~ 07/28	음력	28	29	30	7/1	2	3	4	5	6	7	8	9	10	11	12	13	14	15	16	17	18	19	20	21	22	23	24	25	26	27	28
대운	남	8	8	9	9	9	10	10	입	1	1	1	1	2	2	2	3	3	3	4	4	4	5	5	처	6	6	6	7	7	7	8
	여	2	2	2	1	1	1	1	추	10	10	9	9	9	8	8	8	7	7	7	6	6	6	5	서	5	4	4	4	3	3	3

백로 8일 14시 10분 【음8월】 ⟶ 【丁酉月(정유월)】 ☯ 추분 23일 23시 20분

양력 9	양력	1	2	3	4	5	6	7	8	9	10	11	12	13	14	15	16	17	18	19	20	21	22	23	24	25	26	27	28	29	30
	요일	목	금	토	일	월	화	수	목	금	토	일	월	화	수	목	금	토	일	월	화	수	목	금	토	일	월	화	수	목	금
	일진 日辰	丁卯	戊辰	己巳	庚午	辛未	壬申	癸酉	甲戌	乙亥	丙子	丁丑	戊寅	己卯	庚辰	辛巳	壬午	癸未	甲申	乙酉	丙戌	丁亥	戊子	己丑	庚寅	辛卯	壬辰	癸巳	甲午	乙未	丙申
음력 07/29 ~ 08/29	음력	29	8/1	2	3	4	5	6	7	8	9	10	11	12	13	14	15	16	17	18	19	20	21	22	23	24	25	26	27	28	29
대운	남	8	8	9	9	9	10	10	백	1	1	1	1	2	2	2	3	3	3	4	4	4	5	추	5	6	6	6	7	7	7
	여	2	2	2	1	1	1	1	로	10	10	9	9	9	8	8	8	7	7	7	6	6	6	분	5	5	4	4	4	3	3

한로 9일 05시 11분 【음9월】 ⟶ 【戊戌月(무술월)】 ☯ 상강 24일 08시 02분

양력 10	양력	1	2	3	4	5	6	7	8	9	10	11	12	13	14	15	16	17	18	19	20	21	22	23	24	25	26	27	28	29	30	31
	요일	토	일	월	화	수	목	금	토	일	월	화	수	목	금	토	일	월	화	수	목	금	토	일	월	화	수	목	금	토	일	월
	일진 日辰	丁酉	戊戌	己亥	庚子	辛丑	壬寅	癸卯	甲辰	乙巳	丙午	丁未	戊申	己酉	庚戌	辛亥	壬子	癸丑	甲寅	乙卯	丙辰	丁巳	戊午	己未	庚申	辛酉	壬戌	癸亥	甲子	乙丑	丙寅	丁卯
음력 09/01 ~ 10/01	음력	9/1	2	3	4	5	6	7	8	9	10	11	12	13	14	15	16	17	18	19	20	21	22	23	24	25	26	27	28	29	30	10/1
대운	남	8	8	8	9	9	9	10	10	한	1	1	1	1	2	2	2	3	3	3	4	4	4	5	상	5	6	6	6	7	7	7
	여	3	2	2	2	1	1	1	1	로	10	9	9	9	8	8	8	7	7	7	6	6	6	5	강	5	4	4	4	3	3	3

입동 8일 07시 46분 【음10월】 ⟶ 【己亥月(기해월)】 ☯ 소설 23일 05시 05분

양력 11	양력	1	2	3	4	5	6	7	8	9	10	11	12	13	14	15	16	17	18	19	20	21	22	23	24	25	26	27	28	29	30
	요일	화	수	목	금	토	일	월	화	수	목	금	토	일	월	화	수	목	금	토	일	월	화	수	목	금	토	일	월	화	수
	일진 日辰	戊辰	己巳	庚午	辛未	壬申	癸酉	甲戌	乙亥	丙子	丁丑	戊寅	己卯	庚辰	辛巳	壬午	癸未	甲申	乙酉	丙戌	丁亥	戊子	己丑	庚寅	辛卯	壬辰	癸巳	甲午	乙未	丙申	丁酉
음력 10/02 ~ 11/02	음력	2	3	4	5	6	7	8	9	10	11	12	13	14	15	16	17	18	19	20	21	22	23	24	25	26	27	28	29	11/1	2
대운	남	8	8	8	9	9	9	10	입	1	1	1	1	2	2	2	3	3	3	4	4	4	5	소	5	6	6	6	7	7	7
	여	2	2	2	1	1	1	1	동	10	9	9	9	8	8	8	7	7	7	6	6	6	5	설	5	4	4	4	3	3	3

대설 8일 00시 12분 【음11월】 ⟶ 【庚子月(경자월)】 ☯ 동지 22일 18시 07분

양력 12	양력	1	2	3	4	5	6	7	8	9	10	11	12	13	14	15	16	17	18	19	20	21	22	23	24	25	26	27	28	29	30	31
	요일	목	금	토	일	월	화	수	목	금	토	일	월	화	수	목	금	토	일	월	화	수	목	금	토	일	월	화	수	목	금	토
	일진 日辰	戊戌	己亥	庚子	辛丑	壬寅	癸卯	甲辰	乙巳	丙午	丁未	戊申	己酉	庚戌	辛亥	壬子	癸丑	甲寅	乙卯	丙辰	丁巳	戊午	己未	庚申	辛酉	壬戌	癸亥	甲子	乙丑	丙寅	丁卯	戊辰
음력 11/03 ~ 12/03	음력	3	4	5	6	7	8	9	10	11	12	13	14	15	16	17	18	19	20	21	22	23	24	25	26	27	28	29	30	12/1	2	3
대운	남	8	8	8	9	9	9	10	대	1	1	1	1	2	2	2	3	3	3	4	4	4	동	5	5	6	6	6	7	7	7	8
	여	2	2	2	1	1	1	1	설	9	9	9	8	8	8	7	7	7	6	6	6	5	지	5	4	4	4	3	3	3	2	2

단기 4255 年	불기 2466 年	1922년

上元 壬戌年 납음(大海水), 본명성(六白金)

대장군(午남방), 삼살(북방), 상문(子북방),조객(申서남방), 납음(대해수), 【삼재(신유술)년】 臘享(납향):1923년1월22일(음12/06)

소한 06일 11시 17분 【음12월】 **【辛丑月(신축월)】** ☯ 대한 21일 04시 48분

양력 1 / 음력 12/04 ~ 01/04

양력	1	2	3	4	5	6	7	8	9	10	11	12	13	14	15	16	17	18	19	20	21	22	23	24	25	26	27	28	29	30	31
요일	일	월	화	수	목	금	토	일	월	화	수	목	금	토	일	월	화	수	목	금	토	일	월	화	수	목	금	토	일	월	화
일진	己	庚	辛	壬	癸	甲	乙	丙	丁	戊	己	庚	辛	壬	癸	甲	乙	丙	丁	戊	己	庚	辛	壬	癸	甲	乙	丙	丁	戊	己
日辰	巳	午	未	申	酉	戌	亥	子	丑	寅	卯	辰	巳	午	未	申	酉	戌	亥	子	丑	寅	卯	辰	巳	午	未	申	酉	戌	亥
음력	4	5	6	7	8	9	10	11	12	13	14	15	16	17	18	19	20	21	22	23	24	25	26	27	28	29	30	1/1	2	3	4
대운 남	8	8	9	9	9	소	1	1	1	1	2	2	2	3	3	3	4	4	4	5	대	5	6	6	6	7	7	7	8	8	8
대운 여	2	1	1	1	1	한	9	9	9	8	8	8	7	7	7	6	6	6	5	5	한	4	4	4	3	3	3	2	2	2	1

입춘 4일 23시 06분 【음1월】 **【壬寅月(임인월)】** ☯ 우수 19일 19시 16분

양력 2 / 음력 01/05 ~ 02/02

양력	1	2	3	4	5	6	7	8	9	10	11	12	13	14	15	16	17	18	19	20	21	22	23	24	25	26	27	28
요일	수	목	금	토	일	월	화	수	목	금	토	일	월	화	수	목	금	토	일	월	화	수	목	금	토	일	월	화
일진	庚	辛	壬	癸	甲	乙	丙	丁	戊	己	庚	辛	壬	癸	甲	乙	丙	丁	戊	己	庚	辛	壬	癸	甲	乙	丙	丁
日辰	子	丑	寅	卯	辰	巳	午	未	申	酉	戌	亥	子	丑	寅	卯	辰	巳	午	未	申	酉	戌	亥	子	丑	寅	卯
음력	5	6	7	8	9	10	11	12	13	14	15	16	17	18	19	20	21	22	23	24	25	26	27	28	29	30	2/1	2
대운 남	9	9	9	입	10	9	9	9	8	8	8	7	7	7	6	6	6	5	우	5	4	4	4	3	3	3	2	2
대운 여	1	1	1	춘	1	1	1	1	2	2	2	3	3	3	4	4	4	5	수	5	6	6	6	7	7	7	8	8

壬戌年

경칩 6일 17시 34분 【음2월】 **【癸卯月(계묘월)】** ☯ 춘분 21일 18시 49분

양력 3 / 음력 02/03 ~ 03/04

양력	1	2	3	4	5	6	7	8	9	10	11	12	13	14	15	16	17	18	19	20	21	22	23	24	25	26	27	28	29	30	31
요일	수	목	금	토	일	월	화	수	목	금	토	일	월	화	수	목	금	토	일	월	화	수	목	금	토	일	월	화	수	목	금
일진	戊	己	庚	辛	壬	癸	甲	乙	丙	丁	戊	己	庚	辛	壬	癸	甲	乙	丙	丁	戊	己	庚	辛	壬	癸	甲	乙	丙	丁	戊
日辰	辰	巳	午	未	申	酉	戌	亥	子	丑	寅	卯	辰	巳	午	未	申	酉	戌	亥	子	丑	寅	卯	辰	巳	午	未	申	酉	戌
음력	3	4	5	6	7	8	9	10	11	12	13	14	15	16	17	18	19	20	21	22	23	24	25	26	27	28	29	3/1	2	3	4
대운 남	2	1	1	1	1	경	10	9	9	9	8	8	8	7	7	7	6	6	6	5	춘	5	4	4	4	3	3	3	2	2	2
대운 여	8	9	9	9	10	칩	1	1	1	1	2	2	2	3	3	3	4	4	4	5	분	5	6	6	6	7	7	7	8	8	8

청명 5일 22시58분 【음3월】 **【甲辰月(갑진월)】** ☯ 곡우 21일 06시 29분

양력 4 / 음력 03/05 ~ 04/04

양력	1	2	3	4	5	6	7	8	9	10	11	12	13	14	15	16	17	18	19	20	21	22	23	24	25	26	27	28	29	30
요일	토	일	월	화	수	목	금	토	일	월	화	수	목	금	토	일	월	화	수	목	금	토	일	월	화	수	목	금	토	일
일진	己	庚	辛	壬	癸	甲	乙	丙	丁	戊	己	庚	辛	壬	癸	甲	乙	丙	丁	戊	己	庚	辛	壬	癸	甲	乙	丙	丁	戊
日辰	亥	子	丑	寅	卯	辰	巳	午	未	申	酉	戌	亥	子	丑	寅	卯	辰	巳	午	未	申	酉	戌	亥	子	丑	寅	卯	辰
음력	5	6	7	8	9	10	11	12	13	14	15	16	17	18	19	20	21	22	23	24	25	26	27	28	29	30	4/1	2	3	4
대운 남	1	1	1	1	청	10	10	9	9	9	8	8	8	7	7	7	6	6	6	5	곡	5	4	4	4	3	3	3	2	2
대운 여	9	9	9	10	명	1	1	1	1	2	2	2	3	3	3	4	4	4	5	5	우	6	6	6	7	7	7	8	8	8

입하 6일 16시 53분 【음4월】 **【乙巳月(을사월)】** ☯ 소만 22일 06시 10분

양력 5 / 음력 04/05 ~ 05/05

양력	1	2	3	4	5	6	7	8	9	10	11	12	13	14	15	16	17	18	19	20	21	22	23	24	25	26	27	28	29	30	31
요일	월	화	수	목	금	토	일	월	화	수	목	금	토	일	월	화	수	목	금	토	일	월	화	수	목	금	토	일	월	화	수
일진	己	庚	辛	壬	癸	甲	乙	丙	丁	戊	己	庚	辛	壬	癸	甲	乙	丙	丁	戊	己	庚	辛	壬	癸	甲	乙	丙	丁	戊	己
日辰	巳	午	未	申	酉	戌	亥	子	丑	寅	卯	辰	巳	午	未	申	酉	戌	亥	子	丑	寅	卯	辰	巳	午	未	申	酉	戌	亥
음력	5	6	7	8	9	10	11	12	13	14	15	16	17	18	19	20	21	22	23	24	25	26	27	28	29	30	5/1	2	3	4	5
대운 남	2	1	1	1	1	입	10	10	9	9	9	8	8	8	7	7	7	6	6	6	5	소	5	4	4	4	3	3	3	2	2
대운 여	9	9	9	10	10	하	1	1	1	1	2	2	2	3	3	3	4	4	4	5	5	만	6	6	6	7	7	7	8	8	8

망종 6일 21시 30분 【음5월】 **【丙午月(병오월)】** ☯ 하지 22일 14시 27분

양력 6 / 음력 05/06 ~ 윤506

양력	1	2	3	4	5	6	7	8	9	10	11	12	13	14	15	16	17	18	19	20	21	22	23	24	25	26	27	28	29	30
요일	목	금	토	일	월	화	수	목	금	토	일	월	화	수	목	금	토	일	월	화	수	목	금	토	일	월	화	수	목	금
일진	庚	辛	壬	癸	甲	乙	丙	丁	戊	己	庚	辛	壬	癸	甲	乙	丙	丁	戊	己	庚	辛	壬	癸	甲	乙	丙	丁	戊	己
日辰	子	丑	寅	卯	辰	巳	午	未	申	酉	戌	亥	子	丑	寅	卯	辰	巳	午	未	申	酉	戌	亥	子	丑	寅	卯	辰	巳
음력	6	7	8	9	10	11	12	13	14	15	16	17	18	19	20	21	22	23	24	25	26	27	28	29	윤5	2	3	4	5	6
대운 남	2	1	1	1	1	망	10	10	10	9	9	9	8	8	8	7	7	7	6	6	6	하	5	5	4	4	4	3	3	3
대운 여	9	9	9	10	10	종	1	1	1	1	2	2	2	3	3	3	4	4	4	5	5	지	6	6	6	7	7	7	8	8

한식(4월06일), 초복(7월16일), 중복(7월26일), 말복(8월15일) ☂춘사(春社)3/21
☀추사(秋社)9/27토왕지절(土旺之節):4월18일,7월20일,10월21일,1월18일(신년양력),
臘享(납향):1923년1월22일(신년양력)

1922 壬戌年

소서 8일 07시 58분 【음6월】 ➡ 【丁未月(정미월)】 ☯ 대서 24일 01시 20분

양력 7	양력	1	2	3	4	5	6	7	8	9	10	11	12	13	14	15	16	17	18	19	20	21	22	23	24	25	26	27	28	29	30	31
	요일	토	일	월	화	수	목	금	토	일	월	화	수	목	금	토	일	월	화	수	목	금	토	일	월	화	수	목	금	토	일	월
	일진 日辰	庚午	辛未	壬申	癸酉	甲戌	乙亥	丙子	丁丑	戊寅	己卯	庚辰	辛巳	壬午	癸未	甲申	乙酉	丙戌	丁亥	戊子	己丑	庚寅	辛卯	壬辰	癸巳	甲午	乙未	丙申	丁酉	戊戌	己亥	庚子
음력 윤507 - 06/08	음력	7	8	9	10	11	12	13	14	15	16	17	18	19	20	21	22	23	24	25	26	27	28	29	6/1	2	3	4	5	6	7	8
대운	남	2	2	2	1	1	1	1	소	10	10	9	9	9	8	8	8	7	7	7	6	6	6	5	대	5	4	4	4	3	3	3
	여	8	9	9	9	10	10	10	서	1	1	1	1	2	2	2	3	3	3	4	4	4	5	5	서	6	6	6	7	7	7	8

입추 8일 17시 37분 【음7월】 ➡ 【戊申月(무신월)】 ☯ 처서 24일 08시 04분

양력 8	양력	1	2	3	4	5	6	7	8	9	10	11	12	13	14	15	16	17	18	19	20	21	22	23	24	25	26	27	28	29	30	31
	요일	화	수	목	금	토	일	월	화	수	목	금	토	일	월	화	수	목	금	토	일	월	화	수	목	금	토	일	월	화	수	목
	일진 日辰	辛丑	壬寅	癸卯	甲辰	乙巳	丙午	丁未	戊申	己酉	庚戌	辛亥	壬子	癸丑	甲寅	乙卯	丙辰	丁巳	戊午	己未	庚申	辛酉	壬戌	癸亥	甲子	乙丑	丙寅	丁卯	戊辰	己巳	庚午	辛未
음력 06/09 - 07/09	음력	9	10	11	12	13	14	15	16	17	18	19	20	21	22	23	24	25	26	27	28	29	30	7/1	2	3	4	5	6	7	8	9
대운	남	2	2	2	1	1	1	1	입	10	10	9	9	9	8	8	8	7	7	7	6	6	6	5	처	5	4	4	4	3	3	3
	여	8	8	9	9	9	10	10	추	1	1	1	1	2	2	2	3	3	3	4	4	4	5	5	서	6	6	6	7	7	7	8

백로 8일 20시06분 【음8월】 ➡ 【己酉月(기유월)】 ☯ 추분 24일 05시 10분

양력 9	양력	1	2	3	4	5	6	7	8	9	10	11	12	13	14	15	16	17	18	19	20	21	22	23	24	25	26	27	28	29	30
	요일	금	토	일	월	화	수	목	금	토	일	월	화	수	목	금	토	일	월	화	수	목	금	토	일	월	화	수	목	금	토
	일진 日辰	壬申	癸酉	甲戌	乙亥	丙子	丁丑	戊寅	己卯	庚辰	辛巳	壬午	癸未	甲申	乙酉	丙戌	丁亥	戊子	己丑	庚寅	辛卯	壬辰	癸巳	甲午	乙未	丙申	丁酉	戊戌	己亥	庚子	辛丑
음력 07/10 - 08/10	음력	10	11	12	13	14	15	16	17	18	19	20	21	22	23	24	25	26	27	28	29	8/1	2	3	4	5	6	7	8	9	10
대운	남	2	2	2	1	1	1	1	백	10	10	9	9	9	8	8	8	7	7	7	6	6	6	5	추	5	4	4	4	3	3
	여	8	8	9	9	9	10	10	로	1	1	1	1	2	2	2	3	3	3	4	4	4	5	5	분	6	6	6	7	7	7

한로 9일 11시 09분 【음9월】 ➡ 【庚戌月(경술월)】 ☯ 상강 24일 13시 53분

양력 10	양력	1	2	3	4	5	6	7	8	9	10	11	12	13	14	15	16	17	18	19	20	21	22	23	24	25	26	27	28	29	30	31
	요일	일	월	화	수	목	금	토	일	월	화	수	목	금	토	일	월	화	수	목	금	토	일	월	화	수	목	금	토	일	월	화
	일진 日辰	壬寅	癸卯	甲辰	乙巳	丙午	丁未	戊申	己酉	庚戌	辛亥	壬子	癸丑	甲寅	乙卯	丙辰	丁巳	戊午	己未	庚申	辛酉	壬戌	癸亥	甲子	乙丑	丙寅	丁卯	戊辰	己巳	庚午	辛未	壬申
음력 08/11 - 09/12	음력	11	12	13	14	15	16	17	18	19	20	21	22	23	24	25	26	27	28	29	9/1	2	3	4	5	6	7	8	9	10	11	12
대운	남	3	2	2	2	1	1	1	1	한	10	9	9	9	8	8	8	7	7	7	6	6	6	5	상	5	4	4	4	3	3	3
	여	8	8	8	9	9	9	10	10	로	1	1	1	1	2	2	2	3	3	3	4	4	4	5	강	5	6	6	6	7	7	7

입동 8일 13시 45분 【음10월】 ➡ 【辛亥月(신해월)】 ☯ 소설 23일 10시 55분

양력 11	양력	1	2	3	4	5	6	7	8	9	10	11	12	13	14	15	16	17	18	19	20	21	22	23	24	25	26	27	28	29	30
	요일	수	목	금	토	일	월	화	수	목	금	토	일	월	화	수	목	금	토	일	월	화	수	목	금	토	일	월	화	수	목
	일진 日辰	癸酉	甲戌	乙亥	丙子	丁丑	戊寅	己卯	庚辰	辛巳	壬午	癸未	甲申	乙酉	丙戌	丁亥	戊子	己丑	庚寅	辛卯	壬辰	癸巳	甲午	乙未	丙申	丁酉	戊戌	己亥	庚子	辛丑	壬寅
음력 09/13 - 10/12	음력	13	14	15	16	17	18	19	20	21	22	23	24	25	26	27	28	29	30	10/1	2	3	4	5	6	7	8	9	10	11	12
대운	남	2	2	2	1	1	1	1	입	10	9	9	9	8	8	8	7	7	7	6	6	6	5	소	5	4	4	4	3	3	3
	여	8	8	8	9	9	9	10	동	1	1	1	1	2	2	2	3	3	3	4	4	4	5	설	5	6	6	6	7	7	7

대설 8일 06시 11분 【음11월】 ➡ 【壬子月(임자월)】 ☯ 동지 22일 23시 57분

양력 12	양력	1	2	3	4	5	6	7	8	9	10	11	12	13	14	15	16	17	18	19	20	21	22	23	24	25	26	27	28	29	30	31
	요일	금	토	일	월	화	수	목	금	토	일	월	화	수	목	금	토	일	월	화	수	목	금	토	일	월	화	수	목	금	토	일
	일진 日辰	癸卯	甲辰	乙巳	丙午	丁未	戊申	己酉	庚戌	辛亥	壬子	癸丑	甲寅	乙卯	丙辰	丁巳	戊午	己未	庚申	辛酉	壬戌	癸亥	甲子	乙丑	丙寅	丁卯	戊辰	己巳	庚午	辛未	壬申	癸酉
음력 10/13 - 11/14	음력	13	14	15	16	17	18	19	20	21	22	23	24	25	26	27	28	29	11/1	2	3	4	5	6	7	8	9	10	11	12	13	14
대운	남	2	2	2	1	1	1	1	대	9	9	9	8	8	8	7	7	7	6	6	6	5	동	5	4	4	4	3	3	3	2	2
	여	8	8	8	9	9	9	10	설	1	1	1	1	2	2	2	3	3	3	4	4	4	지	5	5	6	6	6	7	7	7	8

단기 4256 年	1923년
불기 2467 年	

上元 癸亥年 납음(大海水),본명성(五黃土)

대장군(酉서방), 삼살(서방), 상문(丑동북방),조객(酉서방), 납음(대해수), 【삼재(사오미)년】 臘享(납향):1924년1월17일(음12/12)

소한 06일 17시 14분 【음12월】 ➡ **【癸丑月(계축월)】** ☯ 대한 21일 10시 35분

양력 1 · 음력 11/15 ~ 12/15

양력	1	2	3	4	5	6	7	8	9	10	11	12	13	14	15	16	17	18	19	20	21	22	23	24	25	26	27	28	29	30	31
요일	월	화	수	목	금	토	일	월	화	수	목	금	토	일	월	화	수	목	금	토	일	월	화	수	목	금	토	일	월	화	수
일진	甲	乙	丙	丁	戊	己	庚	辛	壬	癸	甲	乙	丙	丁	戊	己	庚	辛	壬	癸	甲	乙	丙	丁	戊	己	庚	辛	壬	癸	甲
日辰	戌	亥	子	丑	寅	卯	辰	巳	午	未	申	酉	戌	亥	子	丑	寅	卯	辰	巳	午	未	申	酉	戌	亥	子	丑	寅	卯	辰
음력	15	16	17	18	19	20	21	22	23	24	25	26	27	28	29	30	12/1	2	3	4	5	6	7	8	9	10	11	12	13	14	15
대운 남	2	1	1	1	1	소	10	9	9	9	8	8	8	7	7	7	6	6	6	5	대	5	4	4	4	3	3	3	2	2	2
대운 여	8	8	9	9	9	한	1	1	1	1	2	2	2	3	3	3	4	4	4	5	한	5	6	6	6	7	7	7	8	8	8

입춘 5일 05시 00분 【음1월】 ➡ **【甲寅月(갑인월)】** ☯ 우수 20일 01시 00분

양력 2 · 음력 12/16 ~ 01/13

양력	1	2	3	4	5	6	7	8	9	10	11	12	13	14	15	16	17	18	19	20	21	22	23	24	25	26	27	28
요일	목	금	토	일	월	화	수	목	금	토	일	월	화	수	목	금	토	일	월	화	수	목	금	토	일	월	화	수
일진	乙	丙	丁	戊	己	庚	辛	壬	癸	甲	乙	丙	丁	戊	己	庚	辛	壬	癸	甲	乙	丙	丁	戊	己	庚	辛	壬
日辰	巳	午	未	申	酉	戌	亥	子	丑	寅	卯	辰	巳	午	未	申	酉	戌	亥	子	丑	寅	卯	辰	巳	午	未	申
음력	16	17	18	19	20	21	22	23	24	25	26	27	28	29	30	1/1	2	3	4	5	6	7	8	9	10	11	12	13
대운 남	1	1	1	1	입	1	1	1	1	2	2	2	3	3	3	4	4	4	5	우	5	6	6	6	7	7	7	8
대운 여	9	9	9	10	춘	9	9	9	8	8	8	7	7	7	6	6	6	5	5	수	4	4	4	3	3	3	2	2

癸亥年

경칩 6일 23시 25분 【음2월】 ➡ **【乙卯月(을묘월)】** ☯ 춘분 22일 00시 29분

양력 3 · 음력 01/14 ~ 02/15

양력	1	2	3	4	5	6	7	8	9	10	11	12	13	14	15	16	17	18	19	20	21	22	23	24	25	26	27	28	29	30	31
요일	목	금	토	일	월	화	수	목	금	토	일	월	화	수	목	금	토	일	월	화	수	목	금	토	일	월	화	수	목	금	토
일진	癸	甲	乙	丙	丁	戊	己	庚	辛	壬	癸	甲	乙	丙	丁	戊	己	庚	辛	壬	癸	甲	乙	丙	丁	戊	己	庚	辛	壬	癸
日辰	酉	戌	亥	子	丑	寅	卯	辰	巳	午	未	申	酉	戌	亥	子	丑	寅	卯	辰	巳	午	未	申	酉	戌	亥	子	丑	寅	卯
음력	14	15	16	17	18	19	20	21	22	23	24	25	26	27	28	29	2/1	2	3	4	5	6	7	8	9	10	11	12	13	14	15
대운 남	8	8	9	9	9	경	1	1	1	1	2	2	2	3	3	3	4	4	4	5	5	춘	6	6	6	7	7	7	8	8	8
대운 여	2	1	1	1	1	칩	10	10	9	9	9	8	8	8	7	7	7	6	6	6	5	분	5	4	4	4	3	3	3	2	2

청명 06일 04시 46분 【음3월】 ➡ **【丙辰月(병진월)】** ☯ 곡우 21일 12시 06분

양력 4 · 음력 02/16 ~ 03/15

양력	1	2	3	4	5	6	7	8	9	10	11	12	13	14	15	16	17	18	19	20	21	22	23	24	25	26	27	28	29	30
요일	일	월	화	수	목	금	토	일	월	화	수	목	금	토	일	월	화	수	목	금	토	일	월	화	수	목	금	토	일	월
일진	甲	乙	丙	丁	戊	己	庚	辛	壬	癸	甲	乙	丙	丁	戊	己	庚	辛	壬	癸	甲	乙	丙	丁	戊	己	庚	辛	壬	癸
日辰	辰	巳	午	未	申	酉	戌	亥	子	丑	寅	卯	辰	巳	午	未	申	酉	戌	亥	子	丑	寅	卯	辰	巳	午	未	申	酉
음력	16	17	18	19	20	21	22	23	24	25	26	27	28	29	30	3/1	2	3	4	5	6	7	8	9	10	11	12	13	14	15
대운 남	9	9	9	10	10	청	1	1	1	1	2	2	2	3	3	3	4	4	4	5	곡	5	6	6	6	7	7	7	8	8
대운 여	2	1	1	1	1	명	10	9	9	9	8	8	8	7	7	7	6	6	6	5	우	5	4	4	4	3	3	3	2	2

입하 6일 22시 38분 【음4월】 ➡ **【丁巳月(정사월)】** ☯ 소만 22일 11시 45분

양력 5 · 음력 03/16 ~ 04/16

양력	1	2	3	4	5	6	7	8	9	10	11	12	13	14	15	16	17	18	19	20	21	22	23	24	25	26	27	28	29	30	31
요일	화	수	목	금	토	일	월	화	수	목	금	토	일	월	화	수	목	금	토	일	월	화	수	목	금	토	일	월	화	수	목
일진	甲	乙	丙	丁	戊	己	庚	辛	壬	癸	甲	乙	丙	丁	戊	己	庚	辛	壬	癸	甲	乙	丙	丁	戊	己	庚	辛	壬	癸	甲
日辰	戌	亥	子	丑	寅	卯	辰	巳	午	未	申	酉	戌	亥	子	丑	寅	卯	辰	巳	午	未	申	酉	戌	亥	子	丑	寅	卯	辰
음력	16	17	18	19	20	21	22	23	24	25	26	27	28	29	30	4/1	2	3	4	5	6	7	8	9	10	11	12	13	14	15	16
대운 남	8	9	9	9	10	입	1	1	1	1	2	2	2	3	3	3	4	4	4	5	5	소	6	6	6	7	7	7	8	8	8
대운 여	2	1	1	1	1	하	10	10	10	9	9	9	8	8	8	7	7	7	6	6	6	만	5	5	4	4	4	3	3	3	2

망종 7일 03시 14분 【음5월】 ➡ **【戊午月(무오월)】** ☯ 하지 22일 20시 03분

양력 6 · 음력 04/17 ~ 05/17

양력	1	2	3	4	5	6	7	8	9	10	11	12	13	14	15	16	17	18	19	20	21	22	23	24	25	26	27	28	29	30
요일	금	토	일	월	화	수	목	금	토	일	월	화	수	목	금	토	일	월	화	수	목	금	토	일	월	화	수	목	금	토
일진	乙	丙	丁	戊	己	庚	辛	壬	癸	甲	乙	丙	丁	戊	己	庚	辛	壬	癸	甲	乙	丙	丁	戊	己	庚	辛	壬	癸	甲
日辰	巳	午	未	申	酉	戌	亥	子	丑	寅	卯	辰	巳	午	未	申	酉	戌	亥	子	丑	寅	卯	辰	巳	午	未	申	酉	戌
음력	17	18	19	20	21	22	23	24	25	26	27	28	29	5/1	2	3	4	5	6	7	8	9	10	11	12	13	14	15	16	17
대운 남	9	9	9	10	10	10	망	1	1	1	1	2	2	2	3	3	3	4	4	4	5	하	5	6	6	6	7	7	7	8
대운 여	2	2	1	1	1	1	종	10	10	9	9	9	8	8	8	7	7	7	6	6	6	지	5	5	4	4	4	3	3	3

한식(4월7일), 초복(7월16일), 중복(7월26일), 말복(8월15일) 춘사(春社)3/26
추사(秋社)9/22토왕지절(土旺之節):4월17일,7월20일,10월21일,1월18일(신년양력),
臘享(납향):1924년1월17일(신년양력)

1923 癸亥年

소서 8일 13시 42분 【음6월】 ➡ 【己未月(기미월)】 ☯ 대서 24일 07시 01분

양력 7	양력	1	2	3	4	5	6	7	8	9	10	11	12	13	14	15	16	17	18	19	20	21	22	23	24	25	26	27	28	29	30	31
	요일	일	월	화	수	목	금	토	일	월	화	수	목	금	토	일	월	화	수	목	금	토	일	월	화	수	목	금	토	일	월	화
	일진 日辰	乙亥	丙子	丁丑	戊寅	己卯	庚辰	辛巳	壬午	癸未	甲申	乙酉	丙戌	丁亥	戊子	己丑	庚寅	辛卯	壬辰	癸巳	甲午	乙未	丙申	丁酉	戊戌	己亥	庚子	辛丑	壬寅	癸卯	甲辰	乙巳
음력 05/18 ~ 06/18	음력	18	19	20	21	22	23	24	25	26	27	28	29	30	6/1	2	3	4	5	6	7	8	9	10	11	12	13	14	15	16	17	18
대운	남	8	8	9	9	9	10	10	소	1	1	1	1	2	2	2	3	3	3	4	4	4	5	5	대	6	6	6	7	7	7	8
	여	2	2	2	1	1	1	1	서	10	10	9	9	9	8	8	8	7	7	7	6	6	6	5	서	5	4	4	4	3	3	3

입추 8일 23시 25분 【음7월】 ➡ 【庚申月(경신월)】 ☯ 처서 24일 13시 52분

양력 8	양력	1	2	3	4	5	6	7	8	9	10	11	12	13	14	15	16	17	18	19	20	21	22	23	24	25	26	27	28	29	30	31
	요일	수	목	금	토	일	월	화	수	목	금	토	일	월	화	수	목	금	토	일	월	화	수	목	금	토	일	월	화	수	목	금
	일진 日辰	丙午	丁未	戊申	己酉	庚戌	辛亥	壬子	癸丑	甲寅	乙卯	丙辰	丁巳	戊午	己未	庚申	辛酉	壬戌	癸亥	甲子	乙丑	丙寅	丁卯	戊辰	己巳	庚午	辛未	壬申	癸酉	甲戌	乙亥	丙子
음력 06/19 ~ 07/20	음력	19	20	21	22	23	24	25	26	27	28	29	7/1	2	3	4	5	6	7	8	9	10	11	12	13	14	15	16	17	18	19	20
대운	남	8	8	9	9	9	10	10	입	1	1	1	1	2	2	2	3	3	3	4	4	4	5	5	처	6	6	6	7	7	7	8
	여	2	2	2	1	1	1	1	추	10	10	10	9	9	9	8	8	8	7	7	7	6	6	6	서	5	5	4	4	4	3	3

백로 9일 01시 57분 【음8월】 ➡ 【辛酉月(신유월)】 ☯ 추분 24일 11시 04분

양력 9	양력	1	2	3	4	5	6	7	8	9	10	11	12	13	14	15	16	17	18	19	20	21	22	23	24	25	26	27	28	29	30
	요일	토	일	월	화	수	목	금	토	일	월	화	수	목	금	토	일	월	화	수	목	금	토	일	월	화	수	목	금	토	일
	일진 日辰	丁丑	戊寅	己卯	庚辰	辛巳	壬午	癸未	甲申	乙酉	丙戌	丁亥	戊子	己丑	庚寅	辛卯	壬辰	癸巳	甲午	乙未	丙申	丁酉	戊戌	己亥	庚子	辛丑	壬寅	癸卯	甲辰	乙巳	丙午
음력 07/21 ~ 08/20	음력	21	22	23	24	25	26	27	28	29	30	8/1	2	3	4	5	6	7	8	9	10	11	12	13	14	15	16	17	18	19	20
대운	남	8	8	9	9	9	10	10	10	백	1	1	1	1	2	2	2	3	3	3	4	4	4	5	추	5	6	6	6	7	7
	여	3	2	2	2	1	1	1	1	로	10	9	9	9	8	8	8	7	7	7	6	6	6	5	분	5	4	4	4	3	3

한로 9일 17시 03분 【음9월】 ➡ 【壬戌月(임술월)】 ☯ 상강 24일 19시 51분

양력 10	양력	1	2	3	4	5	6	7	8	9	10	11	12	13	14	15	16	17	18	19	20	21	22	23	24	25	26	27	28	29	30	31
	요일	월	화	수	목	금	토	일	월	화	수	목	금	토	일	월	화	수	목	금	토	일	월	화	수	목	금	토	일	월	화	수
	일진 日辰	丁未	戊申	己酉	庚戌	辛亥	壬子	癸丑	甲寅	乙卯	丙辰	丁巳	戊午	己未	庚申	辛酉	壬戌	癸亥	甲子	乙丑	丙寅	丁卯	戊辰	己巳	庚午	辛未	壬申	癸酉	甲戌	乙亥	丙子	丁丑
음력 08/21 ~ 09/22	음력	21	22	23	24	25	26	27	28	29	9/1	2	3	4	5	6	7	8	9	10	11	12	13	14	15	16	17	18	19	20	21	22
대운	남	7	8	8	8	9	9	9	10	한	1	1	1	1	2	2	2	3	3	3	4	4	4	5	상	5	6	6	6	7	7	7
	여	3	2	2	2	1	1	1	1	로	10	9	9	9	8	8	8	7	7	7	6	6	6	5	강	5	4	4	4	3	3	3

입동 8일 19시 40분 【음10월】 ➡ 【癸亥月(계해월)】 ☯ 소설 23일 16시 54분

양력 11	양력	1	2	3	4	5	6	7	8	9	10	11	12	13	14	15	16	17	18	19	20	21	22	23	24	25	26	27	28	29	30
	요일	목	금	토	일	월	화	수	목	금	토	일	월	화	수	목	금	토	일	월	화	수	목	금	토	일	월	화	수	목	금
	일진 日辰	戊寅	己卯	庚辰	辛巳	壬午	癸未	甲申	乙酉	丙戌	丁亥	戊子	己丑	庚寅	辛卯	壬辰	癸巳	甲午	乙未	丙申	丁酉	戊戌	己亥	庚子	辛丑	壬寅	癸卯	甲辰	乙巳	丙午	丁未
음력 09/23 ~ 10/22	음력	23	24	25	26	27	28	29	30	10/1	2	3	4	5	6	7	8	9	10	11	12	13	14	15	16	17	18	19	20	21	22
대운	남	8	8	8	9	9	9	10	입	1	1	1	1	2	2	2	3	3	3	4	4	4	5	소	5	6	6	6	7	7	7
	여	2	2	2	1	1	1	1	동	10	9	9	9	8	8	8	7	7	7	6	6	6	5	설	5	4	4	4	3	3	3

대설 8일 12시 05분 【음11월】 ➡ 【甲子月(갑자월)】 ☯ 동지 23일 05시 53분

양력 12	양력	1	2	3	4	5	6	7	8	9	10	11	12	13	14	15	16	17	18	19	20	21	22	23	24	25	26	27	28	29	30	31
	요일	토	일	월	화	수	목	금	토	일	월	화	수	목	금	토	일	월	화	수	목	금	토	일	월	화	수	목	금	토	일	월
	일진 日辰	戊申	己酉	庚戌	辛亥	壬子	癸丑	甲寅	乙卯	丙辰	丁巳	戊午	己未	庚申	辛酉	壬戌	癸亥	甲子	乙丑	丙寅	丁卯	戊辰	己巳	庚午	辛未	壬申	癸酉	甲戌	乙亥	丙子	丁丑	戊寅
음력 10/23 ~ 11/24	음력	23	24	25	26	27	28	29	11/1	2	3	4	5	6	7	8	9	10	11	12	13	14	15	16	17	18	19	20	21	22	23	24
대운	남	8	8	8	9	9	9	10	대	1	1	1	1	2	2	2	3	3	3	4	4	4	5	동	5	6	6	6	7	7	7	8
	여	2	2	2	1	1	1	1	설	9	9	9	8	8	8	7	7	7	6	6	6	5	5	지	4	4	4	3	3	3	2	2

단기 4257 年	1924년	中元 甲子年 납음(海中金), 본명성(四綠木)
불기 2468 年		대장군(酉서방), 삼살(남방), 상문(寅동북방), 조객(戌서북방), 납음(해중금), 【삼재(인,묘,진)년】 臘享(납향):1925년1월23일(음12/29)

쥐

소한 06일 23시 06분 【음12월】 ➡ 【乙丑月(을축월)】 ☯ 대한 21일 16시 28분

양력 1 / 음력 11/25 ~ 12/26

양력	1	2	3	4	5	6	7	8	9	10	11	12	13	14	15	16	17	18	19	20	21	22	23	24	25	26	27	28	29	30	31
요일	화	수	목	금	토	일	월	화	수	목	금	토	일	월	화	수	목	금	토	일	월	화	수	목	금	토	일	월	화	수	목
일진 日辰	己卯	庚辰	辛巳	壬午	癸未	甲申	乙酉	丙戌	丁亥	戊子	己丑	庚寅	辛卯	壬辰	癸巳	甲午	乙未	丙申	丁酉	戊戌	己亥	庚子	辛丑	壬寅	癸卯	甲辰	乙巳	丙午	丁未	戊申	己酉
음력	25	26	27	28	29	12/1	2	3	4	5	6	7	8	9	10	11	12	13	14	15	16	17	18	19	20	21	22	23	24	25	26
대운 남	8	8	9	9	9	소	1	1	1	1	2	2	2	3	3	3	4	4	4	5	대	5	6	6	6	7	7	7	8	8	8
대운 여	2	1	1	1	1	한	10	9	9	9	8	8	8	7	7	7	6	6	6	5	한	5	4	4	4	3	3	3	2	2	2

입춘05일 10시 50분 【음1월】 ➡ 【丙寅月(병인월)】 ☯ 우수 20일 06시 51분

양력 2 / 음력 12/27 ~ 01/25

양력	1	2	3	4	5	6	7	8	9	10	11	12	13	14	15	16	17	18	19	20	21	22	23	24	25	26	27	28	29
요일	금	토	일	월	화	수	목	금	토	일	월	화	수	목	금	토	일	월	화	수	목	금	토	일	월	화	수	목	금
일진 日辰	庚戌	辛亥	壬子	癸丑	甲寅	乙卯	丙辰	丁巳	戊午	己未	庚申	辛酉	壬戌	癸亥	甲子	乙丑	丙寅	丁卯	戊辰	己巳	庚午	辛未	壬申	癸酉	甲戌	乙亥	丙子	丁丑	戊寅
음력	27	28	29	30	1/1	2	3	4	5	6	7	8	9	10	11	12	13	14	15	16	17	18	19	20	21	22	23	24	25
대운 남	9	9	9	10	입	10	9	9	9	8	8	8	7	7	7	6	6	6	5	우	5	4	4	4	3	3	3	2	2
대운 여	1	1	1	1	춘	1	1	1	1	2	2	2	3	3	3	4	4	4	5	수	5	6	6	6	7	7	7	8	8

甲子年

경칩 06일 05시 12분 【음2월】 ➡ 【丁卯月(정묘월)】 ☯ 춘분 21일 06시 20분

양력 3 / 음력 01/26 ~ 02/26

양력	1	2	3	4	5	6	7	8	9	10	11	12	13	14	15	16	17	18	19	20	21	22	23	24	25	26	27	28	29	30	31
요일	토	일	월	화	수	목	금	토	일	월	화	수	목	금	토	일	월	화	수	목	금	토	일	월	화	수	목	금	토	일	월
일진 日辰	己卯	庚辰	辛巳	壬午	癸未	甲申	乙酉	丙戌	丁亥	戊子	己丑	庚寅	辛卯	壬辰	癸巳	甲午	乙未	丙申	丁酉	戊戌	己亥	庚子	辛丑	壬寅	癸卯	甲辰	乙巳	丙午	丁未	戊申	己酉
음력	26	27	28	29	30	2/1	2	3	4	5	6	7	8	9	10	11	12	13	14	15	16	17	18	19	20	21	22	23	24	25	26
대운 남	2	1	1	1	1	경	10	9	9	9	8	8	8	7	7	7	6	6	6	5	춘	5	4	4	4	3	3	3	2	2	2
대운 여	8	9	9	9	10	칩	1	1	1	1	2	2	2	3	3	3	4	4	4	5	분	5	6	6	6	7	7	7	8	8	8

청명 5일 10시 33분 【음3월】 ➡ 【戊辰月(무진월)】 ☯ 곡우 20일 17시 59분

양력 4 / 음력 02/27 ~ 03/27

양력	1	2	3	4	5	6	7	8	9	10	11	12	13	14	15	16	17	18	19	20	21	22	23	24	25	26	27	28	29	30
요일	화	수	목	금	토	일	월	화	수	목	금	토	일	월	화	수	목	금	토	일	월	화	수	목	금	토	일	월	화	수
일진 日辰	庚戌	辛亥	壬子	癸丑	甲寅	乙卯	丙辰	丁巳	戊午	己未	庚申	辛酉	壬戌	癸亥	甲子	乙丑	丙寅	丁卯	戊辰	己巳	庚午	辛未	壬申	癸酉	甲戌	乙亥	丙子	丁丑	戊寅	己卯
음력	27	28	29	3/1	2	3	4	5	6	7	8	9	10	11	12	13	14	15	16	17	18	19	20	21	22	23	24	25	26	27
대운 남	1	1	1	1	청	10	10	9	9	9	8	8	8	7	7	7	6	6	6	곡	5	5	4	4	4	3	3	3	2	2
대운 여	9	9	9	10	명	1	1	1	1	2	2	2	3	3	3	4	4	4	5	우	5	6	6	6	7	7	7	8	8	8

입하 6일 04시 26분 【음4월】 ➡ 【己巳月(기사월)】 ☯ 소만 21일 17시 40분

양력 5 / 음력 03/28 ~ 04/28

양력	1	2	3	4	5	6	7	8	9	10	11	12	13	14	15	16	17	18	19	20	21	22	23	24	25	26	27	28	29	30	31
요일	목	금	토	일	월	화	수	목	금	토	일	월	화	수	목	금	토	일	월	화	수	목	금	토	일	월	화	수	목	금	토
일진 日辰	庚辰	辛巳	壬午	癸未	甲申	乙酉	丙戌	丁亥	戊子	己丑	庚寅	辛卯	壬辰	癸巳	甲午	乙未	丙申	丁酉	戊戌	己亥	庚子	辛丑	壬寅	癸卯	甲辰	乙巳	丙午	丁未	戊申	己酉	庚戌
음력	28	29	30	4/1	2	3	4	5	6	7	8	9	10	11	12	13	14	15	16	17	18	19	20	21	22	23	24	25	26	27	28
대운 남	2	1	1	1	1	입	10	10	9	9	9	8	8	8	7	7	7	6	6	6	소	5	5	4	4	4	3	3	3	2	2
대운 여	9	9	9	10	10	하	1	1	1	1	2	2	2	3	3	3	4	4	4	5	만	5	6	6	6	7	7	7	8	8	8

망종 6일 09시 02분 【음5월】 ➡ 【庚午月(경오월)】 ☯ 하지 22일 01시 59분

양력 6 / 음력 04/29 ~ 05/29

양력	1	2	3	4	5	6	7	8	9	10	11	12	13	14	15	16	17	18	19	20	21	22	23	24	25	26	27	28	29	30
요일	일	월	화	수	목	금	토	일	월	화	수	목	금	토	일	월	화	수	목	금	토	일	월	화	수	목	금	토	일	월
일진 日辰	辛亥	壬子	癸丑	甲寅	乙卯	丙辰	丁巳	戊午	己未	庚申	辛酉	壬戌	癸亥	甲子	乙丑	丙寅	丁卯	戊辰	己巳	庚午	辛未	壬申	癸酉	甲戌	乙亥	丙子	丁丑	戊寅	己卯	庚辰
음력	29	5/1	2	3	4	5	6	7	8	9	10	11	12	13	14	15	16	17	18	19	20	21	22	23	24	25	26	27	28	29
대운 남	2	1	1	1	1	망	10	10	9	9	9	8	8	8	7	7	7	6	6	6	5	하	5	4	4	4	3	3	3	2
대운 여	9	9	9	10	10	종	1	1	1	1	2	2	2	3	3	3	4	4	4	5	5	지	6	6	6	7	7	7	8	8

한식(4월06일), 초복(7월20일), 중복(7월30일), 말복(8월09일) ☂춘사(春社)3/20
☀추사(秋社)9/26토왕지절(土旺之節):4월17일,7월20일,10월21일,1월17일(신년양력),
臘享(납향):1925년1월23일(신년양력)

1924 甲子年

소서 7일 19시 30분 【음6월】 ➡ 【辛未月(신미월)】 ☯ 대서 23일 12시 58분

양력 7 / 음력 05/30 ~ 06/30

양력	1	2	3	4	5	6	7	8	9	10	11	12	13	14	15	16	17	18	19	20	21	22	23	24	25	26	27	28	29	30	31
요일	화	수	목	금	토	일	월	화	수	목	금	토	일	월	화	수	목	금	토	일	월	화	수	목	금	토	일	월	화	수	목
일진	辛	壬	癸	甲	乙	丙	丁	戊	己	庚	辛	壬	癸	甲	乙	丙	丁	戊	己	庚	辛	壬	癸	甲	乙	丙	丁	戊	己	庚	辛
日辰	巳	午	未	申	酉	戌	亥	子	丑	寅	卯	辰	巳	午	未	申	酉	戌	亥	子	丑	寅	卯	辰	巳	午	未	申	酉	戌	亥
음력	30	6/1	2	3	4	5	6	7	8	9	10	11	12	13	14	15	16	17	18	19	20	21	22	23	24	25	26	27	28	29	30
대운 남	2	2	1	1	1	1	소	10	10	10	9	9	9	8	8	8	7	7	7	6	6	6	대	5	5	4	4	4	3	3	3
대운 여	8	9	9	9	10	10	서	1	1	1	1	2	2	2	3	3	3	4	4	4	5	5	서	6	6	6	7	7	7	8	8

입추 8일 05시 12분 【음7월】 ➡ 【壬申月(임신월)】 ☯ 처서 23일 19시 48분

양력 8 / 음력 07/01 ~ 08/02

양력	1	2	3	4	5	6	7	8	9	10	11	12	13	14	15	16	17	18	19	20	21	22	23	24	25	26	27	28	29	30	31
요일	금	토	일	월	화	수	목	금	토	일	월	화	수	목	금	토	일	월	화	수	목	금	토	일	월	화	수	목	금	토	일
일진	壬	癸	甲	乙	丙	丁	戊	己	庚	辛	壬	癸	甲	乙	丙	丁	戊	己	庚	辛	壬	癸	甲	乙	丙	丁	戊	己	庚	辛	壬
日辰	子	丑	寅	卯	辰	巳	午	未	申	酉	戌	亥	子	丑	寅	卯	辰	巳	午	未	申	酉	戌	亥	子	丑	寅	卯	辰	巳	午
음력	7/1	2	3	4	5	6	7	8	9	10	11	12	13	14	15	16	17	18	19	20	21	22	23	24	25	26	27	28	29	8/1	2
대운 남	2	2	2	1	1	1	1	입	10	10	9	9	9	8	8	8	7	7	7	6	6	6	처	5	5	4	4	4	3	3	3
대운 여	8	9	9	9	10	10	10	추	1	1	1	1	2	2	2	3	3	3	4	4	4	5	서	5	6	6	6	7	7	7	8

백로 8일 07시 46분 【음8월】 ➡ 【癸酉月(계유월)】 ☯ 추분 23일 16시 58분

양력 9 / 음력 08/03 ~ 09/02

양력	1	2	3	4	5	6	7	8	9	10	11	12	13	14	15	16	17	18	19	20	21	22	23	24	25	26	27	28	29	30
요일	월	화	수	목	금	토	일	월	화	수	목	금	토	일	월	화	수	목	금	토	일	월	화	수	목	금	토	일	월	화
일진	癸	甲	乙	丙	丁	戊	己	庚	辛	壬	癸	甲	乙	丙	丁	戊	己	庚	辛	壬	癸	甲	乙	丙	丁	戊	己	庚	辛	壬
日辰	未	申	酉	戌	亥	子	丑	寅	卯	辰	巳	午	未	申	酉	戌	亥	子	丑	寅	卯	辰	巳	午	未	申	酉	戌	亥	子
음력	3	4	5	6	7	8	9	10	11	12	13	14	15	16	17	18	19	20	21	22	23	24	25	26	27	28	29	30	9/1	2
대운 남	2	2	2	1	1	1	1	백	10	9	9	9	8	8	8	7	7	7	6	6	6	5	추	5	4	4	4	3	3	3
대운 여	8	8	9	9	9	10	10	로	1	1	1	1	2	2	2	3	3	3	4	4	4	5	분	5	6	6	6	7	7	7

한로 8일 22시 52분 【음9월】 ➡ 【甲戌月(갑술월)】 ☯ 상강 24일 01시 44분

양력 10 / 음력 09/03 ~ 10/04

양력	1	2	3	4	5	6	7	8	9	10	11	12	13	14	15	16	17	18	19	20	21	22	23	24	25	26	27	28	29	30	31
요일	수	목	금	토	일	월	화	수	목	금	토	일	월	화	수	목	금	토	일	월	화	수	목	금	토	일	월	화	수	목	금
일진	癸	甲	乙	丙	丁	戊	己	庚	辛	壬	癸	甲	乙	丙	丁	戊	己	庚	辛	壬	癸	甲	乙	丙	丁	戊	己	庚	辛	壬	癸
日辰	丑	寅	卯	辰	巳	午	未	申	酉	戌	亥	子	丑	寅	卯	辰	巳	午	未	申	酉	戌	亥	子	丑	寅	卯	辰	巳	午	未
음력	3	4	5	6	7	8	9	10	11	12	13	14	15	16	17	18	19	20	21	22	23	24	25	26	27	28	29	10/1	2	3	4
대운 남	2	2	2	1	1	1	1	한	10	10	9	9	9	8	8	8	7	7	7	6	6	6	5	상	5	4	4	4	3	3	3
대운 여	8	8	8	9	9	9	10	로	1	1	1	1	2	2	2	3	3	3	4	4	4	5	5	강	6	6	6	7	7	7	8

입동 8일 01시 29분 【음10월】 ➡ 【乙亥月(을해월)】 ☯ 소설 22일 22시 46분

양력 11 / 음력 10/05 ~ 11/04

양력	1	2	3	4	5	6	7	8	9	10	11	12	13	14	15	16	17	18	19	20	21	22	23	24	25	26	27	28	29	30
요일	토	일	월	화	수	목	금	토	일	월	화	수	목	금	토	일	월	화	수	목	금	토	일	월	화	수	목	금	토	일
일진	甲	乙	丙	丁	戊	己	庚	辛	壬	癸	甲	乙	丙	丁	戊	己	庚	辛	壬	癸	甲	乙	丙	丁	戊	己	庚	辛	壬	癸
日辰	申	酉	戌	亥	子	丑	寅	卯	辰	巳	午	未	申	酉	戌	亥	子	丑	寅	卯	辰	巳	午	未	申	酉	戌	亥	子	丑
음력	5	6	7	8	9	10	11	12	13	14	15	16	17	18	19	20	21	22	23	24	25	26	27	28	29	30	11/1	2	3	4
대운 남	2	2	2	1	1	1	1	입	9	9	9	8	8	8	7	7	7	6	6	6	5	소	5	4	4	4	3	3	3	2
대운 여	8	8	9	9	9	10	10	동	1	1	1	1	2	2	2	3	3	3	4	4	4	설	5	5	6	6	6	7	7	7

대설 7일 17시 53분 【음11월】 ➡ 【丙子月(병자월)】 ☯ 동지 22일 11시 46분

양력 12 / 음력 11/05 ~ 12/06

양력	1	2	3	4	5	6	7	8	9	10	11	12	13	14	15	16	17	18	19	20	21	22	23	24	25	26	27	28	29	30	31
요일	월	화	수	목	금	토	일	월	화	수	목	금	토	일	월	화	수	목	금	토	일	월	화	수	목	금	토	일	월	화	수
일진	甲	乙	丙	丁	戊	己	庚	辛	壬	癸	甲	乙	丙	丁	戊	己	庚	辛	壬	癸	甲	乙	丙	丁	戊	己	庚	辛	壬	癸	甲
日辰	寅	卯	辰	巳	午	未	申	酉	戌	亥	子	丑	寅	卯	辰	巳	午	未	申	酉	戌	亥	子	丑	寅	卯	辰	巳	午	未	申
음력	5	6	7	8	9	10	11	12	13	14	15	16	17	18	19	20	21	22	23	24	25	26	27	28	29	12/1	2	3	4	5	6
대운 남	2	2	1	1	1	1	대	10	9	9	9	8	8	8	7	7	7	6	6	6	5	동	5	4	4	4	3	3	3	2	2
대운 여	8	8	8	9	9	9	설	1	1	1	1	2	2	2	3	3	3	4	4	4	5	지	5	6	6	6	7	7	7	8	8

단기 4258 年	1925년
불기 2469 年	

中元 乙丑年 납음(海中金), 본명성(三碧木)

대장군(酉서방), 삼살(동방), 상문(卯동방),조객(亥서북방), 납음(해중금), 【삼재(해,자,축)년】 臘享(납향):1926년1월18일(음12/05)

소

소한 6일 04시 53분 【음12월】 ➡ **【丁丑月(정축월)】** ☯ 대한 20일 22시 20분

양력 1 / 음력 12/07 ~ 01/08

양력	1	2	3	4	5	6	7	8	9	10	11	12	13	14	15	16	17	18	19	20	21	22	23	24	25	26	27	28	29	30	31
요일	목	금	토	일	월	화	수	목	금	토	일	월	화	수	목	금	토	일	월	화	수	목	금	토	일	월	화	수	목	금	토
일진	乙	丙	丁	戊	己	庚	辛	壬	癸	甲	乙	丙	丁	戊	己	庚	辛	壬	癸	甲	乙	丙	丁	戊	己	庚	辛	壬	癸	甲	乙
日辰	酉	戌	亥	子	丑	寅	卯	辰	巳	午	未	申	酉	戌	亥	子	丑	寅	卯	辰	巳	午	未	申	酉	戌	亥	子	丑	寅	卯
음력	7	8	9	10	11	12	13	14	15	16	17	18	19	20	21	22	23	24	25	26	27	28	29	1/1	2	3	4	5	6	7	8
대운 남	2	1	1	1	1	소	9	9	9	8	8	8	7	7	7	6	6	6	5	대	5	4	4	4	3	3	3	2	2	2	1
대운 여	8	9	9	9	10	한	1	1	1	1	2	2	2	3	3	3	4	4	4	한	5	5	6	6	6	7	7	7	8	8	8

입춘 4일 16시 37분 【음1월】 ➡ **【戊寅月(무인월)】** ☯ 우수 19일 12시 43분

양력 2 / 음력 01/09 ~ 02/06

양력	1	2	3	4	5	6	7	8	9	10	11	12	13	14	15	16	17	18	19	20	21	22	23	24	25	26	27	28
요일	일	월	화	수	목	금	토	일	월	화	수	목	금	토	일	월	화	수	목	금	토	일	월	화	수	목	금	토
일진	丙	丁	戊	己	庚	辛	壬	癸	甲	乙	丙	丁	戊	己	庚	辛	壬	癸	甲	乙	丙	丁	戊	己	庚	辛	壬	癸
日辰	辰	巳	午	未	申	酉	戌	亥	子	丑	寅	卯	辰	巳	午	未	申	酉	戌	亥	子	丑	寅	卯	辰	巳	午	未
음력	9	10	11	12	13	14	15	16	17	18	19	20	21	22	23	24	25	26	27	28	29	30	2/1	2	3	4	5	6
대운 남	1	1	1	입	1	1	1	1	2	2	2	3	3	3	4	4	4	5	우	5	6	6	6	7	7	7	8	8
대운 여	9	9	9	춘	10	9	9	9	8	8	8	7	7	7	6	6	6	5	수	5	4	4	4	3	3	3	2	2

乙丑年

경칩 6일 11시 00분 【음2월】 ➡ **【己卯月(기묘월)】** ☯ 춘분 21일 12시 12분

양력 3 / 음력 02/07 ~ 03/08

양력	1	2	3	4	5	6	7	8	9	10	11	12	13	14	15	16	17	18	19	20	21	22	23	24	25	26	27	28	29	30	31
요일	일	월	화	수	목	금	토	일	월	화	수	목	금	토	일	월	화	수	목	금	토	일	월	화	수	목	금	토	일	월	화
일진	甲	乙	丙	丁	戊	己	庚	辛	壬	癸	甲	乙	丙	丁	戊	己	庚	辛	壬	癸	甲	乙	丙	丁	戊	己	庚	辛	壬	癸	甲
日辰	申	酉	戌	亥	子	丑	寅	卯	辰	巳	午	未	申	酉	戌	亥	子	丑	寅	卯	辰	巳	午	未	申	酉	戌	亥	子	丑	寅
음력	7	8	9	10	11	12	13	14	15	16	17	18	19	20	21	22	23	24	25	26	27	28	29	3/1	2	3	4	5	6	7	8
대운 남	8	9	9	9	10	경	1	1	1	1	2	2	2	3	3	3	4	4	4	5	춘	5	6	6	6	7	7	7	8	8	8
대운 여	2	1	1	1	1	칩	10	9	9	9	8	8	8	7	7	7	6	6	6	5	분	5	4	4	4	3	3	3	2	2	2

청명 5일 16시 23분 【음3월】 ➡ **【庚辰月(경진월)】** ☯ 곡우 20일 23시 51분

양력 4 / 음력 03/09 ~ 04/08

양력	1	2	3	4	5	6	7	8	9	10	11	12	13	14	15	16	17	18	19	20	21	22	23	24	25	26	27	28	29	30
요일	수	목	금	토	일	월	화	수	목	금	토	일	월	화	수	목	금	토	일	월	화	수	목	금	토	일	월	화	수	목
일진	乙	丙	丁	戊	己	庚	辛	壬	癸	甲	乙	丙	丁	戊	己	庚	辛	壬	癸	甲	乙	丙	丁	戊	己	庚	辛	壬	癸	甲
日辰	卯	辰	巳	午	未	申	酉	戌	亥	子	丑	寅	卯	辰	巳	午	未	申	酉	戌	亥	子	丑	寅	卯	辰	巳	午	未	申
음력	9	10	11	12	13	14	15	16	17	18	19	20	21	22	23	24	25	26	27	28	29	30	4/1	2	3	4	5	6	7	8
대운 남	9	9	9	10	청	1	1	1	1	2	2	2	3	3	3	4	4	4	5	곡	5	6	6	6	7	7	7	8	8	8
대운 여	1	1	1	1	명	10	10	9	9	9	8	8	8	7	7	7	6	6	6	우	5	5	4	4	4	3	3	3	2	2

입하 6일 10시 18분 【음4월】 ➡ **【辛巳月(신사월)】** ☯ 소만 21일 23시 33분

양력 5 / 음력 04/09 ~ 윤409

양력	1	2	3	4	5	6	7	8	9	10	11	12	13	14	15	16	17	18	19	20	21	22	23	24	25	26	27	28	29	30	31
요일	금	토	일	월	화	수	목	금	토	일	월	화	수	목	금	토	일	월	화	수	목	금	토	일	월	화	수	목	금	토	일
일진	乙	丙	丁	戊	己	庚	辛	壬	癸	甲	乙	丙	丁	戊	己	庚	辛	壬	癸	甲	乙	丙	丁	戊	己	庚	辛	壬	癸	甲	乙
日辰	酉	戌	亥	子	丑	寅	卯	辰	巳	午	未	申	酉	戌	亥	子	丑	寅	卯	辰	巳	午	未	申	酉	戌	亥	子	丑	寅	卯
음력	9	10	11	12	13	14	15	16	17	18	19	20	21	22	23	24	25	26	27	28	29	30	윤4	2	3	4	5	6	7	8	9
대운 남	9	9	9	10	10	입	1	1	1	1	2	2	2	3	3	3	4	4	4	5	소	5	6	6	6	7	7	7	8	8	8
대운 여	2	1	1	1	1	하	10	10	9	9	9	8	8	8	7	7	7	6	6	6	만	5	5	4	4	4	3	3	3	2	2

망종 6일 14시 56분 【음5월】 ➡ **【壬午月(임오월)】** ☯ 하지 22일 07시 50분

양력 6 / 음력 윤410 ~ 05/10

양력	1	2	3	4	5	6	7	8	9	10	11	12	13	14	15	16	17	18	19	20	21	22	23	24	25	26	27	28	29	30
요일	월	화	수	목	금	토	일	월	화	수	목	금	토	일	월	화	수	목	금	토	일	월	화	수	목	금	토	일	월	화
일진	丙	丁	戊	己	庚	辛	壬	癸	甲	乙	丙	丁	戊	己	庚	辛	壬	癸	甲	乙	丙	丁	戊	己	庚	辛	壬	癸	甲	乙
日辰	辰	巳	午	未	申	酉	戌	亥	子	丑	寅	卯	辰	巳	午	未	申	酉	戌	亥	子	丑	寅	卯	辰	巳	午	未	申	酉
음력	10	11	12	13	14	15	16	17	18	19	20	21	22	23	24	25	26	27	28	29	5/1	2	3	4	5	6	7	8	9	10
대운 남	9	9	9	10	10	망	1	1	1	1	2	2	2	3	3	3	4	4	4	5	5	하	6	6	6	7	7	7	8	8
대운 여	2	1	1	1	1	종	10	10	10	9	9	9	8	8	8	7	7	7	6	6	6	지	5	5	4	4	4	3	3	3

한식(4월6일), 초복(7월15일), 중복(7월25일), 말복(8월14일) ☂춘사(春社)3/25
☀추사(秋社)9/21토왕지절(土旺之節):4월17일,7월20일,10월21일,1월18일(신년양력),
臘享(납향):1926년1월18일(신년양력)

1925 乙丑年

소서 8일 01시 25분 【음6월】 ➡ 【癸未月(계미월)】 ☯ 대서 23일 18시 45분

	양력	1	2	3	4	5	6	7	8	9	10	11	12	13	14	15	16	17	18	19	20	21	22	23	24	25	26	27	28	29	30	31
양력 7	요일	수	목	금	토	일	월	화	수	목	금	토	일	월	화	수	목	금	토	일	월	화	수	목	금	토	일	월	화	수	목	금
	일진 日辰	丙戌	丁亥	戊子	己丑	庚寅	辛卯	壬辰	癸巳	甲午	乙未	丙申	丁酉	戊戌	己亥	庚子	辛丑	壬寅	癸卯	甲辰	乙巳	丙午	丁未	戊申	己酉	庚戌	辛亥	壬子	癸丑	甲寅	乙卯	丙辰
음력 05/11 ▮ 06/11	음력	11	12	13	14	15	16	17	18	19	20	21	22	23	24	25	26	27	28	29	30	6/1	2	3	4	5	6	7	8	9	10	11
대운	남	8	9	9	9	10	10	10	소	1	1	1	1	2	2	2	3	3	3	4	4	4	5	대	5	6	6	6	7	7	7	8
	여	2	2	2	1	1	1	1	서	10	10	9	9	9	8	8	8	7	7	7	6	6	6	서	5	5	4	4	4	3	3	3

입추 8일 11시 07분 【음7월】 ➡ 【甲申月(갑신월)】 ☯ 처서 24일 01시 33분

	양력	1	2	3	4	5	6	7	8	9	10	11	12	13	14	15	16	17	18	19	20	21	22	23	24	25	26	27	28	29	30	31
양력 8	요일	토	일	월	화	수	목	금	토	일	월	화	수	목	금	토	일	월	화	수	목	금	토	일	월	화	수	목	금	토	일	월
	일진 日辰	丁巳	戊午	己未	庚申	辛酉	壬戌	癸亥	甲子	乙丑	丙寅	丁卯	戊辰	己巳	庚午	辛未	壬申	癸酉	甲戌	乙亥	丙子	丁丑	戊寅	己卯	庚辰	辛巳	壬午	癸未	甲申	乙酉	丙戌	丁亥
음력 06/12 ▮ 07/13	음력	12	13	14	15	16	17	18	19	20	21	22	23	24	25	26	27	28	29	7/1	2	3	4	5	6	7	8	9	10	11	12	13
대운	남	8	8	9	9	9	10	10	입	1	1	1	1	2	2	2	3	3	3	4	4	4	5	5	처	6	6	6	7	7	7	8
	여	2	2	2	1	1	1	1	추	10	10	9	9	9	8	8	8	7	7	7	6	6	6	5	서	5	4	4	4	3	3	3

백로 8일 13시 40분 【음8월】 ➡ 【乙酉月(을유월)】 ☯ 추분 23일 22시 43분

	양력	1	2	3	4	5	6	7	8	9	10	11	12	13	14	15	16	17	18	19	20	21	22	23	24	25	26	27	28	29	30
양력 9	요일	화	수	목	금	토	일	월	화	수	목	금	토	일	월	화	수	목	금	토	일	월	화	수	목	금	토	일	월	화	수
	일진 日辰	戊子	己丑	庚寅	辛卯	壬辰	癸巳	甲午	乙未	丙申	丁酉	戊戌	己亥	庚子	辛丑	壬寅	癸卯	甲辰	乙巳	丙午	丁未	戊申	己酉	庚戌	辛亥	壬子	癸丑	甲寅	乙卯	丙辰	丁巳
음력 07/14 ▮ 08/13	음력	14	15	16	17	18	19	20	21	22	23	24	25	26	27	28	29	30	8/1	2	3	4	5	6	7	8	9	10	11	12	13
대운	남	8	8	9	9	9	10	10	백	1	1	1	1	2	2	2	3	3	3	4	4	4	5	추	5	6	6	6	7	7	7
	여	2	2	2	1	1	1	1	로	10	10	9	9	9	8	8	8	7	7	7	6	6	6	분	5	5	4	4	4	3	3

한로 9일 04시 47분 【음9월】 ➡ 【丙戌月(병술월)】 ☯ 상강 24일 07시 31분

	양력	1	2	3	4	5	6	7	8	9	10	11	12	13	14	15	16	17	18	19	20	21	22	23	24	25	26	27	28	29	30	31
양력 10	요일	목	금	토	일	월	화	수	목	금	토	일	월	화	수	목	금	토	일	월	화	수	목	금	토	일	월	화	수	목	금	토
	일진 日辰	戊午	己未	庚申	辛酉	壬戌	癸亥	甲子	乙丑	丙寅	丁卯	戊辰	己巳	庚午	辛未	壬申	癸酉	甲戌	乙亥	丙子	丁丑	戊寅	己卯	庚辰	辛巳	壬午	癸未	甲申	乙酉	丙戌	丁亥	戊子
음력 08/14 ▮ 09/14	음력	14	15	16	17	18	19	20	21	22	23	24	25	26	27	28	29	30	9/1	2	3	4	5	6	7	8	9	10	11	12	13	14
대운	남	8	8	8	9	9	9	10	10	한	1	1	1	1	2	2	2	3	3	3	4	4	4	5	상	5	6	6	6	7	7	7
	여	3	2	2	2	1	1	1	1	로	10	9	9	9	8	8	8	7	7	7	6	6	6	5	강	5	4	4	4	3	3	3

입동 8일 07시 26분 【음10월】 ➡ 【丁亥月(정해월)】 ☯ 소설 23일 04시 35분

	양력	1	2	3	4	5	6	7		9	10	11	12	13	14	15	16	17	18	19	20	21	22	23	24	25	26	27	28	29	30
양력 11	요일	일	월	화	수	목	금	토		월	화	수	목	금	토	일	월	화	수	목	금	토	일	월	화	수	목	금	토	일	월
	일진 日辰	己丑	庚寅	辛卯	壬辰	癸巳	甲午	乙未	丙申	丁酉	戊戌	己亥	庚子	辛丑	壬寅	癸卯	甲辰	乙巳	丙午	丁未	戊申	己酉	庚戌	辛亥	壬子	癸丑	甲寅	乙卯	丙辰	丁巳	戊午
음력 09/15 ▮ 10/15	음력	15	16	17	18	19	20	21	22	23	24	25	26	27	28	29	10/1	2	3	4	5	6	7	8	9	10	11	12	13	14	15
대운	남	8	8	8	9	9	9	10	입	1	1	1	1	2	2	2	3	3	3	4	4	4	5	소	5	6	6	6	7	7	7
	여	2	2	2	1	1	1	1	동	9	9	9	8	8	8	7	7	7	6	6	6	5	5	설	4	4	4	3	3	3	2

대설 7일 23시 52분 【음11월】 ➡ 【戊子月(무자월)】 ☯ 동지 22일 17시 37분

	양력	1	2	3	4	5	6	7	8	9	10	11	12	13	14	15	16	17	18	19	20	21	22	23	24	25	26	27	28	29	30	31
양력 12	요일	화	수	목	금	토	일	월	화	수	목	금	토	일	월	화	수	목	금	토	일	월	화	수	목	금	토	일	월	화	수	목
	일진 日辰	己未	庚申	辛酉	壬戌	癸亥	甲子	乙丑	丙寅	丁卯	戊辰	己巳	庚午	辛未	壬申	癸酉	甲戌	乙亥	丙子	丁丑	戊寅	己卯	庚辰	辛巳	壬午	癸未	甲申	乙酉	丙戌	丁亥	戊子	己丑
음력 10/16 ▮ 11/16	음력	16	17	18	19	20	21	22	23	24	25	26	27	28	29	30	11/1	2	3	4	5	6	7	8	9	10	11	12	13	14	15	16
대운	남	8	8	8	9	9	9	대	1	1	1	1	2	2	2	3	3	3	4	4	4	5	동	5	6	6	6	7	7	7	8	8
	여	2	2	1	1	1	1	설	10	9	9	9	8	8	8	7	7	7	6	6	6	5	지	5	4	4	4	3	3	3	2	2

단기 4259 年	1926년
불기 2470 年	

中元 丙寅年 납음(爐中火),본명성(二黑土)

대장군(子북방), 삼살(북방), 상문(辰동남방),조객(子북방), 납음(노중화), 【삼재(신유술)년】 臘享(납향):1927년1월25일(음12/22)

호랑이

소한 6일 10시 54분 【음12월】 ➡ 【己丑月(기축월)】 ☯ 대한 21일 04시 12분

양력 1	양력	1	2	3	4	5	6	7	8	9	10	11	12	13	14	15	16	17	18	19	20	21	22	23	24	25	26	27	28	29	30	31
	요일	금	토	일	월	화	수	목	금	토	일	월	화	수	목	금	토	일	월	화	수	목	금	토	일	월	화	수	목	금	토	일
	일진	庚	辛	壬	癸	甲	乙	丙	丁	戊	己	庚	辛	壬	癸	甲	乙	丙	丁	戊	己	庚	辛	壬	癸	甲	乙	丙	丁	戊	己	庚
	日辰	寅	卯	辰	巳	午	未	申	酉	戌	亥	子	丑	寅	卯	辰	巳	午	未	申	酉	戌	亥	子	丑	寅	卯	辰	巳	午	未	申
음력 11/17 ▮ 12/18	음력	17	18	19	20	21	22	23	24	25	26	27	28	29	12/1	2	3	4	5	6	7	8	9	10	11	12	13	14	15	16	17	18
대운	남	8	9	9	9	10	소	1	1	1	1	2	2	2	3	3	3	4	4	4	5	대	5	6	6	6	7	7	7	8	8	8
	여	2	1	1	1	1	한	9	9	9	8	8	8	7	7	7	6	6	6	5	5	한	4	4	4	3	3	3	2	2	2	1

입춘 4일 22시 38분 【음1월】 ➡ 【庚寅月(경인월)】 ☯ 우수 19일 18시 35분

양력 2	양력	1	2	3	4	5	6	7	8	9	10	11	12	13	14	15	16	17	18	19	20	21	22	23	24	25	26	27	28	
	요일	월	화	수	목	금	토	일	월	화	수	목	금	토	일	월	화	수	목	금	토	일	월	화	수	목	금	토	일	丙
	일진	辛	壬	癸	甲	乙	丙	丁	戊	己	庚	辛	壬	癸	甲	乙	丙	丁	戊	己	庚	辛	壬	癸	甲	乙	丙	丁	戊	
	日辰	酉	戌	亥	子	丑	寅	卯	辰	巳	午	未	申	酉	戌	亥	子	丑	寅	卯	辰	巳	午	未	申	酉	戌	亥	子	寅
음력 12/19 ▮ 01/16	음력	19	20	21	22	23	24	25	26	27	28	29	30	1/1	2	3	4	5	6	7	8	9	10	11	12	13	14	15	16	
대운	남	9	9	9	입	10	9	9	9	8	8	8	7	7	7	6	6	6	5	우	5	4	4	4	3	3	3	2	2	年
	여	1	1	1	춘	1	1	1	1	2	2	2	3	3	3	4	4	4	5	수	5	6	6	6	7	7	7	8	8	

경칩 6일 17시 00분 【음2월】 ➡ 【辛卯月(신묘월)】 ☯ 춘분 21일 18시 01분

양력 3	양력	1	2	3	4	5	6	7	8	9	10	11	12	13	14	15	16	17	18	19	20	21	22	23	24	25	26	27	28	29	30	31
	요일	월	화	수	목	금	토	일	월	화	수	목	금	토	일	월	화	수	목	금	토	일	월	화	수	목	금	토	일	월	화	수
	일진	己	庚	辛	壬	癸	甲	乙	丙	丁	戊	己	庚	辛	壬	癸	甲	乙	丙	丁	戊	己	庚	辛	壬	癸	甲	乙	丙	丁	戊	己
	日辰	丑	寅	卯	辰	巳	午	未	申	酉	戌	亥	子	丑	寅	卯	辰	巳	午	未	申	酉	戌	亥	子	丑	寅	卯	辰	巳	午	未
음력 01/17 ▮ 02/18	음력	17	18	19	20	21	22	23	24	25	26	27	28	29	2/1	2	3	4	5	6	7	8	9	10	11	12	13	14	15	16	17	18
대운	남	2	1	1	1	1	경	10	9	9	9	8	8	8	7	7	7	6	6	6	5	춘	5	4	4	4	3	3	3	2	2	2
	여	8	9	9	9	10	칩	1	1	1	1	2	2	2	3	3	3	4	4	4	5	분	5	6	6	6	7	7	7	8	8	8

청명 5일 22시 18분 【음3월】 ➡ 【壬辰月(임진월)】 ☯ 곡우 21일 05시 36분

양력 4	양력	1	2	3	4	5	6	7	8	9	10	11	12	13	14	15	16	17	18	19	20	21	22	23	24	25	26	27	28	29	30
	요일	목	금	토	일	월	화	수	목	금	토	일	월	화	수	목	금	토	일	월	화	수	목	금	토	일	월	화	수	목	금
	일진	庚	辛	壬	癸	甲	乙	丙	丁	戊	己	庚	辛	壬	癸	甲	乙	丙	丁	戊	己	庚	辛	壬	癸	甲	乙	丙	丁	戊	己
	日辰	申	酉	戌	亥	子	丑	寅	卯	辰	巳	午	未	申	酉	戌	亥	子	丑	寅	卯	辰	巳	午	未	申	酉	戌	亥	子	丑
음력 02/19 ▮ 03/19	음력	19	20	21	22	23	24	25	26	27	28	29	3/1	2	3	4	5	6	7	8	9	10	11	12	13	14	15	16	17	18	19
대운	남	1	1	1	1	청	10	10	9	9	9	8	8	8	7	7	7	6	6	6	5	곡	5	4	4	4	3	3	3	2	2
	여	9	9	9	10	명	1	1	1	1	2	2	2	3	3	3	4	4	4	5	5	우	6	6	6	7	7	7	8	8	8

입하 6일 16시 08분 【음4월】 ➡ 【癸巳月(계사월)】 ☯ 소만 22일 05시 15분

양력 5	양력	1	2	3	4	5	6	7	8	9	10	11	12	13	14	15	16	17	18	19	20	21	22	23	24	25	26	27	28	29	30	31
	요일	토	일	월	화	수	목	금	토	일	월	화	수	목	금	토	일	월	화	수	목	금	토	일	월	화	수	목	금	토	일	월
	일진	庚	辛	壬	癸	甲	乙	丙	丁	戊	己	庚	辛	壬	癸	甲	乙	丙	丁	戊	己	庚	辛	壬	癸	甲	乙	丙	丁	戊	己	庚
	日辰	寅	卯	辰	巳	午	未	申	酉	戌	亥	子	丑	寅	卯	辰	巳	午	未	申	酉	戌	亥	子	丑	寅	卯	辰	巳	午	未	申
음력 03/20 ▮ 04/20	음력	20	21	22	23	24	25	26	27	28	29	30	4/1	2	3	4	5	6	7	8	9	10	11	12	13	14	15	16	17	18	19	20
대운	남	2	1	1	1	1	입	10	10	9	9	9	8	8	8	7	7	7	6	6	6	5	소	5	4	4	4	3	3	3	2	2
	여	9	9	9	10	10	하	1	1	1	1	2	2	2	3	3	3	4	4	4	5	5	만	6	6	6	7	7	7	8	8	8

망종 6일 20시 42분 【음5월】 ➡ 【甲午月(갑오월)】 ☯ 하지 22일 13시 30분

양력 6	양력	1	2	3	4	5	6	7	8	9	10	11	12	13	14	15	16	17	18	19	20	21	22	23	24	25	26	27	28	29	30
	요일	화	수	목	금	토	일	월	화	수	목	금	토	일	월	화	수	목	금	토	일	월	화	수	목	금	토	일	월	화	수
	일진	辛	壬	癸	甲	乙	丙	丁	戊	己	庚	辛	壬	癸	甲	乙	丙	丁	戊	己	庚	辛	壬	癸	甲	乙	丙	丁	戊	己	庚
	日辰	酉	戌	亥	子	丑	寅	卯	辰	巳	午	未	申	酉	戌	亥	子	丑	寅	卯	辰	巳	午	未	申	酉	戌	亥	子	丑	寅
음력 04/21 ▮ 05/21	음력	21	22	23	24	25	26	27	28	29	5/1	2	3	4	5	6	7	8	9	10	11	12	13	14	15	16	17	18	19	20	21
대운	남	2	1	1	1	1	망	10	10	10	9	9	9	8	8	8	7	7	7	6	6	6	하	5	5	4	4	4	3	3	3
	여	9	9	9	10	10	종	1	1	1	1	2	2	2	3	3	3	4	4	4	5	5	지	6	6	6	7	7	7	8	8

한식(4월6일), 초복(7월20일), 중복(7월30일), 말복(8월09일) ☂춘사(春社)3/20
☀추사(秋社)9/26토왕지절(土旺之節):4월18일,7월20일,10월21일,1월18일(신년양력),
臘享(납향):1927년1월20일(신년양력)

소서 8일 07시 06분 【음6월】➡ 【乙未月(을미월)】 ☯ 대서 24일 00시 25분

양력 7 / 음력 05/22 – 06/22

양력	1	2	3	4	5	6	7	8	9	10	11	12	13	14	15	16	17	18	19	20	21	22	23	24	25	26	27	28	29	30	31
요일	목	금	토	일	월	화	수	목	금	토	일	월	화	수	목	금	토	일	월	화	수	목	금	토	일	월	화	수	목	금	토
일진	辛	壬	癸	甲	乙	丙	丁	戊	己	庚	辛	壬	癸	甲	乙	丙	丁	戊	己	庚	辛	壬	癸	甲	乙	丙	丁	戊	己	庚	辛
日辰	卯	辰	巳	午	未	申	酉	戌	亥	子	丑	寅	卯	辰	巳	午	未	申	酉	戌	亥	子	丑	寅	卯	辰	巳	午	未	申	酉
음력	22	23	24	25	26	27	28	29	30	6/1	2	3	4	5	6	7	8	9	10	11	12	13	14	15	16	17	18	19	20	21	22
대운 남	2	2	2	1	1	1	1	소	10	10	9	9	9	8	8	8	7	7	7	6	6	6	5	대	5	4	4	4	3	3	3
대운 여	8	9	9	9	10	10	10	서	1	1	1	1	2	2	2	3	3	3	4	4	4	5	5	서	6	6	6	7	7	7	8

입추 8일 16시 44분 【음7월】➡ 【丙申月(병신월)】 ☯ 처서 24일 07시 14분

양력 8 / 음력 06/23 – 07/24

양력	1	2	3	4	5	6	7	8	9	10	11	12	13	14	15	16	17	18	19	20	21	22	23	24	25	26	27	28	29	30	31
요일	일	월	화	수	목	금	토	일	월	화	수	목	금	토	일	월	화	수	목	금	토	일	월	화	수	목	금	토	일	월	화
일진	壬	癸	甲	乙	丙	丁	戊	己	庚	辛	壬	癸	甲	乙	丙	丁	戊	己	庚	辛	壬	癸	甲	乙	丙	丁	戊	己	庚	辛	壬
日辰	戌	亥	子	丑	寅	卯	辰	巳	午	未	申	酉	戌	亥	子	丑	寅	卯	辰	巳	午	未	申	酉	戌	亥	子	丑	寅	卯	辰
음력	23	24	25	26	27	28	29	7/1	2	3	4	5	6	7	8	9	10	11	12	13	14	15	16	17	18	19	20	21	22	23	24
대운 남	2	2	2	1	1	1	1	입	10	10	9	9	9	8	8	8	7	7	7	6	6	6	5	처	5	4	4	4	3	3	3
대운 여	8	8	9	9	9	10	10	추	1	1	1	1	2	2	2	3	3	3	4	4	4	5	5	서	6	6	6	7	7	7	8

백로 8일 19시 16분 【음8월】➡ 【丁酉月(정유월)】 ☯ 추분 24일 04시 27분

양력 9 / 음력 07/25 – 08/24

양력	1	2	3	4	5	6	7	8	9	10	11	12	13	14	15	16	17	18	19	20	21	22	23	24	25	26	27	28	29	30
요일	수	목	금	토	일	월	화	수	목	금	토	일	월	화	수	목	금	토	일	월	화	수	목	금	토	일	월	화	수	목
일진	癸	甲	乙	丙	丁	戊	己	庚	辛	壬	癸	甲	乙	丙	丁	戊	己	庚	辛	壬	癸	甲	乙	丙	丁	戊	己	庚	辛	壬
日辰	巳	午	未	申	酉	戌	亥	子	丑	寅	卯	辰	巳	午	未	申	酉	戌	亥	子	丑	寅	卯	辰	巳	午	未	申	酉	戌
음력	25	26	27	28	29	30	8/1	2	3	4	5	6	7	8	9	10	11	12	13	14	15	16	17	18	19	20	21	22	23	24
대운 남	2	2	2	1	1	1	1	백	10	10	9	9	9	8	8	8	7	7	7	6	6	6	5	추	5	4	4	4	3	3
대운 여	8	8	9	9	9	10	10	로	1	1	1	1	2	2	2	3	3	3	4	4	4	5	5	분	6	6	6	7	7	7

한로 9일 10시 25분 【음9월】➡ 【戊戌月(무술월)】 ☯ 상강 24일 13시 18분

양력 10 / 음력 08/25 – 09/25

양력	1	2	3	4	5	6	7	8	9	10	11	12	13	14	15	16	17	18	19	20	21	22	23	24	25	26	27	28	29	30	31
요일	금	토	일	월	화	수	목	금	토	일	월	화	수	목	금	토	일	월	화	수	목	금	토	일	월	화	수	목	금	토	일
일진	癸	甲	乙	丙	丁	戊	己	庚	辛	壬	癸	甲	乙	丙	丁	戊	己	庚	辛	壬	癸	甲	乙	丙	丁	戊	己	庚	辛	壬	癸
日辰	亥	子	丑	寅	卯	辰	巳	午	未	申	酉	戌	亥	子	丑	寅	卯	辰	巳	午	未	申	酉	戌	亥	子	丑	寅	卯	辰	巳
음력	25	26	27	28	29	30	9/1	2	3	4	5	6	7	8	9	10	11	12	13	14	15	16	17	18	19	20	21	22	23	24	25
대운 남	3	2	2	2	1	1	1	1	한	10	9	9	9	8	8	8	7	7	7	6	6	6	5	상	5	4	4	4	3	3	3
대운 여	8	8	8	9	9	9	10	10	로	1	1	1	1	2	2	2	3	3	3	4	4	4	5	강	5	6	6	6	7	7	7

입동 8일 13시 08분 【음10월】➡ 【己亥月(기해월)】 ☯ 소설 23일 10시 28분

양력 11 / 음력 09/26 – 10/26

양력	1	2	3	4	5	6	7	8	9	10	11	12	13	14	15	16	17	18	19	20	21	22	23	24	25	26	27	28	29	30
요일	월	화	수	목	금	토	일	월	화	수	목	금	토	일	월	화	수	목	금	토	일	월	화	수	목	금	토	일	월	화
일진	甲	乙	丙	丁	戊	己	庚	辛	壬	癸	甲	乙	丙	丁	戊	己	庚	辛	壬	癸	甲	乙	丙	丁	戊	己	庚	辛	壬	癸
日辰	午	未	申	酉	戌	亥	子	丑	寅	卯	辰	巳	午	未	申	酉	戌	亥	子	丑	寅	卯	辰	巳	午	未	申	酉	戌	亥
음력	26	27	28	29	10/1	2	3	4	5	6	7	8	9	10	11	12	13	14	15	16	17	18	19	20	21	22	23	24	25	26
대운 남	2	2	2	1	1	1	1	입	10	9	9	9	8	8	8	7	7	7	6	6	6	5	소	5	4	4	4	3	3	3
대운 여	8	8	8	9	9	9	10	동	1	1	1	1	2	2	2	3	3	3	4	4	4	5	설	5	6	6	6	7	7	7

대설 8일 05시 39분 【음11월】➡ 【庚子月(경자월)】 ☯ 동지 22일 23시 33분

양력 12 / 음력 10/27 – 11/27

양력	1	2	3	4	5	6	7	8	9	10	11	12	13	14	15	16	17	18	19	20	21	22	23	24	25	26	27	28	29	30	31
요일	수	목	금	토	일	월	화	수	목	금	토	일	월	화	수	목	금	토	일	월	화	수	목	금	토	일	월	화	수	목	금
일진	甲	乙	丙	丁	戊	己	庚	辛	壬	癸	甲	乙	丙	丁	戊	己	庚	辛	壬	癸	甲	乙	丙	丁	戊	己	庚	辛	壬	癸	甲
日辰	子	丑	寅	卯	辰	巳	午	未	申	酉	戌	亥	子	丑	寅	卯	辰	巳	午	未	申	酉	戌	亥	子	丑	寅	卯	辰	巳	午
음력	27	28	29	30	11/1	2	3	4	5	6	7	8	9	10	11	12	13	14	15	16	17	18	19	20	21	22	23	24	25	26	27
대운 남	2	2	2	1	1	1	1	대	9	9	9	8	8	8	7	7	7	6	6	6	5	동	5	4	4	4	3	3	3	2	2
대운 여	8	8	8	9	9	9	10	설	1	1	1	1	2	2	2	3	3	3	4	4	4	지	5	5	6	6	6	7	7	7	8

단기 4260 年 불기 2471 年

1927년 中元 丁卯年 납음(爐中火), 본명성(一白水)

대장군(子북방), 삼살(서방), 상문(巳동남방), 조객(丑동북방), 납음(노중화), 【삼재(사,오,미)년】 臘享(납향):1928년1월20일(음12/28)

소한 6일 16시 45분 【음12월】 ➡ **【辛丑月(신축월)】** ☯ 대한 21일 10시 12분

양력 1	양력	1	2	3	4	5	6	7	8	9	10	11	12	13	14	15	16	17	18	19	20	21	22	23	24	25	26	27	28	29	30	31
	요일	토	일	월	화	수	목	금	토	일	월	화	수	목	금	토	일	월	화	수	목	금	토	일	월	화	수	목	금	토	일	월
	일진 日辰	乙未	丙申	丁酉	戊戌	己亥	庚子	辛丑	壬寅	癸卯	甲辰	乙巳	丙午	丁未	戊申	己酉	庚戌	辛亥	壬子	癸丑	甲寅	乙卯	丙辰	丁巳	戊午	己未	庚申	辛酉	壬戌	癸亥	甲子	乙丑
음력 11/28 ~ 12/28	음력	28	29	30	12/1	2	3	4	5	6	7	8	9	10	11	12	13	14	15	16	17	18	19	20	21	22	23	24	25	26	27	28
대운	남	2	1	1	1	1	소	10	9	9	9	8	8	8	7	7	7	6	6	6	5	대	5	4	4	4	3	3	3	2	2	2
	여	8	8	9	9	9	서	1	1	1	1	2	2	2	3	3	3	4	4	4	5	한	5	6	6	6	7	7	7	8	8	8

입춘 5일 04시 30분 【음1월】 ➡ **【壬寅月(임인월)】** ☯ 우수 20일 00시 34분

양력 2	양력	1	2	3	4	5	6	7	8	9	10	11	12	13	14	15	16	17	18	19	20	21	22	23	24	25	26	27	28
	요일	화	수	목	금	토	일	월	화	수	목	금	토	일	월	화	수	목	금	토	일	월	화	수	목	금	토	일	월
	일진 日辰	丙寅	丁卯	戊辰	己巳	庚午	辛未	壬申	癸酉	甲戌	乙亥	丙子	丁丑	戊寅	己卯	庚辰	辛巳	壬午	癸未	甲申	乙酉	丙戌	丁亥	戊子	己丑	庚寅	辛卯	壬辰	癸巳
음력 01/29 ~ 01/27	음력	29	1/1	2	3	4	5	6	7	8	9	10	11	12	13	14	15	16	17	18	19	20	21	22	23	24	25	26	27
대운	남	1	1	1	1	입	1	1	1	1	2	2	2	3	3	3	4	4	4	5	우	5	6	6	6	7	7	7	8
	여	9	9	9	10	춘	9	9	9	8	8	8	7	7	7	6	6	6	5	5	수	4	4	4	3	3	3	2	2

丁卯年

경칩 6일 22시 50분 【음2월】 ➡ **【癸卯月(계묘월)】** ☯ 춘분 21일 23시 59분

양력 3	양력	1	2	3	4	5	6	7	8	9	10	11	12	13	14	15	16	17	18	19	20	21	22	23	24	25	26	27	28	29	30	31
	요일	화	수	목	금	토	일	월	화	수	목	금	토	일	월	화	수	목	금	토	일	월	화	수	목	금	토	일	월	화	수	목
	일진 日辰	甲午	乙未	丙申	丁酉	戊戌	己亥	庚子	辛丑	壬寅	癸卯	甲辰	乙巳	丙午	丁未	戊申	己酉	庚戌	辛亥	壬子	癸丑	甲寅	乙卯	丙辰	丁巳	戊午	己未	庚申	辛酉	壬戌	癸亥	甲子
음력 01/28 ~ 02/28	음력	28	29	30	2/1	2	3	4	5	6	7	8	9	10	11	12	13	14	15	16	17	18	19	20	21	22	23	24	25	26	27	28
대운	남	8	8	9	9	9	경	1	1	1	1	2	2	2	3	3	3	4	4	4	5	춘	5	6	6	6	7	7	7	8	8	8
	여	2	1	1	1	1	칩	10	10	9	9	9	8	8	8	7	7	7	6	6	6	분	5	5	4	4	4	3	3	3	2	2

청명 6일 04시 06분 【음3월】 ➡ **【甲辰月(갑진월)】** ☯ 곡우 21일 11시 32분

양력 4	양력	1	2	3	4	5	6	7	8	9	10	11	12	13	14	15	16	17	18	19	20	21	22	23	24	25	26	27	28	29	30
	요일	금	토	일	월	화	수	목	금	토	일	월	화	수	목	금	토	일	월	화	수	목	금	토	일	월	화	수	목	금	토
	일진 日辰	乙丑	丙寅	丁卯	戊辰	己巳	庚午	辛未	壬申	癸酉	甲戌	乙亥	丙子	丁丑	戊寅	己卯	庚辰	辛巳	壬午	癸未	甲申	乙酉	丙戌	丁亥	戊子	己丑	庚寅	辛卯	壬辰	癸巳	甲午
음력 02/29 ~ 03/29	음력	29	3/1	2	3	4	5	6	7	8	9	10	11	12	13	14	15	16	17	18	19	20	21	22	23	24	25	26	27	28	29
대운	남	9	9	9	10	10	청	1	1	1	1	2	2	2	3	3	3	4	4	4	5	곡	5	6	6	6	7	7	7	8	8
	여	2	1	1	1	1	명	10	9	9	9	8	8	8	7	7	7	6	6	6	5	우	5	4	4	4	3	3	3	2	2

입하 6일 21시 53분 【음4월】 ➡ **【乙巳月(을사월)】** ☯ 소만 22일 11시 08분

양력 5	양력	1	2	3	4	5	6	7	8	9	10	11	12	13	14	15	16	17	18	19	20	21	22	23	24	25	26	27	28	29	30	31
	요일	일	월	화	수	목	금	토	일	월	화	수	목	금	토	일	월	화	수	목	금	토	일	월	화	수	목	금	토	일	월	화
	일진 日辰	乙未	丙申	丁酉	戊戌	己亥	庚子	辛丑	壬寅	癸卯	甲辰	乙巳	丙午	丁未	戊申	己酉	庚戌	辛亥	壬子	癸丑	甲寅	乙卯	丙辰	丁巳	戊午	己未	庚申	辛酉	壬戌	癸亥	甲子	乙丑
음력 04/01 ~ 05/01	음력	4/1	2	3	4	5	6	7	8	9	10	11	12	13	14	15	16	17	18	19	20	21	22	23	24	25	26	27	28	29	30	5/1
대운	남	8	9	9	9	10	입	1	1	1	1	2	2	2	3	3	3	4	4	4	5	5	소	6	6	6	7	7	7	8	8	8
	여	2	1	1	1	1	하	10	10	10	9	9	9	8	8	8	7	7	7	6	6	6	만	5	5	4	4	4	3	3	3	2

망종 7일 02시 25분 【음5월】 ➡ **【丙午月(병오월)】** ☯ 하지 22일 19시 22분

양력 6	양력	1	2	3	4	5	6	7	8	9	10	11	12	13	14	15	16	17	18	19	20	21	22	23	24	25	26	27	28	29	30
	요일	수	목	금	토	일	월	화	수	목	금	토	일	월	화	수	목	금	토	일	월	화	수	목	금	토	일	월	화	수	목
	일진 日辰	丙寅	丁卯	戊辰	己巳	庚午	辛未	壬申	癸酉	甲戌	乙亥	丙子	丁丑	戊寅	己卯	庚辰	辛巳	壬午	癸未	甲申	乙酉	丙戌	丁亥	戊子	己丑	庚寅	辛卯	壬辰	癸巳	甲午	乙未
음력 05/02 ~ 06/02	음력	2	3	4	5	6	7	8	9	10	11	12	13	14	15	16	17	18	19	20	21	22	23	24	25	26	27	28	29	6/1	2
대운	남	9	9	9	10	10	10	망	1	1	1	1	2	2	2	3	3	3	4	4	4	5	하	5	6	6	6	7	7	7	8
	여	2	2	1	1	1	1	종	10	10	9	9	9	8	8	8	7	7	7	6	6	6	지	5	5	4	4	4	3	3	3

한식(4월6일), 초복(7월15일), 중복(7월25일), 말복(8월14일) ☂춘사(春社)3/25
☀추사(秋社)9/21 토왕지절(土旺之節):4월18일,7월21일,10월21일,1월18일(신년양력),
臘享(납향):1928년1월20일(신년양력)

1927 丁卯年

소서 8일 12시 50분 【음6월】 ➡ 【丁未月(정미월)】 ☯ 대서 24일 06시 17분

양력 7 / 음력 06/03 ~ 07/03

양력	1	2	3	4	5	6	7	8	9	10	11	12	13	14	15	16	17	18	19	20	21	22	23	24	25	26	27	28	29	30	31
요일	금	토	일	월	화	수	목	금	토	일	월	화	수	목	금	토	일	월	화	수	목	금	토	일	월	화	수	목	금	토	일
일진 日辰	丙申	丁酉	戊戌	己亥	庚子	辛丑	壬寅	癸卯	甲辰	乙巳	丙午	丁未	戊申	己酉	庚戌	辛亥	壬子	癸丑	甲寅	乙卯	丙辰	丁巳	戊午	己未	庚申	辛酉	壬戌	癸亥	甲子	乙丑	丙寅
음력	3	4	5	6	7	8	9	10	11	12	13	14	15	16	17	18	19	20	21	22	23	24	25	26	27	28	29	30	7/1	2	3
대운 남	8	8	9	9	9	10	10	소	1	1	1	1	2	2	2	3	3	3	4	4	4	5	5	대	6	6	6	7	7	7	8
대운 여	2	2	2	1	1	1	1	서	10	10	9	9	9	8	8	8	7	7	7	6	6	6	5	서	5	4	4	4	3	3	3

입추 8일 22시 31분 【음7월】 ➡ 【戊申月(무신월)】 ☯ 처서 24일 13시 05분

양력 8 / 음력 07/04 ~ 08/05

양력	1	2	3	4	5	6	7	8	9	10	11	12	13	14	15	16	17	18	19	20	21	22	23	24	25	26	27	28	29	30	31
요일	월	화	수	목	금	토	일	월	화	수	목	금	토	일	월	화	수	목	금	토	일	월	화	수	목	금	토	일	월	화	수
일진 日辰	丁卯	戊辰	己巳	庚午	辛未	壬申	癸酉	甲戌	乙亥	丙子	丁丑	戊寅	己卯	庚辰	辛巳	壬午	癸未	甲申	乙酉	丙戌	丁亥	戊子	己丑	庚寅	辛卯	壬辰	癸巳	甲午	乙未	丙申	丁酉
음력	4	5	6	7	8	9	10	11	12	13	14	15	16	17	18	19	20	21	22	23	24	25	26	27	28	29	8/1	2	3	4	5
대운 남	8	8	9	9	9	10	10	입	1	1	1	1	2	2	2	3	3	3	4	4	4	5	5	처	6	6	6	7	7	7	8
대운 여	2	2	2	1	1	1	1	추	10	10	10	9	9	9	8	8	8	7	7	7	6	6	6	서	5	5	4	4	4	3	3

백로 9일 01시 06분 【음8월】 ➡ 【己酉月(기유월)】 ☯ 추분 24일 10시 17분

양력 9 / 음력 08/06 ~ 09/05

양력	1	2	3	4	5	6	7	8	9	10	11	12	13	14	15	16	17	18	19	20	21	22	23	24	25	26	27	28	29	30
요일	목	금	토	일	월	화	수	목	금	토	일	월	화	수	목	금	토	일	월	화	수	목	금	토	일	월	화	수	목	금
일진 日辰	戊戌	己亥	庚子	辛丑	壬寅	癸卯	甲辰	乙巳	丙午	丁未	戊申	己酉	庚戌	辛亥	壬子	癸丑	甲寅	乙卯	丙辰	丁巳	戊午	己未	庚申	辛酉	壬戌	癸亥	甲子	乙丑	丙寅	丁卯
음력	6	7	8	9	10	11	12	13	14	15	16	17	18	19	20	21	22	23	24	25	26	27	28	29	30	9/1	2	3	4	5
대운 남	8	8	9	9	9	10	10	10	백	1	1	1	1	2	2	2	3	3	3	4	4	4	5	추	5	6	6	6	7	7
대운 여	3	2	2	2	1	1	1	1	로	10	9	9	9	8	8	8	7	7	7	6	6	6	5	분	5	4	4	4	3	3

한로 9일 16시 15분 【음9월】 ➡ 【庚戌月(경술월)】 ☯ 상강 24일 19시 07분

양력 10 / 음력 09/06 ~ 10/06

양력	1	2	3	4	5	6	7	8	9	10	11	12	13	14	15	16	17	18	19	20	21	22	23	24	25	26	27	28	29	30	31
요일	토	일	월	화	수	목	금	토	일	월	화	수	목	금	토	일	월	화	수	목	금	토	일	월	화	수	목	금	토	일	월
일진 日辰	戊辰	己巳	庚午	辛未	壬申	癸酉	甲戌	乙亥	丙子	丁丑	戊寅	己卯	庚辰	辛巳	壬午	癸未	甲申	乙酉	丙戌	丁亥	戊子	己丑	庚寅	辛卯	壬辰	癸巳	甲午	乙未	丙申	丁酉	戊戌
음력	6	7	8	9	10	11	12	13	14	15	16	17	18	19	20	21	22	23	24	25	26	27	28	29	30	10/1	2	3	4	5	6
대운 남	7	8	8	8	9	9	9	10	한	1	1	1	1	2	2	2	3	3	3	4	4	4	5	상	5	6	6	6	7	7	7
대운 여	3	2	2	2	1	1	1	1	로	10	9	9	9	8	8	8	7	7	7	6	6	6	5	강	5	4	4	4	3	3	3

입동 8일 18시 57분 【음10월】 ➡ 【辛亥月(신해월)】 ☯ 소설 23일 16시 14분

양력 11 / 음력 10/07 ~ 11/07

양력	1	2	3	4	5	6	7	8	9	10	11	12	13	14	15	16	17	18	19	20	21	22	23	24	25	26	27	28	29	30
요일	화	수	목	금	토	일	월	화	수	목	금	토	일	월	화	수	목	금	토	일	월	화	수	목	금	토	일	월	화	수
일진 日辰	己亥	庚子	辛丑	壬寅	癸卯	甲辰	乙巳	丙午	丁未	戊申	己酉	庚戌	辛亥	壬子	癸丑	甲寅	乙卯	丙辰	丁巳	戊午	己未	庚申	辛酉	壬戌	癸亥	甲子	乙丑	丙寅	丁卯	戊辰
음력	7	8	9	10	11	12	13	14	15	16	17	18	19	20	21	22	23	24	25	26	27	28	29	11/1	2	3	4	5	6	7
대운 남	8	8	8	9	9	9	10	입	1	1	1	1	2	2	2	3	3	3	4	4	4	5	소	5	6	6	6	7	7	7
대운 여	2	2	2	1	1	1	1	동	10	9	9	9	8	8	8	7	7	7	6	6	6	5	설	5	4	4	4	3	3	3

대설 8일 11시 26분 【음11월】 ➡ 【壬子月(임자월)】 ☯ 동지 23일 05시 19분

양력 12 / 음력 11/08 ~ 12/08

양력	1	2	3	4	5	6	7	8	9	10	11	12	13	14	15	16	17	18	19	20	21	22	23	24	25	26	27	28	29	30	31
요일	목	금	토	일	월	화	수	목	금	토	일	월	화	수	목	금	토	일	월	화	수	목	금	토	일	월	화	수	목	금	토
일진 日辰	己巳	庚午	辛未	壬申	癸酉	甲戌	乙亥	丙子	丁丑	戊寅	己卯	庚辰	辛巳	壬午	癸未	甲申	乙酉	丙戌	丁亥	戊子	己丑	庚寅	辛卯	壬辰	癸巳	甲午	乙未	丙申	丁酉	戊戌	己亥
음력	8	9	10	11	12	13	14	15	16	17	18	19	20	21	22	23	24	25	26	27	28	29	30	12/1	2	3	4	5	6	7	8
대운 남	8	8	8	9	9	9	10	대	1	1	1	1	2	2	2	3	3	3	4	4	4	5	동	5	6	6	6	7	7	7	8
대운 여	2	2	2	1	1	1	1	설	9	9	9	8	8	8	7	7	7	6	6	6	5	5	지	4	4	4	3	3	3	2	2

단기 4261 年 불기 2472 年	1928년	中元 戊辰年 , 납음(大林木), 본명성(九紫火) 대장군(子북방), 삼살(남방), 상문(午남방), 조객(寅동북방), 납음(대림목), 【삼재(인,묘,진)년】 臘享(납향):1929년1월26일(음12/16)

소한 06일 22시 31분 【음12월】 ➡ 【癸丑月(계축월)】 ☯ 대한 21일 15시 57분

양력 1 / 음력 12/09 ~ 01/09

양력	1	2	3	4	5	6	7	8	9	10	11	12	13	14	15	16	17	18	19	20	21	22	23	24	25	26	27	28	29	30	31
요일	일	월	화	수	목	금	토	일	월	화	수	목	금	토	일	월	화	수	목	금	토	일	월	화	수	목	금	토	일	월	화
일진 日辰	庚子	辛丑	壬寅	癸卯	甲辰	乙巳	丙午	丁未	戊申	己酉	庚戌	辛亥	壬子	癸丑	甲寅	乙卯	丙辰	丁巳	戊午	己未	庚申	辛酉	壬戌	癸亥	甲子	乙丑	丙寅	丁卯	戊辰	己巳	庚午
음력	9	10	11	12	13	14	15	16	17	18	19	20	21	22	23	24	25	26	27	28	29	30	1/1	2	3	4	5	6	7	8	9
대운 남	8	8	9	9	9	소	1	1	1	1	2	2	2	3	3	3	4	4	4	5	대	5	6	6	6	7	7	7	8	8	8
대운 여	2	1	1	1	1	한	10	9	9	9	8	8	8	7	7	7	6	6	6	5	한	5	4	4	4	3	3	3	2	2	2

입춘 05일 10시 16분 【음1월】 ➡ 【癸丑月(계축월)】 ☯ 우수 20일 06시 19분

양력 2 / 음력 01/10 ~ 02/09

양력	1	2	3	4	5	6	7	8	9	10	11	12	13	14	15	16	17	18	19	20	21	22	23	24	25	26	27	28	29
요일	수	목	금	토	일	월	화	수	목	금	토	일	월	화	수	목	금	토	일	월	화	수	목	금	토	일	월	화	수
일진 日辰	辛未	壬申	癸酉	甲戌	乙亥	丙子	丁丑	戊寅	己卯	庚辰	辛巳	壬午	癸未	甲申	乙酉	丙戌	丁亥	戊子	己丑	庚寅	辛卯	壬辰	癸巳	甲午	乙未	丙申	丁酉	戊戌	己亥
음력	10	11	12	13	14	15	16	17	18	19	20	21	22	23	24	25	26	27	28	29	2/1	2	3	4	5	6	7	8	9
대운 남	9	9	9	10	입	10	9	9	9	8	8	8	7	7	7	6	6	6	5	우	5	4	4	4	3	3	3	2	2
대운 여	1	1	1	1	춘	1	1	1	1	2	2	2	3	3	3	4	4	4	5	수	5	6	6	6	7	7	7	8	8

戊辰年

경칩 6일 04시 37분 【음2월】 ➡ 【乙卯月(을묘월)】 ☯ 춘분 21일 05시 44분

양력 3 / 음력 02/10 ~ 윤210

양력	1	2	3	4	5	6	7	8	9	10	11	12	13	14	15	16	17	18	19	20	21	22	23	24	25	26	27	28	29	30	31
요일	목	금	토	일	월	화	수	목	금	토	일	월	화	수	목	금	토	일	월	화	수	목	금	토	일	월	화	수	목	금	토
일진 日辰	庚子	辛丑	壬寅	癸卯	甲辰	乙巳	丙午	丁未	戊申	己酉	庚戌	辛亥	壬子	癸丑	甲寅	乙卯	丙辰	丁巳	戊午	己未	庚申	辛酉	壬戌	癸亥	甲子	乙丑	丙寅	丁卯	戊辰	己巳	庚午
음력	10	11	12	13	14	15	16	17	18	19	20	21	22	23	24	25	26	27	28	29	30	윤2	2	3	4	5	6	7	8	9	10
대운 남	2	1	1	1	1	경	10	9	9	9	8	8	8	7	7	7	6	6	6	5	춘	5	4	4	4	3	3	3	2	2	2
대운 여	8	9	9	9	10	칩	1	1	1	1	2	2	2	3	3	3	4	4	4	5	분	5	6	6	6	7	7	7	8	8	8

청명 5일 09시 55분 【음3월】 ➡ 【丙辰月(병진월)】 ☯ 곡우 20일 17시 17분

양력 4 / 음력 윤211 ~ 03/11

양력	1	2	3	4	5	6	7	8	9	10	11	12	13	14	15	16	17	18	19	20	21	22	23	24	25	26	27	28	29	30
요일	일	월	화	수	목	금	토	일	월	화	수	목	금	토	일	월	화	수	목	금	토	일	월	화	수	목	금	토	일	월
일진 日辰	辛未	壬申	癸酉	甲戌	乙亥	丙子	丁丑	戊寅	己卯	庚辰	辛巳	壬午	癸未	甲申	乙酉	丙戌	丁亥	戊子	己丑	庚寅	辛卯	壬辰	癸巳	甲午	乙未	丙申	丁酉	戊戌	己亥	庚子
음력	11	12	13	14	15	16	17	18	19	20	21	22	23	24	25	26	27	28	29	3/1	2	3	4	5	6	7	8	9	10	11
대운 남	1	1	1	1	청	10	10	9	9	9	8	8	8	7	7	7	6	6	6	곡	5	5	4	4	4	3	3	3	2	2
대운 여	9	9	9	10	명	1	1	1	1	2	2	2	3	3	3	4	4	4	5	우	5	6	6	6	7	7	7	8	8	8

입하 6일 03시 44분 【음4월】 ➡ 【丁巳月(정사월)】 ☯ 소만 21일 16시 52분

양력 5 / 음력 03/12 ~ 04/13

양력	1	2	3	4	5	6	7	8	9	10	11	12	13	14	15	16	17	18	19	20	21	22	23	24	25	26	27	28	29	30	31
요일	화	수	목	금	토	일	월	화	수	목	금	토	일	월	화	수	목	금	토	일	월	화	수	목	금	토	일	월	화	수	목
일진 日辰	辛丑	壬寅	癸卯	甲辰	乙巳	丙午	丁未	戊申	己酉	庚戌	辛亥	壬子	癸丑	甲寅	乙卯	丙辰	丁巳	戊午	己未	庚申	辛酉	壬戌	癸亥	甲子	乙丑	丙寅	丁卯	戊辰	己巳	庚午	辛未
음력	12	13	14	15	16	17	18	19	20	21	22	23	24	25	26	27	28	29	4/1	2	3	4	5	6	7	8	9	10	11	12	13
대운 남	2	1	1	1	1	입	10	10	9	9	9	8	8	8	7	7	7	6	6	6	소	5	5	4	4	4	3	3	3	2	2
대운 여	9	9	9	10	10	하	1	1	1	1	2	2	2	3	3	3	4	4	4	5	만	5	6	6	6	7	7	7	8	8	8

망종 6일 08시 17분 【음5월】 ➡ 【戊午月(무오월)】 ☯ 하지 22일 01시 06분

양력 6 / 음력 04/14 ~ 05/13

양력	1	2	3	4	5	6	7	8	9	10	11	12	13	14	15	16	17	18	19	20	21	22	23	24	25	26	27	28	29	30
요일	금	토	일	월	화	수	목	금	토	일	월	화	수	목	금	토	일	월	화	수	목	금	토	일	월	화	수	목	금	토
일진 日辰	壬申	癸酉	甲戌	乙亥	丙子	丁丑	戊寅	己卯	庚辰	辛巳	壬午	癸未	甲申	乙酉	丙戌	丁亥	戊子	己丑	庚寅	辛卯	壬辰	癸巳	甲午	乙未	丙申	丁酉	戊戌	己亥	庚子	辛丑
음력	14	15	16	17	18	19	20	21	22	23	24	25	26	27	28	29	30	5/1	2	3	4	5	6	7	8	9	10	11	12	13
대운 남	2	1	1	1	1	망	10	10	9	9	9	8	8	8	7	7	7	6	6	6	5	하	5	4	4	4	3	3	3	2
대운 여	9	9	9	10	10	종	1	1	1	1	2	2	2	3	3	3	4	4	4	5	5	지	6	6	6	7	7	7	8	8

한식(4월6일), 초복(7월19일), 중복(7월29일), 말복(8월08일) ☂춘사(春社)3/19
☀추사(秋社)9/25 토왕지절(土旺之節):4월17일,7월20일,10월21일,1월17일(신년양력),
臘享(납향):1929년1월26일(신년양력)

1928 戊辰年

소서 7일 18시 44분 【음6월】➡ 【己未月(기미월)】 ☯ 대서 23일 12시 02분

양력 7 (음력 05/14 ~ 06/15)

양력	1	2	3	4	5	6	7	8	9	10	11	12	13	14	15	16	17	18	19	20	21	22	23	24	25	26	27	28	29	30	31
요일	일	월	화	수	목	금	토	일	월	화	수	목	금	토	일	월	화	수	목	금	토	일	월	화	수	목	금	토	일	월	화
일진	壬	癸	甲	乙	丙	丁	戊	己	庚	辛	壬	癸	甲	乙	丙	丁	戊	己	庚	辛	壬	癸	甲	乙	丙	丁	戊	己	庚	辛	壬
日辰	寅	卯	辰	巳	午	未	申	酉	戌	亥	子	丑	寅	卯	辰	巳	午	未	申	酉	戌	亥	子	丑	寅	卯	辰	巳	午	未	申
음력	14	15	16	17	18	19	20	21	22	23	24	25	26	27	28	29	6/1	2	3	4	5	6	7	8	9	10	11	12	13	14	15
대운 남	2	2	1	1	1	1	소	10	10	10	9	9	9	8	8	8	7	7	7	6	6	6	대	5	5	4	4	4	3	3	3
대운 여	8	9	9	9	10	10	서	1	1	1	1	2	2	2	3	3	3	4	4	4	5	5	서	6	6	6	7	7	7	8	8

입추 8일 04시 28분 【음7월】➡ 【庚申月(경신월)】 ☯ 처서 23일 18시 53분

양력 8 (음력 06/16 ~ 07/17)

양력	1	2	3	4	5	6	7	8	9	10	11	12	13	14	15	16	17	18	19	20	21	22	23	24	25	26	27	28	29	30	31
요일	수	목	금	토	일	월	화	수	목	금	토	일	월	화	수	목	금	토	일	월	화	수	목	금	토	일	월	화	수	목	금
일진	癸	甲	乙	丙	丁	戊	己	庚	辛	壬	癸	甲	乙	丙	丁	戊	己	庚	辛	壬	癸	甲	乙	丙	丁	戊	己	庚	辛	壬	癸
日辰	酉	戌	亥	子	丑	寅	卯	辰	巳	午	未	申	酉	戌	亥	子	丑	寅	卯	辰	巳	午	未	申	酉	戌	亥	子	丑	寅	卯
음력	16	17	18	19	20	21	22	23	24	25	26	27	28	29	7/1	2	3	4	5	6	7	8	9	10	11	12	13	14	15	16	17
대운 남	2	2	2	1	1	1	1	입	10	10	9	9	9	8	8	8	7	7	7	6	6	6	처	5	5	4	4	4	3	3	3
대운 여	8	9	9	9	10	10	10	추	1	1	1	1	2	2	2	3	3	3	4	4	4	5	서	5	6	6	6	7	7	7	8

백로 8일 07시 02분 【음8월】➡ 【辛酉月(신유월)】 ☯ 추분23일 16시 06분

양력 9 (음력 07/18 ~ 08/17)

양력	1	2	3	4	5	6	7	8	9	10	11	12	13	14	15	16	17	18	19	20	21	22	23	24	25	26	27	28	29	30
요일	토	일	월	화	수	목	금	토	일	월	화	수	목	금	토	일	월	화	수	목	금	토	일	월	화	수	목	금	토	일
일진	甲	乙	丙	丁	戊	己	庚	辛	壬	癸	甲	乙	丙	丁	戊	己	庚	辛	壬	癸	甲	乙	丙	丁	戊	己	庚	辛	壬	癸
日辰	辰	巳	午	未	申	酉	戌	亥	子	丑	寅	卯	辰	巳	午	未	申	酉	戌	亥	子	丑	寅	卯	辰	巳	午	未	申	酉
음력	18	19	20	21	22	23	24	25	26	27	28	29	30	8/1	2	3	4	5	6	7	8	9	10	11	12	13	14	15	16	17
대운 남	2	2	2	1	1	1	1	백	10	9	9	9	8	8	8	7	7	7	6	6	6	5	추	5	4	4	4	3	3	3
대운 여	8	8	9	9	9	10	10	로	1	1	1	1	2	2	2	3	3	3	4	4	4	5	분	5	6	6	6	7	7	7

한로 8일 22시 10분 【음9월】➡ 【壬戌月(임술월)】 ☯ 상강 24일 00시 55분

양력 10 (음력 08/18 ~ 09/18)

양력	1	2	3	4	5	6	7	8	9	10	11	12	13	14	15	16	17	18	19	20	21	22	23	24	25	26	27	28	29	30	31
요일	월	화	수	목	금	토	일	월	화	수	목	금	토	일	월	화	수	목	금	토	일	월	화	수	목	금	토	일	월	화	수
일진	甲	乙	丙	丁	戊	己	庚	辛	壬	癸	甲	乙	丙	丁	戊	己	庚	辛	壬	癸	甲	乙	丙	丁	戊	己	庚	辛	壬	癸	甲
日辰	戌	亥	子	丑	寅	卯	辰	巳	午	未	申	酉	戌	亥	子	丑	寅	卯	辰	巳	午	未	申	酉	戌	亥	子	丑	寅	卯	辰
음력	18	19	20	21	22	23	24	25	26	27	28	29	30	9/1	2	3	4	5	6	7	8	9	10	11	12	13	14	15	16	17	18
대운 남	2	2	2	1	1	1	1	한	10	10	9	9	9	8	8	8	7	7	7	6	6	6	5	상	5	4	4	4	3	3	3
대운 여	8	8	8	9	9	9	10	로	1	1	1	1	2	2	2	3	3	3	4	4	4	5	5	강	6	6	6	7	7	7	8

입동 8일 00시 50분 【음10월】➡ 【癸亥月(계해월)】 ☯ 소설 22일 22시 00분

양력 11 (음력 09/19 ~ 10/19)

양력	1	2	3	4	5	6	7	8	9	10	11	12	13	14	15	16	17	18	19	20	21	22	23	24	25	26	27	28	29	30
요일	목	금	토	일	월	화	수	목	금	토	일	월	화	수	목	금	토	일	월	화	수	목	금	토	일	월	화	수	목	금
일진	乙	丙	丁	戊	己	庚	辛	壬	癸	甲	乙	丙	丁	戊	己	庚	辛	壬	癸	甲	乙	丙	丁	戊	己	庚	辛	壬	癸	甲
日辰	巳	午	未	申	酉	戌	亥	子	丑	寅	卯	辰	巳	午	未	申	酉	戌	亥	子	丑	寅	卯	辰	巳	午	未	申	酉	戌
음력	19	20	21	22	23	24	25	26	27	28	29	10/1	2	3	4	5	6	7	8	9	10	11	12	13	14	15	16	17	18	19
대운 남	2	2	2	1	1	1	1	입	9	9	9	8	8	8	7	7	7	6	6	6	5	소	5	4	4	4	3	3	3	2
대운 여	8	8	9	9	9	10	10	동	1	1	1	1	2	2	2	3	3	3	4	4	4	설	5	5	6	6	6	7	7	7

대설 7일 17시 17분 【음11월】➡ 【甲子月(갑자월)】 ☯ 동지 22일 11시 04분

양력 12 (음력 10/20 ~ 11/20)

양력	1	2	3	4	5	6	7	8	9	10	11	12	13	14	15	16	17	18	19	20	21	22	23	24	25	26	27	28	29	30	31
요일	토	일	월	화	수	목	금	토	일	월	화	수	목	금	토	일	월	화	수	목	금	토	일	월	화	수	목	금	토	일	월
일진	乙	丙	丁	戊	己	庚	辛	壬	癸	甲	乙	丙	丁	戊	己	庚	辛	壬	癸	甲	乙	丙	丁	戊	己	庚	辛	壬	癸	甲	乙
日辰	亥	子	丑	寅	卯	辰	巳	午	未	申	酉	戌	亥	子	丑	寅	卯	辰	巳	午	未	申	酉	戌	亥	子	丑	寅	卯	辰	巳
음력	20	21	22	23	24	25	26	27	28	29	30	11/1	2	3	4	5	6	7	8	9	10	11	12	13	14	15	16	17	18	19	20
대운 남	2	2	1	1	1	1	대	10	9	9	9	8	8	8	7	7	7	6	6	6	5	동	5	4	4	4	3	3	3	2	2
대운 여	8	8	8	9	9	9	설	1	1	1	1	2	2	2	3	3	3	4	4	4	5	지	5	6	6	6	7	7	7	8	8

단기 4262 年	1929년	中元 己巳年 납음(大林木),본명성(八白土)
불기 2473 年		대장군(卯동방), 삼살(동방), 상문(未서남방),조객(卯동방), 납음(대림목), 【삼재(인,묘,진)년】 臘享(납향):1930년1월21일(음12/22)

뱀

소한 6일 04시 22분 【음12월】 ➡ 【乙丑月(을축월)】 ☯ 대한 20일 21시 42분

양력 1 (음력 11/21 ~ 12/21)

양력	1	2	3	4	5	6	7	8	9	10	11	12	13	14	15	16	17	18	19	20	21	22	23	24	25	26	27	28	29	30	31
요일	화	수	목	금	토	일	월	화	수	목	금	토	일	월	화	수	목	금	토	일	월	화	수	목	금	토	일	월	화	수	목
일진 日辰	丙午	丁未	戊申	己酉	庚戌	辛亥	壬子	癸丑	甲寅	乙卯	丙辰	丁巳	戊午	己未	庚申	辛酉	壬戌	癸亥	甲子	乙丑	丙寅	丁卯	戊辰	己巳	庚午	辛未	壬申	癸酉	甲戌	乙亥	丙子
음력	21	22	23	24	25	26	27	28	29	30	12/1	2	3	4	5	6	7	8	9	10	11	12	13	14	15	16	17	18	19	20	21
대운 남	2	1	1	1	1	소	9	9	9	8	8	8	7	7	7	6	6	6	5	대	5	4	4	4	3	3	3	2	2	2	1
대운 여	8	9	9	9	10	한	1	1	1	1	2	2	2	3	3	3	4	4	4	한	5	5	6	6	6	7	7	7	8	8	8

입춘 4일 16시 09분 【음1월】 ➡ 【丙寅月(병인월)】 ☯ 우수 19일 12시 07분

양력 2 (음력 12/22 ~ 01/19)

양력	1	2	3	4	5	6	7	8	9	10	11	12	13	14	15	16	17	18	19	20	21	22	23	24	25	26	27	28
요일	금	토	일	월	화	수	목	금	토	일	월	화	수	목	금	토	일	월	화	수	목	금	토	일	월	화	수	목
일진 日辰	丁丑	戊寅	己卯	庚辰	辛巳	壬午	癸未	甲申	乙酉	丙戌	丁亥	戊子	己丑	庚寅	辛卯	壬辰	癸巳	甲午	乙未	丙申	丁酉	戊戌	己亥	庚子	辛丑	壬寅	癸卯	甲辰
음력	22	23	24	25	26	27	28	29	30	1/1	2	3	4	5	6	7	8	9	10	11	12	13	14	15	16	17	18	19
대운 남	1	1	1	입	1	1	1	1	2	2	2	3	3	3	4	4	4	5	우	5	6	6	6	7	7	7	8	8
대운 여	9	9	9	춘	10	9	9	9	8	8	8	7	7	7	6	6	6	5	수	5	4	4	4	3	3	3	2	2

己巳年

경칩 6일 10시 32분 【음2월】 ➡ 【丁卯月(정묘월)】 ☯ 춘분 21일 11시 35분

양력 3 (음력 01/20 ~ 02/21)

양력	1	2	3	4	5	6	7	8	9	10	11	12	13	14	15	16	17	18	19	20	21	22	23	24	25	26	27	28	29	30	31
요일	금	토	일	월	화	수	목	금	토	일	월	화	수	목	금	토	일	월	화	수	목	금	토	일	월	화	수	목	금	토	일
일진 日辰	乙巳	丙午	丁未	戊申	己酉	庚戌	辛亥	壬子	癸丑	甲寅	乙卯	丙辰	丁巳	戊午	己未	庚申	辛酉	壬戌	癸亥	甲子	乙丑	丙寅	丁卯	戊辰	己巳	庚午	辛未	壬申	癸酉	甲戌	乙亥
음력	20	21	22	23	24	25	26	27	28	29	2/1	2	3	4	5	6	7	8	9	10	11	12	13	14	15	16	17	18	19	20	21
대운 남	8	9	9	9	10	경	1	1	1	1	2	2	2	3	3	3	4	4	4	5	춘	5	6	6	6	7	7	7	8	8	8
대운 여	2	1	1	1	1	칩	10	9	9	9	8	8	8	7	7	7	6	6	6	5	분	5	4	4	4	3	3	3	2	2	2

청명 5일 15시 51분 【음3월】 ➡ 【戊辰月(무진월)】 ☯ 곡우 20일 23시 10분

양력 4 (음력 02/22 ~ 03/21)

양력	1	2	3	4	5	6	7	8	9	10	11	12	13	14	15	16	17	18	19	20	21	22	23	24	25	26	27	28	29	30
요일	월	화	수	목	금	토	일	월	화	수	목	금	토	일	월	화	수	목	금	토	일	월	화	수	목	금	토	일	월	화
일진 日辰	丙子	丁丑	戊寅	己卯	庚辰	辛巳	壬午	癸未	甲申	乙酉	丙戌	丁亥	戊子	己丑	庚寅	辛卯	壬辰	癸巳	甲午	乙未	丙申	丁酉	戊戌	己亥	庚子	辛丑	壬寅	癸卯	甲辰	乙巳
음력	22	23	24	25	26	27	28	29	30	3/1	2	3	4	5	6	7	8	9	10	11	12	13	14	15	16	17	18	19	20	21
대운 남	9	9	9	10	청	1	1	1	1	2	2	2	3	3	3	4	4	4	5	곡	5	6	6	6	7	7	7	8	8	8
대운 여	1	1	1	1	명	10	9	9	9	8	8	8	7	7	7	6	6	6	5	우	5	4	4	4	3	3	3	2	2	2

입하 6일 09시 40분 【음4월】 ➡ 【己巳月(기사월)】 ☯ 소만 21일 22시 48분

양력 5 (음력 03/22 ~ 04/23)

양력	1	2	3	4	5	6	7	8	9	10	11	12	13	14	15	16	17	18	19	20	21	22	23	24	25	26	27	28	29	30	31
요일	수	목	금	토	일	월	화	수	목	금	토	일	월	화	수	목	금	토	일	월	화	수	목	금	토	일	월	화	수	목	금
일진 日辰	丙午	丁未	戊申	己酉	庚戌	辛亥	壬子	癸丑	甲寅	乙卯	丙辰	丁巳	戊午	己未	庚申	辛酉	壬戌	癸亥	甲子	乙丑	丙寅	丁卯	戊辰	己巳	庚午	辛未	壬申	癸酉	甲戌	乙亥	丙子
음력	22	23	24	25	26	27	28	29	4/1	2	3	4	5	6	7	8	9	10	11	12	13	14	15	16	17	18	19	20	21	22	23
대운 남	9	9	9	10	10	입	1	1	1	1	2	2	2	3	3	3	4	4	4	5	소	5	6	6	6	7	7	7	8	8	8
대운 여	2	1	1	1	1	하	10	10	9	9	9	8	8	8	7	7	7	6	6	6	만	5	5	4	4	4	3	3	3	2	2

망종 6일 14시 11분 【음5월】 ➡ 【庚午月(경오월)】 ☯ 하지 22일 07시 01분

양력 6 (음력 04/24 ~ 05/24)

양력	1	2	3	4	5	6	7	8	9	10	11	12	13	14	15	16	17	18	19	20	21	22	23	24	25	26	27	28	29	30
요일	토	일	월	화	수	목	금	토	일	월	화	수	목	금	토	일	월	화	수	목	금	토	일	월	화	수	목	금	토	일
일진 日辰	丁丑	戊寅	己卯	庚辰	辛巳	壬午	癸未	甲申	乙酉	丙戌	丁亥	戊子	己丑	庚寅	辛卯	壬辰	癸巳	甲午	乙未	丙申	丁酉	戊戌	己亥	庚子	辛丑	壬寅	癸卯	甲辰	乙巳	丙午
음력	24	25	26	27	28	29	5/1	2	3	4	5	6	7	8	9	10	11	12	13	14	15	16	17	18	19	20	21	22	23	24
대운 남	9	9	9	10	10	망	1	1	1	1	2	2	2	3	3	3	4	4	4	5	5	하	6	6	6	7	7	7	8	8
대운 여	2	1	1	1	1	종	10	10	10	9	9	9	8	8	8	7	7	7	6	6	6	지	5	5	4	4	4	3	3	3

한식(4월6일), 초복(7월14일), 중복(7월24일), 말복(8월13일) 춘사(春社)3/24
추사(秋社)9/20 토왕지절(土旺之節):4월17일,7월20일,10월21일,1월18일(신년양력),
臘享(납향):1930년1월21일(신년양력)

1929 己巳年

소서 8일 00시 32분 【음6월】 ➡ 【辛未月(신미월)】 ☯ 대서 23일 17시 53분

양력 7 / 음력 05/25 ~ 06/25

양력		1	2	3	4	5	6	7	8	9	10	11	12	13	14	15	16	17	18	19	20	21	22	23	24	25	26	27	28	29	30	31
요일		월	화	수	목	금	토	일	월	화	수	목	금	토	일	월	화	수	목	금	토	일	월	화	수	목	금	토	일	월	화	수
일진 日辰		丁未	戊申	己酉	庚戌	辛亥	壬子	癸丑	甲寅	乙卯	丙辰	丁巳	戊午	己未	庚申	辛酉	壬戌	癸亥	甲子	乙丑	丙寅	丁卯	戊辰	己巳	庚午	辛未	壬申	癸酉	甲戌	乙亥	丙子	丁丑
음력		25	26	27	28	29	30	6/1	2	3	4	5	6	7	8	9	10	11	12	13	14	15	16	17	18	19	20	21	22	23	24	25
대운	남	8	9	9	9	10	10	10	소	1	1	1	1	2	2	2	3	3	3	4	4	4	5	대	5	6	6	6	7	7	7	8
	여	2	2	2	1	1	1	1	서	10	10	9	9	9	8	8	8	7	7	7	6	6	6	서	5	5	4	4	4	3	3	3

입추 8일 10시 09분 【음7월】 ➡ 【壬申月(임신월)】 ☯ 처서 24일 00시 41분

양력 8 / 음력 06/26 ~ 07/27

양력		1	2	3	4	5	6	7	8	9	10	11	12	13	14	15	16	17	18	19	20	21	22	23	24	25	26	27	28	29	30	31
요일		목	금	토	일	월	화	수	목	금	토	일	월	화	수	목	금	토	일	월	화	수	목	금	토	일	월	화	수	목	금	토
일진 日辰		戊寅	己卯	庚辰	辛巳	壬午	癸未	甲申	乙酉	丙戌	丁亥	戊子	己丑	庚寅	辛卯	壬辰	癸巳	甲午	乙未	丙申	丁酉	戊戌	己亥	庚子	辛丑	壬寅	癸卯	甲辰	乙巳	丙午	丁未	戊申
음력		26	27	28	29	7/1	2	3	4	5	6	7	8	9	10	11	12	13	14	15	16	17	18	19	20	21	22	23	24	25	26	27
대운	남	8	8	9	9	9	10	10	입	1	1	1	1	2	2	2	3	3	3	4	4	4	5	5	처	6	6	6	7	7	7	8
	여	2	2	2	1	1	1	1	추	10	10	9	9	9	8	8	8	7	7	7	6	6	6	5	서	5	4	4	4	3	3	3

백로 8일 12시 40분 【음8월】 ➡ 【癸酉月(계유월)】 ☯ 추분 23일 21시 52분

양력 9 / 음력 07/28 ~ 08/28

양력		1	2	3	4	5	6	7	8	9	10	11	12	13	14	15	16	17	18	19	20	21	22	23	24	25	26	27	28	29	30
요일		일	월	화	수	목	금	토	일	월	화	수	목	금	토	일	월	화	수	목	금	토	일	월	화	수	목	금	토	일	월
일진 日辰		己酉	庚戌	辛亥	壬子	癸丑	甲寅	乙卯	丙辰	丁巳	戊午	己未	庚申	辛酉	壬戌	癸亥	甲子	乙丑	丙寅	丁卯	戊辰	己巳	庚午	辛未	壬申	癸酉	甲戌	乙亥	丙子	丁丑	戊寅
음력		28	29	8/1	2	3	4	5	6	7	8	9	10	11	12	13	14	15	16	17	18	19	20	21	22	23	24	25	26	27	28
대운	남	8	8	9	9	9	10	10	백	1	1	1	1	2	2	2	3	3	3	4	4	4	5	추	5	6	6	6	7	7	7
	여	2	2	2	1	1	1	1	로	10	10	9	9	9	8	8	8	7	7	7	6	6	6	분	5	5	4	4	4	3	3

한로 9일 03시 47분 【음9월】 ➡ 【甲戌月(갑술월)】 ☯ 상강 24일 06시 41분

양력 10 / 음력 08/29 ~ 09/29

양력		1	2	3	4	5	6	7	8	9	10	11	12	13	14	15	16	17	18	19	20	21	22	23	24	25	26	27	28	29	30	31
요일		화	수	목	금	토	일	월	화	수	목	금	토	일	월	화	수	목	금	토	일	월	화	수	목	금	토	일	월	화	수	목
일진 日辰		己卯	庚辰	辛巳	壬午	癸未	甲申	乙酉	丙戌	丁亥	戊子	己丑	庚寅	辛卯	壬辰	癸巳	甲午	乙未	丙申	丁酉	戊戌	己亥	庚子	辛丑	壬寅	癸卯	甲辰	乙巳	丙午	丁未	戊申	己酉
음력		29	30	9/1	2	3	4	5	6	7	8	9	10	11	12	13	14	15	16	17	18	19	20	21	22	23	24	25	26	27	28	29
대운	남	8	8	8	9	9	9	10	10	한	1	1	1	1	2	2	2	3	3	3	4	4	4	5	상	5	6	6	6	7	7	7
	여	3	2	2	2	1	1	1	1	로	10	9	9	9	8	8	8	7	7	7	6	6	6	5	강	5	4	4	4	3	3	3

입동 8일 06시 28분 【음10월】 ➡ 【乙亥月(을해월)】 ☯ 소설 23일 03시 48분

양력 11 / 음력 10/01 ~ 10/30

양력		1	2	3	4	5	6	7	8	9	10	11	12	13	14	15	16	17	18	19	20	21	22	23	24	25	26	27	28	29	30
요일		금	토	일	월	화	수	목	금	토	일	월	화	수	목	금	토	일	월	화	수	목	금	토	일	월	화	수	목	금	토
일진 日辰		庚戌	辛亥	壬子	癸丑	甲寅	乙卯	丙辰	丁巳	戊午	己未	庚申	辛酉	壬戌	癸亥	甲子	乙丑	丙寅	丁卯	戊辰	己巳	庚午	辛未	壬申	癸酉	甲戌	乙亥	丙子	丁丑	戊寅	己卯
음력		10/1	2	3	4	5	6	7	8	9	10	11	12	13	14	15	16	17	18	19	20	21	22	23	24	25	26	27	28	29	30
대운	남	8	8	8	9	9	9	10	입	1	1	1	1	2	2	2	3	3	3	4	4	4	5	소	5	6	6	6	7	7	7
	여	2	2	2	1	1	1	1	동	9	9	9	8	8	8	7	7	7	6	6	6	5	5	설	4	4	4	3	3	3	2

대설 7일 22시 56분 【음11월】 ➡ 【丙子月(병자월)】 ☯ 동지 22일 16시 53분

양력 12 / 음력 11/01 ~ 12/01

양력		1	2	3	4	5	6	7	8	9	10	11	12	13	14	15	16	17	18	19	20	21	22	23	24	25	26	27	28	29	30	31
요일		일	월	화	수	목	금	토	일	월	화	수	목	금	토	일	월	화	수	목	금	토	일	월	화	수	목	금	토	일	월	화
일진 日辰		庚辰	辛巳	壬午	癸未	甲申	乙酉	丙戌	丁亥	戊子	己丑	庚寅	辛卯	壬辰	癸巳	甲午	乙未	丙申	丁酉	戊戌	己亥	庚子	辛丑	壬寅	癸卯	甲辰	乙巳	丙午	丁未	戊申	己酉	庚戌
음력		11/1	2	3	4	5	6	7	8	9	10	11	12	13	14	15	16	17	18	19	20	21	22	23	24	25	26	27	28	29	30	12/1
대운	남	8	8	8	9	9	9	대	1	1	1	1	2	2	2	3	3	3	4	4	4	5	동	5	6	6	6	7	7	7	8	8
	여	2	2	1	1	1	1	설	10	9	9	9	8	8	8	7	7	7	6	6	6	5	지	5	4	4	4	3	3	3	2	2

단기 4263 年	1930년	中元 庚午年	.납음(路傍土),본명성(七赤金)
불기 2474 年		대장군(卯동방), 삼살(북방), 상문(申서남방),조객(辰동남방), 납음(노방토), 【삼재(신유술)년】 臘享(납향):1931년1월28일(음12/10)	

소한 06일 10시 03분 【음12월】 ➡ 【丁丑月(정축월)】 ☯ 대한 21일 03시 33분

양력 1 / 음력 12/02 ~ 01/02

양력		1	2	3	4	5	6	7	8	9	10	11	12	13	14	15	16	17	18	19	20	21	22	23	24	25	26	27	28	29	30	31
요일		수	목	금	토	일	월	화	수	목	금	토	일	월	화	수	목	금	토	일	월	화	수	목	금	토	일	월	화	수	목	금
일진 日辰		辛亥	壬子	癸丑	甲寅	乙卯	丙辰	丁巳	戊午	己未	庚申	辛酉	壬戌	癸亥	甲子	乙丑	丙寅	丁卯	戊辰	己巳	庚午	辛未	壬申	癸酉	甲戌	乙亥	丙子	丁丑	戊寅	己卯	庚辰	辛巳
음력		2	3	4	5	6	7	8	9	10	11	12	13	14	15	16	17	18	19	20	21	22	23	24	25	26	27	28	29	30	1/1	2
대운	남	8	9	9	9	10	소	1	1	1	1	2	2	2	3	3	3	4	4	4	5	대	5	6	6	6	7	7	7	8	8	8
	여	2	1	1	1	1	한	9	9	9	8	8	8	7	7	7	6	6	6	5	5	한	4	4	4	3	3	3	2	2	2	1

입춘 4일 21시 51분 【음1월】 ➡ 【戊寅月(무인월)】 ☯ 우수 19일 18시 00분

양력 2 / 음력 01/03 ~ 02/01

양력		1	2	3	4	5	6	7	8	9	10	11	12	13	14	15	16	17	18	19	20	21	22	23	24	25	26	27	28
요일		토	일	월	화	수	목	금	토	일	월	화	수	목	금	토	일	월	화	수	목	금	토	일	월	화	수	목	금
일진 日辰		壬午	癸未	甲申	乙酉	丙戌	丁亥	戊子	己丑	庚寅	辛卯	壬辰	癸巳	甲午	乙未	丙申	丁酉	戊戌	己亥	庚子	辛丑	壬寅	癸卯	甲辰	乙巳	丙午	丁未	戊申	己酉
음력		3	4	5	6	7	8	9	10	11	12	13	14	15	16	17	18	19	20	21	22	23	24	25	26	27	28	29	2/1
대운	남	9	9	9	입	10	9	9	9	8	8	8	7	7	7	6	6	6	5	우	5	4	4	4	3	3	3	2	2
	여	1	1	1	춘	1	1	1	1	2	2	2	3	3	3	4	4	4	5	수	5	6	6	6	7	7	7	8	8

庚午年

경칩 6일 16시 17분 【음2월】 ➡ 【己卯月(기묘월)】 ☯ 춘분 21일 17시 30분

양력 3 / 음력 02/02 ~ 03/02

양력		1	2	3	4	5	6	7	8	9	10	11	12	13	14	15	16	17	18	19	20	21	22	23	24	25	26	27	28	29	30	31
요일		토	일	월	화	수	목	금	토	일	월	화	수	목	금	토	일	월	화	수	목	금	토	일	월	화	수	목	금	토	일	월
일진 日辰		庚戌	辛亥	壬子	癸丑	甲寅	乙卯	丙辰	丁巳	戊午	己未	庚申	辛酉	壬戌	癸亥	甲子	乙丑	丙寅	丁卯	戊辰	己巳	庚午	辛未	壬申	癸酉	甲戌	乙亥	丙子	丁丑	戊寅	己卯	庚辰
음력		2	3	4	5	6	7	8	9	10	11	12	13	14	15	16	17	18	19	20	21	22	23	24	25	26	27	28	29	30	3/1	2
대운	남	2	1	1	1	1	경	10	9	9	9	8	8	8	7	7	7	6	6	6	5	춘	5	4	4	4	3	3	3	2	2	2
	여	8	9	9	9	10	칩	1	1	1	1	2	2	2	3	3	3	4	4	4	5	분	5	6	6	6	7	7	7	8	8	8

청명 5일 21시 37분 【음3월】 ➡ 【庚辰月(경진월)】 ☯ 곡우 21일 05시 06분

양력 4 / 음력 03/03 ~ 04/02

양력		1	2	3	4	5	6	7	8	9	10	11	12	13	14	15	16	17	18	19	20	21	22	23	24	25	26	27	28	29	30
요일		화	수	목	금	토	일	월	화	수	목	금	토	일	월	화	수	목	금	토	일	월	화	수	목	금	토	일	월	화	수
일진 日辰		辛巳	壬午	癸未	甲申	乙酉	丙戌	丁亥	戊子	己丑	庚寅	辛卯	壬辰	癸巳	甲午	乙未	丙申	丁酉	戊戌	己亥	庚子	辛丑	壬寅	癸卯	甲辰	乙巳	丙午	丁未	戊申	己酉	庚戌
음력		3	4	5	6	7	8	9	10	11	12	13	14	15	16	17	18	19	20	21	22	23	24	25	26	27	28	29	30	4/1	2
대운	남	1	1	1	1	청	10	10	9	9	9	8	8	8	7	7	7	6	6	6	5	곡	5	4	4	4	3	3	3	2	2
	여	9	9	9	10	명	1	1	1	1	2	2	2	3	3	3	4	4	4	5	5	우	6	6	6	7	7	7	8	8	8

입하 6일 15시 27분 【음4월】 ➡ 【辛巳月(신사월)】 ☯ 소만 22일 04시 42분

양력 5 / 음력 04/03 ~ 05/04

양력		1	2	3	4	5	6	7	8	9	10	11	12	13	14	15	16	17	18	19	20	21	22	23	24	25	26	27	28	29	30	31
요일		목	금	토	일	월	화	수	목	금	토	일	월	화	수	목	금	토	일	월	화	수	목	금	토	일	월	화	수	목	금	토
일진 日辰		辛亥	壬子	癸丑	甲寅	乙卯	丙辰	丁巳	戊午	己未	庚申	辛酉	壬戌	癸亥	甲子	乙丑	丙寅	丁卯	戊辰	己巳	庚午	辛未	壬申	癸酉	甲戌	乙亥	丙子	丁丑	戊寅	己卯	庚辰	辛巳
음력		3	4	5	6	7	8	9	10	11	12	13	14	15	16	17	18	19	20	21	22	23	24	25	26	27	28	29	5/1	2	3	4
대운	남	2	1	1	1	1	입	10	10	9	9	9	8	8	8	7	7	7	6	6	6	5	소	5	4	4	4	3	3	3	2	2
	여	9	9	9	10	10	하	1	1	1	1	2	2	2	3	3	3	4	4	4	5	5	만	6	6	6	7	7	7	8	8	8

망종 6일 19시 58분 【음5월】 ➡ 【壬午月(임오월)】 ☯ 하지 22일 12시 53분

양력 6 / 음력 05/05 ~ 06/05

양력		1	2	3	4	5	6	7	8	9	10	11	12	13	14	15	16	17	18	19	20	21	22	23	24	25	26	27	28	29	30
요일		일	월	화	수	목	금	토	일	월	화	수	목	금	토	일	월	화	수	목	금	토	일	월	화	수	목	금	토	일	월
일진 日辰		壬午	癸未	甲申	乙酉	丙戌	丁亥	戊子	己丑	庚寅	辛卯	壬辰	癸巳	甲午	乙未	丙申	丁酉	戊戌	己亥	庚子	辛丑	壬寅	癸卯	甲辰	乙巳	丙午	丁未	戊申	己酉	庚戌	辛亥
음력		5	6	7	8	9	10	11	12	13	14	15	16	17	18	19	20	21	22	23	24	25	26	27	28	29	6/1	2	3	4	5
대운	남	2	1	1	1	1	망	10	10	10	9	9	9	8	8	8	7	7	7	6	6	6	하	5	5	4	4	4	3	3	3
	여	9	9	9	10	10	종	1	1	1	1	2	2	2	3	3	3	4	4	4	5	5	지	6	6	6	7	7	7	8	8

한식(4월06일), 초복(7월19일), 중복(7월29일), 말복(8월08일) 춘사(春社)3/19
추사(秋社)9/25 토왕지절(土旺之節):4월18일,7월20일,10월21일,1월18일(신년양력),
臘享(납향):1931년1월28일(신년양력)

1930 庚午年

소서 8일 06시 20분 【음6월】 ➡ 【癸未月(계미월)】 ☯ 대서 23일 23시 42분

양력 7 / 음력 06/06 ▮ 윤606

양력	1	2	3	4	5	6	7	8	9	10	11	12	13	14	15	16	17	18	19	20	21	22	23	24	25	26	27	28	29	30	31
요일	화	수	목	금	토	일	월	화	수	목	금	토	일	월	화	수	목	금	토	일	월	화	수	목	금	토	일	월	화	수	목
일진 日辰	壬子	癸丑	甲寅	乙卯	丙辰	丁巳	戊午	己未	庚申	辛酉	壬戌	癸亥	甲子	乙丑	丙寅	丁卯	戊辰	己巳	庚午	辛未	壬申	癸酉	甲戌	乙亥	丙子	丁丑	戊寅	己卯	庚辰	辛巳	壬午
음력	6	7	8	9	10	11	12	13	14	15	16	17	18	19	20	21	22	23	24	25	26	27	28	29	30	윤6	2	3	4	5	6
대운 남	2	2	2	1	1	1	1	소	10	10	9	9	9	8	8	8	7	7	7	6	6	6	대	5	5	4	4	4	3	3	3
대운 여	8	9	9	9	10	10	10	서	1	1	1	1	2	2	2	3	3	3	4	4	4	5	서	5	6	6	6	7	7	7	8

입추 8일 15시 57분 【음7월】 ➡ 【甲申月(갑신월)】 ☯ 처서 24일 06시 26분

양력 8 / 음력 윤607 ▮ 07/08

양력	1	2	3	4	5	6	7	8	9	10	11	12	13	14	15	16	17	18	19	20	21	22	23	24	25	26	27	28	29	30	31
요일	금	토	일	월	화	수	목	금	토	일	월	화	수	목	금	토	일	월	화	수	목	금	토	일	월	화	수	목	금	토	일
일진 日辰	癸未	甲申	乙酉	丙戌	丁亥	戊子	己丑	庚寅	辛卯	壬辰	癸巳	甲午	乙未	丙申	丁酉	戊戌	己亥	庚子	辛丑	壬寅	癸卯	甲辰	乙巳	丙午	丁未	戊申	己酉	庚戌	辛亥	壬子	癸丑
음력	7	8	9	10	11	12	13	14	15	16	17	18	19	20	21	22	23	24	25	26	27	28	29	7/1	2	3	4	5	6	7	8
대운 남	2	2	2	1	1	1	1	입	10	10	9	9	9	8	8	8	7	7	7	6	6	6	5	처	5	4	4	4	3	3	3
대운 여	8	8	9	9	9	10	10	추	1	1	1	1	2	2	2	3	3	3	4	4	4	5	5	서	6	6	6	7	7	7	8

백로 8일 18시 28분 【음8월】 ➡ 【乙酉月(을유월)】 ☯ 추분 24일 03시 36분

양력 9 / 음력 07/09 ▮ 08/09

양력	1	2	3	4	5	6	7	8	9	10	11	12	13	14	15	16	17	18	19	20	21	22	23	24	25	26	27	28	29	30
요일	월	화	수	목	금	토	일	월	화	수	목	금	토	일	월	화	수	목	금	토	일	월	화	수	목	금	토	일	월	화
일진 日辰	甲寅	乙卯	丙辰	丁巳	戊午	己未	庚申	辛酉	壬戌	癸亥	甲子	乙丑	丙寅	丁卯	戊辰	己巳	庚午	辛未	壬申	癸酉	甲戌	乙亥	丙子	丁丑	戊寅	己卯	庚辰	辛巳	壬午	癸未
음력	9	10	11	12	13	14	15	16	17	18	19	20	21	22	23	24	25	26	27	28	29	8/1	2	3	4	5	6	7	8	9
대운 남	2	2	2	1	1	1	1	백	10	10	9	9	9	8	8	8	7	7	7	6	6	6	5	추	5	4	4	4	3	3
대운 여	8	8	9	9	9	10	10	로	1	1	1	1	2	2	2	3	3	3	4	4	4	5	5	분	6	6	6	7	7	7

한로 9일 09시 38분 【음9월】 ➡ 【丙戌月(병술월)】 ☯ 상강 24일 12시 26분

양력 10 / 음력 08/10 ▮ 09/10

양력	1	2	3	4	5	6	7	8	9	10	11	12	13	14	15	16	17	18	19	20	21	22	23	24	25	26	27	28	29	30	31
요일	수	목	금	토	일	월	화	수	목	금	토	일	월	화	수	목	금	토	일	월	화	수	목	금	토	일	월	화	수	목	금
일진 日辰	甲申	乙酉	丙戌	丁亥	戊子	己丑	庚寅	辛卯	壬辰	癸巳	甲午	乙未	丙申	丁酉	戊戌	己亥	庚子	辛丑	壬寅	癸卯	甲辰	乙巳	丙午	丁未	戊申	己酉	庚戌	辛亥	壬子	癸丑	甲寅
음력	10	11	12	13	14	15	16	17	18	19	20	21	22	23	24	25	26	27	28	29	30	9/1	2	3	4	5	6	7	8	9	10
대운 남	3	2	2	2	1	1	1	1	한	10	9	9	9	8	8	8	7	7	7	6	6	6	5	상	5	4	4	4	3	3	3
대운 여	8	8	8	9	9	9	10	10	로	1	1	1	1	2	2	2	3	3	3	4	4	4	5	강	5	6	6	6	7	7	7

입동 8일 12시 20분 【음10월】 ➡ 【丁亥月(정해월)】 ☯ 소설 23일 09시 34분

양력 11 / 음력 09/11 ▮ 10/11

양력	1	2	3	4	5	6	7	8	9	10	11	12	13	14	15	16	17	18	19	20	21	22	23	24	25	26	27	28	29	30
요일	토	일	월	화	수	목	금	토	일	월	화	수	목	금	토	일	월	화	수	목	금	토	일	월	화	수	목	금	토	일
일진 日辰	乙卯	丙辰	丁巳	戊午	己未	庚申	辛酉	壬戌	癸亥	甲子	乙丑	丙寅	丁卯	戊辰	己巳	庚午	辛未	壬申	癸酉	甲戌	乙亥	丙子	丁丑	戊寅	己卯	庚辰	辛巳	壬午	癸未	甲申
음력	11	12	13	14	15	16	17	18	19	20	21	22	23	24	25	26	27	28	29	10/1	2	3	4	5	6	7	8	9	10	11
대운 남	2	2	2	1	1	1	1	입	10	9	9	9	8	8	8	7	7	7	6	6	6	5	소	5	4	4	4	3	3	3
대운 여	8	8	8	9	9	9	10	동	1	1	1	1	2	2	2	3	3	3	4	4	4	5	설	5	6	6	6	7	7	7

대설 8일 04시 51분 【음11월】 ➡ 【戊子月(무자월)】 ☯ 동지 22일 22시 40분

양력 12 / 음력 10/12 ▮ 11/12

양력	1	2	3	4	5	6	7	8	9	10	11	12	13	14	15	16	17	18	19	20	21	22	23	24	25	26	27	28	29	30	31
요일	월	화	수	목	금	토	일	월	화	수	목	금	토	일	월	화	수	목	금	토	일	월	화	수	목	금	토	일	월	화	수
일진 日辰	乙酉	丙戌	丁亥	戊子	己丑	庚寅	辛卯	壬辰	癸巳	甲午	乙未	丙申	丁酉	戊戌	己亥	庚子	辛丑	壬寅	癸卯	甲辰	乙巳	丙午	丁未	戊申	己酉	庚戌	辛亥	壬子	癸丑	甲寅	乙卯
음력	12	13	14	15	16	17	18	19	20	21	22	23	24	25	26	27	28	29	30	11/1	2	3	4	5	6	7	8	9	10	11	12
대운 남	2	2	2	1	1	1	1	대	9	9	9	8	8	8	7	7	7	6	6	6	5	동	5	4	4	4	3	3	3	2	2
대운 여	8	8	8	9	9	9	10	설	1	1	1	1	2	2	2	3	3	3	4	4	4	지	5	5	6	6	6	7	7	7	8

단기 4264 年 불기 2475 年

1931년

중원 **辛未年** 납음(路傍土)본명성,(六白土)

대장군(卯동방), 삼살(서방), 상문(酉서방),조객(巳동남방), 납음(로방토), 【삼재(사,오,미)년】 臘享(납향):1932년1월23일(음12/16)

소한 6일 15시 56분 【음12월】 ➡ 【己丑月(기축월)】 ☯ 대한 21일 09시 18분

양력 1 / 음력 11/13 ~ 12/13

양력	1	2	3	4	5	6	7	8	9	10	11	12	13	14	15	16	17	18	19	20	21	22	23	24	25	26	27	28	29	30	31
요일	목	금	토	일	월	화	수	목	금	토	일	월	화	수	목	금	토	일	월	화	수	목	금	토	일	월	화	수	목	금	토
일진 日辰	丙辰	丁巳	戊午	己未	庚申	辛酉	壬戌	癸亥	甲子	乙丑	丙寅	丁卯	戊辰	己巳	庚午	辛未	壬申	癸酉	甲戌	乙亥	丙子	丁丑	戊寅	己卯	庚辰	辛巳	壬午	癸未	甲申	乙酉	丙戌
음력	13	14	15	16	17	18	19	20	21	22	23	24	25	26	27	28	29	30	12/1	2	3	4	5	6	7	8	9	10	11	12	13
대운 남	2	1	1	1	1	소	10	9	9	9	8	8	8	7	7	7	6	6	6	5	대	5	4	4	4	3	3	3	2	2	2
대운 여	8	8	9	9	9	한	1	1	1	1	2	2	2	3	3	3	4	4	4	5	한	5	6	6	6	7	7	7	8	8	8

입춘 5일 03시 41분 【음1월】 ➡ 【庚寅月(경인월)】 ☯ 우수 19일 23시 40분

양력 2 / 음력 12/14 ~ 01/12

양력	1	2	3	4	5	6	7	8	9	10	11	12	13	14	15	16	17	18	19	20	21	22	23	24	25	26	27	28
요일	일	월	화	수	목	금	토	일	월	화	수	목	금	토	일	월	화	수	목	금	토	일	월	화	수	목	금	토
일진 日辰	丁亥	戊子	己丑	庚寅	辛卯	壬辰	癸巳	甲午	乙未	丙申	丁酉	戊戌	己亥	庚子	辛丑	壬寅	癸卯	甲辰	乙巳	丙午	丁未	戊申	己酉	庚戌	辛亥	壬子	癸丑	甲寅
음력	14	15	16	17	18	19	20	21	22	23	24	25	26	27	28	29	1/1	2	3	4	5	6	7	8	9	10	11	12
대운 남	2	1	1	1	입	1	1	1	1	2	2	2	3	3	3	4	4	4	우	5	5	6	6	6	7	7	7	8
대운 여	9	9	9	10	춘	9	9	9	8	8	8	7	7	7	6	6	6	5	수	5	4	4	4	3	3	3	2	2

辛未年

경칩 6일 22시 02분 【음2월】 ➡ 【辛卯月(신묘월)】 ☯ 춘분 21일 23시 06분

양력 3 / 음력 01/13 ~ 02/13

양력	1	2	3	4	5	6	7	8	9	10	11	12	13	14	15	16	17	18	19	20	21	22	23	24	25	26	27	28	29	30	31
요일	일	월	화	수	목	금	토	일	월	화	수	목	금	토	일	월	화	수	목	금	토	일	월	화	수	목	금	토	일	월	화
일진 日辰	乙卯	丙辰	丁巳	戊午	己未	庚申	辛酉	壬戌	癸亥	甲子	乙丑	丙寅	丁卯	戊辰	己巳	庚午	辛未	壬申	癸酉	甲戌	乙亥	丙子	丁丑	戊寅	己卯	庚辰	辛巳	壬午	癸未	甲申	乙酉
음력	13	14	15	16	17	18	19	20	21	22	23	24	25	26	27	28	29	30	2/1	2	3	4	5	6	7	8	9	10	11	12	13
대운 남	8	8	9	9	9	경	1	1	1	1	2	2	2	3	3	3	4	4	4	5	춘	5	6	6	6	7	7	7	8	8	8
대운 여	2	1	1	1	1	칩	10	10	9	9	9	8	8	8	7	7	7	6	6	6	분	5	5	4	4	4	3	3	3	2	2

청명 6일 03시 20분 【음3월】 ➡ 【壬辰月(임진월)】 ☯ 곡우 21일 10시 40분

양력 4 / 음력 02/14 ~ 03/13

양력	1	2	3	4	5	6	7	8	9	10	11	12	13	14	15	16	17	18	19	20	21	22	23	24	25	26	27	28	29	30
요일	수	목	금	토	일	월	화	수	목	금	토	일	월	화	수	목	금	토	일	월	화	수	목	금	토	일	월	화	수	목
일진 日辰	丙戌	丁亥	戊子	己丑	庚寅	辛卯	壬辰	癸巳	甲午	乙未	丙申	丁酉	戊戌	己亥	庚子	辛丑	壬寅	癸卯	甲辰	乙巳	丙午	丁未	戊申	己酉	庚戌	辛亥	壬子	癸丑	甲寅	乙卯
음력	14	15	16	17	18	19	20	21	22	23	24	25	26	27	28	29	30	3/1	2	3	4	5	6	7	8	9	10	11	12	13
대운 남	9	9	9	10	10	청	1	1	1	1	2	2	2	3	3	3	4	4	4	5	곡	5	6	6	6	7	7	7	8	8
대운 여	2	1	1	1	1	명	10	9	9	9	8	8	8	7	7	7	6	6	6	5	우	5	4	4	4	3	3	3	2	2

입하 6일 21시 0분 【음4월】 ➡ 【癸巳月(계사월)】 ☯ 소만 22일 10시 15분

양력 5 / 음력 03/14 ~ 04/14

양력	1	2	3	4	5	6	7	8	9	10	11	12	13	14	15	16	17	18	19	20	21	22	23	24	25	26	27	28	29	30	31
요일	금	토	일	월	화	수	목	금	토	일	월	화	수	목	금	토	일	월	화	수	목	금	토	일	월	화	수	목	금	토	일
일진 日辰	丙辰	丁巳	戊午	己未	庚申	辛酉	壬戌	癸亥	甲子	乙丑	丙寅	丁卯	戊辰	己巳	庚午	辛未	壬申	癸酉	甲戌	乙亥	丙子	丁丑	戊寅	己卯	庚辰	辛巳	壬午	癸未	甲申	乙酉	丙戌
음력	14	15	16	17	18	19	20	21	22	23	24	25	26	27	28	29	30	4/1	2	3	4	5	6	7	8	9	10	11	12	13	14
대운 남	8	9	9	9	10	입	1	1	1	1	2	2	2	3	3	3	4	4	4	5	5	소	6	6	6	7	7	7	8	8	8
대운 여	2	1	1	1	1	하	10	10	10	9	9	9	8	8	8	7	7	7	6	6	6	만	5	5	4	4	4	3	3	3	2

망종 7일 01시 42분 【음5월】 ➡ 【甲午月(갑오월)】 ☯ 하지 22일 18시 28분

양력 6 / 음력 04/15 ~ 05/15

양력	1	2	3	4	5	6	7	8	9	10	11	12	13	14	15	16	17	18	19	20	21	22	23	24	25	26	27	28	29	30
요일	월	화	수	목	금	토	일	월	화	수	목	금	토	일	월	화	수	목	금	토	일	월	화	수	목	금	토	일	월	화
일진 日辰	丁亥	戊子	己丑	庚寅	辛卯	壬辰	癸巳	甲午	乙未	丙申	丁酉	戊戌	己亥	庚子	辛丑	壬寅	癸卯	甲辰	乙巳	丙午	丁未	戊申	己酉	庚戌	辛亥	壬子	癸丑	甲寅	乙卯	丙辰
음력	15	16	17	18	19	20	21	22	23	24	25	26	27	28	29	5/1	2	3	4	5	6	7	8	9	10	11	12	13	14	15
대운 남	9	9	9	10	10	10	망	1	1	1	1	2	2	2	3	3	3	4	4	4	5	하	5	6	6	6	7	7	7	8
대운 여	2	2	1	1	1	1	종	10	10	9	9	9	8	8	8	7	7	7	6	6	6	지	5	5	4	4	4	3	3	3

한식(4월06일), 초복(7월14일), 중복(7월24일), 말복(8월13일) ☂춘사(春社)3/24
☀추사(秋社)9/20 토왕지절(土旺之節):4월18일,7월21일,10월21일,1월18일(신년양력),
臘享(납향):1932년1월23일(신년양력)

1931 辛未年

소서 8일 12시 06분 【음6월】 ➡ 【乙未月(을미월)】 ☯ 대서 24일 05시 21분

양력 7 / 음력 05/16 ~ 06/17

양력	1	2	3	4	5	6	7	8	9	10	11	12	13	14	15	16	17	18	19	20	21	22	23	24	25	26	27	28	29	30	31
요일	수	목	금	토	일	월	화	수	목	금	토	일	월	화	수	목	금	토	일	월	화	수	목	금	토	일	월	화	수	목	금
일진 日辰	丁巳	戊午	己未	庚申	辛酉	壬戌	癸亥	甲子	乙丑	丙寅	丁卯	戊辰	己巳	庚午	辛未	壬申	癸酉	甲戌	乙亥	丙子	丁丑	戊寅	己卯	庚辰	辛巳	壬午	癸未	甲申	乙酉	丙戌	丁亥
음력	16	17	18	19	20	21	22	23	24	25	26	27	28	29	6/1	2	3	4	5	6	7	8	9	10	11	12	13	14	15	16	17
대운 남	8	8	9	9	9	10	10	소	1	1	1	1	2	2	2	3	3	3	4	4	4	5	5	대	6	6	6	7	7	7	8
대운 여	2	2	2	1	1	1	1	서	10	10	9	9	9	8	8	8	7	7	7	6	6	6	5	서	5	4	4	4	3	3	3

입추 8일 21시 45분 【음7월】 ➡ 【丙申月(병신월)】 ☯ 처서 24일 12시 10분

양력 8 / 음력 06/18 ~ 07/18

양력	1	2	3	4	5	6	7	8	9	10	11	12	13	14	15	16	17	18	19	20	21	22	23	24	25	26	27	28	29	30	31
요일	토	일	월	화	수	목	금	토	일	월	화	수	목	금	토	일	월	화	수	목	금	토	일	월	화	수	목	금	토	일	월
일진 日辰	戊子	己丑	庚寅	辛卯	壬辰	癸巳	甲午	乙未	丙申	丁酉	戊戌	己亥	庚子	辛丑	壬寅	癸卯	甲辰	乙巳	丙午	丁未	戊申	己酉	庚戌	辛亥	壬子	癸丑	甲寅	乙卯	丙辰	丁巳	戊午
음력	18	19	20	21	22	23	24	25	26	27	28	29	30	7/1	2	3	4	5	6	7	8	9	10	11	12	13	14	15	16	17	18
대운 남	8	8	9	9	9	10	10	입	1	1	1	1	2	2	2	3	3	3	4	4	4	5	5	처	6	6	6	7	7	7	8
대운 여	2	2	2	1	1	1	1	추	10	10	10	9	9	9	8	8	8	7	7	7	6	6	6	서	5	5	4	4	4	3	3

백로 9일 00시 17분 【음8월】 ➡ 【丁酉月(정유월)】 ☯ 추분 24일 09시 23분

양력 9 / 음력 07/19 ~ 08/19

양력	1	2	3	4	5	6	7	8	9	10	11	12	13	14	15	16	17	18	19	20	21	22	23	24	25	26	27	28	29	30
요일	화	수	목	금	토	일	월	화	수	목	금	토	일	월	화	수	목	금	토	일	월	화	수	목	금	토	일	월	화	수
일진 日辰	己未	庚申	辛酉	壬戌	癸亥	甲子	乙丑	丙寅	丁卯	戊辰	己巳	庚午	辛未	壬申	癸酉	甲戌	乙亥	丙子	丁丑	戊寅	己卯	庚辰	辛巳	壬午	癸未	甲申	乙酉	丙戌	丁亥	戊子
음력	19	20	21	22	23	24	25	26	27	28	29	8/1	2	3	4	5	6	7	8	9	10	11	12	13	14	15	16	17	18	19
대운 남	8	8	9	9	9	10	10	10	백	1	1	1	1	2	2	2	3	3	3	4	4	4	5	추	5	6	6	6	7	7
대운 여	3	2	2	2	1	1	1	1	로	10	9	9	9	8	8	8	7	7	7	6	6	6	5	분	5	4	4	4	3	3

한로 9일 15시 27분 【음9월】 ➡ 【戊戌月(무술월)】 ☯ 상강 24일 18시 16분

양력 10 / 음력 08/20 ~ 09/21

양력	1	2	3	4	5	6	7	8	9	10	11	12	13	14	15	16	17	18	19	20	21	22	23	24	25	26	27	28	29	30	31
요일	목	금	토	일	월	화	수	목	금	토	일	월	화	수	목	금	토	일	월	화	수	목	금	토	일	월	화	수	목	금	토
일진 日辰	己丑	庚寅	辛卯	壬辰	癸巳	甲午	乙未	丙申	丁酉	戊戌	己亥	庚子	辛丑	壬寅	癸卯	甲辰	乙巳	丙午	丁未	戊申	己酉	庚戌	辛亥	壬子	癸丑	甲寅	乙卯	丙辰	丁巳	戊午	己未
음력	20	21	22	23	24	25	26	27	28	29	9/1	2	3	4	5	6	7	8	9	10	11	12	13	14	15	16	17	18	19	20	21
대운 남	7	8	8	8	9	9	9	10	한	1	1	1	1	2	2	2	3	3	3	4	4	4	5	상	5	6	6	6	7	7	7
대운 여	3	2	2	2	1	1	1	1	로	10	9	9	9	8	8	8	7	7	7	6	6	6	5	강	5	4	4	4	3	3	3

입동 8일 18시 10분 【음10월】 ➡ 【己亥月(기해월)】 ☯ 소설 23일 15시 25분

양력 11 / 음력 09/22 ~ 10/21

양력	1	2	3	4	5	6	7	8	9	10	11	12	13	14	15	16	17	18	19	20	21	22	23	24	25	26	27	28	29	30
요일	일	월	화	수	목	금	토	일	월	화	수	목	금	토	일	월	화	수	목	금	토	일	월	화	수	목	금	토	일	월
일진 日辰	庚申	辛酉	壬戌	癸亥	甲子	乙丑	丙寅	丁卯	戊辰	己巳	庚午	辛未	壬申	癸酉	甲戌	乙亥	丙子	丁丑	戊寅	己卯	庚辰	辛巳	壬午	癸未	甲申	乙酉	丙戌	丁亥	戊子	己丑
음력	22	23	24	25	26	27	28	29	30	10/1	2	3	4	5	6	7	8	9	10	11	12	13	14	15	16	17	18	19	20	21
대운 남	8	8	8	9	9	9	10	입	1	1	1	1	2	2	2	3	3	3	4	4	4	5	소	5	6	6	6	7	7	7
대운 여	2	2	2	1	1	1	1	동	10	9	9	9	8	8	8	7	7	7	6	6	6	5	설	5	4	4	4	3	3	3

대설 8일 10시 40분 【음11월】 ➡ 【庚子月(경자월)】 ☯ 동지 23일 04시 30분

양력 12 / 음력 10/22 ~ 11/23

양력	1	2	3	4	5	6	7	8	9	10	11	12	13	14	15	16	17	18	19	20	21	22	23	24	25	26	27	28	29	30	31
요일	화	수	목	금	토	일	월	화	수	목	금	토	일	월	화	수	목	금	토	일	월	화	수	목	금	토	일	월	화	수	목
일진 日辰	庚寅	辛卯	壬辰	癸巳	甲午	乙未	丙申	丁酉	戊戌	己亥	庚子	辛丑	壬寅	癸卯	甲辰	乙巳	丙午	丁未	戊申	己酉	庚戌	辛亥	壬子	癸丑	甲寅	乙卯	丙辰	丁巳	戊午	己未	庚申
음력	22	23	24	25	26	27	28	29	11/1	2	3	4	5	6	7	8	9	10	11	12	13	14	15	16	17	18	19	20	21	22	23
대운 남	8	8	8	9	9	9	10	대	1	1	1	1	2	2	2	3	3	3	4	4	4	5	동	5	6	6	6	7	7	7	8
대운 여	2	2	2	1	1	1	1	설	9	9	9	8	8	8	7	7	7	6	6	6	5	5	지	4	4	4	3	3	3	2	2

단기 4265 年	1932년	壬申年
불기 2476 年		중원 ... 납음(劍鋒金),본명성(五黃土)

대장군(午남방), 삼살(남방), 상문(戌서북방),조객(午남방), 납음(검봉금), 【삼재(인,묘,진)년】 臘享(납향):1933년1월17일(음12/20)

소한 6일 21시 45분 【음12월】 ➡ **【辛丑月(신축월)】** ☯ 대한 21일 15시 07분

양력 1 (음력 11/24 ▮ 12/24)																															
양력	1	2	3	4	5	6	7	8	9	10	11	12	13	14	15	16	17	18	19	20	21	22	23	24	25	26	27	28	29	30	31
요일	금	토	일	월	화	수	목	금	토	일	월	화	수	목	금	토	일	월	화	수	목	금	토	일	월	화	수	목	금	토	일
일진	辛	壬	癸	甲	乙	丙	丁	戊	己	庚	辛	壬	癸	甲	乙	丙	丁	戊	己	庚	辛	壬	癸	甲	乙	丙	丁	戊	己	庚	辛
日辰	酉	戌	亥	子	丑	寅	卯	辰	巳	午	未	申	酉	戌	亥	子	丑	寅	卯	辰	巳	午	未	申	酉	戌	亥	子	丑	寅	卯
음력	24	25	26	27	28	29	30	12/1	2	3	4	5	6	7	8	9	10	11	12	13	14	15	16	17	18	19	20	21	22	23	24
대운 남	8	8	9	9	9	소	1	1	1	1	2	2	2	3	3	3	4	4	4	5	대	5	6	6	6	7	7	7	8	8	8
대운 여	2	1	1	1	1	한	10	9	9	9	8	8	8	7	7	7	6	6	6	5	한	5	4	4	4	3	3	3	2	2	2

입춘 5일 09시 29분 【음1월】 ➡ **【壬寅月(임인월)】** ☯ 우수 20일 05시 28분

양력 2 (음력 01/25 ▮ 02/24)																													
양력	1	2	3	4		6	7	8	9	10	11	12	13	14	15	16	17	18	19	20	21	22	23	24	25	26	27	28	29
요일	월	화	수	목		토	일	월	화	수	목	금	토	일	월	화	수	목	금	토	일	월	화	수	목	금	토	일	월
일진	壬	癸	甲	乙	丙	丁	戊	己	庚	辛	壬	癸	甲	乙	丙	丁	戊	己	庚	辛	壬	癸	甲	乙	丙	丁	戊	己	庚
日辰	辰	巳	午	未	申	酉	戌	亥	子	丑	寅	卯	辰	巳	午	未	申	酉	戌	亥	子	丑	寅	卯	辰	巳	午	未	申
음력	25	26	27	28	29	1/1	2	3	4	5	6	7	8	9	10	11	12	13	14	15	16	17	18	19	20	21	22	23	24
대운 남	9	9	9	10	입	10	9	9	9	8	8	8	7	7	7	6	6	6	5	우	5	4	4	4	3	3	3	2	2
대운 여	1	1	1	1	춘	1	1	1	1	2	2	2	3	3	3	4	4	4	5	수	5	6	6	6	7	7	7	8	8

壬申年

경칩 6일 03시 49분 【음2월】 ➡ **【癸卯月(계묘월)】** ☯ 춘분 21일 04시 54분

양력 3 (음력 01/25 ▮ 02/25)																															
양력	1	2	3	4	5	6	7	8	9	10	11	12	13	14	15	16	17	18	19	20	21	22	23	24	25	26	27	28	29	30	31
요일	화	수	목	금	토	일	월	화	수	목	금	토	일	월	화	수	목	금	토	일	월	화	수	목	금	토	일	월	화	수	목
일진	辛	壬	癸	甲	乙	丙	丁	戊	己	庚	辛	壬	癸	甲	乙	丙	丁	戊	己	庚	辛	壬	癸	甲	乙	丙	丁	戊	己	庚	辛
日辰	酉	戌	亥	子	丑	寅	卯	辰	巳	午	未	申	酉	戌	亥	子	丑	寅	卯	辰	巳	午	未	申	酉	戌	亥	子	丑	寅	卯
음력	25	26	27	28	29	30	2/1	2	3	4	5	6	7	8	9	10	11	12	13	14	15	16	17	18	19	20	21	22	23	24	25
대운 남	2	1	1	1	1	경	10	9	9	9	8	8	8	7	7	7	6	6	6	5	춘	5	4	4	4	3	3	3	2	2	2
대운 여	8	9	9	9	10	칩	1	1	1	1	2	2	2	3	3	3	4	4	4	5	분	5	6	6	6	7	7	7	8	8	8

청명 5일 09시 06분 【음3월】 ➡ **【甲辰月(갑진월)】** ☯ 곡우 20일 16시 28분

양력 4 (음력 02/26 ▮ 03/25)																														
양력	1	2	3	4	5	6	7	8	9	10	11	12	13	14	15	16	17	18	19	20	21	22	23	24	25	26	27	28	29	30
요일	금	토	일	월	화	수	목	금	토	일	월	화	수	목	금	토	일	월	화	수	목	금	토	일	월	화	수	목	금	토
일진	壬	癸	甲	乙	丙	丁	戊	己	庚	辛	壬	癸	甲	乙	丙	丁	戊	己	庚	辛	壬	癸	甲	乙	丙	丁	戊	己	庚	辛
日辰	辰	巳	午	未	申	酉	戌	亥	子	丑	寅	卯	辰	巳	午	未	申	酉	戌	亥	子	丑	寅	卯	辰	巳	午	未	申	酉
음력	26	27	28	29	30	3/1	2	3	4	5	6	7	8	9	10	11	12	13	14	15	16	17	18	19	20	21	22	23	24	25
대운 남	1	1	1	1	청	10	10	9	9	9	8	8	8	7	7	7	6	6	6	곡	5	5	4	4	4	3	3	3	2	2
대운 여	9	9	9	10	명	1	1	1	1	2	2	2	3	3	3	4	4	4	5	우	5	6	6	6	7	7	7	8	8	8

입하 6일 02시 55분 【음4월】 ➡ **【乙巳月(을사월)】** ☯ 소만 21일 16시 07분

양력 5 (음력 03/26 ▮ 04/26)																															
양력	1	2	3	4	5	6	7	8	9	10	11	12	13	14	15	16	17	18	19	20	21	22	23	24	25	26	27	28	29	30	31
요일	일	월	화	수	목	금	토	일	월	화	수	목	금	토	일	월	화	수	목	금	토	일	월	화	수	목	금	토	일	월	화
일진	壬	癸	甲	乙	丙	丁	戊	己	庚	辛	壬	癸	甲	乙	丙	丁	戊	己	庚	辛	壬	癸	甲	乙	丙	丁	戊	己	庚	辛	壬
日辰	戌	亥	子	丑	寅	卯	辰	巳	午	未	申	酉	戌	亥	子	丑	寅	卯	辰	巳	午	未	申	酉	戌	亥	子	丑	寅	卯	辰
음력	26	27	28	29	30	4/1	2	3	4	5	6	7	8	9	10	11	12	13	14	15	16	17	18	19	20	21	22	23	24	25	26
대운 남	2	1	1	1	1	입	10	10	9	9	9	8	8	8	7	7	7	6	6	6	소	5	5	4	4	4	3	3	3	2	2
대운 여	9	9	9	10	10	하	1	1	1	1	2	2	2	3	3	3	4	4	4	5	만	5	6	6	6	7	7	7	8	8	8

망종 6일 07시 28분 【음5월】 ➡ **【丙午月(병오월)】** ☯ 하지 22일 00시 23분

양력 6 (음력 04/27 ▮ 05/27)																														
양력	1	2	3	4	5	6	7	8	9	10	11	12	13	14	15	16	17	18	19	20	21	22	23	24	25	26	27	28	29	30
요일	수	목	금	토	일	월	화	수	목	금	토	일	월	화	수	목	금	토	일	월	화	수	목	금	토	일	월	화	수	목
일진	癸	甲	乙	丙	丁	戊	己	庚	辛	壬	癸	甲	乙	丙	丁	戊	己	庚	辛	壬	癸	甲	乙	丙	丁	戊	己	庚	辛	壬
日辰	巳	午	未	申	酉	戌	亥	子	丑	寅	卯	辰	巳	午	未	申	酉	戌	亥	子	丑	寅	卯	辰	巳	午	未	申	酉	戌
음력	27	28	29	5/1	2	3	4	5	6	7	8	9	10	11	12	13	14	15	16	17	18	19	20	21	22	23	24	25	26	27
대운 남	2	1	1	1	1	망	10	10	9	9	9	8	8	8	7	7	7	6	6	6	5	하	5	4	4	4	3	3	3	2
대운 여	9	9	9	10	10	종	1	1	1	1	2	2	2	3	3	3	4	4	4	5	5	지	6	6	6	7	7	7	8	8

한식(4월06일), 초복(7월18일), 중복(7월24일), 말복(8월07일) ☂춘사(春社)3/18
☀추사(秋社)9/24 토왕지절(土旺之節):4월17일,7월20일,10월20일,1월17일(신년양력),
臘享(납향):1933년1월17일(신년양력)

1932 壬申年

소서 7일 17시 52분 【음6월】 ➡ **【丁未月(정미월)】** ☯ 대서 23일 11시 18분

양력 7 / 음력 05/28 ~ 06/28

양력	1	2	3	4	5	6	7	8	9	10	11	12	13	14	15	16	17	18	19	20	21	22	23	24	25	26	27	28	29	30	31
요일	금	토	일	월	화	수	목	금	토	일	월	화	수	목	금	토	일	월	화	수	목	금	토	일	월	화	수	목	금	토	일
일진 日辰	癸亥	甲子	乙丑	丙寅	丁卯	戊辰	己巳	庚午	辛未	壬申	癸酉	甲戌	乙亥	丙子	丁丑	戊寅	己卯	庚辰	辛巳	壬午	癸未	甲申	乙酉	丙戌	丁亥	戊子	己丑	庚寅	辛卯	壬辰	癸巳
음력	28	29	30	6/1	2	3	4	5	6	7	8	9	10	11	12	13	14	15	16	17	18	19	20	21	22	23	24	25	26	27	28
대운 남	2	2	1	1	1	1	소	10	10	10	9	9	9	8	8	8	7	7	7	6	6	6	대	5	5	4	4	4	3	3	3
대운 여	8	9	9	9	10	10	서	1	1	1	1	2	2	2	3	3	3	4	4	4	5	5	서	6	6	6	7	7	7	8	8

입추 8일 03시 32분 【음7월】 ➡ **【戊申月(무신월)】** ☯ 처서 23일 18시 06분

양력 8 / 음력 06/29 ~ 07/30

양력	1	2	3	4	5	6	7	8	9	10	11	12	13	14	15	16	17	18	19	20	21	22	23	24	25	26	27	28	29	30	31
요일	월	화	수	목	금	토	일	월	화	수	목	금	토	일	월	화	수	목	금	토	일	월	화	수	목	금	토	일	월	화	수
일진 日辰	甲午	乙未	丙申	丁酉	戊戌	己亥	庚子	辛丑	壬寅	癸卯	甲辰	乙巳	丙午	丁未	戊申	己酉	庚戌	辛亥	壬子	癸丑	甲寅	乙卯	丙辰	丁巳	戊午	己未	庚申	辛酉	壬戌	癸亥	甲子
음력	29	7/1	2	3	4	5	6	7	8	9	10	11	12	13	14	15	16	17	18	19	20	21	22	23	24	25	26	27	28	29	30
대운 남	2	2	2	1	1	1	1	입	10	10	9	9	9	8	8	8	7	7	7	6	6	6	처	5	5	4	4	4	3	3	3
대운 여	8	9	9	9	10	10	10	추	1	1	1	1	2	2	2	3	3	3	4	4	4	5	서	5	6	6	6	7	7	7	8

백로 8일 06시 03분 【음8월】 ➡ **【己酉月(기유월)】** ☯ 추분 23일 15시 16분

양력 9 / 음력 08/01 ~ 09/01

양력	1	2	3	4	5	6	7	8	9	10	11	12	13	14	15	16	17	18	19	20	21	22	23	24	25	26	27	28	29	30
요일	목	금	토	일	월	화	수	목	금	토	일	월	화	수	목	금	토	일	월	화	수	목	금	토	일	월	화	수	목	금
일진 日辰	乙丑	丙寅	丁卯	戊辰	己巳	庚午	辛未	壬申	癸酉	甲戌	乙亥	丙子	丁丑	戊寅	己卯	庚辰	辛巳	壬午	癸未	甲申	乙酉	丙戌	丁亥	戊子	己丑	庚寅	辛卯	壬辰	癸巳	甲午
음력	8/1	2	3	4	5	6	7	8	9	10	11	12	13	14	15	16	17	18	19	20	21	22	23	24	25	26	27	28	29	9/1
대운 남	2	2	2	1	1	1	1	백	10	9	9	9	8	8	8	7	7	7	6	6	6	5	추	5	4	4	4	3	3	3
대운 여	8	8	9	9	9	10	10	로	1	1	1	1	2	2	2	3	3	3	4	4	4	5	분	5	6	6	6	7	7	7

한로 8일 21시 10분 【음9월】 ➡ **【庚戌月(경술월)】** ☯ 상강 24일 00시 04분

양력 10 / 음력 09/02 ~ 10/03

양력	1	2	3	4	5	6	7	8	9	10	11	12	13	14	15	16	17	18	19	20	21	22	23	24	25	26	27	28	29	30	31
요일	토	일	월	화	수	목	금	토	일	월	화	수	목	금	토	일	월	화	수	목	금	토	일	월	화	수	목	금	토	일	월
일진 日辰	乙未	丙申	丁酉	戊戌	己亥	庚子	辛丑	壬寅	癸卯	甲辰	乙巳	丙午	丁未	戊申	己酉	庚戌	辛亥	壬子	癸丑	甲寅	乙卯	丙辰	丁巳	戊午	己未	庚申	辛酉	壬戌	癸亥	甲子	乙丑
음력	2	3	4	5	6	7	8	9	10	11	12	13	14	15	16	17	18	19	20	21	22	23	24	25	26	27	28	29	10/1	2	3
대운 남	2	2	2	1	1	1	1	한	10	9	9	9	8	8	8	7	7	7	6	6	6	5	5	상	4	4	4	3	3	3	2
대운 여	8	8	8	9	9	9	10	로	1	1	1	1	2	2	2	3	3	3	4	4	4	5	5	강	6	6	6	7	7	7	8

입동 7일 23시 50분 【음10월】 ➡ **【辛亥月(신해월)】** ☯ 소설 22일 21시 10분

양력 11 / 음력 10/04 ~ 11/03

양력	1	2	3	4	5	6	7	8	9	10	11	12	13	14	15	16	17	18	19	20	21	22	23	24	25	26	27	28	29	30
요일	화	수	목	금	토	일	월	화	수	목	금	토	일	월	화	수	목	금	토	일	월	화	수	목	금	토	일	월	화	수
일진 日辰	丙寅	丁卯	戊辰	己巳	庚午	辛未	壬申	癸酉	甲戌	乙亥	丙子	丁丑	戊寅	己卯	庚辰	辛巳	壬午	癸未	甲申	乙酉	丙戌	丁亥	戊子	己丑	庚寅	辛卯	壬辰	癸巳	甲午	乙未
음력	4	5	6	7	8	9	10	11	12	13	14	15	16	17	18	19	20	21	22	23	24	25	26	27	28	29	30	11/1	2	3
대운 남	2	2	1	1	1	1	입	10	9	9	9	8	8	8	7	7	7	6	6	6	5	소	5	4	4	4	3	3	3	2
대운 여	8	8	9	9	9	10	동	1	1	1	1	2	2	2	3	3	3	4	4	4	5	설	5	6	6	6	7	7	7	8

대설 7일 16시 18분 【음11월】 ➡ **【壬子月(임자월)】** ☯ 동지 22일 10시 14분

양력 12 / 음력 11/04 ~ 12/05

양력	1	2	3	4	5	6	7	8	9	10	11	12	13	14	15	16	17	18	19	20	21	22	23	24	25	26	27	28	29	30	31
요일	목	금	토	일	월	화	수	목	금	토	일	월	화	수	목	금	토	일	월	화	수	목	금	토	일	월	화	수	목	금	토
일진 日辰	丙申	丁酉	戊戌	己亥	庚子	辛丑	壬寅	癸卯	甲辰	乙巳	丙午	丁未	戊申	己酉	庚戌	辛亥	壬子	癸丑	甲寅	乙卯	丙辰	丁巳	戊午	己未	庚申	辛酉	壬戌	癸亥	甲子	乙丑	丙寅
음력	4	5	6	7	8	9	10	11	12	13	14	15	16	17	18	19	20	21	22	23	24	25	26	27	28	29	12/1	2	3	4	5
대운 남	2	2	1	1	1	1	대	10	9	9	9	8	8	8	7	7	7	6	6	6	5	동	5	4	4	4	3	3	3	2	2
대운 여	8	8	9	9	9	10	설	1	1	1	1	2	2	2	3	3	3	4	4	4	5	지	5	6	6	6	7	7	7	8	8

단기 4266 年 불기 2477 年	1933년

癸酉年 중원(癸酉年),납음(劍鋒金),본명성(四綠木)

대장군(午남방).삼살(동방).상문(亥서북방).조객(未서남방). 납음(검봉금). 【삼재(해.자.축)년】 臘享(납향):1934년1월24일(음12/10)

닭

소한 6일 03시 23분 【음12월】 ➡ 【癸丑月(계축월)】 ☯ 대한 20일 20시 53분

양력 1	양력	1	2	3	4	5	6	7	8	9	10	11	12	13	14	15	16	17	18	19	20	21	22	23	24	25	26	27	28	29	30	31
	요일	일	월	화	수	목	금	토	일	월	화	수	목	금	토	일	월	화	수	목	금	토	일	월	화	수	목	금	토	일	월	화
	일진 日辰	丁卯	戊辰	己巳	庚午	辛未	壬申	癸酉	甲戌	乙亥	丙子	丁丑	戊寅	己卯	庚辰	辛巳	壬午	癸未	甲申	乙酉	丙戌	丁亥	戊子	己丑	庚寅	辛卯	壬辰	癸巳	甲午	乙未	丙申	丁酉
음력 12/06 ~ 01/06	음력	6	7	8	9	10	11	12	13	14	15	16	17	18	19	20	21	22	23	24	25	26	27	28	29	30	1/1	2	3	4	5	6
대운	남	2	1	1	1	1	소	9	9	9	8	8	8	7	7	7	6	6	6	5	대	5	4	4	4	3	3	3	2	2	2	1
	여	8	9	9	9	10	한	1	1	1	1	2	2	2	3	3	3	4	4	4	한	5	5	6	6	6	7	7	7	8	8	8

입춘 4일 15시 09분 【음1월】 ➡ 【甲寅月(갑인월)】 ☯ 우수 19일 11시 16분

양력 2	양력	1	2	3		5	6	7	8	9	10	11	12	13	14	15	16	17	18	19	20	21	22	23	24	25	26	27	28	癸酉年
	요일	수	목	금		일	월	화	수	목	금	토	일	월	화	수	목	금	토	일	월	화	수	목	금	토	일	월	화	
	일진 日辰	戊戌	己亥	庚子	辛丑	壬寅	癸卯	甲辰	乙巳	丙午	丁未	戊申	己酉	庚戌	辛亥	壬子	癸丑	甲寅	乙卯	丙辰	丁巳	戊午	己未	庚申	辛酉	壬戌	癸亥	甲子	乙丑	
음력 01/07 ~ 02/05	음력	7	8	9	10	11	12	13	14	15	16	17	18	19	20	21	22	23	24	25	26	27	28	29	2/1	2	3	4	5	
대운	남	1	1	1	입	1	1	1	1	2	2	2	3	3	3	4	4	4	5	우	5	6	6	6	7	7	7	8	8	
	여	9	9	9	춘	10	9	9	9	8	8	8	7	7	7	6	6	6	5	수	5	4	4	4	6	6	6	2	2	

경칩 6일 09시 31분 【음2월】 ➡ 【乙卯月(을묘월)】 ☯ 춘분 21일 10시 43분

양력 3	양력	1	2	3	4	5	6	7	8	9	10	11	12	13	14	15	16	17	18	19	20	21	22	23	24	25	26	27	28	29	30	31
	요일	수	목	금	토	일	월	화	수	목	금	토	일	월	화	수	목	금	토	일	월	화	수	목	금	토	일	월	화	수	목	금
	일진 日辰	丙寅	丁卯	戊辰	己巳	庚午	辛未	壬申	癸酉	甲戌	乙亥	丙子	丁丑	戊寅	己卯	庚辰	辛巳	壬午	癸未	甲申	乙酉	丙戌	丁亥	戊子	己丑	庚寅	辛卯	壬辰	癸巳	甲午	乙未	丙申
음력 02/06 ~ 03/06	음력	6	7	8	9	10	11	12	13	14	15	16	17	18	19	20	21	22	23	24	25	26	27	28	29	30	3/1	2	3	4	5	6
대운	남	8	9	9	9	10	경	1	1	1	1	2	2	2	3	3	3	4	4	4	5	춘	5	6	6	6	7	7	7	8	8	8
	여	2	1	1	1	1	칩	10	9	9	9	8	8	8	7	7	7	6	6	6	5	분	5	4	4	4	3	3	3	2	2	2

청명 5일 14시 51분 【음3월】 ➡ 【丙辰月(병진월)】 ☯ 곡우 20일 22시 18분

양력 4	양력	1	2	3	4	5	6	7	8	9	10	11	12	13	14	15	16	17	18	19	20	21	22	23	24	25	26	27	28	29	30
	요일	토	일	월	화	수	목	금	토	일	월	화	수	목	금	토	일	월	화	수	목	금	토	일	월	화	수	목	금	토	일
	일진 日辰	丁酉	戊戌	己亥	庚子	辛丑	壬寅	癸卯	甲辰	乙巳	丙午	丁未	戊申	己酉	庚戌	辛亥	壬子	癸丑	甲寅	乙卯	丙辰	丁巳	戊午	己未	庚申	辛酉	壬戌	癸亥	甲子	乙丑	丙寅
음력 03/07 ~ 04/06	음력	7	8	9	10	11	12	13	14	15	16	17	18	19	20	21	22	23	24	25	26	27	28	29	30	4/1	2	3	4	5	6
대운	남	9	9	9	10	청	1	1	1	1	2	2	2	3	3	3	4	4	4	5	곡	5	6	6	6	7	7	7	8	8	8
	여	1	1	1	1	명	10	10	9	9	9	8	8	8	7	7	7	6	6	6	우	5	5	4	4	4	3	3	3	2	2

입하 6일 08시 42분 【음4월】 ➡ 【丁巳月(정사월)】 ☯ 소만 21일 21시 57분

양력 5	양력	1	2	3	4	5	6	7	8	9	10	11	12	13	14	15	16	17	18	19	20	21	22	23	24	25	26	27	28	29	30	31
	요일	월	화	수	목	금	토	일	월	화	수	목	금	토	일	월	화	수	목	금	토	일	월	화	수	목	금	토	일	월	화	수
	일진 日辰	丁卯	戊辰	己巳	庚午	辛未	壬申	癸酉	甲戌	乙亥	丙子	丁丑	戊寅	己卯	庚辰	辛巳	壬午	癸未	甲申	乙酉	丙戌	丁亥	戊子	己丑	庚寅	辛卯	壬辰	癸巳	甲午	乙未	丙申	丁酉
음력 04/07 ~ 05/08	음력	7	8	9	10	11	12	13	14	15	16	17	18	19	20	21	22	23	24	25	26	27	28	29	5/1	2	3	4	5	6	7	8
대운	남	9	9	9	10	10	입	1	1	1	1	2	2	2	3	3	3	4	4	4	5	소	5	6	6	6	7	7	7	8	8	8
	여	2	1	1	1	1	하	10	10	9	9	9	8	8	8	7	7	7	6	6	6	만	5	5	4	4	4	3	3	3	2	2

망종 6일 13시 17분 【음5월】 ➡ 【戊午月(무오월)】 ☯ 하지 22일 06시 12분

양력 6	양력	1	2	3	4	5	6	7	8	9	10	11	12	13	14	15	16	17	18	19	20	21	22	23	24	25	26	27	28	29	30
	요일	목	금	토	일	월	화	수	목	금	토	일	월	화	수	목	금	토	일	월	화	수	목	금	토	일	월	화	수	목	금
	일진 日辰	戊戌	己亥	庚子	辛丑	壬寅	癸卯	甲辰	乙巳	丙午	丁未	戊申	己酉	庚戌	辛亥	壬子	癸丑	甲寅	乙卯	丙辰	丁巳	戊午	己未	庚申	辛酉	壬戌	癸亥	甲子	乙丑	丙寅	丁卯
음력 05/09 ~ 윤508	음력	9	10	11	12	13	14	15	16	17	18	19	20	21	22	23	24	25	26	27	28	29	30	윤5	2	3	4	5	6	7	8
대운	남	9	9	9	10	10	망	1	1	1	1	2	2	2	3	3	3	4	4	4	5	5	하	6	6	6	7	7	7	8	8
	여	2	1	1	1	1	종	10	10	9	9	9	8	8	8	7	7	7	6	6	6	5	지	5	4	4	4	3	3	3	2

한식(4월06일), 초복(7월13일), 중복(7월23일), 말복(8월12일) 춘사(春社)3/23
추사(秋社)9/19 토왕지절(土旺之節):4월17일,7월20일,10월21일,1월18일(신년양력),
臘享(납향):1934년1월24일(신년양력)

1933 癸酉年

소서 7일 23시 44분 【음6월】➡ 【己未月(기미월)】 대서 23일 17시 05분

양력 7 / 음력 윤509 ~ 06/09

양력	1	2	3	4	5	6	7	8	9	10	11	12	13	14	15	16	17	18	19	20	21	22	23	24	25	26	27	28	29	30	31
요일	토	일	월	화	수	목	금	토	일	월	화	수	목	금	토	일	월	화	수	목	금	토	일	월	화	수	목	금	토	일	월
일진 日辰	戊辰	己巳	庚午	辛未	壬申	癸酉	甲戌	乙亥	丙子	丁丑	戊寅	己卯	庚辰	辛巳	壬午	癸未	甲申	乙酉	丙戌	丁亥	戊子	己丑	庚寅	辛卯	壬辰	癸巳	甲午	乙未	丙申	丁酉	戊戌
음력	9	10	11	12	13	14	15	16	17	18	19	20	21	22	23	24	25	26	27	28	29	30	6/1	2	3	4	5	6	7	8	9
대운 남	8	9	9	9	10	10	소	1	1	1	1	2	2	2	3	3	3	4	4	4	5	5	대	6	6	6	7	7	7	8	8
대운 여	2	2	1	1	1	1	서	10	10	10	9	9	9	8	8	8	7	7	7	6	6	6	서	5	5	4	4	4	3	3	3

입추 8일 09시 26분 【음7월】➡ 【庚申月(경신월)】 처서 23일 23시 52분

양력 8 / 음력 06/10 ~ 07/11

양력	1	2	3	4	5	6	7	8	9	10	11	12	13	14	15	16	17	18	19	20	21	22	23	24	25	26	27	28	29	30	31
요일	화	수	목	금	토	일	월	화	수	목	금	토	일	월	화	수	목	금	토	일	월	화	수	목	금	토	일	월	화	수	목
일진 日辰	己亥	庚子	辛丑	壬寅	癸卯	甲辰	乙巳	丙午	丁未	戊申	己酉	庚戌	辛亥	壬子	癸丑	甲寅	乙卯	丙辰	丁巳	戊午	己未	庚申	辛酉	壬戌	癸亥	甲子	乙丑	丙寅	丁卯	戊辰	己巳
음력	10	11	12	13	14	15	16	17	18	19	20	21	22	23	24	25	26	27	28	29	7/1	2	3	4	5	6	7	8	9	10	11
대운 남	8	9	9	9	10	10	10	입	1	1	1	1	2	2	2	3	3	3	4	4	4	5	처	5	6	6	6	7	7	7	8
대운 여	2	2	2	1	1	1	1	추	10	10	9	9	9	8	8	8	7	7	7	6	6	6	서	5	5	4	4	4	3	3	3

백로 8일 11시 58분 【음8월】➡ 【辛酉月(신유월)】 추분 23일 21시 01분

양력 9 / 음력 07/12 ~ 08/11

양력	1	2	3	4	5	6	7	8	9	10	11	12	13	14	15	16	17	18	19	20	21	22	23	24	25	26	27	28	29	30
요일	금	토	일	월	화	수	목	금	토	일	월	화	수	목	금	토	일	월	화	수	목	금	토	일	월	화	수	목	금	토
일진 日辰	庚午	辛未	壬申	癸酉	甲戌	乙亥	丙子	丁丑	戊寅	己卯	庚辰	辛巳	壬午	癸未	甲申	乙酉	丙戌	丁亥	戊子	己丑	庚寅	辛卯	壬辰	癸巳	甲午	乙未	丙申	丁酉	戊戌	己亥
음력	12	13	14	15	16	17	18	19	20	21	22	23	24	25	26	27	28	29	30	8/1	2	3	4	5	6	7	8	9	10	11
대운 남	8	8	9	9	9	10	10	백	1	1	1	1	2	2	2	3	3	3	4	4	4	5	추	5	6	6	6	7	7	7
대운 여	2	2	2	1	1	1	1	로	10	10	9	9	9	8	8	8	7	7	7	6	6	6	분	5	5	4	4	4	3	3

한로 9일 03시 04분 【음9월】➡ 【壬戌月(임술월)】 상강 24일 05시 48분

양력 10 / 음력 08/12 ~ 09/13

양력	1	2	3	4	5	6	7	8	9	10	11	12	13	14	15	16	17	18	19	20	21	22	23	24	25	26	27	28	29	30	31
요일	일	월	화	수	목	금	토	일	월	화	수	목	금	토	일	월	화	수	목	금	토	일	월	화	수	목	금	토	일	월	화
일진 日辰	庚子	辛丑	壬寅	癸卯	甲辰	乙巳	丙午	丁未	戊申	己酉	庚戌	辛亥	壬子	癸丑	甲寅	乙卯	丙辰	丁巳	戊午	己未	庚申	辛酉	壬戌	癸亥	甲子	乙丑	丙寅	丁卯	戊辰	己巳	庚午
음력	12	13	14	15	16	17	18	19	20	21	22	23	24	25	26	27	28	29	9/1	2	3	4	5	6	7	8	9	10	11	12	13
대운 남	8	8	8	9	9	9	10	10	한	1	1	1	1	2	2	2	3	3	3	4	4	4	5	상	5	6	6	6	7	7	7
대운 여	3	2	2	2	1	1	1	1	로	10	9	9	9	8	8	8	7	7	7	6	6	6	5	강	5	4	4	4	3	3	3

입동 8일 05시 43분 【음10월】➡ 【癸亥月(계해월)】 소설 23일 02시 53분

양력 11 / 음력 09/14 ~ 11/13

양력	1	2	3	4	5	6	7	8	9	10	11	12	13	14	15	16	17	18	19	20	21	22	23	24	25	26	27	28	29	30
요일	수	목	금	토	일	월	화	수	목	금	토	일	월	화	수	목	금	토	일	월	화	수	목	금	토	일	월	화	수	목
일진 日辰	辛未	壬申	癸酉	甲戌	乙亥	丙子	丁丑	戊寅	己卯	庚辰	辛巳	壬午	癸未	甲申	乙酉	丙戌	丁亥	戊子	己丑	庚寅	辛卯	壬辰	癸巳	甲午	乙未	丙申	丁酉	戊戌	己亥	庚子
음력	14	15	16	17	18	19	20	21	22	23	24	25	26	27	28	29	30	10/1	2	3	4	5	6	7	8	9	10	11	12	13
대운 남	8	8	8	9	9	9	10	입	1	1	1	1	2	2	2	3	3	3	4	4	4	5	소	5	6	6	6	7	7	7
대운 여	2	2	2	1	1	1	1	동	9	9	9	8	8	8	7	7	7	6	6	6	5	5	설	4	4	4	3	3	3	2

대설 7일 22시 11분 【음11월】➡ 【甲子月(갑자월)】 동지 22일 15시 58분

양력 12 / 음력 10/14 ~ 11/15

양력	1	2	3	4	5	6	7	8	9	10	11	12	13	14	15	16	17	18	19	20	21	22	23	24	25	26	27	28	29	30	31
요일	금	토	일	월	화	수	목	금	토	일	월	화	수	목	금	토	일	월	화	수	목	금	토	일	월	화	수	목	금	토	일
일진 日辰	辛丑	壬寅	癸卯	甲辰	乙巳	丙午	丁未	戊申	己酉	庚戌	辛亥	壬子	癸丑	甲寅	乙卯	丙辰	丁巳	戊午	己未	庚申	辛酉	壬戌	癸亥	甲子	乙丑	丙寅	丁卯	戊辰	己巳	庚午	辛未
음력	14	15	16	17	18	19	20	21	22	23	24	25	26	27	28	29	11/1	2	3	4	5	6	7	8	9	10	11	12	13	14	15
대운 남	8	8	8	9	9	9	대	1	1	1	1	2	2	2	3	3	3	4	4	4	5	동	5	6	6	6	7	7	7	8	8
대운 여	2	2	1	1	1	1	설	10	9	9	9	8	8	8	7	7	7	6	6	6	5	지	5	4	4	4	3	3	3	2	2

단기 4267 年	1934년	중원 甲戌年 ,납음(山頭火)본명성(三碧木)
불기 2478 年		대장군(午남방), 삼살(북방), 상문(子북방),조객(申서남방), 납음(산두화), 【삼재(신,유,술)년】 臘享(납향):1935년1월19일(음12/15)

(개)

소한 6일 09시 17분 【음12월】 ➡ **【乙丑月(을축월)】** ☯ 대한 21일 02시 37분

양력 1 / 음력 11/16 ~ 12/17

양력	1	2	3	4	5	6	7	8	9	10	11	12	13	14	15	16	17	18	19	20	21	22	23	24	25	26	27	28	29	30	31
요일	월	화	수	목	금	토	일	월	화	수	목	금	토	일	월	화	수	목	금	토	일	월	화	수	목	금	토	일	월	화	수
일진	壬	癸	甲	乙	丙	丁	戊	己	庚	辛	壬	癸	甲	乙	丙	丁	戊	己	庚	辛	壬	癸	甲	乙	丙	丁	戊	己	庚	辛	壬
日辰	申	酉	戌	亥	子	丑	寅	卯	辰	巳	午	未	申	酉	戌	亥	子	丑	寅	卯	辰	巳	午	未	申	酉	戌	亥	子	丑	寅
음력	16	17	18	19	20	21	22	23	24	25	26	27	28	29	12/1	2	3	4	5	6	7	8	9	10	11	12	13	14	15	16	17
대운 남	8	9	9	9	10	소	1	1	1	1	2	2	2	3	3	3	4	4	4	5	대	5	6	6	6	7	7	7	8	8	8
대운 여	2	1	1	1	1	한	9	9	9	8	8	8	7	7	7	6	6	6	5	5	한	4	4	4	3	3	3	2	2	2	1

입춘 4일 21시 04분 【음1월】 ➡ **【丙寅月(병인월)】** ☯ 우수 19일 17시 02분

양력 2 / 음력 12/18 ~ 01/15

양력	1	2	3	4	5	6	7	8	9	10	11	12	13	14	15	16	17	18	19	20	21	22	23	24	25	26	27	28
요일	목	금	토	일	월	화	수	목	금	토	일	월	화	수	목	금	토	일	월	화	수	목	금	토	일	월	화	수
일진	癸	甲	乙	丙	丁	戊	己	庚	辛	壬	癸	甲	乙	丙	丁	戊	己	庚	辛	壬	癸	甲	乙	丙	丁	戊	己	庚
日辰	卯	辰	巳	午	未	申	酉	戌	亥	子	丑	寅	卯	辰	巳	午	未	申	酉	戌	亥	子	丑	寅	卯	辰	巳	午
음력	18	19	20	21	22	23	24	25	26	27	28	29	30	1/1	2	3	4	5	6	7	8	9	10	11	12	13	14	15
대운 남	9	9	9	입	10	9	9	9	8	8	8	7	7	7	6	6	6	5	우	5	4	4	4	3	3	3	2	2
대운 여	1	1	1	춘	1	1	1	1	2	2	2	3	3	3	4	4	4	5	수	5	6	6	6	7	7	7	8	8

甲戌年

경칩 6일 15시 26분 【음2월】 ➡ **【丁卯月(정묘월)】** ☯ 춘분 21일 16시 28분

양력 3 / 음력 01/16 ~ 02/17

양력	1	2	3	4	5	6	7	8	9	10	11	12	13	14	15	16	17	18	19	20	21	22	23	24	25	26	27	28	29	30	31
요일	목	금	토	일	월	화	수	목	금	토	일	월	화	수	목	금	토	일	월	화	수	목	금	토	일	월	화	수	목	금	토
일진	辛	壬	癸	甲	乙	丙	丁	戊	己	庚	辛	壬	癸	甲	乙	丙	丁	戊	己	庚	辛	壬	癸	甲	乙	丙	丁	戊	己	庚	辛
日辰	未	申	酉	戌	亥	子	丑	寅	卯	辰	巳	午	未	申	酉	戌	亥	子	丑	寅	卯	辰	巳	午	未	申	酉	戌	亥	子	丑
음력	16	17	18	19	20	21	22	23	24	25	26	27	28	29	2/1	2	3	4	5	6	7	8	9	10	11	12	13	14	15	16	17
대운 남	2	1	1	1	1	경	10	9	9	9	8	8	8	7	7	7	6	6	6	5	춘	5	4	4	4	3	3	3	2	2	2
대운 여	8	9	9	9	10	칩	1	1	1	1	2	2	2	3	3	3	4	4	4	5	분	5	6	6	6	7	7	7	8	8	8

청명 5일 20시 44분 【음3월】 ➡ **【戊辰月(무진월)】** ☯ 곡우 21일 04시 00분

양력 4 / 음력 02/18 ~ 03/17

양력	1	2	3	4	5	6	7	8	9	10	11	12	13	14	15	16	17	18	19	20	21	22	23	24	25	26	27	28	29	30
요일	일	월	화	수	목	금	토	일	월	화	수	목	금	토	일	월	화	수	목	금	토	일	월	화	수	목	금	토	일	월
일진	壬	癸	甲	乙	丙	丁	戊	己	庚	辛	壬	癸	甲	乙	丙	丁	戊	己	庚	辛	壬	癸	甲	乙	丙	丁	戊	己	庚	辛
日辰	寅	卯	辰	巳	午	未	申	酉	戌	亥	子	丑	寅	卯	辰	巳	午	未	申	酉	戌	亥	子	丑	寅	卯	辰	巳	午	未
음력	18	19	20	21	22	23	24	25	26	27	28	29	30	3/1	2	3	4	5	6	7	8	9	10	11	12	13	14	15	16	17
대운 남	1	1	1	1	청	10	10	9	9	9	8	8	8	7	7	7	6	6	6	5	곡	5	4	4	4	3	3	3	2	2
대운 여	9	9	9	10	명	1	1	1	1	2	2	2	3	3	3	4	4	4	5	5	우	6	6	6	7	7	7	8	8	8

입하 6일 14시 31분 【음4월】 ➡ **【己巳月(기사월)】** ☯ 소만 22일 03시 35분

양력 5 / 음력 03/18 ~ 04/19

양력	1	2	3	4	5	6	7	8	9	10	11	12	13	14	15	16	17	18	19	20	21	22	23	24	25	26	27	28	29	30	31
요일	화	수	목	금	토	일	월	화	수	목	금	토	일	월	화	수	목	금	토	일	월	화	수	목	금	토	일	월	화	수	목
일진	壬	癸	甲	乙	丙	丁	戊	己	庚	辛	壬	癸	甲	乙	丙	丁	戊	己	庚	辛	壬	癸	甲	乙	丙	丁	戊	己	庚	辛	壬
日辰	申	酉	戌	亥	子	丑	寅	卯	辰	巳	午	未	申	酉	戌	亥	子	丑	寅	卯	辰	巳	午	未	申	酉	戌	亥	子	丑	寅
음력	18	19	20	21	22	23	24	25	26	27	28	29	4/1	2	3	4	5	6	7	8	9	10	11	12	13	14	15	16	17	18	19
대운 남	2	1	1	1	1	입	10	10	9	9	9	8	8	8	7	7	7	6	6	6	5	소	5	4	4	4	3	3	3	2	2
대운 여	9	9	9	10	10	하	1	1	1	1	2	2	2	3	3	3	4	4	4	5	5	만	6	6	6	7	7	7	8	8	8

망종 6일 19시 01분 【음5월】 ➡ **【庚午月(경오월)】** ☯ 하지 22일 11시 48분

양력 6 / 음력 04/20 ~ 05/19

양력	1	2	3	4	5	6	7	8	9	10	11	12	13	14	15	16	17	18	19	20	21	22	23	24	25	26	27	28	29	30
요일	금	토	일	월	화	수	목	금	토	일	월	화	수	목	금	토	일	월	화	수	목	금	토	일	월	화	수	목	금	토
일진	癸	甲	乙	丙	丁	戊	己	庚	辛	壬	癸	甲	乙	丙	丁	戊	己	庚	辛	壬	癸	甲	乙	丙	丁	戊	己	庚	辛	壬
日辰	卯	辰	巳	午	未	申	酉	戌	亥	子	丑	寅	卯	辰	巳	午	未	申	酉	戌	亥	子	丑	寅	卯	辰	巳	午	未	申
음력	20	21	22	23	24	25	26	27	28	29	30	5/1	2	3	4	5	6	7	8	9	10	11	12	13	14	15	16	17	18	19
대운 남	2	1	1	1	1	망	10	10	10	9	9	9	8	8	8	7	7	7	6	6	6	하	5	5	4	4	4	3	3	3
대운 여	9	9	9	10	10	종	1	1	1	1	2	2	2	3	3	3	4	4	4	5	5	지	6	6	6	7	7	7	8	8

한식(4월06일), 초복(7월28일), 중복(7월07일), 말복(8월17일) ☂춘사(春社)3/18
☀추사(秋社)9/24 토왕지절(土旺之節):4월18일,7월20일,10월21일,1월18일(신년양력),
臘享(납향):1935년1월19일(신년양력)

1934 甲戌年

소서 8일 05시 24분 【음6월】 ➡ 【辛未月(신미월)】 ☯ 대서 23일 22시 42분

양력 7 / 음력 05/20 ~ 06/20

양력	1	2	3	4	5	6	7	8	9	10	11	12	13	14	15	16	17	18	19	20	21	22	23	24	25	26	27	28	29	30	31
요일	일	월	화	수	목	금	토	일	월	화	수	목	금	토	일	월	화	수	목	금	토	일	월	화	수	목	금	토	일	월	화
일진	癸	甲	乙	丙	丁	戊	己	庚	辛	壬	癸	甲	乙	丙	丁	戊	己	庚	辛	壬	癸	甲	乙	丙	丁	戊	己	庚	辛	壬	癸
日辰	酉	戌	亥	子	丑	寅	卯	辰	巳	午	未	申	酉	戌	亥	子	丑	寅	卯	辰	巳	午	未	申	酉	戌	亥	子	丑	寅	卯
음력	20	21	22	23	24	25	26	27	28	29	30	6/1	2	3	4	5	6	7	8	9	10	11	12	13	14	15	16	17	18	19	20
대운 남	2	2	2	1	1	1	1	소	10	10	9	9	9	8	8	7	7	7	6	6	6	5	대	5	4	4	4	3	3	3	3
대운 여	8	9	9	9	10	10	10	서	1	1	1	1	2	2	3	3	3	4	4	4	5	5	서	6	6	6	7	7	7	8	8

입추 8일 15시 04분 【음7월】 ➡ 【壬申月(임신월)】 ☯ 처서 24일 05시 32분

양력 8 / 음력 06/21 ~ 07/22

양력	1	2	3	4	5	6	7	8	9	10	11	12	13	14	15	16	17	18	19	20	21	22	23	24	25	26	27	28	29	30	31
요일	수	목	금	토	일	월	화	수	목	금	토	일	월	화	수	목	금	토	일	월	화	수	목	금	토	일	월	화	수	목	금
일진	甲	乙	丙	丁	戊	己	庚	辛	壬	癸	甲	乙	丙	丁	戊	己	庚	辛	壬	癸	甲	乙	丙	丁	戊	己	庚	辛	壬	癸	甲
日辰	辰	巳	午	未	申	酉	戌	亥	子	丑	寅	卯	辰	巳	午	未	申	酉	戌	亥	子	丑	寅	卯	辰	巳	午	未	申	酉	戌
음력	21	22	23	24	25	26	27	28	29	7/1	2	3	4	5	6	7	8	9	10	11	12	13	14	15	16	17	18	19	20	21	22
대운 남	2	2	2	1	1	1	1	입	10	10	9	9	9	8	8	8	7	7	7	6	6	6	5	처	5	4	4	4	3	3	3
대운 여	8	8	9	9	9	10	10	추	1	1	1	1	2	2	2	3	3	3	4	4	4	5	5	서	6	6	6	7	7	7	8

백로 8일 17시 36분 【음8월】 ➡ 【癸酉月(계유월)】 ☯ 추분 24일 02시 45분

양력 9 / 음력 07/23 ~ 08/22

양력	1	2	3	4	5	6	7	8	9	10	11	12	13	14	15	16	17	18	19	20	21	22	23	24	25	26	27	28	29	30
요일	토	일	월	화	수	목	금	토	일	월	화	수	목	금	토	일	월	화	수	목	금	토	일	월	화	수	목	금	토	일
일진	乙	丙	丁	戊	己	庚	辛	壬	癸	甲	乙	丙	丁	戊	己	庚	辛	壬	癸	甲	乙	丙	丁	戊	己	庚	辛	壬	癸	甲
日辰	亥	子	丑	寅	卯	辰	巳	午	未	申	酉	戌	亥	子	丑	寅	卯	辰	巳	午	未	申	酉	戌	亥	子	丑	寅	卯	辰
음력	23	24	25	26	27	28	29	30	8/1	2	3	4	5	6	7	8	9	10	11	12	13	14	15	16	17	18	19	20	21	22
대운 남	2	2	2	1	1	1	1	백	10	10	9	9	9	8	8	8	7	7	7	6	6	6	5	추	5	4	4	4	3	3
대운 여	8	8	9	9	9	10	10	로	1	1	1	1	2	2	2	3	3	3	4	4	4	5	5	분	6	6	6	7	7	7

한로 9일 08시 45분 【음9월】 ➡ 【甲戌月(갑술월)】 ☯ 상강 24일 11시 36분

양력 10 / 음력 08/23 ~ 09/23

양력	1	2	3	4	5	6	7	8	9	10	11	12	13	14	15	16	17	18	19	20	21	22	23	24	25	26	27	28	29	30	31
요일	월	화	수	목	금	토	일	월	화	수	목	금	토	일	월	화	수	목	금	토	일	월	화	수	목	금	토	일	월	화	수
일진	乙	丙	丁	戊	己	庚	辛	壬	癸	甲	乙	丙	丁	戊	己	庚	辛	壬	癸	甲	乙	丙	丁	戊	己	庚	辛	壬	癸	甲	乙
日辰	巳	午	未	申	酉	戌	亥	子	丑	寅	卯	辰	巳	午	未	申	酉	戌	亥	子	丑	寅	卯	辰	巳	午	未	申	酉	戌	亥
음력	23	24	25	26	27	28	29	30	9/1	2	3	4	5	6	7	8	9	10	11	12	13	14	15	16	17	18	19	20	21	22	23
대운 남	3	2	2	2	1	1	1	1	한	10	9	9	9	8	8	8	7	7	7	6	6	6	5	상	5	4	4	4	3	3	3
대운 여	8	8	8	9	9	9	10	10	로	1	1	1	1	2	2	2	3	3	3	4	4	4	5	강	5	6	6	6	7	7	7

입동 8일 11시 27분 【음10월】 ➡ 【乙亥月(을해월)】 ☯ 소설 23일 08시 44분

양력 11 / 음력 09/24 ~ 10/24

양력	1	2	3	4	5	6	7	8	9	10	11	12	13	14	15	16	17	18	19	20	21	22	23	24	25	26	27	28	29	30
요일	목	금	토	일	월	화	수	목	금	토	일	월	화	수	목	금	토	일	월	화	수	목	금	토	일	월	화	수	목	금
일진	丙	丁	戊	己	庚	辛	壬	癸	甲	乙	丙	丁	戊	己	庚	辛	壬	癸	甲	乙	丙	丁	戊	己	庚	辛	壬	癸	甲	乙
日辰	子	丑	寅	卯	辰	巳	午	未	申	酉	戌	亥	子	丑	寅	卯	辰	巳	午	未	申	酉	戌	亥	子	丑	寅	卯	辰	巳
음력	24	25	26	27	28	29	10/1	2	3	4	5	6	7	8	9	10	11	12	13	14	15	16	17	18	19	20	21	22	23	24
대운 남	2	2	2	1	1	1	1	입	10	9	9	9	8	8	8	7	7	7	6	6	6	5	소	5	4	4	4	3	3	3
대운 여	8	8	8	9	9	9	10	동	1	1	1	1	2	2	2	3	3	3	4	4	4	5	설	5	6	6	6	7	7	7

대설 8일 03시 57분 【음11월】 ➡ 【丙子月(병자월)】 ☯ 동지 22일 21시 49분

양력 12 / 음력 10/25 ~ 11/25

양력	1	2	3	4	5	6	7	8	9	10	11	12	13	14	15	16	17	18	19	20	21	22	23	24	25	26	27	28	29	30	31
요일	토	일	월	화	수	목	금	토	일	월	화	수	목	금	토	일	월	화	수	목	금	토	일	월	화	수	목	금	토	일	월
일진	丙	丁	戊	己	庚	辛	壬	癸	甲	乙	丙	丁	戊	己	庚	辛	壬	癸	甲	乙	丙	丁	戊	己	庚	辛	壬	癸	甲	乙	丙
日辰	午	未	申	酉	戌	亥	子	丑	寅	卯	辰	巳	午	未	申	酉	戌	亥	子	丑	寅	卯	辰	巳	午	未	申	酉	戌	亥	子
음력	25	26	27	28	29	30	11/1	2	3	4	5	6	7	8	9	10	11	12	13	14	15	16	17	18	19	20	21	22	23	24	25
대운 남	2	2	2	1	1	1	1	대	9	9	9	8	8	8	7	7	7	6	6	6	5	동	5	4	4	4	3	3	3	2	2
대운 여	8	8	8	9	9	9	10	설	1	1	1	1	2	2	2	3	3	3	4	4	4	지	5	5	6	6	6	7	7	7	8

단기 4268 年	1935년	중원(乙亥年 납음(山頭火),본명성(二黑土)
불기 2479 年		대장군(酉서방), 삼살(서방), 상문(丑동북방),조객(酉서방), 납음(산두화),【삼재(사,오,미)년】 臘享(납향):1936년1월26일(음12/03)

돼지

소한 6일 15시 02분 【음12월】 ➡ 【丁丑月(정축월)】 ☯ 대한 21일 08시 28분

양력 1 / 음력 11/26 ~ 12/27

양력	1	2	3	4	5	6	7	8	9	10	11	12	13	14	15	16	17	18	19	20	21	22	23	24	25	26	27	28	29	30	31
요일	화	수	목	금	토	일	월	화	수	목	금	토	일	월	화	수	목	금	토	일	월	화	수	목	금	토	일	월	화	수	목
일진 日辰	丁丑	戊寅	己卯	庚辰	辛巳	壬午	癸未	甲申	乙酉	丙戌	丁亥	戊子	己丑	庚寅	辛卯	壬辰	癸巳	甲午	乙未	丙申	丁酉	戊戌	己亥	庚子	辛丑	壬寅	癸卯	甲辰	乙巳	丙午	丁未
음력	26	27	28	29	12/1	2	3	4	5	6	7	8	9	10	11	12	13	14	15	16	17	18	19	20	21	22	23	24	25	26	27
대운 남	2	1	1	1	1	소	10	9	9	9	8	8	8	7	7	7	6	6	6	5	대	5	4	4	4	3	3	3	2	2	2
대운 여	8	8	9	9	9	한	1	1	1	1	2	2	2	3	3	3	4	4	4	5	한	5	6	6	6	7	7	7	8	8	8

입춘 5일 02시 49분 【음1월】 ➡ 【戊寅月(무인월) ☯ 우수 19일 22시 52분

양력 2 / 음력 12/28 ~ 01/25

양력	1	2	3	4	5	6	7	8	9	10	11	12	13	14	15	16	17	18	19	20	21	22	23	24	25	26	27	28
요일	금	토	일	월	화	수	목	금	토	일	월	화	수	목	금	토	일	월	화	수	목	금	토	일	월	화	수	목
일진 日辰	戊申	己酉	庚戌	辛亥	壬子	癸丑	甲寅	乙卯	丙辰	丁巳	戊午	己未	庚申	辛酉	壬戌	癸亥	甲子	乙丑	丙寅	丁卯	戊辰	己巳	庚午	辛未	壬申	癸酉	甲戌	乙亥
음력	28	29	30	1/1	2	3	4	5	6	7	8	9	10	11	12	13	14	15	16	17	18	19	20	21	22	23	24	25
대운 남	1	1	1	1	입	1	1	1	1	2	2	2	3	3	3	4	4	4	우	5	5	6	6	6	7	7	7	8
대운 여	9	9	9	10	춘	9	9	9	8	8	8	7	7	7	6	6	6	5	수	5	4	4	4	3	3	3	2	2

乙亥年

경칩 6일 21시 10분 【음2월】 ➡ 【己卯月(기묘월)】 ☯ 춘분 21일 22시 18분

양력 3 / 음력 01/26 ~ 02/27

양력	1	2	3	4	5	6	7	8	9	10	11	12	13	14	15	16	17	18	19	20	21	22	23	24	25	26	27	28	29	30	31
요일	금	토	일	월	화	수	목	금	토	일	월	화	수	목	금	토	일	월	화	수	목	금	토	일	월	화	수	목	금	토	일
일진 日辰	丙子	丁丑	戊寅	己卯	庚辰	辛巳	壬午	癸未	甲申	乙酉	丙戌	丁亥	戊子	己丑	庚寅	辛卯	壬辰	癸巳	甲午	乙未	丙申	丁酉	戊戌	己亥	庚子	辛丑	壬寅	癸卯	甲辰	乙巳	丙午
음력	26	27	28	29	2/1	2	3	4	5	6	7	8	9	10	11	12	13	14	15	16	17	18	19	20	21	22	23	24	25	26	27
대운 남	8	8	9	9	9	경	1	1	1	1	2	2	2	3	3	3	4	4	4	5	춘	5	6	6	6	7	7	7	8	8	8
대운 여	2	1	1	1	1	칩	10	10	9	9	9	8	8	8	7	7	7	6	6	6	분	5	5	4	4	4	3	3	3	2	2

청명 6일 02시 26분 【음3월】 ➡ 【庚辰月(경진월)】 ☯ 곡우 21일 09시 50분

양력 4 / 음력 02/28 ~ 03/28

양력	1	2	3	4	5	6	7	8	9	10	11	12	13	14	15	16	17	18	19	20	21	22	23	24	25	26	27	28	29	30
요일	월	화	수	목	금	토	일	월	화	수	목	금	토	일	월	화	수	목	금	토	일	월	화	수	목	금	토	일	월	화
일진 日辰	丁未	戊申	己酉	庚戌	辛亥	壬子	癸丑	甲寅	乙卯	丙辰	丁巳	戊午	己未	庚申	辛酉	壬戌	癸亥	甲子	乙丑	丙寅	丁卯	戊辰	己巳	庚午	辛未	壬申	癸酉	甲戌	乙亥	丙子
음력	28	29	3/1	2	3	4	5	6	7	8	9	10	11	12	13	14	15	16	17	18	19	20	21	22	23	24	25	26	27	28
대운 남	9	9	9	10	10	청	1	1	1	1	2	2	2	3	3	3	4	4	4	5	곡	5	6	6	6	7	7	7	8	8
대운 여	2	1	1	1	1	명	10	9	9	9	8	8	8	7	7	7	6	6	6	5	우	5	4	4	4	3	3	3	2	2

입하 6일 20시 12분 【음4월】 ➡ 【辛巳月(신사월)】 ☯ 소만 22일 09시 25분

양력 5 / 음력 03/29 ~ 04/29

양력	1	2	3	4	5	6	7	8	9	10	11	12	13	14	15	16	17	18	19	20	21	22	23	24	25	26	27	28	29	30	31
요일	수	목	금	토	일	월	화	수	목	금	토	일	월	화	수	목	금	토	일	월	화	수	목	금	토	일	월	화	수	목	금
일진 日辰	丁丑	戊寅	己卯	庚辰	辛巳	壬午	癸未	甲申	乙酉	丙戌	丁亥	戊子	己丑	庚寅	辛卯	壬辰	癸巳	甲午	乙未	丙申	丁酉	戊戌	己亥	庚子	辛丑	壬寅	癸卯	甲辰	乙巳	丙午	丁未
음력	29	30	4/1	2	3	4	5	6	7	8	9	10	11	12	13	14	15	16	17	18	19	20	21	22	23	24	25	26	27	28	29
대운 남	8	9	9	9	10	입	1	1	1	1	2	2	2	3	3	3	4	4	4	5	5	소	6	6	6	7	7	7	8	8	8
대운 여	2	1	1	1	1	하	10	10	10	9	9	9	8	8	8	7	7	7	6	6	6	만	5	5	4	4	4	3	3	3	2

망종 7일 00시 42분 【음5월】 ➡ 【壬午月(임오월)】 ☯ 하지 22일 17시 38분

양력 6 / 음력 05/01 ~ 05/30

양력	1	2	3	4	5	6	7	8	9	10	11	12	13	14	15	16	17	18	19	20	21	22	23	24	25	26	27	28	29	30
요일	토	일	월	화	수	목	금	토	일	월	화	수	목	금	토	일	월	화	수	목	금	토	일	월	화	수	목	금	토	일
일진 日辰	戊申	己酉	庚戌	辛亥	壬子	癸丑	甲寅	乙卯	丙辰	丁巳	戊午	己未	庚申	辛酉	壬戌	癸亥	甲子	乙丑	丙寅	丁卯	戊辰	己巳	庚午	辛未	壬申	癸酉	甲戌	乙亥	丙子	丁丑
음력	5/1	2	3	4	5	6	7	8	9	10	11	12	13	14	15	16	17	18	19	20	21	22	23	24	25	26	27	28	29	30
대운 남	9	9	9	10	10	10	망	1	1	1	1	2	2	2	3	3	3	4	4	4	5	하	5	6	6	6	7	7	7	8
대운 여	2	2	1	1	1	1	종	10	10	9	9	9	8	8	8	7	7	7	6	6	6	지	5	5	4	4	4	3	3	3

한식(4월6일), 초복(7월13일), 중복(7월23일), 말복(8월02일) ☂춘사(春社)3/23
☀추사(秋社)9/19 토왕지절(土旺之節):4월18일,7월21일,10월21일,1월18일(신년양력),
臘享(납향):1936년1월26일(신년양력)

1935 乙亥年

소서 8일 11시 06분 【음6월】 ➡ 【癸未月(계미월)】 ☯ 대서 24일 04시 33분

양력 7	양력	1	2	3	4	5	6	7	8	9	10	11	12	13	14	15	16	17	18	19	20	21	22	23	24	25	26	27	28	29	30	31
	요일	월	화	수	목	금	토	일	월	화	수	목	금	토	일	월	화	수	목	금	토	일	월	화	수	목	금	토	일	월	화	수
	일진 日辰	戊寅	己卯	庚辰	辛巳	壬午	癸未	甲申	乙酉	丙戌	丁亥	戊子	己丑	庚寅	辛卯	壬辰	癸巳	甲午	乙未	丙申	丁酉	戊戌	己亥	庚子	辛丑	壬寅	癸卯	甲辰	乙巳	丙午	丁未	戊申
음력 06/01 ~ 07/02	음력	6/1	2	3	4	5	6	7	8	9	10	11	12	13	14	15	16	17	18	19	20	21	22	23	24	25	26	27	28	29	7/1	2
대운	남	8	8	9	9	9	10	10	소	1	1	1	1	2	2	2	3	3	3	4	4	4	5	5	대	6	6	6	7	7	7	8
	여	2	2	2	1	1	1	1	서	10	10	9	9	9	8	8	8	7	7	7	6	6	6	5	서	5	4	4	4	3	3	3

입추 8일 20시 48분 【음7월】 ➡ 【甲申月(갑신월)】 ☯ 처서 24일 11시 24분

양력 8	양력	1	2	3	4	5	6	7	8	9	10	11	12	13	14	15	16	17	18	19	20	21	22	23	24	25	26	27	28	29	30	31
	요일	목	금	토	일	월	화	수	목	금	토	일	월	화	수	목	금	토	일	월	화	수	목	금	토	일	월	화	수	목	금	토
	일진 日辰	己酉	庚戌	辛亥	壬子	癸丑	甲寅	乙卯	丙辰	丁巳	戊午	己未	庚申	辛酉	壬戌	癸亥	甲子	乙丑	丙寅	丁卯	戊辰	己巳	庚午	辛未	壬申	癸酉	甲戌	乙亥	丙子	丁丑	戊寅	己卯
음력 07/03 ~ 08/03	음력	3	4	5	6	7	8	9	10	11	12	13	14	15	16	17	18	19	20	21	22	23	24	25	26	27	28	29	30	8/1	2	3
대운	남	8	8	9	9	9	10	10	입	1	1	1	1	2	2	2	3	3	3	4	4	4	5	5	처	6	6	6	7	7	7	8
	여	2	2	2	1	1	1	1	추	10	10	9	9	9	8	8	8	7	7	7	6	6	6	5	서	5	4	4	4	3	3	3

백로8일 23시 24분 【음8월】 ➡ 【乙酉月(을유월)】 ☯ 추분 24일 08시 38분

양력 9	양력	1	2	3	4	5	6	7	8	9	10	11	12	13	14	15	16	17	18	19	20	21	22	23	24	25	26	27	28	29	30
	요일	일	월	화	수	목	금	토	일	월	화	수	목	금	토	일	월	화	수	목	금	토	일	월	화	수	목	금	토	일	월
	일진 日辰	庚辰	辛巳	壬午	癸未	甲申	乙酉	丙戌	丁亥	戊子	己丑	庚寅	辛卯	壬辰	癸巳	甲午	乙未	丙申	丁酉	戊戌	己亥	庚子	辛丑	壬寅	癸卯	甲辰	乙巳	丙午	丁未	戊申	己酉
음력 08/04 ~ 09/03	음력	4	5	6	7	8	9	10	11	12	13	14	15	16	17	18	19	20	21	22	23	24	25	26	27	28	29	30	9/1	2	3
대운	남	8	8	9	9	9	10	10	백	1	1	1	1	2	2	2	3	3	3	4	4	4	5	5	추	6	6	6	7	7	7
	여	2	2	2	1	1	1	1	로	10	10	9	9	9	8	8	8	7	7	7	6	6	6	5	분	5	4	4	4	3	3

한로 9일 14시 36분 【음9월】 ➡ 【丙戌月(병술월)】 ☯ 상강 24일 17시 29분

양력 10	양력	1	2	3	4	5	6	7	8	9	10	11	12	13	14	15	16	17	18	19	20	21	22	23	24	25	26	27	28	29	30	31
	요일	화	수	목	금	토	일	월	화	수	목	금	토	일	월	화	수	목	금	토	일	월	화	수	목	금	토	일	월	화	수	목
	일진 日辰	庚戌	辛亥	壬子	癸丑	甲寅	乙卯	丙辰	丁巳	戊午	己未	庚申	辛酉	壬戌	癸亥	甲子	乙丑	丙寅	丁卯	戊辰	己巳	庚午	辛未	壬申	癸酉	甲戌	乙亥	丙子	丁丑	戊寅	己卯	庚辰
음력 09/04 ~ 10/05	음력	4	5	6	7	8	9	10	11	12	13	14	15	16	17	18	19	20	21	22	23	24	25	26	27	28	29	10/1	2	3	4	5
대운	남	8	8	8	9	9	9	10	10	한	1	1	1	1	2	2	2	3	3	3	4	4	4	5	상	5	6	6	6	7	7	7
	여	3	2	2	2	1	1	1	1	로	10	9	9	9	8	8	8	7	7	7	6	6	6	5	강	5	4	4	4	3	3	3

입동 8일 17시 18분 【음10월】 ➡ 【丁亥月(정해월)】 ☯ 소설 23일 14시 35분

양력 11	양력	1	2	3	4	5	6	7	8	9	10	11	12	13	14	15	16	17	18	19	20	21	22	23	24	25	26	27	28	29	30
	요일	금	토	일	월	화	수	목	금	토	일	월	화	수	목	금	토	일	월	화	수	목	금	토	일	월	화	수	목	금	토
	일진 日辰	辛巳	壬午	癸未	甲申	乙酉	丙戌	丁亥	戊子	己丑	庚寅	辛卯	壬辰	癸巳	甲午	乙未	丙申	丁酉	戊戌	己亥	庚子	辛丑	壬寅	癸卯	甲辰	乙巳	丙午	丁未	戊申	己酉	庚戌
음력 10/06 ~ 11/05	음력	6	7	8	9	10	11	12	13	14	15	16	17	18	19	20	21	22	23	24	25	26	27	28	29	30	11/1	2	3	4	5
대운	남	8	8	8	9	9	9	10	입	1	1	1	1	2	2	2	3	3	3	4	4	4	5	소	5	6	6	6	7	7	7
	여	2	2	2	1	1	1	1	동	10	9	9	9	8	8	8	7	7	7	6	6	6	5	설	5	4	4	4	3	3	3

대설 8일 09시 45분 【음11월】 ➡ 【戊子月(무자월)】 ☯ 동지 23일 03시 37분

양력 12	양력	1	2	3	4	5	6	7	8	9	10	11	12	13	14	15	16	17	18	19	20	21	22	23	24	25	26	27	28	29	30	31
	요일	일	월	화	수	목	금	토	일	월	화	수	목	금	토	일	월	화	수	목	금	토	일	월	화	수	목	금	토	일	월	화
	일진 日辰	辛亥	壬子	癸丑	甲寅	乙卯	丙辰	丁巳	戊午	己未	庚申	辛酉	壬戌	癸亥	甲子	乙丑	丙寅	丁卯	戊辰	己巳	庚午	辛未	壬申	癸酉	甲戌	乙亥	丙子	丁丑	戊寅	己卯	庚辰	辛巳
음력 11/06 ~ 12/06	음력	6	7	8	9	10	11	12	13	14	15	16	17	18	19	20	21	22	23	24	25	26	27	28	29	30	12/1	2	3	4	5	6
대운	남	8	8	8	9	9	9	10	대	1	1	1	1	2	2	2	3	3	3	4	4	4	5	동	5	6	6	6	7	7	7	8
	여	2	2	2	1	1	1	1	설	9	9	9	8	8	8	7	7	7	6	6	6	5	5	지	4	4	4	3	3	3	2	2

단기 4269 年	1936년	중원 丙子年 ,납음(澗下水),본명성(一白水)
불기 2480 年		대장군(酉서방), 삼살(남방), 상문(寅동북방), 조객(戌서북방),납음(간하수), 삼재(인,묘,진)년 臘享(납향):1937년1월20일(음12/08)

쥐

소한 6일 20시 47분 【음12월】 ➡ 【己丑月(기축월)】 ☯ 대한 21일 14시 12분

양력 1 (음력 12/07~01/08)	1	2	3	4	5	6	7	8	9	10	11	12	13	14	15	16	17	18	19	20	21	22	23	24	25	26	27	28	29	30	31
요일	수	목	금	토	일	월	화	수	목	금	토	일	월	화	수	목	금	토	일	월	화	수	목	금	토	일	월	화	수	목	금
일진 日辰	壬午	癸未	甲申	乙酉	丙戌	丁亥	戊子	己丑	庚寅	辛卯	壬辰	癸巳	甲午	乙未	丙申	丁酉	戊戌	己亥	庚子	辛丑	壬寅	癸卯	甲辰	乙巳	丙午	丁未	戊申	己酉	庚戌	辛亥	壬子
음력	7	8	9	10	11	12	13	14	15	16	17	18	19	20	21	22	23	24	25	26	27	28	29	1/1	2	3	4	5	6	7	8
대운 남	8	8	9	9	9	소	1	1	1	1	2	2	2	3	3	3	4	4	4	5	대	5	6	6	6	7	7	7	8	8	8
대운 여	2	1	1	1	1	한	10	9	9	9	8	8	8	7	7	7	6	6	6	5	한	5	4	4	4	3	3	3	2	2	2

입춘 5일 08시 29분 【음1월】 ➡ 【庚寅月(경인월)】 ☯ 우수 20일 04시 33분

양력 2 (음력 01/09~02/07)	1	2	3	4	5	6	7	8	9	10	11	12	13	14	15	16	17	18	19	20	21	22	23	24	25	26	27	28	29
요일	토	일	월	화	수	목	금	토	일	월	화	수	목	금	토	일	월	화	수	목	금	토	일	월	화	수	목	금	토
일진 日辰	癸丑	甲寅	乙卯	丙辰	丁巳	戊午	己未	庚申	辛酉	壬戌	癸亥	甲子	乙丑	丙寅	丁卯	戊辰	己巳	庚午	辛未	壬申	癸酉	甲戌	乙亥	丙子	丁丑	戊寅	己卯	庚辰	辛巳
음력	9	10	11	12	13	14	15	16	17	18	19	20	21	22	23	24	25	26	27	28	29	30	2/1	2	3	4	5	6	7
대운 남	9	9	9	10	입	10	9	9	9	8	8	8	7	7	7	6	6	6	5	우	5	4	4	4	3	3	3	2	2
대운 여	1	1	1	1	춘	1	1	1	1	2	2	2	3	3	3	4	4	4	5	수	5	6	6	6	7	7	7	8	8

丙子年

경칩 6일 02시 49분 【음2월】 ➡ 【辛卯月(신묘월)】 ☯ 춘분 21일 03시 58분

양력 3 (음력 02/08~03/09)	1	2	3	4	5	6	7	8	9	10	11	12	13	14	15	16	17	18	19	20	21	22	23	24	25	26	27	28	29	30	31
요일	일	월	화	수	목	금	토	일	월	화	수	목	금	토	일	월	화	수	목	금	토	일	월	화	수	목	금	토	일	월	화
일진 日辰	壬午	癸未	甲申	乙酉	丙戌	丁亥	戊子	己丑	庚寅	辛卯	壬辰	癸巳	甲午	乙未	丙申	丁酉	戊戌	己亥	庚子	辛丑	壬寅	癸卯	甲辰	乙巳	丙午	丁未	戊申	己酉	庚戌	辛亥	壬子
음력	8	9	10	11	12	13	14	15	16	17	18	19	20	21	22	23	24	25	26	27	28	29	3/1	2	3	4	5	6	7	8	9
대운 남	2	1	1	1	1	경	10	9	9	9	8	8	8	7	7	7	6	6	6	5	춘	5	4	4	4	3	3	3	2	2	2
대운 여	8	9	9	9	10	칩	1	1	1	1	2	2	2	3	3	3	4	4	4	5	분	5	6	6	6	7	7	7	8	8	8

청명 5일 08시 07분 【음3월】 ➡ 【壬辰月(임진월)】 ☯ 곡우 20일 15시 31분

양력 4 (음력 03/10~윤310)	1	2	3	4	5	6	7	8	9	10	11	12	13	14	15	16	17	18	19	20	21	22	23	24	25	26	27	28	29	30
요일	수	목	금	토	일	월	화	수	목	금	토	일	월	화	수	목	금	토	일	월	화	수	목	금	토	일	월	화	수	목
일진 日辰	癸丑	甲寅	乙卯	丙辰	丁巳	戊午	己未	庚申	辛酉	壬戌	癸亥	甲子	乙丑	丙寅	丁卯	戊辰	己巳	庚午	辛未	壬申	癸酉	甲戌	乙亥	丙子	丁丑	戊寅	己卯	庚辰	辛巳	壬午
음력	10	11	12	13	14	15	16	17	18	19	20	21	22	23	24	25	26	27	28	29	윤3	2	3	4	5	6	7	8	9	10
대운 남	1	1	1	1	청	10	10	9	9	9	8	8	8	7	7	7	6	6	6	곡	5	5	4	4	4	3	3	3	2	2
대운 여	9	9	9	10	명	1	1	1	1	2	2	2	3	3	3	4	4	4	5	우	5	6	6	6	7	7	7	8	8	8

입하 6일 01시 57분 【음4월】 ➡ 【癸巳月(계사월)】 ☯ 소만 21일 15시 07분

양력 5 (음력 윤311~04/11)	1	2	3	4	5	6	7	8	9	10	11	12	13	14	15	16	17	18	19	20	21	22	23	24	25	26	27	28	29	30	31
요일	금	토	일	월	화	수	목	금	토	일	월	화	수	목	금	토	일	월	화	수	목	금	토	일	월	화	수	목	금	토	일
일진 日辰	癸未	甲申	乙酉	丙戌	丁亥	戊子	己丑	庚寅	辛卯	壬辰	癸巳	甲午	乙未	丙申	丁酉	戊戌	己亥	庚子	辛丑	壬寅	癸卯	甲辰	乙巳	丙午	丁未	戊申	己酉	庚戌	辛亥	壬子	癸丑
음력	11	12	13	14	15	16	17	18	19	20	21	22	23	24	25	26	27	28	29	30	4/1	2	3	4	5	6	7	8	9	10	11
대운 남	2	1	1	1	1	입	10	10	9	9	9	8	8	8	7	7	7	6	6	6	소	5	5	4	4	4	3	3	3	2	2
대운 여	9	9	9	10	10	하	1	1	1	1	2	2	2	3	3	3	4	4	4	5	만	5	6	6	6	7	7	7	8	8	8

망종 6일 06시 31분 【음5월】 ➡ 【甲午月(갑오월)】 ☯ 하지 21일 23시 22분

양력 6 (음력 04/12~05/12)	1	2	3	4	5	6	7	8	9	10	11	12	13	14	15	16	17	18	19	20	21	22	23	24	25	26	27	28	29	30
요일	월	화	수	목	금	토	일	월	화	수	목	금	토	일	월	화	수	목	금	토	일	월	화	수	목	금	토	일	월	화
일진 日辰	甲寅	乙卯	丙辰	丁巳	戊午	己未	庚申	辛酉	壬戌	癸亥	甲子	乙丑	丙寅	丁卯	戊辰	己巳	庚午	辛未	壬申	癸酉	甲戌	乙亥	丙子	丁丑	戊寅	己卯	庚辰	辛巳	壬午	癸未
음력	12	13	14	15	16	17	18	19	20	21	22	23	24	25	26	27	28	29	5/1	2	3	4	5	6	7	8	9	10	11	12
대운 남	2	1	1	1	1	망	10	10	9	9	9	8	8	8	7	7	7	6	6	6	하	5	5	4	4	4	3	3	3	2
대운 여	9	9	9	10	10	종	1	1	1	1	2	2	2	3	3	3	4	4	4	5	지	5	6	6	6	7	7	7	8	8

한식(4월6일), 초복(7월17일), 중복(7월27일), 말복(8월16일) 춘사(春社)3/17
추사(秋社)9/23 토왕지절(土旺之節):4월17일,7월20일,10월20일,1월17일(신년양력),
臘享(납향):1937년1월20일(신년양력)

1936 丙子年

소서 7일 16시 58분 【음6월】 ➡ **【乙未月(을미월)】** ☯ 대서 23일 10시 18분

양력 7	양력	1	2	3	4	5	6	7	8	9	10	11	12	13	14	15	16	17	18	19	20	21	22	23	24	25	26	27	28	29	30	31
	요일	수	목	금	토	일	월	화	수	목	금	토	일	월	화	수	목	금	토	일	월	화	수	목	금	토	일	월	화	수	목	금
	일진	甲	乙	丙	丁	戊	己	庚	辛	壬	癸	甲	乙	丙	丁	戊	己	庚	辛	壬	癸	甲	乙	丙	丁	戊	己	庚	辛	壬	癸	甲
	日辰	申	酉	戌	亥	子	丑	寅	卯	辰	巳	午	未	申	酉	戌	亥	子	丑	寅	卯	辰	巳	午	未	申	酉	戌	亥	子	丑	寅
음력 05/13 – 06/13	음력	13	14	15	16	17	18	19	20	21	22	23	24	25	26	27	28	29	30	6/1	2	3	4	5	6	7	8	9	10	11	12	13
대운	남	2	2	1	1	1	1	소	10	10	10	9	9	9	8	8	8	7	7	7	6	6	6	대	5	5	4	4	4	3	3	3
	여	8	9	9	9	10	10	서	1	1	1	1	2	2	2	3	3	3	4	4	4	5	5	서	6	6	6	7	7	7	8	8

입추 8일 02시 43분 【음7월】 ➡ **【丙申月(병신월)】** ☯ 처서 23일 17시 11분

양력 8	양력	1	2	3	4	5	6	7	8	9	10	11	12	13	14	15	16	17	18	19	20	21	22	23	24	25	26	27	28	29	30	31
	요일	토	일	월	화	수	목	금	토	일	월	화	수	목	금	토	일	월	화	수	목	금	토	일	월	화	수	목	금	토	일	월
	일진	乙	丙	丁	戊	己	庚	辛	壬	癸	甲	乙	丙	丁	戊	己	庚	辛	壬	癸	甲	乙	丙	丁	戊	己	庚	辛	壬	癸	甲	乙
	日辰	卯	辰	巳	午	未	申	酉	戌	亥	子	丑	寅	卯	辰	巳	午	未	申	酉	戌	亥	子	丑	寅	卯	辰	巳	午	未	申	酉
음력 06/14 – 07/15	음력	14	15	16	17	18	19	20	21	22	23	24	25	26	27	28	29	7/1	2	3	4	5	6	7	8	9	10	11	12	13	14	15
대운	남	2	2	2	1	1	1	1	입	10	10	9	9	9	8	8	8	7	7	7	6	6	6	처	5	5	4	4	4	3	3	3
	여	8	8	9	9	9	10	10	추	1	1	1	1	2	2	2	3	3	3	4	4	4	5	서	5	6	6	6	7	7	7	8

백로 8일 05시 21분 【음8월】 ➡ **【丁酉月(정유월)】** ☯ 추분 23일 14시 26분

양력 9	양력	1	2	3	4	5	6	7	8	9	10	11	12	13	14	15	16	17	18	19	20	21	22	23	24	25	26	27	28	29	30
	요일	화	수	목	금	토	일	월	화	수	목	금	토	일	월	화	수	목	금	토	일	월	화	수	목	금	토	일	월	화	수
	일진	丙	丁	戊	己	庚	辛	壬	癸	甲	乙	丙	丁	戊	己	庚	辛	壬	癸	甲	乙	丙	丁	戊	己	庚	辛	壬	癸	甲	乙
	日辰	戌	亥	子	丑	寅	卯	辰	巳	午	未	申	酉	戌	亥	子	丑	寅	卯	辰	巳	午	未	申	酉	戌	亥	子	丑	寅	卯
음력 07/16 – 08/15	음력	16	17	18	19	20	21	22	23	24	25	26	27	28	29	30	8/1	2	3	4	5	6	7	8	9	10	11	12	13	14	15
대운	남	2	2	2	1	1	1	1	백	10	10	9	9	9	8	8	8	7	7	7	6	6	6	추	5	5	4	4	4	3	3
	여	8	8	9	9	9	10	10	로	1	1	1	1	2	2	2	3	3	3	4	4	4	5	분	5	6	6	6	7	7	7

한로 8일 20시 32분 【음9월】 ➡ **【戊戌月(무술월)】** ☯ 상강 23일 23시 18분

양력 10	양력	1	2	3	4	5	6	7	8	9	10	11	12	13	14	15	16	17	18	19	20	21	22	23	24	25	26	27	28	29	30	31
	요일	목	금	토	일	월	화	수	목	금	토	일	월	화	수	목	금	토	일	월	화	수	목	금	토	일	월	화	수	목	금	토
	일진	丙	丁	戊	己	庚	辛	壬	癸	甲	乙	丙	丁	戊	己	庚	辛	壬	癸	甲	乙	丙	丁	戊	己	庚	辛	壬	癸	甲	乙	丙
	日辰	辰	巳	午	未	申	酉	戌	亥	子	丑	寅	卯	辰	巳	午	未	申	酉	戌	亥	子	丑	寅	卯	辰	巳	午	未	申	酉	戌
음력 09/16 – 09/17	음력	16	17	18	19	20	21	22	23	24	25	26	27	28	29	9/1	2	3	4	5	6	7	8	9	10	11	12	13	14	15	16	17
대운	남	3	2	2	2	1	1	1	한	10	9	9	9	8	8	8	7	7	7	6	6	6	5	상	5	4	4	4	3	3	3	2
	여	8	8	8	9	9	9	10	로	1	1	1	1	2	2	2	3	3	3	4	4	4	5	강	5	6	6	6	7	7	7	8

입동 7일 23시 15분 【음10월】 ➡ **【己亥月(기해월)】** ☯ 소설 22일 20시 25분

양력 11	양력	1	2	3	4	5	6	7	8	9	10	11	12	13	14	15	16	17	18	19	20	21	22	23	24	25	26	27	28	29	30
	요일	일	월	화	수	목	금	토	일	월	화	수	목	금	토	일	월	화	수	목	금	토	일	월	화	수	목	금	토	일	월
	일진	丁	戊	己	庚	辛	壬	癸	甲	乙	丙	丁	戊	己	庚	辛	壬	癸	甲	乙	丙	丁	戊	己	庚	辛	壬	癸	甲	乙	丙
	日辰	亥	子	丑	寅	卯	辰	巳	午	未	申	酉	戌	亥	子	丑	寅	卯	辰	巳	午	未	申	酉	戌	亥	子	丑	寅	卯	辰
음력 09/18 – 10/17	음력	18	19	20	21	22	23	24	25	26	27	28	29	30	10/1	2	3	4	5	6	7	8	9	10	11	12	13	14	15	16	17
대운	남	2	2	1	1	1	1	입	10	9	9	9	8	8	8	7	7	7	6	6	6	5	소	5	4	4	4	3	3	3	2
	여	8	8	9	9	9	10	동	1	1	1	1	2	2	2	3	3	3	4	4	4	5	설	5	6	6	6	7	7	7	8

대설 7일 15시 42분 【음11월】 ➡ **【庚子月(경자월)】** ☯ 동지 22일 09시 27분

양력 12	양력	1	2	3	4	5	6	7	8	9	10	11	12	13	14	15	16	17	18	19	20	21	22	23	24	25	26	27	28	29	30	31
	요일	화	수	목	금	토	일	월	화	수	목	금	토	일	월	화	수	목	금	토	일	월	화	수	목	금	토	일	월	화	수	목
	일진	丁	戊	己	庚	辛	壬	癸	甲	乙	丙	丁	戊	己	庚	辛	壬	癸	甲	乙	丙	丁	戊	己	庚	辛	壬	癸	甲	乙	丙	丁
	日辰	巳	午	未	申	酉	戌	亥	子	丑	寅	卯	辰	巳	午	未	申	酉	戌	亥	子	丑	寅	卯	辰	巳	午	未	申	酉	戌	亥
음력 10/18 – 11/18	음력	18	19	20	21	22	23	24	25	26	27	28	29	30	11/1	2	3	4	5	6	7	8	9	10	11	12	13	14	15	16	17	18
대운	남	2	2	2	1	1	1	대	10	9	9	9	8	8	8	7	7	7	6	6	6	5	동	5	4	4	4	3	3	3	2	2
	여	8	8	8	9	9	9	설	1	1	1	1	2	2	2	3	3	3	4	4	4	5	지	5	6	6	6	7	7	7	8	8

단기 4270 年
불기 2481 年

1937년

중원(丁丑年 ,납음(澗下水),본명성(九紫火)

대장군(酉서방). 삼살(동방). 상문(卯동방).조객(亥서북방). 납음(간하수). 【삼재(해,자,축)년】 臘享(납향):1938년1월15일(음12/14)

소한 6일 02시 44분 【음12월】 ➡ **【辛丑月(신축월)】** ☯ 대한 20일 20시 01분

양력 1 / 음력 11/19 ~ 12/19

양력		1	2	3	4	5	6	7	8	9	10	11	12	13	14	15	16	17	18	19	20	21	22	23	24	25	26	27	28	29	30	31
요일		금	토	일	월	화	수	목	금	토	일	월	화	수	목	금	토	일	월	화	수	목	금	토	일	월	화	수	목	금	토	일
일진 日辰		戊子	己丑	庚寅	辛卯	壬辰	癸巳	甲午	乙未	丙申	丁酉	戊戌	己亥	庚子	辛丑	壬寅	癸卯	甲辰	乙巳	丙午	丁未	戊申	己酉	庚戌	辛亥	壬子	癸丑	甲寅	乙卯	丙辰	丁巳	戊午
음력		19	20	21	22	23	24	25	26	27	28	29	30	12/1	2	3	4	5	6	7	8	9	10	11	12	13	14	15	16	17	18	19
대운	남	2	1	1	1	1	소	9	9	9	8	8	8	7	7	7	6	6	6	5	대	5	4	4	4	3	3	3	2	2	2	1
	여	8	9	9	9	10	한	1	1	1	1	2	2	2	3	3	3	4	4	4	한	5	5	6	6	6	7	7	7	8	8	8

입춘 4일 14시 26분 【음1월】 ➡ **【壬寅月(임인월)】** ☯ 우수 19일 10시 21분

양력 2 / 음력 12/20 ~ 01/18

양력		1	2	3	4	5	6	7	8	9	10	11	12	13	14	15	16	17	18	19	20	21	22	23	24	25	26	27	28
요일		월	화	수	목	금	토	일	월	화	수	목	금	토	일	월	화	수	목	금	토	일	월	화	수	목	금	토	일
일진 日辰		己未	庚申	辛酉	壬戌	癸亥	甲子	乙丑	丙寅	丁卯	戊辰	己巳	庚午	辛未	壬申	癸酉	甲戌	乙亥	丙子	丁丑	戊寅	己卯	庚辰	辛巳	壬午	癸未	甲申	乙酉	丙戌
음력		20	21	22	23	24	25	26	27	28	29	1/1	2	3	4	5	6	7	8	9	10	11	12	13	14	15	16	17	18
대운	남	1	1	1	입	1	1	1	1	2	2	2	3	3	3	4	4	4	5	우	5	6	6	6	7	7	7	8	8
	여	9	9	9	춘	10	9	9	9	8	8	8	7	7	7	6	6	6	5	수	5	4	4	4	3	3	3	2	2

丁丑年

경칩 6일 08시 44분 【음2월】 ➡ **【癸卯月(계묘월)】** ☯ 춘분 21일 09시 45분

양력 3 / 음력 01/19 ~ 02/19

양력		1	2	3	4	5	6	7	8	9	10	11	12	13	14	15	16	17	18	19	20	21	22	23	24	25	26	27	28	29	30	31
요일		월	화	수	목	금	토	일	월	화	수	목	금	토	일	월	화	수	목	금	토	일	월	화	수	목	금	토	일	월	화	수
일진 日辰		丁亥	戊子	己丑	庚寅	辛卯	壬辰	癸巳	甲午	乙未	丙申	丁酉	戊戌	己亥	庚子	辛丑	壬寅	癸卯	甲辰	乙巳	丙午	丁未	戊申	己酉	庚戌	辛亥	壬子	癸丑	甲寅	乙卯	丙辰	丁巳
음력		19	20	21	22	23	24	25	26	27	28	29	30	2/1	2	3	4	5	6	7	8	9	10	11	12	13	14	15	16	17	18	19
대운	남	8	9	9	9	10	경	1	1	1	1	2	2	2	3	3	3	4	4	4	5	춘	5	6	6	6	7	7	7	8	8	8
	여	2	1	1	1	1	칩	10	9	9	9	8	8	8	7	7	7	6	6	6	5	분	5	4	4	4	3	3	3	2	2	2

청명 5일 14시 01분 【음3월】 ➡ **【甲辰月(갑진월)】** ☯ 곡우 20일 21시 19분

양력 4 / 음력 02/20 ~ 03/20

양력		1	2	3	4	5	6	7	8	9	10	11	12	13	14	15	16	17	18	19	20	21	22	23	24	25	26	27	28	29	30
요일		목	금	토	일	월	화	수	목	금	토	일	월	화	수	목	금	토	일	월	화	수	목	금	토	일	월	화	수	목	금
일진 日辰		戊午	己未	庚申	辛酉	壬戌	癸亥	甲子	乙丑	丙寅	丁卯	戊辰	己巳	庚午	辛未	壬申	癸酉	甲戌	乙亥	丙子	丁丑	戊寅	己卯	庚辰	辛巳	壬午	癸未	甲申	乙酉	丙戌	丁亥
음력		20	21	22	23	24	25	26	27	28	29	3/1	2	3	4	5	6	7	8	9	10	11	12	13	14	15	16	17	18	19	20
대운	남	9	9	9	10	청	1	1	1	1	2	2	2	3	3	3	4	4	4	5	곡	5	6	6	6	7	7	7	8	8	8
	여	1	1	1	1	명	10	10	9	9	9	8	8	8	7	7	7	6	6	6	우	5	5	4	4	4	3	3	3	2	2

입하 6일 07시 51분 【음4월】 ➡ **【乙巳月(을사월)】** ☯ 소만 21일 20시 57분

양력 5 / 음력 03/21 ~ 04/22

양력		1	2	3	4	5	6	7	8	9	10	11	12	13	14	15	16	17	18	19	20	21	22	23	24	25	26	27	28	29	30	31
요일		토	일	월	화	수	목	금	토	일	월	화	수	목	금	토	일	월	화	수	목	금	토	일	월	화	수	목	금	토	일	월
일진 日辰		戊子	己丑	庚寅	辛卯	壬辰	癸巳	甲午	乙未	丙申	丁酉	戊戌	己亥	庚子	辛丑	壬寅	癸卯	甲辰	乙巳	丙午	丁未	戊申	己酉	庚戌	辛亥	壬子	癸丑	甲寅	乙卯	丙辰	丁巳	戊午
음력		21	22	23	24	25	26	27	28	29	4/1	2	3	4	5	6	7	8	9	10	11	12	13	14	15	16	17	18	19	20	21	22
대운	남	9	9	9	10	10	입	1	1	1	1	2	2	2	3	3	3	4	4	4	5	소	5	6	6	6	7	7	7	8	8	8
	여	2	1	1	1	1	하	10	10	9	9	9	8	8	8	7	7	7	6	6	6	만	5	5	4	4	4	3	3	3	2	2

망종 6일 12시 23분 【음5월】 ➡ **【丙午月(병오월)】** ☯ 하지 22일 05시 12분

양력 6 / 음력 04/23 ~ 05/22

양력		1	2	3	4	5	6	7	8	9	10	11	12	13	14	15	16	17	18	19	20	21	22	23	24	25	26	27	28	29	30
요일		화	수	목	금	토	일	월	화	수	목	금	토	일	월	화	수	목	금	토	일	월	화	수	목	금	토	일	월	화	수
일진 日辰		己未	庚申	辛酉	壬戌	癸亥	甲子	乙丑	丙寅	丁卯	戊辰	己巳	庚午	辛未	壬申	癸酉	甲戌	乙亥	丙子	丁丑	戊寅	己卯	庚辰	辛巳	壬午	癸未	甲申	乙酉	丙戌	丁亥	戊子
음력		23	24	25	26	27	28	29	30	5/1	2	3	4	5	6	7	8	9	10	11	12	13	14	15	16	17	18	19	20	21	22
대운	남	9	9	9	10	10	망	1	1	1	1	2	2	2	3	3	3	4	4	4	5	5	하	6	6	6	7	7	7	8	8
	여	2	1	1	1	1	종	10	10	9	9	9	8	8	8	7	7	7	6	6	6	5	지	5	4	4	4	3	3	3	2

한식(4월06일), 초복(7월12일), 중복(7월22일), 말복(8월11일)☂춘사(春社)3/22
☀추사(秋社)9/28토왕지절(土旺之節):4월17일,7월20일,10월21일,1월18일(신년양력),
臘享(납향):1938년 1월15일(신년양력)

1937 丁丑年

소서 7일 22시 46분 【음6월】➡ 【丁未月(정미월)】 ☯ 대서 23일 16시 07분

양력 7	양력	1	2	3	4	5	6	7	8	9	10	11	12	13	14	15	16	17	18	19	20	21	22	23	24	25	26	27	28	29	30	31
	요일	목	금	토	일	월	화	수	목	금	토	일	월	화	수	목	금	토	일	월	화	수	목	금	토	일	월	화	수	목	금	토
	일진 日辰	己丑	庚寅	辛卯	壬辰	癸巳	甲午	乙未	丙申	丁酉	戊戌	己亥	庚子	辛丑	壬寅	癸卯	甲辰	乙巳	丙午	丁未	戊申	己酉	庚戌	辛亥	壬子	癸丑	甲寅	乙卯	丙辰	丁巳	戊午	己未
음력 05/23 – 06/24	음력	23	24	25	26	27	28	29	6/1	2	3	4	5	6	7	8	9	10	11	12	13	14	15	16	17	18	19	20	21	22	23	24
대운	남	8	9	9	9	10	10	소	1	1	1	1	2	2	2	3	3	3	4	4	4	5	5	대	6	6	6	7	7	7	8	8
	여	2	2	1	1	1	1	서	10	10	10	9	9	9	8	8	8	7	7	7	6	6	6	서	5	5	4	4	4	3	3	3

입추 8일 08시 25분 【음7월】➡ 【戊申月(무신월)】 ☯ 처서 23일 22시 58분

양력 8	양력	1	2	3	4	5	6	7	8	9	10	11	12	13	14	15	16	17	18	19	20	21	22	23	24	25	26	27	28	29	30	31
	요일	일	월	화	수	목	금	토	일	월	화	수	목	금	토	일	월	화	수	목	금	토	일	월	화	수	목	금	토	일	월	화
	일진 日辰	庚申	辛酉	壬戌	癸亥	甲子	乙丑	丙寅	丁卯	戊辰	己巳	庚午	辛未	壬申	癸酉	甲戌	乙亥	丙子	丁丑	戊寅	己卯	庚辰	辛巳	壬午	癸未	甲申	乙酉	丙戌	丁亥	戊子	己丑	庚寅
음력 06/25 – 07/26	음력	25	26	27	28	29	7/1	2	3	4	5	6	7	8	9	10	11	12	13	14	15	16	17	18	19	20	21	22	23	24	25	26
대운	남	8	9	9	9	10	10	10	입	1	1	1	1	2	2	2	3	3	3	4	4	4	5	처	5	6	6	6	7	7	7	8
	여	2	2	2	1	1	1	1	추	10	10	9	9	9	8	8	8	7	7	7	6	6	6	서	5	5	4	4	4	3	3	3

백로 8일 10시 59분 【음8월】➡ 【己酉月(기유월)】 ☯ 추분 23일 20시 13분

양력 9	양력	1	2	3	4	5	6	7	8	9	10	11	12	13	14	15	16	17	18	19	20	21	22	23	24	25	26	27	28	29	30
	요일	수	목	금	토	일	월	화	수	목	금	토	일	월	화	수	목	금	토	일	월	화	수	목	금	토	일	월	화	수	목
	일진 日辰	辛卯	壬辰	癸巳	甲午	乙未	丙申	丁酉	戊戌	己亥	庚子	辛丑	壬寅	癸卯	甲辰	乙巳	丙午	丁未	戊申	己酉	庚戌	辛亥	壬子	癸丑	甲寅	乙卯	丙辰	丁巳	戊午	己未	庚申
음력 07/27 – 08/26	음력	27	28	29	30	8/1	2	3	4	5	6	7	8	9	10	11	12	13	14	15	16	17	18	19	20	21	22	23	24	25	26
대운	남	8	8	9	9	9	10	10	백	1	1	1	1	2	2	2	3	3	3	4	4	4	5	추	5	6	6	6	7	7	7
	여	2	2	2	1	1	1	1	로	10	10	9	9	9	8	8	8	7	7	7	6	6	6	분	5	5	4	4	4	3	3

한로 9일 02시 11분 【음9월】➡ 【庚戌月(경술월)】 ☯ 상강 24일 05시 07분

양력 10	양력	1	2	3	4	5	6	7	8	9	10	11	12	13	14	15	16	17	18	19	20	21	22	23	24	25	26	27	28	29	30	31
	요일	금	토	일	월	화	수	목	금	토	일	월	화	수	목	금	토	일	월	화	수	목	금	토	일	월	화	수	목	금	토	일
	일진 日辰	辛酉	壬戌	癸亥	甲子	乙丑	丙寅	丁卯	戊辰	己巳	庚午	辛未	壬申	癸酉	甲戌	乙亥	丙子	丁丑	戊寅	己卯	庚辰	辛巳	壬午	癸未	甲申	乙酉	丙戌	丁亥	戊子	己丑	庚寅	辛卯
음력 08/28 – 09/28	음력	27	28	29	9/1	2	3	4	5	6	7	8	9	10	11	12	13	14	15	16	17	18	19	20	21	22	23	24	25	26	27	28
대운	남	8	8	8	9	9	9	10	10	한	1	1	1	1	2	2	2	3	3	3	4	4	4	5	상	5	6	6	6	7	7	7
	여	3	2	2	2	1	1	1	1	로	10	9	9	9	8	8	8	7	7	7	6	6	6	5	강	5	4	4	4	3	3	3

입동 8일 04시 55분 【음10월】➡ 【辛亥月(신해월)】 ☯ 소설 23일 02시 17분

양력 11	양력	1	2	3	4	5	6	7	8	9	10	11	12	13	14	15	16	17	18	19	20	21	22	23	24	25	26	27	28	29	30
	요일	월	화	수	목	금	토	일	월	화	수	목	금	토	일	월	화	수	목	금	토	일	월	화	수	목	금	토	일	월	화
	일진 日辰	壬辰	癸巳	甲午	乙未	丙申	丁酉	戊戌	己亥	庚子	辛丑	壬寅	癸卯	甲辰	乙巳	丙午	丁未	戊申	己酉	庚戌	辛亥	壬子	癸丑	甲寅	乙卯	丙辰	丁巳	戊午	己未	庚申	辛酉
음력 09/29 – 10/28	음력	29	30	10/1	2	3	4	5	6	7	8	9	10	11	12	13	14	15	16	17	18	19	20	21	22	23	24	25	26	27	28
대운	남	8	8	8	9	9	9	10	입	1	1	1	1	2	2	2	3	3	3	4	4	4	5	소	5	6	6	6	7	7	7
	여	2	2	2	1	1	1	1	동	9	9	9	8	8	8	7	7	7	6	6	6	5	5	설	4	4	4	3	3	3	2

대설 7일 21시 26분 【음11월】➡ 【壬子月(임자월)】 ☯ 동지 22일 15시 22분

양력 12	양력	1	2	3	4	5	6	7	8	9	10	11	12	13	14	15	16	17	18	19	20	21	22	23	24	25	26	27	28	29	30	31
	요일	수	목	금	토	일	월	화	수	목	금	토	일	월	화	수	목	금	토	일	월	화	수	목	금	토	일	월	화	수	목	금
	일진 日辰	壬戌	癸亥	甲子	乙丑	丙寅	丁卯	戊辰	己巳	庚午	辛未	壬申	癸酉	甲戌	乙亥	丙子	丁丑	戊寅	己卯	庚辰	辛巳	壬午	癸未	甲申	乙酉	丙戌	丁亥	戊子	己丑	庚寅	辛卯	壬辰
음력 10/29 – 11/29	음력	29	30	11/1	2	3	4	5	6	7	8	9	10	11	12	13	14	15	16	17	18	19	20	21	22	23	24	25	26	27	28	29
대운	남	8	8	8	9	9	9	대	1	1	1	1	2	2	2	3	3	3	4	4	4	5	동	5	6	6	6	7	7	7	8	8
	여	2	2	1	1	1	1	설	10	9	9	9	8	8	8	7	7	7	6	6	6	5	지	5	4	4	4	3	3	3	2	2

단기 4271 年	불기 2482 年

1938년

중원 戊寅年, 납음(城頭土), 본명성(八白土)

대장군(子북방), 삼살(북방), 상문(辰동남방), 조객(子북방), 납음(성두토), 【삼재(신,유,술)년】 臘享(납향):1939년1월22일(음12/03)

소한 6일 08시 31분 【음12월】 ➡ 【癸丑月(계축월)】 ☯ 대한 21일 01시 59분

양력 1 / 음력 11/30 ~ 01/01

양력	1	2	3	4	5	6	7	8	9	10	11	12	13	14	15	16	17	18	19	20	21	22	23	24	25	26	27	28	29	30	31
요일	일	월	화	수	목	금	토	일	월	화	수	목	금	토	일	월	화	수	목	금	토	일	월	화	수	목	금	토	일	월	화
일진 日辰	癸巳	甲午	乙未	丙申	丁酉	戊戌	己亥	庚子	辛丑	壬寅	癸卯	甲辰	乙巳	丙午	丁未	戊申	己酉	庚戌	辛亥	壬子	癸丑	甲寅	乙卯	丙辰	丁巳	戊午	己未	庚申	辛酉	壬戌	癸亥
음력	30	12/1	2	3	4	5	6	7	8	9	10	11	12	13	14	15	16	17	18	19	20	21	22	23	24	25	26	27	28	29	1/1
대운 남	8	9	9	9	10	소	1	1	1	1	2	2	2	3	3	3	4	4	4	5	대	5	6	6	6	7	7	7	8	8	8
대운 여	2	1	1	1	1	한	9	9	9	8	8	8	7	7	7	6	6	6	5	5	한	4	4	4	3	3	3	2	2	2	1

입춘 4일 20시 15분 【음1월】 ➡ 【甲寅月(갑인월)】 ☯ 우수 19일 16시 20분

양력 2 / 음력 01/02 ~ 01/29

양력	1	2	3	4	5	6	7	8	9	10	11	12	13	14	15	16	17	18	19	20	21	22	23	24	25	26	27	28
요일	수	목	금	토	일	월	화	수	목	금	토	일	월	화	수	목	금	토	일	월	화	수	목	금	토	일	월	화
일진 日辰	甲子	乙丑	丙寅	丁卯	戊辰	己巳	庚午	辛未	壬申	癸酉	甲戌	乙亥	丙子	丁丑	戊寅	己卯	庚辰	辛巳	壬午	癸未	甲申	乙酉	丙戌	丁亥	戊子	己丑	庚寅	辛卯
음력	2	3	4	5	6	7	8	9	10	11	12	13	14	15	16	17	18	19	20	21	22	23	24	25	26	27	28	29
대운 남	9	9	9	입	10	9	9	9	8	8	8	7	7	7	6	6	6	5	우	5	4	4	4	3	3	3	2	2
대운 여	1	1	1	춘	1	1	1	1	2	2	2	3	3	3	4	4	4	5	수	5	6	6	6	7	7	7	8	8

戊寅年

경칩 6일 14시 34분 【음2월】 ➡ 【乙卯月(을묘월)】 ☯ 춘분 21일 15시 43분

양력 3 / 음력 01/30 ~ 02/30

양력	1	2	3	4	5	6	7	8	9	10	11	12	13	14	15	16	17	18	19	20	21	22	23	24	25	26	27	28	29	30	31
요일	목	금	토	일	월	화	수	목	금	토	일	월	화	수	목	금	토	일	월	화	수	목	금	토	일	월	화	수	목	금	토
일진 日辰	壬辰	癸巳	甲午	乙未	丙申	丁酉	戊戌	己亥	庚子	辛丑	壬寅	癸卯	甲辰	乙巳	丙午	丁未	戊申	己酉	庚戌	辛亥	壬子	癸丑	甲寅	乙卯	丙辰	丁巳	戊午	己未	庚申	辛酉	壬戌
음력	30	2/1	2	3	4	5	6	7	8	9	10	11	12	13	14	15	16	17	18	19	20	21	22	23	24	25	26	27	28	29	30
대운 남	2	1	1	1	1	경	10	9	9	9	8	8	8	7	7	7	6	6	6	5	춘	5	4	4	4	3	3	3	2	2	2
대운 여	8	9	9	9	10	칩	1	1	1	1	2	2	2	3	3	3	4	4	4	5	분	5	6	6	6	7	7	7	8	8	8

청명 5일 19시 49분 【음3월】 ➡ 【丙辰月(병진월)】 ☯ 곡우 21일 03시 15분

양력 4 / 음력 03/01 ~ 04/01

양력	1	2	3	4	5	6	7	8	9	10	11	12	13	14	15	16	17	18	19	20	21	22	23	24	25	26	27	28	29	30
요일	일	월	화	수	목	금	토	일	월	화	수	목	금	토	일	월	화	수	목	금	토	일	월	화	수	목	금	토	일	월
일진 日辰	癸亥	甲子	乙丑	丙寅	丁卯	戊辰	己巳	庚午	辛未	壬申	癸酉	甲戌	乙亥	丙子	丁丑	戊寅	己卯	庚辰	辛巳	壬午	癸未	甲申	乙酉	丙戌	丁亥	戊子	己丑	庚寅	辛卯	壬辰
음력	3/1	2	3	4	5	6	7	8	9	10	11	12	13	14	15	16	17	18	19	20	21	22	23	24	25	26	27	28	29	4/1
대운 남	1	1	1	1	청	10	10	9	9	9	8	8	8	7	7	7	6	6	6	5	곡	5	4	4	4	3	3	3	2	2
대운 여	9	9	9	10	명	1	1	1	1	2	2	2	3	3	3	4	4	4	5	5	우	6	6	6	7	7	7	8	8	8

입하 6일 13시 35분 【음4월】 ➡ 【丁巳月(정사월)】 ☯ 소만 22일 02시 50분

양력 5 / 음력 04/02 ~ 05/03

양력	1	2	3	4	5	6	7	8	9	10	11	12	13	14	15	16	17	18	19	20	21	22	23	24	25	26	27	28	29	30	31
요일	화	수	목	금	토	일	월	화	수	목	금	토	일	월	화	수	목	금	토	일	월	화	수	목	금	토	일	월	화	수	목
일진 日辰	癸巳	甲午	乙未	丙申	丁酉	戊戌	己亥	庚子	辛丑	壬寅	癸卯	甲辰	乙巳	丙午	丁未	戊申	己酉	庚戌	辛亥	壬子	癸丑	甲寅	乙卯	丙辰	丁巳	戊午	己未	庚申	辛酉	壬戌	癸亥
음력	2	3	4	5	6	7	8	9	10	11	12	13	14	15	16	17	18	19	20	21	22	23	24	25	26	27	28	29	5/1	2	3
대운 남	2	1	1	1	1	입	10	10	9	9	9	8	8	8	7	7	7	6	6	6	5	소	5	4	4	4	3	3	3	2	2
대운 여	9	9	9	10	10	하	1	1	1	1	2	2	2	3	3	3	4	4	4	5	5	만	6	6	6	7	7	7	8	8	8

망종 6일 18시 07분 【음5월】 ➡ 【戊午月(무오월)】 ☯ 하지 22일 11시 04분

양력 6 / 음력 05/04 ~ 06/03

양력	1	2	3	4	5	6	7	8	9	10	11	12	13	14	15	16	17	18	19	20	21	22	23	24	25	26	27	28	29	30
요일	금	토	일	월	화	수	목	금	토	일	월	화	수	목	금	토	일	월	화	수	목	금	토	일	월	화	수	목	금	토
일진 日辰	甲子	乙丑	丙寅	丁卯	戊辰	己巳	庚午	辛未	壬申	癸酉	甲戌	乙亥	丙子	丁丑	戊寅	己卯	庚辰	辛巳	壬午	癸未	甲申	乙酉	丙戌	丁亥	戊子	己丑	庚寅	辛卯	壬辰	癸巳
음력	4	5	6	7	8	9	10	11	12	13	14	15	16	17	18	19	20	21	22	23	24	25	26	27	28	29	30	6/1	2	3
대운 남	2	1	1	1	1	망	10	10	10	9	9	9	8	8	8	7	7	7	6	6	6	하	5	5	4	4	4	3	3	3
대운 여	9	9	9	10	10	종	1	1	1	1	2	2	2	3	3	3	4	4	4	5	5	지	6	6	6	7	7	7	8	8

한식(4월6일), 초복(7월17일), 중복(7월27일), 말복(8월16일) 춘사(春社)3/17
추사(秋社)9/23 토왕지절(土旺之節):4월18일,7월20일,10월21일,1월18일(신년양력),
臘享(납향):1939년 1월22일(신년양력)

1938 戊寅年

소서 8일 04시 31분 【음6월】 ➡ 【己未月(기미월)】 ☯ 대서 23일 21시 57분

양력 7	양력	1	2	3	4	5	6	7	8	9	10	11	12	13	14	15	16	17	18	19	20	21	22	23	24	25	26	27	28	29	30	31
	요일	일	월	화	수	목	금	토	일	월	화	수	목	금	토	일	월	화	수	목	금	토	일	월	화	수	목	금	토	일	월	화
	일진 日辰	甲午	乙未	丙申	丁酉	戊戌	己亥	庚子	辛丑	壬寅	癸卯	甲辰	乙巳	丙午	丁未	戊申	己酉	庚戌	辛亥	壬子	癸丑	甲寅	乙卯	丙辰	丁巳	戊午	己未	庚申	辛酉	壬戌	癸亥	甲子
음력 06/04 ~ 07/05	음력	4	5	6	7	8	9	10	11	12	13	14	15	16	17	18	19	20	21	22	23	24	25	26	27	28	29	7/1	2	3	4	5
대운	남	2	2	2	1	1	1	1	소	10	10	9	9	9	8	8	8	7	7	7	6	6	6	대	5	5	4	4	4	3	3	3
	여	8	9	9	9	10	10	10	서	1	1	1	1	2	2	2	3	3	3	4	4	4	5	서	5	6	6	6	7	7	7	8

입추 8일 14시 13분 【음7월】 ➡ 【庚申月(경신월)】 ☯ 처서 24일 04시 46분

양력 8	양력	1	2	3	4	5	6	7	8	9	10	11	12	13	14	15	16	17	18	19	20	21	22	23	24	25	26	27	28	29	30	31
	요일	수	목	금	토	일	월	화	수	목	금	토	일	월	화	수	목	금	토	일	월	화	수	목	금	토	일	월	화	수	목	금
	일진 日辰	乙丑	丙寅	丁卯	戊辰	己巳	庚午	辛未	壬申	癸酉	甲戌	乙亥	丙子	丁丑	戊寅	己卯	庚辰	辛巳	壬午	癸未	甲申	乙酉	丙戌	丁亥	戊子	己丑	庚寅	辛卯	壬辰	癸巳	甲午	乙未
음력 07/06 ~ 윤707	음력	6	7	8	9	10	11	12	13	14	15	16	17	18	19	20	21	22	23	24	25	26	27	28	29	윤7	2	3	4	5	6	7
대운	남	2	2	2	1	1	1	1	입	10	10	9	9	9	8	8	8	7	7	7	6	6	6	5	처	5	4	4	4	3	3	3
	여	8	8	9	9	9	10	10	추	1	1	1	1	2	2	2	3	3	3	4	4	4	5	5	서	6	6	6	7	7	7	8

백로 8일 16시 48분 【음8월】 ➡ 【辛酉月(신유월)】 ☯ 추분 24일 02시 00분

양력 9	양력	1	2	3	4	5	6	7	8	9	10	11	12	13	14	15	16	17	18	19	20	21	22	23	24	25	26	27	28	29	30
	요일	토	일	월	화	수	목	금	토	일	월	화	수	목	금	토	일	월	화	수	목	금	토	일	월	화	수	목	금	토	일
	일진 日辰	丙申	丁酉	戊戌	己亥	庚子	辛丑	壬寅	癸卯	甲辰	乙巳	丙午	丁未	戊申	己酉	庚戌	辛亥	壬子	癸丑	甲寅	乙卯	丙辰	丁巳	戊午	己未	庚申	辛酉	壬戌	癸亥	甲子	乙丑
음력 윤708 ~ 08/07	음력	8	9	10	11	12	13	14	15	16	17	18	19	20	21	22	23	24	25	26	27	28	29	30	8/1	2	3	4	5	6	7
대운	남	2	2	2	1	1	1	1	백	10	10	9	9	9	8	8	8	7	7	7	6	6	6	5	추	5	4	4	4	3	3
	여	8	8	9	9	9	10	10	로	1	1	1	1	2	2	2	3	3	3	4	4	4	5	5	분	6	6	6	7	7	7

한로 9일 08시 01분 【음9월】 ➡ 【壬戌月(임술월)】 ☯ 상강 24일 10시 54분

양력 10	양력	1	2	3	4	5	6	7	8	9	10	11	12	13	14	15	16	17	18	19	20	21	22	23	24	25	26	27	28	29	30	31
	요일	월	화	수	목	금	토	일	월	화	수	목	금	토	일	월	화	수	목	금	토	일	월	화	수	목	금	토	일	월	화	수
	일진 日辰	丙寅	丁卯	戊辰	己巳	庚午	辛未	壬申	癸酉	甲戌	乙亥	丙子	丁丑	戊寅	己卯	庚辰	辛巳	壬午	癸未	甲申	乙酉	丙戌	丁亥	戊子	己丑	庚寅	辛卯	壬辰	癸巳	甲午	乙未	丙申
음력 08/08 ~ 09/09	음력	8	9	10	11	12	13	14	15	16	17	18	19	20	21	22	23	24	25	26	27	28	29	9/1	2	3	4	5	6	7	8	9
대운	남	3	2	2	2	1	1	1	1	한	10	9	9	9	8	8	8	7	7	7	6	6	6	5	상	5	4	4	4	3	3	3
	여	8	8	8	9	9	9	10	10	로	1	1	1	1	2	2	2	3	3	3	4	4	4	5	강	5	6	6	6	7	7	7

입동 8일 10시 48분 【음10월】 ➡ 【癸亥月(계해월)】 ☯ 소설 23일 08시 06분

양력 11	양력	1	2	3	4	5	6	7	8	9	10	11	12	13	14	15	16	17	18	19	20	21	22	23	24	25	26	27	28	29	30
	요일	목	금	토	일	월	화	수	목	금	토	일	월	화	수	목	금	토	일	월	화	수	목	금	토	일	월	화	수	목	금
	일진 日辰	丁酉	戊戌	己亥	庚子	辛丑	壬寅	癸卯	甲辰	乙巳	丙午	丁未	戊申	己酉	庚戌	辛亥	壬子	癸丑	甲寅	乙卯	丙辰	丁巳	戊午	己未	庚申	辛酉	壬戌	癸亥	甲子	乙丑	丙寅
음력 09/10 ~ 10/09	음력	10	11	12	13	14	15	16	17	18	19	20	21	22	23	24	25	26	27	28	29	30	10/1	2	3	4	5	6	7	8	9
대운	남	2	2	2	1	1	1	1	입	10	9	9	9	8	8	8	7	7	7	6	6	6	5	소	5	4	4	4	3	3	3
	여	8	8	8	9	9	9	10	동	1	1	1	1	2	2	2	3	3	3	4	4	4	5	설	5	6	6	6	7	7	7

대설 8일 03시 22분 【음11월】 ➡ 【甲子月(갑자월)】 ☯ 동지 22일 21시 13분

양력 12	양력	1	2	3	4	5	6	7	8	9	10	11	12	13	14	15	16	17	18	19	20	21	22	23	24	25	26	27	28	29	30	31
	요일	토	일	월	화	수	목	금	토	일	월	화	수	목	금	토	일	월	화	수	목	금	토	일	월	화	수	목	금	토	일	월
	일진 日辰	丁卯	戊辰	己巳	庚午	辛未	壬申	癸酉	甲戌	乙亥	丙子	丁丑	戊寅	己卯	庚辰	辛巳	壬午	癸未	甲申	乙酉	丙戌	丁亥	戊子	己丑	庚寅	辛卯	壬辰	癸巳	甲午	乙未	丙申	丁酉
음력 10/10 ~ 11/10	음력	10	11	12	13	14	15	16	17	18	19	20	21	22	23	24	25	26	27	28	29	30	11/1	2	3	4	5	6	7	8	9	10
대운	남	2	2	2	1	1	1	1	대	9	9	9	8	8	8	7	7	7	6	6	6	5	동	5	4	4	4	3	3	3	2	2
	여	8	8	8	9	9	9	10	설	1	1	1	1	2	2	2	3	3	3	4	4	4	지	5	5	6	6	6	7	7	7	8

토끼

단기 4272 年
불기 2483 年

1939년

중원 己卯年 ,납음(城頭土),본명성(七赤金)

대장군(子북방), 삼살(서방), 상문(巳동남방),조객(丑동북방), 납음(성두토), 【삼재(사,오,미)년】 臘享(납향):1940년1월17일(음12/09)

소한 6일 14시 28분 【음12월】 ➡ 【乙丑月(을축월)】 ☯ 대한 21일 07시 51분

양력 1 / 음력 11/11 ~ 12/12

양력	1	2	3	4	5	6	7	8	9	10	11	12	13	14	15	16	17	18	19	20	21	22	23	24	25	26	27	28	29	30	31
요일	화	수	목	금	토	일	월	화	수	목	금	토	일	월	화	수	목	금	토	일	월	화	수	목	금	토	일	월	화	수	목
일진	戊	己	庚	辛	壬	癸	甲	乙	丙	丁	戊	己	庚	辛	壬	癸	甲	乙	丙	丁	戊	己	庚	辛	壬	癸	甲	乙	丙	丁	戊
日辰	戌	亥	子	丑	寅	卯	辰	巳	午	未	申	酉	戌	亥	子	丑	寅	卯	辰	巳	午	未	申	酉	戌	亥	子	丑	寅	卯	辰
음력	11	12	13	14	15	16	17	18	19	20	21	22	23	24	25	26	27	28	29	12/1	2	3	4	5	6	7	8	9	10	11	12
대운 남	2	1	1	1	1	소	10	9	9	9	8	8	8	7	7	7	6	6	6	5	대	5	4	4	4	3	3	3	2	2	2
대운 여	8	8	9	9	9	한	1	1	1	1	2	2	2	3	3	3	4	4	4	5	한	5	6	6	6	7	7	7	8	8	8

입춘 5일 02시 10분 【음1월】 ➡ 【丙寅月(병인월)】 ☯ 우수 19일 22시 09분

양력 2 / 음력 12/13 ~ 01/10

양력	1	2	3	4	5	6	7	8	9	10	11	12	13	14	15	16	17	18	19	20	21	22	23	24	25	26	27	28
요일	금	토	일	월	화	수	목	금	토	일	월	화	수	목	금	토	일	월	화	수	목	금	토	일	월	화	수	목
일진	己	庚	辛	壬	癸	甲	乙	丙	丁	戊	己	庚	辛	壬	癸	甲	乙	丙	丁	戊	己	庚	辛	壬	癸	甲	乙	丙
日辰	巳	午	未	申	酉	戌	亥	子	丑	寅	卯	辰	巳	午	未	申	酉	戌	亥	子	丑	寅	卯	辰	巳	午	未	申
음력	13	14	15	16	17	18	19	20	21	22	23	24	25	26	27	28	29	30	1/1	2	3	4	5	6	7	8	9	10
대운 남	1	1	1	1	입	1	1	1	1	2	2	2	3	3	3	4	4	4	우	5	5	6	6	6	7	7	7	8
대운 여	9	9	9	10	춘	9	9	9	8	8	8	7	7	7	6	6	6	5	수	5	4	4	4	3	3	3	2	2

己 卯 年

경칩 6일 20시 26분 【음2월】 ➡ 【丁卯月(정묘월)】 ☯ 춘분 21일 21시 28분

양력 3 / 음력 01/11 ~ 02/11

양력	1	2	3	4	5	6	7	8	9	10	11	12	13	14	15	16	17	18	19	20	21	22	23	24	25	26	27	28	29	30	31
요일	금	토	일	월	화	수	목	금	토	일	월	화	수	목	금	토	일	월	화	수	목	금	토	일	월	화	수	목	금	토	일
일진	丁	戊	己	庚	辛	壬	癸	甲	乙	丙	丁	戊	己	庚	辛	壬	癸	甲	乙	丙	丁	戊	己	庚	辛	壬	癸	甲	乙	丙	丁
日辰	酉	戌	亥	子	丑	寅	卯	辰	巳	午	未	申	酉	戌	亥	子	丑	寅	卯	辰	巳	午	未	申	酉	戌	亥	子	丑	寅	卯
음력	11	12	13	14	15	16	17	18	19	20	21	22	23	24	25	26	27	28	29	30	2/1	2	3	4	5	6	7	8	9	10	11
대운 남	8	8	9	9	9	경	1	1	1	1	2	2	2	3	3	3	4	4	4	5	춘	5	6	6	6	7	7	7	8	8	8
대운 여	2	1	1	1	1	칩	10	10	9	9	9	8	8	8	7	7	7	6	6	6	분	5	5	4	4	4	3	3	3	2	2

청명 6일 01시 37분 【음3월】 ➡ 【戊辰月(무진월)】 ☯ 곡우 21일 08시 55분

양력 4 / 음력 02/12 ~ 03/11

양력	1	2	3	4	5	6	7	8	9	10	11	12	13	14	15	16	17	18	19	20	21	22	23	24	25	26	27	28	29	30
요일	월	화	수	목	금	토	일	월	화	수	목	금	토	일	월	화	수	목	금	토	일	월	화	수	목	금	토	일	월	화
일진	戊	己	庚	辛	壬	癸	甲	乙	丙	丁	戊	己	庚	辛	壬	癸	甲	乙	丙	丁	戊	己	庚	辛	壬	癸	甲	乙	丙	丁
日辰	辰	巳	午	未	申	酉	戌	亥	子	丑	寅	卯	辰	巳	午	未	申	酉	戌	亥	子	丑	寅	卯	辰	巳	午	未	申	酉
음력	12	13	14	15	16	17	18	19	20	21	22	23	24	25	26	27	28	29	30	3/1	2	3	4	5	6	7	8	9	10	11
대운 남	9	9	9	10	10	청	1	1	1	1	2	2	2	3	3	3	4	4	4	5	곡	5	6	6	6	7	7	7	8	8
대운 여	2	1	1	1	1	명	10	9	9	9	8	8	8	7	7	7	6	6	6	5	우	5	4	4	4	3	3	3	2	2

입하 6일 19시 21분 【음4월】 ➡ 【己巳月(기사월)】 ☯ 소만 22일 08시 27분

양력 5 / 음력 03/12 ~ 04/13

양력	1	2	3	4	5	6	7	8	9	10	11	12	13	14	15	16	17	18	19	20	21	22	23	24	25	26	27	28	29	30	31
요일	수	목	금	토	일	월	화	수	목	금	토	일	월	화	수	목	금	토	일	월	화	수	목	금	토	일	월	화	수	목	금
일진	戊	己	庚	辛	壬	癸	甲	乙	丙	丁	戊	己	庚	辛	壬	癸	甲	乙	丙	丁	戊	己	庚	辛	壬	癸	甲	乙	丙	丁	戊
日辰	戌	亥	子	丑	寅	卯	辰	巳	午	未	申	酉	戌	亥	子	丑	寅	卯	辰	巳	午	未	申	酉	戌	亥	子	丑	寅	卯	辰
음력	12	13	14	15	16	17	18	19	20	21	22	23	24	25	26	27	28	29	4/1	2	3	4	5	6	7	8	9	10	11	12	13
대운 남	8	9	9	9	10	입	1	1	1	1	2	2	2	3	3	3	4	4	4	5	5	소	6	6	6	7	7	7	8	8	8
대운 여	2	1	1	1	1	하	10	10	9	9	9	8	8	8	7	7	7	6	6	6	5	만	5	4	4	4	3	3	3	2	2

망종 6일 23시 52분 【음5월】 ➡ 【庚午月(경오월)】 ☯ 하지 22일 16시 39분

양력 6 / 음력 04/14 ~ 05/14

양력	1	2	3	4	5	6	7	8	9	10	11	12	13	14	15	16	17	18	19	20	21	22	23	24	25	26	27	28	29	30
요일	토	일	월	화	수	목	금	토	일	월	화	수	목	금	토	일	월	화	수	목	금	토	일	월	화	수	목	금	토	일
일진	己	庚	辛	壬	癸	甲	乙	丙	丁	戊	己	庚	辛	壬	癸	甲	乙	丙	丁	戊	己	庚	辛	壬	癸	甲	乙	丙	丁	戊
日辰	巳	午	未	申	酉	戌	亥	子	丑	寅	卯	辰	巳	午	未	申	酉	戌	亥	子	丑	寅	卯	辰	巳	午	未	申	酉	戌
음력	14	15	16	17	18	19	20	21	22	23	24	25	26	27	28	29	5/1	2	3	4	5	6	7	8	9	10	11	12	13	14
대운 남	9	9	9	10	10	망	1	1	1	1	2	2	2	3	3	3	4	4	4	5	5	하	6	6	6	7	7	7	8	8
대운 여	2	1	1	1	1	종	10	10	10	9	9	9	8	8	8	7	7	7	6	6	6	지	5	5	4	4	4	3	3	3

한식(4월06일), 초복(7월12일), 중복(7월22일), 말복(8월11일) ☂춘사(春社)3/22
☀추사(秋社)9/28 토왕지절(土旺之節):4월18일,7월21일,10월21일,1월18일(신년양력),
臘享(납향):1940년 1월17일(신년양력)

1939 己卯年

소서 8일 10시 18분 【음6월】 ➡ 【辛未月(신미월)】 ☯ 대서 24일 03시 37분

양력 7 (음력 05/15 ~ 06/15)	1	2	3	4	5	6	7	8	9	10	11	12	13	14	15	16	17	18	19	20	21	22	23	24	25	26	27	28	29	30	31
요일	월	화	수	목	금	토	일	월	화	수	목	금	토	일	월	화	수	목	금	토	일	월	화	수	목	금	토	일	월	화	수
일진 日辰	己亥	庚子	辛丑	壬寅	癸卯	甲辰	乙巳	丙午	丁未	戊申	己酉	庚戌	辛亥	壬子	癸丑	甲寅	乙卯	丙辰	丁巳	戊午	己未	庚申	辛酉	壬戌	癸亥	甲子	乙丑	丙寅	丁卯	戊辰	己巳
음력	15	16	17	18	19	20	21	22	23	24	25	26	27	28	29	30	6/1	2	3	4	5	6	7	8	9	10	11	12	13	14	15
대운 남	8	9	9	9	10	10	10	소	1	1	1	1	2	2	2	3	3	3	4	4	4	5	5	대	6	6	6	7	7	7	8
대운 여	2	2	2	1	1	1	1	서	10	10	9	9	9	8	8	8	7	7	7	6	6	6	5	서	5	4	4	4	3	3	3

입추 8일 20시 04분 【음7월】 ➡ 【壬申月(임신월)】 ☯ 처서 24일 10시 31분

양력 8 (음력 06/16 ~ 07/17)	1	2	3	4	5	6	7	8	9	10	11	12	13	14	15	16	17	18	19	20	21	22	23	24	25	26	27	28	29	30	31
요일	목	금	토	일	월	화	수	목	금	토	일	월	화	수	목	금	토	일	월	화	수	목	금	토	일	월	화	수	목	금	토
일진 日辰	庚午	辛未	壬申	癸酉	甲戌	乙亥	丙子	丁丑	戊寅	己卯	庚辰	辛巳	壬午	癸未	甲申	乙酉	丙戌	丁亥	戊子	己丑	庚寅	辛卯	壬辰	癸巳	甲午	乙未	丙申	丁酉	戊戌	己亥	庚子
음력	16	17	18	19	20	21	22	23	24	25	26	27	28	29	7/1	2	3	4	5	6	7	8	9	10	11	12	13	14	15	16	17
대운 남	8	8	9	9	9	10	10	입	1	1	1	1	2	2	2	3	3	3	4	4	4	5	5	처	6	6	6	7	7	7	8
대운 여	2	2	2	1	1	1	1	추	10	10	9	9	9	8	8	8	7	7	7	6	6	6	5	서	5	4	4	4	3	3	3

백로 8일 22시 42분 【음8월】 ➡ 【癸酉月(계유월)】 ☯ 추분 24일 07시 49분

양력 9 (음력 07/18 ~ 08/18)	1	2	3	4	5	6	7	8	9	10	11	12	13	14	15	16	17	18	19	20	21	22	23	24	25	26	27	28	29	30
요일	일	월	화	수	목	금	토	일	월	화	수	목	금	토	일	월	화	수	목	금	토	일	월	화	수	목	금	토	일	월
일진 日辰	辛丑	壬寅	癸卯	甲辰	乙巳	丙午	丁未	戊申	己酉	庚戌	辛亥	壬子	癸丑	甲寅	乙卯	丙辰	丁巳	戊午	己未	庚申	辛酉	壬戌	癸亥	甲子	乙丑	丙寅	丁卯	戊辰	己巳	庚午
음력	18	19	20	21	22	23	24	25	26	27	28	29	8/1	2	3	4	5	6	7	8	9	10	11	12	13	14	15	16	17	18
대운 남	8	8	9	9	9	10	10	백	1	1	1	1	2	2	2	3	3	3	4	4	4	5	5	추	6	6	6	7	7	7
대운 여	2	2	2	1	1	1	1	로	10	10	9	9	9	8	8	8	7	7	7	6	6	6	5	분	5	4	4	4	3	3

한로 9일 13시 57분 【음9월】 ➡ 【甲戌月(갑술월)】 ☯ 상강 24일 16시 46분

양력 10 (음력 08/19 ~ 09/19)	1	2	3	4	5	6	7	8	9	10	11	12	13	14	15	16	17	18	19	20	21	22	23	24	25	26	27	28	29	30	31
요일	화	수	목	금	토	일	월	화	수	목	금	토	일	월	화	수	목	금	토	일	월	화	수	목	금	토	일	월	화	수	목
일진 日辰	辛未	壬申	癸酉	甲戌	乙亥	丙子	丁丑	戊寅	己卯	庚辰	辛巳	壬午	癸未	甲申	乙酉	丙戌	丁亥	戊子	己丑	庚寅	辛卯	壬辰	癸巳	甲午	乙未	丙申	丁酉	戊戌	己亥	庚子	辛丑
음력	19	20	21	22	23	24	25	26	27	28	29	30	9/1	2	3	4	5	6	7	8	9	10	11	12	13	14	15	16	17	18	19
대운 남	8	8	8	9	9	9	10	10	한	1	1	1	1	2	2	2	3	3	3	4	4	4	5	상	5	6	6	6	7	7	7
대운 여	3	2	2	2	1	1	1	1	로	10	9	9	9	8	8	8	7	7	7	6	6	6	5	강	5	4	4	4	3	3	3

입동 8일 16시 44분 【음10월】 ➡ 【乙亥月(을해월)】 ☯ 소설 23일 13시 59분

양력 11 (음력 09/02 ~ 10/20)	1	2	3	4	5	6	7	8	9	10	11	12	13	14	15	16	17	18	19	20	21	22	23	24	25	26	27	28	29	30
요일	금	토	일	월	화	수	목	금	토	일	월	화	수	목	금	토	일	월	화	수	목	금	토	일	월	화	수	목	금	토
일진 日辰	壬寅	癸卯	甲辰	乙巳	丙午	丁未	戊申	己酉	庚戌	辛亥	壬子	癸丑	甲寅	乙卯	丙辰	丁巳	戊午	己未	庚申	辛酉	壬戌	癸亥	甲子	乙丑	丙寅	丁卯	戊辰	己巳	庚午	辛未
음력	20	21	22	23	24	25	26	27	28	29	10/1	2	3	4	5	6	7	8	9	10	11	12	13	14	15	16	17	18	19	20
대운 남	8	8	8	9	9	9	10	입	1	1	1	1	2	2	2	3	3	3	4	4	4	5	소	5	6	6	6	7	7	7
대운 여	2	2	2	1	1	1	1	동	10	9	9	9	8	8	8	7	7	7	6	6	6	5	설	5	4	4	4	3	3	3

대설 8일 09시 17분 【음11월】 ➡ 【丙子月(병자월)】 ☯ 동지 23일 03시 06분

양력 12 (음력 10/21 ~ 11/21)	1	2	3	4	5	6	7	8	9	10	11	12	13	14	15	16	17	18	19	20	21	22	23	24	25	26	27	28	29	30	31
요일	일	월	화	수	목	금	토	일	월	화	수	목	금	토	일	월	화	수	목	금	토	일	월	화	수	목	금	토	일	월	화
일진 日辰	壬申	癸酉	甲戌	乙亥	丙子	丁丑	戊寅	己卯	庚辰	辛巳	壬午	癸未	甲申	乙酉	丙戌	丁亥	戊子	己丑	庚寅	辛卯	壬辰	癸巳	甲午	乙未	丙申	丁酉	戊戌	己亥	庚子	辛丑	壬寅
음력	21	22	23	24	25	26	27	28	29	30	11/1	2	3	4	5	6	7	8	9	10	11	12	13	14	15	16	17	18	19	20	21
대운 남	8	8	8	9	9	9	10	대	1	1	1	1	2	2	2	3	3	3	4	4	4	5	동	5	6	6	6	7	7	7	8
대운 여	2	2	2	1	1	1	1	설	9	9	9	8	8	8	7	7	7	6	6	6	5	5	지	4	4	4	3	3	3	2	2

단기 4273 年	1940년	중원 庚辰年, 납음(白臘金), 본명성(六白金)
불기 2484 年		대장군(子북방), 삼살(남방), 상문(午남방), 조객(寅동북방), 납음(백납금), 삼재(인,묘,진)년 臘享(납향):1941년1월23일(음12/26)

소한 6일 20시 24분 【음12월】 ➡ 【丁丑月(정축월)】 ☯ 대한 21일 13시 44분

양력 1 / 음력 11/22 ▮ 12/23

양력	1	2	3	4	5	6	7	8	9	10	11	12	13	14	15	16	17	18	19	20	21	22	23	24	25	26	27	28	29	30	31
요일	토	일	월	화	수	목	금	토	일	월	화	수	목	금	토	일	월	화	수	목	금	토	일	월	화	수	목	금	토	일	월
일진 日辰	癸卯	甲辰	乙巳	丙午	丁未	戊申	己酉	庚戌	辛亥	壬子	癸丑	甲寅	乙卯	丙辰	丁巳	戊午	己未	庚申	辛酉	壬戌	癸亥	甲子	乙丑	丙寅	丁卯	戊辰	己巳	庚午	辛未	壬申	癸酉
음력	22	23	24	25	26	27	28	29	12/1	2	3	4	5	6	7	8	9	10	11	12	13	14	15	16	17	18	19	20	21	22	23
대운 남	8	8	9	9	9	소	1	1	1	1	2	2	2	3	3	3	4	4	4	5	대	5	6	6	6	7	7	7	8	8	8
대운 여	2	1	1	1	1	한	10	9	9	9	8	8	8	7	7	7	6	6	6	5	한	5	4	4	4	3	3	3	2	2	2

입춘 5일 08시 08분 【음1월】 ➡ 【戊寅月(무인월)】 ☯ 우수 20일 04시 04분

양력 2 / 음력 12/24 ▮ 01/22

양력	1	2	3	4	5	6	7	8	9	10	11	12	13	14	15	16	17	18	19	20	21	22	23	24	25	26	27	28	29
요일	화	수	목	금	토	일	월	화	수	목	금	토	일	월	화	수	목	금	토	일	월	화	수	목	금	토	일	월	화
일진 日辰	甲戌	乙亥	丙子	丁丑	戊寅	己卯	庚辰	辛巳	壬午	癸未	甲申	乙酉	丙戌	丁亥	戊子	己丑	庚寅	辛卯	壬辰	癸巳	甲午	乙未	丙申	丁酉	戊戌	己亥	庚子	辛丑	壬寅
음력	24	25	26	27	28	29	30	1/1	2	3	4	5	6	7	8	9	10	11	12	13	14	15	16	17	18	19	20	21	22
대운 남	9	9	9	10	입	10	9	9	9	8	8	8	7	7	7	6	6	6	5	우	5	4	4	4	3	3	3	2	2
대운 여	1	1	1	1	춘	1	1	1	1	2	2	2	3	3	3	4	4	4	5	수	5	6	6	6	7	7	7	8	8

庚辰年

경칩 6일 02시 24분 【음2월】 ➡ 【己卯月(기묘월)】 ☯ 춘분 21일 03시 24분

양력 3 / 음력 01/23 ▮ 02/23

양력	1	2	3	4	5	6	7	8	9	10	11	12	13	14	15	16	17	18	19	20	21	22	23	24	25	26	27	28	29	30	31
요일	화	수	목	금	토	일	월	화	수	목	금	토	일	월	화	수	목	금	토	일	월	화	수	목	금	토	일	월	화	수	목
일진 日辰	癸卯	甲辰	乙巳	丙午	丁未	戊申	己酉	庚戌	辛亥	壬子	癸丑	甲寅	乙卯	丙辰	丁巳	戊午	己未	庚申	辛酉	壬戌	癸亥	甲子	乙丑	丙寅	丁卯	戊辰	己巳	庚午	辛未	壬申	癸酉
음력	23	24	25	26	27	28	29	30	2/1	2	3	4	5	6	7	8	9	10	11	12	13	14	15	16	17	18	19	20	21	22	23
대운 남	2	1	1	1	1	경	10	9	9	9	8	8	8	7	7	7	6	6	6	5	춘	5	4	4	4	3	3	3	2	2	2
대운 여	8	9	9	9	10	칩	1	1	1	1	2	2	2	3	3	3	4	4	4	5	분	5	6	6	6	7	7	7	8	8	8

청명 5일 07시 35분 【음3월】 ➡ 【庚辰月(경진월)】 ☯ 곡우 20일 14시 51분

양력 4 / 음력 02/24 ▮ 03/23

양력	1	2	3	4	5	6	7	8	9	10	11	12	13	14	15	16	17	18	19	20	21	22	23	24	25	26	27	28	29	30
요일	금	토	일	월	화	수	목	금	토	일	월	화	수	목	금	토	일	월	화	수	목	금	토	일	월	화	수	목	금	토
일진 日辰	甲戌	乙亥	丙子	丁丑	戊寅	己卯	庚辰	辛巳	壬午	癸未	甲申	乙酉	丙戌	丁亥	戊子	己丑	庚寅	辛卯	壬辰	癸巳	甲午	乙未	丙申	丁酉	戊戌	己亥	庚子	辛丑	壬寅	癸卯
음력	24	25	26	27	28	29	30	3/1	2	3	4	5	6	7	8	9	10	11	12	13	14	15	16	17	18	19	20	21	22	23
대운 남	1	1	1	1	청	10	10	9	9	9	8	8	8	7	7	7	6	6	6	곡	5	5	4	4	4	3	3	3	2	2
대운 여	9	9	9	10	명	1	1	1	1	2	2	2	3	3	3	4	4	4	5	우	5	6	6	6	7	7	7	8	8	8

입하 6일 01시 16분 【음4월】 ➡ 【辛巳月(신사월)】 ☯ 소만 21일 14시 23분

양력 5 / 음력 03/24 ▮ 04/25

양력	1	2	3	4	5	6	7	8	9	10	11	12	13	14	15	16	17	18	19	20	21	22	23	24	25	26	27	28	29	30	31
요일	일	월	화	수	목	금	토	일	월	화	수	목	금	토	일	월	화	수	목	금	토	일	월	화	수	목	금	토	일	월	화
일진 日辰	甲辰	乙巳	丙午	丁未	戊申	己酉	庚戌	辛亥	壬子	癸丑	甲寅	乙卯	丙辰	丁巳	戊午	己未	庚申	辛酉	壬戌	癸亥	甲子	乙丑	丙寅	丁卯	戊辰	己巳	庚午	辛未	壬申	癸酉	甲戌
음력	24	25	26	27	28	29	4/1	2	3	4	5	6	7	8	9	10	11	12	13	14	15	16	17	18	19	20	21	22	23	24	25
대운 남	2	1	1	1	1	입	10	10	9	9	9	8	8	8	7	7	7	6	6	6	소	5	5	4	4	4	3	3	3	2	2
대운 여	9	9	9	10	10	하	1	1	1	1	2	2	2	3	3	3	4	4	4	5	만	5	6	6	6	7	7	7	8	8	8

망종 6일 05시 44분 【음5월】 ➡ 【壬午月(임오월)】 ☯ 하지 21일 22시 36분

양력 6 / 음력 04/26 ▮ 05/25

양력	1	2	3	4	5	6	7	8	9	10	11	12	13	14	15	16	17	18	19	20	21	22	23	24	25	26	27	28	29	30
요일	수	목	금	토	일	월	화	수	목	금	토	일	월	화	수	목	금	토	일	월	화	수	목	금	토	일	월	화	수	목
일진 日辰	乙亥	丙子	丁丑	戊寅	己卯	庚辰	辛巳	壬午	癸未	甲申	乙酉	丙戌	丁亥	戊子	己丑	庚寅	辛卯	壬辰	癸巳	甲午	乙未	丙申	丁酉	戊戌	己亥	庚子	辛丑	壬寅	癸卯	甲辰
음력	26	27	28	29	30	5/1	2	3	4	5	6	7	8	9	10	11	12	13	14	15	16	17	18	19	20	21	22	23	24	25
대운 남	2	1	1	1	1	망	10	10	9	9	9	8	8	8	7	7	7	6	6	6	하	5	5	4	4	4	3	3	3	2
대운 여	9	9	9	10	10	종	1	1	1	1	2	2	2	3	3	3	4	4	4	5	지	5	6	6	6	7	7	7	8	8

한식(4월06일), 초복(7월16일), 중복(7월26일), 말복(8월15일) 춘사(春社)3/16
추사(秋社)9/22 토왕지절(土旺之節):4월17일,7월20일,10월20일,1월17일(신년양력),
臘享(납향):1941년 1월23일(신년양력)

1940 庚辰年

소서 7일 16시 08분 【음6월】 ➡ **【癸未月(계미월)】** 대서 23일 09시 34분

양력 7 / 음력 05/26 ~ 06/27

양력	1	2	3	4	5	6	7	8	9	10	11	12	13	14	15	16	17	18	19	20	21	22	23	24	25	26	27	28	29	30	31
요일	금	토	일	월	화	수	목	금	토	일	월	화	수	목	금	토	일	월	화	수	목	금	토	일	월	화	수	목	금	토	일
일진	乙	丙	丁	戊	己	庚	辛	壬	癸	甲	乙	丙	丁	戊	己	庚	辛	壬	癸	甲	乙	丙	丁	戊	己	庚	辛	壬	癸	甲	乙
日辰	巳	午	未	申	酉	戌	亥	子	丑	寅	卯	辰	巳	午	未	申	酉	戌	亥	子	丑	寅	卯	辰	巳	午	未	申	酉	戌	亥
음력	26	27	28	29	6/1	2	3	4	5	6	7	8	9	10	11	12	13	14	15	16	17	18	19	20	21	22	23	24	25	26	27
대운 남	2	2	1	1	1	1	소	10	10	10	9	9	9	8	8	8	7	7	7	6	6	6	대	5	5	4	4	4	3	3	3
대운 여	8	9	9	9	10	10	서	1	1	1	1	2	2	2	3	3	3	4	4	4	5	5	서	6	6	6	7	7	7	8	8

입추 8일 01시 52분 【음7월】 ➡ **【甲申月(갑신월)】** 처서 23일 16시 29분

양력 8 / 음력 06/28 ~ 07/28

양력	1	2	3	4	5	6	7	8	9	10	11	12	13	14	15	16	17	18	19	20	21	22	23	24	25	26	27	28	29	30	31
요일	월	화	수	목	금	토	일	월	화	수	목	금	토	일	월	화	수	목	금	토	일	월	화	수	목	금	토	일	월	화	수
일진	丙	丁	戊	己	庚	辛	壬	癸	甲	乙	丙	丁	戊	己	庚	辛	壬	癸	甲	乙	丙	丁	戊	己	庚	辛	壬	癸	甲	乙	丙
日辰	子	丑	寅	卯	辰	巳	午	未	申	酉	戌	亥	子	丑	寅	卯	辰	巳	午	未	申	酉	戌	亥	子	丑	寅	卯	辰	巳	午
음력	28	29	30	7/1	2	3	4	5	6	7	8	9	10	11	12	13	14	15	16	17	18	19	20	21	22	23	24	25	26	27	28
대운 남	2	2	2	1	1	1	1	입	10	10	9	9	9	8	8	8	7	7	7	6	6	6	처	5	5	4	4	4	3	3	3
대운 여	8	9	9	9	10	10	10	추	1	1	1	1	2	2	2	3	3	3	4	4	4	5	서	5	6	6	6	7	7	7	8

백로 8일 04시 29분 【음8월】 ➡ **【乙酉月(을유월)】** 추분 23일 13시 46분

양력 9 / 음력 07/29 ~ 08/29

양력	1	2	3	4	5	6	7	8	9	10	11	12	13	14	15	16	17	18	19	20	21	22	23	24	25	26	27	28	29	30
요일	목	금	토	일	월	화	수	목	금	토	일	월	화	수	목	금	토	일	월	화	수	목	금	토	일	월	화	수	목	금
일진	丁	戊	己	庚	辛	壬	癸	甲	乙	丙	丁	戊	己	庚	辛	壬	癸	甲	乙	丙	丁	戊	己	庚	辛	壬	癸	甲	乙	丙
日辰	未	申	酉	戌	亥	子	丑	寅	卯	辰	巳	午	未	申	酉	戌	亥	子	丑	寅	卯	辰	巳	午	未	申	酉	戌	亥	子
음력	29	8/1	2	3	4	5	6	7	8	9	10	11	12	13	14	15	16	17	18	19	20	21	22	23	24	25	26	27	28	29
대운 남	2	2	2	1	1	1	1	백	10	9	9	9	8	8	8	7	7	7	6	6	6	5	추	5	4	4	4	3	3	3
대운 여	8	8	9	9	9	10	10	로	1	1	1	1	2	2	2	3	3	3	4	4	4	5	분	5	6	6	6	7	7	7

한로 8일 19시 42분 【음9월】 ➡ **【丙戌月(병술월)】** 상강 23일 22시 39분

양력 10 / 음력 09/01 ~ 10/01

양력	1	2	3	4	5	6	7	8	9	10	11	12	13	14	15	16	17	18	19	20	21	22	23	24	25	26	27	28	29	30	31
요일	토	일	월	화	수	목	금	토	일	월	화	수	목	금	토	일	월	화	수	목	금	토	일	월	화	수	목	금	토	일	월
일진	丁	戊	己	庚	辛	壬	癸	甲	乙	丙	丁	戊	己	庚	辛	壬	癸	甲	乙	丙	丁	戊	己	庚	辛	壬	癸	甲	乙	丙	丁
日辰	丑	寅	卯	辰	巳	午	未	申	酉	戌	亥	子	丑	寅	卯	辰	巳	午	未	申	酉	戌	亥	子	丑	寅	卯	辰	巳	午	未
음력	9/1	2	3	4	5	6	7	8	9	10	11	12	13	14	15	16	17	18	19	20	21	22	23	24	25	26	27	28	29	30	10/1
대운 남	2	2	2	1	1	1	1	한	10	9	9	9	8	8	8	7	7	7	6	6	6	5	상	5	4	4	4	3	3	3	2
대운 여	8	8	8	9	9	9	10	로	1	1	1	1	2	2	2	3	3	3	4	4	4	5	강	5	6	6	6	7	7	7	8

입동 7일 22시 27분 【음10월】 ➡ **【丁亥月(정해월)】** 소설 22일 19시 49분

양력 11 / 음력 10/02 ~ 11/02

양력	1	2	3	4	5	6	7	8	9	10	11	12	13	14	15	16	17	18	19	20	21	22	23	24	25	26	27	28	29	30
요일	화	수	목	금	토	일	월	화	수	목	금	토	일	월	화	수	목	금	토	일	월	화	수	목	금	토	일	월	화	수
일진	戊	己	庚	辛	壬	癸	甲	乙	丙	丁	戊	己	庚	辛	壬	癸	甲	乙	丙	丁	戊	己	庚	辛	壬	癸	甲	乙	丙	丁
日辰	申	酉	戌	亥	子	丑	寅	卯	辰	巳	午	未	申	酉	戌	亥	子	丑	寅	卯	辰	巳	午	未	申	酉	戌	亥	子	丑
음력	2	3	4	5	6	7	8	9	10	11	12	13	14	15	16	17	18	19	20	21	22	23	24	25	26	27	28	29	11/1	2
대운 남	2	2	1	1	1	1	입	10	9	9	9	8	8	8	7	7	7	6	6	6	5	소	5	4	4	4	3	3	3	2
대운 여	8	8	9	9	9	10	동	1	1	1	1	2	2	2	3	3	3	4	4	4	5	설	5	6	6	6	7	7	7	8

대설 7일 14시 58분 【음11월】 ➡ **【戊子月(무자월)】** 동지 22일 08시 55분

양력 12 / 음력 11/03 ~ 12/03

양력	1	2	3	4	5	6	7	8	9	10	11	12	13	14	15	16	17	18	19	20	21	22	23	24	25	26	27	28	29	30	31
요일	목	금	토	일	월	화	수	목	금	토	일	월	화	수	목	금	토	일	월	화	수	목	금	토	일	월	화	수	목	금	토
일진	戊	己	庚	辛	壬	癸	甲	乙	丙	丁	戊	己	庚	辛	壬	癸	甲	乙	丙	丁	戊	己	庚	辛	壬	癸	甲	乙	丙	丁	戊
日辰	寅	卯	辰	巳	午	未	申	酉	戌	亥	子	丑	寅	卯	辰	巳	午	未	申	酉	戌	亥	子	丑	寅	卯	辰	巳	午	未	申
음력	3	4	5	6	7	8	9	10	11	12	13	14	15	16	17	18	19	20	21	22	23	24	25	26	27	28	29	30	12/1	2	3
대운 남	2	2	1	1	1	1	대	10	9	9	9	8	8	8	7	7	7	6	6	6	5	동	5	4	4	4	3	3	3	2	2
대운 여	8	8	9	9	9	10	설	1	1	1	1	2	2	2	3	3	3	4	4	4	5	지	5	6	6	6	7	7	7	8	8

단기 4274 年 불기 2485 年

1941년

중원(辛巳年 ,납음(白臘金),본명성(五黃土)

대장군(卯동방), 삼살(동방), 상문(未서남방),조객(卯동방), 납음(백납금), 【삼재(해,자,축)년】 臘享(납향):1942년1월18일(음12/02)

소한 6일 02시 04분 【음12월】 ➡ **【己丑月(기축월)】** ☯ 대한 20일 19시 34분

양력 1 (음력 12/04 ~ 01/05)

양력	1	2	3	4	5	6	7	8	9	10	11	12	13	14	15	16	17	18	19	20	21	22	23	24	25	26	27	28	29	30	31
요일	수	목	금	토	일	월	화	수	목	금	토	일	월	화	수	목	금	토	일	월	화	수	목	금	토	일	월	화	수	목	금
일진 日辰	己酉	庚戌	辛亥	壬子	癸丑	甲寅	乙卯	丙辰	丁巳	戊午	己未	庚申	辛酉	壬戌	癸亥	甲子	乙丑	丙寅	丁卯	戊辰	己巳	庚午	辛未	壬申	癸酉	甲戌	乙亥	丙子	丁丑	戊寅	己卯
음력	4	5	6	7	8	9	10	11	12	13	14	15	16	17	18	19	20	21	22	23	24	25	26	27	28	29	1/1	2	3	4	5
대운 남	2	1	1	1	1	소	9	9	9	8	8	8	7	7	7	6	6	6	5	대	5	4	4	4	3	3	3	2	2	2	1
대운 여	8	9	9	9	10	한	1	1	1	1	2	2	2	3	3	3	4	4	4	한	5	5	6	6	6	7	7	7	8	8	8

입춘 4일 13시 50분 【음1월】 ➡ **【庚寅月(경인월)】** ☯ 우수 19일 09시 56분

양력 2 (음력 01/06 ~ 02/03)

양력	1	2	3	4	5	6	7	8	9	10	11	12	13	14	15	16	17	18	19	20	21	22	23	24	25	26	27	28
요일	토	일	월	화	수	목	금	토	일	월	화	수	목	금	토	일	월	화	수	목	금	토	일	월	화	수	목	금
일진 日辰	庚辰	辛巳	壬午	癸未	甲申	乙酉	丙戌	丁亥	戊子	己丑	庚寅	辛卯	壬辰	癸巳	甲午	乙未	丙申	丁酉	戊戌	己亥	庚子	辛丑	壬寅	癸卯	甲辰	乙巳	丙午	丁未
음력	6	7	8	9	10	11	12	13	14	15	16	17	18	19	20	21	22	23	24	25	26	27	28	29	30	2/1	2	3
대운 남	1	1	1	입	1	1	1	1	2	2	2	3	3	3	4	4	4	5	우	5	6	6	6	7	7	7	8	8
대운 여	9	9	9	춘	10	9	9	9	8	8	8	7	7	7	6	6	6	5	수	5	4	4	4	3	3	3	2	2

辛巳年

경칩 6일 08시 10분 【음2월】 ➡ **【辛卯月(신묘월)】** ☯ 춘분 21일 09시 20분

양력 3 (음력 02/04 ~ 03/04)

양력	1	2	3	4	5	6	7	8	9	10	11	12	13	14	15	16	17	18	19	20	21	22	23	24	25	26	27	28	29	30	31
요일	토	일	월	화	수	목	금	토	일	월	화	수	목	금	토	일	월	화	수	목	금	토	일	월	화	수	목	금	토	일	월
일진 日辰	戊申	己酉	庚戌	辛亥	壬子	癸丑	甲寅	乙卯	丙辰	丁巳	戊午	己未	庚申	辛酉	壬戌	癸亥	甲子	乙丑	丙寅	丁卯	戊辰	己巳	庚午	辛未	壬申	癸酉	甲戌	乙亥	丙子	丁丑	戊寅
음력	4	5	6	7	8	9	10	11	12	13	14	15	16	17	18	19	20	21	22	23	24	25	26	27	28	29	30	3/1	2	3	4
대운 남	8	9	9	9	10	경	1	1	1	1	2	2	2	3	3	3	4	4	4	5	춘	5	6	6	6	7	7	7	8	8	8
대운 여	2	1	1	1	1	칩	10	9	9	9	8	8	8	7	7	7	6	6	6	5	분	5	4	4	4	3	3	3	2	2	2

청명 5일 13시 25분 【음3월】 ➡ **【壬辰月(임진월)】** ☯ 곡우 20일 20시 50분

양력 4 (음력 03/05 ~ 04/05)

양력	1	2	3	4	5	6	7	8	9	10	11	12	13	14	15	16	17	18	19	20	21	22	23	24	25	26	27	28	29	30
요일	화	수	목	금	토	일	월	화	수	목	금	토	일	월	화	수	목	금	토	일	월	화	수	목	금	토	일	월	화	수
일진 日辰	己卯	庚辰	辛巳	壬午	癸未	甲申	乙酉	丙戌	丁亥	戊子	己丑	庚寅	辛卯	壬辰	癸巳	甲午	乙未	丙申	丁酉	戊戌	己亥	庚子	辛丑	壬寅	癸卯	甲辰	乙巳	丙午	丁未	戊申
음력	5	6	7	8	9	10	11	12	13	14	15	16	17	18	19	20	21	22	23	24	25	26	27	28	29	4/1	2	3	4	5
대운 남	9	9	9	10	청	1	1	1	1	2	2	2	3	3	3	4	4	4	5	곡	5	6	6	6	7	7	7	8	8	8
대운 여	1	1	1	1	명	10	10	9	9	9	8	8	8	7	7	7	6	6	6	우	5	5	4	4	4	3	3	3	2	2

입하 6일 07시 10분 【음4월】 ➡ **【癸巳月(계사월)】** ☯ 소만 21일 20시 23분

양력 5 (음력 04/06 ~ 05/06)

양력	1	2	3	4	5	6	7	8	9	10	11	12	13	14	15	16	17	18	19	20	21	22	23	24	25	26	27	28	29	30	31
요일	목	금	토	일	월	화	수	목	금	토	일	월	화	수	목	금	토	일	월	화	수	목	금	토	일	월	화	수	목	금	토
일진 日辰	己酉	庚戌	辛亥	壬子	癸丑	甲寅	乙卯	丙辰	丁巳	戊午	己未	庚申	辛酉	壬戌	癸亥	甲子	乙丑	丙寅	丁卯	戊辰	己巳	庚午	辛未	壬申	癸酉	甲戌	乙亥	丙子	丁丑	戊寅	己卯
음력	6	7	8	9	10	11	12	13	14	15	16	17	18	19	20	21	22	23	24	25	26	27	28	29	30	5/1	2	3	4	5	6
대운 남	9	9	9	10	10	입	1	1	1	1	2	2	2	3	3	3	4	4	4	5	소	5	6	6	6	7	7	7	8	8	8
대운 여	2	1	1	1	1	하	10	10	9	9	9	8	8	8	7	7	7	6	6	6	만	5	5	4	4	4	3	3	3	2	2

망종 6일 11시 39분 【음5월】 ➡ **【甲午月(갑오월)】** ☯ 하지 22일 04시 33분

양력 6 (음력 05/07 ~ 06/06)

양력	1	2	3	4	5	6	7	8	9	10	11	12	13	14	15	16	17	18	19	20	21	22	23	24	25	26	27	28	29	30
요일	일	월	화	수	목	금	토	일	월	화	수	목	금	토	일	월	화	수	목	금	토	일	월	화	수	목	금	토	일	월
일진 日辰	庚辰	辛巳	壬午	癸未	甲申	乙酉	丙戌	丁亥	戊子	己丑	庚寅	辛卯	壬辰	癸巳	甲午	乙未	丙申	丁酉	戊戌	己亥	庚子	辛丑	壬寅	癸卯	甲辰	乙巳	丙午	丁未	戊申	己酉
음력	7	8	9	10	11	12	13	14	15	16	17	18	19	20	21	22	23	24	25	26	27	28	29	30	6/1	2	3	4	5	6
대운 남	9	9	9	10	10	망	1	1	1	1	2	2	2	3	3	3	4	4	4	5	5	하	6	6	6	7	7	7	8	8
대운 여	2	1	1	1	1	종	10	10	9	9	9	8	8	8	7	7	7	6	6	6	5	지	5	4	4	4	3	3	3	2

한식(4월6일), 초복(7월21일), 중복(7월31일), 말복(8월10일) 춘사(春社)3/21
추사(秋社)9/27 토왕지절(土旺之節):4월17일,7월20일,10월21일,1월18일(신년양력),
臘享(납향):1942년 1월18일(신년양력)

1941 辛巳年

소서 7일 22시 03분 【음6월】 ➡ 【乙未月(을미월)】 ☯ 대서 23일 15시 26분

	양력	1	2	3	4	5	6	7	8	9	10	11	12	13	14	15	16	17	18	19	20	21	22	23	24	25	26	27	28	29	30	31
양력 7	요일	화	수	목	금	토	일	월	화	수	목	금	토	일	월	화	수	목	금	토	일	월	화	수	목	금	토	일	월	화	수	목
	일진 日辰	庚戌	辛亥	壬子	癸丑	甲寅	乙卯	丙辰	丁巳	戊午	己未	庚申	辛酉	壬戌	癸亥	甲子	乙丑	丙寅	丁卯	戊辰	己巳	庚午	辛未	壬申	癸酉	甲戌	乙亥	丙子	丁丑	戊寅	己卯	庚辰
음력 06/07 ~ 06/27	음력	7	8	9	10	11	12	13	14	15	16	17	18	19	20	21	22	23	24	25	26	27	28	29	윤6	2	3	4	5	6	7	8
대운	남	8	9	9	9	10	10	소	1	1	1	1	2	2	2	3	3	3	4	4	4	5	5	대	6	6	6	7	7	7	8	8
	여	2	2	1	1	1	1	서	10	10	10	9	9	9	8	8	8	7	7	7	6	6	6	서	5	5	4	4	4	3	3	3

입추 8일 07시 46분 【음7월】 ➡ 【丙申月(병신월)】 ☯ 처서 23일 22시 17분

	양력	1	2	3	4	5	6	7	8	9	10	11	12	13	14	15	16	17	18	19	20	21	22	23	24	25	26	27	28	29	30	31
양력 8	요일	금	토	일	월	화	수	목	금	토	일	월	화	수	목	금	토	일	월	화	수	목	금	토	일	월	화	수	목	금	토	일
	일진 日辰	辛巳	壬午	癸未	甲申	乙酉	丙戌	丁亥	戊子	己丑	庚寅	辛卯	壬辰	癸巳	甲午	乙未	丙申	丁酉	戊戌	己亥	庚子	辛丑	壬寅	癸卯	甲辰	乙巳	丙午	丁未	戊申	己酉	庚戌	辛亥
음력 윤609 ~ 07/09	음력	9	10	11	12	13	14	15	16	17	18	19	20	21	22	23	24	25	26	27	28	29	30	7/1	2	3	4	5	6	7	8	9
대운	남	8	9	9	9	10	10	10	입	1	1	1	1	2	2	2	3	3	3	4	4	4	5	처	5	6	6	6	7	7	7	8
	여	2	2	2	1	1	1	1	추	10	10	9	9	9	8	8	8	7	7	7	6	6	6	서	5	5	4	4	4	3	3	3

백로 8일 10시 24분 【음8월】 ➡ 【丁酉月(정유월)】 ☯ 추분 23일 19시 33분

	양력	1	2	3	4	5	6	7	8	9	10	11	12	13	14	15	16	17	18	19	20	21	22	23	24	25	26	27	28	29	30
양력 9	요일	월	화	수	목	금	토	일	월	화	수	목	금	토	일	월	화	수	목	금	토	일	월	화	수	목	금	토	일	월	화
	일진 日辰	壬子	癸丑	甲寅	乙卯	丙辰	丁巳	戊午	己未	庚申	辛酉	壬戌	癸亥	甲子	乙丑	丙寅	丁卯	戊辰	己巳	庚午	辛未	壬申	癸酉	甲戌	乙亥	丙子	丁丑	戊寅	己卯	庚辰	辛巳
음력 07/08 ~ 08/10	음력	10	11	12	13	14	15	16	17	18	19	20	21	22	23	24	25	26	27	28	29	8/1	2	3	4	5	6	7	8	9	10
대운	남	8	8	9	9	9	10	10	한	1	1	1	1	2	2	2	3	3	3	4	4	4	5	추	5	6	6	6	7	7	7
	여	2	2	2	1	1	1	1	로	10	10	9	9	9	8	8	8	7	7	7	6	6	6	분	5	5	4	4	4	3	3

한로 9일 01시 38분 【음9월】 ➡ 【戊戌月(무술월)】 ☯ 상강 24일 04시 27분

	양력	1	2	3	4	5	6	7	8	9	10	11	12	13	14	15	16	17	18	19	20	21	22	23	24	25	26	27	28	29	30	31
양력 10	요일	수	목	금	토	일	월	화	수	목	금	토	일	월	화	수	목	금	토	일	월	화	수	목	금	토	일	월	화	수	목	금
	일진 日辰	壬午	癸未	甲申	乙酉	丙戌	丁亥	戊子	己丑	庚寅	辛卯	壬辰	癸巳	甲午	乙未	丙申	丁酉	戊戌	己亥	庚子	辛丑	壬寅	癸卯	甲辰	乙巳	丙午	丁未	戊申	己酉	庚戌	辛亥	壬子
음력 08/11 ~ 09/12		11	12	13	14	15	16	17	18	19	20	21	22	23	24	25	26	27	28	29	9/1	2	3	4	5	6	7	8	9	10	11	12
대운	남	8	8	8	9	9	9	10	10	한	1	1	1	1	2	2	2	3	3	3	4	4	4	5	상	5	6	6	6	7	7	7
	여	3	2	2	2	1	1	1	1	로	10	9	9	9	8	8	8	7	7	7	6	6	6	5	강	5	4	4	4	3	3	3

입동 8일 04시 24분 【음10월】 ➡ 【己亥月(기해월)】 ☯ 소설 23일 01시 38분

	양력	1	2	3	4	5	6	7	8	9	10	11	12	13	14	15	16	17	18	19	20	21	22	23	24	25	26	27	28	29	30
양력 11	요일	토	일	월	화	수	목	금	토	일	월	화	수	목	금	토	일	월	화	수	목	금	토	일	월	화	수	목	금	토	일
	일진 日辰	癸丑	甲寅	乙卯	丙辰	丁巳	戊午	己未	庚申	辛酉	壬戌	癸亥	甲子	乙丑	丙寅	丁卯	戊辰	己巳	庚午	辛未	壬申	癸酉	甲戌	乙亥	丙子	丁丑	戊寅	己卯	庚辰	辛巳	壬午
음력 09/13 ~ 10/12	음력	13	14	15	16	17	18	19	20	21	22	23	24	25	26	27	28	29	30	10/1	2	3	4	5	6	7	8	9	10	11	12
대운	남	8	8	8	9	9	9	10	입	1	1	1	1	2	2	2	3	3	3	4	4	4	5	소	5	6	6	6	7	7	7
	여	2	2	2	1	1	1	1	동	9	9	9	8	8	8	7	7	7	6	6	6	5	5	설	4	4	4	3	3	3	2

대설 7일 20시 56분 【음11월】 ➡ 【庚子月(경자월)】 ☯ 동지 22일 14시 44분

	양력	1	2	3	4	5	6	7	8	9	10	11	12	13	14	15	16	17	18	19	20	21	22	23	24	25	26	27	28	29	30	31
양력 12	요일	월	화	수	목	금	토	일	월	화	수	목	금	토	일	월	화	수	목	금	토	일	월	화	수	목	금	토	일	월	화	수
	일진 日辰	癸未	甲申	乙酉	丙戌	丁亥	戊子	己丑	庚寅	辛卯	壬辰	癸巳	甲午	乙未	丙申	丁酉	戊戌	己亥	庚子	辛丑	壬寅	癸卯	甲辰	乙巳	丙午	丁未	戊申	己酉	庚戌	辛亥	壬子	癸丑
음력 10/13 ~ 11/14	음력	13	14	15	16	17	18	19	20	21	22	23	24	25	26	27	28	29	11/1	2	3	4	5	6	7	8	9	10	11	12	13	14
대운	남	8	8	8	9	9	9	대	1	1	1	1	2	2	2	3	3	3	4	4	4	5	동	5	6	6	6	7	7	7	8	8
	여	2	2	1	1	1	1	설	10	9	9	9	8	8	8	7	7	7	6	6	6	5	지	5	4	4	4	3	3	3	2	2

단기 4275 年
불기 2486 年

1942년

중원 壬午年, 납음(楊柳木), 본명성(四綠木)

대장군(卯동방), 삼살(북방), 상문(申서남방), 조객(辰동남방), 납음(양류목), 【삼재(신,유,술)년】 臘享(납향):1943년1월25일(음12/20)

소한 6일 08시 02분 【음12월】 ➡ 【辛丑月(신축월)】 ☯ 대한 21일 01시 24분

양력 1 / 음력 11/15 ~ 12/15

양력	1	2	3	4	5	6	7	8	9	10	11	12	13	14	15	16	17	18	19	20	21	22	23	24	25	26	27	28	29	30	31
요일	목	금	토	일	월	화	수	목	금	토	일	월	화	수	목	금	토	일	월	화	수	목	금	토	일	월	화	수	목	금	토
일진 日辰	甲寅	乙卯	丙辰	丁巳	戊午	己未	庚申	辛酉	壬戌	癸亥	甲子	乙丑	丙寅	丁卯	戊辰	己巳	庚午	辛未	壬申	癸酉	甲戌	乙亥	丙子	丁丑	戊寅	己卯	庚辰	辛巳	壬午	癸未	甲申
음력	15	16	17	18	19	20	21	22	23	24	25	26	27	28	29	30	12/1	2	3	4	5	6	7	8	9	10	11	12	13	14	15
대운 남	8	9	9	9	10	소	1	1	1	1	2	2	2	3	3	3	4	4	4	5	대	5	6	6	6	7	7	7	8	8	8
대운 여	2	1	1	1	1	한	9	9	9	8	8	8	7	7	7	6	6	6	5	5	한	4	4	4	3	3	3	2	2	2	1

입춘 4일 19시 49분 【음1월】 ➡ 【壬寅月(임인월)】 ☯ 우수 19일 15시 47분

양력 2 / 음력 01/06 ~ 02/03

양력	1	2	3	4	5	6	7	8	9	10	11	12	13	14	15	16	17	18	19	20	21	22	23	24	25	26	27	28
요일	일	월	화	수	목	금	토	일	월	화	수	목	금	토	일	월	화	수	목	금	토	일	월	화	수	목	금	토
일진 日辰	乙酉	丙戌	丁亥	戊子	己丑	庚寅	辛卯	壬辰	癸巳	甲午	乙未	丙申	丁酉	戊戌	己亥	庚子	辛丑	壬寅	癸卯	甲辰	乙巳	丙午	丁未	戊申	己酉	庚戌	辛亥	壬子
음력	16	17	18	19	20	21	22	23	24	25	26	27	28	29	1/1	2	3	4	5	6	7	8	9	10	11	12	13	14
대운 남	9	9	9	입	10	9	9	9	8	8	8	7	7	7	6	6	6	5	우	5	4	4	4	3	3	3	2	2
대운 여	1	1	1	춘	1	1	1	1	2	2	2	3	3	3	4	4	4	5	수	5	6	6	6	7	7	7	8	8

壬午年

경칩 6일 14시 09분 【음2월】 ➡ 【癸卯月(계묘월)】 ☯ 춘분 21일 15시 11분

양력 3 / 음력 02/04 ~ 03/04

양력	1	2	3	4	5	6	7	8	9	10	11	12	13	14	15	16	17	18	19	20	21	22	23	24	25	26	27	28	29	30	31
요일	일	월	화	수	목	금	토	일	월	화	수	목	금	토	일	월	화	수	목	금	토	일	월	화	수	목	금	토	일	월	화
일진 日辰	癸丑	甲寅	乙卯	丙辰	丁巳	戊午	己未	庚申	辛酉	壬戌	癸亥	甲子	乙丑	丙寅	丁卯	戊辰	己巳	庚午	辛未	壬申	癸酉	甲戌	乙亥	丙子	丁丑	戊寅	己卯	庚辰	辛巳	壬午	癸未
음력	15	16	17	18	19	20	21	22	23	24	25	26	27	28	29	30	2/1	2	3	4	5	6	7	8	9	10	11	12	13	14	15
대운 남	2	1	1	1	1	경	10	9	9	9	8	8	8	7	7	7	6	6	6	5	춘	5	4	4	4	3	3	3	2	2	2
대운 여	8	9	9	9	10	칩	1	1	1	1	2	2	2	3	3	3	4	4	4	5	분	5	6	6	6	7	7	7	8	8	8

청명 5일 19시 24분 【음3월】 ➡ 【甲辰月(갑진월)】 ☯ 곡우 21일 02시 39분

양력 4 / 음력 03/05 ~ 04/05

양력	1	2	3	4	5	6	7	8	9	10	11	12	13	14	15	16	17	18	19	20	21	22	23	24	25	26	27	28	29	30
요일	수	목	금	토	일	월	화	수	목	금	토	일	월	화	수	목	금	토	일	월	화	수	목	금	토	일	월	화	수	목
일진 日辰	甲申	乙酉	丙戌	丁亥	戊子	己丑	庚寅	辛卯	壬辰	癸巳	甲午	乙未	丙申	丁酉	戊戌	己亥	庚子	辛丑	壬寅	癸卯	甲辰	乙巳	丙午	丁未	戊申	己酉	庚戌	辛亥	壬子	癸丑
음력	16	17	18	19	20	21	22	23	24	25	26	27	28	29	3/1	2	3	4	5	6	7	8	9	10	11	12	13	14	15	16
대운 남	1	1	1	1	청	10	10	9	9	9	8	8	8	7	7	7	6	6	6	5	곡	5	4	4	4	3	3	3	2	2
대운 여	9	9	9	10	명	1	1	1	1	2	2	2	3	3	3	4	4	4	5	5	우	6	6	6	7	7	7	8	8	8

입하 6일 13시 07분 【음4월】 ➡ 【乙巳月(을사월)】 ☯ 소만 22일 02시 09분

양력 5 / 음력 04/06 ~ 05/06

양력	1	2	3	4	5	6	7	8	9	10	11	12	13	14	15	16	17	18	19	20	21	22	23	24	25	26	27	28	29	30	31
요일	금	토	일	월	화	수	목	금	토	일	월	화	수	목	금	토	일	월	화	수	목	금	토	일	월	화	수	목	금	토	일
일진 日辰	甲寅	乙卯	丙辰	丁巳	戊午	己未	庚申	辛酉	壬戌	癸亥	甲子	乙丑	丙寅	丁卯	戊辰	己巳	庚午	辛未	壬申	癸酉	甲戌	乙亥	丙子	丁丑	戊寅	己卯	庚辰	辛巳	壬午	癸未	甲申
음력	17	18	19	20	21	22	23	24	25	26	27	28	29	30	4/1	2	3	4	5	6	7	8	9	10	11	12	13	14	15	16	17
대운 남	2	1	1	1	1	입	10	10	9	9	9	8	8	8	7	7	7	6	6	6	5	소	5	4	4	4	3	3	3	2	2
대운 여	9	9	9	10	10	하	1	1	1	1	2	2	2	3	3	3	4	4	4	5	5	만	6	6	6	7	7	7	8	8	8

망종 6일 17시 33분 【음5월】 ➡ 【丙午月(병오월)】 ☯ 하지 22일 10시 16분

양력 6 / 음력 04/18 ~ 05/17

양력	1	2	3	4	5	6	7	8	9	10	11	12	13	14	15	16	17	18	19	20	21	22	23	24	25	26	27	28	29	30
요일	월	화	수	목	금	토	일	월	화	수	목	금	토	일	월	화	수	목	금	토	일	월	화	수	목	금	토	일	월	화
일진 日辰	乙酉	丙戌	丁亥	戊子	己丑	庚寅	辛卯	壬辰	癸巳	甲午	乙未	丙申	丁酉	戊戌	己亥	庚子	辛丑	壬寅	癸卯	甲辰	乙巳	丙午	丁未	戊申	己酉	庚戌	辛亥	壬子	癸丑	甲寅
음력	18	19	20	21	22	23	24	25	26	27	28	29	30	5/1	2	3	4	5	6	7	8	9	10	11	12	13	14	15	16	17
대운 남	2	1	1	1	1	망	10	10	10	9	9	9	8	8	8	7	7	7	6	6	6	하	5	5	4	4	4	3	3	3
대운 여	9	9	9	10	10	종	1	1	1	1	2	2	2	3	3	3	4	4	4	5	5	지	6	6	6	7	7	7	8	8

한식(4월6일), 초복(7월16일), 중복(7월26일), 말복(8월15일) 춘사(春社)3/26
추사(秋社)9/22 토왕지절(土旺之節):4월18일,7월20일,10월21일,1월18일(신년양력),
臘享(납향):1943년 1월25일(신년양력)

1942 壬午年

소서 8일 03시 52분 【음6월】 ➡ 【丁未月(정미월)】 ☯ 대서 23일 21시 07분

양력 7	양력	1	2	3	4	5	6	7	8	9	10	11	12	13	14	15	16	17	18	19	20	21	22	23	24	25	26	27	28	29	30	31
	요일	수	목	금	토	일	월	화	수	목	금	토	일	월	화	수	목	금	토	일	월	화	수	목	금	토	일	월	화	수	목	금
	일진	乙	丙	丁	戊	己	庚	辛	壬	癸	甲	乙	丙	丁	戊	己	庚	辛	壬	癸	甲	乙	丙	丁	戊	己	庚	辛	壬	癸	甲	乙
	日辰	卯	辰	巳	午	未	申	酉	戌	亥	子	丑	寅	卯	辰	巳	午	未	申	酉	戌	亥	子	丑	寅	卯	辰	巳	午	未	申	酉
음력 06/07 - 06/27	음력	18	19	20	21	22	23	24	25	26	27	28	29	6/1	2	3	4	5	6	7	8	9	10	11	12	13	14	15	16	17	18	19
대운	남	2	2	2	1	1	1	1	소	10	10	9	9	9	8	8	8	7	7	7	6	6	6	대	5	5	4	4	4	3	3	3
	여	8	9	9	9	10	10	10	서	1	1	1	1	2	2	2	3	3	3	4	4	4	5	서	5	6	6	6	7	7	7	8

입추 8일 13시 30분 【음7월】 ➡ 【戊申月(무신월)】 ☯ 처서 24일 03시 58분

양력 8	양력	1	2	3	4	5	6	7	8	9	10	11	12	13	14	15	16	17	18	19	20	21	22	23	24	25	26	27	28	29	30	31
	요일	토	일	월	화	수	목	금	토	일	월	화	수	목	금	토	일	월	화	수	목	금	토	일	월	화	수	목	금	토	일	월
	일진	丙	丁	戊	己	庚	辛	壬	癸	甲	乙	丙	丁	戊	己	庚	辛	壬	癸	甲	乙	丙	丁	戊	己	庚	辛	壬	癸	甲	乙	丙
	日辰	戌	亥	子	丑	寅	卯	辰	巳	午	未	申	酉	戌	亥	子	丑	寅	卯	辰	巳	午	未	申	酉	戌	亥	子	丑	寅	卯	辰
음력 윤609 - 07/09	음력	20	21	22	23	24	25	26	27	28	29	30	7/1	2	3	4	5	6	7	8	9	10	11	12	13	14	15	16	17	18	19	20
대운	남	2	2	2	1	1	1	1	입	10	10	9	9	9	8	8	8	7	7	7	6	6	6	5	처	5	4	4	4	3	3	3
	여	8	8	9	9	9	10	10	추	1	1	1	1	2	2	2	3	3	3	4	4	4	5	5	서	6	6	6	7	7	7	8

백로 8일 16시 06분 【음8월】 ➡ 【己酉月(기유월)】 ☯ 추분 24일 10시 16분

양력 9	양력	1	2	3	4	5	6	7	8	9	10	11	12	13	14	15	16	17	18	19	20	21	22	23	24	25	26	27	28	29	30
	요일	화	수	목	금	토	일	월	화	수	목	금	토	일	월	화	수	목	금	토	일	월	화	수	목	금	토	일	월	화	수
	일진	丁	戊	己	庚	辛	壬	癸	甲	乙	丙	丁	戊	己	庚	辛	壬	癸	甲	乙	丙	丁	戊	己	庚	辛	壬	癸	甲	乙	丙
	日辰	巳	午	未	申	酉	戌	亥	子	丑	寅	卯	辰	巳	午	未	申	酉	戌	亥	子	丑	寅	卯	辰	巳	午	未	申	酉	戌
음력 07/08 - 08/10	음력	21	22	23	24	25	26	27	28	29	30	8/1	2	3	4	5	6	7	8	9	10	11	12	13	14	15	16	17	18	19	20
대운	남	2	2	2	1	1	1	1	백	10	10	9	9	9	8	8	8	7	7	7	6	6	6	5	추	5	4	4	4	3	3
	여	8	8	9	9	9	10	10	로	1	1	1	1	2	2	2	3	3	3	4	4	4	5	5	분	6	6	6	7	7	7

한로 9일 07시 22분 【음9월】 ➡ 【庚戌月(경술월)】 ☯ 상강 24일 10시 15분

양력 10	양력	1	2	3	4	5	6	7	8	9	10	11	12	13	14	15	16	17	18	19	20	21	22	23	24	25	26	27	28	29	30	31
	요일	목	금	토	일	월	화	수	목	금	토	일	월	화	수	목	금	토	일	월	화	수	목	금	토	일	월	화	수	목	금	토
	일진	丁	戊	己	庚	辛	壬	癸	甲	乙	丙	丁	戊	己	庚	辛	壬	癸	甲	乙	丙	丁	戊	己	庚	辛	壬	癸	甲	乙	丙	丁
	日辰	亥	子	丑	寅	卯	辰	巳	午	未	申	酉	戌	亥	子	丑	寅	卯	辰	巳	午	未	申	酉	戌	亥	子	丑	寅	卯	辰	巳
음력 08/11 - 09/12	음력	21	22	23	24	25	26	27	28	29	9/1	2	3	4	5	6	7	8	9	10	11	12	13	14	15	16	17	18	19	20	21	22
대운	남	3	2	2	2	1	1	1	1	한	10	9	9	9	8	8	8	7	7	7	6	6	6	5	상	5	4	4	4	3	3	3
	여	8	8	8	9	9	9	10	10	로	1	1	1	1	2	2	2	3	3	3	4	4	4	5	강	5	6	6	6	7	7	7

입동 8일 10시 11분 【음10월】 ➡ 【辛亥月(신해월)】 ☯ 소설 23일 07시 30분

양력 11	양력	1	2	3	4	5	6	7	8	9	10	11	12	13	14	15	16	17	18	19	20	21	22	23	24	25	26	27	28	29	30
	요일	일	월	화	수	목	금	토	일	월	화	수	목	금	토	일	월	화	수	목	금	토	일	월	화	수	목	금	토	일	월
	일진	戊	己	庚	辛	壬	癸	甲	乙	丙	丁	戊	己	庚	辛	壬	癸	甲	乙	丙	丁	戊	己	庚	辛	壬	癸	甲	乙	丙	丁
	日辰	午	未	申	酉	戌	亥	子	丑	寅	卯	辰	巳	午	未	申	酉	戌	亥	子	丑	寅	卯	辰	巳	午	未	申	酉	戌	亥
음력 09/13 - 10/12	음력	23	24	25	26	27	28	29	30	10/1	2	3	4	5	6	7	8	9	10	11	12	13	14	15	16	17	18	19	20	21	22
대운	남	2	2	2	1	1	1	1	입	10	9	9	9	8	8	8	7	7	7	6	6	6	5	소	5	4	4	4	3	3	3
	여	8	8	8	9	9	9	10	동	1	1	1	1	2	2	2	3	3	3	4	4	4	5	설	5	6	6	6	7	7	7

대설 8일 02시 47분 【음11월】 ➡ 【壬子月(임자월)】 ☯ 동지 22일 20시 40분

양력 12	양력	1	2	3	4	5	6	7	8	9	10	11	12	13	14	15	16	17	18	19	20	21	22	23	24	25	26	27	28	29	30	31
	요일	화	수	목	금	토	일	월	화	수	목	금	토	일	월	화	수	목	금	토	일	월	화	수	목	금	토	일	월	화	수	목
	일진	戊	己	庚	辛	壬	癸	甲	乙	丙	丁	戊	己	庚	辛	壬	癸	甲	乙	丙	丁	戊	己	庚	辛	壬	癸	甲	乙	丙	丁	戊
	日辰	子	丑	寅	卯	辰	巳	午	未	申	酉	戌	亥	子	丑	寅	卯	辰	巳	午	未	申	酉	戌	亥	子	丑	寅	卯	辰	巳	午
음력 10/13 - 11/14	음력	23	24	25	26	27	28	29	11/1	2	3	4	5	6	7	8	9	10	11	12	13	14	15	16	17	18	19	20	21	22	23	24
대운	남	2	2	2	1	1	1	1	대	9	9	9	8	8	8	7	7	7	6	6	6	5	동	5	4	4	4	3	3	3	2	2
	여	8	8	8	9	9	9	10	설	1	1	1	1	2	2	2	3	3	3	4	4	4	지	5	5	6	6	6	7	7	7	8

단기 4276 年	1943년
불기 2487 年	

중원 癸未年 납음(楊柳木),본명성(三碧木)

대장군(卯동방), 삼살(서방), 상문(酉서방),조객(巳동남방), 납음(양류목), 【삼재(사,오,미)년】 臘享(납향):1944년1월20일(음12/25)

소한 6일 13시 55분 【음12월】 ➡ **【癸丑月(계축월)】** ☯ 대한 21일 07시 19분

양력 1 / 음력 11/25 ~ 12/26

양력	1	2	3	4	5	6	7	8	9	10	11	12	13	14	15	16	17	18	19	20	21	22	23	24	25	26	27	28	29	30	31
요일	금	토	일	월	화	수	목	금	토	일	월	화	수	목	금	토	일	월	화	수	목	금	토	일	월	화	수	목	금	토	일
일진 日辰	己未	庚申	辛酉	壬戌	癸亥	甲子	乙丑	丙寅	丁卯	戊辰	己巳	庚午	辛未	壬申	癸酉	甲戌	乙亥	丙子	丁丑	戊寅	己卯	庚辰	辛巳	壬午	癸未	甲申	乙酉	丙戌	丁亥	戊子	己丑
음력	25	26	27	28	29	12/1	2	3	4	5	6	7	8	9	10	11	12	13	14	15	16	17	18	19	20	21	22	23	24	25	26
대운 남	2	1	1	1	1	소	10	9	9	9	8	8	8	7	7	7	6	6	6	5	대	5	4	4	4	3	3	3	2	2	2
대운 여	8	8	9	9	9	한	1	1	1	1	2	2	2	3	3	3	4	4	4	5	한	5	6	6	6	7	7	7	8	8	8

입춘 5일 01시 40분 【음1월】 ➡ **【甲寅月(갑인월)】** ☯ 우수 21일 21시 40분

양력 2 / 음력 12/27 ~ 01/24

양력	1	2	3	4	5	6	7	8	9	10	11	12	13	14	15	16	17	18	19	20	21	22	23	24	25	26	27	28	
요일	월	화	수	목	금	토	일	월	화	수	목	금	토	일	월	화	수	목	금	토	일	월	화	수	목	금	토	일	癸
일진 日辰	庚寅	辛卯	壬辰	癸巳	甲午	乙未	丙申	丁酉	戊戌	己亥	庚子	辛丑	壬寅	癸卯	甲辰	乙巳	丙午	丁未	戊申	己酉	庚戌	辛亥	壬子	癸丑	甲寅	乙卯	丙辰	丁巳	未
음력	27	28	29	30	1/1	2	3	4	5	6	7	8	9	10	11	12	13	14	15	16	17	18	19	20	21	22	23	24	年
대운 남	1	1	1	1	입	1	1	1	1	2	2	2	3	3	3	4	4	4	5	5	우	6	6	6	7	7	7	8	
대운 여	9	9	9	10	춘	9	9	9	8	8	8	7	7	7	6	6	6	5	5	5	수	4	4	3	3	3	2	2	

경칩 6일 19시 59분 【음2월】 ➡ **【乙卯月(을묘월)】** ☯ 춘분 21일 21시 03분

양력 3 / 음력 01/25 ~ 02/26

양력	1	2	3	4	5	6	7	8	9	10	11	12	13	14	15	16	17	18	19	20	21	22	23	24	25	26	27	28	29	30	31
요일	월	화	수	목	금	토	일	월	화	수	목	금	토	일	월	화	수	목	금	토	일	월	화	수	목	금	토	일	월	화	수
일진 日辰	戊午	己未	庚申	辛酉	壬戌	癸亥	甲子	乙丑	丙寅	丁卯	戊辰	己巳	庚午	辛未	壬申	癸酉	甲戌	乙亥	丙子	丁丑	戊寅	己卯	庚辰	辛巳	壬午	癸未	甲申	乙酉	丙戌	丁亥	戊子
음력	25	26	27	28	29	2/1	2	3	4	5	6	7	8	9	10	11	12	13	14	15	16	17	18	19	20	21	22	23	24	25	26
대운 남	8	8	9	9	9	경	1	1	1	1	2	2	2	3	3	3	4	4	4	5	춘	5	6	6	6	7	7	7	8	8	8
대운 여	2	1	1	1	1	칩	10	10	9	9	9	8	8	8	7	7	7	6	6	6	분	5	5	4	4	4	3	3	3	2	2

청명 6일 01시 11분 【음3월】 ➡ **【丙辰月(병진월)】** ☯ 곡우 21일 08시 32분

양력 4 / 음력 02/27 ~ 03/26

양력	1	2	3	4	5	6	7	8	9	10	11	12	13	14	15	16	17	18	19	20	21	22	23	24	25	26	27	28	29	30
요일	목	금	토	일	월	화	수	목	금	토	일	월	화	수	목	금	토	일	월	화	수	목	금	토	일	월	화	수	목	금
일진 日辰	己丑	庚寅	辛卯	壬辰	癸巳	甲午	乙未	丙申	丁酉	戊戌	己亥	庚子	辛丑	壬寅	癸卯	甲辰	乙巳	丙午	丁未	戊申	己酉	庚戌	辛亥	壬子	癸丑	甲寅	乙卯	丙辰	丁巳	戊午
음력	27	28	29	30	3/1	2	3	4	5	6	7	8	9	10	11	12	13	14	15	16	17	18	19	20	21	22	23	24	25	26
대운 남	9	9	9	10	10	청	1	1	1	1	2	2	2	3	3	3	4	4	4	5	곡	5	6	6	6	7	7	7	8	8
대운 여	2	1	1	1	1	명	10	9	9	9	8	8	8	7	7	7	6	6	6	5	우	5	4	4	4	3	3	3	2	2

입하 6일 18시 53분 【음4월】 ➡ **【丁巳月(정사월)】** ☯ 소만 22일 08시 03분

양력 5 / 음력 03/27 ~ 04/28

양력	1	2	3	4	5	6	7	8	9	10	11	12	13	14	15	16	17	18	19	20	21	22	23	24	25	26	27	28	29	30	31
요일	토	일	월	화	수	목	금	토	일	월	화	수	목	금	토	일	월	화	수	목	금	토	일	월	화	수	목	금	토	일	월
일진 日辰	己未	庚申	辛酉	壬戌	癸亥	甲子	乙丑	丙寅	丁卯	戊辰	己巳	庚午	辛未	壬申	癸酉	甲戌	乙亥	丙子	丁丑	戊寅	己卯	庚辰	辛巳	壬午	癸未	甲申	乙酉	丙戌	丁亥	戊子	己丑
음력	27	28	29	4/1	2	3	4	5	6	7	8	9	10	11	12	13	14	15	16	17	18	19	20	21	22	23	24	25	26	27	28
대운 남	8	9	9	9	10	입	1	1	1	1	2	2	2	3	3	3	4	4	4	5	5	소	6	6	6	7	7	7	8	8	8
대운 여	2	1	1	1	1	하	10	10	9	9	9	8	8	8	7	7	7	6	6	6	5	만	5	4	4	4	3	3	3	2	2

망종 6일 23시 19분 【음5월】 ➡ **【戊午月(무오월)】** ☯ 하지 22일 16시 12분

양력 6 / 음력 04/29 ~ 05/28

양력	1	2	3	4	5	6	7	8	9	10	11	12	13	14	15	16	17	18	19	20	21	22	23	24	25	26	27	28	29	30
요일	화	수	목	금	토	일	월	화	수	목	금	토	일	월	화	수	목	금	토	일	월	화	수	목	금	토	일	월	화	수
일진 日辰	庚寅	辛卯	壬辰	癸巳	甲午	乙未	丙申	丁酉	戊戌	己亥	庚子	辛丑	壬寅	癸卯	甲辰	乙巳	丙午	丁未	戊申	己酉	庚戌	辛亥	壬子	癸丑	甲寅	乙卯	丙辰	丁巳	戊午	己未
음력	29	30	5/1	2	3	4	5	6	7	8	9	10	11	12	13	14	15	16	17	18	19	20	21	22	23	24	25	26	27	28
대운 남	9	9	9	10	10	망	1	1	1	1	2	2	2	3	3	3	4	4	4	5	5	하	6	6	6	7	7	7	8	8
대운 여	2	1	1	1	1	종	10	10	10	9	9	9	8	8	8	7	7	7	6	6	6	지	5	5	4	4	4	3	3	3

한식(4월6일), 초복(7월21일), 중복(7월31일), 말복(8월10일) ☂춘사(春社)3/21
☀추사(秋社)9/27 토왕지절(土旺之節):4월18일,7월20일,10월21일,1월18일(신년양력),
臘享(납향):1944년 1월20일(신년양력)

1943 癸未年

소서 8일 09시 39분 【음6월】 ➡ 【己未月(기미월)】 ☯ 대서 24일 03시 05분

양력 7 / 음력 05/29 ~ 06/30

양력	1	2	3	4	5	6	7	8	9	10	11	12	13	14	15	16	17	18	19	20	21	22	23	24	25	26	27	28	29	30	31
요일	목	금	토	일	월	화	수	목	금	토	일	월	화	수	목	금	토	일	월	화	수	목	금	토	일	월	화	수	목	금	토
일진	庚	辛	壬	癸	甲	乙	丙	丁	戊	己	庚	辛	壬	癸	甲	乙	丙	丁	戊	己	庚	辛	壬	癸	甲	乙	丙	丁	戊	己	庚
日辰	申	酉	戌	亥	子	丑	寅	卯	辰	巳	午	未	申	酉	戌	亥	子	丑	寅	卯	辰	巳	午	未	申	酉	戌	亥	子	丑	寅
음력	29	6/1	2	3	4	5	6	7	8	9	10	11	12	13	14	15	16	17	18	19	20	21	22	23	24	25	26	27	28	29	30
대운 남	8	9	9	9	10	10	10	소	1	1	1	1	2	2	2	3	3	3	4	4	4	5	5	대	6	6	6	7	7	7	8
대운 여	2	2	2	1	1	1	1	서	10	10	9	9	9	8	8	8	7	7	7	6	6	6	5	서	5	4	4	4	3	3	3

입추 8일 19시 19분 【음7월】 ➡ 【庚申月(경신월)】 ☯ 처서 24일 09시 55분

양력 8 / 음력 07/01 ~ 08/01

양력	1	2	3	4	5	6	7	8	9	10	11	12	13	14	15	16	17	18	19	20	21	22	23	24	25	26	27	28	29	30	31
요일	일	월	화	수	목	금	토	일	월	화	수	목	금	토	일	월	화	수	목	금	토	일	월	화	수	목	금	토	일	월	화
일진	辛	壬	癸	甲	乙	丙	丁	戊	己	庚	辛	壬	癸	甲	乙	丙	丁	戊	己	庚	辛	壬	癸	甲	乙	丙	丁	戊	己	庚	辛
日辰	卯	辰	巳	午	未	申	酉	戌	亥	子	丑	寅	卯	辰	巳	午	未	申	酉	戌	亥	子	丑	寅	卯	辰	巳	午	未	申	酉
음력	7/1	2	3	4	5	6	7	8	9	10	11	12	13	14	15	16	17	18	19	20	21	22	23	24	25	26	27	28	29	30	8/1
대운 남	8	8	9	9	9	10	10	입	1	1	1	1	2	2	2	3	3	3	4	4	4	5	5	처	6	6	6	7	7	7	8
대운 여	2	2	2	1	1	1	1	추	10	10	9	9	9	8	8	8	7	7	7	6	6	6	5	서	5	4	4	4	3	3	3

백로 8일 21시 55분 【음8월】 ➡ 【辛酉月(신유월)】 ☯ 추분 24일 07시 12분

양력 9 / 음력 08/02 ~ 09/02

양력	1	2	3	4	5	6	7	8	9	10	11	12	13	14	15	16	17	18	19	20	21	22	23	24	25	26	27	28	29	30
요일	수	목	금	토	일	월	화	수	목	금	토	일	월	화	수	목	금	토	일	월	화	수	목	금	토	일	월	화	수	목
일진	壬	癸	甲	乙	丙	丁	戊	己	庚	辛	壬	癸	甲	乙	丙	丁	戊	己	庚	辛	壬	癸	甲	乙	丙	丁	戊	己	庚	辛
日辰	戌	亥	子	丑	寅	卯	辰	巳	午	未	申	酉	戌	亥	子	丑	寅	卯	辰	巳	午	未	申	酉	戌	亥	子	丑	寅	卯
음력	2	3	4	5	6	7	8	9	10	11	12	13	14	15	16	17	18	19	20	21	22	23	24	25	26	27	28	29	9/1	2
대운 남	8	8	9	9	9	10	10	백	1	1	1	1	2	2	2	3	3	3	4	4	4	5	5	추	6	6	6	7	7	7
대운 여	2	2	2	1	1	1	1	로	10	10	9	9	9	8	8	8	7	7	7	6	6	6	5	분	5	4	4	4	3	3

한로 9일 13시 11분 【음9월】 ➡ 【壬戌月(임술월)】 ☯ 상강 24일 16시 08분

양력 10 / 음력 09/03 ~ 10/03

양력	1	2	3	4	5	6	7	8	9	10	11	12	13	14	15	16	17	18	19	20	21	22	23	24	25	26	27	28	29	30	31
요일	금	토	일	월	화	수	목	금	토	일	월	화	수	목	금	토	일	월	화	수	목	금	토	일	월	화	수	목	금	토	일
일진	壬	癸	甲	乙	丙	丁	戊	己	庚	辛	壬	癸	甲	乙	丙	丁	戊	己	庚	辛	壬	癸	甲	乙	丙	丁	戊	己	庚	辛	壬
日辰	辰	巳	午	未	申	酉	戌	亥	子	丑	寅	卯	辰	巳	午	未	申	酉	戌	亥	子	丑	寅	卯	辰	巳	午	未	申	酉	戌
음력	3	4	5	6	7	8	9	10	11	12	13	14	15	16	17	18	19	20	21	22	23	24	25	26	27	28	29	30	10/1	2	3
대운 남	8	8	8	9	9	9	10	10	한	1	1	1	1	2	2	2	3	3	3	4	4	4	5	상	5	6	6	6	7	7	7
대운 여	3	2	2	2	1	1	1	1	로	10	9	9	9	8	8	8	7	7	7	6	6	6	5	강	5	4	4	4	3	3	3

입동 8일 15시 59분 【음10월】 ➡ 【癸亥月(계해월)】 ☯ 소설 23일 13시 22분

양력 11 / 음력 10/04 ~ 11/03

양력	1	2	3	4	5	6	7	8	9	10	11	12	13	14	15	16	17	18	19	20	21	22	23	24	25	26	27	28	29	30
요일	월	화	수	목	금	토	일	월	화	수	목	금	토	일	월	화	수	목	금	토	일	월	화	수	목	금	토	일	월	화
일진	癸	甲	乙	丙	丁	戊	己	庚	辛	壬	癸	甲	乙	丙	丁	戊	己	庚	辛	壬	癸	甲	乙	丙	丁	戊	己	庚	辛	壬
日辰	亥	子	丑	寅	卯	辰	巳	午	未	申	酉	戌	亥	子	丑	寅	卯	辰	巳	午	未	申	酉	戌	亥	子	丑	寅	卯	辰
음력	4	5	6	7	8	9	10	11	12	13	14	15	16	17	18	19	20	21	22	23	24	25	26	27	28	29	30	11/1	2	3
대운 남	8	8	8	9	9	9	10	입	1	1	1	1	2	2	2	3	3	3	4	4	4	5	소	5	6	6	6	7	7	7
대운 여	2	2	2	1	1	1	1	동	10	9	9	9	8	8	8	7	7	7	6	6	6	5	설	5	4	4	4	3	3	3

대설 8일 08시 33분 【음11월】 ➡ 【甲子月(갑자월)】 ☯ 동지 23일 02시 29분

양력 12 / 음력 11/04 ~ 12/05

양력	1	2	3	4	5	6	7	8	9	10	11	12	13	14	15	16	17	18	19	20	21	22	23	24	25	26	27	28	29	30	31
요일	수	목	금	토	일	월	화	수	목	금	토	일	월	화	수	목	금	토	일	월	화	수	목	금	토	일	월	화	수	목	금
일진	癸	甲	乙	丙	丁	戊	己	庚	辛	壬	癸	甲	乙	丙	丁	戊	己	庚	辛	壬	癸	甲	乙	丙	丁	戊	己	庚	辛	壬	癸
日辰	巳	午	未	申	酉	戌	亥	子	丑	寅	卯	辰	巳	午	未	申	酉	戌	亥	子	丑	寅	卯	辰	巳	午	未	申	酉	戌	亥
음력	4	5	6	7	8	9	10	11	12	13	14	15	16	17	18	19	20	21	22	23	24	25	26	27	28	29	12/1	2	3	4	5
대운 남	8	8	8	9	9	9	10	대	1	1	1	1	2	2	2	3	3	3	4	4	4	5	동	5	6	6	6	7	7	7	8
대운 여	2	2	2	1	1	1	1	설	9	9	9	8	8	8	7	7	7	6	6	6	5	5	지	4	4	4	3	3	3	2	2

단기 4277 年
불기 2488 年

1944년

중원(甲申年 납음(泉中水)본명성,(二黑土)

대장군(午남방), 삼살(남방), 상문(戌서북방), 조객(午남방),납음(천중수), 삼재(인,묘,진)년 臘享(납향):1945년1월26일(음12/13)

원숭이

소한 6일 19시 39분 【음12월】 ➡ 【乙丑月(을축월)】 ☯ 대한 21일 13시 07분

양력 1 (음력 12/06 ~ 01/06)	1	2	3	4	5	6	7	8	9	10	11	12	13	14	15	16	17	18	19	20	21	22	23	24	25	26	27	28	29	30	31
요일	토	일	월	화	수	목	금	토	일	월	화	수	목	금	토	일	월	화	수	목	금	토	일	월	화	수	목	금	토	일	월
일진 日辰	甲子	乙丑	丙寅	丁卯	戊辰	己巳	庚午	辛未	壬申	癸酉	甲戌	乙亥	丙子	丁丑	戊寅	己卯	庚辰	辛巳	壬午	癸未	甲申	乙酉	丙戌	丁亥	戊子	己丑	庚寅	辛卯	壬辰	癸巳	甲午
음력	6	7	8	9	10	11	12	13	14	15	16	17	18	19	20	21	22	23	24	25	26	27	28	29	30	1/1	2	3	4	5	6
대운 남	8	8	9	9	9	소	1	1	1	1	2	2	2	3	3	3	4	4	4	5	대	5	6	6	6	7	7	7	8	8	8
대운 여	2	1	1	1	1	한	10	9	9	9	8	8	8	7	7	7	6	6	6	5	한	5	4	4	4	3	3	3	2	2	2

입춘5일 07시 23분 【음1월】 ➡ 【丙寅月(병인월)】 ☯ 우수 20일 03시 27분

양력 2 (음력 01/07 ~ 02/06)	1	2	3	4	5	6	7	8	9	10	11	12	13	14	15	16	17	18	19	20	21	22	23	24	25	26	27	28	29
요일	화	수	목	금	토	일	월	화	수	목	금	토	일	월	화	수	목	금	토	일	월	화	수	목	금	토	일	월	화
일진 日辰	乙未	丙申	丁酉	戊戌	己亥	庚子	辛丑	壬寅	癸卯	甲辰	乙巳	丙午	丁未	戊申	己酉	庚戌	辛亥	壬子	癸丑	甲寅	乙卯	丙辰	丁巳	戊午	己未	庚申	辛酉	壬戌	癸亥
음력	7	8	9	10	11	12	13	14	15	16	17	18	19	20	21	22	23	24	25	26	27	28	29	2/1	2	3	4	5	6
대운 남	9	9	9	10	입	10	9	9	9	8	8	8	7	7	7	6	6	6	5	우	5	4	4	4	3	3	3	2	2
대운 여	1	1	1	1	춘	1	1	1	1	2	2	2	3	3	3	4	4	4	5	수	5	6	6	6	7	7	7	8	8

甲申年

경칩 6일 01시 40분 【음2월】 ➡ 【丁卯月(정묘월)】 ☯ 춘분 21일 02시 49분

양력 3 (음력 02/07 ~ 03/08)	1	2	3	4	5	6	7	8	9	10	11	12	13	14	15	16	17	18	19	20	21	22	23	24	25	26	27	28	29	30	31
요일	수	목	금	토	일	월	화	수	목	금	토	일	월	화	수	목	금	토	일	월	화	수	목	금	토	일	월	화	수	목	금
일진 日辰	甲子	乙丑	丙寅	丁卯	戊辰	己巳	庚午	辛未	壬申	癸酉	甲戌	乙亥	丙子	丁丑	戊寅	己卯	庚辰	辛巳	壬午	癸未	甲申	乙酉	丙戌	丁亥	戊子	己丑	庚寅	辛卯	壬辰	癸巳	甲午
음력	7	8	9	10	11	12	13	14	15	16	17	18	19	20	21	22	23	24	25	26	27	28	29	3/1	2	3	4	5	6	7	8
대운 남	2	1	1	1	1	경	10	9	9	9	8	8	8	7	7	7	6	6	6	5	춘	5	4	4	4	3	3	3	2	2	2
대운 여	8	9	9	9	10	칩	1	1	1	1	2	2	2	3	3	3	4	4	4	5	분	5	6	6	6	7	7	7	8	8	8

청명 5일 06시 54분 【음3월】 ➡ 【戊辰月(무진월)】 ☯ 곡우 20일 14시 18분

양력 4 (음력 03/09 ~ 04/08)	1	2	3	4	5	6	7	8	9	10	11	12	13	14	15	16	17	18	19	20	21	22	23	24	25	26	27	28	29	30
요일	토	일	월	화	수	목	금	토	일	월	화	수	목	금	토	일	월	화	수	목	금	토	일	월	화	수	목	금	토	일
일진 日辰	乙未	丙申	丁酉	戊戌	己亥	庚子	辛丑	壬寅	癸卯	甲辰	乙巳	丙午	丁未	戊申	己酉	庚戌	辛亥	壬子	癸丑	甲寅	乙卯	丙辰	丁巳	戊午	己未	庚申	辛酉	壬戌	癸亥	甲子
음력	9	10	11	12	13	14	15	16	17	18	19	20	21	22	23	24	25	26	27	28	29	30	4/1	2	3	4	5	6	7	8
대운 남	1	1	1	1	청	10	10	9	9	9	8	8	8	7	7	7	6	6	6	곡	5	5	4	4	4	3	3	3	2	2
대운 여	9	9	9	10	명	1	1	1	1	2	2	2	3	3	3	4	4	4	5	우	5	6	6	6	7	7	7	8	8	8

입하 6일 00시 40분 【음4월】 ➡ 【己巳月(기사월)】 ☯ 소만 21일 13시 51분

양력 5 (음력 04/09 ~ 윤410)	1	2	3	4	5	6	7	8	9	10	11	12	13	14	15	16	17	18	19	20	21	22	23	24	25	26	27	28	29	30	31
요일	월	화	수	목	금	토	일	월	화	수	목	금	토	일	월	화	수	목	금	토	일	월	화	수	목	금	토	일	월	화	수
일진 日辰	乙丑	丙寅	丁卯	戊辰	己巳	庚午	辛未	壬申	癸酉	甲戌	乙亥	丙子	丁丑	戊寅	己卯	庚辰	辛巳	壬午	癸未	甲申	乙酉	丙戌	丁亥	戊子	己丑	庚寅	辛卯	壬辰	癸巳	甲午	乙未
음력	9	10	11	12	13	14	15	16	17	18	19	20	21	22	23	24	25	26	27	28	29	윤4	2	3	4	5	6	7	8	9	10
대운 남	2	1	1	1	1	입	10	10	9	9	9	8	8	8	7	7	7	6	6	6	소	5	5	4	4	4	3	3	3	2	2
대운 여	9	9	9	10	10	하	1	1	1	1	2	2	2	3	3	3	4	4	4	5	만	5	6	6	6	7	7	7	8	8	8

망종 6일 05시 11분 【음5월】 ➡ 【庚午月(경오월)】 ☯ 하지 21일 22시 02분

양력 6 (음력 윤411 ~ 05/10)	1	2	3	4	5	6	7	8	9	10	11	12	13	14	15	16	17	18	19	20	21	22	23	24	25	26	27	28	29	30
요일	목	금	토	일	월	화	수	목	금	토	일	월	화	수	목	금	토	일	월	화	수	목	금	토	일	월	화	수	목	금
일진 日辰	丙申	丁酉	戊戌	己亥	庚子	辛丑	壬寅	癸卯	甲辰	乙巳	丙午	丁未	戊申	己酉	庚戌	辛亥	壬子	癸丑	甲寅	乙卯	丙辰	丁巳	戊午	己未	庚申	辛酉	壬戌	癸亥	甲子	乙丑
음력	11	12	13	14	15	16	17	18	19	20	21	22	23	24	25	26	27	28	29	30	5/1	2	3	4	5	6	7	8	9	10
대운 남	2	1	1	1	1	망	10	10	9	9	9	8	8	8	7	7	7	6	6	6	하	5	5	4	4	4	3	3	3	2
대운 여	9	9	9	10	10	종	1	1	1	1	2	2	2	3	3	3	4	4	4	5	지	5	6	6	6	7	7	7	8	8

한식(4월06일),초복(7월15일), 중복(7월25일), 말복(8월14일) ☂춘사(春社)3/25
☀추사(秋社)9/21 토왕지절(土旺之節):4월17일,7월20일,10월20일,1월17일(신년양력),
臘享(납향):1945년1월26일(신년양력)

1944 甲申年

소서 7일 15시 36분 【음6월】 ➡ 【辛未月(신미월)】 ☯ 대서 23일 08시 56분

양력 7 / 음력 05/11 ~ 06/12

양력	1	2	3	4	5	6	7	8	9	10	11	12	13	14	15	16	17	18	19	20	21	22	23	24	25	26	27	28	29	30	31
요일	토	일	월	화	수	목	금	토	일	월	화	수	목	금	토	일	월	화	수	목	금	토	일	월	화	수	목	금	토	일	월
일진 日辰	丙寅	丁卯	戊辰	己巳	庚午	辛未	壬申	癸酉	甲戌	乙亥	丙子	丁丑	戊寅	己卯	庚辰	辛巳	壬午	癸未	甲申	乙酉	丙戌	丁亥	戊子	己丑	庚寅	辛卯	壬辰	癸巳	甲午	乙未	丙申
음력	11	12	13	14	15	16	17	18	19	20	21	22	23	24	25	26	27	28	29	6/1	2	3	4	5	6	7	8	9	10	11	12
대운 남	2	2	1	1	1	1	소	10	10	10	9	9	9	8	8	8	7	7	7	6	6	6	대	5	5	4	4	4	3	3	3
대운 여	8	9	9	9	10	10	서	1	1	1	1	2	2	2	3	3	3	4	4	4	5	5	서	6	6	6	7	7	7	8	8

입추 8일 01시 19분 【음7월】 ➡ 【壬申月(임신월)】 ☯ 처서 23일 15시 46분

양력 8 / 음력 06/13 ~ 07/13

양력	1	2	3	4	5	6	7	8	9	10	11	12	13	14	15	16	17	18	19	20	21	22	23	24	25	26	27	28	29	30	31
요일	화	수	목	금	토	일	월	화	수	목	금	토	일	월	화	수	목	금	토	일	월	화	수	목	금	토	일	월	화	수	목
일진 日辰	丁酉	戊戌	己亥	庚子	辛丑	壬寅	癸卯	甲辰	乙巳	丙午	丁未	戊申	己酉	庚戌	辛亥	壬子	癸丑	甲寅	乙卯	丙辰	丁巳	戊午	己未	庚申	辛酉	壬戌	癸亥	甲子	乙丑	丙寅	丁卯
음력	13	14	15	16	17	18	19	20	21	22	23	24	25	26	27	28	29	30	7/1	2	3	4	5	6	7	8	9	10	11	12	13
대운 남	2	2	2	1	1	1	1	입	10	10	9	9	9	8	8	8	7	7	7	6	6	6	처	5	5	4	4	4	3	3	3
대운 여	8	9	9	9	10	10	10	추	1	1	1	1	2	2	2	3	3	3	4	4	4	5	서	5	6	6	6	7	7	7	8

백로 8일 03시 56분 【음8월】 ➡ 【癸酉月(계유월)】 ☯ 추분 23일 13시 02분

양력 9 / 음력 07/14 ~ 08/14

양력	1	2	3	4	5	6	7	8	9	10	11	12	13	14	15	16	17	18	19	20	21	22	23	24	25	26	27	28	29	30	
요일	금	토	일	월	화	수	목	금	토	일	월	화	수	목	금	토	일	월	화	수	목	금	토	일	월	화	수	목	금	토	
일진 日辰	戊辰	己巳	庚午	辛未	壬申	癸酉	甲戌	乙亥	丙子	丁丑	戊寅	己卯	庚辰	辛巳	壬午	癸未	甲申	乙酉	丙戌	丁亥	戊子	己丑	庚寅	辛卯	壬辰	癸巳	甲午	乙未	丙申	丁酉	+
음력	14	15	16	17	18	19	20	21	22	23	24	25	26	27	28	29	8/1	2	3	4	5	6	7	8	9	10	11	12	13	14	
대운 남	2	2	2	1	1	1	1	백	10	9	9	9	8	8	8	7	7	7	6	6	6	5	추	5	4	4	4	3	3	3	
대운 여	8	8	9	9	9	10	10	로	1	1	1	1	2	2	2	3	3	3	4	4	4	5	분	5	6	6	6	7	7	7	

한로 9일 19시 09분 【음9월】 ➡ 【甲戌月(갑술월)】 ☯ 상강 23일 21시 56분

양력 10 / 음력 08/15 ~ 09/15

양력	1	2	3	4	5	6	7	8	9	10	11	12	13	14	15	16	17	18	19	20	21	22	23	24	25	26	27	28	29	30	31
요일	일	월	화	수	목	금	토	일	월	화	수	목	금	토	일	월	화	수	목	금	토	일	월	화	수	목	금	토	일	월	화
일진 日辰	戊戌	己亥	庚子	辛丑	壬寅	癸卯	甲辰	乙巳	丙午	丁未	戊申	己酉	庚戌	辛亥	壬子	癸丑	甲寅	乙卯	丙辰	丁巳	戊午	己未	庚申	辛酉	壬戌	癸亥	甲子	乙丑	丙寅	丁卯	戊辰
음력	15	16	17	18	19	20	21	22	23	24	25	26	27	28	29	30	9/1	2	3	4	5	6	7	8	9	10	11	12	13	14	15
대운 남	2	2	2	1	1	1	1	한	10	9	9	9	8	8	8	7	7	7	6	6	6	5	상	5	4	4	4	3	3	3	2
대운 여	8	8	8	9	9	9	10	로	1	1	1	1	2	2	2	3	3	3	4	4	4	5	강	5	6	6	6	7	7	7	8

입동 7일 21시 55분 【음10월】 ➡ 【乙亥月(을해월)】 ☯ 소설 22일 19시 08분

양력 11 / 음력 09/16 ~ 10/15

양력	1	2	3	4	5	6	7	8	9	10	11	12	13	14	15	16	17	18	19	20	21	22	23	24	25	26	27	28	29	30
요일	수	목	금	토	일	월	화	수	목	금	토	일	월	화	수	목	금	토	일	월	화	수	목	금	토	일	월	화	수	목
일진 日辰	己巳	庚午	辛未	壬申	癸酉	甲戌	乙亥	丙子	丁丑	戊寅	己卯	庚辰	辛巳	壬午	癸未	甲申	乙酉	丙戌	丁亥	戊子	己丑	庚寅	辛卯	壬辰	癸巳	甲午	乙未	丙申	丁酉	戊戌
음력	16	17	18	19	20	21	22	23	24	25	26	27	28	29	30	10/1	2	3	4	5	6	7	8	9	10	11	12	13	14	15
대운 남	2	2	1	1	1	1	입	10	9	9	9	8	8	8	7	7	7	6	6	6	5	소	5	4	4	4	3	3	3	2
대운 여	8	8	9	9	9	10	동	1	1	1	1	2	2	2	3	3	3	4	4	4	5	설	5	6	6	6	7	7	7	8

대설 7일 14시 28분 【음11월】 ➡ 【丙子月(병자월)】 ☯ 동지 22일 08시 15분

양력 12 / 음력 10/16 ~ 11/17

양력	1	2	3	4	5	6	7	8	9	10	11	12	13	14	15	16	17	18	19	20	21	22	23	24	25	26	27	28	29	30	31
요일	금	토	일	월	화	수	목	금	토	일	월	화	수	목	금	토	일	월	화	수	목	금	토	일	월	화	수	목	금	토	일
일진 日辰	己亥	庚子	辛丑	壬寅	癸卯	甲辰	乙巳	丙午	丁未	戊申	己酉	庚戌	辛亥	壬子	癸丑	甲寅	乙卯	丙辰	丁巳	戊午	己未	庚申	辛酉	壬戌	癸亥	甲子	乙丑	丙寅	丁卯	戊辰	己巳
음력	16	17	18	19	20	21	22	23	24	25	26	27	28	29	11/1	2	3	4	5	6	7	8	9	10	11	12	13	14	15	16	17
대운 남	2	2	1	1	1	1	대	10	9	9	9	8	8	8	7	7	7	6	6	6	5	동	5	4	4	4	3	3	3	2	2
대운 여	8	8	9	9	9	10	설	1	1	1	1	2	2	2	3	3	3	4	4	4	5	지	5	6	6	6	7	7	7	8	8

단기 4278 年	1945년	중원 乙酉年, 납음(泉中水), 본명성(一白水)
불기 2489 年		대장군(午남방), 삼살(동방), 상문(亥서북방), 조객(未서남방), 납음(천중수), 【삼재(해,자,축)년】 臘享(납향):1946년1월21일(음12/19)

소한 6일 01시 34분 【음12월】 ➡ **【丁丑月(정축월)】** ☯ 대한 20일 18시 54분

양력 1	양력	1	2	3	4	5	6	7	8	9	10	11	12	13	14	15	16	17	18	19	20	21	22	23	24	25	26	27	28	29	30	31
	요일	월	화	수	목	금	토	일	월	화	수	목	금	토	일	월	화	수	목	금	토	일	월	화	수	목	금	토	일	월	화	수
	일진 日辰	庚午	辛未	壬申	癸酉	甲戌	乙亥	丙子	丁丑	戊寅	己卯	庚辰	辛巳	壬午	癸未	甲申	乙酉	丙戌	丁亥	戊子	己丑	庚寅	辛卯	壬辰	癸巳	甲午	乙未	丙申	丁酉	戊戌	己亥	庚子
음력 11/18 ~ 12/18	음력	18	19	20	21	22	23	24	25	26	27	28	29	30	12/1	2	3	4	5	6	7	8	9	10	11	12	13	14	15	16	17	18
대운	남	2	1	1	1	1	소	9	9	9	8	8	8	7	7	7	6	6	6	5	대	5	4	4	4	3	3	3	2	2	2	1
	여	8	9	9	9	10	한	1	1	1	1	2	2	2	3	3	3	4	4	4	한	5	5	6	6	6	7	7	7	8	8	8

입춘 4일 13시 19분 【음1월】 ➡ **【戊寅月(무인월)】** ☯ 우수 19일 09시 15분

양력 2	양력	1	2	3	4	5	6	7	8	9	10	11	12	13	14	15	16	17	18	19	20	21	22	23	24	25	26	27	28	
	요일	목	금	토	일	월	화	수	목	금	토	일	월	화	수	목	금	토	일	월	화	수	목	금	토	일	월	화	수	乙
	일진 日辰	辛丑	壬寅	癸卯	甲辰	乙巳	丙午	丁未	戊申	己酉	庚戌	辛亥	壬子	癸丑	甲寅	乙卯	丙辰	丁巳	戊午	己未	庚申	辛酉	壬戌	癸亥	甲子	乙丑	丙寅	丁卯	戊辰	酉
음력 12/19 ~ 01/16	음력	19	20	21	22	23	24	25	26	27	28	29	30	1/1	2	3	4	5	6	7	8	9	10	11	12	13	14	15	16	年
대운	남	1	1	1	입	1	1	1	1	2	2	2	3	3	3	4	4	4	5	우	5	6	6	6	7	7	7	8	8	
	여	9	9	9	춘	10	9	9	9	8	8	8	7	7	7	6	6	6	5	수	5	4	4	4	3	3	3	2	2	

경칩 6일 07시 38분 【음2월】 ➡ **【己卯月(기묘월)】** ☯ 춘분 21일 08시 37분

양력 3	양력	1	2	3	4	5	6	7	8	9	10	11	12	13	14	15	16	17	18	19	20	21	22	23	24	25	26	27	28	29	30	31
	요일	목	금	토	일	월	화	수	목	금	토	일	월	화	수	목	금	토	일	월	화	수	목	금	토	일	월	화	수	목	금	토
	일진 日辰	己巳	庚午	辛未	壬申	癸酉	甲戌	乙亥	丙子	丁丑	戊寅	己卯	庚辰	辛巳	壬午	癸未	甲申	乙酉	丙戌	丁亥	戊子	己丑	庚寅	辛卯	壬辰	癸巳	甲午	乙未	丙申	丁酉	戊戌	己亥
음력 01/17 ~ 02/18	음력	17	18	19	20	21	22	23	24	25	26	27	28	29	2/1	2	3	4	5	6	7	8	9	10	11	12	13	14	15	16	17	18
대운	남	8	9	9	9	10	경	1	1	1	1	2	2	2	3	3	3	4	4	4	5	춘	5	6	6	6	7	7	7	8	8	8
	여	2	1	1	1	1	칩	10	9	9	9	8	8	8	7	7	7	6	6	6	5	분	5	4	4	4	3	3	3	2	2	2

청명 5일 12시 52분 【음3월】 ➡ **【庚辰月(경진월)】** ☯ 곡우 20일 20시 07

양력 4	양력	1	2	3	4	5	6	7	8	9	10	11	12	13	14	15	16	17	18	19	20	21	22	23	24	25	26	27	28	29	30
	요일	일	월	화	수	목	금	토	일	월	화	수	목	금	토	일	월	화	수	목	금	토	일	월	화	수	목	금	토	일	월
	일진 日辰	庚子	辛丑	壬寅	癸卯	甲辰	乙巳	丙午	丁未	戊申	己酉	庚戌	辛亥	壬子	癸丑	甲寅	乙卯	丙辰	丁巳	戊午	己未	庚申	辛酉	壬戌	癸亥	甲子	乙丑	丙寅	丁卯	戊辰	己巳
음력 02/19 ~ 03/19	음력	19	20	21	22	23	24	25	26	27	28	29	3/1	2	3	4	5	6	7	8	9	10	11	12	13	14	15	16	17	18	19
대운	남	9	9	9	10	청	1	1	1	1	2	2	2	3	3	3	4	4	4	5	곡	5	6	6	6	7	7	7	8	8	8
	여	1	1	1	1	명	10	10	9	9	9	8	8	8	7	7	7	6	6	6	우	5	5	4	4	4	3	3	3	2	2

입하 6일 06시 37분 【음4월】 ➡ **【辛巳月(신사월)】** ☯ 소만 21일 19시 40분

양력 5	양력	1	2	3	4	5	6	7	8	9	10	11	12	13	14	15	16	17	18	19	20	21	22	23	24	25	26	27	28	29	30	31
	요일	화	수	목	금	토	일	월	화	수	목	금	토	일	월	화	수	목	금	토	일	월	화	수	목	금	토	일	월	화	수	목
	일진 日辰	庚午	辛未	壬申	癸酉	甲戌	乙亥	丙子	丁丑	戊寅	己卯	庚辰	辛巳	壬午	癸未	甲申	乙酉	丙戌	丁亥	戊子	己丑	庚寅	辛卯	壬辰	癸巳	甲午	乙未	丙申	丁酉	戊戌	己亥	庚子
음력 03/20 ~ 04/20	음력	20	21	22	23	24	25	26	27	28	29	30	4/1	2	3	4	5	6	7	8	9	10	11	12	13	14	15	16	17	18	19	20
대운	남	9	9	9	10	10	입	1	1	1	1	2	2	2	3	3	3	4	4	4	5	소	5	6	6	6	7	7	7	8	8	8
	여	2	1	1	1	1	하	10	10	9	9	9	8	8	8	7	7	7	6	6	6	만	5	5	4	4	4	3	3	3	2	2

망종 6일 11시 05분 【음5월】 ➡ **【壬午月(임오월)】** ☯ 하지 22일 03시 52분

양력 6	양력	1	2	3	4	5	6	7	8	9	10	11	12	13	14	15	16	17	18	19	20	21	22	23	24	25	26	27	28	29	30
	요일	금	토	일	월	화	수	목	금	토	일	월	화	수	목	금	토	일	월	화	수	목	금	토	일	월	화	수	목	금	토
	일진 日辰	辛丑	壬寅	癸卯	甲辰	乙巳	丙午	丁未	戊申	己酉	庚戌	辛亥	壬子	癸丑	甲寅	乙卯	丙辰	丁巳	戊午	己未	庚申	辛酉	壬戌	癸亥	甲子	乙丑	丙寅	丁卯	戊辰	己巳	庚午
음력 04/21 ~ 05/21	음력	21	22	23	24	25	26	27	28	29	5/1	2	3	4	5	6	7	8	9	10	11	12	13	14	15	16	17	18	19	20	21
대운	남	9	9	9	10	10	망	1	1	1	1	2	2	2	3	3	3	4	4	4	5	5	하	6	6	6	7	7	7	8	8
	여	2	1	1	1	1	종	10	10	9	9	9	8	8	8	7	7	7	6	6	6	5	지	5	4	4	4	3	3	3	2

한식(4월06일), 초복(7월20일), 중복(7월30일), 말복(8월09일) ☂춘사(春社)3/20
☀추사(秋社)9/26 토왕지절(土旺之節):4월17일,7월20일,10월21일,1월18일(신년양력),
臘享(납향):1946년 1월21일(신년양력)

1945 乙酉年

소서 7일 21시 27분 【음6월】 ➡ **【癸未月(계미월)】** ☯ 대서 23일 14시 45분

양력 7 (음력 05/22~06/23)	1	2	3	4	5	6	7	8	9	10	11	12	13	14	15	16	17	18	19	20	21	22	23	24	25	26	27	28	29	30	31
요일	일	월	화	수	목	금	토	일	월	화	수	목	금	토	일	월	화	수	목	금	토	일	월	화	수	목	금	토	일	월	화
일진	辛	壬	癸	甲	乙	丙	丁	戊	己	庚	辛	壬	癸	甲	乙	丙	丁	戊	己	庚	辛	壬	癸	甲	乙	丙	丁	戊	己	庚	辛
日辰	未	申	酉	戌	亥	子	丑	寅	卯	辰	巳	午	未	申	酉	戌	亥	子	丑	寅	卯	辰	巳	午	未	申	酉	戌	亥	子	丑
음력	22	23	24	25	26	27	28	29	6/1	2	3	4	5	6	7	8	9	10	11	12	13	14	15	16	17	18	19	20	21	22	23
대운 남	8	9	9	9	10	10	소	1	1	1	1	2	2	2	3	3	3	4	4	4	5	5	대	6	6	6	7	7	7	8	8
대운 여	2	2	1	1	1	1	서	10	10	10	9	9	9	8	8	8	7	7	7	6	6	6	서	5	5	4	4	4	3	3	3

입추 8일 07시 05분 【음7월】 ➡ **【甲申月(갑신월)】** ☯ 처서 23일 21시 35분

양력 8 (음력 06/24~07/24)	1	2	3	4	5	6	7	8	9	10	11	12	13	14	15	16	17	18	19	20	21	22	23	24	25	26	27	28	29	30	31
요일	수	목	금	토	일	월	화	수	목	금	토	일	월	화	수	목	금	토	일	월	화	수	목	금	토	일	월	화	수	목	금
일진	壬	癸	甲	乙	丙	丁	戊	己	庚	辛	壬	癸	甲	乙	丙	丁	戊	己	庚	辛	壬	癸	甲	乙	丙	丁	戊	己	庚	辛	壬
日辰	寅	卯	辰	巳	午	未	申	酉	戌	亥	子	丑	寅	卯	辰	巳	午	未	申	酉	戌	亥	子	丑	寅	卯	辰	巳	午	未	申
음력	24	25	26	27	28	29	30	7/1	2	3	4	5	6	7	8	9	10	11	12	13	14	15	16	17	18	19	20	21	22	23	24
대운 남	8	9	9	9	10	10	10	입	1	1	1	1	2	2	2	3	3	3	4	4	4	5	처	5	6	6	6	7	7	7	8
대운 여	2	2	2	1	1	1	1	추	10	10	9	9	9	8	8	8	7	7	7	6	6	6	서	5	5	4	4	4	3	3	3

백로 8일 09시 38분 【음8월】 ➡ **【乙酉月(을유월)】** ☯ 추분 23일 18시 50분

양력 9 (음력 07/25~08/25)	1	2	3	4	5	6	7	8	9	10	11	12	13	14	15	16	17	18	19	20	21	22	23	24	25	26	27	28	29	30
요일	토	일	월	화	수	목	금	토	일	월	화	수	목	금	토	일	월	화	수	목	금	토	일	월	화	수	목	금	토	일
일진	癸	甲	乙	丙	丁	戊	己	庚	辛	壬	癸	甲	乙	丙	丁	戊	己	庚	辛	壬	癸	甲	乙	丙	丁	戊	己	庚	辛	壬
日辰	酉	戌	亥	子	丑	寅	卯	辰	巳	午	未	申	酉	戌	亥	子	丑	寅	卯	辰	巳	午	未	申	酉	戌	亥	子	丑	寅
음력	25	26	27	28	29	8/1	2	3	4	5	6	7	8	9	10	11	12	13	14	15	16	17	18	19	20	21	22	23	24	25
대운 남	8	8	9	9	9	10	10	백	1	1	1	1	2	2	2	3	3	3	4	4	4	5	추	5	6	6	6	7	7	7
대운 여	2	2	2	1	1	1	1	로	10	10	9	9	9	8	8	8	7	7	7	6	6	6	분	5	5	4	4	4	3	3

한로 9일 00시 49분 【음9월】 ➡ **【丙戌月(병술월)】** ☯ 상강 24일 03시 44분

양력 10 (음력 08/26~09/26)	1	2	3	4	5	6	7	8	9	10	11	12	13	14	15	16	17	18	19	20	21	22	23	24	25	26	27	28	29	30	31
요일	월	화	수	목	금	토	일	월	화	수	목	금	토	일	월	화	수	목	금	토	일	월	화	수	목	금	토	일	월	화	수
일진	癸	甲	乙	丙	丁	戊	己	庚	辛	壬	癸	甲	乙	丙	丁	戊	己	庚	辛	壬	癸	甲	乙	丙	丁	戊	己	庚	辛	壬	癸
日辰	卯	辰	巳	午	未	申	酉	戌	亥	子	丑	寅	卯	辰	巳	午	未	申	酉	戌	亥	子	丑	寅	卯	辰	巳	午	未	申	酉
음력	26	27	28	29	30	9/1	2	3	4	5	6	7	8	9	10	11	12	13	14	15	16	17	18	19	20	21	22	23	24	25	26
대운 남	8	8	8	9	9	9	10	10	한	1	1	1	1	2	2	2	3	3	3	4	4	4	5	상	5	6	6	6	7	7	7
대운 여	3	2	2	2	1	1	1	1	로	10	9	9	9	8	8	8	7	7	7	6	6	6	5	강	5	4	4	4	3	3	3

입동 8일 03시 34분 【음10월】 ➡ **【丁亥月(정해월)】** ☯ 소설 23일 00시 55분

양력 11 (음력 09/27~10/26)	1	2	3	4	5	6	7	8	9	10	11	12	13	14	15	16	17	18	19	20	21	22	23	24	25	26	27	28	29	30
요일	목	금	토	일	월	화	수	목	금	토	일	월	화	수	목	금	토	일	월	화	수	목	금	토	일	월	화	수	목	금
일진	甲	乙	丙	丁	戊	己	庚	辛	壬	癸	甲	乙	丙	丁	戊	己	庚	辛	壬	癸	甲	乙	丙	丁	戊	己	庚	辛	壬	癸
日辰	戌	亥	子	丑	寅	卯	辰	巳	午	未	申	酉	戌	亥	子	丑	寅	卯	辰	巳	午	未	申	酉	戌	亥	子	丑	寅	卯
음력	27	28	29	30	10/1	2	3	4	5	6	7	8	9	10	11	12	13	14	15	16	17	18	19	20	21	22	23	24	25	26
대운 남	8	8	8	9	9	9	10	입	1	1	1	1	2	2	2	3	3	3	4	4	4	5	소	5	6	6	6	7	7	7
대운 여	2	2	2	1	1	1	1	동	9	9	9	8	8	8	7	7	7	6	6	6	5	5	설	4	4	4	3	3	3	2

대설 7일 02시 08분 【음11월】 ➡ **【戊子月(무자월)】** ☯ 동지 22일 14시 04분

양력 12 (음력 10/27~11/27)	1	2	3	4	5	6	7	8	9	10	11	12	13	14	15	16	17	18	19	20	21	22	23	24	25	26	27	28	29	30	31
요일	토	일	월	화	수	목	금	토	일	월	화	수	목	금	토	일	월	화	수	목	금	토	일	월	화	수	목	금	토	일	월
일진	甲	乙	丙	丁	戊	己	庚	辛	壬	癸	甲	乙	丙	丁	戊	己	庚	辛	壬	癸	甲	乙	丙	丁	戊	己	庚	辛	壬	癸	甲
日辰	辰	巳	午	未	申	酉	戌	亥	子	丑	寅	卯	辰	巳	午	未	申	酉	戌	亥	子	丑	寅	卯	辰	巳	午	未	申	酉	戌
음력	27	28	29	30	11/1	2	3	4	5	6	7	8	9	10	11	12	13	14	15	16	17	18	19	20	21	22	23	24	25	26	27
대운 남	8	8	8	9	9	9	대	1	1	1	1	2	2	2	3	3	3	4	4	4	5	동	5	6	6	6	7	7	7	8	8
대운 여	2	2	1	1	1	1	설	10	9	9	9	8	8	8	7	7	7	6	6	6	5	지	5	4	4	4	3	3	3	2	2

단기 4279 年	1946년	중원 丙戌年 납음(屋上土), 본명성(九紫火)
불기 2490 年		대장군(午남방), 삼살(북방), 상문(子북방), 조객(申서남방), 납음(옥상토), 【삼재(신, 유, 술)년】 臘享(납향):1947년1월16일(음12/25)

개

【己丑月(기축월)】

소한 6일 07시 16분 【음12월】 ➡ ☯ 대한 21일 00시 45분

양력 1 / 음력 11/28 ~ 12/29

양력	1	2	3	4	5	6	7	8	9	10	11	12	13	14	15	16	17	18	19	20	21	22	23	24	25	26	27	28	29	30	31
요일	화	수	목	금	토	일	월	화	수	목	금	토	일	월	화	수	목	금	토	일	월	화	수	목	금	토	일	월	화	수	목
일진 日辰	乙亥	丙子	丁丑	戊寅	己卯	庚辰	辛巳	壬午	癸未	甲申	乙酉	丙戌	丁亥	戊子	己丑	庚寅	辛卯	壬辰	癸巳	甲午	乙未	丙申	丁酉	戊戌	己亥	庚子	辛丑	壬寅	癸卯	甲辰	乙巳
음력	28	29	12/1	2	3	4	5	6	7	8	9	10	11	12	13	14	15	16	17	18	19	20	21	22	23	24	25	26	27	28	29
대운 남	8	9	9	9	10	소	1	1	1	1	2	2	2	3	3	3	4	4	4	5	대	5	6	6	6	7	7	7	8	8	8
대운 여	2	1	1	1	1	한	9	9	9	8	8	8	7	7	7	6	6	6	5	5	한	4	4	4	3	3	3	2	2	2	1

【庚寅月(경인월)】

입춘 4일 19시 04분 【음1월】 ➡ ☯ 우수 19일 15시 09분

양력 2 / 음력 12/30 ~ 01/27

양력	1	2	3	4	5	6	7	8	9	10	11	12	13	14	15	16	17	18	19	20	21	22	23	24	25	26	27	28
요일	금	토	일	월	화	수	목	금	토	일	월	화	수	목	금	토	일	월	화	수	목	금	토	일	월	화	수	목
일진 日辰	丙午	丁未	戊申	己酉	庚戌	辛亥	壬子	癸丑	甲寅	乙卯	丙辰	丁巳	戊午	己未	庚申	辛酉	壬戌	癸亥	甲子	乙丑	丙寅	丁卯	戊辰	己巳	庚午	辛未	壬申	癸酉
음력	30	1/1	2	3	4	5	6	7	8	9	10	11	12	13	14	15	16	17	18	19	20	21	22	23	24	25	26	27
대운 남	9	9	9	입	10	9	9	9	8	8	8	7	7	7	6	6	6	5	우	5	4	4	4	3	3	3	2	2
대운 여	1	1	1	춘	1	1	1	1	2	2	2	3	3	3	4	4	4	5	수	5	6	6	6	7	7	7	8	8

丙戌年

【辛卯月(신묘월)】

경칩 6일 13시 25분 【음2월】 ➡ ☯ 춘분 21일 14시 33분

양력 3 / 음력 01/28 ~ 02/28

양력	1	2	3	4	5	6	7	8	9	10	11	12	13	14	15	16	17	18	19	20	21	22	23	24	25	26	27	28	29	30	31
요일	금	토	일	월	화	수	목	금	토	일	월	화	수	목	금	토	일	월	화	수	목	금	토	일	월	화	수	목	금	토	일
일진 日辰	甲戌	乙亥	丙子	丁丑	戊寅	己卯	庚辰	辛巳	壬午	癸未	甲申	乙酉	丙戌	丁亥	戊子	己丑	庚寅	辛卯	壬辰	癸巳	甲午	乙未	丙申	丁酉	戊戌	己亥	庚子	辛丑	壬寅	癸卯	甲辰
음력	28	29	30	2/1	2	3	4	5	6	7	8	9	10	11	12	13	14	15	16	17	18	19	20	21	22	23	24	25	26	27	28
대운 남	2	1	1	1	1	경	10	9	9	9	8	8	8	7	7	7	6	6	6	5	춘	5	4	4	4	3	3	3	2	2	2
대운 여	8	9	9	9	10	칩	1	1	1	1	2	2	2	3	3	3	4	4	4	5	분	5	6	6	6	7	7	7	8	8	8

【壬辰月(임진월)】

청명 5일 18시 39분 【음3월】 ➡ ☯ 곡우 21일 02시 02분

양력 4 / 음력 02/29 ~ 03/29

양력	1	2	3	4	5	6	7	8	9	10	11	12	13	14	15	16	17	18	19	20	21	22	23	24	25	26	27	28	29	30
요일	월	화	수	목	금	토	일	월	화	수	목	금	토	일	월	화	수	목	금	토	일	월	화	수	목	금	토	일	월	화
일진 日辰	乙巳	丙午	丁未	戊申	己酉	庚戌	辛亥	壬子	癸丑	甲寅	乙卯	丙辰	丁巳	戊午	己未	庚申	辛酉	壬戌	癸亥	甲子	乙丑	丙寅	丁卯	戊辰	己巳	庚午	辛未	壬申	癸酉	甲戌
음력	29	3/1	2	3	4	5	6	7	8	9	10	11	12	13	14	15	16	17	18	19	20	21	22	23	24	25	26	27	28	29
대운 남	1	1	1	1	청	10	10	9	9	9	8	8	8	7	7	7	6	6	6	5	곡	5	4	4	4	3	3	3	2	2
대운 여	9	9	9	10	명	1	1	1	1	2	2	2	3	3	3	4	4	4	5	5	우	6	6	6	7	7	7	8	8	8

【癸巳月(계사월)】

입하 6일 12시 12분 【음4월】 ➡ ☯ 소만 22일 01시 34분

양력 5 / 음력 04/01 ~ 05/01

양력	1	2	3	4	5	6	7	8	9	10	11	12	13	14	15	16	17	18	19	20	21	22	23	24	25	26	27	28	29	30	31
요일	수	목	금	토	일	월	화	수	목	금	토	일	월	화	수	목	금	토	일	월	화	수	목	금	토	일	월	화	수	목	금
일진 日辰	乙亥	丙子	丁丑	戊寅	己卯	庚辰	辛巳	壬午	癸未	甲申	乙酉	丙戌	丁亥	戊子	己丑	庚寅	辛卯	壬辰	癸巳	甲午	乙未	丙申	丁酉	戊戌	己亥	庚子	辛丑	壬寅	癸卯	甲辰	乙巳
음력	4/1	2	3	4	5	6	7	8	9	10	11	12	13	14	15	16	17	18	19	20	21	22	23	24	25	26	27	28	29	30	5/1
대운 남	2	1	1	1	1	입	10	10	9	9	9	8	8	8	7	7	7	6	6	6	5	소	5	4	4	4	3	3	3	2	2
대운 여	9	9	9	10	10	하	1	1	1	1	2	2	2	3	3	3	4	4	4	5	5	만	6	6	6	7	7	7	8	8	8

【甲午月(갑오월)】

망종 6일 14시 49분 【음5월】 ➡ ☯ 하지 22일 09시 44분

양력 6 / 음력 05/02 ~ 06/02

양력	1	2	3	4	5	6	7	8	9	10	11	12	13	14	15	16	17	18	19	20	21	22	23	24	25	26	27	28	29	30
요일	토	일	월	화	수	목	금	토	일	월	화	수	목	금	토	일	월	화	수	목	금	토	일	월	화	수	목	금	토	일
일진 日辰	丙午	丁未	戊申	己酉	庚戌	辛亥	壬子	癸丑	甲寅	乙卯	丙辰	丁巳	戊午	己未	庚申	辛酉	壬戌	癸亥	甲子	乙丑	丙寅	丁卯	戊辰	己巳	庚午	辛未	壬申	癸酉	甲戌	乙亥
음력	2	3	4	5	6	7	8	9	10	11	12	13	14	15	16	17	18	19	20	21	22	23	24	25	26	27	28	29	6/1	2
대운 남	2	1	1	1	1	망	10	10	10	9	9	9	8	8	8	7	7	7	6	6	6	하	5	5	4	4	4	3	3	3
대운 여	9	9	9	10	10	종	1	1	1	1	2	2	2	3	3	3	4	4	4	5	5	지	6	6	6	7	7	7	8	8

한식(4월06일), 초복(7월15일), 중복(7월25일), 말복(8월14일) 춘사(春社)3/25
추사(秋社)9/21 토왕지절(土旺之節):4월18일,7월20일,10월21일,1월18일(신년양력),
臘享(납향):1947년 1월16일(신년양력)

1946 丙戌年

소서 8일 03시 11분 【음6월】 ➡ 【乙未月(을미월)】 대서 23일 20시 37분

양력 7	양력	1	2	3	4	5	6	7	8	9	10	11	12	13	14	15	16	17	18	19	20	21	22	23	24	25	26	27	28	29	30	31
	요일	월	화	수	목	금	토	일	월	화	수	목	금	토	일	월	화	수	목	금	토	일	월	화	수	목	금	토	일	월	화	수
	일진 日辰	丙子	丁丑	戊寅	己卯	庚辰	辛巳	壬午	癸未	甲申	乙酉	丙戌	丁亥	戊子	己丑	庚寅	辛卯	壬辰	癸巳	甲午	乙未	丙申	丁酉	戊戌	己亥	庚子	辛丑	壬寅	癸卯	甲辰	乙巳	丙午
음력 06/03 ~ 07/04	음력	3	4	5	6	7	8	9	10	11	12	13	14	15	16	17	18	19	20	21	22	23	24	25	26	27	28	29	7/1	2	3	4
대운	남	2	2	2	1	1	1	1	소	10	10	9	9	9	8	8	8	7	7	7	6	6	6	대	5	5	4	4	4	3	3	3
	여	8	9	9	9	10	10	10	서	1	1	1	1	2	2	2	3	3	3	4	4	4	5	서	5	6	6	6	7	7	7	8

입추 8일 12시 52분 【음7월】 ➡ 【丙申月(병신월)】 처서 24일 03시 26분

양력 8	양력	1	2	3	4	5	6	7	8	9	10	11	12	13	14	15	16	17	18	19	20	21	22	23	24	25	26	27	28	29	30	31
	요일	목	금	토	일	월	화	수	목	금	토	일	월	화	수	목	금	토	일	월	화	수	목	금	토	일	월	화	수	목	금	토
	일진 日辰	丁未	戊申	己酉	庚戌	辛亥	壬子	癸丑	甲寅	乙卯	丙辰	丁巳	戊午	己未	庚申	辛酉	壬戌	癸亥	甲子	乙丑	丙寅	丁卯	戊辰	己巳	庚午	辛未	壬申	癸酉	甲戌	乙亥	丙子	丁丑
음력 07/05 ~ 08/05	음력	5	6	7	8	9	10	11	12	13	14	15	16	17	18	19	20	21	22	23	24	25	26	27	28	29	30	8/1	2	3	4	5
대운	남	2	2	2	1	1	1	1	입	10	10	9	9	9	8	8	8	7	7	7	6	6	6	5	처	5	4	4	4	3	3	3
	여	8	8	9	9	9	10	10	추	1	1	1	1	2	2	2	3	3	3	4	4	4	5	5	서	6	6	6	7	7	7	8

백로 8일 15시 27분 【음8월】 ➡ 【丁酉月(정유월)】 추분 24일 00시 41분

양력 9	양력	1	2	3	4	5	6	7	8	9	10	11	12	13	14	15	16	17	18	19	20	21	22	23	24	25	26	27	28	29	30
	요일	일	월	화	수	목	금	토	일	월	화	수	목	금	토	일	월	화	수	목	금	토	일	월	화	수	목	금	토	일	월
	일진 日辰	戊寅	己卯	庚辰	辛巳	壬午	癸未	甲申	乙酉	丙戌	丁亥	戊子	己丑	庚寅	辛卯	壬辰	癸巳	甲午	乙未	丙申	丁酉	戊戌	己亥	庚子	辛丑	壬寅	癸卯	甲辰	乙巳	丙午	丁未
음력 08/06 ~ 09/06	음력	6	7	8	9	10	11	12	13	14	15	16	17	18	19	20	21	22	23	24	25	26	27	28	29	9/1	2	3	4	5	6
대운	남	2	2	2	1	1	1	1	백	10	10	9	9	9	8	8	8	7	7	7	6	6	6	5	추	5	4	4	4	3	3
	여	8	8	9	9	9	10	10	로	1	1	1	1	2	2	2	3	3	3	4	4	4	5	5	분	6	6	6	7	7	7

한로 9일 06시 41분 【음9월 ➡ 【戊戌月(무술월)】 상강 24일 09시 35분

양력 10	양력	1	2	3	4	5	6	7	8	9	10	11	12	13	14	15	16	17	18	19	20	21	22	23	24	25	26	27	28	29	30	31
	요일	화	수	목	금	토	일	월	화	수	목	금	토	일	월	화	수	목	금	토	일	월	화	수	목	금	토	일	월	화	수	목
	일진 日辰	戊申	己酉	庚戌	辛亥	壬子	癸丑	甲寅	乙卯	丙辰	丁巳	戊午	己未	庚申	辛酉	壬戌	癸亥	甲子	乙丑	丙寅	丁卯	戊辰	己巳	庚午	辛未	壬申	癸酉	甲戌	乙亥	丙子	丁丑	戊寅
음력 09/07 ~ 10/07	음력	7	8	9	10	11	12	13	14	15	16	17	18	19	20	21	22	23	24	25	26	27	28	29	30	10/1	2	3	4	5	6	7
대운	남	3	2	2	2	1	1	1	1	한	10	9	9	9	8	8	8	7	7	7	6	6	6	5	상	5	4	4	4	3	3	3
	여	8	8	8	9	9	9	10	10	로	1	1	1	1	2	2	2	3	3	3	4	4	4	5	강	5	6	6	6	7	7	7

입동 8일 09시 27분 【음10월】 ➡ 【己亥月(기해월)】 소설 23일 06시 46분

양력 11	양력	1	2	3	4	5	6	7	8	9	10	11	12	13	14	15	16	17	18	19	20	21	22	23	24	25	26	27	28	29	30
	요일	금	토	일	월	화	수	목	금	토	일	월	화	수	목	금	토	일	월	화	수	목	금	토	일	월	화	수	목	금	토
	일진 日辰	己卯	庚辰	辛巳	壬午	癸未	甲申	乙酉	丙戌	丁亥	戊子	己丑	庚寅	辛卯	壬辰	癸巳	甲午	乙未	丙申	丁酉	戊戌	己亥	庚子	辛丑	壬寅	癸卯	甲辰	乙巳	丙午	丁未	戊申
음력 10/08 ~ 11/07	음력	8	9	10	11	12	13	14	15	16	17	18	19	20	21	22	23	24	25	26	27	28	29	30	11/1	2	3	4	5	6	7
대운	남	2	2	2	1	1	1	1	입	10	9	9	9	8	8	8	7	7	7	6	6	6	5	소	5	4	4	4	3	3	3
	여	8	8	8	9	9	9	10	동	1	1	1	1	2	2	2	3	3	3	4	4	4	5	설	5	6	6	6	7	7	7

대설 8일 02시 00분 【음11월】 ➡ 【庚子月(경자월)】 동지 22일 19시 53분

양력 12	양력	1	2	3	4	5	6	7	8	9	10	11	12	13	14	15	16	17	18	19	20	21	22	23	24	25	26	27	28	29	30	31
	요일	일	월	화	수	목	금	토	일	월	화	수	목	금	토	일	월	화	수	목	금	토	일	월	화	수	목	금	토	일	월	화
	일진 日辰	己酉	庚戌	辛亥	壬子	癸丑	甲寅	乙卯	丙辰	丁巳	戊午	己未	庚申	辛酉	壬戌	癸亥	甲子	乙丑	丙寅	丁卯	戊辰	己巳	庚午	辛未	壬申	癸酉	甲戌	乙亥	丙子	丁丑	戊寅	己卯
음력 11/08 ~ 12/09	음력	8	9	10	11	12	13	14	15	16	17	18	19	20	21	22	23	24	25	26	27	28	29	12/1	2	3	4	5	6	7	8	9
대운	남	2	2	2	1	1	1	1	대	9	9	9	8	8	8	7	7	7	6	6	6	5	동	5	4	4	4	3	3	3	2	2
	여	8	8	8	9	9	9	10	설	1	1	1	1	2	2	2	3	3	3	4	4	4	지	5	5	6	6	6	7	7	7	8

단기 4280 年	1947년	중원(丁亥年 납음(屋上土),본명성(八白土)
불기 2491 年		대장군(酉서방), 삼살(서방), 상문(丑동북방),조객(酉서방), 납음(옥상토), 【삼재(사,오,미)년】 臘享(납향):1948년1월23일(음12/30)

소한 6일 13시 06분 【음12월】 ➡ **【辛丑月(신축월)】** ☯ 대한 21일 06시 32분

양력 1 / 음력 12/10 ~ 01/10

양력	1	2	3	4	5	6	7	8	9	10	11	12	13	14	15	16	17	18	19	20	21	22	23	24	25	26	27	28	29	30	31
요일	수	목	금	토	일	월	화	수	목	금	토	일	월	화	수	목	금	토	일	월	화	수	목	금	토	일	월	화	수	목	금
일진 日辰	庚辰	辛巳	壬午	癸未	甲申	乙酉	丙戌	丁亥	戊子	己丑	庚寅	辛卯	壬辰	癸巳	甲午	乙未	丙申	丁酉	戊戌	己亥	庚子	辛丑	壬寅	癸卯	甲辰	乙巳	丙午	丁未	戊申	己酉	庚戌
음력	10	11	12	13	14	15	16	17	18	19	20	21	22	23	24	25	26	27	28	29	30	1/1	2	3	4	5	6	7	8	9	10
대운 남	2	1	1	1	1	소	10	9	9	9	8	8	8	7	7	7	6	6	6	5	대	5	4	4	4	3	3	3	2	2	2
대운 여	8	8	9	9	9	한	1	1	1	1	2	2	2	3	3	3	4	4	4	5	한	5	6	6	6	7	7	7	8	8	8

입춘 5일 00시 50분 【음1월】 ➡ **【壬寅月(임인월)】** ☯ 우수 19일 20시 52분

양력 2 / 음력 01/11 ~ 02/08

양력	1	2	3	4	5	6	7	8	9	10	11	12	13	14	15	16	17	18	19	20	21	22	23	24	25	26	27	28
요일	토	일	월	화	수	목	금	토	일	월	화	수	목	금	토	일	월	화	수	목	금	토	일	월	화	수	목	금
일진 日辰	辛亥	壬子	癸丑	甲寅	乙卯	丙辰	丁巳	戊午	己未	庚申	辛酉	壬戌	癸亥	甲子	乙丑	丙寅	丁卯	戊辰	己巳	庚午	辛未	壬申	癸酉	甲戌	乙亥	丙子	丁丑	戊寅
음력	11	12	13	14	15	16	17	18	19	20	21	22	23	24	25	26	27	28	29	30	2/1	2	3	4	5	6	7	8
대운 남	1	1	1	1	입	1	1	1	1	2	2	2	3	3	3	4	4	4	우	5	5	6	6	6	7	7	7	8
대운 여	9	9	9	10	춘	9	9	9	8	8	8	7	7	7	6	6	6	5	수	5	4	4	4	3	3	3	2	2

丁
亥
年

경칩 6일 19시 08분 【음2월】 ➡ **【癸卯月(계묘월)】** ☯ 춘분 21일 20시 13분

양력 3 / 음력 02/09 ~ 윤209

양력	1	2	3	4	5	6	7	8	9	10	11	12	13	14	15	16	17	18	19	20	21	22	23	24	25	26	27	28	29	30	31
요일	토	일	월	화	수	목	금	토	일	월	화	수	목	금	토	일	월	화	수	목	금	토	일	월	화	수	목	금	토	일	월
일진 日辰	己卯	庚辰	辛巳	壬午	癸未	甲申	乙酉	丙戌	丁亥	戊子	己丑	庚寅	辛卯	壬辰	癸巳	甲午	乙未	丙申	丁酉	戊戌	己亥	庚子	辛丑	壬寅	癸卯	甲辰	乙巳	丙午	丁未	戊申	己酉
음력	9	10	11	12	13	14	15	16	17	18	19	20	21	22	23	24	25	26	27	28	29	30	윤2	2	3	4	5	6	7	8	9
대운 남	8	8	9	9	9	경	1	1	1	1	2	2	2	3	3	3	4	4	4	5	춘	5	6	6	6	7	7	7	8	8	8
대운 여	2	1	1	1	1	칩	10	10	9	9	9	8	8	8	7	7	7	6	6	6	분	5	5	4	4	4	3	3	3	2	2

청명 6일 00시 20분 【음3월】 ➡ **【甲辰月(갑진월)】** ☯ 곡우 21일 07시 39분

양력 4 / 음력 윤210 ~ 03/10

양력	1	2	3	4	5	6	7	8	9	10	11	12	13	14	15	16	17	18	19	20	21	22	23	24	25	26	27	28	29	30
요일	화	수	목	금	토	일	월	화	수	목	금	토	일	월	화	수	목	금	토	일	월	화	수	목	금	토	일	월	화	수
일진 日辰	庚戌	辛亥	壬子	癸丑	甲寅	乙卯	丙辰	丁巳	戊午	己未	庚申	辛酉	壬戌	癸亥	甲子	乙丑	丙寅	丁卯	戊辰	己巳	庚午	辛未	壬申	癸酉	甲戌	乙亥	丙子	丁丑	戊寅	己卯
음력	10	11	12	13	14	15	16	17	18	19	20	21	22	23	24	25	26	27	28	29	3/1	2	3	4	5	6	7	8	9	10
대운 남	9	9	9	10	10	청	1	1	1	1	2	2	2	3	3	3	4	4	4	5	곡	5	6	6	6	7	7	7	8	8
대운 여	2	1	1	1	1	명	10	9	9	9	8	8	8	7	7	7	6	6	6	5	우	5	4	4	4	3	3	3	2	2

입하 6일 18시 03분 【음4월】 ➡ **【乙巳月(을사월)】** ☯ 소만 22일 07시 09분

양력 5 / 음력 03/11 ~ 04/12

양력	1	2	3	4	5	6	7	8	9	10	11	12	13	14	15	16	17	18	19	20	21	22	23	24	25	26	27	28	29	30	31
요일	목	금	토	일	월	화	수	목	금	토	일	월	화	수	목	금	토	일	월	화	수	목	금	토	일	월	화	수	목	금	토
일진 日辰	庚辰	辛巳	壬午	癸未	甲申	乙酉	丙戌	丁亥	戊子	己丑	庚寅	辛卯	壬辰	癸巳	甲午	乙未	丙申	丁酉	戊戌	己亥	庚子	辛丑	壬寅	癸卯	甲辰	乙巳	丙午	丁未	戊申	己酉	庚戌
음력	11	12	13	14	15	16	17	18	19	20	21	22	23	24	25	26	27	28	29	4/1	2	3	4	5	6	7	8	9	10	11	12
대운 남	8	9	9	9	10	입	1	1	1	1	2	2	2	3	3	3	4	4	4	5	5	소	6	6	6	7	7	7	8	8	8
대운 여	2	1	1	1	1	하	10	10	9	9	9	8	8	8	7	7	7	6	6	6	5	만	5	4	4	4	3	3	3	2	2

망종 6일 22시 31분 【음5월】 ➡ **【丙午月(병오월)】** ☯ 하지 22일 15시 19분

양력 6 / 음력 04/13 ~ 05/12

양력	1	2	3	4	5	6	7	8	9	10	11	12	13	14	15	16	17	18	19	20	21	22	23	24	25	26	27	28	29	30
요일	일	월	화	수	목	금	토	일	월	화	수	목	금	토	일	월	화	수	목	금	토	일	월	화	수	목	금	토	일	월
일진 日辰	辛亥	壬子	癸丑	甲寅	乙卯	丙辰	丁巳	戊午	己未	庚申	辛酉	壬戌	癸亥	甲子	乙丑	丙寅	丁卯	戊辰	己巳	庚午	辛未	壬申	癸酉	甲戌	乙亥	丙子	丁丑	戊寅	己卯	庚辰
음력	13	14	15	16	17	18	19	20	21	22	23	24	25	26	27	28	29	30	5/1	2	3	4	5	6	7	8	9	10	11	12
대운 남	9	9	9	10	10	망	1	1	1	1	2	2	2	3	3	3	4	4	4	5	5	하	6	6	6	7	7	7	8	8
대운 여	2	1	1	1	1	종	10	10	10	9	9	9	8	8	8	7	7	7	6	6	6	지	5	5	4	4	4	3	3	3

한식(4월06일), 초복(7월20일), 중복(7월30일), 말복(8월09일) ☂춘사(春社)3/20
☀추사(秋社)9/26 토왕지절(土旺之節):4월18일,7월20일,10월21일,1월18일(신년양력),
臘享(납향):1948년 1월23일(신년양력)

1947 丁亥年

소서 8일 08시 56분 【음6월】 ➡ 【丁未月(정미월)】 ☯ 대서 24일 02시 14분

양력 7 / 음력 05/13 ~ 06/14

양력	1	2	3	4	5	6	7	8	9	10	11	12	13	14	15	16	17	18	19	20	21	22	23	24	25	26	27	28	29	30	31
요일	화	수	목	금	토	일	월	화	수	목	금	토	일	월	화	수	목	금	토	일	월	화	수	목	금	토	일	월	화	수	목
일진 日辰	辛巳	壬午	癸未	甲申	乙酉	丙戌	丁亥	戊子	己丑	庚寅	辛卯	壬辰	癸巳	甲午	乙未	丙申	丁酉	戊戌	己亥	庚子	辛丑	壬寅	癸卯	甲辰	乙巳	丙午	丁未	戊申	己酉	庚戌	辛亥
음력	13	14	15	16	17	18	19	20	21	22	23	24	25	26	27	28	29	6/1	2	3	4	5	6	7	8	9	10	11	12	13	14
대운 남	8	9	9	9	10	10	10	소	1	1	1	1	2	2	2	3	3	3	4	4	4	5	5	대	6	6	6	7	7	7	8
대운 여	2	2	2	1	1	1	1	서	10	10	9	9	9	8	8	8	7	7	7	6	6	6	5	서	5	4	4	4	3	3	3

입추 8일 18시 41분 【음7월】 ➡ 【戊申月(무신월)】 ☯ 처서 24일 09시 09분

양력 8 / 음력 06/15 ~ 07/16

양력	1	2	3	4	5	6	7	8	9	10	11	12	13	14	15	16	17	18	19	20	21	22	23	24	25	26	27	28	29	30	31
요일	금	토	일	월	화	수	목	금	토	일	월	화	수	목	금	토	일	월	화	수	목	금	토	일	월	화	수	목	금	토	일
일진 日辰	壬子	癸丑	甲寅	乙卯	丙辰	丁巳	戊午	己未	庚申	辛酉	壬戌	癸亥	甲子	乙丑	丙寅	丁卯	戊辰	己巳	庚午	辛未	壬申	癸酉	甲戌	乙亥	丙子	丁丑	戊寅	己卯	庚辰	辛巳	壬午
음력	15	16	17	18	19	20	21	22	23	24	25	26	27	28	29	7/1	2	3	4	5	6	7	8	9	10	11	12	13	14	15	16
대운 남	8	8	9	9	9	10	10	입	1	1	1	1	2	2	2	3	3	3	4	4	4	5	5	처	6	6	6	7	7	7	8
대운 여	2	2	2	1	1	1	1	추	10	10	9	9	9	8	8	8	7	7	7	6	6	6	5	서	5	4	4	4	3	3	3

백로 8일 21시 21분 【음8월】 ➡ 【己酉月(기유월)】 ☯ 추분24일 06시 29분

양력 9 / 음력 07/17 ~ 08/16

양력	1	2	3	4	5	6	7	8	9	10	11	12	13	14	15	16	17	18	19	20	21	22	23	24	25	26	27	28	29	30	
요일	월	화	수	목	금	토	일	월	화	수	목	금	토	일	월	화	수	목	금	토	일	월	화	수	목	금	토	일	월	화	
일진 日辰	癸未	甲申	乙酉	丙戌	丁亥	戊子	己丑	庚寅	辛卯	壬辰	癸巳	甲午	乙未	丙申	丁酉	戊戌	己亥	庚子	辛丑	壬寅	癸卯	甲辰	乙巳	丙午	丁未	戊申	己酉	庚戌	辛亥	壬子	
음력	17	18	19	20	21	22	23	24	25	26	27	28	29	30	8/1	2	3	4	5	6	7	8	9	10	11	12	13	14	15	16	
대운 남	8	8	9	9	9	10	10	백	1	1	1	1	2	2	2	3	3	3	4	4	4	5	5	추	6	6	6	7	7	7	
대운 여	2	2	2	1	1	1	1	로	10	10	9	9	9	8	8	8	7	7	7	6	6	6	5	분	5	4	4	4	3	3	

한로 9일 12시 37분 【음9월】 ➡ 【庚戌月(경술월)】 ☯ 상강 24일 15시 26분

양력 10 / 음력 08/17 ~ 09/18

양력	1	2	3	4	5	6	7	8	9	10	11	12	13	14	15	16	17	18	19	20	21	22	23	24	25	26	27	28	29	30	31
요일	수	목	금	토	일	월	화	수	목	금	토	일	월	화	수	목	금	토	일	월	화	수	목	금	토	일	월	화	수	목	금
일진 日辰	癸丑	甲寅	乙卯	丙辰	丁巳	戊午	己未	庚申	辛酉	壬戌	癸亥	甲子	乙丑	丙寅	丁卯	戊辰	己巳	庚午	辛未	壬申	癸酉	甲戌	乙亥	丙子	丁丑	戊寅	己卯	庚辰	辛巳	壬午	癸未
음력	17	18	19	20	21	22	23	24	25	26	27	28	29	9/1	2	3	4	5	6	7	8	9	10	11	12	13	14	15	16	17	18
대운 남	8	8	8	9	9	9	10	10	한	1	1	1	1	2	2	2	3	3	3	4	4	4	5	상	5	6	6	6	7	7	7
대운 여	3	2	2	2	1	1	1	1	로	10	9	9	9	8	8	8	7	7	7	6	6	6	5	강	5	4	4	4	3	3	3

입동 8일 15시 24분 【음10월】 ➡ 【辛亥月(신해월)】 ☯ 소설 23일 12시 38분

양력 11 / 음력 09/19 ~ 10/18

양력	1	2	3	4	5	6	7	8	9	10	11	12	13	14	15	16	17	18	19	20	21	22	23	24	25	26	27	28	29	30	
요일	토	일	월	화	수	목	금	토	일	월	화	수	목	금	토	일	월	화	수	목	금	토	일	월	화	수	목	금	토	일	
일진 日辰	甲申	乙酉	丙戌	丁亥	戊子	己丑	庚寅	辛卯	壬辰	癸巳	甲午	乙未	丙申	丁酉	戊戌	己亥	庚子	辛丑	壬寅	癸卯	甲辰	乙巳	丙午	丁未	戊申	己酉	庚戌	辛亥	壬子	癸丑	
음력	19	20	21	22	23	24	25	26	27	28	29	30	10/1	2	3	4	5	6	7	8	9	10	11	12	13	14	15	16	17	18	
대운 남	8	8	8	9	9	9	10	입	1	1	1	1	2	2	2	3	3	3	4	4	4	5	소	5	6	6	6	7	7	7	
대운 여	2	2	2	1	1	1	1	동	10	9	9	9	8	8	8	7	7	7	6	6	6	5	설	5	4	4	4	3	3	3	

대설 8일 07시 56분 【음11월】 ➡ 【壬子月(임자월)】 ☯ 동지 23일 01시 43분

양력 12 / 음력 09/19 ~ 10/18

양력	1	2	3	4	5	6	7	8	9	10	11	12	13	14	15	16	17	18	19	20	21	22	23	24	25	26	27	28	29	30	
요일	토	일	월	화	수	목	금	토	일	월	화	수	목	금	토	일	월	화	수	목	금	토	일	월	화	수	목	금	토	일	
일진 日辰	甲申	乙酉	丙戌	丁亥	戊子	己丑	庚寅	辛卯	壬辰	癸巳	甲午	乙未	丙申	丁酉	戊戌	己亥	庚子	辛丑	壬寅	癸卯	甲辰	乙巳	丙午	丁未	戊申	己酉	庚戌	辛亥	壬子	癸丑	
음력	19	20	21	22	23	24	25	26	27	28	29	30	10/1	2	3	4	5	6	7	8	9	10	11	12	13	14	15	16	17	18	
대운 남	8	8	8	9	9	9	10	입	1	1	1	1	2	2	2	3	3	3	4	4	4	5	소	5	6	6	6	7	7	7	
대운 여	2	2	2	1	1	1	1	동	10	9	9	9	8	8	8	7	7	7	6	6	6	5	설	5	4	4	4	3	3	3	

단기 4281 年	1948년	중원 戊子年, 납음(霹靂火), 본명성(七赤金)
불기 2492 年		대장군(酉서방), 삼살(남방), 상문(寅동북방), 조객(戌서북방), 납음(벽력화), 삼재(인,묘,진) 臘享(납향):1949년1월17일(음12/19)

【癸丑月(계축월)】

소한 6일 19시 00분 【음12월】 ➡ ☯ 대한 21일 12시 18분

양력 1 (음력 11/21~12/21)	1	2	3	4	5	6	7	8	9	10	11	12	13	14	15	16	17	18	19	20	21	22	23	24	25	26	27	28	29	30	31
요일	목	금	토	일	월	화	수	목	금	토	일	월	화	수	목	금	토	일	월	화	수	목	금	토	일	월	화	수	목	금	토
일진 日辰	乙酉	丙戌	丁亥	戊子	己丑	庚寅	辛卯	壬辰	癸巳	甲午	乙未	丙申	丁酉	戊戌	己亥	庚子	辛丑	壬寅	癸卯	甲辰	乙巳	丙午	丁未	戊申	己酉	庚戌	辛亥	壬子	癸丑	甲寅	乙卯
음력	21	22	23	24	25	26	27	28	29	30	12/1	2	3	4	5	6	7	8	9	10	11	12	13	14	15	16	17	18	19	20	21
대운 남	8	8	9	9	9	소	1	1	1	1	2	2	2	3	3	3	4	4	4	5	대	5	6	6	6	7	7	7	8	8	8
대운 여	2	1	1	1	1	한	10	9	9	9	8	8	8	7	7	7	6	6	6	5	한	5	4	4	4	3	3	3	2	2	2

【甲寅月(갑인월)】

입춘 5일 06시 42분 【음1월】 ➡ ☯ 우수 20일 02시 37분

양력 2 (음력 12/22~01/02)	1	2	3	4	5	6	7	8	9	10	11	12	13	14	15	16	17	18	19	20	21	22	23	24	25	26	27	28	29
요일	일	월	화	수	목	금	토	일	월	화	수	목	금	토	일	월	화	수	목	금	토	일	월	화	수	목	금	토	일
일진 日辰	丙辰	丁巳	戊午	己未	庚申	辛酉	壬戌	癸亥	甲子	乙丑	丙寅	丁卯	戊辰	己巳	庚午	辛未	壬申	癸酉	甲戌	乙亥	丙子	丁丑	戊寅	己卯	庚辰	辛巳	壬午	癸未	甲申
음력	22	23	24	25	26	27	28	29	30	1/1	2	3	4	5	6	7	8	9	10	11	12	13	14	15	16	17	18	19	20
대운 남	9	9	9	10	입	10	9	9	9	8	8	8	7	7	7	6	6	6	5	우	5	4	4	4	3	3	3	2	2
대운 여	1	1	1	1	춘	1	1	1	1	2	2	2	3	3	3	4	4	4	5	수	5	6	6	6	7	7	7	8	8

戊子年

【乙卯月(을묘월)】

경칩 6일 00시 58분 【음2월】 ➡ ☯ 춘분 21일 01시 57분

양력 3 (음력 01/21~02/21)	1	2	3	4	5	6	7	8	9	10	11	12	13	14	15	16	17	18	19	20	21	22	23	24	25	26	27	28	29	30	31
요일	월	화	수	목	금	토	일	월	화	수	목	금	토	일	월	화	수	목	금	토	일	월	화	수	목	금	토	일	월	화	수
일진 日辰	乙酉	丙戌	丁亥	戊子	己丑	庚寅	辛卯	壬辰	癸巳	甲午	乙未	丙申	丁酉	戊戌	己亥	庚子	辛丑	壬寅	癸卯	甲辰	乙巳	丙午	丁未	戊申	己酉	庚戌	辛亥	壬子	癸丑	甲寅	乙卯
음력	21	22	23	24	25	26	27	28	29	30	2/1	2	3	4	5	6	7	8	9	10	11	12	13	14	15	16	17	18	19	20	21
대운 남	2	1	1	1	1	경	10	9	9	9	8	8	8	7	7	7	6	6	6	5	춘	5	4	4	4	3	3	3	2	2	2
대운 여	8	9	9	9	10	칩	1	1	1	1	2	2	2	3	3	3	4	4	4	5	분	5	6	6	6	7	7	7	8	8	8

【丙辰月(병진월)】

청명 5일 06시 09분 【음3월】 ➡ ☯ 곡우 20일 13시 25분

양력 4 (음력 02/22~03/22)	1	2	3	4	5	6	7	8	9	10	11	12	13	14	15	16	17	18	19	20	21	22	23	24	25	26	27	28	29	30
요일	목	금	토	일	월	화	수	목	금	토	일	월	화	수	목	금	토	일	월	화	수	목	금	토	일	월	화	수	목	금
일진 日辰	丙辰	丁巳	戊午	己未	庚申	辛酉	壬戌	癸亥	甲子	乙丑	丙寅	丁卯	戊辰	己巳	庚午	辛未	壬申	癸酉	甲戌	乙亥	丙子	丁丑	戊寅	己卯	庚辰	辛巳	壬午	癸未	甲申	乙酉
음력	22	23	24	25	26	27	28	29	3/1	2	3	4	5	6	7	8	9	10	11	12	13	14	15	16	17	18	19	20	21	22
대운 남	1	1	1	1	청	10	9	9	9	8	8	8	7	7	7	6	6	6	5	곡	5	4	4	4	3	3	3	2	2	2
대운 여	9	9	9	10	명	1	1	1	1	2	2	2	3	3	3	4	4	4	5	우	5	6	6	6	7	7	7	8	8	8

【丁巳月(정사월)】

입하 5일 23시 52분 【음4월】 ➡ ☯ 소만 21일 12시 58분

양력 5 (음력 03/23~04/23)	1	2	3	4	5	6	7	8	9	10	11	12	13	14	15	16	17	18	19	20	21	22	23	24	25	26	27	28	29	30	31
요일	토	일	월	화	수	목	금	토	일	월	화	수	목	금	토	일	월	화	수	목	금	토	일	월	화	수	목	금	토	일	월
일진 日辰	丙戌	丁亥	戊子	己丑	庚寅	辛卯	壬辰	癸巳	甲午	乙未	丙申	丁酉	戊戌	己亥	庚子	辛丑	壬寅	癸卯	甲辰	乙巳	丙午	丁未	戊申	己酉	庚戌	辛亥	壬子	癸丑	甲寅	乙卯	丙辰
음력	23	24	25	26	27	28	29	30	4/1	2	3	4	5	6	7	8	9	10	11	12	13	14	15	16	17	18	19	20	21	22	23
대운 남	1	1	1	1	입	10	10	10	9	9	9	8	8	8	7	7	7	6	6	6	소	5	5	4	4	4	3	3	3	2	2
대운 여	9	9	9	10	하	1	1	1	1	2	2	2	3	3	3	4	4	4	5	5	만	6	6	6	7	7	7	8	8	8	9

【戊午月(무오월)】

망종 6일 05시 20분 【음5월】 ➡ ☯ 하지 21일 22시 11분

양력 6 (음력 04/24~05/24)	1	2	3	4	5	6	7	8	9	10	11	12	13	14	15	16	17	18	19	20	21	22	23	24	25	26	27	28	29	30
요일	화	수	목	금	토	일	월	화	수	목	금	토	일	월	화	수	목	금	토	일	월	화	수	목	금	토	일	월	화	수
일진 日辰	丁巳	戊午	己未	庚申	辛酉	壬戌	癸亥	甲子	乙丑	丙寅	丁卯	戊辰	己巳	庚午	辛未	壬申	癸酉	甲戌	乙亥	丙子	丁丑	戊寅	己卯	庚辰	辛巳	壬午	癸未	甲申	乙酉	丙戌
음력	24	25	26	27	28	29	5/1	2	3	4	5	6	7	8	9	10	11	12	13	14	15	16	17	18	19	20	21	22	23	24
대운 남	2	1	1	1	1	망	10	10	9	9	9	8	8	8	7	7	7	6	6	6	하	5	5	4	4	4	3	3	3	2
대운 여	9	9	10	10	10	종	1	1	1	1	2	2	2	3	3	3	4	4	4	5	지	5	6	6	6	7	7	7	8	8

한식(4월06일), 초복(7월14일), 중복(7월24일), 말복(8월13일)
☂춘사(春社)3/24 ☀추사(秋社)9/20
토왕지절(土旺之節):4월17일,7월20일,10월20일,1월17일(신년양력),

서머타임 시작 5월31일 23시→24시로 조정
종료 9월12일 24시→23시로 조정
수정한 시간으로 표기(동경표준시 사용)

1948 戊子年

소서 7일 15시 44분 【음6월】 ➡ 【己未月(기미월)】 ☯ 대서 23일 09시 08분

양력 7 (음력 05/25~06/25)	1	2	3	4	5	6	7	8	9	10	11	12	13	14	15	16	17	18	19	20	21	22	23	24	25	26	27	28	29	30	31
요일	목	금	토	일	월	화	수	목	금	토	일	월	화	수	목	금	토	일	월	화	수	목	금	토	일	월	화	수	목	금	토
일진 日辰	丁亥	戊子	己丑	庚寅	辛卯	壬辰	癸巳	甲午	乙未	丙申	丁酉	戊戌	己亥	庚子	辛丑	壬寅	癸卯	甲辰	乙巳	丙午	丁未	戊申	己酉	庚戌	辛亥	壬子	癸丑	甲寅	乙卯	丙辰	丁巳
음력	25	26	27	28	29	30	6/1	2	3	4	5	6	7	8	9	10	11	12	13	14	15	16	17	18	19	20	21	22	23	24	25
대운 남	2	2	1	1	1	1	소	10	10	10	9	9	9	8	8	8	7	7	7	6	6	6	대	5	5	4	4	4	3	3	3
대운 여	8	9	9	9	10	10	서	1	1	1	1	2	2	2	3	3	3	4	4	4	5	5	서	6	6	6	7	7	7	8	8

입추 8일 01시 26분 【음7월】 ➡ 【庚申月(경신월)】 ☯ 처서 23일 16시 03분

양력 8 (음력 06/26~07/27)	1	2	3	4	5	6	7	8	9	10	11	12	13	14	15	16	17	18	19	20	21	22	23	24	25	26	27	28	29	30	31
요일	일	월	화	수	목	금	토	일	월	화	수	목	금	토	일	월	화	수	목	금	토	일	월	화	수	목	금	토	일	월	화
일진 日辰	戊午	己未	庚申	辛酉	壬戌	癸亥	甲子	乙丑	丙寅	丁卯	戊辰	己巳	庚午	辛未	壬申	癸酉	甲戌	乙亥	丙子	丁丑	戊寅	己卯	庚辰	辛巳	壬午	癸未	甲申	乙酉	丙戌	丁亥	戊子
음력	26	27	28	29	7/1	2	3	4	5	6	7	8	9	10	11	12	13	14	15	16	17	18	19	20	21	22	23	24	25	26	27
대운 남	2	2	2	1	1	1	1	입	10	10	9	9	9	8	8	8	7	7	7	6	6	6	처	5	5	4	4	4	3	3	3
대운 여	8	9	9	9	10	10	10	추	1	1	1	1	2	2	2	3	3	3	4	4	4	5	서	5	6	6	6	7	7	7	8

백로 8일 04시 05분 【음8월】 ➡ 【辛酉月(신유월)】 ☯ 추분23일 12시 22분

양력 9 (음력 07/28~08/28)	1	2	3	4	5	6	7	8	9	10	11	12	13	14	15	16	17	18	19	20	21	22	23	24	25	26	27	28	29	30
요일	수	목	금	토	일	월	화	수	목	금	토	일	월	화	수	목	금	토	일	월	화	수	목	금	토	일	월	화	수	목
일진 日辰	己丑	庚寅	辛卯	壬辰	癸巳	甲午	乙未	丙申	丁酉	戊戌	己亥	庚子	辛丑	壬寅	癸卯	甲辰	乙巳	丙午	丁未	戊申	己酉	庚戌	辛亥	壬子	癸丑	甲寅	乙卯	丙辰	丁巳	戊午
음력	28	29	8/1	2	3	4	5	6	7	8	9	10	11	12	13	14	15	16	17	18	19	20	21	22	23	24	25	26	27	28
대운 남	2	2	2	1	1	1	1	백	10	9	9	9	8	8	8	7	7	7	6	6	6	5	추	5	4	4	4	3	3	3
대운 여	8	8	9	9	9	10	10	로	1	1	1	1	2	2	2	3	3	3	4	4	4	5	분	5	6	6	6	7	7	7

한로 8일 18시 20분 【음9월】 ➡ 【壬戌月(임술월)】 ☯ 상강 23일 21시 18분

양력 10 (음력 08/29~09/29)	1	2	3	4	5	6	7	8	9	10	11	12	13	14	15	16	17	18	19	20	21	22	23	24	25	26	27	28	29	30	31
요일	금	토	일	월	화	수	목	금	토	일	월	화	수	목	금	토	일	월	화	수	목	금	토	일	월	화	수	목	금	토	일
일진 日辰	己未	庚申	辛酉	壬戌	癸亥	甲子	乙丑	丙寅	丁卯	戊辰	己巳	庚午	辛未	壬申	癸酉	甲戌	乙亥	丙子	丁丑	戊寅	己卯	庚辰	辛巳	壬午	癸未	甲申	乙酉	丙戌	丁亥	戊子	己丑
음력	29	30	9/1	2	3	4	5	6	7	8	9	10	11	12	13	14	15	16	17	18	19	20	21	22	23	24	25	26	27	28	29
대운 남	2	2	2	1	1	1	1	한	10	9	9	9	8	8	8	7	7	7	6	6	6	5	상	5	4	4	4	3	3	3	2
대운 여	8	8	8	9	9	9	10	로	1	1	1	1	2	2	2	3	3	3	4	4	4	5	강	5	6	6	6	7	7	7	8

입동 7일 21시 07분 【음10월】 ➡ 【癸亥月(계해월)】 ☯ 소설 22일 18시 29분

양력 11 (음력 10/01~10/30)	1	2	3	4	5	6	7	8	9	10	11	12	13	14	15	16	17	18	19	20	21	22	23	24	25	26	27	28	29	30
요일	월	화	수	목	금	토	일	월	화	수	목	금	토	일	월	화	수	목	금	토	일	월	화	수	목	금	토	일	월	화
일진 日辰	庚寅	辛卯	壬辰	癸巳	甲午	乙未	丙申	丁酉	戊戌	己亥	庚子	辛丑	壬寅	癸卯	甲辰	乙巳	丙午	丁未	戊申	己酉	庚戌	辛亥	壬子	癸丑	甲寅	乙卯	丙辰	丁巳	戊午	己未
음력	10/1	2	3	4	5	6	7	8	9	10	11	12	13	14	15	16	17	18	19	20	21	22	23	24	25	26	27	28	29	30
대운 남	2	2	1	1	1	1	입	10	9	9	9	8	8	8	7	7	7	6	6	6	5	소	5	4	4	4	3	3	3	2
대운 여	8	8	9	9	9	10	동	1	1	1	1	2	2	2	3	3	3	4	4	4	5	설	5	6	6	6	7	7	7	8

대설 7일 13시 38분 【음11월】 ➡ 【甲子月(갑자월)】 ☯ 동지 22일 07시 33분

양력 12 (음력 11/01~12/02)	1	2	3	4	5	6	7	8	9	10	11	12	13	14	15	16	17	18	19	20	21	22	23	24	25	26	27	28	29	30	31
요일	수	목	금	토	일	월	화	수	목	금	토	일	월	화	수	목	금	토	일	월	화	수	목	금	토	일	월	화	수	목	금
일진 日辰	庚申	辛酉	壬戌	癸亥	甲子	乙丑	丙寅	丁卯	戊辰	己巳	庚午	辛未	壬申	癸酉	甲戌	乙亥	丙子	丁丑	戊寅	己卯	庚辰	辛巳	壬午	癸未	甲申	乙酉	丙戌	丁亥	戊子	己丑	庚寅
음력	11/1	2	3	4	5	6	7	8	9	10	11	12	13	14	15	16	17	18	19	20	21	22	23	24	25	26	27	28	29	12/1	2
대운 남	2	2	1	1	1	1	대	10	9	9	9	8	8	8	7	7	7	6	6	6	5	동	5	4	4	4	3	3	3	2	2
대운 여	8	8	9	9	9	10	설	1	1	1	1	2	2	2	3	3	3	4	4	4	5	지	5	6	6	6	7	7	7	8	8

단기 4282 年
불기 2493 年

1949년

중원 **己丑年**, 납음(霹靂火), 본명성(六白金)

대장군(酉동방), 삼살(동방), 상문(卯서남방), 조객(亥동방), 납음(대림목), 【삼재(해,자,축)년】 臘享(납향):1950년1월24일(음12/07)

소 

소한 6일 00시 41분 【음12월】 ➡ **【乙丑月(을축월)】** ☯ 대한 20일 18시 09분

양력 1 (음력 12/03 ~ 01/03)

양력	1	2	3	4	5	6	7	8	9	10	11	12	13	14	15	16	17	18	19	20	21	22	23	24	25	26	27	28	29	30	31
요일	토	일	월	화	수	목	금	토	일	월	화	수	목	금	토	일	월	화	수	목	금	토	일	월	화	수	목	금	토	일	월
일진 日辰	辛卯	壬辰	癸巳	甲午	乙未	丙申	丁酉	戊戌	己亥	庚子	辛丑	壬寅	癸卯	甲辰	乙巳	丙午	丁未	戊申	己酉	庚戌	辛亥	壬子	癸丑	甲寅	乙卯	丙辰	丁巳	戊午	己未	庚申	辛酉
음력	3	4	5	6	7	8	9	10	11	12	13	14	15	16	17	18	19	20	21	22	23	24	25	26	27	28	29	30	1/1	2	3
대운 남	2	1	1	1	1	소	9	9	9	8	8	8	7	7	7	6	6	6	5	대	5	4	4	4	3	3	3	2	2	2	1
대운 여	8	9	9	9	10	한	1	1	1	1	2	2	2	3	3	3	4	4	4	한	5	5	6	6	6	7	7	7	8	8	8

입춘 4일 12시 23분 【음1월】 ➡ **【丙寅月(병인월)】** ☯ 우수 19일 08시 27분

양력 2 (음력 01/04 ~ 02/01)

양력	1	2	3	4	5	6	7	8	9	10	11	12	13	14	15	16	17	18	19	20	21	22	23	24	25	26	27	28
요일	화	수	목	금	토	일	월	화	수	목	금	토	일	월	화	수	목	금	토	일	월	화	수	목	금	토	일	월
일진 日辰	壬戌	癸亥	甲子	乙丑	丙寅	丁卯	戊辰	己巳	庚午	辛未	壬申	癸酉	甲戌	乙亥	丙子	丁丑	戊寅	己卯	庚辰	辛巳	壬午	癸未	甲申	乙酉	丙戌	丁亥	戊子	己丑
음력	4	5	6	7	8	9	10	11	12	13	14	15	16	17	18	19	20	21	22	23	24	25	26	27	28	29	30	2/1
대운 남	1	1	1	입	1	1	1	1	2	2	2	3	3	3	4	4	4	5	우	5	6	6	6	7	7	7	8	8
대운 여	9	9	9	춘	10	9	9	9	8	8	8	7	7	7	6	6	6	5	수	5	4	4	4	3	3	3	2	2

己丑年

경칩 6일 06시 39분 【음2월】 ➡ **【丁卯月(정묘월)】** ☯ 춘분 21일 07시 48분

양력 3 (음력 02/02 ~ 03/02)

양력	1	2	3	4	5	6	7	8	9	10	11	12	13	14	15	16	17	18	19	20	21	22	23	24	25	26	27	28	29	30	31
요일	화	수	목	금	토	일	월	화	수	목	금	토	일	월	화	수	목	금	토	일	월	화	수	목	금	토	일	월	화	수	목
일진 日辰	庚寅	辛卯	壬辰	癸巳	甲午	乙未	丙申	丁酉	戊戌	己亥	庚子	辛丑	壬寅	癸卯	甲辰	乙巳	丙午	丁未	戊申	己酉	庚戌	辛亥	壬子	癸丑	甲寅	乙卯	丙辰	丁巳	戊午	己未	庚申
음력	2	3	4	5	6	7	8	9	10	11	12	13	14	15	16	17	18	19	20	21	22	23	24	25	26	27	28	29	30	3/1	2
대운 남	8	9	9	9	10	경	1	1	1	1	2	2	2	3	3	3	4	4	4	5	춘	5	6	6	6	7	7	7	8	8	8
대운 여	2	1	1	1	1	칩	10	9	9	9	8	8	8	7	7	7	6	6	6	5	분	5	4	4	4	3	3	3	2	2	2

청명 5일 12시 52분 【음3월】 ➡ **【戊辰月(무진월)】** ☯ 곡우 20일 20시 17분

양력 4 (음력 03/03 ~ 04/03)

양력	1	2	3	4	5	6	7	8	9	10	11	12	13	14	15	16	17	18	19	20	21	22	23	24	25	26	27	28	29	30
요일	금	토	일	월	화	수	목	금	토	일	월	화	수	목	금	토	일	월	화	수	목	금	토	일	월	화	수	목	금	토
일진 日辰	辛酉	壬戌	癸亥	甲子	乙丑	丙寅	丁卯	戊辰	己巳	庚午	辛未	壬申	癸酉	甲戌	乙亥	丙子	丁丑	戊寅	己卯	庚辰	辛巳	壬午	癸未	甲申	乙酉	丙戌	丁亥	戊子	己丑	庚寅
음력	3	4	5	6	7	8	9	10	11	12	13	14	15	16	17	18	19	20	21	22	23	24	25	26	27	28	29	4/1	2	3
대운 남	9	9	9	10	청	1	1	1	1	2	2	2	3	3	3	4	4	4	5	곡	5	6	6	6	7	7	7	8	8	8
대운 여	1	1	1	1	명	10	10	9	9	9	8	8	8	7	7	7	6	6	6	우	5	5	4	4	4	3	3	3	2	2

입하 6일 06시 37분 【음4월】 ➡ **【己巳月(기사월)】** ☯ 소만 21일 19시 51분

양력 5 (음력 04/04 ~ 05/04)

양력	1	2	3	4	5	6	7	8	9	10	11	12	13	14	15	16	17	18	19	20	21	22	23	24	25	26	27	28	29	30	31
요일	일	월	화	수	목	금	토	일	월	화	수	목	금	토	일	월	화	수	목	금	토	일	월	화	수	목	금	토	일	월	화
일진 日辰	辛卯	壬辰	癸巳	甲午	乙未	丙申	丁酉	戊戌	己亥	庚子	辛丑	壬寅	癸卯	甲辰	乙巳	丙午	丁未	戊申	己酉	庚戌	辛亥	壬子	癸丑	甲寅	乙卯	丙辰	丁巳	戊午	己未	庚申	辛酉
음력	4	5	6	7	8	9	10	11	12	13	14	15	16	17	18	19	20	21	22	23	24	25	26	27	28	29	30	5/1	2	3	4
대운 남	9	9	9	10	10	입	1	1	1	1	2	2	2	3	3	3	4	4	4	5	소	5	6	6	6	7	7	7	8	8	8
대운 여	2	1	1	1	1	하	10	10	9	9	9	8	8	8	7	7	7	6	6	6	만	5	5	4	4	4	3	3	3	2	2

망종 6일 11시 07분 【음5월】 ➡ **【庚午月(경오월)】** ☯ 하지 22일 04시 03분

양력 6 (음력 05/05 ~ 06/05)

양력	1	2	3	4	5	6	7	8	9	10	11	12	13	14	15	16	17	18	19	20	21	22	23	24	25	26	27	28	29	30
요일	수	목	금	토	일	월	화	수	목	금	토	일	월	화	수	목	금	토	일	월	화	수	목	금	토	일	월	화	수	목
일진 日辰	壬戌	癸亥	甲子	乙丑	丙寅	丁卯	戊辰	己巳	庚午	辛未	壬申	癸酉	甲戌	乙亥	丙子	丁丑	戊寅	己卯	庚辰	辛巳	壬午	癸未	甲申	乙酉	丙戌	丁亥	戊子	己丑	庚寅	辛卯
음력	5	6	7	8	9	10	11	12	13	14	15	16	17	18	19	20	21	22	23	24	25	26	27	28	29	6/1	2	3	4	5
대운 남	9	9	9	10	10	망	1	1	1	1	2	2	2	3	3	3	4	4	4	5	5	하	6	6	6	7	7	7	8	8
대운 여	2	1	1	1	1	종	10	10	9	9	9	8	8	8	7	7	7	6	6	6	5	지	5	4	4	4	3	3	3	2

한식(4월06일), 초복(7월19일), 중복(7월29일), 말복(8월08일)
☂춘사(春社)3/19 ☀추사(秋社)9/25
토왕지절(土旺之節):4월17일,7월20일,10월21일,1월18일(신년양력),

서머타임 시작 4월02일 23시→24시로 조정
종료 9월10일 24시→23시로 조정
수정한 시간으로 표기(동경표준시 사용)

1949 己丑年

소서 7일 21시 32분 【음6월】➡ 【辛未月(신미월)】 ☯ 대서 23일 14시 57분

양력 7 (음력 06/06 ~ 07/06)

양력	1	2	3	4	5	6	7	8	9	10	11	12	13	14	15	16	17	18	19	20	21	22	23	24	25	26	27	28	29	30	31
요일	금	토	일	월	화	수	목	금	토	일	월	화	수	목	금	토	일	월	화	수	목	금	토	일	월	화	수	목	금	토	일
일진 日辰	壬辰	癸巳	甲午	乙未	丙申	丁酉	戊戌	己亥	庚子	辛丑	壬寅	癸卯	甲辰	乙巳	丙午	丁未	戊申	己酉	庚戌	辛亥	壬子	癸丑	甲寅	乙卯	丙辰	丁巳	戊午	己未	庚申	辛酉	壬戌
음력	6	7	8	9	10	11	12	13	14	15	16	17	18	19	20	21	22	23	24	25	26	27	28	29	30	7/1	2	3	4	5	6
대운 남	8	9	9	9	10	10	소	1	1	1	1	2	2	2	3	3	3	4	4	4	5	5	대	6	6	6	7	7	7	8	8
대운 여	2	2	1	1	1	1	서	10	10	10	9	9	9	8	8	8	7	7	7	6	6	6	서	5	5	4	4	4	3	3	3

입추 8일 07시 15분 【음7월】➡ 【壬申月(임신월)】 ☯ 처서 23일 21시 48분

양력 8 (음력 07/07 ~ 윤708)

양력	1	2	3	4	5	6	7	8	9	10	11	12	13	14	15	16	17	18	19	20	21	22	23	24	25	26	27	28	29	30	31
요일	월	화	수	목	금	토	일	월	화	수	목	금	토	일	월	화	수	목	금	토	일	월	화	수	목	금	토	일	월	화	수
일진 日辰	癸亥	甲子	乙丑	丙寅	丁卯	戊辰	己巳	庚午	辛未	壬申	癸酉	甲戌	乙亥	丙子	丁丑	戊寅	己卯	庚辰	辛巳	壬午	癸未	甲申	乙酉	丙戌	丁亥	戊子	己丑	庚寅	辛卯	壬辰	癸巳
음력	7	8	9	10	11	12	13	14	15	16	17	18	19	20	21	22	23	24	25	26	27	28	29	윤7	2	3	4	5	6	7	8
대운 남	8	9	9	9	10	10	10	입	1	1	1	1	2	2	2	3	3	3	4	4	4	5	처	5	6	6	6	7	7	7	8
대운 여	2	2	2	1	1	1	1	추	10	10	9	9	9	8	8	8	7	7	7	6	6	6	서	5	5	4	4	4	3	3	3

백로 8일 09시 54분 【음8월】➡ 【癸酉月(계유월)】 ☯ 추분 23일 18시 06분

양력 9 (음력 윤709 ~ 08/09)

양력	1	2	3	4	5	6	7	8	9	10	11	12	13	14	15	16	17	18	19	20	21	22	23	24	25	26	27	28	29	30
요일	목	금	토	일	월	화	수	목	금	토	일	월	화	수	목	금	토	일	월	화	수	목	금	토	일	월	화	수	목	금
일진 日辰	甲午	乙未	丙申	丁酉	戊戌	己亥	庚子	辛丑	壬寅	癸卯	甲辰	乙巳	丙午	丁未	戊申	己酉	庚戌	辛亥	壬子	癸丑	甲寅	乙卯	丙辰	丁巳	戊午	己未	庚申	辛酉	壬戌	癸亥
음력	9	10	11	12	13	14	15	16	17	18	19	20	21	22	23	24	25	26	27	28	29	8/1	2	3	4	5	6	7	8	9
대운 남	8	8	9	9	9	10	10	백	1	1	1	1	2	2	2	3	3	3	4	4	4	5	추	5	6	6	6	7	7	7
대운 여	2	2	2	1	1	1	1	로	10	10	9	9	9	8	8	8	7	7	7	6	6	6	분	5	5	4	4	4	3	3

한로 9일 00시 11분 【음9월】➡ 【甲戌月(갑술월)】 ☯ 상강 24일 03시 03분

양력 10 (음력 08/10 ~ 09/10)

양력	1	2	3	4	5	6	7	8	9	10	11	12	13	14	15	16	17	18	19	20	21	22	23	24	25	26	27	28	29	30	31
요일	토	일	월	화	수	목	금	토	일	월	화	수	목	금	토	일	월	화	수	목	금	토	일	월	화	수	목	금	토	일	월
일진 日辰	甲子	乙丑	丙寅	丁卯	戊辰	己巳	庚午	辛未	壬申	癸酉	甲戌	乙亥	丙子	丁丑	戊寅	己卯	庚辰	辛巳	壬午	癸未	甲申	乙酉	丙戌	丁亥	戊子	己丑	庚寅	辛卯	壬辰	癸巳	甲午
음력	10	11	12	13	14	15	16	17	18	19	20	21	22	23	24	25	26	27	28	29	30	9/1	2	3	4	5	6	7	8	9	10
대운 남	8	8	8	9	9	9	10	10	한	1	1	1	1	2	2	2	3	3	3	4	4	4	5	상	5	6	6	6	7	7	7
대운 여	3	2	2	2	1	1	1	1	로	10	9	9	9	8	8	8	7	7	7	6	6	6	5	강	5	4	4	4	3	3	3

입동 8일 03시 00분 【음10월】➡ 【乙亥月(을해월)】 ☯ 소설 23일 00시 16분

양력 11 (음력 09/11 ~ 10/11)

양력	1	2	3	4	5	6	7	8	9	10	11	12	13	14	15	16	17	18	19	20	21	22	23	24	25	26	27	28	29	30
요일	화	수	목	금	토	일	월	화	수	목	금	토	일	월	화	수	목	금	토	일	월	화	수	목	금	토	일	월	화	수
일진 日辰	乙未	丙申	丁酉	戊戌	己亥	庚子	辛丑	壬寅	癸卯	甲辰	乙巳	丙午	丁未	戊申	己酉	庚戌	辛亥	壬子	癸丑	甲寅	乙卯	丙辰	丁巳	戊午	己未	庚申	辛酉	壬戌	癸亥	甲子
음력	11	12	13	14	15	16	17	18	19	20	21	22	23	24	25	26	27	28	29	10/1	2	3	4	5	6	7	8	9	10	11
대운 남	8	8	8	9	9	9	10	입	1	1	1	1	2	2	2	3	3	3	4	4	4	5	소	5	6	6	6	7	7	7
대운 여	2	2	2	1	1	1	1	동	9	9	9	8	8	8	7	7	7	6	6	6	5	5	설	4	4	4	3	3	3	2

대설 7일 19시 33분 【음11월】➡ 【丙子月(병자월)】 ☯ 동지 22일 13시 23분

양력 12 (음력 10/12 ~ 11/12)

양력	1	2	3	4	5	6	7	8	9	10	11	12	13	14	15	16	17	18	19	20	21	22	23	24	25	26	27	28	29	30	31
요일	목	금	토	일	월	화	수	목	금	토	일	월	화	수	목	금	토	일	월	화	수	목	금	토	일	월	화	수	목	금	토
일진 日辰	乙丑	丙寅	丁卯	戊辰	己巳	庚午	辛未	壬申	癸酉	甲戌	乙亥	丙子	丁丑	戊寅	己卯	庚辰	辛巳	壬午	癸未	甲申	乙酉	丙戌	丁亥	戊子	己丑	庚寅	辛卯	壬辰	癸巳	甲午	乙未
음력	12	13	14	15	16	17	18	19	20	21	22	23	24	25	26	27	28	29	30	11/1	2	3	4	5	6	7	8	9	10	11	12
대운 남	8	8	8	9	9	9	대	1	1	1	1	2	2	2	3	3	3	4	4	4	5	동	5	6	6	6	7	7	7	8	8
대운 여	2	2	1	1	1	1	설	10	9	9	9	8	8	8	7	7	7	6	6	6	5	지	5	4	4	4	3	3	3	2	2

단기 4283 年 불기 2494 年	1950년	중원 庚寅年 납음(松柏木),본명성(五黃土)

대장군(子북방), 상살(북방), 상문(辰동남방),조객(子북방), 납음(송백목), 【삼재(신,유,술)년】 臘享(납향):1951년1월19일(음12/12)

소한 6일 06시 39분 【음12월】 ➡ 【丁丑月(정축월)】 ☯ 대한 21일 00시 00분

양력 1	양력	1	2	3	4	5	6	7	8	9	10	11	12	13	14	15	16	17	18	19	20	21	22	23	24	25	26	27	28	29	30	31
	요일	일	월	화	수	목	금	토	일	월	화	수	목	금	토	일	월	화	수	목	금	토	일	월	화	수	목	금	토	일	월	화
	일진 日辰	丙申	丁酉	戊戌	己亥	庚子	辛丑	壬寅	癸卯	甲辰	乙巳	丙午	丁未	戊申	己酉	庚戌	辛亥	壬子	癸丑	甲寅	乙卯	丙辰	丁巳	戊午	己未	庚申	辛酉	壬戌	癸亥	甲子	乙丑	丙寅
음력 11/13 ~ 12/14	음력	13	14	15	16	17	18	19	20	21	22	23	24	25	26	27	28	29	12/1	2	3	4	5	6	7	8	9	10	11	12	13	14
	대운 남	8	9	9	9	10	소	1	1	1	1	2	2	2	3	3	3	4	4	4	5	대	5	6	6	6	7	7	7	8	8	8
	대운 여	2	1	1	1	1	한	9	9	9	8	8	8	7	7	7	6	6	6	5	5	한	4	4	4	3	3	3	2	2	2	1

입춘 4일 18시 21분 【음1월】 ➡ 【戊寅月(무인월)】☯ 우수 19일 14시 18분

양력 2	양력	1	2	3	4	5	6	7	8	9	10	11	12	13	14	15	16	17	18	19	20	21	22	23	24	25	26	27	28	
	요일	수	목	금	토	일	월	화	수	목	금	토	일	월	화	수	목	금	토	일	월	화	수	목	금	토	일	월	화	庚
	일진 日辰	丁卯	戊辰	己巳	庚午	辛未	壬申	癸酉	甲戌	乙亥	丙子	丁丑	戊寅	己卯	庚辰	辛巳	壬午	癸未	甲申	乙酉	丙戌	丁亥	戊子	己丑	庚寅	辛卯	壬辰	癸巳	甲午	寅
음력 12/15 ~ 01/12	음력	15	16	17	18	19	20	21	22	23	24	25	26	27	28	29	30	1/1	2	3	4	5	6	7	8	9	10	11	12	年
	대운 남	9	9	9	입	10	9	9	9	8	8	8	7	7	7	6	6	6	5	우	5	4	4	4	3	3	3	2	2	
	대운 여	1	1	1	춘	1	1	1	1	2	2	2	3	3	3	4	4	4	5	수	5	6	6	6	7	7	7	8	8	

경칩 6일 12시 35분 【음2월】 ➡ 【己卯月(기묘월)】 ☯ 춘분 21일 13시 35분

양력 3	양력	1	2	3	4	5	6	7	8	9	10	11	12	13	14	15	16	17	18	19	20	21	22	23	24	25	26	27	28	29	30	31
	요일	수	목	금	토	일	월	화	수	목	금	토	일	월	화	수	목	금	토	일	월	화	수	목	금	토	일	월	화	수	목	금
	일진 日辰	乙未	丙申	丁酉	戊戌	己亥	庚子	辛丑	壬寅	癸卯	甲辰	乙巳	丙午	丁未	戊申	己酉	庚戌	辛亥	壬子	癸丑	甲寅	乙卯	丙辰	丁巳	戊午	己未	庚申	辛酉	壬戌	癸亥	甲子	乙丑
음력 01/13 ~ 02/13	음력	13	14	15	16	17	18	19	20	21	22	23	24	25	26	27	28	29	30	2/1	2	3	4	5	6	7	8	9	10	11	12	13
	대운 남	2	1	1	1	1	경	10	9	9	9	8	8	8	7	7	7	6	6	6	5	춘	5	4	4	4	3	3	3	2	2	2
	대운 여	8	9	9	9	10	칩	1	1	1	1	2	2	2	3	3	3	4	4	4	5	분	5	6	6	6	7	7	7	8	8	8

청명 5일 18시 44분 【음3월】 ➡ 【庚辰月(경진월)】 ☯ 곡우 21일 01시 59분

양력 4	양력	1	2	3	4	5	6	7	8	9	10	11	12	13	14	15	16	17	18	19	20	21	22	23	24	25	26	27	28	29	30
	요일	토	일	월	화	수	목	금	토	일	월	화	수	목	금	토	일	월	화	수	목	금	토	일	월	화	수	목	금	토	일
	일진 日辰	丙寅	丁卯	戊辰	己巳	庚午	辛未	壬申	癸酉	甲戌	乙亥	丙子	丁丑	戊寅	己卯	庚辰	辛巳	壬午	癸未	甲申	乙酉	丙戌	丁亥	戊子	己丑	庚寅	辛卯	壬辰	癸巳	甲午	乙未
음력 02/14 ~ 03/14	음력	14	15	16	17	18	19	20	21	22	23	24	25	26	27	28	29	3/1	2	3	4	5	6	7	8	9	10	11	12	13	14
	대운 남	1	1	1	1	청	10	10	9	9	9	8	8	8	7	7	7	6	6	6	5	곡	5	4	4	4	3	3	3	2	2
	대운 여	9	9	9	10	명	1	1	1	1	2	2	2	3	3	3	4	4	4	5	5	우	6	6	6	7	7	7	8	8	8

입하 6일 12시 25분 【음4월】 ➡ 【辛巳月(신사월)】 ☯ 소만 22일 01시 27분

양력 5	양력	1	2	3	4	5	6	7	8	9	10	11	12	13	14	15	16	17	18	19	20	21	22	23	24	25	26	27	28	29	30	31
	요일	월	화	수	목	금	토	일	월	화	수	목	금	토	일	월	화	수	목	금	토	일	월	화	수	목	금	토	일	월	화	수
	일진 日辰	丙申	丁酉	戊戌	己亥	庚子	辛丑	壬寅	癸卯	甲辰	乙巳	丙午	丁未	戊申	己酉	庚戌	辛亥	壬子	癸丑	甲寅	乙卯	丙辰	丁巳	戊午	己未	庚申	辛酉	壬戌	癸亥	甲子	乙丑	丙寅
음력 03/15 ~ 04/15	음력	15	16	17	18	19	20	21	22	23	24	25	26	27	28	29	30	4/1	2	3	4	5	6	7	8	9	10	11	12	13	14	15
	대운 남	2	1	1	1	1	입	10	10	9	9	9	8	8	8	7	7	7	6	6	6	5	소	5	4	4	4	3	3	3	2	2
	대운 여	9	9	9	10	10	하	1	1	1	1	2	2	2	3	3	3	4	4	4	5	5	만	6	6	6	7	7	7	8	8	8

망종 6일 16시 51분 【음5월】 ➡ 【壬午月(임오월)】 ☯ 하지 22일 09시 36분

양력 6	양력	1	2	3	4	5	6	7	8	9	10	11	12	13	14	15	16	17	18	19	20	21	22	23	24	25	26	27	28	29	30
	요일	목	금	토	일	월	화	수	목	금	토	일	월	화	수	목	금	토	일	월	화	수	목	금	토	일	월	화	수	목	금
	일진 日辰	丁卯	戊辰	己巳	庚午	辛未	壬申	癸酉	甲戌	乙亥	丙子	丁丑	戊寅	己卯	庚辰	辛巳	壬午	癸未	甲申	乙酉	丙戌	丁亥	戊子	己丑	庚寅	辛卯	壬辰	癸巳	甲午	乙未	丙申
음력 04/16 ~ 05/15	음력	16	17	18	19	20	21	22	23	24	25	26	27	28	29	29	5/1	2	3	4	5	6	7	8	9	10	11	12	13	14	15
	대운 남	2	1	1	1	1	망	10	10	10	9	9	9	8	8	8	7	7	7	6	6	6	하	5	5	4	4	4	3	3	3
	대운 여	9	9	9	10	10	종	1	1	1	1	2	2	2	3	3	3	4	4	4	5	5	지	6	6	6	7	7	7	8	8

한식(4월06일), 초복(7월14일), 중복(7월24일), 말복(8월13일)
춘사(春社)3/24 추사(秋社)9/20
토왕지절(土旺之節):4월17일,7월20일,10월21일,1월18일(신년양력),

서머타임 시작 3월31일 23시→24시로 조정
종료 9월09일 24시→23시로 조정
수정한 시간으로 표기(동경표준시 사용)

1950 庚寅年

소서 8일 03시 13분 【음6월】 ➡ 【癸未月(계미월)】 ☯ 대서 23일 20시 30분

양력 7	1	2	3	4	5	6	7	8	9	10	11	12	13	14	15	16	17	18	19	20	21	22	23	24	25	26	27	28	29	30	31
요일	토	일	월	화	수	목	금	토	일	월	화	수	목	금	토	일	월	화	수	목	금	토	일	월	화	수	목	금	토	일	월
일진 日辰	丁酉	戊戌	己亥	庚子	辛丑	壬寅	癸卯	甲辰	乙巳	丙午	丁未	戊申	己酉	庚戌	辛亥	壬子	癸丑	甲寅	乙卯	丙辰	丁巳	戊午	己未	庚申	辛酉	壬戌	癸亥	甲子	乙丑	丙寅	丁卯
음력 (05/16~06/17)	16	17	18	19	20	21	22	23	24	25	26	27	28	29	6/1	2	3	4	5	6	7	8	9	10	11	12	13	14	15	16	17
대운 남	2	2	2	1	1	1	1	소	10	10	9	9	9	8	8	8	7	7	7	6	6	6	대	5	5	4	4	4	3	3	3
대운 여	8	9	9	9	10	10	10	서	1	1	1	1	2	2	2	3	3	3	4	4	4	5	서	5	6	6	6	7	7	7	8

입추 8일 12시 55분 【음7월】 ➡ 【甲申月(갑신월)】 ☯ 처서 24일 03시 23분

양력 8	1	2	3	4	5	6	7	8	9	10	11	12	13	14	15	16	17	18	19	20	21	22	23	24	25	26	27	28	29	30	31
요일	화	수	목	금	토	일	월	화	수	목	금	토	일	월	화	수	목	금	토	일	월	화	수	목	금	토	일	월	화	수	목
일진 日辰	戊辰	己巳	庚午	辛未	壬申	癸酉	甲戌	乙亥	丙子	丁丑	戊寅	己卯	庚辰	辛巳	壬午	癸未	甲申	乙酉	丙戌	丁亥	戊子	己丑	庚寅	辛卯	壬辰	癸巳	甲午	乙未	丙申	丁酉	戊戌
음력 (06/18~07/18)	18	19	20	21	22	23	24	25	26	27	28	29	29	7/1	2	3	4	5	6	7	8	9	10	11	12	13	14	15	16	17	18
대운 남	2	2	2	1	1	1	1	입	10	10	9	9	9	8	8	8	7	7	7	6	6	6	5	처	5	4	4	4	3	3	3
대운 여	8	8	9	9	9	10	10	추	1	1	1	1	2	2	2	3	3	3	4	4	4	5	5	서	6	6	6	7	7	7	8

백로 8일 15시 34분 【음8월】 ➡ 【乙酉月(을유월)】 ☯ 추분 23일 23시 44분

양력 9	1	2	3	4	5	6	7	8	9	10	11	12	13	14	15	16	17	18	19	20	21	22	23	24	25	26	27	28	29	30
요일	금	토	일	월	화	수	목	금	토	일	월	화	수	목	금	토	일	월	화	수	목	금	토	일	월	화	수	목	금	토
일진 日辰	己亥	庚子	辛丑	壬寅	癸卯	甲辰	乙巳	丙午	丁未	戊申	己酉	庚戌	辛亥	壬子	癸丑	甲寅	乙卯	丙辰	丁巳	戊午	己未	庚申	辛酉	壬戌	癸亥	甲子	乙丑	丙寅	丁卯	戊辰
음력 (07/19~08/19)	19	20	21	22	23	24	25	26	27	28	29	8/1	2	3	4	5	6	7	8	9	10	11	12	13	14	15	16	17	18	19
대운 남	2	2	2	1	1	1	1	백	10	10	9	9	9	8	8	8	7	7	7	6	6	6	추	5	5	4	4	4	3	3
대운 여	8	8	9	9	9	10	10	로	1	1	1	1	2	2	2	3	3	3	4	4	4	5	분	5	6	6	6	7	7	7

한로 9일 05시 52분 【음9월】 ➡ 【丙戌月(병술월)】 ☯ 상강 24일 08시 45분

양력 10	1	2	3	4	5	6	7	8	9	10	11	12	13	14	15	16	17	18	19	20	21	22	23	24	25	26	27	28	29	30	31
요일	일	월	화	수	목	금	토	일	월	화	수	목	금	토	일	월	화	수	목	금	토	일	월	화	수	목	금	토	일	월	화
일진 日辰	己巳	庚午	辛未	壬申	癸酉	甲戌	乙亥	丙子	丁丑	戊寅	己卯	庚辰	辛巳	壬午	癸未	甲申	乙酉	丙戌	丁亥	戊子	己丑	庚寅	辛卯	壬辰	癸巳	甲午	乙未	丙申	丁酉	戊戌	己亥
음력 (08/20~09/21)	20	21	22	23	24	25	26	27	28	29	9/1	2	3	4	5	6	7	8	9	10	11	12	13	14	15	16	17	18	19	20	21
대운 남	3	2	2	2	1	1	1	1	한	10	9	9	9	8	8	8	7	7	7	6	6	6	5	상	5	4	4	4	3	3	3
대운 여	8	8	8	9	9	9	10	10	로	1	1	1	1	2	2	2	3	3	3	4	4	4	5	강	5	6	6	6	7	7	7

입동 8일 08시 44분 【음10월】 ➡ 【丁亥月(정해월)】 ☯ 소설 23일 06시 03분

양력 11	1	2	3	4	5	6	7	8	9	10	11	12	13	14	15	16	17	18	19	20	21	22	23	24	25	26	27	28	29	30
요일	수	목	금	토	일	월	화	수	목	금	토	일	월	화	수	목	금	토	일	월	화	수	목	금	토	일	월	화	수	목
일진 日辰	庚子	辛丑	壬寅	癸卯	甲辰	乙巳	丙午	丁未	戊申	己酉	庚戌	辛亥	壬子	癸丑	甲寅	乙卯	丙辰	丁巳	戊午	己未	庚申	辛酉	壬戌	癸亥	甲子	乙丑	丙寅	丁卯	戊辰	己巳
음력 (09/22~10/21)	22	23	24	25	26	27	28	29	30	10/1	2	3	4	5	6	7	8	9	10	11	12	13	14	15	16	17	18	19	20	21
대운 남	2	2	2	1	1	1	1	입	10	9	9	9	8	8	8	7	7	7	6	6	6	5	소	5	4	4	4	3	3	3
대운 여	8	8	8	9	9	9	10	동	1	1	1	1	2	2	2	3	3	3	4	4	4	5	설	5	6	6	6	7	7	7

대설 8일 01시 22분 【음11월】 ➡ 【戊子月(무자월)】 ☯ 동지 22일 19시 13분

양력 12	1	2	3	4	5	6	7	8	9	10	11	12	13	14	15	16	17	18	19	20	21	22	23	24	25	26	27	28	29	30	31
요일	금	토	일	월	화	수	목	금	토	일	월	화	수	목	금	토	일	월	화	수	목	금	토	일	월	화	수	목	금	토	일
일진 日辰	庚午	辛未	壬申	癸酉	甲戌	乙亥	丙子	丁丑	戊寅	己卯	庚辰	辛巳	壬午	癸未	甲申	乙酉	丙戌	丁亥	戊子	己丑	庚寅	辛卯	壬辰	癸巳	甲午	乙未	丙申	丁酉	戊戌	己亥	庚子
음력 (10/22~11/23)	22	23	24	25	26	27	28	29	11/1	2	3	4	5	6	7	8	9	10	11	12	13	14	15	16	17	18	19	20	21	22	23
대운 남	2	2	2	1	1	1	1	대	9	9	9	8	8	8	7	7	7	6	6	6	5	동	5	4	4	4	3	3	3	2	2
대운 여	8	8	8	9	9	9	10	설	1	1	1	1	2	2	2	3	3	3	4	4	4	지	5	5	6	6	6	7	7	7	8

단기 4284 年
불기 2495 年

1951년

중원 **辛卯年** 납음(松柏木), 본명성(四綠木)

대장군(子북방), 삼살(酉서방), 상문(巳동남방), 조객(丑동북방), 납음(송백목), 【삼재(사,오,미)년】 臘享(납향):1952년1월26일(음12/30)

토끼

【己丑月(기축월)】

소한 6일 12시 30분 【음12월】 ➡ ☯ 대한 21일 05시 52분

양력 1 / 음력 11/24 – 12/24

양력	1	2	3	4	5	6	7	8	9	10	11	12	13	14	15	16	17	18	19	20	21	22	23	24	25	26	27	28	29	30	31
요일	월	화	수	목	금	토	일	월	화	수	목	금	토	일	월	화	수	목	금	토	일	월	화	수	목	금	토	일	월	화	수
일진 日辰	辛丑	壬寅	癸卯	甲辰	乙巳	丙午	丁未	戊申	己酉	庚戌	辛亥	壬子	癸丑	甲寅	乙卯	丙辰	丁巳	戊午	己未	庚申	辛酉	壬戌	癸亥	甲子	乙丑	丙寅	丁卯	戊辰	己巳	庚午	辛未
음력	24	25	26	27	28	29	30	12/1	2	3	4	5	6	7	8	9	10	11	12	13	14	15	16	17	18	19	20	21	22	23	24
대운 남	2	1	1	1	1	소	10	9	9	9	8	8	8	7	7	7	6	6	6	5	대	5	4	4	4	3	3	3	2	2	2
대운 여	8	8	9	9	9	한	1	1	1	1	2	2	2	3	3	3	4	4	4	5	한	5	6	6	6	7	7	7	8	8	8

【庚寅月(경인월)】

입춘 5일 00시 13분 【음1월】 ➡ ☯ 우수 19일 20시 10분

양력 2 / 음력 12/25 – 01/23

양력	1	2	3	4	5	6	7	8	9	10	11	12	13	14	15	16	17	18	19	20	21	22	23	24	25	26	27	28
요일	목	금	토	일	월	화	수	목	금	토	일	월	화	수	목	금	토	일	월	화	수	목	금	토	일	월	화	수
일진 日辰	壬申	癸酉	甲戌	乙亥	丙子	丁丑	戊寅	己卯	庚辰	辛巳	壬午	癸未	甲申	乙酉	丙戌	丁亥	戊子	己丑	庚寅	辛卯	壬辰	癸巳	甲午	乙未	丙申	丁酉	戊戌	己亥
음력	25	26	27	28	29	1/1	2	3	4	5	6	7	8	9	10	11	12	13	14	15	16	17	18	19	20	21	22	23
대운 남	1	1	1	1	입	1	1	1	1	2	2	2	3	3	3	4	4	4	우	5	5	6	6	6	7	7	7	8
대운 여	9	9	9	10	춘	9	9	9	8	8	8	7	7	7	6	6	6	5	수	5	4	4	4	3	3	3	2	2

辛卯年

【辛卯月(신묘월)】

경칩 6일 18시 27분 【음2월】 ➡ ☯ 춘분 21일 19시 26분

양력 3 / 음력 01/24 – 02/24

양력	1	2	3	4	5	6	7	8	9	10	11	12	13	14	15	16	17	18	19	20	21	22	23	24	25	26	27	28	29	30	31
요일	목	금	토	일	월	화	수	목	금	토	일	월	화	수	목	금	토	일	월	화	수	목	금	토	일	월	화	수	목	금	토
일진 日辰	庚子	辛丑	壬寅	癸卯	甲辰	乙巳	丙午	丁未	戊申	己酉	庚戌	辛亥	壬子	癸丑	甲寅	乙卯	丙辰	丁巳	戊午	己未	庚申	辛酉	壬戌	癸亥	甲子	乙丑	丙寅	丁卯	戊辰	己巳	庚午
음력	24	25	26	27	28	29	30	2/1	2	3	4	5	6	7	8	9	10	11	12	13	14	15	16	17	18	19	20	21	22	23	24
대운 남	8	8	9	9	9	경	1	1	1	1	2	2	2	3	3	3	4	4	4	5	춘	5	6	6	6	7	7	7	8	8	8
대운 여	2	1	1	1	1	칩	10	9	9	9	8	8	8	7	7	7	6	6	6	5	분	5	4	4	4	3	3	3	2	2	2

【壬辰月(임진월)】

청명 5일 23시 33분 【음3월】 ➡ ☯ 곡우 21일 06시 48분

양력 4 / 음력 02/25 – 03/25

양력	1	2	3	4	5	6	7	8	9	10	11	12	13	14	15	16	17	18	19	20	21	22	23	24	25	26	27	28	29	30
요일	일	월	화	수	목	금	토	일	월	화	수	목	금	토	일	월	화	수	목	금	토	일	월	화	수	목	금	토	일	월
일진 日辰	辛未	壬申	癸酉	甲戌	乙亥	丙子	丁丑	戊寅	己卯	庚辰	辛巳	壬午	癸未	甲申	乙酉	丙戌	丁亥	戊子	己丑	庚寅	辛卯	壬辰	癸巳	甲午	乙未	丙申	丁酉	戊戌	己亥	庚子
음력	25	26	27	28	29	3/1	2	3	4	5	6	7	8	9	10	11	12	13	14	15	16	17	18	19	20	21	22	23	24	25
대운 남	9	9	9	10	청	1	1	1	1	2	2	2	3	3	3	4	4	4	5	5	곡	6	6	6	7	7	7	8	8	8
대운 여	1	1	1	1	명	10	10	9	9	9	8	8	8	7	7	7	6	6	6	5	우	5	4	4	4	3	3	3	2	2

【癸巳月(계사월)】

입하 6일 17시 09분 【음4월】 ➡ ☯ 소만 22일 07시 15분

양력 5 / 음력 03/26 – 04/26

양력	1	2	3	4	5	6	7	8	9	10	11	12	13	14	15	16	17	18	19	20	21	22	23	24	25	26	27	28	29	30	31
요일	화	수	목	금	토	일	월	화	수	목	금	토	일	월	화	수	목	금	토	일	월	화	수	목	금	토	일	월	화	수	목
일진 日辰	辛丑	壬寅	癸卯	甲辰	乙巳	丙午	丁未	戊申	己酉	庚戌	辛亥	壬子	癸丑	甲寅	乙卯	丙辰	丁巳	戊午	己未	庚申	辛酉	壬戌	癸亥	甲子	乙丑	丙寅	丁卯	戊辰	己巳	庚午	辛未
음력	26	27	28	29	30	4/1	2	3	4	5	6	7	8	9	10	11	12	13	14	15	16	17	18	19	20	21	22	23	24	25	26
대운 남	9	9	9	10	10	입	1	1	1	1	2	2	2	3	3	3	4	4	4	5	5	소	6	6	6	7	7	7	8	8	8
대운 여	2	1	1	1	1	하	10	10	9	9	9	8	8	8	7	7	7	6	6	6	5	만	5	4	4	4	3	3	3	2	2

【甲午月(갑오월)】

망종 6일 22시 33분 【음5월】 ➡ ☯ 하지 22일 15시 25분

양력 6 / 음력 04/27 – 05/26

양력	1	2	3	4	5	6	7	8	9	10	11	12	13	14	15	16	17	18	19	20	21	22	23	24	25	26	27	28	29	30
요일	금	토	일	월	화	수	목	금	토	일	월	화	수	목	금	토	일	월	화	수	목	금	토	일	월	화	수	목	금	토
일진 日辰	壬申	癸酉	甲戌	乙亥	丙子	丁丑	戊寅	己卯	庚辰	辛巳	壬午	癸未	甲申	乙酉	丙戌	丁亥	戊子	己丑	庚寅	辛卯	壬辰	癸巳	甲午	乙未	丙申	丁酉	戊戌	己亥	庚子	辛丑
음력	27	28	29	30	5/1	2	3	4	5	6	7	8	9	10	11	12	13	14	15	16	17	18	19	20	21	22	23	24	25	26
대운 남	9	9	9	10	10	망	1	1	1	1	2	2	2	3	3	3	4	4	4	5	5	하	6	6	6	7	7	7	8	8
대운 여	2	1	1	1	1	종	10	10	10	9	9	9	8	8	8	7	7	7	6	6	6	지	5	5	4	4	4	3	3	3

한식(4월06일), 초복(7월19일), 중복(7월29일), 말복(8월08일)
춘사(春社)3/19 추사(秋社)9/25
토왕지절(土旺之節):4월18일,7월20일,10월21일,1월18일(신년양력)

서머타임 시작 5월06일 23시→24시로 조정
종료 9월08일 24시→23시로 조정
수정한 시간으로 표기(동경표준시 사용)

1951 辛卯年

소서 8일 08시 54분 【음6월】 ➡ 대서 24일 02시 21분

【乙未月(을미월)】

양력 7	1	2	3	4	5	6	7	8	9	10	11	12	13	14	15	16	17	18	19	20	21	22	23	24	25	26	27	28	29	30	31
요일	일	월	화	수	목	금	토	일	월	화	수	목	금	토	일	월	화	수	목	금	토	일	월	화	수	목	금	토	일	월	화
일진 日辰	壬寅	癸卯	甲辰	乙巳	丙午	丁未	戊申	己酉	庚戌	辛亥	壬子	癸丑	甲寅	乙卯	丙辰	丁巳	戊午	己未	庚申	辛酉	壬戌	癸亥	甲子	乙丑	丙寅	丁卯	戊辰	己巳	庚午	辛未	壬申
음력 (05/27~06/28)	27	28	29	6/1	2	3	4	5	6	7	8	9	10	11	12	13	14	15	16	17	18	19	20	21	22	23	24	25	26	27	28
대운 남	8	9	9	9	10	10	10	소	1	1	1	1	2	2	2	3	3	3	4	4	4	5	5	대	6	6	6	7	7	7	8
대운 여	2	2	2	1	1	1	1	서	10	10	9	9	9	8	8	8	7	7	7	6	6	6	5	서	5	4	4	4	3	3	3

입추 8일 18시 37분 【음7월】 ➡ 처서 24일 09시 16분

【丙申月(병신월)】

양력 8	1	2	3	4	5	6	7	8	9	10	11	12	13	14	15	16	17	18	19	20	21	22	23	24	25	26	27	28	29	30	31
요일	수	목	금	토	일	월	화	수	목	금	토	일	월	화	수	목	금	토	일	월	화	수	목	금	토	일	월	화	수	목	금
일진 日辰	癸酉	甲戌	乙亥	丙子	丁丑	戊寅	己卯	庚辰	辛巳	壬午	癸未	甲申	乙酉	丙戌	丁亥	戊子	己丑	庚寅	辛卯	壬辰	癸巳	甲午	乙未	丙申	丁酉	戊戌	己亥	庚子	辛丑	壬寅	癸卯
음력 (06/29~07/29)	29	30	7/1	2	3	4	5	6	7	8	9	10	11	12	13	14	15	16	17	18	19	20	21	22	23	24	25	26	27	28	29
대운 남	8	8	9	9	9	10	10	입	1	1	1	1	2	2	2	3	3	3	4	4	4	5	5	처	6	6	6	7	7	7	8
대운 여	2	2	2	1	1	1	1	추	10	10	9	9	9	8	8	8	7	7	7	6	6	6	5	서	5	4	4	4	3	3	3

백로 8일 21시 18분 【음8월】 ➡ 추분 24일 05시 37분

【丁酉月(정유월)】

양력 9	1	2	3	4	5	6	7	8	9	10	11	12	13	14	15	16	17	18	19	20	21	22	23	24	25	26	27	28	29	30
요일	토	일	월	화	수	목	금	토	일	월	화	수	목	금	토	일	월	화	수	목	금	토	일	월	화	수	목	금	토	일
일진 日辰	甲辰	乙巳	丙午	丁未	戊申	己酉	庚戌	辛亥	壬子	癸丑	甲寅	乙卯	丙辰	丁巳	戊午	己未	庚申	辛酉	壬戌	癸亥	甲子	乙丑	丙寅	丁卯	戊辰	己巳	庚午	辛未	壬申	癸酉
음력 (08/01~08/30)	8/1	2	3	4	5	6	7	8	9	10	11	12	13	14	15	16	17	18	19	20	21	22	23	24	25	26	27	28	29	30
대운 남	8	8	9	9	9	10	10	백	1	1	1	1	2	2	2	3	3	3	4	4	4	5	5	추	6	6	6	7	7	7
대운 여	2	2	2	1	1	1	1	로	10	10	9	9	9	8	8	8	7	7	7	6	6	6	5	분	5	4	4	4	3	3

한로 9일 11시 36분 【음9월】 ➡ 상강 24일 14시 36분

【戊戌月(무술월)】

양력 10	1	2	3	4	5	6	7	8	9	10	11	12	13	14	15	16	17	18	19	20	21	22	23	24	25	26	27	28	29	30	31
요일	월	화	수	목	금	토	일	월	화	수	목	금	토	일	월	화	수	목	금	토	일	월	화	수	목	금	토	일	월	화	수
일진 日辰	甲戌	乙亥	丙子	丁丑	戊寅	己卯	庚辰	辛巳	壬午	癸未	甲申	乙酉	丙戌	丁亥	戊子	己丑	庚寅	辛卯	壬辰	癸巳	甲午	乙未	丙申	丁酉	戊戌	己亥	庚子	辛丑	壬寅	癸卯	甲辰
음력 (09/01~10/02)	9/1	2	3	4	5	6	7	8	9	10	11	12	13	14	15	16	17	18	19	20	21	22	23	24	25	26	27	28	29	10/1	2
대운 남	8	8	8	9	9	9	10	10	한	1	1	1	1	2	2	2	3	3	3	4	4	4	5	상	5	6	6	6	7	7	7
대운 여	3	2	2	2	1	1	1	1	로	10	9	9	9	8	8	8	7	7	7	6	6	6	5	강	5	4	4	4	3	3	3

입동 8일 14시 27분 【음10월】 ➡ 소설 23일 11시 51분

【己亥月(기해월)】

양력 11	1	2	3	4	5	6	7	8	9	10	11	12	13	14	15	16	17	18	19	20	21	22	23	24	25	26	27	28	29	30
요일	목	금	토	일	월	화	수	목	금	토	일	월	화	수	목	금	토	일	월	화	수	목	금	토	일	월	화	수	목	금
일진 日辰	乙巳	丙午	丁未	戊申	己酉	庚戌	辛亥	壬子	癸丑	甲寅	乙卯	丙辰	丁巳	戊午	己未	庚申	辛酉	壬戌	癸亥	甲子	乙丑	丙寅	丁卯	戊辰	己巳	庚午	辛未	壬申	癸酉	甲戌
음력 (10/03~11/02)	3	4	5	6	7	8	9	10	11	12	13	14	15	16	17	18	19	20	21	22	23	24	25	26	27	28	29	30	11/1	2
대운 남	8	8	8	9	9	9	10	입	1	1	1	1	2	2	2	3	3	3	4	4	4	5	소	5	6	6	6	7	7	7
대운 여	2	2	2	1	1	1	1	동	10	9	9	9	8	8	8	7	7	7	6	6	6	5	설	5	4	4	4	3	3	3

대설 8일 07시 02분 【음11월】 ➡ 동지 23일 01시 00분

【庚子月(경자월)】

양력 12	1	2	3	4	5	6	7	8	9	10	11	12	13	14	15	16	17	18	19	20	21	22	23	24	25	26	27	28	29	30	31
요일	토	일	월	화	수	목	금	토	일	월	화	수	목	금	토	일	월	화	수	목	금	토	일	월	화	수	목	금	토	일	월
일진 日辰	乙亥	丙子	丁丑	戊寅	己卯	庚辰	辛巳	壬午	癸未	甲申	乙酉	丙戌	丁亥	戊子	己丑	庚寅	辛卯	壬辰	癸巳	甲午	乙未	丙申	丁酉	戊戌	己亥	庚子	辛丑	壬寅	癸卯	甲辰	乙巳
음력 (11/03~12/04)	3	4	5	6	7	8	9	10	11	12	13	14	15	16	17	18	19	20	21	22	23	24	25	26	27	28	29	12/1	2	3	4
대운 남	8	8	8	9	9	9	10	대	1	1	1	1	2	2	2	3	3	3	4	4	4	5	동	5	6	6	6	7	7	7	8
대운 여	2	2	2	1	1	1	1	설	9	9	9	8	8	8	7	7	7	6	6	6	5	5	지	4	4	4	3	3	3	2	2

단기 4285 年
불기 2496 年

1952년

중원 **壬辰年** 납음(長流水), 본명성(三碧木)

대장군(子북방), 삼살(남방), 상문(午남방), 조객(寅동북방), 납음(장류수), 삼재(인,묘,진) 臘享(납향):1953년1월20일(음12/06)

소한 6일 18시 10분 【음12월】 ➡ **【辛丑月(신축월)】** ☯ 대한 21일 11시 38분

양력 1	양력	1	2	3	4	5	6	7	8	9	10	11	12	13	14	15	16	17	18	19	20	21	22	23	24	25	26	27	28	29	30	31
	요일	화	수	목	금	토	일	월	화	수	목	금	토	일	월	화	수	목	금	토	일	월	화	수	목	금	토	일	월	화	수	목
	일진 日辰	丙午	丁未	戊申	己酉	庚戌	辛亥	壬子	癸丑	甲寅	乙卯	丙辰	丁巳	戊午	己未	庚申	辛酉	壬戌	癸亥	甲子	乙丑	丙寅	丁卯	戊辰	己巳	庚午	辛未	壬申	癸酉	甲戌	乙亥	丙子
음력 12/05 ~ 01/05	음력	5	6	7	8	9	10	11	12	13	14	15	16	17	18	19	20	21	22	23	24	25	26	27	28	29	30	1/1	2	3	4	5
대운	남	8	8	9	9	9	소	1	1	1	1	2	2	2	3	3	3	4	4	4	5	대	5	6	6	6	7	7	7	8	8	8
	여	2	1	1	1	1	한	10	9	9	9	8	8	8	7	7	7	6	6	6	5	한	5	4	4	4	3	3	3	2	2	2

입춘 5일 05시 53분 【음1월】 ➡ **【壬寅月(임인월)】** ☯ 우수 20일 01시 57분

양력 2	양력	1	2	3	4	5	6	7	8	9	10	11	12	13	14	15	16	17	18	19	20	21	22	23	24	25	26	27	28	29	壬辰年
	요일	금	토	일	월	화	수	목	금	토	일	월	화	수	목	금	토	일	월	화	수	목	금	토	일	월	화	수	목	금	
	일진 日辰	丁丑	戊寅	己卯	庚辰	辛巳	壬午	癸未	甲申	乙酉	丙戌	丁亥	戊子	己丑	庚寅	辛卯	壬辰	癸巳	甲午	乙未	丙申	丁酉	戊戌	己亥	庚子	辛丑	壬寅	癸卯	甲辰	乙巳	
음력 01/06 ~ 02/05	음력	6	7	8	9	10	11	12	13	14	15	16	17	18	19	20	21	22	23	24	25	26	27	28	29	2/1	2	3	4	5	
대운	남	9	9	9	10	입	10	9	9	9	8	8	8	7	7	7	6	6	6	5	우	5	4	4	4	3	3	3	2	2	
	여	1	1	1	1	춘	1	1	1	1	2	2	2	3	3	3	4	4	4	5	수	5	6	6	6	7	7	7	8	8	

경칩 6일 00시 07분 【음2월】 ➡ **【癸卯月(계묘월)】** ☯ 춘분 21일 01시 14분

양력 3	양력	1	2	3	4	5	6	7	8	9	10	11	12	13	14	15	16	17	18	19	20	21	22	23	24	25	26	27	28	29	30	31
	요일	토	일	월	화	수	목	금	토	일	월	화	수	목	금	토	일	월	화	수	목	금	토	일	월	화	수	목	금	토	일	월
	일진 日辰	丙午	丁未	戊申	己酉	庚戌	辛亥	壬子	癸丑	甲寅	乙卯	丙辰	丁巳	戊午	己未	庚申	辛酉	壬戌	癸亥	甲子	乙丑	丙寅	丁卯	戊辰	己巳	庚午	辛未	壬申	癸酉	甲戌	乙亥	丙子
음력 02/06 ~ 03/06	음력	6	7	8	9	10	11	12	13	14	15	16	17	18	19	20	21	22	23	24	25	26	27	28	29	30	3/1	2	3	4	5	6
대운	남	2	1	1	1	1	경	10	9	9	9	8	8	8	7	7	7	6	6	6	5	춘	5	4	4	4	3	3	3	2	2	2
	여	8	9	9	9	10	칩	1	1	1	1	2	2	2	3	3	3	4	4	4	5	분	5	6	6	6	7	7	7	8	8	8

청명 5일 05시 15분 【음3월】 ➡ **【甲辰月(갑진월)】** ☯ 곡우 20일 12시 37분

양력 4	양력	1	2	3	4	5	6	7	8	9	10	11	12	13	14	15	16	17	18	19	20	21	22	23	24	25	26	27	28	29	30
	요일	화	수	목	금	토	일	월	화	수	목	금	토	일	월	화	수	목	금	토	일	월	화	수	목	금	토	일	월	화	수
	일진 日辰	丁丑	戊寅	己卯	庚辰	辛巳	壬午	癸未	甲申	乙酉	丙戌	丁亥	戊子	己丑	庚寅	辛卯	壬辰	癸巳	甲午	乙未	丙申	丁酉	戊戌	己亥	庚子	辛丑	壬寅	癸卯	甲辰	乙巳	丙午
음력 03/07 ~ 04/07	음력	7	8	9	10	11	12	13	14	15	16	17	18	19	20	21	22	23	24	25	26	27	28	29	4/1	2	3	4	5	6	7
대운	남	1	1	1	1	청	10	9	9	9	8	8	8	7	7	7	6	6	6	5	곡	5	4	4	4	3	3	3	2	2	2
	여	9	9	9	10	명	1	1	1	1	2	2	2	3	3	3	4	4	4	5	우	5	6	6	6	7	7	7	8	8	8

입하 5일 22시 54분 【음4월】 ➡ **【乙巳月(을사월)】** ☯ 소만 21일 12시 04분

양력 5	양력	1	2	3	4	5	6	7	8	9	10	11	12	13	14	15	16	17	18	19	20	21	22	23	24	25	26	27	28	29	30	31
	요일	목	금	토	일	월	화	수	목	금	토	일	월	화	수	목	금	토	일	월	화	수	목	금	토	일	월	화	수	목	금	토
	일진 日辰	丁未	戊申	己酉	庚戌	辛亥	壬子	癸丑	甲寅	乙卯	丙辰	丁巳	戊午	己未	庚申	辛酉	壬戌	癸亥	甲子	乙丑	丙寅	丁卯	戊辰	己巳	庚午	辛未	壬申	癸酉	甲戌	乙亥	丙子	丁丑
음력 04/08 ~ 05/08	음력	8	9	10	11	12	13	14	15	16	17	18	19	20	21	22	23	24	25	26	27	28	29	30	5/1	2	3	4	5	6	7	8
대운	남	1	1	1	1	입	10	10	10	9	9	9	8	8	8	7	7	7	6	6	6	소	5	5	4	4	4	3	3	3	2	2
	여	9	9	9	10	하	1	1	1	1	2	2	2	3	3	3	4	4	4	5	5	만	6	6	6	7	7	7	8	8	8	9

망종 6일 03시 20분 【음5월】 ➡ **【丙午月(병오월)】** ☯ 하지 21일 20시 13분

양력 6	양력	1	2	3	4	5		7	8	9	10	11	12	13	14	15	16	17	18	19	20	21	22	23	24	25	26	27	28	29	30
	요일	일	월	화	수	목		토	일	월	화	수	목	금	토	일	월	화	수	목	금	토	일	월	화	수	목	금	토	일	월
	일진 日辰	戊寅	己卯	庚辰	辛巳	壬午	癸未	甲申	乙酉	丙戌	丁亥	戊子	己丑	庚寅	辛卯	壬辰	癸巳	甲午	乙未	丙申	丁酉	戊戌	己亥	庚子	辛丑	壬寅	癸卯	甲辰	乙巳	丙午	丁未
음력 05/09 ~ 윤509	음력	9	10	11	12	13	14	15	16	17	18	19	20	21	22	23	24	25	26	27	28	29	윤5	2	3	4	5	6	7	8	9
대운	남	2	1	1	1	1	망	10	10	9	9	9	8	8	8	7	7	7	6	6	6	하	5	5	4	4	4	3	3	3	2
	여	9	9	10	10	10	종	1	1	1	1	2	2	2	3	3	3	4	4	4	5	지	5	6	6	6	7	7	7	8	8

한식(4월06일), 초복(7월13일), 중복(7월23일), 말복(8월12일)
춘사(春社)3/23 추사(秋社)9/19
토왕지절(土旺之節):4월17일,7월20일,10월20일,1월17일(신년양력).

1952 壬辰年

소서 7일 13시 45분 【음6월】 ➡ **【丁未月(정미월)】** ☯ 대서 23일 07시 07분

양력 7	1	2	3	4	5	6	7	8	9	10	11	12	13	14	15	16	17	18	19	20	21	22	23	24	25	26	27	28	29	30	31
요일	화	수	목	금	토	일	월	화	수	목	금	토	일	월	화	수	목	금	토	일	월	화	수	목	금	토	일	월	화	수	목
일진 日辰	戊申	己酉	庚戌	辛亥	壬子	癸丑	甲寅	乙卯	丙辰	丁巳	戊午	己未	庚申	辛酉	壬戌	癸亥	甲子	乙丑	丙寅	丁卯	戊辰	己巳	庚午	辛未	壬申	癸酉	甲戌	乙亥	丙子	丁丑	戊寅
음력 (윤510 – 06/10)	10	11	12	13	14	15	16	17	18	19	20	21	22	23	24	25	26	27	28	29	30	6/1	2	3	4	5	6	7	8	9	10
대운 남	2	2	1	1	1	1	소	10	10	9	9	9	8	8	8	7	7	7	6	6	6	5	대	5	4	4	4	3	3	3	2
대운 여	8	9	9	9	10	10	서	1	1	1	1	2	2	2	3	3	3	4	4	4	5	5	서	6	6	6	7	7	7	8	8

입추 7일 23시 31분 【음7월】 ➡ **【戊申月(무신월)】** ☯ 처서 23일 14시 03분

양력 8	1	2	3	4	5	6	7	8	9	10	11	12	13	14	15	16	17	18	19	20	21	22	23	24	25	26	27	28	29	30	31
요일	금	토	일	월	화	수	목	금	토	일	월	화	수	목	금	토	일	월	화	수	목	금	토	일	월	화	수	목	금	토	일
일진 日辰	己卯	庚辰	辛巳	壬午	癸未	甲申	乙酉	丙戌	丁亥	戊子	己丑	庚寅	辛卯	壬辰	癸巳	甲午	乙未	丙申	丁酉	戊戌	己亥	庚子	辛丑	壬寅	癸卯	甲辰	乙巳	丙午	丁未	戊申	己酉
음력 (06/11 – 07/11)	11	12	13	14	15	16	17	18	19	20	21	22	23	24	25	26	27	28	29	30	7/1	2	3	4	5	6	7	8	9	10	11
대운 남	2	2	1	1	1	1	입	10	10	10	9	9	9	8	8	8	7	7	7	6	6	6	처	5	5	4	4	4	3	3	3
대운 여	8	9	9	9	10	10	추	1	1	1	1	2	2	2	3	3	3	4	4	4	5	5	서	6	6	6	7	7	7	8	8

백로 8일 02시 14분 【음8월】 ➡ **【己酉月(기유월)】** ☯ 추분 23일 11시 24분

양력 9	1	2	3	4	5	6	7	8	9	10	11	12	13	14	15	16	17	18	19	20	21	22	23	24	25	26	27	28	29	30
요일	월	화	수	목	금	토	일	월	화	수	목	금	토	일	월	화	수	목	금	토	일	월	화	수	목	금	토	일	월	화
일진 日辰	庚戌	辛亥	壬子	癸丑	甲寅	乙卯	丙辰	丁巳	戊午	己未	庚申	辛酉	壬戌	癸亥	甲子	乙丑	丙寅	丁卯	戊辰	己巳	庚午	辛未	壬申	癸酉	甲戌	乙亥	丙子	丁丑	戊寅	己卯
음력 (07/12 – 08/12)	12	13	14	15	16	17	18	19	20	21	22	23	24	25	26	27	28	29	8/1	2	3	4	5	6	7	8	9	10	11	12
대운 남	2	2	2	1	1	1	1	백	10	9	9	9	8	8	8	7	7	7	6	6	6	5	추	5	4	4	4	3	3	3
대운 여	8	9	9	9	10	10	10	로	1	1	1	1	2	2	2	3	3	3	4	4	4	5	분	5	6	6	6	7	7	7

한로 8일 17시 32분 【음9월】 ➡ **【庚戌月(경술월)】** ☯ 상강 23일 20시 22분

양력 10	1	2	3	4	5	6	7	8	9	10	11	12	13	14	15	16	17	18	19	20	21	22	23	24	25	26	27	28	29	30	31
요일	수	목	금	토	일	월	화	수	목	금	토	일	월	화	수	목	금	토	일	월	화	수	목	금	토	일	월	화	수	목	금
일진 日辰	庚辰	辛巳	壬午	癸未	甲申	乙酉	丙戌	丁亥	戊子	己丑	庚寅	辛卯	壬辰	癸巳	甲午	乙未	丙申	丁酉	戊戌	己亥	庚子	辛丑	壬寅	癸卯	甲辰	乙巳	丙午	丁未	戊申	己酉	庚戌
음력 (08/13 – 09/13)	13	14	15	16	17	18	19	20	21	22	23	24	25	26	27	28	29	30	9/1	2	3	4	5	6	7	8	9	10	11	12	13
대운 남	2	2	2	1	1	1	1	한	10	9	9	9	8	8	8	7	7	7	6	6	6	5	상	5	4	4	4	3	3	3	2
대운 여	8	8	8	9	9	9	10	로	1	1	1	1	2	2	2	3	3	3	4	4	4	5	강	5	6	6	6	7	7	7	8

입동 7일 20시 22분 【음10월】 ➡ **【辛亥月(신해월)】** ☯ 소설 22일 17시 36분

양력 11	1	2	3	4	5	6	7	8	9	10	11	12	13	14	15	16	17	18	19	20	21	22	23	24	25	26	27	28	29	30
요일	토	일	월	화	수	목	금	토	일	월	화	수	목	금	토	일	월	화	수	목	금	토	일	월	화	수	목	금	토	일
일진 日辰	辛亥	壬子	癸丑	甲寅	乙卯	丙辰	丁巳	戊午	己未	庚申	辛酉	壬戌	癸亥	甲子	乙丑	丙寅	丁卯	戊辰	己巳	庚午	辛未	壬申	癸酉	甲戌	乙亥	丙子	丁丑	戊寅	己卯	庚辰
음력 (09/14 – 10/14)	14	15	16	17	18	19	20	21	22	23	24	25	26	27	28	29	10/1	2	3	4	5	6	7	8	9	10	11	12	13	14
대운 남	2	2	1	1	1	1	입	10	9	9	9	8	8	8	7	7	7	6	6	6	5	소	5	4	4	4	3	3	3	2
대운 여	8	8	9	9	9	10	동	1	1	1	1	2	2	2	3	3	3	4	4	4	5	설	5	6	6	6	7	7	7	8

대설 7일 12시 56분 【음11월】 ➡ **【壬子月(임자월)】** ☯ 동지 22일 06시 43분

양력 12	1	2	3	4	5	6	7	8	9	10	11	12	13	14	15	16	17	18	19	20	21	22	23	24	25	26	27	28	29	30	31
요일	월	화	수	목	금	토	일	월	화	수	목	금	토	일	월	화	수	목	금	토	일	월	화	수	목	금	토	일	월	화	수
일진 日辰	辛巳	壬午	癸未	甲申	乙酉	丙戌	丁亥	戊子	己丑	庚寅	辛卯	壬辰	癸巳	甲午	乙未	丙申	丁酉	戊戌	己亥	庚子	辛丑	壬寅	癸卯	甲辰	乙巳	丙午	丁未	戊申	己酉	庚戌	辛亥
음력 (10/15 – 11/15)	15	16	17	18	19	20	21	22	23	24	25	26	27	28	29	30	11/1	2	3	4	5	6	7	8	9	10	11	12	13	14	15
대운 남	2	2	1	1	1	1	대	10	9	9	9	8	8	8	7	7	7	6	6	6	5	동	5	4	4	4	3	3	3	2	2
대운 여	8	8	9	9	9	10	설	1	1	1	1	2	2	2	3	3	3	4	4	4	5	지	5	6	6	6	7	7	7	8	8

단기 4286 年
불기 2497 年

1953년

중원(癸巳年),납음(長流水),본명성(二黑土)

대장군(卯동방). 삼살(동방). 상문(未서남방),조객(卯동방). 납음(장류수). 【삼재(해.자.축)년】 臘享(납향):1954년1월15일(음12/11)

소한 6일 00시 02분 【음12월】➡ 【癸丑月(계축월)】 대한 20일 17시 21분

양력 1 (음력 11/16~12/17)	1	2	3	4	5	6	7	8	9	10	11	12	13	14	15	16	17	18	19	20	21	22	23	24	25	26	27	28	29	30	31
요일	목	금	토	일	월	화	수	목	금	토	일	월	화	수	목	금	토	일	월	화	수	목	금	토	일	월	화	수	목	금	토
일진 日辰	壬子	癸丑	甲寅	乙卯	丙辰	丁巳	戊午	己未	庚申	辛酉	壬戌	癸亥	甲子	乙丑	丙寅	丁卯	戊辰	己巳	庚午	辛未	壬申	癸酉	甲戌	乙亥	丙子	丁丑	戊寅	己卯	庚辰	辛巳	壬午
음력	16	17	18	19	20	21	22	23	24	25	26	27	28	29	12/1	2	3	4	5	6	7	8	9	10	11	12	13	14	15	16	17
대운 남	2	1	1	1	1	소	9	9	9	8	8	8	7	7	7	6	6	6	5	대	5	4	4	4	3	3	3	2	2	2	1
대운 여	8	9	9	9	10	한	1	1	1	1	2	2	2	3	3	3	4	4	4	한	5	5	6	6	6	7	7	7	8	8	8

입춘 4일 11시 46분 【음1월】➡ 【甲寅月(갑인월)】 우수 19일 07시 41분

양력 2 (음력 12/18~01/15)	1	2	3	4	5	6	7	8	9	10	11	12	13	14	15	16	17	18	19	20	21	22	23	24	25	26	27	28
요일	일	월	화	수	목	금	토	일	월	화	수	목	금	토	일	월	화	수	목	금	토	일	월	화	수	목	금	토
일진 日辰	癸未	甲申	乙酉	丙戌	丁亥	戊子	己丑	庚寅	辛卯	壬辰	癸巳	甲午	乙未	丙申	丁酉	戊戌	己亥	庚子	辛丑	壬寅	癸卯	甲辰	乙巳	丙午	丁未	戊申	己酉	庚戌
음력	18	19	20	21	22	23	24	25	26	27	28	29	30	1/1	2	3	4	5	6	7	8	9	10	11	12	13	14	15
대운 남	1	1	1	입	1	1	1	1	2	2	2	3	3	3	4	4	4	5	우	5	6	6	6	7	7	7	8	8
대운 여	9	9	9	춘	10	9	9	9	8	8	8	7	7	7	6	6	6	5	수	5	4	4	4	3	3	3	2	2

癸巳年

경칩 6일 06시 02분 【음2월】➡ 【乙卯月(을묘월)】 춘분 21일 07시 01분

양력 3 (음력 01/16~02/17)	1	2	3	4	5	6	7	8	9	10	11	12	13	14	15	16	17	18	19	20	21	22	23	24	25	26	27	28	29	30	31
요일	일	월	화	수	목	금	토	일	월	화	수	목	금	토	일	월	화	수	목	금	토	일	월	화	수	목	금	토	일	월	화
일진 日辰	辛亥	壬子	癸丑	甲寅	乙卯	丙辰	丁巳	戊午	己未	庚申	辛酉	壬戌	癸亥	甲子	乙丑	丙寅	丁卯	戊辰	己巳	庚午	辛未	壬申	癸酉	甲戌	乙亥	丙子	丁丑	戊寅	己卯	庚辰	辛巳
음력	16	17	18	19	20	21	22	23	24	25	26	27	28	29	2/1	2	3	4	5	6	7	8	9	10	11	12	13	14	15	16	17
대운 남	8	9	9	9	10	경	1	1	1	1	2	2	2	3	3	3	4	4	4	5	춘	5	6	6	6	7	7	7	8	8	8
대운 여	2	1	1	1	1	칩	10	9	9	9	8	8	8	7	7	7	6	6	6	5	분	5	4	4	4	3	3	3	2	2	2

청명 5일 11시 13분 【음3월】➡ 【丙辰月(병진월)】 곡우 20일 18시 25분

양력 4 (음력 02/18~03/17)	1	2	3	4	5	6	7	8	9	10	11	12	13	14	15	16	17	18	19	20	21	22	23	24	25	26	27	28	29	30
요일	수	목	금	토	일	월	화	수	목	금	토	일	월	화	수	목	금	토	일	월	화	수	목	금	토	일	월	화	수	목
일진 日辰	壬午	癸未	甲申	乙酉	丙戌	丁亥	戊子	己丑	庚寅	辛卯	壬辰	癸巳	甲午	乙未	丙申	丁酉	戊戌	己亥	庚子	辛丑	壬寅	癸卯	甲辰	乙巳	丙午	丁未	戊申	己酉	庚戌	辛亥
음력	18	19	20	21	22	23	24	25	26	27	28	29	30	3/1	2	3	4	5	6	7	8	9	10	11	12	13	14	15	16	17
대운 남	9	9	9	10	청	1	1	1	1	2	2	2	3	3	3	4	4	4	5	곡	5	6	6	6	7	7	7	8	8	8
대운 여	1	1	1	1	명	10	10	9	9	9	8	8	8	7	7	7	6	6	6	우	5	5	4	4	4	3	3	3	2	2

입하 6일 04시 52분 【음4월】➡ 【丁巳月(정사월)】 소만 21일 17시 53분

양력 5 (음력 03/18~04/19)	1	2	3	4	5	6	7	8	9	10	11	12	13	14	15	16	17	18	19	20	21	22	23	24	25	26	27	28	29	30	31
요일	금	토	일	월	화	수	목	금	토	일	월	화	수	목	금	토	일	월	화	수	목	금	토	일	월	화	수	목	금	토	일
일진 日辰	壬子	癸丑	甲寅	乙卯	丙辰	丁巳	戊午	己未	庚申	辛酉	壬戌	癸亥	甲子	乙丑	丙寅	丁卯	戊辰	己巳	庚午	辛未	壬申	癸酉	甲戌	乙亥	丙子	丁丑	戊寅	己卯	庚辰	辛巳	壬午
음력	18	19	20	21	22	23	24	25	26	27	28	29	4/1	2	3	4	5	6	7	8	9	10	11	12	13	14	15	16	17	18	19
대운 남	9	9	9	10	10	입	1	1	1	1	2	2	2	3	3	3	4	4	4	5	소	5	6	6	6	7	7	7	8	8	8
대운 여	2	1	1	1	1	하	10	10	9	9	9	8	8	8	7	7	7	6	6	6	만	5	5	4	4	4	3	3	3	2	2

망종 6일 09시 16분 【음5월】➡ 【戊午月(무오월)】 하지 22일 02시 00분

양력 6 (음력 04/20~05/20)	1	2	3	4	5	6	7	8	9	10	11	12	13	14	15	16	17	18	19	20	21	22	23	24	25	26	27	28	29	30
요일	월	화	수	목	금	토	일	월	화	수	목	금	토	일	월	화	수	목	금	토	일	월	화	수	목	금	토	일	월	화
일진 日辰	癸未	甲申	乙酉	丙戌	丁亥	戊子	己丑	庚寅	辛卯	壬辰	癸巳	甲午	乙未	丙申	丁酉	戊戌	己亥	庚子	辛丑	壬寅	癸卯	甲辰	乙巳	丙午	丁未	戊申	己酉	庚戌	辛亥	壬子
음력	20	21	22	23	24	25	26	27	28	29	5/1	2	3	4	5	6	7	8	9	10	11	12	13	14	15	16	17	18	19	20
대운 남	9	9	9	10	10	망	1	1	1	1	2	2	2	3	3	3	4	4	4	5	5	하	6	6	6	7	7	7	8	8
대운 여	2	1	1	1	1	종	10	10	9	9	9	8	8	8	7	7	7	6	6	6	5	지	5	4	4	4	3	3	3	2

한식(4월06일), 초복(7월18일), 중복(7월28일), 말복(8월17일) ☂춘사(春社)3/18
☀추사(秋社)9/24 토왕지절(土旺之節):4월17일,7월20일,10월21일,1월17일(신년양력),
臘享(납향):1954년 1월 15일(신년양력)

1953 癸巳年

소서 7일 19시 35분 【음6월】 ➡ 【己未月(기미월)】 ☯ 대서 23일 12시 52분

양력 7 / 음력 05/21 ~ 06/21

양력	1	2	3	4	5	6	7	8	9	10	11	12	13	14	15	16	17	18	19	20	21	22	23	24	25	26	27	28	29	30	31
요일	수	목	금	토	일	월	화	수	목	금	토	일	월	화	수	목	금	토	일	월	화	수	목	금	토	일	월	화	수	목	금
일진 日辰	癸丑	甲寅	乙卯	丙辰	丁巳	戊午	己未	庚申	辛酉	壬戌	癸亥	甲子	乙丑	丙寅	丁卯	戊辰	己巳	庚午	辛未	壬申	癸酉	甲戌	乙亥	丙子	丁丑	戊寅	己卯	庚辰	辛巳	壬午	癸未
음력	21	22	23	24	25	26	27	28	29	30	6/1	2	3	4	5	6	7	8	9	10	11	12	13	14	15	16	17	18	19	20	21
대운 남	8	9	9	9	10	10	소	1	1	1	1	2	2	2	3	3	3	4	4	4	5	5	대	6	6	6	7	7	7	8	8
대운 여	2	2	1	1	1	1	서	10	10	10	9	9	9	8	8	8	7	7	7	6	6	6	서	5	5	4	4	4	3	3	3

입추 8일 05시 15분 【음7월】 ➡ 【庚申月(경신월)】 ☯ 처서 23일 19시 45분

양력 8 / 음력 06/22 ~ 07/22

양력	1	2	3	4	5	6	7	8	9	10	11	12	13	14	15	16	17	18	19	20	21	22	23	24	25	26	27	28	29	30	31
요일	토	일	월	화	수	목	금	토	일	월	화	수	목	금	토	일	월	화	수	목	금	토	일	월	화	수	목	금	토	일	월
일진 日辰	甲申	乙酉	丙戌	丁亥	戊子	己丑	庚寅	辛卯	壬辰	癸巳	甲午	乙未	丙申	丁酉	戊戌	己亥	庚子	辛丑	壬寅	癸卯	甲辰	乙巳	丙午	丁未	戊申	己酉	庚戌	辛亥	壬子	癸丑	甲寅
음력	22	23	24	25	26	27	28	29	30	7/1	2	3	4	5	6	7	8	9	10	11	12	13	14	15	16	17	18	19	20	21	22
대운 남	8	9	9	9	10	10	10	입	1	1	1	1	2	2	2	3	3	3	4	4	4	5	처	5	6	6	6	7	7	7	8
대운 여	2	2	2	1	1	1	1	추	10	10	9	9	9	8	8	8	7	7	7	6	6	6	서	5	5	4	4	4	3	3	3

백로 8일 07시 53분 【음8월】 ➡ 【辛酉月(신유월)】 ☯ 추분 23일 17시 06분

양력 9 / 음력 07/23 ~ 08/23

양력	1	2	3	4	5	6	7	8	9	10	11	12	13	14	15	16	17	18	19	20	21	22	23	24	25	26	27	28	29	30
요일	화	수	목	금	토	일	월	화	수	목	금	토	일	월	화	수	목	금	토	일	월	화	수	목	금	토	일	월	화	수
일진 日辰	乙卯	丙辰	丁巳	戊午	己未	庚申	辛酉	壬戌	癸亥	甲子	乙丑	丙寅	丁卯	戊辰	己巳	庚午	辛未	壬申	癸酉	甲戌	乙亥	丙子	丁丑	戊寅	己卯	庚辰	辛巳	壬午	癸未	甲申
음력	23	24	25	26	27	28	29	8/1	2	3	4	5	6	7	8	9	10	11	12	13	14	15	16	17	18	19	20	21	22	23
대운 남	8	8	9	9	9	10	10	백	1	1	1	1	2	2	2	3	3	3	4	4	4	5	추	5	6	6	6	7	7	7
대운 여	2	2	2	1	1	1	1	로	10	9	9	9	8	8	8	7	7	7	6	6	6	5	분	5	4	4	4	3	3	3

한로 8일 23시 10분 【음9월】 ➡ 【壬戌月(임술월)】 ☯ 상강 24일 02시 06분

양력 10 / 음력 08/24 ~ 09/24

양력	1	2	3	4	5	6	7	8	9	10	11	12	13	14	15	16	17	18	19	20	21	22	23	24	25	26	27	28	29	30	31
요일	목	금	토	일	월	화	수	목	금	토	일	월	화	수	목	금	토	일	월	화	수	목	금	토	일	월	화	수	목	금	토
일진 日辰	乙酉	丙戌	丁亥	戊子	己丑	庚寅	辛卯	壬辰	癸巳	甲午	乙未	丙申	丁酉	戊戌	己亥	庚子	辛丑	壬寅	癸卯	甲辰	乙巳	丙午	丁未	戊申	己酉	庚戌	辛亥	壬子	癸丑	甲寅	乙卯
음력	24	25	26	27	28	29	30	9/1	2	3	4	5	6	7	8	9	10	11	12	13	14	15	16	17	18	19	20	21	22	23	24
대운 남	8	8	8	9	9	9	10	한	1	1	1	1	2	2	2	3	3	3	4	4	4	5	5	상	6	6	6	7	7	7	8
대운 여	2	2	2	1	1	1	1	로	10	10	9	9	9	8	8	8	7	7	7	6	6	6	5	강	5	4	4	4	3	3	3

입동 8일 02시 01분 【음10월】 ➡ 【癸亥月(계해월)】 ☯ 소설 22일 23시 22분

양력 11 / 음력 09/25 ~ 10/24

양력	1	2	3	4	5	6	7	8	9	10	11	12	13	14	15	16	17	18	19	20	21	22	23	24	25	26	27	28	29	30
요일	일	월	화	수	목	금	토	일	월	화	수	목	금	토	일	월	화	수	목	금	토	일	월	화	수	목	금	토	일	월
일진 日辰	丙辰	丁巳	戊午	己未	庚申	辛酉	壬戌	癸亥	甲子	乙丑	丙寅	丁卯	戊辰	己巳	庚午	辛未	壬申	癸酉	甲戌	乙亥	丙子	丁丑	戊寅	己卯	庚辰	辛巳	壬午	癸未	甲申	乙酉
음력	25	26	27	28	29	30	10/1	2	3	4	5	6	7	8	9	10	11	12	13	14	15	16	17	18	19	20	21	22	23	24
대운 남	8	8	9	9	9	10	10	입	1	1	1	1	2	2	2	3	3	3	4	4	4	소	5	5	6	6	6	7	7	7
대운 여	2	2	2	1	1	1	1	동	9	9	9	8	8	8	7	7	7	6	6	6	5	설	5	4	4	4	3	3	3	2

대설 7일 18시 37분 【음11월】 ➡ 【甲子月(갑자월)】 ☯ 동지 22일 12시 31분

양력 12 / 음력 10/25 ~ 11/26

양력	1	2	3	4	5	6	7	8	9	10	11	12	13	14	15	16	17	18	19	20	21	22	23	24	25	26	27	28	29	30	31
요일	화	수	목	금	토	일	월	화	수	목	금	토	일	월	화	수	목	금	토	일	월	화	수	목	금	토	일	월	화	수	목
일진 日辰	丙戌	丁亥	戊子	己丑	庚寅	辛卯	壬辰	癸巳	甲午	乙未	丙申	丁酉	戊戌	己亥	庚子	辛丑	壬寅	癸卯	甲辰	乙巳	丙午	丁未	戊申	己酉	庚戌	辛亥	壬子	癸丑	甲寅	乙卯	丙辰
음력	25	26	27	28	29	11/1	2	3	4	5	6	7	8	9	10	11	12	13	14	15	16	17	18	19	20	21	22	23	24	25	26
대운 남	8	8	8	9	9	9	대	1	1	1	1	2	2	2	3	3	3	4	4	4	5	동	5	6	6	6	7	7	7	8	8
대운 여	2	2	1	1	1	1	설	10	9	9	9	8	8	8	7	7	7	6	6	6	5	지	5	4	4	4	3	3	3	2	2

단기 4287 年	1954년	중원 甲午年 ,납음(砂中金),본명성(一白水)
불기 2498 年		대장군(동방), 삼살(북방), 상문(서남방),조객(동남방), 납음(사중금), 【삼재(신,유,술)년】 臘享(납향):1955년1월22일(음12/29)

소한 6일 05시 45분 【음12월】 ➡ **【乙丑月(을축월)】** ☯ 대한 20일 23시 11분

양력 1 / 음력 11/27 ~ 12/27

양력	1	2	3	4	5	6	7	8	9	10	11	12	13	14	15	16	17	18	19	20	21	22	23	24	25	26	27	28	29	30	31
요일	금	토	일	월	화	수	목	금	토	일	월	화	수	목	금	토	일	월	화	수	목	금	토	일	월	화	수	목	금	토	일
일진 日辰	丁巳	戊午	己未	庚申	辛酉	壬戌	癸亥	甲子	乙丑	丙寅	丁卯	戊辰	己巳	庚午	辛未	壬申	癸酉	甲戌	乙亥	丙子	丁丑	戊寅	己卯	庚辰	辛巳	壬午	癸未	甲申	乙酉	丙戌	丁亥
음력	27	28	29	30	12/1	2	3	4	5	6	7	8	9	10	11	12	13	14	15	16	17	18	19	20	21	22	23	24	25	26	27
대운 남	8	9	9	9	10	소	1	1	1	1	2	2	2	3	3	3	4	4	4	대	5	5	6	6	6	7	7	7	8	8	8
대운 여	2	1	1	1	1	한	9	9	9	8	8	8	7	7	7	6	6	6	5	한	5	4	4	4	3	3	3	2	2	2	1

입춘 4일 17시 31분 【음1월】 ➡ **【丙寅月(병인월)】** ☯ 우수 19일 13시 32분

양력 2 / 음력 12/28 ~ 01/25

양력	1	2	3	4	5	6	7	8	9	10	11	12	13	14	15	16	17	18	19	20	21	22	23	24	25	26	27	28
요일	월	화	수	목	금	토	일	월	화	수	목	금	토	일	월	화	수	목	금	토	일	월	화	수	목	금	토	일
일진 日辰	戊子	己丑	庚寅	辛卯	壬辰	癸巳	甲午	乙未	丙申	丁酉	戊戌	己亥	庚子	辛丑	壬寅	癸卯	甲辰	乙巳	丙午	丁未	戊申	己酉	庚戌	辛亥	壬子	癸丑	甲寅	乙卯
음력	28	29	30	1/1	2	3	4	5	6	7	8	9	10	11	12	13	14	15	16	17	18	19	20	21	22	23	24	25
대운 남	9	9	9	입	10	9	9	9	8	8	8	7	7	7	6	6	6	5	우	5	4	4	4	3	3	3	2	2
대운 여	1	1	1	춘	1	1	1	1	2	2	2	3	3	3	4	4	4	5	수	5	6	6	6	7	7	7	8	8

甲午年

경칩 6일 11시 49분 【음2월】 ➡ **【丁卯月(정묘월)】** ☯ 춘분 21일 12시 53분

양력 3 / 음력 01/26 ~ 02/27

양력	1	2	3	4	5	6	7	8	9	10	11	12	13	14	15	16	17	18	19	20	21	22	23	24	25	26	27	28	29	30	31
요일	월	화	수	목	금	토	일	월	화	수	목	금	토	일	월	화	수	목	금	토	일	월	화	수	목	금	토	일	월	화	수
일진 日辰	丙辰	丁巳	戊午	己未	庚申	辛酉	壬戌	癸亥	甲子	乙丑	丙寅	丁卯	戊辰	己巳	庚午	辛未	壬申	癸酉	甲戌	乙亥	丙子	丁丑	戊寅	己卯	庚辰	辛巳	壬午	癸未	甲申	乙酉	丙戌
음력	26	27	28	29	2/1	2	3	4	5	6	7	8	9	10	11	12	13	14	15	16	17	18	19	20	21	22	23	24	25	26	27
대운 남	2	1	1	1	1	경	10	9	9	9	8	8	8	7	7	7	6	6	6	5	춘	5	4	4	4	3	3	3	2	2	2
대운 여	8	9	9	9	10	칩	1	1	1	1	2	2	2	3	3	3	4	4	4	5	분	5	6	6	6	7	7	7	8	8	8

청명 5일 16시 59분 【음3월】 ➡ **【戊辰月(무진월)】** ☯ 곡우 21일 00시 20분

양력 4 / 음력 02/28 ~ 03/28

양력	1	2	3	4	5	6	7	8	9	10	11	12	13	14	15	16	17	18	19	20	21	22	23	24	25	26	27	28	29	30
요일	목	금	토	일	월	화	수	목	금	토	일	월	화	수	목	금	토	일	월	화	수	목	금	토	일	월	화	수	목	금
일진 日辰	丁亥	戊子	己丑	庚寅	辛卯	壬辰	癸巳	甲午	乙未	丙申	丁酉	戊戌	己亥	庚子	辛丑	壬寅	癸卯	甲辰	乙巳	丙午	丁未	戊申	己酉	庚戌	辛亥	壬子	癸丑	甲寅	乙卯	丙辰
음력	28	29	3/1	2	3	4	5	6	7	8	9	10	11	12	13	14	15	16	17	18	19	20	21	22	23	24	25	26	27	28
대운 남	1	1	1	1	청	10	10	9	9	9	8	8	8	7	7	7	6	6	6	5	곡	5	4	4	4	3	3	3	2	2
대운 여	9	9	9	10	명	1	1	1	1	2	2	2	3	3	3	4	4	4	5	5	우	6	6	6	7	7	7	8	8	8

입하 6일 10시 38분 【음4월】 ➡ **【己巳月(기사월)】** ☯ 소만 21일 23시 47분

양력 5 / 음력 03/29 ~ 04/29

양력	1	2	3	4	5	6	7	8	9	10	11	12	13	14	15	16	17	18	19	20	21	22	23	24	25	26	27	28	29	30	31
요일	토	일	월	화	수	목	금	토	일	월	화	수	목	금	토	일	월	화	수	목	금	토	일	월	화	수	목	금	토	일	월
일진 日辰	丁巳	戊午	己未	庚申	辛酉	壬戌	癸亥	甲子	乙丑	丙寅	丁卯	戊辰	己巳	庚午	辛未	壬申	癸酉	甲戌	乙亥	丙子	丁丑	戊寅	己卯	庚辰	辛巳	壬午	癸未	甲申	乙酉	丙戌	丁亥
음력	29	30	4/1	2	3	4	5	6	7	8	9	10	11	12	13	14	15	16	17	18	19	20	21	22	23	24	25	26	27	28	29
대운 남	2	1	1	1	1	입	10	10	9	9	9	8	8	8	7	7	7	6	6	6	소	5	5	4	4	4	3	3	3	2	2
대운 여	9	9	9	10	10	하	1	1	1	1	2	2	2	3	3	3	4	4	4	5	만	5	6	6	6	7	7	7	8	8	8

망종 6일 15시 01분 【음5월】 ➡ **【庚午月(경오월)】** ☯ 하지 22일 07시 54분

양력 6 / 음력 05/01 ~ 06/01

양력	1	2	3	4	5	6	7	8	9	10	11	12	13	14	15	16	17	18	19	20	21	22	23	24	25	26	27	28	29	30
요일	화	수	목	금	토	일	월	화	수	목	금	토	일	월	화	수	목	금	토	일	월	화	수	목	금	토	일	월	화	수
일진 日辰	戊子	己丑	庚寅	辛卯	壬辰	癸巳	甲午	乙未	丙申	丁酉	戊戌	己亥	庚子	辛丑	壬寅	癸卯	甲辰	乙巳	丙午	丁未	戊申	己酉	庚戌	辛亥	壬子	癸丑	甲寅	乙卯	丙辰	丁巳
음력	5/1	2	3	4	5	6	7	8	9	10	11	12	13	14	15	16	17	18	19	20	21	22	23	24	25	26	27	28	29	6/1
대운 남	2	1	1	1	1	망	10	10	10	9	9	9	8	8	8	7	7	7	6	6	6	하	5	5	4	4	4	3	3	3
대운 여	9	9	9	10	10	종	1	1	1	1	2	2	2	3	3	3	4	4	4	5	5	지	6	6	6	7	7	7	8	8

한식(4월06일), 초복(7월13일), 중복(7월23일), 말복(8월12일)
춘사(春社)3/23 추사(秋社)9/19
토왕지절(土旺之節):4월17일,7월20일,10월21일,1월18일(신년양력),양력)

1954 甲午年

소서 8일 01시 19분 【음6월】 ➡ 【辛未月(신미월)】 ☯ 대서 23일 18시 45분

양력 7 / 음력 06/02~07/02	1	2	3	4	5	6	7	8	9	10	11	12	13	14	15	16	17	18	19	20	21	22	23	24	25	26	27	28	29	30	31
요일	목	금	토	일	월	화	수	목	금	토	일	월	화	수	목	금	토	일	월	화	수	목	금	토	일	월	화	수	목	금	토
일진 日辰	戊午	己未	庚申	辛酉	壬戌	癸亥	甲子	乙丑	丙寅	丁卯	戊辰	己巳	庚午	辛未	壬申	癸酉	甲戌	乙亥	丙子	丁丑	戊寅	己卯	庚辰	辛巳	壬午	癸未	甲申	乙酉	丙戌	丁亥	戊子
음력	2	3	4	5	6	7	8	9	10	11	12	13	14	15	16	17	18	19	20	21	22	23	24	25	26	27	28	29	30	7/1	2
대운 남	2	2	2	1	1	1	1	소	10	10	9	9	9	8	8	8	7	7	7	6	6	6	대	5	5	4	4	4	3	3	3
대운 여	8	9	9	9	10	10	10	서	1	1	1	1	2	2	2	3	3	3	4	4	4	5	서	5	6	6	6	7	7	7	8

입추 8일 10시 59분 【음7월】 ➡ 【壬申月(임신월)】 ☯ 처서 24일 01시 36분

양력 8 / 음력 07/03~08/04	1	2	3	4	5	6	7	8	9	10	11	12	13	14	15	16	17	18	19	20	21	22	23	24	25	26	27	28	29	30	31
요일	일	월	화	수	목	금	토	일	월	화	수	목	금	토	일	월	화	수	목	금	토	일	월	화	수	목	금	토	일	월	화
일진 日辰	己丑	庚寅	辛卯	壬辰	癸巳	甲午	乙未	丙申	丁酉	戊戌	己亥	庚子	辛丑	壬寅	癸卯	甲辰	乙巳	丙午	丁未	戊申	己酉	庚戌	辛亥	壬子	癸丑	甲寅	乙卯	丙辰	丁巳	戊午	己未
음력	3	4	5	6	7	8	9	10	11	12	13	14	15	16	17	18	19	20	21	22	23	24	25	26	27	28	29	8/1	2	3	4
대운 남	2	2	2	1	1	1	1	입	10	10	9	9	9	8	8	8	7	7	7	6	6	6	5	처	5	4	4	4	3	3	3
대운 여	8	8	9	9	9	10	10	추	1	1	1	1	2	2	2	3	3	3	4	4	4	5	5	서	6	6	6	7	7	7	8

백로 8일 13시 38분 【음8월】 ➡ 【癸酉月(계유월)】 ☯ 추분 23일 22시 55분

양력 9 / 음력 08/05~09/04	1	2	3	4	5	6	7	8	9	10	11	12	13	14	15	16	17	18	19	20	21	22	23	24	25	26	27	28	29	30
요일	수	목	금	토	일	월	화	수	목	금	토	일	월	화	수	목	금	토	일	월	화	수	목	금	토	일	월	화	수	목
일진 日辰	庚申	辛酉	壬戌	癸亥	甲子	乙丑	丙寅	丁卯	戊辰	己巳	庚午	辛未	壬申	癸酉	甲戌	乙亥	丙子	丁丑	戊寅	己卯	庚辰	辛巳	壬午	癸未	甲申	乙酉	丙戌	丁亥	戊子	己丑
음력	5	6	7	8	9	10	11	12	13	14	15	16	17	18	19	20	21	22	23	24	25	26	27	28	29	30	9/1	2	3	4
대운 남	2	2	2	1	1	1	1	백	10	10	9	9	9	8	8	8	7	7	7	6	6	6	추	5	5	4	4	4	3	3
대운 여	8	8	9	9	9	10	10	로	1	1	1	1	2	2	2	3	3	3	4	4	4	5	분	5	6	6	6	7	7	7

한로 9일 04시 57분 【음9월】 ➡ 【甲戌月(갑술월)】 ☯ 상강 24일 07시 56분

양력 10 / 음력 09/05~10/05	1	2	3	4	5	6	7	8	9	10	11	12	13	14	15	16	17	18	19	20	21	22	23	24	25	26	27	28	29	30	31
요일	금	토	일	월	화	수	목	금	토	일	월	화	수	목	금	토	일	월	화	수	목	금	토	일	월	화	수	목	금	토	일
일진 日辰	庚寅	辛卯	壬辰	癸巳	甲午	乙未	丙申	丁酉	戊戌	己亥	庚子	辛丑	壬寅	癸卯	甲辰	乙巳	丙午	丁未	戊申	己酉	庚戌	辛亥	壬子	癸丑	甲寅	乙卯	丙辰	丁巳	戊午	己未	庚申
음력	5	6	7	8	9	10	11	12	13	14	15	16	17	18	19	20	21	22	23	24	25	26	27	28	29	30	10/1	2	3	4	5
대운 남	3	2	2	2	1	1	1	1	한	10	9	9	9	8	8	8	7	7	7	6	6	6	5	상	5	4	4	4	3	3	3
대운 여	8	8	8	9	9	9	10	10	로	1	1	1	1	2	2	2	3	3	3	4	4	4	5	강	5	6	6	6	7	7	7

입동 8일 07시 51분 【음10월】 ➡ 【乙亥月(을해월)】 ☯ 소설 23일 05시 14분

양력 11 / 음력 10/06~11/06	1	2	3	4	5	6	7	8	9	10	11	12	13	14	15	16	17	18	19	20	21	22	23	24	25	26	27	28	29	30
요일	월	화	수	목	금	토	일	월	화	수	목	금	토	일	월	화	수	목	금	토	일	월	화	수	목	금	토	일	월	화
일진 日辰	辛酉	壬戌	癸亥	甲子	乙丑	丙寅	丁卯	戊辰	己巳	庚午	辛未	壬申	癸酉	甲戌	乙亥	丙子	丁丑	戊寅	己卯	庚辰	辛巳	壬午	癸未	甲申	乙酉	丙戌	丁亥	戊子	己丑	庚寅
음력	6	7	8	9	10	11	12	13	14	15	16	17	18	19	20	21	22	23	24	25	26	27	28	29	11/1	2	3	4	5	6
대운 남	2	2	2	1	1	1	1	입	10	9	9	9	8	8	8	7	7	7	6	6	6	5	소	5	4	4	4	3	3	3
대운 여	8	8	8	9	9	9	10	동	1	1	1	1	2	2	2	3	3	3	4	4	4	5	설	5	6	6	6	7	7	7

대설 8일 00시 29분 【음11월】 ➡ 【丙子月(병자월)】 ☯ 동지 22일 18시 24분

양력 12 / 음력 11/07~12/07	1	2	3	4	5	6	7	8	9	10	11	12	13	14	15	16	17	18	19	20	21	22	23	24	25	26	27	28	29	30	31
요일	수	목	금	토	일	월	화	수	목	금	토	일	월	화	수	목	금	토	일	월	화	수	목	금	토	일	월	화	수	목	금
일진 日辰	辛卯	壬辰	癸巳	甲午	乙未	丙申	丁酉	戊戌	己亥	庚子	辛丑	壬寅	癸卯	甲辰	乙巳	丙午	丁未	戊申	己酉	庚戌	辛亥	壬子	癸丑	甲寅	乙卯	丙辰	丁巳	戊午	己未	庚申	辛酉
음력	7	8	9	10	11	12	13	14	15	16	17	18	19	20	21	22	23	24	25	26	27	28	29	30	12/1	2	3	4	5	6	7
대운 남	2	2	2	1	1	1	1	대	9	9	9	8	8	8	7	7	7	6	6	6	5	동	5	4	4	4	3	3	3	2	2
대운 여	8	8	8	9	9	9	10	설	1	1	1	2	2	2	3	3	3	4	4	4	5	지	5	6	6	6	7	7	7	8	8

단기 4288 年
불기 2499 年

1955년 중원 乙未年 납음(砂中金),본명성(九紫火)

대장군(卯동방), 삼살(酉서방), 상문(酉서방),조객(巳동남방), 납음(사중금), 【삼재(사,오,미)년】 臘享(납향):1956년1월18일(음12/06)

소한 6일 11시 36분 【음12월】 ➡ 【丁丑月(정축월)】 ☯ 대한 21일 05시 02분

양력 1 (음력 12/08 ~ 01/08)

양력	1	2	3	4	5	6	7	8	9	10	11	12	13	14	15	16	17	18	19	20	21	22	23	24	25	26	27	28	29	30	31
요일	토	일	월	화	수	목	금	토	일	월	화	수	목	금	토	일	월	화	수	목	금	토	일	월	화	수	목	금	토	일	월
일진 日辰	壬戌	癸亥	甲子	乙丑	丙寅	丁卯	戊辰	己巳	庚午	辛未	壬申	癸酉	甲戌	乙亥	丙子	丁丑	戊寅	己卯	庚辰	辛巳	壬午	癸未	甲申	乙酉	丙戌	丁亥	戊子	己丑	庚寅	辛卯	壬辰
음력	8	9	10	11	12	13	14	15	16	17	18	19	20	21	22	23	24	25	26	27	28	29	30	1/1	2	3	4	5	6	7	8
대운 남	2	1	1	1	1	소	9	9	9	8	8	8	7	7	7	6	6	6	5	5	대	4	4	4	3	3	3	2	2	2	1
대운 여	8	9	9	9	10	한	1	1	1	1	2	2	2	3	3	3	4	4	4	5	한	5	6	6	6	7	7	7	8	8	8

입춘 4일 23시 18분 【음1월】 ➡ 【戊寅月(무인월)】 ☯ 우수 19일 19시 19분

양력 2 (음력 01/09 ~ 02/06)

양력	1	2	3	4	5	6	7	8	9	10	11	12	13	14	15	16	17	18	19	20	21	22	23	24	25	26	27	28
요일	화	수	목	금	토	일	월	화	수	목	금	토	일	월	화	수	목	금	토	일	월	화	수	목	금	토	일	월
일진 日辰	癸巳	甲午	乙未	丙申	丁酉	戊戌	己亥	庚子	辛丑	壬寅	癸卯	甲辰	乙巳	丙午	丁未	戊申	己酉	庚戌	辛亥	壬子	癸丑	甲寅	乙卯	丙辰	丁巳	戊午	己未	庚申
음력	9	10	11	12	13	14	15	16	17	18	19	20	21	22	23	24	25	26	27	28	29	30	2/1	2	3	4	5	6
대운 남	1	1	1	입	1	1	1	1	2	2	2	3	3	3	4	4	4	5	우	5	6	6	6	7	7	7	8	8
대운 여	9	9	9	춘	10	9	9	9	8	8	8	7	7	7	6	6	6	5	수	5	4	4	4	3	3	3	2	2

乙未年

경칩 6일 17시 31분 【음2월】 ➡ 【己卯月(기묘월)】 ☯ 춘분 21일 18시 35분

양력 3 (음력 02/07 ~ 03/08)

양력	1	2	3	4	5	6	7	8	9	10	11	12	13	14	15	16	17	18	19	20	21	22	23	24	25	26	27	28	29	30	31
요일	화	수	목	금	토	일	월	화	수	목	금	토	일	월	화	수	목	금	토	일	월	화	수	목	금	토	일	월	화	수	목
일진 日辰	辛酉	壬戌	癸亥	甲子	乙丑	丙寅	丁卯	戊辰	己巳	庚午	辛未	壬申	癸酉	甲戌	乙亥	丙子	丁丑	戊寅	己卯	庚辰	辛巳	壬午	癸未	甲申	乙酉	丙戌	丁亥	戊子	己丑	庚寅	辛卯
음력	7	8	9	10	11	12	13	14	15	16	17	18	19	20	21	22	23	24	25	26	27	28	29	3/1	2	3	4	5	6	7	8
대운 남	8	9	9	9	10	경	1	1	1	1	2	2	2	3	3	3	4	4	4	5	춘	5	6	6	6	7	7	7	8	8	8
대운 여	2	1	1	1	1	칩	10	9	9	9	8	8	8	7	7	7	6	6	6	5	분	5	4	4	4	3	3	3	2	2	2

청명 5일 22시 39분 【음3월】 ➡ 【庚辰月(경진월)】 ☯ 곡우 21일 05시 28분

양력 4 (음력 03/09 ~ 윤309)

양력	1	2	3	4	5	6	7	8	9	10	11	12	13	14	15	16	17	18	19	20	21	22	23	24	25	26	27	28	29	30
요일	금	토	일	월	화	수	목	금	토	일	월	화	수	목	금	토	일	월	화	수	목	금	토	일	월	화	수	목	금	토
일진 日辰	壬辰	癸巳	甲午	乙未	丙申	丁酉	戊戌	己亥	庚子	辛丑	壬寅	癸卯	甲辰	乙巳	丙午	丁未	戊申	己酉	庚戌	辛亥	壬子	癸丑	甲寅	乙卯	丙辰	丁巳	戊午	己未	庚申	辛酉
음력	9	10	11	12	13	14	15	16	17	18	19	20	21	22	23	24	25	26	27	28	29	윤3	2	3	4	5	6	7	8	9
대운 남	9	9	9	10	청	1	1	1	1	2	2	2	3	3	3	4	4	4	5	5	곡	6	6	6	7	7	7	8	8	8
대운 여	1	1	1	1	명	10	10	9	9	9	8	8	8	7	7	7	6	6	6	5	우	5	4	4	4	3	3	3	2	2

입하 6일 17시 18분 【음4월】 ➡ 【辛巳月(신사월)】 ☯ 소만 22일 06시 24분

양력 5 (음력 윤310 ~ 04/10)

양력	1	2	3	4	5	6	7	8	9	10	11	12	13	14	15	16	17	18	19	20	21	22	23	24	25	26	27	28	29	30	31
요일	일	월	화	수	목	금	토	일	월	화	수	목	금	토	일	월	화	수	목	금	토	일	월	화	수	목	금	토	일	월	화
일진 日辰	壬戌	癸亥	甲子	乙丑	丙寅	丁卯	戊辰	己巳	庚午	辛未	壬申	癸酉	甲戌	乙亥	丙子	丁丑	戊寅	己卯	庚辰	辛巳	壬午	癸未	甲申	乙酉	丙戌	丁亥	戊子	己丑	庚寅	辛卯	壬辰
음력	10	11	12	13	14	15	16	17	18	19	20	21	22	23	24	25	26	27	28	29	30	4/1	2	3	4	5	6	7	8	9	10
대운 남	9	9	9	10	10	입	1	1	1	1	2	2	2	3	3	3	4	4	4	5	5	소	6	6	6	7	7	7	8	8	8
대운 여	2	1	1	1	1	하	10	10	9	9	9	8	8	8	7	7	7	6	6	6	5	만	5	4	4	4	3	3	3	2	2

망종 6일 21시 43분 【음5월】 ➡ 【壬午月(임오월)】 ☯ 하지 22일 14시 31분

양력 6 (음력 04/11 ~ 05/11)

양력	1	2	3	4	5	6	7	8	9	10	11	12	13	14	15	16	17	18	19	20	21	22	23	24	25	26	27	28	29	30
요일	수	목	금	토	일	월	화	수	목	금	토	일	월	화	수	목	금	토	일	월	화	수	목	금	토	일	월	화	수	목
일진 日辰	癸巳	甲午	乙未	丙申	丁酉	戊戌	己亥	庚子	辛丑	壬寅	癸卯	甲辰	乙巳	丙午	丁未	戊申	己酉	庚戌	辛亥	壬子	癸丑	甲寅	乙卯	丙辰	丁巳	戊午	己未	庚申	辛酉	壬戌
음력	11	12	13	14	15	16	17	18	19	20	21	22	23	24	25	26	27	28	29	5/1	2	3	4	5	6	7	8	9	10	11
대운 남	9	9	9	10	10	망	1	1	1	1	2	2	2	3	3	3	4	4	4	5	5	하	6	6	6	7	7	7	8	8
대운 여	2	1	1	1	1	종	10	10	10	9	9	9	8	8	8	7	7	7	6	6	6	지	5	5	4	4	4	3	3	3

1955 乙未年

한식(4월06일), 초복(7월18일), 중복(7월28일), 말복(8월17일)
☂춘사(春社)3/18 ☀추사(秋社)9/24
토왕지절(土旺之節):4월18일,7월20일,10월21일,1월17일(신년양력),

서머타임 시작 5월5일 00시→01시로 조정
종료 9월09일 01시→00시로 조정
수정한 시간으로 표기(동경표준시 사용

소서 8일 08시 06분 【음6월】 ➡ 【癸未月(계미월)】 ☯ 대서 24일 01시 25분

양력 7	1	2	3	4	5	6	7	8	9	10	11	12	13	14	15	16	17	18	19	20	21	22	23	24	25	26	27	28	29	30	31
요일	금	토	일	월	화	수	목	금	토	일	월	화	수	목	금	토	일	월	화	수	목	금	토	일	월	화	수	목	금	토	일
일진 日辰	癸亥	甲子	乙丑	丙寅	丁卯	戊辰	己巳	庚午	辛未	壬申	癸酉	甲戌	乙亥	丙子	丁丑	戊寅	己卯	庚辰	辛巳	壬午	癸未	甲申	乙酉	丙戌	丁亥	戊子	己丑	庚寅	辛卯	壬辰	癸巳
음력 (05/12~06/13)	12	13	14	15	16	17	18	19	20	21	22	23	24	25	26	27	28	29	6/1	2	3	4	5	6	7	8	9	10	11	12	13
대운 남	8	9	9	9	10	10	10	소	1	1	1	1	2	2	2	3	3	3	4	4	4	5	5	대	6	6	6	7	7	7	8
대운 여	2	2	2	1	1	1	1	서	10	10	9	9	9	8	8	8	7	7	7	6	6	6	5	서	5	4	4	4	3	3	3

입추 8일 17시 50분 【음7월】 ➡ 【甲申月(갑신월)】 ☯ 처서 24일 08시 19분

양력 8	1	2	3	4	5	6	7	8	9	10	11	12	13	14	15	16	17	18	19	20	21	22	23	24	25	26	27	28	29	30	31
요일	월	화	수	목	금	토	일	월	화	수	목	금	토	일	월	화	수	목	금	토	일	월	화	수	목	금	토	일	월	화	수
일진 日辰	甲午	乙未	丙申	丁酉	戊戌	己亥	庚子	辛丑	壬寅	癸卯	甲辰	乙巳	丙午	丁未	戊申	己酉	庚戌	辛亥	壬子	癸丑	甲寅	乙卯	丙辰	丁巳	戊午	己未	庚申	辛酉	壬戌	癸亥	甲子
음력 (06/14~07/14)	14	15	16	17	18	19	20	21	22	23	24	25	26	27	28	29	30	7/1	2	3	4	5	6	7	8	9	10	11	12	13	14
대운 남	8	8	9	9	9	10	10	입	1	1	1	1	2	2	2	3	3	3	4	4	4	5	5	처	6	6	6	7	7	7	8
대운 여	2	2	2	1	1	1	1	추	10	10	9	9	9	8	8	8	7	7	7	6	6	6	5	서	5	4	4	4	3	3	3

백로 8일 20시 32분 【음8월】 ➡ 【乙酉月(을유월)】 ☯ 추분 24일 04시 41분

양력 9	1	2	3	4	5	6	7	8	9	10	11	12	13	14	15	16	17	18	19	20	21	22	23	24	25	26	27	28	29	30
요일	목	금	토	일	월	화	수	목	금	토	일	월	화	수	목	금	토	일	월	화	수	목	금	토	일	월	화	수	목	금
일진 日辰	乙丑	丙寅	丁卯	戊辰	己巳	庚午	辛未	壬申	癸酉	甲戌	乙亥	丙子	丁丑	戊寅	己卯	庚辰	辛巳	壬午	癸未	甲申	乙酉	丙戌	丁亥	戊子	己丑	庚寅	辛卯	壬辰	癸巳	甲午
음력 (07/15~08/15)	15	16	17	18	19	20	21	22	23	24	25	26	27	28	29	8/1	2	3	4	5	6	7	8	9	10	11	12	13	14	15
대운 남	8	8	9	9	9	10	10	백	1	1	1	1	2	2	2	3	3	3	4	4	4	5	5	추	6	6	6	7	7	7
대운 여	2	2	2	1	1	1	1	로	10	10	9	9	9	8	8	8	7	7	7	6	6	6	5	분	5	4	4	4	3	3

한로 9일 10시 52분 【음9월】 ➡ 【丙戌月(병술월)】 ☯ 상강 24일 13시 43분

양력 10	1	2	3	4	5	6	7	8	9	10	11	12	13	14	15	16	17	18	19	20	21	22	23	24	25	26	27	28	29	30	31
요일	토	일	월	화	수	목	금	토	일	월	화	수	목	금	토	일	월	화	수	목	금	토	일	월	화	수	목	금	토	일	월
일진 日辰	乙未	丙申	丁酉	戊戌	己亥	庚子	辛丑	壬寅	癸卯	甲辰	乙巳	丙午	丁未	戊申	己酉	庚戌	辛亥	壬子	癸丑	甲寅	乙卯	丙辰	丁巳	戊午	己未	庚申	辛酉	壬戌	癸亥	甲子	乙丑
음력 (08/16~09/16)	16	17	18	19	20	21	22	23	24	25	26	27	28	29	30	9/1	2	3	4	5	6	7	8	9	10	11	12	13	14	15	16
대운 남	8	8	8	9	9	9	10	10	한	1	1	1	1	2	2	2	3	3	3	4	4	4	5	상	5	6	6	6	7	7	7
대운 여	3	2	2	2	1	1	1	1	로	10	9	9	9	8	8	8	7	7	7	6	6	6	5	강	5	4	4	4	3	3	3

입동 8일 3시 45분 【음10월】 ➡ 【丁亥月(정해월)】 ☯ 소설 23일 11시 01분

양력 11	1	2	3	4	5	6	7	8	9	10	11	12	13	14	15	16	17	18	19	20	21	22	23	24	25	26	27	28	29	30
요일	화	수	목	금	토	일	월	화	수	목	금	토	일	월	화	수	목	금	토	일	월	화	수	목	금	토	일	월	화	수
일진 日辰	丙寅	丁卯	戊辰	己巳	庚午	辛未	壬申	癸酉	甲戌	乙亥	丙子	丁丑	戊寅	己卯	庚辰	辛巳	壬午	癸未	甲申	乙酉	丙戌	丁亥	戊子	己丑	庚寅	辛卯	壬辰	癸巳	甲午	乙未
음력 (09/17~10/17)	17	18	19	20	21	22	23	24	25	26	27	28	29	10/1	2	3	4	5	6	7	8	9	10	11	12	13	14	15	16	17
대운 남	8	8	8	9	9	9	10	입	1	1	1	1	2	2	2	3	3	3	4	4	4	5	소	5	6	6	6	7	7	7
대운 여	2	2	2	1	1	1	1	동	10	9	9	9	8	8	8	7	7	7	6	6	6	5	설	5	4	4	4	3	3	3

대설 8일 06시 23분 【음11월】 ➡ 【戊子月(무자월)】 ☯ 동지 23일 00시 11분

양력 12	1	2	3	4	5	6	7	8	9	10	11	12	13	14	15	16	17	18	19	20	21	22	23	24	25	26	27	28	29	30	31
요일	목	금	토	일	월	화	수	목	금	토	일	월	화	수	목	금	토	일	월	화	수	목	금	토	일	월	화	수	목	금	토
일진 日辰	丙申	丁酉	戊戌	己亥	庚子	辛丑	壬寅	癸卯	甲辰	乙巳	丙午	丁未	戊申	己酉	庚戌	辛亥	壬子	癸丑	甲寅	乙卯	丙辰	丁巳	戊午	己未	庚申	辛酉	壬戌	癸亥	甲子	乙丑	丙寅
음력 (10/18~11/18)	18	19	20	21	22	23	24	25	26	27	28	29	30	11/1	2	3	4	5	6	7	8	9	10	11	12	13	14	15	16	17	18
대운 남	8	8	8	9	9	9	10	대	1	1	1	1	2	2	2	3	3	3	4	4	4	5	동	5	6	6	6	7	7	7	8
대운 여	2	2	2		1	1	1	설	9	9	9	8	8	8	7	7	7	6	6	6	5	5	지	4	4	4	3	3	3	2	2

단기 4289 年	불기 2500 年

1956년

중원 丙申年 ,납음(山下火),본명성(八白土)

대장군(午남방), 삼살(남방), 상문(戌서북방), 조객(午남방),납음(산하화),삼재(인,묘,진) 臘享(납향):1957년1월23일(음12/23)

소한 6일 17시 30분 【음12월】 ➡ **【己丑月(기축월)】** ☯ 대한 21일 10시 48분

양력 1	양력	1	2	3	4	5	6	7	8	9	10	11	12	13	14	15	16	17	18	19	20	21	22	23	24	25	26	27	28	29	30	31
	요일	일	월	화	수	목	금	토	일	월	화	수	목	금	토	일	월	화	수	목	금	토	일	월	화	수	목	금	토	일	월	화
	일진 日辰	丁卯	戊辰	己巳	庚午	辛未	壬申	癸酉	甲戌	乙亥	丙子	丁丑	戊寅	己卯	庚辰	辛巳	壬午	癸未	甲申	乙酉	丙戌	丁亥	戊子	己丑	庚寅	辛卯	壬辰	癸巳	甲午	乙未	丙申	丁酉
음력 11/19 - 12/19	음력	19	20	21	22	23	24	25	26	27	28	29	30	12/1	2	3	4	5	6	7	8	9	10	11	12	13	14	15	16	17	18	19
대운	남	8	8	9	9	9	소	1	1	1	1	2	2	2	3	3	3	4	4	4	5	대	5	6	6	6	7	7	7	8	8	8
대운	여	2	1	1	1	1	한	10	9	9	9	8	8	8	7	7	7	6	6	6	5	한	5	4	4	4	3	3	3	2	2	2

입춘 5일 05시 12분 【음1월】 ➡ **【庚寅月(경인월)】** ☯ 우수 20일 01시 05분

양력 2	양력	1	2	3	4	5	6	7	8	9	10	11	12	13	14	15	16	17	18	19	20	21	22	23	24	25	26	27	28	29
	요일	수	목	금	토	일	월	화	수	목	금	토	일	월	화	수	목	금	토	일	월	화	수	목	금	토	일	월	화	수
	일진 日辰	戊戌	己亥	庚子	辛丑	壬寅	癸卯	甲辰	乙巳	丙午	丁未	戊申	己酉	庚戌	辛亥	壬子	癸丑	甲寅	乙卯	丙辰	丁巳	戊午	己未	庚申	辛酉	壬戌	癸亥	甲子	乙丑	丙寅
음력 12/20 - 01/18	음력	20	21	22	23	24	25	26	27	28	29	30	1/1	2	3	4	5	6	7	8	9	10	11	12	13	14	15	16	17	18
대운	남	9	9	9	10	입	9	9	9	8	8	8	7	7	7	6	6	6	5	5	우	4	4	4	3	3	3	2	2	2
대운	여	1	1	1	1	춘	1	1	1	1	2	2	2	3	3	3	4	4	4	5	수	5	6	6	6	7	7	7	8	8

丙申年

경칩 5일 23시 24분 【음2월】 ➡ **【辛卯月(신묘월)】** ☯ 춘분 21일 00시 20분

양력 3	양력	1	2	3	4	5	6	7	8	9	10	11	12	13	14	15	16	17	18	19	20	21	22	23	24	25	26	27	28	29	30	31
	요일	목	금	토	일	월	화	수	목	금	토	일	월	화	수	목	금	토	일	월	화	수	목	금	토	일	월	화	수	목	금	토
	일진 日辰	丁卯	戊辰	己巳	庚午	辛未	壬申	癸酉	甲戌	乙亥	丙子	丁丑	戊寅	己卯	庚辰	辛巳	壬午	癸未	甲申	乙酉	丙戌	丁亥	戊子	己丑	庚寅	辛卯	壬辰	癸巳	甲午	乙未	丙申	丁酉
음력 01/19 - 02/20	음력	19	20	21	22	23	24	25	26	27	28	29	2/1	2	3	4	5	6	7	8	9	10	11	12	13	14	15	16	17	18	19	20
대운	남	1	1	1	1	경	10	10	9	9	9	8	8	8	7	7	7	6	6	6	5	춘	5	4	4	4	3	3	3	2	2	2
대운	여	8	9	9	9	칩	1	1	1	1	2	2	2	3	3	3	4	4	4	5	5	분	6	6	6	7	7	7	8	8	8	9

청명 5일 04시 31분 【음3월】 ➡ **【壬辰月(임진월)】** ☯ 곡우 20일 11시 43분

양력 4	양력	1	2	3	4	5	6	7	8	9	10	11	12	13	14	15	16	17	18	19	20	21	22	23	24	25	26	27	28	29	30
	요일	일	월	화	수	목	금	토	일	월	화	수	목	금	토	일	월	화	수	목	금	토	일	월	화	수	목	금	토	일	월
	일진 日辰	戊戌	己亥	庚子	辛丑	壬寅	癸卯	甲辰	乙巳	丙午	丁未	戊申	己酉	庚戌	辛亥	壬子	癸丑	甲寅	乙卯	丙辰	丁巳	戊午	己未	庚申	辛酉	壬戌	癸亥	甲子	乙丑	丙寅	丁卯
음력 02/21 - 03/20	음력	21	22	23	24	25	26	27	28	29	30	3/1	2	3	4	5	6	7	8	9	10	11	12	13	14	15	16	17	18	19	20
대운	남	1	1	1	1	청	10	9	9	9	8	8	8	7	7	7	6	6	6	5	곡	5	4	4	4	3	3	3	2	2	2
대운	여	9	9	10	10	명	1	1	1	1	2	2	2	3	3	3	4	4	4	5	우	5	6	6	6	7	7	7	8	8	8

입하 5일 22시 10분 【음4월】 ➡ **【癸巳月(계사월)】** ☯ 소만 21일 12시 13분

양력 5	양력	1	2	3	4	5	6	7	8	9	10	11	12	13	14	15	16	17	18	19	20	21	22	23	24	25	26	27	28	29	30	31
	요일	화	수	목	금	토	일	월	화	수	목	금	토	일	월	화	수	목	금	토	일	월	화	수	목	금	토	일	월	화	수	목
	일진 日辰	戊辰	己巳	庚午	辛未	壬申	癸酉	甲戌	乙亥	丙子	丁丑	戊寅	己卯	庚辰	辛巳	壬午	癸未	甲申	乙酉	丙戌	丁亥	戊子	己丑	庚寅	辛卯	壬辰	癸巳	甲午	乙未	丙申	丁酉	戊戌
음력 03/21 - 04/22	음력	21	22	23	24	25	26	27	28	29	4/1	2	3	4	5	6	7	8	9	10	11	12	13	14	15	16	17	18	19	20	21	22
대운	남	1	1	1	1	입	10	10	10	9	9	9	8	8	8	7	7	7	6	6	6	소	5	5	4	4	4	3	3	3	2	2
대운	여	9	9	9	10	하	1	1	1	1	2	2	2	3	3	3	4	4	4	5	5	만	6	6	6	7	7	7	8	8	8	9

망종 6일 03시 36분 【음5월】 ➡ **【甲午月(갑오월)】** ☯ 하지 21일 20시 24분

양력 6	양력	1	2	3	4	5	6	7	8	9	10	11	12	13	14	15	16	17	18	19	20	21	22	23	24	25	26	27	28	29	30
	요일	금	토	일	월	화	수	목	금	토	일	월	화	수	목	금	토	일	월	화	수	목	금	토	일	월	화	수	목	금	토
	일진 日辰	己亥	庚子	辛丑	壬寅	癸卯	甲辰	乙巳	丙午	丁未	戊申	己酉	庚戌	辛亥	壬子	癸丑	甲寅	乙卯	丙辰	丁巳	戊午	己未	庚申	辛酉	壬戌	癸亥	甲子	乙丑	丙寅	丁卯	戊辰
음력 04/23 - 05/22	음력	23	24	25	26	27	28	29	30	5/1	2	3	4	5	6	7	8	9	10	11	12	13	14	15	16	17	18	19	20	21	22
대운	남	2	1	1	1	1	망	10	10	9	9	9	8	8	8	7	7	7	6	6	6	하	5	5	4	4	4	3	3	3	2
대운	여	9	9	10	10	10	종	1	1	1	1	2	2	2	3	3	3	4	4	4	5	지	5	6	6	6	7	7	7	8	8

한식(4월05일), 초복(7월12일), 중복(7월22일), 말복(8월11일)
☂춘사(春社)3/22 ☀추사(秋社)9/18
토왕지절(土旺之節):4월17일,7월20일,10월20일,1월17일(신년양력),

서머타임 시작 5월20일 00시→01시로 조정
종료 9월30일 01시→00시로 조정
수정한 시간으로 표기(동경표준시 사용)

1956 丙申年

소서 7일 13시 58분 【음6월】 ➡ 【乙未月(을미월)】 ☯ 대서 23일 07시 20분

양력 7	양력	1	2	3	4	5	6		8	9	10	11	12	13	14	15	16	17	18	19	20	21	22	23	24	25	26	27	28	29	30	31
	요일	일	월	화	수	목	금		일	월	화	수	목	금	토	일	월	화	수	목	금	토	일	월	화	수	목	금	토	일	월	화
	일진 日辰	己巳	庚午	辛未	壬申	癸酉	甲戌	乙亥	丙子	丁丑	戊寅	己卯	庚辰	辛巳	壬午	癸未	甲申	乙酉	丙戌	丁亥	戊子	己丑	庚寅	辛卯	壬辰	癸巳	甲午	乙未	丙申	丁酉	戊戌	己亥
음력 05/23 | 06/24	음력	23	24	25	26	27	28	29	6/1	2	3	4	5	6	7	8	9	10	11	12	13	14	15	16	17	18	19	20	21	22	23	24
대운	남	2	2	1	1	1	1	소	10	10	9	9	9	8	8	8	7	7	7	6	6	6	5	대	5	4	4	4	3	3	3	2
	여	8	9	9	9	10	10	서	1	1	1	1	2	2	2	3	3	3	4	4	4	5	5	서	6	6	6	7	7	7	8	8

입추 7일 23시 40분 【음7월】 ➡ 【丙申月(병신월)】 ☯ 처서 23일 14시 15분

양력 8	양력	1	2	3	4	5	6	7	8	9	10	11	12	13	14	15	16	17	18	19	20	21	22	23	24	25	26	27	28	29	30	31
	요일	수	목	금	토	일	월	화	수	목	금	토	일	월	화	수	목	금	토	일	월	화	수	목	금	토	일	월	화	수	목	금
	일진 日辰	庚子	辛丑	壬寅	癸卯	甲辰	乙巳	丙午	丁未	戊申	己酉	庚戌	辛亥	壬子	癸丑	甲寅	乙卯	丙辰	丁巳	戊午	己未	庚申	辛酉	壬戌	癸亥	甲子	乙丑	丙寅	丁卯	戊辰	己巳	庚午
음력 06/25 | 07/26	음력	25	26	27	28	29	7/1	2	3	4	5	6	7	8	9	10	11	12	13	14	15	16	17	18	19	20	21	22	23	24	25	26
대운	남	2	2	1	1	1	1	입	10	10	10	9	9	9	8	8	8	7	7	7	6	6	6	처	5	5	4	4	4	3	3	3
	여	8	9	9	9	10	10	추	1	1	1	1	2	2	2	3	3	3	4	4	4	5	5	서	6	6	6	7	7	7	8	8

백로 8일 02시 19분 【음8월】 ➡ 【丁酉月(정유월)】 ☯ 추분 23일 11시 35분

양력 9	양력	1	2	3	4	5	6	7	8	9	10	11	12	13	14	15	16	17	18	19	20	21	22	23	24	25	26	27	28	29	30
	요일	토	일	월	화	수	목	금	토	일	월	화	수	목	금	토	일	월	화	수	목	금	토	일	월	화	수	목	금	토	일
	일진 日辰	辛未	壬申	癸酉	甲戌	乙亥	丙子	丁丑	戊寅	己卯	庚辰	辛巳	壬午	癸未	甲申	乙酉	丙戌	丁亥	戊子	己丑	庚寅	辛卯	壬辰	癸巳	甲午	乙未	丙申	丁酉	戊戌	己亥	庚子
음력 07/27 | 08/26	음력	27	28	29	30	8/1	2	3	4	5	6	7	8	9	10	11	12	13	14	15	16	17	18	19	20	21	22	23	24	25	26
대운	남	2	2	2	1	1	1	1	백	10	9	9	9	8	8	8	7	7	7	6	6	6	5	추	5	4	4	4	3	3	3
	여	8	9	9	9	10	10	10	로	1	1	1	1	2	2	2	3	3	3	4	4	4	5	분	5	6	6	6	7	7	7

한로 8일 16시 36분 【음9월】 ➡ 【戊戌月(무술월)】 ☯ 상강 23일 19시 34분

양력 10	양력	1	2	3	4	5	6	7	8	9	10	11	12	13	14	15	16	17	18	19	20	21	22	23	24	25	26	27	28	29	30	31
	요일	월	화	수	목	금	토	일	월	화	수	목	금	토	일	월	화	수	목	금	토	일	월	화	수	목	금	토	일	월	화	수
	일진 日辰	辛丑	壬寅	癸卯	甲辰	乙巳	丙午	丁未	戊申	己酉	庚戌	辛亥	壬子	癸丑	甲寅	乙卯	丙辰	丁巳	戊午	己未	庚申	辛酉	壬戌	癸亥	甲子	乙丑	丙寅	丁卯	戊辰	己巳	庚午	辛未
음력 08/27 | 09/28	음력	27	28	29	9/1	2	3	4	5	6	7	8	9	10	11	12	13	14	15	16	17	18	19	20	21	22	23	24	25	26	27	28
대운	남	2	2	2	1	1	1	1	한	10	9	9	9	8	8	8	7	7	7	6	6	6	5	상	5	4	4	4	3	3	3	2
	여	8	8	8	9	9	9	10	로	1	1	1	1	2	2	2	3	3	3	4	4	4	5	강	5	6	6	6	7	7	7	8

입동 7일 19시 26분 【음10월】 ➡ 【己亥月(기해월)】 ☯ 소설 22일 16시 50분

양력 11	양력	1	2	3	4	5	6	7	8	9	10	11	12	13	14	15	16	17	18	19	20	21	22	23	24	25	26	27	28	29	30
	요일	목	금	토	일	월	화	수	목	금	토	일	월	화	수	목	금	토	일	월	화	수	목	금	토	일	월	화	수	목	금
	일진 日辰	壬申	癸酉	甲戌	乙亥	丙子	丁丑	戊寅	己卯	庚辰	辛巳	壬午	癸未	甲申	乙酉	丙戌	丁亥	戊子	己丑	庚寅	辛卯	壬辰	癸巳	甲午	乙未	丙申	丁酉	戊戌	己亥	庚子	辛丑
음력 09/29 | 10/28	음력	29	30	10/1	2	3	4	5	6	7	8	9	10	11	12	13	14	15	16	17	18	19	20	21	22	23	24	25	26	27	28
대운	남	2	2	1	1	1	1	입	10	9	9	9	8	8	8	7	7	7	6	6	6	5	소	5	4	4	4	3	3	3	2
	여	8	8	9	9	9	10	동	1	1	1	1	2	2	2	3	3	3	4	4	4	5	설	5	6	6	6	7	7	7	8

대설 7일 12시 02분 【음11월】 ➡ 【庚子月(경자월)】 ☯ 동지 22일 05시 59분

양력 12	양력	1	2	3	4	5	6	7	8	9	10	11	12	13	14	15	16	17	18	19	20	21	22	23	24	25	26	27	28	29	30	31
	요일	토	일	월	화	수	목	금	토	일	월	화	수	목	금	토	일	월	화	수	목	금	토	일	월	화	수	목	금	토	일	월
	일진 日辰	壬寅	癸卯	甲辰	乙巳	丙午	丁未	戊申	己酉	庚戌	辛亥	壬子	癸丑	甲寅	乙卯	丙辰	丁巳	戊午	己未	庚申	辛酉	壬戌	癸亥	甲子	乙丑	丙寅	丁卯	戊辰	己巳	庚午	辛未	壬申
음력 10/29 | 11/30	음력	29	11/1	2	3	4	5	6	7	8	9	10	11	12	13	14	15	16	17	18	19	20	21	22	23	24	25	26	27	28	29	30
대운	남	2	2	1	1	1	1	대	9	9	9	8	8	8	7	7	7	6	6	6	5	5	동	4	4	4	3	3	3	2	2	2
	여	8	8	9	9	9	10	설	1	1	1	1	2	2	2	3	3	3	4	4	4	5	지	5	6	6	6	7	7	7	8	8

단기 4290 年	1957년
불기 2501 年	

중원 丁酉年 납음(山下火),본명성(七赤金)

대장군(午남방),삼살(동방),상문(亥서북방),조객(未서남방),납음(산하화),【삼재(해,자,축)년】 臘享(납향):1958년1월30일(음12/11)

소한 5일 23시 10분 【음12월】 ➡ **【辛丑月(신축월)】** ☯ 대한 20일 16시 39분

양력 1 (음력 12/01 ~ 01/01)

양력	1	2	3	4	5	6	7	8	9	10	11	12	13	14	15	16	17	18	19	20	21	22	23	24	25	26	27	28	29	30	31
요일	화	수	목	금	토	일	월	화	수	목	금	토	일	월	화	수	목	금	토	일	월	화	수	목	금	토	일	월	화	수	목
일진 日辰	癸酉	甲戌	乙亥	丙子	丁丑	戊寅	己卯	庚辰	辛巳	壬午	癸未	甲申	乙酉	丙戌	丁亥	戊子	己丑	庚寅	辛卯	壬辰	癸巳	甲午	乙未	丙申	丁酉	戊戌	己亥	庚子	辛丑	壬寅	癸卯
음력	12/1	2	3	4	5	6	7	8	9	10	11	12	13	14	15	16	17	18	19	20	21	22	23	24	25	26	27	28	29	30	1/1
대운 남	1	1	1	1	소	10	9	9	9	8	8	8	7	7	7	6	6	6	5	대	5	4	4	4	3	3	3	2	2	2	1
대운 여	8	9	9	9	한	1	1	1	1	2	2	2	3	3	3	4	4	4	5	한	5	6	6	6	7	7	7	8	8	8	9

입춘 4일 10시 55분 【음1월】 ➡ **【壬寅月(임인월)】** ☯ 우수 19일 06시 58분

양력 2 (음력 01/02 ~ 01/29)

양력	1	2	3	4	5	6	7	8	9	10	11	12	13	14	15	16	17	18	19	20	21	22	23	24	25	26	27	28
요일	금	토	일	월	화	수	목	금	토	일	월	화	수	목	금	토	일	월	화	수	목	금	토	일	월	화	수	목
일진 日辰	甲辰	乙巳	丙午	丁未	戊申	己酉	庚戌	辛亥	壬子	癸丑	甲寅	乙卯	丙辰	丁巳	戊午	己未	庚申	辛酉	壬戌	癸亥	甲子	乙丑	丙寅	丁卯	戊辰	己巳	庚午	辛未
음력	2	3	4	5	6	7	8	9	10	11	12	13	14	15	16	17	18	19	20	21	22	23	24	25	26	27	28	29
대운 남	1	1	1	입	1	1	1	1	2	2	2	3	3	3	4	4	4	5	우	5	6	6	6	7	7	7	8	8
대운 여	9	9	10	춘	10	9	9	9	8	8	8	7	7	7	6	6	6	5	수	5	4	4	4	3	3	3	2	2

丁酉年

경칩 6일 05시 10분 【음2월】 ➡ **【癸卯月(계묘월)】** ☯ 춘분 21일 06시 16분

양력 3 (음력 01/30 ~ 03/01)

양력	1	2	3	4	5	6	7	8	9	10	11	12	13	14	15	16	17	18	19	20	21	22	23	24	25	26	27	28	29	30	31
요일	금	토	일	월	화	수	목	금	토	일	월	화	수	목	금	토	일	월	화	수	목	금	토	일	월	화	수	목	금	토	일
일진 日辰	壬申	癸酉	甲戌	乙亥	丙子	丁丑	戊寅	己卯	庚辰	辛巳	壬午	癸未	甲申	乙酉	丙戌	丁亥	戊子	己丑	庚寅	辛卯	壬辰	癸巳	甲午	乙未	丙申	丁酉	戊戌	己亥	庚子	辛丑	壬寅
음력	30	2/1	2	3	4	5	6	7	8	9	10	11	12	13	14	15	16	17	18	19	20	21	22	23	24	25	26	27	28	29	3/1
대운 남	8	9	9	9	10	경	1	1	1	1	2	2	2	3	3	3	4	4	4	5	춘	5	6	6	6	7	7	7	8	8	8
대운 여	2	1	1	1	1	칩	10	9	9	9	8	8	8	7	7	7	6	6	6	5	분	5	4	4	4	3	3	3	2	2	2

청명 5일 10시 19분 【음3월】 ➡ **【甲辰月(갑진월)】** ☯ 곡우 20일 17시 41분

양력 4 (음력 03/02 ~ 04/01)

양력	1	2	3	4	5	6	7	8	9	10	11	12	13	14	15	16	17	18	19	20	21	22	23	24	25	26	27	28	29	30
요일	월	화	수	목	금	토	일	월	화	수	목	금	토	일	월	화	수	목	금	토	일	월	화	수	목	금	토	일	월	화
일진 日辰	癸卯	甲辰	乙巳	丙午	丁未	戊申	己酉	庚戌	辛亥	壬子	癸丑	甲寅	乙卯	丙辰	丁巳	戊午	己未	庚申	辛酉	壬戌	癸亥	甲子	乙丑	丙寅	丁卯	戊辰	己巳	庚午	辛未	壬申
음력	2	3	4	5	6	7	8	9	10	11	12	13	14	15	16	17	18	19	20	21	22	23	24	25	26	27	28	29	30	4/1
대운 남	9	9	9	10	청	1	1	1	1	2	2	2	3	3	3	4	4	4	5	곡	5	6	6	6	7	7	7	8	8	8
대운 여	1	1	1	1	명	10	10	9	9	9	8	8	8	7	7	7	6	6	6	우	5	5	4	4	4	3	3	3	2	2

입하 6일 04시 58분 【음4월】 ➡ **【乙巳月(을사월)】** ☯ 소만 21일 18시 10분

양력 5 (음력 04/02 ~ 05/03)

양력	1	2	3	4	5	6	7	8	9	10	11	12	13	14	15	16	17	18	19	20	21	22	23	24	25	26	27	28	29	30	31
요일	수	목	금	토	일	월	화	수	목	금	토	일	월	화	수	목	금	토	일	월	화	수	목	금	토	일	월	화	수	목	금
일진 日辰	癸酉	甲戌	乙亥	丙子	丁丑	戊寅	己卯	庚辰	辛巳	壬午	癸未	甲申	乙酉	丙戌	丁亥	戊子	己丑	庚寅	辛卯	壬辰	癸巳	甲午	乙未	丙申	丁酉	戊戌	己亥	庚子	辛丑	壬寅	癸卯
음력	2	3	4	5	6	7	8	9	10	11	12	13	14	15	16	17	18	19	20	21	22	23	24	25	26	27	28	29	5/1	2	3
대운 남	9	9	9	10	10	입	1	1	1	1	2	2	2	3	3	3	4	4	4	5	소	5	6	6	6	7	7	7	8	8	8
대운 여	2	1	1	1	1	하	10	10	9	9	9	8	8	8	7	7	7	6	6	6	만	5	5	4	4	4	3	3	3	2	2

망종 6일 09시 25분 【음5월】 ➡ **【丙午月(병오월)】** ☯ 하지 22일 02시 21분

양력 6 (음력 05/04 ~ 06/03)

양력	1	2	3	4	5	6	7	8	9	10	11	12	13	14	15	16	17	18	19	20	21	22	23	24	25	26	27	28	29	30
요일	토	일	월	화	수	목	금	토	일	월	화	수	목	금	토	일	월	화	수	목	금	토	일	월	화	수	목	금	토	일
일진 日辰	甲辰	乙巳	丙午	丁未	戊申	己酉	庚戌	辛亥	壬子	癸丑	甲寅	乙卯	丙辰	丁巳	戊午	己未	庚申	辛酉	壬戌	癸亥	甲子	乙丑	丙寅	丁卯	戊辰	己巳	庚午	辛未	壬申	癸酉
음력	4	5	6	7	8	9	10	11	12	13	14	15	16	17	18	19	20	21	22	23	24	25	26	27	28	29	30	6/1	2	3
대운 남	9	9	9	10	10	망	1	1	1	1	2	2	2	3	3	3	4	4	4	5	5	하	6	6	6	7	7	7	8	8
대운 여	2	1	1	1	1	종	10	10	9	9	9	8	8	8	7	7	7	6	6	6	5	지	5	4	4	4	3	3	3	2

한식(4월06일), 초복(7월17일), 중복(7월27일), 말복(8월15일)
춘사(春社)3/17 추사(秋社)9/23
토왕지절(土旺之節):4월17일,7월20일,10월21일,1월17일(신년양력)

서머타임 시작 5월05일 00시→01시로 조정
종료 9월22일 01시→00시로 조정
수정한 시간으로 표기(동경표준시 사용)

1957 丁酉年

【丁未月(정미월)】

소서 7일 19시 48분 【음6월】 ➡ 대서 23일 13시 15분

양력 7 (음력 06/04 ~ 07/05)

양력	1	2	3	4	5	6	7	8	9	10	11	12	13	14	15	16	17	18	19	20	21	22	23	24	25	26	27	28	29	30	31
요일	월	화	수	목	금	토	일	월	화	수	목	금	토	일	월	화	수	목	금	토	일	월	화	수	목	금	토	일	월	화	수
일진 日辰	甲戌	乙亥	丙子	丁丑	戊寅	己卯	庚辰	辛巳	壬午	癸未	甲申	乙酉	丙戌	丁亥	戊子	己丑	庚寅	辛卯	壬辰	癸巳	甲午	乙未	丙申	丁酉	戊戌	己亥	庚子	辛丑	壬寅	癸卯	甲辰
음력	4	5	6	7	8	9	10	11	12	13	14	15	16	17	18	19	20	21	22	23	24	25	26	27	28	29	7/1	2	3	4	5
대운 남	8	9	9	9	10	10	소	1	1	1	1	2	2	2	3	3	3	4	4	4	5	5	대	6	6	6	7	7	7	8	8
대운 여	2	2	1	1	1	1	서	10	10	10	9	9	9	8	8	8	7	7	7	6	6	6	서	5	5	4	4	4	3	3	3

【戊申月(무신월)】

입추 8일 05시 32분 【음7월】 ➡ 처서 23일 20시 08분

양력 8 (음력 07/06 ~ 08/07)

양력	1	2	3	4	5	6	7	8	9	10	11	12	13	14	15	16	17	18	19	20	21	22	23	24	25	26	27	28	29	30	31
요일	목	금	토	일	월	화	수	목	금	토	일	월	화	수	목	금	토	일	월	화	수	목	금	토	일	월	화	수	목	금	토
일진 日辰	乙巳	丙午	丁未	戊申	己酉	庚戌	辛亥	壬子	癸丑	甲寅	乙卯	丙辰	丁巳	戊午	己未	庚申	辛酉	壬戌	癸亥	甲子	乙丑	丙寅	丁卯	戊辰	己巳	庚午	辛未	壬申	癸酉	甲戌	乙亥
음력	6	7	8	9	10	11	12	13	14	15	16	17	18	19	20	21	22	23	24	25	26	27	28	29	8/1	2	3	4	5	6	7
대운 남	8	9	9	9	10	10	10	입	1	1	1	1	2	2	2	3	3	3	4	4	4	5	처	5	6	6	6	7	7	7	8
대운 여	2	2	2	1	1	1	1	추	10	10	9	9	9	8	8	8	7	7	7	6	6	6	서	5	5	4	4	4	3	3	3

【己酉月(기유월)】

백로 8일 08시 12분 【음8월】 ➡ 추분 23일 16시 26분

양력 9 (음력 08/08 ~ 윤807)

양력	1	2	3	4	5	6	7	8	9	10	11	12	13	14	15	16	17	18	19	20	21	22	23	24	25	26	27	28	29	30
요일	일	월	화	수	목	금	토	일	월	화	수	목	금	토	일	월	화	수	목	금	토	일	월	화	수	목	금	토	일	월
일진 日辰	丙子	丁丑	戊寅	己卯	庚辰	辛巳	壬午	癸未	甲申	乙酉	丙戌	丁亥	戊子	己丑	庚寅	辛卯	壬辰	癸巳	甲午	乙未	丙申	丁酉	戊戌	己亥	庚子	辛丑	壬寅	癸卯	甲辰	乙巳
음력	8	9	10	11	12	13	14	15	16	17	18	19	20	21	22	23	24	25	26	27	28	29	30	윤8	2	3	4	5	6	7
대운 남	8	8	9	9	9	10	10	백	1	1	1	1	2	2	2	3	3	3	4	4	4	5	추	5	6	6	6	7	7	7
대운 여	2	2	2	1	1	1	1	로	10	9	9	9	8	8	8	7	7	7	6	6	6	5	분	5	4	4	4	3	3	3

【庚戌月(경술월)】

한로 8일 22시 30분 【음9월】 ➡ 상강 24일 01시 24분

양력 10 (음력 윤808 ~ 09/09)

양력	1	2	3	4	5	6	7	8	9	10	11	12	13	14	15	16	17	18	19	20	21	22	23	24	25	26	27	28	29	30	31
요일	화	수	목	금	토	일	월	화	수	목	금	토	일	월	화	수	목	금	토	일	월	화	수	목	금	토	일	월	화	수	목
일진 日辰	丙午	丁未	戊申	己酉	庚戌	辛亥	壬子	癸丑	甲寅	乙卯	丙辰	丁巳	戊午	己未	庚申	辛酉	壬戌	癸亥	甲子	乙丑	丙寅	丁卯	戊辰	己巳	庚午	辛未	壬申	癸酉	甲戌	乙亥	丙子
음력	8	9	10	11	12	13	14	15	16	17	18	19	20	21	22	23	24	25	26	27	28	29	9/1	2	3	4	5	6	7	8	9
대운 남	8	8	8	9	9	9	10	한	1	1	1	1	2	2	2	3	3	3	4	4	4	5	5	상	6	6	6	7	7	7	8
대운 여	2	2	2	1	1	1	1	로	10	10	9	9	9	8	8	8	7	7	7	6	6	6	5	강	5	4	4	4	3	3	3

【辛亥月(신해월)】

입동 8일 01시 20분 【음10월】 ➡ 소설 22일 22시 39분

양력 11 (음력 09/10 ~ 10/09)

양력	1	2	3	4	5	6	7	8	9	10	11	12	13	14	15	16	17	18	19	20	21	22	23	24	25	26	27	28	29	30
요일	금	토	일	월	화	수	목	금	토	일	월	화	수	목	금	토	일	월	화	수	목	금	토	일	월	화	수	목	금	토
일진 日辰	丁丑	戊寅	己卯	庚辰	辛巳	壬午	癸未	甲申	乙酉	丙戌	丁亥	戊子	己丑	庚寅	辛卯	壬辰	癸巳	甲午	乙未	丙申	丁酉	戊戌	己亥	庚子	辛丑	壬寅	癸卯	甲辰	乙巳	丙午
음력	10	11	12	13	14	15	16	17	18	19	20	21	22	23	24	25	26	27	28	29	30	10/1	2	3	4	5	6	7	8	9
대운 남	8	8	9	9	9	10	10	입	1	1	1	1	2	2	2	3	3	3	4	4	4	5	소	5	6	6	6	7	7	7
대운 여	2	2	2	1	1	1	1	동	9	9	9	8	8	8	7	7	7	6	6	6	5	5	설	4	4	4	3	3	3	2

【壬子月(임자월)】

대설 7일 17시 56분 【음11월】 ➡ 동지 22일 11시 49분

양력 12 (음력 10/10 ~ 11/11)

양력	1	2	3	4	5	6	7	8	9	10	11	12	13	14	15	16	17	18	19	20	21	22	23	24	25	26	27	28	29	30	31
요일	일	월	화	수	목	금	토	일	월	화	수	목	금	토	일	월	화	수	목	금	토	일	월	화	수	목	금	토	일	월	화
일진 日辰	丁未	戊申	己酉	庚戌	辛亥	壬子	癸丑	甲寅	乙卯	丙辰	丁巳	戊午	己未	庚申	辛酉	壬戌	癸亥	甲子	乙丑	丙寅	丁卯	戊辰	己巳	庚午	辛未	壬申	癸酉	甲戌	乙亥	丙子	丁丑
음력	10	11	12	13	14	15	16	17	18	19	20	21	22	23	24	25	26	27	28	29	11/1	2	3	4	5	6	7	8	9	10	11
대운 남	8	8	8	9	9	9	대	1	1	1	1	2	2	2	3	3	3	4	4	4	5	동	5	6	6	6	7	7	7	8	8
대운 여	2	2	1	1	1	1	설	10	9	9	9	8	8	8	7	7	7	6	6	6	5	지	5	4	4	4	3	3	3	2	2

단기 4291 年
불기 2502 年

1958년

중원 **戊戌年** 1,납음(平地木),본명성(六白金)

대장군(午서방), 삼살(서방), 상문(子북방),조객(申서남방),납음(평지목), 【삼재(신,유,술)년】 臘享(납향):1959년1월25일(음12/17)

소한 6일 05시 04분 【음12월】 ➡ **【癸丑月(계축월)】** ☯ 대한 20일 22시 28분

양력 1 (음력 11/12 – 12/12)

양력	1	2	3	4	5	6	7	8	9	10	11	12	13	14	15	16	17	18	19	20	21	22	23	24	25	26	27	28	29	30	31
요일	수	목	금	토	일	월	화	수	목	금	토	일	월	화	수	목	금	토	일	월	화	수	목	금	토	일	월	화	수	목	금
일진 日辰	戊寅	己卯	庚辰	辛巳	壬午	癸未	甲申	乙酉	丙戌	丁亥	戊子	己丑	庚寅	辛卯	壬辰	癸巳	甲午	乙未	丙申	丁酉	戊戌	己亥	庚子	辛丑	壬寅	癸卯	甲辰	乙巳	丙午	丁未	戊申
음력	12	13	14	15	16	17	18	19	20	21	22	23	24	25	26	27	28	29	30	12/1	2	3	4	5	6	7	8	9	10	11	12
대운 남	8	9	9	9	10	소	1	1	1	1	2	2	2	3	3	3	4	4	4	대	5	5	6	6	6	7	7	7	8	8	8
대운 여	2	1	1	1	1	한	9	9	9	8	8	8	7	7	7	6	6	6	5	한	5	4	4	4	3	3	3	2	2	2	1

입춘 4일 16시 49분 【음1월】 ➡ **【甲寅月(갑인월)】** ☯ 우수 19일 12시 48분

양력 2 (음력 12/13 – 01/10)

양력	1	2	3	4	5	6	7	8	9	10	11	12	13	14	15	16	17	18	19	20	21	22	23	24	25	26	27	28
요일	토	일	월	화	수	목	금	토	일	월	화	수	목	금	토	일	월	화	수	목	금	토	일	월	화	수	목	금
일진 日辰	己酉	庚戌	辛亥	壬子	癸丑	甲寅	乙卯	丙辰	丁巳	戊午	己未	庚申	辛酉	壬戌	癸亥	甲子	乙丑	丙寅	丁卯	戊辰	己巳	庚午	辛未	壬申	癸酉	甲戌	乙亥	丙子
음력	13	14	15	16	17	18	19	20	21	22	23	24	25	26	27	28	29	30	1/1	2	3	4	5	6	7	8	9	10
대운 남	9	9	9	입	10	9	9	9	8	8	8	7	7	7	6	6	6	5	우	5	4	4	4	3	3	3	2	2
대운 여	1	1	1	춘	1	1	1	1	2	2	2	3	3	3	4	4	4	5	수	5	6	6	6	7	7	7	8	8

戊戌年

경칩 6일 11시 05분 【음2월】 ➡ **【乙卯月(을묘월)】** ☯ 춘분 21일 12시 06분

양력 3 (음력 01/11 – 02/12)

양력	1	2	3	4	5	6	7	8	9	10	11	12	13	14	15	16	17	18	19	20	21	22	23	24	25	26	27	28	29	30	31
요일	토	일	월	화	수	목	금	토	일	월	화	수	목	금	토	일	월	화	수	목	금	토	일	월	화	수	목	금	토	일	월
일진 日辰	丁丑	戊寅	己卯	庚辰	辛巳	壬午	癸未	甲申	乙酉	丙戌	丁亥	戊子	己丑	庚寅	辛卯	壬辰	癸巳	甲午	乙未	丙申	丁酉	戊戌	己亥	庚子	辛丑	壬寅	癸卯	甲辰	乙巳	丙午	丁未
음력	11	12	13	14	15	16	17	18	19	20	21	22	23	24	25	26	27	28	29	2/1	2	3	4	5	6	7	8	9	10	11	12
대운 남	2	1	1	1	1	경	10	9	9	9	8	8	8	7	7	7	6	6	6	5	춘	5	4	4	4	3	3	3	2	2	2
대운 여	8	9	9	9	10	칩	1	1	1	1	2	2	2	3	3	3	4	4	4	5	분	5	6	6	6	7	7	7	8	8	8

청명 5일 16시 12분 【음3월】 ➡ **【丙辰月(병진월)】** ☯ 곡우 20일 23시 27분

양력 4 (음력 02/13 – 03/12)

양력	1	2	3	4	5	6	7	8	9	10	11	12	13	14	15	16	17	18	19	20	21	22	23	24	25	26	27	28	29	30
요일	화	수	목	금	토	일	월	화	수	목	금	토	일	월	화	수	목	금	토	일	월	화	수	목	금	토	일	월	화	수
일진 日辰	戊申	己酉	庚戌	辛亥	壬子	癸丑	甲寅	乙卯	丙辰	丁巳	戊午	己未	庚申	辛酉	壬戌	癸亥	甲子	乙丑	丙寅	丁卯	戊辰	己巳	庚午	辛未	壬申	癸酉	甲戌	乙亥	丙子	丁丑
음력	13	14	15	16	17	18	19	20	21	22	23	24	25	26	27	28	29	30	3/1	2	3	4	5	6	7	8	9	10	11	12
대운 남	1	1	1	1	청	10	10	9	9	9	8	8	8	7	7	7	6	6	6	곡	5	5	4	4	4	3	3	3	2	2
대운 여	9	9	9	10	명	1	1	1	1	2	2	2	3	3	3	4	4	4	5	우	5	6	6	6	7	7	7	8	8	8

입하 6일 10시 49분 【음4월】 ➡ **【丁巳月(정사월)】** ☯ 소만 21일 23시 51분

양력 5 (음력 03/13 – 04/13)

양력	1	2	3	4	5	6	7	8	9	10	11	12	13	14	15	16	17	18	19	20	21	22	23	24	25	26	27	28	29	30	31
요일	목	금	토	일	월	화	수	목	금	토	일	월	화	수	목	금	토	일	월	화	수	목	금	토	일	월	화	수	목	금	토
일진 日辰	戊寅	己卯	庚辰	辛巳	壬午	癸未	甲申	乙酉	丙戌	丁亥	戊子	己丑	庚寅	辛卯	壬辰	癸巳	甲午	乙未	丙申	丁酉	戊戌	己亥	庚子	辛丑	壬寅	癸卯	甲辰	乙巳	丙午	丁未	戊申
음력	13	14	15	16	17	18	19	20	21	22	23	24	25	26	27	28	29	30	4/1	2	3	4	5	6	7	8	9	10	11	12	13
대운 남	2	1	1	1	1	입	10	10	9	9	9	8	8	8	7	7	7	6	6	6	소	5	5	4	4	4	3	3	3	2	2
대운 여	9	9	9	10	10	하	1	1	1	1	2	2	2	3	3	4	4	4	5	5	만	6	6	6	7	7	7	8	8	8	9

망종 6일 15시 12분 【음5월】 ➡ **【戊午月(무오월)】** ☯ 하지 22일 07시 57분

양력 6 (음력 04/14 – 05/14)

양력	1	2	3	4	5	6	7	8	9	10	11	12	13	14	15	16	17	18	19	20	21	22	23	24	25	26	27	28	29	30
요일	일	월	화	수	목	금	토	일	월	화	수	목	금	토	일	월	화	수	목	금	토	일	월	화	수	목	금	토	일	월
일진 日辰	己酉	庚戌	辛亥	壬子	癸丑	甲寅	乙卯	丙辰	丁巳	戊午	己未	庚申	辛酉	壬戌	癸亥	甲子	乙丑	丙寅	丁卯	戊辰	己巳	庚午	辛未	壬申	癸酉	甲戌	乙亥	丙子	丁丑	戊寅
음력	14	15	16	17	18	19	20	21	22	23	24	25	26	27	28	29	5/1	2	3	4	5	6	7	8	9	10	11	12	13	14
대운 남	2	1	1	1	1	망	10	10	10	9	9	9	8	8	8	7	7	7	6	6	6	하	5	5	4	4	4	3	3	3
대운 여	9	9	10	10	10	종	1	1	1	1	2	2	2	3	3	3	4	4	4	5	5	지	6	6	6	7	7	7	8	8

한식(4월06일), 초복(7월12일), 중복(7월22일), 말복(8월11일)
☂춘사(春社)3/22 ☀추사(秋社)9/28
토왕지절(土旺之節):4월17일,7월20일,10월21일,1월18일(신년양력),

서머타임 시작 5월04일 00시→01시로 조정
종료 9월21일 01시→00시로 조정
수정한 시간으로 표기(동경표준시 사용)

1958 戊戌年

소서 8일 01시 33분 【음6월】 ➡ **【己未月(기미월)】** ☯ 대서 23일 18시 50분

양력 7 (음력 05/15 ~ 06/15)

양력	1	2	3	4	5	6	7	8	9	10	11	12	13	14	15	16	17	18	19	20	21	22	23	24	25	26	27	28	29	30	31
요일	화	수	목	금	토	일	월	화	수	목	금	토	일	월	화	수	목	금	토	일	월	화	수	목	금	토	일	월	화	수	목
일진 日辰	己卯	庚辰	辛巳	壬午	癸未	甲申	乙酉	丙戌	丁亥	戊子	己丑	庚寅	辛卯	壬辰	癸巳	甲午	乙未	丙申	丁酉	戊戌	己亥	庚子	辛丑	壬寅	癸卯	甲辰	乙巳	丙午	丁未	戊申	己酉
음력	15	16	17	18	19	20	21	22	23	24	25	26	27	28	29	30	6/1	2	3	4	5	6	7	8	9	10	11	12	13	14	15
대운 남	2	2	2	1	1	1	1	소	10	10	9	9	9	8	8	8	7	7	7	6	6	6	대	5	5	4	4	4	3	3	3
대운 여	8	9	9	9	10	10	10	서	1	1	1	1	2	2	2	3	3	3	4	4	4	5	서	5	6	6	6	7	7	7	8

입추 8일 11시 17분 【음7월】 ➡ **【庚申月(경신월)】** ☯ 처서 24일 01시 46분

양력 8 (음력 06/16 ~ 07/17)

양력	1	2	3	4	5	6	7	8	9	10	11	12	13	14	15	16	17	18	19	20	21	22	23	24	25	26	27	28	29	30	31
요일	금	토	일	월	화	수	목	금	토	일	월	화	수	목	금	토	일	월	화	수	목	금	토	일	월	화	수	목	금	토	일
일진 日辰	庚戌	辛亥	壬子	癸丑	甲寅	乙卯	丙辰	丁巳	戊午	己未	庚申	辛酉	壬戌	癸亥	甲子	乙丑	丙寅	丁卯	戊辰	己巳	庚午	辛未	壬申	癸酉	甲戌	乙亥	丙子	丁丑	戊寅	己卯	庚辰
음력	16	17	18	19	20	21	22	23	24	25	26	27	28	29	7/1	2	3	4	5	6	7	8	9	10	11	12	13	14	15	16	17
대운 남	2	2	2	1	1	1	1	입	10	10	9	9	9	8	8	8	7	7	7	6	6	6	5	처	5	4	4	4	3	3	3
대운 여	8	8	9	9	9	10	10	추	1	1	1	1	2	2	2	3	3	3	4	4	4	5	5	서	6	6	6	7	7	7	8

백로 8일 13시 59분 【음8월】 ➡ **【辛酉月(신유월)】** ☯ 추분 23일 22시 09분

양력 9 (음력 07/18 ~ 08/18)

양력	1	2	3	4	5	6	7	8	9	10	11	12	13	14	15	16	17	18	19	20	21	22	23	24	25	26	27	28	29	30
요일	월	화	수	목	금	토	일	월	화	수	목	금	토	일	월	화	수	목	금	토	일	월	화	수	목	금	토	일	월	화
일진 日辰	辛巳	壬午	癸未	甲申	乙酉	丙戌	丁亥	戊子	己丑	庚寅	辛卯	壬辰	癸巳	甲午	乙未	丙申	丁酉	戊戌	己亥	庚子	辛丑	壬寅	癸卯	甲辰	乙巳	丙午	丁未	戊申	己酉	庚戌
음력	18	19	20	21	22	23	24	25	26	27	28	29	8/1	2	3	4	5	6	7	8	9	10	11	12	13	14	15	16	17	18
대운 남	2	2	2	1	1	1	1	백	10	10	9	9	9	8	8	8	7	7	7	6	6	6	추	5	5	4	4	4	3	3
대운 여	8	8	9	9	9	10	10	로	1	1	1	1	2	2	2	3	3	3	4	4	4	5	분	5	6	6	6	7	7	7

한로 9일 04시 19분 【음9월】 ➡ **【壬戌月(임술월)】** ☯ 상강 24일 07시 11분

양력 10 (음력 08/19 ~ 09/19)

양력	1	2	3	4	5	6	7	8	9	10	11	12	13	14	15	16	17	18	19	20	21	22	23	24	25	26	27	28	29	30	31
요일	수	목	금	토	일	월	화	수	목	금	토	일	월	화	수	목	금	토	일	월	화	수	목	금	토	일	월	화	수	목	금
일진 日辰	辛亥	壬子	癸丑	甲寅	乙卯	丙辰	丁巳	戊午	己未	庚申	辛酉	壬戌	癸亥	甲子	乙丑	丙寅	丁卯	戊辰	己巳	庚午	辛未	壬申	癸酉	甲戌	乙亥	丙子	丁丑	戊寅	己卯	庚辰	辛巳
음력	19	20	21	22	23	24	25	26	27	28	29	30	9/1	2	3	4	5	6	7	8	9	10	11	12	13	14	15	16	17	18	19
대운 남	3	2	2	2	1	1	1	1	한	10	9	9	9	8	8	8	7	7	7	6	6	6	5	상	5	4	4	4	3	3	3
대운 여	8	8	8	9	9	9	10	10	로	1	1	1	1	2	2	2	3	3	3	4	4	4	5	강	5	6	6	6	7	7	7

입동 8일 07시 12분 【음10월】 ➡ **【癸亥月(계해월)】** ☯ 소설 23일 04시 29분

양력 11 (음력 09/20 ~ 10/20)

양력	1	2	3	4	5	6	7	8	9	10	11	12	13	14	15	16	17	18	19	20	21	22	23	24	25	26	27	28	29	30
요일	토	일	월	화	수	목	금	토	일	월	화	수	목	금	토	일	월	화	수	목	금	토	일	월	화	수	목	금	토	일
일진 日辰	壬午	癸未	甲申	乙酉	丙戌	丁亥	戊子	己丑	庚寅	辛卯	壬辰	癸巳	甲午	乙未	丙申	丁酉	戊戌	己亥	庚子	辛丑	壬寅	癸卯	甲辰	乙巳	丙午	丁未	戊申	己酉	庚戌	辛亥
음력	20	21	22	23	24	25	26	27	28	29	10/1	2	3	4	5	6	7	8	9	10	11	12	13	14	15	16	17	18	19	20
대운 남	2	2	2	1	1	1	1	입	9	9	9	8	8	8	7	7	7	6	6	6	5	5	소	4	4	4	3	3	3	2
대운 여	8	8	8	9	9	9	10	동	1	1	1	1	2	2	2	3	3	3	4	4	4	5	설	5	6	6	6	7	7	7

대설 7일 23시 50분 【음11월】 ➡ **【甲子月(갑자월)】** ☯ 동지 22일 17시 40분

양력 12 (음력 10/21 ~ 11/21)

양력	1	2	3	4	5	6	7	8	9	10	11	12	13	14	15	16	17	18	19	20	21	22	23	24	25	26	27	28	29	30	31
요일	월	화	수	목	금	토	일	월	화	수	목	금	토	일	월	화	수	목	금	토	일	월	화	수	목	금	토	일	월	화	수
일진 日辰	壬子	癸丑	甲寅	乙卯	丙辰	丁巳	戊午	己未	庚申	辛酉	壬戌	癸亥	甲子	乙丑	丙寅	丁卯	戊辰	己巳	庚午	辛未	壬申	癸酉	甲戌	乙亥	丙子	丁丑	戊寅	己卯	庚辰	辛巳	壬午
음력	21	22	23	24	25	26	27	28	29	30	11/1	2	3	4	5	6	7	8	9	10	11	12	13	14	15	16	17	18	19	20	21
대운 남	2	2	1	1	1	1	대	10	9	9	9	8	8	8	7	7	7	6	6	6	5	동	5	4	4	4	3	3	3	2	2
대운 여	8	8	8	9	9	9	설	1	1	1	1	2	2	2	3	3	3	4	4	4	5	지	5	6	6	6	7	7	7	8	8

단기 4292 年 불기 2503 年	1959년	중원 己亥年 ,납음(平地木),본명성(五黃土)

대장군(酉서방), 삼살(酉서방), 상문(丑동북방),조객(酉서방), 납음(평지목), 【삼재(사,오,미년】 臘享(납향):1960년1월20일(음12/22)

소한 6일 10시 58분 【음12월】 ➡ **【乙丑月(을축월)】** ☯ 대한 21일 04시 19분

양력 1	1	2	3	4	5	6	7	8	9	10	11	12	13	14	15	16	17	18	19	20	21	22	23	24	25	26	27	28	29	30	31
요일	목	금	토	일	월	화	수	목	금	토	일	월	화	수	목	금	토	일	월	화	수	목	금	토	일	월	화	수	목	금	토
일진 日辰	癸未	甲申	乙酉	丙戌	丁亥	戊子	己丑	庚寅	辛卯	壬辰	癸巳	甲午	乙未	丙申	丁酉	戊戌	己亥	庚子	辛丑	壬寅	癸卯	甲辰	乙巳	丙午	丁未	戊申	己酉	庚戌	辛亥	壬子	癸丑
음력 (11/22~12/23)	22	23	24	25	26	27	28	29	12/1	2	3	4	5	6	7	8	9	10	11	12	13	14	15	16	17	18	19	20	21	22	23
대운 남	2	1	1	1	1	소	9	9	9	8	8	8	7	7	7	6	6	6	5	5	대	4	4	4	3	3	3	2	2	2	1
대운 여	8	9	9	9	10	한	1	1	1	1	2	2	2	3	3	3	4	4	4	5	한	5	6	6	6	7	7	7	8	8	8

입춘 4일 22시 42분 【음1월】 ➡ **【丙寅月(병인월)】** ☯ 우수 19일 18시 38분

양력 2	1	2	3	4	5	6	7	8	9	10	11	12	13	14	15	16	17	18	19	20	21	22	23	24	25	26	27	28
요일	일	월	화	수	목	금	토	일	월	화	수	목	금	토	일	월	화	수	목	금	토	일	월	화	수	목	금	토
일진 日辰	甲寅	乙卯	丙辰	丁巳	戊午	己未	庚申	辛酉	壬戌	癸亥	甲子	乙丑	丙寅	丁卯	戊辰	己巳	庚午	辛未	壬申	癸酉	甲戌	乙亥	丙子	丁丑	戊寅	己卯	庚辰	辛巳
음력 (12/24~01/21)	24	25	26	27	28	29	30	1/1	2	3	4	5	6	7	8	9	10	11	12	13	14	15	16	17	18	19	20	21
대운 남	1	1	1	입	1	1	1	1	2	2	2	3	3	3	4	4	4	5	우	5	6	6	6	7	7	7	8	8
대운 여	9	9	9	춘	10	9	9	9	8	8	8	7	7	7	6	6	6	5	수	5	4	4	4	3	3	3	2	2

己亥年

경칩 6일 16시 57분 【음2월】 ➡ **【丁卯月(정묘월)】** ☯ 춘분 21일 17시 55분

양력 3	1	2	3	4	5	6	7	8	9	10	11	12	13	14	15	16	17	18	19	20	21	22	23	24	25	26	27	28	29	30	31
요일	일	월	화	수	목	금	토	일	월	화	수	목	금	토	일	월	화	수	목	금	토	일	월	화	수	목	금	토	일	월	화
일진 日辰	壬午	癸未	甲申	乙酉	丙戌	丁亥	戊子	己丑	庚寅	辛卯	壬辰	癸巳	甲午	乙未	丙申	丁酉	戊戌	己亥	庚子	辛丑	壬寅	癸卯	甲辰	乙巳	丙午	丁未	戊申	己酉	庚戌	辛亥	壬子
음력 (01/22~02/23)	22	23	24	25	26	27	28	29	2/1	2	3	4	5	6	7	8	9	10	11	12	13	14	15	16	17	18	19	20	21	22	23
대운 남	8	9	9	9	10	경	1	1	1	1	2	2	2	3	3	3	4	4	4	5	춘	5	6	6	6	7	7	7	8	8	8
대운 여	2	1	1	1	1	칩	10	9	9	9	8	8	8	7	7	7	6	6	6	5	분	5	4	4	4	3	3	3	2	2	2

청명 5일 22시 03분 【음3월】 ➡ **【戊辰月(무진월)】** ☯ 곡우 21일 05시 16분

양력 4	1	2	3	4	5	6	7	8	9	10	11	12	13	14	15	16	17	18	19	20	21	22	23	24	25	26	27	28	29	30
요일	수	목	금	토	일	월	화	수	목	금	토	일	월	화	수	목	금	토	일	월	화	수	목	금	토	일	월	화	수	목
일진 日辰	癸丑	甲寅	乙卯	丙辰	丁巳	戊午	己未	庚申	辛酉	壬戌	癸亥	甲子	乙丑	丙寅	丁卯	戊辰	己巳	庚午	辛未	壬申	癸酉	甲戌	乙亥	丙子	丁丑	戊寅	己卯	庚辰	辛巳	壬午
음력 (02/24~03/23)	24	25	26	27	28	29	30	3/1	2	3	4	5	6	7	8	9	10	11	12	13	14	15	16	17	18	19	20	21	22	23
대운 남	9	9	9	10	청	1	1	1	1	2	2	2	3	3	3	4	4	4	5	5	곡	6	6	6	7	7	7	8	8	8
대운 여	1	1	1	1	명	10	10	9	9	9	8	8	8	7	7	7	6	6	6	5	우	5	4	4	4	3	3	3	2	2

입하 6일 16시 39분 【음4월】 ➡ **【己巳月(기사월)】** ☯ 소만 22일 05시 42분

양력 5	1	2	3	4	5	6	7	8	9	10	11	12	13	14	15	16	17	18	19	20	21	22	23	24	25	26	27	28	29	30	31
요일	금	토	일	월	화	수	목	금	토	일	월	화	수	목	금	토	일	월	화	수	목	금	토	일	월	화	수	목	금	토	일
일진 日辰	癸未	甲申	乙酉	丙戌	丁亥	戊子	己丑	庚寅	辛卯	壬辰	癸巳	甲午	乙未	丙申	丁酉	戊戌	己亥	庚子	辛丑	壬寅	癸卯	甲辰	乙巳	丙午	丁未	戊申	己酉	庚戌	辛亥	壬子	癸丑
음력 (03/24~04/24)	24	25	26	27	28	29	30	4/1	2	3	4	5	6	7	8	9	10	11	12	13	14	15	16	17	18	19	20	21	22	23	24
대운 남	9	9	9	10	10	입	1	1	1	1	2	2	2	3	3	3	4	4	4	5	5	소	6	6	6	7	7	7	8	8	8
대운 여	2	1	1	1	1	하	10	10	9	9	9	8	8	8	7	7	7	6	6	6	5	만	5	4	4	4	3	3	3	2	2

망종 6일 21시 00분 【음5월】 ➡ **【庚午月(경오월)】** ☯ 하지 22일 13시 50분

양력 6	1	2	3	4	5	6	7	8	9	10	11	12	13	14	15	16	17	18	19	20	21	22	23	24	25	26	27	28	29	30
요일	월	화	수	목	금	토	일	월	화	수	목	금	토	일	월	화	수	목	금	토	일	월	화	수	목	금	토	일	월	화
일진 日辰	甲寅	乙卯	丙辰	丁巳	戊午	己未	庚申	辛酉	壬戌	癸亥	甲子	乙丑	丙寅	丁卯	戊辰	己巳	庚午	辛未	壬申	癸酉	甲戌	乙亥	丙子	丁丑	戊寅	己卯	庚辰	辛巳	壬午	癸未
음력 (04/25~05/25)	25	26	27	28	29	5/1	2	3	4	5	6	7	8	9	10	11	12	13	14	15	16	17	18	19	20	21	22	23	24	25
대운 남	9	9	9	10	10	망	1	1	1	1	2	2	2	3	3	3	4	4	4	5	5	하	6	6	6	7	7	7	8	8
대운 여	2	1	1	1	1	종	10	10	10	9	9	9	8	8	8	7	7	7	6	6	6	지	5	5	4	4	4	3	3	3

한식(4월06일), 초복(7월17일), 중복(7월27일), 말복(8월16일)
☂춘사(春社)3/17 ☀추사(秋社)9/23
토왕지절(土旺之節):4월18일,7월20일,10월21일,1월18일(신년양력

서머타임 시작 5월03일 00시→01시로 조정
종료 9월20일 01시→00시로 조정
수정한 시간으로 표기(동경표준시 사용)

소서 8일 07시 20분 【음6월】 ➡ **【辛未月(신미월)】** ☯ 대서 24일 00시 45분

양력 7 / 음력 05/26 ~ 06/26

양력	1	2	3	4	5	6	7	8	9	10	11	12	13	14	15	16	17	18	19	20	21	22	23	24	25	26	27	28	29	30	31
요일	수	목	금	토	일	월	화	수	목	금	토	일	월	화	수	목	금	토	일	월	화	수	목	금	토	일	월	화	수	목	금
일진 日辰	甲申	乙酉	丙戌	丁亥	戊子	己丑	庚寅	辛卯	壬辰	癸巳	甲午	乙未	丙申	丁酉	戊戌	己亥	庚子	辛丑	壬寅	癸卯	甲辰	乙巳	丙午	丁未	戊申	己酉	庚戌	辛亥	壬子	癸丑	甲寅
음력	26	27	28	29	30	6/1	2	3	4	5	6	7	8	9	10	11	12	13	14	15	16	17	18	19	20	21	22	23	24	25	26
대운 남	8	9	9	9	10	10	10	소	1	1	1	1	2	2	2	3	3	3	4	4	4	5	5	대	6	6	6	7	7	7	8
대운 여	2	2	2	1	1	1	1	서	10	10	9	9	9	8	8	8	7	7	7	6	6	6	5	서	5	4	4	4	3	3	3

입추 8일 17시 04분 【음7월】 ➡ **【壬申月(임신월)】** ☯ 처서 24일 07시 44분

양력 8 / 음력 06/27 ~ 07/28

양력	1	2	3	4	5	6	7	8	9	10	11	12	13	14	15	16	17	18	19	20	21	22	23	24	25	26	27	28	29	30	31
요일	토	일	월	화	수	목	금	토	일	월	화	수	목	금	토	일	월	화	수	목	금	토	일	월	화	수	목	금	토	일	월
일진 日辰	乙卯	丙辰	丁巳	戊午	己未	庚申	辛酉	壬戌	癸亥	甲子	乙丑	丙寅	丁卯	戊辰	己巳	庚午	辛未	壬申	癸酉	甲戌	乙亥	丙子	丁丑	戊寅	己卯	庚辰	辛巳	壬午	癸未	甲申	乙酉
음력	27	28	29	7/1	2	3	4	5	6	7	8	9	10	11	12	13	14	15	16	17	18	19	20	21	22	23	24	25	26	27	28
대운 남	8	8	9	9	9	10	10	입	1	1	1	1	2	2	2	3	3	3	4	4	4	5	5	처	6	6	6	7	7	7	8
대운 여	2	2	2	1	1	1	1	추	10	10	9	9	9	8	8	8	7	7	7	6	6	6	5	서	5	4	4	4	3	3	3

백로 8일 19시 48분 【음8월】 ➡ **【癸酉月(계유월)】** ☯ 추분 24일 04시 08분

양력 9 / 음력 07/29 ~ 08/28

양력	1	2	3	4	5	6	7	8	9	10	11	12	13	14	15	16	17	18	19	20	21	22	23	24	25	26	27	28	29	30
요일	화	수	목	금	토	일	월	화	수	목	금	토	일	월	화	수	목	금	토	일	월	화	수	목	금	토	일	월	화	수
일진 日辰	丙戌	丁亥	戊子	己丑	庚寅	辛卯	壬辰	癸巳	甲午	乙未	丙申	丁酉	戊戌	己亥	庚子	辛丑	壬寅	癸卯	甲辰	乙巳	丙午	丁未	戊申	己酉	庚戌	辛亥	壬子	癸丑	甲寅	乙卯
음력	29	30	8/1	2	3	4	5	6	7	8	9	10	11	12	13	14	15	16	17	18	19	20	21	22	23	24	25	26	27	28
대운 남	8	8	9	9	9	10	10	백	1	1	1	1	2	2	2	3	3	3	4	4	4	5	5	추	6	6	6	7	7	7
대운 여	2	2	2	1	1	1	1	로	10	10	9	9	9	8	8	8	7	7	7	6	6	6	5	분	5	4	4	4	3	3

한로 9일 10시 10분 【음9월】 ➡ **【甲戌月(갑술월)】** ☯ 상강 24일 13시 11분

양력 10 / 음력 08/29 ~ 10/01

양력	1	2	3	4	5	6	7	8	9	10	11	12	13	14	15	16	17	18	19	20	21	22	23	24	25	26	27	28	29	30	31
요일	목	금	토	일	월	화	수	목	금	토	일	월	화	수	목	금	토	일	월	화	수	목	금	토	일	월	화	수	목	금	토
일진 日辰	丙辰	丁巳	戊午	己未	庚申	辛酉	壬戌	癸亥	甲子	乙丑	丙寅	丁卯	戊辰	己巳	庚午	辛未	壬申	癸酉	甲戌	乙亥	丙子	丁丑	戊寅	己卯	庚辰	辛巳	壬午	癸未	甲申	乙酉	丙戌
음력	29	9/1	2	3	4	5	6	7	8	9	10	11	12	13	14	15	16	17	18	19	20	21	22	23	24	25	26	27	28	29	30
대운 남	8	8	8	9	9	9	10	10	한	1	1	1	1	2	2	2	3	3	3	4	4	4	5	상	5	6	6	6	7	7	7
대운 여	3	2	2	2	1	1	1	1	로	10	9	9	9	8	8	8	7	7	7	6	6	6	5	강	5	4	4	4	3	3	3

입동 8일 13시 02분 【음10월】 ➡ **【乙亥月(을해월)】** ☯ 소설 23일 10시 27분

양력 11 / 음력 10/01 ~ 11/01

양력	1	2	3	4	5	6	7	8	9	10	11	12	13	14	15	16	17	18	19	20	21	22	23	24	25	26	27	28	29	30
요일	일	월	화	수	목	금	토	일	월	화	수	목	금	토	일	월	화	수	목	금	토	일	월	화	수	목	금	토	일	월
일진 日辰	丁亥	戊子	己丑	庚寅	辛卯	壬辰	癸巳	甲午	乙未	丙申	丁酉	戊戌	己亥	庚子	辛丑	壬寅	癸卯	甲辰	乙巳	丙午	丁未	戊申	己酉	庚戌	辛亥	壬子	癸丑	甲寅	乙卯	丙辰
음력	10/1	2	3	4	5	6	7	8	9	10	11	12	13	14	15	16	17	18	19	20	21	22	23	24	25	26	27	28	29	11/1
대운 남	8	8	8	9	9	9	10	입	1	1	1	1	2	2	2	3	3	3	4	4	4	5	소	5	6	6	6	7	7	7
대운 여	2	2	2	1	1	1	1	동	10	9	9	9	8	8	8	7	7	7	6	6	6	5	설	5	4	4	4	3	3	3

대설 8일 05시 37분 【음11월】 ➡ **【丙子月(병자월)】** ☯ 동지 22일 23시 34분

양력 12 / 음력 11/02 ~ 12/02

양력	1	2	3	4	5	6	7	8	9	10	11	12	13	14	15	16	17	18	19	20	21	22	23	24	25	26	27	28	29	30	31
요일	화	수	목	금	토	일	월	화	수	목	금	토	일	월	화	수	목	금	토	일	월	화	수	목	금	토	일	월	화	수	목
일진 日辰	丁巳	戊午	己未	庚申	辛酉	壬戌	癸亥	甲子	乙丑	丙寅	丁卯	戊辰	己巳	庚午	辛未	壬申	癸酉	甲戌	乙亥	丙子	丁丑	戊寅	己卯	庚辰	辛巳	壬午	癸未	甲申	乙酉	丙戌	丁亥
음력	2	3	4	5	6	7	8	9	10	11	12	13	14	15	16	17	18	19	20	21	22	23	24	25	26	27	28	29	30	12/1	2
대운 남	8	8	8	9	9	9	10	대	1	1	1	1	2	2	2	3	3	3	4	4	4	동	5	5	6	6	6	7	7	7	8
대운 여	2	2	2	1	1	1	1	설	9	9	9	8	8	8	7	7	7	6	6	6	5	지	5	4	4	4	3	3	3	2	2

단기 4293 年	1960년	중원 庚子年 납음(壁上土),본명성(四綠木)
불기 2504 年		대장군(酉서방), 삼살(남방), 상문(寅동북방),조객(戌서북방),납음(벽상토), 삼재(인,묘,진)년 臘享(납향):1961년1월26일(음12/06)

쥐

【丁丑月(정축월)】

소한 6일 16시 42분 【음12월】 ➡ ☯ 대한 21일 10시 10분

양력 1 / 음력 12/03 ~ 01/04

양력	1	2	3	4	5	6	7	8	9	10	11	12	13	14	15	16	17	18	19	20	21	22	23	24	25	26	27	28	29	30	31
요일	금	토	일	월	화	수	목	금	토	일	월	화	수	목	금	토	일	월	화	수	목	금	토	일	월	화	수	목	금	토	일
일진	戊	己	庚	辛	壬	癸	甲	乙	丙	丁	戊	己	庚	辛	壬	癸	甲	乙	丙	丁	戊	己	庚	辛	壬	癸	甲	乙	丙	丁	戊
日辰	子	丑	寅	卯	辰	巳	午	未	申	酉	戌	亥	子	丑	寅	卯	辰	巳	午	未	申	酉	戌	亥	子	丑	寅	卯	辰	巳	午
음력	3	4	5	6	7	8	9	10	11	12	13	14	15	16	17	18	19	20	21	22	23	24	25	26	27	28	29	1/1	2	3	4
대운 남	8	8	9	9	9	소	1	1	1	1	2	2	2	3	3	3	4	4	4	5	대	5	6	6	6	7	7	7	8	8	8
대운 여	2	1	1	1	1	한	10	9	9	9	8	8	8	7	7	7	6	6	6	5	한	5	4	4	4	3	3	3	2	2	2

【戊寅月(무인월)】

입춘 5일 04시 23분 【음1월】 ➡ ☯ 우수 19일 00시 26분

양력 2 / 음력 01/05 ~ 02/03

양력	1	2	3	4	5	6	7	8	9	10	11	12	13	14	15	16	17	18	19	20	21	22	23	24	25	26	27	28	29
요일	월	화	수	목	금	토	일	월	화	수	목	금	토	일	월	화	수	목	금	토	일	월	화	수	목	금	토	일	월
일진	己	庚	辛	壬	癸	甲	乙	丙	丁	戊	己	庚	辛	壬	癸	甲	乙	丙	丁	戊	己	庚	辛	壬	癸	甲	乙	丙	丁
日辰	未	申	酉	戌	亥	子	丑	寅	卯	辰	巳	午	未	申	酉	戌	亥	子	丑	寅	卯	辰	巳	午	未	申	酉	戌	亥
음력	5	6	7	8	9	10	11	12	13	14	15	16	17	18	19	20	21	22	23	24	25	26	27	28	29	30	2/1	2	3
대운 남	9	9	9	10	입	9	9	9	8	8	8	7	7	7	6	6	6	5	우	5	4	4	4	3	3	3	2	2	2
대운 여	1	1	1	1	춘	1	1	1	1	2	2	2	3	3	3	4	4	4	수	5	5	6	6	6	7	7	7	8	8

庚子年

【己卯月(기묘월)】

경칩 5일 22시 36분 【음2월】 ➡ ☯ 춘분 20일 23시 43분

양력 3 / 음력 02/04 ~ 03/05

양력	1	2	3	4	5	6	7	8	9	10	11	12	13	14	15	16	17	18	19	20	21	22	23	24	25	26	27	28	29	30	31
요일	화	수	목	금	토	일	월	화	수	목	금	토	일	월	화	수	목	금	토	일	월	화	수	목	금	토	일	월	화	수	목
일진	戊	己	庚	辛	壬	癸	甲	乙	丙	丁	戊	己	庚	辛	壬	癸	甲	乙	丙	丁	戊	己	庚	辛	壬	癸	甲	乙	丙	丁	戊
日辰	子	丑	寅	卯	辰	巳	午	未	申	酉	戌	亥	子	丑	寅	卯	辰	巳	午	未	申	酉	戌	亥	子	丑	寅	卯	辰	巳	午
음력	4	5	6	7	8	9	10	11	12	13	14	15	16	17	18	19	20	21	22	23	24	25	26	27	28	29	3/1	2	3	4	5
대운 남	1	1	1	1	경	10	10	9	9	9	8	8	8	7	7	7	6	6	6	춘	5	5	4	4	4	3	3	3	2	2	2
대운 여	8	9	9	9	칩	1	1	1	1	2	2	2	3	3	3	4	4	4	5	분	5	6	6	6	7	7	7	8	8	8	9

【庚辰月(경진월)】

청명 5일 03시 44분 【음3월】 ➡ ☯ 곡우 20일 11시 06분

양력 4 / 음력 03/06 ~ 04/05

양력	1	2	3	4	5	6	7	8	9	10	11	12	13	14	15	16	17	18	19	20	21	22	23	24	25	26	27	28	29	30
요일	금	토	일	월	화	수	목	금	토	일	월	화	수	목	금	토	일	월	화	수	목	금	토	일	월	화	수	목	금	토
일진	己	庚	辛	壬	癸	甲	乙	丙	丁	戊	己	庚	辛	壬	癸	甲	乙	丙	丁	戊	己	庚	辛	壬	癸	甲	乙	丙	丁	戊
日辰	未	申	酉	戌	亥	子	丑	寅	卯	辰	巳	午	未	申	酉	戌	亥	子	丑	寅	卯	辰	巳	午	未	申	酉	戌	亥	子
음력	6	7	8	9	10	11	12	13	14	15	16	17	18	19	20	21	22	23	24	25	26	27	28	29	30	4/1	2	3	4	5
대운 남	1	1	1	1	청	10	9	9	9	8	8	8	7	7	7	6	6	6	5	곡	5	4	4	4	3	3	3	2	2	2
대운 여	9	9	10	10	명	1	1	1	1	2	2	2	3	3	3	4	4	4	5	우	5	6	6	6	7	7	7	8	8	8

【辛巳月(신사월)】

입하 5일 22시 23분 【음4월】 ➡ ☯ 소만 21일 11시 34분

양력 5 / 음력 04/06 ~ 05/07

양력	1	2	3	4	5	6	7	8	9	10	11	12	13	14	15	16	17	18	19	20	21	22	23	24	25	26	27	28	29	30	31
요일	일	월	화	수	목	금	토	일	월	화	수	목	금	토	일	월	화	수	목	금	토	일	월	화	수	목	금	토	일	월	화
일진	己	庚	辛	壬	癸	甲	乙	丙	丁	戊	己	庚	辛	壬	癸	甲	乙	丙	丁	戊	己	庚	辛	壬	癸	甲	乙	丙	丁	戊	己
日辰	丑	寅	卯	辰	巳	午	未	申	酉	戌	亥	子	丑	寅	卯	辰	巳	午	未	申	酉	戌	亥	子	丑	寅	卯	辰	巳	午	未
음력	6	7	8	9	10	11	12	13	14	15	16	17	18	19	20	21	22	23	24	25	26	27	28	29	5/1	2	3	4	5	6	7
대운 남	1	1	1	1	입	10	10	10	9	9	9	8	8	8	7	7	7	6	6	6	소	5	5	4	4	4	3	3	3	2	2
대운 여	9	9	9	10	하	1	1	1	1	2	2	2	3	3	3	4	4	4	5	5	만	6	6	6	7	7	7	8	8	8	9

【壬午月(임오월)】

망종 6일 02시 49분 【음5월】 ➡ ☯ 하지 21일 19시 42분

양력 6 / 음력 05/08 ~ 06/07

양력	1	2	3	4	5	6	7	8	9	10	11	12	13	14	15	16	17	18	19	20	21	22	23	24	25	26	27	28	29	30
요일	수	목	금	토	일	월	화	수	목	금	토	일	월	화	수	목	금	토	일	월	화	수	목	금	토	일	월	화	수	목
일진	庚	辛	壬	癸	甲	乙	丙	丁	戊	己	庚	辛	壬	癸	甲	乙	丙	丁	戊	己	庚	辛	壬	癸	甲	乙	丙	丁	戊	己
日辰	申	酉	戌	亥	子	丑	寅	卯	辰	巳	午	未	申	酉	戌	亥	子	丑	寅	卯	辰	巳	午	未	申	酉	戌	亥	子	丑
음력	8	9	10	11	12	13	14	15	16	17	18	19	20	21	22	23	24	25	26	27	28	29	30	6/1	2	3	4	5	6	7
대운 남	2	1	1	1	1	망	10	10	9	9	9	8	8	8	7	7	7	6	6	6	하	5	5	4	4	4	3	3	3	2
대운 여	9	9	10	10	10	종	1	1	1	1	2	2	2	3	3	3	4	4	4	5	지	5	6	6	6	7	7	7	8	8

한식(4월05일), 초복(7월11일), 중복(7월21일), 말복(8월10일)
☂춘사(春社)3/21 ☀추사(秋社)9/27
토왕지절(土旺之節):4월17일,7월20일,10월20일,1월17일(신년양력)

서머타임 시작 5월01일 00시→01시로 조정
종료 9월18일 01시→00시로 조정
수정한 시간으로 표기(동경표준시 사용)

1960 庚子年

소서 7일 13시 13분 【음6월】➡ **【癸未月(계미월)】** ☯ 대서 23일 06시 37분

양력 7	양력	1	2	3	4	5	6	7	8	9	10	11	12	13	14	15	16	17	18	19	20	21	22	23	24	25	26	27	28	29	30	31
	요일	금	토	일	월	화	수	목	금	토	일	월	화	수	목	금	토	일	월	화	수	목	금	토	일	월	화	수	목	금	토	일
	일진 日辰	庚寅	辛卯	壬辰	癸巳	甲午	乙未	丙申	丁酉	戊戌	己亥	庚子	辛丑	壬寅	癸卯	甲辰	乙巳	丙午	丁未	戊申	己酉	庚戌	辛亥	壬子	癸丑	甲寅	乙卯	丙辰	丁巳	戊午	己未	庚申
음력 06/08 ~ 윤608	음력	8	9	10	11	12	13	14	15	16	17	18	19	20	21	22	23	24	25	26	27	28	29	30	윤6	2	3	4	5	6	7	8
대운	남	2	2	1	1	1	1	소	10	10	9	9	9	8	8	8	7	7	7	6	6	6	5	대	5	4	4	4	3	3	3	2
	여	8	9	9	9	10	10	서	1	1	1	1	2	2	2	3	3	3	4	4	4	5	5	서	6	6	6	7	7	7	8	8

입추 7일 23시 00분 【음7월】➡ **【甲申月(갑신월)】** ☯ 처서 23일 13시 34분

양력 8	양력	1	2	3	4	5	6	7	8	9	10	11	12	13	14	15	16	17	18	19	20	21	22	23	24	25	26	27	28	29	30	31
	요일	월	화	수	목	금	토	일	월	화	수	목	금	토	일	월	화	수	목	금	토	일	월	화	수	목	금	토	일	월	화	수
	일진 日辰	辛酉	壬戌	癸亥	甲子	乙丑	丙寅	丁卯	戊辰	己巳	庚午	辛未	壬申	癸酉	甲戌	乙亥	丙子	丁丑	戊寅	己卯	庚辰	辛巳	壬午	癸未	甲申	乙酉	丙戌	丁亥	戊子	己丑	庚寅	辛卯
음력 윤609 ~ 07/10	음력	9	10	11	12	13	14	15	16	17	18	19	20	21	22	23	24	25	26	27	28	29	7/1	2	3	4	5	6	7	8	9	10
대운	남	2	2	1	1	1	1	입	10	10	10	9	9	9	8	8	8	7	7	7	6	6	6	처	5	5	4	4	4	3	3	3
	여	8	9	9	9	10	10	추	1	1	1	1	2	2	2	3	3	3	4	4	4	5	5	서	6	6	6	7	7	7	8	8

백로 8일 01시 45분 【음8월】➡ **【乙酉月(을유월)】** ☯ 추분 23일 09시 59분

양력 9	양력	1	2	3	4	5	6	7	8	9	10	11	12	13	14	15	16	17	18	19	20	21	22	23	24	25	26	27	28	29	30
	요일	목	금	토	일	월	화	수	목	금	토	일	월	화	수	목	금	토	일	월	화	수	목	금	토	일	월	화	수	목	금
	일진 日辰	壬辰	癸巳	甲午	乙未	丙申	丁酉	戊戌	己亥	庚子	辛丑	壬寅	癸卯	甲辰	乙巳	丙午	丁未	戊申	己酉	庚戌	辛亥	壬子	癸丑	甲寅	乙卯	丙辰	丁巳	戊午	己未	庚申	辛酉
음력 07/11 ~ 08/10	음력	11	12	13	14	15	16	17	18	19	20	21	22	23	24	25	26	27	28	29	30	8/1	2	3	4	5	6	7	8	9	10
대운	남	2	2	2	1	1	1	1	백	10	9	9	9	8	8	8	7	7	7	6	6	6	5	추	5	4	4	4	3	3	3
	여	8	9	9	9	10	10	10	로	1	1	1	1	2	2	2	3	3	3	4	4	4	5	분	5	6	6	6	7	7	7

한로 8일 16시 09분 【음9월】➡ **【丙戌月(병술월)】** ☯ 상강 23일 19시 02분

양력 10	양력	1	2	3	4	5	6	7	8	9	10	11	12	13	14	15	16	17	18	19	20	21	22	23	24	25	26	27	28	29	30	31
	요일	토	일	월	화	수	목	금	토	일	월	화	수	목	금	토	일	월	화	수	목	금	토	일	월	화	수	목	금	토	일	월
	일진 日辰	壬戌	癸亥	甲子	乙丑	丙寅	丁卯	戊辰	己巳	庚午	辛未	壬申	癸酉	甲戌	乙亥	丙子	丁丑	戊寅	己卯	庚辰	辛巳	壬午	癸未	甲申	乙酉	丙戌	丁亥	戊子	己丑	庚寅	辛卯	壬辰
음력 08/11 ~ 09/12	음력	11	12	13	14	15	16	17	18	19	20	21	22	23	24	25	26	27	28	29	9/1	2	3	4	5	6	7	8	9	10	11	12
대운	남	2	2	2	1	1	1	1	한	10	9	9	9	8	8	8	7	7	7	6	6	6	5	상	5	4	4	4	3	3	3	2
	여	8	8	8	9	9	9	10	로	1	1	1	1	2	2	2	3	3	3	4	4	4	5	강	5	6	6	6	7	7	7	8

입동 7일 19시 02분 【음10월】➡ **【丁亥月(정해월)】** ☯ 소설 22일 16시 18분

양력 11	양력	1	2	3	4	5	6	7	8	9	10	11	12	13	14	15	16	17	18	19	20	21	22	23	24	25	26	27	28	29	30
	요일	화	수	목	금	토	일	월	화	수	목	금	토	일	월	화	수	목	금	토	일	월	화	수	목	금	토	일	월	화	수
	일진 日辰	癸巳	甲午	乙未	丙申	丁酉	戊戌	己亥	庚子	辛丑	壬寅	癸卯	甲辰	乙巳	丙午	丁未	戊申	己酉	庚戌	辛亥	壬子	癸丑	甲寅	乙卯	丙辰	丁巳	戊午	己未	庚申	辛酉	壬戌
음력 09/13 ~ 10/12	음력	13	14	15	16	17	18	19	20	21	22	23	24	25	26	27	28	29	30	10/1	2	3	4	5	6	7	8	9	10	11	12
대운	남	2	2	1	1	1	1	입	10	9	9	9	8	8	8	7	7	7	6	6	6	5	소	5	4	4	4	3	3	3	2
	여	8	8	9	9	9	10	동	1	1	1	1	2	2	2	3	3	3	4	4	4	5	설	5	6	6	6	7	7	7	8

대설 7일 11시 38분 【음11월】➡ **【戊子月(무자월)】** ☯ 동지 22일 05시 26분

양력 12	양력	1	2	3	4	5	6		8	9	10	11	12	13	14	15	16	17	18	19	20	21	22	23	24	25	26	27	28	29	30	31
	요일	목	금	토	일	월	화		목	금	토	일	월	화	수	목	금	토	일	월	화	수	목	금	토	일	월	화	수	목	금	토
	일진 日辰	癸亥	甲子	乙丑	丙寅	丁卯	戊辰	己巳	庚午	辛未	壬申	癸酉	甲戌	乙亥	丙子	丁丑	戊寅	己卯	庚辰	辛巳	壬午	癸未	甲申	乙酉	丙戌	丁亥	戊子	己丑	庚寅	辛卯	壬辰	癸巳
음력 10/13 ~ 11/14	음력	13	14	15	16	17	18	19	20	21	22	23	24	25	26	27	28	29	11/1	2	3	4	5	6	7	8	9	10	11	12	13	14
대운	남	2	2	1	1	1	1	대	9	9	9	8	8	8	7	7	7	6	6	6	5	5	동	4	4	4	3	3	3	2	2	2
	여	8	8	9	9	9	10	설	1	1	1	1	2	2	2	3	3	3	4	4	4	5	지	5	6	6	6	7	7	7	8	8

단기 4294 年	1961년	중원 辛丑年 납음(壁上土), 본명성(三碧木)
불기 2505 年		대장군(酉서방), 삼살(동방), 상문(卯동방), 조객(亥서북방), 납음(벽상토), 【삼재(해,자,축)년】 臘享(납향):1962년1월23일(음12/18)

소

소한 5일 22시 43분 【음12월】 ➡ 【己丑月(기축월)】 ☯ 대한 20일 16시 01분

양력 1 (음력 11/15 ~ 12/15)	양력	1	2	3	4	5	6	7	8	9	10	11	12	13	14	15	16	17	18	19	20	21	22	23	24	25	26	27	28	29	30	31
	요일	일	월	화	수	목	금	토	일	월	화	수	목	금	토	일	월	화	수	목	금	토	일	월	화	수	목	금	토	일	월	화
	일진 日辰	甲午	乙未	丙申	丁酉	戊戌	己亥	庚子	辛丑	壬寅	癸卯	甲辰	乙巳	丙午	丁未	戊申	己酉	庚戌	辛亥	壬子	癸丑	甲寅	乙卯	丙辰	丁巳	戊午	己未	庚申	辛酉	壬戌	癸亥	甲子
	음력	15	16	17	18	19	20	21	22	23	24	25	26	27	28	29	30	12/1	2	3	4	5	6	7	8	9	10	11	12	13	14	15
대운	남	1	1	1	1	소	10	9	9	9	8	8	8	7	7	7	6	6	6	5	대	5	4	4	4	3	3	3	2	2	2	1
	여	8	9	9	9	한	1	1	1	1	2	2	2	3	3	3	4	4	4	5	한	5	6	6	6	7	7	7	8	8	8	9

입춘 4일 10시 22분 【음1월】 ➡ 【庚寅月(경인월)】 ☯ 우수 19일 06시 16분

양력 2 (음력 12/16 ~ 01/14)	양력	1	2	3	4	5	6	7	8	9	10	11	12	13	14	15	16	17	18	19	20	21	22	23	24	25	26	27	28	
	요일	수	목	금	토	일	월	화	수	목	금	토	일	월	화	수	목	금	토	일	월	화	수	목	금	토	일	월	화	辛
	일진 日辰	乙丑	丙寅	丁卯	戊辰	己巳	庚午	辛未	壬申	癸酉	甲戌	乙亥	丙子	丁丑	戊寅	己卯	庚辰	辛巳	壬午	癸未	甲申	乙酉	丙戌	丁亥	戊子	己丑	庚寅	辛卯	壬辰	丑
	음력	16	17	18	19	20	21	22	23	24	25	26	27	28	29	1/1	2	3	4	5	6	7	8	9	10	11	12	13	14	年
대운	남	1	1	1	입	1	1	1	1	2	2	2	3	3	3	4	4	4	5	우	5	6	6	6	7	7	7	8	8	
	여	9	9	10	춘	10	9	9	9	8	8	8	7	7	7	6	6	6	5	수	5	4	4	4	3	3	3	2	2	

경칩 6일 04시 35분 【음2월】 ➡ 【辛卯月(신묘월)】 ☯ 춘분 21일 05시 32분

양력 3 (음력 01/15 ~ 02/15)	양력	1	2	3	4	5	6	7	8	9	10	11	12	13	14	15	16	17	18	19	20	21	22	23	24	25	26	27	28	29	30	31
	요일	수	목	금	토	일	월	화	수	목	금	토	일	월	화	수	목	금	토	일	월	화	수	목	금	토	일	월	화	수	목	금
	일진 日辰	癸巳	甲午	乙未	丙申	丁酉	戊戌	己亥	庚子	辛丑	壬寅	癸卯	甲辰	乙巳	丙午	丁未	戊申	己酉	庚戌	辛亥	壬子	癸丑	甲寅	乙卯	丙辰	丁巳	戊午	己未	庚申	辛酉	壬戌	癸亥
	음력	15	16	17	18	19	20	21	22	23	24	25	26	27	28	29	30	2/1	2	3	4	5	6	7	8	9	10	11	12	13	14	15
대운	남	8	9	9	9	10	경	1	1	1	1	2	2	2	3	3	3	4	4	4	5	춘	5	6	6	6	7	7	7	8	8	8
	여	2	1	1	1	1	칩	10	9	9	9	8	8	8	7	7	7	6	6	6	5	분	5	4	4	4	3	3	3	2	2	2

청명 5일 09시 42분 【음3월】 ➡ 【壬辰月(임진월)】 ☯ 곡우 20일 16시 55분

양력 4 (음력 02/16 ~ 03/16)	양력	1	2	3	4	5	6	7	8	9	10	11	12	13	14	15	16	17	18	19	20	21	22	23	24	25	26	27	28	29	30
	요일	토	일	월	화	수	목	금	토	일	월	화	수	목	금	토	일	월	화	수	목	금	토	일	월	화	수	목	금	토	일
	일진 日辰	甲子	乙丑	丙寅	丁卯	戊辰	己巳	庚午	辛未	壬申	癸酉	甲戌	乙亥	丙子	丁丑	戊寅	己卯	庚辰	辛巳	壬午	癸未	甲申	乙酉	丙戌	丁亥	戊子	己丑	庚寅	辛卯	壬辰	癸巳
	음력	16	17	18	19	20	21	22	23	24	25	26	27	28	29	3/1	2	3	4	5	6	7	8	9	10	11	12	13	14	15	16
대운	남	9	9	9	10	청	1	1	1	1	2	2	2	3	3	3	4	4	4	5	곡	5	6	6	6	7	7	7	8	8	8
	여	1	1	1	1	명	10	10	9	9	9	8	8	8	7	7	7	6	6	6	우	5	5	4	4	4	3	3	3	2	2

입하 6일 03시 21분 【음4월】 ➡ 【癸巳月(계사월)】 ☯ 소만 21일 16시 22분

양력 5 (음력 03/17 ~ 04/17)	양력	1	2	3	4	5	6	7	8	9	10	11	12	13	14	15	16	17	18	19	20	21	22	23	24	25	26	27	28	29	30	31
	요일	월	화	수	목	금	토	일	월	화	수	목	금	토	일	월	화	수	목	금	토	일	월	화	수	목	금	토	일	월	화	수
	일진 日辰	甲午	乙未	丙申	丁酉	戊戌	己亥	庚子	辛丑	壬寅	癸卯	甲辰	乙巳	丙午	丁未	戊申	己酉	庚戌	辛亥	壬子	癸丑	甲寅	乙卯	丙辰	丁巳	戊午	己未	庚申	辛酉	壬戌	癸亥	甲子
	음력	17	18	19	20	21	22	23	24	25	26	27	28	29	30	4/1	2	3	4	5	6	7	8	9	10	11	12	13	14	15	16	17
대운	남	9	9	9	10	10	입	1	1	1	1	2	2	2	3	3	3	4	4	4	5	소	5	6	6	6	7	7	7	8	8	8
	여	2	1	1	1	1	하	10	10	9	9	9	8	8	8	7	7	7	6	6	6	만	5	5	4	4	4	3	3	3	2	2

망종 6일 07시 46분 【음5월】 ➡ 【甲午月(갑오월)】 ☯ 하지 22일 00시 30분

양력 6 (음력 04/18 ~ 05/18)	양력	1	2	3	4	5	6	7	8	9	10	11	12	13	14	15	16	17	18	19	20	21	22	23	24	25	26	27	28	29	30
	요일	목	금	토	일	월	화	수	목	금	토	일	월	화	수	목	금	토	일	월	화	수	목	금	토	일	월	화	수	목	금
	일진 日辰	乙丑	丙寅	丁卯	戊辰	己巳	庚午	辛未	壬申	癸酉	甲戌	乙亥	丙子	丁丑	戊寅	己卯	庚辰	辛巳	壬午	癸未	甲申	乙酉	丙戌	丁亥	戊子	己丑	庚寅	辛卯	壬辰	癸巳	甲午
	음력	18	19	20	21	22	23	24	25	26	27	28	29	5/1	2	3	4	5	6	7	8	9	10	11	12	13	14	15	16	17	18
대운	남	9	9	9	10	10	망	1	1	1	1	2	2	2	3	3	3	4	4	4	5	5	하	6	6	6	7	7	7	8	8
	여	2	1	1	1	1	종	10	10	9	9	9	8	8	8	7	7	7	6	6	6	5	지	5	4	4	4	3	3	3	2

한식(4월06일), 초복(7월16일), 중복(7월26일), 말복(8월15일) ☂춘사(春社)3/16
☀추사(秋社)9/22 토왕지절(土旺之節):4월17일,7월20일,10월20일,1월17일(신년양력),
臘享(납향):1962년 1월23일(신년양력)

1961 辛丑年

소서 7일 18시 07분 【음6월】 ➡ **【乙未月(을미월)】** ☯ 대서 23일 11시 24분

양력 7 / 음력 05/19 ~ 06/19

양력	1	2	3	4	5	6	7	8	9	10	11	12	13	14	15	16	17	18	19	20	21	22	23	24	25	26	27	28	29	30	31
요일	토	일	월	화	수	목	금	토	일	월	화	수	목	금	토	일	월	화	수	목	금	토	일	월	화	수	목	금	토	일	월
일진 日辰	乙未	丙申	丁酉	戊戌	己亥	庚子	辛丑	壬寅	癸卯	甲辰	乙巳	丙午	丁未	戊申	己酉	庚戌	辛亥	壬子	癸丑	甲寅	乙卯	丙辰	丁巳	戊午	己未	庚申	辛酉	壬戌	癸亥	甲子	乙丑
음력	19	20	21	22	23	24	25	26	27	28	29	30	6/1	2	3	4	5	6	7	8	9	10	11	12	13	14	15	16	17	18	19
대운 남	8	9	9	9	10	10	소	1	1	1	1	2	2	2	3	3	3	4	4	4	5	5	대	6	6	6	7	7	7	8	8
대운 여	2	2	1	1	1	1	서	10	10	10	9	9	9	8	8	8	7	7	7	6	6	6	서	5	5	4	4	4	3	3	3

입추 8일 03시 48분 【음7월】 ➡ **【丙申月(병신월)】** ☯ 처서 23일 18시 19분

양력 8 / 음력 06/20 ~ 07/21

양력	1	2	3	4	5	6	7	8	9	10	11	12	13	14	15	16	17	18	19	20	21	22	23	24	25	26	27	28	29	30	31
요일	화	수	목	금	토	일	월	화	수	목	금	토	일	월	화	수	목	금	토	일	월	화	수	목	금	토	일	월	화	수	목
일진 日辰	丙寅	丁卯	戊辰	己巳	庚午	辛未	壬申	癸酉	甲戌	乙亥	丙子	丁丑	戊寅	己卯	庚辰	辛巳	壬午	癸未	甲申	乙酉	丙戌	丁亥	戊子	己丑	庚寅	辛卯	壬辰	癸巳	甲午	乙未	丙申
음력	20	21	22	23	24	25	26	27	28	29	7/1	2	3	4	5	6	7	8	9	10	11	12	13	14	15	16	17	18	19	20	21
대운 남	8	9	9	9	10	10	10	입	1	1	1	1	2	2	2	3	3	3	4	4	4	5	처	5	6	6	6	7	7	7	8
대운 여	2	2	2	1	1	1	1	추	10	10	9	9	9	8	8	8	7	7	7	6	6	6	서	5	5	4	4	4	3	3	3

백로 8일 06시 29분 【음8월】 ➡ **【丁酉月(정유월)】** ☯ 추분 23일 15시 42분

양력 9 / 음력 07/22 ~ 08/21

양력	1	2	3	4	5	6	7	8	9	10	11	12	13	14	15	16	17	18	19	20	21	22	23	24	25	26	27	28	29	30
요일	금	토	일	월	화	수	목	금	토	일	월	화	수	목	금	토	일	월	화	수	목	금	토	일	월	화	수	목	금	토
일진 日辰	丁酉	戊戌	己亥	庚子	辛丑	壬寅	癸卯	甲辰	乙巳	丙午	丁未	戊申	己酉	庚戌	辛亥	壬子	癸丑	甲寅	乙卯	丙辰	丁巳	戊午	己未	庚申	辛酉	壬戌	癸亥	甲子	乙丑	丙寅
음력	22	23	24	25	26	27	28	29	30	8/1	2	3	4	5	6	7	8	9	10	11	12	13	14	15	16	17	18	19	20	21
대운 남	8	8	9	9	9	10	10	백	1	1	1	1	2	2	2	3	3	3	4	4	4	5	추	5	6	6	6	7	7	7
대운 여	2	2	2	1	1	1	1	로	10	9	9	9	8	8	8	7	7	7	6	6	6	5	분	5	4	4	4	3	3	3

한로 8일 21시 51분 【음9월】 ➡ **【戊戌月(무술월)】** ☯ 상강 24일 00시 47분

양력 10 / 음력 08/22 ~ 09/22

양력	1	2	3	4	5	6	7	8	9	10	11	12	13	14	15	16	17	18	19	20	21	22	23	24	25	26	27	28	29	30	31
요일	일	월	화	수	목	금	토	일	월	화	수	목	금	토	일	월	화	수	목	금	토	일	월	화	수	목	금	토	일	월	화
일진 日辰	丁卯	戊辰	己巳	庚午	辛未	壬申	癸酉	甲戌	乙亥	丙子	丁丑	戊寅	己卯	庚辰	辛巳	壬午	癸未	甲申	乙酉	丙戌	丁亥	戊子	己丑	庚寅	辛卯	壬辰	癸巳	甲午	乙未	丙申	丁酉
음력	22	23	24	25	26	27	28	29	30	9/1	2	3	4	5	6	7	8	9	10	11	12	13	14	15	16	17	18	19	20	21	22
대운 남	8	8	8	9	9	9	10	한	1	1	1	1	2	2	2	3	3	3	4	4	4	5	5	상	6	6	6	7	7	7	8
대운 여	2	2	2	1	1	1	1	로	10	10	9	9	9	8	8	8	7	7	7	6	6	6	5	강	5	4	4	4	3	3	3

입동 8일 00시 46분 【음10월】 ➡ **【己亥月(기해월)】** ☯ 소설 22일 22시 08분

양력 11 / 음력 09/23 ~ 10/23

양력	1	2	3	4	5	6	7	8	9	10	11	12	13	14	15	16	17	18	19	20	21	22	23	24	25	26	27	28	29	30
요일	수	목	금	토	일	월	화	수	목	금	토	일	월	화	수	목	금	토	일	월	화	수	목	금	토	일	월	화	수	목
일진 日辰	戊戌	己亥	庚子	辛丑	壬寅	癸卯	甲辰	乙巳	丙午	丁未	戊申	己酉	庚戌	辛亥	壬子	癸丑	甲寅	乙卯	丙辰	丁巳	戊午	己未	庚申	辛酉	壬戌	癸亥	甲子	乙丑	丙寅	丁卯
음력	23	24	25	26	27	28	29	10/1	2	3	4	5	6	7	8	9	10	11	12	13	14	15	16	17	18	19	20	21	22	23
대운 남	8	8	9	9	9	10	10	입	1	1	1	1	2	2	2	3	3	3	4	4	4	소	5	5	6	6	6	7	7	7
대운 여	2	2	2	1	1	1	1	동	9	9	9	8	8	8	7	7	7	6	6	6	5	설	5	4	4	4	3	3	3	2

대설 7일 17시 26분 【음11월】 ➡ **【庚子月(경자월)】** ☯ 동지 22일 11시 19분

양력 12 / 음력 10/24 ~ 11/24

양력	1	2	3	4	5	6	7	8	9	10	11	12	13	14	15	16	17	18	19	20	21	22	23	24	25	26	27	28	29	30	31
요일	금	토	일	월	화	수	목	금	토	일	월	화	수	목	금	토	일	월	화	수	목	금	토	일	월	화	수	목	금	토	일
일진 日辰	戊辰	己巳	庚午	辛未	壬申	癸酉	甲戌	乙亥	丙子	丁丑	戊寅	己卯	庚辰	辛巳	壬午	癸未	甲申	乙酉	丙戌	丁亥	戊子	己丑	庚寅	辛卯	壬辰	癸巳	甲午	乙未	丙申	丁酉	戊戌
음력	24	25	26	27	28	29	30	11/1	2	3	4	5	6	7	8	9	10	11	12	13	14	15	16	17	18	19	20	21	22	23	24
대운 남	8	8	8	9	9	9	대	1	1	1	1	2	2	2	3	3	3	4	4	4	5	동	5	6	6	6	7	7	7	8	8
대운 여	2	2	1	1	1	1	설	10	9	9	9	8	8	8	7	7	7	6	6	6	5	지	5	4	4	4	3	3	3	2	2

단기 4295 年 불기 2506 年	1962년	중원 壬寅年 납음(金箔金),본명성(二黑土)

대장군(子북방). 삼살(북방). 상문(辰동남방),조객(子북방). 납음(금박금).【삼재(신.유.술)년】 臘享(납향):1963년1월16일(음12/21)

호랑이

소한 6일 04시 35분 【음12월】 ➡ 【辛丑月(신축월)】 ☯ 대한 20일 21시 58분

양력 1 (음력 11/25~12/26)	1	2	3	4	5	6	7	8	9	10	11	12	13	14	15	16	17	18	19	20	21	22	23	24	25	26	27	28	29	30	31
요일	월	화	수	목	금	토	일	월	화	수	목	금	토	일	월	화	수	목	금	토	일	월	화	수	목	금	토	일	월	화	수
일진 日辰	己亥	庚子	辛丑	壬寅	癸卯	甲辰	乙巳	丙午	丁未	戊申	己酉	庚戌	辛亥	壬子	癸丑	甲寅	乙卯	丙辰	丁巳	戊午	己未	庚申	辛酉	壬戌	癸亥	甲子	乙丑	丙寅	丁卯	戊辰	己巳
음력	25	26	27	28	29	12/1	2	3	4	5	6	7	8	9	10	11	12	13	14	15	16	17	18	19	20	21	22	23	24	25	26
대운 남	8	9	9	9	10	소	1	1	1	1	2	2	2	3	3	3	4	4	4	대	5	5	6	6	6	7	7	7	8	8	8
대운 여	2	1	1	1	1	한	9	9	9	8	8	8	7	7	7	6	6	6	5	한	5	4	4	4	3	3	3	2	2	2	1

입춘 4일 16시 17분 【음1월】 ➡ 【壬寅月(임인월)】 ☯ 우수 19일 12시 15분

양력 2 (음력 12/27~01/24)	1	2	3	4	5	6	7	8	9	10	11	12	13	14	15	16	17	18	19	20	21	22	23	24	25	26	27	28
요일	목	금	토	일	월	화	수	목	금	토	일	월	화	수	목	금	토	일	월	화	수	목	금	토	일	월	화	수
일진 日辰	庚午	辛未	壬申	癸酉	甲戌	乙亥	丙子	丁丑	戊寅	己卯	庚辰	辛巳	壬午	癸未	甲申	乙酉	丙戌	丁亥	戊子	己丑	庚寅	辛卯	壬辰	癸巳	甲午	乙未	丙申	丁酉
음력	27	28	29	30	1/1	2	3	4	5	6	7	8	9	10	11	12	13	14	15	16	17	18	19	20	21	22	23	24
대운 남	9	9	9	입	10	9	9	9	8	8	8	7	7	7	6	6	6	5	우	5	4	4	4	3	3	3	2	2
대운 여	1	1	1	춘	1	1	1	1	2	2	2	3	3	3	4	4	4	5	수	5	6	6	6	7	7	7	8	8

壬寅年

경칩 6일 10시 30분 【음2월】 ➡ 【癸卯月(계묘월)】 ☯ 춘분 21일 11시 30분

양력 3 (음력 01/25~02/26)	1	2	3	4	5	6	7	8	9	10	11	12	13	14	15	16	17	18	19	20	21	22	23	24	25	26	27	28	29	30	31
요일	목	금	토	일	월	화	수	목	금	토	일	월	화	수	목	금	토	일	월	화	수	목	금	토	일	월	화	수	목	금	토
일진 日辰	戊戌	己亥	庚子	辛丑	壬寅	癸卯	甲辰	乙巳	丙午	丁未	戊申	己酉	庚戌	辛亥	壬子	癸丑	甲寅	乙卯	丙辰	丁巳	戊午	己未	庚申	辛酉	壬戌	癸亥	甲子	乙丑	丙寅	丁卯	戊辰
음력	25	26	27	28	29	2/1	2	3	4	5	6	7	8	9	10	11	12	13	14	15	16	17	18	19	20	21	22	23	24	25	26
대운 남	2	1	1	1	1	경	10	9	9	9	8	8	8	7	7	7	6	6	6	5	춘	5	4	4	4	3	3	3	2	2	2
대운 여	8	9	9	9	10	칩	1	1	1	1	2	2	2	3	3	3	4	4	4	5	분	5	6	6	6	7	7	7	8	8	8

청명 5일 15시 34분 【음3월】 ➡ 【甲辰月(갑진월)】 ☯ 곡우 20일 22시 51분

양력 4 (음력 02/27~03/26)	1	2	3	4	5	6	7	8	9	10	11	12	13	14	15	16	17	18	19	20	21	22	23	24	25	26	27	28	29	30
요일	일	월	화	수	목	금	토	일	월	화	수	목	금	토	일	월	화	수	목	금	토	일	월	화	수	목	금	토	일	월
일진 日辰	己巳	庚午	辛未	壬申	癸酉	甲戌	乙亥	丙子	丁丑	戊寅	己卯	庚辰	辛巳	壬午	癸未	甲申	乙酉	丙戌	丁亥	戊子	己丑	庚寅	辛卯	壬辰	癸巳	甲午	乙未	丙申	丁酉	戊戌
음력	27	28	29	30	3/1	2	3	4	5	6	7	8	9	10	11	12	13	14	15	16	17	18	19	20	21	22	23	24	25	26
대운 남	1	1	1	1	청	10	10	9	9	9	8	8	8	7	7	7	6	6	6	곡	5	5	4	4	4	3	3	3	2	2
대운 여	9	9	9	10	명	1	1	1	1	2	2	2	3	3	3	4	4	4	5	우	5	6	6	6	7	7	7	8	8	8

입하 6일 09시 10분 【음4월】 ➡ 【乙巳月(을사월)】 ☯ 소만 21일 22시 17분

양력 5 (음력 03/27~04/28)	1	2	3	4	5	6	7	8	9	10	11	12	13	14	15	16	17	18	19	20	21	22	23	24	25	26	27	28	29	30	31
요일	화	수	목	금	토	일	월	화	수	목	금	토	일	월	화	수	목	금	토	일	월	화	수	목	금	토	일	월	화	수	목
일진 日辰	己亥	庚子	辛丑	壬寅	癸卯	甲辰	乙巳	丙午	丁未	戊申	己酉	庚戌	辛亥	壬子	癸丑	甲寅	乙卯	丙辰	丁巳	戊午	己未	庚申	辛酉	壬戌	癸亥	甲子	乙丑	丙寅	丁卯	戊辰	己巳
음력	27	28	29	4/1	2	3	4	5	6	7	8	9	10	11	12	13	14	15	16	17	18	19	20	21	22	23	24	25	26	27	28
대운 남	2	1	1	1	1	입	10	10	9	9	9	8	8	8	7	7	7	6	6	6	소	5	5	4	4	4	3	3	3	2	2
대운 여	9	9	9	10	10	하	1	1	1	1	2	2	2	3	3	3	4	4	4	5	만	5	6	6	6	7	7	7	8	8	8

망종 6일 13시 31분 【음5월】 ➡ 【丙午月(병오월)】 ☯ 하지 22일 06시 24분

양력 6 (음력 04/29~05/29)	1	2	3	4	5	6	7	8	9	10	11	12	13	14	15	16	17	18	19	20	21	22	23	24	25	26	27	28	29	30
요일	금	토	일	월	화	수	목	금	토	일	월	화	수	목	금	토	일	월	화	수	목	금	토	일	월	화	수	목	금	토
일진 日辰	庚午	辛未	壬申	癸酉	甲戌	乙亥	丙子	丁丑	戊寅	己卯	庚辰	辛巳	壬午	癸未	甲申	乙酉	丙戌	丁亥	戊子	己丑	庚寅	辛卯	壬辰	癸巳	甲午	乙未	丙申	丁酉	戊戌	己亥
음력	29	5/1	2	3	4	5	6	7	8	9	10	11	12	13	14	15	16	17	18	19	20	21	22	23	24	25	26	27	28	29
대운 남	2	1	1	1	1	망	10	10	9	9	9	8	8	8	7	7	7	6	6	6	5	하	5	4	4	4	3	3	3	2
대운 여	9	9	9	10	10	종	1	1	1	1	2	2	2	3	3	3	4	4	4	5	5	지	6	6	6	7	7	7	8	8

한식(4월06일), 초복(7월21일), 중복(7월31일), 말복(8월10일)
☂춘사(春社)3/21 ☀추사(秋社)9/27
토왕지절(土旺之節):4월17일,7월20일,10월21일,신년 1월18일,(양력)

1962 壬寅年

소서 7일 23시 51분 【음6월】 ➡ **【丁未月(정미월)】** ☯ 대서 23일 17시 18분

양력 7 (음력 05/30~07/01)	양력	1	2	3	4	5	6	7	8	9	10	11	12	13	14	15	16	17	18	19	20	21	22	23	24	25	26	27	28	29	30	31
	요일	일	월	화	수	목	금	토	일	월	화	수	목	금	토	일	월	화	수	목	금	토	일	월	화	수	목	금	토	일	월	화
	일진 日辰	庚子	辛丑	壬寅	癸卯	甲辰	乙巳	丙午	丁未	戊申	己酉	庚戌	辛亥	壬子	癸丑	甲寅	乙卯	丙辰	丁巳	戊午	己未	庚申	辛酉	壬戌	癸亥	甲子	乙丑	丙寅	丁卯	戊辰	己巳	庚午
	음력	29	6/1	2	3	4	5	6	7	8	9	10	11	12	13	14	15	16	17	18	19	20	21	22	23	24	25	26	27	28	29	7/1
대운	남	2	2	1	1	1	1	소	10	10	10	9	9	9	8	8	8	7	7	7	6	6	6	대	5	5	4	4	4	3	3	3
대운	여	8	9	9	9	10	10	서	1	1	1	1	2	2	2	3	3	3	4	4	4	5	5	서	6	6	6	7	7	7	8	8

입추 8일 09시 34분 【음7월】 ➡ **【戊申月(무신월)】** ☯ 처서 24일 00시 12분

양력 8 (음력 07/02~08/02)	양력	1	2	3	4	5	6	7	8	9	10	11	12	13	14	15	16	17	18	19	20	21	22	23	24	25	26	27	28	29	30	31
	요일	수	목	금	토	일	월	화	수	목	금	토	일	월	화	수	목	금	토	일	월	화	수	목	금	토	일	월	화	수	목	금
	일진 日辰	辛未	壬申	癸酉	甲戌	乙亥	丙子	丁丑	戊寅	己卯	庚辰	辛巳	壬午	癸未	甲申	乙酉	丙戌	丁亥	戊子	己丑	庚寅	辛卯	壬辰	癸巳	甲午	乙未	丙申	丁酉	戊戌	己亥	庚子	辛丑
	음력	2	3	4	5	6	7	8	9	10	11	12	13	14	15	16	17	18	19	20	21	22	23	24	25	26	27	28	29	30	8/1	2
대운	남	2	2	2	1	1	1	1	입	10	10	9	9	9	8	8	8	7	7	7	6	6	6	5	처	5	4	4	4	3	3	3
대운	여	8	9	9	9	10	10	10	추	1	1	1	1	2	2	2	3	3	3	4	4	4	5	5	서	6	6	6	7	7	7	8

백로 8일 12시 15분 【음8월】 ➡ **【己酉月(기유월)】** ☯ 추분 23일 21시 35분

양력 9 (음력 08/03~09/02)	양력	1	2	3	4	5	6	7	8	9	10	11	12	13	14	15	16	17	18	19	20	21	22	23	24	25	26	27	28	29	30
	요일	토	일	월	화	수	목	금	토	일	월	화	수	목	금	토	일	월	화	수	목	금	토	일	월	화	수	목	금	토	일
	일진 日辰	壬寅	癸卯	甲辰	乙巳	丙午	丁未	戊申	己酉	庚戌	辛亥	壬子	癸丑	甲寅	乙卯	丙辰	丁巳	戊午	己未	庚申	辛酉	壬戌	癸亥	甲子	乙丑	丙寅	丁卯	戊辰	己巳	庚午	辛未
	음력	3	4	5	6	7	8	9	10	11	12	13	14	15	16	17	18	19	20	21	22	23	24	25	26	27	28	29	30	9/1	2
대운	남	2	2	2	1	1	1	1	백	10	10	9	9	9	8	8	8	7	7	7	6	6	6	추	5	5	4	4	4	3	3
대운	여	8	8	9	9	9	10	10	로	1	1	1	1	2	2	2	3	3	3	4	4	4	5	분	5	6	6	6	7	7	7

한로 9일 03시 38분 【음9월】 ➡ **【庚戌月(경술월)】** ☯ 상강 24일 06시 40분

양력 10 (음력 09/03~10/04)	양력	1	2	3	4	5	6	7	8	9	10	11	12	13	14	15	16	17	18	19	20	21	22	23	24	25	26	27	28	29	30	31
	요일	월	화	수	목	금	토	일	월	화	수	목	금	토	일	월	화	수	목	금	토	일	월	화	수	목	금	토	일	월	화	수
	일진 日辰	壬申	癸酉	甲戌	乙亥	丙子	丁丑	戊寅	己卯	庚辰	辛巳	壬午	癸未	甲申	乙酉	丙戌	丁亥	戊子	己丑	庚寅	辛卯	壬辰	癸巳	甲午	乙未	丙申	丁酉	戊戌	己亥	庚子	辛丑	壬寅
	음력	3	4	5	6	7	8	9	10	11	12	13	14	15	16	17	18	19	20	21	22	23	24	25	26	27	28	29	10/1	2	3	4
대운	남	3	2	2	2	1	1	1	1	한	10	9	9	9	8	8	8	7	7	7	6	6	6	5	상	5	4	4	4	3	3	3
대운	여	8	8	8	9	9	9	10	10	로	1	1	1	1	2	2	2	3	3	3	4	4	4	5	강	5	6	6	6	7	7	7

입동 8일 06시 35분 【음10월】 ➡ **【辛亥月(신해월)】** ☯ 소설 23일 04시 02분

양력 11 (음력 10/05~11/04)	양력	1	2	3	4	5	6	7	8	9	10	11	12	13	14	15	16	17	18	19	20	21	22	23	24	25	26	27	28	29	30
	요일	목	금	토	일	월	화	수	목	금	토	일	월	화	수	목	금	토	일	월	화	수	목	금	토	일	월	화	수	목	금
	일진 日辰	癸卯	甲辰	乙巳	丙午	丁未	戊申	己酉	庚戌	辛亥	壬子	癸丑	甲寅	乙卯	丙辰	丁巳	戊午	己未	庚申	辛酉	壬戌	癸亥	甲子	乙丑	丙寅	丁卯	戊辰	己巳	庚午	辛未	壬申
	음력	5	6	7	8	9	10	11	12	13	14	15	16	17	18	19	20	21	22	23	24	25	26	27	28	29	30	11/1	2	3	4
대운	남	2	2	2	1	1	1	1	입	9	9	9	8	8	8	7	7	7	6	6	6	5	5	소	4	4	4	3	3	3	2
대운	여	8	8	8	9	9	9	10	동	1	1	1	1	2	2	2	3	3	3	4	4	4	5	설	5	6	6	6	7	7	7

대설 7일 23시 17분 【음11월】 ➡ **【壬子月(임자월)】** ☯ 동지 22일 17시 15분

양력 12 (음력 11/05~12/05)	양력	1	2	3	4	5	6	7	8	9	10	11	12	13	14	15	16	17	18	19	20	21	22	23	24	25	26	27	28	29	30	31
	요일	토	일	월	화	수	목	금	토	일	월	화	수	목	금	토	일	월	화	수	목	금	토	일	월	화	수	목	금	토	일	월
	일진 日辰	癸酉	甲戌	乙亥	丙子	丁丑	戊寅	己卯	庚辰	辛巳	壬午	癸未	甲申	乙酉	丙戌	丁亥	戊子	己丑	庚寅	辛卯	壬辰	癸巳	甲午	乙未	丙申	丁酉	戊戌	己亥	庚子	辛丑	壬寅	癸卯
	음력	5	6	7	8	9	10	11	12	13	14	15	16	17	18	19	20	21	22	23	24	25	26	27	28	29	30	12/1	2	3	4	5
대운	남	2	2	1	1	1	1	대	10	9	9	9	8	8	8	7	7	7	6	6	6	5	동	5	4	4	4	3	3	3	2	2
대운	여	8	8	8	9	9	9	설	1	1	1	1	2	2	2	3	3	3	4	4	4	5	지	5	6	6	6	7	7	7	8	8

단기 4296 年	1963년	중원 癸卯年 납음(金箔金),본명성(一白水)
불기 2507 年		대장군(子북방), 삼살(酉서방), 상문(巳동남방),조객(丑동북방), 납음(금박금), 【삼재(사,오,미)년】 臘享(납향):1964년1월23일(음12/09)

토끼

소한 6일 10시 26분 【음12월】 ➡ 【癸丑月(계축월)】 ☯ 대한 21일 03시 54분

양력 1 (음력 12/06 ~ 01/07)	1	2	3	4	5	6	7	8	9	10	11	12	13	14	15	16	17	18	19	20	21	22	23	24	25	26	27	28	29	30	31
요일	화	수	목	금	토	일	월	화	수	목	금	토	일	월	화	수	목	금	토	일	월	화	수	목	금	토	일	월	화	수	목
일진 日辰	甲辰	乙巳	丙午	丁未	戊申	己酉	庚戌	辛亥	壬子	癸丑	甲寅	乙卯	丙辰	丁巳	戊午	己未	庚申	辛酉	壬戌	癸亥	甲子	乙丑	丙寅	丁卯	戊辰	己巳	庚午	辛未	壬申	癸酉	甲戌
음력	6	7	8	9	10	11	12	13	14	15	16	17	18	19	20	21	22	23	24	25	26	27	28	29	1/1	2	3	4	5	6	7
대운 남	2	1	1	1	1	소	9	9	9	8	8	8	7	7	7	6	6	6	5	5	대	4	4	4	3	3	3	2	2	2	1
대운 여	8	9	9	9	10	한	1	1	1	1	2	2	2	3	3	3	4	4	4	5	한	5	6	6	6	7	7	7	8	8	8

입춘 4일 22시 08분 【음1월】 ➡ 【甲寅月(갑인월)】 ☯ 우수 19일 18시 09분

양력 2 (음력 01/06 ~ 02/05)	1	2	3	4	5	6	7	8	9	10	11	12	13	14	15	16	17	18	19	20	21	22	23	24	25	26	27	28	
요일	금	토	일	월	화	수	목	금	토	일	월	화	수	목	금	토	일	월	화	수	목	금	토	일	월	화	수	목	癸
일진 日辰	乙亥	丙子	丁丑	戊寅	己卯	庚辰	辛巳	壬午	癸未	甲申	乙酉	丙戌	丁亥	戊子	己丑	庚寅	辛卯	壬辰	癸巳	甲午	乙未	丙申	丁酉	戊戌	己亥	庚子	辛丑	壬寅	卯
음력	8	9	10	11	12	13	14	15	16	17	18	19	20	21	22	23	24	25	26	27	28	29	30	2/1	2	3	4	5	年
대운 남	1	1	1	입	1	1	1	1	2	2	2	3	3	3	4	4	4	5	우	5	6	6	6	7	7	7	8	8	
대운 여	9	9	9	춘	10	9	9	9	8	8	8	7	7	7	6	6	6	5	수	5	4	4	4	3	3	3	2	2	

경칩 6일 16시 17분 【음2월】 ➡ 【乙卯月(을묘월)】 ☯ 춘분 21일 17시 20분

양력 3 (음력 02/06 ~ 03/07)	1	2	3	4	5	6	7	8	9	10	11	12	13	14	15	16	17	18	19	20	21	22	23	24	25	26	27	28	29	30	31
요일	금	토	일	월	화	수	목	금	토	일	월	화	수	목	금	토	일	월	화	수	목	금	토	일	월	화	수	목	금	토	일
일진 日辰	癸卯	甲辰	乙巳	丙午	丁未	戊申	己酉	庚戌	辛亥	壬子	癸丑	甲寅	乙卯	丙辰	丁巳	戊午	己未	庚申	辛酉	壬戌	癸亥	甲子	乙丑	丙寅	丁卯	戊辰	己巳	庚午	辛未	壬申	癸酉
음력	6	7	8	9	10	11	12	13	14	15	16	17	18	19	20	21	22	23	24	25	26	27	28	29	3/1	2	3	4	5	6	7
대운 남	8	9	9	9	10	경	1	1	1	1	2	2	2	3	3	3	4	4	4	5	춘	5	6	6	6	7	7	7	8	8	8
대운 여	2	1	1	1	1	칩	10	9	9	9	8	8	8	7	7	7	6	6	6	5	분	5	4	4	4	3	3	3	2	2	2

청명 5일 21시 19분 【음3월】 ➡ 【丙辰月(병진월)】 ☯ 곡우 21일 04시 36분

양력 4 (음력 03/08 ~ 04/07)	1	2	3	4	5	6	7	8	9	10	11	12	13	14	15	16	17	18	19	20	21	22	23	24	25	26	27	28	29	30
요일	월	화	수	목	금	토	일	월	화	수	목	금	토	일	월	화	수	목	금	토	일	월	화	수	목	금	토	일	월	화
일진 日辰	甲戌	乙亥	丙子	丁丑	戊寅	己卯	庚辰	辛巳	壬午	癸未	甲申	乙酉	丙戌	丁亥	戊子	己丑	庚寅	辛卯	壬辰	癸巳	甲午	乙未	丙申	丁酉	戊戌	己亥	庚子	辛丑	壬寅	癸卯
음력	8	9	10	11	12	13	14	15	16	17	18	19	20	21	22	23	24	25	26	27	28	29	30	4/1	2	3	4	5	6	7
대운 남	9	9	9	10	청	1	1	1	1	2	2	2	3	3	3	4	4	4	5	5	곡	6	6	6	7	7	7	8	8	8
대운 여	1	1	1	1	명	10	10	9	9	9	8	8	8	7	7	7	6	6	6	5	우	5	4	4	4	3	3	3	2	2

입하 6일 14시 52분 【음4월】 ➡ 【丁巳月(정사월)】 ☯ 소만 22일 03시 58분

양력 5 (음력 04/08 ~ 윤409)	1	2	3	4	5	6	7	8	9	10	11	12	13	14	15	16	17	18	19	20	21	22	23	24	25	26	27	28	29	30	31
요일	수	목	금	토	일	월	화	수	목	금	토	일	월	화	수	목	금	토	일	월	화	수	목	금	토	일	월	화	수	목	금
일진 日辰	甲辰	乙巳	丙午	丁未	戊申	己酉	庚戌	辛亥	壬子	癸丑	甲寅	乙卯	丙辰	丁巳	戊午	己未	庚申	辛酉	壬戌	癸亥	甲子	乙丑	丙寅	丁卯	戊辰	己巳	庚午	辛未	壬申	癸酉	甲戌
음력	8	9	10	11	12	13	14	15	16	17	18	19	20	21	22	23	24	25	26	27	28	29	윤4	2	3	4	5	6	7	8	9
대운 남	9	9	9	10	10	입	1	1	1	1	2	2	2	3	3	3	4	4	4	5	5	소	6	6	6	7	7	7	8	8	8
대운 여	2	1	1	1	1	하	10	10	9	9	9	8	8	8	7	7	7	6	6	6	5	만	5	4	4	4	3	3	3	2	2

망종 6일 19시 14분 【음5월】 ➡ 【戊午月(무오월)】 ☯ 하지 22일 12시 04분

양력 6 (음력 윤410 ~ 05/10)	1	2	3	4	5	6	7	8	9	10	11	12	13	14	15	16	17	18	19	20	21	22	23	24	25	26	27	28	29	30
요일	토	일	월	화	수	목	금	토	일	월	화	수	목	금	토	일	월	화	수	목	금	토	일	월	화	수	목	금	토	일
일진 日辰	乙亥	丙子	丁丑	戊寅	己卯	庚辰	辛巳	壬午	癸未	甲申	乙酉	丙戌	丁亥	戊子	己丑	庚寅	辛卯	壬辰	癸巳	甲午	乙未	丙申	丁酉	戊戌	己亥	庚子	辛丑	壬寅	癸卯	甲辰
음력	10	11	12	13	14	15	16	17	18	19	20	21	22	23	24	25	26	27	28	29	5/1	2	3	4	5	6	7	8	9	10
대운 남	9	9	9	10	10	망	1	1	1	1	2	2	2	3	3	3	4	4	4	5	5	하	6	6	6	7	7	7	8	8
대운 여	2	1	1	1	1	종	10	10	10	9	9	9	8	8	8	7	7	7	6	6	6	지	5	5	4	4	4	3	3	3

한식(4월06일), 초복(7월16일), 중복(7월26일), 말복(8월15일)

춘사(春社)3/16 추사(秋社)9/22

土王토왕지절(土旺之節):4월18일,7월20일,10월21일,신년 1월18일,(양력)

1963 癸卯年

소서 8일 05시 38분 【음6월】 ➡ 【己未月(기미월)】 대서 23일 22시 59분

양력 7 / 음력 05/11 ~ 06/11

양력	1	2	3	4	5	6	7	8	9	10	11	12	13	14	15	16	17	18	19	20	21	22	23	24	25	26	27	28	29	30	31
요일	월	화	수	목	금	토	일	월	화	수	목	금	토	일	월	화	수	목	금	토	일	월	화	수	목	금	토	일	월	화	수
일진 日辰	乙巳	丙午	丁未	戊申	己酉	庚戌	辛亥	壬子	癸丑	甲寅	乙卯	丙辰	丁巳	戊午	己未	庚申	辛酉	壬戌	癸亥	甲子	乙丑	丙寅	丁卯	戊辰	己巳	庚午	辛未	壬申	癸酉	甲戌	乙亥
음력	11	12	13	14	15	16	17	18	19	20	21	22	23	24	25	26	27	28	29	30	6/1	2	3	4	5	6	7	8	9	10	11
대운 남	8	9	9	9	10	10	10	소	1	1	1	1	2	2	2	3	3	3	4	4	4	5	대	5	6	6	6	7	7	7	8
대운 여	2	2	2	1	1	1	1	서	10	10	9	9	9	8	8	8	7	7	7	6	6	6	서	5	5	4	4	4	3	3	3

입추 8일 15시 25분 【음7월】 ➡ 【庚申月(경신월)】 처서 24일 05시 58분

양력 8 / 음력 06/12 ~ 07/13

양력	1	2	3	4	5	6	7	8	9	10	11	12	13	14	15	16	17	18	19	20	21	22	23	24	25	26	27	28	29	30	31
요일	목	금	토	일	월	화	수	목	금	토	일	월	화	수	목	금	토	일	월	화	수	목	금	토	일	월	화	수	목	금	토
일진 日辰	丙子	丁丑	戊寅	己卯	庚辰	辛巳	壬午	癸未	甲申	乙酉	丙戌	丁亥	戊子	己丑	庚寅	辛卯	壬辰	癸巳	甲午	乙未	丙申	丁酉	戊戌	己亥	庚子	辛丑	壬寅	癸卯	甲辰	乙巳	丙午
음력	12	13	14	15	16	17	18	19	20	21	22	23	24	25	26	27	28	29	7/1	2	3	4	5	6	7	8	9	10	11	12	13
대운 남	8	8	9	9	9	10	10	입	1	1	1	1	2	2	2	3	3	3	4	4	4	5	5	처	6	6	6	7	7	7	8
대운 여	2	2	2	1	1	1	1	추	10	10	9	9	9	8	8	8	7	7	7	6	6	6	5	서	5	4	4	4	3	3	3

백로 8일 18시 12분 【음8월】 ➡ 【辛酉月(신유월)】 추분 24일 03시 24분

양력 9 / 음력 07/14 ~ 08/13

양력	1	2	3	4	5	6	7	8	9	10	11	12	13	14	15	16	17	18	19	20	21	22	23	24	25	26	27	28	29	30
요일	일	월	화	수	목	금	토	일	월	화	수	목	금	토	일	월	화	수	목	금	토	일	월	화	수	목	금	토	일	월
일진 日辰	丁未	戊申	己酉	庚戌	辛亥	壬子	癸丑	甲寅	乙卯	丙辰	丁巳	戊午	己未	庚申	辛酉	壬戌	癸亥	甲子	乙丑	丙寅	丁卯	戊辰	己巳	庚午	辛未	壬申	癸酉	甲戌	乙亥	丙子
음력	14	15	16	17	18	19	20	21	22	23	24	25	26	27	28	29	29	8/1	2	3	4	5	6	7	8	9	10	11	12	13
대운 남	8	8	9	9	9	10	10	백	1	1	1	1	2	2	2	3	3	3	4	4	4	5	5	추	6	6	6	7	7	7
대운 여	2	2	2	1	1	1	1	로	10	10	9	9	9	8	8	8	7	7	7	6	6	6	5	분	5	4	4	4	3	3

한로 9일 09시 36분 【음9월】 ➡ 【壬戌月(임술월)】 상강 24일 12시 29분

양력 10 / 음력 08/14 ~ 09/15

양력	1	2	3	4	5	6	7	8	9	10	11	12	13	14	15	16	17	18	19	20	21	22	23	24	25	26	27	28	29	30	31
요일	화	수	목	금	토	일	월	화	수	목	금	토	일	월	화	수	목	금	토	일	월	화	수	목	금	토	일	월	화	수	목
일진 日辰	丁丑	戊寅	己卯	庚辰	辛巳	壬午	癸未	甲申	乙酉	丙戌	丁亥	戊子	己丑	庚寅	辛卯	壬辰	癸巳	甲午	乙未	丙申	丁酉	戊戌	己亥	庚子	辛丑	壬寅	癸卯	甲辰	乙巳	丙午	丁未
음력	14	15	16	17	18	19	20	21	22	23	24	25	26	27	28	29	9/1	2	3	4	5	6	7	8	9	10	11	12	13	14	15
대운 남	8	8	8	9	9	9	10	10	한	1	1	1	1	2	2	2	3	3	3	4	4	4	5	상	5	6	6	6	7	7	7
대운 여	3	2	2	2	1	1	1	1	로	10	9	9	9	8	8	8	7	7	7	6	6	6	5	강	5	4	4	4	3	3	3

입동 8일 12시 32분 【음10월】 ➡ 【癸亥月(계해월)】 소설 23일 09시 49분

양력 11 / 음력 09/16 ~ 10/15

양력	1	2	3	4	5	6	7	8	9	10	11	12	13	14	15	16	17	18	19	20	21	22	23	24	25	26	27	28	29	30
요일	금	토	일	월	화	수	목	금	토	일	월	화	수	목	금	토	일	월	화	수	목	금	토	일	월	화	수	목	금	토
일진 日辰	戊申	己酉	庚戌	辛亥	壬子	癸丑	甲寅	乙卯	丙辰	丁巳	戊午	己未	庚申	辛酉	壬戌	癸亥	甲子	乙丑	丙寅	丁卯	戊辰	己巳	庚午	辛未	壬申	癸酉	甲戌	乙亥	丙子	丁丑
음력	16	17	18	19	20	21	22	23	24	25	26	27	28	29	30	10/1	2	3	4	5	6	7	8	9	10	11	12	13	14	15
대운 남	8	8	8	9	9	9	10	입	1	1	1	1	2	2	2	3	3	3	4	4	4	5	소	5	6	6	6	7	7	7
대운 여	2	2	2	1	1	1	1	동	10	9	9	9	8	8	8	7	7	7	6	6	6	5	설	5	4	4	4	3	3	3

대설 8일 05시 13분 【음11월】 ➡ 【甲子月(갑자월)】 동지 22일 23시 02분

양력 12 / 음력 10/16 ~ 11/16

양력	1	2	3	4	5	6	7	8	9	10	11	12	13	14	15	16	17	18	19	20	21	22	23	24	25	26	27	28	29	30	31
요일	일	월	화	수	목	금	토	일	월	화	수	목	금	토	일	월	화	수	목	금	토	일	월	화	수	목	금	토	일	월	화
일진 日辰	戊寅	己卯	庚辰	辛巳	壬午	癸未	甲申	乙酉	丙戌	丁亥	戊子	己丑	庚寅	辛卯	壬辰	癸巳	甲午	乙未	丙申	丁酉	戊戌	己亥	庚子	辛丑	壬寅	癸卯	甲辰	乙巳	丙午	丁未	戊申
음력	16	17	18	19	20	21	22	23	24	25	26	27	28	29	30	11/1	2	3	4	5	6	7	8	9	10	11	12	13	14	15	16
대운 남	8	8	8	9	9	9	10	대	1	1	1	1	2	2	2	3	3	3	4	4	4	동	5	5	6	6	6	7	7	7	8
대운 여	2	2	2	1	1	1	1	설	9	9	9	8	8	8	7	7	7	6	6	6	5	지	5	4	4	4	3	3	3	2	2

단기 4297 年	1964년	중원 甲辰年 납음(覆燈火),본명성(九紫火)
불기 2508 年		대장군(子북방), 삼살(남방), 상문(午남방), 조객(寅동북방),납음(복등화), 상재(인,묘,진) 臘享(납향):1965년1월17일(음12/15)

소한 6일 16시 22분 【음12월】 ➡ 【乙丑月(을축월)】 ☯ 대한 21일 09시 41분

양력 1 / 음력 11/17 – 12/17

양력	1	2	3	4	5	6	7	8	9	10	11	12	13	14	15	16	17	18	19	20	21	22	23	24	25	26	27	28	29	30	31
요일	수	목	금	토	일	월	화	수	목	금	토	일	월	화	수	목	금	토	일	월	화	수	목	금	토	일	월	화	수	목	금
일진 日辰	己酉	庚戌	辛亥	壬子	癸丑	甲寅	乙卯	丙辰	丁巳	戊午	己未	庚申	辛酉	壬戌	癸亥	甲子	乙丑	丙寅	丁卯	戊辰	己巳	庚午	辛未	壬申	癸酉	甲戌	乙亥	丙子	丁丑	戊寅	己卯
음력	17	18	19	20	21	22	23	24	25	26	27	28	29	30	12/1	2	3	4	5	6	7	8	9	10	11	12	13	14	15	16	17
대운 남	8	8	9	9	9	소	1	1	1	1	2	2	2	3	3	3	4	4	4	5	대	5	6	6	6	7	7	7	8	8	8
대운 여	2	1	1	1	1	한	10	9	9	9	8	8	8	7	7	7	6	6	6	5	한	5	4	4	4	3	3	3	2	2	2

입춘 5일 04시 05분 【음1월】 ➡ 【丙寅月(병인월)】 ☯ 우수 19일 23시 57분

양력 2 / 음력 12/18 – 01/17

양력	1	2	3	4	5	6	7	8	9	10	11	12	13	14	15	16	17	18	19	20	21	22	23	24	25	26	27	28	29
요일	토	일	월	화	수	목	금	토	일	월	화	수	목	금	토	일	월	화	수	목	금	토	일	월	화	수	목	금	토
일진 日辰	庚辰	辛巳	壬午	癸未	甲申	乙酉	丙戌	丁亥	戊子	己丑	庚寅	辛卯	壬辰	癸巳	甲午	乙未	丙申	丁酉	戊戌	己亥	庚子	辛丑	壬寅	癸卯	甲辰	乙巳	丙午	丁未	戊申
음력	18	19	20	21	22	23	24	25	26	27	28	29	1/1	2	3	4	5	6	7	8	9	10	11	12	13	14	15	16	17
대운 남	9	9	9	10	입	9	9	9	8	8	8	7	7	7	6	6	6	5	우	5	4	4	4	3	3	3	2	2	2
대운 여	1	1	1	1	춘	1	1	1	1	2	2	2	3	3	3	4	4	4	수	5	5	6	6	6	7	7	7	8	8

甲辰年

경칩 5일 22시 16분 【음2월】 ➡ 【丁卯月(정묘월)】 ☯ 춘분 20일 23시 10분

양력 3 / 음력 01/18 – 02/18

양력	1	2	3	4	5	6	7	8	9	10	11	12	13	14	15	16	17	18	19	20	21	22	23	24	25	26	27	28	29	30	31
요일	일	월	화	수	목	금	토	일	월	화	수	목	금	토	일	월	화	수	목	금	토	일	월	화	수	목	금	토	일	월	화
일진 日辰	己酉	庚戌	辛亥	壬子	癸丑	甲寅	乙卯	丙辰	丁巳	戊午	己未	庚申	辛酉	壬戌	癸亥	甲子	乙丑	丙寅	丁卯	戊辰	己巳	庚午	辛未	壬申	癸酉	甲戌	乙亥	丙子	丁丑	戊寅	己卯
음력	18	19	20	21	22	23	24	25	26	27	28	29	30	2/1	2	3	4	5	6	7	8	9	10	11	12	13	14	15	16	17	18
대운 남	1	1	1	1	경	10	10	9	9	9	8	8	8	7	7	7	6	6	6	춘	5	5	4	4	4	3	3	3	2	2	2
대운 여	8	9	9	9	칩	1	1	1	1	2	2	2	3	3	3	4	4	4	5	분	5	6	6	6	7	7	7	8	8	8	9

청명 5일 03시 18분 【음3월】 ➡ 【戊辰月(무진월)】 ☯ 곡우 20일 10시 27분

양력 4 / 음력 02/19 – 03/19

양력	1	2	3	4	5	6	7	8	9	10	11	12	13	14	15	16	17	18	19	20	21	22	23	24	25	26	27	28	29	30
요일	수	목	금	토	일	월	화	수	목	금	토	일	월	화	수	목	금	토	일	월	화	수	목	금	토	일	월	화	수	목
일진 日辰	庚辰	辛巳	壬午	癸未	甲申	乙酉	丙戌	丁亥	戊子	己丑	庚寅	辛卯	壬辰	癸巳	甲午	乙未	丙申	丁酉	戊戌	己亥	庚子	辛丑	壬寅	癸卯	甲辰	乙巳	丙午	丁未	戊申	己酉
음력	19	20	21	22	23	24	25	26	27	28	29	3/1	2	3	4	5	6	7	8	9	10	11	12	13	14	15	16	17	18	19
대운 남	1	1	1	1	청	10	9	9	9	8	8	8	7	7	7	6	6	6	5	곡	5	4	4	4	3	3	3	2	2	2
대운 여	9	9	10	10	명	1	1	1	1	2	2	2	3	3	3	4	4	4	5	우	5	6	6	6	7	7	7	8	8	8

입하 5일 20시 51분 【음4월】 ➡ 【己巳月(기사월)】 ☯ 소만 21일 09시 50분

양력 5 / 음력 03/20 – 04/20

양력	1	2	3	4	5	6	7	8	9	10	11	12	13	14	15	16	17	18	19	20	21	22	23	24	25	26	27	28	29	30	31
요일	금	토	일	월	화	수	목	금	토	일	월	화	수	목	금	토	일	월	화	수	목	금	토	일	월	화	수	목	금	토	일
일진 日辰	庚戌	辛亥	壬子	癸丑	甲寅	乙卯	丙辰	丁巳	戊午	己未	庚申	辛酉	壬戌	癸亥	甲子	乙丑	丙寅	丁卯	戊辰	己巳	庚午	辛未	壬申	癸酉	甲戌	乙亥	丙子	丁丑	戊寅	己卯	庚辰
음력	20	21	22	23	24	25	26	27	28	29	30	4/1	2	3	4	5	6	7	8	9	10	11	12	13	14	15	16	17	18	19	20
대운 남	1	1	1	1	입	10	10	10	9	9	9	8	8	8	7	7	7	6	6	6	소	5	5	4	4	4	3	3	3	2	2
대운 여	9	9	9	10	하	1	1	1	1	2	2	2	3	3	3	4	4	4	5	5	만	6	6	6	7	7	7	8	8	8	9

망종 6일 01시 12분 【음5월】 ➡ 【庚午月(경오월)】 ☯ 하지 21일 17시 57분

양력 6 / 음력 04/21 – 05/21

양력	1	2	3	4	5	6	7	8	9	10	11	12	13	14	15	16	17	18	19	20	21	22	23	24	25	26	27	28	29	30
요일	월	화	수	목	금	토	일	월	화	수	목	금	토	일	월	화	수	목	금	토	일	월	화	수	목	금	토	일	월	화
일진 日辰	辛巳	壬午	癸未	甲申	乙酉	丙戌	丁亥	戊子	己丑	庚寅	辛卯	壬辰	癸巳	甲午	乙未	丙申	丁酉	戊戌	己亥	庚子	辛丑	壬寅	癸卯	甲辰	乙巳	丙午	丁未	戊申	己酉	庚戌
음력	21	22	23	24	25	26	27	28	29	5/1	2	3	4	5	6	7	8	9	10	11	12	13	14	15	16	17	18	19	20	21
대운 남	2	1	1	1	1	망	10	10	9	9	9	8	8	8	7	7	7	6	6	6	하	5	5	4	4	4	3	3	3	2
대운 여	9	9	10	10	10	종	1	1	1	1	2	2	2	3	3	3	4	4	4	5	지	5	6	6	6	7	7	7	8	8

한식(4월05일), 초복(7월20일), 중복(7월30일), 말복(8월09일) ☂춘사(春社)3/20
☀추사(秋社)9/26토왕지절(土旺之節):4월17일,7월20일,10월20일,신년1월18일,(양력)
臘享(납향):1965년 1월17일신년(양)

1964 甲辰年

소서 7일 11시 32분 【음6월】 ➡ 【辛未月(신미월)】 ☯ 대서 23일 04시 53분

양력 7		1	2	3	4	5	6	7	8	9	10	11	12	13	14	15	16	17	18	19	20	21	22	23	24	25	26	27	28	29	30	31
	요일	수	목	금	토	일	월	화	수	목	금	토	일	월	화	수	목	금	토	일	월	화	수	목	금	토	일	월	화	수	목	금
	일진 日辰	辛亥	壬子	癸丑	甲寅	乙卯	丙辰	丁巳	戊午	己未	庚申	辛酉	壬戌	癸亥	甲子	乙丑	丙寅	丁卯	戊辰	己巳	庚午	辛未	壬申	癸酉	甲戌	乙亥	丙子	丁丑	戊寅	己卯	庚辰	辛巳
음력 05/22 ~ 06/23	음력	22	23	24	25	26	27	28	29	6/1	2	3	4	5	6	7	8	9	10	11	12	13	14	15	16	17	18	19	20	21	22	23
대운	남	2	2	1	1	1	1	소	10	10	9	9	9	8	8	8	7	7	7	6	6	6	5	대	5	4	4	4	3	3	3	2
	여	8	9	9	9	10	10	서	1	1	1	1	2	2	2	3	3	3	4	4	4	5	5	서	6	6	6	7	7	7	8	8

입추 7일 21시 16분 【음7월】 ➡ 【壬申月(임신월)】 ☯ 처서 23일 11시 51분

양력 8		1	2	3	4	5	6	7	8	9	10	11	12	13	14	15	16	17	18	19	20	21	22	23	24	25	26	27	28	29	30	31
	요일	토	일	월	화	수	목	금	토	일	월	화	수	목	금	토	일	월	화	수	목	금	토	일	월	화	수	목	금	토	일	월
	일진 日辰	壬午	癸未	甲申	乙酉	丙戌	丁亥	戊子	己丑	庚寅	辛卯	壬辰	癸巳	甲午	乙未	丙申	丁酉	戊戌	己亥	庚子	辛丑	壬寅	癸卯	甲辰	乙巳	丙午	丁未	戊申	己酉	庚戌	辛亥	壬子
음력 06/24 ~ 07/24	음력	24	25	26	27	28	29	30	7/1	2	3	4	5	6	7	8	9	10	11	12	13	14	15	16	17	18	19	20	21	22	23	24
대운	남	2	2	1	1	1	1	입	10	10	9	9	9	8	8	8	7	7	7	6	6	6	5	처	5	4	4	4	3	3	3	2
	여	8	9	9	9	10	10	추	1	1	1	1	2	2	2	3	3	3	4	4	4	5	5	서	6	6	6	7	7	7	8	8

백로 7일 23시 59분 【음8월】 ➡ 【癸酉月(계유월)】 ☯ 추분23일 09시 17분

양력 9		1	2	3	4	5	6	7	8	9	10	11	12	13	14	15	16	17	18	19	20	21	22	23	24	25	26	27	28	29	30
	요일	화	수	목	금	토	일	월	화	수	목	금	토	일	월	화	수	목	금	토	일	월	화	수	목	금	토	일	월	화	수
	일진 日辰	癸丑	甲寅	乙卯	丙辰	丁巳	戊午	己未	庚申	辛酉	壬戌	癸亥	甲子	乙丑	丙寅	丁卯	戊辰	己巳	庚午	辛未	壬申	癸酉	甲戌	乙亥	丙子	丁丑	戊寅	己卯	庚辰	辛巳	壬午
음력 07/25 ~ 08/25	음력	25	26	27	28	29	8/1	2	3	4	5	6	7	8	9	10	11	12	13	14	15	16	17	18	19	20	21	22	23	24	25
대운	남	2	2	1	1	1	1	백	10	10	9	9	9	8	8	8	7	7	7	6	6	6	5	추	5	4	4	4	3	3	3
	여	8	9	9	9	10	10	로	1	1	1	1	2	2	2	3	3	3	4	4	4	5	5	분	6	6	6	7	7	7	8

한로 8일 15시 22분 【음9월】 ➡ 【甲戌月(갑술월)】 ☯ 상강 23일 18시 21분

양력 10		1	2	3	4	5	6	7	8	9	10	11	12	13	14	15	16	17	18	19	20	21	22	23	24	25	26	27	28	29	30	31
	요일	목	금	토	일	월	화	수	목	금	토	일	월	화	수	목	금	토	일	월	화	수	목	금	토	일	월	화	수	목	금	토
	일진 日辰	癸未	甲申	乙酉	丙戌	丁亥	戊子	己丑	庚寅	辛卯	壬辰	癸巳	甲午	乙未	丙申	丁酉	戊戌	己亥	庚子	辛丑	壬寅	癸卯	甲辰	乙巳	丙午	丁未	戊申	己酉	庚戌	辛亥	壬子	癸丑
음력 08/26 ~ 09/26	음력	26	27	28	29	30	9/1	2	3	4	5	6	7	8	9	10	11	12	13	14	15	16	17	18	19	20	21	22	23	24	25	26
대운	남	2	2	2	1	1	1	1	한	10	9	9	9	8	8	8	7	7	7	6	6	6	5	상	5	4	4	4	3	3	3	2
	여	8	8	9	9	9	10	10	로	1	1	1	1	2	2	2	3	3	3	4	4	4	5	강	5	6	6	6	7	7	7	8

입동 7일 18시 15분 【음10월】 ➡ 【乙亥月(을해월)】 ☯ 소설 22일 15시 39분

양력 11		1	2	3	4	5	6	7	8	9	10	11	12	13	14	15	16	17	18	19	20	21	22	23	24	25	26	27	28	29	30
	요일	일	월	화	수	목	금	토	일	월	화	수	목	금	토	일	월	화	수	목	금	토	일	월	화	수	목	금	토	일	월
	일진 日辰	甲寅	乙卯	丙辰	丁巳	戊午	己未	庚申	辛酉	壬戌	癸亥	甲子	乙丑	丙寅	丁卯	戊辰	己巳	庚午	辛未	壬申	癸酉	甲戌	乙亥	丙子	丁丑	戊寅	己卯	庚辰	辛巳	壬午	癸未
음력 09/27 ~ 10/27	음력	27	28	29	10/1	2	3	4	5	6	7	8	9	10	11	12	13	14	15	16	17	18	19	20	21	22	23	24	25	26	27
대운	남	2	2	1	1	1	1	입	10	9	9	9	8	8	8	7	7	7	6	6	6	5	소	5	4	4	4	3	3	3	2
	여	8	8	9	9	9	10	동	1	1	1	1	2	2	2	3	3	3	4	4	4	5	설	5	6	6	6	7	7	7	8

대설 7일 10시 53분 【음11월】 ➡ 【丙子月(병자월)】 ☯ 동지 22일 04시 50분

양력 12		1	2	3	4	5	6	7	8	9	10	11	12	13	14	15	16	17	18	19	20	21	22	23	24	25	26	27	28	29	30	31
	요일	화	수	목	금	토	일	월	화	수	목	금	토	일	월	화	수	목	금	토	일	월	화	수	목	금	토	일	월	화	수	목
	일진 日辰	甲申	乙酉	丙戌	丁亥	戊子	己丑	庚寅	辛卯	壬辰	癸巳	甲午	乙未	丙申	丁酉	戊戌	己亥	庚子	辛丑	壬寅	癸卯	甲辰	乙巳	丙午	丁未	戊申	己酉	庚戌	辛亥	壬子	癸丑	甲寅
음력 10/28 ~ 11/28	음력	28	29	30	11/1	2	3	4	5	6	7	8	9	10	11	12	13	14	15	16	17	18	19	20	21	22	23	24	25	26	27	28
대운	남	2	2	1	1	1	1	대	9	9	9	8	8	8	7	7	7	6	6	6	5	5	동	4	4	4	3	3	3	2	2	2
	여	8	8	9	9	9	10	설	1	1	1	1	2	2	2	3	3	3	4	4	4	5	지	5	6	6	6	7	7	7	8	8

단기 4298 年	1965년	중원 乙巳年 납음(覆燈火),본명성(八白土)
불기 2509 年		대장군(卯동방), 삼살(동방), 상문(未서남방),조객(卯동방), 납음(복등화), 【삼재(해,자,축)년】 臘享(납향):1966년1월12일(음12/21)

소한 5일 22시 02분 【음12월】 ➡ **【丁丑月(정축월)】** ☯ 대한 20일 15시 29분

양력 1 (음력 11/29 ~ 12/29)	1	2	3	4	5	6	7	8	9	10	11	12	13	14	15	16	17	18	19	20	21	22	23	24	25	26	27	28	29	30	31
요일	금	토	일	월	화	수	목	금	토	일	월	화	수	목	금	토	일	월	화	수	목	금	토	일	월	화	수	목	금	토	일
일진 日辰	乙卯	丙辰	丁巳	戊午	己未	庚申	辛酉	壬戌	癸亥	甲子	乙丑	丙寅	丁卯	戊辰	己巳	庚午	辛未	壬申	癸酉	甲戌	乙亥	丙子	丁丑	戊寅	己卯	庚辰	辛巳	壬午	癸未	甲申	乙酉
음력	29	30	12/1	2	3	4	5	6	7	8	9	10	11	12	13	14	15	16	17	18	19	20	21	22	23	24	25	26	27	28	29
대운 남	1	1	1	1	소	10	9	9	9	8	8	8	7	7	7	6	6	6	5	대	5	4	4	4	3	3	3	2	2	2	1
대운 여	8	9	9	9	한	1	1	1	1	2	2	2	3	3	3	4	4	4	5	한	5	6	6	6	7	7	7	8	8	8	9

입춘 4일 09시 46분 【음1월】 ➡ **【戊寅月(무인월)】** ☯ 우수 19일 05시 48분

양력 2 (음력 12/30 ~ 01/27)	1	2	3	4	5	6	7	8	9	10	11	12	13	14	15	16	17	18	19	20	21	22	23	24	25	26	27	28	乙巳年
요일	월	화	수	목	금	토	일	월	화	수	목	금	토	일	월	화	수	목	금	토	일	월	화	수	목	금	토	일	
일진 日辰	丙戌	丁亥	戊子	己丑	庚寅	辛卯	壬辰	癸巳	甲午	乙未	丙申	丁酉	戊戌	己亥	庚子	辛丑	壬寅	癸卯	甲辰	乙巳	丙午	丁未	戊申	己酉	庚戌	辛亥	壬子	癸丑	
음력	30	1/1	2	3	4	5	6	7	8	9	10	11	12	13	14	15	16	17	18	19	20	21	22	23	24	25	26	27	
대운 남	1	1	1	입	1	1	1	1	2	2	2	3	3	3	4	4	4	5	우	5	6	6	6	7	7	7	8	8	
대운 여	9	9	10	춘	10	9	9	9	8	8	8	7	7	7	6	6	6	5	수	5	4	4	4	3	3	3	2	2	

경칩 6일 04시 01분 【음2월】 ➡ **【己卯月(기묘월)】** ☯ 춘분 21일 05시 05분

양력 3 (음력 01/28 ~ 02/29)	1	2	3	4	5	6	7	8	9	10	11	12	13	14	15	16	17	18	19	20	21	22	23	24	25	26	27	28	29	30	31
요일	월	화	수	목	금	토	일	월	화	수	목	금	토	일	월	화	수	목	금	토	일	월	화	수	목	금	토	일	월	화	수
일진 日辰	甲寅	乙卯	丙辰	丁巳	戊午	己未	庚申	辛酉	壬戌	癸亥	甲子	乙丑	丙寅	丁卯	戊辰	己巳	庚午	辛未	壬申	癸酉	甲戌	乙亥	丙子	丁丑	戊寅	己卯	庚辰	辛巳	壬午	癸未	甲申
음력	28	29	2/1	2	3	4	5	6	7	8	9	10	11	12	13	14	15	16	17	18	19	20	21	22	23	24	25	26	27	28	29
대운 남	8	9	9	9	10	경	1	1	1	1	2	2	2	3	3	3	4	4	4	5	춘	5	6	6	6	7	7	7	8	8	8
대운 여	2	1	1	1	1	칩	10	9	9	9	8	8	8	7	7	7	6	6	6	5	분	5	4	4	4	3	3	3	2	2	2

청명 5일 09시 07분 【음3월】 ➡ **【庚辰月(경진월)】** ☯ 곡우 20일 16시 26분

양력 4 (음력 02/30 ~ 03/29)	1	2	3	4	5	6	7	8	9	10	11	12	13	14	15	16	17	18	19	20	21	22	23	24	25	26	27	28	29	30
요일	목	금	토	일	월	화	수	목	금	토	일	월	화	수	목	금	토	일	월	화	수	목	금	토	일	월	화	수	목	금
일진 日辰	乙酉	丙戌	丁亥	戊子	己丑	庚寅	辛卯	壬辰	癸巳	甲午	乙未	丙申	丁酉	戊戌	己亥	庚子	辛丑	壬寅	癸卯	甲辰	乙巳	丙午	丁未	戊申	己酉	庚戌	辛亥	壬子	癸丑	甲寅
음력	30	3/1	2	3	4	5	6	7	8	9	10	11	12	13	14	15	16	17	18	19	20	21	22	23	24	25	26	27	28	29
대운 남	9	9	9	10	청	1	1	1	1	2	2	2	3	3	3	4	4	4	5	곡	5	6	6	6	7	7	7	8	8	8
대운 여	1	1	1	1	명	10	10	9	9	9	8	8	8	7	7	7	6	6	6	우	5	5	4	4	4	3	3	3	2	2

입하 6일 02시 42분 【음4월】 ➡ **【辛巳月(신사월)】** ☯ 소만 21일 15시 50분

양력 5 (음력 04/01 ~ 05/01)	1	2	3	4	5	6	7	8	9	10	11	12	13	14	15	16	17	18	19	20	21	22	23	24	25	26	27	28	29	30	31
요일	토	일	월	화	수	목	금	토	일	월	화	수	목	금	토	일	월	화	수	목	금	토	일	월	화	수	목	금	토	일	월
일진 日辰	乙卯	丙辰	丁巳	戊午	己未	庚申	辛酉	壬戌	癸亥	甲子	乙丑	丙寅	丁卯	戊辰	己巳	庚午	辛未	壬申	癸酉	甲戌	乙亥	丙子	丁丑	戊寅	己卯	庚辰	辛巳	壬午	癸未	甲申	乙酉
음력	30	4/1	2	4	5	6	7	8	9	10	11	12	13	14	15	16	17	18	19	20	21	22	23	24	25	26	27	28	29	30	5/1
대운 남	9	9	9	10	10	입	1	1	1	1	2	2	2	3	3	3	4	4	4	5	소	5	6	6	6	7	7	7	8	8	8
대운 여	2	1	1	1	1	하	10	10	9	9	9	8	8	8	7	7	7	6	6	6	만	5	5	4	4	4	3	3	3	2	2

망종 6일 07시 02분 【음5월】 ➡ **【壬午月(임오월)】** ☯ 하지 21일 23시 56분

양력 6 (음력 05/02 ~ 06/02)	1	2	3	4	5	6	7	8	9	10	11	12	13	14	15	16	17	18	19	20	21	22	23	24	25	26	27	28	29	30
요일	화	수	목	금	토	일	월	화	수	목	금	토	일	월	화	수	목	금	토	일	월	화	수	목	금	토	일	월	화	수
일진 日辰	丙戌	丁亥	戊子	己丑	庚寅	辛卯	壬辰	癸巳	甲午	乙未	丙申	丁酉	戊戌	己亥	庚子	辛丑	壬寅	癸卯	甲辰	乙巳	丙午	丁未	戊申	己酉	庚戌	辛亥	壬子	癸丑	甲寅	乙卯
음력	2	3	4	5	6	7	8	9	10	11	12	13	14	15	16	17	18	19	20	21	22	23	24	25	26	27	28	29	6/1	2
대운 남	9	9	9	10	10	망	1	1	1	1	2	2	2	3	3	3	4	4	4	5	하	5	6	6	6	7	7	7	8	8
대운 여	2	1	1	1	1	종	10	10	9	9	9	8	8	8	7	7	7	6	6	6	지	5	5	4	4	4	3	3	3	2

한식(4월06일), 초복(7월15일), 중복(7월25일), 말복(8월14일)
☂춘사(春社)3/25 ☀추사(秋社)9/21
토왕지절(土旺之節):4월17일,7월20일,10월20일,신년 1월17일,(신년양력)

1965 乙巳年

소서 7일 17시 21분 【음6월】 ➡ **【癸未月(계미월)】** ☯ 대서 23일 10시 48분

양력 7 (음력 06/03 ~ 07/04)

양력	1	2	3	4	5	6	7	8	9	10	11	12	13	14	15	16	17	18	19	20	21	22	23	24	25	26	27	28	29	30	31
요일	목	금	토	일	월	화	수	목	금	토	일	월	화	수	목	금	토	일	월	화	수	목	금	토	일	월	화	수	목	금	토
일진 日辰	丙辰	丁巳	戊午	己未	庚申	辛酉	壬戌	癸亥	甲子	乙丑	丙寅	丁卯	戊辰	己巳	庚午	辛未	壬申	癸酉	甲戌	乙亥	丙子	丁丑	戊寅	己卯	庚辰	辛巳	壬午	癸未	甲申	乙酉	丙戌
음력	3	4	5	6	7	8	9	10	11	12	13	14	15	16	17	18	19	20	21	22	23	24	25	26	27	28	29	7/1	2	3	4
대운 남	8	9	9	9	10	10	소	1	1	1	1	2	2	2	3	3	3	4	4	4	5	5	대	6	6	6	7	7	7	8	8
대운 여	2	2	1	1	1	1	서	10	10	10	9	9	9	8	8	8	7	7	7	6	6	6	서	5	5	4	4	4	3	3	3

입추 8일 03시 05분 【음7월】 ➡ **【甲申月(갑신월)】** ☯ 처서 23일 17시 43분

양력 8 (음력 07/05 ~ 08/05)

양력	1	2	3	4	5	6	7	8	9	10	11	12	13	14	15	16	17	18	19	20	21	22	23	24	25	26	27	28	29	30	31
요일	일	월	화	수	목	금	토	일	월	화	수	목	금	토	일	월	화	수	목	금	토	일	월	화	수	목	금	토	일	월	화
일진 日辰	丁亥	戊子	己丑	庚寅	辛卯	壬辰	癸巳	甲午	乙未	丙申	丁酉	戊戌	己亥	庚子	辛丑	壬寅	癸卯	甲辰	乙巳	丙午	丁未	戊申	己酉	庚戌	辛亥	壬子	癸丑	甲寅	乙卯	丙辰	丁巳
음력	5	6	7	8	9	10	11	12	13	14	15	16	17	18	19	20	21	22	23	24	25	26	27	28	29	30	8/1	2	3	4	5
대운 남	8	9	9	9	10	10	10	입	1	1	1	1	2	2	2	3	3	3	4	4	4	5	처	5	6	6	6	7	7	7	8
대운 여	2	2	2	1	1	1	1	추	10	10	9	9	9	8	8	8	7	7	7	6	6	6	서	5	5	4	4	4	3	3	3

백로 8일 05시 48분 【음8월】 ➡ **【乙酉月(을유월)】** ☯ 추분 23일 15시 06분

양력 9 (음력 08/06 ~ 09/06)

양력	1	2	3	4	5	6	7	8	9	10	11	12	13	14	15	16	17	18	19	20	21	22	23	24	25	26	27	28	29	30
요일	수	목	금	토	일	월	화	수	목	금	토	일	월	화	수	목	금	토	일	월	화	수	목	금	토	일	월	화	수	목
일진 日辰	戊午	己未	庚申	辛酉	壬戌	癸亥	甲子	乙丑	丙寅	丁卯	戊辰	己巳	庚午	辛未	壬申	癸酉	甲戌	乙亥	丙子	丁丑	戊寅	己卯	庚辰	辛巳	壬午	癸未	甲申	乙酉	丙戌	丁亥
음력	6	7	8	9	10	11	12	13	14	15	16	17	18	19	20	21	22	23	24	25	26	27	28	29	9/1	2	3	4	5	6
대운 남	8	8	9	9	9	10	10	백	1	1	1	1	2	2	2	3	3	3	4	4	4	5	추	5	6	6	6	7	7	7
대운 여	2	2	2	1	1	1	1	로	10	9	9	9	8	8	8	7	7	7	6	6	6	5	분	5	4	4	4	3	3	3

한로 8일 21시 11분 【음9월】 ➡ **【丙戌月(병술월)】** ☯ 상강 24일 00시 10분

양력 10 (음력 09/07 ~ 10/08)

양력	1	2	3	4	5	6	7	8	9	10	11	12	13	14	15	16	17	18	19	20	21	22	23	24	25	26	27	28	29	30	31
요일	금	토	일	월	화	수	목	금	토	일	월	화	수	목	금	토	일	월	화	수	목	금	토	일	월	화	수	목	금	토	일
일진 日辰	戊子	己丑	庚寅	辛卯	壬辰	癸巳	甲午	乙未	丙申	丁酉	戊戌	己亥	庚子	辛丑	壬寅	癸卯	甲辰	乙巳	丙午	丁未	戊申	己酉	庚戌	辛亥	壬子	癸丑	甲寅	乙卯	丙辰	丁巳	戊午
음력	7	8	9	10	11	12	13	14	15	16	17	18	19	20	21	22	23	24	25	26	27	28	29	10/1	2	3	4	5	6	7	8
대운 남	8	8	8	9	9	9	10	한	1	1	1	1	2	2	2	3	3	3	4	4	4	5	5	상	6	6	6	7	7	7	8
대운 여	2	2	2	1	1	1	1	로	10	10	9	9	9	8	8	8	7	7	7	6	6	6	5	강	5	4	4	4	3	3	3

입동 8일 00시 07분 【음10월】 ➡ **【丁亥月(정해월)】** ☯ 소설 22일 21시 29분

양력 11 (음력 10/09 ~ 11/08)

양력	1	2	3	4	5	6	7	8	9	10	11	12	13	14	15	16	17	18	19	20	21	22	23	24	25	26	27	28	29	30
요일	월	화	수	목	금	토	일	월	화	수	목	금	토	일	월	화	수	목	금	토	일	월	화	수	목	금	토	일	월	화
일진 日辰	己未	庚申	辛酉	壬戌	癸亥	甲子	乙丑	丙寅	丁卯	戊辰	己巳	庚午	辛未	壬申	癸酉	甲戌	乙亥	丙子	丁丑	戊寅	己卯	庚辰	辛巳	壬午	癸未	甲申	乙酉	丙戌	丁亥	戊子
음력	9	10	11	12	13	14	15	16	17	18	19	20	21	22	23	24	25	26	27	28	29	30	11/1	2	3	4	5	6	7	8
대운 남	8	8	9	9	9	10	10	입	1	1	1	1	2	2	2	3	3	3	4	4	4	소	5	5	6	6	6	7	7	7
대운 여	2	2	2	1	1	1	1	동	9	9	9	8	8	8	7	7	7	6	6	6	5	설	5	4	4	4	3	3	3	2

대설 7일 16시 46분 【음11월】 ➡ **【戊子月(무자월)】** ☯ 동지 22일 10시 40분

양력 12 (음력 11/09 ~ 12/09)

양력	1	2	3	4	5	6	7	8	9	10	11	12	13	14	15	16	17	18	19	20	21	22	23	24	25	26	27	28	29	30	31
요일	수	목	금	토	일	월	화	수	목	금	토	일	월	화	수	목	금	토	일	월	화	수	목	금	토	일	월	화	수	목	금
일진 日辰	己丑	庚寅	辛卯	壬辰	癸巳	甲午	乙未	丙申	丁酉	戊戌	己亥	庚子	辛丑	壬寅	癸卯	甲辰	乙巳	丙午	丁未	戊申	己酉	庚戌	辛亥	壬子	癸丑	甲寅	乙卯	丙辰	丁巳	戊午	己未
음력	9	10	11	12	13	14	15	16	17	18	19	20	21	22	23	24	25	26	27	28	29	30	12/1	2	3	4	5	6	7	8	9
대운 남	8	8	8	9	9	9	대	1	1	1	1	2	2	2	3	3	3	4	4	4	5	동	5	6	6	6	7	7	7	8	8
대운 여	2	2	1	1	1	1	설	10	9	9	9	8	8	8	7	7	7	6	6	6	5	지	5	4	4	4	3	3	3	2	2

단기 4299 年
불기 2510 年

1966년

중원 **丙午年**, 납음(天河水), 본명성(七赤金)

대장군(동방), 삼살(북방), 상문(서남방), 조객(동남방), 납음(천하수), 【삼재(신,유,술)년】 臘享(납향):1967년1월19일(음12/09)

소한 6일 03시 54분 【음12월】 ➡ **【己丑月(기축월)】** ☯ 대한 20일 21시 20분

양력 1	양력	1	2	3	4	5	6	7	8	9	10	11	12	13	14	15	16	17	18	19	20	21	22	23	24	25	26	27	28	29	30	31
	요일	토	일	월	화	수	목	금	토	일	월	화	수	목	금	토	일	월	화	수	목	금	토	일	월	화	수	목	금	토	일	월
	일진 日辰	庚申	辛酉	壬戌	癸亥	甲子	乙丑	丙寅	丁卯	戊辰	己巳	庚午	辛未	壬申	癸酉	甲戌	乙亥	丙子	丁丑	戊寅	己卯	庚辰	辛巳	壬午	癸未	甲申	乙酉	丙戌	丁亥	戊子	己丑	庚寅
음력 12/10 ~ 0110	음력	10	11	12	13	14	15	16	17	18	19	20	21	22	23	24	25	26	27	28	29	30	1/1	2	3	4	5	6	7	8	9	10
대운	남	8	9	9	9	10	소	1	1	1	1	2	2	2	3	3	3	4	4	4	대	5	5	6	6	6	7	7	7	8	8	8
	여	2	1	1	1	1	한	9	9	9	8	8	8	7	7	7	6	6	6	5	한	5	4	4	4	3	3	3	2	2	2	1

입춘 4일 15시 38분 【음1월】 ➡ **【庚寅月(경인월)】** ☯ 우수 19일 11시 38분

양력 2	양력	1	2	3	4	5	6	7	8	9	10	11	12	13	14	15	16	17	18	19	20	21	22	23	24	25	26	27	28	
	요일	화	수	목	금	토	일	월	화	수	목	금	토	일	월	화	수	목	금	토	일	월	화	수	목	금	토	일	월	丙
	일진 日辰	辛卯	壬辰	癸巳	甲午	乙未	丙申	丁酉	戊戌	己亥	庚子	辛丑	壬寅	癸卯	甲辰	乙巳	丙午	丁未	戊申	己酉	庚戌	辛亥	壬子	癸丑	甲寅	乙卯	丙辰	丁巳	戊午	午
음력 01/11 ~ 02/09	음력	11	12	13	14	15	16	17	18	19	20	21	22	23	24	25	26	27	28	29	2/1	2	3	4	5	6	7	8	9	年
대운	남	9	9	9	입	10	9	9	9	8	8	8	7	7	7	6	6	6	5	우	5	4	4	4	3	3	3	2	2	
	여	1	1	1	춘	1	1	1	1	2	2	2	3	3	3	4	4	4	5	수	5	6	6	6	7	7	7	8	8	

경칩 6일 09시 51분 【음2월】 ➡ **【辛卯月(신묘월)】** ☯ 춘분 21일 10시 53분

양력 3	양력	1	2	3	4	5	6	7	8	9	10	11	12	13	14	15	16	17	18	19	20	21	22	23	24	25	26	27	28	29	30	31
	요일	화	수	목	금	토	일	월	화	수	목	금	토	일	월	화	수	목	금	토	일	월	화	수	목	금	토	일	월	화	수	목
	일진 日辰	己未	庚申	辛酉	壬戌	癸亥	甲子	乙丑	丙寅	丁卯	戊辰	己巳	庚午	辛未	壬申	癸酉	甲戌	乙亥	丙子	丁丑	戊寅	己卯	庚辰	辛巳	壬午	癸未	甲申	乙酉	丙戌	丁亥	戊子	己丑
음력 02/10 ~ 03/10	음력	10	11	12	13	14	15	16	17	18	19	20	21	22	23	24	25	26	27	28	29	30	3/1	2	3	4	5	6	7	8	9	10
대운	남	2	1	1	1	1	경	10	9	9	9	8	8	8	7	7	7	6	6	6	5	춘	5	4	4	4	3	3	3	2	2	2
	여	8	9	9	9	10	칩	1	1	1	1	2	2	2	3	3	3	4	4	4	5	분	5	6	6	6	7	7	7	8	8	8

청명 5일 14시 57분 【음3월】 ➡ **【壬辰月(임진월)】** ☯ 곡우 20일 22시 12분

양력 4	양력	1	2	3	4	5	6	7	8	9	10	11	12	13	14	15	16	17	18	19	20	21	22	23	24	25	26	27	28	29	30
	요일	금	토	일	월	화	수	목	금	토	일	월	화	수	목	금	토	일	월	화	수	목	금	토	일	월	화	수	목	금	토
	일진 日辰	庚寅	辛卯	壬辰	癸巳	甲午	乙未	丙申	丁酉	戊戌	己亥	庚子	辛丑	壬寅	癸卯	甲辰	乙巳	丙午	丁未	戊申	己酉	庚戌	辛亥	壬子	癸丑	甲寅	乙卯	丙辰	丁巳	戊午	己未
음력 03/11 ~ 윤310	음력	11	12	13	14	15	16	17	18	19	20	21	22	23	24	25	26	27	28	29	30	윤3	2	3	4	5	6	7	8	9	10
대운	남	1	1	1	1	청	10	10	9	9	9	8	8	8	7	7	7	6	6	6	곡	5	5	4	4	4	3	3	3	2	2
	여	9	9	9	10	명	1	1	1	1	2	2	2	3	3	3	4	4	4	5	우	5	6	6	6	7	7	7	8	8	8

입하 6일 08시 30분 【음4월】 ➡ **【癸巳月(계사월)】** ☯ 소만 21일 21시 32분

양력 5	양력	1	2	3	4	5	6	7	8	9	10	11	12	13	14	15	16	17	18	19	20	21	22	23	24	25	26	27	28	29	30	31
	요일	일	월	화	수	목	금	토	일	월	화	수	목	금	토	일	월	화	수	목	금	토	일	월	화	수	목	금	토	일	월	화
	일진 日辰	庚申	辛酉	壬戌	癸亥	甲子	乙丑	丙寅	丁卯	戊辰	己巳	庚午	辛未	壬申	癸酉	甲戌	乙亥	丙子	丁丑	戊寅	己卯	庚辰	辛巳	壬午	癸未	甲申	乙酉	丙戌	丁亥	戊子	己丑	庚寅
음력 윤311 ~ 04/12	음력	11	12	13	14	15	16	17	18	19	20	21	22	23	24	25	26	27	28	29	4/1	2	3	4	5	6	7	8	9	10	11	12
대운	남	2	1	1	1	1	입	10	10	9	9	9	8	8	8	7	7	7	6	6	6	소	5	5	4	4	4	3	3	3	2	2
	여	9	9	9	10	10	하	1	1	1	1	2	2	2	3	3	3	4	4	4	5	만	5	6	6	6	7	7	7	8	8	8

망종 6일 12시 50분 【음5월】 ➡ **【甲午月(갑오월)】** ☯ 하지 22일 05시 31분

양력 6	양력	1	2	3	4	5	6	7	8	9	10	11	12	13	14	15	16	17	18	19	20	21	22	23	24	25	26	27	28	29	30
	요일	수	목	금	토	일	월	화	수	목	금	토	일	월	화	수	목	금	토	일	월	화	수	목	금	토	일	월	화	수	목
	일진 日辰	辛卯	壬辰	癸巳	甲午	乙未	丙申	丁酉	戊戌	己亥	庚子	辛丑	壬寅	癸卯	甲辰	乙巳	丙午	丁未	戊申	己酉	庚戌	辛亥	壬子	癸丑	甲寅	乙卯	丙辰	丁巳	戊午	己未	庚申
음력 04/13 ~ 05/12	음력	13	14	15	16	17	18	19	20	21	22	23	24	25	26	27	28	29	30	5/1	2	3	4	5	6	7	8	9	10	11	12
대운	남	2	1	1	1	1	망	10	10	9	9	9	8	8	8	7	7	7	6	6	6	5	하	5	4	4	4	3	3	3	2
	여	9	9	9	10	10	종	1	1	1	1	2	2	2	3	3	3	4	4	4	5	5	지	6	6	6	7	7	7	8	8

한식(4월6일), 초복(7월20일), 중복(7월30일), 말복(8월09일) ☂춘사(春社)3/20
☀추사(秋社)9/26
토왕지절(土旺之節):4월17일,7월20일,10월21일, 신년 1월18일,(양력)

1966 丙午年

소서 7일 23시 07분 【음6월】 ➡ **【乙未月(을미월)】** ☯ 대서 23일 16시 23분

양력 7 (음력 05/13~06/14)	1	2	3	4	5	6	7	8	9	10	11	12	13	14	15	16	17	18	19	20	21	22	23	24	25	26	27	28	29	30	31
요일	금	토	일	월	화	수	목	금	토	일	월	화	수	목	금	토	일	월	화	수	목	금	토	일	월	화	수	목	금	토	일
일진 日辰	辛酉	壬戌	癸亥	甲子	乙丑	丙寅	丁卯	戊辰	己巳	庚午	辛未	壬申	癸酉	甲戌	乙亥	丙子	丁丑	戊寅	己卯	庚辰	辛巳	壬午	癸未	甲申	乙酉	丙戌	丁亥	戊子	己丑	庚寅	辛卯
음력	13	14	15	16	17	18	19	20	21	22	23	24	25	26	27	28	29	6/1	2	3	4	5	6	7	8	9	10	11	12	13	14
대운 남	2	2	1	1	1	1	소	10	10	10	9	9	9	8	8	8	7	7	7	6	6	6	대	5	5	4	4	4	3	3	3
대운 여	8	9	9	9	10	10	서	1	1	1	1	2	2	2	3	3	3	4	4	4	5	5	서	6	6	6	7	7	7	8	8

입추 8일 08시 49분 【음7월】 ➡ **【丙申月(병신월)】** ☯ 처서 23일 23시 18분

양력 8 (음력 06/15~07/16)	1	2	3	4	5	6	7	8	9	10	11	12	13	14	15	16	17	18	19	20	21	22	23	24	25	26	27	28	29	30	31
요일	월	화	수	목	금	토	일	월	화	수	목	금	토	일	월	화	수	목	금	토	일	월	화	수	목	금	토	일	월	화	수
일진 日辰	壬辰	癸巳	甲午	乙未	丙申	丁酉	戊戌	己亥	庚子	辛丑	壬寅	癸卯	甲辰	乙巳	丙午	丁未	戊申	己酉	庚戌	辛亥	壬子	癸丑	甲寅	乙卯	丙辰	丁巳	戊午	己未	庚申	辛酉	壬戌
음력	15	16	17	18	19	20	21	22	23	24	25	26	27	28	29	7/1	2	3	4	5	6	7	8	9	10	11	12	13	14	15	16
대운 남	2	2	2	1	1	1	1	입	10	10	9	9	9	8	8	8	7	7	7	6	6	6	처	5	5	4	4	4	3	3	3
대운 여	8	9	9	9	10	10	10	추	1	1	1	1	2	2	2	3	3	3	4	4	4	5	서	5	6	6	6	7	7	7	8

백로 8일 11시 32분 【음8월】 ➡ **【丁酉月(정유월)】** ☯ 추분 23일 20시 43분

양력 9 (음력 07/17~08/16)	1	2	3	4	5	6	7	8	9	10	11	12	13	14	15	16	17	18	19	20	21	22	23	24	25	26	27	28	29	30
요일	목	금	토	일	월	화	수	목	금	토	일	월	화	수	목	금	토	일	월	화	수	목	금	토	일	월	화	수	목	금
일진 日辰	癸亥	甲子	乙丑	丙寅	丁卯	戊辰	己巳	庚午	辛未	壬申	癸酉	甲戌	乙亥	丙子	丁丑	戊寅	己卯	庚辰	辛巳	壬午	癸未	甲申	乙酉	丙戌	丁亥	戊子	己丑	庚寅	辛卯	壬辰
음력	17	18	19	20	21	22	23	24	25	26	27	28	29	30	8/1	2	3	4	5	6	7	8	9	10	11	12	13	14	15	16
대운 남	2	2	2	1	1	1	1	백	10	10	9	9	9	8	8	8	7	7	7	6	6	6	추	5	5	4	4	4	3	3
대운 여	8	8	9	9	9	10	10	로	1	1	1	1	2	2	2	3	3	3	4	4	4	5	분	5	6	6	6	7	7	7

한로 9일 02시 57분 【음9월】 ➡ **【戊戌月(무술월)】** ☯ 상강 24일 05시 51분

양력 10 (음력 08/17~09/18)	1	2	3	4	5	6	7	8	9	10	11	12	13	14	15	16	17	18	19	20	21	22	23	24	25	26	27	28	29	30	31
요일	토	일	월	화	수	목	금	토	일	월	화	수	목	금	토	일	월	화	수	목	금	토	일	월	화	수	목	금	토	일	월
일진 日辰	癸巳	甲午	乙未	丙申	丁酉	戊戌	己亥	庚子	辛丑	壬寅	癸卯	甲辰	乙巳	丙午	丁未	戊申	己酉	庚戌	辛亥	壬子	癸丑	甲寅	乙卯	丙辰	丁巳	戊午	己未	庚申	辛酉	壬戌	癸亥
음력	17	18	19	20	21	22	23	24	25	26	27	28	29	9/1	2	3	4	5	6	7	8	9	10	11	12	13	14	15	16	17	18
대운 남	3	2	2	2	1	1	1	1	한	10	9	9	9	8	8	8	7	7	7	6	6	6	5	상	5	4	4	4	3	3	3
대운 여	8	8	8	9	9	9	10	10	로	1	1	1	1	2	2	2	3	3	3	4	4	4	5	강	5	6	6	6	7	7	7

입동 8일 05시 55분 【음10월】 ➡ **【己亥月(기해월)】** ☯ 소설 23일 03시 14분

양력 11 (음력 09/19~10/19)	1	2	3	4	5	6	7	8	9	10	11	12	13	14	15	16	17	18	19	20	21	22	23	24	25	26	27	28	29	30
요일	화	수	목	금	토	일	월	화	수	목	금	토	일	월	화	수	목	금	토	일	월	화	수	목	금	토	일	월	화	수
일진 日辰	甲子	乙丑	丙寅	丁卯	戊辰	己巳	庚午	辛未	壬申	癸酉	甲戌	乙亥	丙子	丁丑	戊寅	己卯	庚辰	辛巳	壬午	癸未	甲申	乙酉	丙戌	丁亥	戊子	己丑	庚寅	辛卯	壬辰	癸巳
음력	19	20	21	22	23	24	25	26	27	28	29	10/1	2	3	4	5	6	7	8	9	10	11	12	13	14	15	16	17	18	19
대운 남	2	2	2	1	1	1	1	입	9	9	9	8	8	8	7	7	7	6	6	6	5	5	소	4	4	4	3	3	3	2
대운 여	8	8	8	9	9	9	10	동	1	1	1	1	2	2	2	3	3	3	4	4	4	5	설	5	6	6	6	7	7	7

대설 7일 22시 38분 【음11월】 ➡ **【庚子月(경자월)】** ☯ 동지 22일 16시 28분

양력 12 (음력 10/20~11/20)	1	2	3	4	5	6	7	8	9	10	11	12	13	14	15	16	17	18	19	20	21	22	23	24	25	26	27	28	29	30	31
요일	목	금	토	일	월	화	수	목	금	토	일	월	화	수	목	금	토	일	월	화	수	목	금	토	일	월	화	수	목	금	토
일진 日辰	甲午	乙未	丙申	丁酉	戊戌	己亥	庚子	辛丑	壬寅	癸卯	甲辰	乙巳	丙午	丁未	戊申	己酉	庚戌	辛亥	壬子	癸丑	甲寅	乙卯	丙辰	丁巳	戊午	己未	庚申	辛酉	壬戌	癸亥	甲子
음력	20	21	22	23	24	25	26	27	28	29	30	11/1	2	3	4	5	6	7	8	9	10	11	12	13	14	15	16	17	18	19	20
대운 남	2	2	1	1	1	1	대	10	9	9	9	8	8	8	7	7	7	6	6	6	5	동	5	4	4	4	3	3	3	2	2
대운 여	8	8	8	9	9	9	설	1	1	1	1	2	2	2	3	3	3	4	4	4	5	지	5	6	6	6	7	7	7	8	8

단기 4300 年	1967년	중원 丁未年 납음(天河水),본명성(六白金)
불기 2511 年		대장군(卯동방), 삼살(酉서방), 상문(酉서방),조객(巳동남방), 납음(천하수), 【삼재(사,오,미년】 臘享(납향):1968년1월26일(음12/27)

양

소한 6일 09시 48분 【음12월】 ➡ **【辛丑月(신축월)】** ☯ 대한 21일 03시 08분

양력 1	양력	1	2	3	4	5	6	7	8	9	10	11	12	13	14	15	16	17	18	19	20	21	22	23	24	25	26	27	28	29	30	31
	요일	일	월	화	수	목	금	토	일	월	화	수	목	금	토	일	월	화	수	목	금	토	일	월	화	수	목	금	토	일	월	화
	일진 日辰	乙丑	丙寅	丁卯	戊辰	己巳	庚午	辛未	壬申	癸酉	甲戌	乙亥	丙子	丁丑	戊寅	己卯	庚辰	辛巳	壬午	癸未	甲申	乙酉	丙戌	丁亥	戊子	己丑	庚寅	辛卯	壬辰	癸巳	甲午	乙未
음력 11/21 ~ 12/21	음력	21	22	23	24	25	26	27	28	29	30	12/1	2	3	4	5	6	7	8	9	10	11	12	13	14	15	16	17	18	19	20	21
	대운 남	2	1	1	1	1	소	9	9	9	8	8	8	7	7	7	6	6	6	5	5	대	4	4	4	3	3	3	2	2	2	1
	대운 여	8	9	9	9	10	한	1	1	1	1	2	2	2	3	3	3	4	4	4	5	한	5	6	6	6	7	7	7	8	8	8

입춘 4일 21시 31분 【음1월】 ➡ **【壬寅月(임인월)】** ☯ 우수 19일 17시 24분

양력 2	양력	1	2	3	4	5	6	7	8	9	10	11	12	13	14	15	16	17	18	19	20	21	22	23	24	25	26	27	28	丁未年
	요일	수	목	금	토	일	월	화	수	목	금	토	일	월	화	수	목	금	토	일	월	화	수	목	금	토	일	월	화	
	일진 日辰	丙申	丁酉	戊戌	己亥	庚子	辛丑	壬寅	癸卯	甲辰	乙巳	丙午	丁未	戊申	己酉	庚戌	辛亥	壬子	癸丑	甲寅	乙卯	丙辰	丁巳	戊午	己未	庚申	辛酉	壬戌	癸亥	
음력 12/22 ~ 01/20	음력	22	23	24	25	26	27	28	29	1/1	2	3	4	5	6	7	8	9	10	11	12	13	14	15	16	17	18	19	20	
	대운 남	1	1	1	입	1	1	1	1	2	2	2	3	3	3	4	4	4	5	우	5	6	6	6	7	7	7	8	8	
	대운 여	9	9	9	춘	10	9	9	9	8	8	8	7	7	7	6	6	6	5	수	5	4	4	4	3	3	3	2	2	

경칩 6일 15시 42분 【음2월】 ➡ **【癸卯月(계묘월)】** ☯ 춘분 21일 16시 37분

양력 3	양력	1	2	3	4	5	6	7	8	9	10	11	12	13	14	15	16	17	18	19	20	21	22	23	24	25	26	27	28	29	30	31
	요일	수	목	금	토	일	월	화	수	목	금	토	일	월	화	수	목	금	토	일	월	화	수	목	금	토	일	월	화	수	목	금
	일진 日辰	甲子	乙丑	丙寅	丁卯	戊辰	己巳	庚午	辛未	壬申	癸酉	甲戌	乙亥	丙子	丁丑	戊寅	己卯	庚辰	辛巳	壬午	癸未	甲申	乙酉	丙戌	丁亥	戊子	己丑	庚寅	辛卯	壬辰	癸巳	甲午
음력 01/21 ~ 02/21	음력	21	22	23	24	25	26	27	28	29	30	2/1	2	3	4	5	6	7	8	9	10	11	12	13	14	15	16	17	18	19	20	21
	대운 남	8	9	9	9	10	경	1	1	1	1	2	2	2	3	3	3	4	4	4	5	춘	5	6	6	6	7	7	7	8	8	8
	대운 여	2	1	1	1	1	칩	10	9	9	9	8	8	8	7	7	7	6	6	6	5	분	5	4	4	4	3	3	3	2	2	2

청명 5일 20시 45분 【음3월】 ➡ **【甲辰月(갑진월)】** ☯ 곡우 21일 03시 55분

양력 4	양력	1	2	3	4	5	6	7	8	9	10	11	12	13	14	15	16	17	18	19	20	21	22	23	24	25	26	27	28	29	30
	요일	토	일	월	화	수	목	금	토	일	월	화	수	목	금	토	일	월	화	수	목	금	토	일	월	화	수	목	금	토	일
	일진 日辰	乙未	丙申	丁酉	戊戌	己亥	庚子	辛丑	壬寅	癸卯	甲辰	乙巳	丙午	丁未	戊申	己酉	庚戌	辛亥	壬子	癸丑	甲寅	乙卯	丙辰	丁巳	戊午	己未	庚申	辛酉	壬戌	癸亥	甲子
음력 02/22 ~ 03/21	음력	22	23	24	25	26	27	28	29	30	3/1	2	3	4	5	6	7	8	9	10	11	12	13	14	15	16	17	18	19	20	21
	대운 남	9	9	9	10	청	1	1	1	1	2	2	2	3	3	3	4	4	4	5	5	곡	6	6	6	7	7	7	8	8	8
	대운 여	1	1	1	1	명	10	10	9	9	9	8	8	8	7	7	7	6	6	6	5	우	5	4	4	4	3	3	3	2	2

입하 6일 14시 17분 【음4월】 ➡ **【乙巳月(을사월)】** ☯ 소만 22일 03시 18분

양력 5	양력	1	2	3	4	5	6	7	8	9	10	11	12	13	14	15	16	17	18	19	20	21	22	23	24	25	26	27	28	29	30	31
	요일	월	화	수	목	금	토	일	월	화	수	목	금	토	일	월	화	수	목	금	토	일	월	화	수	목	금	토	일	월	화	수
	일진 日辰	乙丑	丙寅	丁卯	戊辰	己巳	庚午	辛未	壬申	癸酉	甲戌	乙亥	丙子	丁丑	戊寅	己卯	庚辰	辛巳	壬午	癸未	甲申	乙酉	丙戌	丁亥	戊子	己丑	庚寅	辛卯	壬辰	癸巳	甲午	乙未
음력 03/22 ~ 04/23	음력	22	23	24	25	26	27	28	29	4/1	2	3	4	5	6	7	8	9	10	11	12	13	14	15	16	17	18	19	20	21	22	23
	대운 남	9	9	9	10	10	입	1	1	1	1	2	2	2	3	3	3	4	4	4	5	5	소	6	6	6	7	7	7	8	8	8
	대운 여	2	1	1	1	1	하	10	10	9	9	9	8	8	8	7	7	7	6	6	6	5	만	5	4	4	4	3	3	3	2	2

망종 6일 18시 36분 【음5월】 ➡ **【丙午月(병오월)】** ☯ 하지 22일 11시 23분

양력 6	양력	1	2	3	4	5	6	7	8	9	10	11	12	13	14	15	16	17	18	19	20	21	22	23	24	25	26	27	28	29	30	31
	요일	월	화	수	목	금	토	일	월	화	수	목	금	토	일	월	화	수	목	금	토	일	월	화	수	목	금	토	일	월	화	수
	일진 日辰	乙丑	丙寅	丁卯	戊辰	己巳	庚午	辛未	壬申	癸酉	甲戌	乙亥	丙子	丁丑	戊寅	己卯	庚辰	辛巳	壬午	癸未	甲申	乙酉	丙戌	丁亥	戊子	己丑	庚寅	辛卯	壬辰	癸巳	甲午	乙未
음력 03/22 ~ 04/23	음력	22	23	24	25	26	27	28	29	5/1	2	3	4	5	6	7	8	9	10	11	12	13	14	15	16	17	18	19	20	21	22	23
	대운 남	9	9	9	10	10	입	1	1	1	1	2	2	2	3	3	3	4	4	4	5	5	소	6	6	6	7	7	7	8	8	8
	대운 여	2	1	1	1	1	하	10	10	9	9	9	8	8	8	7	7	7	6	6	6	5	만	5	4	4	4	3	3	3	2	2

한식(4월6일), 초복(7월15일), 중복(7월25일), 말복(8월14일)☂춘사(春社)3/25
☀추사(秋社)9/21
토왕지절(土旺之節):4월18일,7월20일,10월21일, 신년 1월18일,(양력)

소서 8일 04시 53분 【음6월】 ➡ 【丁未月(정미월)】 ☯ 대서 23일 22시 16분

양력 7 (음력 05/24~06/24)	1	2	3	4	5	6	7	8	9	10	11	12	13	14	15	16	17	18	19	20	21	22	23	24	25	26	27	28	29	30	31
요일	토	일	월	화	수	목	금	토	일	월	화	수	목	금	토	일	월	화	수	목	금	토	일	월	화	수	목	금	토	일	월
일진 日辰	丙寅	丁卯	戊辰	己巳	庚午	辛未	壬申	癸酉	甲戌	乙亥	丙子	丁丑	戊寅	己卯	庚辰	辛巳	壬午	癸未	甲申	乙酉	丙戌	丁亥	戊子	己丑	庚寅	辛卯	壬辰	癸巳	甲午	乙未	丙申
음력	24	25	26	27	28	29	30	6/1	2	3	4	5	6	7	8	9	10	11	12	13	14	15	16	17	18	19	20	21	22	23	24
대운 남	8	9	9	9	10	10	10	소	1	1	1	1	2	2	2	3	3	3	4	4	4	5	대	5	6	6	6	7	7	7	8
대운 여	2	2	2	1	1	1	1	서	10	10	9	9	9	8	8	8	7	7	7	6	6	6	서	5	5	4	4	4	3	3	3

입추 8일 14시 35분 【음7월】 ➡ 【戊申月(무신월)】 ☯ 처서 24일 05시 12분

양력 8 (음력 06/25~07/26)	1	2	3	4	5	6	7	8	9	10	11	12	13	14	15	16	17	18	19	20	21	22	23	24	25	26	27	28	29	30	31
요일	화	수	목	금	토	일	월	화	수	목	금	토	일	월	화	수	목	금	토	일	월	화	수	목	금	토	일	월	화	수	목
일진 日辰	丁酉	戊戌	己亥	庚子	辛丑	壬寅	癸卯	甲辰	乙巳	丙午	丁未	戊申	己酉	庚戌	辛亥	壬子	癸丑	甲寅	乙卯	丙辰	丁巳	戊午	己未	庚申	辛酉	壬戌	癸亥	甲子	乙丑	丙寅	丁卯
음력	25	26	27	28	29	7/1	2	3	4	5	6	7	8	9	10	11	12	13	14	15	16	17	18	19	20	21	22	23	24	25	26
대운 남	8	8	9	9	9	10	10	입	1	1	1	1	2	2	2	3	3	3	4	4	4	5	5	처	6	6	6	7	7	7	8
대운 여	2	2	2	1	1	1	1	추	10	10	9	9	9	8	8	8	7	7	7	6	6	6	5	서	5	4	4	4	3	3	3

백로 8일 17시 18분 【음8월】 ➡ 【己酉月(기유월)】 ☯ 추분 24일 02시 38분

양력 9 (음력 07/27~08/27)	1	2	3	4	5	6	7	8	9	10	11	12	13	14	15	16	17	18	19	20	21	22	23	24	25	26	27	28	29	30
요일	금	토	일	월	화	수	목	금	토	일	월	화	수	목	금	토	일	월	화	수	목	금	토	일	월	화	수	목	금	토
일진 日辰	戊辰	己巳	庚午	辛未	壬申	癸酉	甲戌	乙亥	丙子	丁丑	戊寅	己卯	庚辰	辛巳	壬午	癸未	甲申	乙酉	丙戌	丁亥	戊子	己丑	庚寅	辛卯	壬辰	癸巳	甲午	乙未	丙申	丁酉
음력	27	28	29	8/1	2	3	4	5	6	7	8	9	10	11	12	13	14	15	16	17	18	19	20	21	22	23	24	25	26	27
대운 남	8	8	9	9	9	10	10	백	1	1	1	1	2	2	2	3	3	3	4	4	4	5	5	추	6	6	6	7	7	7
대운 여	2	2	2	1	1	1	1	로	10	10	9	9	9	8	8	8	7	7	7	6	6	6	5	분	5	4	4	4	3	3

한로 9일 08시 41분 【음9월】 ➡ 【庚戌月(경술월)】 ☯ 상강 24일 11시 44분

양력 10 (음력 08/28~09/28)	1	2	3	4	5	6	7	8	9	10	11	12	13	14	15	16	17	18	19	20	21	22	23	24	25	26	27	28	29	30	31
요일	일	월	화	수	목	금	토	일	월	화	수	목	금	토	일	월	화	수	목	금	토	일	월	화	수	목	금	토	일	월	화
일진 日辰	戊戌	己亥	庚子	辛丑	壬寅	癸卯	甲辰	乙巳	丙午	丁未	戊申	己酉	庚戌	辛亥	壬子	癸丑	甲寅	乙卯	丙辰	丁巳	戊午	己未	庚申	辛酉	壬戌	癸亥	甲子	乙丑	丙寅	丁卯	戊辰
음력	28	29	30	9/1	2	3	4	5	6	7	8	9	10	11	12	13	14	15	16	17	18	19	20	21	22	23	24	25	26	27	28
대운 남	8	8	8	9	9	9	10	10	한	1	1	1	1	2	2	2	3	3	3	4	4	4	5	상	5	6	6	6	7	7	7
대운 여	3	2	2	2	1	1	1	1	로	10	9	9	9	8	8	8	7	7	7	6	6	6	5	강	5	4	4	4	3	3	3

입동 8일 11시 37분 【음10월】 ➡ 【辛亥月(신해월)】 ☯ 소설 23일 09시 04분

양력 11 (음력 09/29~10/29)	1	2	3	4	5	6	7	8	9	10	11	12	13	14	15	16	17	18	19	20	21	22	23	24	25	26	27	28	29	30
요일	수	목	금	토	일	월	화	수	목	금	토	일	월	화	수	목	금	토	일	월	화	수	목	금	토	일	월	화	수	목
일진 日辰	己巳	庚午	辛未	壬申	癸酉	甲戌	乙亥	丙子	丁丑	戊寅	己卯	庚辰	辛巳	壬午	癸未	甲申	乙酉	丙戌	丁亥	戊子	己丑	庚寅	辛卯	壬辰	癸巳	甲午	乙未	丙申	丁酉	戊戌
음력	29	10/1	2	3	4	5	6	7	8	9	10	11	12	13	14	15	16	17	18	19	20	21	22	23	24	25	26	27	28	29
대운 남	8	8	8	9	9	9	10	입	1	1	1	1	2	2	2	3	3	3	4	4	4	5	소	5	6	6	6	7	7	7
대운 여	2	2	2	1	1	1	1	동	10	9	9	9	8	8	8	7	7	7	6	6	6	5	설	5	4	4	4	3	3	3

대설 8일 04시 18분 【음11월】 ➡ 【壬子月(임자월)】 ☯ 동지 22일 22시 16분

양력 12 (음력 10/30~12/01)	1	2	3	4	5	6	7	8	9	10	11	12	13	14	15	16	17	18	19	20	21	22	23	24	25	26	27	28	29	30	31
요일	금	토	일	월	화	수	목	금	토	일	월	화	수	목	금	토	일	월	화	수	목	금	토	일	월	화	수	목	금	토	일
일진 日辰	己亥	庚子	辛丑	壬寅	癸卯	甲辰	乙巳	丙午	丁未	戊申	己酉	庚戌	辛亥	壬子	癸丑	甲寅	乙卯	丙辰	丁巳	戊午	己未	庚申	辛酉	壬戌	癸亥	甲子	乙丑	丙寅	丁卯	戊辰	己巳
음력	30	11/1	2	3	4	5	6	7	8	9	10	11	12	13	14	15	16	17	18	19	20	21	22	23	24	25	26	27	28	29	12/1
대운 남	8	8	8	9	9	9	10	대	1	1	1	1	2	2	2	3	3	3	4	4	4	동	5	5	6	6	6	7	7	7	8
대운 여	2	2	2	1	1	1	1	설	9	9	9	8	8	8	7	7	7	6	6	6	5	지	5	4	4	4	3	3	3	2	2

단기 4301 年	1968년	중원 戊申年 납음(大驛土),본명성(五黃土)
불기 2512 年		대장군(午남방), 삼살(남방), 상문(戌서북방), 조객(午남방),납음(대역토), 삼재(인,묘,진)년 臘享(납향):1969년1월20일(음12/03)

소한 6일 15시 26분 【음12월】 ➡ 【癸丑月(계축월)】 ☯ 대한 21일 08시 54분

양력 1 / 음력 12/02 ~ 01/02

양력	1	2	3	4	5	6	7	8	9	10	11	12	13	14	15	16	17	18	19	20	21	22	23	24	25	26	27	28	29	30	31
요일	월	화	수	목	금	토	일	월	화	수	목	금	토	일	월	화	수	목	금	토	일	월	화	수	목	금	토	일	월	화	수
일진 日辰	庚午	辛未	壬申	癸酉	甲戌	乙亥	丙子	丁丑	戊寅	己卯	庚辰	辛巳	壬午	癸未	甲申	乙酉	丙戌	丁亥	戊子	己丑	庚寅	辛卯	壬辰	癸巳	甲午	乙未	丙申	丁酉	戊戌	己亥	庚子
음력	2	3	4	5	6	7	8	9	10	11	12	13	14	15	16	17	18	19	20	21	22	23	24	25	26	27	28	29	29	1/1	2
대운 남	8	8	9	9	9	소	1	1	1	1	2	2	2	3	3	3	4	4	4	5	대	5	6	6	6	7	7	7	8	8	8
대운 여	2	1	1	1	1	한	10	9	9	9	8	8	8	7	7	7	6	6	6	5	한	5	4	4	4	3	3	3	2	2	2

입춘 5일 03시 07분 【음1월】 ➡ 【甲寅月(갑인월)】 ☯ 우수 19일 23시 09분

양력 2 / 음력 01/03 ~ 02/02

양력	1	2	3	4	5	6	7	8	9	10	11	12	13	14	15	16	17	18	19	20	21	22	23	24	25	26	27	28	29
요일	목	금	토	일	월	화	수	목	금	토	일	월	화	수	목	금	토	일	월	화	수	목	금	토	일	월	화	수	목
일진 日辰	辛丑	壬寅	癸卯	甲辰	乙巳	丙午	丁未	戊申	己酉	庚戌	辛亥	壬子	癸丑	甲寅	乙卯	丙辰	丁巳	戊午	己未	庚申	辛酉	壬戌	癸亥	甲子	乙丑	丙寅	丁卯	戊辰	己巳
음력	3	4	5	6	7	8	9	10	11	12	13	14	15	16	17	18	19	20	21	22	23	24	25	26	27	28	29	2/1	2
대운 남	9	9	9	10	입	9	9	9	8	8	8	7	7	7	6	6	6	5	우	5	4	4	4	3	3	3	2	2	2
대운 여	1	1	1	1	춘	1	1	1	1	2	2	2	3	3	3	4	4	4	수	5	5	6	6	6	7	7	7	8	8

戊申年

경칩 5일 21시 18분 【음2월】 ➡ 【乙卯月(을묘월)】 ☯ 춘분 20일 22시 22분

양력 3 / 음력 02/03 ~ 03/03

양력	1	2	3	4	5	6	7	8	9	10	11	12	13	14	15	16	17	18	19	20	21	22	23	24	25	26	27	28	29	30	31
요일	금	토	일	월	화	수	목	금	토	일	월	화	수	목	금	토	일	월	화	수	목	금	토	일	월	화	수	목	금	토	일
일진 日辰	庚午	辛未	壬申	癸酉	甲戌	乙亥	丙子	丁丑	戊寅	己卯	庚辰	辛巳	壬午	癸未	甲申	乙酉	丙戌	丁亥	戊子	己丑	庚寅	辛卯	壬辰	癸巳	甲午	乙未	丙申	丁酉	戊戌	己亥	庚子
음력	3	4	5	6	7	8	9	10	11	12	13	14	15	16	17	18	19	20	21	22	23	24	25	26	27	28	29	30	3/1	2	3
대운 남	1	1	1	1	소	10	10	9	9	9	8	8	8	7	7	7	6	6	6	춘	5	5	4	4	4	3	3	3	2	2	2
대운 여	8	9	9	9	한	1	1	1	1	2	2	2	3	3	3	4	4	4	5	분	5	6	6	6	7	7	7	8	8	8	9

청명 5일 02시 21분 【음3월】 ➡ 【丙辰月(병진월)】 ☯ 곡우 20일 09시 41분

양력 4 / 음력 03/04 ~ 04/03

양력	1	2	3	4	5	6	7	8	9	10	11	12	13	14	15	16	17	18	19	20	21	22	23	24	25	26	27	28	29	30
요일	월	화	수	목	금	토	일	월	화	수	목	금	토	일	월	화	수	목	금	토	일	월	화	수	목	금	토	일	월	화
일진 日辰	辛丑	壬寅	癸卯	甲辰	乙巳	丙午	丁未	戊申	己酉	庚戌	辛亥	壬子	癸丑	甲寅	乙卯	丙辰	丁巳	戊午	己未	庚申	辛酉	壬戌	癸亥	甲子	乙丑	丙寅	丁卯	戊辰	己巳	庚午
음력	4	5	6	7	8	9	10	11	12	13	14	15	16	17	18	19	20	21	22	23	24	25	26	27	28	29	30	4/1	2	3
대운 남	1	1	1	1	청	10	9	9	9	8	8	8	7	7	7	6	6	6	5	곡	5	4	4	4	3	3	3	2	2	2
대운 여	9	9	10	10	명	1	1	1	1	2	2	2	3	3	3	4	4	4	5	우	5	6	6	6	7	7	7	8	8	8

입하 5일 19시 56분 【음4월】 ➡ 【丁巳月(정사월)】 ☯ 소만 21일 09시 06분

양력 5 / 음력 04/04 ~ 05/05

양력	1	2	3	4	5	6	7	8	9	10	11	12	13	14	15	16	17	18	19	20	21	22	23	24	25	26	27	28	29	30	31
요일	수	목	금	토	일	월	화	수	목	금	토	일	월	화	수	목	금	토	일	월	화	수	목	금	토	일	월	화	수	목	금
일진 日辰	辛未	壬申	癸酉	甲戌	乙亥	丙子	丁丑	戊寅	己卯	庚辰	辛巳	壬午	癸未	甲申	乙酉	丙戌	丁亥	戊子	己丑	庚寅	辛卯	壬辰	癸巳	甲午	乙未	丙申	丁酉	戊戌	己亥	庚子	辛丑
음력	4	5	6	7	8	9	10	11	12	13	14	15	16	17	18	19	20	21	22	23	24	25	26	27	28	29	5/1	2	3	4	5
대운 남	1	1	1	1	입	10	10	10	9	9	9	8	8	8	7	7	7	6	6	6	소	5	5	4	4	4	3	3	3	2	2
대운 여	9	9	9	10	하	1	1	1	1	2	2	2	3	3	3	4	4	4	5	5	만	6	6	6	7	7	7	8	8	8	9

망종 6일 00시 19분 【음5월】 ➡ 【戊午月(무오월)】 ☯ 하지 21일 17시 13분

양력 6 / 음력 05/06 ~ 06/05

양력	1	2	3	4	5	6	7	8	9	10	11	12	13	14	15	16	17	18	19	20	21	22	23	24	25	26	27	28	29	30
요일	토	일	월	화	수	목	금	토	일	월	화	수	목	금	토	일	월	화	수	목	금	토	일	월	화	수	목	금	토	일
일진 日辰	壬寅	癸卯	甲辰	乙巳	丙午	丁未	戊申	己酉	庚戌	辛亥	壬子	癸丑	甲寅	乙卯	丙辰	丁巳	戊午	己未	庚申	辛酉	壬戌	癸亥	甲子	乙丑	丙寅	丁卯	戊辰	己巳	庚午	辛未
음력	6	7	8	9	10	11	12	13	14	15	16	17	18	19	20	21	22	23	24	25	26	27	28	29	30	6/1	2	3	4	5
대운 남	2	1	1	1	1	망	10	10	9	9	9	8	8	8	7	7	7	6	6	6	하	5	5	4	4	4	3	3	3	2
대운 여	9	9	10	10	10	종	1	1	1	1	2	2	2	3	3	3	4	4	4	5	지	5	6	6	6	7	7	7	8	8

한식(4월06일), 초복(7월19일), 중복(7월29일), 말복(8월08일)☂춘사(春社)3/19
☀추사(秋社)9/25
토왕지절(土旺之節):4월17일,7월20일,10월20일, 신년 1월17일,(양력)

1968 戊申年

소서 7일 10시 42분 【음6월】 ➡ 【己未月(기미월)】 ☯ 대서 23일 04시 07분

양력 7 / 음력 06/06 ~ 07/07

양력		1	2	3	4	5	6	7	8	9	10	11	12	13	14	15	16	17	18	19	20	21	22	23	24	25	26	27	28	29	30	31
요일		월	화	수	목	금	토	일	월	화	수	목	금	토	일	월	화	수	목	금	토	일	월	화	수	목	금	토	일	월	화	수
일진 日辰		壬申	癸酉	甲戌	乙亥	丙子	丁丑	戊寅	己卯	庚辰	辛巳	壬午	癸未	甲申	乙酉	丙戌	丁亥	戊子	己丑	庚寅	辛卯	壬辰	癸巳	甲午	乙未	丙申	丁酉	戊戌	己亥	庚子	辛丑	壬寅
음력		6	7	8	9	10	11	12	13	14	15	16	17	18	19	20	21	22	23	24	25	26	27	28	29	7/1	2	3	4	5	6	7
대운	남	2	2	1	1	1	1	소	10	10	9	9	9	8	8	8	7	7	7	6	6	6	5	대	5	4	4	4	3	3	3	2
	여	8	9	9	9	10	10	서	1	1	1	1	2	2	2	3	3	3	4	4	4	5	5	서	6	6	6	7	7	7	8	8

입추 7일 20시 27분 【음7월】 ➡ 【庚申月(경신월)】 ☯ 처서 23일 11시 03분

양력 8 / 음력 07/08 ~ 윤708

양력		1	2	3	4	5	6	7	8	9	10	11	12	13	14	15	16	17	18	19	20	21	22	23	24	25	26	27	28	29	30	31
요일		목	금	토	일	월	화	수	목	금	토	일	월	화	수	목	금	토	일	월	화	수	목	금	토	일	월	화	수	목	금	토
일진 日辰		癸卯	甲辰	乙巳	丙午	丁未	戊申	己酉	庚戌	辛亥	壬子	癸丑	甲寅	乙卯	丙辰	丁巳	戊午	己未	庚申	辛酉	壬戌	癸亥	甲子	乙丑	丙寅	丁卯	戊辰	己巳	庚午	辛未	壬申	癸酉
음력		8	9	10	11	12	13	14	15	16	17	18	19	20	21	22	23	24	25	26	27	28	29	30	윤7	2	3	4	5	6	7	8
대운	남	2	2	1	1	1	1	입	10	10	9	9	9	8	8	8	7	7	7	6	6	6	5	처	5	4	4	4	3	3	3	2
	여	8	9	9	9	10	10	추	1	1	1	1	2	2	2	3	3	3	4	4	4	5	5	서	6	6	6	7	7	7	8	8

백로 7일 23시 11분 【8월】 ➡ 【辛酉月(신유월)】 ☯ 추분23일 08시 26분

양력 9 / 음력 윤709 ~ 08/09

양력		1	2	3	4	5	6	7	8	9	10	11	12	13	14	15	16	17	18	19	20	21	22	23	24	25	26	27	28	29	30
요일		일	월	화	수	목	금	토	일	월	화	수	목	금	토	일	월	화	수	목	금	토	일	월	화	수	목	금	토	일	월
일진 日辰		甲戌	乙亥	丙子	丁丑	戊寅	己卯	庚辰	辛巳	壬午	癸未	甲申	乙酉	丙戌	丁亥	戊子	己丑	庚寅	辛卯	壬辰	癸巳	甲午	乙未	丙申	丁酉	戊戌	己亥	庚子	辛丑	壬寅	癸卯
음력		9	10	11	12	13	14	15	16	17	18	19	20	21	22	23	24	25	26	27	28	29	8/1	2	3	4	5	6	7	8	9
대운	남	2	2	1	1	1	1	백	10	10	9	9	9	8	8	8	7	7	7	6	6	6	5	추	5	4	4	4	3	3	3
	여	8	9	9	9	10	10	로	1	1	1	1	2	2	2	3	3	3	4	4	4	5	5	분	6	6	6	7	7	7	8

한로 8일 14시 34분 【음9월】 ➡ 【壬戌月(임술월)】 ☯ 상강 23일 17시 30분

양력 10 / 음력 08/10 ~ 09/10

양력		1	2	3	4	5	6	7	8	9	10	11	12	13	14	15	16	17	18	19	20	21	22	23	24	25	26	27	28	29	30	31
요일		화	수	목	금	토	일	월	화	수	목	금	토	일	월	화	수	목	금	토	일	월	화	수	목	금	토	일	월	화	수	목
일진 日辰		甲辰	乙巳	丙午	丁未	戊申	己酉	庚戌	辛亥	壬子	癸丑	甲寅	乙卯	丙辰	丁巳	戊午	己未	庚申	辛酉	壬戌	癸亥	甲子	乙丑	丙寅	丁卯	戊辰	己巳	庚午	辛未	壬申	癸酉	甲戌
음력		10	11	12	13	14	15	16	17	18	19	20	21	22	23	24	25	26	27	28	29	30	9/1	2	3	4	5	6	7	8	9	10
대운	남	2	2	2	1	1	1	1	한	10	9	9	9	8	8	8	7	7	7	6	6	6	5	상	5	4	4	4	3	3	3	2
	여	8	8	9	9	9	10	10	로	1	1	1	1	2	2	2	3	3	3	4	4	4	5	강	5	6	6	6	7	7	7	8

입동 7일 17시 29분 【음10월】 ➡ 【癸亥月(계해월)】 ☯ 소설 22일 14시 49분

양력 11 / 음력 09/11 ~ 10/11

양력		1	2	3	4	5	6	7	8	9	10	11	12	13	14	15	16	17	18	19	20	21	22	23	24	25	26	27	28	29	30
요일		금	토	일	월	화	수	목	금	토	일	월	화	수	목	금	토	일	월	화	수	목	금	토	일	월	화	수	목	금	토
일진 日辰		乙亥	丙子	丁丑	戊寅	己卯	庚辰	辛巳	壬午	癸未	甲申	乙酉	丙戌	丁亥	戊子	己丑	庚寅	辛卯	壬辰	癸巳	甲午	乙未	丙申	丁酉	戊戌	己亥	庚子	辛丑	壬寅	癸卯	甲辰
음력		11	12	13	14	15	16	17	18	19	20	21	22	23	24	25	26	27	28	29	10/1	2	3	4	5	6	7	8	9	10	11
대운	남	2	2	1	1	1	1	입	10	9	9	9	8	8	8	7	7	7	6	6	6	5	소	5	4	4	4	3	3	3	2
	여	8	8	9	9	9	10	동	1	1	1	1	2	2	2	3	3	3	4	4	4	5	설	5	6	6	6	7	7	7	8

대설 7일 10시 08분 【음11월】 ➡ 【甲子月(갑자월)】 ☯ 동지 22일 04시 00분

양력 12 / 음력 10/12 ~ 11/12

양력		1	2	3	4	5	6	7	8	9	10	11	12	13	14	15	16	17	18	19	20	21	22	23	24	25	26	27	28	29	30	31
요일		일	월	화	수	목	금	토	일	월	화	수	목	금	토	일	월	화	수	목	금	토	일	월	화	수	목	금	토	일	월	화
일진 日辰		乙巳	丙午	丁未	戊申	己酉	庚戌	辛亥	壬子	癸丑	甲寅	乙卯	丙辰	丁巳	戊午	己未	庚申	辛酉	壬戌	癸亥	甲子	乙丑	丙寅	丁卯	戊辰	己巳	庚午	辛未	壬申	癸酉	甲戌	乙亥
음력		12	13	14	15	16	17	18	19	20	21	22	23	24	25	26	27	28	29	30	11/1	2	3	4	5	6	7	8	9	10	11	12
대운	남	2	2	1	1	1	1	대	9	9	9	8	8	8	7	7	7	6	6	6	5	5	동	4	4	4	3	3	3	2	2	2
	여	8	8	9	9	9	10	설	1	1	1	1	2	2	2	3	3	3	4	4	4	5	지	5	6	6	6	7	7	7	8	8

단기 4302 年 | 불기 2513 年

1969년 중앙 己酉年 ,납음(大驛土),본명성(四綠木)

대장군(午남방), 삼살(동방), 상문(亥서북방),조객(未서남방),납음(대역토), 【삼재(해,자,축)년】 臘享(납향):1970년1월15일(음12/08)

소한 5일 21시 17분 【음12월】 ➡ 【乙丑月(을축월)】 ☯ 대한 20일 14시 38분

양력 1 (음력 11/13 ~ 12/14)	1	2	3	4	5	6	7	8	9	10	11	12	13	14	15	16	17	18	19	20	21	22	23	24	25	26	27	28	29	30	31
요일	수	목	금	토	일	월	화	수	목	금	토	일	월	화	수	목	금	토	일	월	화	수	목	금	토	일	월	화	수	목	금
일진 日辰	丙子	丁丑	戊寅	己卯	庚辰	辛巳	壬午	癸未	甲申	乙酉	丙戌	丁亥	戊子	己丑	庚寅	辛卯	壬辰	癸巳	甲午	乙未	丙申	丁酉	戊戌	己亥	庚子	辛丑	壬寅	癸卯	甲辰	乙巳	丙午
음력	13	14	15	16	17	18	19	20	21	22	23	24	25	26	27	28	29	12/1	2	3	4	5	6	7	8	9	10	11	12	13	14
대운 남	1	1	1	1	소	10	9	9	9	8	8	8	7	7	7	6	6	6	5	대	5	4	4	4	3	3	3	2	2	2	1
대운 여	8	9	9	9	한	1	1	1	1	2	2	2	3	3	3	4	4	4	5	한	5	6	6	6	7	7	7	8	8	8	9

입춘 4일 08시 59분 【음1월】 ➡ 【丙寅月(병인월)】 ☯ 우수 19일 04시 55분

양력 2 (음력 12/15 ~ 01/12)	1	2	3	4	5	6	7	8	9	10	11	12	13	14	15	16	17	18	19	20	21	22	23	24	25	26	27	28
요일	토	일	월	화	수	목	금	토	일	월	화	수	목	금	토	일	월	화	수	목	금	토	일	월	화	수	목	금
일진 日辰	丁未	戊申	己酉	庚戌	辛亥	壬子	癸丑	甲寅	乙卯	丙辰	丁巳	戊午	己未	庚申	辛酉	壬戌	癸亥	甲子	乙丑	丙寅	丁卯	戊辰	己巳	庚午	辛未	壬申	癸酉	甲戌
음력	15	16	17	18	19	20	21	22	23	24	25	26	27	28	29	30	1/1	2	3	4	5	6	7	8	9	10	11	12
대운 남	1	1	1	입	1	1	1	1	2	2	2	3	3	3	4	4	4	5	우	5	6	6	6	7	7	7	8	8
대운 여	9	9	10	춘	10	9	9	9	8	8	8	7	7	7	6	6	6	5	수	5	4	4	4	3	3	3	2	2

己酉年

경칩 6일 03시 11분 【음2월】 ➡ 【丁卯月(정묘월)】 ☯ 춘분 21일 04시 08분

양력 3 (음력 01/13 ~ 02/14)	1	2	3	4	5	6	7	8	9	10	11	12	13	14	15	16	17	18	19	20	21	22	23	24	25	26	27	28	29	30	31
요일	토	일	월	화	수	목	금	토	일	월	화	수	목	금	토	일	월	화	수	목	금	토	일	월	화	수	목	금	토	일	월
일진 日辰	乙亥	丙子	丁丑	戊寅	己卯	庚辰	辛巳	壬午	癸未	甲申	乙酉	丙戌	丁亥	戊子	己丑	庚寅	辛卯	壬辰	癸巳	甲午	乙未	丙申	丁酉	戊戌	己亥	庚子	辛丑	壬寅	癸卯	甲辰	乙巳
음력	13	14	15	16	17	18	19	20	21	22	23	24	25	26	27	28	29	2/1	2	3	4	5	6	7	8	9	10	11	12	13	14
대운 남	8	9	9	9	10	경	1	1	1	1	2	2	2	3	3	3	4	4	4	5	춘	5	6	6	6	7	7	7	8	8	8
대운 여	2	1	1	1	1	칩	10	9	9	9	8	8	8	7	7	7	6	6	6	5	분	5	4	4	4	3	3	3	2	2	2

청명 5일 08시 15분 【음3월】 ➡ 【戊辰月(무진월)】 ☯ 곡우 20일 15시 27분

양력 4 (음력 02/15 ~ 03/14)	1	2	3	4	5	6	7	8	9	10	11	12	13	14	15	16	17	18	19	20	21	22	23	24	25	26	27	28	29	30
요일	화	수	목	금	토	일	월	화	수	목	금	토	일	월	화	수	목	금	토	일	월	화	수	목	금	토	일	월	화	수
일진 日辰	丙午	丁未	戊申	己酉	庚戌	辛亥	壬子	癸丑	甲寅	乙卯	丙辰	丁巳	戊午	己未	庚申	辛酉	壬戌	癸亥	甲子	乙丑	丙寅	丁卯	戊辰	己巳	庚午	辛未	壬申	癸酉	甲戌	乙亥
음력	15	16	17	18	19	20	21	22	23	24	25	26	27	28	29	30	3/1	2	3	4	5	6	7	8	9	10	11	12	13	14
대운 남	9	9	9	10	청	1	1	1	1	2	2	2	3	3	3	4	4	4	5	곡	5	6	6	6	7	7	7	8	8	8
대운 여	1	1	1	1	명	10	10	9	9	9	8	8	8	7	7	7	6	6	6	우	5	5	4	4	4	3	3	3	2	2

입하 6일 01시 50분 【음4월】 ➡ 【己巳月(기사월)】 ☯ 소만 21일 14시 50분

양력 5 (음력 03/15 ~ 04/16)	1	2	3	4	5	6	7	8	9	10	11	12	13	14	15	16	17	18	19	20	21	22	23	24	25	26	27	28	29	30	31
요일	목	금	토	일	월	화	수	목	금	토	일	월	화	수	목	금	토	일	월	화	수	목	금	토	일	월	화	수	목	금	토
일진 日辰	丙子	丁丑	戊寅	己卯	庚辰	辛巳	壬午	癸未	甲申	乙酉	丙戌	丁亥	戊子	己丑	庚寅	辛卯	壬辰	癸巳	甲午	乙未	丙申	丁酉	戊戌	己亥	庚子	辛丑	壬寅	癸卯	甲辰	乙巳	丙午
음력	15	16	17	18	19	20	21	22	23	24	25	26	27	28	29	4/1	2	3	4	5	6	7	8	9	10	11	12	13	14	15	16
대운 남	9	9	9	10	10	입	1	1	1	1	2	2	2	3	3	3	4	4	4	5	소	5	6	6	6	7	7	7	8	8	8
대운 여	2	1	1	1	1	하	10	10	9	9	9	8	8	8	7	7	7	6	6	6	만	5	5	4	4	4	3	3	3	2	2

망종 6일 06시 12분 【음5월】 ➡ 【庚午月(경오월)】 ☯ 하지 21일 22시 55분

양력 6 (음력 04/17 ~ 05/16)	1	2	3	4	5	6	7	8	9	10	11	12	13	14	15	16	17	18	19	20	21	22	23	24	25	26	27	28	29	30
요일	일	월	화	수	목	금	토	일	월	화	수	목	금	토	일	월	화	수	목	금	토	일	월	화	수	목	금	토	일	월
일진 日辰	丁未	戊申	己酉	庚戌	辛亥	壬子	癸丑	甲寅	乙卯	丙辰	丁巳	戊午	己未	庚申	辛酉	壬戌	癸亥	甲子	乙丑	丙寅	丁卯	戊辰	己巳	庚午	辛未	壬申	癸酉	甲戌	乙亥	丙子
음력	17	18	19	20	21	22	23	24	25	26	27	28	29	30	5/1	2	3	4	5	6	7	8	9	10	11	12	13	14	15	16
대운 남	9	9	9	10	10	망	1	1	1	1	2	2	2	3	3	3	4	4	4	5	하	5	6	6	6	7	7	7	8	8
대운 여	2	1	1	1	1	종	10	10	9	9	9	8	8	8	7	7	7	6	6	6	지	5	5	4	4	4	3	3	3	2

한식(4월06일), 초복(7월14일), 중복(7월24일), 말복(8월13일)☂춘사(春社)3/24
☀추사(秋社)9/20 토왕지절(土旺之節):4월17일,7월20일,10월20일, 신년 1월17일,(양력)
臘享(납향):음12/08

1969 己酉年

소서 7일 16시 32분 【음6월】 ➡ 【辛未月(신미월)】 ☯ 대서 23일 09시 48분

양력 7	양력	1	2	3	4	5	6	7	8	9	10	11	12	13	14	15	16	17	18	19	20	21	22	23	24	25	26	27	28	29	30	31
	요일	화	수	목	금	토	일	월	화	수	목	금	토	일	월	화	수	목	금	토	일	월	화	수	목	금	토	일	월	화	수	목
	일진 日辰	丁丑	戊寅	己卯	庚辰	辛巳	壬午	癸未	甲申	乙酉	丙戌	丁亥	戊子	己丑	庚寅	辛卯	壬辰	癸巳	甲午	乙未	丙申	丁酉	戊戌	己亥	庚子	辛丑	壬寅	癸卯	甲辰	乙巳	丙午	丁未
음력 05/17	음력	17	18	19	20	21	22	23	24	25	26	27	28	29	6/1	2	3	4	5	6	7	8	9	10	11	12	13	14	15	16	17	18
06/18	대운 남	8	9	9	9	10	10	소	1	1	1	1	2	2	2	3	3	3	4	4	4	5	5	대	6	6	6	7	7	7	8	8
	대운 여	2	2	1	1	1	1	서	10	10	10	9	9	9	8	8	8	7	7	7	6	6	6	서	5	5	4	4	4	3	3	3

입추 8일 02시 14분 【음7월】 ➡ 【壬申月(임신월)】 ☯ 처서 23일 16시 43분

양력 8	양력	1	2	3	4	5	6	7	8	9	10	11	12	13	14	15	16	17	18	19	20	21	22	23	24	25	26	27	28	29	30	31
	요일	금	토	일	월	화	수	목	금	토	일	월	화	수	목	금	토	일	월	화	수	목	금	토	일	월	화	수	목	금	토	일
	일진 日辰	戊申	己酉	庚戌	辛亥	壬子	癸丑	甲寅	乙卯	丙辰	丁巳	戊午	己未	庚申	辛酉	壬戌	癸亥	甲子	乙丑	丙寅	丁卯	戊辰	己巳	庚午	辛未	壬申	癸酉	甲戌	乙亥	丙子	丁丑	戊寅
음력 06/19	음력	19	20	21	22	23	24	25	26	27	28	29	30	7/1	2	3	4	5	6	7	8	9	10	11	12	13	14	15	16	17	18	19
07/19	대운 남	8	9	9	9	10	10	10	입	1	1	1	1	2	2	2	3	3	3	4	4	4	5	처	5	6	6	6	7	7	7	8
	대운 여	2	2	2	1	1	1	1	추	10	10	9	9	9	8	8	8	7	7	7	6	6	6	서	5	5	4	4	4	3	3	3

백로 8일 04시 55분 【음8월】 ➡ 【癸酉月(계유월)】 ☯ 추분 23일 14시 07분

양력 9	양력	1	2	3	4	5	6	7	8	9	10	11	12	13	14	15	16	17	18	19	20	21	22	23	24	25	26	27	28	29	30
	요일	월	화	수	목	금	토	일	월	화	수	목	금	토	일	월	화	수	목	금	토	일	월	화	수	목	금	토	일	월	화
	일진 日辰	己卯	庚辰	辛巳	壬午	癸未	甲申	乙酉	丙戌	丁亥	戊子	己丑	庚寅	辛卯	壬辰	癸巳	甲午	乙未	丙申	丁酉	戊戌	己亥	庚子	辛丑	壬寅	癸卯	甲辰	乙巳	丙午	丁未	戊申
음력 07/20	음력	20	21	22	23	24	25	26	27	28	29	30	8/1	2	3	4	5	6	7	8	9	10	11	12	13	14	15	16	17	18	19
08/19	대운 남	8	8	9	9	9	10	10	백	1	1	1	1	2	2	2	3	3	3	4	4	4	5	추	5	6	6	6	7	7	7
	대운 여	2	2	2	1	1	1	1	로	10	9	9	9	8	8	8	7	7	7	6	6	6	5	분	5	4	4	4	3	3	3

한로 8일 20시 17분 【음9월】 ➡ 【甲戌月(갑술월)】 ☯ 상강 23일 23시 11분

양력 10	양력	1	2	3	4	5	6	7	8	9	10	11	12	13	14	15	16	17	18	19	20	21	22	23	24	25	26	27	28	29	30	31
	요일	수	목	금	토	일	월	화	수	목	금	토	일	월	화	수	목	금	토	일	월	화	수	목	금	토	일	월	화	수	목	금
	일진 日辰	己酉	庚戌	辛亥	壬子	癸丑	甲寅	乙卯	丙辰	丁巳	戊午	己未	庚申	辛酉	壬戌	癸亥	甲子	乙丑	丙寅	丁卯	戊辰	己巳	庚午	辛未	壬申	癸酉	甲戌	乙亥	丙子	丁丑	戊寅	己卯
음력 09/20	음력	20	21	22	23	24	25	26	27	28	29	9/1	2	3	4	5	6	7	8	9	10	11	12	13	14	15	16	17	18	19	20	21
09/21	대운 남	8	8	8	9	9	9	10	한	1	1	1	1	2	2	2	3	3	3	4	4	4	5	상	5	6	6	6	7	7	7	8
	대운 여	2	2	2	1	1	1	1	로	10	9	9	9	8	8	8	7	7	7	6	6	6	5	강	5	4	4	4	3	3	3	2

입동 7일 23시 11분 【음10월】 ➡ 【乙亥月(을해월)】 ☯ 소설 22일 20시 31분

양력 11	양력	1	2	3	4	5	6	7	8	9	10	11	12	13	14	15	16	17	18	19	20	21	22	23	24	25	26	27	28	29	30
	요일	토	일	월	화	수	목	금	토	일	월	화	수	목	금	토	일	월	화	수	목	금	토	일	월	화	수	목	금	토	일
	일진 日辰	庚辰	辛巳	壬午	癸未	甲申	乙酉	丙戌	丁亥	戊子	己丑	庚寅	辛卯	壬辰	癸巳	甲午	乙未	丙申	丁酉	戊戌	己亥	庚子	辛丑	壬寅	癸卯	甲辰	乙巳	丙午	丁未	戊申	己酉
음력 09/22	음력	22	23	24	25	26	27	28	29	30	10/1	2	3	4	5	6	7	8	9	10	11	12	13	14	15	16	17	18	19	20	21
10/21	대운 남	8	8	9	9	9	10	입	1	1	1	1	2	2	2	3	3	3	4	4	4	5	소	5	6	6	6	7	7	7	8
	대운 여	2	2	1	1	1	1	동	10	9	9	9	8	8	8	7	7	7	6	6	6	5	설	5	4	4	4	3	3	3	2

대설 7일 15시 51분 【음11월】 ➡ 【丙子月(병자월)】 ☯ 동지 22일 09시 44분

양력 12	양력	1	2	3	4	5	6	7	8	9	10	11	12	13	14	15	16	17	18	19	20	21	22	23	24	25	26	27	28	29	30	31
	요일	월	화	수	목	금	토	일	월	화	수	목	금	토	일	월	화	수	목	금	토	일	월	화	수	목	금	토	일	월	화	수
	일진 日辰	庚戌	辛亥	壬子	癸丑	甲寅	乙卯	丙辰	丁巳	戊午	己未	庚申	辛酉	壬戌	癸亥	甲子	乙丑	丙寅	丁卯	戊辰	己巳	庚午	辛未	壬申	癸酉	甲戌	乙亥	丙子	丁丑	戊寅	己卯	庚辰
음력 10/22	음력	22	23	24	25	26	27	28	29	11/1	2	3	4	5	6	7	8	9	10	11	12	13	14	15	16	17	18	19	20	21	22	23
11/23	대운 남	8	8	9	9	9	10	대	1	1	1	1	2	2	2	3	3	3	4	4	4	5	동	5	6	6	6	7	7	7	8	8
	대운 여	2	2	1	1	1	1	설	10	9	9	9	8	8	8	7	7	7	6	6	6	5	지	5	4	4	4	3	3	3	2	2

단기 4303 年
불기 2514 年

1970년

중원 **庚戌年** 납음(釵釧金), 본명성(三碧木)

대장군(午남방), 상살(북방), 상문(子북방), 조객(申서남방), 납음(차천금), 【삼재(신,유,술)년】 臘享(납향):1971년1월22일(음12/26)

소한 6일 03시 02분 【음12월】 ➡ **【丁丑月(정축월)】** ☯ 대한 20일 20시 24분

양력 1 (음력 11/24 ~ 12/24)	1	2	3	4	5	6	7	8	9	10	11	12	13	14	15	16	17	18	19	20	21	22	23	24	25	26	27	28	29	30	31
요일	목	금	토	일	월	화	수	목	금	토	일	월	화	수	목	금	토	일	월	화	수	목	금	토	일	월	화	수	목	금	토
일진 日辰	辛巳	壬午	癸未	甲申	乙酉	丙戌	丁亥	戊子	己丑	庚寅	辛卯	壬辰	癸巳	甲午	乙未	丙申	丁酉	戊戌	己亥	庚子	辛丑	壬寅	癸卯	甲辰	乙巳	丙午	丁未	戊申	己酉	庚戌	辛亥
음력	24	25	26	27	28	29	30	12/1	2	3	4	5	6	7	8	9	10	11	12	13	14	15	16	17	18	19	20	21	22	23	24
대운 남	8	9	9	9	10	소	1	1	1	1	2	2	2	3	3	3	4	4	4	대	5	5	6	6	6	7	7	7	8	8	8
대운 여	2	1	1	1	1	한	9	9	9	8	8	8	7	7	7	6	6	6	5	한	5	4	4	4	3	3	3	2	2	2	1

입춘 4일 14시 46분 【음1월】 ➡ **【戊寅月(무인월)】** ☯ 우수 19일 10시 42분

양력 2 (음력 12/25 ~ 01/23)	1	2	3	4	5	6	7	8	9	10	11	12	13	14	15	16	17	18	19	20	21	22	23	24	25	26	27	28
요일	일	월	화	수	목	금	토	일	월	화	수	목	금	토	일	월	화	수	목	금	토	일	월	화	수	목	금	토
일진 日辰	壬子	癸丑	甲寅	乙卯	丙辰	丁巳	戊午	己未	庚申	辛酉	壬戌	癸亥	甲子	乙丑	丙寅	丁卯	戊辰	己巳	庚午	辛未	壬申	癸酉	甲戌	乙亥	丙子	丁丑	戊寅	己卯
음력	25	26	27	28	29	1/1	2	3	4	5	6	7	8	9	10	11	12	13	14	15	16	17	18	19	20	21	22	23
대운 남	9	9	9	입	10	9	9	9	8	8	8	7	7	7	6	6	6	5	우	5	4	4	4	3	3	3	2	2
대운 여	1	1	1	춘	1	1	1	1	2	2	2	3	3	3	4	4	4	5	수	5	6	6	6	7	7	7	8	8

庚戌年

경칩 6일 08시 58분 【음2월】 ➡ **【己卯月(기묘월)】** ☯ 춘분 21일 09시 56분

양력 3 (음력 01/24 ~ 02/24)	1	2	3	4	5	6	7	8	9	10	11	12	13	14	15	16	17	18	19	20	21	22	23	24	25	26	27	28	29	30	31
요일	일	월	화	수	목	금	토	일	월	화	수	목	금	토	일	월	화	수	목	금	토	일	월	화	수	목	금	토	일	월	화
일진 日辰	庚辰	辛巳	壬午	癸未	甲申	乙酉	丙戌	丁亥	戊子	己丑	庚寅	辛卯	壬辰	癸巳	甲午	乙未	丙申	丁酉	戊戌	己亥	庚子	辛丑	壬寅	癸卯	甲辰	乙巳	丙午	丁未	戊申	己酉	庚戌
음력	24	25	26	27	28	29	30	2/1	2	3	4	5	6	7	8	9	10	11	12	13	14	15	16	17	18	19	20	21	22	23	24
대운 남	2	1	1	1	1	경	10	9	9	9	8	8	8	7	7	7	6	6	6	5	춘	5	4	4	4	3	3	3	2	2	2
대운 여	8	9	9	9	10	칩	1	1	1	1	2	2	2	3	3	3	4	4	4	5	분	5	6	6	6	7	7	7	8	8	8

청명 5일 14시 02분 【음3월】 ➡ **【庚辰月(경진월)】** ☯ 곡우 20일 21시 15분

양력 4 (음력 02/25 ~ 03/25)	1	2	3	4	5	6	7	8	9	10	11	12	13	14	15	16	17	18	19	20	21	22	23	24	25	26	27	28	29	30
요일	수	목	금	토	일	월	화	수	목	금	토	일	월	화	수	목	금	토	일	월	화	수	목	금	토	일	월	화	수	목
일진 日辰	辛亥	壬子	癸丑	甲寅	乙卯	丙辰	丁巳	戊午	己未	庚申	辛酉	壬戌	癸亥	甲子	乙丑	丙寅	丁卯	戊辰	己巳	庚午	辛未	壬申	癸酉	甲戌	乙亥	丙子	丁丑	戊寅	己卯	庚辰
음력	25	26	27	28	29	3/1	2	3	4	5	6	7	8	9	10	11	12	13	14	15	16	17	18	19	20	21	22	23	24	25
대운 남	1	1	1	1	청	10	10	9	9	9	8	8	8	7	7	7	6	6	6	곡	5	5	4	4	4	3	3	3	2	2
대운 여	9	9	9	10	명	1	1	1	1	2	2	2	3	3	3	4	4	4	5	우	5	6	6	6	7	7	7	8	8	8

입하 6일 07시 34분 【음4월】 ➡ **【辛巳月(신사월)】** ☯ 소만 21일 20시 37분

양력 5 (음력 03/26 ~ 04/27)	1	2	3	4	5	6	7	8	9	10	11	12	13	14	15	16	17	18	19	20	21	22	23	24	25	26	27	28	29	30	31
요일	금	토	일	월	화	수	목	금	토	일	월	화	수	목	금	토	일	월	화	수	목	금	토	일	월	화	수	목	금	토	일
일진 日辰	辛巳	壬午	癸未	甲申	乙酉	丙戌	丁亥	戊子	己丑	庚寅	辛卯	壬辰	癸巳	甲午	乙未	丙申	丁酉	戊戌	己亥	庚子	辛丑	壬寅	癸卯	甲辰	乙巳	丙午	丁未	戊申	己酉	庚戌	辛亥
음력	26	27	28	29	4/1	2	3	4	5	6	7	8	9	10	11	12	13	14	15	16	17	18	19	20	21	22	23	24	25	26	27
대운 남	2	1	1	1	1	입	10	10	9	9	9	8	8	8	7	7	7	6	6	6	소	5	5	4	4	4	3	3	3	2	2
대운 여	9	9	9	10	10	하	1	1	1	1	2	2	2	3	3	3	4	4	4	5	만	5	6	6	6	7	7	7	8	8	8

망종 6일 11시 52분 【음5월】 ➡ **【壬午月(임오월)】** ☯ 하지 22일 04시 43분

양력 6 (음력 04/28 ~ 05/27)	1	2	3	4	5	6	7	8	9	10	11	12	13	14	15	16	17	18	19	20	21	22	23	24	25	26	27	28	29	30
요일	월	화	수	목	금	토	일	월	화	수	목	금	토	일	월	화	수	목	금	토	일	월	화	수	목	금	토	일	월	화
일진 日辰	壬子	癸丑	甲寅	乙卯	丙辰	丁巳	戊午	己未	庚申	辛酉	壬戌	癸亥	甲子	乙丑	丙寅	丁卯	戊辰	己巳	庚午	辛未	壬申	癸酉	甲戌	乙亥	丙子	丁丑	戊寅	己卯	庚辰	辛巳
음력	28	29	30	5/1	2	3	4	5	6	7	8	9	10	11	12	13	14	15	16	17	18	19	20	21	22	23	24	25	26	27
대운 남	2	1	1	1	1	망	10	10	9	9	9	8	8	8	7	7	7	6	6	6	5	하	5	4	4	4	3	3	3	2
대운 여	9	9	9	10	10	종	1	1	1	1	2	2	2	3	3	3	4	4	4	5	5	지	6	6	6	7	7	7	8	8

한식(4월06일), 초복(7월19일), 중복(7월29일), 말복(8월08일) ☂춘사(春社)3/19
☀추사(秋社)9/25 토왕지절(土旺之節):4월17일,7월20일,10월20일, 신년 1월18일,(양력)
☯ 臘享(납향):음12/26

1970 庚戌年

소서 7일 22시 11분 【음6월】 ➡ 【癸未月(계미월)】 ☯ 대서 23일 15시 37분

양력 7	양력	1	2	3	4	5	6	7	8	9	10	11	12	13	14	15	16	17	18	19	20	21	22	23	24	25	26	27	28	29	30	31
	요일	수	목	금	토	일	월	화	수	목	금	토	일	월	화	수	목	금	토	일	월	화	수	목	금	토	일	월	화	수	목	금
	일진 日辰	壬午	癸未	甲申	乙酉	丙戌	丁亥	戊子	己丑	庚寅	辛卯	壬辰	癸巳	甲午	乙未	丙申	丁酉	戊戌	己亥	庚子	辛丑	壬寅	癸卯	甲辰	乙巳	丙午	丁未	戊申	己酉	庚戌	辛亥	壬子
음력 05/30 ~ 06/28	음력	28	29	30	6/1	2	3	4	5	6	7	8	9	10	11	12	13	14	15	16	17	18	19	20	21	22	23	24	25	26	27	28
대운	남	2	2	1	1	1	1	소	10	10	10	9	9	9	8	8	8	7	7	7	6	6	6	대	5	5	4	4	4	3	3	3
	여	8	9	9	9	10	10	서	1	1	1	1	2	2	2	3	3	3	4	4	4	5	5	서	6	6	6	7	7	7	8	8

입추 8일 07시 54분 【음7월】 ➡ 【甲申月(갑신월)】 ☯ 처서 23일 22시 34분

양력 8	양력	1	2	3	4	5	6	7	8	9	10	11	12	13	14	15	16	17	18	19	20	21	22	23	24	25	26	27	28	29	30	31
	요일	토	일	월	화	수	목	금	토	일	월	화	수	목	금	토	일	월	화	수	목	금	토	일	월	화	수	목	금	토	일	월
	일진 日辰	癸丑	甲寅	乙卯	丙辰	丁巳	戊午	己未	庚申	辛酉	壬戌	癸亥	甲子	乙丑	丙寅	丁卯	戊辰	己巳	庚午	辛未	壬申	癸酉	甲戌	乙亥	丙子	丁丑	戊寅	己卯	庚辰	辛巳	壬午	癸未
음력 06/29 ~ 07/30	음력	29	7/1	2	3	4	5	6	7	8	9	10	11	12	13	14	15	16	17	18	19	20	21	22	23	24	25	26	27	28	29	30
대운	남	2	2	2	1	1	1	1	입	10	10	9	9	9	8	8	8	7	7	7	6	6	6	처	5	5	4	4	4	3	3	3
	여	8	9	9	9	10	10	10	추	1	1	1	1	2	2	2	3	3	3	4	4	4	5	서	5	6	6	6	7	7	7	8

백로 8일 10시 38분 【음8월】 ➡ 【乙酉月(을유월)】 ☯ 추분 23일 19시 59분

양력 9	양력	1	2	3	4	5	6	7	8	9	10	11	12	13	14	15	16	17	18	19	20	21	22	23	24	25	26	27	28	29	30
	요일	화	수	목	금	토	일	월	화	수	목	금	토	일	월	화	수	목	금	토	일	월	화	수	목	금	토	일	월	화	수
	일진 日辰	甲申	乙酉	丙戌	丁亥	戊子	己丑	庚寅	辛卯	壬辰	癸巳	甲午	乙未	丙申	丁酉	戊戌	己亥	庚子	辛丑	壬寅	癸卯	甲辰	乙巳	丙午	丁未	戊申	己酉	庚戌	辛亥	壬子	癸丑
음력 08/01 ~ 09/01	음력	8/1	2	3	4	5	6	7	8	9	10	11	12	13	14	15	16	17	18	19	20	21	22	23	24	25	26	27	28	29	9/1
대운	남	2	2	2	1	1	1	1	백	10	10	9	9	9	8	8	8	7	7	7	6	6	6	추	5	5	4	4	4	3	3
	여	8	8	9	9	9	10	10	로	1	1	1	1	2	2	2	3	3	3	4	4	4	5	분	5	6	6	6	7	7	7

한로 9일 02시 02분 【음9월】 ➡ 【丙戌月(병술월)】 ☯ 상강 24일 05시 04분

양력 10	양력	1	2	3	4	5	6	7	8	9	10	11	12	13	14	15	16	17	18	19	20	21	22	23	24	25	26	27	28	29	30	31
	요일	목	금	토	일	월	화	수	목	금	토	일	월	화	수	목	금	토	일	월	화	수	목	금	토	일	월	화	수	목	금	토
	일진 日辰	甲寅	乙卯	丙辰	丁巳	戊午	己未	庚申	辛酉	壬戌	癸亥	甲子	乙丑	丙寅	丁卯	戊辰	己巳	庚午	辛未	壬申	癸酉	甲戌	乙亥	丙子	丁丑	戊寅	己卯	庚辰	辛巳	壬午	癸未	甲申
음력 09/02 ~ 10/02	음력	2	3	4	5	6	7	8	9	10	11	12	13	14	15	16	17	18	19	20	21	22	23	24	25	26	27	28	29	30	10/1	2
대운	남	3	2	2	2	1	1	1	1	한	10	9	9	9	8	8	8	7	7	7	6	6	6	5	상	5	4	4	4	3	3	3
	여	8	8	8	9	9	9	10	10	로	1	1	1	1	2	2	2	3	3	3	4	4	4	5	강	5	6	6	6	7	7	7

입동 8일 04시 58분 【음10월】 ➡ 【丁亥月(정해월)】 ☯ 소설 23일 02시 25분

양력 11	양력	1	2	3	4	5	6	7	8	9	10	11	12	13	14	15	16	17	18	19	20	21	22	23	24	25	26	27	28	29	30
	요일	일	월	화	수	목	금	토	일	월	화	수	목	금	토	일	월	화	수	목	금	토	일	월	화	수	목	금	토	일	월
	일진 日辰	乙酉	丙戌	丁亥	戊子	己丑	庚寅	辛卯	壬辰	癸巳	甲午	乙未	丙申	丁酉	戊戌	己亥	庚子	辛丑	壬寅	癸卯	甲辰	乙巳	丙午	丁未	戊申	己酉	庚戌	辛亥	壬子	癸丑	甲寅
음력 10/03 ~ 11/02	음력	3	4	5	6	7	8	9	10	11	12	13	14	15	16	17	18	19	20	21	22	23	24	25	26	27	28	29	30	11/1	2
대운	남	2	2	2	1	1	1	1	입	9	9	9	8	8	8	7	7	7	6	6	6	5	5	소	4	4	4	3	3	3	2
	여	8	8	8	9	9	9	10	동	1	1	1	1	2	2	2	3	3	3	4	4	4	5	설	5	6	6	6	7	7	7

대설 7일 21시 37분 【음11월】 ➡ 【戊子月(무자월)】 ☯ 동지 22일 15시 36분

양력 12	양력	1	2	3	4	5	6	7	8	9	10	11	12	13	14	15	16	17	18	19	20	21	22	23	24	25	26	27	28	29	30	31
	요일	화	수	목	금	토	일	월	화	수	목	금	토	일	월	화	수	목	금	토	일	월	화	수	목	금	토	일	월	화	수	목
	일진 日辰	乙卯	丙辰	丁巳	戊午	己未	庚申	辛酉	壬戌	癸亥	甲子	乙丑	丙寅	丁卯	戊辰	己巳	庚午	辛未	壬申	癸酉	甲戌	乙亥	丙子	丁丑	戊寅	己卯	庚辰	辛巳	壬午	癸未	甲申	乙酉
음력 11/03 ~ 12/04	음력	3	4	5	6	7	8	9	10	11	12	13	14	15	16	17	18	19	20	21	22	23	24	25	26	27	28	29	12/1	2	3	4
대운	남	2	2	1	1	1	1	대	10	9	9	9	8	8	8	7	7	7	6	6	6	5	동	5	4	4	4	3	3	3	2	2
	여	8	8	8	9	9	9	설	1	1	1	1	2	2	2	3	3	3	4	4	4	5	지	5	6	6	6	7	7	7	8	8

단기 4304 年
불기 2515 年

1971년

중원 **辛亥年** 납음(釵釧金),본명성(二黑土)

대장군(酉서방), 삼살(酉서방), 상문(丑동북방),조객(酉서방), 납음(차천금), 【삼재(사,오,미)년】 臘享(납향):1972년1월17일(음12/02)

돼지

소한 6일 08시 45분 【음12월】 ➡ 【己丑月(기축월)】 ☯ 대한 21일 02시 13분

음력 12/05 ~ 01/05

양력 1	1	2	3	4	5	6	7	8	9	10	11	12	13	14	15	16	17	18	19	20	21	22	23	24	25	26	27	28	29	30	31
요일	금	토	일	월	화	수	목	금	토	일	월	화	수	목	금	토	일	월	화	수	목	금	토	일	월	화	수	목	금	토	일
일진 日辰	丙戌	丁亥	戊子	己丑	庚寅	辛卯	壬辰	癸巳	甲午	乙未	丙申	丁酉	戊戌	己亥	庚子	辛丑	壬寅	癸卯	甲辰	乙巳	丙午	丁未	戊申	己酉	庚戌	辛亥	壬子	癸丑	甲寅	乙卯	丙辰
음력	5	6	7	8	9	10	11	12	13	14	15	16	17	18	19	20	21	22	23	24	25	26	27	28	29	30	1/1	2	3	4	5
대운 남	2	1	1	1	1	소	9	9	9	8	8	8	7	7	7	6	6	6	5	5	대	4	4	4	3	3	3	2	2	2	1
대운 여	8	9	9	9	10	한	1	1	1	1	2	2	2	3	3	3	4	4	4	5	한	5	6	6	6	7	7	7	8	8	8

입춘 4일 20시 25분 【음1월】 ➡ 【庚寅月(경인월)】 ☯ 우수 19일 16시 27분

음력 01/06 ~ 02/04

양력 2	1	2	3	4	5	6	7	8	9	10	11	12	13	14	15	16	17	18	19	20	21	22	23	24	25	26	27	28
요일	월	화	수	목	금	토	일	월	화	수	목	금	토	일	월	화	수	목	금	토	일	월	화	수	목	금	토	일
일진 日辰	丁巳	戊午	己未	庚申	辛酉	壬戌	癸亥	甲子	乙丑	丙寅	丁卯	戊辰	己巳	庚午	辛未	壬申	癸酉	甲戌	乙亥	丙子	丁丑	戊寅	己卯	庚辰	辛巳	壬午	癸未	甲申
음력	6	7	8	9	10	11	12	13	14	15	16	17	18	19	20	21	22	23	24	25	26	27	28	29	2/1	2	3	4
대운 남	1	1	1	입	1	1	1	1	2	2	2	3	3	3	4	4	4	5	우	5	6	6	6	7	7	7	8	8
대운 여	9	9	9	춘	10	9	9	9	8	8	8	7	7	7	6	6	6	5	수	5	4	4	4	3	3	3	2	2

辛亥年

경칩 6일 14시 35분 【음2월】 ➡ 【辛卯月(신묘월)】 ☯ 춘분 21일 15시 38분

음력 02/05 ~ 03/05

양력 3	1	2	3	4	5	6	7	8	9	10	11	12	13	14	15	16	17	18	19	20	21	22	23	24	25	26	27	28	29	30	31
요일	월	화	수	목	금	토	일	월	화	수	목	금	토	일	월	화	수	목	금	토	일	월	화	수	목	금	토	일	월	화	수
일진 日辰	乙酉	丙戌	丁亥	戊子	己丑	庚寅	辛卯	壬辰	癸巳	甲午	乙未	丙申	丁酉	戊戌	己亥	庚子	辛丑	壬寅	癸卯	甲辰	乙巳	丙午	丁未	戊申	己酉	庚戌	辛亥	壬子	癸丑	甲寅	乙卯
음력	5	6	7	8	9	10	11	12	13	14	15	16	17	18	19	20	21	22	23	24	25	26	27	28	29	30	3/1	2	3	4	5
대운 남	8	9	9	9	10	경	1	1	1	1	2	2	2	3	3	3	4	4	4	5	춘	5	6	6	6	7	7	7	8	8	8
대운 여	2	1	1	1	1	칩	10	9	9	9	8	8	8	7	7	7	6	6	6	5	분	5	4	4	4	3	3	3	2	2	2

청명 5일 19시 35분 【음3월】 ➡ 【壬辰月(임진월)】 ☯ 곡우 21일 02시 54분

음력 03/06 ~ 04/06

양력 4	1	2	3	4	5	6	7	8	9	10	11	12	13	14	15	16	17	18	19	20	21	22	23	24	25	26	27	28	29	30
요일	목	금	토	일	월	화	수	목	금	토	일	월	화	수	목	금	토	일	월	화	수	목	금	토	일	월	화	수	목	금
일진 日辰	丙辰	丁巳	戊午	己未	庚申	辛酉	壬戌	癸亥	甲子	乙丑	丙寅	丁卯	戊辰	己巳	庚午	辛未	壬申	癸酉	甲戌	乙亥	丙子	丁丑	戊寅	己卯	庚辰	辛巳	壬午	癸未	甲申	乙酉
음력	6	7	8	9	10	11	12	13	14	15	16	17	18	19	20	21	22	23	24	25	26	27	28	29	4/1	2	3	4	5	6
대운 남	9	9	9	10	청	1	1	1	1	2	2	2	3	3	3	4	4	4	5	5	곡	6	6	6	7	7	7	8	8	8
대운 여	1	1	1	1	명	10	10	9	9	9	8	8	8	7	7	7	6	6	6	5	우	5	4	4	4	3	3	3	2	2

입하 6일 13시 08분 【음4월】 ➡ 【癸巳月(계사월)】 ☯ 소만 22일 02시 15분

음력 04/07 ~ 05/08

양력 5	1	2	3	4	5	6	7	8	9	10	11	12	13	14	15	16	17	18	19	20	21	22	23	24	25	26	27	28	29	30	31
요일	토	일	월	화	수	목	금	토	일	월	화	수	목	금	토	일	월	화	수	목	금	토	일	월	화	수	목	금	토	일	월
일진 日辰	丙戌	丁亥	戊子	己丑	庚寅	辛卯	壬辰	癸巳	甲午	乙未	丙申	丁酉	戊戌	己亥	庚子	辛丑	壬寅	癸卯	甲辰	乙巳	丙午	丁未	戊申	己酉	庚戌	辛亥	壬子	癸丑	甲寅	乙卯	丙辰
음력	7	8	9	10	11	12	13	14	15	16	17	18	19	20	21	22	23	24	25	26	27	28	29	5/1	2	3	4	5	6	7	8
대운 남	9	9	9	10	10	입	1	1	1	1	2	2	2	3	3	3	4	4	4	5	5	소	6	6	6	7	7	7	8	8	8
대운 여	2	1	1	1	1	하	10	10	9	9	9	8	8	8	7	7	7	6	6	6	5	만	5	4	4	4	3	3	3	2	2

망종 6일 17시 29분 【음5월】 ➡ 【甲午月(갑오월)】 ☯ 하지 22일 10시 20분

음력 05/09 ~ 윤508

양력 6	1	2	3	4	5	6	7	8	9	10	11	12	13	14	15	16	17	18	19	20	21	22	23	24	25	26	27	28	29	30
요일	화	수	목	금	토	일	월	화	수	목	금	토	일	월	화	수	목	금	토	일	월	화	수	목	금	토	일	월	화	수
일진 日辰	丁巳	戊午	己未	庚申	辛酉	壬戌	癸亥	甲子	乙丑	丙寅	丁卯	戊辰	己巳	庚午	辛未	壬申	癸酉	甲戌	乙亥	丙子	丁丑	戊寅	己卯	庚辰	辛巳	壬午	癸未	甲申	乙酉	丙戌
음력	9	10	11	12	13	14	15	16	17	18	19	20	21	22	23	24	25	26	27	28	29	30	윤5	2	3	4	5	6	7	8
대운 남	9	9	9	10	10	망	1	1	1	1	2	2	2	3	3	3	4	4	4	5	5	하	6	6	6	7	7	7	8	8
대운 여	2	1	1	1	1	종	10	10	10	9	9	9	8	8	8	7	7	7	6	6	6	지	5	5	4	4	4	3	3	3

한식(4월06일), 초복(7월14일), 중복(7월24일), 말복(8월13일)☂춘사(春社)3/24
☀추사(秋社)9/20 토왕지절(土旺之節):4월18일,7월20일,10월21일,신년1월18일,(양력)
臘享(납향):1972년 1월17일 신년(음12/02)

1971 辛亥年

소서 8일 03시 51분 【음6월】 ➡ 【乙未月(을미월)】 ☯ 대서 23일 21시 15분

양력 7 / 음력 윤509 ~ 06/10

양력	1	2	3	4	5	6	7	8	9	10	11	12	13	14	15	16	17	18	19	20	21	22	23	24	25	26	27	28	29	30	31
요일	목	금	토	일	월	화	수	목	금	토	일	월	화	수	목	금	토	일	월	화	수	목	금	토	일	월	화	수	목	금	토
일진 日辰	丁亥	戊子	己丑	庚寅	辛卯	壬辰	癸巳	甲午	乙未	丙申	丁酉	戊戌	己亥	庚子	辛丑	壬寅	癸卯	甲辰	乙巳	丙午	丁未	戊申	己酉	庚戌	辛亥	壬子	癸丑	甲寅	乙卯	丙辰	丁巳
음력	9	10	11	12	13	14	15	16	17	18	19	20	21	22	23	24	25	26	27	28	29	6/1	2	3	4	5	6	7	8	9	10
대운 남	8	9	9	9	10	10	10	소	1	1	1	1	2	2	2	3	3	3	4	4	4	5	대	5	6	6	6	7	7	7	8
대운 여	2	2	2	1	1	1	1	서	10	10	9	9	9	8	8	8	7	7	7	6	6	6	서	5	5	4	4	4	3	3	3

입추 8일 13시 40분 【음7월】 ➡ 【丙申月(병신월)】 ☯ 처서 24일 04시 15분

양력 8 / 음력 06/11 ~ 07/11

양력	1	2	3	4	5	6	7	8	9	10	11	12	13	14	15	16	17	18	19	20	21	22	23	24	25	26	27	28	29	30	31
요일	일	월	화	수	목	금	토	일	월	화	수	목	금	토	일	월	화	수	목	금	토	일	월	화	수	목	금	토	일	월	화
일진 日辰	戊午	己未	庚申	辛酉	壬戌	癸亥	甲子	乙丑	丙寅	丁卯	戊辰	己巳	庚午	辛未	壬申	癸酉	甲戌	乙亥	丙子	丁丑	戊寅	己卯	庚辰	辛巳	壬午	癸未	甲申	乙酉	丙戌	丁亥	戊子
음력	11	12	13	14	15	16	17	18	19	20	21	22	23	24	25	26	27	28	29	30	7/1	2	3	4	5	6	7	8	9	10	11
대운 남	8	8	9	9	9	10	10	입	1	1	1	1	2	2	2	3	3	3	4	4	4	5	5	처	6	6	6	7	7	7	8
대운 여	2	2	2	1	1	1	1	추	10	10	9	9	9	8	8	8	7	7	7	6	6	6	5	서	5	4	4	4	3	3	3

백로 8일 16시 30분 【음8월】 ➡ 【丁酉月(정유월)】 ☯ 추분 24일 01시 45분

양력 9 / 음력 07/12 ~ 08/12

양력	1	2	3	4	5	6	7	8	9	10	11	12	13	14	15	16	17	18	19	20	21	22	23	24	25	26	27	28	29	30
요일	수	목	금	토	일	월	화	수	목	금	토	일	월	화	수	목	금	토	일	월	화	수	목	금	토	일	월	화	수	목
일진 日辰	己丑	庚寅	辛卯	壬辰	癸巳	甲午	乙未	丙申	丁酉	戊戌	己亥	庚子	辛丑	壬寅	癸卯	甲辰	乙巳	丙午	丁未	戊申	己酉	庚戌	辛亥	壬子	癸丑	甲寅	乙卯	丙辰	丁巳	戊午
음력	12	13	14	15	16	17	18	19	20	21	22	23	24	25	26	27	28	29	8/1	2	3	4	5	6	7	8	9	10	11	12
대운 남	8	8	9	9	9	10	10	백	1	1	1	1	2	2	2	3	3	3	4	4	4	5	5	추	6	6	6	7	7	7
대운 여	2	2	2	1	1	1	1	로	10	10	9	9	9	8	8	8	7	7	7	6	6	6	5	분	5	4	4	4	3	3

한로 9일 07시 59분 【음9월】 ➡ 【戊戌月(무술월)】 ☯ 상강 24일 10시 53분

양력 10 / 음력 08/13 ~ 09/13

양력	1	2	3	4	5	6	7	8	9	10	11	12	13	14	15	16	17	18	19	20	21	22	23	24	25	26	27	28	29	30	31
요일	금	토	일	월	화	수	목	금	토	일	월	화	수	목	금	토	일	월	화	수	목	금	토	일	월	화	수	목	금	토	일
일진 日辰	己未	庚申	辛酉	壬戌	癸亥	甲子	乙丑	丙寅	丁卯	戊辰	己巳	庚午	辛未	壬申	癸酉	甲戌	乙亥	丙子	丁丑	戊寅	己卯	庚辰	辛巳	壬午	癸未	甲申	乙酉	丙戌	丁亥	戊子	己丑
음력	13	14	15	16	17	18	19	20	21	22	23	24	25	26	27	28	29	30	9/1	2	3	4	5	6	7	8	9	10	11	12	13
대운 남	8	8	8	9	9	9	10	10	한	1	1	1	1	2	2	2	3	3	3	4	4	4	5	상	5	6	6	6	7	7	7
대운 여	3	2	2	2	1	1	1	1	로	10	9	9	9	8	8	8	7	7	7	6	6	6	5	강	5	4	4	4	3	3	3

입동 8일 10시 57분 【음10월】 ➡ 【己亥月(기해월)】 ☯ 소설 23일 08시 14분

양력 11 / 음력 09/14 ~ 10/13

양력	1	2	3	4	5	6	7	8	9	10	11	12	13	14	15	16	17	18	19	20	21	22	23	24	25	26	27	28	29	30
요일	월	화	수	목	금	토	일	월	화	수	목	금	토	일	월	화	수	목	금	토	일	월	화	수	목	금	토	일	월	화
일진 日辰	庚寅	辛卯	壬辰	癸巳	甲午	乙未	丙申	丁酉	戊戌	己亥	庚子	辛丑	壬寅	癸卯	甲辰	乙巳	丙午	丁未	戊申	己酉	庚戌	辛亥	壬子	癸丑	甲寅	乙卯	丙辰	丁巳	戊午	己未
음력	14	15	16	17	18	19	20	21	22	23	24	25	26	27	28	29	30	10/1	2	3	4	5	6	7	8	9	10	11	12	13
대운 남	8	8	8	9	9	9	10	입	1	1	1	1	2	2	2	3	3	3	4	4	4	5	소	5	6	6	6	7	7	7
대운 여	2	2	2	1	1	1	1	동	10	9	9	9	8	8	8	7	7	7	6	6	6	5	설	5	4	4	4	3	3	3

대설 8일 03시 36분 【음11월】 ➡ 【庚子月(경자월)】 ☯ 동지 22일 21시 24분

양력 12 / 음력 10/14 ~ 11/14

양력	1	2	3	4	5	6	7	8	9	10	11	12	13	14	15	16	17	18	19	20	21	22	23	24	25	26	27	28	29	30	31
요일	수	목	금	토	일	월	화	수	목	금	토	일	월	화	수	목	금	토	일	월	화	수	목	금	토	일	월	화	수	목	금
일진 日辰	庚申	辛酉	壬戌	癸亥	甲子	乙丑	丙寅	丁卯	戊辰	己巳	庚午	辛未	壬申	癸酉	甲戌	乙亥	丙子	丁丑	戊寅	己卯	庚辰	辛巳	壬午	癸未	甲申	乙酉	丙戌	丁亥	戊子	己丑	庚寅
음력	14	15	16	17	18	19	20	21	22	23	24	25	26	27	28	29	30	11/1	2	3	4	5	6	7	8	9	10	11	12	13	14
대운 남	8	8	8	9	9	9	10	대	1	1	1	1	2	2	2	3	3	3	4	4	4	동	5	5	6	6	6	7	7	7	8
대운 여	2	2	2	1	1	1	1	설	9	9	9	8	8	8	7	7	7	6	6	6	5	지	5	4	4	4	3	3	3	2	2

檀紀 4305 年
佛紀 2516 年

1972년

中元 壬子年 납음(桑柘木), 본명성(一白水)

대장군(酉서방), 삼살(남방), 상문(寅동북방), 조객(戌서북방),
납음(상자목), 삼재(인,묘,진)년 臘享(납향):1973년1월23일(음12/19)

소한 6일 14시 42분 【음12월】 ➡ 【辛丑月(신축월)】 ☯ 대한 21일 07시 59분

양력 1 (음력 11/15 ~ 12/16)

양력	1	2	3	4	5	6	7	8	9	10	11	12	13	14	15	16	17	18	19	20	21	22	23	24	25	26	27	28	29	30	31
요일	토	일	월	화	수	목	금	토	일	월	화	수	목	금	토	일	월	화	수	목	금	토	일	월	화	수	목	금	토	일	월
일진 日辰	辛卯	壬辰	癸巳	甲午	乙未	丙申	丁酉	戊戌	己亥	庚子	辛丑	壬寅	癸卯	甲辰	乙巳	丙午	丁未	戊申	己酉	庚戌	辛亥	壬子	癸丑	甲寅	乙卯	丙辰	丁巳	戊午	己未	庚申	辛酉
음력	15	16	17	18	19	20	21	22	23	24	25	26	27	28	29	12/1	2	3	4	5	6	7	8	9	10	11	12	13	14	15	16
대운 남	8	8	9	9	9	소	1	1	1	1	2	2	2	3	3	3	4	4	4	5	대	5	6	6	6	7	7	7	8	8	8
대운 여	2	1	1	1	1	한	10	9	9	9	8	8	8	7	7	7	6	6	6	5	한	5	4	4	4	3	3	3	2	2	2

입춘 5일 02시 20분 【음1월】 ➡ 【壬寅月(임인월)】 ☯ 우수 19일 22시 11분

양력 2 (음력 12/17 ~ 01/15)

양력	1	2	3	4	5	6	7	8	9	10	11	12	13	14	15	16	17	18	19	20	21	22	23	24	25	26	27	28	29
요일	화	수	목	금	토	일	월	화	수	목	금	토	일	월	화	수	목	금	토	일	월	화	수	목	금	토	일	월	화
일진 日辰	壬戌	癸亥	甲子	乙丑	丙寅	丁卯	戊辰	己巳	庚午	辛未	壬申	癸酉	甲戌	乙亥	丙子	丁丑	戊寅	己卯	庚辰	辛巳	壬午	癸未	甲申	乙酉	丙戌	丁亥	戊子	己丑	庚寅
음력	17	18	19	20	21	22	23	24	25	26	27	28	29	30	1/1	2	3	4	5	6	7	8	9	10	11	12	13	14	15
대운 남	9	9	9	10	입	9	9	`9	8	8	8	7	7	7	6	6	6	5	우	5	4	4	4	3	3	3	2	2	2
대운 여	1	1	1	1	춘	1	1	1	1	2	2	2	3	3	3	4	4	4	수	5	5	6	6	6	7	7	7	8	8

壬子年

경칩 5일 20시 28분 【음2월】 ➡ 【癸卯月(계묘월)】 ☯ 춘분 20일 21시 21분

양력 3 (음력 01/16 ~ 02/17)

양력	1	2	3	4	5	6	7	8	9	10	11	12	13	14	15	16	17	18	19	20	21	22	23	24	25	26	27	28	29	30	31
요일	수	목	금	토	일	월	화	수	목	금	토	일	월	화	수	목	금	토	일	월	화	수	목	금	토	일	월	화	수	목	금
일진 日辰	辛卯	壬辰	癸巳	甲午	乙未	丙申	丁酉	戊戌	己亥	庚子	辛丑	壬寅	癸卯	甲辰	乙巳	丙午	丁未	戊申	己酉	庚戌	辛亥	壬子	癸丑	甲寅	乙卯	丙辰	丁巳	戊午	己未	庚申	辛酉
음력	16	17	18	19	20	21	22	23	24	25	26	27	28	29	2/1	2	3	4	5	6	7	8	9	10	11	12	13	14	15	16	17
대운 남	1	1	1	1	경	10	10	9	9	9	8	8	8	7	7	7	6	6	6	춘	5	5	4	4	4	3	3	3	2	2	2
대운 여	8	9	9	9	칩	1	1	1	1	2	2	2	3	3	3	4	4	4	5	분	5	6	6	6	7	7	7	8	8	8	9

청명 5일 01시 29분 【음3월】 ➡ 【甲辰月(갑진월)】 ☯ 곡우 20일 08시 37분

양력 4 (음력 02/18 ~ 03/17)

양력	1	2	3	4	5	6	7	8	9	10	11	12	13	14	15	16	17	18	19	20	21	22	23	24	25	26	27	28	29	30
요일	토	일	월	화	수	목	금	토	일	월	화	수	목	금	토	일	월	화	수	목	금	토	일	월	화	수	목	금	토	일
일진 日辰	壬戌	癸亥	甲子	乙丑	丙寅	丁卯	戊辰	己巳	庚午	辛未	壬申	癸酉	甲戌	乙亥	丙子	丁丑	戊寅	己卯	庚辰	辛巳	壬午	癸未	甲申	乙酉	丙戌	丁亥	戊子	己丑	庚寅	辛卯
음력	18	19	20	21	22	23	24	25	26	27	28	29	30	3/1	2	3	4	5	6	7	8	9	10	11	12	13	14	15	16	17
대운 남	1	1	1	1	청	10	9	9	9	8	8	8	7	7	7	6	6	6	5	곡	5	4	4	4	3	3	3	2	2	2
대운 여	9	9	10	10	명	1	1	1	1	2	2	2	3	3	3	4	4	4	5	우	5	6	6	6	7	7	7	8	8	8

입하 5일 19시 01분 【음4월】 ➡ 【乙巳月(을사월)】 ☯ 소만 21일 08시 00분

양력 5 (음력 03/18 ~ 04/19)

양력	1	2	3	4	5	6	7	8	9	10	11	12	13	14	15	16	17	18	19	20	21	22	23	24	25	26	27	28	29	30	31
요일	월	화	수	목	금	토	일	월	화	수	목	금	토	일	월	화	수	목	금	토	일	월	화	수	목	금	토	일	월	화	수
일진 日辰	壬辰	癸巳	甲午	乙未	丙申	丁酉	戊戌	己亥	庚子	辛丑	壬寅	癸卯	甲辰	乙巳	丙午	丁未	戊申	己酉	庚戌	辛亥	壬子	癸丑	甲寅	乙卯	丙辰	丁巳	戊午	己未	庚申	辛酉	壬戌
음력	18	19	20	21	22	23	24	25	26	27	28	29	4/1	2	3	4	5	6	7	8	9	10	11	12	13	14	15	16	17	18	19
대운 남	1	1	1	1	입	10	10	9	9	9	8	8	8	7	7	7	6	6	6	5	소	5	4	4	4	3	3	3	2	2	2
대운 여	9	9	9	10	하	1	1	1	1	2	2	2	3	3	3	4	4	4	5	5	만	6	6	6	7	7	7	8	8	8	9

망종 5일 23시 22분 【음5월】 ➡ 【丙午月(병오월)】 ☯ 하지 21일 16시 06분

양력 6 (음력 04/20 ~ 05/20)

양력	1	2	3	4	5	6	7	8	9	10	11	12	13	14	15	16	17	18	19	20	21	22	23	24	25	26	27	28	29	30
요일	목	금	토	일	월	화	수	목	금	토	일	월	화	수	목	금	토	일	월	화	수	목	금	토	일	월	화	수	목	금
일진 日辰	癸亥	甲子	乙丑	丙寅	丁卯	戊辰	己巳	庚午	辛未	壬申	癸酉	甲戌	乙亥	丙子	丁丑	戊寅	己卯	庚辰	辛巳	壬午	癸未	甲申	乙酉	丙戌	丁亥	戊子	己丑	庚寅	辛卯	壬辰
음력	20	21	22	23	24	25	26	27	28	29	5/1	2	3	4	5	6	7	8	9	10	11	12	13	14	15	16	17	18	19	20
대운 남	1	1	1	1	망	10	10	10	9	9	9	8	8	8	7	7	7	6	6	6	하	5	5	4	4	4	3	3	3	2
대운 여	9	9	10	10	종	1	1	1	1	2	2	2	3	3	3	4	4	4	5	5	지	6	6	6	7	7	7	8	8	8

한식(4월05일), 초복(7월18일), 중복(7월28일), 말복(8월07일)☂춘사(春社)3/23
☀추사(秋社)9/19 토왕지절(土旺之節):4월17일,7월20일,10월20일,신년1월18일(음12/13)
臘享(납향):1973년 1월23일(음12/19)

1972 壬子年

소서 7일 09시 43분 【음6월】 ➡ 【丁未月(정미월)】 ☯ 대서 23일 03시 03분

양력 7	양력	1	2	3	4	5	6	7	8	9	10	11	12	13	14	15	16	17	18	19	20	21	22	23	24	25	26	27	28	29	30	31
	요일	토	일	월	화	수	목	금	토	일	월	화	수	목	금	토	일	월	화	수	목	금	토	일	월	화	수	목	금	토	일	월
	일진 日辰	癸巳	甲午	乙未	丙申	丁酉	戊戌	己亥	庚子	辛丑	壬寅	癸卯	甲辰	乙巳	丙午	丁未	戊申	己酉	庚戌	辛亥	壬子	癸丑	甲寅	乙卯	丙辰	丁巳	戊午	己未	庚申	辛酉	壬戌	癸亥
음력 05/21 ~ 06/21	음력	21	22	23	24	25	26	27	28	29	30	6/1	2	3	4	5	6	7	8	9	10	11	12	13	14	15	16	17	18	19	20	21
대운	남	2	2	1	1	1	1	소	10	10	9	9	9	8	8	8	7	7	7	6	6	6	5	대	5	4	4	4	3	3	3	2
	여	9	9	9	10	10	10	서	1	1	1	1	2	2	2	3	3	3	4	4	4	5	5	서	6	6	6	7	7	7	8	8

입추 7일 19시 29분 【음7월】 ➡ 【戊申月(무신월)】 ☯ 처서 23일 10시 03분

양력 8	양력	1	2	3	4	5	6	7	8	9	10	11	12	13	14	15	16	17	18	19	20	21	22	23	24	25	26	27	28	29	30	31
	요일	화	수	목	금	토	일	월	화	수	목	금	토	일	월	화	수	목	금	토	일	월	화	수	목	금	토	일	월	화	수	목
	일진 日辰	甲子	乙丑	丙寅	丁卯	戊辰	己巳	庚午	辛未	壬申	癸酉	甲戌	乙亥	丙子	丁丑	戊寅	己卯	庚辰	辛巳	壬午	癸未	甲申	乙酉	丙戌	丁亥	戊子	己丑	庚寅	辛卯	壬辰	癸巳	甲午
음력 06/22 ~ 07/23	음력	22	23	24	25	26	27	28	29	7/1	2	3	4	5	6	7	8	9	10	11	12	13	14	15	16	17	18	19	20	21	22	23
대운	남	2	2	1	1	1	1	입	10	10	9	9	9	8	8	8	7	7	7	6	6	6	5	처	5	4	4	4	3	3	3	2
	여	8	9	9	9	10	10	추	1	1	1	1	2	2	2	3	3	3	4	4	4	5	5	서	6	6	6	7	7	7	8	8

백로 7일 22시 15분 【음8월】 ➡ 【己酉月(기유월)】 ☯ 추분 23일 07시 33분

양력 9	양력	1	2	3	4	5	6	7	8	9	10	11	12	13	14	15	16	17	18	19	20	21	22	23	24	25	26	27	28	29	30
	요일	금	토	일	월	화	수	목	금	토	일	월	화	수	목	금	토	일	월	화	수	목	금	토	일	월	화	수	목	금	토
	일진 日辰	乙未	丙申	丁酉	戊戌	己亥	庚子	辛丑	壬寅	癸卯	甲辰	乙巳	丙午	丁未	戊申	己酉	庚戌	辛亥	壬子	癸丑	甲寅	乙卯	丙辰	丁巳	戊午	己未	庚申	辛酉	壬戌	癸亥	甲子
음력 07/24 ~ 08/23	음력	24	25	26	27	28	29	30	8/1	2	3	4	5	6	7	8	9	10	11	12	13	14	15	16	17	18	19	20	21	22	23
대운	남	2	2	1	1	1	1	백	10	10	9	9	9	8	8	8	7	7	7	6	6	6	5	추	5	4	4	4	3	3	3
	여	8	9	9	9	10	10	로	1	1	1	1	2	2	2	3	3	3	4	4	4	5	5	분	6	6	6	7	7	7	8

한로 8일 13시 42분 【음9월】 ➡ 【庚戌月(경술월)】 ☯ 상강 23일 16시 41분

양력 10	양력	1	2	3	4	5	6	7	8	9	10	11	12	13	14	15	16	17	18	19	20	21	22	23	24	25	26	27	28	29	30	31
	요일	일	월	화	수	목	금	토	일	월	화	수	목	금	토	일	월	화	수	목	금	토	일	월	화	수	목	금	토	일	월	화
	일진 日辰	乙丑	丙寅	丁卯	戊辰	己巳	庚午	辛未	壬申	癸酉	甲戌	乙亥	丙子	丁丑	戊寅	己卯	庚辰	辛巳	壬午	癸未	甲申	乙酉	丙戌	丁亥	戊子	己丑	庚寅	辛卯	壬辰	癸巳	甲午	乙未
음력 08/24 ~ 09/25	음력	24	25	26	27	28	29	9/1	2	3	4	5	6	7	8	9	10	11	12	13	14	15	16	17	18	19	20	21	22	23	24	25
대운	남	2	2	2	1	1	1	1	한	10	9	9	9	8	8	8	7	7	7	6	6	6	5	상	5	4	4	4	3	3	3	2
	여	8	8	9	9	9	10	10	로	1	1	1	1	2	2	2	3	3	3	4	4	4	5	강	5	6	6	6	7	7	7	8

입동 7일 16시 39분 【음10월】 ➡ 【辛亥月(신해월)】 ☯ 소설 22일 14시 03분

양력 11	양력	1	2	3	4	5	6	7	8	9	10	11	12	13	14	15	16	17	18	19	20	21	22	23	24	25	26	27	28	29	30
	요일	수	목	금	토	일	월	화	수	목	금	토	일	월	화	수	목	금	토	일	월	화	수	목	금	토	일	월	화	수	목
	일진 日辰	丙申	丁酉	戊戌	己亥	庚子	辛丑	壬寅	癸卯	甲辰	乙巳	丙午	丁未	戊申	己酉	庚戌	辛亥	壬子	癸丑	甲寅	乙卯	丙辰	丁巳	戊午	己未	庚申	辛酉	壬戌	癸亥	甲子	乙丑
음력 09/26 ~ 10/25	음력	26	27	28	29	30	10/1	2	3	4	5	6	7	8	9	10	11	12	13	14	15	16	17	18	19	20	21	22	23	24	25
대운	남	2	2	1	1	1	1	입	10	9	9	9	8	8	8	7	7	7	6	6	6	5	소	5	4	4	4	3	3	3	2
	여	8	8	9	9	9	10	동	1	1	1	1	2	2	2	3	3	3	4	4	4	5	설	5	6	6	6	7	7	7	8

대설 7일 09시 19분 【음11월】 ➡ 【壬子月(임자월)】 ☯ 동지 22일 03시 13분

양력 12	양력	1	2	3	4	5	6	7	8	9	10	11	12	13	14	15	16	17	18	19	20	21	22	23	24	25	26	27	28	29	30	31
	요일	금	토	일	월	화	수	목	금	토	일	월	화	수	목	금	토	일	월	화	수	목	금	토	일	월	화	수	목	금	토	일
	일진 日辰	丙寅	丁卯	戊辰	己巳	庚午	辛未	壬申	癸酉	甲戌	乙亥	丙子	丁丑	戊寅	己卯	庚辰	辛巳	壬午	癸未	甲申	乙酉	丙戌	丁亥	戊子	己丑	庚寅	辛卯	壬辰	癸巳	甲午	乙未	丙申
음력 10/26 ~ 11/26	음력	26	27	28	29	30	11/1	2	3	4	5	6	7	8	9	10	11	12	13	14	15	16	17	18	19	20	21	22	23	24	25	26
대운	남	2	2	1	1	1	1	대	9	9	9	8	8	8	7	7	7	6	6	6	5	5	동	4	4	4	3	3	3	2	2	2
	여	8	8	9	9	9	10	설	1	1	1	1	2	2	2	3	3	3	4	4	4	5	지	5	6	6	6	7	7	7	8	8

檀紀 4306 年
佛紀 2517 年

1973년

中元 癸丑年 납음(桑柘木), 본명성(九紫火)

대장군(酉서방). 삼살(동방). 상문(卯동방), 조객(亥서북방), 납음(상자목). 【삼재(해,자,축)년】 臘享(납향):1974년 1월 18일(음12/25)

소한 5일 20시 25분 【음12월】 ➡ **【癸丑月(계축월)】** ☯ 대한 20일 13시 48분

양력 1 / 음력 11/27 ~ 12/27

양력	1	2	3	4	5	6	7	8	9	10	11	12	13	14	15	16	17	18	19	20	21	22	23	24	25	26	27	28	29	30	31
요일	월	화	수	목	금	토	일	월	화	수	목	금	토	일	월	화	수	목	금	토	일	월	화	수	목	금	토	일	월	화	수
일진 日辰	丁酉	戊戌	己亥	庚子	辛丑	壬寅	癸卯	甲辰	乙巳	丙午	丁未	戊申	己酉	庚戌	辛亥	壬子	癸丑	甲寅	乙卯	丙辰	丁巳	戊午	己未	庚申	辛酉	壬戌	癸亥	甲子	乙丑	丙寅	丁卯
음력	27	28	29	30	12/1	2	3	4	5	6	7	8	9	10	11	12	13	14	15	16	17	18	19	20	21	22	23	24	25	26	27
대운 남	1	1	1	1	소	10	9	9	9	8	8	8	7	7	7	6	6	6	5	대	5	4	4	4	3	3	3	2	2	2	1
대운 여	8	9	9	9	한	10	1	1	1	1	2	2	2	3	3	3	4	4	4	한	5	5	6	6	6	7	7	7	8	8	8

입춘 4일 08시 04분 【음1월】 ➡ **【甲寅月(갑인월)】** ☯ 우수 19일 04시 01분

양력 2 / 음력 12/28 ~ 01/26

양력	1	2	3	4	5	6	7	8	9	10	11	12	13	14	15	16	17	18	19	20	21	22	23	24	25	26	27	28
요일	목	금	토	일	월	화	수	목	금	토	일	월	화	수	목	금	토	일	월	화	수	목	금	토	일	월	화	수
일진 日辰	戊辰	己巳	庚午	辛未	壬申	癸酉	甲戌	乙亥	丙子	丁丑	戊寅	己卯	庚辰	辛巳	壬午	癸未	甲申	乙酉	丙戌	丁亥	戊子	己丑	庚寅	辛卯	壬辰	癸巳	甲午	乙未
음력	28	29	1/1	2	3	4	5	6	7	8	9	10	11	12	13	14	15	16	17	18	19	20	21	22	23	24	25	26
대운 남	1	1	1	입	1	1	1	1	2	2	2	3	3	3	4	4	4	5	우	5	6	6	6	7	7	7	8	8
대운 여	9	9	9	춘	10	9	9	9	8	8	8	7	7	7	6	6	6	5	수	5	4	4	4	3	3	3	2	2

癸丑年

경칩 6일 02시 13분 【음2월】 ➡ **【乙卯月(을묘월)】** ☯ 춘분 21일 03시 12분

양력 3 / 음력 01/27 ~ 02/27

양력	1	2	3	4	5	6	7	8	9	10	11	12	13	14	15	16	17	18	19	20	21	22	23	24	25	26	27	28	29	30	31
요일	목	금	토	일	월	화	수	목	금	토	일	월	화	수	목	금	토	일	월	화	수	목	금	토	일	월	화	수	목	금	토
일진 日辰	丙申	丁酉	戊戌	己亥	庚子	辛丑	壬寅	癸卯	甲辰	乙巳	丙午	丁未	戊申	己酉	庚戌	辛亥	壬子	癸丑	甲寅	乙卯	丙辰	丁巳	戊午	己未	庚申	辛酉	壬戌	癸亥	甲子	乙丑	丙寅
음력	27	28	29	30	2/1	2	3	4	5	6	7	8	9	10	11	12	13	14	15	16	17	18	19	20	21	22	23	24	25	26	27
대운 남	8	9	9	9	10	경	1	1	1	1	2	2	2	3	3	3	4	4	4	5	춘	5	6	6	6	7	7	7	8	8	8
대운 여	2	1	1	1	1	칩	10	9	9	9	8	8	8	7	7	7	6	6	6	5	분	5	4	4	4	3	3	3	2	2	2

청명 5일 07시 14분 【음3월】 ➡ **【丙辰月(병진월)】** ☯ 곡우 20일 14시 30분

양력 4 / 음력 02/28 ~ 03/28

양력	1	2	3	4	5	6	7	8	9	10	11	12	13	14	15	16	17	18	19	20	21	22	23	24	25	26	27	28	29	30
요일	일	월	화	수	목	금	토	일	월	화	수	목	금	토	일	월	화	수	목	금	토	일	월	화	수	목	금	토	일	월
일진 日辰	丁卯	戊辰	己巳	庚午	辛未	壬申	癸酉	甲戌	乙亥	丙子	丁丑	戊寅	己卯	庚辰	辛巳	壬午	癸未	甲申	乙酉	丙戌	丁亥	戊子	己丑	庚寅	辛卯	壬辰	癸巳	甲午	乙未	丙申
음력	28	30	3/1	2	3	4	5	6	7	8	9	10	11	12	13	14	15	16	17	18	19	20	21	22	23	24	25	26	27	28
대운 남	9	9	9	10	청	1	1	1	1	2	2	2	3	3	3	4	4	4	5	곡	5	6	6	6	7	7	7	8	8	8
대운 여	1	1	1	1	명	10	10	9	9	9	8	8	8	7	7	7	6	6	6	우	5	5	4	4	4	3	3	3	2	2

입하 6일 00시 46분 【음4월】 ➡ **【丁巳月(정사월)】** ☯ 소만 21일 13시 54분

양력 5 / 음력 03/29 ~ 04/29

양력	1	2	3	4	5	6	7	8	9	10	11	12	13	14	15	16	17	18	19	20	21	22	23	24	25	26	27	28	29	30	31
요일	화	수	목	금	토	일	월	화	수	목	금	토	일	월	화	수	목	금	토	일	월	화	수	목	금	토	일	월	화	수	목
일진 日辰	丁酉	戊戌	己亥	庚子	辛丑	壬寅	癸卯	甲辰	乙巳	丙午	丁未	戊申	己酉	庚戌	辛亥	壬子	癸丑	甲寅	乙卯	丙辰	丁巳	戊午	己未	庚申	辛酉	壬戌	癸亥	甲子	乙丑	丙寅	丁卯
음력	29	30	4/1	2	3	4	5	6	7	8	9	10	11	12	13	14	15	16	17	18	19	20	21	22	23	24	25	26	27	28	29
대운 남	9	9	9	10	10	입	1	1	1	1	2	2	2	3	3	3	4	4	4	5	소	5	6	6	6	7	7	7	8	8	8
대운 여	2	1	1	1	1	하	10	10	9	9	9	8	8	8	7	7	7	6	6	6	만	5	5	4	4	4	3	3	3	2	2

망종 6일 05시 07분 【음5월】 ➡ **【戊午月(무오월)】** ☯ 하지 21일 22시 01분

양력 6 / 음력 05/01 ~ 06/01

양력	1	2	3	4	5	6	7	8	9	10	11	12	13	14	15	16	17	18	19	20	21	22	23	24	25	26	27	28	29	30
요일	금	토	일	월	화	수	목	금	토	일	월	화	수	목	금	토	일	월	화	수	목	금	토	일	월	화	수	목	금	토
일진 日辰	戊辰	己巳	庚午	辛未	壬申	癸酉	甲戌	乙亥	丙子	丁丑	戊寅	己卯	庚辰	辛巳	壬午	癸未	甲申	乙酉	丙戌	丁亥	戊子	己丑	庚寅	辛卯	壬辰	癸巳	甲午	乙未	丙申	丁酉
음력	5/1	2	3	4	5	6	7	8	9	10	11	12	13	14	15	16	17	18	19	20	21	22	23	24	25	26	27	28	29	6/1
대운 남	9	9	9	10	10	망	1	1	1	1	2	2	2	3	3	3	4	4	4	5	하	5	6	6	6	7	7	7	8	8
대운 여	2	1	1	1	1	종	10	10	9	9	9	8	8	8	7	7	7	6	6	6	지	5	5	4	4	4	3	3	3	2

한식(4월06일), 초복(7월13일), 중복(7월23일), 말복(8월12일) ☂춘사(春社)3/23
☀추사(秋社)9/19 토왕지절(土旺之節):4월17일,7월20일,10월20일,신년1월17일(음12/24)
臘享(납향):1974년1월18일(음12/25)

1973 癸丑年

소서 7일 15시 27분 【음6월】 ➡ **【己未月(기미월)】** ☯ 대서 23일 08시 56분

양력 7 (음력 06/02 ~ 07/02)

양력	1	2	3	4	5	6	7	8	9	10	11	12	13	14	15	16	17	18	19	20	21	22	23	24	25	26	27	28	29	30	31
요일	일	월	화	수	목	금	토	일	월	화	수	목	금	토	일	월	화	수	목	금	토	일	월	화	수	목	금	토	일	월	화
일진 日辰	戊戌	己亥	庚子	辛丑	壬寅	癸卯	甲辰	乙巳	丙午	丁未	戊申	己酉	庚戌	辛亥	壬子	癸丑	甲寅	乙卯	丙辰	丁巳	戊午	己未	庚申	辛酉	壬戌	癸亥	甲子	乙丑	丙寅	丁卯	戊辰
음력	2	3	4	5	6	7	8	9	10	11	12	13	14	15	16	17	18	19	20	21	22	23	24	25	26	27	28	29	30	7/1	2
대운 남	8	9	9	9	10	10	소	1	1	1	1	2	2	2	3	3	3	4	4	4	5	5	대	6	6	6	7	7	7	8	8
대운 여	2	2	1	1	1	1	서	10	10	10	9	9	9	8	8	8	7	7	7	6	6	6	서	5	5	4	4	4	3	3	3

입추 8일 01시 13분 【음7월】 ➡ **【庚申月(경신월)】** ☯ 처서 23일 15시 53분

양력 8 (음력 07/03 ~ 08/04)

양력	1	2	3	4	5	6	7	8	9	10	11	12	13	14	15	16	17	18	19	20	21	22	23	24	25	26	27	28	29	30	31
요일	수	목	금	토	일	월	화	수	목	금	토	일	월	화	수	목	금	토	일	월	화	수	목	금	토	일	월	화	수	목	금
일진 日辰	己巳	庚午	辛未	壬申	癸酉	甲戌	乙亥	丙子	丁丑	戊寅	己卯	庚辰	辛巳	壬午	癸未	甲申	乙酉	丙戌	丁亥	戊子	己丑	庚寅	辛卯	壬辰	癸巳	甲午	乙未	丙申	丁酉	戊戌	己亥
음력	3	4	5	6	7	8	9	10	11	12	13	14	15	16	17	18	19	20	21	22	23	24	25	26	27	28	29	8/1	2	3	4
대운 남	8	9	9	9	10	10	10	입	1	1	1	1	2	2	2	3	3	3	4	4	4	5	처	5	6	6	6	7	7	7	8
대운 여	2	2	2	1	1	1	1	추	10	10	9	9	9	8	8	8	7	7	7	6	6	6	서	5	5	4	4	4	3	3	3

백로 8일 03시 59분 【음8월】 ➡ **【辛酉月(신유월)】** ☯ 추분 23일 13시 21분

양력 9 (음력 08/05 ~ 09/05)

양력	1	2	3	4	5	6	7	8	9	10	11	12	13	14	15	16	17	18	19	20	21	22	23	24	25	26	27	28	29	30
요일	토	일	월	화	수	목	금	토	일	월	화	수	목	금	토	일	월	화	수	목	금	토	일	월	화	수	목	금	토	일
일진 日辰	庚子	辛丑	壬寅	癸卯	甲辰	乙巳	丙午	丁未	戊申	己酉	庚戌	辛亥	壬子	癸丑	甲寅	乙卯	丙辰	丁巳	戊午	己未	庚申	辛酉	壬戌	癸亥	甲子	乙丑	丙寅	丁卯	戊辰	己巳
음력	5	6	7	8	9	10	11	12	13	14	15	16	17	18	19	20	21	22	23	24	25	26	27	28	29	9/1	2	3	4	5
대운 남	8	8	9	9	9	10	10	백	1	1	1	1	2	2	2	3	3	3	4	4	4	5	추	5	6	6	6	7	7	7
대운 여	2	2	2	1	1	1	1	로	10	9	9	9	8	8	8	7	7	7	6	6	6	5	분	5	4	4	4	3	3	3

한로 8일 19시 27분 【음9월】 ➡ **【壬戌月(임술월)】** ☯ 상강 23일 22시 30분

양력 10 (음력 09/06 ~ 10/06)

양력	1	2	3	4	5	6	7	8	9	10	11	12	13	14	15	16	17	18	19	20	21	22	23	24	25	26	27	28	29	30	31
요일	월	화	수	목	금	토	일	월	화	수	목	금	토	일	월	화	수	목	금	토	일	월	화	수	목	금	토	일	월	화	수
일진 日辰	庚午	辛未	壬申	癸酉	甲戌	乙亥	丙子	丁丑	戊寅	己卯	庚辰	辛巳	壬午	癸未	甲申	乙酉	丙戌	丁亥	戊子	己丑	庚寅	辛卯	壬辰	癸巳	甲午	乙未	丙申	丁酉	戊戌	己亥	庚子
음력	6	7	8	9	10	11	12	13	14	15	16	17	18	19	20	21	22	23	24	25	26	27	28	29	30	10/1	2	3	4	5	6
대운 남	8	8	8	9	9	9	10	한	1	1	1	1	2	2	2	3	3	3	4	4	4	5	상	5	6	6	6	7	7	7	8
대운 여	2	2	2	1	1	1	1	로	10	9	9	9	8	8	8	7	7	7	6	6	6	5	강	5	4	4	4	3	3	3	2

입동 7일 22시 28분 【음10월】 ➡ **【癸亥月(계해월)】** ☯ 소설 22일 19시 54분

양력 11 (음력 10/07 ~ 11/06)

양력	1	2	3	4	5	6	7	8	9	10	11	12	13	14	15	16	17	18	19	20	21	22	23	24	25	26	27	28	29	30
요일	목	금	토	일	월	화	수	목	금	토	일	월	화	수	목	금	토	일	월	화	수	목	금	토	일	월	화	수	목	금
일진 日辰	辛丑	壬寅	癸卯	甲辰	乙巳	丙午	丁未	戊申	己酉	庚戌	辛亥	壬子	癸丑	甲寅	乙卯	丙辰	丁巳	戊午	己未	庚申	辛酉	壬戌	癸亥	甲子	乙丑	丙寅	丁卯	戊辰	己巳	庚午
음력	7	8	9	10	11	12	13	14	15	16	17	18	19	20	21	22	23	24	25	26	27	28	29	30	11/1	2	3	4	5	6
대운 남	8	8	9	9	9	10	입	1	1	1	1	2	2	2	3	3	3	4	4	4	5	소	5	6	6	6	7	7	7	8
대운 여	2	2	1	1	1	1	동	10	9	9	9	8	8	8	7	7	7	6	6	6	5	설	5	4	4	4	3	3	3	2

대설 7일 15시 10분 【음11월】 ➡ **【甲子月(갑자월)】** ☯ 동지 22일 09시 08분

양력 12 (음력 11/07 ~ 12/07)

양력	1	2	3	4	5	6	7	8	9	10	11	12	13	14	15	16	17	18	19	20	21	22	23	24	25	26	27	28	29	30	31
요일	토	일	월	화	수	목	금	토	일	월	화	수	목	금	토	일	월	화	수	목	금	토	일	월	화	수	목	금	토	일	월
일진 日辰	辛未	壬申	癸酉	甲戌	乙亥	丙子	丁丑	戊寅	己卯	庚辰	辛巳	壬午	癸未	甲申	乙酉	丙戌	丁亥	戊子	己丑	庚寅	辛卯	壬辰	癸巳	甲午	乙未	丙申	丁酉	戊戌	己亥	庚子	辛丑
음력	7	8	9	10	11	12	13	14	15	16	17	18	19	20	21	22	23	24	25	26	27	28	29	30	12/1	2	3	4	5	6	7
대운 남	8	8	9	9	9	10	대	1	1	1	1	2	2	2	3	3	3	4	4	4	5	동	5	6	6	6	7	7	7	8	8
대운 여	2	2	1	1	1	1	설	10	9	9	9	8	8	8	7	7	7	6	6	6	5	지	5	4	4	4	3	3	3	2	2

단기 4307 年
불기 2518 年

1974년

中元 甲寅年 납음(大溪水), 본명성(八白土)

대장군(子북방). 삼살(북방), 상문(辰동남방),조객(子북방). 납음(대계수). 【삼재(신,유,술)년】 臘享(납향):1975년 1월 25일(음12/14)

호랑이

소한 6일 02시 20분 【음12월】 ➡ 【乙丑月(을축월)】 ☯ 대한 20일 19시 46분

양력 1	양력	1	2	3	4	5	6	7	8	9	10	11	12	13	14	15	16	17	18	19	20	21	22	23	24	25	26	27	28	29	30	31
	요일	화	수	목	금	토	일	월	화	수	목	금	토	일	월	화	수	목	금	토	일	월	화	수	목	금	토	일	월	화	수	목
	일진 日辰	壬寅	癸卯	甲辰	乙巳	丙午	丁未	戊申	己酉	庚戌	辛亥	壬子	癸丑	甲寅	乙卯	丙辰	丁巳	戊午	己未	庚申	辛酉	壬戌	癸亥	甲子	乙丑	丙寅	丁卯	戊辰	己巳	庚午	辛未	壬申
음력 12/08 ~ 01/09	음력	8	9	10	11	12	13	14	15	16	17	18	19	20	21	22	23	24	25	26	27	28	29	1/1	2	3	4	5	6	7	8	9
대운	남	8	9	9	9	10	소	1	1	1	1	2	2	2	3	3	3	4	4	4	대	5	5	6	6	6	7	7	7	8	8	8
	여	2	1	1	1	1	한	9	9	9	8	8	8	7	7	7	6	6	6	5	한	5	4	4	4	3	3	3	2	2	2	1

입춘 4일 14시 00분 【음1월】 ➡ 【丙寅月(병인월)】 ☯ 우수 19일 09시 59분

양력 2	양력	1	2	3	4	5	6	7	8	9	10	11	12	13	14	15	16	17	18	19	20	21	22	23	24	25	26	27	28
	요일	금	토	일	월	화	수	목	금	토	일	월	화	수	목	금	토	일	월	화	수	목	금	토	일	월	화	수	목
	일진 日辰	癸酉	甲戌	乙亥	丙子	丁丑	戊寅	己卯	庚辰	辛巳	壬午	癸未	甲申	乙酉	丙戌	丁亥	戊子	己丑	庚寅	辛卯	壬辰	癸巳	甲午	乙未	丙申	丁酉	戊戌	己亥	庚子
음력 01/10 ~ 02/07	음력	10	11	12	13	14	15	16	17	18	19	20	21	22	23	24	25	26	27	28	29	30	2/1	2	3	4	5	6	7
대운	남	9	9	9	입	10	9	9	9	8	8	8	7	7	7	6	6	6	5	우	5	4	4	4	3	3	3	2	2
	여	1	1	1	춘	1	1	1	1	2	2	2	3	3	3	4	4	4	5	수	5	6	6	6	7	7	7	8	8

甲寅年

경칩 6일 08시 07분 【음2월】 ➡ 【丁卯月(정묘월)】 ☯ 춘분 21일 09시 07분

양력 3	양력	1	2	3	4	5	6	7	8	9	10	11	12	13	14	15	16	17	18	19	20	21	22	23	24	25	26	27	28	29	30	31
	요일	금	토	일	월	화	수	목	금	토	일	월	화	수	목	금	토	일	월	화	수	목	금	토	일	월	화	수	목	금	토	일
	일진 日辰	辛丑	壬寅	癸卯	甲辰	乙巳	丙午	丁未	戊申	己酉	庚戌	辛亥	壬子	癸丑	甲寅	乙卯	丙辰	丁巳	戊午	己未	庚申	辛酉	壬戌	癸亥	甲子	乙丑	丙寅	丁卯	戊辰	己巳	庚午	辛未
음력 02/08 ~ 03/08	음력	8	9	10	11	12	13	14	15	16	17	18	19	20	21	22	23	24	25	26	27	28	29	30	3/1	2	3	4	5	6	7	8
대운	남	2	1	1	1	1	경	10	9	9	9	8	8	8	7	7	7	6	6	6	5	춘	5	4	4	4	3	3	3	2	2	2
	여	8	9	9	9	10	칩	1	1	1	1	2	2	2	3	3	3	4	4	4	5	분	5	6	6	6	7	7	7	8	8	8

청명 5일 13시 05분 【음3월】 ➡ 【戊辰月(무진월)】 ☯ 곡우 20일 20시 19분

양력 4	양력	1	2	3	4	5	6	7	8	9	10	11	12	13	14	15	16	17	18	19	20	21	22	23	24	25	26	27	28	29	30
	요일	월	화	수	목	금	토	일	월	화	수	목	금	토	일	월	화	수	목	금	토	일	월	화	수	목	금	토	일	월	화
	일진 日辰	壬申	癸酉	甲戌	乙亥	丙子	丁丑	戊寅	己卯	庚辰	辛巳	壬午	癸未	甲申	乙酉	丙戌	丁亥	戊子	己丑	庚寅	辛卯	壬辰	癸巳	甲午	乙未	丙申	丁酉	戊戌	己亥	庚子	辛丑
음력 03/09 ~ 04/09	음력	9	10	11	12	13	14	15	16	17	18	19	20	21	22	23	24	25	26	27	28	29	4/1	2	3	4	5	6	7	8	9
대운	남	1	1	1	1	청	10	10	9	9	9	8	8	8	7	7	7	6	6	6	곡	5	5	4	4	4	3	3	3	2	2
	여	9	9	9	10	명	1	1	1	1	2	2	2	3	3	3	4	4	4	5	우	5	6	6	6	7	7	7	8	8	8

입하 6일 06시 34분 【음4월】 ➡ 【己巳月(기사월)】 ☯ 소만 21일 19시 36분

양력 5	양력	1	2	3	4	5	6	7	8	9	10	11	12	13	14	15	16	17	18	19	20	21	22	23	24	25	26	27	28	29	30	31
	요일	수	목	금	토	일	월	화	수	목	금	토	일	월	화	수	목	금	토	일	월	화	수	목	금	토	일	월	화	수	목	금
	일진 日辰	壬寅	癸卯	甲辰	乙巳	丙午	丁未	戊申	己酉	庚戌	辛亥	壬子	癸丑	甲寅	乙卯	丙辰	丁巳	戊午	己未	庚申	辛酉	壬戌	癸亥	甲子	乙丑	丙寅	丁卯	戊辰	己巳	庚午	辛未	壬申
음력 04/10 ~ 윤410	음력	10	11	12	13	14	15	16	17	18	19	20	21	22	23	24	25	26	27	28	29	30	윤4	2	3	4	5	6	7	8	9	10
대운	남	2	1	1	1	1	입	10	10	9	9	9	8	8	8	7	7	7	6	6	6	소	5	5	4	4	4	3	3	3	2	2
	여	9	9	9	10	10	하	1	1	1	1	2	2	2	3	3	3	4	4	4	5	만	5	6	6	6	7	7	7	8	8	8

망종 6일 10시 52분 【음5월】 ➡ 【庚午月(경오월)】 ☯ 하지 22일 03시 38분

양력 6	양력	1	2	3	4	5	6	7	8	9	10	11	12	13	14	15	16	17	18	19	20	21	22	23	24	25	26	27	28	29	30
	요일	토	일	월	화	수	목	금	토	일	월	화	수	목	금	토	일	월	화	수	목	금	토	일	월	화	수	목	금	토	일
	일진 日辰	癸酉	甲戌	乙亥	丙子	丁丑	戊寅	己卯	庚辰	辛巳	壬午	癸未	甲申	乙酉	丙戌	丁亥	戊子	己丑	庚寅	辛卯	壬辰	癸巳	甲午	乙未	丙申	丁酉	戊戌	己亥	庚子	辛丑	壬寅
음력 윤411 ~ 05/11	음력	11	12	13	14	15	16	17	18	19	20	21	22	23	24	25	26	27	28	29	5/1	2	3	4	5	6	7	8	9	10	11
대운	남	2	1	1	1	1	망	10	10	9	9	9	8	8	8	7	7	7	6	6	6	5	하	5	4	4	4	3	3	3	2
	여	9	9	9	10	10	종	1	1	1	1	2	2	2	3	3	3	4	4	4	5	5	지	6	6	6	7	7	7	8	8

한식(4월06일), 초복(7월18일), 중복(7월28일), 말복(8월17일) ↑춘사(春社)3/18
☀추사(秋社)9/24 토왕지절(土旺之節):4월17일,7월20일,10월21일,1월18일(음12/07)
臘享(납향):1975년1월25일(음12/14)

1974 甲寅年

소서 7일 21시 11분 【음6월】 ➡ 【辛未月(신미월)】 ☯ 대서 23일 14시 30분

양력 7	양력	1	2	3	4	5	6	7	8	9	10	11	12	13	14	15	16	17	18	19	20	21	22	23	24	25	26	27	28	29	30	31
	요일	월	화	수	목	금	토	일	월	화	수	목	금	토	일	월	화	수	목	금	토	일	월	화	수	목	금	토	일	월	화	수
	일진 日辰	癸卯	甲辰	乙巳	丙午	丁未	戊申	己酉	庚戌	辛亥	壬子	癸丑	甲寅	乙卯	丙辰	丁巳	戊午	己未	庚申	辛酉	壬戌	癸亥	甲子	乙丑	丙寅	丁卯	戊辰	己巳	庚午	辛未	壬申	癸酉
음력 05/12 ~ 06/13	음력	12	13	14	15	16	17	18	19	20	21	22	23	24	25	26	27	28	29	6/1	2	3	4	5	6	7	8	9	10	11	12	13
대운	남	2	2	1	1	1	1	소	10	10	10	9	9	9	8	8	8	7	7	7	6	6	6	대	5	5	4	4	4	3	3	3
	여	8	9	9	9	10	10	서	1	1	1	1	2	2	2	3	3	3	4	4	4	5	5	서	6	6	6	7	7	7	8	8

입추 8일 06시 57분 【음7월】 ➡ 【壬申月(임신월)】 ☯ 처서 23일 21시 29분

양력 8	양력	1	2	3	4	5	6	7	8	9	10	11	12	13	14	15	16	17	18	19	20	21	22	23	24	25	26	27	28	29	30	31
	요일	목	금	토	일	월	화	수	목	금	토	일	월	화	수	목	금	토	일	월	화	수	목	금	토	일	월	화	수	목	금	토
	일진 日辰	甲戌	乙亥	丙子	丁丑	戊寅	己卯	庚辰	辛巳	壬午	癸未	甲申	乙酉	丙戌	丁亥	戊子	己丑	庚寅	辛卯	壬辰	癸巳	甲午	乙未	丙申	丁酉	戊戌	己亥	庚子	辛丑	壬寅	癸卯	甲辰
음력 06/14 ~ 07/14	음력	14	15	16	17	18	19	20	21	22	23	24	25	26	27	28	29	30	7/1	2	3	4	5	6	7	8	9	10	11	12	13	14
대운	남	2	2	2	1	1	1	1	입	10	10	9	9	9	8	8	8	7	7	7	6	6	6	처	5	5	4	4	4	3	3	3
	여	8	9	9	9	10	10	10	추	1	1	1	1	2	2	2	3	3	3	4	4	4	5	서	5	6	6	6	7	7	7	8

백로 8일 09시 45분 【음8월】 ➡ 【癸酉月(계유월)】 ☯ 추분 23일 18시 58분

양력 9	양력	1	2	3	4	5	6	7	8	9	10	11	12	13	14	15	16	17	18	19	20	21	22	23	24	25	26	27	28	29	30	
	요일	일	월	화	수	목	금	토	일	월	화	수	목	금	토	일	월	화	수	목	금	토	일	월	화	수	목	금	토	일	월	
	일진 日辰	乙巳	丙午	丁未	戊申	己酉	庚戌	辛亥	壬子	癸丑	甲寅	乙卯	丙辰	丁巳	戊午	己未	庚申	辛酉	壬戌	癸亥	甲子	乙丑	丙寅	丁卯	戊辰	己巳	庚午	辛未	壬申	癸酉	甲戌	
음력 07/15 ~ 08/15	음력	15	16	17	18	19	20	21	22	23	24	25	26	27	28	29	8/1	2	3	4	5	6	7	8	9	10	11	12	13	14	15	
대운	남	2	2	2	1	1	1	1	백	10	10	9	9	9	8	8	8	7	7	7	6	6	6	추	5	5	4	4	4	3	3	
	여	8	8	9	9	9	10	10	로	1	1	1	1	2	2	2	3	3	3	4	4	4	5	분	5	6	6	6	7	7	7	

한로 9일 01시 15분 . 【음9월】 ➡ 【甲戌月(갑술월)】 ☯ 상강 24일 04시 11분

양력 10	양력	1	2	3	4	5	6	7	8	9	10	11	12	13	14	15	16	17	18	19	20	21	22	23	24	25	26	27	28	29	30	31
	요일	화	수	목	금	토	일	월	화	수	목	금	토	일	월	화	수	목	금	토	일	월	화	수	목	금	토	일	월	화	수	목
	일진 日辰	乙亥	丙子	丁丑	戊寅	己卯	庚辰	辛巳	壬午	癸未	甲申	乙酉	丙戌	丁亥	戊子	己丑	庚寅	辛卯	壬辰	癸巳	甲午	乙未	丙申	丁酉	戊戌	己亥	庚子	辛丑	壬寅	癸卯	甲辰	乙巳
음력 08/16 ~ 09/17	음력	16	17	18	19	20	21	22	23	24	25	26	27	28	29	9/1	2	3	4	5	6	7	8	9	10	11	12	13	14	15	16	17
대운	남	3	2	2	2	1	1	1	1	한	10	9	9	9	8	8	8	7	7	7	6	6	6	5	상	5	4	4	4	3	3	3
	여	8	8	8	9	9	9	10	10	로	1	1	1	1	2	2	2	3	3	3	4	4	4	5	강	5	6	6	6	7	7	7

입동 8일 04시 18분 【음10월】 ➡ 【乙亥月(을해월)】 ☯ 소설 23일 01시 38분

양력 11	양력	1	2	3	4	5	6	7	8	9	10	11	12	13	14	15	16	17	18	19	20	21	22	23	24	25	26	27	28	29	30	
	요일	금	토	일	월	화	수	목	금	토	일	월	화	수	목	금	토	일	월	화	수	목	금	토	일	월	화	수	목	금	토	
	일진 日辰	丙午	丁未	戊申	己酉	庚戌	辛亥	壬子	癸丑	甲寅	乙卯	丙辰	丁巳	戊午	己未	庚申	辛酉	壬戌	癸亥	甲子	乙丑	丙寅	丁卯	戊辰	己巳	庚午	辛未	壬申	癸酉	甲戌	乙亥	
음력 09/18 ~ 10/17	음력	18	19	20	21	22	23	24	25	26	27	28	29	30	10/1	2	3	4	5	6	7	8	9	10	11	12	13	14	15	16	17	
대운	남	2	2	2	1	1	1	1	입	9	9	9	8	8	8	7	7	7	6	6	6	5	5	소	4	4	4	3	3	3	2	
	여	8	8	8	9	9	9	10	동	1	1	1	1	2	2	2	3	3	3	4	4	4	5	설	5	6	6	6	7	7	7	

대설 7일 21시 05분 【음11월】 ➡ 【丙子月(병자월)】 ☯ 동지 22일 14시 56분

양력 12	양력	1	2	3	4	5	6	7	8	9	10	11	12	13	14	15	16	17	18	19	20	21	22	23	24	25	26	27	28	29	30	31
	요일	일	월	화	수	목	금	토	일	월	화	수	목	금	토	일	월	화	수	목	금	토	일	월	화	수	목	금	토	일	월	화
	일진 日辰	丙子	丁丑	戊寅	己卯	庚辰	辛巳	壬午	癸未	甲申	乙酉	丙戌	丁亥	戊子	己丑	庚寅	辛卯	壬辰	癸巳	甲午	乙未	丙申	丁酉	戊戌	己亥	庚子	辛丑	壬寅	癸卯	甲辰	乙巳	丙午
음력 10/18 ~ 11/18	음력	18	19	20	21	22	23	24	25	26	27	28	29	30	11/1	2	3	4	5	6	7	8	9	10	11	12	13	14	15	16	17	18
대운	남	2	2	1	1	1	1	대	10	9	9	9	8	8	8	7	7	7	6	6	6	5	동	5	4	4	4	3	3	3	2	2
	여	8	8	9	9	9	10	설	1	1	1	1	2	2	2	3	3	3	4	4	4	5	지	5	6	6	6	7	7	7	8	8

단기 4308 年 / 불기 2519 年	**1975년**	中元 **乙卯年** 납음(大溪水),본명성(七赤金)

대장군(子북방), 삼살(酉서방), 상문(巳동남방),조객(丑동북방), 납음(대계수), 【삼재(사,오,미)년】 臘享(납향):1976년1월20일(음12/20)

소한 6일 08시 18분 【음12월】 ➡ **【丁丑月(정축월)】** ☯ 대한 21일 01시 36분

양력 1 (음력 11/19 ~ 12/20)	1	2	3	4	5	6	7	8	9	10	11	12	13	14	15	16	17	18	19	20	21	22	23	24	25	26	27	28	29	30	31
요일	수	목	금	토	일	월	화	수	목	금	토	일	월	화	수	목	금	토	일	월	화	수	목	금	토	일	월	화	수	목	금
일진 日辰	丁未	戊申	己酉	庚戌	辛亥	壬子	癸丑	甲寅	乙卯	丙辰	丁巳	戊午	己未	庚申	辛酉	壬戌	癸亥	甲子	乙丑	丙寅	丁卯	戊辰	己巳	庚午	辛未	壬申	癸酉	甲戌	乙亥	丙子	丁丑
음력	19	20	21	22	23	24	25	26	27	28	29	12/1	2	3	4	5	6	7	8	9	10	11	12	13	14	15	16	17	18	19	20
대운 남	2	1	1	1	1	소	9	9	9	8	8	8	7	7	7	6	6	6	5	5	대	4	4	4	3	3	3	2	2	2	1
대운 여	8	9	9	9	10	한	1	1	1	1	2	2	2	3	3	3	4	4	4	5	한	5	6	6	6	7	7	7	8	8	8

입춘 4일 19시 59분 【음1월】 ➡ **【戊寅月(무인월)】** ☯ 우수 19일 15시 50분

양력 2 (음력 12/21 ~ 01/18)	1	2	3	4	5	6	7	8	9	10	11	12	13	14	15	16	17	18	19	20	21	22	23	24	25	26	27	28	乙卯年
요일	토	일	월	화	수	목	금	토	일	월	화	수	목	금	토	일	월	화	수	목	금	토	일	월	화	수	목	금	
일진 日辰	戊寅	己卯	庚辰	辛巳	壬午	癸未	甲申	乙酉	丙戌	丁亥	戊子	己丑	庚寅	辛卯	壬辰	癸巳	甲午	乙未	丙申	丁酉	戊戌	己亥	庚子	辛丑	壬寅	癸卯	甲辰	乙巳	
음력	21	22	23	24	25	26	27	28	29	30	1/1	2	3	4	5	6	7	8	9	10	11	12	13	14	15	16	17	18	
대운 남	1	1	1	입	1	1	1	1	2	2	2	3	3	3	4	4	4	5	우	5	6	6	6	7	7	7	8	8	
대운 여	9	9	9	춘	10	9	9	9	8	8	8	7	7	7	6	6	6	5	수	5	4	4	4	3	3	3	2	2	

경칩 6일 14시 06분 【음2월】 ➡ **【己卯月(기묘월)】** ☯ 춘분 21일 14시 57분

양력 3 (음력 01/19 ~ 02/19)	1	2	3	4	5	6	7	8	9	10	11	12	13	14	15	16	17	18	19	20	21	22	23	24	25	26	27	28	29	30	31
요일	토	일	월	화	수	목	금	토	일	월	화	수	목	금	토	일	월	화	수	목	금	토	일	월	화	수	목	금	토	일	월
일진 日辰	丙午	丁未	戊申	己酉	庚戌	辛亥	壬子	癸丑	甲寅	乙卯	丙辰	丁巳	戊午	己未	庚申	辛酉	壬戌	癸亥	甲子	乙丑	丙寅	丁卯	戊辰	己巳	庚午	辛未	壬申	癸酉	甲戌	乙亥	丙子
음력	19	20	21	22	23	24	25	26	27	28	29	30	2/1	2	3	4	5	6	7	8	9	10	11	12	13	14	15	16	17	18	19
대운 남	8	9	9	9	10	경	1	1	1	1	2	2	2	3	3	3	4	4	4	5	춘	5	6	6	6	7	7	7	8	8	8
대운 여	2	1	1	1	1	칩	10	9	9	9	8	8	8	7	7	7	6	6	6	5	분	5	4	4	4	3	3	3	2	2	2

청명 5일 19시 02분 【음3월】 ➡ **【庚辰月(경진월)】** ☯ 곡우 21일 02시 07분

양력 4 (음력 02/20 ~ 03/19)	1	2	3	4	5	6	7	8	9	10	11	12	13	14	15	16	17	18	19	20	21	22	23	24	25	26	27	28	29	30
요일	화	수	목	금	토	일	월	화	수	목	금	토	일	월	화	수	목	금	토	일	월	화	수	목	금	토	일	월	화	수
일진 日辰	丁丑	戊寅	己卯	庚辰	辛巳	壬午	癸未	甲申	乙酉	丙戌	丁亥	戊子	己丑	庚寅	辛卯	壬辰	癸巳	甲午	乙未	丙申	丁酉	戊戌	己亥	庚子	辛丑	壬寅	癸卯	甲辰	乙巳	丙午
음력	20	21	22	23	24	25	26	27	28	29	30	3/1	2	3	4	5	6	7	8	9	10	11	12	13	14	15	16	17	18	19
대운 남	9	9	9	10	청	1	1	1	1	2	2	2	3	3	3	4	4	4	5	5	곡	6	6	6	7	7	7	8	8	8
대운 여	1	1	1	1	명	10	10	9	9	9	8	8	8	7	7	7	6	6	6	5	우	5	4	4	4	3	3	3	2	2

입하 6일 12시 27분 【음4월】 ➡ **【辛巳月(신사월)】** ☯ 소만 22일 01시 24분

양력 5 (음력 03/20 ~ 04/21)	1	2	3	4	5	6	7	8	9	10	11	12	13	14	15	16	17	18	19	20	21	22	23	24	25	26	27	28	29	30	31
요일	목	금	토	일	월	화	수	목	금	토	일	월	화	수	목	금	토	일	월	화	수	목	금	토	일	월	화	수	목	금	토
일진 日辰	丁未	戊申	己酉	庚戌	辛亥	壬子	癸丑	甲寅	乙卯	丙辰	丁巳	戊午	己未	庚申	辛酉	壬戌	癸亥	甲子	乙丑	丙寅	丁卯	戊辰	己巳	庚午	辛未	壬申	癸酉	甲戌	乙亥	丙子	丁丑
음력	20	21	22	23	24	25	26	27	28	29	4/1	2	3	4	5	6	7	8	9	10	11	12	13	14	15	16	17	18	19	20	21
대운 남	9	9	9	10	10	입	1	1	1	1	2	2	2	3	3	3	4	4	4	5	5	소	6	6	6	7	7	7	8	8	8
대운 여	2	1	1	1	1	하	10	10	9	9	9	8	8	8	7	7	7	6	6	6	5	만	5	4	4	4	3	3	3	2	2

망종 6일 16시 42분 【음5월】 ➡ **【壬午月(임오월)】** ☯ 하지 22일 09시 26분

양력 6 (음력 04/22 ~ 05/21)	1	2	3	4	5	6	7	8	9	10	11	12	13	14	15	16	17	18	19	20	21	22	23	24	25	26	27	28	29	30
요일	일	월	화	수	목	금	토	일	월	화	수	목	금	토	일	월	화	수	목	금	토	일	월	화	수	목	금	토	일	월
일진 日辰	戊寅	己卯	庚辰	辛巳	壬午	癸未	甲申	乙酉	丙戌	丁亥	戊子	己丑	庚寅	辛卯	壬辰	癸巳	甲午	乙未	丙申	丁酉	戊戌	己亥	庚子	辛丑	壬寅	癸卯	甲辰	乙巳	丙午	丁未
음력	22	23	24	25	26	27	28	29	30	5/1	2	3	4	5	6	7	8	9	10	11	12	13	14	15	16	17	18	19	20	21
대운 남	9	9	9	10	10	망	1	1	1	1	2	2	2	3	3	3	4	4	4	5	5	하	6	6	6	7	7	7	8	8
대운 여	2	1	1	1	1	종	10	10	10	9	9	9	8	8	8	7	7	7	6	6	6	지	5	5	4	4	4	3	3	3

한식(4월06일), 초복(7월13일), 중복(7월23일), 말복(8월12일)☂춘사(春社)3/23
☀추사(秋社)9/19토왕지절(土旺之節):4월18일,7월20일,10월21일,1월18일(음12/18)
臘享(납향):1976년1월20일(음12/20)

1975 乙卯年

소서 8일 02시 59분 【음6월】 ➡ 【癸未月(계미월)】 ☯ 대서 23일 20시 22분

양력 7 / 양력	1	2	3	4	5	6	7	8	9	10	11	12	13	14	15	16	17	18	19	20	21	22	23	24	25	26	27	28	29	30	31
요일	화	수	목	금	토	일	월	화	수	목	금	토	일	월	화	수	목	금	토	일	월	화	수	목	금	토	일	월	화	수	목
일진	戊	己	庚	辛	壬	癸	甲	乙	丙	丁	戊	己	庚	辛	壬	癸	甲	乙	丙	丁	戊	己	庚	辛	壬	癸	甲	乙	丙	丁	戊
日辰	申	酉	戌	亥	子	丑	寅	卯	辰	巳	午	未	申	酉	戌	亥	子	丑	寅	卯	辰	巳	午	未	申	酉	戌	亥	子	丑	寅
음력 05/22 ~ 06/23	22	23	24	25	26	27	28	29	6/1	2	3	4	5	6	7	8	9	10	11	12	13	14	15	16	17	18	19	20	21	22	23
대운 남	8	9	9	9	10	10	10	소	1	1	1	1	2	2	2	3	3	3	4	4	4	5	대	5	6	6	6	7	7	7	8
대운 여	2	2	2	1	1	1	1	서	10	10	9	9	9	8	8	8	7	7	7	6	6	6	서	5	5	4	4	4	3	3	3

입추 8일 12시 45분 【음7월】 ➡ 【甲申月(갑신월)】 ☯ 처서 24일 03시

양력 8 / 양력	1	2	3	4	5	6	7	8	9	10	11	12	13	14	15	16	17	18	19	20	21	22	23	24	25	26	27	28	29	30	31
요일	금	토	일	월	화	수	목	금	토	일	월	화	수	목	금	토	일	월	화	수	목	금	토	일	월	화	수	목	금	토	일
일진	己	庚	辛	壬	癸	甲	乙	丙	丁	戊	己	庚	辛	壬	癸	甲	乙	丙	丁	戊	己	庚	辛	壬	癸	甲	乙	丙	丁	戊	己
日辰	卯	辰	巳	午	未	申	酉	戌	亥	子	丑	寅	卯	辰	巳	午	未	申	酉	戌	亥	子	丑	寅	卯	辰	巳	午	未	申	酉
음력 06/24 ~ 07/25	24	25	26	27	28	29	7/1	2	3	4	5	6	7	8	9	10	11	12	13	14	15	16	17	18	19	20	21	22	23	24	25
대운 남	8	8	9	9	9	10	10	입	1	1	1	1	2	2	2	3	3	3	4	4	4	5	5	처	6	6	6	7	7	7	8
대운 여	2	2	2	1	1	1	1	추	10	10	9	9	9	8	8	8	7	7	7	6	6	6	5	서	5	4	4	4	3	3	3

백로 8일 15시 33분 【음8월】 ➡ 【乙酉月(을유월)】 ☯ 추분 24일 00시 55분

양력 9 / 양력	1	2	3	4	5	6	7	8	9	10	11	12	13	14	15	16	17	18	19	20	21	22	23	24	25	26	27	28	29	30
요일	월	화	수	목	금	토	일	월	화	수	목	금	토	일	월	화	수	목	금	토	일	월	화	수	목	금	토	일	월	화
일진	庚	辛	壬	癸	甲	乙	丙	丁	戊	己	庚	辛	壬	癸	甲	乙	丙	丁	戊	己	庚	辛	壬	癸	甲	乙	丙	丁	戊	己
日辰	戌	亥	子	丑	寅	卯	辰	巳	午	未	申	酉	戌	亥	子	丑	寅	卯	辰	巳	午	未	申	酉	戌	亥	子	丑	寅	卯
음력 07/26 ~ 08/25	26	27	28	29	30	8/1	2	3	4	5	6	7	8	9	10	11	12	13	14	15	16	17	18	19	20	21	22	23	24	25
대운 남	8	8	9	9	9	10	10	백	1	1	1	1	2	2	2	3	3	3	4	4	4	5	5	추	6	6	6	7	7	7
대운 여	2	2	2	1	1	1	1	로	10	10	9	9	9	8	8	8	7	7	7	6	6	6	5	분	5	4	4	4	3	3

한로 9일 07시 02분 【음9월】 ➡ 【丙戌月(병술월)】 ☯ 상강 24일 10시 06분

양력 10 / 양력	1	2	3	4	5	6	7	8	9	10	11	12	13	14	15	16	17	18	19	20	21	22	23	24	25	26	27	28	29	30	31
요일	수	목	금	토	일	월	화	수	목	금	토	일	월	화	수	목	금	토	일	월	화	수	목	금	토	일	월	화	수	목	금
일진	庚	辛	壬	癸	甲	乙	丙	丁	戊	己	庚	辛	壬	癸	甲	乙	丙	丁	戊	己	庚	辛	壬	癸	甲	乙	丙	丁	戊	己	庚
日辰	辰	巳	午	未	申	酉	戌	亥	子	丑	寅	卯	辰	巳	午	未	申	酉	戌	亥	子	丑	寅	卯	辰	巳	午	未	申	酉	戌
음력 08/26 ~ 09/27	26	27	28	29	9/1	2	3	4	5	6	7	8	9	10	11	12	13	14	15	16	17	18	19	20	21	22	23	24	25	26	27
대운 남	8	8	8	9	9	9	10	10	한	1	1	1	1	2	2	2	3	3	3	4	4	4	5	상	5	6	6	6	7	7	7
대운 여	3	2	2	2	1	1	1	1	로	10	9	9	9	8	8	8	7	7	7	6	6	6	5	강	5	4	4	4	3	3	3

입동 8일 10시 03분 【음10월】 ➡ 【丁亥月(정해월)】 ☯ 소설 23일 07시 31분

양력 11 / 양력	1	2	3	4	5	6	7	8	9	10	11	12	13	14	15	16	17	18	19	20	21	22	23	24	25	26	27	28	29	30
요일	토	일	월	화	수	목	금	토	일	월	화	수	목	금	토	일	월	화	수	목	금	토	일	월	화	수	목	금	토	일
일진	辛	壬	癸	甲	乙	丙	丁	戊	己	庚	辛	壬	癸	甲	乙	丙	丁	戊	己	庚	辛	壬	癸	甲	乙	丙	丁	戊	己	庚
日辰	亥	子	丑	寅	卯	辰	巳	午	未	申	酉	戌	亥	子	丑	寅	卯	辰	巳	午	未	申	酉	戌	亥	子	丑	寅	卯	辰
음력 09/28 ~ 10/28	28	29	10/1	2	3	4	5	6	7	8	9	10	11	12	13	14	15	16	17	18	19	20	21	22	23	24	25	26	27	28
대운 남	8	8	8	9	9	9	10	입	1	1	1	1	2	2	2	3	3	3	4	4	4	5	소	5	6	6	6	7	7	7
대운 여	2	2	2	1	1	1	1	동	10	9	9	9	8	8	8	7	7	7	6	6	6	5	설	5	4	4	4	3	3	3

대설 8일 02시 46분 【음11월】 ➡ 【戊子月(무자월)】 ☯ 동지 22일 20시 46분

양력 12 / 양력	1	2	3	4	5	6	7	8	9	10	11	12	13	14	15	16	17	18	19	20	21	22	23	24	25	26	27	28	29	30	31
요일	월	화	수	목	금	토	일	월	화	수	목	금	토	일	월	화	수	목	금	토	일	월	화	수	목	금	토	일	월	화	수
일진	辛	壬	癸	甲	乙	丙	丁	戊	己	庚	辛	壬	癸	甲	乙	丙	丁	戊	己	庚	辛	壬	癸	甲	乙	丙	丁	戊	己	庚	辛
日辰	巳	午	未	申	酉	戌	亥	子	丑	寅	卯	辰	巳	午	未	申	酉	戌	亥	子	丑	寅	卯	辰	巳	午	未	申	酉	戌	亥
음력 10/29 ~ 11/29	29	30	11/1	2	3	4	5	6	7	8	9	10	11	12	13	14	15	16	17	18	19	20	21	22	23	24	25	26	27	28	29
대운 남	8	8	8	9	9	9	10	대	1	1	1	1	2	2	2	3	3	3	4	4	4	동	5	5	6	6	6	7	7	7	8
대운 여	2	2	2	1	1	1	1	설	9	9	9	8	8	8	7	7	7	6	6	6	5	지	5	4	4	4	3	3	3	2	2

단기 4309 年	1976년
불기 2520 年	

中元 丙辰年 납음(沙中土),본명성(六白金)

대장군(子북방), 삼살(남방), 상문(午남방), 조객(寅동북방),납음(사중토), 삼재(인,묘,진)년 臘享(납향):1977년1월26일(음12/08)

소한 6일 13시 57분 【음12월】 ➡ 【己丑月(기축월)】 ☯ 대한 21일 07시 25분

양력 1 / 음력 12/01 ~ 01/01

양력	1	2	3	4	5	6	7	8	9	10	11	12	13	14	15	16	17	18	19	20	21	22	23	24	25	26	27	28	29	30	31
요일	목	금	토	일	월	화	수	목	금	토	일	월	화	수	목	금	토	일	월	화	수	목	금	토	일	월	화	수	목	금	토
일진 日辰	壬子	癸丑	甲寅	乙卯	丙辰	丁巳	戊午	己未	庚申	辛酉	壬戌	癸亥	甲子	乙丑	丙寅	丁卯	戊辰	己巳	庚午	辛未	壬申	癸酉	甲戌	乙亥	丙子	丁丑	戊寅	己卯	庚辰	辛巳	壬午
음력	30	12/1	3	4	5	6	7	8	9	10	11	12	13	14	15	16	17	18	19	20	21	22	23	24	25	26	27	28	29	30	1/1
대운 남	8	8	9	9	9	소	1	1	1	1	2	2	2	3	3	3	4	4	4	5	대	5	6	6	6	7	7	7	8	8	8
대운 여	2	1	1	1	1	한	10	9	9	9	8	8	8	7	7	7	6	6	6	5	한	5	4	4	4	3	3	3	2	2	2

입춘 5일 01시 39분 【음1월】 ➡ 【庚寅月(경인월)】 ☯ 우수 19일 21시 40분

양력 2 / 음력 01/02 ~ 01/30

양력	1	2	3	4	5	6	7	8	9	10	11	12	13	14	15	16	17	18	19	20	21	22	23	24	25	26	27	28	29
요일	일	월	화	수	목	금	토	일	월	화	수	목	금	토	일	월	화	수	목	금	토	일	월	화	수	목	금	토	일
일진 日辰	癸未	甲申	乙酉	丙戌	丁亥	戊子	己丑	庚寅	辛卯	壬辰	癸巳	甲午	乙未	丙申	丁酉	戊戌	己亥	庚子	辛丑	壬寅	癸卯	甲辰	乙巳	丙午	丁未	戊申	己酉	庚戌	辛亥
음력	2	3	4	5	6	7	8	9	10	11	12	13	14	15	16	17	18	19	20	21	22	23	24	25	26	27	28	29	30
대운 남	9	9	9	10	입	9	9	9	8	8	8	7	7	7	6	6	6	5	우	5	4	4	4	3	3	3	2	2	2
대운 여	1	1	1	1	춘	1	1	1	1	2	2	2	3	3	3	4	4	4	수	5	5	6	6	6	7	7	7	8	8

丙辰年

경칩 5일 19시 48분 【음2월】 ➡ 【辛卯月(신묘월)】 ☯ 춘분 20일 20시 50분

양력 3 / 음력 02/01 ~ 03/01

양력	1	2	3	4	5	6	7	8	9	10	11	12	13	14	15	16	17	18	19	20	21	22	23	24	25	26	27	28	29	30	31
요일	월	화	수	목	금	토	일	월	화	수	목	금	토	일	월	화	수	목	금	토	일	월	화	수	목	금	토	일	월	화	수
일진 日辰	壬子	癸丑	甲寅	乙卯	丙辰	丁巳	戊午	己未	庚申	辛酉	壬戌	癸亥	甲子	乙丑	丙寅	丁卯	戊辰	己巳	庚午	辛未	壬申	癸酉	甲戌	乙亥	丙子	丁丑	戊寅	己卯	庚辰	辛巳	壬午
음력	2/1	2	3	4	5	6	7	8	9	10	11	12	13	14	15	16	17	18	19	20	21	22	23	24	25	26	27	28	29	30	3/1
대운 남	1	1	1	1	경	10	10	9	9	9	8	8	8	7	7	7	6	6	6	춘	5	5	4	4	4	3	3	3	2	2	2
대운 여	8	9	9	9	칩	1	1	1	1	2	2	2	3	3	3	4	4	4	5	분	5	6	6	6	7	7	7	8	8	8	9

청명 5일 00시 46분 【음3월】 ➡ 【壬辰月(임진월)】 ☯ 곡우 20일 08시 03분

양력 4 / 음력 03/02 ~ 04/02

양력	1	2	3	4	5	6	7	8	9	10	11	12	13	14	15	16	17	18	19	20	21	22	23	24	25	26	27	28	29	30
요일	목	금	토	일	월	화	수	목	금	토	일	월	화	수	목	금	토	일	월	화	수	목	금	토	일	월	화	수	목	금
일진 日辰	癸未	甲申	乙酉	丙戌	丁亥	戊子	己丑	庚寅	辛卯	壬辰	癸巳	甲午	乙未	丙申	丁酉	戊戌	己亥	庚子	辛丑	壬寅	癸卯	甲辰	乙巳	丙午	丁未	戊申	己酉	庚戌	辛亥	壬子
음력	2	3	4	5	6	7	8	9	10	11	12	13	14	15	16	17	18	19	20	21	22	23	24	25	26	27	28	29	4/1	2
대운 남	1	1	1	1	청	10	9	9	9	8	8	8	7	7	7	6	6	6	5	곡	5	4	4	4	3	3	3	2	2	2
대운 여	9	9	10	10	명	1	1	1	1	2	2	2	3	3	3	4	4	4	5	우	5	6	6	6	7	7	7	8	8	8

입하 5일 18시 14분 【음4월】 ➡ 【癸巳月(계사월)】 ☯ 소만 21일 07시 21분

양력 5 / 음력 04/03 ~ 05/03

양력	1	2	3	4	5	6	7	8	9	10	11	12	13	14	15	16	17	18	19	20	21	22	23	24	25	26	27	28	29	30	31
요일	토	일	월	화	수	목	금	토	일	월	화	수	목	금	토	일	월	화	수	목	금	토	일	월	화	수	목	금	토	일	월
일진 日辰	癸丑	甲寅	乙卯	丙辰	丁巳	戊午	己未	庚申	辛酉	壬戌	癸亥	甲子	乙丑	丙寅	丁卯	戊辰	己巳	庚午	辛未	壬申	癸酉	甲戌	乙亥	丙子	丁丑	戊寅	己卯	庚辰	辛巳	壬午	癸未
음력	3	4	5	6	7	8	9	10	11	12	13	14	15	16	17	18	19	20	21	22	23	24	25	26	27	28	29	30	5/1	2	3
대운 남	1	1	1	1	입	10	10	9	9	9	8	8	8	7	7	7	6	6	6	5	소	5	4	4	4	3	3	3	2	2	2
대운 여	9	9	9	10	하	1	1	1	1	2	2	2	3	3	3	4	4	4	5	5	만	6	6	6	7	7	7	8	8	8	9

망종 5일 22시 31분 【음5월】 ➡ 【甲午月(갑오월)】 ☯ 하지 21일 15시 24분

양력 6 / 음력 05/04 ~ 06/04

양력	1	2	3	4	5	6	7	8	9	10	11	12	13	14	15	16	17	18	19	20	21	22	23	24	25	26	27	28	29	30
요일	화	수	목	금	토	일	월	화	수	목	금	토	일	월	화	수	목	금	토	일	월	화	수	목	금	토	일	월	화	수
일진 日辰	甲申	乙酉	丙戌	丁亥	戊子	己丑	庚寅	辛卯	壬辰	癸巳	甲午	乙未	丙申	丁酉	戊戌	己亥	庚子	辛丑	壬寅	癸卯	甲辰	乙巳	丙午	丁未	戊申	己酉	庚戌	辛亥	壬子	癸丑
음력	4	5	6	7	8	9	10	11	12	13	14	15	16	17	18	19	20	21	22	23	24	25	26	27	28	29	6/1	2	3	4
대운 남	1	1	1	1	망	10	10	10	9	9	9	8	8	8	7	7	7	6	6	6	하	5	5	4	4	4	3	3	3	2
대운 여	9	9	10	10	종	1	1	1	1	2	2	2	3	3	3	4	4	4	5	5	지	6	6	6	7	7	7	8	8	8

한식(4월06일), 초복(7월17일), 중복(7월27일), 말복(8월16일)☂춘사(春社)3/18
☀추사(秋社)9/24 토왕지절(土旺之節):4월17일,7월19일,10월20일,1월17일(음11/28)
臘享(납향):1977년1월26일(음12/08)

1976 丙辰年

소서 7일 08시 51분 【음6월】 ➡ 【乙未月(을미월)】 ☯ 대서 23일 02시

양력 7 / 음력 06/05 ~ 07/05

양력	1	2	3	4	5	6	7	8	9	10	11	12	13	14	15	16	17	18	19	20	21	22	23	24	25	26	27	28	29	30	31
요일	목	금	토	일	월	화	수	목	금	토	일	월	화	수	목	금	토	일	월	화	수	목	금	토	일	월	화	수	목	금	토
일진	甲	乙	丙	丁	戊	己	庚	辛	壬	癸	甲	乙	丙	丁	戊	己	庚	辛	壬	癸	甲	乙	丙	丁	戊	己	庚	辛	壬	癸	甲
日辰	寅	卯	辰	巳	午	未	申	酉	戌	亥	子	丑	寅	卯	辰	巳	午	未	申	酉	戌	亥	子	丑	寅	卯	辰	巳	午	未	申
음력	5	6	7	8	9	10	11	12	13	14	15	16	17	18	19	20	21	22	23	24	25	26	27	28	29	30	7/1	2	3	4	5
대운 남	2	2	1	1	1	1	소	10	10	9	9	9	8	8	8	7	7	7	6	6	6	5	대	5	4	4	4	3	3	3	2
대운 여	9	9	9	10	10	10	서	1	1	1	1	2	2	2	3	3	3	4	4	4	5	5	서	6	6	6	7	7	7	8	8

입추 7일 18시 38분 【음7월】 ➡ 【丙申月(병신월)】 ☯ 처서 23일 09시 18분

양력 8 / 음력 07/06 ~ 08/07

양력	1	2	3	4	5	6	7	8	9	10	11	12	13	14	15	16	17	18	19	20	21	22	23	24	25	26	27	28	29	30	31
요일	일	월	화	수	목	금	토	일	월	화	수	목	금	토	일	월	화	수	목	금	토	일	월	화	수	목	금	토	일	월	화
일진	乙	丙	丁	戊	己	庚	辛	壬	癸	甲	乙	丙	丁	戊	己	庚	辛	壬	癸	甲	乙	丙	丁	戊	己	庚	辛	壬	癸	甲	乙
日辰	酉	戌	亥	子	丑	寅	卯	辰	巳	午	未	申	酉	戌	亥	子	丑	寅	卯	辰	巳	午	未	申	酉	戌	亥	子	丑	寅	卯
음력	6	7	8	9	10	11	12	13	14	15	16	17	18	19	20	21	22	23	24	25	26	27	28	29	8/1	2	3	4	5	6	7
대운 남	2	2	1	1	1	1	입	10	10	9	9	9	8	8	8	7	7	7	6	6	6	5	처	5	4	4	4	3	3	3	2
대운 여	8	9	9	9	10	10	추	1	1	1	1	2	2	2	3	3	3	4	4	4	5	5	서	6	6	6	7	7	7	8	8

백로 7일 21시 28분 【음8월】 ➡ 【丁酉月(정유월)】 ☯ 추분 23일 06시 48분

양력 9 / 음력 08/08 ~ 윤807

양력	1	2	3	4	5	6	7	8	9	10	11	12	13	14	15	16	17	18	19	20	21	22	23	24	25	26	27	28	29	30
요일	수	목	금	토	일	월	화	수	목	금	토	일	월	화	수	목	금	토	일	월	화	수	목	금	토	일	월	화	수	목
일진	丙	丁	戊	己	庚	辛	壬	癸	甲	乙	丙	丁	戊	己	庚	辛	壬	癸	甲	乙	丙	丁	戊	己	庚	辛	壬	癸	甲	乙
日辰	辰	巳	午	未	申	酉	戌	亥	子	丑	寅	卯	辰	巳	午	未	申	酉	戌	亥	子	丑	寅	卯	辰	巳	午	未	申	酉
음력	8	9	10	11	12	13	14	15	16	17	18	19	20	21	22	23	24	25	26	27	28	29	30	윤8	2	3	4	5	6	7
대운 남	2	2	1	1	1	1	백	10	10	9	9	9	8	8	8	7	7	7	6	6	6	5	추	5	4	4	4	3	3	3
대운 여	8	9	9	9	10	10	로	1	1	1	1	2	2	2	3	3	3	4	4	4	5	5	분	6	6	6	7	7	7	8

한로 8일 12시 58분 【음9월】 ➡ 【戊戌月(무술월)】 ☯ 상강 23일 15시 58분

양력 10 / 음력 윤808 ~ 09/09

양력	1	2	3	4	5	6	7	8	9	10	11	12	13	14	15	16	17	18	19	20	21	22	23	24	25	26	27	28	29	30	31
요일	금	토	일	월	화	수	목	금	토	일	월	화	수	목	금	토	일	월	화	수	목	금	토	일	월	화	수	목	금	토	일
일진	丙	丁	戊	己	庚	辛	壬	癸	甲	乙	丙	丁	戊	己	庚	辛	壬	癸	甲	乙	丙	丁	戊	己	庚	辛	壬	癸	甲	乙	丙
日辰	戌	亥	子	丑	寅	卯	辰	巳	午	未	申	酉	戌	亥	子	丑	寅	卯	辰	巳	午	未	申	酉	戌	亥	子	丑	寅	卯	辰
음력	8	9	10	11	12	13	14	15	16	17	18	19	20	21	22	23	24	25	26	27	28	29	9/1	2	3	4	5	6	7	8	9
대운 남	2	2	2	1	1	1	1	한	10	9	9	9	8	8	8	7	7	7	6	6	6	5	상	5	4	4	4	3	3	3	2
대운 여	8	8	9	9	9	10	10	로	1	1	1	1	2	2	2	3	3	3	4	4	4	5	강	5	6	6	6	7	7	7	8

입동 7일 15시 59분 【음10월】 ➡ 【己亥月(기해월)】 ☯ 소설 22일 13시 22분

양력 11 / 음력 09/10 ~ 10/09

양력	1	2	3	4	5	6	7	8	9	10	11	12	13	14	15	16	17	18	19	20	21	22	23	24	25	26	27	28	29	30
요일	월	화	수	목	금	토	일	월	화	수	목	금	토	일	월	화	수	목	금	토	일	월	화	수	목	금	토	일	월	화
일진	丁	戊	己	庚	辛	壬	癸	甲	乙	丙	丁	戊	己	庚	辛	壬	癸	甲	乙	丙	丁	戊	己	庚	辛	壬	癸	甲	乙	丙
日辰	巳	午	未	申	酉	戌	亥	子	丑	寅	卯	辰	巳	午	未	申	酉	戌	亥	子	丑	寅	卯	辰	巳	午	未	申	酉	戌
음력	10	11	12	13	14	15	16	17	18	19	20	21	22	23	24	25	26	27	28	29	30	10/1	2	3	4	5	6	7	8	9
대운 남	2	2	1	1	1	1	입	10	9	9	9	8	8	8	7	7	7	6	6	6	5	소	5	4	4	4	3	3	3	2
대운 여	8	8	9	9	9	10	동	1	1	1	1	2	2	2	3	3	3	4	4	4	5	설	5	6	6	6	7	7	7	8

대설 7일 08시 41분 【음11월】 ➡ 【庚子月(경자월)】 ☯ 동지 22일 02시 35분

양력 12 / 음력 10/10 ~ 11/11

양력	1	2	3	4	5	6	7	8	9	10	11	12	13	14	15	16	17	18	19	20	21	22	23	24	25	26	27	28	29	30	31
요일	수	목	금	토	일	월	화	수	목	금	토	일	월	화	수	목	금	토	일	월	화	수	목	금	토	일	월	화	수	목	금
일진	丁	戊	己	庚	辛	壬	癸	甲	乙	丙	丁	戊	己	庚	辛	壬	癸	甲	乙	丙	丁	戊	己	庚	辛	壬	癸	甲	乙	丙	丁
日辰	亥	子	丑	寅	卯	辰	巳	午	未	申	酉	戌	亥	子	丑	寅	卯	辰	巳	午	未	申	酉	戌	亥	子	丑	寅	卯	辰	巳
음력	10	11	12	13	14	15	16	17	18	19	20	21	22	23	24	25	26	27	28	29	11/1	2	3	4	5	6	7	8	9	10	11
대운 남	2	2	1	1	1	1	대	9	9	9	8	8	8	7	7	7	6	6	6	5	5	동	4	4	4	3	3	3	2	2	2
대운 여	8	8	9	9	9	10	설	1	1	1	1	2	2	2	3	3	3	4	4	4	5	지	5	6	6	6	7	7	7	8	8

단기 4310 年	불기 2521 年	1977년

中元 丁巳年 납음(沙中土), 본명성(五黃土)

대장군(卯동방), 삼살(동방), 상문(未서남방), 조객(卯동방), 납음(사중토), 【삼재(해,자,축)년】 臘享(납향):1978년1월21일(음12/13)

뱀

소한 5일 19시 51분 【음12월】 ➡ 【辛丑月(신축월)】 ☯ 대한 20일 13시 14분

양력 1 (음력 11/12 ~ 12/13)	1	2	3	4	5	6	7	8	9	10	11	12	13	14	15	16	17	18	19	20	21	22	23	24	25	26	27	28	29	30	31
요일	토	일	월	화	수	목	금	토	일	월	화	수	목	금	토	일	월	화	수	목	금	토	일	월	화	수	목	금	토	일	월
일진 日辰	戊午	己未	庚申	辛酉	壬戌	癸亥	甲子	乙丑	丙寅	丁卯	戊辰	己巳	庚午	辛未	壬申	癸酉	甲戌	乙亥	丙子	丁丑	戊寅	己卯	庚辰	辛巳	壬午	癸未	甲申	乙酉	丙戌	丁亥	戊子
음력	12	13	14	15	16	17	18	19	20	21	22	23	24	25	26	27	28	29	12/1	2	3	4	5	6	7	8	9	10	11	12	13
대운 남	1	1	1	1	소	10	9	9	9	8	8	8	7	7	7	6	6	6	5	대	5	4	4	4	3	3	3	2	2	2	1
대운 여	8	9	9	9	한	1	1	1	1	2	2	2	3	3	3	4	4	4	5	한	5	6	6	6	7	7	7	8	8	8	9

입춘 4일 07시 33분 【음1월】 ➡ 【壬寅月(임인월)】 ☯ 우수 19일 03시 30분

양력 2 (음력 12/14 ~ 01/11)	1	2	3	4	5	6	7	8	9	10	11	12	13	14	15	16	17	18	19	20	21	22	23	24	25	26	27	28	丁巳年
요일	화	수	목	금	토	일	월	화	수	목	금	토	일	월	화	수	목	금	토	일	월	화	수	목	금	토	일	월	
일진 日辰	己丑	庚寅	辛卯	壬辰	癸巳	甲午	乙未	丙申	丁酉	戊戌	己亥	庚子	辛丑	壬寅	癸卯	甲辰	乙巳	丙午	丁未	戊申	己酉	庚戌	辛亥	壬子	癸丑	甲寅	乙卯	丙辰	
음력	14	15	16	17	18	19	20	21	22	23	24	25	26	27	28	29	30	1/1	2	3	4	5	6	7	8	9	10	11	
대운 남	1	1	1	입	1	1	1	1	2	2	2	3	3	3	4	4	4	5	우	5	6	6	6	7	7	7	8	8	
대운 여	9	9	10	춘	10	9	9	9	8	8	8	7	7	7	6	6	6	5	수	5	4	4	4	3	3	3	2	2	

경칩 6일 01시 44분 【음2월】 ➡ 【癸卯月(계묘월)】 ☯ 춘분 21일 02시 42분

양력 3 (음력 01/12 ~ 02/12)	1	2	3	4	5	6	7	8	9	10	11	12	13	14	15	16	17	18	19	20	21	22	23	24	25	26	27	28	29	30	31
요일	화	수	목	금	토	일	월	화	수	목	금	토	일	월	화	수	목	금	토	일	월	화	수	목	금	토	일	월	화	수	목
일진 日辰	丁巳	戊午	己未	庚申	辛酉	壬戌	癸亥	甲子	乙丑	丙寅	丁卯	戊辰	己巳	庚午	辛未	壬申	癸酉	甲戌	乙亥	丙子	丁丑	戊寅	己卯	庚辰	辛巳	壬午	癸未	甲申	乙酉	丙戌	丁亥
음력	12	13	14	15	16	17	18	19	20	21	22	23	24	25	26	27	28	29	30	2/1	2	3	4	5	6	7	8	9	10	11	12
대운 남	8	9	9	9	10	경	1	1	1	1	2	2	2	3	3	3	4	4	4	5	춘	5	6	6	6	7	7	7	8	8	8
대운 여	2	1	1	1	1	칩	10	9	9	9	8	8	8	7	7	7	6	6	6	5	분	5	4	4	4	3	3	3	2	2	2

청명 5일 06시 46분 【음3월】 ➡ 【甲辰月(갑진월)】 ☯ 곡우 20일 13시 57분

양력 4 (음력 02/13 ~ 03/13)	1	2	3	4	5	6	7	8	9	10	11	12	13	14	15	16	17	18	19	20	21	22	23	24	25	26	27	28	29	30
요일	금	토	일	월	화	수	목	금	토	일	월	화	수	목	금	토	일	월	화	수	목	금	토	일	월	화	수	목	금	토
일진 日辰	戊子	己丑	庚寅	辛卯	壬辰	癸巳	甲午	乙未	丙申	丁酉	戊戌	己亥	庚子	辛丑	壬寅	癸卯	甲辰	乙巳	丙午	丁未	戊申	己酉	庚戌	辛亥	壬子	癸丑	甲寅	乙卯	丙辰	丁巳
음력	13	14	15	16	17	18	19	20	21	22	23	24	25	26	27	28	29	3/1	2	3	4	5	6	7	8	9	10	11	12	13
대운 남	9	9	9	10	청	1	1	1	1	2	2	2	3	3	3	4	4	4	5	곡	5	6	6	6	7	7	7	8	8	8
대운 여	1	1	1	1	명	10	10	9	9	9	8	8	8	7	7	7	6	6	6	우	5	5	4	4	4	3	3	3	2	2

입하 6일 00시 16분 【음4월】 ➡ 【乙巳月(을사월)】 ☯ 소만 21일 13시

양력 5 (음력 03/14 ~ 04/14)	1	2	3	4	5	6	7	8	9	10	11	12	13	14	15	16	17	18	19	20	21	22	23	24	25	26	27	28	29	30	31
요일	일	월	화	수	목	금	토	일	월	화	수	목	금	토	일	월	화	수	목	금	토	일	월	화	수	목	금	토	일	월	화
일진 日辰	戊午	己未	庚申	辛酉	壬戌	癸亥	甲子	乙丑	丙寅	丁卯	戊辰	己巳	庚午	辛未	壬申	癸酉	甲戌	乙亥	丙子	丁丑	戊寅	己卯	庚辰	辛巳	壬午	癸未	甲申	乙酉	丙戌	丁亥	戊子
음력	14	15	16	17	18	19	20	21	22	23	24	25	26	27	28	29	30	4/1	2	3	4	5	6	7	8	9	10	11	12	13	14
대운 남	9	9	9	10	10	입	1	1	1	1	2	2	2	3	3	3	4	4	4	5	소	5	6	6	6	7	7	7	8	8	8
대운 여	2	1	1	1	1	하	10	10	9	9	9	8	8	8	7	7	7	6	6	6	만	5	5	4	4	4	3	3	3	2	2

망종 6일 04시 32분 【음5월】 ➡ 【丙午月(병오월)】 ☯ 하지 21일 21시 14분

양력 6 (음력 04/15 ~ 05/14)	1	2	3	4	5	6	7	8	9	10	11	12	13	14	15	16	17	18	19	20	21	22	23	24	25	26	27	28	29	30
요일	수	목	금	토	일	월	화	수	목	금	토	일	월	화	수	목	금	토	일	월	화	수	목	금	토	일	월	화	수	목
일진 日辰	己丑	庚寅	辛卯	壬辰	癸巳	甲午	乙未	丙申	丁酉	戊戌	己亥	庚子	辛丑	壬寅	癸卯	甲辰	乙巳	丙午	丁未	戊申	己酉	庚戌	辛亥	壬子	癸丑	甲寅	乙卯	丙辰	丁巳	戊午
음력	15	16	17	18	19	20	21	22	23	24	25	26	27	28	29	30	5/1	2	3	4	5	6	7	8	9	10	11	12	13	14
대운 남	9	9	9	10	10	망	1	1	1	1	2	2	2	3	3	3	4	4	4	5	하	5	6	6	6	7	7	7	8	8
대운 여	2	1	1	1	1	종	10	10	9	9	9	8	8	8	7	7	7	6	6	6	지	5	5	4	4	4	3	3	3	2

한식(4월06일), 초복(7월12일), 중복(7월22일), 말복(8월11일)☂춘사(春社)3/22
☀추사(秋社)9/28 토왕지절(土旺之節):4월17일,7월20일,10월20일,1월17일(음12/09)
臘享(납향):1978년1월21일(음12/13)

1977 丁巳年

소서 7일 14시 48분 【음6월】 ➡ 【丁未月(정미월)】 ☯ 대서 23일 08시 04분

양력 7 / 음력 05/15 ~ 06/16

양력	1	2	3	4	5	6	7	8	9	10	11	12	13	14	15	16	17	18	19	20	21	22	23	24	25	26	27	28	29	30	31
요일	금	토	일	월	화	수	목	금	토	일	월	화	수	목	금	토	일	월	화	수	목	금	토	일	월	화	수	목	금	토	일
일진 日辰	己未	庚申	辛酉	壬戌	癸亥	甲子	乙丑	丙寅	丁卯	戊辰	己巳	庚午	辛未	壬申	癸酉	甲戌	乙亥	丙子	丁丑	戊寅	己卯	庚辰	辛巳	壬午	癸未	甲申	乙酉	丙戌	丁亥	戊子	己丑
음력	15	16	17	18	19	20	21	22	23	24	25	26	27	28	29	6/1	2	3	4	5	6	7	8	9	10	11	12	13	14	15	16
대운 남	8	9	9	9	10	10	소	1	1	1	1	2	2	2	3	3	3	4	4	4	5	5	대	6	6	6	7	7	7	8	8
대운 여	2	2	1	1	1	1	서	10	10	10	9	9	9	8	8	8	7	7	7	6	6	6	서	5	5	4	4	4	3	3	3

입추 8일 00시 30분 【음7월】 ➡ 【戊申月(무신월)】 ☯ 처서 23일 15시 00분

양력 8 / 음력 06/17 ~ 07/17

양력	1	2	3	4	5	6	7	8	9	10	11	12	13	14	15	16	17	18	19	20	21	22	23	24	25	26	27	28	29	30	31
요일	월	화	수	목	금	토	일	월	화	수	목	금	토	일	월	화	수	목	금	토	일	월	화	수	목	금	토	일	월	화	수
일진 日辰	庚寅	辛卯	壬辰	癸巳	甲午	乙未	丙申	丁酉	戊戌	己亥	庚子	辛丑	壬寅	癸卯	甲辰	乙巳	丙午	丁未	戊申	己酉	庚戌	辛亥	壬子	癸丑	甲寅	乙卯	丙辰	丁巳	戊午	己未	庚申
음력	17	18	19	20	21	22	23	24	25	26	27	28	29	30	7/1	2	3	4	5	6	7	8	9	10	11	12	13	14	15	16	17
대운 남	8	9	9	9	10	10	10	입	1	1	1	1	2	2	2	3	3	3	4	4	4	5	처	5	6	6	6	7	7	7	8
대운 여	2	2	2	1	1	1	1	추	10	10	9	9	9	8	8	8	7	7	7	6	6	6	서	5	5	4	4	4	3	3	3

백로 8일 03시 16분 【음8월】 ➡ 【己酉月(기유월)】 ☯ 추분 23일 12시 29분

양력 9 / 음력 07/18 ~ 08/18

양력	1	2	3	4	5	6	7	8	9	10	11	12	13	14	15	16	17	18	19	20	21	22	23	24	25	26	27	28	29	30
요일	목	금	토	일	월	화	수	목	금	토	일	월	화	수	목	금	토	일	월	화	수	목	금	토	일	월	화	수	목	금
일진 日辰	辛酉	壬戌	癸亥	甲子	乙丑	丙寅	丁卯	戊辰	己巳	庚午	辛未	壬申	癸酉	甲戌	乙亥	丙子	丁丑	戊寅	己卯	庚辰	辛巳	壬午	癸未	甲申	乙酉	丙戌	丁亥	戊子	己丑	庚寅
음력	18	19	20	21	22	23	24	25	26	27	28	29	8/1	2	3	4	5	6	7	8	9	10	11	12	13	14	15	16	17	18
대운 남	8	8	9	9	9	10	10	백	1	1	1	1	2	2	2	3	3	3	4	4	4	5	추	5	6	6	6	7	7	7
대운 여	2	2	2	1	1	1	1	로	10	9	9	9	8	8	8	7	7	7	6	6	6	5	분	5	4	4	4	3	3	3

한로 8일 18시 44분 【음9월】 ➡ 【庚戌月(경술월)】 ☯ 상강 23일 21시 41분

양력 10 / 음력 08/19 ~ 09/19

양력	1	2	3	4	5	6	7	8	9	10	11	12	13	14	15	16	17	18	19	20	21	22	23	24	25	26	27	28	29	30	31
요일	토	일	월	화	수	목	금	토	일	월	화	수	목	금	토	일	월	화	수	목	금	토	일	월	화	수	목	금	토	일	월
일진 日辰	辛卯	壬辰	癸巳	甲午	乙未	丙申	丁酉	戊戌	己亥	庚子	辛丑	壬寅	癸卯	甲辰	乙巳	丙午	丁未	戊申	己酉	庚戌	辛亥	壬子	癸丑	甲寅	乙卯	丙辰	丁巳	戊午	己未	庚申	辛酉
음력	19	20	21	22	23	24	25	26	27	28	29	30	9/1	2	3	4	5	6	7	8	9	10	11	12	13	14	15	16	17	18	19
대운 남	8	8	8	9	9	9	10	한	1	1	1	1	2	2	2	3	3	3	4	4	4	5	상	5	6	6	6	7	7	7	8
대운 여	2	2	2	1	1	1	1	로	10	9	9	9	8	8	8	7	7	7	6	6	6	5	강	5	4	4	4	3	3	3	2

입동 7일 21시 46분 【음10월】 ➡ 【辛亥月(신해월)】 ☯ 소설 22일 19시 07분

양력 11 / 음력 09/20 ~ 10/20

양력	1	2	3	4	5	6	7	8	9	10	11	12	13	14	15	16	17	18	19	20	21	22	23	24	25	26	27	28	29	30
요일	화	수	목	금	토	일	월	화	수	목	금	토	일	월	화	수	목	금	토	일	월	화	수	목	금	토	일	월	화	수
일진 日辰	壬戌	癸亥	甲子	乙丑	丙寅	丁卯	戊辰	己巳	庚午	辛未	壬申	癸酉	甲戌	乙亥	丙子	丁丑	戊寅	己卯	庚辰	辛巳	壬午	癸未	甲申	乙酉	丙戌	丁亥	戊子	己丑	庚寅	辛卯
음력	20	21	22	23	24	25	26	27	28	29	10/1	2	3	4	5	6	7	8	9	10	11	12	13	14	15	16	17	18	19	20
대운 남	8	8	9	9	9	10	입	1	1	1	1	2	2	2	3	3	3	4	4	4	5	소	5	6	6	6	7	7	7	8
대운 여	2	2	1	1	1	1	동	10	9	9	9	8	8	8	7	7	7	6	6	6	5	설	5	4	4	4	3	3	3	2

대설 7일 14시 31분 【음11월】 ➡ 【壬子月(임자월)】 ☯ 동지 22일 08시 23분

양력 12 / 음력 10/21 ~ 11/21

양력	1	2	3	4	5	6	7	8	9	10	11	12	13	14	15	16	17	18	19	20	21	22	23	24	25	26	27	28	29	30	31
요일	목	금	토	일	월	화	수	목	금	토	일	월	화	수	목	금	토	일	월	화	수	목	금	토	일	월	화	수	목	금	토
일진 日辰	壬辰	癸巳	甲午	乙未	丙申	丁酉	戊戌	己亥	庚子	辛丑	壬寅	癸卯	甲辰	乙巳	丙午	丁未	戊申	己酉	庚戌	辛亥	壬子	癸丑	甲寅	乙卯	丙辰	丁巳	戊午	己未	庚申	辛酉	壬戌
음력	21	22	23	24	25	26	27	28	29	30	11/1	2	3	4	5	6	7	8	9	10	11	12	13	14	15	16	17	18	19	20	21
대운 남	8	8	9	9	9	10	대	1	1	1	1	2	2	2	3	3	3	4	4	4	5	동	5	6	6	6	7	7	7	8	8
대운 여	2	2	1	1	1	1	설	10	9	9	9	8	8	8	7	7	7	6	6	6	5	지	5	4	4	4	3	3	3	2	2

단기 4311 年
불기 2522 年

1978년

中元 戊午年 납음(天上火),본명성(四綠木)

대장군(卯동방), 삼살(북방), 상문(申서남방),조객(辰동남방), 납음(천상화), 【삼재(신,유,술)년】 臘享(납향):1979년1월16일(음12/18)

소한 6일 01시 43분 【음12월】 ➡ 【癸丑月(계축월)】 ☯ 대한 20일 19시 04분

양력 1 (음력 11/22 ~ 12/23)	1	2	3	4	5	6	7	8	9	10	11	12	13	14	15	16	17	18	19	20	21	22	23	24	25	26	27	28	29	30	31
요일	일	월	화	수	목	금	토	일	월	화	수	목	금	토	일	월	화	수	목	금	토	일	월	화	수	목	금	토	일	월	화
일진 日辰	癸亥	甲子	乙丑	丙寅	丁卯	戊辰	己巳	庚午	辛未	壬申	癸酉	甲戌	乙亥	丙子	丁丑	戊寅	己卯	庚辰	辛巳	壬午	癸未	甲申	乙酉	丙戌	丁亥	戊子	己丑	庚寅	辛卯	壬辰	癸巳
음력	22	23	24	25	26	27	28	29	12/1	2	3	4	5	6	7	8	9	10	11	12	13	14	15	16	17	18	19	20	21	22	23
대운 남	8	9	9	9	10	소	1	1	1	1	2	2	2	3	3	3	4	4	4	대	5	5	6	6	6	7	7	7	8	8	8
대운 여	2	1	1	1	1	한	9	9	9	8	8	8	7	7	7	6	6	6	5	한	5	4	4	4	3	3	3	2	2	2	1

입춘 4일 13시 27분 【음1월】 ➡ 【甲寅月(갑인월)】 ☯ 우수 19일 09시 21분

양력 2 (음력 12/24 ~ 01/22)	1	2	3	4	5	6	7	8	9	10	11	12	13	14	15	16	17	18	19	20	21	22	23	24	25	26	27	28
요일	수	목	금	토	일	월	화	수	목	금	토	일	월	화	수	목	금	토	일	월	화	수	목	금	토	일	월	화
일진 日辰	甲午	乙未	丙申	丁酉	戊戌	己亥	庚子	辛丑	壬寅	癸卯	甲辰	乙巳	丙午	丁未	戊申	己酉	庚戌	辛亥	壬子	癸丑	甲寅	乙卯	丙辰	丁巳	戊午	己未	庚申	辛酉
음력	24	25	26	27	28	29	1/1	2	3	4	5	6	7	8	9	10	11	12	13	14	15	16	17	18	19	20	21	22
대운 남	9	9	9	입	10	9	9	9	8	8	8	7	7	7	6	6	6	5	우	5	4	4	4	3	3	3	2	2
대운 여	1	1	1	춘	1	1	1	1	2	2	2	3	3	3	4	4	4	5	수	5	6	6	6	7	7	7	8	8

戊午年

경칩 6일 07시 38분 【음2월】 ➡ 【乙卯月(을묘월)】 ☯ 춘분 21일 08시 34분

양력 3 (음력 01/23 ~ 02/23)	1	2	3	4	5	6	7	8	9	10	11	12	13	14	15	16	17	18	19	20	21	22	23	24	25	26	27	28	29	30	31
요일	수	목	금	토	일	월	화	수	목	금	토	일	월	화	수	목	금	토	일	월	화	수	목	금	토	일	월	화	수	목	금
일진 日辰	壬戌	癸亥	甲子	乙丑	丙寅	丁卯	戊辰	己巳	庚午	辛未	壬申	癸酉	甲戌	乙亥	丙子	丁丑	戊寅	己卯	庚辰	辛巳	壬午	癸未	甲申	乙酉	丙戌	丁亥	戊子	己丑	庚寅	辛卯	壬辰
음력	23	24	25	26	27	28	29	30	2/1	2	3	4	5	6	7	8	9	10	11	12	13	14	15	16	17	18	19	20	21	22	23
대운 남	2	1	1	1	1	경	10	9	9	9	8	8	8	7	7	7	6	6	6	5	춘	5	4	4	4	3	3	3	2	2	2
대운 여	8	9	9	9	10	칩	1	1	1	1	2	2	2	3	3	3	4	4	4	5	분	5	6	6	6	7	7	7	8	8	8

청명 5일 12시 39분 【음3월】 ➡ 【丙辰月(병진월)】 ☯ 곡우 20일 19시 50분

양력 4 (음력 02/24 ~ 03/23)	1	2	3	4	5	6	7	8	9	10	11	12	13	14	15	16	17	18	19	20	21	22	23	24	25	26	27	28	29	30
요일	토	일	월	화	수	목	금	토	일	월	화	수	목	금	토	일	월	화	수	목	금	토	일	월	화	수	목	금	토	일
일진 日辰	癸巳	甲午	乙未	丙申	丁酉	戊戌	己亥	庚子	辛丑	壬寅	癸卯	甲辰	乙巳	丙午	丁未	戊申	己酉	庚戌	辛亥	壬子	癸丑	甲寅	乙卯	丙辰	丁巳	戊午	己未	庚申	辛酉	壬戌
음력	24	25	26	27	28	29	30	3/1	2	3	4	5	6	7	8	9	10	11	12	13	14	15	16	17	18	19	20	21	22	23
대운 남	1	1	1	1	청	10	10	9	9	9	8	8	8	7	7	7	6	6	6	곡	5	5	4	4	4	3	3	3	2	2
대운 여	9	9	9	10	명	1	1	1	1	2	2	2	3	3	3	4	4	4	5	우	5	6	6	6	7	7	7	8	8	8

입하 6일 06시 09분 【음4월】 ➡ 【丁巳月(정사월)】 ☯ 소만 21일 19시 08분

양력 5 (음력 03/24 ~ 04/25)	1	2	3	4	5	6	7	8	9	10	11	12	13	14	15	16	17	18	19	20	21	22	23	24	25	26	27	28	29	30	31
요일	월	화	수	목	금	토	일	월	화	수	목	금	토	일	월	화	수	목	금	토	일	월	화	수	목	금	토	일	월	화	수
일진 日辰	癸亥	甲子	乙丑	丙寅	丁卯	戊辰	己巳	庚午	辛未	壬申	癸酉	甲戌	乙亥	丙子	丁丑	戊寅	己卯	庚辰	辛巳	壬午	癸未	甲申	乙酉	丙戌	丁亥	戊子	己丑	庚寅	辛卯	壬辰	癸巳
음력	24	25	26	27	28	29	4/1	2	3	4	5	6	7	8	9	10	11	12	13	14	15	16	17	18	19	20	21	22	23	24	25
대운 남	2	1	1	1	1	입	10	10	9	9	9	8	8	8	7	7	7	6	6	6	소	5	5	4	4	4	3	3	3	2	2
대운 여	9	9	9	10	10	하	1	1	1	1	2	2	2	3	3	3	4	4	4	5	만	5	6	6	6	7	7	7	8	8	8

망종 6일 10시 23분 【음5월】 ➡ 【戊午月(무오월)】 ☯ 하지 22일 03시 10분

양력 6 (음력 04/26 ~ 05/25)	1	2	3	4	5	6	7	8	9	10	11	12	13	14	15	16	17	18	19	20	21	22	23	24	25	26	27	28	29	30
요일	목	금	토	일	월	화	수	목	금	토	일	월	화	수	목	금	토	일	월	화	수	목	금	토	일	월	화	수	목	금
일진 日辰	甲午	乙未	丙申	丁酉	戊戌	己亥	庚子	辛丑	壬寅	癸卯	甲辰	乙巳	丙午	丁未	戊申	己酉	庚戌	辛亥	壬子	癸丑	甲寅	乙卯	丙辰	丁巳	戊午	己未	庚申	辛酉	壬戌	癸亥
음력	26	27	28	29	30	5/1	2	3	4	5	6	7	8	9	10	11	12	13	14	15	16	17	18	19	20	21	22	23	24	25
대운 남	2	1	1	1	1	망	10	10	9	9	9	8	8	8	7	7	7	6	6	6	5	하	5	4	4	4	3	3	3	2
대운 여	9	9	9	10	10	종	1	1	1	1	2	2	2	3	3	3	4	4	4	5	5	지	6	6	6	7	7	7	8	8

한식(4월06일), 초복(7월17일), 중복(7월27일), 말복(8월16일)☂춘사(春社)3/17
☀추사(秋社)9/23 토왕지절(土旺之節):4월17일,7월20일,10월21일, 1월18일(음12/20)
臘享(납향):1979년1월16일(음12/18)

1978 戊午年

소서 7일 20시 37분 【음6월】➡ 【己未月(기미월)】 ☯ 대서 23일 14시 00분

양력 7 / 음력 05/26 – 06/27

양력	1	2	3	4	5	6	7	8	9	10	11	12	13	14	15	16	17	18	19	20	21	22	23	24	25	26	27	28	29	30	31
요일	토	일	월	화	수	목	금	토	일	월	화	수	목	금	토	일	월	화	수	목	금	토	일	월	화	수	목	금	토	일	월
일진 日辰	甲子	乙丑	丙寅	丁卯	戊辰	己巳	庚午	辛未	壬申	癸酉	甲戌	乙亥	丙子	丁丑	戊寅	己卯	庚辰	辛巳	壬午	癸未	甲申	乙酉	丙戌	丁亥	戊子	己丑	庚寅	辛卯	壬辰	癸巳	甲午
음력	26	27	28	29	6/1	2	3	4	5	6	7	8	9	10	11	12	13	14	15	16	17	18	19	20	21	22	23	24	25	26	27
대운 남	2	2	1	1	1	1	소	10	10	10	9	9	9	8	8	8	7	7	7	6	6	6	대	5	5	4	4	4	3	3	3
대운 여	8	9	9	9	10	10	서	1	1	1	1	2	2	2	3	3	3	4	4	4	5	5	서	6	6	6	7	7	7	8	8

입추 8일 06시 18분 【음7월】➡ 【庚申月(경신월)】 ☯ 처서 23일 20시 57분

양력 8 / 음력 06/28 – 07/28

양력	1	2	3	4	5	6	7	8	9	10	11	12	13	14	15	16	17	18	19	20	21	22	23	24	25	26	27	28	29	30	31
요일	화	수	목	금	토	일	월	화	수	목	금	토	일	월	화	수	목	금	토	일	월	화	수	목	금	토	일	월	화	수	목
일진 日辰	乙未	丙申	丁酉	戊戌	己亥	庚子	辛丑	壬寅	癸卯	甲辰	乙巳	丙午	丁未	戊申	己酉	庚戌	辛亥	壬子	癸丑	甲寅	乙卯	丙辰	丁巳	戊午	己未	庚申	辛酉	壬戌	癸亥	甲子	乙丑
음력	28	29	30	7/1	2	3	4	5	6	7	8	9	10	11	12	13	14	15	16	17	18	19	20	21	22	23	24	25	26	27	28
대운 남	2	2	2	1	1	1	1	입	10	10	9	9	9	8	8	8	7	7	7	6	6	6	처	5	5	4	4	4	3	3	3
대운 여	8	9	9	9	10	10	10	추	1	1	1	1	2	2	2	3	3	3	4	4	4	5	서	5	6	6	6	7	7	7	8

백로 8일 09시 02분 【음8월】➡ 【辛酉月(신유월)】 ☯ 추분 23일 18시 25분

양력 9 / 음력 07/29 – 08/28

양력	1	2	3	4	5	6	7	8	9	10	11	12	13	14	15	16	17	18	19	20	21	22	23	24	25	26	27	28	29	30
요일	금	토	일	월	화	수	목	금	토	일	월	화	수	목	금	토	일	월	화	수	목	금	토	일	월	화	수	목	금	토
일진 日辰	丙寅	丁卯	戊辰	己巳	庚午	辛未	壬申	癸酉	甲戌	乙亥	丙子	丁丑	戊寅	己卯	庚辰	辛巳	壬午	癸未	甲申	乙酉	丙戌	丁亥	戊子	己丑	庚寅	辛卯	壬辰	癸巳	甲午	乙未
음력	29	30	8/1	2	3	4	5	6	7	8	9	10	11	12	13	14	15	16	17	18	19	20	21	22	23	24	25	26	27	28
대운 남	2	2	2	1	1	1	1	백	10	10	9	9	9	8	8	8	7	7	7	6	6	6	추	5	5	4	4	4	3	3
대운 여	8	8	9	9	9	10	10	로	1	1	1	1	2	2	2	3	3	3	4	4	4	5	분	5	6	6	6	7	7	7

한로 9일 00시 31분 【음9월】➡ 【壬戌月(임술월)】 ☯ 상강 24일 03시 37분

양력 10 / 음력 08/29 – 09/30

양력	1	2	3	4	5	6	7	8	9	10	11	12	13	14	15	16	17	18	19	20	21	22	23	24	25	26	27	28	29	30	31
요일	일	월	화	수	목	금	토	일	월	화	수	목	금	토	일	월	화	수	목	금	토	일	월	화	수	목	금	토	일	월	화
일진 日辰	丙申	丁酉	戊戌	己亥	庚子	辛丑	壬寅	癸卯	甲辰	乙巳	丙午	丁未	戊申	己酉	庚戌	辛亥	壬子	癸丑	甲寅	乙卯	丙辰	丁巳	戊午	己未	庚申	辛酉	壬戌	癸亥	甲子	乙丑	丙寅
음력	29	9/1	2	3	4	5	6	7	8	9	10	11	12	13	14	15	16	17	18	19	20	21	22	23	24	25	26	27	28	29	30
대운 남	3	2	2	2	1	1	1	1	한	10	9	9	9	8	8	8	7	7	7	6	6	6	5	상	5	4	4	4	3	3	3
대운 여	8	8	8	9	9	9	10	10	로	1	1	1	1	2	2	2	3	3	3	4	4	4	5	강	5	6	6	6	7	7	7

입동 8일 03시 34분 【음10월】➡ 【癸亥月(계해월)】 ☯ 소설 23일 01시 05분

양력 11 / 음력 10/01 – 11/01

양력	1	2	3	4	5	6	7	8	9	10	11	12	13	14	15	16	17	18	19	20	21	22	23	24	25	26	27	28	29	30
요일	수	목	금	토	일	월	화	수	목	금	토	일	월	화	수	목	금	토	일	월	화	수	목	금	토	일	월	화	수	목
일진 日辰	丁卯	戊辰	己巳	庚午	辛未	壬申	癸酉	甲戌	乙亥	丙子	丁丑	戊寅	己卯	庚辰	辛巳	壬午	癸未	甲申	乙酉	丙戌	丁亥	戊子	己丑	庚寅	辛卯	壬辰	癸巳	甲午	乙未	丙申
음력	10/1	2	3	4	5	6	7	8	9	10	11	12	13	14	15	16	17	18	19	20	21	22	23	24	25	26	27	28	29	11/1
대운 남	2	2	2	1	1	1	1	입	9	9	9	8	8	8	7	7	7	6	6	6	5	5	소	4	4	4	3	3	3	2
대운 여	8	8	8	9	9	9	10	동	1	1	1	1	2	2	2	3	3	3	4	4	4	5	설	5	6	6	6	7	7	7

대설 7일 20시 20분 【음11월】➡ 【甲子月(갑자월)】 ☯ 동지 22일 14시 21분

양력 12 / 음력 11/02 – 12/02

양력	1	2	3	4	5	6	7	8	9	10	11	12	13	14	15	16	17	18	19	20	21	22	23	24	25	26	27	28	29	30	31
요일	금	토	일	월	화	수	목	금	토	일	월	화	수	목	금	토	일	월	화	수	목	금	토	일	월	화	수	목	금	토	일
일진 日辰	丁酉	戊戌	己亥	庚子	辛丑	壬寅	癸卯	甲辰	乙巳	丙午	丁未	戊申	己酉	庚戌	辛亥	壬子	癸丑	甲寅	乙卯	丙辰	丁巳	戊午	己未	庚申	辛酉	壬戌	癸亥	甲子	乙丑	丙寅	丁卯
음력	2	3	4	5	6	7	8	9	10	11	12	13	14	15	16	17	18	19	20	21	22	23	24	25	26	27	28	29	30	12/1	2
대운 남	2	2	1	1	1	1	대	10	9	9	9	8	8	8	7	7	7	6	6	6	5	동	5	4	4	4	3	3	3	2	2
대운 여	8	8	8	9	9	9	설	1	1	1	1	2	2	2	3	3	3	4	4	4	5	지	5	6	6	6	7	7	7	8	8

단기 4312 年
불기 2523 年

1979년

中元 己未年 납음(天上火),본명성(三碧木)

대장군(卯동방), 삼살(酉서방), 상문(酉서방),조객(巳동남방), 납음(천상화), 【삼재(사,오,미)년臘享(납향):1980년1월23일(음12/06)

소한 6일 07시 32분 【음12월】 ➡ 【乙丑月(을축월)】 ☯ 대한 21일 01시 00분

양력 1 / 음력 12/03 ~ 01/04

양력	1	2	3	4	5	6	7	8	9	10	11	12	13	14	15	16	17	18	19	20	21	22	23	24	25	26	27	28	29	30	31
요일	월	화	수	목	금	토	일	월	화	수	목	금	토	일	월	화	수	목	금	토	일	월	화	수	목	금	토	일	월	화	수
일진 日辰	戊辰	己巳	庚午	辛未	壬申	癸酉	甲戌	乙亥	丙子	丁丑	戊寅	己卯	庚辰	辛巳	壬午	癸未	甲申	乙酉	丙戌	丁亥	戊子	己丑	庚寅	辛卯	壬辰	癸巳	甲午	乙未	丙申	丁酉	戊戌
음력	3	4	5	6	7	8	9	10	11	12	13	14	15	16	17	18	19	20	21	22	23	24	25	26	27	28	29	1/1	2	3	4
대운 남	2	1	1	1	1	소	9	9	9	8	8	8	7	7	7	6	6	6	5	5	대	4	4	4	3	3	3	2	2	2	1
대운 여	8	9	9	9	10	한	1	1	1	1	2	2	2	3	3	3	4	4	4	5	한	5	6	6	6	7	7	7	8	8	8

입춘 4일 19시 12분 【음1월】 ➡ 【丙寅月(병인월)】 ☯ 우수 19일 15시 13분

양력 2 / 음력 01/05 ~ 02/02

양력	1	2	3	4	5	6	7	8	9	10	11	12	13	14	15	16	17	18	19	20	21	22	23	24	25	26	27	28
요일	목	금	토	일	월	화	수	목	금	토	일	월	화	수	목	금	토	일	월	화	수	목	금	토	일	월	화	수
일진 日辰	己亥	庚子	辛丑	壬寅	癸卯	甲辰	乙巳	丙午	丁未	戊申	己酉	庚戌	辛亥	壬子	癸丑	甲寅	乙卯	丙辰	丁巳	戊午	己未	庚申	辛酉	壬戌	癸亥	甲子	乙丑	丙寅
음력	5	6	7	8	9	10	11	12	13	14	15	16	17	18	19	20	21	22	23	24	25	26	27	28	29	30	2/1	2
대운 남	1	1	1	입	1	1	1	1	2	2	2	3	3	3	4	4	4	5	우	5	6	6	6	7	7	7	8	8
대운 여	9	9	9	춘	10	9	9	9	8	8	8	7	7	7	6	6	6	5	수	5	4	4	4	3	3	3	2	2

己未年

경칩 6일 13시 20분 【음2월】 ➡ 【丁卯月(정묘월)】 ☯ 춘분 21일 14시 22분

양력 3 / 음력 02/03 ~ 03/04

양력	1	2	3	4	5	6	7	8	9	10	11	12	13	14	15	16	17	18	19	20	21	22	23	24	25	26	27	28	29	30	31
요일	목	금	토	일	월	화	수	목	금	토	일	월	화	수	목	금	토	일	월	화	수	목	금	토	일	월	화	수	목	금	토
일진 日辰	丁卯	戊辰	己巳	庚午	辛未	壬申	癸酉	甲戌	乙亥	丙子	丁丑	戊寅	己卯	庚辰	辛巳	壬午	癸未	甲申	乙酉	丙戌	丁亥	戊子	己丑	庚寅	辛卯	壬辰	癸巳	甲午	乙未	丙申	丁酉
음력	3	4	5	6	7	8	9	10	11	12	13	14	15	16	17	18	19	20	21	22	23	24	25	26	27	28	29	3/1	2	3	4
대운 남	8	9	9	9	10	경	1	1	1	1	2	2	2	3	3	3	4	4	4	5	춘	5	6	6	6	7	7	7	8	8	8
대운 여	2	1	1	1	1	칩	10	9	9	9	8	8	8	7	7	7	6	6	6	5	분	5	4	4	4	3	3	3	2	2	2

청명 5일 18시 18분 【음3월】 ➡ 【戊辰月(무진월)】 ☯ 곡우 21일 01시 35분

양력 4 / 음력 03/05 ~ 04/05

양력	1	2	3	4	5	6	7	8	9	10	11	12	13	14	15	16	17	18	19	20	21	22	23	24	25	26	27	28	29	30
요일	일	월	화	수	목	금	토	일	월	화	수	목	금	토	일	월	화	수	목	금	토	일	월	화	수	목	금	토	일	월
일진 日辰	戊戌	己亥	庚子	辛丑	壬寅	癸卯	甲辰	乙巳	丙午	丁未	戊申	己酉	庚戌	辛亥	壬子	癸丑	甲寅	乙卯	丙辰	丁巳	戊午	己未	庚申	辛酉	壬戌	癸亥	甲子	乙丑	丙寅	丁卯
음력	5	6	7	8	9	10	11	12	13	14	15	16	17	18	19	20	21	22	23	24	25	26	27	28	29	4/1	2	3	4	5
대운 남	9	9	9	10	청	1	1	1	1	2	2	2	3	3	3	4	4	4	5	5	곡	6	6	6	7	7	7	8	8	8
대운 여	1	1	1	1	명	10	10	9	9	9	8	8	8	7	7	7	6	6	6	5	우	5	4	4	4	3	3	3	2	2

입하 6일 11시 47분 【음4월】 ➡ 【己巳月(기사월)】 ☯ 소만 22일 00시 54분

양력 5 / 음력 04/06 ~ 05/06

양력	1	2	3	4	5	6	7	8	9	10	11	12	13	14	15	16	17	18	19	20	21	22	23	24	25	26	27	28	29	30	31
요일	화	수	목	금	토	일	월	화	수	목	금	토	일	월	화	수	목	금	토	일	월	화	수	목	금	토	일	월	화	수	목
일진 日辰	戊辰	己巳	庚午	辛未	壬申	癸酉	甲戌	乙亥	丙子	丁丑	戊寅	己卯	庚辰	辛巳	壬午	癸未	甲申	乙酉	丙戌	丁亥	戊子	己丑	庚寅	辛卯	壬辰	癸巳	甲午	乙未	丙申	丁酉	戊戌
음력	6	7	8	9	10	11	12	13	14	15	16	17	18	19	20	21	22	23	24	25	26	27	28	29	30	5/1	2	3	4	5	6
대운 남	9	9	9	10	10	입	1	1	1	1	2	2	2	3	3	3	4	4	4	5	5	소	6	6	6	7	7	7	8	8	8
대운 여	2	1	1	1	1	하	10	10	9	9	9	8	8	8	7	7	7	6	6	6	5	만	5	4	4	4	3	3	3	2	2

망종 6일 16시 05분 【음5월】 ➡ 【庚午月(경오월)】 ☯ 하지 22일 08시 56분

양력 6 / 음력 05/07 ~ 06/07

양력	1	2	3	4	5	6	7	8	9	10	11	12	13	14	15	16	17	18	19	20	21	22	23	24	25	26	27	28	29	30
요일	금	토	일	월	화	수	목	금	토	일	월	화	수	목	금	토	일	월	화	수	목	금	토	일	월	화	수	목	금	토
일진 日辰	己亥	庚子	辛丑	壬寅	癸卯	甲辰	乙巳	丙午	丁未	戊申	己酉	庚戌	辛亥	壬子	癸丑	甲寅	乙卯	丙辰	丁巳	戊午	己未	庚申	辛酉	壬戌	癸亥	甲子	乙丑	丙寅	丁卯	戊辰
음력	7	8	9	10	11	12	13	14	15	16	17	18	19	20	21	22	23	24	25	26	27	28	29	6/1	2	3	4	5	6	7
대운 남	9	9	9	10	10	망	1	1	1	1	2	2	2	3	3	3	4	4	4	5	5	하	6	6	6	7	7	7	8	8
대운 여	2	1	1	1	1	종	10	10	10	9	9	9	8	8	8	7	7	7	6	6	6	지	5	5	4	4	4	3	3	3

한식(4월06일), 초복(7월12일), 중복(7월22일), 말복(8월11일)🌂춘사(春社)3/22
☀추사(秋社)9/28 토왕지절(土旺之節):4월17일,7월20일,10월21일,1월18일(음12/01)
臘享(납향):1980년1월23일(음12/06)

1979 己未年

소서 8일 02시 25분 【음6월】 ➡ 【辛未月(신미월)】 ☯ 대서 23일 19시 49분

양력 7 (음력 06/08 ~ 윤608)	1	2	3	4	5	6	7	8	9	10	11	12	13	14	15	16	17	18	19	20	21	22	23	24	25	26	27	28	29	30	31
요일	일	월	화	수	목	금	토	일	월	화	수	목	금	토	일	월	화	수	목	금	토	일	월	화	수	목	금	토	일	월	화
일진 日辰	己巳	庚午	辛未	壬申	癸酉	甲戌	乙亥	丙子	丁丑	戊寅	己卯	庚辰	辛巳	壬午	癸未	甲申	乙酉	丙戌	丁亥	戊子	己丑	庚寅	辛卯	壬辰	癸巳	甲午	乙未	丙申	丁酉	戊戌	己亥
음력	8	9	10	11	12	13	14	15	16	17	18	19	20	21	22	23	24	25	26	27	28	29	30	윤6	2	3	4	5	6	7	8
대운 남	8	9	9	9	10	10	10	소	1	1	1	1	2	2	2	3	3	3	4	4	4	5	대	5	6	6	6	7	7	7	8
대운 여	2	2	2	1	1	1	1	서	10	10	9	9	9	8	8	8	7	7	7	6	6	6	서	5	5	4	4	4	3	3	3

입추 8일 12시 11분 【음7월】 ➡ 【壬申月(임신월)】 ☯ 처서 24일 02시 47분

양력 8 (음력 윤609 ~ 07/09)	1	2	3	4	5	6	7	8	9	10	11	12	13	14	15	16	17	18	19	20	21	22	23	24	25	26	27	28	29	30	31
요일	수	목	금	토	일	월	화	수	목	금	토	일	월	화	수	목	금	토	일	월	화	수	목	금	토	일	월	화	수	목	금
일진 日辰	庚子	辛丑	壬寅	癸卯	甲辰	乙巳	丙午	丁未	戊申	己酉	庚戌	辛亥	壬子	癸丑	甲寅	乙卯	丙辰	丁巳	戊午	己未	庚申	辛酉	壬戌	癸亥	甲子	乙丑	丙寅	丁卯	戊辰	己巳	庚午
음력	9	10	11	12	13	14	15	16	17	18	19	20	21	22	23	24	25	26	27	28	29	30	7/1	2	3	4	5	6	7	8	9
대운 남	8	8	9	9	9	10	10	입	1	1	1	1	2	2	2	3	3	3	4	4	4	5	5	처	6	6	6	7	7	7	8
대운 여	2	2	2	1	1	1	1	추	10	10	9	9	9	8	8	8	7	7	7	6	6	6	5	서	5	4	4	4	3	3	3

백로 8일 15시 00분 【음8월】 ➡ 【癸酉月(계유월)】 ☯ 추분 24일 00시 16분

양력 9 (음력 07/10 ~ 08/10)	1	2	3	4	5	6	7	8	9	10	11	12	13	14	15	16	17	18	19	20	21	22	23	24	25	26	27	28	29	30
요일	토	일	월	화	수	목	금	토	일	월	화	수	목	금	토	일	월	화	수	목	금	토	일	월	화	수	목	금	토	일
일진 日辰	辛未	壬申	癸酉	甲戌	乙亥	丙子	丁丑	戊寅	己卯	庚辰	辛巳	壬午	癸未	甲申	乙酉	丙戌	丁亥	戊子	己丑	庚寅	辛卯	壬辰	癸巳	甲午	乙未	丙申	丁酉	戊戌	己亥	庚子
음력	10	11	12	13	14	15	16	17	18	19	20	21	22	23	24	25	26	27	28	29	8/1	2	3	4	5	6	7	8	9	10
대운 남	8	8	9	9	9	10	10	백	1	1	1	1	2	2	2	3	3	3	4	4	4	5	5	추	6	6	6	7	7	7
대운 여	2	2	2	1	1	1	1	로	10	10	9	9	9	8	8	8	7	7	7	6	6	6	5	분	5	4	4	4	3	3

한로 9일 06시 30분 【음9월】 ➡ 【甲戌月(갑술월)】 ☯ 상강 24일 09시 28분

양력 10 (음력 08/11 ~ 09/11)	1	2	3	4	5	6	7	8	9	10	11	12	13	14	15	16	17	18	19	20	21	22	23	24	25	26	27	28	29	30	31
요일	월	화	수	목	금	토	일	월	화	수	목	금	토	일	월	화	수	목	금	토	일	월	화	수	목	금	토	일	월	화	수
일진 日辰	辛丑	壬寅	癸卯	甲辰	乙巳	丙午	丁未	戊申	己酉	庚戌	辛亥	壬子	癸丑	甲寅	乙卯	丙辰	丁巳	戊午	己未	庚申	辛酉	壬戌	癸亥	甲子	乙丑	丙寅	丁卯	戊辰	己巳	庚午	辛未
음력	11	12	13	14	15	16	17	18	19	20	21	22	23	24	25	26	27	28	29	30	9/1	2	3	4	5	6	7	8	9	10	11
대운 남	8	8	8	9	9	9	10	10	한	1	1	1	1	2	2	2	3	3	3	4	4	4	5	상	5	6	6	6	7	7	7
대운 여	3	2	2	2	1	1	1	1	로	10	9	9	9	8	8	8	7	7	7	6	6	6	5	강	5	4	4	4	3	3	3

입동 8일 09시 33분 【음10월】 ➡ 【乙亥月(을해월)】 ☯ 소설 23일 06시 54분

양력 11 (음력 09/12 ~ 10/11)	1	2	3	4	5	6	7	8	9	10	11	12	13	14	15	16	17	18	19	20	21	22	23	24	25	26	27	28	29	30
요일	목	금	토	일	월	화	수	목	금	토	일	월	화	수	목	금	토	일	월	화	수	목	금	토	일	월	화	수	목	금
일진 日辰	壬申	癸酉	甲戌	乙亥	丙子	丁丑	戊寅	己卯	庚辰	辛巳	壬午	癸未	甲申	乙酉	丙戌	丁亥	戊子	己丑	庚寅	辛卯	壬辰	癸巳	甲午	乙未	丙申	丁酉	戊戌	己亥	庚子	辛丑
음력	12	13	14	15	16	17	18	19	20	21	22	23	24	25	26	27	28	29	30	10/1	2	3	4	5	6	7	8	9	10	11
대운 남	8	8	8	9	9	9	10	입	1	1	1	1	2	2	2	3	3	3	4	4	4	5	소	5	6	6	6	7	7	7
대운 여	2	2	2	1	1	1	1	동	10	9	9	9	8	8	8	7	7	7	6	6	6	5	설	5	4	4	4	3	3	3

대설 8일 02시 18분 【음11월】 ➡ 【丙子月(병자월)】 ☯ 동지 22일 20시 10분

양력 12 (음력 10/12 ~ 11/13)	1	2	3	4	5	6	7	8	9	10	11	12	13	14	15	16	17	18	19	20	21	22	23	24	25	26	27	28	29	30	31
요일	토	일	월	화	수	목	금	토	일	월	화	수	목	금	토	일	월	화	수	목	금	토	일	월	화	수	목	금	토	일	월
일진 日辰	壬寅	癸卯	甲辰	乙巳	丙午	丁未	戊申	己酉	庚戌	辛亥	壬子	癸丑	甲寅	乙卯	丙辰	丁巳	戊午	己未	庚申	辛酉	壬戌	癸亥	甲子	乙丑	丙寅	丁卯	戊辰	己巳	庚午	辛未	壬申
음력	12	13	14	15	16	17	18	19	20	21	22	23	24	25	26	27	28	29	11/1	2	3	4	5	6	7	8	9	10	11	12	13
대운 남	8	8	8	9	9	9	10	대	1	1	1	1	2	2	2	3	3	3	4	4	4	동	5	5	6	6	6	7	7	7	8
대운 여	2	2	2	1	1	1	1	설	9	9	9	8	8	8	7	7	7	6	6	6	5	지	5	4	4	4	3	3	3	2	2

단기 4313 年
불기 2524 年

1980년

中元 庚申年 납음(石榴木),본명성(二黑土)

대장군(午남방), 삼살(남방), 상문(戌서북방), 조객(午남방),납음(석류목), 삼재(인,묘,진) 臘享(납향):1981년1월17일(음12/12)

소한 6일 13시 29분 【음12월】 ➡ 【丁丑月(정축월)】 ☯ 대한 21일 06시 49분

양력 1 / 음력 11/14 ~ 12/14

양력		1	2	3	4	5	6	7	8	9	10	11	12	13	14	15	16	17	18	19	20	21	22	23	24	25	26	27	28	29	30	31
요일		화	수	목	금	토	일	월	화	수	목	금	토	일	월	화	수	목	금	토	일	월	화	수	목	금	토	일	월	화	수	목
일진 日辰		癸酉	甲戌	乙亥	丙子	丁丑	戊寅	己卯	庚辰	辛巳	壬午	癸未	甲申	乙酉	丙戌	丁亥	戊子	己丑	庚寅	辛卯	壬辰	癸巳	甲午	乙未	丙申	丁酉	戊戌	己亥	庚子	辛丑	壬寅	癸卯
음력		14	15	16	17	18	19	20	21	22	23	24	25	26	27	28	29	30	12/1	2	3	4	5	6	7	8	9	10	11	12	13	14
대운	남	8	8	9	9	9	소	1	1	1	1	2	2	2	3	3	3	4	4	4	5	대	5	6	6	6	7	7	7	8	8	8
	여	2	1	1	1	1	한	10	9	9	9	8	8	8	7	7	7	6	6	6	5	한	5	4	4	4	3	3	3	2	2	2

입춘 5일 01시 09분 【음1월】 ➡ 【戊寅月(무인월)】 ☯ 우수 19일 21시 02분

양력 2 / 음력 12/15 ~ 01/14

양력		1	2	3	4	5	6	7	8	9	10	11	12	13	14	15	16	17	18	19	20	21	22	23	24	25	26	27	28	29	
요일		금	토	일	월	화	수	목	금	토	일	월	화	수	목	금	토	일	월	화	수	목	금	토	일	월	화	수	목	금	庚申年
일진 日辰		甲辰	乙巳	丙午	丁未	戊申	己酉	庚戌	辛亥	壬子	癸丑	甲寅	乙卯	丙辰	丁巳	戊午	己未	庚申	辛酉	壬戌	癸亥	甲子	乙丑	丙寅	丁卯	戊辰	己巳	庚午	辛未	壬申	
음력		15	16	17	18	19	20	21	22	23	24	25	26	27	28	29	1/1	2	3	4	5	6	7	8	9	10	11	12	13	14	
대운	남	9	9	9	10	입	9	9	9	8	8	8	7	7	7	6	6	6	5	우	5	4	4	4	3	3	3	2	2	2	
	여	1	1	1	1	춘	1	1	1	1	2	2	2	3	3	3	4	4	4	수	5	5	6	6	6	7	7	7	8	8	

경칩 5일 19시 17분 【음2월】 ➡ 【己卯月(기묘월)】 ☯ 춘분 20일 20시 10분

양력 3 / 음력 01/15 ~ 02/15

양력		1	2	3	4	5	6	7	8	9	10	11	12	13	14	15	16	17	18	19	20	21	22	23	24	25	26	27	28	29	30	31
요일		토	일	월	화	수	목	금	토	일	월	화	수	목	금	토	일	월	화	수	목	금	토	일	월	화	수	목	금	토	일	월
일진 日辰		癸酉	甲戌	乙亥	丙子	丁丑	戊寅	己卯	庚辰	辛巳	壬午	癸未	甲申	乙酉	丙戌	丁亥	戊子	己丑	庚寅	辛卯	壬辰	癸巳	甲午	乙未	丙申	丁酉	戊戌	己亥	庚子	辛丑	壬寅	癸卯
음력		15	16	17	18	19	20	21	22	23	24	25	26	27	28	29	30	2/1	2	3	4	5	6	7	8	9	10	11	12	13	14	15
대운	남	1	1	1	1	경	10	10	9	9	9	8	8	8	7	7	7	6	6	6	춘	5	5	4	4	4	3	3	3	2	2	2
	여	8	9	9	9	칩	1	1	1	1	2	2	2	3	3	3	4	4	4	5	분	5	6	6	6	7	7	7	8	8	8	9

청명 5일 00시 15분 【음3월】 ➡ 【庚辰月(경진월)】 ☯ 곡우 20일 07시 23분

양력 4 / 음력 02/16 ~ 03/16

양력		1	2	3	4	5	6	7	8	9	10	11	12	13	14	15	16	17	18	19	20	21	22	23	24	25	26	27	28	29	30
요일		화	수	목	금	토	일	월	화	수	목	금	토	일	월	화	수	목	금	토	일	월	화	수	목	금	토	일	월	화	수
일진 日辰		甲辰	乙巳	丙午	丁未	戊申	己酉	庚戌	辛亥	壬子	癸丑	甲寅	乙卯	丙辰	丁巳	戊午	己未	庚申	辛酉	壬戌	癸亥	甲子	乙丑	丙寅	丁卯	戊辰	己巳	庚午	辛未	壬申	癸酉
음력		16	17	18	19	20	21	22	23	24	25	26	27	28	29	3/1	2	3	4	5	6	7	8	9	10	11	12	13	14	15	16
대운	남	1	1	1	1	청	10	9	9	9	8	8	8	7	7	7	6	6	6	5	곡	5	4	4	4	3	3	3	2	2	2
	여	9	9	10	10	명	1	1	1	1	2	2	2	3	3	3	4	4	4	5	우	5	6	6	6	7	7	7	8	8	8

입하 5일 17시 45분 【음4월】 ➡ 【辛巳月(신사월)】 ☯ 소만 21일 06시 42분

양력 5 / 음력 03/17 ~ 04/18

양력		1	2	3	4	5	6	7	8	9	10	11	12	13	14	15	16	17	18	19	20	21	22	23	24	25	26	27	28	29	30	31
요일		목	금	토	일	월	화	수	목	금	토	일	월	화	수	목	금	토	일	월	화	수	목	금	토	일	월	화	수	목	금	토
일진 日辰		甲戌	乙亥	丙子	丁丑	戊寅	己卯	庚辰	辛巳	壬午	癸未	甲申	乙酉	丙戌	丁亥	戊子	己丑	庚寅	辛卯	壬辰	癸巳	甲午	乙未	丙申	丁酉	戊戌	己亥	庚子	辛丑	壬寅	癸卯	甲辰
음력		17	18	19	20	21	22	23	24	25	26	27	28	29	4/1	2	3	4	5	6	7	8	9	10	11	12	13	14	15	16	17	18
대운	남	1	1	1	1	입	10	10	9	9	9	8	8	8	7	7	7	6	6	6	5	소	5	4	4	4	3	3	3	2	2	2
	여	9	9	9	10	하	1	1	1	1	2	2	2	3	3	3	4	4	4	5	5	만	6	6	6	7	7	7	8	8	8	9

망종 5일 22시 04분 【음5월】 ➡ 【壬午月(임오월)】 ☯ 하지 21일 14시 47분

양력 6 / 음력 04/19 ~ 05/18

양력		1	2	3	4	5	6	7	8	9	10	11	12	13	14	15	16	17	18	19	20	21	22	23	24	25	26	27	28	29	30
요일		일	월	화	수	목	금	토	일	월	화	수	목	금	토	일	월	화	수	목	금	토	일	월	화	수	목	금	토	일	월
일진 日辰		乙巳	丙午	丁未	戊申	己酉	庚戌	辛亥	壬子	癸丑	甲寅	乙卯	丙辰	丁巳	戊午	己未	庚申	辛酉	壬戌	癸亥	甲子	乙丑	丙寅	丁卯	戊辰	己巳	庚午	辛未	壬申	癸酉	甲戌
음력		19	20	21	22	23	24	25	26	27	28	29	30	5/1	2	3	4	5	6	7	8	9	10	11	12	13	14	15	16	17	18
대운	남	1	1	1	1	망	10	10	10	9	9	9	8	8	8	7	7	7	6	6	6	하	5	5	4	4	4	3	3	3	2
	여	9	9	10	10	종	1	1	1	1	2	2	2	3	3	3	4	4	4	5	5	지	6	6	6	7	7	7	8	8	8

한식(4월06일), 초복(7월16일), 중복(7월26일), 말복(8월15일) ☂춘사(春社)3/16
☀추사(秋社)9/22 토왕지절(土旺之節):4월17일,7월19일,10월20일,1월17일(음12/12)
臘享(납향):1981년1월17일(음12/12)

1980 庚申年

소서 7일 08시 24분 【음6월】 ➡ **【癸未月(계미월)】** ☯ 대서 23일 01시 42분

양력 7 (음력 05/19~06/20)	1	2	3	4	5	6	7	8	9	10	11	12	13	14	15	16	17	18	19	20	21	22	23	24	25	26	27	28	29	30	31
요일	화	수	목	금	토	일	월	화	수	목	금	토	일	월	화	수	목	금	토	일	월	화	수	목	금	토	일	월	화	수	목
일진 日辰	乙亥	丙子	丁丑	戊寅	己卯	庚辰	辛巳	壬午	癸未	甲申	乙酉	丙戌	丁亥	戊子	己丑	庚寅	辛卯	壬辰	癸巳	甲午	乙未	丙申	丁酉	戊戌	己亥	庚子	辛丑	壬寅	癸卯	甲辰	乙巳
음력	19	20	21	22	23	24	25	26	27	28	29	6/1	2	3	4	5	6	7	8	9	10	11	12	13	14	15	16	17	18	19	20
대운 남	2	2	1	1	1	1	소	10	10	9	9	9	8	8	8	7	7	7	6	6	6	5	대	5	4	4	4	3	3	3	2
대운 여	9	9	9	10	10	10	서	1	1	1	1	2	2	2	3	3	3	4	4	4	5	5	서	6	6	6	7	7	7	8	8

입추 7일 18시 09분 【음7월】 ➡ **【甲申月(갑신월)】** ☯ 처서 23일 08시 41분

양력 8 (음력 06/21~07/21)	1	2	3	4	5	6	7	8	9	10	11	12	13	14	15	16	17	18	19	20	21	22	23	24	25	26	27	28	29	30	31
요일	금	토	일	월	화	수	목	금	토	일	월	화	수	목	금	토	일	월	화	수	목	금	토	일	월	화	수	목	금	토	일
일진 日辰	丙午	丁未	戊申	己酉	庚戌	辛亥	壬子	癸丑	甲寅	乙卯	丙辰	丁巳	戊午	己未	庚申	辛酉	壬戌	癸亥	甲子	乙丑	丙寅	丁卯	戊辰	己巳	庚午	辛未	壬申	癸酉	甲戌	乙亥	丙子
음력	21	22	23	24	25	26	27	28	29	30	7/1	2	3	4	5	6	7	8	9	10	11	12	13	14	15	16	17	18	19	20	21
대운 남	2	2	1	1	1	1	입	10	10	9	9	9	8	8	8	7	7	7	6	6	6	5	처	5	4	4	4	3	3	3	2
대운 여	8	9	9	9	10	10	추	1	1	1	1	2	2	2	3	3	3	4	4	4	5	5	서	6	6	6	7	7	7	8	8

백로 7일 20시 53분 【음8월】 ➡ **【乙酉月(을유월)】** ☯ 추분 23일 06시 09분

양력 9 (음력 07/22~08/22)	1	2	3	4	5	6	7	8	9	10	11	12	13	14	15	16	17	18	19	20	21	22	23	24	25	26	27	28	29	30	
요일	월	화	수	목	금	토	일	월	화	수	목	금	토	일	월	화	수	목	금	토	일	월	화	수	목	금	토	일	월	화	
일진 日辰	丁丑	戊寅	己卯	庚辰	辛巳	壬午	癸未	甲申	乙酉	丙戌	丁亥	戊子	己丑	庚寅	辛卯	壬辰	癸巳	甲午	乙未	丙申	丁酉	戊戌	己亥	庚子	辛丑	壬寅	癸卯	甲辰	乙巳	丙午	
음력	22	23	24	25	26	27	28	29	8/1	2	3	4	5	6	7	8	9	10	11	12	13	14	15	16	17	18	19	20	21	22	
대운 남	2	2	1	1	1	1	백	10	10	9	9	9	8	8	8	7	7	7	6	6	6	5	추	5	4	4	4	3	3	3	
대운 여	8	9	9	9	10	10	로	1	1	1	1	2	2	2	3	3	3	4	4	4	5	5	분	6	6	6	7	7	7	8	

한로 8일 12시 19분 【음9월】 ➡ **【丙戌月(병술월)】** ☯ 상강 23일 15시 18분

양력 10 (음력 08/23~09/23)	1	2	3	4	5	6	7	8	9	10	11	12	13	14	15	16	17	18	19	20	21	22	23	24	25	26	27	28	29	30	31
요일	수	목	금	토	일	월	화	수	목	금	토	일	월	화	수	목	금	토	일	월	화	수	목	금	토	일	월	화	수	목	금
일진 日辰	丁未	戊申	己酉	庚戌	辛亥	壬子	癸丑	甲寅	乙卯	丙辰	丁巳	戊午	己未	庚申	辛酉	壬戌	癸亥	甲子	乙丑	丙寅	丁卯	戊辰	己巳	庚午	辛未	壬申	癸酉	甲戌	乙亥	丙子	丁丑
음력	23	24	25	26	27	28	29	30	9/1	2	3	4	5	6	7	8	9	10	11	12	13	14	15	16	17	18	19	20	21	22	23
대운 남	2	2	2	1	1	1	1	한	10	9	9	9	8	8	8	7	7	7	6	6	6	5	상	5	4	4	4	3	3	3	2
대운 여	8	8	9	9	9	10	10	로	1	1	1	1	2	2	2	3	3	3	4	4	4	5	강	5	6	6	6	7	7	7	8

입동 7일 15시 18분 【음10월】 ➡ **【丁亥月(정해월)】** ☯ 소설 22일 12시 41분

양력 11 (음력 09/24~10/23)	1	2	3	4	5	6	7	8	9	10	11	12	13	14	15	16	17	18	19	20	21	22	23	24	25	26	27	28	29	30	
요일	토	일	월	화	수	목	금	토	일	월	화	수	목	금	토	일	월	화	수	목	금	토	일	월	화	수	목	금	토	일	
일진 日辰	戊寅	己卯	庚辰	辛巳	壬午	癸未	甲申	乙酉	丙戌	丁亥	戊子	己丑	庚寅	辛卯	壬辰	癸巳	甲午	乙未	丙申	丁酉	戊戌	己亥	庚子	辛丑	壬寅	癸卯	甲辰	乙巳	丙午	丁未	
음력	24	25	26	27	28	29	30	10/1	2	3	4	5	6	7	8	9	10	11	12	13	14	15	16	17	18	19	20	21	22	23	
대운 남	2	2	1	1	1	1	입	10	9	9	9	8	8	8	7	7	7	6	6	6	5	소	5	4	4	4	3	3	3	2	
대운 여	8	8	9	9	9	10	동	1	1	1	1	2	2	2	3	3	3	4	4	4	5	설	5	6	6	6	7	7	7	8	

대설 7일 08시 01분 【음11월】 ➡ **【戊子月(무자월)】** ☯ 동지 22일 01시 56분

양력 12 (음력 10/24~11/25)	1	2	3	4	5	6	7	8	9	10	11	12	13	14	15	16	17	18	19	20	21	22	23	24	25	26	27	28	29	30	31
요일	월	화	수	목	금	토	일	월	화	수	목	금	토	일	월	화	수	목	금	토	일	월	화	수	목	금	토	일	월	화	수
일진 日辰	戊申	己酉	庚戌	辛亥	壬子	癸丑	甲寅	乙卯	丙辰	丁巳	戊午	己未	庚申	辛酉	壬戌	癸亥	甲子	乙丑	丙寅	丁卯	戊辰	己巳	庚午	辛未	壬申	癸酉	甲戌	乙亥	丙子	丁丑	戊寅
음력	24	25	26	27	28	29	11/1	2	3	4	5	6	7	8	9	10	11	12	13	14	15	16	17	18	19	20	21	22	23	24	25
대운 남	2	2	1	1	1	1	대	9	9	9	8	8	8	7	7	7	6	6	6	5	5	동	4	4	4	3	3	3	2	2	2
대운 여	8	8	9	9	9	10	설	1	1	1	1	2	2	2	3	3	3	4	4	4	5	지	5	6	6	6	7	7	7	8	8

단기 4314 年
불기 2525 年

1981년

中元 辛酉年 납음(石榴木),본명성(一白水)

대장군(午남방). 삼살(동방). 상문(亥서북방),조객(未서남방). 납음(석류목). 【삼재(해,자,축)년】 臘享(납향):1982년1월24일(음12/20)

닭

소한 5일 19시 13분 【음12월】 ➡ **【己丑月(기축월)】** ☯ 대한 20일 12시 36분

양력 1 (음력 11/26 ┃ 12/26)	1	2	3	4	5	6	7	8	9	10	11	12	13	14	15	16	17	18	19	20	21	22	23	24	25	26	27	28	29	30	31
요일	목	금	토	일	월	화	수	목	금	토	일	월	화	수	목	금	토	일	월	화	수	목	금	토	일	월	화	수	목	금	토
일진 日辰	己卯	庚辰	辛巳	壬午	癸未	甲申	乙酉	丙戌	丁亥	戊子	己丑	庚寅	辛卯	壬辰	癸巳	甲午	乙未	丙申	丁酉	戊戌	己亥	庚子	辛丑	壬寅	癸卯	甲辰	乙巳	丙午	丁未	戊申	己酉
음력	26	27	28	29	30	12/1	2	3	4	5	6	7	8	9	10	11	12	13	14	15	16	17	18	19	20	21	22	23	24	25	26
대운 남	1	1	1	1	소	10	9	9	9	8	8	8	7	7	7	6	6	6	5	대	5	4	4	4	3	3	3	2	2	2	1
대운 여	8	9	9	9	한	1	1	1	1	2	2	2	3	3	3	4	4	4	5	한	5	6	6	6	7	7	7	8	8	8	9

입춘 4일 06시 55분 【음1월】 ➡ **【 庚寅月(경인월) 】** ☯ 우수 19일 02시 52분

양력 2 (음력 12/27 ┃ 01/24)	1	2	3	4	5	6	7	8	9	10	11	12	13	14	15	16	17	18	19	20	21	22	23	24	25	26	27	28
요일	일	월	화	수	목	금	토	일	월	화	수	목	금	토	일	월	화	수	목	금	토	일	월	화	수	목	금	토
일진 日辰	庚戌	辛亥	壬子	癸丑	甲寅	乙卯	丙辰	丁巳	戊午	己未	庚申	辛酉	壬戌	癸亥	甲子	乙丑	丙寅	丁卯	戊辰	己巳	庚午	辛未	壬申	癸酉	甲戌	乙亥	丙子	丁丑
음력	27	28	29	30	1/1	2	3	4	5	6	7	8	9	10	11	12	13	14	15	16	17	18	19	20	21	22	23	24
대운 남	1	1	1	입	1	1	1	1	2	2	2	3	3	3	4	4	4	5	우	5	6	6	6	7	7	7	8	8
대운 여	9	9	10	춘	10	9	9	9	8	8	8	7	7	7	6	6	6	5	수	5	4	4	4	3	3	3	2	2

辛酉年

경칩 6일 01시 05분 【음2월】 ➡ **【辛卯月(신묘월)】** ☯ 춘분 21일 02시 03분

양력 3 (음력 01/25 ┃ 02/26)	1	2	3	4	5	6	7	8	9	10	11	12	13	14	15	16	17	18	19	20	21	22	23	24	25	26	27	28	29	30	31
요일	일	월	화	수	목	금	토	일	월	화	수	목	금	토	일	월	화	수	목	금	토	일	월	화	수	목	금	토	일	월	화
일진 日辰	戊寅	己卯	庚辰	辛巳	壬午	癸未	甲申	乙酉	丙戌	丁亥	戊子	己丑	庚寅	辛卯	壬辰	癸巳	甲午	乙未	丙申	丁酉	戊戌	己亥	庚子	辛丑	壬寅	癸卯	甲辰	乙巳	丙午	丁未	戊申
음력	25	26	27	28	29	2/1	2	3	4	5	6	7	8	9	10	11	12	13	14	15	16	17	18	19	20	21	22	23	24	25	26
대운 남	8	9	9	9	10	경	1	1	1	1	2	2	2	3	3	3	4	4	4	5	춘	5	6	6	6	7	7	7	8	8	8
대운 여	2	1	1	1	1	칩	10	9	9	9	8	8	8	7	7	7	6	6	6	5	분	5	4	4	4	3	3	3	2	2	2

청명 5일 06시 05분 【음3월】 ➡ **【壬辰月(임진월)】** ☯ 곡우 20일 13시 19분

양력 4 (음력 02/27 ┃ 03/26)	1	2	3	4	5	6	7	8	9	10	11	12	13	14	15	16	17	18	19	20	21	22	23	24	25	26	27	28	29	30
요일	수	목	금	토	일	월	화	수	목	금	토	일	월	화	수	목	금	토	일	월	화	수	목	금	토	일	월	화	수	목
일진 日辰	己酉	庚戌	辛亥	壬子	癸丑	甲寅	乙卯	丙辰	丁巳	戊午	己未	庚申	辛酉	壬戌	癸亥	甲子	乙丑	丙寅	丁卯	戊辰	己巳	庚午	辛未	壬申	癸酉	甲戌	乙亥	丙子	丁丑	戊寅
음력	27	28	29	30	3/1	2	3	4	5	6	7	8	9	10	11	12	13	14	15	16	17	18	19	20	21	22	23	24	25	26
대운 남	9	9	9	10	청	1	1	1	1	2	2	2	3	3	3	4	4	4	5	곡	5	6	6	6	7	7	7	8	8	8
대운 여	1	1	1	1	명	10	9	9	9	8	8	8	7	7	7	6	6	6	5	우	5	4	4	4	3	3	3	2	2	2

입하 5일 23시 55분 【음4월】 ➡ **【癸巳月(계사월)】** ☯ 소만 21일 12시 39분

양력 5 (음력 04/29 ┃ 05/29)	1	2	3	4	5	6	7	8	9	10	11	12	13	14	15	16	17	18	19	20	21	22	23	24	25	26	27	28	29	30	31
요일	금	토	일	월	화	수	목	금	토	일	월	화	수	목	금	토	일	월	화	수	목	금	토	일	월	화	수	목	금	토	일
일진 日辰	己卯	庚辰	辛巳	壬午	癸未	甲申	乙酉	丙戌	丁亥	戊子	己丑	庚寅	辛卯	壬辰	癸巳	甲午	乙未	丙申	丁酉	戊戌	己亥	庚子	辛丑	壬寅	癸卯	甲辰	乙巳	丙午	丁未	戊申	己酉
음력	27	28	29	4/1	2	3	4	5	6	7	8	9	10	11	12	13	14	15	16	17	18	19	20	21	22	23	24	25	26	27	28
대운 남	9	9	9	10	입	1	1	1	1	2	2	2	3	3	3	4	4	4	5	5	소	6	6	6	7	7	7	8	8	8	9
대운 여	1	1	1	1	하	10	10	10	9	9	9	8	8	8	7	7	7	6	6	6	만	5	5	4	4	4	3	3	3	2	2

망종 6일 03시 53분 【음5월】 ➡ **【甲午月(갑오월)】** ☯ 하지 21일 20시 45분

양력 6 (음력 04/29 ┃ 05/29)	1	2	3	4	5	6	7	8	9	10	11	12	13	14	15	16	17	18	19	20	21	22	23	24	25	26	27	28	29	30
요일	월	화	수	목	금	토	일	월	화	수	목	금	토	일	월	화	수	목	금	토	일	월	화	수	목	금	토	일	월	화
일진 日辰	庚戌	辛亥	壬子	癸丑	甲寅	乙卯	丙辰	丁巳	戊午	己未	庚申	辛酉	壬戌	癸亥	甲子	乙丑	丙寅	丁卯	戊辰	己巳	庚午	辛未	壬申	癸酉	甲戌	乙亥	丙子	丁丑	戊寅	己卯
음력	29	5/1	2	3	4	5	6	7	8	9	10	11	12	13	14	15	16	17	18	19	20	21	22	23	24	25	26	27	28	29
대운 남	9	9	10	10	10	망	1	1	1	1	2	2	2	3	3	3	4	4	4	5	하	5	6	6	6	7	7	7	8	8
대운 여	2	1	1	1	1	종	10	10	9	9	9	8	8	8	7	7	7	6	6	6	지	5	5	4	4	4	3	3	3	2

한식(4월06일), 초복(7월11일), 중복(7월21일), 말복(8월10일)☂춘사(春社)3/21
☀추사(秋社)9/27 토왕지절(土旺之節):4월17일,7월20일,10월20일,1월17일(음12/23)
臘享(납향):1982년1월24일(음12/20)

1981 辛酉年

소서 7일 14시 12분 【음6월】➡ **【乙未月(을미월)】** ☯ 대서 23일 07시 40분

양력 7 / 음력 05/30 – 07/01

양력	1	2	3	4	5	6	7	8	9	10	11	12	13	14	15	16	17	18	19	20	21	22	23	24	25	26	27	28	29	30	31
요일	수	목	금	토	일	월	화	수	목	금	토	일	월	화	수	목	금	토	일	월	화	수	목	금	토	일	월	화	수	목	금
일진 日辰	庚辰	辛巳	壬午	癸未	甲申	乙酉	丙戌	丁亥	戊子	己丑	庚寅	辛卯	壬辰	癸巳	甲午	乙未	丙申	丁酉	戊戌	己亥	庚子	辛丑	壬寅	癸卯	甲辰	乙巳	丙午	丁未	戊申	己酉	庚戌
음력	30	6/1	2	3	4	5	6	7	8	9	10	11	12	13	14	15	16	17	18	19	20	21	22	23	24	25	26	27	28	29	7/1
대운 남	8	9	9	9	10	10	소	1	1	1	1	2	2	2	3	3	3	4	4	4	5	5	대	6	6	6	7	7	7	8	8
대운 여	2	2	1	1	1	1	서	10	10	9	9	9	8	8	8	7	7	7	6	6	6	5	서	5	4	4	4	3	3	3	2

입추 7일 23시 57분 【음7월】➡ **【丙申月(병신월)】** ☯ 처서 23일 14시 38분

양력 8 / 음력 07/02 – 08/03

양력	1	2	3	4	5	6	7	8	9	10	11	12	13	14	15	16	17	18	19	20	21	22	23	24	25	26	27	28	29	30	31
요일	토	일	월	화	수	목	금	토	일	월	화	수	목	금	토	일	월	화	수	목	금	토	일	월	화	수	목	금	토	일	월
일진 日辰	辛亥	壬子	癸丑	甲寅	乙卯	丙辰	丁巳	戊午	己未	庚申	辛酉	壬戌	癸亥	甲子	乙丑	丙寅	丁卯	戊辰	己巳	庚午	辛未	壬申	癸酉	甲戌	乙亥	丙子	丁丑	戊寅	己卯	庚辰	辛巳
음력	2	3	4	5	6	7	8	9	10	11	12	13	14	15	16	17	18	19	20	21	22	23	24	25	26	27	28	29	8/1	2	3
대운 남	8	9	9	9	10	10	입	1	1	1	1	2	2	2	3	3	3	4	4	4	5	5	처	6	6	6	7	7	7	8	8
대운 여	2	2	1	1	1	1	추	10	10	10	9	9	9	8	8	8	7	7	7	6	6	6	서	5	5	4	4	4	3	3	3

백로 8일 02시 43분 【음8월】➡ **【丁酉月(정유월)】** ☯ 추분 23일 12시 06분

양력 9 / 음력 08/04 – 09/03

양력	1	2	3	4	5	6	7	8	9	10	11	12	13	14	15	16	17	18	19	20	21	22	23	24	25	26	27	28	29	30
요일	화	수	목	금	토	일	월	화	수	목	금	토	일	월	화	수	목	금	토	일	월	화	수	목	금	토	일	월	화	수
일진 日辰	壬午	癸未	甲申	乙酉	丙戌	丁亥	戊子	己丑	庚寅	辛卯	壬辰	癸巳	甲午	乙未	丙申	丁酉	戊戌	己亥	庚子	辛丑	壬寅	癸卯	甲辰	乙巳	丙午	丁未	戊申	己酉	庚戌	辛亥
음력	4	5	6	7	8	9	10	11	12	13	14	15	16	17	18	19	20	21	22	23	24	25	26	27	28	29	30	9/1	2	3
대운 남	8	9	9	9	10	10	10	백	1	1	1	1	2	2	2	3	3	3	4	4	4	5	추	5	6	6	6	7	7	7
대운 여	2	2	2	1	1	1	1	로	10	9	9	9	8	8	8	7	7	7	6	6	6	5	분	5	4	4	4	3	3	3

한로 8일 18시 10분 【음9월】➡ **【戊戌月(무술월)】** ☯ 상강 23일 21시 13분

양력 10 / 음력 09/04 – 10/04

양력	1	2	3	4	5	6	7	8	9	10	11	12	13	14	15	16	17	18	19	20	21	22	23	24	25	26	27	28	29	30	31
요일	목	금	토	일	월	화	수	목	금	토	일	월	화	수	목	금	토	일	월	화	수	목	금	토	일	월	화	수	목	금	토
일진 日辰	壬子	癸丑	甲寅	乙卯	丙辰	丁巳	戊午	己未	庚申	辛酉	壬戌	癸亥	甲子	乙丑	丙寅	丁卯	戊辰	己巳	庚午	辛未	壬申	癸酉	甲戌	乙亥	丙子	丁丑	戊寅	己卯	庚辰	辛巳	壬午
음력	4	5	6	7	8	9	10	11	12	13	14	15	16	17	18	19	20	21	22	23	24	25	26	27	28	29	30	10/1	2	3	4
대운 남	8	8	8	9	9	9	10	한	1	1	1	1	2	2	2	3	3	3	4	4	4	5	상	5	6	6	6	7	7	7	8
대운 여	2	2	2	1	1	1	1	로	10	9	9	9	8	8	8	7	7	7	6	6	6	5	강	5	4	4	4	3	3	3	2

입동 7일 12시 09분 【음10월】➡ **【己亥月(기해월)】** ☯ 소설 22일 18시 36분

양력 11 / 음력 10/05 – 11/05

양력	1	2	3	4	5	6	7	8	9	10	11	12	13	14	15	16	17	18	19	20	21	22	23	24	25	26	27	28	29	30
요일	일	월	화	수	목	금	토	일	월	화	수	목	금	토	일	월	화	수	목	금	토	일	월	화	수	목	금	토	일	월
일진 日辰	癸未	甲申	乙酉	丙戌	丁亥	戊子	己丑	庚寅	辛卯	壬辰	癸巳	甲午	乙未	丙申	丁酉	戊戌	己亥	庚子	辛丑	壬寅	癸卯	甲辰	乙巳	丙午	丁未	戊申	己酉	庚戌	辛亥	壬子
음력	5	6	7	8	9	10	11	12	13	14	15	16	17	18	19	20	21	22	23	24	25	26	27	28	29	11/1	2	3	4	5
대운 남	8	8	9	9	9	10	입	1	1	1	1	2	2	2	3	3	3	4	4	4	5	소	5	6	6	6	7	7	7	8
대운 여	2	2	1	1	1	1	동	10	9	9	9	8	8	8	7	7	7	6	6	6	5	설	5	4	4	4	3	3	3	2

대설 7일 13시 51분 【음11월】➡ **【庚子月(경자월)】** ☯ 동지 22일 07시 51분

양력 12 / 음력 11/06 – 12/06

양력	1	2	3	4	5	6	7	8	9	10	11	12	13	14	15	16	17	18	19	20	21	22	23	24	25	26	27	28	29	30	31
요일	화	수	목	금	토	일	월	화	수	목	금	토	일	월	화	수	목	금	토	일	월	화	수	목	금	토	일	월	화	수	목
일진 日辰	癸丑	甲寅	乙卯	丙辰	丁巳	戊午	己未	庚申	辛酉	壬戌	癸亥	甲子	乙丑	丙寅	丁卯	戊辰	己巳	庚午	辛未	壬申	癸酉	甲戌	乙亥	丙子	丁丑	戊寅	己卯	庚辰	辛巳	壬午	癸未
음력	6	7	8	9	10	11	12	13	14	15	16	17	18	19	20	21	22	23	24	25	26	27	28	29	30	12/1	2	3	4	5	6
대운 남	8	8	9	9	9	10	대	1	1	1	1	2	2	2	3	3	3	4	4	4	5	동	5	6	6	6	7	7	7	8	8
대운 여	2	2	1	1	1	1	설	10	9	9	9	8	8	8	7	7	7	6	6	6	5	지	5	4	4	4	3	3	3	2	2

단기 4315 年	1982년
불기 2526 年	

中元 壬戌年 납음(大海水),본명성(九紫火)

대장군(午남방), 삼살(북방), 상문(子북방),조객(申서남방), 납음(대해수), 【삼재(신,유,술)년】 臘享(납향):1983년1월19일(음12/06)

소한 6일 01시 03분 【음12월】 ➡ **【辛丑月(신축월)】** ☯ 대한 20일 18시 31분

양력 1 / 음력 12/07 ~ 01/07

양력	1	2	3	4	5	6	7	8	9	10	11	12	13	14	15	16	17	18	19	20	21	22	23	24	25	26	27	28	29	30	31
요일	금	토	일	월	화	수	목	금	토	일	월	화	수	목	금	토	일	월	화	수	목	금	토	일	월	화	수	목	금	토	일
일진 日辰	甲申	乙酉	丙戌	丁亥	戊子	己丑	庚寅	辛卯	壬辰	癸巳	甲午	乙未	丙申	丁酉	戊戌	己亥	庚子	辛丑	壬寅	癸卯	甲辰	乙巳	丙午	丁未	戊申	己酉	庚戌	辛亥	壬子	癸丑	甲寅
음력	7	8	9	10	11	12	13	14	15	16	17	18	19	20	21	22	23	24	25	26	27	28	29	30	1/1	2	3	4	5	6	7
대운 남	8	9	9	9	10	소	1	1	1	1	2	2	2	3	3	3	4	4	4	대	5	5	6	6	6	7	7	7	8	8	8
대운 여	2	1	1	1	1	한	9	9	9	8	8	8	7	7	7	6	6	6	5	한	5	4	4	4	3	3	3	2	2	2	1

입춘 4일 12시 45분 【음1월】 ➡ **【壬寅月(임인월)】** ☯ 우수 19일 08시 47분

양력 2 / 음력 01/08 ~ 02/05

양력	1	2	3	4	5	6	7	8	9	10	11	12	13	14	15	16	17	18	19	20	21	22	23	24	25	26	27	28
요일	월	화	수	목	금	토	일	월	화	수	목	금	토	일	월	화	수	목	금	토	일	월	화	수	목	금	토	일
일진 日辰	乙卯	丙辰	丁巳	戊午	己未	庚申	辛酉	壬戌	癸亥	甲子	乙丑	丙寅	丁卯	戊辰	己巳	庚午	辛未	壬申	癸酉	甲戌	乙亥	丙子	丁丑	戊寅	己卯	庚辰	辛巳	壬午
음력	8	9	10	11	12	13	14	15	16	17	18	19	20	21	22	23	24	25	26	27	28	29	30	2/1	2	3	4	5
대운 남	9	9	9	입	10	9	9	9	8	8	8	7	7	7	6	6	6	5	우	5	4	4	4	3	3	3	2	2
대운 여	1	1	1	춘	1	1	1	1	2	2	2	3	3	3	4	4	4	5	수	5	6	6	6	7	7	7	8	8

壬戌年

경칩 6일 06시 55분 【음2월】 ➡ **【癸卯月(계묘월)】** ☯ 춘분 21일 07시 56분

양력 3 / 음력 02/06 ~ 03/07

양력	1	2	3	4	5	6	7	8	9	10	11	12	13	14	15	16	17	18	19	20	21	22	23	24	25	26	27	28	29	30	31
요일	월	화	수	목	금	토	일	월	화	수	목	금	토	일	월	화	수	목	금	토	일	월	화	수	목	금	토	일	월	화	수
일진 日辰	癸未	甲申	乙酉	丙戌	丁亥	戊子	己丑	庚寅	辛卯	壬辰	癸巳	甲午	乙未	丙申	丁酉	戊戌	己亥	庚子	辛丑	壬寅	癸卯	甲辰	乙巳	丙午	丁未	戊申	己酉	庚戌	辛亥	壬子	癸丑
음력	6	7	8	9	10	11	12	13	14	15	16	17	18	19	20	21	22	23	24	25	26	27	28	29	3/1	2	3	4	5	6	7
대운 남	2	1	1	1	1	경	10	9	9	9	8	8	8	7	7	7	6	6	6	5	춘	5	4	4	4	3	3	3	2	2	2
대운 여	8	9	9	9	10	칩	1	1	1	1	2	2	2	3	3	3	4	4	4	5	분	5	6	6	6	7	7	7	8	8	8

청명 5일 11시 53분 【음3월】 ➡ **【甲辰月(갑진월)】** ☯ 곡우 20일 19시 07분

양력 4 / 음력 03/08 ~ 04/07

양력	1	2	3	4	5	6	7	8	9	10	11	12	13	14	15	16	17	18	19	20	21	22	23	24	25	26	27	28	29	30
요일	목	금	토	일	월	화	수	목	금	토	일	월	화	수	목	금	토	일	월	화	수	목	금	토	일	월	화	수	목	금
일진 日辰	甲寅	乙卯	丙辰	丁巳	戊午	己未	庚申	辛酉	壬戌	癸亥	甲子	乙丑	丙寅	丁卯	戊辰	己巳	庚午	辛未	壬申	癸酉	甲戌	乙亥	丙子	丁丑	戊寅	己卯	庚辰	辛巳	壬午	癸未
음력	8	9	10	11	12	13	14	15	16	17	18	19	20	21	22	23	24	25	26	27	28	29	30	4/1	2	3	4	5	6	7
대운 남	1	1	1	1	청	10	10	9	9	9	8	8	8	7	7	7	6	6	6	곡	5	5	4	4	4	3	3	3	2	2
대운 여	9	9	9	10	명	1	1	1	1	2	2	2	3	3	3	4	4	4	5	우	5	6	6	6	7	7	7	8	8	8

입하 6일 05시 20분 【음4월】 ➡ **【乙巳月(을사월)】** ☯ 소만 21일 18시 23분

양력 5 / 음력 04/08 ~ 윤409

양력	1	2	3	4	5	6	7	8	9	10	11	12	13	14	15	16	17	18	19	20	21	22	23	24	25	26	27	28	29	30	31
요일	토	일	월	화	수	목	금	토	일	월	화	수	목	금	토	일	월	화	수	목	금	토	일	월	화	수	목	금	토	일	월
일진 日辰	甲申	乙酉	丙戌	丁亥	戊子	己丑	庚寅	辛卯	壬辰	癸巳	甲午	乙未	丙申	丁酉	戊戌	己亥	庚子	辛丑	壬寅	癸卯	甲辰	乙巳	丙午	丁未	戊申	己酉	庚戌	辛亥	壬子	癸丑	甲寅
음력	8	9	10	11	12	13	14	15	16	17	18	19	20	21	22	23	24	25	26	27	28	29	윤4	2	3	4	5	6	7	8	9
대운 남	2	1	1	1	1	입	10	10	9	9	9	8	8	8	7	7	7	6	6	6	소	5	5	4	4	4	3	3	3	2	2
대운 여	9	9	9	10	10	하	1	1	1	1	2	2	2	3	3	3	4	4	4	5	만	5	6	6	6	7	7	7	8	8	8

망종 6일 09시 36분 【음5월】 ➡ **【丙午月(병오월)】** ☯ 하지 22일 02시 23분

양력 6 / 음력 윤410 ~ 05/10

양력	1	2	3	4	5	6	7	8	9	10	11	12	13	14	15	16	17	18	19	20	21	22	23	24	25	26	27	28	29	30
요일	화	수	목	금	토	일	월	화	수	목	금	토	일	월	화	수	목	금	토	일	월	화	수	목	금	토	일	월	화	수
일진 日辰	乙卯	丙辰	丁巳	戊午	己未	庚申	辛酉	壬戌	癸亥	甲子	乙丑	丙寅	丁卯	戊辰	己巳	庚午	辛未	壬申	癸酉	甲戌	乙亥	丙子	丁丑	戊寅	己卯	庚辰	辛巳	壬午	癸未	甲申
음력	10	11	12	13	14	15	16	17	18	19	20	21	22	23	24	25	26	27	28	29	5/1	2	3	4	5	6	7	8	9	10
대운 남	2	1	1	1	1	망	10	10	9	9	9	8	8	8	7	7	7	6	6	6	5	하	5	4	4	4	3	3	3	2
대운 여	9	9	9	10	10	종	1	1	1	1	2	2	2	3	3	3	4	4	4	5	5	지	6	6	6	7	7	7	8	8

한식(4월06일), 초복(7월16일), 중복(7월26일), 말복(8월15일) ☂춘사(春社)3/16
☀추사(秋社)9/22 토왕지절(土旺之節):4월17일,7월20일,10월21일,1월18일(음12/05)
臘享(납향):1983년1월19일(음12/06)

1982 壬戌年

소서 7일 19시 55분 【음6월】➡ **【丁未月(정미월)】** ☯ 대서 23일 13시 15분

양력 7	양력	1	2	3	4	5	6	7	8	9	10	11	12	13	14	15	16	17	18	19	20	21	22	23	24	25	26	27	28	29	30	31
	요일	목	금	토	일	월	화	수	목	금	토	일	월	화	수	목	금	토	일	월	화	수	목	금	토	일	월	화	수	목	금	토
	일진 日辰	乙酉	丙戌	丁亥	戊子	己丑	庚寅	辛卯	壬辰	癸巳	甲午	乙未	丙申	丁酉	戊戌	己亥	庚子	辛丑	壬寅	癸卯	甲辰	乙巳	丙午	丁未	戊申	己酉	庚戌	辛亥	壬子	癸丑	甲寅	乙卯
음력 05/11 ~ 06/11	음력	11	12	13	14	15	16	17	18	19	20	21	22	23	24	25	26	27	28	29	30	6/1	2	3	4	5	6	7	8	9	10	11
대운	남	2	2	1	1	1	1	소	10	10	10	9	9	9	8	8	8	7	7	7	6	6	6	대	5	5	4	4	4	3	3	3
대운	여	8	9	9	9	10	10	서	1	1	1	1	2	2	2	3	3	3	4	4	4	5	5	서	6	6	6	7	7	7	8	8

입추 8일 05시 42분 【음7월】➡ **【戊申月(무신월)】** ☯ 처서 23일 20시 15분

양력 8	양력	1	2	3	4	5	6	7	8	9	10	11	12	13	14	15	16	17	18	19	20	21	22	23	24	25	26	27	28	29	30	31
	요일	일	월	화	수	목	금	토	일	월	화	수	목	금	토	일	월	화	수	목	금	토	일	월	화	수	목	금	토	일	월	화
	일진 日辰	丙辰	丁巳	戊午	己未	庚申	辛酉	壬戌	癸亥	甲子	乙丑	丙寅	丁卯	戊辰	己巳	庚午	辛未	壬申	癸酉	甲戌	乙亥	丙子	丁丑	戊寅	己卯	庚辰	辛巳	壬午	癸未	甲申	乙酉	丙戌
음력 06/12 ~ 07/13	음력	12	13	14	15	16	17	18	19	20	21	22	23	24	25	26	27	28	29	7/1	2	3	4	5	6	7	8	9	10	11	12	13
대운	남	2	2	2	1	1	1	1	입	10	10	9	9	9	8	8	8	7	7	7	6	6	6	처	5	5	4	4	4	3	3	3
대운	여	8	9	9	9	10	10	10	추	1	1	1	1	2	2	2	3	3	3	4	4	4	5	서	5	6	6	6	7	7	7	8

백로 8일 08시 32분 【음8월】➡ **【己酉月(기유월)】** ☯ 추분 23일 17시 46분

양력 9	양력	1	2	3	4	5	6	7	8	9	10	11	12	13	14	15	16	17	18	19	20	21	22	23	24	25	26	27	28	29	30	
	요일	수	목	금	토	일	월	화	수	목	금	토	일	월	화	수	목	금	토	일	월	화	수	목	금	토	일	월	화	수	목	
	일진 日辰	丁亥	戊子	己丑	庚寅	辛卯	壬辰	癸巳	甲午	乙未	丙申	丁酉	戊戌	己亥	庚子	辛丑	壬寅	癸卯	甲辰	乙巳	丙午	丁未	戊申	己酉	庚戌	辛亥	壬子	癸丑	甲寅	乙卯	丙辰	
음력 07/14 ~ 08/14	음력	14	15	16	17	18	19	20	21	22	23	24	25	26	27	28	29	8/1	2	3	4	5	6	7	8	9	10	11	12	13	14	
대운	남	2	2	2	1	1	1	1	백	10	10	9	9	9	8	8	8	7	7	7	6	6	6	추	5	5	4	4	4	3	3	
대운	여	8	8	9	9	9	10	10	로	1	1	1	1	2	2	2	3	3	3	4	4	4	5	분	5	6	6	6	7	7	7	

한로 9일 00시 02분 【음9월】➡ **【庚戌月(경술월)】** ☯ 상강 24일 02시 58분

양력 10	양력	1	2	3	4	5	6	7	8	9	10	11	12	13	14	15	16	17	18	19	20	21	22	23	24	25	26	27	28	29	30	31
	요일	금	토	일	월	화	수	목	금	토	일	월	화	수	목	금	토	일	월	화	수	목	금	토	일	월	화	수	목	금	토	일
	일진 日辰	丁巳	戊午	己未	庚申	辛酉	壬戌	癸亥	甲子	乙丑	丙寅	丁卯	戊辰	己巳	庚午	辛未	壬申	癸酉	甲戌	乙亥	丙子	丁丑	戊寅	己卯	庚辰	辛巳	壬午	癸未	甲申	乙酉	丙戌	丁亥
음력 08/15 ~ 09/15	음력	15	16	17	18	19	20	21	22	23	24	25	26	27	28	29	30	9/1	2	3	4	5	6	7	8	9	10	11	12	13	14	15
대운	남	3	2	2	2	1	1	1	1	한	10	9	9	9	8	8	8	7	7	7	6	6	6	5	상	5	4	4	4	3	3	3
대운	여	8	8	8	9	9	9	10	10	로	1	1	1	1	2	2	2	3	3	3	4	4	4	5	강	5	6	6	6	7	7	7

입동 8일 03시 04분 【음10월】➡ **【辛亥月(신해월)】** ☯ 소설 23일 00시 23분

양력 11	양력	1	2	3	4	5	6	7	8	9	10	11	12	13	14	15	16	17	18	19	20	21	22	23	24	25	26	27	28	29	30	
	요일	월	화	수	목	금	토	일	월	화	수	목	금	토	일	월	화	수	목	금	토	일	월	화	수	목	금	토	일	월	화	
	일진 日辰	戊子	己丑	庚寅	辛卯	壬辰	癸巳	甲午	乙未	丙申	丁酉	戊戌	己亥	庚子	辛丑	壬寅	癸卯	甲辰	乙巳	丙午	丁未	戊申	己酉	庚戌	辛亥	壬子	癸丑	甲寅	乙卯	丙辰	丁巳	
음력 09/16 ~ 10/15	음력	16	17	18	19	20	21	22	23	24	25	26	27	28	29	30	10/1	2	3	4	5	6	7	8	9	10	11	12	13	14	15	
대운	남	2	2	2	1	1	1	1	입	9	9	9	8	8	8	7	7	7	6	6	6	5	5	소	4	4	4	3	3	3	2	
대운	여	8	8	8	9	9	9	10	동	1	1	1	1	2	2	2	3	3	3	4	4	4	5	설	5	6	6	6	7	7	7	

대설 7일 19시 48분 【음11월】➡ **【壬子月(임자월)】** ☯ 동지 22일 13시 38분

양력 12	양력	1	2	3	4	5	6	7	8	9	10	11	12	13	14	15	16	17	18	19	20	21	22	23	24	25	26	27	28	29	30	31
	요일	수	목	금	토	일	월	화	수	목	금	토	일	월	화	수	목	금	토	일	월	화	수	목	금	토	일	월	화	수	목	금
	일진 日辰	戊午	己未	庚申	辛酉	壬戌	癸亥	甲子	乙丑	丙寅	丁卯	戊辰	己巳	庚午	辛未	壬申	癸酉	甲戌	乙亥	丙子	丁丑	戊寅	己卯	庚辰	辛巳	壬午	癸未	甲申	乙酉	丙戌	丁亥	戊子
음력 10/16 ~ 11/17	음력	16	17	18	19	20	21	22	23	24	25	26	27	28	29	11/1	2	3	4	5	6	7	8	9	10	11	12	13	14	15	16	17
대운	남	2	2	1	1	1	1	대	10	9	9	9	8	8	8	7	7	7	6	6	6	5	동	5	4	4	4	3	3	3	2	2
대운	여	8	8	8	9	9	9	설	1	1	1	1	2	2	2	3	3	3	4	4	4	5	지	5	6	6	6	7	7	7	8	8

돼지

단기 4316 年
불기 2527 年

1983년

中元 癸亥年 납음(大海水), 본명성(八白土)

대장군(酉서방), 삼살(酉서방), 상문(丑동북방), 조객(酉서방), 납음(대해수), 【삼재(사,오,미)년】 臘享(납향):1984년1월26일(음12/24)

소한 6일 06시 59분 【음12월】 ➡ **【癸丑月(계축월)】** ☯ 대한 21일 00시 17분

양력 1	양력	1	2	3	4	5	6	7	8	9	10	11	12	13	14	15	16	17	18	19	20	21	22	23	24	25	26	27	28	29	30	31
	요일	토	일	월	화	수	목	금	토	일	월	화	수	목	금	토	일	월	화	수	목	금	토	일	월	화	수	목	금	토	일	월
	일진 日辰	己丑	庚寅	辛卯	壬辰	癸巳	甲午	乙未	丙申	丁酉	戊戌	己亥	庚子	辛丑	壬寅	癸卯	甲辰	乙巳	丙午	丁未	戊申	己酉	庚戌	辛亥	壬子	癸丑	甲寅	乙卯	丙辰	丁巳	戊午	己未
음력 11/18 ▮ 12/18	음력	18	19	20	21	22	23	24	25	26	27	28	29	30	12/1	2	3	4	5	6	7	8	9	10	11	12	13	14	15	16	17	18
	대운 남	2	1	1	1	1	소	9	9	9	8	8	8	7	7	7	6	6	6	5	5	대	4	4	4	3	3	3	2	2	2	1
	대운 여	8	9	9	9	10	한	1	1	1	1	2	2	2	3	3	3	4	4	4	5	한	5	6	6	6	7	7	7	8	8	8

입춘 4일 18시 40분 【음1월】 ➡ **【甲寅月(갑인월)】** ☯ 우수 19일 14시 31분

양력 2	양력	1	2	3	4	5	6	7	8	9	10	11	12	13	14	15	16	17	18	19	20	21	22	23	24	25	26	27	28
	요일	화	수	목	금	토	일	월	화	수	목	금	토	일	월	화	수	목	금	토	일	월	화	수	목	금	토	일	월
	일진 日辰	庚申	辛酉	壬戌	癸亥	甲子	乙丑	丙寅	丁卯	戊辰	己巳	庚午	辛未	壬申	癸酉	甲戌	乙亥	丙子	丁丑	戊寅	己卯	庚辰	辛巳	壬午	癸未	甲申	乙酉	丙戌	丁亥
음력 12/19 ▮ 01/16	음력	19	20	21	22	23	24	25	26	27	28	29	30	1/1	2	3	4	5	6	7	8	9	10	11	12	13	14	15	16
	대운 남	1	1	1	입	1	1	1	1	2	2	2	3	3	3	4	4	4	5	우	5	6	6	6	7	7	7	8	8
	대운 여	9	9	9	춘	10	9	9	9	8	8	8	7	7	7	6	6	6	5	수	5	4	4	4	3	3	3	2	2

癸亥年

경칩 6일 12시 47분 【음2월】 ➡ **【乙卯月(을묘월)】** ☯ 춘분 21일 13시 39분

양력 3	양력	1	2	3	4	5	6	7	8	9	10	11	12	13	14	15	16	17	18	19	20	21	22	23	24	25	26	27	28	29	30	31
	요일	화	수	목	금	토	일	월	화	수	목	금	토	일	월	화	수	목	금	토	일	월	화	수	목	금	토	일	월	화	수	목
	일진 日辰	戊子	己丑	庚寅	辛卯	壬辰	癸巳	甲午	乙未	丙申	丁酉	戊戌	己亥	庚子	辛丑	壬寅	癸卯	甲辰	乙巳	丙午	丁未	戊申	己酉	庚戌	辛亥	壬子	癸丑	甲寅	乙卯	丙辰	丁巳	戊午
음력 01/17 ▮ 02/17	음력	17	18	19	20	21	22	23	24	25	26	27	28	29	30	2/1	2	3	4	5	6	7	8	9	10	11	12	13	14	15	16	17
	대운 남	8	9	9	9	10	경	1	1	1	1	2	2	2	3	3	3	4	4	4	5	춘	5	6	6	6	7	7	7	8	8	8
	대운 여	2	1	1	1	1	칩	10	9	9	9	8	8	8	7	7	7	6	6	6	5	분	5	4	4	4	3	3	3	2	2	2

청명 5일 17시 44분 【음3월】 ➡ **【丙辰月(병진월)】** ☯ 곡우 21일 00시 50분

양력 4	양력	1	2	3	4	5	6	7	8	9	10	11	12	13	14	15	16	17	18	19	20	21	22	23	24	25	26	27	28	29	30
	요일	금	토	일	월	화	수	목	금	토	일	월	화	수	목	금	토	일	월	화	수	목	금	토	일	월	화	수	목	금	토
	일진 日辰	己未	庚申	辛酉	壬戌	癸亥	甲子	乙丑	丙寅	丁卯	戊辰	己巳	庚午	辛未	壬申	癸酉	甲戌	乙亥	丙子	丁丑	戊寅	己卯	庚辰	辛巳	壬午	癸未	甲申	乙酉	丙戌	丁亥	戊子
음력 02/18 ▮ 03/18	음력	18	19	20	21	22	23	24	25	26	27	28	29	3/1	2	3	4	5	6	7	8	9	10	11	12	13	14	15	16	17	18
	대운 남	9	9	9	10	청	1	1	1	1	2	2	2	3	3	3	4	4	4	5	5	곡	6	6	6	7	7	7	8	8	8
	대운 여	1	1	1	1	명	10	10	9	9	9	8	8	8	7	7	7	6	6	6	5	우	5	4	4	4	3	3	3	2	2

입하 6일 11시 11분 【음4월】 ➡ **【丁巳月(정사월)】** ☯ 소만 22일 00시 06분

양력 5	양력	1	2	3	4	5	6	7	8	9	10	11	12	13	14	15	16	17	18	19	20	21	22	23	24	25	26	27	28	29	30	31
	요일	일	월	화	수	목	금	토	일	월	화	수	목	금	토	일	월	화	수	목	금	토	일	월	화	수	목	금	토	일	월	화
	일진 日辰	己丑	庚寅	辛卯	壬辰	癸巳	甲午	乙未	丙申	丁酉	戊戌	己亥	庚子	辛丑	壬寅	癸卯	甲辰	乙巳	丙午	丁未	戊申	己酉	庚戌	辛亥	壬子	癸丑	甲寅	乙卯	丙辰	丁巳	戊午	己未
음력 03/19 ▮ 04/19	음력	19	20	21	22	23	24	25	26	27	28	29	30	4/1	2	3	4	5	6	7	8	9	10	11	12	13	14	15	16	17	18	19
	대운 남	9	9	9	10	10	입	1	1	1	1	2	2	2	3	3	3	4	4	4	5	5	소	6	6	6	7	7	7	8	8	8
	대운 여	2	1	1	1	1	하	10	10	9	9	9	8	8	8	7	7	7	6	6	6	5	만	5	4	4	4	3	3	3	2	2

망종 6일 15시 26분 【음5월】 ➡ **【戊午月(무오월)】** ☯ 하지 22일 08시 09분

양력 6	양력	1	2	3	4	5	6	7	8	9	10	11	12	13	14	15	16	17	18	19	20	21	22	23	24	25	26	27	28	29	30
	요일	수	목	금	토	일	월	화	수	목	금	토	일	월	화	수	목	금	토	일	월	화	수	목	금	토	일	월	화	수	목
	일진 日辰	庚申	辛酉	壬戌	癸亥	甲子	乙丑	丙寅	丁卯	戊辰	己巳	庚午	辛未	壬申	癸酉	甲戌	乙亥	丙子	丁丑	戊寅	己卯	庚辰	辛巳	壬午	癸未	甲申	乙酉	丙戌	丁亥	戊子	己丑
음력 04/20 ▮ 05/20	음력	20	21	22	23	24	25	26	27	28	29	5/1	2	3	4	5	6	7	8	9	10	11	12	13	14	15	16	17	18	19	20
	대운 남	9	9	9	10	10	망	1	1	1	1	2	2	2	3	3	3	4	4	4	5	5	하	6	6	6	7	7	7	8	8
	대운 여	2	1	1	1	1	종	10	10	10	9	9	9	8	8	8	7	7	7	6	6	6	지	5	5	4	4	4	3	3	3

한식(4월06일), 초복(7월21일), 중복(7월31일), 말복(8월10일) 춘사(春社)3/21
추사(秋社)9/27 토왕지절(土旺之節):4월17일,7월20일,10월21일,1월18일(음12/16)
臘享(납향):1984년1월26일(음12/24)

1983 癸亥年

소서 8일 01시 43분 【음6월】 ➡ 【己未月(기미월)】 대서 23일 19시 04분

양력 7 (음력 05/21~06/22)	1	2	3	4	5	6	7	8	9	10	11	12	13	14	15	16	17	18	19	20	21	22	23	24	25	26	27	28	29	30	31
요일	금	토	일	월	화	수	목	금	토	일	월	화	수	목	금	토	일	월	화	수	목	금	토	일	월	화	수	목	금	토	일
일진 日辰	庚寅	辛卯	壬辰	癸巳	甲午	乙未	丙申	丁酉	戊戌	己亥	庚子	辛丑	壬寅	癸卯	甲辰	乙巳	丙午	丁未	戊申	己酉	庚戌	辛亥	壬子	癸丑	甲寅	乙卯	丙辰	丁巳	戊午	己未	庚申
음력	21	22	23	24	25	26	27	28	29	6/1	2	3	4	5	6	7	8	9	10	11	12	13	14	15	16	17	18	19	20	21	22
대운 남	8	9	9	9	10	10	10	소	1	1	1	1	2	2	2	3	3	3	4	4	4	5	대	5	6	6	6	7	7	7	8
대운 여	2	2	2	1	1	1	1	서	10	10	9	9	9	8	8	8	7	7	7	6	6	6	서	5	5	4	4	4	3	3	3

입추 8일 11시 30분 【음7월】 ➡ 【庚申月(경신월)】 처서 24일 02시 07분

양력 8 (음력 06/23~07/23)	1	2	3	4	5	6	7	8	9	10	11	12	13	14	15	16	17	18	19	20	21	22	23	24	25	26	27	28	29	30	31
요일	월	화	수	목	금	토	일	월	화	수	목	금	토	일	월	화	수	목	금	토	일	월	화	수	목	금	토	일	월	화	수
일진 日辰	辛酉	壬戌	癸亥	甲子	乙丑	丙寅	丁卯	戊辰	己巳	庚午	辛未	壬申	癸酉	甲戌	乙亥	丙子	丁丑	戊寅	己卯	庚辰	辛巳	壬午	癸未	甲申	乙酉	丙戌	丁亥	戊子	己丑	庚寅	辛卯
음력	23	24	25	26	27	28	29	30	7/1	2	3	4	5	6	7	8	9	10	11	12	13	14	15	16	17	18	19	20	21	22	23
대운 남	8	8	9	9	9	10	10	입	1	1	1	1	2	2	2	3	3	3	4	4	4	5	5	처	6	6	6	7	7	7	8
대운 여	2	2	2	1	1	1	1	추	10	10	9	9	9	8	8	8	7	7	7	6	6	6	5	서	5	4	4	4	3	3	3

백로 8일 14시 20분 【음8월】 ➡ 【辛酉月(신유월)】 추분 23일 23시 42분

양력 9 (음력 07/24~08/24)	1	2	3	4	5	6	7	8	9	10	11	12	13	14	15	16	17	18	19	20	21	22	23	24	25	26	27	28	29	30
요일	목	금	토	일	월	화	수	목	금	토	일	월	화	수	목	금	토	일	월	화	수	목	금	토	일	월	화	수	목	금
일진 日辰	壬辰	癸巳	甲午	乙未	丙申	丁酉	戊戌	己亥	庚子	辛丑	壬寅	癸卯	甲辰	乙巳	丙午	丁未	戊申	己酉	庚戌	辛亥	壬子	癸丑	甲寅	乙卯	丙辰	丁巳	戊午	己未	庚申	辛酉
음력	24	25	26	27	28	29	8/1	2	3	4	5	6	7	8	9	10	11	12	13	14	15	16	17	18	19	20	21	22	23	24
대운 남	8	8	9	9	9	10	10	백	1	1	1	1	2	2	2	3	3	3	4	4	4	5	추	5	6	6	6	7	7	7
대운 여	2	2	2	1	1	1	1	로	10	10	9	9	9	8	8	8	7	7	7	6	6	6	분	5	5	4	4	4	3	3

한로 9일 05시 51분 【음9월】 ➡ 【壬戌月(임술월)】 상강 24일 08시 54분

양력 10 (음력 08/25~09/26)	1	2	3	4	5	6	7	8	9	10	11	12	13	14	15	16	17	18	19	20	21	22	23	24	25	26	27	28	29	30	31
요일	토	일	월	화	수	목	금	토	일	월	화	수	목	금	토	일	월	화	수	목	금	토	일	월	화	수	목	금	토	일	월
일진 日辰	壬戌	癸亥	甲子	乙丑	丙寅	丁卯	戊辰	己巳	庚午	辛未	壬申	癸酉	甲戌	乙亥	丙子	丁丑	戊寅	己卯	庚辰	辛巳	壬午	癸未	甲申	乙酉	丙戌	丁亥	戊子	己丑	庚寅	辛卯	壬辰
음력	25	26	27	28	29	9/1	2	3	4	5	6	7	8	9	10	11	12	13	14	15	16	17	18	19	20	21	22	23	24	25	26
대운 남	8	8	8	9	9	9	10	10	한	1	1	1	1	2	2	2	3	3	3	4	4	4	5	상	5	6	6	6	7	7	7
대운 여	3	2	2	2	1	1	1	1	로	10	9	9	9	8	8	8	7	7	7	6	6	6	5	강	5	4	4	4	3	3	3

입동 8일 08시 52분 【음10월】 ➡ 【癸亥月(계해월)】 소설 23일 06시 18분

양력 11 (음력 09/27~10/26)	1	2	3	4	5	6	7	8	9	10	11	12	13	14	15	16	17	18	19	20	21	22	23	24	25	26	27	28	29	30
요일	화	수	목	금	토	일	월	화	수	목	금	토	일	월	화	수	목	금	토	일	월	화	수	목	금	토	일	월	화	수
일진 日辰	癸巳	甲午	乙未	丙申	丁酉	戊戌	己亥	庚子	辛丑	壬寅	癸卯	甲辰	乙巳	丙午	丁未	戊申	己酉	庚戌	辛亥	壬子	癸丑	甲寅	乙卯	丙辰	丁巳	戊午	己未	庚申	辛酉	壬戌
음력	27	28	29	30	10/1	2	3	4	5	6	7	8	9	10	11	12	13	14	15	16	17	18	19	20	21	22	23	24	25	26
대운 남	8	8	8	9	9	9	10	입	1	1	1	1	2	2	2	3	3	3	4	4	4	5	소	5	6	6	6	7	7	7
대운 여	2	2	2	1	1	1	1	동	10	9	9	9	8	8	8	7	7	7	6	6	6	5	설	5	4	4	4	3	3	3

대설 8일 01시 34분 【음11월】 ➡ 【甲子月(갑자월)】 동지 22일 19시 30분

양력 12 (음력 10/27~11/28)	1	2	3	4	5	6	7	8	9	10	11	12	13	14	15	16	17	18	19	20	21	22	23	24	25	26	27	28	29	30	31
요일	목	금	토	일	월	화	수	목	금	토	일	월	화	수	목	금	토	일	월	화	수	목	금	토	일	월	화	수	목	금	토
일진 日辰	癸亥	甲子	乙丑	丙寅	丁卯	戊辰	己巳	庚午	辛未	壬申	癸酉	甲戌	乙亥	丙子	丁丑	戊寅	己卯	庚辰	辛巳	壬午	癸未	甲申	乙酉	丙戌	丁亥	戊子	己丑	庚寅	辛卯	壬辰	癸巳
음력	27	28	29	11/1	2	3	4	5	6	7	8	9	10	11	12	13	14	15	16	17	18	19	20	21	22	23	24	25	26	27	28
대운 남	8	8	8	9	9	9	10	대	1	1	1	1	2	2	2	3	3	3	4	4	4	동	5	5	6	6	6	7	7	7	8
대운 여	2	2	2	1	1	1	1	설	9	9	9	8	8	8	7	7	7	6	6	6	5	지	5	4	4	4	3	3	3	2	2

단기 4317 年	1984년
불기 2528 年	

下元 甲子年 납음(海中金), 본명성(七赤金)

대장군(酉서방), 삼살(남방), 상문(寅동북방), 조객(戌서북방), 납음(해중금), 삼재(인,묘,진) 臘享(납향):1985년2월01일(음12/12)

쥐

소한 6일 12시 41분 【음12월】 ➡ **【乙丑月(을축월)】** ☯ 대한 21일 06시 05분

양력 1 (음력 11/29 ~ 12/29)

양력	1	2	3	4	5	6	7	8	9	10	11	12	13	14	15	16	17	18	19	20	21	22	23	24	25	26	27	28	29	30	31
요일	일	월	화	수	목	금	토	일	월	화	수	목	금	토	일	월	화	수	목	금	토	일	월	화	수	목	금	토	일	월	화
일진 日辰	甲午	乙未	丙申	丁酉	戊戌	己亥	庚子	辛丑	壬寅	癸卯	甲辰	乙巳	丙午	丁未	戊申	己酉	庚戌	辛亥	壬子	癸丑	甲寅	乙卯	丙辰	丁巳	戊午	己未	庚申	辛酉	壬戌	癸亥	甲子
음력	29	30	12/1	2	3	4	5	6	7	8	9	10	11	12	13	14	15	16	17	18	19	20	21	22	23	24	25	26	27	28	29
대운 남	8	8	9	9	9	소	1	1	1	1	2	2	2	3	3	3	4	4	4	5	대	5	6	6	6	7	7	7	8	8	8
대운 여	2	1	1	1	1	한	10	9	9	9	8	8	8	7	7	7	6	6	6	5	한	5	4	4	4	3	3	3	2	2	2

입춘 5일 00시 19분 【음1월】 ➡ **【丙寅月(병인월)】** ☯ 우수 19일 20시 16분

양력 2 (음력 12/30 ~ 01/28) 甲子年

양력	1	2	3	4	5	6	7	8	9	10	11	12	13	14	15	16	17	18	19	20	21	22	23	24	25	26	27	28	29
요일	수	목	금	토	일	월	화	수	목	금	토	일	월	화	수	목	금	토	일	월	화	수	목	금	토	일	월	화	수
일진 日辰	乙丑	丙寅	丁卯	戊辰	己巳	庚午	辛未	壬申	癸酉	甲戌	乙亥	丙子	丁丑	戊寅	己卯	庚辰	辛巳	壬午	癸未	甲申	乙酉	丙戌	丁亥	戊子	己丑	庚寅	辛卯	壬辰	癸巳
음력	30	1/1	2	3	4	5	6	7	8	9	10	11	12	13	14	15	16	17	18	19	20	21	22	23	24	25	26	27	28
대운 남	9	9	9	10	입	9	9	9	8	8	8	7	7	7	6	6	6	5	우	5	4	4	4	3	3	3	2	2	2
대운 여	1	1	1	1	춘	1	1	1	1	2	2	2	3	3	3	4	4	4	수	5	5	6	6	6	7	7	7	8	8

경칩 5일 18시 25분 【음2월】 ➡ **【丁卯月(정묘월)】** ☯ 춘분 20일 19시 24분

양력 3 (음력 01/29 ~ 02/29)

양력	1	2	3	4	5	6	7	8	9	10	11	12	13	14	15	16	17	18	19	20	21	22	23	24	25	26	27	28	29	30	31
요일	목	금	토	일	월	화	수	목	금	토	일	월	화	수	목	금	토	일	월	화	수	목	금	토	일	월	화	수	목	금	토
일진 日辰	甲午	乙未	丙申	丁酉	戊戌	己亥	庚子	辛丑	壬寅	癸卯	甲辰	乙巳	丙午	丁未	戊申	己酉	庚戌	辛亥	壬子	癸丑	甲寅	乙卯	丙辰	丁巳	戊午	己未	庚申	辛酉	壬戌	癸亥	甲子
음력	29	30	2/1	2	3	4	5	6	7	8	9	10	11	12	13	14	15	16	17	18	19	20	21	22	23	24	25	26	27	28	29
대운 남	1	1	1	1	경	10	9	9	9	8	8	8	7	7	7	6	6	6	5	춘	5	4	4	4	3	3	3	2	2	2	1
대운 여	8	9	9	9	칩	1	1	1	1	2	2	2	3	3	3	4	4	4	5	분	5	6	6	6	7	7	7	8	8	8	9

청명 4일 23시 22분 【음3월】 ➡ **【戊辰月(무진월)】** ☯ 곡우 20일 06시 38분

양력 4 (음력 03/01 ~ 03/30)

양력	1	2	3	4	5	6	7	8	9	10	11	12	13	14	15	16	17	18	19	20	21	22	23	24	25	26	27	28	29	30
요일	일	월	화	수	목	금	토	일	월	화	수	목	금	토	일	월	화	수	목	금	토	일	월	화	수	목	금	토	일	월
일진 日辰	乙丑	丙寅	丁卯	戊辰	己巳	庚午	辛未	壬申	癸酉	甲戌	乙亥	丙子	丁丑	戊寅	己卯	庚辰	辛巳	壬午	癸未	甲申	乙酉	丙戌	丁亥	戊子	己丑	庚寅	辛卯	壬辰	癸巳	甲午
음력	3/1	2	3	4	5	6	7	8	9	10	11	12	13	14	15	16	17	18	19	20	21	22	23	24	25	26	27	28	29	30
대운 남	1	1	1	청	10	10	9	9	9	8	8	8	7	7	7	6	6	6	5	곡	5	4	4	4	3	3	3	2	2	2
대운 여	9	9	10	명	1	1	1	1	2	2	2	3	3	3	4	4	4	5	5	우	6	6	6	7	7	7	8	8	8	9

입하 5일 16시 51분 【음4월】 ➡ **【己巳月(기사월)】** ☯ 소만 21일 05시 58분

양력 5 (음력 04/01 ~ 05/01)

양력	1	2	3	4	5	6	7	8	9	10	11	12	13	14	15	16	17	18	19	20	21	22	23	24	25	26	27	28	29	30	31
요일	화	수	목	금	토	일	월	화	수	목	금	토	일	월	화	수	목	금	토	일	월	화	수	목	금	토	일	월	화	수	목
일진 日辰	乙未	丙申	丁酉	戊戌	己亥	庚子	辛丑	壬寅	癸卯	甲辰	乙巳	丙午	丁未	戊申	己酉	庚戌	辛亥	壬子	癸丑	甲寅	乙卯	丙辰	丁巳	戊午	己未	庚申	辛酉	壬戌	癸亥	甲子	乙丑
음력	4/1	2	3	4	5	6	7	8	9	10	11	12	13	14	15	16	17	18	19	20	21	22	23	24	25	26	27	28	29	30	5/1
대운 남	1	1	1	1	입	10	10	9	9	9	8	8	8	7	7	7	6	6	6	5	소	5	4	4	4	3	3	3	2	2	2
대운 여	9	9	10	10	하	1	1	1	1	2	2	2	3	3	3	4	4	4	5	5	만	6	6	6	7	7	7	8	8	8	9

망종 5일 21시 09분 【음5월】 ➡ **【庚午月(경오월)】** ☯ 하지 21일 14시 02분

양력 6 (음력 05/02 ~ 06/02)

양력	1	2	3	4	5	6	7	8	9	10	11	12	13	14	15	16	17	18	19	20	21	22	23	24	25	26	27	28	29	30
요일	금	토	일	월	화	수	목	금	토	일	월	화	수	목	금	토	일	월	화	수	목	금	토	일	월	화	수	목	금	토
일진 日辰	丙寅	丁卯	戊辰	己巳	庚午	辛未	壬申	癸酉	甲戌	乙亥	丙子	丁丑	戊寅	己卯	庚辰	辛巳	壬午	癸未	甲申	乙酉	丙戌	丁亥	戊子	己丑	庚寅	辛卯	壬辰	癸巳	甲午	乙未
음력	2	3	4	5	6	7	8	9	10	11	12	13	14	15	16	17	18	19	20	21	22	23	24	25	26	27	28	29	6/1	2
대운 남	1	1	1	1	망	10	10	10	9	9	9	8	8	8	7	7	7	6	6	6	하	5	5	4	4	4	3	3	3	2
대운 여	9	9	10	10	종	1	1	1	1	2	2	2	3	3	3	4	4	4	5	5	지	6	6	6	7	7	7	8	8	8

한식(4월05일), 초복(7월15일), 중복(7월25일), 말복(8월14일) 춘사(春社)3/25
추사(秋社)9/21 토왕지절(土旺之節):4월17일,7월19일,10월20일,1월17일(음11/27)
臘享(납향):1985년2월01일(음12/12)

1984 甲子年

【辛未月(신미월)】

소서 7일 07시 29분 【음6월】 ➡ ☯ 대서 23일 00시 58분

양력 7 / 음력 06/03 ~ 07/04

양력	1	2	3	4	5	6	7	8	9	10	11	12	13	14	15	16	17	18	19	20	21	22	23	24	25	26	27	28	29	30	31
요일	일	월	화	수	목	금	토	일	월	화	수	목	금	토	일	월	화	수	목	금	토	일	월	화	수	목	금	토	일	월	화
일진 日辰	丙申	丁酉	戊戌	己亥	庚子	辛丑	壬寅	癸卯	甲辰	乙巳	丙午	丁未	戊申	己酉	庚戌	辛亥	壬子	癸丑	甲寅	乙卯	丙辰	丁巳	戊午	己未	庚申	辛酉	壬戌	癸亥	甲子	乙丑	丙寅
음력	3	4	5	6	7	8	9	10	11	12	13	14	15	16	17	18	19	20	21	22	23	24	25	26	27	28	29	7/1	2	3	4
대운 남	2	2	1	1	1	1	소	10	10	9	9	9	8	8	8	7	7	7	6	6	6	5	대	5	4	4	4	3	3	3	2
대운 여	9	9	9	10	10	10	서	1	1	1	1	2	2	2	3	3	3	4	4	4	5	5	서	6	6	6	7	7	7	8	8

【壬申月(임신월)】

입추 7일 17시 18분 【음7월】 ➡ ☯ 처서 23일 08시 00분

양력 8 / 음력 07/05 ~ 08/05

양력	1	2	3	4	5	6	7	8	9	10	11	12	13	14	15	16	17	18	19	20	21	22	23	24	25	26	27	28	29	30	31
요일	수	목	금	토	일	월	화	수	목	금	토	일	월	화	수	목	금	토	일	월	화	수	목	금	토	일	월	화	수	목	금
일진 日辰	丁卯	戊辰	己巳	庚午	辛未	壬申	癸酉	甲戌	乙亥	丙子	丁丑	戊寅	己卯	庚辰	辛巳	壬午	癸未	甲申	乙酉	丙戌	丁亥	戊子	己丑	庚寅	辛卯	壬辰	癸巳	甲午	乙未	丙申	丁酉
음력	5	6	7	8	9	10	11	12	13	14	15	16	17	18	19	20	21	22	23	24	25	26	27	28	29	30	8/1	2	3	4	5
대운 남	2	2	1	1	1	1	입	10	10	9	9	9	8	8	8	7	7	7	6	6	6	5	처	5	4	4	4	3	3	3	2
대운 여	8	9	9	9	10	10	추	1	1	1	1	2	2	2	3	3	3	4	4	4	5	5	서	6	6	6	7	7	7	8	8

【癸酉月(계유월)】

백로 7일 20시 10분 【음8월】 ➡ ☯ 추분 23일 05시 33분

양력 9 / 음력 08/06 ~ 09/06

양력	1	2	3	4	5	6	7	8	9	10	11	12	13	14	15	16	17	18	19	20	21	22	23	24	25	26	27	28	29	30
요일	토	일	월	화	수	목	금	토	일	월	화	수	목	금	토	일	월	화	수	목	금	토	일	월	화	수	목	금	토	일
일진 日辰	戊戌	己亥	庚子	辛丑	壬寅	癸卯	甲辰	乙巳	丙午	丁未	戊申	己酉	庚戌	辛亥	壬子	癸丑	甲寅	乙卯	丙辰	丁巳	戊午	己未	庚申	辛酉	壬戌	癸亥	甲子	乙丑	丙寅	丁卯
음력	6	7	8	9	10	11	12	13	14	15	16	17	18	19	20	21	22	23	24	25	26	27	28	29	9/1	2	3	4	5	6
대운 남	2	2	1	1	1	1	백	10	10	9	9	9	8	8	8	7	7	7	6	6	6	5	추	5	4	4	4	3	3	3
대운 여	8	9	9	9	10	10	로	1	1	1	1	2	2	2	3	3	3	4	4	4	5	5	분	6	6	6	7	7	7	8

【甲戌月(갑술월)】

한로 8일 11시 43분 【음9월】 ➡ ☯ 상강 23일 14시 46분

양력 10 / 음력 09/07 ~ 10/08

양력	1	2	3	4	5	6	7	8	9	10	11	12	13	14	15	16	17	18	19	20	21	22	23	24	25	26	27	28	29	30	31
요일	월	화	수	목	금	토	일	월	화	수	목	금	토	일	월	화	수	목	금	토	일	월	화	수	목	금	토	일	월	화	수
일진 日辰	戊辰	己巳	庚午	辛未	壬申	癸酉	甲戌	乙亥	丙子	丁丑	戊寅	己卯	庚辰	辛巳	壬午	癸未	甲申	乙酉	丙戌	丁亥	戊子	己丑	庚寅	辛卯	壬辰	癸巳	甲午	乙未	丙申	丁酉	戊戌
음력	7	8	9	10	11	12	13	14	15	16	17	18	19	20	21	22	23	24	25	26	27	28	29	10/1	2	3	4	5	6	7	8
대운 남	2	2	2	1	1	1	1	한	10	9	9	9	8	8	8	7	7	7	6	6	6	5	상	5	4	4	4	3	3	3	2
대운 여	8	8	9	9	9	10	10	로	1	1	1	1	2	2	2	3	3	3	4	4	4	5	강	5	6	6	6	7	7	7	8

【乙亥月(을해월)】

입동 7일 14시 46분 【음10월】 ➡ ☯ 소설 22일 12시 11분

양력 11 / 음력 10/09 ~ 윤 108

양력	1	2	3	4	5	6	7	8	9	10	11	12	13	14	15	16	17	18	19	20	21	22	23	24	25	26	27	28	29	30
요일	목	금	토	일	월	화	수	목	금	토	일	월	화	수	목	금	토	일	월	화	수	목	금	토	일	월	화	수	목	금
일진 日辰	己亥	庚子	辛丑	壬寅	癸卯	甲辰	乙巳	丙午	丁未	戊申	己酉	庚戌	辛亥	壬子	癸丑	甲寅	乙卯	丙辰	丁巳	戊午	己未	庚申	辛酉	壬戌	癸亥	甲子	乙丑	丙寅	丁卯	戊辰
음력	9	10	11	12	13	14	15	16	17	18	19	20	21	22	23	24	25	26	27	28	29	30	윤10	2	3	4	5	6	7	8
대운 남	2	2	1	1	1	1	입	10	9	9	9	8	8	8	7	7	7	6	6	6	5	소	5	4	4	4	3	3	3	2
대운 여	8	8	9	9	9	10	동	1	1	1	1	2	2	2	3	3	3	4	4	4	5	설	5	6	6	6	7	7	7	8

【丙子月(병자월)】

대설 7일 07시 28분 【음11월】 ➡ ☯ 동지 22일 01시 23분

양력 12 / 음력 10/09 ~ 11/10

양력	1	2	3	4	5	6	7	8	9	10	11	12	13	14	15	16	17	18	19	20	21	22	23	24	25	26	27	28	29	30	31
요일	토	일	월	화	수	목	금	토	일	월	화	수	목	금	토	일	월	화	수	목	금	토	일	월	화	수	목	금	토	일	월
일진 日辰	己巳	庚午	辛未	壬申	癸酉	甲戌	乙亥	丙子	丁丑	戊寅	己卯	庚辰	辛巳	壬午	癸未	甲申	乙酉	丙戌	丁亥	戊子	己丑	庚寅	辛卯	壬辰	癸巳	甲午	乙未	丙申	丁酉	戊戌	己亥
음력	9	10	11	12	13	14	15	16	17	18	19	20	21	22	23	24	25	26	27	28	29	11/1	2	3	4	5	6	7	8	9	10
대운 남	2	2	1	1	1	1	입	10	9	9	9	8	8	8	7	7	6	6	6	5	5	동	4	4	4	3	3	3	2	2	2
대운 여	8	8	9	9	9	10	동	1	1	1	1	2	2	2	3	3	3	4	4	4	5	지	5	6	6	6	7	7	7	8	8

단기 4318 年
불기 2529 年

1985년

下元 乙丑年 납음(海中金),본명성(六白金)

소

대장군(酉서방), 삼살(동방), 상문(卯동방),조객(亥서북방), 납음(해중금), 【삼재(해,자,축)년】 臘享(납향):1986년1월15일(음12/06)

소한 5일 18시 35분 【음12월】 ➡ **【丁丑月(정축월)】** ☯ 대한 20일 11시 58분

	양력	1	2	3	4	5	6	7	8	9	10	11	12	13	14	15	16	17	18	19	20	21	22	23	24	25	26	27	28	29	30	31
양력 1	요일	화	수	목	금	토	일	월	화	수	목	금	토	일	월	화	수	목	금	토	일	월	화	수	목	금	토	일	월	화	수	목
	일진 日辰	庚子	辛丑	壬寅	癸卯	甲辰	乙巳	丙午	丁未	戊申	己酉	庚戌	辛亥	壬子	癸丑	甲寅	乙卯	丙辰	丁巳	戊午	己未	庚申	辛酉	壬戌	癸亥	甲子	乙丑	丙寅	丁卯	戊辰	己巳	庚午
음력 11/11 ▮ 12/11	음력	11	12	13	14	15	16	17	18	19	20	21	22	23	24	25	26	27	28	29	30	12/1	2	3	4	5	6	7	8	9	10	11
대운	남	1	1	1	1	소	10	9	9	9	8	8	8	7	7	7	6	6	6	5	대	5	4	4	4	3	3	3	2	2	2	1
	여	8	9	9	9	한	1	1	1	1	2	2	2	3	3	3	4	4	4	5	한	5	6	6	6	7	7	7	8	8	8	9

입춘 4일 06시 12분 【음1월】 ➡ **【戊寅月(무인월)】** ☯ 우수 19일 02시 07분

	양력	1	2	3	4	5	6	7	8	9	10	11	12	13	14	15	16	17	18	19	20	21	22	23	24	25	26	27	28	
양력 2	요일	금	토	일	월	화	수	목	금	토	일	월	화	수	목	금	토	일	월	화	수	목	금	토	일	월	화	수	목	乙丑年
	일진 日辰	辛未	壬申	癸酉	甲戌	乙亥	丙子	丁丑	戊寅	己卯	庚辰	辛巳	壬午	癸未	甲申	乙酉	丙戌	丁亥	戊子	己丑	庚寅	辛卯	壬辰	癸巳	甲午	乙未	丙申	丁酉	戊戌	
음력 12/12 ▮ 01/09	음력	12	13	14	15	16	17	18	19	20	21	22	23	24	25	26	27	28	29	30	1/1	2	3	4	5	6	7	8	9	
대운	남	1	1	1	입	1	1	1	1	2	2	2	3	3	3	4	4	4	5	우	5	6	6	6	7	7	7	8	8	
	여	9	9	10	춘	10	9	9	9	8	8	8	7	7	7	6	6	6	5	수	5	4	4	4	3	3	3	2	2	

경칩 6일 00시 16분 【음2월】 ➡ **【己卯月(기묘월)】** ☯ 춘분 21일 01시 14분

	양력	1	2	3	4	5	6	7	8	9	10	11	12	13	14	15	16	17	18	19	20	21	22	23	24	25	26	27	28	29	30	31
양력 3	요일	금	토	일	월	화	수	목	금	토	일	월	화	수	목	금	토	일	월	화	수	목	금	토	일	월	화	수	목	금	토	일
	일진 日辰	己亥	庚子	辛丑	壬寅	癸卯	甲辰	乙巳	丙午	丁未	戊申	己酉	庚戌	辛亥	壬子	癸丑	甲寅	乙卯	丙辰	丁巳	戊午	己未	庚申	辛酉	壬戌	癸亥	甲子	乙丑	丙寅	丁卯	戊辰	己巳
음력 01/10 ▮ 02/11	음력	10	11	12	13	14	15	16	17	18	19	20	21	22	23	24	25	26	27	28	29	2/1	2	3	4	5	6	7	8	9	10	11
대운	남	8	9	9	9	10	경	1	1	1	1	2	2	2	3	3	3	4	4	4	5	춘	5	6	6	6	7	7	7	8	8	8
	여	2	1	1	1	1	칩	10	9	9	9	8	8	8	7	7	7	6	6	6	5	분	5	4	4	4	3	3	3	2	2	2

청명 5일 05시 14분 【음3월】 ➡ **【庚辰月(경진월)】** ☯ 곡우 20일 12시 26분

	양력	1	2	3	4	5	6	7	8	9	10	11	12	13	14	15	16	17	18	19	20	21	22	23	24	25	26	27	28	29	30
양력 4	요일	월	화	수	목	금	토	일	월	화	수	목	금	토	일	월	화	수	목	금	토	일	월	화	수	목	금	토	일	월	화
	일진 日辰	庚午	辛未	壬申	癸酉	甲戌	乙亥	丙子	丁丑	戊寅	己卯	庚辰	辛巳	壬午	癸未	甲申	乙酉	丙戌	丁亥	戊子	己丑	庚寅	辛卯	壬辰	癸巳	甲午	乙未	丙申	丁酉	戊戌	己亥
음력 02/12 ▮ 03/11	음력	12	13	14	15	16	17	18	19	20	21	22	23	24	25	26	27	28	29	30	3/1	2	3	4	5	6	7	8	9	10	11
대운	남	9	9	9	10	청	1	1	1	1	2	2	2	3	3	3	4	4	4	5	곡	5	6	6	6	7	7	7	8	8	8
	여	1	1	1	1	명	10	9	9	9	8	8	8	7	7	7	6	6	6	5	우	5	4	4	4	3	3	3	2	2	2

입하 5일 22시 43분 【음4월】 ➡ **【辛巳月(신사월)】** ☯ 소만 21일 11시 43분

	양력	1	2	3	4	5	6	7	8	9	10	11	12	13	14	15	16	17	18	19	20	21	22	23	24	25	26	27	28	29	30	31
양력 5	요일	수	목	금	토	일	월	화	수	목	금	토	일	월	화	수	목	금	토	일	월	화	수	목	금	토	일	월	화	수	목	금
	일진 日辰	庚子	辛丑	壬寅	癸卯	甲辰	乙巳	丙午	丁未	戊申	己酉	庚戌	辛亥	壬子	癸丑	甲寅	乙卯	丙辰	丁巳	戊午	己未	庚申	辛酉	壬戌	癸亥	甲子	乙丑	丙寅	丁卯	戊辰	己巳	庚午
음력 03/12 ▮ 04/12	음력	12	13	14	15	16	17	18	19	20	21	22	23	24	25	26	27	28	29	30	4/1	2	3	4	5	6	7	8	9	10	11	12
대운	남	9	9	9	10	입	1	1	1	1	2	2	2	3	3	3	4	4	4	5	5	소	6	6	6	7	7	7	8	8	8	9
	여	1	1	1	1	하	10	10	10	9	9	9	8	8	8	7	7	7	6	6	6	만	5	5	4	4	4	3	3	3	2	2

망종 6일 03시 00분 【음5월】 ➡ **【壬午月(임오월)】** ☯ 하지 21일 19시 44분

	양력	1	2	3	4	5	6	7	8	9	10	11	12	13	14	15	16	17	18	19	20	21	22	23	24	25	26	27	28	29	30
양력 6	요일	토	일	월	화	수	목	금	토	일	월	화	수	목	금	토	일	월	화	수	목	금	토	일	월	화	수	목	금	토	일
	일진 日辰	辛未	壬申	癸酉	甲戌	乙亥	丙子	丁丑	戊寅	己卯	庚辰	辛巳	壬午	癸未	甲申	乙酉	丙戌	丁亥	戊子	己丑	庚寅	辛卯	壬辰	癸巳	甲午	乙未	丙申	丁酉	戊戌	己亥	庚子
음력 04/13 ▮ 05/13	음력	13	14	15	16	17	18	19	20	21	22	23	24	25	26	27	28	29	5/1	2	3	4	5	6	7	8	9	10	11	12	13
대운	남	9	9	10	10	10	망	1	1	1	1	2	2	2	3	3	3	4	4	4	5	하	5	6	6	6	7	7	7	8	8
	여	2	1	1	1	1	종	10	10	9	9	9	8	8	8	7	7	7	6	6	6	지	5	5	4	4	4	3	3	3	2

한식(4월06일), 초복(7월20일), 중복(7월30일), 말복(8월09일) ☂춘사(春社)3/20
☀추사(秋社)9/26 토왕지절(土旺之節):4월17일,7월20일,10월20일,1월17일(음12/08)
臘享(납향):1986년1월15일(음12/06)

1985 乙丑年

소서 7일 13시 19분 【음6월】 ➡ **【癸未月(계미월)】** ☯ 대서 23일 06시 36분

양력 7		1	2	3	4	5	6	7	8	9	10	11	12	13	14	15	16	17	18	19	20	21	22	23	24	25	26	27	28	29	30	31
	요일	월	화	수	목	금	토	일	월	화	수	목	금	토	일	월	화	수	목	금	토	일	월	화	수	목	금	토	일	월	화	수
	일진 日辰	辛丑	壬寅	癸卯	甲辰	乙巳	丙午	丁未	戊申	己酉	庚戌	辛亥	壬子	癸丑	甲寅	乙卯	丙辰	丁巳	戊午	己未	庚申	辛酉	壬戌	癸亥	甲子	乙丑	丙寅	丁卯	戊辰	己巳	庚午	辛未
음력 05/14 ~ 06/14	음력	14	15	16	17	18	19	20	21	22	23	24	25	26	27	28	29	30	6/1	2	3	4	5	6	7	8	9	10	11	12	13	14
대운	남	8	9	9	9	10	10	소	1	1	1	1	2	2	2	3	3	3	4	4	4	5	5	대	6	6	6	7	7	7	8	8
	여	2	2	1	1	1	1	서	10	10	9	9	9	8	8	8	7	7	7	6	6	6	5	서	5	4	4	4	3	3	3	2

입추 7일 23시 04분 【음7월】 ➡ **【甲申月(갑신월)】** ☯ 처서 23일 13시 36분

양력 8		1	2	3	4	5	6	7	8	9	10	11	12	13	14	15	16	17	18	19	20	21	22	23	24	25	26	27	28	29	30	31
	요일	목	금	토	일	월	화	수	목	금	토	일	월	화	수	목	금	토	일	월	화	수	목	금	토	일	월	화	수	목	금	토
	일진 日辰	壬申	癸酉	甲戌	乙亥	丙子	丁丑	戊寅	己卯	庚辰	辛巳	壬午	癸未	甲申	乙酉	丙戌	丁亥	戊子	己丑	庚寅	辛卯	壬辰	癸巳	甲午	乙未	丙申	丁酉	戊戌	己亥	庚子	辛丑	壬寅
음력 06/15 ~ 07/16	음력	15	16	17	18	19	20	21	22	23	24	25	26	27	28	29	7/1	2	3	4	5	6	7	8	9	10	11	12	13	14	15	16
대운	남	8	9	9	9	10	10	입	1	1	1	1	2	2	2	3	3	3	4	4	4	5	5	처	6	6	6	7	7	7	8	8
	여	2	2	1	1	1	1	추	10	10	10	9	9	9	8	8	8	7	7	7	6	6	6	서	5	5	4	4	4	3	3	3

백로 8일 01시 53분 【음8월】 ➡ **【乙酉月(을유월)】** ☯ 추분 23일 11시 07분

양력 9		1	2	3	4	5	6	7	8	9	10	11	12	13	14	15	16	17	18	19	20	21	22	23	24	25	26	27	28	29	30
	요일	일	월	화	수	목	금	토	일	월	화	수	목	금	토	일	월	화	수	목	금	토	일	월	화	수	목	금	토	일	월
	일진 日辰	癸卯	甲辰	乙巳	丙午	丁未	戊申	己酉	庚戌	辛亥	壬子	癸丑	甲寅	乙卯	丙辰	丁巳	戊午	己未	庚申	辛酉	壬戌	癸亥	甲子	乙丑	丙寅	丁卯	戊辰	己巳	庚午	辛未	壬申
음력 07/17 ~ 08/16	음력	17	18	19	20	21	22	23	24	25	26	27	28	29	30	8/1	2	3	4	5	6	7	8	9	10	11	12	13	14	15	16
대운	남	8	9	9	9	10	10	10	백	1	1	1	1	2	2	2	3	3	3	4	4	4	5	추	5	6	6	6	7	7	7
	여	2	2	2	1	1	1	1	로	10	9	9	9	8	8	8	7	7	7	6	6	6	5	분	5	4	4	4	3	3	3

한로 8일 17시 25분 【음9월】 ➡ **【丙戌月(병술월)】** ☯ 상강 23일 20시 22분

양력 10		1	2	3	4	5	6	7	8	9	10	11	12	13	14	15	16	17	18	19	20	21	22	23	24	25	26	27	28	29	30	31
	요일	화	수	목	금	토	일	월	화	수	목	금	토	일	월	화	수	목	금	토	일	월	화	수	목	금	토	일	월	화	수	목
	일진 日辰	癸酉	甲戌	乙亥	丙子	丁丑	戊寅	己卯	庚辰	辛巳	壬午	癸未	甲申	乙酉	丙戌	丁亥	戊子	己丑	庚寅	辛卯	壬辰	癸巳	甲午	乙未	丙申	丁酉	戊戌	己亥	庚子	辛丑	壬寅	癸卯
음력 08/17 ~ 09/18	음력	17	18	19	20	21	22	23	24	25	26	27	28	29	9/1	2	3	4	5	6	7	8	9	10	11	12	13	14	15	16	17	18
대운	남	8	8	8	9	9	9	10	한	1	1	1	1	2	2	2	3	3	3	4	4	4	5	상	5	6	6	6	7	7	7	8
	여	2	2	2	1	1	1	1	로	10	9	9	9	8	8	8	7	7	7	6	6	6	5	강	5	4	4	4	3	3	3	2

입동 7일 20시 29분 【음10월】 ➡ **【丁亥月(정해월)】** ☯ 소설 22일 17시 51분

양력 11		1	2	3	4	5	6	7	8	9	10	11	12	13	14	15	16	17	18	19	20	21	22	23	24	25	26	27	28	29	30
	요일	금	토	일	월	화	수	목	금	토	일	월	화	수	목	금	토	일	월	화	수	목	금	토	일	월	화	수	목	금	토
	일진 日辰	甲辰	乙巳	丙午	丁未	戊申	己酉	庚戌	辛亥	壬子	癸丑	甲寅	乙卯	丙辰	丁巳	戊午	己未	庚申	辛酉	壬戌	癸亥	甲子	乙丑	丙寅	丁卯	戊辰	己巳	庚午	辛未	壬申	癸酉
음력 09/19 ~ 10/19	음력	19	20	21	22	23	24	25	26	27	28	29	10/1	2	3	4	5	6	7	8	9	10	11	12	13	14	15	16	17	18	19
대운	남	8	8	9	9	9	10	입	1	1	1	1	2	2	2	3	3	3	4	4	4	5	소	5	6	6	6	7	7	7	8
	여	2	2	1	1	1	1	동	10	9	9	9	8	8	8	7	7	7	6	6	6	5	설	5	4	4	4	3	3	3	2

대설 7일 13시 16분 【음11월】 ➡ **【戊子月(무자월)】** ☯ 동지 22일 07시 08분

양력 12		1	2	3	4	5	6	7	8	9	10	11	12	13	14	15	16	17	18	19	20	21	22	23	24	25	26	27	28	29	30	31
	요일	일	월	화	수	목	금	토	일	월	화	수	목	금	토	일	월	화	수	목	금	토	일	월	화	수	목	금	토	일	월	화
	일진 日辰	甲戌	乙亥	丙子	丁丑	戊寅	己卯	庚辰	辛巳	壬午	癸未	甲申	乙酉	丙戌	丁亥	戊子	己丑	庚寅	辛卯	壬辰	癸巳	甲午	乙未	丙申	丁酉	戊戌	己亥	庚子	辛丑	壬寅	癸卯	甲辰
음력 10/20 ~ 11/20	음력	20	21	22	23	24	25	26	27	28	29	30	11/1	2	3	4	5	6	7	8	9	10	11	12	13	14	15	16	17	18	19	20
대운	남	8	8	9	9	9	10	대	1	1	1	1	2	2	2	3	3	3	4	4	4	5	동	5	6	6	6	7	7	7	8	8
	여	2	2	1	1	1	1	설	10	9	9	9	8	8	8	7	7	7	6	6	6	5	지	5	4	4	4	3	3	3	2	2

단기 4319 年
불기 2530 年

1986년

下元 丙寅年 납음(爐中火), 본명성(五黃土)

대장군(子북방), 삼살(북방), 상문(辰동남방), 조객(子북방), 납음(노중화), 【삼재(신,유,술)년】 臘享(납향):1987년1월22일(음12/23)

호
랑
이

소한 6일 00시 28분 【음12월】 ➡ **【己丑月(기축월)】** ☯ 대한 20일 17시 46분

양력 1 / 음력 11/21 ~ 12/22

구분		1	2	3	4	5	6	7	8	9	10	11	12	13	14	15	16	17	18	19	20	21	22	23	24	25	26	27	28	29	30	31
요일		수	목	금	토	일	월	화	수	목	금	토	일	월	화	수	목	금	토	일	월	화	수	목	금	토	일	월	화	수	목	금
일진 日辰		乙巳	丙午	丁未	戊申	己酉	庚戌	辛亥	壬子	癸丑	甲寅	乙卯	丙辰	丁巳	戊午	己未	庚申	辛酉	壬戌	癸亥	甲子	乙丑	丙寅	丁卯	戊辰	己巳	庚午	辛未	壬申	癸酉	甲戌	乙亥
음력		21	22	23	24	25	26	27	28	29	12/1	2	3	4	5	6	7	8	9	10	11	12	13	14	15	16	17	18	19	20	21	22
대운	남	8	9	9	9	10	소	1	1	1	1	2	2	2	3	3	3	4	4	4	대	5	5	6	6	6	7	7	7	8	8	8
	여	2	1	1	1	1	한	9	9	9	8	8	8	7	7	7	6	6	6	5	한	5	4	4	4	3	3	3	2	2	2	1

입춘 4일 12시 08분 【음1월】 ➡ **【庚寅月(경인월)】** ☯ 우수 19일 07시 58분

양력 2 / 음력 12/23 ~ 01/20

구분		1	2	3	4	5	6	7	8	9	10	11	12	13	14	15	16	17	18	19	20	21	22	23	24	25	26	27	28
요일		토	일	월	화	수	목	금	토	일	월	화	수	목	금	토	일	월	화	수	목	금	토	일	월	화	수	목	금
일진 日辰		丙子	丁丑	戊寅	己卯	庚辰	辛巳	壬午	癸未	甲申	乙酉	丙戌	丁亥	戊子	己丑	庚寅	辛卯	壬辰	癸巳	甲午	乙未	丙申	丁酉	戊戌	己亥	庚子	辛丑	壬寅	癸卯
음력		23	24	25	26	27	28	29	30	1/1	2	3	4	5	6	7	8	9	10	11	12	13	14	15	16	17	18	19	20
대운	남	9	9	9	입	10	9	9	9	8	8	8	7	7	7	6	6	6	5	우	5	4	4	4	3	3	3	2	2
	여	1	1	1	춘	1	1	1	1	2	2	2	3	3	3	4	4	4	5	수	5	6	6	6	7	7	7	8	8

丙寅年

경칩 6일 06시 12분 【음2월】 ➡ **【辛卯月(신묘월)】** ☯ 춘분 21일 07시 03분

양력 3 / 음력 01/21 ~ 02/22

구분		1	2	3	4	5	6	7	8	9	10	11	12	13	14	15	16	17	18	19	20	21	22	23	24	25	26	27	28	29	30	31
요일		토	일	월	화	수	목	금	토	일	월	화	수	목	금	토	일	월	화	수	목	금	토	일	월	화	수	목	금	토	일	월
일진 日辰		甲辰	乙巳	丙午	丁未	戊申	己酉	庚戌	辛亥	壬子	癸丑	甲寅	乙卯	丙辰	丁巳	戊午	己未	庚申	辛酉	壬戌	癸亥	甲子	乙丑	丙寅	丁卯	戊辰	己巳	庚午	辛未	壬申	癸酉	甲戌
음력		21	22	23	24	25	26	27	28	29	2/1	2	3	4	5	6	7	8	9	10	11	12	13	14	15	16	17	18	19	20	21	22
대운	남	2	1	1	1	1	경	10	9	9	9	8	8	8	7	7	7	6	6	6	5	춘	5	4	4	4	3	3	3	2	2	2
	여	8	9	9	9	10	칩	1	1	1	1	2	2	2	3	3	3	4	4	4	5	분	5	6	6	6	7	7	7	8	8	8

청명 5일 11시 06분 【음3월】 ➡ **【壬辰月(임진월)】** ☯ 곡우 20일 18시 12분

양력 4 / 음력 02/23 ~ 03/22

구분		1	2	3	4	5	6	7	8	9	10	11	12	13	14	15	16	17	18	19	20	21	22	23	24	25	26	27	28	29	30
요일		화	수	목	금	토	일	월	화	수	목	금	토	일	월	화	수	목	금	토	일	월	화	수	목	금	토	일	월	화	수
일진 日辰		乙亥	丙子	丁丑	戊寅	己卯	庚辰	辛巳	壬午	癸未	甲申	乙酉	丙戌	丁亥	戊子	己丑	庚寅	辛卯	壬辰	癸巳	甲午	乙未	丙申	丁酉	戊戌	己亥	庚子	辛丑	壬寅	癸卯	甲辰
음력		23	24	25	26	27	28	29	30	3/1	2	3	4	5	6	7	8	9	10	11	12	13	14	15	16	17	18	19	20	21	22
대운	남	1	1	1	1	청	10	10	9	9	9	8	8	8	7	7	7	6	6	6	곡	5	5	4	4	4	3	3	3	2	2
	여	9	9	9	10	명	1	1	1	1	2	2	2	3	3	3	4	4	4	5	우	5	6	6	6	7	7	7	8	8	8

입하 6일 04시 31분 【음4월】 ➡ **【癸巳月(계사월)】** ☯ 소만 21일 17시 28분

양력 5 / 음력 03/23 ~ 04/23

구분		1	2	3	4	5	6	7	8	9	10	11	12	13	14	15	16	17	18	19	20	21	22	23	24	25	26	27	28	29	30	31
요일		목	금	토	일	월	화	수	목	금	토	일	월	화	수	목	금	토	일	월	화	수	목	금	토	일	월	화	수	목	금	토
일진 日辰		乙巳	丙午	丁未	戊申	己酉	庚戌	辛亥	壬子	癸丑	甲寅	乙卯	丙辰	丁巳	戊午	己未	庚申	辛酉	壬戌	癸亥	甲子	乙丑	丙寅	丁卯	戊辰	己巳	庚午	辛未	壬申	癸酉	甲戌	乙亥
음력		23	24	25	26	27	28	29	30	4/1	2	3	4	5	6	7	8	9	10	11	12	13	14	15	16	17	18	19	20	21	22	23
대운	남	2	1	1	1	1	입	10	10	9	9	9	8	8	8	7	7	7	6	6	6	소	5	5	4	4	4	3	3	3	2	2
	여	9	9	9	10	10	하	1	1	1	1	2	2	2	3	3	3	4	4	4	5	만	5	6	6	6	7	7	7	8	8	8

망종 6일 08시 44분 【음5월】 ➡ **【甲午月(갑오월)】** ☯ 하지 22일 01시 30분

양력 6 / 음력 04/24 ~ 05/24

구분		1	2	3	4	5	6	7	8	9	10	11	12	13	14	15	16	17	18	19	20	21	22	23	24	25	26	27	28	29	30
요일		일	월	화	수	목	금	토	일	월	화	수	목	금	토	일	월	화	수	목	금	토	일	월	화	수	목	금	토	일	월
일진 日辰		丙子	丁丑	戊寅	己卯	庚辰	辛巳	壬午	癸未	甲申	乙酉	丙戌	丁亥	戊子	己丑	庚寅	辛卯	壬辰	癸巳	甲午	乙未	丙申	丁酉	戊戌	己亥	庚子	辛丑	壬寅	癸卯	甲辰	乙巳
음력		24	25	26	27	28	29	5/1	2	3	4	5	6	7	8	9	10	11	12	13	14	15	16	17	18	19	20	21	22	23	24
대운	남	2	1	1	1	1	망	10	10	9	9	9	8	8	8	7	7	7	6	6	6	5	하	5	4	4	4	3	3	3	2
	여	9	9	9	10	10	종	1	1	1	1	2	2	2	3	3	3	4	4	4	5	5	지	6	6	6	7	7	7	8	8

한식(4월06일), 초복(7월15일), 중복(7월25일), 말복(8월14일) ↑춘사(春社)3/25
☀추사(秋社)9/21 토왕지절(土旺之節):4월17일,7월20일,10월21일,1월18일(음12/19)
臘享(납향):1987년1월22일(음12/23)

1986 丙寅年

소서 7일 19시 01분 【음6월】 ➡ 【乙未月(을미월)】 ☯ 대서 23일 12시 24분

양력 7	1	2	3	4	5	6	7	8	9	10	11	12	13	14	15	16	17	18	19	20	21	22	23	24	25	26	27	28	29	30	31
요일	화	수	목	금	토	일	월	화	수	목	금	토	일	월	화	수	목	금	토	일	월	화	수	목	금	토	일	월	화	수	목
일진 日辰	丙午	丁未	戊申	己酉	庚戌	辛亥	壬子	癸丑	甲寅	乙卯	丙辰	丁巳	戊午	己未	庚申	辛酉	壬戌	癸亥	甲子	乙丑	丙寅	丁卯	戊辰	己巳	庚午	辛未	壬申	癸酉	甲戌	乙亥	丙子
음력 (05/25 ~ 06/25)	25	26	27	28	29	30	6/1	2	3	4	5	6	7	8	9	10	11	12	13	14	15	16	17	18	19	20	21	22	23	24	25
대운 남	2	2	1	1	1	1	소	10	10	10	9	9	9	8	8	8	7	7	7	6	6	6	대	5	5	4	4	4	3	3	3
대운 여	8	9	9	9	10	10	서	1	1	1	1	2	2	2	3	3	3	4	4	4	5	5	서	6	6	6	7	7	7	8	8

입추 8일 04시 46분 【음7월】 ➡ 【丙申月(병신월)】 ☯ 처서 23일 19시 26분

양력 8	1	2	3	4	5	6	7	8	9	10	11	12	13	14	15	16	17	18	19	20	21	22	23	24	25	26	27	28	29	30	31
요일	금	토	일	월	화	수	목	금	토	일	월	화	수	목	금	토	일	월	화	수	목	금	토	일	월	화	수	목	금	토	일
일진 日辰	丁丑	戊寅	己卯	庚辰	辛巳	壬午	癸未	甲申	乙酉	丙戌	丁亥	戊子	己丑	庚寅	辛卯	壬辰	癸巳	甲午	乙未	丙申	丁酉	戊戌	己亥	庚子	辛丑	壬寅	癸卯	甲辰	乙巳	丙午	丁未
음력 (06/26 ~ 07/26)	26	27	28	29	30	7/1	2	3	4	5	6	7	8	9	10	11	12	13	14	15	16	17	18	19	20	21	22	23	24	25	26
대운 남	2	2	2	1	1	1	1	입	10	10	9	9	9	8	8	8	7	7	7	6	6	6	처	5	5	4	4	4	3	3	3
대운 여	8	9	9	9	10	10	10	추	1	1	1	1	2	2	2	3	3	3	4	4	4	5	서	5	6	6	6	7	7	7	8

백로 8일 07시 35분 【음8월】 ➡ 【丁酉月(정유월)】 ☯ 추분 23일 16시 59분

양력 9	1	2	3	4	5	6	7	8	9	10	11	12	13	14	15	16	17	18	19	20	21	22	23	24	25	26	27	28	29	30
요일	월	화	수	목	금	토	일	월	화	수	목	금	토	일	월	화	수	목	금	토	일	월	화	수	목	금	토	일	월	화
일진 日辰	戊申	己酉	庚戌	辛亥	壬子	癸丑	甲寅	乙卯	丙辰	丁巳	戊午	己未	庚申	辛酉	壬戌	癸亥	甲子	乙丑	丙寅	丁卯	戊辰	己巳	庚午	辛未	壬申	癸酉	甲戌	乙亥	丙子	丁丑
음력 (07/27 ~ 08/27)	27	28	29	8/1	2	3	4	5	6	7	8	9	10	11	12	13	14	15	16	17	18	19	20	21	22	23	24	25	26	27
대운 남	2	2	2	1	1	1	1	백	10	10	9	9	9	8	8	8	7	7	7	6	6	6	추	5	5	4	4	4	3	3
대운 여	8	8	9	9	9	10	10	로	1	1	1	1	2	2	2	3	3	3	4	4	4	5	분	5	6	6	6	7	7	7

한로 8일 23시 07분 【음9월】 ➡ 【戊戌月(무술월)】 ☯ 상강 24일 02시 14분

양력 10	1	2	3	4	5	6	7	8	9	10	11	12	13	14	15	16	17	18	19	20	21	22	23	24	25	26	27	28	29	30	31
요일	수	목	금	토	일	월	화	수	목	금	토	일	월	화	수	목	금	토	일	월	화	수	목	금	토	일	월	화	수	목	금
일진 日辰	戊寅	己卯	庚辰	辛巳	壬午	癸未	甲申	乙酉	丙戌	丁亥	戊子	己丑	庚寅	辛卯	壬辰	癸巳	甲午	乙未	丙申	丁酉	戊戌	己亥	庚子	辛丑	壬寅	癸卯	甲辰	乙巳	丙午	丁未	戊申
음력 (08/28 ~ 09/28)	28	29	30	9/1	2	3	4	5	6	7	8	9	10	11	12	13	14	15	16	17	18	19	20	21	22	23	24	25	26	27	28
대운 남	2	2	2	1	1	1	1	한	10	10	9	9	9	8	8	8	7	7	7	6	6	6	5	상	5	4	4	4	3	3	3
대운 여	8	8	8	9	9	9	10	로	1	1	1	1	2	2	2	3	3	3	4	4	4	5	5	강	6	6	6	7	7	7	8

입동 8일 02시 13분 【음10월】 ➡ 【己亥月(기해월)】 ☯ 소설 22일 23시 44분

양력 11	1	2	3	4	5	6	7	8	9	10	11	12	13	14	15	16	17	18	19	20	21	22	23	24	25	26	27	28	29	30
요일	토	일	월	화	수	목	금	토	일	월	화	수	목	금	토	일	월	화	수	목	금	토	일	월	화	수	목	금	토	일
일진 日辰	己酉	庚戌	辛亥	壬子	癸丑	甲寅	乙卯	丙辰	丁巳	戊午	己未	庚申	辛酉	壬戌	癸亥	甲子	乙丑	丙寅	丁卯	戊辰	己巳	庚午	辛未	壬申	癸酉	甲戌	乙亥	丙子	丁丑	戊寅
음력 (09/29 ~ 10/29)	29	10/1	2	3	4	5	6	7	8	9	10	11	12	13	14	15	16	17	18	19	20	21	22	23	24	25	26	27	28	29
대운 남	2	2	2	1	1	1	1	입	9	9	9	8	8	8	7	7	7	6	6	6	5	소	5	4	4	4	3	3	3	2
대운 여	8	8	9	9	9	10	10	동	1	1	1	1	2	2	2	3	3	3	4	4	4	설	5	5	6	6	6	7	7	7

대설 7일 19시 01분 【음11월】 ➡ 【庚子月(경자월)】 ☯ 동지 22일 13시 02분

양력 12	1	2	3	4	5	6	7	8	9	10	11	12	13	14	15	16	17	18	19	20	21	22	23	24	25	26	27	28	29	30	31
요일	월	화	수	목	금	토	일	월	화	수	목	금	토	일	월	화	수	목	금	토	일	월	화	수	목	금	토	일	월	화	수
일진 日辰	己卯	庚辰	辛巳	壬午	癸未	甲申	乙酉	丙戌	丁亥	戊子	己丑	庚寅	辛卯	壬辰	癸巳	甲午	乙未	丙申	丁酉	戊戌	己亥	庚子	辛丑	壬寅	癸卯	甲辰	乙巳	丙午	丁未	戊申	己酉
음력 (10/30 ~ 12/01)	30	11/1	2	3	4	5	6	7	8	9	10	11	12	13	14	15	16	17	18	19	20	21	22	23	24	25	26	27	28	29	12/1
대운 남	2	2	1	1	1	1	대	10	9	9	9	8	8	8	7	7	7	6	6	6	5	동	5	4	4	4	3	3	3	2	2
대운 여	8	8	8	9	9	9	설	1	1	1	1	2	2	2	3	3	3	4	4	4	5	지	5	6	6	6	7	7	7	8	8

단기 4320 年	1987년	下元 丁卯年 납음(爐中火),본명성(四綠木)
불기 2531 年		대장군(子북방), 삼살(酉서방), 상문(巳동남방),조객(丑동북방),납음(노중화), 【삼재(사,오,미)년】 臘享(납향):1988년1월29일(음12/11)

토끼

소한 6일 06시 13분 【음12월】 ➡ 【辛丑月(신축월)】 ☯ 대한 20일 23시 40분

양력 1	양력	1	2	3	4	5	6	7	8	9	10	11	12	13	14	15	16	17	18	19	20	21	22	23	24	25	26	27	28	29	30	31
	요일	목	금	토	일	월	화	수	목	금	토	일	월	화	수	목	금	토	일	월	화	수	목	금	토	일	월	화	수	목	금	토
	일진 日辰	庚戌	辛亥	壬子	癸丑	甲寅	乙卯	丙辰	丁巳	戊午	己未	庚申	辛酉	壬戌	癸亥	甲子	乙丑	丙寅	丁卯	戊辰	己巳	庚午	辛未	壬申	癸酉	甲戌	乙亥	丙子	丁丑	戊寅	己卯	庚辰
력 12/02 ~ 01/03	음력	2	3	4	5	6	7	8	9	10	11	12	13	14	15	16	17	18	19	20	21	22	23	24	25	26	27	28	29	1/1	2	3
대운	남	2	1	1	1	1	소	9	9	9	8	8	8	7	7	7	6	6	6	5	대	5	4	4	4	3	3	3	2	2	2	1
	여	8	9	9	9	10	한	1	1	1	1	2	2	2	3	3	3	4	4	4	한	5	5	6	6	6	7	7	7	8	8	8

입춘 4일 17시 52분 【음1월】 ➡ 【壬寅月(임인월)】 ☯ 우수 19일 13시 50분

양력 2	양력	1	2	3	4	5	6	7	8	9	10	11	12	13	14	15	16	17	18	19	20	21	22	23	24	25	26	27	28	
	요일	일	월	화	수	목	금	토	일	월	화	수	목	금	토	일	월	화	수	목	금	토	일	월	화	수	목	금	토	丁卯年
	일진 日辰	辛巳	壬午	癸未	甲申	乙酉	丙戌	丁亥	戊子	己丑	庚寅	辛卯	壬辰	癸巳	甲午	乙未	丙申	丁酉	戊戌	己亥	庚子	辛丑	壬寅	癸卯	甲辰	乙巳	丙午	丁未	戊申	
음력 01/04 ~ 02/01	음력	4	5	6	7	8	9	10	11	12	13	14	15	16	17	18	19	20	21	22	23	24	25	26	27	28	29	30	2/1	
대운	남	1	1	1	입	1	1	1	1	2	2	2	3	3	3	4	4	4	5	우	5	6	6	6	7	7	7	8	8	
	여	9	9	9	춘	10	9	9	9	8	8	8	7	7	7	6	6	6	5	수	5	4	4	4	3	3	3	2	2	

경칩 6일 11시 54분 【음2월】 ➡ 【癸卯月(계묘월)】 ☯ 춘분 21일 12시 52분

양력 3	양력	1	2	3	4	5	6	7	8	9	10	11	12	13	14	15	16	17	18	19	20	21	22	23	24	25	26	27	28	29	30	31
	요일	일	월	화	수	목	금	토	일	월	화	수	목	금	토	일	월	화	수	목	금	토	일	월	화	수	목	금	토	일	월	화
	일진 日辰	己酉	庚戌	辛亥	壬子	癸丑	甲寅	乙卯	丙辰	丁巳	戊午	己未	庚申	辛酉	壬戌	癸亥	甲子	乙丑	丙寅	丁卯	戊辰	己巳	庚午	辛未	壬申	癸酉	甲戌	乙亥	丙子	丁丑	戊寅	己卯
음력 02/02 ~ 03/03	음력	2	3	4	5	6	7	8	9	10	11	12	13	14	15	16	17	18	19	20	21	22	23	24	25	26	27	28	29	3/1	2	3
대운	남	8	9	9	9	10	경	1	1	1	1	2	2	2	3	3	3	4	4	4	5	춘	5	6	6	6	7	7	7	8	8	8
	여	2	1	1	1	1	칩	10	9	9	9	8	8	8	7	7	7	6	6	6	5	분	5	4	4	4	3	3	3	2	2	2

청명 5일 16시 44분 【음3월】 ➡ 【甲辰月(갑진월)】 ☯ 곡우 20일 23시 58분

양력 4	양력	1	2	3	4	5	6	7	8	9	10	11	12	13	14	15	16	17	18	19	20	21	22	23	24	25	26	27	28	29	30
	요일	수	목	금	토	일	월	화	수	목	금	토	일	월	화	수	목	금	토	일	월	화	수	목	금	토	일	월	화	수	목
	일진 日辰	庚辰	辛巳	壬午	癸未	甲申	乙酉	丙戌	丁亥	戊子	己丑	庚寅	辛卯	壬辰	癸巳	甲午	乙未	丙申	丁酉	戊戌	己亥	庚子	辛丑	壬寅	癸卯	甲辰	乙巳	丙午	丁未	戊申	己酉
음력 03/04 ~ 04/03	음력	4	5	6	7	8	9	10	11	12	13	14	15	16	17	18	19	20	21	22	23	24	25	26	27	28	29	30	4/1	2	3
대운	남	9	9	9	10	청	1	1	1	1	2	2	2	3	3	3	4	4	4	5	곡	5	6	6	6	7	7	7	8	8	8
	여	1	1	1	1	명	10	10	9	9	9	8	8	8	7	7	7	6	6	6	우	5	5	4	4	4	3	3	3	2	2

입하 6일 10시 06분 【음4월】 ➡ 【乙巳月(을사월)】 ☯ 소만 22일 00시 10분

양력 5	양력	1	2	3	4	5	6	7	8	9	10	11	12	13	14	15	16	17	18	19	20	21	22	23	24	25	26	27	28	29	30	31
	요일	금	토	일	월	화	수	목	금	토	일	월	화	수	목	금	토	일	월	화	수	목	금	토	일	월	화	수	목	금	토	일
	일진 日辰	庚戌	辛亥	壬子	癸丑	甲寅	乙卯	丙辰	丁巳	戊午	己未	庚申	辛酉	壬戌	癸亥	甲子	乙丑	丙寅	丁卯	戊辰	己巳	庚午	辛未	壬申	癸酉	甲戌	乙亥	丙子	丁丑	戊寅	己卯	庚辰
음력 04/04 ~ 05/04	음력	4	5	6	7	8	9	10	11	12	13	14	15	16	17	18	19	20	21	22	23	24	25	26	27	28	29	30	5/1	2	3	4
대운	남	9	9	9	10	10	입	1	1	1	1	2	2	2	3	3	3	4	4	4	5	5	소	6	6	6	7	7	7	8	8	8
	여	2	1	1	1	1	하	10	10	9	9	9	8	8	8	7	7	7	6	6	6	5	만	5	4	4	4	3	3	3	2	2

망종 6일 15시 19분 【음5월】 ➡ 【丙午月(병오월)】 ☯ 하지 22일 08시 11분

양력 6	양력	1	2	3	4	5	6	7	8	9	10	11	12	13	14	15	16	17	18	19	20	21	22	23	24	25	26	27	28	29	30
	요일	월	화	수	목	금	토	일	월	화	수	목	금	토	일	월	화	수	목	금	토	일	월	화	수	목	금	토	일	월	화
	일진 日辰	辛巳	壬午	癸未	甲申	乙酉	丙戌	丁亥	戊子	己丑	庚寅	辛卯	壬辰	癸巳	甲午	乙未	丙申	丁酉	戊戌	己亥	庚子	辛丑	壬寅	癸卯	甲辰	乙巳	丙午	丁未	戊申	己酉	庚戌
음력 05/05 ~ 06/05	음력	5	6	7	8	9	10	11	12	13	14	15	16	17	18	19	20	21	22	23	24	25	26	27	28	29	6/1	2	3	4	5
대운	남	9	9	9	10	10	망	1	1	1	1	2	2	2	3	3	3	4	4	4	5	5	하	6	6	6	7	7	7	8	8
	여	2	1	1	1	1	종	10	10	10	9	9	9	8	8	8	7	7	7	6	6	6	지	5	5	4	4	4	3	3	3

1987 丁卯年

한식(4월06일), 초복(7월20일), 중복(7월30일), 말복(8월09일)
☂춘사(春社)3/20 ☀추사(秋社)9/26
토왕지절(土旺之節):4월17일,7월20일,10월21일,1월18일(음11/29)

서머타임 시작 5월10일 02시→03시로 조정
종료10월11일 03시→02시로 조정
수정한 시간으로 표기(동경표준시 사용)

소서 8일 01시 39분 【음6월】 ➡ **【丁未月(정미월)】** ☯ 대서 23일 19시 06분

양력 7	양력	1	2	3	4	5	6	7	8	9	10	11	12	13	14	15	16	17	18	19	20	21	22	23	24	25	26	27	28	29	30	31
	요일	수	목	금	토	일	월	화	수	목	금	토	일	월	화	수	목	금	토	일	월	화	수	목	금	토	일	월	화	수	목	금
	일진 日辰	辛亥	壬子	癸丑	甲寅	乙卯	丙辰	丁巳	戊午	己未	庚申	辛酉	壬戌	癸亥	甲子	乙丑	丙寅	丁卯	戊辰	己巳	庚午	辛未	壬申	癸酉	甲戌	乙亥	丙子	丁丑	戊寅	己卯	庚辰	辛巳
음력 06/06 ▮ 윤606	음력	6	7	8	9	10	11	12	13	14	15	16	17	18	19	20	21	22	23	24	25	26	27	28	29	30	윤6	2	3	4	5	6
대운	남	8	9	9	9	10	10	10	소	1	1	1	1	2	2	2	3	3	3	4	4	4	5	대	5	6	6	6	7	7	7	8
	여	2	2	2	1	1	1	1	서	10	10	9	9	9	8	8	8	7	7	7	6	6	6	서	5	5	4	4	4	3	3	3

입추 8일 11시 29분 【음7월】 ➡ **【戊申月(무신월)】** ☯ 처서 24일 02시 10분

양력 8	양력	1	2	3	4	5	6	7	8	9	10	11	12	13	14	15	16	17	18	19	20	21	22	23	24	25	26	27	28	29	30	31
	요일	토	일	월	화	수	목	금	토	일	월	화	수	목	금	토	일	월	화	수	목	금	토	일	월	화	수	목	금	토	일	월
	일진 日辰	壬午	癸未	甲申	乙酉	丙戌	丁亥	戊子	己丑	庚寅	辛卯	壬辰	癸巳	甲午	乙未	丙申	丁酉	戊戌	己亥	庚子	辛丑	壬寅	癸卯	甲辰	乙巳	丙午	丁未	戊申	己酉	庚戌	辛亥	壬子
력 윤607 ▮ 07/08	음력	7	8	9	10	11	12	13	14	15	16	17	18	19	20	21	22	23	24	25	26	27	28	29	7/1	2	3	4	5	6	7	8
대운	남	8	8	9	9	9	10	10	입	1	1	1	1	2	2	2	3	3	3	4	4	4	5	5	처	6	6	6	7	7	7	8
	여	2	2	2	1	1	1	1	추	10	10	9	9	9	8	8	8	7	7	7	6	6	6	5	서	5	4	4	4	3	3	3

백로 8일 14시 24분 【음8월】 ➡ **【己酉月(기유월)】** ☯ 추분 23일 23시 45분

양력 9	양력	1	2	3	4	5	6	7	8	9	10	11	12	13	14	15	16	17	18	19	20	21	22	23	24	25	26	27	28	29	30
	요일	화	수	목	금	토	일	월	화	수	목	금	토	일	월	화	수	목	금	토	일	월	화	수	목	금	토	일	월	화	수
	일진 日辰	癸丑	甲寅	乙卯	丙辰	丁巳	戊午	己未	庚申	辛酉	壬戌	癸亥	甲子	乙丑	丙寅	丁卯	戊辰	己巳	庚午	辛未	壬申	癸酉	甲戌	乙亥	丙子	丁丑	戊寅	己卯	庚辰	辛巳	壬午
음력 07/09 ▮ 08/08	음력	9	10	11	12	13	14	15	16	17	18	19	20	21	22	23	24	25	26	27	28	29	30	8/1	2	3	4	5	6	7	8
대운	남	8	8	9	9	9	10	10	백	1	1	1	1	2	2	2	3	3	3	4	4	4	5	추	5	6	6	6	7	7	7
	여	2	2	2	1	1	1	1	로	10	10	9	9	9	8	8	8	7	7	7	6	6	6	분	5	5	4	4	4	3	3

한로 9일 05시 00분 【음9월】 ➡ **【庚戌月(경술월)】** ☯ 상강 24일 08시 01분

양력 10	양력	1	2	3	4	5	6	7	8	9	10	11	12	13	14	15	16	17	18	19	20	21	22	23	24	25	26	27	28	29	30	31
	요일	목	금	토	일	월	화	수	목	금	토	일	월	화	수	목	금	토	일	월	화	수	목	금	토	일	월	화	수	목	금	토
	일진 日辰	癸未	甲申	乙酉	丙戌	丁亥	戊子	己丑	庚寅	辛卯	壬辰	癸巳	甲午	乙未	丙申	丁酉	戊戌	己亥	庚子	辛丑	壬寅	癸卯	甲辰	乙巳	丙午	丁未	戊申	己酉	庚戌	辛亥	壬子	癸丑
음력 08/09 ▮ 09/09	음력	9	10	11	12	13	14	15	16	17	18	19	20	21	22	23	24	25	26	27	28	29	30	9/1	2	3	4	5	6	7	8	9
대운	남	8	8	8	9	9	9	10	10	한	1	1	1	1	2	2	2	3	3	3	4	4	4	5	상	5	6	6	6	7	7	7
	여	3	2	2	2	1	1	1	1	로	10	9	9	9	8	8	8	7	7	7	6	6	6	5	강	5	4	4	4	3	3	3

입동 8일 08시 06분 【음10월】 ➡ **【辛亥月(신해월)】** ☯ 소설 23일 05시 29분

양력 11	양력	1	2	3	4	5	6	7	8	9	10	11	12	13	14	15	16	17	18	19	20	21	22	23	24	25	26	27	28	29	30
	요일	일	월	화	수	목	금	토	일	월	화	수	목	금	토	일	월	화	수	목	금	토	일	월	화	수	목	금	토	일	월
	일진 日辰	甲寅	乙卯	丙辰	丁巳	戊午	己未	庚申	辛酉	壬戌	癸亥	甲子	乙丑	丙寅	丁卯	戊辰	己巳	庚午	辛未	壬申	癸酉	甲戌	乙亥	丙子	丁丑	戊寅	己卯	庚辰	辛巳	壬午	癸未
음력 09/10 ▮ 10/10	음력	10	11	12	13	14	15	16	17	18	19	20	21	22	23	24	25	26	27	28	29	10/1	2	3	4	5	6	7	8	9	10
대운	남	8	8	8	9	9	9	10	입	1	1	1	1	2	2	2	3	3	3	4	4	4	5	소	5	6	6	6	7	7	7
	여	2	2	2	1	1	1	1	동	10	9	9	9	8	8	8	7	7	7	6	6	6	5	설	5	4	4	4	3	3	3

대설 8일 00시 52분 【음11월】 ➡ **【壬子月(임자월)】** ☯ 동지 22일 18시 46분

양력 12	양력	1	2	3	4	5	6	7	8	9	10	11	12	13	14	15	16	17	18	19	20	21	22	23	24	25	26	27	28	29	30	31
	요일	화	수	목	금	토	일	월	화	수	목	금	토	일	월	화	수	목	금	토	일	월	화	수	목	금	토	일	월	화	수	목
	일진 日辰	甲申	乙酉	丙戌	丁亥	戊子	己丑	庚寅	辛卯	壬辰	癸巳	甲午	乙未	丙申	丁酉	戊戌	己亥	庚子	辛丑	壬寅	癸卯	甲辰	乙巳	丙午	丁未	戊申	己酉	庚戌	辛亥	壬子	癸丑	甲寅
음력 10/11 ▮ 11/11	음력	11	12	13	14	15	16	17	18	19	20	21	22	23	24	25	26	27	28	29	30	11/1	2	3	4	5	6	7	8	9	10	11
대운	남	8	8	8	9	9	9	10	대	1	1	1	1	2	2	2	3	3	3	4	4	4	동	5	5	6	6	6	7	7	7	8
	여	2	2	2	1	1	1	1	설	9	9	9	8	8	8	7	7	7	6	6	6	5	지	5	4	4	4	3	3	3	2	2

단기 4321 年
불기 2532 年

1988년

下元 戊辰年 납음(大林木),본명성(三碧木)

대장군(子북방), 삼살(남방), 상문(午남방), 조객(寅동북방),납음(대림목), 삼재(인,묘,진) 臘享(납향):1989년1월23일(음12/16)

소한 6일 12시 04분 【음12월】 ➡ 【癸丑月(계축월)】 ☯ 대한 21일 05시 24분

양력 1 / 음력 11/12 – 12/13

양력	1	2	3	4	5	6	7	8	9	10	11	12	13	14	15	16	17	18	19	20	21	22	23	24	25	26	27	28	29	30	31
요일	금	토	일	월	화	수	목	금	토	일	월	화	수	목	금	토	일	월	화	수	목	금	토	일	월	화	수	목	금	토	일
일진 日辰	乙卯	丙辰	丁巳	戊午	己未	庚申	辛酉	壬戌	癸亥	甲子	乙丑	丙寅	丁卯	戊辰	己巳	庚午	辛未	壬申	癸酉	甲戌	乙亥	丙子	丁丑	戊寅	己卯	庚辰	辛巳	壬午	癸未	甲申	乙酉
음력	12	13	14	15	16	17	18	19	20	21	22	23	24	25	26	27	28	29	12/1	2	3	4	5	6	7	8	9	10	11	12	13
대운 남	8	8	9	9	9	소	1	1	1	1	2	2	2	3	3	3	4	4	4	5	대	5	6	6	6	7	7	7	8	8	8
대운 여	2	1	1	1	1	한	9	9	9	8	8	8	7	7	7	6	6	6	5	5	한	4	4	4	3	3	3	2	2	2	1

입춘 4일 23시 43분 【음1월】 ➡ 【甲寅月(갑인월)】 ☯ 우수 19일 19시 35분

양력 2 / 음력 12/14 – 01/02

양력	1	2	3	4	5	6	7	8	9	10	11	12	13	14	15	16	17	18	19	20	21	22	23	24	25	26	27	28	29
요일	월	화	수	목	금	토	일	월	화	수	목	금	토	일	월	화	수	목	금	토	일	월	화	수	목	금	토	일	월
일진 日辰	丙戌	丁亥	戊子	己丑	庚寅	辛卯	壬辰	癸巳	甲午	乙未	丙申	丁酉	戊戌	己亥	庚子	辛丑	壬寅	癸卯	甲辰	乙巳	丙午	丁未	戊申	己酉	庚戌	辛亥	壬子	癸丑	甲寅
음력	14	15	16	17	18	19	20	21	22	23	24	25	26	27	28	29	30	1/1	2	3	4	5	6	7	8	9	10	11	12
대운 남	9	9	9	입	10	9	9	9	8	8	8	7	7	7	6	6	6	5	우	5	4	4	4	3	3	3	2	2	2
대운 여	1	1	1	춘	1	1	1	1	2	2	2	3	3	3	4	4	4	5	수	5	6	6	6	7	7	7	8	8	8

戊辰年

경칩 5일 17시 47분 【음2월】 ➡ 【乙卯月(을묘월)】 ☯ 춘분 20일 18시 39분

양력 3 / 음력 01/13 – 02/14

양력	1	2	3	4	5	6	7	8	9	10	11	12	13	14	15	16	17	18	19	20	21	22	23	24	25	26	27	28	29	30	31
요일	화	수	목	금	토	일	월	화	수	목	금	토	일	월	화	수	목	금	토	일	월	화	수	목	금	토	일	월	화	수	목
일진 日辰	乙卯	丙辰	丁巳	戊午	己未	庚申	辛酉	壬戌	癸亥	甲子	乙丑	丙寅	丁卯	戊辰	己巳	庚午	辛未	壬申	癸酉	甲戌	乙亥	丙子	丁丑	戊寅	己卯	庚辰	辛巳	壬午	癸未	甲申	乙酉
음력	13	14	15	16	17	18	19	20	21	22	23	24	25	26	27	28	29	2/1	2	3	4	5	6	7	8	9	10	11	12	13	14
대운 남	1	1	1	1	경	10	9	9	9	8	8	8	7	7	7	6	6	6	5	춘	5	4	4	4	3	3	3	2	2	2	1
대운 여	9	9	9	10	칩	1	1	1	1	2	2	2	3	3	3	4	4	4	5	분	5	6	6	6	7	7	7	8	8	8	9

청명 4일 22시 39분 【음3월】 ➡ 【丙辰月(병진월)】 ☯ 곡우 20일 05시 45분

양력 4 / 음력 02/15 – 03/15

양력	1	2	3	4	5	6	7	8	9	10	11	12	13	14	15	16	17	18	19	20	21	22	23	24	25	26	27	28	29	30
요일	금	토	일	월	화	수	목	금	토	일	월	화	수	목	금	토	일	월	화	수	목	금	토	일	월	화	수	목	금	토
일진 日辰	丙戌	丁亥	戊子	己丑	庚寅	辛卯	壬辰	癸巳	甲午	乙未	丙申	丁酉	戊戌	己亥	庚子	辛丑	壬寅	癸卯	甲辰	乙巳	丙午	丁未	戊申	己酉	庚戌	辛亥	壬子	癸丑	甲寅	乙卯
음력	15	16	17	18	19	20	21	22	23	24	25	26	27	28	29	3/1	2	3	4	5	6	7	8	9	10	11	12	13	14	15
대운 남	1	1	1	청	10	10	9	9	9	8	8	8	7	7	7	6	6	6	5	곡	5	4	4	4	3	3	3	2	2	2
대운 여	9	9	10	명	1	1	1	1	2	2	2	3	3	3	4	4	4	5	5	우	6	6	6	7	7	7	8	8	8	9

입하 5일 16시 02분 【음4월】 ➡ 【丁巳月(정사월)】 ☯ 소만 21일 05시 57분

양력 5 / 음력 03/16 – 04/16

양력	1	2	3	4	5	6	7	8	9	10	11	12	13	14	15	16	17	18	19	20	21	22	23	24	25	26	27	28	29	30	31
요일	일	월	화	수	목	금	토	일	월	화	수	목	금	토	일	월	화	수	목	금	토	일	월	화	수	목	금	토	일	월	화
일진 日辰	丙辰	丁巳	戊午	己未	庚申	辛酉	壬戌	癸亥	甲子	乙丑	丙寅	丁卯	戊辰	己巳	庚午	辛未	壬申	癸酉	甲戌	乙亥	丙子	丁丑	戊寅	己卯	庚辰	辛巳	壬午	癸未	甲申	乙酉	丙戌
음력	16	17	18	19	20	21	22	23	24	25	26	27	28	29	30	4/1	2	3	4	5	6	7	8	9	10	11	12	13	14	15	16
대운 남	1	1	1	1	입	10	10	9	9	9	8	8	8	7	7	7	6	6	6	5	소	5	4	4	4	3	3	3	2	2	2
대운 여	9	9	10	10	하	1	1	1	1	2	2	2	3	3	3	4	4	4	5	5	만	6	6	6	7	7	7	8	8	8	9

망종 5일 21시 15분 【음5월】 ➡ 【戊午月(무오월)】 ☯ 하지 21일 13시 57분

양력 6 / 음력 04/17 – 05/17

양력	1	2	3	4	5	6	7	8	9	10	11	12	13	14	15	16	17	18	19	20	21	22	23	24	25	26	27	28	29	30
요일	수	목	금	토	일	월	화	수	목	금	토	일	월	화	수	목	금	토	일	월	화	수	목	금	토	일	월	화	수	목
일진 日辰	丁亥	戊子	己丑	庚寅	辛卯	壬辰	癸巳	甲午	乙未	丙申	丁酉	戊戌	己亥	庚子	辛丑	壬寅	癸卯	甲辰	乙巳	丙午	丁未	戊申	己酉	庚戌	辛亥	壬子	癸丑	甲寅	乙卯	丙辰
음력	17	18	19	20	21	22	23	24	25	26	27	28	29	5/1	2	3	4	5	6	7	8	9	10	11	12	13	14	15	16	17
대운 남	1	1	1	1	망	10	10	10	9	9	9	8	8	8	7	7	7	6	6	6	하	5	5	4	4	4	3	3	3	2
대운 여	9	9	10	10	종	1	1	1	1	2	2	2	3	3	3	4	4	4	5	5	지	6	6	6	7	7	7	8	8	8

한식(4월05일), 초복(7월14일), 중복(7월24일), 말복(8월13일)
☂춘사(春社)3/24 ☀추사(秋社)9/20
토왕지절(土旺之節):4월17일,7월19일,10월20일,1월17일(음12/10)

서머타임 시작 5월08일 02시→03시로 조정
종료10월09일 03시→02시로 조정
수정한 시간으로 표기(동경표준시 사용)

1988 戊辰年

【己未月(기미월)】

소서 7일 07시 33분 【음6월】 ➡ ☯ 대서 23일 00시 51분

양력 7 / 음력 05/18 ~ 06/18

양력	1	2	3	4	5	6	7	8	9	10	11	12	13	14	15	16	17	18	19	20	21	22	23	24	25	26	27	28	29	30	31
요일	금	토	일	월	화	수	목	금	토	일	월	화	수	목	금	토	일	월	화	수	목	금	토	일	월	화	수	목	금	토	일
일진 日辰	丁巳	戊午	己未	庚申	辛酉	壬戌	癸亥	甲子	乙丑	丙寅	丁卯	戊辰	己巳	庚午	辛未	壬申	癸酉	甲戌	乙亥	丙子	丁丑	戊寅	己卯	庚辰	辛巳	壬午	癸未	甲申	乙酉	丙戌	丁亥
음력	18	19	20	21	22	23	24	25	26	27	28	29	30	6/1	2	3	4	5	6	7	8	9	10	11	12	13	14	15	16	17	18
대운 남	2	2	1	1	1	1	소	10	10	9	9	9	8	8	8	7	7	7	6	6	6	5	대	5	4	4	4	3	3	3	2
대운 여	9	9	9	10	10	10	서	1	1	1	1	2	2	2	3	3	3	4	4	4	5	5	서	6	6	6	7	7	7	8	8

【庚申月(경신월)】

입추 7일 17시 20분 【음7월】 ➡ ☯ 처서 23일 07시 54분

양력 8 / 음력 06/19 ~ 07/20

양력	1	2	3	4	5	6	7	8	9	10	11	12	13	14	15	16	17	18	19	20	21	22	23	24	25	26	27	28	29	30	31
요일	월	화	수	목	금	토	일	월	화	수	목	금	토	일	월	화	수	목	금	토	일	월	화	수	목	금	토	일	월	화	수
일진 日辰	戊子	己丑	庚寅	辛卯	壬辰	癸巳	甲午	乙未	丙申	丁酉	戊戌	己亥	庚子	辛丑	壬寅	癸卯	甲辰	乙巳	丙午	丁未	戊申	己酉	庚戌	辛亥	壬子	癸丑	甲寅	乙卯	丙辰	丁巳	戊午
음력	19	20	21	22	23	24	25	26	27	28	29	7/1	2	3	4	5	6	7	8	9	10	11	12	13	14	15	16	17	18	19	20
대운 남	2	2	1	1	1	1	입	10	10	9	9	9	8	8	8	7	7	7	6	6	6	5	처	5	4	4	4	3	3	3	2
대운 여	8	9	9	9	10	10	추	1	1	1	1	2	2	2	3	3	3	4	4	4	5	5	서	6	6	6	7	7	7	8	8

【辛酉月(신유월)】

백로 7일 20시 12분 【음8월】 ➡ ☯ 추분 23일 05시 29분

양력 9 / 음력 07/21 ~ 08/20

양력	1	2	3	4	5	6	7	8	9	10	11	12	13	14	15	16	17	18	19	20	21	22	23	24	25	26	27	28	29	30
요일	목	금	토	일	월	화	수	목	금	토	일	월	화	수	목	금	토	일	월	화	수	목	금	토	일	월	화	수	목	금
일진 日辰	己未	庚申	辛酉	壬戌	癸亥	甲子	乙丑	丙寅	丁卯	戊辰	己巳	庚午	辛未	壬申	癸酉	甲戌	乙亥	丙子	丁丑	戊寅	己卯	庚辰	辛巳	壬午	癸未	甲申	乙酉	丙戌	丁亥	戊子
음력	21	22	23	24	25	26	27	28	29	30	8/1	2	3	4	5	6	7	8	9	10	11	12	13	14	15	16	17	18	19	20
대운 남	2	2	1	1	1	1	백	10	10	9	9	9	8	8	8	7	7	7	6	6	6	5	추	5	4	4	4	3	3	3
대운 여	8	9	9	9	10	10	로	1	1	1	1	2	2	2	3	3	3	4	4	4	5	5	분	6	6	6	7	7	7	8

【壬戌月(임술월)】

한로 8일 11시 45분 【음9월】 ➡ ☯ 상강 23일 13시 44분

양력 10 / 음력 08/21 ~ 09/21

양력	1	2	3	4	5	6	7	8	9	10	11	12	13	14	15	16	17	18	19	20	21	22	23	24	25	26	27	28	29	30	31
요일	토	일	월	화	수	목	금	토	일	월	화	수	목	금	토	일	월	화	수	목	금	토	일	월	화	수	목	금	토	일	월
일진 日辰	己丑	庚寅	辛卯	壬辰	癸巳	甲午	乙未	丙申	丁酉	戊戌	己亥	庚子	辛丑	壬寅	癸卯	甲辰	乙巳	丙午	丁未	戊申	己酉	庚戌	辛亥	壬子	癸丑	甲寅	乙卯	丙辰	丁巳	戊午	己未
음력	21	22	23	24	25	26	27	28	29	30	9/1	2	3	4	5	6	7	8	9	10	11	12	13	14	15	16	17	18	19	20	21
대운 남	2	2	2	1	1	1	1	한	10	9	9	9	8	8	8	7	7	7	6	6	6	5	상	5	4	4	4	3	3	3	2
대운 여	8	8	9	9	9	10	10	로	1	1	1	1	2	2	2	3	3	3	4	4	4	5	강	5	6	6	6	7	7	7	8

【癸亥月(계해월)】

입동 7일 13시 49분 【음10월】 ➡ ☯ 소설 22일 11시 12분

양력 11 / 음력 09/22 ~ 10/22

양력	1	2	3	4	5	6	7	8	9	10	11	12	13	14	15	16	17	18	19	20	21	22	23	24	25	26	27	28	29	30
요일	화	수	목	금	토	일	월	화	수	목	금	토	일	월	화	수	목	금	토	일	월	화	수	목	금	토	일	월	화	수
일진 日辰	庚申	辛酉	壬戌	癸亥	甲子	乙丑	丙寅	丁卯	戊辰	己巳	庚午	辛未	壬申	癸酉	甲戌	乙亥	丙子	丁丑	戊寅	己卯	庚辰	辛巳	壬午	癸未	甲申	乙酉	丙戌	丁亥	戊子	己丑
음력	22	23	24	25	26	27	28	29	10/1	2	3	4	5	6	7	8	9	10	11	12	13	14	15	16	17	18	19	20	21	22
대운 남	2	2	1	1	1	1	입	10	9	9	9	8	8	8	7	7	7	6	6	6	5	소	5	4	4	4	3	3	3	2
대운 여	8	8	9	9	9	10	동	1	1	1	1	2	2	2	3	3	3	4	4	4	5	설	5	6	6	6	7	7	7	8

【甲子月(갑자월)】

대설 7일 06시 34분 【음11월】 ➡ ☯ 동지 22일 00시 28분

양력 12 / 음력 10/23 ~ 11/23

양력	1	2	3	4	5	6	7	8	9	10	11	12	13	14	15	16	17	18	19	20	21	22	23	24	25	26	27	28	29	30	31
요일	목	금	토	일	월	화	수	목	금	토	일	월	화	수	목	금	토	일	월	화	수	목	금	토	일	월	화	수	목	금	토
일진 日辰	庚寅	辛卯	壬辰	癸巳	甲午	乙未	丙申	丁酉	戊戌	己亥	庚子	辛丑	壬寅	癸卯	甲辰	乙巳	丙午	丁未	戊申	己酉	庚戌	辛亥	壬子	癸丑	甲寅	乙卯	丙辰	丁巳	戊午	己未	庚申
음력	23	24	25	26	27	28	29	30	11/1	2	3	4	5	6	7	8	9	10	11	12	13	14	15	16	17	18	19	20	21	22	23
대운 남	2	2	1	1	1	1	대	9	9	9	8	8	8	7	7	7	6	6	6	5	5	동	4	4	4	3	3	3	2	2	2
대운 여	8	8	9	9	9	10	설	1	1	1	1	2	2	2	3	3	3	4	4	4	5	지	5	6	6	6	7	7	7	8	8

단기 4322 年	1989년	下元 己巳年 납음(大林木), 본명성(二黑土)
불기 2533 年		대장군(卯동방), 삼살(동방), 상문(未서남방), 조객(卯동방), 납음(대림목), 【삼재(해,자,축)년】 臘享(납향):1990년1월18일(음12/22)

뱀

소한 5일 17시 46분 【음12월】 ➡ 【乙丑月(을축월)】 ☯ 대한 20일 11시 07분

양력 1	양력	1	2	3	4	5	6	7	8	9	10	11	12	13	14	15	16	17	18	19	20	21	22	23	24	25	26	27	28	29	30	31
	요일	일	월	화	수	목	금	토	일	월	화	수	목	금	토	일	월	화	수	목	금	토	일	월	화	수	목	금	토	일	월	화
	일진 日辰	辛酉	壬戌	癸亥	甲子	乙丑	丙寅	丁卯	戊辰	己巳	庚午	辛未	壬申	癸酉	甲戌	乙亥	丙子	丁丑	戊寅	己卯	庚辰	辛巳	壬午	癸未	甲申	乙酉	丙戌	丁亥	戊子	己丑	庚寅	辛卯
음력 11/24 ~ 12/24	음력	24	25	26	27	28	29	30	12/1	2	3	4	5	6	7	8	9	10	11	12	13	14	15	16	17	18	19	20	21	22	23	24
대운	남	1	1	1	1	소	10	9	9	9	8	8	8	7	7	7	6	6	6	5	대	5	4	4	4	3	3	3	2	2	2	1
	여	8	9	9	9	한	1	1	1	1	2	2	2	3	3	3	4	4	4	5	한	5	6	6	6	7	7	7	8	8	8	9

입춘 4일 05시 27분 【음1월】 ➡ 【丙寅月(병인월)】 ☯ 우수 19일 01시 21분

양력 2	양력	1	2	3	4	5	6	7	8	9	10	11	12	13	14	15	16	17	18	19	20	21	22	23	24	25	26	27	28
	요일	수	목	금	토	일	월	화	수	목	금	토	일	월	화	수	목	금	토	일	월	화	수	목	금	토	일	월	화
	일진 日辰	壬辰	癸巳	甲午	乙未	丙申	丁酉	戊戌	己亥	庚子	辛丑	壬寅	癸卯	甲辰	乙巳	丙午	丁未	戊申	己酉	庚戌	辛亥	壬子	癸丑	甲寅	乙卯	丙辰	丁巳	戊午	己未
음력 12/25 ~ 01/23	음력	25	26	27	28	29	1/1	2	3	4	5	6	7	8	9	10	11	12	13	14	15	16	17	18	19	20	21	22	23
대운	남	1	1	1	입	1	1	1	1	2	2	2	3	3	3	4	4	4	5	우	5	6	6	6	7	7	7	8	8
	여	9	9	10	춘	9	9	9	8	8	8	7	7	7	6	6	6	5	5	수	4	4	4	3	3	3	2	2	2

己巳年

경칩 5일 23시 34분 【음2월】 ➡ 【丁卯月(정묘월)】 ☯ 춘분 21일 00시 28분

양력 3	양력	1	2	3	4	5	6	7	8	9	10	11	12	13	14	15	16	17	18	19	20	21	22	23	24	25	26	27	28	29	30	31
	요일	수	목	금	토	일	월	화	수	목	금	토	일	월	화	수	목	금	토	일	월	화	수	목	금	토	일	월	화	수	목	금
	일진 日辰	庚申	辛酉	壬戌	癸亥	甲子	乙丑	丙寅	丁卯	戊辰	己巳	庚午	辛未	壬申	癸酉	甲戌	乙亥	丙子	丁丑	戊寅	己卯	庚辰	辛巳	壬午	癸未	甲申	乙酉	丙戌	丁亥	戊子	己丑	庚寅
음력 01/24 ~ 02/24	음력	24	25	26	27	28	29	30	2/1	2	3	4	5	6	7	8	9	10	11	12	13	14	15	16	17	18	19	20	21	22	23	24
대운	남	9	9	9	10	경	1	1	1	1	2	2	2	3	3	3	4	4	4	5	5	춘	6	6	6	7	7	7	8	8	8	9
	여	1	1	1	1	칩	10	10	9	9	9	8	8	8	7	7	7	6	6	6	5	분	5	4	4	4	3	3	3	2	2	2

청명 5일 04시 30분 【음3월】 ➡ 【戊辰月(무진월)】 ☯ 곡우 20일 11시 39분

양력 4	양력	1	2	3	4	5	6	7	8	9	10	11	12	13	14	15	16	17	18	19	20	21	22	23	24	25	26	27	28	29	30
	요일	토	일	월	화	수	목	금	토	일	월	화	수	목	금	토	일	월	화	수	목	금	토	일	월	화	수	목	금	토	일
	일진 日辰	辛卯	壬辰	癸巳	甲午	乙未	丙申	丁酉	戊戌	己亥	庚子	辛丑	壬寅	癸卯	甲辰	乙巳	丙午	丁未	戊申	己酉	庚戌	辛亥	壬子	癸丑	甲寅	乙卯	丙辰	丁巳	戊午	己未	庚申
음력 02/25 ~ 03/25	음력	25	26	27	28	29	3/1	2	3	4	5	6	7	8	9	10	11	12	13	14	15	16	17	18	19	20	21	22	23	24	25
대운	남	9	9	10	10	청	1	1	1	1	2	2	2	3	3	3	4	4	4	5	곡	5	6	6	6	7	7	7	8	8	8
	여	1	1	1	1	명	10	9	9	9	8	8	8	7	7	7	6	6	6	5	우	5	4	4	4	3	3	3	2	2	2

입하 2일 21시 54분 【음4월】 ➡ 【己巳月(기사월)】 ☯ 소만 21일 10시 54분

양력 5	양력	1	2	3	4	5	6	7	8	9	10	11	12	13	14	15	16	17	18	19	20	21	22	23	24	25	26	27	28	29	30	31
	요일	월	화	수	목	금	토	일	월	화	수	목	금	토	일	월	화	수	목	금	토	일	월	화	수	목	금	토	일	월	화	수
	일진 日辰	辛酉	壬戌	癸亥	甲子	乙丑	丙寅	丁卯	戊辰	己巳	庚午	辛未	壬申	癸酉	甲戌	乙亥	丙子	丁丑	戊寅	己卯	庚辰	辛巳	壬午	癸未	甲申	乙酉	丙戌	丁亥	戊子	己丑	庚寅	辛卯
음력 03/26 ~ 04/27	음력	26	27	28	29	4/1	2	3	4	5	6	7	8	9	10	11	12	13	14	15	16	17	18	19	20	21	22	23	24	25	26	27
대운	남	9	9	9	10	입	1	1	1	1	2	2	2	3	3	3	4	4	4	5	5	소	6	6	6	7	7	7	8	8	8	9
	여	1	1	1	1	하	10	10	10	9	9	9	8	8	8	7	7	7	6	6	6	만	5	5	4	4	4	3	3	3	2	2

망종 6일 02시 05분 【음5월】 ➡ 【庚午月(경오월)】 ☯ 하지 21일 18시 53분

양력 6	양력	1	2	3	4	5	6	7	8	9	10	11	12	13	14	15	16	17	18	19	20	21	22	23	24	25	26	27	28	29	30
	요일	목	금	토	일	월	화	수	목	금	토	일	월	화	수	목	금	토	일	월	화	수	목	금	토	일	월	화	수	목	금
	일진 日辰	壬辰	癸巳	甲午	乙未	丙申	丁酉	戊戌	己亥	庚子	辛丑	壬寅	癸卯	甲辰	乙巳	丙午	丁未	戊申	己酉	庚戌	辛亥	壬子	癸丑	甲寅	乙卯	丙辰	丁巳	戊午	己未	庚申	辛酉
음력 04/28 ~ 05/27	음력	28	29	30	5/1	2	3	4	5	6	7	8	9	10	11	12	13	14	15	16	17	18	19	20	21	22	23	24	25	26	27
대운	남	9	9	10	10	10	망	1	1	1	1	2	2	2	3	3	3	4	4	4	5	하	5	6	6	6	7	7	7	8	8
	여	2	1	1	1	1	종	10	10	9	9	9	8	8	8	7	7	7	6	6	6	지	5	5	4	4	4	3	3	3	2

한식(4월06일), 초복(7월19일), 중복(7월29일), 말복(8월08일) 춘사(春社)3/19
추사(秋社)9/25 토왕지절(土旺之節):4월17일,7월20일,10월20일,1월17일(음12/21)
臘享(납향):1990년1월18일(음12/22)

1989 己巳年

소서 7일 12시 19분 【음6월】 ➡ 【辛未月(신미월)】 ☯ 대서 23일 05시 45분

양력 7 / 음력 05/28 ~ 06/29

양력	1	2	3	4	5	6	7	8	9	10	11	12	13	14	15	16	17	18	19	20	21	22	23	24	25	26	27	28	29	30	31
요일	토	일	월	화	수	목	금	토	일	월	화	수	목	금	토	일	월	화	수	목	금	토	일	월	화	수	목	금	토	일	월
일진 日辰	壬戌	癸亥	甲子	乙丑	丙寅	丁卯	戊辰	己巳	庚午	辛未	壬申	癸酉	甲戌	乙亥	丙子	丁丑	戊寅	己卯	庚辰	辛巳	壬午	癸未	甲申	乙酉	丙戌	丁亥	戊子	己丑	庚寅	辛卯	壬辰
음력	28	29	6/1	2	3	4	5	6	7	8	9	10	11	12	13	14	15	16	17	18	19	20	21	22	23	24	25	26	27	28	29
대운 남	8	9	9	9	10	10	소	1	1	1	1	2	2	2	3	3	3	4	4	4	5	5	대	6	6	6	7	7	7	8	8
대운 여	2	2	1	1	1	1	서	10	10	9	9	9	8	8	8	7	7	7	6	6	6	5	서	5	4	4	4	3	3	3	2

입추 7일 22시 04분 【음7월】 ➡ 【壬申月(임신월)】 ☯ 처서 23일 12시 46분

양력 8 / 음력 06/30 ~ 08/01

양력	1	2	3	4	5	6	7	8	9	10	11	12	13	14	15	16	17	18	19	20	21	22	23	24	25	26	27	28	29	30	31
요일	화	수	목	금	토	일	월	화	수	목	금	토	일	월	화	수	목	금	토	일	월	화	수	목	금	토	일	월	화	수	목
일진 日辰	癸巳	甲午	乙未	丙申	丁酉	戊戌	己亥	庚子	辛丑	壬寅	癸卯	甲辰	乙巳	丙午	丁未	戊申	己酉	庚戌	辛亥	壬子	癸丑	甲寅	乙卯	丙辰	丁巳	戊午	己未	庚申	辛酉	壬戌	癸亥
음력	30	7/1	2	3	4	5	6	7	8	9	10	11	12	13	14	15	16	17	18	19	20	21	22	23	24	25	26	27	28	29	8/1
대운 남	8	9	9	9	10	10	입	1	1	1	1	2	2	2	3	3	3	4	4	4	5	5	처	6	6	6	7	7	7	8	8
대운 여	2	2	1	1	1	1	추	10	10	10	9	9	9	8	8	8	7	7	7	6	6	6	서	5	5	4	4	4	3	3	3

백로 8일 00시 54분 【음8월】 ➡ 【癸酉月(계유월)】 ☯ 추분 23일 10시 20분

양력 9 / 음력 08/02 ~ 09/01

양력	1	2	3	4	5	6	7	8	9	10	11	12	13	14	15	16	17	18	19	20	21	22	23	24	25	26	27	28	29	30	
요일	금	토	일	월	화	수	목	금	토	일	월	화	수	목	금	토	일	월	화	수	목	금	토	일	월	화	수	목	금	토	
일진 日辰	甲子	乙丑	丙寅	丁卯	戊辰	己巳	庚午	辛未	壬申	癸酉	甲戌	乙亥	丙子	丁丑	戊寅	己卯	庚辰	辛巳	壬午	癸未	甲申	乙酉	丙戌	丁亥	戊子	己丑	庚寅	辛卯	壬辰	癸巳	
음력	2	3	4	5	6	7	8	9	10	11	12	13	14	15	16	17	18	19	20	21	22	23	24	25	26	27	28	29	30	9/1	
대운 남	8	9	9	9	10	10	10	백	1	1	1	1	2	2	2	3	3	3	4	4	4	5	추	5	6	6	6	7	7	7	
대운 여	2	2	2	1	1	1	1	로	10	9	9	9	8	8	8	7	7	7	6	6	6	5	분	5	4	4	4	3	3	3	

한로 8일 16시 27분 【음9월】 ➡ 【甲戌月(갑술월)】 ☯ 상강 23일 19시 35분

양력 10 / 음력 09/02 ~ 10/02

양력	1	2	3	4	5	6	7	8	9	10	11	12	13	14	15	16	17	18	19	20	21	22	23	24	25	26	27	28	29	30	31
요일	일	월	화	수	목	금	토	일	월	화	수	목	금	토	일	월	화	수	목	금	토	일	월	화	수	목	금	토	일	월	화
일진 日辰	甲午	乙未	丙申	丁酉	戊戌	己亥	庚子	辛丑	壬寅	癸卯	甲辰	乙巳	丙午	丁未	戊申	己酉	庚戌	辛亥	壬子	癸丑	甲寅	乙卯	丙辰	丁巳	戊午	己未	庚申	辛酉	壬戌	癸亥	甲子
음력	2	3	4	5	6	7	8	9	10	11	12	13	14	15	16	17	18	19	20	21	22	23	24	25	26	27	28	29	30	10/1	2
대운 남	8	8	8	9	9	9	10	한	1	1	1	1	2	2	2	3	3	3	4	4	4	5	상	5	6	6	6	7	7	7	8
대운 여	2	2	2	1	1	1	1	로	10	9	9	9	8	8	8	7	7	7	6	6	6	5	강	5	4	4	4	3	3	3	2

입동 7일 19시 34분 【음10월】 ➡ 【乙亥月(을해월)】 ☯ 소설 22일 17시 05분

양력 11 / 음력 10/03 ~ 11/03

양력	1	2	3	4	5	6	7	8	9	10	11	12	13	14	15	16	17	18	19	20	21	22	23	24	25	26	27	28	29	30	
요일	수	목	금	토	일	월	화	수	목	금	토	일	월	화	수	목	금	토	일	월	화	수	목	금	토	일	월	화	수	목	
일진 日辰	乙丑	丙寅	丁卯	戊辰	己巳	庚午	辛未	壬申	癸酉	甲戌	乙亥	丙子	丁丑	戊寅	己卯	庚辰	辛巳	壬午	癸未	甲申	乙酉	丙戌	丁亥	戊子	己丑	庚寅	辛卯	壬辰	癸巳	甲午	
음력	3	4	5	6	7	8	9	10	11	12	13	14	15	16	17	18	19	20	21	22	23	24	25	26	27	28	29	11/1	2	3	
대운 남	8	8	9	9	9	10	입	1	1	1	1	2	2	2	3	3	3	4	4	4	5	소	5	6	6	6	7	7	7	8	
대운 여	2	2	1	1	1	1	동	10	9	9	9	8	8	8	7	7	7	6	6	6	5	설	5	4	4	4	3	3	3	2	

대설 7일 12시 21분 【음11월】 ➡ 【丙子月(병자월)】 ☯ 동지 22일 06시 22분

양력 12 / 음력 11/04 ~ 12/04

양력	1	2	3	4	5	6	7	8	9	10	11	12	13	14	15	16	17	18	19	20	21	22	23	24	25	26	27	28	29	30	31
요일	금	토	일	월	화	수	목	금	토	일	월	화	수	목	금	토	일	월	화	수	목	금	토	일	월	화	수	목	금	토	일
일진 日辰	乙未	丙申	丁酉	戊戌	己亥	庚子	辛丑	壬寅	癸卯	甲辰	乙巳	丙午	丁未	戊申	己酉	庚戌	辛亥	壬子	癸丑	甲寅	乙卯	丙辰	丁巳	戊午	己未	庚申	辛酉	壬戌	癸亥	甲子	乙丑
음력	4	5	6	7	8	9	10	11	12	13	14	15	16	17	18	19	20	21	22	23	24	25	26	27	28	29	30	12/1	2	3	4
대운 남	8	8	9	9	9	10	대	1	1	1	1	2	2	2	3	3	3	4	4	4	5	동	5	6	6	6	7	7	7	8	8
대운 여	2	2	1	1	1	1	설	9	9	9	8	8	8	7	7	7	6	6	6	5	5	지	4	4	4	3	3	3	2	2	2

단기 4323 年
불기 2534 年

1990년

下元 庚午年 납음(路傍土),본명성(一白水)

대장군(卯동방), 삼살(북방), 상문(申서남방),조객(辰동남방), 납음(노방토), 【삼재(신,유,술)년】 臘享(납향):1991년 1월25일 (음12/10)

소한 5일 23시 33분 【음12월】 ➡ **【丁丑月(정축월)】** ☯ 대한 20일 17시 02분

양력 1 (음력 12/05 ~ 01/05)	1	2	3	4	5	6	7	8	9	10	11	12	13	14	15	16	17	18	19	20	21	22	23	24	25	26	27	28	29	30	31
요일	월	화	수	목	금	토	일	월	화	수	목	금	토	일	월	화	수	목	금	토	일	월	화	수	목	금	토	일	월	화	수
일진 日辰	丙寅	丁卯	戊辰	己巳	庚午	辛未	壬申	癸酉	甲戌	乙亥	丙子	丁丑	戊寅	己卯	庚辰	辛巳	壬午	癸未	甲申	乙酉	丙戌	丁亥	戊子	己丑	庚寅	辛卯	壬辰	癸巳	甲午	乙未	丙申
음력	5	6	7	8	9	10	11	12	13	14	15	16	17	18	19	20	21	22	23	24	25	26	27	28	29	30	1/1	2	3	4	5
대운 남	8	9	9	9	소	1	1	1	1	2	2	2	3	3	3	4	4	4	5	대	5	6	6	6	7	7	7	8	8	8	9
대운 여	1	1	1	1	한	10	9	9	9	8	8	8	7	7	7	6	6	6	5	한	5	4	4	4	3	3	3	2	2	2	1

입춘 4일 11시 14분 【음1월】 ➡ **【戊寅月(무인월)】** ☯ 우수 19일 07시 14분

양력 2 (음력 01/06 ~ 02/04)	1	2	3	4	5	6	7	8	9	10	11	12	13	14	15	16	17	18	19	20	21	22	23	24	25	26	27	28
요일	목	금	토	일	월	화	수	목	금	토	일	월	화	수	목	금	토	일	월	화	수	목	금	토	일	월	화	수
일진 日辰	丁酉	戊戌	己亥	庚子	辛丑	壬寅	癸卯	甲辰	乙巳	丙午	丁未	戊申	己酉	庚戌	辛亥	壬子	癸丑	甲寅	乙卯	丙辰	丁巳	戊午	己未	庚申	辛酉	壬戌	癸亥	甲子
음력	6	7	8	9	10	11	12	13	14	15	16	17	18	19	20	21	22	23	24	25	26	27	28	29	2/1	2	3	4
대운 남	9	9	10	입	10	9	9	9	8	8	8	7	7	7	6	6	6	5	우	5	4	4	4	3	3	3	2	2
대운 여	1	1	1	춘	1	1	1	1	2	2	2	3	3	3	4	4	4	5	수	5	6	6	6	7	7	7	8	8

庚午年

경칩 6일 05시 19분 【음2월】 ➡ **【己卯月(기묘월)】** ☯ 춘분 21일 06시 19분

양력 3 (음력 02/05 ~ 03/05)	1	2	3	4	5	6	7	8	9	10	11	12	13	14	15	16	17	18	19	20	21	22	23	24	25	26	27	28	29	30	31
요일	목	금	토	일	월	화	수	목	금	토	일	월	화	수	목	금	토	일	월	화	수	목	금	토	일	월	화	수	목	금	토
일진 日辰	乙丑	丙寅	丁卯	戊辰	己巳	庚午	辛未	壬申	癸酉	甲戌	乙亥	丙子	丁丑	戊寅	己卯	庚辰	辛巳	壬午	癸未	甲申	乙酉	丙戌	丁亥	戊子	己丑	庚寅	辛卯	壬辰	癸巳	甲午	乙未
음력	5	6	7	8	9	10	11	12	13	14	15	16	17	18	19	20	21	22	23	24	25	26	27	28	29	30	3/1	2	3	4	5
대운 남	2	1	1	1	1	경	10	9	9	9	8	8	8	7	7	7	6	6	6	5	춘	5	4	4	4	3	3	3	2	2	2
대운 여	8	9	9	9	10	칩	1	1	1	1	2	2	2	3	3	3	4	4	4	5	분	5	6	6	6	7	7	7	8	8	8

청명 5일 10시 13분 【음3월】 ➡ **【庚辰月(경진월)】** ☯ 곡우 20일 17시 27분

양력 4 (음력 03/06 ~ 04/06)	1	2	3	4	5	6	7	8	9	10	11	12	13	14	15	16	17	18	19	20	21	22	23	24	25	26	27	28	29	30
요일	일	월	화	수	목	금	토	일	월	화	수	목	금	토	일	월	화	수	목	금	토	일	월	화	수	목	금	토	일	월
일진 日辰	丙申	丁酉	戊戌	己亥	庚子	辛丑	壬寅	癸卯	甲辰	乙巳	丙午	丁未	戊申	己酉	庚戌	辛亥	壬子	癸丑	甲寅	乙卯	丙辰	丁巳	戊午	己未	庚申	辛酉	壬戌	癸亥	甲子	乙丑
음력	6	7	8	9	10	11	12	13	14	15	16	17	18	19	20	21	22	23	24	25	26	27	28	29	4/1	2	3	4	5	6
대운 남	1	1	1	1	청	10	10	9	9	9	8	8	8	7	7	7	6	6	6	곡	5	5	4	4	4	3	3	3	2	2
대운 여	9	9	9	10	명	1	1	1	1	2	2	2	3	3	3	4	4	4	5	우	5	6	6	6	7	7	7	8	8	8

입하 6일 03시 35분 【음4월】 ➡ **【辛巳月(신사월)】** ☯ 소만 21일 16시 37분

양력 5 (음력 04/07 ~ 05/08)	1	2	3	4	5	6	7	8	9	10	11	12	13	14	15	16	17	18	19	20	21	22	23	24	25	26	27	28	29	30	31
요일	화	수	목	금	토	일	월	화	수	목	금	토	일	월	화	수	목	금	토	일	월	화	수	목	금	토	일	월	화	수	목
일진 日辰	丙寅	丁卯	戊辰	己巳	庚午	辛未	壬申	癸酉	甲戌	乙亥	丙子	丁丑	戊寅	己卯	庚辰	辛巳	壬午	癸未	甲申	乙酉	丙戌	丁亥	戊子	己丑	庚寅	辛卯	壬辰	癸巳	甲午	乙未	丙申
음력	7	8	9	10	11	12	13	14	15	16	17	18	19	20	21	22	23	24	25	26	27	28	29	5/1	2	3	4	5	6	7	8
대운 남	2	1	1	1	1	입	10	10	9	9	9	8	8	8	7	7	7	6	6	6	소	5	5	4	4	4	3	3	3	2	2
대운 여	9	9	9	10	10	하	1	1	1	1	2	2	2	3	3	3	4	4	4	5	만	5	6	6	6	7	7	7	8	8	8

망종 6일 07시 46분 【음5월】 ➡ **【壬午月(임오월)】** ☯ 하지 22일 00시 33분

양력 6 (음력 05/09 ~ 윤508)	1	2	3	4	5	6	7	8	9	10	11	12	13	14	15	16	17	18	19	20	21	22	23	24	25	26	27	28	29	30
요일	금	토	일	월	화	수	목	금	토	일	월	화	수	목	금	토	일	월	화	수	목	금	토	일	월	화	수	목	금	토
일진 日辰	丁酉	戊戌	己亥	庚子	辛丑	壬寅	癸卯	甲辰	乙巳	丙午	丁未	戊申	己酉	庚戌	辛亥	壬子	癸丑	甲寅	乙卯	丙辰	丁巳	戊午	己未	庚申	辛酉	壬戌	癸亥	甲子	乙丑	丙寅
음력	9	10	11	12	13	14	15	16	17	18	19	20	21	22	23	24	25	26	27	28	29	30	윤5	2	3	4	5	6	7	8
대운 남	2	1	1	1	1	망	10	10	9	9	9	8	8	8	7	7	7	6	6	6	5	하	5	4	4	4	3	3	3	2
대운 여	9	9	9	10	10	종	1	1	1	1	2	2	2	3	3	3	4	4	4	5	5	지	6	6	6	7	7	7	8	8

한식(4월06일), 초복(7월14일), 중복(7월24일), 말복(8월13일) ☂춘사(春社)3/24
☀추사(秋社)9/20 토왕지절(土旺之節):4월17일,7월20일,10월21일,1월18일(음12/02)
臘享(납향):1991년1월25일(음12/10)

1990 庚午年

소서 7일 18시 00분 【음6월】 ➡ **【癸未月(계미월)】** ☯ 대서 23일 11시 22분

양력 7 / 음력 윤509 – 06/10

양력	1	2	3	4	5	6	7	8	9	10	11	12	13	14	15	16	17	18	19	20	21	22	23	24	25	26	27	28	29	30	31
요일	일	월	화	수	목	금	토	일	월	화	수	목	금	토	일	월	화	수	목	금	토	일	월	화	수	목	금	토	일	월	화
일진 日辰	丁卯	戊辰	己巳	庚午	辛未	壬申	癸酉	甲戌	乙亥	丙子	丁丑	戊寅	己卯	庚辰	辛巳	壬午	癸未	甲申	乙酉	丙戌	丁亥	戊子	己丑	庚寅	辛卯	壬辰	癸巳	甲午	乙未	丙申	丁酉
음력	9	10	11	12	13	14	15	16	17	18	19	20	21	22	23	24	25	26	27	28	29	6/1	2	3	4	5	6	7	8	9	10
대운 남	2	2	1	1	1	1	소	10	10	10	9	9	9	8	8	8	7	7	7	6	6	6	대	5	5	4	4	4	3	3	3
대운 여	8	9	9	9	10	10	서	1	1	1	1	2	2	2	3	3	3	4	4	4	5	5	서	6	6	6	7	7	7	8	8

입추 8일 03시 46분 【음7월】 ➡ **【甲申月(갑신월)】** ☯ 처서 23일 18시 21분

양력 8 / 음력 06/11 – 07/12

양력	1	2	3	4	5	6	7	8	9	10	11	12	13	14	15	16	17	18	19	20	21	22	23	24	25	26	27	28	29	30	31
요일	수	목	금	토	일	월	화	수	목	금	토	일	월	화	수	목	금	토	일	월	화	수	목	금	토	일	월	화	수	목	금
일진 日辰	戊戌	己亥	庚子	辛丑	壬寅	癸卯	甲辰	乙巳	丙午	丁未	戊申	己酉	庚戌	辛亥	壬子	癸丑	甲寅	乙卯	丙辰	丁巳	戊午	己未	庚申	辛酉	壬戌	癸亥	甲子	乙丑	丙寅	丁卯	戊辰
음력	11	12	13	14	15	16	17	18	19	20	21	22	23	24	25	26	27	28	29	7/1	2	3	4	5	6	7	8	9	10	11	12
대운 남	2	2	2	1	1	1	1	입	10	10	9	9	9	8	8	8	7	7	7	6	6	6	처	5	5	4	4	4	3	3	3
대운 여	8	9	9	9	10	10	10	추	1	1	1	1	2	2	2	3	3	3	4	4	4	5	서	5	6	6	6	7	7	7	8

백로 8일 06시 37분 【음8월】 ➡ **【乙酉月(을유월)】** ☯ 추분 23일 15시 56분

양력 9 / 음력 07/13 – 08/12

양력	1	2	3	4	5	6	7	8	9	10	11	12	13	14	15	16	17	18	19	20	21	22	23	24	25	26	27	28	29	30
요일	토	일	월	화	수	목	금	토	일	월	화	수	목	금	토	일	월	화	수	목	금	토	일	월	화	수	목	금	토	일
일진 日辰	己巳	庚午	辛未	壬申	癸酉	甲戌	乙亥	丙子	丁丑	戊寅	己卯	庚辰	辛巳	壬午	癸未	甲申	乙酉	丙戌	丁亥	戊子	己丑	庚寅	辛卯	壬辰	癸巳	甲午	乙未	丙申	丁酉	戊戌
음력	13	14	15	16	17	18	19	20	21	22	23	24	25	26	27	28	29	30	8/1	2	3	4	5	6	7	8	9	10	11	12
대운 남	2	2	2	1	1	1	1	백	10	9	9	9	8	8	8	7	7	7	6	6	6	5	추	5	4	4	4	3	3	3
대운 여	8	8	9	9	9	10	10	로	1	1	1	1	2	2	2	3	3	3	4	4	4	5	분	5	6	6	6	7	7	7

한로 5일 22시 14분 【음9월】 ➡ **【丙戌月(병술월)】** ☯ 상강 24일 01시 14분

양력 10 / 음력 08/13 – 09/13

양력	1	2	3	4	5	6	7	8	9	10	11	12	13	14	15	16	17	18	19	20	21	22	23	24	25	26	27	28	29	30	31
요일	월	화	수	목	금	토	일	월	화	수	목	금	토	일	월	화	수	목	금	토	일	월	화	수	목	금	토	일	월	화	수
일진 日辰	己亥	庚子	辛丑	壬寅	癸卯	甲辰	乙巳	丙午	丁未	戊申	己酉	庚戌	辛亥	壬子	癸丑	甲寅	乙卯	丙辰	丁巳	戊午	己未	庚申	辛酉	壬戌	癸亥	甲子	乙丑	丙寅	丁卯	戊辰	己巳
음력	13	14	15	16	17	18	19	20	21	22	23	24	25	26	27	28	29	30	9/1	2	3	4	5	6	7	8	9	10	11	12	13
대운 남	2	2	2	1	1	1	1	한	10	10	9	9	9	8	8	8	7	7	7	6	6	6	5	상	5	4	4	4	3	3	3
대운 여	8	8	8	9	9	9	10	로	1	1	1	1	2	2	2	3	3	3	4	4	4	5	5	강	6	6	6	7	7	7	8

입동 8일 01시 23분 【음10월】 ➡ **【丁亥月(정해월)】** ☯ 소설 22일 22시 47분

양력 11 / 음력 09/14 – 10/14

양력	1	2	3	4	5	6	7	8	9	10	11	12	13	14	15	16	17	18	19	20	21	22	23	24	25	26	27	28	29	30
요일	목	금	토	일	월	화	수	목	금	토	일	월	화	수	목	금	토	일	월	화	수	목	금	토	일	월	화	수	목	금
일진 日辰	庚午	辛未	壬申	癸酉	甲戌	乙亥	丙子	丁丑	戊寅	己卯	庚辰	辛巳	壬午	癸未	甲申	乙酉	丙戌	丁亥	戊子	己丑	庚寅	辛卯	壬辰	癸巳	甲午	乙未	丙申	丁酉	戊戌	己亥
음력	14	15	16	17	18	19	20	21	22	23	24	25	26	27	28	29	10/1	2	3	4	5	6	7	8	9	10	11	12	13	14
대운 남	2	2	2	1	1	1	1	입	9	9	9	8	8	8	7	7	7	6	6	6	5	소	5	4	4	4	3	3	3	2
대운 여	8	8	9	9	9	10	10	동	1	1	1	1	2	2	2	3	3	3	4	4	4	설	5	5	6	6	6	7	7	7

대설 7일 18시 14분 【음11월】 ➡ **【戊子月(무자월)】** ☯ 동지 22일 12시 07분

양력 12 / 음력 10/15 – 11/15

양력	1	2	3	4	5	6	7	8	9	10	11	12	13	14	15	16	17	18	19	20	21	22	23	24	25	26	27	28	29	30	31
요일	토	일	월	화	수	목	금	토	일	월	화	수	목	금	토	일	월	화	수	목	금	토	일	월	화	수	목	금	토	일	월
일진 日辰	庚子	辛丑	壬寅	癸卯	甲辰	乙巳	丙午	丁未	戊申	己酉	庚戌	辛亥	壬子	癸丑	甲寅	乙卯	丙辰	丁巳	戊午	己未	庚申	辛酉	壬戌	癸亥	甲子	乙丑	丙寅	丁卯	戊辰	己巳	庚午
음력	15	16	17	18	19	20	21	22	23	24	25	26	27	28	29	30	11/1	2	3	4	5	6	7	8	9	10	11	12	13	14	15
대운 남	2	2	1	1	1	1	대	10	9	9	9	8	8	8	7	7	7	6	6	6	5	동	5	4	4	4	3	3	3	2	2
대운 여	8	8	8	9	9	9	설	1	1	1	1	2	2	2	3	3	3	4	4	4	5	지	5	6	6	6	7	7	7	8	8

단기 4324 年
불기 2535 年

1991년

下元 **辛未年** 납음(路傍土),본명성(九紫火)

대장군(卯동방), 삼살(酉서방), 상문(酉서방),조객(巳동남방), 납음(노방토), 【삼재(사,오,미)년】 臘享(납향):1992년1월20일(음12/16)

양

소한 6일 05시 28분 【음12월】 ➡ **【己丑月(기축월)】** ☯ 대한 20일 22시 47분

	양력	1	2	3	4	5	6	7	8	9	10	11	12	13	14	15	16	17	18	19	20	21	22	23	24	25	26	27	28	29	30	31
양력 1	요일	화	수	목	금	토	일	월	화	수	목	금	토	일	월	화	수	목	금	토	일	월	화	수	목	금	토	일	월	화	수	목
	일진	辛	壬	癸	甲	乙	丙	丁	戊	己	庚	辛	壬	癸	甲	乙	丙	丁	戊	己	庚	辛	壬	癸	甲	乙	丙	丁	戊	己	庚	辛
	日辰	未	申	酉	戌	亥	子	丑	寅	卯	辰	巳	午	未	申	酉	戌	亥	子	丑	寅	卯	辰	巳	午	未	申	酉	戌	亥	子	丑
음력 11/16 ~ 12/16	음력	16	17	18	19	20	21	22	23	24	25	26	27	28	29	30	12/1	2	3	4	5	6	7	8	9	10	11	12	13	14	15	16
대운	남	2	1	1	1	1	소	9	9	9	8	8	8	7	7	7	6	6	6	5	대	5	4	4	4	3	3	3	2	2	2	1
	여	8	9	9	9	10	한	1	1	1	1	2	2	2	3	3	3	4	4	4	한	5	5	6	6	6	7	7	7	8	8	8

입춘 4일 17시 08분 【음1월】 ➡ **【庚寅月(경인월)】** ☯ 우수 19일 12시 58분

	양력	1	2	3	4	5	6	7	8	9	10	11	12	13	14	15	16	17	18	19	20	21	22	23	24	25	26	27	28
양력 2	요일	금	토	일	월	화	수	목	금	토	일	월	화	수	목	금	토	일	월	화	수	목	금	토	일	월	화	수	목
	일진	壬	癸	甲	乙	丙	丁	戊	己	庚	辛	壬	癸	甲	乙	丙	丁	戊	己	庚	辛	壬	癸	甲	乙	丙	丁	戊	己
	日辰	寅	卯	辰	巳	午	未	申	酉	戌	亥	子	丑	寅	卯	辰	巳	午	未	申	酉	戌	亥	子	丑	寅	卯	辰	巳
음력 12/17 ~ 01/14	음력	17	18	19	20	21	22	23	24	25	26	27	28	29	30	1/1	2	3	4	5	6	7	8	9	10	11	12	13	14
대운	남	1	1	1	입	1	1	1	1	2	2	2	3	3	3	4	4	4	5	우	5	6	6	6	7	7	7	8	8
	여	9	9	9	춘	10	9	9	9	8	8	8	7	7	7	6	6	6	5	수	5	4	4	4	3	3	3	2	2

辛未年

경칩 6일 11시 12분 【음2월】 ➡ **【辛卯月(신묘월)】** ☯ 춘분 21일 12시 02분

	양력	1	2	3	4	5	6	7	8	9	10	11	12	13	14	15	16	17	18	19	20	21	22	23	24	25	26	27	28	29	30	31
양력 3	요일	금	토	일	월	화	수	목	금	토	일	월	화	수	목	금	토	일	월	화	수	목	금	토	일	월	화	수	목	금	토	일
	일진	庚	辛	壬	癸	甲	乙	丙	丁	戊	己	庚	辛	壬	癸	甲	乙	丙	丁	戊	己	庚	辛	壬	癸	甲	乙	丙	丁	戊	己	庚
	日辰	午	未	申	酉	戌	亥	子	丑	寅	卯	辰	巳	午	未	申	酉	戌	亥	子	丑	寅	卯	辰	巳	午	未	申	酉	戌	亥	子
력 01/15 ~ 02/16	음력	15	16	17	18	19	20	21	22	23	24	25	26	27	28	29	2/1	2	3	4	5	6	7	8	9	10	11	12	13	14	15	16
대운	남	8	9	9	9	10	경	1	1	1	1	2	2	2	3	3	3	4	4	4	5	춘	5	6	6	6	7	7	7	8	8	8
	여	2	1	1	1	1	칩	10	9	9	9	8	8	8	7	7	7	6	6	6	5	분	5	4	4	4	3	3	3	2	2	2

청명 5일 16시 05분 【음3월】 ➡ **【壬辰月(임진월)】** ☯ 곡우 20일 23시 08분

	양력	1	2	3	4	5	6	7	8	9	10	11	12	13	14	15	16	17	18	19	20	21	22	23	24	25	26	27	28	29	30
양력 4	요일	월	화	수	목	금	토	일	월	화	수	목	금	토	일	월	화	수	목	금	토	일	월	화	수	목	금	토	일	월	화
	일진	辛	壬	癸	甲	乙	丙	丁	戊	己	庚	辛	壬	癸	甲	乙	丙	丁	戊	己	庚	辛	壬	癸	甲	乙	丙	丁	戊	己	庚
	日辰	丑	寅	卯	辰	巳	午	未	申	酉	戌	亥	子	丑	寅	卯	辰	巳	午	未	申	酉	戌	亥	子	丑	寅	卯	辰	巳	午
음력 02/17 ~ 03/16	음력	17	18	19	20	21	22	23	24	25	26	27	28	29	30	3/1	2	3	4	5	6	7	8	9	10	11	12	13	14	15	16
대운	남	9	9	9	10	청	1	1	1	1	2	2	2	3	3	3	4	4	4	5	곡	5	6	6	6	7	7	7	8	8	8
	여	1	1	1	1	명	10	10	9	9	9	8	8	8	7	7	7	6	6	6	우	5	5	4	4	4	3	3	3	2	2

입하 6일 09시 27분 【음4월】 ➡ **【癸巳月(계사월)】** ☯ 소만 21일 22시 20분

	양력	1	2	3	4	5	6	7	8	9	10	11	12	13	14	15	16	17	18	19	20	21	22	23	24	25	26	27	28	29	30	31
양력 5	요일	수	목	금	토	일	월	화	수	목	금	토	일	월	화	수	목	금	토	일	월	화	수	목	금	토	일	월	화	수	목	금
	일진	辛	壬	癸	甲	乙	丙	丁	戊	己	庚	辛	壬	癸	甲	乙	丙	丁	戊	己	庚	辛	壬	癸	甲	乙	丙	丁	戊	己	庚	辛
	日辰	未	申	酉	戌	亥	子	丑	寅	卯	辰	巳	午	未	申	酉	戌	亥	子	丑	寅	卯	辰	巳	午	未	申	酉	戌	亥	子	丑
음력 03/17 ~ 04/18	음력	17	18	19	20	21	22	23	24	25	26	27	28	29	4/1	2	3	4	5	6	7	8	9	10	11	12	13	14	15	16	17	18
대운	남	9	9	9	10	10	입	1	1	1	1	2	2	2	3	3	3	4	4	4	5	소	5	6	6	6	7	7	7	8	8	8
	여	2	1	1	1	1	하	10	10	9	9	9	8	8	8	7	7	7	6	6	6	만	5	5	4	4	4	3	3	3	2	2

망종 6일 13시 38분 【음5월】 ➡ **【甲午月(갑오월)】** ☯ 하지 22일 06시 19분

	양력	1	2	3	4	5	6	7	8	9	10	11	12	13	14	15	16	17	18	19	20	21	22	23	24	25	26	27	28	29	30
양력 6	요일	토	일	월	화	수	목	금	토	일	월	화	수	목	금	토	일	월	화	수	목	금	토	일	월	화	수	목	금	토	일
	일진	壬	癸	甲	乙	丙	丁	戊	己	庚	辛	壬	癸	甲	乙	丙	丁	戊	己	庚	辛	壬	癸	甲	乙	丙	丁	戊	己	庚	辛
	日辰	寅	卯	辰	巳	午	未	申	酉	戌	亥	子	丑	寅	卯	辰	巳	午	未	申	酉	戌	亥	子	丑	寅	卯	辰	巳	午	未
음력 04/19 ~ 05/19	음력	19	20	21	22	23	24	25	26	27	28	29	5/1	2	3	4	5	6	7	8	9	10	11	12	13	14	15	16	17	18	19
대운	남	9	9	9	10	10	망	1	1	1	1	2	2	2	3	3	3	4	4	4	5	5	하	6	6	6	7	7	7	8	8
	여	2	1	1	1	1	종	10	10	9	9	9	8	8	8	7	7	7	6	6	6	5	지	5	4	4	4	3	3	3	2

한식(4월06일), 초복(7월19일), 중복(7월29일), 말복(8월08일) 춘사(春社)3/19
추사(秋社)9/25 토왕지절(土旺之節):4월17일,7월20일,10월21일,1월18일(음12/14)
臘享(납향):1992년1월20일(음12/16)

1991 辛未年

【乙未月(을미월)】

소서 7일 23시 53분 【음6월】 ➡ ☯ 대서 23일 17시 11분

양력 7 (음력 05/20–06/20)	1	2	3	4	5	6	7	8	9	10	11	12	13	14	15	16	17	18	19	20	21	22	23	24	25	26	27	28	29	30	31
요일	월	화	수	목	금	토	일	월	화	수	목	금	토	일	월	화	수	목	금	토	일	월	화	수	목	금	토	일	월	화	수
일진 日辰	壬申	癸酉	甲戌	乙亥	丙子	丁丑	戊寅	己卯	庚辰	辛巳	壬午	癸未	甲申	乙酉	丙戌	丁亥	戊子	己丑	庚寅	辛卯	壬辰	癸巳	甲午	乙未	丙申	丁酉	戊戌	己亥	庚子	辛丑	壬寅
음력	20	21	22	23	24	25	26	27	28	29	30	6/1	2	3	4	5	6	7	8	9	10	11	12	13	14	15	16	17	18	19	20
대운 남	8	9	9	9	10	10	소	1	1	1	1	2	2	2	3	3	3	4	4	4	5	5	대	6	6	6	7	7	7	8	8
대운 여	2	2	1	1	1	1	서	10	10	10	9	9	9	8	8	8	7	7	7	6	6	6	서	5	5	4	4	4	3	3	3

【丙申月(병신월)】

입추 8일 09시 37분 【음7월】 ➡ ☯ 처서 24일 00시 13분

양력 8 (음력 06/21–07/22)	1	2	3	4	5	6	7	8	9	10	11	12	13	14	15	16	17	18	19	20	21	22	23	24	25	26	27	28	29	30	31
요일	목	금	토	일	월	화	수	목	금	토	일	월	화	수	목	금	토	일	월	화	수	목	금	토	일	월	화	수	목	금	토
일진 日辰	癸卯	甲辰	乙巳	丙午	丁未	戊申	己酉	庚戌	辛亥	壬子	癸丑	甲寅	乙卯	丙辰	丁巳	戊午	己未	庚申	辛酉	壬戌	癸亥	甲子	乙丑	丙寅	丁卯	戊辰	己巳	庚午	辛未	壬申	癸酉
음력	21	22	23	24	25	26	27	28	29	7/1	2	3	4	5	6	7	8	9	10	11	12	13	14	15	16	17	18	19	20	21	22
대운 남	8	9	9	9	10	10	10	입	1	1	1	1	2	2	2	3	3	3	4	4	4	5	5	처	6	6	6	7	7	7	8
대운 여	2	2	2	1	1	1	1	추	10	10	9	9	9	8	8	8	7	7	7	6	6	6	5	서	5	4	4	4	3	3	3

【丁酉月(정유월)】

백로 8일 12시 27분 【음8월】 ➡ ☯ 추분 23일 21시 48분

양력 9 (음력 07/23–08/23)	1	2	3	4	5	6	7	8	9	10	11	12	13	14	15	16	17	18	19	20	21	22	23	24	25	26	27	28	29	30	
요일	일	월	화	수	목	금	토	일	월	화	수	목	금	토	일	월	화	수	목	금	토	일	월	화	수	목	금	토	일	월	
일진 日辰	甲戌	乙亥	丙子	丁丑	戊寅	己卯	庚辰	辛巳	壬午	癸未	甲申	乙酉	丙戌	丁亥	戊子	己丑	庚寅	辛卯	壬辰	癸巳	甲午	乙未	丙申	丁酉	戊戌	己亥	庚子	辛丑	壬寅	癸卯	
음력	23	24	25	26	27	28	29	8/1	2	3	4	5	6	7	8	9	10	11	12	13	14	15	16	17	18	19	20	21	22	23	
대운 남	8	8	9	9	9	10	10	백	1	1	1	1	2	2	2	3	3	3	4	4	4	5	추	5	6	6	6	7	7	7	
대운 여	2	2	2	1	1	1	1	로	10	10	9	9	9	8	8	8	7	7	7	6	6	6	분	5	5	4	4	4	3	3	

【戊戌月(무술월)】

한로 9일 04시 01분 【음9월】 ➡ ☯ 상강 24일 07시 05분

양력 10 (음력 08/24–09/24)	1	2	3	4	5	6	7	8	9	10	11	12	13	14	15	16	17	18	19	20	21	22	23	24	25	26	27	28	29	30	31
요일	화	수	목	금	토	일	월	화	수	목	금	토	일	월	화	수	목	금	토	일	월	화	수	목	금	토	일	월	화	수	목
일진 日辰	甲辰	乙巳	丙午	丁未	戊申	己酉	庚戌	辛亥	壬子	癸丑	甲寅	乙卯	丙辰	丁巳	戊午	己未	庚申	辛酉	壬戌	癸亥	甲子	乙丑	丙寅	丁卯	戊辰	己巳	庚午	辛未	壬申	癸酉	甲戌
음력	24	25	26	27	28	29	30	9/1	2	3	4	5	6	7	8	9	10	11	12	13	14	15	16	17	18	19	20	21	22	23	24
대운 남	8	8	8	9	9	9	10	10	한	1	1	1	1	2	2	2	3	3	3	4	4	4	5	상	5	6	6	6	7	7	7
대운 여	3	2	2	2	1	1	1	1	로	10	9	9	9	8	8	8	7	7	7	6	6	6	5	강	5	4	4	4	3	3	3

【己亥月(기해월)】

입동 8일 07시 08분 【음10월】 ➡ ☯ 소설 23일 04시 36분

양력 11 (음력 09/25–10/25)	1	2	3	4	5	6	7	8	9	10	11	12	13	14	15	16	17	18	19	20	21	22	23	24	25	26	27	28	29	30	
요일	금	토	일	월	화	수	목	금	토	일	월	화	수	목	금	토	일	월	화	수	목	금	토	일	월	화	수	목	금	토	
일진 日辰	乙亥	丙子	丁丑	戊寅	己卯	庚辰	辛巳	壬午	癸未	甲申	乙酉	丙戌	丁亥	戊子	己丑	庚寅	辛卯	壬辰	癸巳	甲午	乙未	丙申	丁酉	戊戌	己亥	庚子	辛丑	壬寅	癸卯	甲辰	
음력	25	26	27	28	29	10/1	2	3	4	5	6	7	8	9	10	11	12	13	14	15	16	17	18	19	20	21	22	23	24	25	
대운 남	8	8	8	9	9	9	10	입	1	1	1	1	2	2	2	3	3	3	4	4	4	5	소	5	6	6	6	7	7	7	
대운 여	2	2	2	1	1	1	1	동	9	9	9	8	8	8	7	7	7	6	6	6	5	5	설	4	4	4	3	3	3	2	

【庚子月(경자월)】

대설 7일 23시 56분 【음11월】 ➡ ☯ 동지 22일 17시 54분

양력 12 (음력 10/26–11/26)	1	2	3	4	5	6	7	8	9	10	11	12	13	14	15	16	17	18	19	20	21	22	23	24	25	26	27	28	29	30	31
요일	일	월	화	수	목	금	토	일	월	화	수	목	금	토	일	월	화	수	목	금	토	일	월	화	수	목	금	토	일	월	화
일진 日辰	乙巳	丙午	丁未	戊申	己酉	庚戌	辛亥	壬子	癸丑	甲寅	乙卯	丙辰	丁巳	戊午	己未	庚申	辛酉	壬戌	癸亥	甲子	乙丑	丙寅	丁卯	戊辰	己巳	庚午	辛未	壬申	癸酉	甲戌	乙亥
음력	26	27	28	29	30	11/1	2	3	4	5	6	7	8	9	10	11	12	13	14	15	16	17	18	19	20	21	22	23	24	25	26
대운 남	8	8	8	9	9	9	대	1	1	1	1	2	2	2	3	3	3	4	4	4	5	동	5	6	6	6	7	7	7	8	8
대운 여	2	2	1	1	1	1	설	10	9	9	9	8	8	8	7	7	7	6	6	6	5	지	5	4	4	4	3	3	3	2	2

단기 4325 年
불기 2536 年

1992년

下元 壬申年 납음(劍鋒金),본명성(八白土)

대장군(午남방), 삼살(남방), 상문(戌서북방),조객(午남방), 납음(검봉금), 【삼재(인,묘,진)년】 臘享(납향):1993년1월14일(음12/22)

소한 6일 11시 09분 【음12월】 ➡ 【辛丑月(신축월)】 ☯ 대한 21일 04시 32분

양력 1 / 음력 11/27 ~ 12/27

양력	1	2	3	4	5	6	7	8	9	10	11	12	13	14	15	16	17	18	19	20	21	22	23	24	25	26	27	28	29	30	31
요일	수	목	금	토	일	월	화	수	목	금	토	일	월	화	수	목	금	토	일	월	화	수	목	금	토	일	월	화	수	목	금
일진 日辰	丙子	丁丑	戊寅	己卯	庚辰	辛巳	壬午	癸未	甲申	乙酉	丙戌	丁亥	戊子	己丑	庚寅	辛卯	壬辰	癸巳	甲午	乙未	丙申	丁酉	戊戌	己亥	庚子	辛丑	壬寅	癸卯	甲辰	乙巳	丙午
음력	27	28	29	30	12/1	2	3	4	5	6	7	8	9	10	11	12	13	14	15	16	17	18	19	20	21	22	23	24	25	26	27
대운 남	8	9	9	9	10	소	1	1	1	1	2	2	2	3	3	3	4	4	4	5	대	5	6	6	6	7	7	7	8	8	8
대운 여	2	1	1	1	1	한	9	9	9	8	8	8	7	7	7	6	6	6	5	5	한	4	4	4	3	3	3	2	2	2	1

입춘 4일 22시 48분 【음1월】 ➡ 【壬寅月(임인월)】 ☯ 우수 19일 18시 44분

양력 2 / 음력 11/28 ~ 01/26

양력	1	2	3	4	5	6	7	8	9	10	11	12	13	14	15	16	17	18	19	20	21	22	23	24	25	26	27	28	29
요일	토	일	월	화	수	목	금	토	일	월	화	수	목	금	토	일	월	화	수	목	금	토	일	월	화	수	목	금	토
일진 日辰	丁未	戊申	己酉	庚戌	辛亥	壬子	癸丑	甲寅	乙卯	丙辰	丁巳	戊午	己未	庚申	辛酉	壬戌	癸亥	甲子	乙丑	丙寅	丁卯	戊辰	己巳	庚午	辛未	壬申	癸酉	甲戌	乙亥
음력	28	29	30	1/1	2	3	4	5	6	7	8	9	10	11	12	13	14	15	16	17	18	19	20	21	22	23	24	25	26
대운 남	9	9	9	입	10	9	9	9	8	8	8	7	7	7	6	6	6	5	우	5	4	4	4	3	3	3	2	2	2
대운 여	1	1	1	춘	1	1	1	1	2	2	2	3	3	3	4	4	4	5	수	5	6	6	6	7	7	7	8	8	8

壬申年

경칩 5일 16시 52분 【음2월】 ➡ 【癸卯月(계묘월)】 ☯ 춘분 20일 17시 48분

양력 3 / 음력 01/27 ~ 02/28

양력	1	2	3	4	5	6	7	8	9	10	11	12	13	14	15	16	17	18	19	20	21	22	23	24	25	26	27	28	29	30	31
요일	일	월	화	수	목	금	토	일	월	화	수	목	금	토	일	월	화	수	목	금	토	일	월	화	수	목	금	토	일	월	화
일진 日辰	丙子	丁丑	戊寅	己卯	庚辰	辛巳	壬午	癸未	甲申	乙酉	丙戌	丁亥	戊子	己丑	庚寅	辛卯	壬辰	癸巳	甲午	乙未	丙申	丁酉	戊戌	己亥	庚子	辛丑	壬寅	癸卯	甲辰	乙巳	丙午
음력	27	28	29	2/1	2	3	4	5	6	7	8	9	10	11	12	13	14	15	16	17	18	19	20	21	22	23	24	25	26	27	28
대운 남	1	1	1	1	경	10	9	9	9	8	8	8	7	7	7	6	6	6	5	춘	5	4	4	4	3	3	3	2	2	2	1
대운 여	9	9	9	10	칩	1	1	1	1	2	2	2	3	3	3	4	4	4	5	분	5	6	6	6	7	7	7	8	8	8	9

청명 4일 21시 45분 【음3월】 ➡ 【甲辰月(갑진월)】 ☯ 곡우 20일 04시 57분

양력 4 / 음력 02/29 ~ 03/28

양력	1	2	3	4	5	6	7	8	9	10	11	12	13	14	15	16	17	18	19	20	21	22	23	24	25	26	27	28	29	30
요일	수	목	금	토	일	월	화	수	목	금	토	일	월	화	수	목	금	토	일	월	화	수	목	금	토	일	월	화	수	목
일진 日辰	丁未	戊申	己酉	庚戌	辛亥	壬子	癸丑	甲寅	乙卯	丙辰	丁巳	戊午	己未	庚申	辛酉	壬戌	癸亥	甲子	乙丑	丙寅	丁卯	戊辰	己巳	庚午	辛未	壬申	癸酉	甲戌	乙亥	丙子
음력	29	30	3/1	2	3	4	5	6	7	8	9	10	11	12	13	14	15	16	17	18	19	20	21	22	23	24	25	26	27	28
대운 남	1	1	1	청	10	10	9	9	9	8	8	8	7	7	7	6	6	6	5	곡	5	4	4	4	3	3	3	2	2	2
대운 여	9	9	10	명	1	1	1	1	2	2	2	3	3	3	4	4	4	5	5	우	6	6	6	7	7	7	8	8	8	9

입하 5일 15시 09분 【음4월】 ➡ 【乙巳月(을사월)】 ☯ 소만 21일 04시 12분

양력 5 / 음력 03/29 ~ 04/29

양력	1	2	3	4	5	6	7	8	9	10	11	12	13	14	15	16	17	18	19	20	21	22	23	24	25	26	27	28	29	30	31
요일	금	토	일	월	화	수	목	금	토	일	월	화	수	목	금	토	일	월	화	수	목	금	토	일	월	화	수	목	금	토	일
일진 日辰	丁丑	戊寅	己卯	庚辰	辛巳	壬午	癸未	甲申	乙酉	丙戌	丁亥	戊子	己丑	庚寅	辛卯	壬辰	癸巳	甲午	乙未	丙申	丁酉	戊戌	己亥	庚子	辛丑	壬寅	癸卯	甲辰	乙巳	丙午	丁未
음력	29	30	4/1	2	3	4	5	6	7	8	9	10	11	12	13	14	15	16	17	18	19	20	21	22	23	24	25	26	27	28	29
대운 남	1	1	1	1	입	10	10	9	9	9	8	8	8	7	7	7	6	6	6	5	소	5	4	4	4	3	3	3	2	2	2
대운 여	9	9	10	10	하	1	1	1	1	2	2	2	3	3	3	4	4	4	5	5	만	6	6	6	7	7	7	8	8	8	9

망종 5일 19시 22분 【음5월】 ➡ 【丙午月(병오월)】 ☯ 하지 21일 12시 14분

양력 6 / 음력 05/01 ~ 06/01

양력	1	2	3	4	5	6	7	8	9	10	11	12	13	14	15	16	17	18	19	20	21	22	23	24	25	26	27	28	29	30
요일	월	화	수	목	금	토	일	월	화	수	목	금	토	일	월	화	수	목	금	토	일	월	화	수	목	금	토	일	월	화
일진 日辰	戊申	己酉	庚戌	辛亥	壬子	癸丑	甲寅	乙卯	丙辰	丁巳	戊午	己未	庚申	辛酉	壬戌	癸亥	甲子	乙丑	丙寅	丁卯	戊辰	己巳	庚午	辛未	壬申	癸酉	甲戌	乙亥	丙子	丁丑
음력	5/1	2	3	4	5	6	7	8	9	10	11	12	13	14	15	16	17	18	19	20	21	22	23	24	25	26	27	28	29	6/1
대운 남	1	1	1	1	망	10	10	10	9	9	9	8	8	8	7	7	7	6	6	6	하	5	5	4	4	4	3	3	3	2
대운 여	9	9	10	10	종	1	1	1	1	2	2	2	3	3	3	4	4	4	5	5	지	6	6	6	7	7	7	8	8	8

한식(4월05일), 초복(7월13일), 중복(7월23일), 말복(8월12일) ☂춘사(春社)3/23
☀추사(秋社)9/19 토왕지절(土旺之節):4월17일,7월19일,10월20일,1월17일(음12/25)
臘享(납향):1993년1월14일(음12/22)

1992 壬申年

소서 7일 05시 40분 【음6월】➡ 【丁未月(정미월)】 ☯ 대서 22일 23시 09분

양력 7 / 음력 06/02 ~ 07/02

양력	1	2	3	4	5	6	7	8	9	10	11	12	13	14	15	16	17	18	19	20	21	22	23	24	25	26	27	28	29	30	31
요일	수	목	금	토	일	월	화	수	목	금	토	일	월	화	수	목	금	토	일	월	화	수	목	금	토	일	월	화	수	목	금
일진 日辰	戊寅	己卯	庚辰	辛巳	壬午	癸未	甲申	乙酉	丙戌	丁亥	戊子	己丑	庚寅	辛卯	壬辰	癸巳	甲午	乙未	丙申	丁酉	戊戌	己亥	庚子	辛丑	壬寅	癸卯	甲辰	乙巳	丙午	丁未	戊申
음력	2	3	4	5	6	7	8	9	10	11	12	13	14	15	16	17	18	19	20	21	22	23	24	25	26	27	28	29	30	7/1	2
대운 남	2	2	1	1	1	1	소	10	10	9	9	9	8	8	8	7	7	7	6	6	6	대	5	5	4	4	4	3	3	3	2
대운 여	9	9	9	10	10	10	서	1	1	1	1	2	2	2	3	3	3	4	4	4	5	서	5	6	6	6	7	7	7	8	8

입추 7일 15시 27분 【음7월】➡ 【戊申月(무신월)】 ☯ 처서 23일 06시 10분

양력 8 / 음력 07/03 ~ 08/04

양력	1	2	3	4	5	6	7	8	9	10	11	12	13	14	15	16	17	18	19	20	21	22	23	24	25	26	27	28	29	30	31
요일	토	일	월	화	수	목	금	토	일	월	화	수	목	금	토	일	월	화	수	목	금	토	일	월	화	수	목	금	토	일	월
일진 日辰	己酉	庚戌	辛亥	壬子	癸丑	甲寅	乙卯	丙辰	丁巳	戊午	己未	庚申	辛酉	壬戌	癸亥	甲子	乙丑	丙寅	丁卯	戊辰	己巳	庚午	辛未	壬申	癸酉	甲戌	乙亥	丙子	丁丑	戊寅	己卯
음력	3	4	5	6	7	8	9	10	11	12	13	14	15	16	17	18	19	20	21	22	23	24	25	26	27	28	29	8/1	2	3	4
대운 남	2	2	1	1	1	1	입	10	10	9	9	9	8	8	8	7	7	7	6	6	6	5	처	5	4	4	4	3	3	3	2
대운 여	8	9	9	9	10	10	추	1	1	1	1	2	2	2	3	3	3	4	4	4	5	5	서	6	6	6	7	7	7	8	8

백로 7일 18시 18분 【음8월】➡ 【己酉月(기유월)】 ☯ 추분 23일 03시 43분

양력 9 / 음력 08/05 ~ 09/05

양력	1	2	3	4	5	6	7	8	9	10	11	12	13	14	15	16	17	18	19	20	21	22	23	24	25	26	27	28	29	30
요일	화	수	목	금	토	일	월	화	수	목	금	토	일	월	화	수	목	금	토	일	월	화	수	목	금	토	일	월	화	수
일진 日辰	庚辰	辛巳	壬午	癸未	甲申	乙酉	丙戌	丁亥	戊子	己丑	庚寅	辛卯	壬辰	癸巳	甲午	乙未	丙申	丁酉	戊戌	己亥	庚子	辛丑	壬寅	癸卯	甲辰	乙巳	丙午	丁未	戊申	己酉
음력	5	6	7	8	9	10	11	12	13	14	15	16	17	18	19	20	21	22	23	24	25	26	27	28	29	9/1	2	3	4	5
대운 남	2	2	1	1	1	1	백	10	10	9	9	9	8	8	8	7	7	7	6	6	6	5	추	5	4	4	4	3	3	3
대운 여	8	9	9	9	10	10	로	1	1	1	1	2	2	2	3	3	3	4	4	4	5	5	분	6	6	6	7	7	7	8

한로 8일 09시 51분 【음9월】➡ 【庚戌月(경술월)】 ☯ 상강 23일 12시 57분

양력 10 / 음력 09/06 ~ 10/06

양력	1	2	3	4	5	6	7	8	9	10	11	12	13	14	15	16	17	18	19	20	21	22	23	24	25	26	27	28	29	30	31
요일	목	금	토	일	월	화	수	목	금	토	일	월	화	수	목	금	토	일	월	화	수	목	금	토	일	월	화	수	목	금	토
일진 日辰	庚戌	辛亥	壬子	癸丑	甲寅	乙卯	丙辰	丁巳	戊午	己未	庚申	辛酉	壬戌	癸亥	甲子	乙丑	丙寅	丁卯	戊辰	己巳	庚午	辛未	壬申	癸酉	甲戌	乙亥	丙子	丁丑	戊寅	己卯	庚辰
음력	6	7	8	9	10	11	12	13	14	15	16	17	18	19	20	21	22	23	24	25	26	27	28	29	30	10/1	2	3	4	5	6
대운 남	2	2	2	1	1	1	1	한	10	9	9	9	8	8	8	7	7	7	6	6	6	5	상	5	4	4	4	3	3	3	2
대운 여	8	8	9	9	9	10	10	로	1	1	1	1	2	2	2	3	3	3	4	4	4	5	강	5	6	6	6	7	7	7	8

입동 7일 12시 57분 【음10월】➡ 【辛亥月(신해월)】 ☯ 소설 22일 10시 26분

양력 11 / 음력 10/07 ~ 11/07

양력	1	2	3	4	5	6	7	8	9	10	11	12	13	14	15	16	17	18	19	20	21	22	23	24	25	26	27	28	29	30
요일	일	월	화	수	목	금	토	일	월	화	수	목	금	토	일	월	화	수	목	금	토	일	월	화	수	목	금	토	일	월
일진 日辰	辛巳	壬午	癸未	甲申	乙酉	丙戌	丁亥	戊子	己丑	庚寅	辛卯	壬辰	癸巳	甲午	乙未	丙申	丁酉	戊戌	己亥	庚子	辛丑	壬寅	癸卯	甲辰	乙巳	丙午	丁未	戊申	己酉	庚戌
음력	7	8	9	10	11	12	13	14	15	16	17	18	19	20	21	22	23	24	25	26	27	28	29	11/1	2	3	4	5	6	7
대운 남	2	2	1	1	1	1	입	10	9	9	9	8	8	8	7	7	7	6	6	6	5	소	5	4	4	4	3	3	3	2
대운 여	8	8	9	9	9	10	동	1	1	1	1	2	2	2	3	3	3	4	4	4	5	설	5	6	6	6	7	7	7	8

대설 7일 05시 44분 【음11월】➡ 【壬子月(임자월)】 ☯ 동지 21일 23시 43분

양력 12 / 음력 11/08 ~ 12/08

양력	1	2	3	4	5	6	7	8	9	10	11	12	13	14	15	16	17	18	19	20	21	22	23	24	25	26	27	28	29	30	31
요일	화	수	목	금	토	일	월	화	수	목	금	토	일	월	화	수	목	금	토	일	월	화	수	목	금	토	일	월	화	수	목
일진 日辰	辛亥	壬子	癸丑	甲寅	乙卯	丙辰	丁巳	戊午	己未	庚申	辛酉	壬戌	癸亥	甲子	乙丑	丙寅	丁卯	戊辰	己巳	庚午	辛未	壬申	癸酉	甲戌	乙亥	丙子	丁丑	戊寅	己卯	庚辰	辛巳
음력	8	9	10	11	12	13	14	15	16	17	18	19	20	21	22	23	24	25	26	27	28	29	30	12/1	2	3	4	5	6	7	8
대운 남	2	2	1	1	1	1	대	9	9	9	8	8	8	7	7	7	6	6	6	5	동	5	4	4	4	3	3	3	2	2	2
대운 여	8	8	9	9	9	10	설	1	1	1	1	2	2	2	3	3	3	4	4	4	지	5	5	6	6	6	7	7	7	8	8

단기 4326 年	1993년
불기 2537 年	

下元 癸酉年 납음(劍鋒金),본명성(七赤金)

대장군(午남방). 삼살(동방). 상문(亥서북방),조객(未서남방). 납음(검봉금). 【삼재(해,자,축)년】 臘享(납향):1994년1월21일(음12/10)

소한 5일 16시 57분 【음12월】 ➡ 【癸丑月(계축월)】 ☯ 대한 20일 10시 23분

양력 1	양력	1	2	3	4	5	6	7	8	9	10	11	12	13	14	15	16	17	18	19	20	21	22	23	24	25	26	27	28	29	30	31
	요일	금	토	일	월	화	수	목	금	토	일	월	화	수	목	금	토	일	월	화	수	목	금	토	일	월	화	수	목	금	토	일
	일진 日辰	壬午	癸未	甲申	乙酉	丙戌	丁亥	戊子	己丑	庚寅	辛卯	壬辰	癸巳	甲午	乙未	丙申	丁酉	戊戌	己亥	庚子	辛丑	壬寅	癸卯	甲辰	乙巳	丙午	丁未	戊申	己酉	庚戌	辛亥	壬子
음력 12/09 ~ 01/09	음력	9	10	11	12	13	14	15	16	17	18	19	20	21	22	23	24	25	26	27	28	29	30	1/1	2	3	4	5	6	7	8	9
대운	남	1	1	1	1	소	10	9	9	9	8	8	8	7	7	7	6	6	6	5	대	5	4	4	4	3	3	3	2	2	2	1
	여	8	9	9	9	한	1	1	1	1	2	2	2	3	3	3	4	4	4	5	한	5	6	6	6	7	7	7	8	8	8	9

입춘 4일 04시 37분 【음1월】 ➡ 【甲寅月(갑인월)】 ☯ 우수 19일 00시 35분

양력 2	양력	1	2	3	4	5	6	7	8	9	10	11	12	13	14	15	16	17	18	19	20	21	22	23	24	25	26	27	28
	요일	월	화	수	목	금	토	일	월	화	수	목	금	토	일	월	화	수	목	금	토	일	월	화	수	목	금	토	일
	일진 日辰	癸丑	甲寅	乙卯	丙辰	丁巳	戊午	己未	庚申	辛酉	壬戌	癸亥	甲子	乙丑	丙寅	丁卯	戊辰	己巳	庚午	辛未	壬申	癸酉	甲戌	乙亥	丙子	丁丑	戊寅	己卯	庚辰
력 01/10 ~ 02/08	음력	10	11	12	13	14	15	16	17	18	19	20	21	22	23	24	25	26	27	28	29	2/1	2	3	4	5	6	7	8
대운	남	1	1	1	입	1	1	1	1	2	2	2	3	3	3	4	4	4	5	우	5	6	6	6	7	7	7	8	8
	여	9	9	10	춘	9	9	9	8	8	8	7	7	7	6	6	6	5	5	수	4	4	4	3	3	3	2	2	2

癸酉年

경칩 5일 22시 43분 【음2월】 ➡ 【乙卯月(을묘월)】 ☯ 춘분 20일 23시 41분

양력 3	양력	1	2	3	4	5	6	7	8	9	10	11	12	13	14	15	16	17	18	19	20	21	22	23	24	25	26	27	28	29	30	31
	요일	월	화	수	목	금	토	일	월	화	수	목	금	토	일	월	화	수	목	금	토	일	월	화	수	목	금	토	일	월	화	수
	일진 日辰	辛巳	壬午	癸未	甲申	乙酉	丙戌	丁亥	戊子	己丑	庚寅	辛卯	壬辰	癸巳	甲午	乙未	丙申	丁酉	戊戌	己亥	庚子	辛丑	壬寅	癸卯	甲辰	乙巳	丙午	丁未	戊申	己酉	庚戌	辛亥
음력 02/09 ~ 03/09	음력	9	10	11	12	13	14	15	16	17	18	19	20	21	22	23	24	25	26	27	28	29	30	3/1	2	3	4	5	6	7	8	9
대운	남	8	9	9	9	경	1	1	1	1	2	2	2	3	3	3	4	4	4	5	춘	5	6	6	6	7	7	7	8	8	8	9
	여	1	1	1	1	칩	10	10	9	9	9	8	8	8	7	7	7	6	6	6	분	5	5	4	4	4	3	3	3	2	2	2

청명 5일 03시 37분 【음3월】 ➡ 【丙辰月(병진월)】 ☯ 곡우 20일 10시 49분

양력 4	양력	1	2	3	4	5	6	7	8	9	10	11	12	13	14	15	16	17	18	19	20	21	22	23	24	25	26	27	28	29	30
	요일	목	금	토	일	월	화	수	목	금	토	일	월	화	수	목	금	토	일	월	화	수	목	금	토	일	월	화	수	목	금
	일진 日辰	壬子	癸丑	甲寅	乙卯	丙辰	丁巳	戊午	己未	庚申	辛酉	壬戌	癸亥	甲子	乙丑	丙寅	丁卯	戊辰	己巳	庚午	辛未	壬申	癸酉	甲戌	乙亥	丙子	丁丑	戊寅	己卯	庚辰	辛巳
음력 03/10 ~ 윤309	음력	10	11	12	13	14	15	16	17	18	19	20	21	22	23	24	25	26	27	28	29	30	윤3	2	3	4	5	6	7	8	9
대운	남	9	9	10	10	청	1	1	1	1	2	2	2	3	3	3	4	4	4	5	곡	5	6	6	6	7	7	7	8	8	8
	여	1	1	1	1	명	10	9	9	9	8	8	8	7	7	7	6	6	6	5	우	5	4	4	4	3	3	3	2	2	2

입하 5일 21시 02분 【음4월】 ➡ 【丁巳月(정사월)】 ☯ 소만 21일 10시 02분

양력 5	양력	1	2	3	4	5	6	7	8	9	10	11	12	13	14	15	16	17	18	19	20	21	22	23	24	25	26	27	28	29	30	31
	요일	토	일	월	화	수	목	금	토	일	월	화	수	목	금	토	일	월	화	수	목	금	토	일	월	화	수	목	금	토	일	월
	일진 日辰	壬午	癸未	甲申	乙酉	丙戌	丁亥	戊子	己丑	庚寅	辛卯	壬辰	癸巳	甲午	乙未	丙申	丁酉	戊戌	己亥	庚子	辛丑	壬寅	癸卯	甲辰	乙巳	丙午	丁未	戊申	己酉	庚戌	辛亥	壬子
음력 윤310 ~ 04/11	음력	10	11	12	13	14	15	16	17	18	19	20	21	22	23	24	25	26	27	28	29	4/1	2	3	4	5	6	7	8	9	10	11
대운	남	9	9	9	10	입	1	1	1	1	2	2	2	3	3	3	4	4	4	5	5	소	6	6	6	7	7	7	8	8	8	9
	여	1	1	1	1	하	10	10	10	9	9	9	8	8	8	7	7	7	6	6	6	만	5	5	4	4	4	3	3	3	2	2

망종 6일 01시 15분 【음5월】 ➡ 【戊午月(무오월)】 ☯ 하지 21일 18시 00분

양력 6	양력	1	2	3	4	5	6	7	8	9	10	11	12	13	14	15	16	17	18	19	20	21	22	23	24	25	26	27	28	29	30
	요일	화	수	목	금	토	일	월	화	수	목	금	토	일	월	화	수	목	금	토	일	월	화	수	목	금	토	일	월	화	수
	일진 日辰	癸丑	甲寅	乙卯	丙辰	丁巳	戊午	己未	庚申	辛酉	壬戌	癸亥	甲子	乙丑	丙寅	丁卯	戊辰	己巳	庚午	辛未	壬申	癸酉	甲戌	乙亥	丙子	丁丑	戊寅	己卯	庚辰	辛巳	壬午
음력 04/12 ~ 05/11	음력	12	13	14	15	16	17	18	19	20	21	22	23	24	25	26	27	28	29	30	5/1	2	3	4	5	6	7	8	9	10	11
대운	남	9	9	10	10	10	망	1	1	1	1	2	2	2	3	3	3	4	4	4	5	하	5	6	6	6	7	7	7	8	8
	여	2	1	1	1	1	종	10	10	9	9	9	8	8	8	7	7	7	6	6	6	지	5	5	4	4	4	3	3	3	2

한식(4월06일), 초복(7월18일), 중복(7월28일), 말복(8월07일) ↑춘사(春社)3/18
☀추사(秋社)9/24 토왕지절(土旺之節):4월17일,7월20일,10월20일,1월17일(음12/06)
臘享(납향):1994년1월21일(음12/10)

1993 癸酉年

소서 7일 11시 32분 【음6월】 ➡ 【己未月(기미월)】 ☯ 대서 23일 04시 51분

양력 7	양력	1	2	3	4	5	6	7	8	9	10	11	12	13	14	15	16	17	18	19	20	21	22	23	24	25	26	27	28	29	30	31
	요일	목	금	토	일	월	화	수	목	금	토	일	월	화	수	목	금	토	일	월	화	수	목	금	토	일	월	화	수	목	금	토
	일진 日辰	癸未	甲申	乙酉	丙戌	丁亥	戊子	己丑	庚寅	辛卯	壬辰	癸巳	甲午	乙未	丙申	丁酉	戊戌	己亥	庚子	辛丑	壬寅	癸卯	甲辰	乙巳	丙午	丁未	戊申	己酉	庚戌	辛亥	壬子	癸丑
음력 05/12 ~ 06/13	음력	12	13	14	15	16	17	18	19	20	21	22	23	24	25	26	27	28	29	6/1	2	3	4	5	6	7	8	9	10	11	12	13
대운	남	8	9	9	9	10	10	소	1	1	1	1	2	2	2	3	3	3	4	4	4	5	5	대	6	6	6	7	7	7	8	8
	여	2	2	1	1	1	1	서	10	10	9	9	9	8	8	8	7	7	7	6	6	6	5	서	5	4	4	4	3	3	3	2

입추 7일 21시 18분 【음7월】 ➡ 【庚申月(경신월)】 ☯ 처서 23일 11시 50분

양력 8	양력	1	2	3	4	5	6	7	8	9	10	11	12	13	14	15	16	17	18	19	20	21	22	23	24	25	26	27	28	29	30	31
	요일	일	월	화	수	목	금	토	일	월	화	수	목	금	토	일	월	화	수	목	금	토	일	월	화	수	목	금	토	일	월	화
	일진 日辰	甲寅	乙卯	丙辰	丁巳	戊午	己未	庚申	辛酉	壬戌	癸亥	甲子	乙丑	丙寅	丁卯	戊辰	己巳	庚午	辛未	壬申	癸酉	甲戌	乙亥	丙子	丁丑	戊寅	己卯	庚辰	辛巳	壬午	癸未	甲申
음력 06/14 ~ 07/14	음력	14	15	16	17	18	19	20	21	22	23	24	25	26	27	28	29	30	7/1	2	3	4	5	6	7	8	9	10	11	12	13	14
대운	남	8	9	9	9	10	10	입	1	1	1	1	2	2	2	3	3	3	4	4	4	5	5	처	6	6	6	7	7	7	8	8
	여	2	2	1	1	1	1	추	10	10	10	9	9	9	8	8	8	7	7	7	6	6	6	서	5	5	4	4	4	3	3	3

백로 8일 00시 08분 【음8월】 ➡ 【辛酉月(신유월)】 ☯ 추분 23일 09시 22분

양력 9	양력	1	2	3	4	5	6	7	8	9	10	11	12	13	14	15	16	17	18	19	20	21	22	23	24	25	26	27	28	29	30
	요일	수	목	금	토	일	월	화	수	목	금	토	일	월	화	수	목	금	토	일	월	화	수	목	금	토	일	월	화	수	목
	일진 日辰	乙酉	丙戌	丁亥	戊子	己丑	庚寅	辛卯	壬辰	癸巳	甲午	乙未	丙申	丁酉	戊戌	己亥	庚子	辛丑	壬寅	癸卯	甲辰	乙巳	丙午	丁未	戊申	己酉	庚戌	辛亥	壬子	癸丑	甲寅
음력 07/15 ~ 08/15	음력	15	16	17	18	19	20	21	22	23	24	25	26	27	28	29	8/1	2	3	4	5	6	7	8	9	10	11	12	13	14	15
대운	남	8	9	9	9	10	10	10	백	1	1	1	1	2	2	2	3	3	3	4	4	4	5	추	5	6	6	6	7	7	7
	여	2	2	2	1	1	1	1	로	10	9	9	9	8	8	8	7	7	7	6	6	6	5	분	5	4	4	4	3	3	3

한로 8일 15시 40분 【음9월】 ➡ 【壬戌月(임술월)】 ☯ 상강 23일 18시 37분

양력 10	양력	1	2	3	4	5	6	7	8	9	10	11	12	13	14	15	16	17	18	19	20	21	22	23	24	25	26	27	28	29	30	31
	요일	금	토	일	월	화	수	목	금	토	일	월	화	수	목	금	토	일	월	화	수	목	금	토	일	월	화	수	목	금	토	일
	일진 日辰	乙卯	丙辰	丁巳	戊午	己未	庚申	辛酉	壬戌	癸亥	甲子	乙丑	丙寅	丁卯	戊辰	己巳	庚午	辛未	壬申	癸酉	甲戌	乙亥	丙子	丁丑	戊寅	己卯	庚辰	辛巳	壬午	癸未	甲申	乙酉
음력 08/16 ~ 09/17	음력	16	17	18	19	20	21	22	23	24	25	26	27	28	29	9/1	2	3	4	5	6	7	8	9	10	11	12	13	14	15	16	17
대운	남	8	8	8	9	9	9	10	한	1	1	1	1	2	2	2	3	3	3	4	4	4	5	상	5	6	6	6	7	7	7	8
	여	2	2	2	1	1	1	1	로	10	9	9	9	8	8	8	7	7	7	6	6	6	5	강	5	4	4	4	3	3	3	2

입동 7일 18시 46분 【음10월】 ➡ 【癸亥月(계해월)】 ☯ 소설 22일 16시 07분

양력 11	양력	1	2	3	4	5	6	7	8	9	10	11	12	13	14	15	16	17	18	19	20	21	22	23	24	25	26	27	28	29	30
	요일	월	화	수	목	금	토	일	월	화	수	목	금	토	일	월	화	수	목	금	토	일	월	화	수	목	금	토	일	월	화
	일진 日辰	丙戌	丁亥	戊子	己丑	庚寅	辛卯	壬辰	癸巳	甲午	乙未	丙申	丁酉	戊戌	己亥	庚子	辛丑	壬寅	癸卯	甲辰	乙巳	丙午	丁未	戊申	己酉	庚戌	辛亥	壬子	癸丑	甲寅	乙卯
음력 09/18 ~ 10/17	음력	18	19	20	21	22	23	24	25	26	27	28	29	30	10/1	2	3	4	5	6	7	8	9	10	11	12	13	14	15	16	17
대운	남	8	8	9	9	9	10	입	1	1	1	1	2	2	2	3	3	3	4	4	4	5	소	5	6	6	6	7	7	7	8
	여	2	2	1	1	1	1	동	10	9	9	9	8	8	8	7	7	7	6	6	6	5	설	5	4	4	4	3	3	3	2

대설 7일 11시 34분 【음11월】 ➡ 【甲子月(갑자월)】 ☯ 동지 22일 05시 26분

양력 12	양력	1	2	3	4	5	6	7	8	9	10	11	12	13	14	15	16	17	18	19	20	21	22	23	24	25	26	27	28	29	30	31
	요일	수	목	금	토	일	월	화	수	목	금	토	일	월	화	수	목	금	토	일	월	화	수	목	금	토	일	월	화	수	목	금
	일진 日辰	丙辰	丁巳	戊午	己未	庚申	辛酉	壬戌	癸亥	甲子	乙丑	丙寅	丁卯	戊辰	己巳	庚午	辛未	壬申	癸酉	甲戌	乙亥	丙子	丁丑	戊寅	己卯	庚辰	辛巳	壬午	癸未	甲申	乙酉	丙戌
음력 10/18 ~ 11/19	음력	18	19	20	21	22	23	24	25	26	27	28	29	11/1	2	3	4	5	6	7	8	9	10	11	12	13	14	15	16	17	18	19
대운	남	8	8	9	9	9	10	대	1	1	1	1	2	2	2	3	3	3	4	4	4	5	동	5	6	6	6	7	7	7	8	8
	여	2	2	1	1	1	1	설	9	9	9	8	8	8	7	7	7	6	6	6	5	5	지	4	4	4	3	3	3	2	2	2

단기 4327 年	1994년	下元 甲戌年 납음(山頭火), 본명성(六白金)
불기 2538 年		대장군(午남방). 삼살(북방). 상문(子북방).조객(申서남방). 납음(산두화). 【삼재(신.유.술)년】 臘享(납향):1995년1월16일(음12/16)

소한 5일 22시 48분 【음12월】 ➡ 【乙丑月(을축월)】 ☯ 대한 20일 16시 07분

양력 1 (음력 11/20 – 12/20)	양력	1	2	3	4	5	6	7	8	9	10	11	12	13	14	15	16	17	18	19	20	21	22	23	24	25	26	27	28	29	30	31
	요일	토	일	월	화	수	목	금	토	일	월	화	수	목	금	토	일	월	화	수	목	금	토	일	월	화	수	목	금	토	일	월
	일진 日辰	丁亥	戊子	己丑	庚寅	辛卯	壬辰	癸巳	甲午	乙未	丙申	丁酉	戊戌	己亥	庚子	辛丑	壬寅	癸卯	甲辰	乙巳	丙午	丁未	戊申	己酉	庚戌	辛亥	壬子	癸丑	甲寅	乙卯	丙辰	丁巳
	음력	20	21	22	23	24	25	26	27	28	29	30	12/1	2	3	4	5	6	7	8	9	10	11	12	13	14	15	16	17	18	19	20
대운	남	8	9	9	9	소	1	1	1	1	2	2	2	3	3	3	4	4	4	5	대	5	6	6	6	7	7	7	8	8	8	9
	여	1	1	1	1	한	10	9	9	9	8	8	8	7	7	7	6	6	6	5	한	5	4	4	4	3	3	3	2	2	2	1

입춘 4일 10시 31분 【음1월】 ➡ 【丙寅月(병인월)】 ☯ 우수 19일 06시 22분

양력 2 (음력 12/21 – 01/19)	양력	1	2	3	4	5	6	7	8	9	10	11	12	13	14	15	16	17	18	19	20	21	22	23	24	25	26	27	28	甲戌年
	요일	화	수	목	금	토	일	월	화	수	목	금	토	일	월	화	수	목	금	토	일	월	화	수	목	금	토	일	월	
	일진 日辰	戊午	己未	庚申	辛酉	壬戌	癸亥	甲子	乙丑	丙寅	丁卯	戊辰	己巳	庚午	辛未	壬申	癸酉	甲戌	乙亥	丙子	丁丑	戊寅	己卯	庚辰	辛巳	壬午	癸未	甲申	乙酉	
	음력	21	22	23	24	25	26	27	28	29	1/1	2	3	4	5	6	7	8	9	10	11	12	13	14	15	16	17	18	19	
대운	남	9	9	10	입	10	9	9	9	8	8	8	7	7	7	6	6	6	5	우	5	4	4	4	3	3	3	2	2	
	여	1	1	1	춘	1	1	1	1	2	2	2	3	3	3	4	4	4	5	수	5	6	6	6	7	7	7	8	8	

경칩 6일 04시 38분 【음2월】 ➡ 【丁卯月(정묘월)】 ☯ 춘분 21일 05시 28분

양력 3 (음력 01/20 – 02/20)	양력	1	2	3	4	5	6	7	8	9	10	11	12	13	14	15	16	17	18	19	20	21	22	23	24	25	26	27	28	29	30	31
	요일	화	수	목	금	토	일	월	화	수	목	금	토	일	월	화	수	목	금	토	일	월	화	수	목	금	토	일	월	화	수	목
	일진 日辰	丙戌	丁亥	戊子	己丑	庚寅	辛卯	壬辰	癸巳	甲午	乙未	丙申	丁酉	戊戌	己亥	庚子	辛丑	壬寅	癸卯	甲辰	乙巳	丙午	丁未	戊申	己酉	庚戌	辛亥	壬子	癸丑	甲寅	乙卯	丙辰
	음력	20	21	22	23	24	25	26	27	28	29	30	2/1	2	3	4	5	6	7	8	9	10	11	12	13	14	15	16	17	18	19	20
대운	남	2	1	1	1	1	경	10	9	9	9	8	8	8	7	7	7	6	6	6	5	춘	5	4	4	4	3	3	3	2	2	2
	여	8	9	9	9	10	칩	1	1	1	1	2	2	2	3	3	3	4	4	4	5	분	5	6	6	6	7	7	7	8	8	8

청명 5일 09시 32분 【음3월】 ➡ 【戊辰月(무진월)】 ☯ 곡우 20일 16시 36분

양력 4 (음력 02/21 – 03/20)	양력	1	2	3	4	5	6	7	8	9	10	11	12	13	14	15	16	17	18	19	20	21	22	23	24	25	26	27	28	29	30
	요일	금	토	일	월	화	수	목	금	토	일	월	화	수	목	금	토	일	월	화	수	목	금	토	일	월	화	수	목	금	토
	일진 日辰	丁巳	戊午	己未	庚申	辛酉	壬戌	癸亥	甲子	乙丑	丙寅	丁卯	戊辰	己巳	庚午	辛未	壬申	癸酉	甲戌	乙亥	丙子	丁丑	戊寅	己卯	庚辰	辛巳	壬午	癸未	甲申	乙酉	丙戌
	음력	21	22	23	24	25	26	27	28	29	30	3/1	2	3	4	5	6	7	8	9	10	11	12	13	14	15	16	17	18	19	20
대운	남	1	1	1	1	청	10	10	9	9	9	8	8	8	7	7	7	6	6	6	곡	5	5	4	4	4	3	3	3	2	2
	여	9	9	9	10	명	1	1	1	1	2	2	2	3	3	3	4	4	4	5	우	5	6	6	6	7	7	7	8	8	8

입하 6일 02시 54분 【음4월】 ➡ 【己巳月(기사월)】 ☯ 소만 21일 15시 48분

양력 5 (음력 03/21 – 04/21)	양력	1	2	3	4	5	6	7	8	9	10	11	12	13	14	15	16	17	18	19	20	21	22	23	24	25	26	27	28	29	30	31
	요일	일	월	화	수	목	금	토	일	월	화	수	목	금	토	일	월	화	수	목	금	토	일	월	화	수	목	금	토	일	월	화
	일진 日辰	丁亥	戊子	己丑	庚寅	辛卯	壬辰	癸巳	甲午	乙未	丙申	丁酉	戊戌	己亥	庚子	辛丑	壬寅	癸卯	甲辰	乙巳	丙午	丁未	戊申	己酉	庚戌	辛亥	壬子	癸丑	甲寅	乙卯	丙辰	丁巳
	음력	21	22	23	24	25	26	27	28	29	30	4/1	2	3	4	5	6	7	8	9	10	11	12	13	14	15	16	17	18	19	20	21
대운	남	2	1	1	1	1	입	10	10	9	9	9	8	8	8	7	7	7	6	6	6	소	5	5	4	4	4	3	3	3	2	2
	여	9	9	9	10	10	하	1	1	1	1	2	2	2	3	3	3	4	4	4	5	만	5	6	6	6	7	7	7	8	8	8

망종 6일 07시 05분 【음5월】 ➡ 【庚午月(경오월)】 ☯ 하지 21일 23시 48분

양력 6 (음력 04/22 – 05/22)	양력	1	2	3	4	5	6	7	8	9	10	11	12	13	14	15	16	17	18	19	20	21	22	23	24	25	26	27	28	29	30
	요일	수	목	금	토	일	월	화	수	목	금	토	일	월	화	수	목	금	토	일	월	화	수	목	금	토	일	월	화	수	목
	일진 日辰	戊午	己未	庚申	辛酉	壬戌	癸亥	甲子	乙丑	丙寅	丁卯	戊辰	己巳	庚午	辛未	壬申	癸酉	甲戌	乙亥	丙子	丁丑	戊寅	己卯	庚辰	辛巳	壬午	癸未	甲申	乙酉	丙戌	丁亥
	음력	22	23	24	25	26	27	28	29	5/1	2	3	4	5	6	7	8	9	10	11	12	13	14	15	16	17	18	19	20	21	22
대운	남	2	1	1	1	1	망	10	10	9	9	9	8	8	8	7	7	7	6	6	6	하	5	5	4	4	4	3	3	3	2
	여	9	9	9	10	10	종	1	1	1	1	2	2	2	3	3	3	4	4	4	5	지	5	6	6	6	7	7	7	8	8

한식(4월06일), 초복(7월13일), 중복(7월23일), 말복(8월12일) 춘사(春社)3/23
추사(秋社)9/19 토왕지절(土旺之節):4월17일,7월20일,10월21일,1월17일(음12/17)
臘享(납향):1995년1월16일(음12/16)

1994 甲戌年

소서 7일 17시 19분 【음6월】 ➡ 【辛未月(신미월)】 ☯ 대서 23일 10시 41분

양력 7 (음력 05/23~06/23)	1	2	3	4	5	6	7	8	9	10	11	12	13	14	15	16	17	18	19	20	21	22	23	24	25	26	27	28	29	30	31
요일	금	토	일	월	화	수	목	금	토	일	월	화	수	목	금	토	일	월	화	수	목	금	토	일	월	화	수	목	금	토	일
일진 日辰	戊子	己丑	庚寅	辛卯	壬辰	癸巳	甲午	乙未	丙申	丁酉	戊戌	己亥	庚子	辛丑	壬寅	癸卯	甲辰	乙巳	丙午	丁未	戊申	己酉	庚戌	辛亥	壬子	癸丑	甲寅	乙卯	丙辰	丁巳	戊午
음력	23	24	25	26	27	28	29	30	6/1	2	3	4	5	6	7	8	9	10	11	12	13	14	15	16	17	18	19	20	21	22	23
대운 남	2	2	1	1	1	1	소	10	10	10	9	9	9	8	8	8	7	7	7	6	6	6	대	5	5	4	4	4	3	3	3
대운 여	8	9	9	9	10	10	서	1	1	1	1	2	2	2	3	3	3	4	4	4	5	5	서	6	6	6	7	7	7	8	8

입추 8일 03시 04분 【음7월】 ➡ 【壬申月(임신월)】 ☯ 처서 23일 17시 44

양력 8 (음력 06/24~07/25)	1	2	3	4	5	6	7	8	9	10	11	12	13	14	15	16	17	18	19	20	21	22	23	24	25	26	27	28	29	30	31
요일	월	화	수	목	금	토	일	월	화	수	목	금	토	일	월	화	수	목	금	토	일	월	화	수	목	금	토	일	월	화	수
일진 日辰	己未	庚申	辛酉	壬戌	癸亥	甲子	乙丑	丙寅	丁卯	戊辰	己巳	庚午	辛未	壬申	癸酉	甲戌	乙亥	丙子	丁丑	戊寅	己卯	庚辰	辛巳	壬午	癸未	甲申	乙酉	丙戌	丁亥	戊子	己丑
음력	24	25	26	27	28	29	7/1	2	3	4	5	6	7	8	9	10	11	12	13	14	15	16	17	18	19	20	21	22	23	24	25
대운 남	2	2	2	1	1	1	1	입	10	10	9	9	9	8	8	8	7	7	7	6	6	6	처	5	5	4	4	4	3	3	3
대운 여	8	9	9	9	10	10	10	추	1	1	1	1	2	2	2	3	3	3	4	4	4	5	서	5	6	6	6	7	7	7	8

백로 8일 05시 55분 【음8월】 ➡ 【癸酉月(계유월)】 ☯ 추분 23일 15시 19분

양력 9 (음력 07/26~08/25)	1	2	3	4	5	6	7	8	9	10	11	12	13	14	15	16	17	18	19	20	21	22	23	24	25	26	27	28	29	30
요일	목	금	토	일	월	화	수	목	금	토	일	월	화	수	목	금	토	일	월	화	수	목	금	토	일	월	화	수	목	금
일진 日辰	庚寅	辛卯	壬辰	癸巳	甲午	乙未	丙申	丁酉	戊戌	己亥	庚子	辛丑	壬寅	癸卯	甲辰	乙巳	丙午	丁未	戊申	己酉	庚戌	辛亥	壬子	癸丑	甲寅	乙卯	丙辰	丁巳	戊午	己未
음력	26	27	28	29	30	8/1	2	3	4	5	6	7	8	9	10	11	12	13	14	15	16	17	18	19	20	21	22	23	24	25
대운 남	2	2	2	1	1	1	1	백	10	9	9	9	8	8	8	7	7	7	6	6	6	5	추	5	4	4	4	3	3	3
대운 여	8	8	9	9	9	10	10	로	1	1	1	1	2	2	2	3	3	3	4	4	4	5	분	5	6	6	6	7	7	7

한로 8일 21시 29분 【음9월】 ➡ 【甲戌月(갑술월)】 ☯ 상강 24일 00시 36분

양력 10 (음력 08/26~09/27)	1	2	3	4	5	6	7	8	9	10	11	12	13	14	15	16	17	18	19	20	21	22	23	24	25	26	27	28	29	30	31
요일	토	일	월	화	수	목	금	토	일	월	화	수	목	금	토	일	월	화	수	목	금	토	일	월	화	수	목	금	토	일	월
일진 日辰	庚申	辛酉	壬戌	癸亥	甲子	乙丑	丙寅	丁卯	戊辰	己巳	庚午	辛未	壬申	癸酉	甲戌	乙亥	丙子	丁丑	戊寅	己卯	庚辰	辛巳	壬午	癸未	甲申	乙酉	丙戌	丁亥	戊子	己丑	庚寅
음력	26	27	28	29	9/1	2	3	4	5	6	7	8	9	10	11	12	13	14	15	16	17	18	19	20	21	22	23	24	25	26	27
대운 남	2	2	2	1	1	1	1	한	10	10	9	9	9	8	8	8	7	7	7	6	6	6	5	상	5	4	4	4	3	3	3
대운 여	8	8	8	9	9	9	10	로	1	1	1	1	2	2	2	3	3	3	4	4	4	5	5	강	6	6	6	7	7	7	8

입동 8일 00시 36분 【음10월】 ➡ 【乙亥月(을해월)】 ☯ 소설 22일 22시 06분

양력 11 (음력 09/28~10/28)	1	2	3	4	5	6	7	8	9	10	11	12	13	14	15	16	17	18	19	20	21	22	23	24	25	26	27	28	29	30
요일	화	수	목	금	토	일	월	화	수	목	금	토	일	월	화	수	목	금	토	일	월	화	수	목	금	토	일	월	화	수
일진 日辰	辛卯	壬辰	癸巳	甲午	乙未	丙申	丁酉	戊戌	己亥	庚子	辛丑	壬寅	癸卯	甲辰	乙巳	丙午	丁未	戊申	己酉	庚戌	辛亥	壬子	癸丑	甲寅	乙卯	丙辰	丁巳	戊午	己未	庚申
음력	28	29	10/1	2	3	4	5	6	7	8	9	10	11	12	13	14	15	16	17	18	19	20	21	22	23	24	25	26	27	28
대운 남	2	2	2	1	1	1	1	입	9	9	9	8	8	8	7	7	7	6	6	6	5	소	5	4	4	4	3	3	3	2
대운 여	8	8	9	9	9	10	10	동	1	1	1	1	2	2	2	3	3	3	4	4	4	설	5	5	6	6	6	7	7	7

대설 7일 17시 23분 【음11월】 ➡ 【丙子月(병자월)】 ☯ 동지 22일 11시 23분

양력 12 (음력 10/29~11/29)	1	2	3	4	5	6	7	8	9	10	11	12	13	14	15	16	17	18	19	20	21	22	23	24	25	26	27	28	29	30	31
요일	목	금	토	일	월	화	수	목	금	토	일	월	화	수	목	금	토	일	월	화	수	목	금	토	일	월	화	수	목	금	토
일진 日辰	辛酉	壬戌	癸亥	甲子	乙丑	丙寅	丁卯	戊辰	己巳	庚午	辛未	壬申	癸酉	甲戌	乙亥	丙子	丁丑	戊寅	己卯	庚辰	辛巳	壬午	癸未	甲申	乙酉	丙戌	丁亥	戊子	己丑	庚寅	辛卯
음력	29	30	11/1	2	3	4	5	6	7	8	9	10	11	12	13	14	15	16	17	18	19	20	21	22	23	24	25	26	27	28	29
대운 남	2	2	1	1	1	1	대	10	9	9	9	8	8	8	7	7	7	6	6	6	5	동	5	4	4	4	3	3	3	2	2
대운 여	8	8	8	9	9	9	설	1	1	1	1	2	2	2	3	3	3	4	4	4	5	지	5	6	6	6	7	7	7	8	8

단기 4328 年	**1995**년	下元 **乙亥年** 납음(山頭火),본명성(五黃土)
불기 2539 年		대장군(酉서방), 삼살(酉서방), 상문(丑동북방),조객(酉서방), 납음(산두화), 【삼재(사,오,미)년】 臘享(납향):1996년1월23일(음12/04)

소한 6일 04시 34분 【음12월】 ➡ **【丁丑月(정축월)】** ☯ 대한 20일 22시 00분

양력 1 (음력 12/01 ~ 01/01)

양력	1	2	3	4	5	6	7	8	9	10	11	12	13	14	15	16	17	18	19	20	21	22	23	24	25	26	27	28	29	30	31
요일	일	월	화	수	목	금	토	일	월	화	수	목	금	토	일	월	화	수	목	금	토	일	월	화	수	목	금	토	일	월	화
일진 日辰	壬辰	癸巳	甲午	乙未	丙申	丁酉	戊戌	己亥	庚子	辛丑	壬寅	癸卯	甲辰	乙巳	丙午	丁未	戊申	己酉	庚戌	辛亥	壬子	癸丑	甲寅	乙卯	丙辰	丁巳	戊午	己未	庚申	辛酉	壬戌
음력	12/1	2	3	4	5	6	7	8	9	10	11	12	13	14	15	16	17	18	19	20	21	22	23	24	25	26	27	28	29	30	1/1
대운 남	2	1	1	1	1	소	9	9	9	8	8	8	7	7	7	6	6	6	5	대	5	4	4	4	3	3	3	2	2	2	1
대운 여	8	9	9	9	10	한	1	1	1	1	2	2	2	3	3	3	4	4	4	한	5	5	6	6	6	7	7	7	8	8	8

입춘 4일 16시 13분 【음1월】 ➡ **【戊寅月(무인월)】** ☯ 우수 19일 12시 11분

양력 2 (음력 01/02 ~ 01/29)

양력	1	2	3	4	5	6	7	8	9	10	11	12	13	14	15	16	17	18	19	20	21	22	23	24	25	26	27	28
요일	수	목	금	토	일	월	화	수	목	금	토	일	월	화	수	목	금	토	일	월	화	수	목	금	토	일	월	화
일진 日辰	癸亥	甲子	乙丑	丙寅	丁卯	戊辰	己巳	庚午	辛未	壬申	癸酉	甲戌	乙亥	丙子	丁丑	戊寅	己卯	庚辰	辛巳	壬午	癸未	甲申	乙酉	丙戌	丁亥	戊子	己丑	庚寅
음력	2	3	4	5	6	7	8	9	10	11	12	13	14	15	16	17	18	19	20	21	22	23	24	25	26	27	28	29
대운 남	1	1	1	입	1	1	1	1	2	2	2	3	3	3	4	4	4	5	우	5	6	6	6	7	7	7	8	8
대운 여	9	9	9	춘	10	9	9	9	8	8	8	7	7	7	6	6	6	5	수	5	4	4	4	3	3	3	2	2

乙亥年

경칩 6일 10시 16분 【음2월】 ➡ **【己卯月(기묘월)】** ☯ 춘분 21일 11시 14분

양력 3 (음력 02/01 ~ 03/01)

양력	1	2	3	4	5	6	7	8	9	10	11	12	13	14	15	16	17	18	19	20	21	22	23	24	25	26	27	28	29	30	31
요일	수	목	금	토	일	월	화	수	목	금	토	일	월	화	수	목	금	토	일	월	화	수	목	금	토	일	월	화	수	목	금
일진 日辰	辛卯	壬辰	癸巳	甲午	乙未	丙申	丁酉	戊戌	己亥	庚子	辛丑	壬寅	癸卯	甲辰	乙巳	丙午	丁未	戊申	己酉	庚戌	辛亥	壬子	癸丑	甲寅	乙卯	丙辰	丁巳	戊午	己未	庚申	辛酉
음력	2/1	2	3	4	5	6	7	8	9	10	11	12	13	14	15	16	17	18	19	20	21	22	23	24	25	26	27	28	29	30	3/1
대운 남	8	9	9	9	10	경	1	1	1	1	2	2	2	3	3	3	4	4	4	5	춘	5	6	6	6	7	7	7	8	8	8
대운 여	2	1	1	1	1	칩	10	9	9	9	8	8	8	7	7	7	6	6	6	5	분	5	4	4	4	3	3	3	2	2	2

청명 5일 15시 08분 【음3월】 ➡ **【庚辰月(경진월)】** ☯ 곡우 20일 22시 21분

양력 4 (음력 03/02 ~ 04/01)

양력	1	2	3	4	5	6	7	8	9	10	11	12	13	14	15	16	17	18	19	20	21	22	23	24	25	26	27	28	29	30
요일	토	일	월	화	수	목	금	토	일	월	화	수	목	금	토	일	월	화	수	목	금	토	일	월	화	수	목	금	토	일
일진 日辰	壬戌	癸亥	甲子	乙丑	丙寅	丁卯	戊辰	己巳	庚午	辛未	壬申	癸酉	甲戌	乙亥	丙子	丁丑	戊寅	己卯	庚辰	辛巳	壬午	癸未	甲申	乙酉	丙戌	丁亥	戊子	己丑	庚寅	辛卯
음력	2	3	4	5	6	7	8	9	10	11	12	13	14	15	16	17	18	19	20	21	22	23	24	25	26	27	28	29	30	4/1
대운 남	9	9	9	10	청	1	1	1	1	2	2	2	3	3	3	4	4	4	5	곡	5	6	6	6	7	7	7	8	8	8
대운 여	1	1	1	1	명	10	10	9	9	9	8	8	8	7	7	7	6	6	6	우	5	5	4	4	4	3	3	3	2	2

입하 6일 08시 30분 【음4월】 ➡ **【辛巳月(신사월)】** ☯ 소만 21일 21시 34분

양력 5 (음력 04/02 ~ 05/03)

양력	1	2	3	4	5	6	7	8	9	10	11	12	13	14	15	16	17	18	19	20	21	22	23	24	25	26	27	28	29	30	31
요일	월	화	수	목	금	토	일	월	화	수	목	금	토	일	월	화	수	목	금	토	일	월	화	수	목	금	토	일	월	화	수
일진 日辰	壬辰	癸巳	甲午	乙未	丙申	丁酉	戊戌	己亥	庚子	辛丑	壬寅	癸卯	甲辰	乙巳	丙午	丁未	戊申	己酉	庚戌	辛亥	壬子	癸丑	甲寅	乙卯	丙辰	丁巳	戊午	己未	庚申	辛酉	壬戌
음력	2	3	4	5	6	7	8	9	10	11	12	13	14	15	16	17	18	19	20	21	22	23	24	25	26	27	28	29	5/1	2	3
대운 남	9	9	9	10	10	입	1	1	1	1	2	2	2	3	3	3	4	4	4	5	소	5	6	6	6	7	7	7	8	8	8
대운 여	2	1	1	1	1	하	10	10	9	9	9	8	8	8	7	7	7	6	6	6	만	5	5	4	4	4	3	3	3	2	2

망종 6일 12시 43분 【음5월】 ➡ **【壬午月(임오월)】** ☯ 하지 22일 05시 34분

양력 6 (음력 05/04 ~ 06/03)

양력	1	2	3	4	5	6	7	8	9	10	11	12	13	14	15	16	17	18	19	20	21	22	23	24	25	26	27	28	29	30
요일	목	금	토	일	월	화	수	목	금	토	일	월	화	수	목	금	토	일	월	화	수	목	금	토	일	월	화	수	목	금
일진 日辰	癸亥	甲子	乙丑	丙寅	丁卯	戊辰	己巳	庚午	辛未	壬申	癸酉	甲戌	乙亥	丙子	丁丑	戊寅	己卯	庚辰	辛巳	壬午	癸未	甲申	乙酉	丙戌	丁亥	戊子	己丑	庚寅	辛卯	壬辰
음력	4	5	6	7	8	9	10	11	12	13	14	15	16	17	18	19	20	21	22	23	24	25	26	27	28	29	30	6/1	2	3
대운 남	9	9	9	10	10	망	1	1	1	1	2	2	2	3	3	3	4	4	4	5	5	하	6	6	6	7	7	7	8	8
대운 여	2	1	1	1	1	종	10	10	9	9	9	8	8	8	7	7	7	6	6	6	5	지	5	4	4	4	3	3	3	2

한식(4월06일), 초복(7월18일), 중복(7월28일), 말복(8월17일) ☂춘사(春社)3/18
☀추사(秋社)9/24 토왕지절(土旺之節):4월17일,7월20일,10월21일,1월18일(음11/28)
臘享(납향):1996년1월23일(음12/04)

1995 乙亥年

소서 7일 23시 01분 【음6월】 ➡ 【癸未月(계미월)】 ☯ 대서 23일 16시 30분

양력 7 (음력 06/04 ~ 07/04)																																
양력		1	2	3	4	5	6	7	8	9	10	11	12	13	14	15	16	17	18	19	20	21	22	23	24	25	26	27	28	29	30	31
요일		토	일	월	화	수	목	금	토	일	월	화	수	목	금	토	일	월	화	수	목	금	토	일	월	화	수	목	금	토	일	월
일진 日辰		癸巳	甲午	乙未	丙申	丁酉	戊戌	己亥	庚子	辛丑	壬寅	癸卯	甲辰	乙巳	丙午	丁未	戊申	己酉	庚戌	辛亥	壬子	癸丑	甲寅	乙卯	丙辰	丁巳	戊午	己未	庚申	辛酉	壬戌	癸亥
음력		4	5	6	7	8	9	10	11	12	13	14	15	16	17	18	19	20	21	22	23	24	25	26	27	28	29	30	7/1	2	3	4
대운	남	8	9	9	9	10	10	소	1	1	1	1	2	2	2	3	3	3	4	4	4	5	5	대	6	6	6	7	7	7	8	8
	여	2	2	1	1	1	1	서	10	10	10	9	9	9	8	8	8	7	7	7	6	6	6	서	5	5	4	4	4	3	3	3

입추 8일 08시 52분 【음7월】 ➡ 【甲申月(갑신월)】 ☯ 처서 23일 23시 35분

양력 8 (음력 07/05 ~ 08/06)																																
양력		1	2	3	4	5	6	7	8	9	10	11	12	13	14	15	16	17	18	19	20	21	22	23	24	25	26	27	28	29	30	31
요일		화	수	목	금	토	일	월	화	수	목	금	토	일	월	화	수	목	금	토	일	월	화	수	목	금	토	일	월	화	수	목
일진 日辰		甲子	乙丑	丙寅	丁卯	戊辰	己巳	庚午	辛未	壬申	癸酉	甲戌	乙亥	丙子	丁丑	戊寅	己卯	庚辰	辛巳	壬午	癸未	甲申	乙酉	丙戌	丁亥	戊子	己丑	庚寅	辛卯	壬辰	癸巳	甲午
음력		5	6	7	8	9	10	11	12	13	14	15	16	17	18	19	20	21	22	23	24	25	26	27	28	29	8/1	2	3	4	5	6
대운	남	8	9	9	9	10	10	10	입	1	1	1	1	2	2	2	3	3	3	4	4	4	5	처	5	6	6	6	7	7	7	8
	여	2	2	2	1	1	1	1	추	10	10	9	9	9	8	8	8	7	7	7	6	6	6	서	5	5	4	4	4	3	3	3

백로 8일 11시 49분 【음8월】 ➡ 【乙酉月(을유월)】 ☯ 추분 23일 21시 13분

양력 9 (음력 08/07 ~ 윤806)																															
양력		1	2	3	4	5	6	7	8	9	10	11	12	13	14	15	16	17	18	19	20	21	22	23	24	25	26	27	28	29	30
요일		금	토	일	월	화	수	목	금	토	일	월	화	수	목	금	토	일	월	화	수	목	금	토	일	월	화	수	목	금	토
일진 日辰		乙未	丙申	丁酉	戊戌	己亥	庚子	辛丑	壬寅	癸卯	甲辰	乙巳	丙午	丁未	戊申	己酉	庚戌	辛亥	壬子	癸丑	甲寅	乙卯	丙辰	丁巳	戊午	己未	庚申	辛酉	壬戌	癸亥	甲子
음력		7	8	9	10	11	12	13	14	15	16	17	18	19	20	21	22	23	24	25	26	27	28	29	30	윤8	2	3	4	5	6
대운	남	8	8	9	9	9	10	10	백	1	1	1	1	2	2	2	3	3	3	4	4	4	5	추	5	6	6	6	7	1	7
	여	2	2	2	1	1	1	1	로	10	10	9	9	9	8	8	8	7	7	7	6	6	6	분	5	5	4	4	4	3	3

한로 9일 03시 27분 【음9월】 ➡ 【丙戌月(병술월)】 ☯ 상강 24일 06시 32분

양력 10 (음력 윤807 ~ 09/08)																																
양력		1	2	3	4	5	6	7	8	9	10	11	12	13	14	15	16	17	18	19	20	21	22	23	24	25	26	27	28	29	30	31
요일		일	월	화	수	목	금	토	일	월	화	수	목	금	토	일	월	화	수	목	금	토	일	월	화	수	목	금	토	일	월	화
일진 日辰		乙丑	丙寅	丁卯	戊辰	己巳	庚午	辛未	壬申	癸酉	甲戌	乙亥	丙子	丁丑	戊寅	己卯	庚辰	辛巳	壬午	癸未	甲申	乙酉	丙戌	丁亥	戊子	己丑	庚寅	辛卯	壬辰	癸巳	甲午	乙未
음력		7	8	9	10	11	12	13	14	15	16	17	18	19	20	21	22	23	24	25	26	27	28	29	9/1	2	3	4	5	6	7	8
대운	남	8	8	8	9	9	9	10	10	한	1	1	1	1	2	2	2	3	3	3	4	4	4	5	상	5	6	6	6	7	7	7
	여	3	2	2	2	1	1	1	1	로	10	9	9	9	8	8	8	7	7	7	6	6	6	5	강	5	4	4	4	3	3	3

입동 8일 06시 36분 【음10월】 ➡ 【丁亥月(정해월)】 ☯ 소설 23일 04시 01분

양력 11 (음력 09/09 ~ 10/08)																															
양력		1	2	3	4	5	6	7	8	9	10	11	12	13	14	15	16	17	18	19	20	21	22	23	24	25	26	27	28	29	30
요일		수	목	금	토	일	월	화	수	목	금	토	일	월	화	수	목	금	토	일	월	화	수	목	금	토	일	월	화	수	목
일진 日辰		丙申	丁酉	戊戌	己亥	庚子	辛丑	壬寅	癸卯	甲辰	乙巳	丙午	丁未	戊申	己酉	庚戌	辛亥	壬子	癸丑	甲寅	乙卯	丙辰	丁巳	戊午	己未	庚申	辛酉	壬戌	癸亥	甲子	乙丑
음력		9	10	11	12	13	14	15	16	17	18	19	20	21	22	23	24	25	26	27	28	29	30	10/1	2	3	4	5	6	7	8
대운	남	8	8	8	9	9	9	10	입	1	1	1	1	2	2	2	3	3	3	4	4	4	5	소	5	6	6	6	7	7	7
	여	2	2	2	1	1	1	1	동	9	9	9	8	8	8	7	7	7	6	6	6	5	5	설	4	4	4	3	3	3	2

대설 7일 23시 22분 【음11월】 ➡ 【戊子月(무자월)】 ☯ 동지 22일 17시 17분

양력 12 (음력 10/09 ~ 11/10)																																
양력		1	2	3	4	5	6	7	8	9	10	11	12	13	14	15	16	17	18	19	20	21	22	23	24	25	26	27	28	29	30	31
요일		금	토	일	월	화	수	목	금	토	일	월	화	수	목	금	토	일	월	화	수	목	금	토	일	월	화	수	목	금	토	일
일진 日辰		丙寅	丁卯	戊辰	己巳	庚午	辛未	壬申	癸酉	甲戌	乙亥	丙子	丁丑	戊寅	己卯	庚辰	辛巳	壬午	癸未	甲申	乙酉	丙戌	丁亥	戊子	己丑	庚寅	辛卯	壬辰	癸巳	甲午	乙未	丙申
음력		9	10	11	12	13	14	15	16	17	18	19	20	21	22	23	24	25	26	27	28	29	11/1	2	3	4	5	6	7	8	9	10
대운	남	8	8	8	9	9	9	대	1	1	1	1	2	2	2	3	3	3	4	4	4	5	동	5	6	6	6	7	7	7	8	8
	여	2	2	1	1	1	1	설	10	9	9	9	8	8	8	7	7	7	6	6	6	5	지	5	4	4	4	3	3	3	2	2

단기 4329 年	1996년
불기 2540 年	

下元 丙子年 납음(澗下水), 본명성(四綠木)

대장군(酉서방), 삼살(남방), 상문(寅동북방), 조객(戌서북방), 납음(간하수), 【삼재(인,묘,진)년】 臘享(납향):1997년1월17일(음12/09)

소한 6일 10시 31분 【음12월】 ➡ 【己丑月(기축월)】 ☯ 대한 21일 03시 53분

양력 1	양력	1	2	3	4	5	6	7	8	9	10	11	12	13	14	15	16	17	18	19	20	21	22	23	24	25	26	27	28	29	30	31
	요일	월	화	수	목	금	토	일	월	화	수	목	금	토	일	월	화	수	목	금	토	일	월	화	수	목	금	토	일	월	화	수
	일진 日辰	丁酉	戊戌	己亥	庚子	辛丑	壬寅	癸卯	甲辰	乙巳	丙午	丁未	戊申	己酉	庚戌	辛亥	壬子	癸丑	甲寅	乙卯	丙辰	丁巳	戊午	己未	庚申	辛酉	壬戌	癸亥	甲子	乙丑	丙寅	丁卯
음력 11/11 ~ 12/12	음력	11	12	13	14	15	16	17	18	19	20	21	22	23	24	25	26	27	28	29	12/1	2	3	4	5	6	7	8	9	10	11	12
대운	남	8	9	9	9	10	소	1	1	1	1	2	2	2	3	3	3	4	4	4	5	대	5	6	6	6	7	7	7	8	8	8
	여	2	1	1	1	1	한	9	9	9	8	8	8	7	7	7	6	6	6	5	5	한	4	4	4	3	3	3	2	2	2	1

입춘 4일 22시 08분 【음1월】 ➡ 【庚寅月(경인월)】 ☯ 우수 19일 18시 01분

양력 2	양력	1	2	3	4	5	6	7	8	9	10	11	12	13	14	15	16	17	18	19	20	21	22	23	24	25	26	27	28	29
	요일	목	금	토	일	월	화	수	목	금	토	일	월	화	수	목	금	토	일	월	화	수	목	금	토	일	월	화	수	목
	일진 日辰	戊辰	己巳	庚午	辛未	壬申	癸酉	甲戌	乙亥	丙子	丁丑	戊寅	己卯	庚辰	辛巳	壬午	癸未	甲申	乙酉	丙戌	丁亥	戊子	己丑	庚寅	辛卯	壬辰	癸巳	甲午	乙未	丙申
음력 12/13 ~ 01/11	음력	13	14	15	16	17	18	19	20	21	22	23	24	25	26	27	28	29	30	1/1	2	3	4	5	6	7	8	9	10	11
대운	남	9	9	9	입	10	9	9	9	8	8	8	7	7	7	6	6	6	5	우	5	4	4	4	3	3	3	2	2	2
	여	1	1	1	춘	1	1	1	1	2	2	2	3	3	3	4	4	4	5	수	5	6	6	6	7	7	7	8	8	8

丙子年

경칩 5일 16시 10분 【음2월】 ➡ 【辛卯月(신묘월)】 ☯ 춘분 20일 17시 03분

양력 3	양력	1	2	3	4	5	6	7	8	9	10	11	12	13	14	15	16	17	18	19	20	21	22	23	24	25	26	27	28	29	30	31
	요일	금	토	일	월	화	수	목	금	토	일	월	화	수	목	금	토	일	월	화	수	목	금	토	일	월	화	수	목	금	토	일
	일진 日辰	丁酉	戊戌	己亥	庚子	辛丑	壬寅	癸卯	甲辰	乙巳	丙午	丁未	戊申	己酉	庚戌	辛亥	壬子	癸丑	甲寅	乙卯	丙辰	丁巳	戊午	己未	庚申	辛酉	壬戌	癸亥	甲子	乙丑	丙寅	丁卯
음력 01/12 ~ 02/13	음력	12	13	14	15	16	17	18	19	20	21	22	23	24	25	26	27	28	29	2/1	2	3	4	5	6	7	8	9	10	11	12	13
대운	남	1	1	1	1	경	10	9	9	9	8	8	8	7	7	7	6	6	6	5	춘	5	4	4	4	3	3	3	2	2	2	1
	여	9	9	9	10	칩	1	1	1	1	2	2	2	3	3	3	4	4	4	5	분	5	6	6	6	7	7	7	8	8	8	9

청명 4일 21시 02분 【음3월】 ➡ 【壬辰月(임진월)】 ☯ 곡우 20일 04시 10분

양력 4	양력	1	2	3	4	5	6	7	8	9	10	11	12	13	14	15	16	17	18	19	20	21	22	23	24	25	26	27	28	29	30
	요일	월	화	수	목	금	토	일	월	화	수	목	금	토	일	월	화	수	목	금	토	일	월	화	수	목	금	토	일	월	화
	일진 日辰	戊辰	己巳	庚午	辛未	壬申	癸酉	甲戌	乙亥	丙子	丁丑	戊寅	己卯	庚辰	辛巳	壬午	癸未	甲申	乙酉	丙戌	丁亥	戊子	己丑	庚寅	辛卯	壬辰	癸巳	甲午	乙未	丙申	丁酉
음력 02/14 ~ 03/13	음력	14	15	16	17	18	19	20	21	22	23	24	25	26	27	28	29	30	3/1	2	3	4	5	6	7	8	9	10	11	12	13
대운	남	1	1	1	청	10	10	9	9	9	8	8	8	7	7	7	6	6	6	5	곡	5	4	4	4	3	3	3	2	2	2
	여	9	9	10	명	1	1	1	1	2	2	2	3	3	3	4	4	4	5	5	우	6	6	6	7	7	7	8	8	8	9

입하 5일 14시 26분 【음4월】 ➡ 【癸巳月(계사월)】 ☯ 소만 21일 03시 23분

양력 5	양력	1	2	3	4	5	6	7	8	9	10	11	12	13	14	15	16	17	18	19	20	21	22	23	24	25	26	27	28	29	30	31
	요일	수	목	금	토	일	월	화	수	목	금	토	일	월	화	수	목	금	토	일	월	화	수	목	금	토	일	월	화	수	목	금
	일진 日辰	戊戌	己亥	庚子	辛丑	壬寅	癸卯	甲辰	乙巳	丙午	丁未	戊申	己酉	庚戌	辛亥	壬子	癸丑	甲寅	乙卯	丙辰	丁巳	戊午	己未	庚申	辛酉	壬戌	癸亥	甲子	乙丑	丙寅	丁卯	戊辰
음력 03/14 ~ 04/15	음력	14	15	16	17	18	19	20	21	22	23	24	25	26	27	28	29	4/1	2	3	4	5	6	7	8	9	10	11	12	13	14	15
대운	남	1	1	1	1	입	10	10	9	9	9	8	8	8	7	7	7	6	6	6	5	소	5	4	4	4	3	3	3	2	2	2
	여	9	9	10	10	하	1	1	1	1	2	2	2	3	3	3	4	4	4	5	5	만	6	6	6	7	7	7	8	8	8	9

망종 5일 18시 41분 【음5월】 ➡ 【甲午月(갑오월)】 ☯ 하지 21일 11시 24분

양력 6	양력	1	2	3	4	5	6	7	8	9	10	11	12	13	14	15	16	17	18	19	20	21	22	23	24	25	26	27	28	29	30
	요일	토	일	월	화	수	목	금	토	일	월	화	수	목	금	토	일	월	화	수	목	금	토	일	월	화	수	목	금	토	일
	일진 日辰	己巳	庚午	辛未	壬申	癸酉	甲戌	乙亥	丙子	丁丑	戊寅	己卯	庚辰	辛巳	壬午	癸未	甲申	乙酉	丙戌	丁亥	戊子	己丑	庚寅	辛卯	壬辰	癸巳	甲午	乙未	丙申	丁酉	戊戌
음력 04/16 ~ 05/15	음력	16	17	18	19	20	21	22	23	24	25	26	27	28	29	30	5/1	2	3	4	5	6	7	8	9	10	11	12	13	14	15
대운	남	1	1	1	1	망	10	10	10	9	9	9	8	8	8	7	7	7	6	6	6	하	5	5	4	4	4	3	3	3	2
	여	9	9	10	10	종	1	1	1	1	2	2	2	3	3	3	4	4	4	5	5	지	6	6	6	7	7	7	8	8	8

한식(4월06일), 초복(7월12일), 중복(7월22일), 말복(8월11일) ☂춘사(春社)3/22
☀추사(秋社)9/18 토왕지절(土旺之節):4월17일,7월19일,10월20일,1월17일(음12/09)
臘享(납향):1997년1월17일(음12/09)

1996 丙子年

소서 7일 05시 00분 【음6월】 ➡ 【乙未月(을미월)】 ☯ 대서 22일 22시 19분

	양력	1	2	3	4	5	6	7	8	9	10	11	12	13	14	15	16	17	18	19	20	21	22	23	24	25	26	27	28	29	30	31
양력 7	요일	월	화	수	목	금	토	일	월	화	수	목	금	토	일	월	화	수	목	금	토	일	월	화	수	목	금	토	일	월	화	수
	일진 日辰	己亥	庚子	辛丑	壬寅	癸卯	甲辰	乙巳	丙午	丁未	戊申	己酉	庚戌	辛亥	壬子	癸丑	甲寅	乙卯	丙辰	丁巳	戊午	己未	庚申	辛酉	壬戌	癸亥	甲子	乙丑	丙寅	丁卯	戊辰	己巳
음력 05/16 ~ 06/16	음력	16	17	18	19	20	21	22	23	24	25	26	27	28	29	30	6/1	2	3	4	5	6	7	8	9	10	11	12	13	14	15	16
대운	남	2	2	1	1	1	1	소	10	10	9	9	9	8	8	8	7	7	7	6	6	6	대	5	5	4	4	4	3	3	3	2
	여	9	9	9	10	10	10	서	1	1	1	1	2	2	2	3	3	3	4	4	4	5	서	5	6	6	6	7	7	7	8	8

입추 7일 14시 49분 【음7월】 ➡ 【丙申月(병신월)】 ☯ 처서 23일 05시 23분

	양력	1	2	3	4	5	6	7	8	9	10	11	12	13	14	15	16	17	18	19	20	21	22	23	24	25	26	27	28	29	30	31
양력 8	요일	목	금	토	일	월	화	수	목	금	토	일	월	화	수	목	금	토	일	월	화	수	목	금	토	일	월	화	수	목	금	토
	일진 日辰	庚午	辛未	壬申	癸酉	甲戌	乙亥	丙子	丁丑	戊寅	己卯	庚辰	辛巳	壬午	癸未	甲申	乙酉	丙戌	丁亥	戊子	己丑	庚寅	辛卯	壬辰	癸巳	甲午	乙未	丙申	丁酉	戊戌	己亥	庚子
음력 06/17 ~ 07/18	음력	17	18	19	20	21	22	23	24	25	26	27	28	29	7/1	2	3	4	5	6	7	8	9	10	11	12	13	14	15	16	17	18
대운	남	2	2	1	1	1	1	입	10	10	9	9	9	8	8	8	7	7	7	6	6	6	5	처	5	4	4	4	3	3	3	2
	여	8	9	9	9	10	10	추	1	1	1	1	2	2	2	3	3	3	4	4	4	5	5	서	6	6	6	7	7	7	8	8

백로 7일 17시 42분 【음8월】 ➡ 【丁酉月(정유월)】 ☯ 추분 23일 03시 00분

	양력	1	2	3	4	5	6	7	8	9	10	11	12	13	14	15	16	17	18	19	20	21	22	23	24	25	26	27	28	29	30
양력 9	요일	일	월	화	수	목	금	토	일	월	화	수	목	금	토	일	월	화	수	목	금	토	일	월	화	수	목	금	토	일	월
	일진 日辰	辛丑	壬寅	癸卯	甲辰	乙巳	丙午	丁未	戊申	己酉	庚戌	辛亥	壬子	癸丑	甲寅	乙卯	丙辰	丁巳	戊午	己未	庚申	辛酉	壬戌	癸亥	甲子	乙丑	丙寅	丁卯	戊辰	己巳	庚午
음력 07/19 ~ 08/18	음력	19	20	21	22	23	24	25	26	27	28	29	30	8/1	2	3	4	5	6	7	8	9	10	11	12	13	14	15	16	17	18
대운	남	2	2	1	1	1	1	백	10	10	9	9	9	8	8	8	7	7	7	6	6	6	5	추	5	4	4	4	3	3	3
	여	8	9	9	9	10	10	로	1	1	1	1	2	2	2	3	3	3	4	4	4	5	5	분	6	6	6	7	7	7	8

한로 8일 09시 19분 【음9월】 ➡ 【戊戌月(무술월)】 ☯ 상강 23일 12시 19분

	양력	1	2	3	4	5	6	7	8	9	10	11	12	13	14	15	16	17	18	19	20	21	22	23	24	25	26	27	28	29	30	31
양력 10	요일	화	수	목	금	토	일	월	화	수	목	금	토	일	월	화	수	목	금	토	일	월	화	수	목	금	토	일	월	화	수	목
	일진 日辰	辛未	壬申	癸酉	甲戌	乙亥	丙子	丁丑	戊寅	己卯	庚辰	辛巳	壬午	癸未	甲申	乙酉	丙戌	丁亥	戊子	己丑	庚寅	辛卯	壬辰	癸巳	甲午	乙未	丙申	丁酉	戊戌	己亥	庚子	辛丑
음력 08/19 ~ 09/20	음력	19	20	21	22	23	24	25	26	27	28	29	9/1	2	3	4	5	6	7	8	9	10	11	12	13	14	15	16	17	18	19	20
대운	남	2	2	2	1	1	1	1	한	10	9	9	9	8	8	8	7	7	7	6	6	6	5	상	5	4	4	4	3	3	3	2
	여	8	8	9	9	9	10	10	로	1	1	1	1	2	2	2	3	3	3	4	4	4	5	강	5	6	6	6	7	7	7	8

입동 7일 12시 27분 【음10월】 ➡ 【己亥月(기해월)】 ☯ 소설 22일 09시 49분

	양력	1	2	3	4	5	6	7	8	9	10	11	12	13	14	15	16	17	18	19	20	21	22	23	24	25	26	27	28	29	30
양력 11	요일	금	토	일	월	화	수	목	금	토	일	월	화	수	목	금	토	일	월	화	수	목	금	토	일	월	화	수	목	금	토
	일진 日辰	壬寅	癸卯	甲辰	乙巳	丙午	丁未	戊申	己酉	庚戌	辛亥	壬子	癸丑	甲寅	乙卯	丙辰	丁巳	戊午	己未	庚申	辛酉	壬戌	癸亥	甲子	乙丑	丙寅	丁卯	戊辰	己巳	庚午	辛未
음력 09/21 ~ 10/20	음력	21	22	23	24	25	26	27	28	29	30	10/1	2	3	4	5	6	7	8	9	10	11	12	13	14	15	16	17	18	19	20
대운	남	2	2	1	1	1	1	입	10	9	9	9	8	8	8	7	7	7	6	6	6	5	소	5	4	4	4	3	3	3	2
	여	8	8	9	9	9	10	동	1	1	1	1	2	2	2	3	3	3	4	4	4	5	설	5	6	6	6	7	7	7	8

대설 7일 05시 14분 【음11월】 ➡ 【庚子月(경자월)】 ☯ 동지 21일 23시 06분

	양력	1	2	3	4	5	6	7	8	9	10	11	12	13	14	15	16	17	18	19	20	21	22	23	24	25	26	27	28	29	30	31
양력 12	요일	일	월	화	수	목	금	토	일	월	화	수	목	금	토	일	월	화	수	목	금	토	일	월	화	수	목	금	토	일	월	화
	일진 日辰	壬申	癸酉	甲戌	乙亥	丙子	丁丑	戊寅	己卯	庚辰	辛巳	壬午	癸未	甲申	乙酉	丙戌	丁亥	戊子	己丑	庚寅	辛卯	壬辰	癸巳	甲午	乙未	丙申	丁酉	戊戌	己亥	庚子	辛丑	壬寅
음력 10/21 ~ 11/21	음력	21	22	23	24	25	26	27	28	29	30	11/1	2	3	4	5	6	7	8	9	10	11	12	13	14	15	16	17	18	19	20	21
대운	남	2	2	1	1	1	1	대	9	9	9	8	8	8	7	7	7	6	6	6	5	동	5	4	4	4	3	3	3	2	2	2
	여	8	8	9	9	9	10	설	1	1	1	1	2	2	2	3	3	3	4	4	4	지	5	5	6	6	6	7	7	7	8	8

단기 4330 年 불기 2541 年	1997년	下元 丁丑年 납음(澗下水),본명성(三碧木)

대장군(酉서방), 삼살(동방), 상문(卯동방),조객(亥서북방), 납음(간하수),【삼재(해,자,축)년】 臘享(납향):1998년1월24일(음12/26)

소

소한 5일 16시 24분 【음12월】 ➡ 【辛丑月(신축월)】 ☯ 대한 20일 09시 43분

양력 1	양력	1	2	3	4	5	6	7	8	9	10	11	12	13	14	15	16	17	18	19	20	21	22	23	24	25	26	27	28	29	30	31
	요일	수	목	금	토	일	월	화	수	목	금	토	일	월	화	수	목	금	토	일	월	화	수	목	금	토	일	월	화	수	목	금
	일진 日辰	癸卯	甲辰	乙巳	丙午	丁未	戊申	己酉	庚戌	辛亥	壬子	癸丑	甲寅	乙卯	丙辰	丁巳	戊午	己未	庚申	辛酉	壬戌	癸亥	甲子	乙丑	丙寅	丁卯	戊辰	己巳	庚午	辛未	壬申	癸酉
음력 11/22 ~ 12/23	음력	22	23	24	25	26	27	28	29	12/1	2	3	4	5	6	7	8	9	10	11	12	13	14	15	16	17	18	19	20	21	22	23
	대운 남	1	1	1	1	소	10	9	9	9	8	8	8	7	7	7	6	6	6	5	대	5	4	4	4	3	3	3	2	2	2	1
	대운 여	8	9	9	9	한	1	1	1	1	2	2	2	3	3	3	4	4	4	5	한	5	6	6	6	7	7	7	8	8	8	9

입춘 4일 04시 02분 【음1월】 ➡ 【壬寅月(임인월)】☯ 우수 18일 23시 51분

양력 2	양력	1	2	3	4	5	6	7	8	9	10	11	12	13	14	15	16	17	18	19	20	21	22	23	24	25	26	27	28
	요일	토	일	월	화	수	목	금	토	일	월	화	수	목	금	토	일	월	화	수	목	금	토	일	월	화	수	목	금
	일진 日辰	甲戌	乙亥	丙子	丁丑	戊寅	己卯	庚辰	辛巳	壬午	癸未	甲申	乙酉	丙戌	丁亥	戊子	己丑	庚寅	辛卯	壬辰	癸巳	甲午	乙未	丙申	丁酉	戊戌	己亥	庚子	辛丑
음력 12/24 ~ 01/21	음력	24	25	26	27	28	29	30	1/1	2	3	4	5	6	7	8	9	10	11	12	13	14	15	16	17	18	19	20	21
	대운 남	1	1	1	입	1	1	1	1	2	2	2	3	3	3	4	4	4	우	5	5	6	6	6	7	7	7	8	8
	대운 여	9	9	10	춘	9	9	9	8	8	8	7	7	7	6	6	6	5	수	5	4	4	4	3	3	3	2	2	2

丁丑年

경칩 5일 22시 04분 【음2월】 ➡ 【癸卯月(계묘월)】 ☯ 춘분 20일 22시 55분

양력 3	양력	1	2	3	4	5	6	7	8	9	10	11	12	13	14	15	16	17	18	19	20	21	22	23	24	25	26	27	28	29	30	31
	요일	토	일	월	화	수	목	금	토	일	월	화	수	목	금	토	일	월	화	수	목	금	토	일	월	화	수	목	금	토	일	월
	일진 日辰	壬寅	癸卯	甲辰	乙巳	丙午	丁未	戊申	己酉	庚戌	辛亥	壬子	癸丑	甲寅	乙卯	丙辰	丁巳	戊午	己未	庚申	辛酉	壬戌	癸亥	甲子	乙丑	丙寅	丁卯	戊辰	己巳	庚午	辛未	壬申
음력 01/22 ~ 02/23	음력	22	23	24	25	26	27	28	29	2/1	2	3	4	5	6	7	8	9	10	11	12	13	14	15	16	17	18	19	20	21	22	23
	대운 남	8	9	9	9	경	1	1	1	1	2	2	2	3	3	3	4	4	4	5	춘	5	6	6	6	7	7	7	8	8	8	9
	대운 여	1	1	1	1	칩	10	10	9	9	9	8	8	8	7	7	7	6	6	6	분	5	5	4	4	4	3	3	3	2	2	2

청명 5일 02시 56분 【음3월】 ➡ 【甲辰月(갑진월)】 ☯ 곡우 20일 10시 03분

양력 4	양력	1	2	3	4	5	6	7	8	9	10	11	12	13	14	15	16	17	18	19	20	21	22	23	24	25	26	27	28	29	30
	요일	화	수	목	금	토	일	월	화	수	목	금	토	일	월	화	수	목	금	토	일	월	화	수	목	금	토	일	월	화	수
	일진 日辰	癸酉	甲戌	乙亥	丙子	丁丑	戊寅	己卯	庚辰	辛巳	壬午	癸未	甲申	乙酉	丙戌	丁亥	戊子	己丑	庚寅	辛卯	壬辰	癸巳	甲午	乙未	丙申	丁酉	戊戌	己亥	庚子	辛丑	壬寅
음력 02/24 ~ 03/24	음력	24	25	26	27	28	29	3/1	2	3	4	5	6	7	8	9	10	11	12	13	14	15	16	17	18	19	20	21	22	23	24
	대운 남	9	9	10	10	청	1	1	1	1	2	2	2	3	3	3	4	4	4	5	곡	5	6	6	6	7	7	7	8	8	8
	대운 여	1	1	1	1	명	10	9	9	9	8	8	8	7	7	7	6	6	6	5	우	5	4	4	4	3	3	3	2	2	2

입하 5일 20시 19분 【음4월】 ➡ 【乙巳月(을사월)】 ☯ 소만 21일 09시 18분

양력 5	양력	1	2	3	4	5	6	7	8	9	10	11	12	13	14	15	16	17	18	19	20	21	22	23	24	25	26	27	28	29	30	31
	요일	목	금	토	일	월	화	수	목	금	토	일	월	화	수	목	금	토	일	월	화	수	목	금	토	일	월	화	수	목	금	토
	일진 日辰	癸卯	甲辰	乙巳	丙午	丁未	戊申	己酉	庚戌	辛亥	壬子	癸丑	甲寅	乙卯	丙辰	丁巳	戊午	己未	庚申	辛酉	壬戌	癸亥	甲子	乙丑	丙寅	丁卯	戊辰	己巳	庚午	辛未	壬申	癸酉
음력 03/25 ~ 04/25	음력	25	26	27	28	29	30	4/1	2	3	4	5	6	7	8	9	10	11	12	13	14	15	16	17	18	19	20	21	22	23	24	25
	대운 남	9	9	9	10	입	1	1	1	1	2	2	2	3	3	3	4	4	4	5	5	소	6	6	6	7	7	7	8	8	8	9
	대운 여	1	1	1	1	하	10	10	10	9	9	9	8	8	8	7	7	7	6	6	6	만	5	5	4	4	4	3	3	3	2	2

망종 6일 00시 33분 【음5월】 ➡ 【丙午月(병오월)】 ☯ 하지 21일 17시 20분

양력 6	양력	1	2	3	4	5	6	7	8	9	10	11	12	13	14	15	16	17	18	19	20	21	22	23	24	25	26	27	28	29	30
	요일	일	월	화	수	목	금	토	일	월	화	수	목	금	토	일	월	화	수	목	금	토	일	월	화	수	목	금	토	일	월
	일진 日辰	甲戌	乙亥	丙子	丁丑	戊寅	己卯	庚辰	辛巳	壬午	癸未	甲申	乙酉	丙戌	丁亥	戊子	己丑	庚寅	辛卯	壬辰	癸巳	甲午	乙未	丙申	丁酉	戊戌	己亥	庚子	辛丑	壬寅	癸卯
음력 04/26 ~ 05/26	음력	26	27	28	29	5/1	2	3	4	5	6	7	8	9	10	11	12	13	14	15	16	17	18	19	20	21	22	23	24	25	26
	대운 남	9	9	10	10	10	망	1	1	1	1	2	2	2	3	3	3	4	4	4	5	하	5	6	6	6	7	7	7	8	8
	대운 여	2	1	1	1	1	종	10	10	9	9	9	8	8	8	7	7	7	6	6	6	지	5	5	4	4	4	3	3	3	2

한식(4월05일), 초복(7월17일), 중복(7월27일), 말복(8월16일)☂춘사(春社)3/17
☀추사(秋社)9/23 토왕지절(土旺之節):4월17일,7월20일,10월20일,1월17일(음12/19)
臘享(납향):1998년1월24일(음12/26)

1997 丁丑年

소서 7일 10시 49분 【음6월】 ➡ 【丁未月(정미월)】 ☯ 대서 23일 04시 15분

양력 7	양력	1	2	3	4	5	6	7	8	9	10	11	12	13	14	15	16	17	18	19	20	21	22	23	24	25	26	27	28	29	30	31
	요일	화	수	목	금	토	일	월	화	수	목	금	토	일	월	화	수	목	금	토	일	월	화	수	목	금	토	일	월	화	수	목
	일진	甲	乙	丙	丁	戊	己	庚	辛	壬	癸	甲	乙	丙	丁	戊	己	庚	辛	壬	癸	甲	乙	丙	丁	戊	己	庚	辛	壬	癸	甲
음력 05/27 ~ 06/27	日辰	辰	巳	午	未	申	酉	戌	亥	子	丑	寅	卯	辰	巳	午	未	申	酉	戌	亥	子	丑	寅	卯	辰	巳	午	未	申	酉	戌
	음력	27	28	29	30	6/1	2	3	4	5	6	7	8	9	10	11	12	13	14	15	16	17	18	19	20	21	22	23	24	25	26	27
대운	남	8	9	9	9	10	10	소	1	1	1	1	2	2	2	3	3	3	4	4	4	5	5	대	6	6	6	7	7	7	8	8
	여	2	2	1	1	1	1	서	10	10	9	9	9	8	8	8	7	7	7	6	6	6	5	서	5	4	4	4	3	3	3	2

입추 7일 20시 36분 【음7월】 ➡ 【戊申月(무신월)】 ☯ 처서 23일 11시 19분

양력 8	양력	1	2	3	4	5	6	7	8	9	10	11	12	13	14	15	16	17	18	19	20	21	22	23	24	25	26	27	28	29	30	31
	요일	금	토	일	월	화	수	목	금	토	일	월	화	수	목	금	토	일	월	화	수	목	금	토	일	월	화	수	목	금	토	일
	일진	乙	丙	丁	戊	己	庚	辛	壬	癸	甲	乙	丙	丁	戊	己	庚	辛	壬	癸	甲	乙	丙	丁	戊	己	庚	辛	壬	癸	甲	乙
음력 06/28 ~ 07/29	日辰	亥	子	丑	寅	卯	辰	巳	午	未	申	酉	戌	亥	子	丑	寅	卯	辰	巳	午	未	申	酉	戌	亥	子	丑	寅	卯	辰	巳
	음력	28	29	7/1	2	3	4	5	6	7	8	9	10	11	12	13	14	15	16	17	18	19	20	21	22	23	24	25	26	27	28	29
대운	남	8	9	9	9	10	10	입	1	1	1	1	2	2	2	3	3	3	4	4	4	5	5	처	6	6	6	7	7	7	8	8
	여	2	2	1	1	1	1	추	10	10	9	9	9	8	8	8	7	7	7	6	6	6	5	서	5	4	4	4	3	3	3	2

백로 7일 23시 29분 【음8월】 ➡ 【己酉月(기유월)】 ☯ 추분 23일 08시 56분

양력 9	양력	1	2	3	4	5	6	7	8	9	10	11	12	13	14	15	16	17	18	19	20	21	22	23	24	25	26	27	28	29	30
	요일	월	화	수	목	금	토	일	월	화	수	목	금	토	일	월	화	수	목	금	토	일	월	화	수	목	금	토	일	월	화
	일진	丙	丁	戊	己	庚	辛	壬	癸	甲	乙	丙	丁	戊	己	庚	辛	壬	癸	甲	乙	丙	丁	戊	己	庚	辛	壬	癸	甲	乙
음력 07/30 ~ 08/29	日辰	午	未	申	酉	戌	亥	子	丑	寅	卯	辰	巳	午	未	申	酉	戌	亥	子	丑	寅	卯	辰	巳	午	未	申	酉	戌	亥
	음력	30	8/1	2	3	4	5	6	7	8	9	10	11	12	13	14	15	16	17	18	19	20	21	22	23	24	25	26	27	28	29
대운	남	8	9	9	9	10	10	백	1	1	1	1	2	2	2	3	3	3	4	4	4	5	5	추	6	6	6	7	7	7	8
	여	2	2	1	1	1	1	로	10	10	9	9	9	8	8	8	7	7	7	6	6	6	5	분	5	4	4	4	3	3	3

한로 8일 15시 05분 【음9월】 ➡ 【庚戌月(경술월)】 ☯ 상강 23일 18시 15분

양력 10	양력	1	2	3	4	5	6	7	8	9	10	11	12	13	14	15	16	17	18	19	20	21	22	23	24	25	26	27	28	29	30	31
	요일	수	목	금	토	일	월	화	수	목	금	토	일	월	화	수	목	금	토	일	월	화	수	목	금	토	일	월	화	수	목	금
	일진	丙	丁	戊	己	庚	辛	壬	癸	甲	乙	丙	丁	戊	己	庚	辛	壬	癸	甲	乙	丙	丁	戊	己	庚	辛	壬	癸	甲	乙	丙
음력 08/30 ~ 10/01	日辰	子	丑	寅	卯	辰	巳	午	未	申	酉	戌	亥	子	丑	寅	卯	辰	巳	午	未	申	酉	戌	亥	子	丑	寅	卯	辰	巳	午
	음력	30	9/1	2	3	4	5	6	7	8	9	10	11	12	13	14	15	16	17	18	19	20	21	22	23	24	25	26	27	28	29	10/1
대운	남	8	8	9	9	9	10	10	한	1	1	1	1	2	2	2	3	3	3	4	4	4	5	상	5	6	6	6	7	7	7	8
	여	2	2	2	1	1	1	1	로	10	9	9	9	8	8	8	7	7	7	6	6	6	5	강	5	4	4	4	3	3	3	2

입동 7일 18시 15분 【음10월】 ➡ 【辛亥月(신해월)】 ☯ 소설 22일 15시 48분

양력 11	양력	1	2	3	4	5	6	7	8	9	10	11	12	13	14	15	16	17	18	19	20	21	22	23	24	25	26	27	28	29	30
	요일	토	일	월	화	수	목	금	토	일	월	화	수	목	금	토	일	월	화	수	목	금	토	일	월	화	수	목	금	토	일
	일진	丁	戊	己	庚	辛	壬	癸	甲	乙	丙	丁	戊	己	庚	辛	壬	癸	甲	乙	丙	丁	戊	己	庚	辛	壬	癸	甲	乙	丙
음력 10/02 ~ 11/01	日辰	未	申	酉	戌	亥	子	丑	寅	卯	辰	巳	午	未	申	酉	戌	亥	子	丑	寅	卯	辰	巳	午	未	申	酉	戌	亥	子
	음력	2	3	4	5	6	7	8	9	10	11	12	13	14	15	16	17	18	19	20	21	22	23	24	25	26	27	28	29	30	11/1
대운	남	8	8	9	9	9	10	입	1	1	1	1	2	2	2	3	3	3	4	4	4	5	소	5	6	6	6	7	7	7	8
	여	2	2	1	1	1	1	동	10	9	9	9	8	8	8	7	7	7	6	6	6	5	설	5	4	4	4	3	3	3	2

대설 7일 11시 05분 【음11월】 ➡ 【壬子月(임자월)】 ☯ 동지 22일 05시 07분

양력 12	양력	1	2	3	4	5	6	7	8	9	10	11	12	13	14	15	16	17	18	19	20	21	22	23	24	25	26	27	28	29	30	31
	요일	월	화	수	목	금	토	일	월	화	수	목	금	토	일	월	화	수	목	금	토	일	월	화	수	목	금	토	일	월	화	수
	일진	丁	戊	己	庚	辛	壬	癸	甲	乙	丙	丁	戊	己	庚	辛	壬	癸	甲	乙	丙	丁	戊	己	庚	辛	壬	癸	甲	乙	丙	丁
음력 11/02 ~ 12/02	日辰	丑	寅	卯	辰	巳	午	未	申	酉	戌	亥	子	丑	寅	卯	辰	巳	午	未	申	酉	戌	亥	子	丑	寅	卯	辰	巳	午	未
	음력	2	3	4	5	6	7	8	9	10	11	12	13	14	15	16	17	18	19	20	21	22	23	24	25	26	27	28	29	30	12/1	2
대운	남	8	8	9	9	9	10	대	1	1	1	1	2	2	2	3	3	3	4	4	4	5	동	5	6	6	6	7	7	7	8	8
	여	2	2	1	1	1	1	설	9	9	9	8	8	8	7	7	7	6	6	6	5	5	지	4	4	4	3	3	3	2	2	2

단기 4331 年	**1998년**	下元 **戊寅年** 납음(城頭土), 본명성(二黑土)
불기 2542 年		대장군(子북방), 삼살(북방), 상문(辰동남방), 조객(子북방), 납음(성두土), 【삼재(신,유,술)년】 臘享(납향): 1999년1월19일(음12/02)

소한 5일 22시 18분 【음12월】 ➡ 【癸丑月(계축월)】 ☯ 대한 20일 15시 46분

양력 1	양력	1	2	3	4	5	6	7	8	9	10	11	12	13	14	15	16	17	18	19	20	21	22	23	24	25	26	27	28	29	30	31
	요일	목	금	토	일	월	화	수	목	금	토	일	월	화	수	목	금	토	일	월	화	수	목	금	토	일	월	화	수	목	금	토
	일진 日辰	戊申	己酉	庚戌	辛亥	壬子	癸丑	甲寅	乙卯	丙辰	丁巳	戊午	己未	庚申	辛酉	壬戌	癸亥	甲子	乙丑	丙寅	丁卯	戊辰	己巳	庚午	辛未	壬申	癸酉	甲戌	乙亥	丙子	丁丑	戊寅
음력 12/03 ~ 01/04	음력	3	4	5	6	7	8	9	10	11	12	13	14	15	16	17	18	19	20	21	22	23	24	25	26	27	28	29	1/1	2	3	4
대운	남	8	9	9	9	소	1	1	1	1	2	2	2	3	3	3	4	4	4	5	대	5	6	6	6	7	7	7	8	8	8	9
	여	1	1	1	1	한	10	9	9	9	8	8	8	7	7	7	6	6	6	5	한	5	4	4	4	3	3	3	2	2	2	1

입춘 4일 09시 57분 【음1월】 ➡ 【甲寅月(갑인월)】 ☯ 우수 19일 05시 55분

양력 2	양력	1	2	3	4	5	6	7	8	9	10	11	12	13	14	15	16	17	18	19	20	21	22	23	24	25	26	27	28	戊寅年
	요일	일	월	화	수	목	금	토	일	월	화	수	목	금	토	일	월	화	수	목	금	토	일	월	화	수	목	금	토	
	일진 日辰	己卯	庚辰	辛巳	壬午	癸未	甲申	乙酉	丙戌	丁亥	戊子	己丑	庚寅	辛卯	壬辰	癸巳	甲午	乙未	丙申	丁酉	戊戌	己亥	庚子	辛丑	壬寅	癸卯	甲辰	乙巳	丙午	
음력 01/05 ~ 02/02	음력	5	6	7	8	9	10	11	12	13	14	15	16	17	18	19	20	21	22	23	24	25	26	27	28	29	30	2/1	2	
대운	남	9	9	10	입	10	9	9	9	8	8	8	7	7	7	6	6	6	5	우	5	4	4	4	3	3	3	2	2	
	여	1	1	1	춘	1	1	1	1	2	2	2	3	3	3	4	4	4	5	수	5	6	6	6	7	7	7	8	8	

경칩 6일 03시 57분 【음2월】 ➡ 【乙卯月(을묘월)】 ☯ 춘분 21일 04시 55분

양력 3	양력	1	2	3	4	5	6	7	8	9	10	11	12	13	14	15	16	17	18	19	20	21	22	23	24	25	26	27	28	29	30	31
	요일	일	월	화	수	목	금	토	일	월	화	수	목	금	토	일	월	화	수	목	금	토	일	월	화	수	목	금	토	일	월	화
	일진 日辰	丁未	戊申	己酉	庚戌	辛亥	壬子	癸丑	甲寅	乙卯	丙辰	丁巳	戊午	己未	庚申	辛酉	壬戌	癸亥	甲子	乙丑	丙寅	丁卯	戊辰	己巳	庚午	辛未	壬申	癸酉	甲戌	乙亥	丙子	丁丑
음력 02/03 ~ 03/04	음력	3	4	5	6	7	8	9	10	11	12	13	14	15	16	17	18	19	20	21	22	23	24	25	26	27	28	29	3/1	2	3	4
대운	남	2	1	1	1	1	경	10	9	9	9	8	8	8	7	7	7	6	6	6	5	춘	5	4	4	4	3	3	3	2	2	2
	여	8	9	9	9	10	칩	1	1	1	1	2	2	2	3	3	3	4	4	4	5	분	5	6	6	6	7	7	7	8	8	8

청명 5일 08시 45분 【음3월】 ➡ 【丙辰月(병진월)】 ☯ 곡우 20일 15시 57분

양력 4	양력	1	2	3	4	5	6	7	8	9	10	11	12	13	14	15	16	17	18	19	20	21	22	23	24	25	26	27	28	29	30
	요일	수	목	금	토	일	월	화	수	목	금	토	일	월	화	수	목	금	토	일	월	화	수	목	금	토	일	월	화	수	목
	일진 日辰	戊寅	己卯	庚辰	辛巳	壬午	癸未	甲申	乙酉	丙戌	丁亥	戊子	己丑	庚寅	辛卯	壬辰	癸巳	甲午	乙未	丙申	丁酉	戊戌	己亥	庚子	辛丑	壬寅	癸卯	甲辰	乙巳	丙午	丁未
음력 03/05 ~ 04/05	음력	5	6	7	8	9	10	11	12	13	14	15	16	17	18	19	20	21	22	23	24	25	26	27	28	29	4/1	2	3	4	5
대운	남	1	1	1	1	청	10	10	9	9	9	8	8	8	7	7	7	6	6	6	곡	5	5	4	4	4	3	3	3	2	2
	여	9	9	9	10	명	1	1	1	1	2	2	2	3	3	3	4	4	4	5	우	5	6	6	6	7	7	7	8	8	8

입하 6일 02시 03분 【음4월】 ➡ 【丁巳月(정사월)】 ☯ 소만 21일 15시 05분

양력 5	양력	1	2	3	4	5	6	7	8	9	10	11	12	13	14	15	16	17	18	19	20	21	22	23	24	25	26	27	28	29	30	31
	요일	금	토	일	월	화	수	목	금	토	일	월	화	수	목	금	토	일	월	화	수	목	금	토	일	월	화	수	목	금	토	일
	일진 日辰	戊申	己酉	庚戌	辛亥	壬子	癸丑	甲寅	乙卯	丙辰	丁巳	戊午	己未	庚申	辛酉	壬戌	癸亥	甲子	乙丑	丙寅	丁卯	戊辰	己巳	庚午	辛未	壬申	癸酉	甲戌	乙亥	丙子	丁丑	戊寅
음력 04/06 ~ 05/06	음력	6	7	8	9	10	11	12	13	14	15	16	17	18	19	20	21	22	23	24	25	26	27	28	29	30	5/1	2	3	4	5	6
대운	남	2	1	1	1	1	입	10	10	9	9	9	8	8	8	7	7	7	6	6	6	소	5	5	4	4	4	3	3	3	2	2
	여	9	9	9	10	10	하	1	1	1	1	2	2	2	3	3	3	4	4	4	5	만	5	6	6	6	7	7	7	8	8	8

망종 6일 06시 13분 【음5월】 ➡ 【戊午月(무오월)】 ☯ 하지 21일 23시 03분

양력 6	양력	1	2	3	4	5	6	7	8	9	10	11	12	13	14	15	16	17	18	19	20	21	22	23	24	25	26	27	28	29	30
	요일	월	화	수	목	금	토	일	월	화	수	목	금	토	일	월	화	수	목	금	토	일	월	화	수	목	금	토	일	월	화
	일진 日辰	己卯	庚辰	辛巳	壬午	癸未	甲申	乙酉	丙戌	丁亥	戊子	己丑	庚寅	辛卯	壬辰	癸巳	甲午	乙未	丙申	丁酉	戊戌	己亥	庚子	辛丑	壬寅	癸卯	甲辰	乙巳	丙午	丁未	戊申
음력 05/07 ~ 윤507	음력	7	8	9	10	11	12	13	14	15	16	17	18	19	20	21	22	23	24	25	26	27	28	29	윤5	2	3	4	5	6	7
대운	남	2	1	1	1	1	망	10	10	9	9	9	8	8	8	7	7	7	6	6	6	하	5	5	4	4	4	3	3	3	2
	여	9	9	9	10	10	종	1	1	1	1	2	2	2	3	3	3	4	4	4	5	지	5	6	6	6	7	7	7	8	8

한식(4월06일), 초복(7월12일), 중복(7월22일), 말복(8월11일) ☂춘사(春社)3/22
☀추사(秋社)9/28 토왕지절(土旺之節):4월17일,7월20일,10월20일,1월17일(음11/30)
臘享(납향):1999년1월19일(음12/02)

1998 戊寅年

소서 7일 16시 30분 【음6월】 ➡

【己未月(기미월)】

☯ 대서 23일 09시 55분

	양력	1	2	3	4	5	6	7	8	9	10	11	12	13	14	15	16	17	18	19	20	21	22	23	24	25	26	27	28	29	30	31
양력 7	요일	수	목	금	토	일	월	화	수	목	금	토	일	월	화	수	목	금	토	일	월	화	수	목	금	토	일	월	화	수	목	금
	일진 日辰	己酉	庚戌	辛亥	壬子	癸丑	甲寅	乙卯	丙辰	丁巳	戊午	己未	庚申	辛酉	壬戌	癸亥	甲子	乙丑	丙寅	丁卯	戊辰	己巳	庚午	辛未	壬申	癸酉	甲戌	乙亥	丙子	丁丑	戊寅	己卯
음력 05/08 ~ 06/09	음력	8	9	10	11	12	13	14	15	16	17	18	19	20	21	22	23	24	25	26	27	28	29	6/1	2	3	4	5	6	7	8	9
대운	남	2	2	1	1	1	1	소	10	10	10	9	9	9	8	8	8	7	7	7	6	6	6	대	5	5	4	4	4	3	3	3
	여	8	9	9	9	10	10	서	1	1	1	1	2	2	2	3	3	3	4	4	4	5	5	서	6	6	6	7	7	7	8	8

입추 8일 02시 20분 【음7월】 ➡

【庚申月(경신월)】

☯ 처서 23일 16시 59분

	양력	1	2	3	4	5	6	7	8	9	10	11	12	13	14	15	16	17	18	19	20	21	22	23	24	25	26	27	28	29	30	31
양력 8	요일	토	일	월	화	수	목	금	토	일	월	화	수	목	금	토	일	월	화	수	목	금	토	일	월	화	수	목	금	토	일	월
	일진 日辰	庚辰	辛巳	壬午	癸未	甲申	乙酉	丙戌	丁亥	戊子	己丑	庚寅	辛卯	壬辰	癸巳	甲午	乙未	丙申	丁酉	戊戌	己亥	庚子	辛丑	壬寅	癸卯	甲辰	乙巳	丙午	丁未	戊申	己酉	庚戌
음력 06/10 ~ 07/10	음력	10	11	12	13	14	15	16	17	18	19	20	21	22	23	24	25	26	27	28	29	30	7/1	2	3	4	5	6	7	8	9	10
대운	남	2	2	2	1	1	1	1	입	10	10	9	9	9	8	8	8	7	7	7	6	6	6	처	5	5	4	4	4	3	3	3
	여	8	9	9	9	10	10	10	추	1	1	1	1	2	2	2	3	3	3	4	4	4	5	서	5	6	6	6	7	7	7	8

백로 8일 05시 16분 【음8월】 ➡

【辛酉月(신유월)】

☯ 추분 24일 14시 37분

	양력	1	2	3	4	5	6	7	8	9	10	11	12	13	14	15	16	17	18	19	20	21	22	23	24	25	26	27	28	29	30	
양력 9	요일	화	수	목	금	토	일	월	화	수	목	금	토	일	월	화	수	목	금	토	일	월	화	수	목	금	토	일	월	화	수	
	일진 日辰	辛亥	壬子	癸丑	甲寅	乙卯	丙辰	丁巳	戊午	己未	庚申	辛酉	壬戌	癸亥	甲子	乙丑	丙寅	丁卯	戊辰	己巳	庚午	辛未	壬申	癸酉	甲戌	乙亥	丙子	丁丑	戊寅	己卯	庚辰	
음력 07/11 ~ 08/10	음력	11	12	13	14	15	16	17	18	19	20	21	22	23	24	25	26	27	28	29	30	8/1	2	3	4	5	6	7	8	9	10	
대운	남	2	2	2	1	1	1	1	백	10	9	9	9	8	8	8	7	7	7	6	6	6	5	5	추	4	4	4	3	3	3	
	여	8	8	9	9	9	10	10	로	1	1	1	1	2	2	2	3	3	3	4	4	4	5	5	분	6	6	6	7	7	7	

한로 8일 20시 56분 【음9월】 ➡

【壬戌月(임술월)】

☯ 상강 23일 23시 59분

	양력	1	2	3	4	5	6	7	8	9	10	11	12	13	14	15	16	17	18	19	20	21	22	23	24	25	26	27	28	29	30	31
양력 10	요일	목	금	토	일	월	화	수	목	금	토	일	월	화	수	목	금	토	일	월	화	수	목	금	토	일	월	화	수	목	금	토
	일진 日辰	辛巳	壬午	癸未	甲申	乙酉	丙戌	丁亥	戊子	己丑	庚寅	辛卯	壬辰	癸巳	甲午	乙未	丙申	丁酉	戊戌	己亥	庚子	辛丑	壬寅	癸卯	甲辰	乙巳	丙午	丁未	戊申	己酉	庚戌	辛亥
음력 08/11 ~ 09/12	음력	11	12	13	14	15	16	17	18	19	20	21	22	23	24	25	26	27	28	29	9/1	2	3	4	5	6	7	8	9	10	11	12
대운	남	2	2	2	1	1	1	1	한	10	10	9	9	9	8	8	8	7	7	7	6	6	6	상	5	5	4	4	4	3	3	3
	여	8	8	8	9	9	9	10	로	1	1	1	1	2	2	2	3	3	3	4	4	4	5	강	5	6	6	6	7	7	7	8

입동 8일 00시 08분 【음10월】 ➡

【癸亥月(계해월)】

☯ 소설 22일 21시 34분

	양력	1	2	3	4	5	6	7	8	9	10	11	12	13	14	15	16	17	18	19	20	21	22	23	24	25	26	27	28	29	30	
양력 11	요일	일	월	화	수	목	금	토	일	월	화	수	목	금	토	일	월	화	수	목	금	토	일	월	화	수	목	금	토	일	월	
	일진 日辰	壬子	癸丑	甲寅	乙卯	丙辰	丁巳	戊午	己未	庚申	辛酉	壬戌	癸亥	甲子	乙丑	丙寅	丁卯	戊辰	己巳	庚午	辛未	壬申	癸酉	甲戌	乙亥	丙子	丁丑	戊寅	己卯	庚辰	辛巳	
음력 09/13 ~ 10/12	음력	13	14	15	16	17	18	19	20	21	22	23	24	25	26	27	28	29	30	10/1	2	3	4	5	6	7	8	9	10	11	12	
대운	남	2	2	2	1	1	1	1	입	9	9	9	8	8	8	7	7	7	6	6	6	5	소	5	4	4	4	3	3	3	2	
	여	8	8	9	9	9	10	10	동	1	1	1	1	2	2	2	3	3	3	4	4	4	설	5	5	6	6	6	7	7	7	

대설 7일 17시 02분 【음11월】 ➡

【甲子月(갑자월)】

☯ 동지 22일 10시 56분

	양력	1	2	3	4	5	6	7	8	9	10	11	12	13	14	15	16	17	18	19	20	21	22	23	24	25	26	27	28	29	30	31
양력 12	요일	화	수	목	금	토	일	월	화	수	목	금	토	일	월	화	수	목	금	토	일	월	화	수	목	금	토	일	월	화	수	목
	일진 日辰	壬午	癸未	甲申	乙酉	丙戌	丁亥	戊子	己丑	庚寅	辛卯	壬辰	癸巳	甲午	乙未	丙申	丁酉	戊戌	己亥	庚子	辛丑	壬寅	癸卯	甲辰	乙巳	丙午	丁未	戊申	己酉	庚戌	辛亥	壬子
음력 10/13 ~ 11/13	음력	13	14	15	16	17	18	19	20	21	22	23	24	25	26	27	28	29	30	11/1	2	3	4	5	6	7	8	9	10	11	12	13
대운	남	2	2	1	1	1	1	대	10	9	9	9	8	8	8	7	7	7	6	6	6	5	동	5	4	4	4	3	3	3	2	2
	여	8	8	8	9	9	9	설	1	1	1	1	2	2	2	3	3	3	4	4	4	5	지	5	6	6	6	7	7	7	8	8

단기 4332 年 불기 2543 年

1999년

下元 己卯年 납음(城頭土), 본명성(一白水)

대장군(북방), 삼살(서방), 상문(동남방), 조객(동북방), 납음(성두토),
【삼재(사,오,미)년】 臘享(납향):2000년1월26일(음12/20)

소한 6일 04시 17분 【음12월】 ➡ **【乙丑月(을축월)】** ☯ 대한 20일 21시 37분

양력 1 (음력 11/14 ~ 12/14)	1	2	3	4	5	6	7	8	9	10	11	12	13	14	15	16	17	18	19	20	21	22	23	24	25	26	27	28	29	30	31
요일	금	토	일	월	화	수	목	금	토	일	월	화	수	목	금	토	일	월	화	수	목	금	토	일	월	화	수	목	금	토	일
일진 日辰	癸丑	甲寅	乙卯	丙辰	丁巳	戊午	己未	庚申	辛酉	壬戌	癸亥	甲子	乙丑	丙寅	丁卯	戊辰	己巳	庚午	辛未	壬申	癸酉	甲戌	乙亥	丙子	丁丑	戊寅	己卯	庚辰	辛巳	壬午	癸未
음력	14	15	16	17	18	19	20	21	22	23	24	25	26	27	28	29	30	12/1	2	3	4	5	6	7	8	9	10	11	12	13	14
대운 남	2	1	1	1	1	소	9	9	9	8	8	8	7	7	7	6	6	6	5	대	5	4	4	4	3	3	3	2	2	2	1
대운 여	8	9	9	9	10	한	1	1	1	1	2	2	2	3	3	3	4	4	4	한	5	5	6	6	6	7	7	7	8	8	8

입춘 4일 15시 57분 【음1월】 ➡ **【丙寅月(병인월)】** ☯ 우수 19일 11시 47분

양력 2 (음력 12/15 ~ 01/13)	1	2	3	4	5	6	7	8	9	10	11	12	13	14	15	16	17	18	19	20	21	22	23	24	25	26	27	28
요일	월	화	수	목	금	토	일	월	화	수	목	금	토	일	월	화	수	목	금	토	일	월	화	수	목	금	토	일
일진 日辰	甲申	乙酉	丙戌	丁亥	戊子	己丑	庚寅	辛卯	壬辰	癸巳	甲午	乙未	丙申	丁酉	戊戌	己亥	庚子	辛丑	壬寅	癸卯	甲辰	乙巳	丙午	丁未	戊申	己酉	庚戌	辛亥
음력	15	16	17	18	19	20	21	22	23	24	25	26	27	28	29	1/1	2	3	4	5	6	7	8	9	10	11	12	13
대운 남	1	1	1	입	1	1	1	1	2	2	2	3	3	3	4	4	4	5	우	5	6	6	6	7	7	7	8	8
대운 여	9	9	9	춘	10	9	9	9	8	8	8	7	7	7	6	6	6	5	수	5	4	4	4	3	3	3	2	2

己 卯 年

경칩 6일 09시 58분 【음2월】 ➡ **【丁卯月(정묘월)】** ☯ 춘분 21일 10시 46분

양력 3 (음력 01/14 ~ 02/14)	1	2	3	4	5	6	7	8	9	10	11	12	13	14	15	16	17	18	19	20	21	22	23	24	25	26	27	28	29	30	31
요일	월	화	수	목	금	토	일	월	화	수	목	금	토	일	월	화	수	목	금	토	일	월	화	수	목	금	토	일	월	화	수
일진 日辰	壬子	癸丑	甲寅	乙卯	丙辰	丁巳	戊午	己未	庚申	辛酉	壬戌	癸亥	甲子	乙丑	丙寅	丁卯	戊辰	己巳	庚午	辛未	壬申	癸酉	甲戌	乙亥	丙子	丁丑	戊寅	己卯	庚辰	辛巳	壬午
음력	14	15	16	17	18	19	20	21	22	23	24	25	26	27	28	29	30	2/1	2	3	4	5	6	7	8	9	10	11	12	13	14
대운 남	8	9	9	9	10	경	1	1	1	1	2	2	2	3	3	3	4	4	4	5	춘	5	6	6	6	7	7	7	8	8	8
대운 여	2	1	1	1	1	칩	10	9	9	9	8	8	8	7	7	7	6	6	6	5	분	5	4	4	4	3	3	3	2	2	2

청명 5일 14시 45분 【음3월】 ➡ **【戊辰月(무진월)】** ☯ 곡우 20일 21시 46분

양력 4 (음력 02/15 ~ 03/15)	1	2	3	4	5	6	7	8	9	10	11	12	13	14	15	16	17	18	19	20	21	22	23	24	25	26	27	28	29	30
요일	목	금	토	일	월	화	수	목	금	토	일	월	화	수	목	금	토	일	월	화	수	목	금	토	일	월	화	수	목	금
일진 日辰	癸未	甲申	乙酉	丙戌	丁亥	戊子	己丑	庚寅	辛卯	壬辰	癸巳	甲午	乙未	丙申	丁酉	戊戌	己亥	庚子	辛丑	壬寅	癸卯	甲辰	乙巳	丙午	丁未	戊申	己酉	庚戌	辛亥	壬子
음력	15	16	17	18	19	20	21	22	23	24	25	26	27	28	29	3/1	2	3	4	5	6	7	8	9	10	11	12	13	14	15
대운 남	9	9	9	10	청	1	1	1	1	2	2	2	3	3	3	4	4	4	5	곡	5	6	6	6	7	7	7	8	8	8
대운 여	1	1	1	1	명	10	10	9	9	9	8	8	8	7	7	7	6	6	6	우	5	5	4	4	4	3	3	3	2	2

입하 6일 08시 01분 【음4월】 ➡ **【己巳月(기사월)】** ☯ 소만 21일 20시 52분

양력 5 (음력 03/16 ~ 04/17)	1	2	3	4	5	6	7	8	9	10	11	12	13	14	15	16	17	18	19	20	21	22	23	24	25	26	27	28	29	30	31
요일	토	일	월	화	수	목	금	토	일	월	화	수	목	금	토	일	월	화	수	목	금	토	일	월	화	수	목	금	토	일	월
일진 日辰	癸丑	甲寅	乙卯	丙辰	丁巳	戊午	己未	庚申	辛酉	壬戌	癸亥	甲子	乙丑	丙寅	丁卯	戊辰	己巳	庚午	辛未	壬申	癸酉	甲戌	乙亥	丙子	丁丑	戊寅	己卯	庚辰	辛巳	壬午	癸未
음력	16	17	18	19	20	21	22	23	24	25	26	27	28	29	4/1	2	3	4	5	6	7	8	9	10	11	12	13	14	15	16	17
대운 남	9	9	9	10	10	입	1	1	1	1	2	2	2	3	3	3	4	4	4	5	소	5	6	6	6	7	7	7	8	8	8
대운 여	2	1	1	1	1	하	10	10	9	9	9	8	8	8	7	7	7	6	6	6	만	5	5	4	4	4	3	3	3	2	2

망종 6일 12시 09분 【음5월】 ➡ **【庚午月(경오월)】** ☯ 하지 22일 04시 49분

양력 6 (음력 04/18 ~ 05/17)	1	2	3	4	5	6	7	8	9	10	11	12	13	14	15	16	17	18	19	20	21	22	23	24	25	26	27	28	29	30
요일	화	수	목	금	토	일	월	화	수	목	금	토	일	월	화	수	목	금	토	일	월	화	수	목	금	토	일	월	화	수
일진 日辰	甲申	乙酉	丙戌	丁亥	戊子	己丑	庚寅	辛卯	壬辰	癸巳	甲午	乙未	丙申	丁酉	戊戌	己亥	庚子	辛丑	壬寅	癸卯	甲辰	乙巳	丙午	丁未	戊申	己酉	庚戌	辛亥	壬子	癸丑
음력	18	19	20	21	22	23	24	25	26	27	28	29	30	5/1	2	3	4	5	6	7	8	9	10	11	12	13	14	15	16	17
대운 남	9	9	9	10	10	망	1	1	1	1	2	2	2	3	3	3	4	4	4	5	5	하	6	6	6	7	7	7	8	8
대운 여	2	1	1	1	1	종	10	10	9	9	9	8	8	8	7	7	7	6	6	6	5	지	5	4	4	4	3	3	3	2

한식(4월06일), 초복(7월17일), 중복(7월27일), 말복(8월16일) ☂춘사(春社)3/17
☀추사(秋社)9/23 토왕지절(土旺之節):4월17일,7월20일,10월21일,1월18일(음12/12)
臘享(납향):2000년1월26일(음12/20)

1999 己卯年

소서 7일 22시 25분 【음6월】 ➡ **【辛未月(신미월)】** ☯ 대서 23일 15시 44분

양력 7	1	2	3	4	5	6	7	8	9	10	11	12	13	14	15	16	17	18	19	20	21	22	23	24	25	26	27	28	29	30	31
요일	목	금	토	일	월	화	수	목	금	토	일	월	화	수	목	금	토	일	월	화	수	목	금	토	일	월	화	수	목	금	토
일진 日辰	甲寅	乙卯	丙辰	丁巳	戊午	己未	庚申	辛酉	壬戌	癸亥	甲子	乙丑	丙寅	丁卯	戊辰	己巳	庚午	辛未	壬申	癸酉	甲戌	乙亥	丙子	丁丑	戊寅	己卯	庚辰	辛巳	壬午	癸未	甲申
음력 05/18 ~ 06/19	18	19	20	21	22	23	24	25	26	27	28	29	6/1	2	3	4	5	6	7	8	9	10	11	12	13	14	15	16	17	18	19
대운 남	8	9	9	9	10	10	소	1	1	1	1	2	2	2	3	3	3	4	4	4	5	5	대	6	6	6	7	7	7	8	8
대운 여	2	2	1	1	1	1	서	10	10	10	9	9	9	8	8	8	7	7	7	6	6	6	서	5	5	4	4	4	3	3	3

입추 8일 08시 14분 【음7월】 ➡ **【壬申月(임신월)】** ☯ 처서 23일 22시 51분

양력 8	1	2	3	4	5	6	7	8	9	10	11	12	13	14	15	16	17	18	19	20	21	22	23	24	25	26	27	28	29	30	31
요일	일	월	화	수	목	금	토	일	월	화	수	목	금	토	일	월	화	수	목	금	토	일	월	화	수	목	금	토	일	월	화
일진 日辰	乙酉	丙戌	丁亥	戊子	己丑	庚寅	辛卯	壬辰	癸巳	甲午	乙未	丙申	丁酉	戊戌	己亥	庚子	辛丑	壬寅	癸卯	甲辰	乙巳	丙午	丁未	戊申	己酉	庚戌	辛亥	壬子	癸丑	甲寅	乙卯
음력 06/20 ~ 07/21	20	21	22	23	24	25	26	27	28	29	7/1	2	3	4	5	6	7	8	9	10	11	12	13	14	15	16	17	18	19	20	21
대운 남	8	9	9	9	10	10	10	입	1	1	1	1	2	2	2	3	3	3	4	4	4	5	처	5	6	6	6	7	7	7	8
대운 여	2	2	2	1	1	1	1	추	10	10	9	9	9	8	8	8	7	7	7	6	6	6	서	5	5	4	4	4	3	3	3

백로 8일 11시 10분 【음8월】 ➡ **【癸酉月(계유월)】** ☯ 추분 23일 20시 32분

양력 9	1	2	3	4	5	6	7	8	9	10	11	12	13	14	15	16	17	18	19	20	21	22	23	24	25	26	27	28	29	30
요일	수	목	금	토	일	월	화	수	목	금	토	일	월	화	수	목	금	토	일	월	화	수	목	금	토	일	월	화	수	목
일진 日辰	丙辰	丁巳	戊午	己未	庚申	辛酉	壬戌	癸亥	甲子	乙丑	丙寅	丁卯	戊辰	己巳	庚午	辛未	壬申	癸酉	甲戌	乙亥	丙子	丁丑	戊寅	己卯	庚辰	辛巳	壬午	癸未	甲申	乙酉
음력 07/22 ~ 08/21	22	23	24	25	26	27	28	29	30	8/1	2	3	4	5	6	7	8	9	10	11	12	13	14	15	16	17	18	19	20	21
대운 남	8	8	9	9	9	10	10	백	1	1	1	1	2	2	2	3	3	3	4	4	4	5	추	5	6	6	6	7	7	7
대운 여	2	2	2	1	1	1	1	로	10	10	9	9	9	8	8	8	7	7	7	6	6	6	분	5	5	4	4	4	3	3

한로 9일 02시 48분 【음9월】 ➡ **【甲戌月(갑술월)】** ☯ 상강 24일 05시 52분

양력 10	1	2	3	4	5	6	7	8	9	10	11	12	13	14	15	16	17	18	19	20	21	22	23	24	25	26	27	28	29	30	31
요일	금	토	일	월	화	수	목	금	토	일	월	화	수	목	금	토	일	월	화	수	목	금	토	일	월	화	수	목	금	토	일
일진 日辰	丙戌	丁亥	戊子	己丑	庚寅	辛卯	壬辰	癸巳	甲午	乙未	丙申	丁酉	戊戌	己亥	庚子	辛丑	壬寅	癸卯	甲辰	乙巳	丙午	丁未	戊申	己酉	庚戌	辛亥	壬子	癸丑	甲寅	乙卯	丙辰
음력 08/22 ~ 09/23	22	23	24	25	26	27	28	29	9/1	2	3	4	5	6	7	8	9	10	11	12	13	14	15	16	17	18	19	20	21	22	23
대운 남	8	8	8	9	9	9	10	10	한	1	1	1	1	2	2	2	3	3	3	4	4	4	5	상	5	6	6	6	7	7	7
대운 여	3	2	2	2	1	1	1	1	로	10	9	9	9	8	8	8	7	7	7	6	6	6	5	강	5	4	4	4	3	3	3

입동 8일 05시 58분 【음10월】 ➡ **【乙亥月(을해월)】** ☯ 소설 23일 03시 25분

양력 11	1	2	3	4	5	6	7	8	9	10	11	12	13	14	15	16	17	18	19	20	21	22	23	24	25	26	27	28	29	30
요일	월	화	수	목	금	토	일	월	화	수	목	금	토	일	월	화	수	목	금	토	일	월	화	수	목	금	토	일	월	화
일진 日辰	丁巳	戊午	己未	庚申	辛酉	壬戌	癸亥	甲子	乙丑	丙寅	丁卯	戊辰	己巳	庚午	辛未	壬申	癸酉	甲戌	乙亥	丙子	丁丑	戊寅	己卯	庚辰	辛巳	壬午	癸未	甲申	乙酉	丙戌
음력 09/24 ~ 10/23	24	25	26	27	28	29	30	10/1	2	3	4	5	6	7	8	9	10	11	12	13	14	15	16	17	18	19	20	21	22	23
대운 남	8	8	8	9	9	9	10	입	1	1	1	1	2	2	2	3	3	3	4	4	4	5	소	5	6	6	6	7	7	7
대운 여	2	2	2	1	1	1	1	동	9	9	9	8	8	8	7	7	7	6	6	6	5	5	설	4	4	4	3	3	3	2

대설 7일 22시 47분 【음11월】 ➡ **【丙子月(병자월)】** ☯ 동지 22일 16시 44분

양력 12	1	2	3	4	5	6	7	8	9	10	11	12	13	14	15	16	17	18	19	20	21	22	23	24	25	26	27	28	29	30	31
요일	수	목	금	토	일	월	화	수	목	금	토	일	월	화	수	목	금	토	일	월	화	수	목	금	토	일	월	화	수	목	금
일진 日辰	丁亥	戊子	己丑	庚寅	辛卯	壬辰	癸巳	甲午	乙未	丙申	丁酉	戊戌	己亥	庚子	辛丑	壬寅	癸卯	甲辰	乙巳	丙午	丁未	戊申	己酉	庚戌	辛亥	壬子	癸丑	甲寅	乙卯	丙辰	丁巳
음력 10/24 ~ 11/24	24	25	26	27	28	29	30	11/1	2	3	4	5	6	7	8	9	10	11	12	13	14	15	16	17	18	19	20	21	22	23	24
대운 남	8	8	8	9	9	9	대	1	1	1	1	2	2	2	3	3	3	4	4	4	5	동	5	6	6	6	7	7	7	8	8
대운 여	2	2	1	1	1	1	설	10	9	9	9	8	8	8	7	7	7	6	6	6	5	지	5	4	4	4	3	3	3	2	2

단기 4333 年 / 불기 2544 年

2000년

下元 庚辰年 납음(白臘金), 본명성(九紫火)

대장군(子북방), 삼살(남방), 상문(午남방), 조객(寅동북방), 납음(백납금), 삼재(인,묘,진) 臘享(납향):2001년1월20일(음12/26)

소한 6일 10시 00분 【음12월】➡ **【丁丑月(정축월)】** ☯ 대한 21일 03시 22분

양력 1	1	2	3	4	5	6	7	8	9	10	11	12	13	14	15	16	17	18	19	20	21	22	23	24	25	26	27	28	29	30	31
요일	토	일	월	화	수	목	금	토	일	월	화	수	목	금	토	일	월	화	수	목	금	토	일	월	화	수	목	금	토	일	월
일진 日辰	戊午	己未	庚申	辛酉	壬戌	癸亥	甲子	乙丑	丙寅	丁卯	戊辰	己巳	庚午	辛未	壬申	癸酉	甲戌	乙亥	丙子	丁丑	戊寅	己卯	庚辰	辛巳	壬午	癸未	甲申	乙酉	丙戌	丁亥	戊子
음력 (11/25~12/25)	25	26	27	28	29	30	12/1	2	3	4	5	6	7	8	9	10	11	12	13	14	15	16	17	18	19	20	21	22	23	24	25
대운 남	8	9	9	9	10	소	1	1	1	1	2	2	2	3	3	3	4	4	4	5	대	5	6	6	6	7	7	7	8	8	8
대운 여	2	1	1	1	1	한	9	9	9	8	8	8	7	7	7	6	6	6	5	5	한	4	4	4	3	3	3	2	2	2	1

입춘 4일 21시 40분 【음1월】➡ **【戊寅月(무인월)】** ☯ 우수 19일 17시 33분

양력 2	1	2	3	4	5	6	7	8	9	10	11	12	13	14	15	16	17	18	19	20	21	22	23	24	25	26	27	28	29
요일	화	수	목	금	토	일	월	화	수	목	금	토	일	월	화	수	목	금	토	일	월	화	수	목	금	토	일	월	화
일진 日辰	己丑	庚寅	辛卯	壬辰	癸巳	甲午	乙未	丙申	丁酉	戊戌	己亥	庚子	辛丑	壬寅	癸卯	甲辰	乙巳	丙午	丁未	戊申	己酉	庚戌	辛亥	壬子	癸丑	甲寅	乙卯	丙辰	丁巳
음력 (12/26~01/25)	26	27	28	29	1/1	2	3	4	5	6	7	8	9	10	11	12	13	14	15	16	17	18	19	20	21	22	23	24	25
대운 남	9	9	9	입	10	9	9	9	8	8	8	7	7	7	6	6	6	5	우	5	4	4	4	3	3	3	2	2	2
대운 여	1	1	1	춘	1	1	1	1	2	2	2	3	3	3	4	4	4	5	수	5	6	6	6	7	7	7	8	8	8

庚辰年

경칩 5일 15시 42분 【음2월】➡ **【己卯月(기묘월)】** ☯ 춘분 20일 16시 35분

양력 3	1	2	3	4	5	6	7	8	9	10	11	12	13	14	15	16	17	18	19	20	21	22	23	24	25	26	27	28	29	30	31
요일	수	목	금	토	일	월	화	수	목	금	토	일	월	화	수	목	금	토	일	월	화	수	목	금	토	일	월	화	수	목	금
일진 日辰	戊午	己未	庚申	辛酉	壬戌	癸亥	甲子	乙丑	丙寅	丁卯	戊辰	己巳	庚午	辛未	壬申	癸酉	甲戌	乙亥	丙子	丁丑	戊寅	己卯	庚辰	辛巳	壬午	癸未	甲申	乙酉	丙戌	丁亥	戊子
음력 (01/26~02/26)	26	27	28	29	30	2/1	2	3	4	5	6	7	8	9	10	11	12	13	14	15	16	17	18	19	20	21	22	23	24	25	26
대운 남	1	1	1	1	경	10	9	9	9	8	8	8	7	7	7	6	6	6	5	춘	5	4	4	4	3	3	3	2	2	2	1
대운 여	9	9	9	10	칩	1	1	1	1	2	2	2	3	3	3	4	4	4	5	분	5	6	6	6	7	7	7	8	8	8	9

청명 4일 20시 31분 【음3월】➡ **【庚辰月(경진월)】** ☯ 곡우 20일 03시 39분

양력 4	1	2	3	4	5	6	7	8	9	10	11	12	13	14	15	16	17	18	19	20	21	22	23	24	25	26	27	28	29	30
요일	토	일	월	화	수	목	금	토	일	월	화	수	목	금	토	일	월	화	수	목	금	토	일	월	화	수	목	금	토	일
일진 日辰	己丑	庚寅	辛卯	壬辰	癸巳	甲午	乙未	丙申	丁酉	戊戌	己亥	庚子	辛丑	壬寅	癸卯	甲辰	乙巳	丙午	丁未	戊申	己酉	庚戌	辛亥	壬子	癸丑	甲寅	乙卯	丙辰	丁巳	戊午
음력 (02/27~03/26)	27	28	29	30	3/1	2	3	4	5	6	7	8	9	10	11	12	13	14	15	16	17	18	19	20	21	22	23	24	25	26
대운 남	1	1	1	청	10	10	9	9	9	8	8	8	7	7	7	6	6	6	5	곡	5	4	4	4	3	3	3	2	2	2
대운 여	9	9	10	명	1	1	1	1	2	2	2	3	3	3	4	4	4	5	5	우	6	6	6	7	7	7	8	8	8	9

입하 5일 13시 50분 【음4월】➡ **【辛巳月(신사월)】** ☯ 소만 21일 02시 49분

양력 5	1	2	3	4	5	6	7	8	9	10	11	12	13	14	15	16	17	18	19	20	21	22	23	24	25	26	27	28	29	30	31
요일	월	화	수	목	금	토	일	월	화	수	목	금	토	일	월	화	수	목	금	토	일	월	화	수	목	금	토	일	월	화	수
일진 日辰	己未	庚申	辛酉	壬戌	癸亥	甲子	乙丑	丙寅	丁卯	戊辰	己巳	庚午	辛未	壬申	癸酉	甲戌	乙亥	丙子	丁丑	戊寅	己卯	庚辰	辛巳	壬午	癸未	甲申	乙酉	丙戌	丁亥	戊子	己丑
음력 (03/27~04/28)	27	28	29	4/1	2	3	4	5	6	7	8	9	10	11	12	13	14	15	16	17	18	19	20	21	22	23	24	25	26	27	28
대운 남	1	1	1	1	입	10	10	9	9	9	8	8	8	7	7	7	6	6	6	5	소	5	4	4	4	3	3	3	2	2	2
대운 여	9	9	10	10	하	1	1	1	1	2	2	2	3	3	3	4	4	4	5	5	만	6	6	6	7	7	7	8	8	8	9

망종 5일 17시 58분 【음5월】➡ **【壬午月(임오월)】** ☯ 하지 21일 10시 47분

양력 6	1	2	3	4	5	6	7	8	9	10	11	12	13	14	15	16	17	18	19	20	21	22	23	24	25	26	27	28	29	30
요일	목	금	토	일	월	화	수	목	금	토	일	월	화	수	목	금	토	일	월	화	수	목	금	토	일	월	화	수	목	금
일진 日辰	庚寅	辛卯	壬辰	癸巳	甲午	乙未	丙申	丁酉	戊戌	己亥	庚子	辛丑	壬寅	癸卯	甲辰	乙巳	丙午	丁未	戊申	己酉	庚戌	辛亥	壬子	癸丑	甲寅	乙卯	丙辰	丁巳	戊午	己未
음력 (04/29~05/29)	29	5/1	2	3	4	5	6	7	8	9	10	11	12	13	14	15	16	17	18	19	20	21	22	23	24	25	26	27	28	29
대운 남	1	1	1	1	망	10	10	10	9	9	9	8	8	8	7	7	7	6	6	6	하	5	5	4	4	4	3	3	3	2
대운 여	9	9	10	10	종	1	1	1	1	2	2	2	3	3	3	4	4	4	5	5	지	6	6	6	7	7	7	8	8	8

한식(4월05일), 초복(7월11일), 중복(7월21일), 말복(8월10일)☂춘사(春社)3/21
☀추사(秋社)9/27 토왕지절(土旺之節):4월17일,7월19일,10월20일,1월17일(음12/23)
臘享(납향):2001년1월20일(음12/26)

2000 庚辰年

소서 7일 04시 13분 【음6월】 ➡ 【癸未月(계미월)】 ☯ 대서 22일 21시 42분

양력 7	양력	1	2	3	4	5	6	7	8	9	10	11	12	13	14	15	16	17	18	19	20	21	22	23	24	25	26	27	28	29	30	31
	요일	토	일	월	화	수	목	금	토	일	월	화	수	목	금	토	일	월	화	수	목	금	토	일	월	화	수	목	금	토	일	월
	일진 日辰	庚申	辛酉	壬戌	癸亥	甲子	乙丑	丙寅	丁卯	戊辰	己巳	庚午	辛未	壬申	癸酉	甲戌	乙亥	丙子	丁丑	戊寅	己卯	庚辰	辛巳	壬午	癸未	甲申	乙酉	丙戌	丁亥	戊子	己丑	庚寅
음력 05/30 ~ 07/01	음력	30	6/1	2	3	4	5	6	7	8	9	10	11	12	13	14	15	16	17	18	19	20	21	22	23	24	25	26	27	28	29	7/1
대운	남	2	2	1	1	1	1	소	10	10	9	9	9	8	8	8	7	7	7	6	6	6	대	5	5	4	4	4	3	3	3	2
	여	9	9	9	10	10	10	서	1	1	1	1	2	2	2	3	3	3	4	4	4	5	서	5	6	6	6	7	7	7	8	8

입추 7일 14시 02분 【음7월】 ➡ 【甲申月(갑신월)】 ☯ 처서 23일 04시 48분

양력 8	양력	1	2	3	4	5	6	7	8	9	10	11	12	13	14	15	16	17	18	19	20	21	22	23	24	25	26	27	28	29	30	31
	요일	화	수	목	금	토	일	월	화	수	목	금	토	일	월	화	수	목	금	토	일	월	화	수	목	금	토	일	월	화	수	목
	일진 日辰	辛卯	壬辰	癸巳	甲午	乙未	丙申	丁酉	戊戌	己亥	庚子	辛丑	壬寅	癸卯	甲辰	乙巳	丙午	丁未	戊申	己酉	庚戌	辛亥	壬子	癸丑	甲寅	乙卯	丙辰	丁巳	戊午	己未	庚申	辛酉
음력 07/02 ~ 05/03	음력	2	3	4	5	6	7	8	9	10	11	12	13	14	15	16	17	18	19	20	21	22	23	24	25	26	27	28	30	8/1	2	3
대운	남	2	2	1	1	1	1	입	10	10	9	9	9	8	8	8	7	7	7	6	6	6	5	처	5	4	4	4	3	3	3	2
	여	8	9	9	9	10	10	추	1	1	1	1	2	2	2	3	3	3	4	4	4	5	5	서	6	6	6	7	7	7	8	8

백로 7일 16시 59분 【음8월】 ➡ 【乙酉月(을유월)】 ☯ 추분 23일 02시 27분

양력 9	양력	1	2	3	4	5	6	7	8	9	10	11	12	13	14	15	16	17	18	19	20	21	22	23	24	25	26	27	28	29	30
	요일	금	토	일	월	화	수	목	금	토	일	월	화	수	목	금	토	일	월	화	수	목	금	토	일	월	화	수	목	금	토
	일진 日辰	壬戌	癸亥	甲子	乙丑	丙寅	丁卯	戊辰	己巳	庚午	辛未	壬申	癸酉	甲戌	乙亥	丙子	丁丑	戊寅	己卯	庚辰	辛巳	壬午	癸未	甲申	乙酉	丙戌	丁亥	戊子	己丑	庚寅	辛卯
음력 08/04 ~ 09/03	음력	4	5	6	7	8	9	10	11	12	13	14	15	16	17	18	19	20	21	22	23	24	25	26	27	28	29	30	9/1	2	3
대운	남	2	2	1	1	1	1	백	10	10	9	9	9	8	8	8	7	7	7	6	6	6	5	추	5	4	4	4	3	3	3
	여	8	9	9	9	10	10	로	1	1	1	1	2	2	2	3	3	3	4	4	4	5	5	분	6	6	6	7	7	7	8

한로 8일 08시 38분 【음9월】 ➡ 【丙戌月(병술월)】 ☯ 상강 23일 11시 47분

양력 10	양력	1	2	3	4	5	6	7	8	9	10	11	12	13	14	15	16	17	18	19	20	21	22	23	24	25	26	27	28	29	30	31
	요일	일	월	화	수	목	금	토	일	월	화	수	목	금	토	일	월	화	수	목	금	토	일	월	화	수	목	금	토	일	월	화
	일진 日辰	壬辰	癸巳	甲午	乙未	丙申	丁酉	戊戌	己亥	庚子	辛丑	壬寅	癸卯	甲辰	乙巳	丙午	丁未	戊申	己酉	庚戌	辛亥	壬子	癸丑	甲寅	乙卯	丙辰	丁巳	戊午	己未	庚申	辛酉	壬戌
음력 09/04 ~ 10/05	음력	4	5	6	7	8	9	10	11	12	13	14	15	16	17	18	19	20	21	22	23	24	25	26	27	28	29	10/1	2	3	4	5
대운	남	2	2	2	1	1	1	1	한	10	9	9	9	8	8	8	7	7	7	6	6	6	5	상	5	4	4	4	3	3	3	2
	여	8	8	9	9	9	10	10	로	1	1	1	1	2	2	2	3	3	3	4	4	4	5	강	5	6	6	6	7	7	7	8

입동 7일 11시 47분 【음10월】 ➡ 【丁亥月(정해월)】 ☯ 소설 22일 09시 19분

양력 11	양력	1	2	3	4	5	6	7	8	9	10	11	12	13	14	15	16	17	18	19	20	21	22	23	24	25	26	27	28	29	30
	요일	수	목	금	토	일	월	화	수	목	금	토	일	월	화	수	목	금	토	일	월	화	수	목	금	토	일	월	화	수	목
	일진 日辰	癸亥	甲子	乙丑	丙寅	丁卯	戊辰	己巳	庚午	辛未	壬申	癸酉	甲戌	乙亥	丙子	丁丑	戊寅	己卯	庚辰	辛巳	壬午	癸未	甲申	乙酉	丙戌	丁亥	戊子	己丑	庚寅	辛卯	壬辰
음력 10/06 ~ 11/05	음력	6	7	8	9	10	11	12	13	14	15	16	17	18	19	20	21	22	23	24	25	26	27	28	29	30	11/1	2	3	4	5
대운	남	2	2	1	1	1	1	입	10	9	9	9	8	8	8	7	7	7	6	6	6	5	소	5	4	4	4	3	3	3	2
	여	8	8	9	9	9	10	동	1	1	1	1	2	2	2	3	3	3	4	4	4	5	설	5	6	6	6	7	7	7	8

대설7일 04시 36분 【음11월】 ➡ 【戊子月(무자월)】 ☯ 동지 21일 22시 37분

양력 12	양력	1	2	3	4	5	6	7	8	9	10	11	12	13	14	15	16	17	18	19	20	21	22	23	24	25	26	27	28	29	30	31
	요일	금	토	일	월	화	수	목	금	토	일	월	화	수	목	금	토	일	월	화	수	목	금	토	일	월	화	수	목	금	토	일
	일진 日辰	癸巳	甲午	乙未	丙申	丁酉	戊戌	己亥	庚子	辛丑	壬寅	癸卯	甲辰	乙巳	丙午	丁未	戊申	己酉	庚戌	辛亥	壬子	癸丑	甲寅	乙卯	丙辰	丁巳	戊午	己未	庚申	辛酉	壬戌	癸亥
음력 11/06 ~ 12/06	음력	6	7	8	9	10	11	12	13	14	15	16	17	18	19	20	21	22	23	24	25	26	27	28	29	30	12/1	2	3	4	5	6
대운	남	2	2	1	1	1	1	대	9	9	9	8	8	8	7	7	7	6	6	6	5	동	5	4	4	4	3	3	3	2	2	2
	여	8	8	9	9	9	10	설	1	1	1	1	2	2	2	3	3	3	4	4	4	지	5	5	6	6	6	7	7	7	8	8

단기 4334 年
불기 2545 年

2001년

下元 辛巳年 납음(白臘金),본명성(八白土)

대장군(卯동방), 삼살(동방), 상문(未서남방),조객(卯동방), 납음(백납금),【삼재(해,자,축)년】 臘享(납향):2002년1월17일(음12/05)

소한 5일 03시 49분 【음12월】 ➡ **【己丑月(기축월)】** ☯ 대한 20일 09시 16분

양력 1	양력	1	2	3	4	5	6	7	8	9	10	11	12	13	14	15	16	17	18	19	20	21	22	23	24	25	26	27	28	29	30	31
	요일	월	화	수	목	금	토	일	월	화	수	목	금	토	일	월	화	수	목	금	토	일	월	화	수	목	금	토	일	월	화	수
	일진 日辰	甲子	乙丑	丙寅	丁卯	戊辰	己巳	庚午	辛未	壬申	癸酉	甲戌	乙亥	丙子	丁丑	戊寅	己卯	庚辰	辛巳	壬午	癸未	甲申	乙酉	丙戌	丁亥	戊子	己丑	庚寅	辛卯	壬辰	癸巳	甲午
음력 12/07 ~ 01/08	음력	7	8	9	10	11	12	13	14	15	16	17	18	19	20	21	22	23	24	25	26	27	28	29	1/1	2	3	4	5	6	7	8
	대운 남	1	1	1	1	소	10	9	9	9	8	8	8	7	7	7	6	6	6	5	대	5	4	4	4	3	3	3	2	2	2	1
	대운 여	8	9	9	9	한	1	1	1	1	2	2	2	3	3	3	4	4	4	5	한	5	6	6	6	7	7	7	8	8	8	9

입춘 4일 03시 28분 【음1월】 ➡ **【庚寅月(경인월)】** ☯ 우수 18일 23시 27분

양력 2	양력	1	2	3	4	5	6	7	8	9	10	11	12	13	14	15	16	17	18	19	20	21	22	23	24	25	26	27	28	
	요일	목	금	토	일	월	화	수	목	금	토	일	월	화	수	목	금	토	일	월	화	수	목	금	토	일	월	화	수	辛巳年
	일진 日辰	乙未	丙申	丁酉	戊戌	己亥	庚子	辛丑	壬寅	癸卯	甲辰	乙巳	丙午	丁未	戊申	己酉	庚戌	辛亥	壬子	癸丑	甲寅	乙卯	丙辰	丁巳	戊午	己未	庚申	辛酉	壬戌	
음력 01/09 ~ 02/06	음력	9	10	11	12	13	14	15	16	17	18	19	20	21	22	23	24	25	26	27	28	29	30	2/1	2	3	4	5	6	
	대운 남	1	1	1	입	1	1	1	1	2	2	2	3	3	3	4	4	4	우	5	5	6	6	6	7	7	7	8	8	
	대운 여	9	9	10	춘	9	9	9	8	8	8	7	7	7	6	6	6	5	수	5	4	4	4	3	3	3	2	2	2	

경칩 5일 21시 32분 【음2월】 ➡ **【辛卯月(신묘월)】** ☯ 춘분 20일 22시 30분

양력 3	양력	1	2	3	4	5	6	7	8	9	10	11	12	13	14	15	16	17	18	19	20	21	22	23	24	25	26	27	28	29	30	31
	요일	목	금	토	일	월	화	수	목	금	토	일	월	화	수	목	금	토	일	월	화	수	목	금	토	일	월	화	수	목	금	토
	일진 日辰	癸亥	甲子	乙丑	丙寅	丁卯	戊辰	己巳	庚午	辛未	壬申	癸酉	甲戌	乙亥	丙子	丁丑	戊寅	己卯	庚辰	辛巳	壬午	癸未	甲申	乙酉	丙戌	丁亥	戊子	己丑	庚寅	辛卯	壬辰	癸巳
음력 02/07 ~ 03/07	음력	7	8	9	10	11	12	13	14	15	16	17	18	19	20	21	22	23	24	25	26	27	28	29	30	3/1	2	3	4	5	6	7
	대운 남	8	9	9	9	경	1	1	1	1	2	2	2	3	3	3	4	4	4	5	춘	5	6	6	6	7	7	7	8	8	8	9
	대운 여	1	1	1	1	칩	10	10	9	9	9	8	8	8	7	7	7	6	6	6	분	5	5	4	4	4	3	3	3	2	2	2

청명 5일 02시 24분 【음3월】 ➡ **【壬辰月(임진월)】** ☯ 곡우 20일 09시 35분

양력 4	양력	1	2	3	4	5	6	7	8	9	10	11	12	13	14	15	16	17	18	19	20	21	22	23	24	25	26	27	28	29	30
	요일	일	월	화	수	목	금	토	일	월	화	수	목	금	토	일	월	화	수	목	금	토	일	월	화	수	목	금	토	일	월
	일진 日辰	甲午	乙未	丙申	丁酉	戊戌	己亥	庚子	辛丑	壬寅	癸卯	甲辰	乙巳	丙午	丁未	戊申	己酉	庚戌	辛亥	壬子	癸丑	甲寅	乙卯	丙辰	丁巳	戊午	己未	庚申	辛酉	壬戌	癸亥
음력 03/08 ~ 04/07	음력	8	9	10	11	12	13	14	15	16	17	18	19	20	21	22	23	24	25	26	27	28	29	30	4/1	2	3	4	5	6	7
	대운 남	9	9	10	10	청	1	1	1	1	2	2	2	3	3	3	4	4	4	5	곡	5	6	6	6	7	7	7	8	8	8
	대운 여	1	1	1	1	명	10	9	9	9	8	8	8	7	7	7	6	6	6	5	우	5	4	4	4	3	3	3	2	2	2

입하 6일 19시 44분 【음4월】 ➡ **【癸巳月(계사월)】** ☯ 소만 21일 08시 44분

양력 5	양력	1	2	3	4	5	6	7	8	9	10	11	12	13	14	15	16	17	18	19	20	21	22	23	24	25	26	27	28	29	30	31
	요일	화	수	목	금	토	일	월	화	수	목	금	토	일	월	화	수	목	금	토	일	월	화	수	목	금	토	일	월	화	수	목
	일진 日辰	甲子	乙丑	丙寅	丁卯	戊辰	己巳	庚午	辛未	壬申	癸酉	甲戌	乙亥	丙子	丁丑	戊寅	己卯	庚辰	辛巳	壬午	癸未	甲申	乙酉	丙戌	丁亥	戊子	己丑	庚寅	辛卯	壬辰	癸巳	甲午
음력 04/08 ~ 윤409	음력	8	9	10	11	12	13	14	15	16	17	18	19	20	21	22	23	24	25	26	27	28	29	윤4	2	3	4	5	6	7	8	9
	대운 남	9	9	9	10	입	1	1	1	1	2	2	2	3	3	3	4	4	4	5	5	소	6	6	6	7	7	7	8	8	8	9
	대운 여	1	1	1	1	하	10	10	9	9	9	8	8	8	7	7	7	6	6	6	5	만	5	4	4	4	3	3	3	2	2	2

망종 5일 23시 53분 【음5월】 ➡ **【甲午月(갑오월)】** ☯ 하지 21일 16시 37분

양력 6	양력	1	2	3	4	5	6	7	8	9	10	11	12	13	14	15	16	17	18	19	20	21	22	23	24	25	26	27	28	29	30
	요일	금	토	일	월	화	수	목	금	토	일	월	화	수	목	금	토	일	월	화	수	목	금	토	일	월	화	수	목	금	토
	일진 日辰	乙未	丙申	丁酉	戊戌	己亥	庚子	辛丑	壬寅	癸卯	甲辰	乙巳	丙午	丁未	戊申	己酉	庚戌	辛亥	壬子	癸丑	甲寅	乙卯	丙辰	丁巳	戊午	己未	庚申	辛酉	壬戌	癸亥	甲子
음력 윤410 ~ 05/10	음력	10	11	12	13	14	15	16	17	18	19	20	21	22	23	24	25	26	27	28	29	5/1	2	3	4	5	6	7	8	9	10
	대운 남	9	9	10	10	망	1	1	1	1	2	2	2	3	3	3	4	4	4	5	5	하	6	6	6	7	7	7	8	8	8
	대운 여	1	1	1	1	종	10	10	10	9	9	9	8	8	8	7	7	7	6	6	6	지	5	5	4	4	4	3	3	3	2

한식(4월05일), 초복(7월16일), 중복(7월26일), 말복(8월15일) ☂춘사(春社)3/16
☀추사(秋社)9/22 토왕지절(土旺之節):4월17일,7월19일,10월20일,1월15일(음12/03)
臘享(납향):2002년1월17일(음12/05)

2001 辛巳年

소서 7일 10시 06분 【음6월】➡ **【乙未月(을미월)】** ☯ 대서 23일 03시 26분

양력 7	양력	1	2	3	4	5	6	7	8	9	10	11	12	13	14	15	16	17	18	19	20	21	22	23	24	25	26	27	28	29	30	31
	요일	일	월	화	수	목	금	토	일	월	화	수	목	금	토	일	월	화	수	목	금	토	일	월	화	수	목	금	토	일	월	화
	일진 日辰	乙丑	丙寅	丁卯	戊辰	己巳	庚午	辛未	壬申	癸酉	甲戌	乙亥	丙子	丁丑	戊寅	己卯	庚辰	辛巳	壬午	癸未	甲申	乙酉	丙戌	丁亥	戊子	己丑	庚寅	辛卯	壬辰	癸巳	甲午	乙未
음력 05/11 ~ 06/11	음력	11	12	13	14	15	16	17	18	19	20	21	22	23	24	25	26	27	28	29	30	6/1	2	3	4	5	6	7	8	9	10	11
대운	남	9	9	9	10	10	10	소	1	1	1	1	2	2	2	3	3	3	4	4	4	5	5	대	6	6	6	7	7	7	8	8
	여	2	2	1	1	1	1	서	10	10	9	9	9	8	8	8	7	7	7	6	6	6	5	서	5	4	4	4	3	3	3	2

입추 7일 19시 52분 【음7월】➡ **【丙申月(병신월)】** ☯ 처서 23일 10시 26분

양력 8	양력	1	2	3	4	5	6	7	8	9	10	11	12	13	14	15	16	17	18	19	20	21	22	23	24	25	26	27	28	29	30	31
	요일	수	목	금	토	일	월	화	수	목	금	토	일	월	화	수	목	금	토	일	월	화	수	목	금	토	일	월	화	수	목	금
	일진 日辰	丙申	丁酉	戊戌	己亥	庚子	辛丑	壬寅	癸卯	甲辰	乙巳	丙午	丁未	戊申	己酉	庚戌	辛亥	壬子	癸丑	甲寅	乙卯	丙辰	丁巳	戊午	己未	庚申	辛酉	壬戌	癸亥	甲子	乙丑	丙寅
음력 06/12 ~ 07/13	음력	12	13	14	15	16	17	18	19	20	21	22	23	24	25	26	27	28	29	7/1	2	3	4	5	6	7	8	9	10	11	12	13
대운	남	8	9	9	9	10	10	입	1	1	1	1	2	2	2	3	3	3	4	4	4	5	5	처	6	6	6	7	7	7	8	8
	여	2	2	1	1	1	1	추	10	10	9	9	9	8	8	8	7	7	7	6	6	6	5	서	5	4	4	4	3	3	3	2

백로 7일 22시 46분 【음8월】➡ **【丁酉月(정유월)】** ☯ 추분 23일 08시 04분

양력 9	양력	1	2	3	4	5	6	7	8	9	10	11	12	13	14	15	16	17	18	19	20	21	22	23	24	25	26	27	28	29	30
	요일	토	일	월	화	수	목	금	토	일	월	화	수	목	금	토	일	월	화	수	목	금	토	일	월	화	수	목	금	토	일
	일진 日辰	丁卯	戊辰	己巳	庚午	辛未	壬申	癸酉	甲戌	乙亥	丙子	丁丑	戊寅	己卯	庚辰	辛巳	壬午	癸未	甲申	乙酉	丙戌	丁亥	戊子	己丑	庚寅	辛卯	壬辰	癸巳	甲午	乙未	丙申
음력 07/14 ~ 08/14	음력	14	15	16	17	18	19	20	21	22	23	24	25	26	27	28	29	8/1	2	3	4	5	6	7	8	9	10	11	12	13	14
대운	남	8	9	9	9	10	10	백	1	1	1	1	2	2	2	3	3	3	4	4	4	5	5	추	6	6	6	7	7	7	8
	여	2	2	1	1	1	1	로	10	10	9	9	9	8	8	8	7	7	7	6	6	6	5	분	5	4	4	4	3	3	3

한로 8일 14시 24분 【음9월】➡ **【戊戌月(무술월)】** ☯ 상강 23일 17시 25분

양력 10	양력	1	2	3	4	5	6	7	8	9	10	11	12	13	14	15	16	17	18	19	20	21	22	23	24	25	26	27	28	29	30	31
	요일	월	화	수	목	금	토	일	월	화	수	목	금	토	일	월	화	수	목	금	토	일	월	화	수	목	금	토	일	월	화	수
	일진 日辰	丁酉	戊戌	己亥	庚子	辛丑	壬寅	癸卯	甲辰	乙巳	丙午	丁未	戊申	己酉	庚戌	辛亥	壬子	癸丑	甲寅	乙卯	丙辰	丁巳	戊午	己未	庚申	辛酉	壬戌	癸亥	甲子	乙丑	丙寅	丁卯
음력 08/15 ~ 09/15	음력	15	16	17	18	19	20	21	22	23	24	25	26	27	28	29	30	9/1	2	3	4	5	6	7	8	9	10	11	12	13	14	15
대운	남	8	8	9	9	9	10	10	한	1	1	1	1	2	2	2	3	3	3	4	4	4	5	상	5	6	6	6	7	7	7	8
	여	2	2	2	1	1	1	1	로	10	9	9	9	8	8	8	7	7	7	6	6	6	5	강	5	4	4	4	3	3	3	2

입동 7일 17시 36분 【음10월】➡ **【己亥月(기해월)】** ☯ 소설 22일 15시 00분

양력 11	양력	1	2	3	4	5	6	7	8	9	10	11	12	13	14	15	16	17	18	19	20	21	22	23	24	25	26	27	28	29	30
	요일	목	금	토	일	월	화	수	목	금	토	일	월	화	수	목	금	토	일	월	화	수	목	금	토	일	월	화	수	목	금
	일진 日辰	戊辰	己巳	庚午	辛未	壬申	癸酉	甲戌	乙亥	丙子	丁丑	戊寅	己卯	庚辰	辛巳	壬午	癸未	甲申	乙酉	丙戌	丁亥	戊子	己丑	庚寅	辛卯	壬辰	癸巳	甲午	乙未	丙申	丁酉
음력 09/16 ~ 10/16	음력	16	17	18	19	20	21	22	23	24	25	26	27	28	29	10/1	2	3	4	5	6	7	8	9	10	11	12	13	14	15	16
대운	남	8	8	9	9	9	10	입	1	1	1	1	2	2	2	3	3	3	4	4	4	5	소	5	6	6	6	7	7	7	8
	여	2	2	1	1	1	1	동	10	9	9	9	8	8	8	7	7	7	6	6	6	5	설	5	4	4	4	3	3	3	2

대설 7일 10시 28분 【음11월】➡ **【庚子月(경자월)】** ☯ 동지 22일 04시 21분

양력 12	양력	1	2	3	4	5	6	7	8	9	10	11	12	13	14	15	16	17	18	19	20	21	22	23	24	25	26	27	28	29	30	31
	요일	토	일	월	화	수	목	금	토	일	월	화	수	목	금	토	일	월	화	수	목	금	토	일	월	화	수	목	금	토	일	월
	일진 日辰	戊戌	己亥	庚子	辛丑	壬寅	癸卯	甲辰	乙巳	丙午	丁未	戊申	己酉	庚戌	辛亥	壬子	癸丑	甲寅	乙卯	丙辰	丁巳	戊午	己未	庚申	辛酉	壬戌	癸亥	甲子	乙丑	丙寅	丁卯	戊辰
음력 10/17 ~ 11/17	음력	17	18	19	20	21	22	23	24	25	26	27	28	29	30	11/1	2	3	4	5	6	7	8	9	10	11	12	13	14	15	16	17
대운	남	8	8	9	9	9	10	대	1	1	1	1	2	2	2	3	3	3	4	4	4	5	동	5	6	6	6	7	7	7	8	8
	여	2	2	1	1	1	1	설	9	9	9	8	8	8	7	7	7	6	6	6	5	5	지	4	4	4	3	3	3	2	2	2

말

단기 4335 年	2002년	下元 壬午年 납음(楊柳木),본명성(七赤金)
불기 2546 年		대장군(卯동방). 삼살(북방), 상문(申서남방),조객(辰동남방), 납음(양류목), 【삼재(신,유,술)년】 臘享(납향):2003년1월22일(음12/20)

소한 5일 21시 43분 【음12월】 ➡ **【辛丑月(신축월)】** ☯ 대한 20일 15시 01분

양력 1	양력	1	2	3	4	5	6	7	8	9	10	11	12	13	14	15	16	17	18	19	20	21	22	23	24	25	26	27	28	29	30	31
	요일	화	수	목	금	토	일	월	화	수	목	금	토	일	월	화	수	목	금	토	일	월	화	수	목	금	토	일	월	화	수	목
	일진 日辰	己巳	庚午	辛未	壬申	癸酉	甲戌	乙亥	丙子	丁丑	戊寅	己卯	庚辰	辛巳	壬午	癸未	甲申	乙酉	丙戌	丁亥	戊子	己丑	庚寅	辛卯	壬辰	癸巳	甲午	乙未	丙申	丁酉	戊戌	己亥
음력 11/18 ~ 12/19	음력	18	19	20	21	22	23	24	25	26	27	28	29	12/1	2	3	4	5	6	7	8	9	10	11	12	13	14	15	16	17	18	19
대운	남	8	9	9	9	소	1	1	1	1	2	2	2	3	3	3	4	4	4	5	대	5	6	6	6	7	7	7	8	8	8	9
	여	1	1	1	1	한	10	9	9	9	8	8	8	7	7	7	6	6	6	5	한	5	4	4	4	3	3	3	2	2	2	1

입춘 4일 09시 23분 【음1월】 ➡ **【壬寅月(임인월)】** ☯ 우수 19일 05시 13분

양력 2	양력	1	2	3	4	5	6	7	8	9	10	11	12	13	14	15	16	17	18	19	20	21	22	23	24	25	26	27	28	
	요일	금	토	일	월	화	수	목	금	토	일	월	화	수	목	금	토	일	월	화	수	목	금	토	일	월	화	수	목	壬
	일진 日辰	庚子	辛丑	壬寅	癸卯	甲辰	乙巳	丙午	丁未	戊申	己酉	庚戌	辛亥	壬子	癸丑	甲寅	乙卯	丙辰	丁巳	戊午	己未	庚申	辛酉	壬戌	癸亥	甲子	乙丑	丙寅	丁卯	午
음력 12/20 ~ 01/17	음력	20	21	22	23	24	25	26	27	28	29	30	1/1	2	3	4	5	6	7	8	9	10	11	12	13	14	15	16	17	年
대운	남	9	9	10	입	10	9	9	9	8	8	8	7	7	7	6	6	6	5	우	5	4	4	4	3	3	3	2	2	
	여	1	1	1	춘	1	1	1	1	2	2	2	3	3	3	4	4	4	5	수	5	6	6	6	7	7	7	8	8	

경칩 6일 03시 27분 【음2월】 ➡ **【癸卯月(계묘월)】** ☯ 춘분 21일 04시 15분

양력 3	양력	1	2	3	4	5	6	7	8	9	10	11	12	13	14	15	16	17	18	19	20	21	22	23	24	25	26	27	28	29	30	31
	요일	금	토	일	월	화	수	목	금	토	일	월	화	수	목	금	토	일	월	화	수	목	금	토	일	월	화	수	목	금	토	일
	일진 日辰	戊辰	己巳	庚午	辛未	壬申	癸酉	甲戌	乙亥	丙子	丁丑	戊寅	己卯	庚辰	辛巳	壬午	癸未	甲申	乙酉	丙戌	丁亥	戊子	己丑	庚寅	辛卯	壬辰	癸巳	甲午	乙未	丙申	丁酉	戊戌
음력 01/18 ~ 02/18	음력	18	19	20	21	22	23	24	25	26	27	28	29	30	2/1	2	3	4	5	6	7	8	9	10	11	12	13	14	15	16	17	18
대운	남	2	1	1	1	1	경	10	9	9	9	8	8	8	7	7	7	6	6	6	5	춘	5	4	4	4	3	3	3	2	2	2
	여	8	9	9	9	10	칩	1	1	1	1	2	2	2	3	3	3	4	4	4	5	분	5	6	6	6	7	7	7	8	8	8

청명 5일 08시 18분 【음3월】 ➡ **【甲辰月(갑진월)】** ☯ 곡우 20일 15시 20분

양력 4	양력	1	2	3	4	5	6	7	8	9	10	11	12	13	14	15	16	17	18	19	20	21	22	23	24	25	26	27	28	29	30
	요일	월	화	수	목	금	토	일	월	화	수	목	금	토	일	월	화	수	목	금	토	일	월	화	수	목	금	토	일	월	화
	일진 日辰	己亥	庚子	辛丑	壬寅	癸卯	甲辰	乙巳	丙午	丁未	戊申	己酉	庚戌	辛亥	壬子	癸丑	甲寅	乙卯	丙辰	丁巳	戊午	己未	庚申	辛酉	壬戌	癸亥	甲子	乙丑	丙寅	丁卯	戊辰
음력 02/19 ~ 03/18	음력	19	20	21	22	23	24	25	26	27	28	29	30	3/1	2	3	4	5	6	7	8	9	10	11	12	13	14	15	16	17	18
대운	남	1	1	1	1	청	10	10	9	9	9	8	8	8	7	7	7	6	6	6	곡	5	5	4	4	4	3	3	3	2	2
	여	9	9	9	10	명	1	1	1	1	2	2	2	3	3	3	4	4	4	5	우	5	6	6	6	7	7	7	8	8	8

입하 6일 01시 37분 【음4월】 ➡ **【乙巳月(을사월)】** ☯ 소만 21일 14시 28분

양력 5	양력	1	2	3	4	5	6	7	8	9	10	11	12	13	14	15	16	17	18	19	20	21	22	23	24	25	26	27	28	29	30	31
	요일	수	목	금	토	일	월	화	수	목	금	토	일	월	화	수	목	금	토	일	월	화	수	목	금	토	일	월	화	수	목	금
	일진 日辰	己巳	庚午	辛未	壬申	癸酉	甲戌	乙亥	丙子	丁丑	戊寅	己卯	庚辰	辛巳	壬午	癸未	甲申	乙酉	丙戌	丁亥	戊子	己丑	庚寅	辛卯	壬辰	癸巳	甲午	乙未	丙申	丁酉	戊戌	己亥
음력 03/19 ~ 04/20	음력	19	20	21	22	23	24	25	26	27	28	29	4/1	2	3	4	5	6	7	8	9	10	11	12	13	14	15	16	17	18	19	20
대운	남	2	1	1	1	1	입	10	10	9	9	9	8	8	8	7	7	7	6	6	6	소	5	5	4	4	4	3	3	3	2	2
	여	9	9	9	10	10	하	1	1	1	1	2	2	2	3	3	3	4	4	4	5	만	5	6	6	6	7	7	7	8	8	8

망종 6일 05시 44분 【음5월】 ➡ **【丙午月(병오월)】** ☯ 하지 21일 22시 24분

양력 6	양력	1	2	3	4	5	6	7	8	9	10	11	12	13	14	15	16	17	18	19	20	21	22	23	24	25	26	27	28	29	30
	요일	토	일	월	화	수	목	금	토	일	월	화	수	목	금	토	일	월	화	수	목	금	토	일	월	화	수	목	금	토	일
	일진 日辰	庚子	辛丑	壬寅	癸卯	甲辰	乙巳	丙午	丁未	戊申	己酉	庚戌	辛亥	壬子	癸丑	甲寅	乙卯	丙辰	丁巳	戊午	己未	庚申	辛酉	壬戌	癸亥	甲子	乙丑	丙寅	丁卯	戊辰	己巳
음력 04/21 ~ 05/20	음력	21	22	23	24	25	26	27	28	29	30	5/1	2	3	4	5	6	7	8	9	10	11	12	13	14	15	16	17	18	19	20
대운	남	2	1	1	1	1	망	10	10	9	9	9	8	8	8	7	7	7	6	6	6	하	5	5	4	4	4	3	3	3	2
	여	9	9	9	10	10	종	1	1	1	1	2	2	2	3	3	3	4	4	4	5	지	5	6	6	6	7	7	7	8	8

한식(4월06일), 초복(7월11일), 중복(7월21일), 말복(8월10일) ☂춘사(春社)3/21
☀추사(秋社)9/27토왕지절(土旺之節):4월17일,7월20일,10월20일,1월17일(음12/15)
臘享(납향):2003년1월22일(음12/20)

2002 壬午年

소서 7일 15시 56분 【음6월】 ➡ 【丁未月(정미월)】 ☯ 대서 23일 09시 14분

양력 7	양력	1	2	3	4	5	6	7	8	9	10	11	12	13	14	15	16	17	18	19	20	21	22	23	24	25	26	27	28	29	30	31
	요일	월	화	수	목	금	토	일	월	화	수	목	금	토	일	월	화	수	목	금	토	일	월	화	수	목	금	토	일	월	화	수
	일진 日辰	庚午	辛未	壬申	癸酉	甲戌	乙亥	丙子	丁丑	戊寅	己卯	庚辰	辛巳	壬午	癸未	甲申	乙酉	丙戌	丁亥	戊子	己丑	庚寅	辛卯	壬辰	癸巳	甲午	乙未	丙申	丁酉	戊戌	己亥	庚子
음력 05/21 ~ 06/22	음력	21	22	23	24	25	26	27	28	29	6/1	2	3	4	5	6	7	8	9	10	11	12	13	14	15	16	17	18	19	20	21	22
대운	남	2	2	1	1	1	1	소	10	10	10	9	9	9	8	8	8	7	7	7	6	6	6	대	5	5	4	4	4	3	3	3
	여	8	9	9	9	10	10	서	1	1	1	1	2	2	2	3	3	3	4	4	4	5	5	서	6	6	6	7	7	7	8	8

입추 8일 01시 39분 【음7월】 ➡ 【戊申月(무신월)】 ☯ 처서 23일 16시 16분

양력 8	양력	1	2	3	4	5	6	7	8	9	10	11	12	13	14	15	16	17	18	19	20	21	22	23	24	25	26	27	28	29	30	31
	요일	목	금	토	일	월	화	수	목	금	토	일	월	화	수	목	금	토	일	월	화	수	목	금	토	일	월	화	수	목	금	토
	일진 日辰	辛丑	壬寅	癸卯	甲辰	乙巳	丙午	丁未	戊申	己酉	庚戌	辛亥	壬子	癸丑	甲寅	乙卯	丙辰	丁巳	戊午	己未	庚申	辛酉	壬戌	癸亥	甲子	乙丑	丙寅	丁卯	戊辰	己巳	庚午	辛未
음력 06/23 ~ 07/23	음력	23	24	25	26	27	28	29	30	7/1	2	3	4	5	6	7	8	9	10	11	12	13	14	15	16	17	18	19	20	21	22	23
대운	남	2	2	2	1	1	1	1	입	10	10	9	9	9	8	8	8	7	7	7	6	6	6	처	5	5	4	4	4	3	3	3
	여	8	9	9	9	10	10	10	추	1	1	1	1	2	2	2	3	3	3	4	4	4	5	서	5	6	6	6	7	7	7	8

백로 8일 04시 30분 【음8월】 ➡ 【己酉月(기유월)】 ☯ 추분 23일 13시 55분

양력 9	양력	1	2	3	4	5	6	7	8	9	10	11	12	13	14	15	16	17	18	19	20	21	22	23	24	25	26	27	28	29	30	
	요일	일	월	화	수	목	금	토	일	월	화	수	목	금	토	일	월	화	수	목	금	토	일	월	화	수	목	금	토	일	월	
	일진 日辰	壬申	癸酉	甲戌	乙亥	丙子	丁丑	戊寅	己卯	庚辰	辛巳	壬午	癸未	甲申	乙酉	丙戌	丁亥	戊子	己丑	庚寅	辛卯	壬辰	癸巳	甲午	乙未	丙申	丁酉	戊戌	己亥	庚子	辛丑	
음력 07/24 ~ 08/24	음력	24	25	26	27	28	29	8/1	2	3	4	5	6	7	8	9	10	11	12	13	14	15	16	17	18	19	20	21	22	23	24	
대운	남	2	2	2	1	1	1	1	백	10	9	9	9	8	8	8	7	7	7	6	6	6	5	추	5	4	4	4	3	3	3	
	여	8	8	9	9	9	10	10	로	1	1	1	1	2	2	2	3	3	3	4	4	4	5	분	5	6	6	6	7	7	7	

한로 8일 20시 09분 【음9월】 ➡ 【庚戌月(경술월)】 ☯ 상강 23일 23시 17분

양력 10	양력	1	2	3	4	5	6	7	8	9	10	11	12	13	14	15	16	17	18	19	20	21	22	23	24	25	26	27	28	29	30	31
	요일	화	수	목	금	토	일	월	화	수	목	금	토	일	월	화	수	목	금	토	일	월	화	수	목	금	토	일	월	화	수	목
	일진 日辰	壬寅	癸卯	甲辰	乙巳	丙午	丁未	戊申	己酉	庚戌	辛亥	壬子	癸丑	甲寅	乙卯	丙辰	丁巳	戊午	己未	庚申	辛酉	壬戌	癸亥	甲子	乙丑	丙寅	丁卯	戊辰	己巳	庚午	辛未	壬申
음력 08/25 ~ 09/26	음력	25	26	27	28	29	9/1	2	3	4	5	6	7	8	9	10	11	12	13	14	15	16	17	18	19	20	21	22	23	24	25	26
대운	남	2	2	2	1	1	1	1	한	10	9	9	9	8	8	8	7	7	7	6	6	6	5	상	5	4	4	4	3	3	3	2
	여	8	8	8	9	9	9	10	로	1	1	1	1	2	2	2	3	3	3	4	4	4	5	강	5	6	6	6	7	7	7	8

입동 7일 23시 21분 【음10월】 ➡ 【辛亥月(신해월)】 ☯ 소설 22일 20시 53분

양력 11	양력	1	2	3	4	5	6	7	8	9	10	11	12	13	14	15	16	17	18	19	20	21	22	23	24	25	26	27	28	29	30	
	요일	금	토	일	월	화	수	목	금	토	일	월	화	수	목	금	토	일	월	화	수	목	금	토	일	월	화	수	목	금	토	
	일진 日辰	癸酉	甲戌	乙亥	丙子	丁丑	戊寅	己卯	庚辰	辛巳	壬午	癸未	甲申	乙酉	丙戌	丁亥	戊子	己丑	庚寅	辛卯	壬辰	癸巳	甲午	乙未	丙申	丁酉	戊戌	己亥	庚子	辛丑	壬寅	
음력 09/27 ~ 10/26	음력	27	28	29	30	10/1	2	3	4	5	6	7	8	9	10	11	12	13	14	15	16	17	18	19	20	21	22	23	24	25	26	
대운	남	2	2	1	1	1	1	입	10	9	9	9	8	8	8	7	7	7	6	6	6	5	소	5	4	4	4	3	3	3	2	
	여	8	8	9	9	9	10	동	1	1	1	1	2	2	2	3	3	3	4	4	4	5	설	5	6	6	6	7	7	7	8	

대설 7일 16시 14분 【음11월】 ➡ 【壬子月(임자월)】 ☯ 동지 22일 10시 14분

양력 12	양력	1	2	3	4	5	6	7	8	9	10	11	12	13	14	15	16	17	18	19	20	21	22	23	24	25	26	27	28	29	30	31
	요일	일	월	화	수	목	금	토	일	월	화	수	목	금	토	일	월	화	수	목	금	토	일	월	화	수	목	금	토	일	월	화
	일진 日辰	癸卯	甲辰	乙巳	丙午	丁未	戊申	己酉	庚戌	辛亥	壬子	癸丑	甲寅	乙卯	丙辰	丁巳	戊午	己未	庚申	辛酉	壬戌	癸亥	甲子	乙丑	丙寅	丁卯	戊辰	己巳	庚午	辛未	壬申	癸酉
음력 10/27 ~ 11/28	음력	27	28	29	11/1	2	3	4	5	6	7	8	9	10	11	12	13	14	15	16	17	18	19	20	21	22	23	24	25	26	27	28
대운	남	2	2	1	1	1	1	대	10	9	9	9	8	8	8	7	7	7	6	6	6	5	동	5	4	4	4	3	3	3	2	2
	여	8	8	9	9	9	10	설	1	1	1	1	2	2	2	3	3	3	4	4	4	5	지	5	6	6	6	7	7	7	8	8

단기 4336 年 불기 2547 年 **2003년**

下元 癸未年 납음(楊柳木), 본명성(六白金)

대장군(卯동방), 삼살(酉서방), 상문(酉서방),조객(巳동남방), 납음(양류목), 【삼재(사,오,미)년】 臘享(납향):2004년1월18일(음12/07)

소한 6일 03시 27분 【음12월】 ➡ **【癸丑月(계축월)】** ☯ 대한 20일 20시 52분

양력 1 / 음력 11/29 ~ 12/29

양력	1	2	3	4	5	6	7	8	9	10	11	12	13	14	15	16	17	18	19	20	21	22	23	24	25	26	27	28	29	30	31
요일	수	목	금	토	일	월	화	수	목	금	토	일	월	화	수	목	금	토	일	월	화	수	목	금	토	일	월	화	수	목	금
일진 日辰	甲戌	乙亥	丙子	丁丑	戊寅	己卯	庚辰	辛巳	壬午	癸未	甲申	乙酉	丙戌	丁亥	戊子	己丑	庚寅	辛卯	壬辰	癸巳	甲午	乙未	丙申	丁酉	戊戌	己亥	庚子	辛丑	壬寅	癸卯	甲辰
음력	29	30	12/1	2	3	4	5	6	7	8	9	10	11	12	13	14	15	16	17	18	19	20	21	22	23	24	25	26	27	28	29
대운 남	2	1	1	1	1	소	9	9	9	8	8	8	7	7	7	6	6	6	5	대	5	4	4	4	3	3	3	2	2	2	1
대운 여	8	9	9	9	10	한	1	1	1	1	2	2	2	3	3	3	4	4	4	한	5	5	6	6	6	7	7	7	8	8	8

입춘 4일 15시 05분 【음1월】 ➡ **【甲寅月(갑인월)】** ☯ 우수 19일 11시 00분

양력 2 / 음력 01/01 ~ 01/28

양력	1	2	3	4	5	6	7	8	9	10	11	12	13	14	15	16	17	18	19	20	21	22	23	24	25	26	27	28
요일	토	일	월	화	수	목	금	토	일	월	화	수	목	금	토	일	월	화	수	목	금	토	일	월	화	수	목	금
일진 日辰	乙巳	丙午	丁未	戊申	己酉	庚戌	辛亥	壬子	癸丑	甲寅	乙卯	丙辰	丁巳	戊午	己未	庚申	辛酉	壬戌	癸亥	甲子	乙丑	丙寅	丁卯	戊辰	己巳	庚午	辛未	壬申
음력	1/1	2	3	4	5	6	7	8	9	10	11	12	13	14	15	16	17	18	19	20	21	22	23	24	25	26	27	28
대운 남	1	1	1	입	1	1	1	1	2	2	2	3	3	3	4	4	4	5	우	5	6	6	6	7	7	7	8	8
대운 여	9	9	9	춘	10	9	9	9	8	8	8	7	7	7	6	6	6	5	수	5	4	4	4	3	3	3	2	2

癸未年

경칩 6일 09시 04분 【음2월】 ➡ **【乙卯月(을묘월)】** ☯ 춘분 21일 09시 59분

양력 3 / 음력 01/29 ~ 02/29

양력	1	2	3	4	5	6	7	8	9	10	11	12	13	14	15	16	17	18	19	20	21	22	23	24	25	26	27	28	29	30	31
요일	토	일	월	화	수	목	금	토	일	월	화	수	목	금	토	일	월	화	수	목	금	토	일	월	화	수	목	금	토	일	월
일진 日辰	癸酉	甲戌	乙亥	丙子	丁丑	戊寅	己卯	庚辰	辛巳	壬午	癸未	甲申	乙酉	丙戌	丁亥	戊子	己丑	庚寅	辛卯	壬辰	癸巳	甲午	乙未	丙申	丁酉	戊戌	己亥	庚子	辛丑	壬寅	癸卯
음력	29	30	2/1	2	3	4	5	6	7	8	9	10	11	12	13	14	15	16	17	18	19	20	21	22	23	24	25	26	27	28	29
대운 남	8	9	9	9	10	경	1	1	1	1	2	2	2	3	3	3	4	4	4	5	춘	5	6	6	6	7	7	7	8	8	8
대운 여	2	1	1	1	1	칩	10	9	9	9	8	8	8	7	7	7	6	6	6	5	분	5	4	4	4	3	3	3	2	2	2

청명 5일 13시 52분 【음3월】 ➡ **【丙辰月(병진월)】** ☯ 곡우 20일 21시 02분

양력 4 / 음력 02/30 ~ 03/29

양력	1	2	3	4	5	6	7	8	9	10	11	12	13	14	15	16	17	18	19	20	21	22	23	24	25	26	27	28	29	30
요일	화	수	목	금	토	일	월	화	수	목	금	토	일	월	화	수	목	금	토	일	월	화	수	목	금	토	일	월	화	수
일진 日辰	甲辰	乙巳	丙午	丁未	戊申	己酉	庚戌	辛亥	壬子	癸丑	甲寅	乙卯	丙辰	丁巳	戊午	己未	庚申	辛酉	壬戌	癸亥	甲子	乙丑	丙寅	丁卯	戊辰	己巳	庚午	辛未	壬申	癸酉
음력	30	3/1	2	3	4	5	6	7	8	9	10	11	12	13	14	15	16	17	18	19	20	21	22	23	24	25	26	27	28	29
대운 남	9	9	9	10	청	1	1	1	1	2	2	2	3	3	3	4	4	4	5	곡	5	6	6	6	7	7	7	8	8	8
대운 여	1	1	1	1	명	10	10	9	9	9	8	8	8	7	7	7	6	6	6	우	5	5	4	4	4	3	3	3	2	2

입하 6일 07시 10분 【음4월】 ➡ **【丁巳月(정사월)】** ☯ 소만 21일 20시 12분

양력 5 / 음력 04/01 ~ 05/01

양력	1	2	3	4	5	6	7	8	9	10	11	12	13	14	15	16	17	18	19	20	21	22	23	24	25	26	27	28	29	30	31
요일	목	금	토	일	월	화	수	목	금	토	일	월	화	수	목	금	토	일	월	화	수	목	금	토	일	월	화	수	목	금	토
일진 日辰	甲戌	乙亥	丙子	丁丑	戊寅	己卯	庚辰	辛巳	壬午	癸未	甲申	乙酉	丙戌	丁亥	戊子	己丑	庚寅	辛卯	壬辰	癸巳	甲午	乙未	丙申	丁酉	戊戌	己亥	庚子	辛丑	壬寅	癸卯	甲辰
음력	4/1	2	3	4	5	6	7	8	9	10	11	12	13	14	15	16	17	18	19	20	21	22	23	24	25	26	27	28	29	30	5/1
대운 남	9	9	9	10	10	입	1	1	1	1	2	2	2	3	3	3	4	4	4	5	소	5	6	6	6	7	7	7	8	8	8
대운 여	2	1	1	1	1	하	10	10	9	9	9	8	8	8	7	7	7	6	6	6	만	5	5	4	4	4	3	3	3	2	2

망종 6일 11시 19분 【음5월】 ➡ **【戊午月(무오월)】** ☯ 하지 22일 04시 10분

양력 6 / 음력 05/02 ~ 06/01

양력	1	2	3	4	5	6	7	8	9	10	11	12	13	14	15	16	17	18	19	20	21	22	23	24	25	26	27	28	29	30
요일	일	월	화	수	목	금	토	일	월	화	수	목	금	토	일	월	화	수	목	금	토	일	월	화	수	목	금	토	일	월
일진 日辰	乙巳	丙午	丁未	戊申	己酉	庚戌	辛亥	壬子	癸丑	甲寅	乙卯	丙辰	丁巳	戊午	己未	庚申	辛酉	壬戌	癸亥	甲子	乙丑	丙寅	丁卯	戊辰	己巳	庚午	辛未	壬申	癸酉	甲戌
음력	2	3	4	5	6	7	8	9	10	11	12	13	14	15	16	17	18	19	20	21	22	23	24	25	26	27	28	29	30	6/1
대운 남	9	9	9	10	10	망	1	1	1	1	2	2	2	3	3	3	4	4	4	5	5	하	6	6	6	7	7	7	8	8
대운 여	2	1	1	1	1	종	10	10	9	9	9	8	8	8	7	7	7	6	6	6	5	지	5	4	4	4	3	3	3	2

한식(4월06일), 초복(7월16일), 중복(7월26일), 말복(8월15일)☂춘사(春社)3/16
☀추사(秋社)9/22토왕지절(土旺之節):4월17일,7월20일,10월21일,1월17일(음12/06)
臘享(납향):2004년1월18일(음12/07)

2003 癸未年

소서 7일 21시 35분 【음6월】➡ **【己未月(기미월)】** ☯ 대서 23일 15시 03분

양력 7	양력	1	2	3	4	5	6	7	8	9	10	11	12	13	14	15	16	17	18	19	20	21	22	23	24	25	26	27	28	29	30	31
	요일	화	수	목	금	토	일	월	화	수	목	금	토	일	월	화	수	목	금	토	일	월	화	수	목	금	토	일	월	화	수	목
	일진 日辰	乙亥	丙子	丁丑	戊寅	己卯	庚辰	辛巳	壬午	癸未	甲申	乙酉	丙戌	丁亥	戊子	己丑	庚寅	辛卯	壬辰	癸巳	甲午	乙未	丙申	丁酉	戊戌	己亥	庚子	辛丑	壬寅	癸卯	甲辰	乙巳
음력 06/02 ~ 07/03	음력	2	3	4	5	6	7	8	9	10	11	12	13	14	15	16	17	18	19	20	21	22	23	24	25	26	27	28	29	7/1	2	3
대운	남	8	9	9	9	10	10	소	1	1	1	1	2	2	2	3	3	3	4	4	4	5	5	대	6	6	6	7	7	7	8	8
	여	2	2	1	1	1	1	서	10	10	10	9	9	9	8	8	8	7	7	7	6	6	6	서	5	5	4	4	4	3	3	3

입추 8일 07시 24분 【음7월】➡ **【庚申月(경신월)】** ☯ 처서 23일 22시 07분

양력 8	양력	1	2	3	4	5	6	7	8	9	10	11	12	13	14	15	16	17	18	19	20	21	22	23	24	25	26	27	28	29	30	31
	요일	금	토	일	월	화	수	목	금	토	일	월	화	수	목	금	토	일	월	화	수	목	금	토	일	월	화	수	목	금	토	일
	일진 日辰	丙午	丁未	戊申	己酉	庚戌	辛亥	壬子	癸丑	甲寅	乙卯	丙辰	丁巳	戊午	己未	庚申	辛酉	壬戌	癸亥	甲子	乙丑	丙寅	丁卯	戊辰	己巳	庚午	辛未	壬申	癸酉	甲戌	乙亥	丙子
음력 07/04 ~ 08/04	음력	4	5	6	7	8	9	10	11	12	13	14	15	16	17	18	19	20	21	22	23	24	25	26	27	28	29	30	8/1	2	3	4
대운	남	8	9	9	9	10	10	10	입	1	1	1	1	2	2	2	3	3	3	4	4	4	5	처	5	6	6	6	7	7	7	8
	여	2	2	2	1	1	1	1	추	10	10	9	9	9	8	8	8	7	7	7	6	6	6	서	5	5	4	4	4	3	3	3

백로 8일 10시 20분 【음8월】➡ **【辛酉月(신유월)】** ☯ 추분 23일 19시 46분

양력 9	양력	1	2	3	4	5	6	7	8	9	10	11	12	13	14	15	16	17	18	19	20	21	22	23	24	25	26	27	28	29	30
	요일	월	화	수	목	금	토	일	월	화	수	목	금	토	일	월	화	수	목	금	토	일	월	화	수	목	금	토	일	월	화
	일진 日辰	丁丑	戊寅	己卯	庚辰	辛巳	壬午	癸未	甲申	乙酉	丙戌	丁亥	戊子	己丑	庚寅	辛卯	壬辰	癸巳	甲午	乙未	丙申	丁酉	戊戌	己亥	庚子	辛丑	壬寅	癸卯	甲辰	乙巳	丙午
음력 08/05 ~ 09/05	음력	5	6	7	8	9	10	11	12	13	14	15	16	17	18	19	20	21	22	23	24	25	26	27	28	29	9/1	2	3	4	5
대운	남	8	8	9	9	9	10	10	백	1	1	1	1	2	2	2	3	3	3	4	4	4	5	추	5	6	6	6	7	7	7
	여	2	2	2	1	1	1	1	로	10	10	9	9	9	8	8	8	7	7	7	6	6	6	분	5	5	4	4	4	3	3

한로 9일 02시 00분 【음9월】➡ **【壬戌月(임술월)】** ☯ 상강 24일 05시 08분

양력 10	양력	1	2	3	4	5	6	7	8	9	10	11	12	13	14	15	16	17	18	19	20	21	22	23	24	25	26	27	28	29	30	31
	요일	수	목	금	토	일	월	화	수	목	금	토	일	월	화	수	목	금	토	일	월	화	수	목	금	토	일	월	화	수	목	금
	일진 日辰	丁未	戊申	己酉	庚戌	辛亥	壬子	癸丑	甲寅	乙卯	丙辰	丁巳	戊午	己未	庚申	辛酉	壬戌	癸亥	甲子	乙丑	丙寅	丁卯	戊辰	己巳	庚午	辛未	壬申	癸酉	甲戌	乙亥	丙子	丁丑
음력 09/06 ~ 10/07	음력	6	7	8	9	10	11	12	13	14	15	16	17	18	19	20	21	22	23	24	25	26	27	28	29	10/1	2	3	4	5	6	7
대운	남	8	8	8	9	9	9	10	10	한	1	1	1	1	2	2	2	3	3	3	4	4	4	5	상	5	6	6	6	7	7	7
	여	3	2	2	2	1	1	1	1	로	10	9	9	9	8	8	8	7	7	7	6	6	6	5	강	5	4	4	4	3	3	3

입동 8일 05시 12분 【음10월】➡ **【癸亥月(계해월)】** ☯ 소설 23일 02시 43분

양력 11	양력	1	2	3	4	5	6	7	8	9	10	11	12	13	14	15	16	17	18	19	20	21	22	23	24	25	26	27	28	29	30
	요일	토	일	월	화	수	목	금	토	일	월	화	수	목	금	토	일	월	화	수	목	금	토	일	월	화	수	목	금	토	일
	일진 日辰	戊寅	己卯	庚辰	辛巳	壬午	癸未	甲申	乙酉	丙戌	丁亥	戊子	己丑	庚寅	辛卯	壬辰	癸巳	甲午	乙未	丙申	丁酉	戊戌	己亥	庚子	辛丑	壬寅	癸卯	甲辰	乙巳	丙午	丁未
음력 10/08 ~ 11/07	음력	8	9	10	11	12	13	14	15	16	17	18	19	20	21	22	23	24	25	26	27	28	29	30	11/1	2	3	4	5	6	7
대운	남	8	8	8	9	9	9	10	대	1	1	1	1	2	2	2	3	3	3	4	4	4	5	소	5	6	6	6	7	7	7
	여	2	2	2	1	1	1	1	설	9	9	9	8	8	8	7	7	7	6	6	6	5	5	설	4	4	4	3	3	3	2

대설 7일 22시 04분 【음11월】➡ **【甲子月(갑자월)】** ☯ 동지 22일 16시 03분

양력 12	양력	1	2	3	4	5	6	7	8	9	10	11	12	13	14	15	16	17	18	19	20	21	22	23	24	25	26	27	28	29	30	31
	요일	월	화	수	목	금	토	일	월	화	수	목	금	토	일	월	화	수	목	금	토	일	월	화	수	목	금	토	일	월	화	수
	일진 日辰	戊申	己酉	庚戌	辛亥	壬子	癸丑	甲寅	乙卯	丙辰	丁巳	戊午	己未	庚申	辛酉	壬戌	癸亥	甲子	乙丑	丙寅	丁卯	戊辰	己巳	庚午	辛未	壬申	癸酉	甲戌	乙亥	丙子	丁丑	戊寅
음력 11/08 ~ 12/09	음력	8	9	10	11	12	13	14	15	16	17	18	19	20	21	22	23	24	25	26	27	28	29	12/1	2	3	4	5	6	7	8	9
대운	남	8	8	8	9	9	9	입	1	1	1	1	2	2	2	3	3	3	4	4	4	5	동	5	6	6	6	7	7	7	8	8
	여	2	2	1	1	1	1	동	10	9	9	9	8	8	8	7	7	7	6	6	6	5	지	5	4	4	4	3	3	3	2	2

단기 4337 年	2004년	下元 甲申年 납음(泉中水),본명성(五黃土)
불기 2548 年		대장군(午남방), 삼살(남방), 상문(戌서북방), 조객(午남방),납음(천중수), 삼재(인,묘,진) 臘享(납향):2005년1월23일(음12/07)

원숭이

소한 06일 09시 18분 【음12월】 ➡ 【乙丑月(을축월)】 ☯ 대한 21일 02시 42분

양력 1 / 음력 12/10 ~ 01/10

양력	1	2	3	4	5	6	7	8	9	10	11	12	13	14	15	16	17	18	19	20	21	22	23	24	25	26	27	28	29	30	31
요일	목	금	토	일	월	화	수	목	금	토	일	월	화	수	목	금	토	일	월	화	수	목	금	토	일	월	화	수	목	금	토
일진 日辰	己卯	庚辰	辛巳	壬午	癸未	甲申	乙酉	丙戌	丁亥	戊子	己丑	庚寅	辛卯	壬辰	癸巳	甲午	乙未	丙申	丁酉	戊戌	己亥	庚子	辛丑	壬寅	癸卯	甲辰	乙巳	丙午	丁未	戊申	己酉
음력	10	11	12	13	14	15	16	17	18	19	20	21	22	23	24	25	26	27	28	29	30	1/1	2	3	4	5	6	7	8	9	10
대운 남	8	9	9	9	10	소	1	1	1	1	2	2	2	3	3	3	4	4	4	5	대	5	6	6	6	7	7	7	8	8	8
대운 여	2	1	1	1	1	한	9	9	9	8	8	8	7	7	7	6	6	6	5	5	한	4	4	4	3	3	3	2	2	2	1

입춘 4일 20시 55분 【음1월】 ➡ 【丙寅月(병인월)】 ☯ 우수 19일 16시 49분

양력 2 / 음력 01/11 ~ 02/10

양력	1	2	3	4	5	6	7	8	9	10	11	12	13	14	15	16	17	18	19	20	21	22	23	24	25	26	27	28	29
요일	일	월	화	수	목	금	토	일	월	화	수	목	금	토	일	월	화	수	목	금	토	일	월	화	수	목	금	토	일
일진 日辰	庚戌	辛亥	壬子	癸丑	甲寅	乙卯	丙辰	丁巳	戊午	己未	庚申	辛酉	壬戌	癸亥	甲子	乙丑	丙寅	丁卯	戊辰	己巳	庚午	辛未	壬申	癸酉	甲戌	乙亥	丙子	丁丑	戊寅
음력	11	12	13	14	15	16	17	18	19	20	21	22	23	24	25	26	27	28	29	2/1	2	3	4	5	6	7	8	9	10
대운 남	9	9	9	입	10	9	9	9	8	8	8	7	7	7	6	6	6	5	우	5	4	4	4	3	3	3	2	2	2
대운 여	1	1	1	춘	1	1	1	1	2	2	2	3	3	3	4	4	4	5	수	5	6	6	6	7	7	7	8	8	8

甲申年

경칩 5일 14시 55분 【음2월】 ➡ 【丁卯月(정묘월)】 ☯ 춘분 20일 15시 48분

양력 3 / 음력 02/11 ~ 윤2/11

양력	1	2	3	4	5	6	7	8	9	10	11	12	13	14	15	16	17	18	19	20	21	22	23	24	25	26	27	28	29	30	31
요일	월	화	수	목	금	토	일	월	화	수	목	금	토	일	월	화	수	목	금	토	일	월	화	수	목	금	토	일	월	화	수
일진 日辰	己卯	庚辰	辛巳	壬午	癸未	甲申	乙酉	丙戌	丁亥	戊子	己丑	庚寅	辛卯	壬辰	癸巳	甲午	乙未	丙申	丁酉	戊戌	己亥	庚子	辛丑	壬寅	癸卯	甲辰	乙巳	丙午	丁未	戊申	己酉
음력	11	12	13	14	15	16	17	18	19	20	21	22	23	24	25	26	27	28	29	30	윤2	2	3	4	5	6	7	8	9	10	11
대운 남	1	1	1	1	경	10	9	9	9	8	8	8	7	7	7	6	6	6	5	춘	5	4	4	4	3	3	3	2	2	2	1
대운 여	9	9	9	10	칩	1	1	1	1	2	2	2	3	3	3	4	4	4	5	분	5	6	6	6	7	7	7	8	8	8	9

청명 4일 19시 43분 【음3월】 ➡ 【戊辰月(무진월)】 ☯ 곡우 20일 02시 50분

양력 4 / 음력 윤2/12 ~ 03/12

양력	1	2	3	4	5	6	7	8	9	10	11	12	13	14	15	16	17	18	19	20	21	22	23	24	25	26	27	28	29	30
요일	목	금	토	일	월	화	수	목	금	토	일	월	화	수	목	금	토	일	월	화	수	목	금	토	일	월	화	수	목	금
일진 日辰	庚戌	辛亥	壬子	癸丑	甲寅	乙卯	丙辰	丁巳	戊午	己未	庚申	辛酉	壬戌	癸亥	甲子	乙丑	丙寅	丁卯	戊辰	己巳	庚午	辛未	壬申	癸酉	甲戌	乙亥	丙子	丁丑	戊寅	己卯
음력	12	13	14	15	16	17	18	19	20	21	22	23	24	25	26	27	28	29	3/1	2	3	4	5	6	7	8	9	10	11	12
대운 남	1	1	1	청	10	10	9	9	9	8	8	8	7	7	7	6	6	6	5	곡	5	4	4	4	3	3	3	2	2	2
대운 여	9	9	10	명	1	1	1	1	2	2	2	3	3	3	4	4	4	5	5	우	6	6	6	7	7	7	8	8	8	9

입하 5일 13시 02분 【음4월】 ➡ 【己巳月(기사월)】 ☯ 소만 21일 01시 58분

양력 5 / 음력 03/13 ~ 04/13

양력	1	2	3	4	5	6	7	8	9	10	11	12	13	14	15	16	17	18	19	20	21	22	23	24	25	26	27	28	29	30	31
요일	토	일	월	화	수	목	금	토	일	월	화	수	목	금	토	일	월	화	수	목	금	토	일	월	화	수	목	금	토	일	월
일진 日辰	庚辰	辛巳	壬午	癸未	甲申	乙酉	丙戌	丁亥	戊子	己丑	庚寅	辛卯	壬辰	癸巳	甲午	乙未	丙申	丁酉	戊戌	己亥	庚子	辛丑	壬寅	癸卯	甲辰	乙巳	丙午	丁未	戊申	己酉	庚戌
음력	13	14	15	16	17	18	19	20	21	22	23	24	25	26	27	28	29	30	4/1	2	3	4	5	6	7	8	9	10	11	12	13
대운 남	1	1	1	1	입	10	10	9	9	9	8	8	8	7	7	7	6	6	6	5	소	5	4	4	4	3	3	3	2	2	2
대운 여	9	9	10	10	하	1	1	1	1	2	2	2	3	3	3	4	4	4	5	5	만	6	6	6	7	7	7	8	8	8	9

망종 5일 17시 13분 【음5월】 ➡ 【庚午月(경오월)】 ☯ 하지 21일 09시 56분

양력 6 / 음력 04/14 ~ 05/13

양력	1	2	3	4	5	6	7	8	9	10	11	12	13	14	15	16	17	18	19	20	21	22	23	24	25	26	27	28	29	30
요일	화	수	목	금	토	일	월	화	수	목	금	토	일	월	화	수	목	금	토	일	월	화	수	목	금	토	일	월	화	수
일진 日辰	辛亥	壬子	癸丑	甲寅	乙卯	丙辰	丁巳	戊午	己未	庚申	辛酉	壬戌	癸亥	甲子	乙丑	丙寅	丁卯	戊辰	己巳	庚午	辛未	壬申	癸酉	甲戌	乙亥	丙子	丁丑	戊寅	己卯	庚辰
음력	14	15	16	17	18	19	20	21	22	23	24	25	26	27	28	29	30	5/1	2	3	4	5	6	7	8	9	10	11	12	13
대운 남	1	1	1	1	망	10	10	10	9	9	9	8	8	8	7	7	7	6	6	6	하	5	5	4	4	4	3	3	3	2
대운 여	9	9	10	10	종	1	1	1	1	2	2	2	3	3	3	4	4	4	5	5	지	6	6	6	7	7	7	8	8	8

한식(4월05일), 초복(7월20일), 중복(7월30일), 말복(8월09일)☂춘사(春社)3/20
☀추사(秋社)9/26 토왕지절(土旺之節):4월17일,7월19일,10월20일,1월17일(음12/06)
臘享(납향):2005년1월23일(음12/07)

2004 甲申年

소서 7일 03시 31분 【음6월】 ➡ 【辛未月(신미월)】 ☯ 대서 22일 20시 49분

양력 7	양력	1	2	3	4	5	6	7	8	9	10	11	12	13	14	15	16	17	18	19	20	21	22	23	24	25	26	27	28	29	30	31
	요일	목	금	토	일	월	화	수	목	금	토	일	월	화	수	목	금	토	일	월	화	수	목	금	토	일	월	화	수	목	금	토
	일진 日辰	辛巳	壬午	癸未	甲申	乙酉	丙戌	丁亥	戊子	己丑	庚寅	辛卯	壬辰	癸巳	甲午	乙未	丙申	丁酉	戊戌	己亥	庚子	辛丑	壬寅	癸卯	甲辰	乙巳	丙午	丁未	戊申	己酉	庚戌	辛亥
음력 05/14 ~ 06/15	음력	14	15	16	17	18	19	20	21	22	23	24	25	26	27	28	29	6/1	2	3	4	5	6	7	8	9	10	11	12	13	14	15
대운	남	2	2	1	1	1	1	소	10	10	9	9	9	8	8	8	7	7	7	6	6	6	대	5	5	4	4	4	3	3	3	2
	여	9	9	9	10	10	10	서	1	1	1	1	2	2	2	3	3	3	4	4	4	5	서	5	6	6	6	7	7	7	8	8

입추 7일 13시 19분 【음7월】 ➡ 【壬申月(임신월)】 ☯ 처서 23일 03시 53분

양력 8	양력	1	2	3	4	5	6	7	8	9	10	11	12	13	14	15	16	17	18	19	20	21	22	23	24	25	26	27	28	29	30	31
	요일	일	월	화	수	목	금	토	일	월	화	수	목	금	토	일	월	화	수	목	금	토	일	월	화	수	목	금	토	일	월	화
	일진 日辰	壬子	癸丑	甲寅	乙卯	丙辰	丁巳	戊午	己未	庚申	辛酉	壬戌	癸亥	甲子	乙丑	丙寅	丁卯	戊辰	己巳	庚午	辛未	壬申	癸酉	甲戌	乙亥	丙子	丁丑	戊寅	己卯	庚辰	辛巳	壬午
음력 06/16 ~ 07/16	음력	16	17	18	19	20	21	22	23	24	25	26	27	28	29	30	7/1	2	3	4	5	6	7	8	9	10	11	12	13	14	15	16
대운	남	2	2	1	1	1	1	입	10	10	9	9	9	8	8	8	7	7	7	6	6	6	5	처	5	4	4	4	3	3	3	2
	여	8	9	9	9	10	10	추	1	1	1	1	2	2	2	3	3	3	4	4	4	5	5	서	6	6	6	7	7	7	8	8

백로 7일 16시 12분 【음8월】 ➡ 【癸酉月(계유월)】 ☯ 추분 23일 01시 29분

양력 9	양력	1	2	3	4	5	6	7	8	9	10	11	12	13	14	15	16	17	18	19	20	21	22	23	24	25	26	27	28	29	30
	요일	수	목	금	토	일	월	화	수	목	금	토	일	월	화	수	목	금	토	일	월	화	수	목	금	토	일	월	화	수	목
	일진 日辰	癸未	甲申	乙酉	丙戌	丁亥	戊子	己丑	庚寅	辛卯	壬辰	癸巳	甲午	乙未	丙申	丁酉	戊戌	己亥	庚子	辛丑	壬寅	癸卯	甲辰	乙巳	丙午	丁未	戊申	己酉	庚戌	辛亥	壬子
음력 07/17 ~ 08/17	음력	17	18	19	20	21	22	23	24	25	26	27	28	29	8/1	2	3	4	5	6	7	8	9	10	11	12	13	14	15	16	17
대운	남	2	2	1	1	1	1	백	10	10	9	9	9	8	8	8	7	7	7	6	6	6	5	추	5	4	4	4	3	3	3
	여	8	9	9	9	10	10	로	1	1	1	1	2	2	2	3	3	3	4	4	4	5	5	분	6	6	6	7	7	7	8

한로 8일 07시 49분 【음9월】 ➡ 【甲戌月(갑술월)】 ☯ 상강 23일 10시 48분

양력 10	양력	1	2	3	4	5	6	7	8	9	10	11	12	13	14	15	16	17	18	19	20	21	22	23	24	25	26	27	28	29	30	31
	요일	금	토	일	월	화	수	목	금	토	일	월	화	수	목	금	토	일	월	화	수	목	금	토	일	월	화	수	목	금	토	일
	일진 日辰	癸丑	甲寅	乙卯	丙辰	丁巳	戊午	己未	庚申	辛酉	壬戌	癸亥	甲子	乙丑	丙寅	丁卯	戊辰	己巳	庚午	辛未	壬申	癸酉	甲戌	乙亥	丙子	丁丑	戊寅	己卯	庚辰	辛巳	壬午	癸未
음력 08/18 ~ 09/18	음력	18	19	20	21	22	23	24	25	26	27	28	29	30	9/1	2	3	4	5	6	7	8	9	10	11	12	13	14	15	16	17	18
대운	남	2	2	2	1	1	1	1	한	10	9	9	9	8	8	8	7	7	7	6	6	6	5	상	5	4	4	4	3	3	3	2
	여	8	8	9	9	9	10	10	로	1	1	1	1	2	2	2	3	3	3	4	4	4	5	강	5	6	6	6	7	7	7	8

입동 7일 10시 58분 【음10월】 ➡ 【乙亥月(을해월)】 ☯ 소설 22일 08시 21분

양력 11	양력	1	2	3	4	5	6	7	8	9	10	11	12	13	14	15	16	17	18	19	20	21	22	23	24	25	26	27	28	29	30
	요일	월	화	수	목	금	토	일	월	화	수	목	금	토	일	월	화	수	목	금	토	일	월	화	수	목	금	토	일	월	화
	일진 日辰	甲申	乙酉	丙戌	丁亥	戊子	己丑	庚寅	辛卯	壬辰	癸巳	甲午	乙未	丙申	丁酉	戊戌	己亥	庚子	辛丑	壬寅	癸卯	甲辰	乙巳	丙午	丁未	戊申	己酉	庚戌	辛亥	壬子	癸丑
음력 09/19 ~ 10/19	음력	19	20	21	22	23	24	25	26	27	28	29	10/1	2	3	4	5	6	7	8	9	10	11	12	13	14	15	16	17	18	19
대운	남	2	2	1	1	1	1	입	10	9	9	9	8	8	8	7	7	7	6	6	6	5	소	5	4	4	4	3	3	3	2
	여	8	8	9	9	9	10	동	1	1	1	1	2	2	2	3	3	3	4	4	4	5	설	5	6	6	6	7	7	7	8

대설 7일 03시 48분 【음11월】 ➡ 【丙子月(병자월)】 ☯ 동지 21일 21시 41분

양력 12	양력	1	2	3	4	5	6	7	8	9	10	11	12	13	14	15	16	17	18	19	20	21	22	23	24	25	26	27	28	29	30	31
	요일	수	목	금	토	일	월	화	수	목	금	토	일	월	화	수	목	금	토	일	월	화	수	목	금	토	일	월	화	수	목	금
	일진 日辰	甲寅	乙卯	丙辰	丁巳	戊午	己未	庚申	辛酉	壬戌	癸亥	甲子	乙丑	丙寅	丁卯	戊辰	己巳	庚午	辛未	壬申	癸酉	甲戌	乙亥	丙子	丁丑	戊寅	己卯	庚辰	辛巳	壬午	癸未	甲申
음력 10/20 ~ 11/20	음력	20	21	22	23	24	25	26	27	28	29	30	11/1	2	3	4	5	6	7	8	9	10	11	12	13	14	15	16	17	18	19	20
대운	남	2	2	1	1	1	1	대	9	9	9	8	8	8	7	7	7	6	6	6	5	동	5	4	4	4	3	3	3	2	2	2
	여	8	8	9	9	9	10	설	1	1	1	1	2	2	2	3	3	3	4	4	4	지	5	5	6	6	6	7	7	7	8	8

단기 4338 年
불기 2549 年

2005년

下元 乙酉年 납음(泉中水), 본명성(四綠木)

대장군(午남방), 삼살(동방), 상문(亥서북방), 조객(未서남방), 납음(천중수), 【삼재(해,자,축)년】 臘享(납향):2006년1월18일(음12/19)

닭

乙酉年

소한 5일 15시 02분 【음12월】 ➡ 【丁丑月(정축월)】 ☯ 대한 20일 08시 21분

양력 1 / 음력 11/21 ~ 12/22

양력	1	2	3	4	5	6	7	8	9	10	11	12	13	14	15	16	17	18	19	20	21	22	23	24	25	26	27	28	29	30	31
요일	토	일	월	화	수	목	금	토	일	월	화	수	목	금	토	일	월	화	수	목	금	토	일	월	화	수	목	금	토	일	월
일진 日辰	乙酉	丙戌	丁亥	戊子	己丑	庚寅	辛卯	壬辰	癸巳	甲午	乙未	丙申	丁酉	戊戌	己亥	庚子	辛丑	壬寅	癸卯	甲辰	乙巳	丙午	丁未	戊申	己酉	庚戌	辛亥	壬子	癸丑	甲寅	乙卯
음력	21	22	23	24	25	26	27	28	29	12/1	2	3	4	5	6	7	8	9	10	11	12	13	14	15	16	17	18	19	20	21	22
대운 남	1	1	1	1	소	10	9	9	9	8	8	8	7	7	7	6	6	6	5	대	5	4	4	4	3	3	3	2	2	2	1
대운 여	8	9	9	9	한	1	1	1	1	2	2	2	3	3	3	4	4	4	5	한	5	6	6	6	7	7	7	8	8	8	9

입춘 4일 02시 42분 【음1월】 ➡ 【戊寅月(무인월)】 ☯ 우수 18일 22시 31분

양력 2 / 음력 12/23 ~ 01/20

양력	1	2	3	4	5	6	7	8	9	10	11	12	13	14	15	16	17	18	19	20	21	22	23	24	25	26	27	28
요일	화	수	목	금	토	일	월	화	수	목	금	토	일	월	화	수	목	금	토	일	월	화	수	목	금	토	일	월
일진 日辰	丙辰	丁巳	戊午	己未	庚申	辛酉	壬戌	癸亥	甲子	乙丑	丙寅	丁卯	戊辰	己巳	庚午	辛未	壬申	癸酉	甲戌	乙亥	丙子	丁丑	戊寅	己卯	庚辰	辛巳	壬午	癸未
음력	23	24	25	26	27	28	29	30	1/1	2	3	4	5	6	7	8	9	10	11	12	13	14	15	16	17	18	19	20
대운 남	1	1	1	입	1	1	1	1	2	2	2	3	3	3	4	4	4	우	5	5	6	6	6	7	7	7	8	8
대운 여	9	9	10	춘	9	9	9	8	8	8	7	7	7	6	6	6	5	수	5	4	4	4	3	3	3	2	2	2

경칩 5일 20시 44분 【음2월】 ➡ 【己卯月(기묘월)】 ☯ 춘분 20일 21시 33분

양력 3 / 음력 01/21 ~ 02/22

양력	1	2	3	4	5	6	7	8	9	10	11	12	13	14	15	16	17	18	19	20	21	22	23	24	25	26	27	28	29	30	31
요일	화	수	목	금	토	일	월	화	수	목	금	토	일	월	화	수	목	금	토	일	월	화	수	목	금	토	일	월	화	수	목
일진 日辰	甲申	乙酉	丙戌	丁亥	戊子	己丑	庚寅	辛卯	壬辰	癸巳	甲午	乙未	丙申	丁酉	戊戌	己亥	庚子	辛丑	壬寅	癸卯	甲辰	乙巳	丙午	丁未	戊申	己酉	庚戌	辛亥	壬子	癸丑	甲寅
음력	21	22	23	24	25	26	27	28	29	2/1	2	3	4	5	6	7	8	9	10	11	12	13	14	15	16	17	18	19	20	21	22
대운 남	8	9	9	9	경	1	1	1	1	2	2	2	3	3	3	4	4	4	5	춘	5	6	6	6	7	7	7	8	8	8	9
대운 여	1	1	1	1	칩	10	10	9	9	9	8	8	8	7	7	7	6	6	6	분	5	5	4	4	4	3	3	3	2	2	2

청명 5일 01시 34분 【음3월】 ➡ 【庚辰月(경진월)】 ☯ 곡우 20일 08시 36분

양력 4 / 음력 02/23 ~ 03/22

양력	1	2	3	4	5	6	7	8	9	10	11	12	13	14	15	16	17	18	19	20	21	22	23	24	25	26	27	28	29	30
요일	금	토	일	월	화	수	목	금	토	일	월	화	수	목	금	토	일	월	화	수	목	금	토	일	월	화	수	목	금	토
일진 日辰	乙卯	丙辰	丁巳	戊午	己未	庚申	辛酉	壬戌	癸亥	甲子	乙丑	丙寅	丁卯	戊辰	己巳	庚午	辛未	壬申	癸酉	甲戌	乙亥	丙子	丁丑	戊寅	己卯	庚辰	辛巳	壬午	癸未	甲申
음력	23	24	25	26	27	28	29	30	3/1	2	3	4	5	6	7	8	9	10	11	12	13	14	15	16	17	18	19	20	21	22
대운 남	9	9	10	10	청	1	1	1	1	2	2	2	3	3	3	4	4	4	5	곡	5	6	6	6	7	7	7	8	8	8
대운 여	1	1	1	1	명	10	9	9	9	8	8	8	7	7	7	6	6	6	5	우	5	4	4	4	3	3	3	2	2	2

입하 5일 18시 52분 【음4월】 ➡ 【辛巳月(신사월)】 ☯ 소만 21일 07시 47분

양력 5 / 음력 03/23 ~ 04/24

양력	1	2	3	4	5	6	7	8	9	10	11	12	13	14	15	16	17	18	19	20	21	22	23	24	25	26	27	28	29	30	31
요일	일	월	화	수	목	금	토	일	월	화	수	목	금	토	일	월	화	수	목	금	토	일	월	화	수	목	금	토	일	월	화
일진 日辰	乙酉	丙戌	丁亥	戊子	己丑	庚寅	辛卯	壬辰	癸巳	甲午	乙未	丙申	丁酉	戊戌	己亥	庚子	辛丑	壬寅	癸卯	甲辰	乙巳	丙午	丁未	戊申	己酉	庚戌	辛亥	壬子	癸丑	甲寅	乙卯
음력	23	24	25	26	27	28	29	4/1	2	3	4	5	6	7	8	9	10	11	12	13	14	15	16	17	18	19	20	21	22	23	24
대운 남	9	9	9	10	입	1	1	1	1	2	2	2	3	3	3	4	4	4	5	5	소	6	6	6	7	7	7	8	8	8	9
대운 여	1	1	1	1	하	10	10	9	9	9	8	8	8	7	7	7	6	6	6	5	만	5	4	4	4	3	3	3	2	2	2

망종 5일 23시 01분 【음5월】 ➡ 【壬午月(임오월)】 ☯ 하지 21일 15시 45분

양력 6 / 음력 04/25 ~ 05/24

양력	1	2	3	4	5	6	7	8	9	10	11	12	13	14	15	16	17	18	19	20	21	22	23	24	25	26	27	28	29	30
요일	수	목	금	토	일	월	화	수	목	금	토	일	월	화	수	목	금	토	일	월	화	수	목	금	토	일	월	화	수	목
일진 日辰	丙辰	丁巳	戊午	己未	庚申	辛酉	壬戌	癸亥	甲子	乙丑	丙寅	丁卯	戊辰	己巳	庚午	辛未	壬申	癸酉	甲戌	乙亥	丙子	丁丑	戊寅	己卯	庚辰	辛巳	壬午	癸未	甲申	乙酉
음력	25	26	27	28	29	30	5/1	2	3	4	5	6	7	8	9	10	11	12	13	14	15	16	17	18	19	20	21	22	23	24
대운 남	9	9	10	10	망	1	1	1	1	2	2	2	3	3	3	4	4	4	5	5	하	6	6	6	7	7	7	8	8	8
대운 여	1	1	1	1	종	10	10	10	9	9	9	8	8	8	7	7	7	6	6	6	지	5	5	4	4	4	3	3	3	2

한식(4월05일), 초복(7월15일), 중복(7월25일), 말복(8월14일) ☂춘사(春社)3/25
☀추사(秋社)9/21 토왕지절(土旺之節):4월17일,7월19일,10월20일,1월17일(음12/18)
臘享(납향):2006년1월18일(음12/19)

2005 乙酉年

소서 7일 09시 16분 【음6월】 ➡ 【癸未月(계미월)】 ☯ 대서 23일 02시 40분

양력 7 (음력 05/25–06/26)		1	2	3	4	5	6	7	8	9	10	11	12	13	14	15	16	17	18	19	20	21	22	23	24	25	26	27	28	29	30	31
요일		금	토	일	월	화	수	목	금	토	일	월	화	수	목	금	토	일	월	화	수	목	금	토	일	월	화	수	목	금	토	일
일진 日辰		丙戌	丁亥	戊子	己丑	庚寅	辛卯	壬辰	癸巳	甲午	乙未	丙申	丁酉	戊戌	己亥	庚子	辛丑	壬寅	癸卯	甲辰	乙巳	丙午	丁未	戊申	己酉	庚戌	辛亥	壬子	癸丑	甲寅	乙卯	丙辰
음력		25	26	27	28	29	6/1	2	3	4	5	6	7	8	9	10	11	12	13	14	15	16	17	18	19	20	21	22	23	24	25	26
대운	남	9	9	9	10	10	10	소	1	1	1	1	2	2	2	3	3	3	4	4	4	5	5	대	6	6	6	7	7	7	8	8
	여	2	2	1	1	1	1	서	10	10	9	9	9	8	8	8	7	7	7	6	6	6	5	서	5	4	4	4	3	3	3	2

입추 7일 19시 03분 【음7월】 ➡ 【甲申月(갑신월)】 ☯ 처서 23일 09시 45분

양력 8 (음력 06/27–07/27)		1	2	3	4	5	6	7	8	9	10	11	12	13	14	15	16	17	18	19	20	21	22	23	24	25	26	27	28	29	30	31
요일		월	화	수	목	금	토	일	월	화	수	목	금	토	일	월	화	수	목	금	토	일	월	화	수	목	금	토	일	월	화	수
일진 日辰		丁巳	戊午	己未	庚申	辛酉	壬戌	癸亥	甲子	乙丑	丙寅	丁卯	戊辰	己巳	庚午	辛未	壬申	癸酉	甲戌	乙亥	丙子	丁丑	戊寅	己卯	庚辰	辛巳	壬午	癸未	甲申	乙酉	丙戌	丁亥
음력		27	28	29	30	7/1	2	3	4	5	6	7	8	9	10	11	12	13	14	15	16	17	18	19	20	21	22	23	24	25	26	27
대운	남	8	9	9	9	10	10	입	1	1	1	1	2	2	2	3	3	3	4	4	4	5	5	처	6	6	6	7	7	7	8	8
	여	2	2	1	1	1	1	추	10	10	9	9	9	8	8	8	7	7	7	6	6	6	5	서	5	4	4	4	3	3	3	2

백로 7일 21시 56분 【음8월】 ➡ 【乙酉月(을유월)】 ☯ 추분 23일 07시 22분

양력 9 (음력 07/28–08/27)		1	2	3	4	5	6	7	8	9	10	11	12	13	14	15	16	17	18	19	20	21	22	23	24	25	26	27	28	29	30
요일		목	금	토	일	월	화	수	목	금	토	일	월	화	수	목	금	토	일	월	화	수	목	금	토	일	월	화	수	목	금
일진 日辰		戊子	己丑	庚寅	辛卯	壬辰	癸巳	甲午	乙未	丙申	丁酉	戊戌	己亥	庚子	辛丑	壬寅	癸卯	甲辰	乙巳	丙午	丁未	戊申	己酉	庚戌	辛亥	壬子	癸丑	甲寅	乙卯	丙辰	丁巳
음력		28	29	30	8/1	2	3	4	5	6	7	8	9	10	11	12	13	14	15	16	17	18	19	20	21	22	23	24	25	26	27
대운	남	8	9	9	9	10	10	백	1	1	1	1	2	2	2	3	3	3	4	4	4	5	5	추	6	6	6	7	7	7	8
	여	2	2	1	1	1	1	로	10	10	9	9	9	8	8	8	7	7	7	6	6	6	5	분	5	4	4	4	3	3	3

한로 8일 13시 33분 【음9월】 ➡ 【丙戌月(병술월)】 ☯ 상강 23일 16시 42분

양력 10 (음력 08/28–09/29)		1	2	3	4	5	6	7	8	9	10	11	12	13	14	15	16	17	18	19	20	21	22	23	24	25	26	27	28	29	30	31
요일		토	일	월	화	수	목	금	토	일	월	화	수	목	금	토	일	월	화	수	목	금	토	일	월	화	수	목	금	토	일	월
일진 日辰		戊午	己未	庚申	辛酉	壬戌	癸亥	甲子	乙丑	丙寅	丁卯	戊辰	己巳	庚午	辛未	壬申	癸酉	甲戌	乙亥	丙子	丁丑	戊寅	己卯	庚辰	辛巳	壬午	癸未	甲申	乙酉	丙戌	丁亥	戊子
음력		28	29	9/1	2	3	4	5	6	7	8	9	10	11	12	13	14	15	16	17	18	19	20	21	22	23	24	25	26	27	28	29
대운	남	8	8	9	9	9	10	10	한	1	1	1	1	2	2	2	3	3	3	4	4	4	5	상	5	6	6	6	7	7	7	8
	여	2	2	2	1	1	1	1	로	10	9	9	9	8	8	8	7	7	7	6	6	6	5	강	5	4	4	4	3	3	3	2

입동 7일 16시 42분 【음10월】 ➡ 【丁亥月(정해월)】 ☯ 소설 22일 14시 14분

양력 11 (음력 09/30–10/29)		1	2	3	4	5	6	7	8	9	10	11	12	13	14	15	16	17	18	19	20	21	22	23	24	25	26	27	28	29	30
요일		화	수	목	금	토	일	월	화	수	목	금	토	일	월	화	수	목	금	토	일	월	화	수	목	금	토	일	월	화	수
일진 日辰		己丑	庚寅	辛卯	壬辰	癸巳	甲午	乙未	丙申	丁酉	戊戌	己亥	庚子	辛丑	壬寅	癸卯	甲辰	乙巳	丙午	丁未	戊申	己酉	庚戌	辛亥	壬子	癸丑	甲寅	乙卯	丙辰	丁巳	戊午
음력		30	10/1	2	3	4	5	6	7	8	9	10	11	12	13	14	15	16	17	18	19	20	21	22	23	24	25	26	27	28	29
대운	남	8	8	9	9	9	10	입	1	1	1	1	2	2	2	3	3	3	4	4	4	5	소	5	6	6	6	7	7	7	8
	여	2	2	1	1	1	1	동	10	9	9	9	8	8	8	7	7	7	6	6	6	5	설	5	4	4	4	3	3	3	2

대설 7일 09시 32분 【음11월】 ➡ 【戊子月(무자월)】 ☯ 동지 22일 03시 34분

양력 12 (음력 10/30–12/01)		1	2	3	4	5	6	7	8	9	10	11	12	13	14	15	16	17	18	19	20	21	22	23	24	25	26	27	28	29	30	31
요일		목	금	토	일	월	화	수	목	금	토	일	월	화	수	목	금	토	일	월	화	수	목	금	토	일	월	화	수	목	금	토
일진 日辰		己未	庚申	辛酉	壬戌	癸亥	甲子	乙丑	丙寅	丁卯	戊辰	己巳	庚午	辛未	壬申	癸酉	甲戌	乙亥	丙子	丁丑	戊寅	己卯	庚辰	辛巳	壬午	癸未	甲申	乙酉	丙戌	丁亥	戊子	己丑
음력		30	11/1	2	3	4	5	6	7	8	9	10	11	12	13	14	15	16	17	18	19	20	21	22	23	24	25	26	27	28	29	12/1
대운	남	8	8	9	9	9	10	대	1	1	1	1	2	2	2	3	3	3	4	4	4	5	동	5	6	6	6	7	7	7	8	8
	여	2	2	1	1	1	1	설	9	9	9	8	8	8	7	7	7	6	6	6	5	5	지	4	4	4	3	3	3	2	2	2

단기 4339 年
불기 2550 年

2006년

下元 丙戌年 납음(屋上土), 본명성(三碧木)

대장군(午남방), 삼살(북방), 상문(子북방), 조객(申서남방), 납음(옥상토), 【삼재(신,유,술)년】 臘享(납향):2007년1월25일(음12/07)

소한 5일 20시 46분 【음12월】 ➡ **【己丑月(기축월)】** ☯ 대한 20일 14시 15분

양력 1	양력	1	2	3	4	5	6	7	8	9	10	11	12	13	14	15	16	17	18	19	20	21	22	23	24	25	26	27	28	29	30	31
	요일	일	월	화	수	목	금	토	일	월	화	수	목	금	토	일	월	화	수	목	금	토	일	월	화	수	목	금	토	일	월	화
	일진 日辰	庚寅	辛卯	壬辰	癸巳	甲午	乙未	丙申	丁酉	戊戌	己亥	庚子	辛丑	壬寅	癸卯	甲辰	乙巳	丙午	丁未	戊申	己酉	庚戌	辛亥	壬子	癸丑	甲寅	乙卯	丙辰	丁巳	戊午	己未	庚申
음력 12/02 ~ 01/03	음력	2	3	4	5	6	7	8	9	10	11	12	13	14	15	16	17	18	19	20	21	22	23	24	25	26	27	28	29	1/1	2	3
	대운 남	8	9	9	9	소	1	1	1	1	2	2	2	3	3	3	4	4	4	5	대	5	6	6	6	7	7	7	8	8	8	9
	대운 여	1	1	1	1	한	10	9	9	9	8	8	8	7	7	7	6	6	6	5	한	5	4	4	4	3	3	3	2	2	2	1

입춘 4일 08시 27분 【음1월】 ➡ **【庚寅月(경인월)】** ☯ 우수 19일 04시 25분

양력 2	양력	1	2	3	4	5	6	7	8	9	10	11	12	13	14	15	16	17	18	19	20	21	22	23	24	25	26	27	28
	요일	수	목	금	토	일	월	화	수	목	금	토	일	월	화	수	목	금	토	일	월	화	수	목	금	토	일	월	화
	일진 日辰	辛酉	壬戌	癸亥	甲子	乙丑	丙寅	丁卯	戊辰	己巳	庚午	辛未	壬申	癸酉	甲戌	乙亥	丙子	丁丑	戊寅	己卯	庚辰	辛巳	壬午	癸未	甲申	乙酉	丙戌	丁亥	戊子
음력 01/04 ~ 02/01	음력	4	5	6	7	8	9	10	11	12	13	14	15	16	17	18	19	20	21	22	23	24	25	26	27	28	29	30	2/1
	대운 남	9	9	10	입	10	9	9	9	8	8	8	7	7	7	6	6	6	5	우	5	4	4	4	3	3	3	2	2
	대운 여	1	1	1	춘	1	1	1	1	2	2	2	3	3	3	4	4	4	5	수	5	6	6	6	7	7	7	8	8

丙戌年

경칩 6일 02시 28분 【음2월】 ➡ **【辛卯月(신묘월)】** ☯ 춘분 21일 03시 25분

양력 3	양력	1	2	3	4	5	6	7	8	9	10	11	12	13	14	15	16	17	18	19	20	21	22	23	24	25	26	27	28	29	30	31
	요일	수	목	금	토	일	월	화	수	목	금	토	일	월	화	수	목	금	토	일	월	화	수	목	금	토	일	월	화	수	목	금
	일진 日辰	己丑	庚寅	辛卯	壬辰	癸巳	甲午	乙未	丙申	丁酉	戊戌	己亥	庚子	辛丑	壬寅	癸卯	甲辰	乙巳	丙午	丁未	戊申	己酉	庚戌	辛亥	壬子	癸丑	甲寅	乙卯	丙辰	丁巳	戊午	己未
음력 02/02 ~ 03/03	음력	2	3	4	5	6	7	8	9	10	11	12	13	14	15	16	17	18	19	20	21	22	23	24	25	26	27	28	29	3/1	2	3
	대운 남	2	1	1	1	1	경	10	9	9	9	8	8	8	7	7	7	6	6	6	5	춘	5	4	4	4	3	3	3	2	2	2
	대운 여	8	9	9	9	10	칩	1	1	1	1	2	2	2	3	3	3	4	4	4	5	분	5	6	6	6	7	7	7	8	8	8

청명 5일 07시 15분 【음3월】 ➡ **【壬辰月(임진월)】** ☯ 곡우 20일 14시 25분

양력 4	양력	1	2	3	4	5	6	7	8	9	10	11	12	13	14	15	16	17	18	19	20	21	22	23	24	25	26	27	28	29	30
	요일	토	일	월	화	수	목	금	토	일	월	화	수	목	금	토	일	월	화	수	목	금	토	일	월	화	수	목	금	토	일
	일진 日辰	庚申	辛酉	壬戌	癸亥	甲子	乙丑	丙寅	丁卯	戊辰	己巳	庚午	辛未	壬申	癸酉	甲戌	乙亥	丙子	丁丑	戊寅	己卯	庚辰	辛巳	壬午	癸未	甲申	乙酉	丙戌	丁亥	戊子	己丑
음력 03/04 ~ 04/03	음력	4	5	6	7	8	9	10	11	12	13	14	15	16	17	18	19	20	21	22	23	24	25	26	27	28	29	30	4/1	2	3
	대운 남	1	1	1	1	청	10	10	9	9	9	8	8	8	7	7	7	6	6	6	곡	5	5	4	4	4	3	3	3	2	2
	대운 여	9	9	9	10	명	1	1	1	1	2	2	2	3	3	3	4	4	4	5	우	5	6	6	6	7	7	7	8	8	8

입하 6일 00시 30분 【 음4월】 ➡ **【癸巳月(계사월)】** ☯ 소만 21일 13시 31분

양력 5	양력	1	2	3	4	5	6	7	8	9	10	11	12	13	14	15	16	17	18	19	20	21	22	23	24	25	26	27	28	29	30	31
	요일	월	화	수	목	금	토	일	월	화	수	목	금	토	일	월	화	수	목	금	토	일	월	화	수	목	금	토	일	월	화	수
	일진 日辰	庚寅	辛卯	壬辰	癸巳	甲午	乙未	丙申	丁酉	戊戌	己亥	庚子	辛丑	壬寅	癸卯	甲辰	乙巳	丙午	丁未	戊申	己酉	庚戌	辛亥	壬子	癸丑	甲寅	乙卯	丙辰	丁巳	戊午	己未	庚申
음력 04/04 ~ 05/04	음력	4	5	6	7	8	9	10	11	12	13	14	15	16	17	18	19	20	21	22	23	24	25	26	27	28	29	30	5/1	2	3	4
	대운 남	2	1	1	1	1	입	10	10	9	9	9	8	8	8	7	7	7	6	6	6	소	5	5	4	4	4	3	3	3	2	2
	대운 여	9	9	9	10	10	하	1	1	1	1	2	2	2	3	3	3	4	4	4	5	만	5	6	6	6	7	7	7	8	8	8

망종 6일 04시 36분 【 음5월】 ➡ **【甲午月(갑오월)】** ☯ 하지 21일 21시 25분

양력 6	양력	1	2	3	4	5	6	7	8	9	10	11	12	13	14	15	16	17	18	19	20	21	22	23	24	25	26	27	28	29	30
	요일	목	금	토	일	월	화	수	목	금	토	일	월	화	수	목	금	토	일	월	화	수	목	금	토	일	월	화	수	목	금
	일진 日辰	辛酉	壬戌	癸亥	甲子	乙丑	丙寅	丁卯	戊辰	己巳	庚午	辛未	壬申	癸酉	甲戌	乙亥	丙子	丁丑	戊寅	己卯	庚辰	辛巳	壬午	癸未	甲申	乙酉	丙戌	丁亥	戊子	己丑	庚寅
음력 05/06 ~ 06/05	음력	6	7	8	9	10	11	12	13	14	15	16	17	18	19	20	21	22	23	24	25	26	27	28	29	30	6/1	2	3	4	5
	대운 남	2	1	1	1	1	망	10	10	9	9	9	8	8	8	7	7	7	6	6	6	하	5	5	4	4	4	3	3	3	2
	대운 여	9	9	9	10	10	종	1	1	1	1	2	2	2	3	3	3	4	4	4	5	지	5	6	6	6	7	7	7	8	8

한식(4월6일), 초복(7월20일), 중복(7월30일), 말복(8월09일) ☂춘사(春社)3/20
☀추사(秋社)9/26 토왕지절(土旺之節):4월17일,7월20일,10월20일,1월17일(음11/29)
臘享(납향):2007년1월25일(음12/07)

2006 丙戌年

소서 7일 14시 51분 【음6월】 ➡ **【乙未月(을미월)】** ☯ 대서 23일 08시 17분

양력 7	양력	1	2	3	4	5	6	7	8	9	10	11	12	13	14	15	16	17	18	19	20	21	22	23	24	25	26	27	28	29	30	31
	요일	토	일	월	화	수	목	금	토	일	월	화	수	목	금	토	일	월	화	수	목	금	토	일	월	화	수	목	금	토	일	월
	일진	辛	壬	癸	甲	乙	丙	丁	戊	己	庚	辛	壬	癸	甲	乙	丙	丁	戊	己	庚	辛	壬	癸	甲	乙	丙	丁	戊	己	庚	辛
	日辰	卯	辰	巳	午	未	申	酉	戌	亥	子	丑	寅	卯	辰	巳	午	未	申	酉	戌	亥	子	丑	寅	卯	辰	巳	午	未	申	酉
음력 06/06 ~ 07/07	음력	6	7	8	9	10	11	12	13	14	15	16	17	18	19	20	21	22	23	24	25	26	27	28	29	7/1	2	3	4	5	6	7
대운	남	2	2	1	1	1	1	소	10	10	10	9	9	9	8	8	8	7	7	7	6	6	6	대	5	5	4	4	4	3	3	3
	여	8	9	9	9	10	10	서	1	1	1	1	2	2	2	3	3	3	4	4	4	5	5	서	6	6	6	7	7	7	8	8

입추 8일 00시 40분 【음7월】 ➡ **【丙申月(병신월)】** ☯ 처서 23일 15시 22분

양력 8	양력	1	2	3	4	5	6	7	8	9	10	11	12	13	14	15	16	17	18	19	20	21	22	23	24	25	26	27	28	29	30	31
	요일	화	수	목	금	토	일	월	화	수	목	금	토	일	월	화	수	목	금	토	일	월	화	수	목	금	토	일	월	화	수	목
	일진	壬	癸	甲	乙	丙	丁	戊	己	庚	辛	壬	癸	甲	乙	丙	丁	戊	己	庚	辛	壬	癸	甲	乙	丙	丁	戊	己	庚	辛	壬
	日辰	戌	亥	子	丑	寅	卯	辰	巳	午	未	申	酉	戌	亥	子	丑	寅	卯	辰	巳	午	未	申	酉	戌	亥	子	丑	寅	卯	辰
음력 07/08 ~ 윤708	음력	8	9	10	11	12	13	14	15	16	17	18	19	20	21	22	23	24	25	26	27	28	29	30	윤7	2	3	4	5	6	7	8
대운	남	2	2	2	1	1	1	1	입	10	10	9	9	9	8	8	8	7	7	7	6	6	6	처	5	5	4	4	4	3	3	3
	여	8	9	9	9	10	10	10	추	1	1	1	1	2	2	2	3	3	3	4	4	4	5	서	5	6	6	6	7	7	7	8

백로 8일 03시 38분 【음8월】 ➡ **【丁酉月(정유월)】** ☯ 추분 23일 13시 03분

양력 9	양력	1	2	3	4	5	6	7	8	9	10	11	12	13	14	15	16	17	18	19	20	21	22	23	24	25	26	27	28	29	30
	요일	금	토	일	월	화	수	목	금	토	일	월	화	수	목	금	토	일	월	화	수	목	금	토	일	월	화	수	목	금	토
	일진	癸	甲	乙	丙	丁	戊	己	庚	辛	壬	癸	甲	乙	丙	丁	戊	己	庚	辛	壬	癸	甲	乙	丙	丁	戊	己	庚	辛	壬
	日辰	巳	午	未	申	酉	戌	亥	子	丑	寅	卯	辰	巳	午	未	申	酉	戌	亥	子	丑	寅	卯	辰	巳	午	未	申	酉	戌
음력 윤709 ~ 08/09	음력	9	10	11	12	13	14	15	16	17	18	19	20	21	22	23	24	25	26	27	28	29	8/1	2	3	4	5	6	7	8	9
대운	남	2	2	2	1	1	1	1	백	10	9	9	9	8	8	8	7	7	7	6	6	6	5	추	5	4	4	4	3	3	3
	여	8	8	9	9	9	10	10	로	1	1	1	1	2	2	2	3	3	3	4	4	4	5	분	5	6	6	6	7	7	7

한로 8일 19시 21분 【음9월】 ➡ **【戊戌月(무술월)】** ☯ 상강 23일 22시 26분

양력 10	양력	1	2	3	4	5	6	7	8	9	10	11	12	13	14	15	16	17	18	19	20	21	22	23	24	25	26	27	28	29	30	31
	요일	일	월	화	수	목	금	토	일	월	화	수	목	금	토	일	월	화	수	목	금	토	일	월	화	수	목	금	토	일	월	화
	일진	癸	甲	乙	丙	丁	戊	己	庚	辛	壬	癸	甲	乙	丙	丁	戊	己	庚	辛	壬	癸	甲	乙	丙	丁	戊	己	庚	辛	壬	癸
	日辰	亥	子	丑	寅	卯	辰	巳	午	未	申	酉	戌	亥	子	丑	寅	卯	辰	巳	午	未	申	酉	戌	亥	子	丑	寅	卯	辰	巳
음력 08/10 ~ 09/10	음력	10	11	12	13	14	15	16	17	18	19	20	21	22	23	24	25	26	27	28	29	30	9/1	2	3	4	5	6	7	8	9	10
대운	남	2	2	2	1	1	1	1	한	10	9	9	9	8	8	8	7	7	7	6	6	6	5	상	5	4	4	4	3	3	3	2
	여	8	8	8	9	9	9	10	로	1	1	1	1	2	2	2	3	3	3	4	4	4	5	강	5	6	6	6	7	7	7	8

입동 7일 22시 34분 【음10월】 ➡ **【己亥月(기해월)】** ☯ 소설 22일 20시 01분

양력 11	양력	1	2	3	4	5	6	7	8	9	10	11	12	13	14	15	16	17	18	19	20	21	22	23	24	25	26	27	28	29	30
	요일	수	목	금	토	일	월	화	수	목	금	토	일	월	화	수	목	금	토	일	월	화	수	목	금	토	일	월	화	수	목
	일진	甲	乙	丙	丁	戊	己	庚	辛	壬	癸	甲	乙	丙	丁	戊	己	庚	辛	壬	癸	甲	乙	丙	丁	戊	己	庚	辛	壬	癸
	日辰	午	未	申	酉	戌	亥	子	丑	寅	卯	辰	巳	午	未	申	酉	戌	亥	子	丑	寅	卯	辰	巳	午	未	申	酉	戌	亥
음력 09/11 ~ 10/10	음력	11	12	13	14	15	16	17	18	19	20	21	22	23	24	25	26	27	28	29	30	10/1	2	3	4	5	6	7	8	9	10
대운	남	2	2	1	1	1	1	입	10	9	9	9	8	8	8	7	7	7	6	6	6	5	소	5	4	4	4	3	3	3	2
	여	8	8	9	9	9	10	동	1	1	1	1	2	2	2	3	3	3	4	4	4	5	설	5	6	6	6	7	7	7	8

대설 7일 15시 26분 【음11월】 ➡ **【庚子月(경자월)】** ☯ 동지 22일 09시 21분

양력 12	양력	1	2	3	4	5	6	7	8	9	10	11	12	13	14	15	16	17	18	19	20	21	22	23	24	25	26	27	28	29	30	31
	요일	금	토	일	월	화	수	목	금	토	일	월	화	수	목	금	토	일	월	화	수	목	금	토	일	월	화	수	목	금	토	일
	일진	甲	乙	丙	丁	戊	己	庚	辛	壬	癸	甲	乙	丙	丁	戊	己	庚	辛	壬	癸	甲	乙	丙	丁	戊	己	庚	辛	壬	癸	甲
	日辰	子	丑	寅	卯	辰	巳	午	未	申	酉	戌	亥	子	丑	寅	卯	辰	巳	午	未	申	酉	戌	亥	子	丑	寅	卯	辰	巳	午
음력 10/11 ~ 11/12	음력	11	12	13	14	15	16	17	18	19	20	21	22	23	24	25	26	27	28	29	11/1	2	3	4	5	6	7	8	9	10	11	12
대운	남	2	2	1	1	1	1	대	10	9	9	9	8	8	8	7	7	7	6	6	6	5	동	5	4	4	4	3	3	3	2	2
	여	8	8	9	9	9	10	설	1	1	1	1	2	2	2	3	3	3	4	4	4	5	지	5	6	6	6	7	7	7	8	8

단기 4340 年
불기 2551 年

2007년

下元 丁亥年 납음(屋上土), 본명성(二黑土)

대장군(酉서방), 삼살(酉서방), 상문(丑동북방), 조객(酉서방), 납음(옥상토), 【삼재(사,오,미)년】 臘享(납향):2008년1월20일(음12/13)

돼지

소한 6일 02시 39분 【음12월】 ➡ **【辛丑月(신축월)】** ☯ 대한 20일 20시 00분

양력 1	1	2	3	4	5	6	7	8	9	10	11	12	13	14	15	16	17	18	19	20	21	22	23	24	25	26	27	28	29	30	31
요일	월	화	수	목	금	토	일	월	화	수	목	금	토	일	월	화	수	목	금	토	일	월	화	수	목	금	토	일	월	화	수
일진 日辰	乙未	丙申	丁酉	戊戌	己亥	庚子	辛丑	壬寅	癸卯	甲辰	乙巳	丙午	丁未	戊申	己酉	庚戌	辛亥	壬子	癸丑	甲寅	乙卯	丙辰	丁巳	戊午	己未	庚申	辛酉	壬戌	癸亥	甲子	乙丑
음력 (11/13~12/13)	13	14	15	16	17	18	19	20	21	22	23	24	25	26	27	28	29	30	12/1	2	3	4	5	6	7	8	9	10	11	12	13
대운 남	2	1	1	1	1	소	9	9	9	8	8	8	7	7	7	6	6	6	5	대	5	4	4	4	3	3	3	2	2	2	1
대운 여	8	9	9	9	10	한	1	1	1	1	2	2	2	3	3	3	4	4	4	한	5	5	6	6	6	7	7	7	8	8	8

입춘 4일 14시 17분 【음1월】 ➡ **【壬寅月(임인월)】** ☯ 우수 19일 10시 08분

양력 2	1	2	3	4	5	6	7	8	9	10	11	12	13	14	15	16	17	18	19	20	21	22	23	24	25	26	27	28
요일	목	금	토	일	월	화	수	목	금	토	일	월	화	수	목	금	토	일	월	화	수	목	금	토	일	월	화	수
일진 日辰	丙寅	丁卯	戊辰	己巳	庚午	辛未	壬申	癸酉	甲戌	乙亥	丙子	丁丑	戊寅	己卯	庚辰	辛巳	壬午	癸未	甲申	乙酉	丙戌	丁亥	戊子	己丑	庚寅	辛卯	壬辰	癸巳
음력 (12/14~01/11)	14	15	16	17	18	19	20	21	22	23	24	25	26	27	28	29	30	1/1	2	3	4	5	6	7	8	9	10	11
대운 남	1	1	1	입	1	1	1	1	2	2	2	3	3	3	4	4	4	5	우	5	6	6	6	7	7	7	8	8
대운 여	9	9	9	춘	10	9	9	9	8	8	8	7	7	7	6	6	6	5	수	5	4	4	4	3	3	3	2	2

丁亥年

경칩 6일 08시 17분 【음2월】 ➡ **【癸卯月(계묘월)】** ☯ 춘분 21일 09시 07분

양력 3	1	2	3	4	5	6	7	8	9	10	11	12	13	14	15	16	17	18	19	20	21	22	23	24	25	26	27	28	29	30	31
요일	목	금	토	일	월	화	수	목	금	토	일	월	화	수	목	금	토	일	월	화	수	목	금	토	일	월	화	수	목	금	토
일진 日辰	甲午	乙未	丙申	丁酉	戊戌	己亥	庚子	辛丑	壬寅	癸卯	甲辰	乙巳	丙午	丁未	戊申	己酉	庚戌	辛亥	壬子	癸丑	甲寅	乙卯	丙辰	丁巳	戊午	己未	庚申	辛酉	壬戌	癸亥	甲子
음력 (01/12~02/13)	12	13	14	15	16	17	18	19	20	21	22	23	24	25	26	27	28	29	2/1	2	3	4	5	6	7	8	9	10	11	12	13
대운 남	8	9	9	9	10	경	1	1	1	1	2	2	2	3	3	3	4	4	4	5	춘	5	6	6	6	7	7	7	8	8	8
대운 여	2	1	1	1	1	칩	10	9	9	9	8	8	8	7	7	7	6	6	6	5	분	5	4	4	4	3	3	3	2	2	2

청명 5일 13시 04분 【음3월】 ➡ **【甲辰月(갑진월)】** ☯ 곡우 20일 20시 06분

양력 4	1	2	3	4	5	6	7	8	9	10	11	12	13	14	15	16	17	18	19	20	21	22	23	24	25	26	27	28	29	30
요일	일	월	화	수	목	금	토	일	월	화	수	목	금	토	일	월	화	수	목	금	토	일	월	화	수	목	금	토	일	월
일진 日辰	乙丑	丙寅	丁卯	戊辰	己巳	庚午	辛未	壬申	癸酉	甲戌	乙亥	丙子	丁丑	戊寅	己卯	庚辰	辛巳	壬午	癸未	甲申	乙酉	丙戌	丁亥	戊子	己丑	庚寅	辛卯	壬辰	癸巳	甲午
음력 (02/14~03/14)	14	15	16	17	18	19	20	21	22	23	24	25	26	27	28	29	3/1	2	3	4	5	6	7	8	9	10	11	12	13	14
대운 남	9	9	9	10	청	1	1	1	1	2	2	2	3	3	3	4	4	4	5	곡	5	6	6	6	7	7	7	8	8	8
대운 여	1	1	1	1	명	10	10	9	9	9	8	8	8	7	7	7	6	6	6	우	5	5	4	4	4	3	3	3	2	2

입하 6일 06시 20분 【음4월】 ➡ **【乙巳月(을사월)】** ☯ 소만 21일 19시 11분

양력 5	1	2	3	4	5	6	7	8	9	10	11	12	13	14	15	16	17	18	19	20	21	22	23	24	25	26	27	28	29	30	31
요일	화	수	목	금	토	일	월	화	수	목	금	토	일	월	화	수	목	금	토	일	월	화	수	목	금	토	일	월	화	수	목
일진 日辰	乙未	丙申	丁酉	戊戌	己亥	庚子	辛丑	壬寅	癸卯	甲辰	乙巳	丙午	丁未	戊申	己酉	庚戌	辛亥	壬子	癸丑	甲寅	乙卯	丙辰	丁巳	戊午	己未	庚申	辛酉	壬戌	癸亥	甲子	乙丑
음력 (03/15~04/15)	15	16	17	18	19	20	21	22	23	24	25	26	27	28	29	30	4/1	2	3	4	5	6	7	8	9	10	11	12	13	14	15
대운 남	9	9	9	10	10	입	1	1	1	1	2	2	2	3	3	3	4	4	4	5	소	5	6	6	6	7	7	7	8	8	8
대운 여	2	1	1	1	1	하	10	10	9	9	9	8	8	8	7	7	7	6	6	6	만	5	5	4	4	4	3	3	3	2	2

망종 6일 10시 26분 【음5월】 ➡ **【丙午月(병오월)】** ☯ 하지 22일 03시 06분

양력 6	1	2	3	4	5	6	7	8	9	10	11	12	13	14	15	16	17	18	19	20	21	22	23	24	25	26	27	28	29	30
요일	금	토	일	월	화	수	목	금	토	일	월	화	수	목	금	토	일	월	화	수	목	금	토	일	월	화	수	목	금	토
일진 日辰	丙寅	丁卯	戊辰	己巳	庚午	辛未	壬申	癸酉	甲戌	乙亥	丙子	丁丑	戊寅	己卯	庚辰	辛巳	壬午	癸未	甲申	乙酉	丙戌	丁亥	戊子	己丑	庚寅	辛卯	壬辰	癸巳	甲午	乙未
음력 (04/16~05/16)	16	17	18	19	20	21	22	23	24	25	26	27	28	29	5/1	2	3	4	5	6	7	8	9	10	11	12	13	14	15	16
대운 남	9	9	9	10	10	망	1	1	1	1	2	2	2	3	3	3	4	4	4	5	5	하	6	6	6	7	7	7	8	8
대운 여	2	1	1	1	1	종	10	10	9	9	9	8	8	8	7	7	7	6	6	6	5	지	5	4	4	4	3	3	3	2

한식(4월06일), 초복(7월15일), 중복(7월25일), 말복(8월14일) ☂춘사(春社)3/25
☀추사(秋社)9/21 토왕지절(土旺之節):4월17일,7월20일,10월21일,1월18일(음12/11)
臘享(납향):2008년1월20일(음12/13)

2007 丁亥年

소서 7일 20시 41분 【음6월】 ➡ 【丁未月(정미월)】 ☯ 대서 23일 13시 59분

양력 7	양력	1	2	3	4	5	6	7	8	9	10	11	12	13	14	15	16	17	18	19	20	21	22	23	24	25	26	27	28	29	30	31
	요일	일	월	화	수	목	금	토	일	월	화	수	목	금	토	일	월	화	수	목	금	토	일	월	화	수	목	금	토	일	월	화
	일진 日辰	丙申	丁酉	戊戌	己亥	庚子	辛丑	壬寅	癸卯	甲辰	乙巳	丙午	丁未	戊申	己酉	庚戌	辛亥	壬子	癸丑	甲寅	乙卯	丙辰	丁巳	戊午	己未	庚申	辛酉	壬戌	癸亥	甲子	乙丑	丙寅
음력 05/17 – 06/18	음력	17	18	19	20	21	22	23	24	25	26	27	28	29	6/1	2	3	4	5	6	7	8	9	10	11	12	13	14	15	16	17	18
대운	남	8	9	9	9	10	10	소	1	1	1	1	2	2	2	3	3	3	4	4	4	5	5	대	6	6	6	7	7	7	8	8
	여	2	2	1	1	1	1	서	10	10	10	9	9	9	8	8	8	7	7	7	6	6	6	서	5	5	4	4	4	3	3	3

입추 8일 06시 30분 【음7월】 ➡ 【戊申月(무신월)】 ☯ 처서 23일 21시 07분

양력 8	양력	1	2	3	4	5	6	7	8	9	10	11	12	13	14	15	16	17	18	19	20	21	22	23	24	25	26	27	28	29	30	31
	요일	수	목	금	토	일	월	화	수	목	금	토	일	월	화	수	목	금	토	일	월	화	수	목	금	토	일	월	화	수	목	금
	일진 日辰	丁卯	戊辰	己巳	庚午	辛未	壬申	癸酉	甲戌	乙亥	丙子	丁丑	戊寅	己卯	庚辰	辛巳	壬午	癸未	甲申	乙酉	丙戌	丁亥	戊子	己丑	庚寅	辛卯	壬辰	癸巳	甲午	乙未	丙申	丁酉
음력 06/19 – 07/19	음력	19	20	21	22	23	24	25	26	27	28	29	30	7/1	2	3	4	5	6	7	8	9	10	11	12	13	14	15	16	17	18	19
대운	남	8	9	9	9	10	10	10	입	1	1	1	1	2	2	2	3	3	3	4	4	4	5	처	5	6	6	6	7	7	7	8
	여	2	2	2	1	1	1	1	추	10	10	9	9	9	8	8	8	7	7	7	6	6	6	서	5	5	4	4	4	3	3	3

백로 8일 09시 29분 【음8월】 ➡ 【己酉月(기유월)】 ☯ 추분 23일 18시 50분

양력 9	양력	1	2	3	4	5	6	7	8	9	10	11	12	13	14	15	16	17	18	19	20	21	22	23	24	25	26	27	28	29	30	
	요일	토	일	월	화	수	목	금	토	일	월	화	수	목	금	토	일	월	화	수	목	금	토	일	월	화	수	목	금	토	일	
	일진 日辰	戊戌	己亥	庚子	辛丑	壬寅	癸卯	甲辰	乙巳	丙午	丁未	戊申	己酉	庚戌	辛亥	壬子	癸丑	甲寅	乙卯	丙辰	丁巳	戊午	己未	庚申	辛酉	壬戌	癸亥	甲子	乙丑	丙寅	丁卯	
음력 07/20 – 08/20	음력	20	21	22	23	24	25	26	27	28	29	8/1	2	3	4	5	6	7	8	9	10	11	12	13	14	15	16	17	18	19	20	
대운	남	8	8	9	9	9	10	10	백	1	1	1	1	2	2	2	3	3	3	4	4	4	5	추	5	6	6	6	7	7	7	
	여	2	2	2	1	1	1	1	로	10	10	9	9	9	8	8	8	7	7	7	6	6	6	분	5	5	4	4	4	3	3	

한로 9일 01시 11분 【음9월】 ➡ 【庚戌月(경술월)】 ☯ 상강 24일 04시 15분

양력 10	양력	1	2	3	4	5	6	7	8	9	10	11	12	13	14	15	16	17	18	19	20	21	22	23	24	25	26	27	28	29	30	31
	요일	월	화	수	목	금	토	일	월	화	수	목	금	토	일	월	화	수	목	금	토	일	월	화	수	목	금	토	일	월	화	수
	일진 日辰	戊辰	己巳	庚午	辛未	壬申	癸酉	甲戌	乙亥	丙子	丁丑	戊寅	己卯	庚辰	辛巳	壬午	癸未	甲申	乙酉	丙戌	丁亥	戊子	己丑	庚寅	辛卯	壬辰	癸巳	甲午	乙未	丙申	丁酉	戊戌
음력 08/21 – 09/21	음력	21	22	23	24	25	26	27	28	29	30	9/1	2	3	4	5	6	7	8	9	10	11	12	13	14	15	16	17	18	19	20	21
대운	남	8	8	8	9	9	9	10	10	한	1	1	1	1	2	2	2	3	3	3	4	4	4	5	상	5	6	6	6	7	7	7
	여	3	2	2	2	1	1	1	1	로	10	9	9	9	8	8	8	7	7	7	6	6	6	5	강	5	4	4	4	3	3	3

입동 8일 04시 23분 【음10월】 ➡ 【辛亥月(신해월)】 ☯ 소설 23일 01시 49분

양력 11	양력	1	2	3	4	5	6	7	8	9	10	11	12	13	14	15	16	17	18	19	20	21	22	23	24	25	26	27	28	29	30	
	요일	목	금	토	일	월	화	수	목	금	토	일	월	화	수	목	금	토	일	월	화	수	목	금	토	일	월	화	수	목	금	
	일진 日辰	己亥	庚子	辛丑	壬寅	癸卯	甲辰	乙巳	丙午	丁未	戊申	己酉	庚戌	辛亥	壬子	癸丑	甲寅	乙卯	丙辰	丁巳	戊午	己未	庚申	辛酉	壬戌	癸亥	甲子	乙丑	丙寅	丁卯	戊辰	
음력 09/22 – 10/21	음력	22	23	24	25	26	27	28	29	30	10/1	2	3	4	5	6	7	8	9	10	11	12	13	14	15	16	17	18	19	20	21	
대운	남	8	8	8	9	9	9	10	입	1	1	1	1	2	2	2	3	3	3	4	4	4	5	소	5	6	6	6	7	7	7	
	여	2	2	2	1	1	1	1	동	9	9	9	8	8	8	7	7	7	6	6	6	5	5	설	4	4	4	3	3	3	2	

대설 7일 21시 13분 【음11월】 ➡ 【壬子月(임자월)】 ☯ 동지 22일 15시 07분

양력 12	양력	1	2	3	4	5	6	7	8	9	10	11	12	13	14	15	16	17	18	19	20	21	22	23	24	25	26	27	28	29	30	31
	요일	토	일	월	화	수	목	금	토	일	월	화	수	목	금	토	일	월	화	수	목	금	토	일	월	화	수	목	금	토	일	월
	일진 日辰	己巳	庚午	辛未	壬申	癸酉	甲戌	乙亥	丙子	丁丑	戊寅	己卯	庚辰	辛巳	壬午	癸未	甲申	乙酉	丙戌	丁亥	戊子	己丑	庚寅	辛卯	壬辰	癸巳	甲午	乙未	丙申	丁酉	戊戌	己亥
음력 10/22 – 11/22	음력	22	23	24	25	26	27	28	29	30	11/1	2	3	4	5	6	7	8	9	10	11	12	13	14	15	16	17	18	19	20	21	22
대운	남	8	8	8	9	9	9	대	1	1	1	1	2	2	2	3	3	3	4	4	4	5	동	5	6	6	6	7	7	7	8	8
	여	2	2	1	1	1	1	설	10	9	9	9	8	8	8	7	7	7	6	6	6	5	지	5	4	4	4	3	3	3	2	2

단기 4341 年
불기 2552 年

2008년

下元 戊子年 납음(霹靂火), 본명성(一白水)

대장군(酉서방), 삼살(남방), 상문(寅동북방), 조객(戌서북방),
납음(벽력화), 삼재(인,묘,진) 臘享(납향):2009년1월17일(음12/22)

소한 6일 08시 24분 【음12월】 ➡ 【癸丑月(계축월)】 ☯ 대한 21일 01시 43분

양력 1	1	2	3	4	5	6	7	8	9	10	11	12	13	14	15	16	17	18	19	20	21	22	23	24	25	26	27	28	29	30	31
요일	화	수	목	금	토	일	월	화	수	목	금	토	일	월	화	수	목	금	토	일	월	화	수	목	금	토	일	월	화	수	목
일진 日辰	庚子	辛丑	壬寅	癸卯	甲辰	乙巳	丙午	丁未	戊申	己酉	庚戌	辛亥	壬子	癸丑	甲寅	乙卯	丙辰	丁巳	戊午	己未	庚申	辛酉	壬戌	癸亥	甲子	乙丑	丙寅	丁卯	戊辰	己巳	庚午
음력 (11/23~12/24)	23	24	25	26	27	28	29	12/1	2	3	4	5	6	7	8	9	10	11	12	13	14	15	16	17	18	19	20	21	22	23	24
대운 남	8	9	9	9	10	소	1	1	1	1	2	2	2	3	3	3	4	4	4	5	대	5	6	6	6	7	7	7	8	8	8
대운 여	2	1	1	1	1	한	9	9	9	8	8	8	7	7	7	6	6	6	5	5	한	4	4	4	3	3	3	2	2	2	1

입춘 4일 20시 00분 【음1월】 ➡ 【甲寅月(갑인월)】 ☯ 우수 19일 15시 49분

양력 2	1	2	3	4	5	6	7	8	9	10	11	12	13	14	15	16	17	18	19	20	21	22	23	24	25	26	27	28	29
요일	금	토	일	월	화	수	목	금	토	일	월	화	수	목	금	토	일	월	화	수	목	금	토	일	월	화	수	목	금
일진 日辰	辛未	壬申	癸酉	甲戌	乙亥	丙子	丁丑	戊寅	己卯	庚辰	辛巳	壬午	癸未	甲申	乙酉	丙戌	丁亥	戊子	己丑	庚寅	辛卯	壬辰	癸巳	甲午	乙未	丙申	丁酉	戊戌	己亥
음력 (12/25~01/23)	25	26	27	28	29	30	1/1	2	3	4	5	6	7	8	9	10	11	12	13	14	15	16	17	18	19	20	21	22	23
대운 남	9	9	9	입	10	9	9	9	8	8	8	7	7	7	6	6	6	5	우	5	4	4	4	3	3	3	2	2	2
대운 여	1	1	1	춘	1	1	1	1	2	2	2	3	3	3	4	4	4	5	수	5	6	6	6	7	7	7	8	8	8

戊子年

경칩 5일 13시 58분 【음2월】 ➡ 【乙卯月(을묘월)】 ☯ 춘분 20일 14시 47분

양력 3	1	2	3	4	5	6	7	8	9	10	11	12	13	14	15	16	17	18	19	20	21	22	23	24	25	26	27	28	29	30	31
요일	토	일	월	화	수	목	금	토	일	월	화	수	목	금	토	일	월	화	수	목	금	토	일	월	화	수	목	금	토	일	월
일진 日辰	庚子	辛丑	壬寅	癸卯	甲辰	乙巳	丙午	丁未	戊申	己酉	庚戌	辛亥	壬子	癸丑	甲寅	乙卯	丙辰	丁巳	戊午	己未	庚申	辛酉	壬戌	癸亥	甲子	乙丑	丙寅	丁卯	戊辰	己巳	庚午
음력 (01/24~02/24)	24	25	26	27	28	29	30	2/1	2	3	4	5	6	7	8	9	10	11	12	13	14	15	16	17	18	19	20	21	22	23	24
대운 남	1	1	1	1	경	10	9	9	9	8	8	8	7	7	7	6	6	6	5	춘	5	4	4	4	3	3	3	2	2	2	1
대운 여	9	9	9	10	칩	1	1	1	1	2	2	2	3	3	3	4	4	4	5	분	5	6	6	6	7	7	7	8	8	8	9

청명 4일 18시 45분 【음3월】 ➡ 【丙辰月(병진월)】 ☯ 곡우 20일 01시 50분

양력 4	1	2	3	4	5	6	7	8	9	10	11	12	13	14	15	16	17	18	19	20	21	22	23	24	25	26	27	28	29	30
요일	화	수	목	금	토	일	월	화	수	목	금	토	일	월	화	수	목	금	토	일	월	화	수	목	금	토	일	월	화	수
일진 日辰	辛未	壬申	癸酉	甲戌	乙亥	丙子	丁丑	戊寅	己卯	庚辰	辛巳	壬午	癸未	甲申	乙酉	丙戌	丁亥	戊子	己丑	庚寅	辛卯	壬辰	癸巳	甲午	乙未	丙申	丁酉	戊戌	己亥	庚子
음력 (02/25~03/25)	25	26	27	28	29	3/1	2	3	4	5	6	7	8	9	10	11	12	13	14	15	16	17	18	19	20	21	22	23	24	25
대운 남	1	1	1	청	10	10	9	9	9	8	8	8	7	7	7	6	6	6	5	곡	5	4	4	4	3	3	3	2	2	2
대운 여	9	9	10	명	1	1	1	1	2	2	2	3	3	3	4	4	4	5	5	우	6	6	6	7	7	7	8	8	8	9

입하 5일 12시 03분 【음4월】 ➡ 【丁巳月(정사월)】 ☯ 소만 21일 01시 00분

양력 5	1	2	3	4	5	6	7	8	9	10	11	12	13	14	15	16	17	18	19	20	21	22	23	24	25	26	27	28	29	30	31
요일	목	금	토	일	월	화	수	목	금	토	일	월	화	수	목	금	토	일	월	화	수	목	금	토	일	월	화	수	목	금	토
일진 日辰	辛丑	壬寅	癸卯	甲辰	乙巳	丙午	丁未	戊申	己酉	庚戌	辛亥	壬子	癸丑	甲寅	乙卯	丙辰	丁巳	戊午	己未	庚申	辛酉	壬戌	癸亥	甲子	乙丑	丙寅	丁卯	戊辰	己巳	庚午	辛未
음력 (03/26~04/27)	26	27	28	29	4/1	2	3	4	5	6	7	8	9	10	11	12	13	14	15	16	17	18	19	20	21	22	23	24	25	26	27
대운 남	1	1	1	1	입	10	10	9	9	9	8	8	8	7	7	7	6	6	6	5	소	5	4	4	4	3	3	3	2	2	2
대운 여	9	9	10	10	하	1	1	1	1	2	2	2	3	3	3	4	4	4	5	5	만	6	6	6	7	7	7	8	8	8	9

망종 5일 16시 11분 【음5월】 ➡ 【戊午月(무오월)】 ☯ 하지 21일 08시 59분

양력 6	1	2	3	4	5	6	7	8	9	10	11	12	13	14	15	16	17	18	19	20	21	22	23	24	25	26	27	28	29	30
요일	일	월	화	수	목	금	토	일	월	화	수	목	금	토	일	월	화	수	목	금	토	일	월	화	수	목	금	토	일	월
일진 日辰	壬申	癸酉	甲戌	乙亥	丙子	丁丑	戊寅	己卯	庚辰	辛巳	壬午	癸未	甲申	乙酉	丙戌	丁亥	戊子	己丑	庚寅	辛卯	壬辰	癸巳	甲午	乙未	丙申	丁酉	戊戌	己亥	庚子	辛丑
음력 (04/28~05/27)	28	29	30	5/1	2	3	4	5	6	7	8	9	10	11	12	13	14	15	16	17	18	19	20	21	22	23	24	25	26	27
대운 남	1	1	1	1	망	10	10	10	9	9	9	8	8	8	7	7	7	6	6	6	하	5	5	4	4	4	3	3	3	2
대운 여	9	9	10	10	종	1	1	1	1	2	2	2	3	3	3	4	4	4	5	5	지	6	6	6	7	7	7	8	8	8

한식(4월05일), 초복(7월19일), 중복(7월29일), 말복(8월08일) ☂춘사(春社)3/19
☀추사(秋社)9/26 토왕지절(土旺之節):4월17일,7월19일,10월20일,1월14일(음12/19)
臘享(납향):2009년1월17일(음12/22)

2008 戊子年

소서 7일 02시 26분 【음6월】➡ **【己未月(기미월)】** ☯ 대서 22일 19시 54분

양력 7	1	2	3	4	5	6	7	8	9	10	11	12	13	14	15	16	17	18	19	20	21	22	23	24	25	26	27	28	29	30	31
요일	화	수	목	금	토	일	월	화	수	목	금	토	일	월	화	수	목	금	토	일	월	화	수	목	금	토	일	월	화	수	목
일진 日辰	壬寅	癸卯	甲辰	乙巳	丙午	丁未	戊申	己酉	庚戌	辛亥	壬子	癸丑	甲寅	乙卯	丙辰	丁巳	戊午	己未	庚申	辛酉	壬戌	癸亥	甲子	乙丑	丙寅	丁卯	戊辰	己巳	庚午	辛未	壬申
음력 (05/28~06/29)	28	29	6/1	2	3	4	5	6	7	8	9	10	11	12	13	14	15	16	17	18	19	20	21	22	23	24	25	26	27	28	29
대운 남	2	2	1	1	1	1	소	10	10	9	9	9	8	8	8	7	7	7	6	6	6	대	5	5	4	4	4	3	3	3	2
대운 여	9	9	9	10	10	10	서	1	1	1	1	2	2	2	3	3	3	4	4	4	5	서	5	6	6	6	7	7	7	8	8

입추 7일 12시 15분 【음7월】➡ **【庚申月(경신월)】** ☯ 처서 23일 03시 01분

양력 8	1	2	3	4	5	6	7	8	9	10	11	12	13	14	15	16	17	18	19	20	21	22	23	24	25	26	27	28	29	30	31
요일	금	토	일	월	화	수	목	금	토	일	월	화	수	목	금	토	일	월	화	수	목	금	토	일	월	화	수	목	금	토	일
일진 日辰	癸酉	甲戌	乙亥	丙子	丁丑	戊寅	己卯	庚辰	辛巳	壬午	癸未	甲申	乙酉	丙戌	丁亥	戊子	己丑	庚寅	辛卯	壬辰	癸巳	甲午	乙未	丙申	丁酉	戊戌	己亥	庚子	辛丑	壬寅	癸卯
음력 (07/01~08/01)	7/1	2	3	4	5	6	7	8	9	10	11	12	13	14	15	16	17	18	19	20	21	22	23	24	25	26	27	28	29	30	8/1
대운 남	2	2	1	1	1	1	입	10	10	9	9	9	8	8	8	7	7	7	6	6	6	5	처	5	4	4	4	3	3	3	2
대운 여	8	9	9	9	10	10	추	1	1	1	1	2	2	2	3	3	3	4	4	4	5	5	서	6	6	6	7	7	7	8	8

백로 7일 15시 13분 【음8월】➡ **【辛酉月(신유월)】** ☯ 추분 23일 00시 44분

양력 9	1	2	3	4	5	6	7	8	9	10	11	12	13	14	15	16	17	18	19	20	21	22	23	24	25	26	27	28	29	30
요일	월	화	수	목	금	토	일	월	화	수	목	금	토	일	월	화	수	목	금	토	일	월	화	수	목	금	토	일	월	화
일진 日辰	甲辰	乙巳	丙午	丁未	戊申	己酉	庚戌	辛亥	壬子	癸丑	甲寅	乙卯	丙辰	丁巳	戊午	己未	庚申	辛酉	壬戌	癸亥	甲子	乙丑	丙寅	丁卯	戊辰	己巳	庚午	辛未	壬申	癸酉
음력 (08/02~09/02)	2	3	4	5	6	7	8	9	10	11	12	13	14	15	16	17	18	19	20	21	22	23	24	25	26	27	28	29	9/1	2
대운 남	2	2	1	1	1	1	백	10	10	9	9	9	8	8	8	7	7	7	6	6	6	5	추	5	4	4	4	3	3	3
대운 여	8	9	9	9	10	10	로	1	1	1	1	2	2	2	3	3	3	4	4	4	5	5	분	6	6	6	7	7	7	8

한로 8일 06시 56분 【음9월】➡ **【壬戌月(임술월)】** ☯ 상강 23일 10시 08분

양력 10	1	2	3	4	5	6	7	8	9	10	11	12	13	14	15	16	17	18	19	20	21	22	23	24	25	26	27	28	29	30	31
요일	수	목	금	토	일	월	화	수	목	금	토	일	월	화	수	목	금	토	일	월	화	수	목	금	토	일	월	화	수	목	금
일진 日辰	甲戌	乙亥	丙子	丁丑	戊寅	己卯	庚辰	辛巳	壬午	癸未	甲申	乙酉	丙戌	丁亥	戊子	己丑	庚寅	辛卯	壬辰	癸巳	甲午	乙未	丙申	丁酉	戊戌	己亥	庚子	辛丑	壬寅	癸卯	甲辰
음력 (09/03~10/03)	3	4	5	6	7	8	9	10	11	12	13	14	15	16	17	18	19	20	21	22	23	24	25	26	27	28	29	30	10/1	2	3
대운 남	2	2	2	1	1	1	1	한	10	9	9	9	8	8	8	7	7	7	6	6	6	5	상	5	4	4	4	3	3	3	2
대운 여	8	8	9	9	9	10	10	로	1	1	1	1	2	2	2	3	3	3	4	4	4	5	강	5	6	6	6	7	7	7	8

입동 7일 10시 10분 【음10월】➡ **【癸亥月(계해월)】** ☯ 소설 22일 07시 44분

양력 11	1	2	3	4	5	6	7	8	9	10	11	12	13	14	15	16	17	18	19	20	21	22	23	24	25	26	27	28	29	30
요일	토	일	월	화	수	목	금	토	일	월	화	수	목	금	토	일	월	화	수	목	금	토	일	월	화	수	목	금	토	일
일진 日辰	乙巳	丙午	丁未	戊申	己酉	庚戌	辛亥	壬子	癸丑	甲寅	乙卯	丙辰	丁巳	戊午	己未	庚申	辛酉	壬戌	癸亥	甲子	乙丑	丙寅	丁卯	戊辰	己巳	庚午	辛未	壬申	癸酉	甲戌
음력 (10/04~11/03)	4	5	6	7	8	9	10	11	12	13	14	15	16	17	18	19	20	21	22	23	24	25	26	27	28	29	30	11/1	2	3
대운 남	2	2	1	1	1	1	입	10	9	9	9	8	8	8	7	7	7	6	6	6	5	소	5	4	4	4	3	3	3	2
대운 여	8	8	9	9	9	10	동	1	1	1	1	2	2	2	3	3	3	4	4	4	5	설	5	6	6	6	7	7	7	8

대설 7일 03시 02분 【음11월】➡ **【甲子月(갑자월)】** ☯ 동지 21일 21시 03분

양력 12	1	2	3	4	5	6	7	8	9	10	11	12	13	14	15	16	17	18	19	20	21	22	23	24	25	26	27	28	29	30	31
요일	월	화	수	목	금	토	일	월	화	수	목	금	토	일	월	화	수	목	금	토	일	월	화	수	목	금	토	일	월	화	수
일진 日辰	乙亥	丙子	丁丑	戊寅	己卯	庚辰	辛巳	壬午	癸未	甲申	乙酉	丙戌	丁亥	戊子	己丑	庚寅	辛卯	壬辰	癸巳	甲午	乙未	丙申	丁酉	戊戌	己亥	庚子	辛丑	壬寅	癸卯	甲辰	乙巳
음력 (11/04~12/05)	4	5	6	7	8	9	10	11	12	13	14	15	16	17	18	19	20	21	22	23	24	25	26	27	28	29	12/1	2	3	4	5
대운 남	2	2	1	1	1	1	대	9	9	9	8	8	8	7	7	7	6	6	6	5	동	5	4	4	4	3	3	3	2	2	2
대운 여	8	8	9	9	9	10	설	1	1	1	1	2	2	2	3	3	3	4	4	4	지	5	5	6	6	6	7	7	7	8	8

단기 4342 年 불기 2553 年	2009년	下元 己丑年 납음(霹靂火), 본명성(九紫火) 대장군(酉서방), 삼살(동방), 상문(卯동방), 조객(亥서북방), 납음(벽력화), 【삼재(해,자,축)년】 臘享(납향):2010년1월21일(음12/07)

소 

소한 5일 14시 13분 【음12월】 ➡ 【乙丑月(을축월)】 ☯ 대한 20일 07시 40분

양력 1 (음력 12/06–01/06)		1	2	3	4	5	6	7	8	9	10	11	12	13	14	15	16	17	18	19	20	21	22	23	24	25	26	27	28	29	30	31
요일		목	금	토	일	월	화	수	목	금	토	일	월	화	수	목	금	토	일	월	화	수	목	금	토	일	월	화	수	목	금	토
일진 日辰		丙午	丁未	戊申	己酉	庚戌	辛亥	壬子	癸丑	甲寅	乙卯	丙辰	丁巳	戊午	己未	庚申	辛酉	壬戌	癸亥	甲子	乙丑	丙寅	丁卯	戊辰	己巳	庚午	辛未	壬申	癸酉	甲戌	乙亥	丙子
음력		6	7	8	9	10	11	12	13	14	15	16	17	18	19	20	21	22	23	24	25	26	27	28	29	30	1/1	2	3	4	5	6
대운	남	1	1	1	1	소	10	9	9	9	8	8	8	7	7	7	6	6	6	5	대	5	4	4	4	3	3	3	2	2	2	1
	여	8	9	9	9	한	1	1	1	1	2	2	2	3	3	3	4	4	4	5	한	5	6	6	6	7	7	7	8	8	8	9

입춘 4일 01시 49분 【음1월】 ➡ 【丙寅月(병인월)】 ☯ 우수 18일 21시 45분

양력 2 (음력 01/07–02/04)		1	2	3	4	5	6	7	8	9	10	11	12	13	14	15	16	17	18	19	20	21	22	23	24	25	26	27	28	
요일		일	월	화	수	목	금	토	일	월	화	수	목	금	토	일	월	화	수	목	금	토	일	월	화	수	목	금	토	己
일진 日辰		丁丑	戊寅	己卯	庚辰	辛巳	壬午	癸未	甲申	乙酉	丙戌	丁亥	戊子	己丑	庚寅	辛卯	壬辰	癸巳	甲午	乙未	丙申	丁酉	戊戌	己亥	庚子	辛丑	壬寅	癸卯	甲辰	丑
음력		7	8	9	10	11	12	13	14	15	16	17	18	19	20	21	22	23	24	25	26	27	28	29	30	2/1	2	3	4	年
대운	남	1	1	1	입	1	1	1	1	2	2	2	3	3	3	4	4	4	우	5	5	6	6	6	7	7	7	8	8	
	여	9	9	10	춘	9	9	9	8	8	8	7	7	7	6	6	6	5	수	5	4	4	4	3	3	3	2	2	2	

경칩 5일 19시 47분 【음2월】 ➡ 【丁卯月(정묘월)】 ☯ 춘분 20일 20시 43분

양력 3 (음력 02/05–03/05)		1	2	3	4	5	6	7	8	9	10	11	12	13	14	15	16	17	18	19	20	21	22	23	24	25	26	27	28	29	30	31
요일		일	월	화	수	목	금	토	일	월	화	수	목	금	토	일	월	화	수	목	금	토	일	월	화	수	목	금	토	일	월	화
일진 日辰		乙巳	丙午	丁未	戊申	己酉	庚戌	辛亥	壬子	癸丑	甲寅	乙卯	丙辰	丁巳	戊午	己未	庚申	辛酉	壬戌	癸亥	甲子	乙丑	丙寅	丁卯	戊辰	己巳	庚午	辛未	壬申	癸酉	甲戌	乙亥
음력		5	6	7	8	9	10	11	12	13	14	15	16	17	18	19	20	21	22	23	24	25	26	27	28	29	30	3/1	2	3	4	5
대운	남	8	9	9	9	경	1	1	1	1	2	2	2	3	3	3	4	4	4	5	춘	5	6	6	6	7	7	7	8	8	8	9
	여	1	1	1	1	칩	10	10	9	9	9	8	8	8	7	7	7	6	6	6	분	5	5	4	4	4	3	3	3	2	2	2

청명 5일 00시 33분 【음3월】 ➡ 【戊辰月(무진월)】 ☯ 곡우 20일 07시 44분

양력 4 (음력 03/06–04/06)		1	2	3	4	5	6	7	8	9	10	11	12	13	14	15	16	17	18	19	20	21	22	23	24	25	26	27	28	29	30
요일		수	목	금	토	일	월	화	수	목	금	토	일	월	화	수	목	금	토	일	월	화	수	목	금	토	일	월	화	수	목
일진 日辰		丙子	丁丑	戊寅	己卯	庚辰	辛巳	壬午	癸未	甲申	乙酉	丙戌	丁亥	戊子	己丑	庚寅	辛卯	壬辰	癸巳	甲午	乙未	丙申	丁酉	戊戌	己亥	庚子	辛丑	壬寅	癸卯	甲辰	乙巳
음력		6	7	8	9	10	11	12	13	14	15	16	17	18	19	20	21	22	23	24	25	26	27	28	29	4/1	2	3	4	5	6
대운	남	9	9	10	10	청	1	1	1	1	2	2	2	3	3	3	4	4	4	5	곡	5	6	6	6	7	7	7	8	8	8
	여	1	1	1	1	명	10	9	9	9	8	8	8	7	7	7	6	6	6	5	우	5	4	4	4	3	3	3	2	2	2

입하 5일 17시 50분 【음4월】 ➡ 【己巳月(기사월)】 ☯ 소만 21일 06시 50분

양력 5 (음력 04/07–05/08)		1	2	3	4	5	6	7	8	9	10	11	12	13	14	15	16	17	18	19	20	21	22	23	24	25	26	27	28	29	30	31
요일		금	토	일	월	화	수	목	금	토	일	월	화	수	목	금	토	일	월	화	수	목	금	토	일	월	화	수	목	금	토	일
일진 日辰		丙午	丁未	戊申	己酉	庚戌	辛亥	壬子	癸丑	甲寅	乙卯	丙辰	丁巳	戊午	己未	庚申	辛酉	壬戌	癸亥	甲子	乙丑	丙寅	丁卯	戊辰	己巳	庚午	辛未	壬申	癸酉	甲戌	乙亥	丙子
음력		7	8	9	10	11	12	13	14	15	16	17	18	19	20	21	22	23	24	25	26	27	28	29	5/1	2	3	4	5	6	7	8
대운	남	9	9	9	10	입	1	1	1	1	2	2	2	3	3	3	4	4	4	5	5	소	6	6	6	7	7	7	8	8	8	9
	여	1	1	1	1	하	10	10	9	9	9	8	8	8	7	7	7	6	6	6	5	만	5	4	4	4	3	3	3	2	2	2

망종 5일 21시 58분 【음5월】 ➡ 【庚午月(경오월)】 ☯ 하지 21일 14시 45분

양력 6 (음력 05/09–윤508)		1	2	3	4	5	6	7	8	9	10	11	12	13	14	15	16	17	18	19	20	21	22	23	24	25	26	27	28	29	30
요일		월	화	수	목	금	토	일	월	화	수	목	금	토	일	월	화	수	목	금	토	일	월	화	수	목	금	토	일	월	화
일진 日辰		丁丑	戊寅	己卯	庚辰	辛巳	壬午	癸未	甲申	乙酉	丙戌	丁亥	戊子	己丑	庚寅	辛卯	壬辰	癸巳	甲午	乙未	丙申	丁酉	戊戌	己亥	庚子	辛丑	壬寅	癸卯	甲辰	乙巳	丙午
음력		9	10	11	12	13	14	15	16	17	18	19	20	21	22	23	24	25	26	27	28	29	30	윤5	2	3	4	5	6	7	8
대운	남	9	9	10	10	망	1	1	1	1	2	2	2	3	3	3	4	4	4	5	5	하	6	6	6	7	7	7	8	8	8
	여	1	1	1	1	종	10	10	10	9	9	9	8	8	8	7	7	7	6	6	6	지	5	5	4	4	4	3	3	3	2

한식(4월05일), 초복(7월14일), 중복(7월24일), 말복(8월13일) ☂춘사(春社)3/24
☀추사(秋社)9/20 토왕지절(土旺之節):4월17일,7월19일,10월20일,1월17일(음12/03)
臘享(납향):2010년1월21일(음12/07)

2009 己丑年

소서 7일 08시 13분 【음6월】 ➡ 【辛未月(신미월)】 ☯ 대서 23일 01시 35분

양력 7 / 음력 윤509 ~ 06/10	1	2	3	4	5	6	7	8	9	10	11	12	13	14	15	16	17	18	19	20	21	22	23	24	25	26	27	28	29	30	31
요일	수	목	금	토	일	월	화	수	목	금	토	일	월	화	수	목	금	토	일	월	화	수	목	금	토	일	월	화	수	목	금
일진	丁	戊	己	庚	辛	壬	癸	甲	乙	丙	丁	戊	己	庚	辛	壬	癸	甲	乙	丙	丁	戊	己	庚	辛	壬	癸	甲	乙	丙	丁
日辰	未	申	酉	戌	亥	子	丑	寅	卯	辰	巳	午	未	申	酉	戌	亥	子	丑	寅	卯	辰	巳	午	未	申	酉	戌	亥	子	丑
음력	9	10	11	12	13	14	15	16	17	18	19	20	21	22	23	24	25	26	27	28	29	6/1	2	3	4	5	6	7	8	9	10
대운 남	9	9	9	10	10	10	소	1	1	1	1	2	2	2	3	3	3	4	4	4	5	5	대	6	6	6	7	7	7	8	8
대운 여	2	2	1	1	1	1	서	10	10	9	9	9	8	8	8	7	7	7	6	6	6	5	서	5	4	4	4	3	3	3	2

입추 7일 18시 00분 【음7월】 ➡ 【壬申月(임신월)】 ☯ 처서 23일 08시 38분

양력 8 / 음력 06/11 ~ 07/12	1	2	3	4	5	6	7	8	9	10	11	12	13	14	15	16	17	18	19	20	21	22	23	24	25	26	27	28	29	30	31
요일	토	일	월	화	수	목	금	토	일	월	화	수	목	금	토	일	월	화	수	목	금	토	일	월	화	수	목	금	토	일	월
일진	戊	己	庚	辛	壬	癸	甲	乙	丙	丁	戊	己	庚	辛	壬	癸	甲	乙	丙	丁	戊	己	庚	辛	壬	癸	甲	乙	丙	丁	戊
日辰	寅	卯	辰	巳	午	未	申	酉	戌	亥	子	丑	寅	卯	辰	巳	午	未	申	酉	戌	亥	子	丑	寅	卯	辰	巳	午	未	申
음력	11	12	13	14	15	16	17	18	19	20	21	22	23	24	25	26	27	28	29	7/1	2	3	4	5	6	7	8	9	10	11	12
대운 남	8	9	9	9	10	10	입	1	1	1	1	2	2	2	3	3	3	4	4	4	5	5	처	6	6	6	7	7	7	8	8
대운 여	2	2	1	1	1	1	추	10	10	9	9	9	8	8	8	7	7	7	6	6	6	5	서	5	4	4	4	3	3	3	2

백로 7일 20시 57분 【음8월】 ➡ 【癸酉月(계유월)】 ☯ 추분 23일 06시 18분

양력 9 / 음력 07/13 ~ 08/12	1	2	3	4	5	6	7	8	9	10	11	12	13	14	15	16	17	18	19	20	21	22	23	24	25	26	27	28	29	30
요일	화	수	목	금	토	일	월	화	수	목	금	토	일	월	화	수	목	금	토	일	월	화	수	목	금	토	일	월	화	수
일진	己	庚	辛	壬	癸	甲	乙	丙	丁	戊	己	庚	辛	壬	癸	甲	乙	丙	丁	戊	己	庚	辛	壬	癸	甲	乙	丙	丁	戊
日辰	酉	戌	亥	子	丑	寅	卯	辰	巳	午	未	申	酉	戌	亥	子	丑	寅	卯	辰	巳	午	未	申	酉	戌	亥	子	丑	寅
음력	13	14	15	16	17	18	19	20	21	22	23	24	25	26	27	28	29	30	8/1	2	3	4	5	6	7	8	9	10	11	12
대운 남	8	9	9	9	10	10	백	1	1	1	1	2	2	2	3	3	3	4	4	4	5	5	추	6	6	6	7	7	7	8
대운 여	2	2	1	1	1	1	로	10	10	9	9	9	8	8	8	7	7	7	6	6	6	5	분	5	4	4	4	3	3	3

한로 8일 12시 39분 【음9월】 ➡ 【甲戌月(갑술월)】 ☯ 상강 23일 15시 43분

양력 10 / 음력 08/13 ~ 09/14	1	2	3	4	5	6	7	8	9	10	11	12	13	14	15	16	17	18	19	20	21	22	23	24	25	26	27	28	29	30	31
요일	목	금	토	일	월	화	수	목	금	토	일	월	화	수	목	금	토	일	월	화	수	목	금	토	일	월	화	수	목	금	토
일진	己	庚	辛	壬	癸	甲	乙	丙	丁	戊	己	庚	辛	壬	癸	甲	乙	丙	丁	戊	己	庚	辛	壬	癸	甲	乙	丙	丁	戊	己
日辰	卯	辰	巳	午	未	申	酉	戌	亥	子	丑	寅	卯	辰	巳	午	未	申	酉	戌	亥	子	丑	寅	卯	辰	巳	午	未	申	酉
음력	13	14	15	16	17	18	19	20	21	22	23	24	25	26	27	28	29	9/1	2	3	4	5	6	7	8	9	10	11	12	13	14
대운 남	8	8	9	9	9	10	10	한	1	1	1	1	2	2	2	3	3	3	4	4	4	5	상	5	6	6	6	7	7	7	8
대운 여	2	2	2	1	1	1	1	로	10	9	9	9	8	8	8	7	7	7	6	6	6	5	강	5	4	4	4	3	3	3	2

입동 7일 15시 55분 【음10월】 ➡ 【乙亥月(을해월)】 ☯ 소설 22일 13시 22분

양력 11 / 음력 09/15 ~ 10/14	1	2	3	4	5	6	7	8	9	10	11	12	13	14	15	16	17	18	19	20	21	22	23	24	25	26	27	28	29	30
요일	일	월	화	수	목	금	토	일	월	화	수	목	금	토	일	월	화	수	목	금	토	일	월	화	수	목	금	토	일	월
일진	庚	辛	壬	癸	甲	乙	丙	丁	戊	己	庚	辛	壬	癸	甲	乙	丙	丁	戊	己	庚	辛	壬	癸	甲	乙	丙	丁	戊	己
日辰	戌	亥	子	丑	寅	卯	辰	巳	午	未	申	酉	戌	亥	子	丑	寅	卯	辰	巳	午	未	申	酉	戌	亥	子	丑	寅	卯
음력	15	16	17	18	19	20	21	22	23	24	25	26	27	28	29	30	10/1	2	3	4	5	6	7	8	9	10	11	12	13	14
대운 남	8	8	9	9	9	10	입	1	1	1	1	2	2	2	3	3	3	4	4	4	5	소	5	6	6	6	7	7	7	8
대운 여	2	2	1	1	1	1	동	10	9	9	9	8	8	8	7	7	7	6	6	6	5	설	5	4	4	4	3	3	3	2

대설 7일 08시 51분 【음11월】 ➡ 【丙子月(병자월)】 ☯ 동지 22일 02시 46분

양력 12 / 음력 10/15 ~ 11/16	1	2	3	4	5	6	7	8	9	10	11	12	13	14	15	16	17	18	19	20	21	22	23	24	25	26	27	28	29	30	31
요일	화	수	목	금	토	일	월	화	수	목	금	토	일	월	화	수	목	금	토	일	월	화	수	목	금	토	일	월	화	수	목
일진	庚	辛	壬	癸	甲	乙	丙	丁	戊	己	庚	辛	壬	癸	甲	乙	丙	丁	戊	己	庚	辛	壬	癸	甲	乙	丙	丁	戊	己	庚
日辰	辰	巳	午	未	申	酉	戌	亥	子	丑	寅	卯	辰	巳	午	未	申	酉	戌	亥	子	丑	寅	卯	辰	巳	午	未	申	酉	戌
음력	15	16	17	18	19	20	21	22	23	24	25	26	27	28	29	11/1	2	3	4	5	6	7	8	9	10	11	12	13	14	15	16
대운 남	8	8	9	9	9	10	대	1	1	1	1	2	2	2	3	3	3	4	4	4	5	동	5	6	6	6	7	7	7	8	8
대운 여	2	2	1	1	1	1	설	9	9	9	8	8	8	7	7	7	6	6	6	5	5	지	4	4	4	3	3	3	2	2	2

단기 4343 年
불기 2554 年

2010년

下元 庚寅年 납음(松柏木), 본명성(八白土)

대장군(子북방), 삼살(북방), 상문(辰동남방), 조객(子북방), 납음(송백목), 【삼재(신,유,술)년】 臘享(납향):2011년1월17일(음12/14)

호
랑
이

소한 5일 20시 08분 【음12월】 ➡ **【丁丑月(정축월)】** ☯ 대한 20일 13시 27분

양력 1 / 음력 11/17 ~ 12/17

양력	1	2	3	4	5	6	7	8	9	10	11	12	13	14	15	16	17	18	19	20	21	22	23	24	25	26	27	28	29	30	31
요일	금	토	일	월	화	수	목	금	토	일	월	화	수	목	금	토	일	월	화	수	목	금	토	일	월	화	수	목	금	토	일
일진 日辰	辛亥	壬子	癸丑	甲寅	乙卯	丙辰	丁巳	戊午	己未	庚申	辛酉	壬戌	癸亥	甲子	乙丑	丙寅	丁卯	戊辰	己巳	庚午	辛未	壬申	癸酉	甲戌	乙亥	丙子	丁丑	戊寅	己卯	庚辰	辛巳
음력	17	18	19	20	21	22	23	24	25	26	27	28	29	30	12/1	2	3	4	5	6	7	8	9	10	11	12	13	14	15	16	17
대운 남	8	9	9	9	소	1	1	1	1	2	2	2	3	3	3	4	4	4	5	대	5	6	6	6	7	7	7	8	8	8	9
대운 여	1	1	1	1	한	10	9	9	9	8	8	8	7	7	7	6	6	6	5	한	5	4	4	4	3	3	3	2	2	2	1

입춘 4일 07시 47분 【음1월】 ➡ **【戊寅月(무인월)】** ☯ 우수 19일 03시 35분

양력 2 / 음력 12/18 ~ 01/15

양력	1	2	3	4	5	6	7	8	9	10	11	12	13	14	15	16	17	18	19	20	21	22	23	24	25	26	27	28
요일	월	화	수	목	금	토	일	월	화	수	목	금	토	일	월	화	수	목	금	토	일	월	화	수	목	금	토	일
일진 日辰	壬午	癸未	甲申	乙酉	丙戌	丁亥	戊子	己丑	庚寅	辛卯	壬辰	癸巳	甲午	乙未	丙申	丁酉	戊戌	己亥	庚子	辛丑	壬寅	癸卯	甲辰	乙巳	丙午	丁未	戊申	己酉
음력	18	19	20	21	22	23	24	25	26	27	28	29	30	1/1	2	3	4	5	6	7	8	9	10	11	12	13	14	15
대운 남	9	9	10	입	10	9	9	9	8	8	8	7	7	7	6	6	6	5	우	5	4	4	4	3	3	3	2	2
대운 여	1	1	1	춘	1	1	1	1	2	2	2	3	3	3	4	4	4	5	수	5	6	6	6	7	7	7	8	8

庚寅年

경칩 6일 01시 46분 【음2월】 ➡ **【己卯月(기묘월)】** ☯ 춘분 21일 02시 31분

양력 3 / 음력 01/16 ~ 02/16

양력	1	2	3	4	5	6	7	8	9	10	11	12	13	14	15	16	17	18	19	20	21	22	23	24	25	26	27	28	29	30	31
요일	월	화	수	목	금	토	일	월	화	수	목	금	토	일	월	화	수	목	금	토	일	월	화	수	목	금	토	일	월	화	수
일진 日辰	庚戌	辛亥	壬子	癸丑	甲寅	乙卯	丙辰	丁巳	戊午	己未	庚申	辛酉	壬戌	癸亥	甲子	乙丑	丙寅	丁卯	戊辰	己巳	庚午	辛未	壬申	癸酉	甲戌	乙亥	丙子	丁丑	戊寅	己卯	庚辰
음력	16	17	18	19	20	21	22	23	24	25	26	27	28	29	30	2/1	2	3	4	5	6	7	8	9	10	11	12	13	14	15	16
대운 남	2	1	1	1	1	경	10	9	9	9	8	8	8	7	7	7	6	6	6	5	춘	5	4	4	4	3	3	3	2	2	2
대운 여	8	9	9	9	10	칩	1	1	1	1	2	2	2	3	3	3	4	4	4	5	분	5	6	6	6	7	7	7	8	8	8

청명 5일 06시 30분 【음3월】 ➡ **【庚辰月(경진월)】** ☯ 곡우 20일 13시 29분

양력 4 / 음력 02/17 ~ 03/17

양력	1	2	3	4	5	6	7	8	9	10	11	12	13	14	15	16	17	18	19	20	21	22	23	24	25	26	27	28	29	30
요일	목	금	토	일	월	화	수	목	금	토	일	월	화	수	목	금	토	일	월	화	수	목	금	토	일	월	화	수	목	금
일진 日辰	辛巳	壬午	癸未	甲申	乙酉	丙戌	丁亥	戊子	己丑	庚寅	辛卯	壬辰	癸巳	甲午	乙未	丙申	丁酉	戊戌	己亥	庚子	辛丑	壬寅	癸卯	甲辰	乙巳	丙午	丁未	戊申	己酉	庚戌
음력	17	18	19	20	21	22	23	24	25	26	27	28	29	3/1	2	3	4	5	6	7	8	9	10	11	12	13	14	15	16	17
대운 남	1	1	1	1	청	10	9	9	9	8	8	8	7	7	7	6	6	6	5	곡	5	4	4	4	3	3	3	2	2	2
대운 여	9	9	9	10	명	1	1	1	1	2	2	2	3	3	3	4	4	4	5	우	5	6	6	6	7	7	7	8	8	8

입하 5일 23시 43분 【음4월】 ➡ **【辛巳月(신사월)】** ☯ 소만 21일 12시 33분

양력 5 / 음력 03/18 ~ 04/18

양력	1	2	3	4	5	6	7	8	9	10	11	12	13	14	15	16	17	18	19	20	21	22	23	24	25	26	27	28	29	30	31
요일	토	일	월	화	수	목	금	토	일	월	화	수	목	금	토	일	월	화	수	목	금	토	일	월	화	수	목	금	토	일	월
일진 日辰	辛亥	壬子	癸丑	甲寅	乙卯	丙辰	丁巳	戊午	己未	庚申	辛酉	壬戌	癸亥	甲子	乙丑	丙寅	丁卯	戊辰	己巳	庚午	辛未	壬申	癸酉	甲戌	乙亥	丙子	丁丑	戊寅	己卯	庚辰	辛巳
음력	18	19	20	21	22	23	24	25	26	27	28	29	30	4/1	2	3	4	5	6	7	8	9	10	11	12	13	14	15	16	17	18
대운 남	1	1	1	1	입	10	10	10	9	9	9	8	8	8	7	7	7	6	6	6	소	5	5	4	4	4	3	3	3	2	2
대운 여	9	9	9	10	하	1	1	1	1	2	2	2	3	3	3	4	4	4	5	5	만	6	6	6	7	7	7	8	8	8	9

망종 6일 03시 49분 【 음5월】 ➡ **【壬午月(임오월)】** ☯ 하지 21일 20시 28분

양력 6 / 음력 04/19 ~ 05/19

양력	1	2	3	4	5	6	7	8	9	10	11	12	13	14	15	16	17	18	19	20	21	22	23	24	25	26	27	28	29	30
요일	화	수	목	금	토	일	월	화	수	목	금	토	일	월	화	수	목	금	토	일	월	화	수	목	금	토	일	월	화	수
일진 日辰	壬午	癸未	甲申	乙酉	丙戌	丁亥	戊子	己丑	庚寅	辛卯	壬辰	癸巳	甲午	乙未	丙申	丁酉	戊戌	己亥	庚子	辛丑	壬寅	癸卯	甲辰	乙巳	丙午	丁未	戊申	己酉	庚戌	辛亥
음력	19	20	21	22	23	24	25	26	27	28	29	5/1	2	3	4	5	6	7	8	9	10	11	12	13	14	15	16	17	18	19
대운 남	2	1	1	1	1	망	10	10	9	9	9	8	8	8	7	7	7	6	6	6	하	5	5	4	4	4	3	3	3	2
대운 여	9	9	10	10	10	종	1	1	1	1	2	2	2	3	3	3	4	4	4	5	지	5	6	6	6	7	7	7	8	8

(한식(4월06일), 초복(7월19일), 중복(7월29일), 말복(8월08일)☂춘사(春社)3/19
☀추사(秋社)9/25 토왕지절(土旺之節):4월17일,7월20일,10월20일,1월16일(음12/13)
臘享(납향):2011년1월17일(음12/14)

2010 庚寅年

소서 7일 14시 02분 【음6월】➡ 【癸未月(계미월)】 ☯ 대서 23일 07시 20분

양력 7	양력	1	2	3	4	5	6	7	8	9	10	11	12	13	14	15	16	17	18	19	20	21	22	23	24	25	26	27	28	29	30	31
	요일	목	금	토	일	월	화	수	목	금	토	일	월	화	수	목	금	토	일	월	화	수	목	금	토	일	월	화	수	목	금	토
	일진 日辰	壬子	癸丑	甲寅	乙卯	丙辰	丁巳	戊午	己未	庚申	辛酉	壬戌	癸亥	甲子	乙丑	丙寅	丁卯	戊辰	己巳	庚午	辛未	壬申	癸酉	甲戌	乙亥	丙子	丁丑	戊寅	己卯	庚辰	辛巳	壬午
음력 05/20 ~ 06/20	음력	20	21	22	23	24	25	26	27	28	29	30	6/1	2	3	4	5	6	7	8	9	10	11	12	13	14	15	16	17	18	19	20
대운	남	2	2	1	1	1	1	소	10	10	9	9	9	8	8	8	7	7	7	6	6	6	5	대	5	4	4	4	3	3	3	2
	여	8	9	9	9	10	10	서	1	1	1	1	2	2	2	3	3	3	4	4	4	5	5	서	6	6	6	7	7	7	8	8

입추 7일 23시 48분 【음7월】➡ 【甲申月(갑신월)】 ☯ 처서 23일 14시 26분

양력 8	양력	1	2	3	4	5	6	7	8	9	10	11	12	13	14	15	16	17	18	19	20	21	22	23	24	25	26	27	28	29	30	31
	요일	일	월	화	수	목	금	토	일	월	화	수	목	금	토	일	월	화	수	목	금	토	일	월	화	수	목	금	토	일	월	화
	일진 日辰	癸未	甲申	乙酉	丙戌	丁亥	戊子	己丑	庚寅	辛卯	壬辰	癸巳	甲午	乙未	丙申	丁酉	戊戌	己亥	庚子	辛丑	壬寅	癸卯	甲辰	乙巳	丙午	丁未	戊申	己酉	庚戌	辛亥	壬子	癸丑
음력 06/21 ~ 07/22	음력	21	22	23	24	25	26	27	28	29	7/1	2	3	4	5	6	7	8	9	10	11	12	13	14	15	16	17	18	19	20	21	22
대운	남	2	2	1	1	1	1	입	10	10	10	9	9	9	8	8	8	7	7	7	6	6	6	처	5	5	4	4	4	3	3	3
	여	8	9	9	9	10	10	추	1	1	1	1	2	2	2	3	3	3	4	4	4	5	5	서	6	6	6	7	7	7	8	8

백로 8일 02시 44분 【음8월】➡ 【乙酉月(을유월)】 ☯ 추분 23일 12시 08분

양력 9	양력	1	2	3	4	5	6	7	8	9	10	11	12	13	14	15	16	17	18	19	20	21	22	23	24	25	26	27	28	29	30
	요일	수	목	금	토	일	월	화	수	목	금	토	일	월	화	수	목	금	토	일	월	화	수	목	금	토	일	월	화	수	목
	일진 日辰	甲寅	乙卯	丙辰	丁巳	戊午	己未	庚申	辛酉	壬戌	癸亥	甲子	乙丑	丙寅	丁卯	戊辰	己巳	庚午	辛未	壬申	癸酉	甲戌	乙亥	丙子	丁丑	戊寅	己卯	庚辰	辛巳	壬午	癸未
음력 07/23 ~ 08/23	음력	23	24	25	26	27	28	29	8/1	2	3	4	5	6	7	8	9	10	11	12	13	14	15	16	17	18	19	20	21	22	23
대운	남	2	2	2	1	1	1	1	백	10	9	9	9	8	8	8	7	7	7	6	6	6	5	추	5	4	4	4	3	3	3
	여	8	9	9	9	10	10	10	로	1	1	1	1	2	2	2	3	3	3	4	4	4	5	분	5	6	6	6	7	7	7

한로 8일 18시 26분 【음9월】➡ 【丙戌月(병술월)】 ☯ 상강 23일 21시 34분

양력 10	양력	1	2	3	4	5	6	7	8	9	10	11	12	13	14	15	16	17	18	19	20	21	22	23	24	25	26	27	28	29	30	31
	요일	금	토	일	월	화	수	목	금	토	일	월	화	수	목	금	토	일	월	화	수	목	금	토	일	월	화	수	목	금	토	일
	일진 日辰	甲申	乙酉	丙戌	丁亥	戊子	己丑	庚寅	辛卯	壬辰	癸巳	甲午	乙未	丙申	丁酉	戊戌	己亥	庚子	辛丑	壬寅	癸卯	甲辰	乙巳	丙午	丁未	戊申	己酉	庚戌	辛亥	壬子	癸丑	甲寅
음력 08/24 ~ 09/24	음력	24	25	26	27	28	29	30	9/1	2	3	4	5	6	7	8	9	10	11	12	13	14	15	16	17	18	19	20	21	22	23	24
대운	남	2	2	2	1	1	1	1	한	10	9	9	9	8	8	8	7	7	7	6	6	6	5	상	5	4	4	4	3	3	3	2
	여	8	8	8	9	9	9	10	로	1	1	1	1	2	2	2	3	3	3	4	4	4	5	강	5	6	6	6	7	7	7	8

입동 7일 21시 42분 【음10월】➡ 【丁亥月(정해월)】 ☯ 소설 22일 19시 14분

양력 11	양력	1	2	3	4	5	6	7	8	9	10	11	12	13	14	15	16	17	18	19	20	21	22	23	24	25	26	27	28	29	30
	요일	월	화	수	목	금	토	일	월	화	수	목	금	토	일	월	화	수	목	금	토	일	월	화	수	목	금	토	일	월	화
	일진 日辰	乙卯	丙辰	丁巳	戊午	己未	庚申	辛酉	壬戌	癸亥	甲子	乙丑	丙寅	丁卯	戊辰	己巳	庚午	辛未	壬申	癸酉	甲戌	乙亥	丙子	丁丑	戊寅	己卯	庚辰	辛巳	壬午	癸未	甲申
음력 09/25 ~ 10/25	음력	25	26	27	28	29	10/1	2	3	4	5	6	7	8	9	10	11	12	13	14	15	16	17	18	19	20	21	22	23	24	25
대운	남	2	2	1	1	1	1	입	10	9	9	9	8	8	8	7	7	7	6	6	6	5	소	5	4	4	4	3	3	3	2
	여	8	8	9	9	9	10	동	1	1	1	1	2	2	2	3	3	3	4	4	4	5	설	5	6	6	6	7	7	7	8

대설 7일 14시 38분 【음11월】➡ 【戊子月(무자월)】 ☯ 동지 22일 08시 38분

양력 12	양력	1	2	3	4	5	6	7	8	9	10	11	12	13	14	15	16	17	18	19	20	21	22	23	24	25	26	27	28	29	30	31
	요일	수	목	금	토	일	월	화	수	목	금	토	일	월	화	수	목	금	토	일	월	화	수	목	금	토	일	월	화	수	목	금
	일진 日辰	乙酉	丙戌	丁亥	戊子	己丑	庚寅	辛卯	壬辰	癸巳	甲午	乙未	丙申	丁酉	戊戌	己亥	庚子	辛丑	壬寅	癸卯	甲辰	乙巳	丙午	丁未	戊申	己酉	庚戌	辛亥	壬子	癸丑	甲寅	乙卯
음력 10/26 ~ 11/26	음력	26	27	28	29	30	11/1	2	3	4	5	6	7	8	9	10	11	12	13	14	15	16	17	18	19	20	21	22	23	24	25	26
대운	남	2	2	1	1	1	1	대	10	9	9	9	8	8	8	7	7	7	6	6	6	5	동	5	4	4	4	3	3	3	2	2
	여	8	8	9	9	9	10	설	1	1	1	1	2	2	2	3	3	3	4	4	4	5	지	5	6	6	6	7	7	7	8	8

단기 4344 年	2011년	下元 辛卯年 납음(松柏木),본명성(七赤金)
불기 2555 年		대장군(子북방), 삼살(酉서방), 상문(巳동남방),조객(丑동북방), 납음(송백목), 【삼재(사,오,미)년】 臘享(납향):2012년1월18일(음12/25)

소한 6일 01시 54분 【음12월】 ➡ **【己丑月(기축월)】** ☯ 대한 20일 19시 18분

양력 1 / 음력 11/27 ~ 12/28

양력	1	2	3	4	5	6	7	8	9	10	11	12	13	14	15	16	17	18	19	20	21	22	23	24	25	26	27	28	29	30	31
요일	토	일	월	화	수	목	금	토	일	월	화	수	목	금	토	일	월	화	수	목	금	토	일	월	화	수	목	금	토	일	월
일진 日辰	丙辰	丁巳	戊午	己未	庚申	辛酉	壬戌	癸亥	甲子	乙丑	丙寅	丁卯	戊辰	己巳	庚午	辛未	壬申	癸酉	甲戌	乙亥	丙子	丁丑	戊寅	己卯	庚辰	辛巳	壬午	癸未	甲申	乙酉	丙戌
음력	27	28	29	12/1	2	3	4	5	6	7	8	9	10	11	12	13	14	15	16	17	18	19	20	21	22	23	24	25	26	27	28
대운 남	2	1	1	1	1	소	9	9	9	8	8	8	7	7	7	6	6	6	5	대	5	4	4	4	3	3	3	2	2	2	1
대운 여	8	9	9	9	10	한	1	1	1	1	2	2	2	3	3	3	4	4	4	한	5	5	6	6	6	7	7	7	8	8	8

입춘 4일 13시 32분 【음1월】 ➡ **【庚寅月(경인월)】** ☯ 우수 19일 09시 24분

양력 2 / 음력 12/29 ~ 01/26

양력	1	2	3	4	5	6	7	8	9	10	11	12	13	14	15	16	17	18	19	20	21	22	23	24	25	26	27	28
요일	화	수	목	금	토	일	월	화	수	목	금	토	일	월	화	수	목	금	토	일	월	화	수	목	금	토	일	월
일진 日辰	丁亥	戊子	己丑	庚寅	辛卯	壬辰	癸巳	甲午	乙未	丙申	丁酉	戊戌	己亥	庚子	辛丑	壬寅	癸卯	甲辰	乙巳	丙午	丁未	戊申	己酉	庚戌	辛亥	壬子	癸丑	甲寅
음력	29	30	1/1	2	3	4	5	6	7	8	9	10	11	12	13	14	15	16	17	18	19	20	21	22	23	24	25	26
대운 남	1	1	1	입	1	1	1	1	2	2	2	3	3	3	4	4	4	5	우	5	6	6	6	7	7	7	8	8
대운 여	9	9	9	춘	10	9	9	9	8	8	8	7	7	7	6	6	6	5	수	5	4	4	4	3	3	3	2	2

辛卯年

경칩 6일 07시 29분 【음2월】 ➡ **【辛卯月(신묘월)】** ☯ 춘분 21일 08시 20분

양력 3 / 음력 01/27 ~ 02/27

양력	1	2	3	4	5	6	7	8	9	10	11	12	13	14	15	16	17	18	19	20	21	22	23	24	25	26	27	28	29	30	31
요일	화	수	목	금	토	일	월	화	수	목	금	토	일	월	화	수	목	금	토	일	월	화	수	목	금	토	일	월	화	수	목
일진 日辰	乙卯	丙辰	丁巳	戊午	己未	庚申	辛酉	壬戌	癸亥	甲子	乙丑	丙寅	丁卯	戊辰	己巳	庚午	辛未	壬申	癸酉	甲戌	乙亥	丙子	丁丑	戊寅	己卯	庚辰	辛巳	壬午	癸未	甲申	乙酉
음력	27	28	29	30	2/1	2	3	4	5	6	7	8	9	10	11	12	13	14	15	16	17	18	19	20	21	22	23	24	25	26	27
대운 남	8	9	9	9	10	경	1	1	1	1	2	2	2	3	3	3	4	4	4	5	춘	5	6	6	6	7	7	7	8	8	8
대운 여	2	1	1	1	1	칩	10	9	9	9	8	8	8	7	7	7	6	6	6	5	분	5	4	4	4	3	3	3	2	2	2

청명 5일 12시 11분 【음3월】 ➡ **【壬辰月(임진월)】** ☯ 곡우 20일 19시 17분

양력 4 / 음력 02/28 ~ 03/28

양력	1	2	3	4	5	6	7	8	9	10	11	12	13	14	15	16	17	18	19	20	21	22	23	24	25	26	27	28	29	30
요일	금	토	일	월	화	수	목	금	토	일	월	화	수	목	금	토	일	월	화	수	목	금	토	일	월	화	수	목	금	토
일진 日辰	丙戌	丁亥	戊子	己丑	庚寅	辛卯	壬辰	癸巳	甲午	乙未	丙申	丁酉	戊戌	己亥	庚子	辛丑	壬寅	癸卯	甲辰	乙巳	丙午	丁未	戊申	己酉	庚戌	辛亥	壬子	癸丑	甲寅	乙卯
음력	28	29	3/1	2	3	4	5	6	7	8	9	10	11	12	13	14	15	16	17	18	19	20	21	22	23	24	25	26	27	28
대운 남	9	9	9	10	청	1	1	1	1	2	2	2	3	3	3	4	4	4	5	곡	5	6	6	6	7	7	7	8	8	8
대운 여	1	1	1	1	명	10	10	9	9	9	8	8	8	7	7	7	6	6	6	우	5	5	4	4	4	3	3	3	2	2

입하 6일 05시 22분 【음4월】 ➡ **【癸巳月(계사월)】** ☯ 소만 21일 18시 20분

양력 5 / 음력 03/29 ~ 04/29

양력	1	2	3	4	5	6	7	8	9	10	11	12	13	14	15	16	17	18	19	20	21	22	23	24	25	26	27	28	29	30	31
요일	일	월	화	수	목	금	토	일	월	화	수	목	금	토	일	월	화	수	목	금	토	일	월	화	수	목	금	토	일	월	화
일진 日辰	丙辰	丁巳	戊午	己未	庚申	辛酉	壬戌	癸亥	甲子	乙丑	丙寅	丁卯	戊辰	己巳	庚午	辛未	壬申	癸酉	甲戌	乙亥	丙子	丁丑	戊寅	己卯	庚辰	辛巳	壬午	癸未	甲申	乙酉	丙戌
음력	29	30	4/1	2	3	4	5	6	7	8	9	10	11	12	13	14	15	16	17	18	19	20	21	22	23	24	25	26	27	28	29
대운 남	9	9	9	10	10	입	1	1	1	1	2	2	2	3	3	3	4	4	4	5	소	5	6	6	6	7	7	7	8	8	8
대운 여	2	1	1	1	1	하	10	10	9	9	9	8	8	8	7	7	7	6	6	6	만	5	5	4	4	4	3	3	3	2	2

망종 6일 09시 26분 【음5월】 ➡ **【甲午月(갑오월)】** ☯ 하지 22일 02시 16분

양력 6 / 음력 04/30 ~ 05/29

양력	1	2	3	4	5	6	7	8	9	10	11	12	13	14	15	16	17	18	19	20	21	22	23	24	25	26	27	28	29	30
요일	수	목	금	토	일	월	화	수	목	금	토	일	월	화	수	목	금	토	일	월	화	수	목	금	토	일	월	화	수	목
일진 日辰	丁亥	戊子	己丑	庚寅	辛卯	壬辰	癸巳	甲午	乙未	丙申	丁酉	戊戌	己亥	庚子	辛丑	壬寅	癸卯	甲辰	乙巳	丙午	丁未	戊申	己酉	庚戌	辛亥	壬子	癸丑	甲寅	乙卯	丙辰
음력	30	5/1	2	3	4	5	6	7	8	9	10	11	12	13	14	15	16	17	18	19	20	21	22	23	24	25	26	27	28	29
대운 남	9	9	9	10	10	망	1	1	1	1	2	2	2	3	3	3	4	4	4	5	5	하	6	6	6	7	7	7	8	8
대운 여	2	1	1	1	1	종	10	10	9	9	9	8	8	8	7	7	7	6	6	6	5	지	5	4	4	4	3	3	3	2

한식(4월06일), 초복(7월14일), 중복(7월24일), 말복(8월13일) ☂춘사(春社)3/24
☀추사(秋社)9/20 토왕지절(土旺之節):4월17일,7월20일,10월21일,1월11일(음12/18)
臘享(납향):2012년1월18일(음12/25)

2011 辛卯年

소서 7일 19시 41분 【음6월】 ➡ 【乙未月(을미월)】 ☯ 대서 23일 13시 11분

양력 7	1	2	3	4	5	6	7	8	9	10	11	12	13	14	15	16	17	18	19	20	21	22	23	24	25	26	27	28	29	30	31
요일	금	토	일	월	화	수	목	금	토	일	월	화	수	목	금	토	일	월	화	수	목	금	토	일	월	화	수	목	금	토	일
일진 日辰	丁巳	戊午	己未	庚申	辛酉	壬戌	癸亥	甲子	乙丑	丙寅	丁卯	戊辰	己巳	庚午	辛未	壬申	癸酉	甲戌	乙亥	丙子	丁丑	戊寅	己卯	庚辰	辛巳	壬午	癸未	甲申	乙酉	丙戌	丁亥
음력 (06/01~07/01)	6/1	2	3	4	5	6	7	8	9	10	11	12	13	14	15	16	17	18	19	20	21	22	23	24	25	26	27	28	29	30	7/1
대운 남	8	9	9	9	10	10	소	1	1	1	1	2	2	2	3	3	3	4	4	4	5	5	대	6	6	6	7	7	7	8	8
대운 여	2	2	1	1	1	1	서	10	10	10	9	9	9	8	8	8	7	7	7	6	6	6	서	5	5	4	4	4	3	3	3

입추 8일 05시 33분 【음7월】 ➡ 【丙申月(병신월)】 ☯ 처서 23일 20시 20분

양력 8	1	2	3	4	5	6	7	8	9	10	11	12	13	14	15	16	17	18	19	20	21	22	23	24	25	26	27	28	29	30	31
요일	월	화	수	목	금	토	일	월	화	수	목	금	토	일	월	화	수	목	금	토	일	월	화	수	목	금	토	일	월	화	수
일진 日辰	戊子	己丑	庚寅	辛卯	壬辰	癸巳	甲午	乙未	丙申	丁酉	戊戌	己亥	庚子	辛丑	壬寅	癸卯	甲辰	乙巳	丙午	丁未	戊申	己酉	庚戌	辛亥	壬子	癸丑	甲寅	乙卯	丙辰	丁巳	戊午
음력 (07/02~08/03)	2	3	4	5	6	7	8	9	10	11	12	13	14	15	16	17	18	19	20	21	22	23	24	25	26	27	28	29	8/1	2	3
대운 남	8	9	9	9	10	10	10	입	1	1	1	1	2	2	2	3	3	3	4	4	4	5	처	5	6	6	6	7	7	7	8
대운 여	2	2	2	1	1	1	1	추	10	10	9	9	9	8	8	8	7	7	7	6	6	6	서	5	5	4	4	4	3	3	3

백로 8일 08시 33분 【음8월】 ➡ 【丁酉月(정유월)】 ☯ 추분 23일 18시 04분

양력 9	1	2	3	4	5	6	7	8	9	10	11	12	13	14	15	16	17	18	19	20	21	22	23	24	25	26	27	28	29	30
요일	목	금	토	일	월	화	수	목	금	토	일	월	화	수	목	금	토	일	월	화	수	목	금	토	일	월	화	수	목	금
일진 日辰	己未	庚申	辛酉	壬戌	癸亥	甲子	乙丑	丙寅	丁卯	戊辰	己巳	庚午	辛未	壬申	癸酉	甲戌	乙亥	丙子	丁丑	戊寅	己卯	庚辰	辛巳	壬午	癸未	甲申	乙酉	丙戌	丁亥	戊子
음력 (08/04~09/04)	4	5	6	7	8	9	10	11	12	13	14	15	16	17	18	19	20	21	22	23	24	25	26	27	28	29	9/1	2	3	4
대운 남	8	8	9	9	9	10	10	백	1	1	1	1	2	2	2	3	3	3	4	4	4	5	추	5	6	6	6	7	7	7
대운 여	2	2	2	1	1	1	1	로	10	10	9	9	9	8	8	8	7	7	7	6	6	6	분	5	5	4	4	4	3	3

한로 9일 00시 18분 【음9월】 ➡ 【戊戌月(무술월)】 ☯ 상강 24일 03시 29분

양력 10	1	2	3	4	5	6	7	8	9	10	11	12	13	14	15	16	17	18	19	20	21	22	23	24	25	26	27	28	29	30	31
요일	토	일	월	화	수	목	금	토	일	월	화	수	목	금	토	일	월	화	수	목	금	토	일	월	화	수	목	금	토	일	월
일진 日辰	己丑	庚寅	辛卯	壬辰	癸巳	甲午	乙未	丙申	丁酉	戊戌	己亥	庚子	辛丑	壬寅	癸卯	甲辰	乙巳	丙午	丁未	戊申	己酉	庚戌	辛亥	壬子	癸丑	甲寅	乙卯	丙辰	丁巳	戊午	己未
음력 (09/05~10/06)	5	6	7	8	9	10	11	12	13	14	15	16	17	18	19	20	21	22	23	24	25	26	27	28	29	10/1	2	3	4	5	6
대운 남	8	8	8	9	9	9	10	10	한	1	1	1	1	2	2	2	3	3	3	4	4	4	5	상	5	6	6	6	7	7	7
대운 여	3	2	2	2	1	1	1	1	로	10	9	9	9	8	8	8	7	7	7	6	6	6	5	강	5	4	4	4	3	3	3

입동 8일 03시 34분 【음10월】 ➡ 【己亥月(기해월)】 ☯ 소설 23일 01시 07분

양력 11	1	2	3	4	5	6	7	8	9	10	11	12	13	14	15	16	17	18	19	20	21	22	23	24	25	26	27	28	29	30
요일	화	수	목	금	토	일	월	화	수	목	금	토	일	월	화	수	목	금	토	일	월	화	수	목	금	토	일	월	화	수
일진 日辰	庚申	辛酉	壬戌	癸亥	甲子	乙丑	丙寅	丁卯	戊辰	己巳	庚午	辛未	壬申	癸酉	甲戌	乙亥	丙子	丁丑	戊寅	己卯	庚辰	辛巳	壬午	癸未	甲申	乙酉	丙戌	丁亥	戊子	己丑
음력 (10/07~11/06)	7	8	9	10	11	12	13	14	15	16	17	18	19	20	21	22	23	24	25	26	27	28	29	30	11/1	2	3	4	5	6
대운 남	8	8	8	9	9	9	10	입	1	1	1	1	2	2	2	3	3	3	4	4	4	5	소	5	6	6	6	7	7	7
대운 여	2	2	2	1	1	1	1	동	9	9	9	8	8	8	7	7	7	6	6	6	5	5	설	4	4	4	3	3	3	2

대설 7일 20시 28분 【음11월】 ➡ 【庚子月(경자월)】 ☯ 동지 22일 14시 29분

양력 12	1	2	3	4	5	6	7	8	9	10	11	12	13	14	15	16	17	18	19	20	21	22	23	24	25	26	27	28	29	30	31
요일	목	금	토	일	월	화	수	목	금	토	일	월	화	수	목	금	토	일	월	화	수	목	금	토	일	월	화	수	목	금	토
일진 日辰	庚寅	辛卯	壬辰	癸巳	甲午	乙未	丙申	丁酉	戊戌	己亥	庚子	辛丑	壬寅	癸卯	甲辰	乙巳	丙午	丁未	戊申	己酉	庚戌	辛亥	壬子	癸丑	甲寅	乙卯	丙辰	丁巳	戊午	己未	庚申
음력 (11/07~12/07)	7	8	9	10	11	12	13	14	15	16	17	18	19	20	21	22	23	24	25	26	27	28	29	30	12/1	2	3	4	5	6	7
대운 남	8	8	8	9	9	9	대	1	1	1	1	2	2	2	3	3	3	4	4	4	5	동	5	6	6	6	7	7	7	8	8
대운 여	2	2	1	1	1	1	설	10	9	9	9	8	8	8	7	7	7	6	6	6	5	지	5	4	4	4	3	3	3	2	2

단기 4345 年 불기 2556 年 **2012년**

下元 壬辰年 납음(長流水),본명성(六白金)

대장군(子북방), 삼살(남방), 상문(午남방), 조객(寅동북방),납음(장류수), 삼재(인,묘,진) 臘享(납향):2013년1월17일(음12/06)

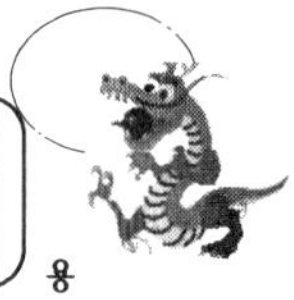

소한 6일 07시 43분 【음12월】 ➡ **【辛丑月(신축월)】** ☯ 대한 21일 01시 09분

양력 1 (음력 12/08 ~ 01/09)	양력	1	2	3	4	5	6	7	8	9	10	11	12	13	14	15	16	17	18	19	20	21	22	23	24	25	26	27	28	29	30	31
	요일	일	월	화	수	목	금	토	일	월	화	수	목	금	토	일	월	화	수	목	금	토	일	월	화	수	목	금	토	일	월	화
	일진 日辰	辛酉	壬戌	癸亥	甲子	乙丑	丙寅	丁卯	戊辰	己巳	庚午	辛未	壬申	癸酉	甲戌	乙亥	丙子	丁丑	戊寅	己卯	庚辰	辛巳	壬午	癸未	甲申	乙酉	丙戌	丁亥	戊子	己丑	庚寅	辛卯
	음력	8	9	10	11	12	13	14	15	16	17	18	19	20	21	22	23	24	25	26	27	28	29	1/1	2	3	4	5	6	7	8	9
대운	남	8	9	9	9	10	소	1	1	1	1	2	2	2	3	3	3	4	4	4	5	대	5	6	6	6	7	7	7	8	8	8
	여	2	1	1	1	1	한	9	9	9	8	8	8	7	7	7	6	6	6	5	5	한	4	4	4	3	3	3	2	2	2	1

입춘 4일 19시 22분 【음1월】 ➡ **【壬寅月(임인월)】** ☯ 우수 19일 15시 17분

양력 2 (음력 01/10 ~ 02/08)	양력	1	2	3	4	5	6	7	8	9	10	11	12	13	14	15	16	17	18	19	20	21	22	23	24	25	26	27	28	29
	요일	수	목	금	토	일	월	화	수	목	금	토	일	월	화	수	목	금	토	일	월	화	수	목	금	토	일	월	화	수
	일진 日辰	壬辰	癸巳	甲午	乙未	丙申	丁酉	戊戌	己亥	庚子	辛丑	壬寅	癸卯	甲辰	乙巳	丙午	丁未	戊申	己酉	庚戌	辛亥	壬子	癸丑	甲寅	乙卯	丙辰	丁巳	戊午	己未	庚申
	음력	10	11	12	13	14	15	16	17	18	19	20	21	22	23	24	25	26	27	28	29	30	2/1	2	3	4	5	6	7	8
대운	남	9	9	9	입	10	9	9	9	8	8	8	7	7	7	6	6	6	5	우	5	4	4	4	3	3	3	2	2	2
	여	1	1	1	춘	1	1	1	1	2	2	2	3	3	3	4	4	4	5	수	5	6	6	6	7	7	7	8	8	8

壬辰年

경칩 5일 13시 20분 【음2월】 ➡ **【癸卯月(계묘월)】** ☯ 춘분 20일 14시 14분

양력 3 (음력 02/09 ~ 03/10)	양력	1	2	3	4	5	6	7	8	9	10	11	12	13	14	15	16	17	18	19	20	21	22	23	24	25	26	27	28	29	30	31
	요일	목	금	토	일	월	화	수	목	금	토	일	월	화	수	목	금	토	일	월	화	수	목	금	토	일	월	화	수	목	금	토
	일진 日辰	辛酉	壬戌	癸亥	甲子	乙丑	丙寅	丁卯	戊辰	己巳	庚午	辛未	壬申	癸酉	甲戌	乙亥	丙子	丁丑	戊寅	己卯	庚辰	辛巳	壬午	癸未	甲申	乙酉	丙戌	丁亥	戊子	己丑	庚寅	辛卯
	음력	9	10	11	12	13	14	15	16	17	18	19	20	21	22	23	24	25	26	27	28	29	3/1	2	3	4	5	6	7	8	9	10
대운	남	1	1	1	1	경	10	9	9	9	8	8	8	7	7	7	6	6	6	5	춘	5	4	4	4	3	3	3	2	2	2	1
	여	9	9	9	10	칩	1	1	1	1	2	2	2	3	3	3	4	4	4	5	분	5	6	6	6	7	7	7	8	8	8	9

청명 4일 18시 05분 【음3월】 ➡ **【甲辰月(갑진월)】** ☯ 곡우 20일 01시 11분

양력 4 (음력 03/11 ~ 윤310)	양력	1	2	3	4	5	6	7	8	9	10	11	12	13	14	15	16	17	18	19	20	21	22	23	24	25	26	27	28	29	30
	요일	일	월	화	수	목	금	토	일	월	화	수	목	금	토	일	월	화	수	목	금	토	일	월	화	수	목	금	토	일	월
	일진 日辰	壬辰	癸巳	甲午	乙未	丙申	丁酉	戊戌	己亥	庚子	辛丑	壬寅	癸卯	甲辰	乙巳	丙午	丁未	戊申	己酉	庚戌	辛亥	壬子	癸丑	甲寅	乙卯	丙辰	丁巳	戊午	己未	庚申	辛酉
	음력	11	12	13	14	15	16	17	18	19	20	21	22	23	24	25	26	27	28	29	30	윤3	2	3	4	5	6	7	8	9	10
대운	남	1	1	1	청	10	10	9	9	9	8	8	8	7	7	7	6	6	6	5	곡	5	4	4	4	3	3	3	2	2	2
	여	9	9	10	명	1	1	1	1	2	2	2	3	3	3	4	4	4	5	5	우	6	6	6	7	7	7	8	8	8	9

입하 5일 11시 19분 【음4월】 ➡ **【乙巳月(을사월)】** ☯ 소만 21일 00시 15분

양력 5 (음력 윤311 ~ 04/11)	양력	1	2	3	4	5	6	7	8	9	10	11	12	13	14	15	16	17	18	19	20	21	22	23	24	25	26	27	28	29	30	31
	요일	화	수	목	금	토	일	월	화	수	목	금	토	일	월	화	수	목	금	토	일	월	화	수	목	금	토	일	월	화	수	목
	일진 日辰	壬戌	癸亥	甲子	乙丑	丙寅	丁卯	戊辰	己巳	庚午	辛未	壬申	癸酉	甲戌	乙亥	丙子	丁丑	戊寅	己卯	庚辰	辛巳	壬午	癸未	甲申	乙酉	丙戌	丁亥	戊子	己丑	庚寅	辛卯	壬辰
	음력	11	12	13	14	15	16	17	18	19	20	21	22	23	24	25	26	27	28	29	30	4/1	2	3	4	5	6	7	8	9	10	11
대운	남	1	1	1	1	입	10	10	9	9	9	8	8	8	7	7	7	6	6	6	5	소	5	4	4	4	3	3	3	2	2	2
	여	9	9	10	10	하	1	1	1	1	2	2	2	3	3	3	4	4	4	5	5	만	6	6	6	7	7	7	8	8	8	9

망종 5일 15시 25분 【음5월】 ➡ **【丙午月(병오월)】** ☯ 하지 21일 08시 08분

양력 6 (음력 04/12 ~ 05/11)	양력	1	2	3	4	5	6	7	8	9	10	11	12	13	14	15	16	17	18	19	20	21	22	23	24	25	26	27	28	29	30
	요일	금	토	일	월	화	수	목	금	토	일	월	화	수	목	금	토	일	월	화	수	목	금	토	일	월	화	수	목	금	토
	일진 日辰	癸巳	甲午	乙未	丙申	丁酉	戊戌	己亥	庚子	辛丑	壬寅	癸卯	甲辰	乙巳	丙午	丁未	戊申	己酉	庚戌	辛亥	壬子	癸丑	甲寅	乙卯	丙辰	丁巳	戊午	己未	庚申	辛酉	壬戌
	음력	12	13	14	15	16	17	18	19	20	21	22	23	24	25	26	27	28	29	30	5/1	2	3	4	5	6	7	8	9	10	11
대운	남	1	1	1	1	망	10	10	10	9	9	9	8	8	8	7	7	7	6	6	6	하	5	5	4	4	4	3	3	3	2
	여	9	9	10	10	종	1	1	1	1	2	2	2	3	3	3	4	4	4	5	5	지	6	6	6	7	7	7	8	8	8

한식(4월05일), 초복(7월18일), 중복(7월28일), 말복(8월07일) 춘사(春社)3/18
추사(秋社)9/24 토왕지절(土旺之節):4월16일,7월19일,10월20일,1월17일(음12/06)
臘享(납향):2013년1월17일(음12/06)

2012 壬辰年

소서 7일 01시 40분 【음6월】 ➡ 【丁未月(정미월)】 ☯ 대서 22일 19시 00분

양력 7 (음력 05/12–06/13)	1	2	3	4	5	6	7	8	9	10	11	12	13	14	15	16	17	18	19	20	21	22	23	24	25	26	27	28	29	30	31
요일	일	월	화	수	목	금	토	일	월	화	수	목	금	토	일	월	화	수	목	금	토	일	월	화	수	목	금	토	일	월	화
일진 日辰	癸亥	甲子	乙丑	丙寅	丁卯	戊辰	己巳	庚午	辛未	壬申	癸酉	甲戌	乙亥	丙子	丁丑	戊寅	己卯	庚辰	辛巳	壬午	癸未	甲申	乙酉	丙戌	丁亥	戊子	己丑	庚寅	辛卯	壬辰	癸巳
음력	12	13	14	15	16	17	18	19	20	21	22	23	24	25	26	27	28	29	6/1	2	3	4	5	6	7	8	9	10	11	12	13
대운 남	2	2	1	1	1	1	소	10	10	9	9	9	8	8	8	7	7	7	6	6	6	대	5	5	4	4	4	3	3	3	2
대운 여	9	9	9	10	10	10	서	1	1	1	1	2	2	2	3	3	3	4	4	4	5	서	5	6	6	6	7	7	7	8	8

입추 7일 11시 30분 【음7월】 ➡ 【戊申月(무신월)】 ☯ 처서 23일 02시 06분

양력 8 (음력 06/14–07/14)	1	2	3	4	5	6	7	8	9	10	11	12	13	14	15	16	17	18	19	20	21	22	23	24	25	26	27	28	29	30	31
요일	수	목	금	토	일	월	화	수	목	금	토	일	월	화	수	목	금	토	일	월	화	수	목	금	토	일	월	화	수	목	금
일진 日辰	甲午	乙未	丙申	丁酉	戊戌	己亥	庚子	辛丑	壬寅	癸卯	甲辰	乙巳	丙午	丁未	戊申	己酉	庚戌	辛亥	壬子	癸丑	甲寅	乙卯	丙辰	丁巳	戊午	己未	庚申	辛酉	壬戌	癸亥	甲子
음력	14	15	16	17	18	19	20	21	22	23	24	25	26	27	28	29	30	7/1	2	3	4	5	6	7	8	9	10	11	12	13	14
대운 남	2	2	1	1	1	1	입	10	10	9	9	9	8	8	8	7	7	7	6	6	6	5	처	5	4	4	4	3	3	3	2
대운 여	8	9	9	9	10	10	추	1	1	1	1	2	2	2	3	3	3	4	4	4	4	5	서	5	6	6	6	7	7	7	8

백로 7일 14시 28분 【음8월】 ➡ 【己酉月(기유월)】 ☯ 추분 22일 23시 48분

양력 9 (음력 07/15–08/15)	1	2	3	4	5	6	7	8	9	10	11	12	13	14	15	16	17	18	19	20	21	22	23	24	25	26	27	28	29	30
요일	토	일	월	화	수	목	금	토	일	월	화	수	목	금	토	일	월	화	수	목	금	토	일	월	화	수	목	금	토	일
일진 日辰	乙丑	丙寅	丁卯	戊辰	己巳	庚午	辛未	壬申	癸酉	甲戌	乙亥	丙子	丁丑	戊寅	己卯	庚辰	辛巳	壬午	癸未	甲申	乙酉	丙戌	丁亥	戊子	己丑	庚寅	辛卯	壬辰	癸巳	甲午
음력	15	16	17	18	19	20	21	22	23	24	25	26	27	28	29	8/1	2	3	4	5	6	7	8	9	10	11	12	13	14	15
대운 남	2	2	1	1	1	1	백	10	10	9	9	9	8	8	8	7	7	7	6	6	6	추	5	5	4	4	4	3	3	3
대운 여	8	8	9	9	9	10	로	1	1	1	1	2	2	2	3	3	3	4	4	4	5	분	5	6	6	6	7	7	7	8

한로 8일 06시 11분 【음9월】 ➡ 【庚戌月(경술월)】 ☯ 상강 23일 09시 13분

양력 10 (음력 08/16–09/17)	1	2	3	4	5	6	7	8	9	10	11	12	13	14	15	16	17	18	19	20	21	22	23	24	25	26	27	28	29	30	31
요일	월	화	수	목	금	토	일	월	화	수	목	금	토	일	월	화	수	목	금	토	일	월	화	수	목	금	토	일	월	화	수
일진 日辰	乙未	丙申	丁酉	戊戌	己亥	庚子	辛丑	壬寅	癸卯	甲辰	乙巳	丙午	丁未	戊申	己酉	庚戌	辛亥	壬子	癸丑	甲寅	乙卯	丙辰	丁巳	戊午	己未	庚申	辛酉	壬戌	癸亥	甲子	乙丑
음력	16	17	18	19	20	21	22	23	24	25	26	27	28	29	9/1	2	3	4	5	6	7	8	9	10	11	12	13	14	15	16	17
대운 남	2	2	2	1	1	1	1	한	10	9	9	9	8	8	8	7	7	7	6	6	6	5	상	5	4	4	4	3	3	3	2
대운 여	8	8	9	9	9	10	10	로	1	1	1	1	2	2	2	3	3	3	4	4	4	5	강	5	6	6	6	7	7	7	8

입동 7일 09시 25분 【음10월】 ➡ 【辛亥月(신해월)】 ☯ 소설 22일 06시 49분

양력 11 (음력 09/18–10/17)	1	2	3	4	5	6	7	8	9	10	11	12	13	14	15	16	17	18	19	20	21	22	23	24	25	26	27	28	29	30
요일	목	금	토	일	월	화	수	목	금	토	일	월	화	수	목	금	토	일	월	화	수	목	금	토	일	월	화	수	목	금
일진 日辰	丙寅	丁卯	戊辰	己巳	庚午	辛未	壬申	癸酉	甲戌	乙亥	丙子	丁丑	戊寅	己卯	庚辰	辛巳	壬午	癸未	甲申	乙酉	丙戌	丁亥	戊子	己丑	庚寅	辛卯	壬辰	癸巳	甲午	乙未
음력	18	19	20	21	22	23	24	25	26	27	28	29	30	10/1	2	3	4	5	6	7	8	9	10	11	12	13	14	15	16	17
대운 남	2	2	1	1	1	1	입	10	9	9	9	8	8	8	7	7	7	6	6	6	5	소	5	4	4	4	3	3	3	2
대운 여	8	8	9	9	9	10	동	1	1	1	1	2	2	2	3	3	3	4	4	4	5	설	5	6	6	6	7	7	7	8

대설 7일 02시 18분 【음11월】 ➡ 【壬子月(임자월)】 ☯ 동지 21일 20시 11분

양력 12 (음력 10/18–11/19)	1	2	3	4	5	6	7	8	9	10	11	12	13	14	15	16	17	18	19	20	21	22	23	24	25	26	27	28	29	30	31
요일	토	일	월	화	수	목	금	토	일	월	화	수	목	금	토	일	월	화	수	목	금	토	일	월	화	수	목	금	토	일	월
일진 日辰	丙申	丁酉	戊戌	己亥	庚子	辛丑	壬寅	癸卯	甲辰	乙巳	丙午	丁未	戊申	己酉	庚戌	辛亥	壬子	癸丑	甲寅	乙卯	丙辰	丁巳	戊午	己未	庚申	辛酉	壬戌	癸亥	甲子	乙丑	丙寅
음력	18	19	20	21	22	23	24	25	26	27	28	29	11/1	2	3	4	5	6	7	8	9	10	11	12	13	14	15	16	17	18	19
대운 남	2	2	1	1	1	1	대	9	9	9	8	8	8	7	7	7	6	6	6	5	동	5	4	4	4	3	3	3	2	2	2
대운 여	8	8	9	9	9	10	설	1	1	1	1	2	2	2	3	3	3	4	4	4	지	5	5	6	6	6	7	7	7	8	8

단기 4346 年	2013년	下元 癸巳年 납음(長流水),본명성(五黃土)
불기 2557 年		대장군(卯동방), 삼살(동방), 상문(未서남방),조객(卯동방), 납음(장류수), 【삼재(해,자,축)년】 臘享(납향):2014년1월24일(음12/24)

소한 5일 13시 33분 【음12월】 ➡ **【癸丑月(계축월)】** ☯ 대한 20일 06시 51분

양력 1 (음력 11/20~12/20)	양력	1	2	3	4	5	6	7	8	9	10	11	12	13	14	15	16	17	18	19	20	21	22	23	24	25	26	27	28	29	30	31
	요일	화	수	목	금	토	일	월	화	수	목	금	토	일	월	화	수	목	금	토	일	월	화	수	목	금	토	일	월	화	수	목
	일진 日辰	丁卯	戊辰	己巳	庚午	辛未	壬申	癸酉	甲戌	乙亥	丙子	丁丑	戊寅	己卯	庚辰	辛巳	壬午	癸未	甲申	乙酉	丙戌	丁亥	戊子	己丑	庚寅	辛卯	壬辰	癸巳	甲午	乙未	丙申	丁酉
	음력	20	21	22	23	24	25	26	27	28	29	30	12/1	2	3	4	5	6	7	8	9	10	11	12	13	14	15	16	17	18	19	20
대운	남	1	1	1	1	소	10	9	9	9	8	8	8	7	7	7	6	6	6	5	대	5	4	4	4	3	3	3	2	2	2	1
	여	8	9	9	9	한	1	1	1	1	2	2	2	3	3	3	4	4	4	5	한	5	6	6	6	7	7	7	8	8	8	9

입춘 4일 01시 13분 【음1월】 ➡ **【甲寅月(갑인월)】** ☯ 우수 18일 21시 01분

양력 2 (음력 12/21~01/19)	양력	1	2	3	4	5	6	7	8	9	10	11	12	13	14	15	16	17	18	19	20	21	22	23	24	25	26	27	28	癸巳年
	요일	금	토	일	월	화	수	목	금	토	일	월	화	수	목	금	토	일	월	화	수	목	금	토	일	월	화	수	목	
	일진 日辰	戊戌	己亥	庚子	辛丑	壬寅	癸卯	甲辰	乙巳	丙午	丁未	戊申	己酉	庚戌	辛亥	壬子	癸丑	甲寅	乙卯	丙辰	丁巳	戊午	己未	庚申	辛酉	壬戌	癸亥	甲子	乙丑	
	음력	21	22	23	24	25	26	27	28	29	1/1	2	3	4	5	6	7	8	9	10	11	12	13	14	15	16	17	18	19	
대운	남	1	1	1	입	1	1	1	1	2	2	2	3	3	3	4	4	4	우	5	5	6	6	6	7	7	7	8	8	
	여	9	9	10	춘	9	9	9	8	8	8	7	7	7	6	6	6	5	수	5	4	4	4	3	3	3	2	2	2	

경칩 5일 19시 14분 【음2월】 ➡ **【乙卯月(을묘월)】** ☯ 춘분 20일 20시 01분

양력 3 (음력 01/20~02/20)	양력	1	2	3	4	5	6	7	8	9	10	11	12	13	14	15	16	17	18	19	20	21	22	23	24	25	26	27	28	29	30	31
	요일	금	토	일	월	화	수	목	금	토	일	월	화	수	목	금	토	일	월	화	수	목	금	토	일	월	화	수	목	금	토	일
	일진 日辰	丙寅	丁卯	戊辰	己巳	庚午	辛未	壬申	癸酉	甲戌	乙亥	丙子	丁丑	戊寅	己卯	庚辰	辛巳	壬午	癸未	甲申	乙酉	丙戌	丁亥	戊子	己丑	庚寅	辛卯	壬辰	癸巳	甲午	乙未	丙申
	음력	20	21	22	23	24	25	26	27	28	29	30	2/1	2	3	4	5	6	7	8	9	10	11	12	13	14	15	16	17	18	19	20
대운	남	9	9	9	10	경	1	1	1	1	2	2	2	3	3	3	4	4	4	5	춘	5	6	6	6	7	7	7	8	8	8	9
	여	1	1	1	1	칩	10	10	9	9	9	8	8	8	7	7	7	6	6	6	분	5	5	4	4	4	3	3	3	2	2	2

청명 5일 00시 02분 【음3월】 ➡ **【丙辰月(병진월)】** ☯ 곡우 20일 07시 02분

양력 4 (음력 02/21~03/21)	양력	1	2	3	4	5	6	7	8	9	10	11	12	13	14	15	16	17	18	19	20	21	22	23	24	25	26	27	28	29	30
	요일	월	화	수	목	금	토	일	월	화	수	목	금	토	일	월	화	수	목	금	토	일	월	화	수	목	금	토	일	월	화
	일진 日辰	丁酉	戊戌	己亥	庚子	辛丑	壬寅	癸卯	甲辰	乙巳	丙午	丁未	戊申	己酉	庚戌	辛亥	壬子	癸丑	甲寅	乙卯	丙辰	丁巳	戊午	己未	庚申	辛酉	壬戌	癸亥	甲子	乙丑	丙寅
	음력	21	22	23	24	25	26	27	28	29	3/1	2	3	4	5	6	7	8	9	10	11	12	13	14	15	16	17	18	19	20	21
대운	남	9	9	10	10	청	1	1	1	1	2	2	2	3	3	3	4	4	4	5	곡	5	6	6	6	7	7	7	8	8	8
	여	1	1	1	1	명	10	9	9	9	8	8	8	7	7	7	6	6	6	5	우	5	4	4	4	3	3	3	2	2	2

입하 5일 17시 17분 【음4월】 ➡ **【丁巳月(정사월)】** ☯ 소만 21일 06시 09분

양력 5 (음력 03/22~04/22)	양력	1	2	3	4	5	6	7	8	9	10	11	12	13	14	15	16	17	18	19	20	21	22	23	24	25	26	27	28	29	30	31
	요일	수	목	금	토	일	월	화	수	목	금	토	일	월	화	수	목	금	토	일	월	화	수	목	금	토	일	월	화	수	목	금
	일진 日辰	丁卯	戊辰	己巳	庚午	辛未	壬申	癸酉	甲戌	乙亥	丙子	丁丑	戊寅	己卯	庚辰	辛巳	壬午	癸未	甲申	乙酉	丙戌	丁亥	戊子	己丑	庚寅	辛卯	壬辰	癸巳	甲午	乙未	丙申	丁酉
	음력	22	23	24	25	26	27	28	29	30	4/1	2	3	4	5	6	7	8	9	10	11	12	13	14	15	16	17	18	19	20	21	22
대운	남	9	9	9	10	입	1	1	1	1	2	2	2	3	3	3	4	4	4	5	5	소	6	6	6	7	7	7	8	8	8	9
	여	1	1	1	1	하	10	10	9	9	9	8	8	8	7	7	7	6	6	6	5	만	5	4	4	4	3	3	3	2	2	2

망종 5일 21시 22분 【음5월】 ➡ **【戊午月(무오월)】** ☯ 하지 21일 14시 03분

양력 6 (음력 04/23~05/22)	양력	1	2	3	4	5	6	7	8	9	10	11	12	13	14	15	16	17	18	19	20	21	22	23	24	25	26	27	28	29	30
	요일	토	일	월	화	수	목	금	토	일	월	화	수	목	금	토	일	월	화	수	목	금	토	일	월	화	수	목	금	토	일
	일진 日辰	戊戌	己亥	庚子	辛丑	壬寅	癸卯	甲辰	乙巳	丙午	丁未	戊申	己酉	庚戌	辛亥	壬子	癸丑	甲寅	乙卯	丙辰	丁巳	戊午	己未	庚申	辛酉	壬戌	癸亥	甲子	乙丑	丙寅	丁卯
	음력	23	24	25	26	27	28	29	30	5/1	2	3	4	5	6	7	8	9	10	11	12	13	14	15	16	17	18	19	20	21	22
대운	남	9	9	10	10	망	1	1	1	1	2	2	2	3	3	3	4	4	4	5	5	하	6	6	6	7	7	7	8	8	8
	여	1	1	1	1	종	10	10	10	9	9	9	8	8	8	7	7	7	6	6	6	지	5	5	4	4	4	3	3	3	2

한식(4월06일), 초복(7월13일), 중복(7월23일), 말복(8월12일) ☂춘사(春社)3/23
☀추사(秋社)9/19 토왕지절(土旺之節):4월17일,7월19일,10월20일,1월17일(음12/17)
臘享(납향):2014년1월24일(음12/24)

2013 癸巳年

소서 7일 07시 34분 【음6월】 ➡ 【己未月(기미월)】 ☯ 대서 23일 00시 55분

7월 (음력 05/23 ~ 06/24)

양력	1	2	3	4	5	6	7	8	9	10	11	12	13	14	15	16	17	18	19	20	21	22	23	24	25	26	27	28	29	30	31
요일	월	화	수	목	금	토	일	월	화	수	목	금	토	일	월	화	수	목	금	토	일	월	화	수	목	금	토	일	월	화	수
일진 日辰	戊辰	己巳	庚午	辛未	壬申	癸酉	甲戌	乙亥	丙子	丁丑	戊寅	己卯	庚辰	辛巳	壬午	癸未	甲申	乙酉	丙戌	丁亥	戊子	己丑	庚寅	辛卯	壬辰	癸巳	甲午	乙未	丙申	丁酉	戊戌
음력	23	24	25	26	27	28	29	6/1	2	3	4	5	6	7	8	9	10	11	12	13	14	15	16	17	18	19	20	21	22	23	24
대운 남	9	9	9	10	10	10	소	1	1	1	1	2	2	2	3	3	3	4	4	4	5	5	대	6	6	6	7	7	7	8	8
대운 여	2	2	1	1	1	1	서	10	10	9	9	9	8	8	8	7	7	7	6	6	6	5	서	5	4	4	4	3	3	3	2

입추 7일 17시 19분 【음7월】 ➡ 【庚申月(경신월)】 ☯ 처서 23일 08시 01분

8월 (음력 06/25 ~ 07/25)

양력	1	2	3	4	5	6	7	8	9	10	11	12	13	14	15	16	17	18	19	20	21	22	23	24	25	26	27	28	29	30	31
요일	목	금	토	일	월	화	수	목	금	토	일	월	화	수	목	금	토	일	월	화	수	목	금	토	일	월	화	수	목	금	토
일진 日辰	己亥	庚子	辛丑	壬寅	癸卯	甲辰	乙巳	丙午	丁未	戊申	己酉	庚戌	辛亥	壬子	癸丑	甲寅	乙卯	丙辰	丁巳	戊午	己未	庚申	辛酉	壬戌	癸亥	甲子	乙丑	丙寅	丁卯	戊辰	己巳
음력	25	26	27	28	29	30	7/1	2	3	4	5	6	7	8	9	10	11	12	13	14	15	16	17	18	19	20	21	22	23	24	25
대운 남	8	9	9	9	10	10	입	1	1	1	1	2	2	2	3	3	3	4	4	4	5	5	처	6	6	6	7	7	7	8	8
대운 여	2	2	1	1	1	1	추	10	10	9	9	9	8	8	8	7	7	7	6	6	6	5	서	5	4	4	4	3	3	3	2

백로 7일 20시 15분 【음8월】 ➡ 【辛酉月(신유월)】 ☯ 추분 23일 05시 43분

9월 (음력 07/26 ~ 08/26)

양력	1	2	3	4	5	6	7	8	9	10	11	12	13	14	15	16	17	18	19	20	21	22	23	24	25	26	27	28	29	30
요일	일	월	화	수	목	금	토	일	월	화	수	목	금	토	일	월	화	수	목	금	토	일	월	화	수	목	금	토	일	월
일진 日辰	庚午	辛未	壬申	癸酉	甲戌	乙亥	丙子	丁丑	戊寅	己卯	庚辰	辛巳	壬午	癸未	甲申	乙酉	丙戌	丁亥	戊子	己丑	庚寅	辛卯	壬辰	癸巳	甲午	乙未	丙申	丁酉	戊戌	己亥
음력	26	27	28	29	8/1	2	3	4	5	6	7	8	9	10	11	12	13	14	15	16	17	18	19	20	21	22	23	24	25	26
대운 남	8	9	9	9	10	10	백	1	1	1	1	2	2	2	3	3	3	4	4	4	5	5	추	6	6	6	7	7	7	8
대운 여	2	2	1	1	1	1	로	10	10	9	9	9	8	8	8	7	7	7	6	6	6	5	분	5	4	4	4	3	3	3

한로 8일 11시 58분 【음9월】 ➡ 【壬戌月(임술월)】 ☯ 상강 23일 15시 09분

10월 (음력 08/27 ~ 09/27)

양력	1	2	3	4	5	6	7	8	9	10	11	12	13	14	15	16	17	18	19	20	21	22	23	24	25	26	27	28	29	30	31
요일	화	수	목	금	토	일	월	화	수	목	금	토	일	월	화	수	목	금	토	일	월	화	수	목	금	토	일	월	화	수	목
일진 日辰	庚子	辛丑	壬寅	癸卯	甲辰	乙巳	丙午	丁未	戊申	己酉	庚戌	辛亥	壬子	癸丑	甲寅	乙卯	丙辰	丁巳	戊午	己未	庚申	辛酉	壬戌	癸亥	甲子	乙丑	丙寅	丁卯	戊辰	己巳	庚午
음력	27	28	29	30	9/1	2	3	4	5	6	7	8	9	10	11	12	13	14	15	16	17	18	19	20	21	22	23	24	25	26	27
대운 남	8	8	9	9	9	10	10	한	1	1	1	1	2	2	2	3	3	3	4	4	4	5	상	5	6	6	6	7	7	7	8
대운 여	2	2	2	1	1	1	1	로	10	9	9	9	8	8	8	7	7	7	6	6	6	5	강	5	4	4	4	3	3	3	2

입동 7일 15시 13분 【음10월】 ➡ 【癸亥月(계해월)】 ☯ 소설 22일 12시 47분

11월 (음력 09/28 ~ 10/28)

양력	1	2	3	4	5	6	7	8	9	10	11	12	13	14	15	16	17	18	19	20	21	22	23	24	25	26	27	28	29	30
요일	금	토	일	월	화	수	목	금	토	일	월	화	수	목	금	토	일	월	화	수	목	금	토	일	월	화	수	목	금	토
일진 日辰	辛未	壬申	癸酉	甲戌	乙亥	丙子	丁丑	戊寅	己卯	庚辰	辛巳	壬午	癸未	甲申	乙酉	丙戌	丁亥	戊子	己丑	庚寅	辛卯	壬辰	癸巳	甲午	乙未	丙申	丁酉	戊戌	己亥	庚子
음력	28	29	10/1	2	3	4	5	6	7	8	9	10	11	12	13	14	15	16	17	18	19	20	21	22	23	24	25	26	27	28
대운 남	8	8	9	9	9	10	입	1	1	1	1	2	2	2	3	3	3	4	4	4	5	소	5	6	6	6	7	7	7	8
대운 여	2	2	1	1	1	1	동	10	9	9	9	8	8	8	7	7	7	6	6	6	5	설	5	4	4	4	3	3	3	2

대설 7일 08시 08분 【음11월】 ➡ 【甲子月(갑자월)】 ☯ 동지 22일 02시 10분

12월 (음력 10/29 ~ 11/29)

양력	1	2	3	4	5	6	7	8	9	10	11	12	13	14	15	16	17	18	19	20	21	22	23	24	25	26	27	28	29	30	31
요일	일	월	화	수	목	금	토	일	월	화	수	목	금	토	일	월	화	수	목	금	토	일	월	화	수	목	금	토	일	월	화
일진 日辰	辛丑	壬寅	癸卯	甲辰	乙巳	丙午	丁未	戊申	己酉	庚戌	辛亥	壬子	癸丑	甲寅	乙卯	丙辰	丁巳	戊午	己未	庚申	辛酉	壬戌	癸亥	甲子	乙丑	丙寅	丁卯	戊辰	己巳	庚午	辛未
음력	29	30	11/1	2	3	4	5	6	7	8	9	10	11	12	13	14	15	16	17	18	19	20	21	22	23	24	25	26	27	28	29
대운 남	8	8	9	9	9	10	대	1	1	1	1	2	2	2	3	3	3	4	4	4	5	동	5	6	6	6	7	7	7	8	8
대운 여	2	2	1	1	1	1	설	9	9	9	8	8	8	7	7	7	6	6	6	5	5	지	4	4	4	3	3	3	2	2	2

단기 4347 年
불기 2558 年

2014년

下元 甲午年 납음(砂中金),본명성(四綠木)

대장군(卯동방), 삼살(북방), 상문(申서남방),조객(辰동남방), 납음(사중금), 【삼재(신,유,술)년】 臘享(납향):2015년1월31일(음12/12)

말

소한 5일 19시 23분 【음12월】 ➡ 【乙丑月(을축월)】 ☯ 대한 20일 12시 50분

양력 1 / 음력 12/01 ~ 01/01

양력	1	2	3	4	5	6	7	8	9	10	11	12	13	14	15	16	17	18	19	20	21	22	23	24	25	26	27	28	29	30	31
요일	수	목	금	토	일	월	화	수	목	금	토	일	월	화	수	목	금	토	일	월	화	수	목	금	토	일	월	화	수	목	금
일진 日辰	壬申	癸酉	甲戌	乙亥	丙子	丁丑	戊寅	己卯	庚辰	辛巳	壬午	癸未	甲申	乙酉	丙戌	丁亥	戊子	己丑	庚寅	辛卯	壬辰	癸巳	甲午	乙未	丙申	丁酉	戊戌	己亥	庚子	辛丑	壬寅
음력	12/1	2	3	4	5	6	7	8	9	10	11	12	13	14	15	16	17	18	19	20	21	22	23	24	25	26	27	28	29	30	1/1
대운 남	8	9	9	9	소	1	1	1	1	2	2	2	3	3	3	4	4	4	5	대	5	6	6	6	7	7	7	8	8	8	9
대운 여	1	1	1	1	한	10	9	9	9	8	8	8	7	7	7	6	6	6	5	한	5	4	4	4	3	3	3	2	2	2	1

입춘 4일 07시 02분 【음1월】 ➡ 【丙寅月(병인월)】 ☯ 우수 19일 02시 59분

양력 2 / 음력 01/02 ~ 01/29

양력	1	2	3	4	5	6	7	8	9	10	11	12	13	14	15	16	17	18	19	20	21	22	23	24	25	26	27	28
요일	토	일	월	화	수	목	금	토	일	월	화	수	목	금	토	일	월	화	수	목	금	토	일	월	화	수	목	금
일진 日辰	癸卯	甲辰	乙巳	丙午	丁未	戊申	己酉	庚戌	辛亥	壬子	癸丑	甲寅	乙卯	丙辰	丁巳	戊午	己未	庚申	辛酉	壬戌	癸亥	甲子	乙丑	丙寅	丁卯	戊辰	己巳	庚午
음력	2	3	4	5	6	7	8	9	10	11	12	13	14	15	16	17	18	19	20	21	22	23	24	25	26	27	28	29
대운 남	9	9	10	입	10	9	9	9	8	8	8	7	7	7	6	6	6	5	우	5	4	4	4	3	3	3	2	2
대운 여	1	1	1	춘	1	1	1	1	2	2	2	3	3	3	4	4	4	5	수	5	6	6	6	7	7	7	8	8

甲午年

경칩 6일 01시 01분 【음2월】 ➡ 【丁卯月(정묘월)】 ☯ 춘분 21일 01시 56분

양력 3 / 음력 02/01 ~ 03/01

양력	1	2	3	4	5	6	7	8	9	10	11	12	13	14	15	16	17	18	19	20	21	22	23	24	25	26	27	28	29	30	31
요일	토	일	월	화	수	목	금	토	일	월	화	수	목	금	토	일	월	화	수	목	금	토	일	월	화	수	목	금	토	일	월
일진 日辰	辛未	壬申	癸酉	甲戌	乙亥	丙子	丁丑	戊寅	己卯	庚辰	辛巳	壬午	癸未	甲申	乙酉	丙戌	丁亥	戊子	己丑	庚寅	辛卯	壬辰	癸巳	甲午	乙未	丙申	丁酉	戊戌	己亥	庚子	辛丑
음력	2/1	2	3	4	5	6	7	8	9	10	11	12	13	14	15	16	17	18	19	20	21	22	23	24	25	26	27	28	29	30	3/1
대운 남	2	1	1	1	1	경	10	9	9	9	8	8	8	7	7	7	6	6	6	5	춘	5	4	4	4	3	3	3	2	2	2
대운 여	8	9	9	9	10	칩	1	1	1	1	2	2	2	3	3	3	4	4	4	5	분	5	6	6	6	7	7	7	8	8	8

청명 5일 05시 46분 【음3월】 ➡ 【戊辰月(무진월)】 ☯ 곡우 20일 12시 55분

양력 4 / 음력 03/02 ~ 04/02

양력	1	2	3	4	5	6	7	8	9	10	11	12	13	14	15	16	17	18	19	20	21	22	23	24	25	26	27	28	29	30
요일	화	수	목	금	토	일	월	화	수	목	금	토	일	월	화	수	목	금	토	일	월	화	수	목	금	토	일	월	화	수
일진 日辰	壬寅	癸卯	甲辰	乙巳	丙午	丁未	戊申	己酉	庚戌	辛亥	壬子	癸丑	甲寅	乙卯	丙辰	丁巳	戊午	己未	庚申	辛酉	壬戌	癸亥	甲子	乙丑	丙寅	丁卯	戊辰	己巳	庚午	辛未
음력	2	3	4	5	6	7	8	9	10	11	12	13	14	15	16	17	18	19	20	21	22	23	24	25	26	27	28	29	4/1	2
대운 남	1	1	1	1	청	10	9	9	9	8	8	8	7	7	7	6	6	6	5	곡	5	4	4	4	3	3	3	2	2	2
대운 여	9	9	9	10	명	1	1	1	1	2	2	2	3	3	3	4	4	4	5	우	5	6	6	6	7	7	7	8	8	8

입하 5일 22시 59분 【음4월】 ➡ 【己巳月(기사월)】 ☯ 소만 21일 11시 58분

양력 5 / 음력 04/03 ~ 05/03

양력	1	2	3	4	5	6	7	8	9	10	11	12	13	14	15	16	17	18	19	20	21	22	23	24	25	26	27	28	29	30	31
요일	목	금	토	일	월	화	수	목	금	토	일	월	화	수	목	금	토	일	월	화	수	목	금	토	일	월	화	수	목	금	토
일진 日辰	壬申	癸酉	甲戌	乙亥	丙子	丁丑	戊寅	己卯	庚辰	辛巳	壬午	癸未	甲申	乙酉	丙戌	丁亥	戊子	己丑	庚寅	辛卯	壬辰	癸巳	甲午	乙未	丙申	丁酉	戊戌	己亥	庚子	辛丑	壬寅
음력	3	4	5	6	7	8	9	10	11	12	13	14	15	16	17	18	19	20	21	22	23	24	25	26	27	28	29	30	5/1	2	3
대운 남	1	1	1	1	입	10	10	10	9	9	9	8	8	8	7	7	7	6	6	6	소	5	5	4	4	4	3	3	3	2	2
대운 여	9	9	9	10	하	1	1	1	1	2	2	2	3	3	3	4	4	4	5	5	만	6	6	6	7	7	7	8	8	8	9

망종 6일 03시 02분 【음5월】 ➡ 【庚午月(경오월)】 ☯ 하지 21일 19시 50분

양력 6 / 음력 05/04 ~ 06/04

양력	1	2	3	4	5	6	7	8	9	10	11	12	13	14	15	16	17	18	19	20	21	22	23	24	25	26	27	28	29	30
요일	일	월	화	수	목	금	토	일	월	화	수	목	금	토	일	월	화	수	목	금	토	일	월	화	수	목	금	토	일	월
일진 日辰	癸卯	甲辰	乙巳	丙午	丁未	戊申	己酉	庚戌	辛亥	壬子	癸丑	甲寅	乙卯	丙辰	丁巳	戊午	己未	庚申	辛酉	壬戌	癸亥	甲子	乙丑	丙寅	丁卯	戊辰	己巳	庚午	辛未	壬申
음력	4	5	6	7	8	9	10	11	12	13	14	15	16	17	18	19	20	21	22	23	24	25	26	27	28	29	6/1	2	3	4
대운 남	2	1	1	1	1	망	10	10	9	9	9	8	8	8	7	7	7	6	6	6	하	5	5	4	4	4	3	3	3	2
대운 여	9	9	10	10	10	종	1	1	1	1	2	2	2	3	3	3	4	4	4	5	지	5	6	6	6	7	7	7	8	8

한식(4월06일), 초복(7월18일), 중복(7월28일), 말복(8월07일) ☂춘사(春社)3/18
☀추사(秋社)9/24 토왕지절(土旺之節):4월17일,7월20일,10월20일,1월17일(음11/27)
臘享(납향):2015년1월31일(음12/12)

2014 甲午年

소서 7일 13시 14분 【음6월】 ➡ 【辛未月(신미월)】 ☯ 대서 23일 06시 40분

양력 7 (음력 06/05~07/05)	1	2	3	4	5	6	7	8	9	10	11	12	13	14	15	16	17	18	19	20	21	22	23	24	25	26	27	28	29	30	31
요일	화	수	목	금	토	일	월	화	수	목	금	토	일	월	화	수	목	금	토	일	월	화	수	목	금	토	일	월	화	수	목
일진 日辰	癸酉	甲戌	乙亥	丙子	丁丑	戊寅	己卯	庚辰	辛巳	壬午	癸未	甲申	乙酉	丙戌	丁亥	戊子	己丑	庚寅	辛卯	壬辰	癸巳	甲午	乙未	丙申	丁酉	戊戌	己亥	庚子	辛丑	壬寅	癸卯
음력	5	6	7	8	9	10	11	12	13	14	15	16	17	18	19	20	21	22	23	24	25	26	27	28	29	30	7/1	2	3	4	5
대운 남	2	2	1	1	1	1	소	10	10	9	9	9	8	8	8	7	7	7	6	6	6	5	대	5	4	4	4	3	3	3	2
대운 여	8	9	9	9	10	10	서	1	1	1	1	2	2	2	3	3	3	4	4	4	5	5	서	6	6	6	7	7	7	8	8

입추 7일 23시 02분 【음7월】 ➡ 【壬申月(임신월)】 ☯ 처서 23일 13시 45분

양력 8 (음력 07/06~08/07)	1	2	3	4	5	6	7	8	9	10	11	12	13	14	15	16	17	18	19	20	21	22	23	24	25	26	27	28	29	30	31
요일	금	토	일	월	화	수	목	금	토	일	월	화	수	목	금	토	일	월	화	수	목	금	토	일	월	화	수	목	금	토	일
일진 日辰	甲辰	乙巳	丙午	丁未	戊申	己酉	庚戌	辛亥	壬子	癸丑	甲寅	乙卯	丙辰	丁巳	戊午	己未	庚申	辛酉	壬戌	癸亥	甲子	乙丑	丙寅	丁卯	戊辰	己巳	庚午	辛未	壬申	癸酉	甲戌
음력	6	7	8	9	10	11	12	13	14	15	16	17	18	19	20	21	22	23	24	25	26	27	28	29	8/1	2	3	4	5	6	7
대운 남	2	2	1	1	1	1	입	10	10	10	9	9	9	8	8	8	7	7	7	6	6	6	처	5	5	4	4	4	3	3	3
대운 여	8	9	9	9	10	10	추	1	1	1	1	2	2	2	3	3	3	4	4	4	5	5	서	6	6	6	7	7	7	8	8

백로 8일 02시 01분 【음8월】 ➡ 【癸酉月(계유월)】 ☯ 추분 23일 11시 28분

양력 9 (음력 08/08~09/07)	1	2	3	4	5	6	7	8	9	10	11	12	13	14	15	16	17	18	19	20	21	22	23	24	25	26	27	28	29	30
요일	월	화	수	목	금	토	일	월	화	수	목	금	토	일	월	화	수	목	금	토	일	월	화	수	목	금	토	일	월	화
일진 日辰	乙亥	丙子	丁丑	戊寅	己卯	庚辰	辛巳	壬午	癸未	甲申	乙酉	丙戌	丁亥	戊子	己丑	庚寅	辛卯	壬辰	癸巳	甲午	乙未	丙申	丁酉	戊戌	己亥	庚子	辛丑	壬寅	癸卯	甲辰
음력	8	9	10	11	12	13	14	15	16	17	18	19	20	21	22	23	24	25	26	27	28	29	30	9/1	2	3	4	5	6	7
대운 남	2	2	2	1	1	1	1	백	10	9	9	9	8	8	8	7	7	7	6	6	6	5	추	5	4	4	4	3	3	3
대운 여	8	9	9	9	10	10	10	로	1	1	1	1	2	2	2	3	3	3	4	4	4	5	분	5	6	6	6	7	7	7

한로 8일 17시 47분 【음9월】 ➡ 【甲戌月(갑술월)】 ☯ 상강 23일 20시 56분

양력 10 (음력 09/08~윤908)	1	2	3	4	5	6	7	8	9	10	11	12	13	14	15	16	17	18	19	20	21	22	23	24	25	26	27	28	29	30	31
요일	수	목	금	토	일	월	화	수	목	금	토	일	월	화	수	목	금	토	일	월	화	수	목	금	토	일	월	화	수	목	금
일진 日辰	乙巳	丙午	丁未	戊申	己酉	庚戌	辛亥	壬子	癸丑	甲寅	乙卯	丙辰	丁巳	戊午	己未	庚申	辛酉	壬戌	癸亥	甲子	乙丑	丙寅	丁卯	戊辰	己巳	庚午	辛未	壬申	癸酉	甲戌	乙亥
음력	8	9	10	11	12	13	14	15	16	17	18	19	20	21	22	23	24	25	26	27	28	29	30	윤9	2	3	4	5	6	7	8
대운 남	2	2	2	1	1	1	1	한	10	9	9	9	8	8	8	7	7	7	6	6	6	5	상	5	4	4	4	3	3	3	2
대운 여	8	8	8	9	9	9	10	로	1	1	1	1	2	2	2	3	3	3	4	4	4	5	강	5	6	6	6	7	7	7	8

입동 7일 21시 06분 【음10월】 ➡ 【乙亥月(을해월)】 ☯ 소설 22일 18시 37분

양력 11 (음력 윤909~10/09)	1	2	3	4	5	6	7	8	9	10	11	12	13	14	15	16	17	18	19	20	21	22	23	24	25	26	27	28	29	30
요일	토	일	월	화	수	목	금	토	일	월	화	수	목	금	토	일	월	화	수	목	금	토	일	월	화	수	목	금	토	일
일진 日辰	丙子	丁丑	戊寅	己卯	庚辰	辛巳	壬午	癸未	甲申	乙酉	丙戌	丁亥	戊子	己丑	庚寅	辛卯	壬辰	癸巳	甲午	乙未	丙申	丁酉	戊戌	己亥	庚子	辛丑	壬寅	癸卯	甲辰	乙巳
음력	9	10	11	12	13	14	15	16	17	18	19	20	21	22	23	24	25	26	27	28	29	10/1	2	3	4	5	6	7	8	9
대운 남	2	2	1	1	1	1	입	10	9	9	9	8	8	8	7	7	7	6	6	6	5	소	5	4	4	4	3	3	3	2
대운 여	8	8	9	9	9	10	동	1	1	1	1	2	2	2	3	3	3	4	4	4	5	설	5	6	6	6	7	7	7	8

대설 7일 14시 03분 【음11월】 ➡ 【丙子月(병자월)】 ☯ 동지 22일 08시 02분

양력 12 (음력 10/10~11/10)	1	2	3	4	5	6	7	8	9	10	11	12	13	14	15	16	17	18	19	20	21	22	23	24	25	26	27	28	29	30	31
요일	월	화	수	목	금	토	일	월	화	수	목	금	토	일	월	화	수	목	금	토	일	월	화	수	목	금	토	일	월	화	수
일진 日辰	丙午	丁未	戊申	己酉	庚戌	辛亥	壬子	癸丑	甲寅	乙卯	丙辰	丁巳	戊午	己未	庚申	辛酉	壬戌	癸亥	甲子	乙丑	丙寅	丁卯	戊辰	己巳	庚午	辛未	壬申	癸酉	甲戌	乙亥	丙子
음력	10	11	12	13	14	15	16	17	18	19	20	21	22	23	24	25	26	27	28	29	30	11/1	2	3	4	5	6	7	8	9	10
대운 남	2	2	1	1	1	1	대	10	9	9	9	8	8	8	7	7	7	6	6	6	5	동	5	4	4	4	3	3	3	2	2
대운 여	8	8	9	9	9	10	설	1	1	1	1	2	2	2	3	3	3	4	4	4	5	지	5	6	6	6	7	7	7	8	8

단기 4348 年
불기 2559 年

2015년

下元 乙未年 납음(砂中金),본명성(三碧木)

대장군(卯동방), 삼살(酉서방), 상문(酉서방),조객(巳서남방), 납음(사중금), 【삼재(사,오,미)년】 臘享(납향):2016년1월26일(음12/17)

양

소한 6일 01시 20분 【음12월】 ➡ 【丁丑月(정축월)】 ☯ 대한 20일 18시 42분

양력 1	1	2	3	4	5	6	7	8	9	10	11	12	13	14	15	16	17	18	19	20	21	22	23	24	25	26	27	28	29	30	31
요일	목	금	토	일	월	화	수	목	금	토	일	월	화	수	목	금	토	일	월	화	수	목	금	토	일	월	화	수	목	금	토
일진 日辰	丁丑	戊寅	己卯	庚辰	辛巳	壬午	癸未	甲申	乙酉	丙戌	丁亥	戊子	己丑	庚寅	辛卯	壬辰	癸巳	甲午	乙未	丙申	丁酉	戊戌	己亥	庚子	辛丑	壬寅	癸卯	甲辰	乙巳	丙午	丁未
음력 (11/11 ~ 12/12)	11	12	13	14	15	16	17	18	19	20	21	22	23	24	25	26	27	28	29	12/1	2	3	4	5	6	7	8	9	10	11	12
대운 남	2	1	1	1	1	소	9	9	9	8	8	8	7	7	7	6	6	6	5	대	5	4	4	4	3	3	3	2	2	2	1
대운 여	8	9	9	9	10	한	1	1	1	1	2	2	2	3	3	3	4	4	4	한	5	5	6	6	6	7	7	7	8	8	8

입춘 4일 12시 58분 【음1월】 ➡ 【戊寅月(무인월)】 ☯ 우수 19일 08시 49분

양력 2	1	2	3	4	5	6	7	8	9	10	11	12	13	14	15	16	17	18	19	20	21	22	23	24	25	26	27	28
요일	일	월	화	수	목	금	토	일	월	화	수	목	금	토	일	월	화	수	목	금	토	일	월	화	수	목	금	토
일진 日辰	戊申	己酉	庚戌	辛亥	壬子	癸丑	甲寅	乙卯	丙辰	丁巳	戊午	己未	庚申	辛酉	壬戌	癸亥	甲子	乙丑	丙寅	丁卯	戊辰	己巳	庚午	辛未	壬申	癸酉	甲戌	乙亥
음력 (12/13 ~ 01/10)	13	14	15	16	17	18	19	20	21	22	23	24	25	26	27	28	29	30	1/1	2	3	4	5	6	7	8	9	10
대운 남	1	1	1	입	1	1	1	1	2	2	2	3	3	3	4	4	4	5	우	5	6	6	6	7	7	7	8	8
대운 여	9	9	9	춘	10	9	9	9	8	8	8	7	7	7	6	6	6	5	수	5	4	4	4	3	3	3	2	2

乙未年

경칩 6일 06시 55분 【음2월】 ➡ 【己卯月(기묘월)】 ☯ 춘분 21일 07시 44분

양력 3	1	2	3	4	5	6	7	8	9	10	11	12	13	14	15	16	17	18	19	20	21	22	23	24	25	26	27	28	29	30	31
요일	일	월	화	수	목	금	토	일	월	화	수	목	금	토	일	월	화	수	목	금	토	일	월	화	수	목	금	토	일	월	화
일진 日辰	丙子	丁丑	戊寅	己卯	庚辰	辛巳	壬午	癸未	甲申	乙酉	丙戌	丁亥	戊子	己丑	庚寅	辛卯	壬辰	癸巳	甲午	乙未	丙申	丁酉	戊戌	己亥	庚子	辛丑	壬寅	癸卯	甲辰	乙巳	丙午
음력 (01/11 ~ 02/12)	11	12	13	14	15	16	17	18	19	20	21	22	23	24	25	26	27	28	29	2/1	2	3	4	5	6	7	8	9	10	11	12
대운 남	8	9	9	9	10	경	1	1	1	1	2	2	2	3	3	3	4	4	4	5	춘	5	6	6	6	7	7	7	8	8	8
대운 여	2	1	1	1	1	칩	10	9	9	9	8	8	8	7	7	7	6	6	6	5	분	5	4	4	4	3	3	3	2	2	2

청명 5일 11시 38분 【음3월】 ➡ 【庚辰月(경진월)】 ☯ 곡우 20일 18시 41분

양력 4	1	2	3	4	5	6	7	8	9	10	11	12	13	14	15	16	17	18	19	20	21	22	23	24	25	26	27	28	29	30
요일	수	목	금	토	일	월	화	수	목	금	토	일	월	화	수	목	금	토	일	월	화	수	목	금	토	일	월	화	수	목
일진 日辰	丁未	戊申	己酉	庚戌	辛亥	壬子	癸丑	甲寅	乙卯	丙辰	丁巳	戊午	己未	庚申	辛酉	壬戌	癸亥	甲子	乙丑	丙寅	丁卯	戊辰	己巳	庚午	辛未	壬申	癸酉	甲戌	乙亥	丙子
음력 (02/13 ~ 03/12)	13	14	15	16	17	18	19	20	21	22	23	24	25	26	27	28	29	30	3/1	2	3	4	5	6	7	8	9	10	11	12
대운 남	9	9	9	10	청	1	1	1	1	2	2	2	3	3	3	4	4	4	5	곡	5	6	6	6	7	7	7	8	8	8
대운 여	1	1	1	1	명	10	10	9	9	9	8	8	8	7	7	7	6	6	6	우	5	5	4	4	4	3	3	3	2	2

입하 6일 04시 52분 【음4월】 ➡ 【辛巳月(신사월)】 ☯ 소만 21일 17시 44분

양력 5	1	2	3	4	5	6	7	8	9	10	11	12	13	14	15	16	17	18	19	20	21	22	23	24	25	26	27	28	29	30	31
요일	금	토	일	월	화	수	목	금	토	일	월	화	수	목	금	토	일	월	화	수	목	금	토	일	월	화	수	목	금	토	일
일진 日辰	丁丑	戊寅	己卯	庚辰	辛巳	壬午	癸未	甲申	乙酉	丙戌	丁亥	戊子	己丑	庚寅	辛卯	壬辰	癸巳	甲午	乙未	丙申	丁酉	戊戌	己亥	庚子	辛丑	壬寅	癸卯	甲辰	乙巳	丙午	丁未
음력 (03/13 ~ 04/14)	13	14	15	16	17	18	19	20	21	22	23	24	25	26	27	28	29	4/1	2	3	4	5	6	7	8	9	10	11	12	13	14
대운 남	9	9	9	10	10	입	1	1	1	1	2	2	2	3	3	3	4	4	4	5	소	5	6	6	6	7	7	7	8	8	8
대운 여	2	1	1	1	1	하	10	10	9	9	9	8	8	8	7	7	7	6	6	6	만	5	5	4	4	4	3	3	3	2	2

망종 6일 08시 57분 【음5월】 ➡ 【壬午月(임오월)】 ☯ 하지 22일 01시 37분

양력 6	1	2	3	4	5	6	7	8	9	10	11	12	13	14	15	16	17	18	19	20	21	22	23	24	25	26	27	28	29	30
요일	월	화	수	목	금	토	일	월	화	수	목	금	토	일	월	화	수	목	금	토	일	월	화	수	목	금	토	일	월	화
일진 日辰	戊申	己酉	庚戌	辛亥	壬子	癸丑	甲寅	乙卯	丙辰	丁巳	戊午	己未	庚申	辛酉	壬戌	癸亥	甲子	乙丑	丙寅	丁卯	戊辰	己巳	庚午	辛未	壬申	癸酉	甲戌	乙亥	丙子	丁丑
음력 (04/15 ~ 05/15)	15	16	17	18	19	20	21	22	23	24	25	26	27	28	29	5/1	2	3	4	5	6	7	8	9	10	11	12	13	14	15
대운 남	9	9	9	10	10	망	1	1	1	1	2	2	2	3	3	3	4	4	4	5	5	하	6	6	6	7	7	7	8	8
대운 여	2	1	1	1	1	종	10	10	9	9	9	8	8	8	7	7	7	6	6	6	5	지	5	4	4	4	3	3	3	2

한식(4월06일), 초복(7월13일), 중복(7월23일), 말복(8월12일) ☂춘사(春社)3/23
☀추사(秋社)9/19 토왕지절(土旺之節):4월17일,7월20일,10월21일,1월18일(음12/09)
臘享(납향):2016년1월26일(음12/17)

2015년 7월1일부터 윤초시행.
시간을 1초씩 늦추면 된다.

【癸未月(계미월)】

소서 7일 19시 11분 【음6월】 ➡ ☯ 대서 23일 12시 30분

양력 7 / 음력 05/16 ~ 06/16

양력	1	2	3	4	5	6	7	8	9	10	11	12	13	14	15	16	17	18	19	20	21	22	23	24	25	26	27	28	29	30	31
요일	수	목	금	토	일	월	화	수	목	금	토	일	월	화	수	목	금	토	일	월	화	수	목	금	토	일	월	화	수	목	금
일진 日辰	戊寅	己卯	庚辰	辛巳	壬午	癸未	甲申	乙酉	丙戌	丁亥	戊子	己丑	庚寅	辛卯	壬辰	癸巳	甲午	乙未	丙申	丁酉	戊戌	己亥	庚子	辛丑	壬寅	癸卯	甲辰	乙巳	丙午	丁未	戊申
음력	16	17	18	19	20	21	22	23	24	25	26	27	28	29	30	6/1	2	3	4	5	6	7	8	9	10	11	12	13	14	15	16
대운 남	8	9	9	9	10	10	소	1	1	1	1	2	2	2	3	3	3	4	4	4	5	5	대	6	6	6	7	7	7	8	8
대운 여	2	2	1	1	1	1	서	10	10	10	9	9	9	8	8	8	7	7	7	6	6	6	서	5	5	4	4	4	3	3	3

【甲申月(갑신월)】

입추 8일 05시 00분 【음7월】 ➡ ☯ 처서 23일 19시 36분

양력 8 / 음력 06/17 ~ 07/18

양력	1	2	3	4	5	6	7	8	9	10	11	12	13	14	15	16	17	18	19	20	21	22	23	24	25	26	27	28	29	30	31
요일	토	일	월	화	수	목	금	토	일	월	화	수	목	금	토	일	월	화	수	목	금	토	일	월	화	수	목	금	토	일	월
일진 日辰	己酉	庚戌	辛亥	壬子	癸丑	甲寅	乙卯	丙辰	丁巳	戊午	己未	庚申	辛酉	壬戌	癸亥	甲子	乙丑	丙寅	丁卯	戊辰	己巳	庚午	辛未	壬申	癸酉	甲戌	乙亥	丙子	丁丑	戊寅	己卯
음력	17	18	19	20	21	22	23	24	25	26	27	28	29	7/1	2	3	4	5	6	7	8	9	10	11	12	13	14	15	16	17	18
대운 남	8	9	9	9	10	10	10	입	1	1	1	1	2	2	2	3	3	3	4	4	4	5	처	5	6	6	6	7	7	7	8
대운 여	2	2	2	1	1	1	1	추	10	10	9	9	9	8	8	8	7	7	7	6	6	6	서	5	5	4	4	4	3	3	3

【乙酉月(을유월)】

백로 8일 07시 59분 【음8월】 ➡ ☯ 추분 23일 17시 20분

양력 9 / 음력 07/19 ~ 08/18

양력	1	2	3	4	5	6	7	8	9	10	11	12	13	14	15	16	17	18	19	20	21	22	23	24	25	26	27	28	29	30
요일	화	수	목	금	토	일	월	화	수	목	금	토	일	월	화	수	목	금	토	일	월	화	수	목	금	토	일	월	화	수
일진 日辰	庚辰	辛巳	壬午	癸未	甲申	乙酉	丙戌	丁亥	戊子	己丑	庚寅	辛卯	壬辰	癸巳	甲午	乙未	丙申	丁酉	戊戌	己亥	庚子	辛丑	壬寅	癸卯	甲辰	乙巳	丙午	丁未	戊申	己酉
음력	19	20	21	22	23	24	25	26	27	28	29	30	8/1	2	3	4	5	6	7	8	9	10	11	12	13	14	15	16	17	18
대운 남	8	8	9	9	9	10	10	백	1	1	1	1	2	2	2	3	3	3	4	4	4	5	추	5	6	6	6	7	7	7
대운 여	2	2	2	1	1	1	1	로	10	9	9	9	8	8	8	7	7	7	6	6	6	5	분	5	4	4	4	3	3	3

【丙戌月(병술월)】

한로 8일 23시 42분 【음9월】 ➡ ☯ 상강 24일 02시 46분

양력 10 / 음력 08/19 ~ 09/19

양력	1	2	3	4	5	6	7	8	9	10	11	12	13	14	15	16	17	18	19	20	21	22	23	24	25	26	27	28	29	30	31
요일	목	금	토	일	월	화	수	목	금	토	일	월	화	수	목	금	토	일	월	화	수	목	금	토	일	월	화	수	목	금	토
일진 日辰	庚戌	辛亥	壬子	癸丑	甲寅	乙卯	丙辰	丁巳	戊午	己未	庚申	辛酉	壬戌	癸亥	甲子	乙丑	丙寅	丁卯	戊辰	己巳	庚午	辛未	壬申	癸酉	甲戌	乙亥	丙子	丁丑	戊寅	己卯	庚辰
음력	19	20	21	22	23	24	25	26	27	28	29	30	9/1	2	3	4	5	6	7	8	9	10	11	12	13	14	15	16	17	18	19
대운 남	8	8	8	9	9	9	10	한	1	1	1	1	2	2	2	3	3	3	4	4	4	5	5	상	6	6	6	7	7	7	8
대운 여	2	2	2	1	1	1	1	로	10	10	9	9	9	8	8	8	7	7	7	6	6	6	5	강	5	4	4	4	3	3	3

【丁亥月(정해월)】

입동 8일 02시 58분 【음10월】 ➡ ☯ 소설 23일 00시 24분

양력 11 / 음력 09/20 ~ 10/19

양력	1	2	3	4	5	6	7	8	9	10	11	12	13	14	15	16	17	18	19	20	21	22	23	24	25	26	27	28	29	30
요일	일	월	화	수	목	금	토	일	월	화	수	목	금	토	일	월	화	수	목	금	토	일	월	화	수	목	금	토	일	월
일진 日辰	辛巳	壬午	癸未	甲申	乙酉	丙戌	丁亥	戊子	己丑	庚寅	辛卯	壬辰	癸巳	甲午	乙未	丙申	丁酉	戊戌	己亥	庚子	辛丑	壬寅	癸卯	甲辰	乙巳	丙午	丁未	戊申	己酉	庚戌
음력	20	21	22	23	24	25	26	27	28	29	30	10/1	2	3	4	5	6	7	8	9	10	11	12	13	14	15	16	17	18	19
대운 남	8	8	9	9	9	10	10	입	1	1	1	1	2	2	2	3	3	3	4	4	4	5	소	5	6	6	6	7	7	7
대운 여	2	2	2	1	1	1	1	동	9	9	9	8	8	8	7	7	7	6	6	6	5	5	설	4	4	4	3	3	3	2

【戊子月(무자월)】

대설 7일 19시 52분 【음11월】 ➡ ☯ 동지 22일 13시 47분

양력 12 / 음력 10/20 ~ 11/21

양력	1	2	3	4	5	6	7	8	9	10	11	12	13	14	15	16	17	18	19	20	21	22	23	24	25	26	27	28	29	30	31
요일	화	수	목	금	토	일	월	화	수	목	금	토	일	월	화	수	목	금	토	일	월	화	수	목	금	토	일	월	화	수	목
일진 日辰	辛亥	壬子	癸丑	甲寅	乙卯	丙辰	丁巳	戊午	己未	庚申	辛酉	壬戌	癸亥	甲子	乙丑	丙寅	丁卯	戊辰	己巳	庚午	辛未	壬申	癸酉	甲戌	乙亥	丙子	丁丑	戊寅	己卯	庚辰	辛巳
음력	20	21	22	23	24	25	26	27	28	29	11/1	2	3	4	5	6	7	8	9	10	11	12	13	14	15	16	17	18	19	20	21
대운 남	8	8	8	9	9	9	대	1	1	1	1	2	2	2	3	3	3	4	4	4	5	동	5	6	6	6	7	7	7	8	8
대운 여	2	2	1	1	1	1	설	10	9	9	9	8	8	8	7	7	7	6	6	6	5	지	5	4	4	4	3	3	3	2	2

단기 4349 年 | 불기 2560 年

2016년

下元 丙申年 납음(山下火), 본명성(二黑土)

대장군(午남방), 삼살(남방), 상문(戌서북방), 조객(午남방), 납음(산하화), 【삼재(인,묘,진)년】 臘享(납향):2017년1월20일(음12/23)

소한 6일 07시 07분 【음12월】 ➡ **【己丑月(기축월)】** ☯ 대한 21일 00시 26분

양력 1	양력	1	2	3	4	5	6	7	8	9	10	11	12	13	14	15	16	17	18	19	20	21	22	23	24	25	26	27	28	29	30	31
	요일	금	토	일	월	화	수	목	금	토	일	월	화	수	목	금	토	일	월	화	수	목	금	토	일	월	화	수	목	금	토	일
	일진 日辰	壬午	癸未	甲申	乙酉	丙戌	丁亥	戊子	己丑	庚寅	辛卯	壬辰	癸巳	甲午	乙未	丙申	丁酉	戊戌	己亥	庚子	辛丑	壬寅	癸卯	甲辰	乙巳	丙午	丁未	戊申	己酉	庚戌	辛亥	壬子
음력 11/22 ~ 12/22	음력	22	23	24	25	26	27	28	29	30	12/1	2	3	4	5	6	7	8	9	10	11	12	13	14	15	16	17	18	19	20	21	22
대운	남	8	9	9	9	10	소	1	1	1	1	2	2	2	3	3	3	4	4	4	5	대	5	6	6	6	7	7	7	8	8	8
	여	2	1	1	1	1	한	9	9	9	8	8	8	7	7	7	6	6	6	5	5	한	4	4	4	3	3	3	2	2	2	1

입춘 4일 18시 45분 【음1월】 ➡ **【庚寅月(경인월】** ☯ 우수 19일 14시 33분

양력 2	양력	1	2	3	4	5	6	7	8	9	10	11	12	13	14	15	16	17	18	19	20	21	22	23	24	25	26	27	28	29	丙申年
	요일	월	화	수	목	금	토	일	월	화	수	목	금	토	일	월	화	수	목	금	토	일	월	화	수	목	금	토	일	월	
	일진 日辰	癸丑	甲寅	乙卯	丙辰	丁巳	戊午	己未	庚申	辛酉	壬戌	癸亥	甲子	乙丑	丙寅	丁卯	戊辰	己巳	庚午	辛未	壬申	癸酉	甲戌	乙亥	丙子	丁丑	戊寅	己卯	庚辰	辛巳	
음력 12/23 ~ 01/22	음력	23	24	25	26	27	28	29	1/1	2	3	4	5	6	7	8	9	10	11	12	13	14	15	16	17	18	19	20	21	22	
대운	남	9	9	9	입	10	9	9	9	8	8	8	7	7	7	6	6	6	5	우	5	4	4	4	3	3	3	2	2	2	
	여	1	1	1	춘	1	1	1	1	2	2	2	3	3	3	4	4	4	5	수	5	6	6	6	7	7	7	8	8	8	

경칩 5일 12시 43분 【음2월】 ➡ **【辛卯月(신묘월)】** ☯ 춘분 20일 13시 29분

양력 3	양력	1	2	3	4	5	6	7	8	9	10	11	12	13	14	15	16	17	18	19	20	21	22	23	24	25	26	27	28	29	30	31
	요일	화	수	목	금	토	일	월	화	수	목	금	토	일	월	화	수	목	금	토	일	월	화	수	목	금	토	일	월	화	수	목
	일진 日辰	壬午	癸未	甲申	乙酉	丙戌	丁亥	戊子	己丑	庚寅	辛卯	壬辰	癸巳	甲午	乙未	丙申	丁酉	戊戌	己亥	庚子	辛丑	壬寅	癸卯	甲辰	乙巳	丙午	丁未	戊申	己酉	庚戌	辛亥	壬子
음력 01/23 ~ 02/23	음력	23	24	25	26	27	28	29	30	2/1	2	3	4	5	6	7	8	9	10	11	12	13	14	15	16	17	18	19	20	21	22	23
대운	남	1	1	1	1	경	10	9	9	9	8	8	8	7	7	7	6	6	6	5	춘	5	4	4	4	3	3	3	2	2	2	1
	여	9	9	9	10	칩	1	1	1	1	2	2	2	3	3	3	4	4	4	5	분	5	6	6	6	7	7	7	8	8	8	9

청명 4일 17시 27분 【음3월】 ➡ **【壬辰月(임진월)】** ☯ 곡우 20일 00시 29분

양력 4	양력	1	2	3	4	5	6	7	8	9	10	11	12	13	14	15	16	17	18	19	20	21	22	23	24	25	26	27	28	29	30
	요일	금	토	일	월	화	수	목	금	토	일	월	화	수	목	금	토	일	월	화	수	목	금	토	일	월	화	수	목	금	토
	일진 日辰	癸丑	甲寅	乙卯	丙辰	丁巳	戊午	己未	庚申	辛酉	壬戌	癸亥	甲子	乙丑	丙寅	丁卯	戊辰	己巳	庚午	辛未	壬申	癸酉	甲戌	乙亥	丙子	丁丑	戊寅	己卯	庚辰	辛巳	壬午
음력 02/24 ~ 03/24	음력	24	25	26	27	28	29	3/1	2	3	4	5	6	7	8	9	10	11	12	13	14	15	16	17	18	19	20	21	22	23	24
대운	남	1	1	1	청	10	10	9	9	9	8	8	8	7	7	7	6	6	6	5	곡	5	4	4	4	3	3	3	2	2	2
	여	9	9	10	명	1	1	1	1	2	2	2	3	3	3	4	4	4	5	5	우	6	6	6	7	7	7	8	8	8	9

입하 5일 10시 41분 【음4월】 ➡ **【癸巳月(계사월)】** ☯ 소만 20일 23시 36분

양력 5	양력	1	2	3	4	5	6	7	8	9	10	11	12	13	14	15	16	17	18	19	20	21	22	23	24	25	26	27	28	29	30	31
	요일	일	월	화	수	목	금	토	일	월	화	수	목	금	토	일	월	화	수	목	금	토	일	월	화	수	목	금	토	일	월	화
	일진 日辰	癸未	甲申	乙酉	丙戌	丁亥	戊子	己丑	庚寅	辛卯	壬辰	癸巳	甲午	乙未	丙申	丁酉	戊戌	己亥	庚子	辛丑	壬寅	癸卯	甲辰	乙巳	丙午	丁未	戊申	己酉	庚戌	辛亥	壬子	癸丑
음력 03/25 ~ 04/25	음력	25	26	27	28	29	30	4/1	2	3	4	5	6	7	8	9	10	11	12	13	14	15	16	17	18	19	20	21	22	23	24	25
대운	남	1	1	1	1	입	10	10	9	9	9	8	8	8	7	7	7	6	6	6	소	5	5	4	4	4	3	3	3	2	2	2
	여	9	9	10	10	하	1	1	1	1	2	2	2	3	3	3	4	4	4	5	만	5	6	6	6	7	7	7	8	8	8	9

망종 6일 14시 48분 【음5월】 ➡ **【甲午月(갑오월)】** ☯ 하지 21일 07시 33분

양력 6	양력	1	2	3	4	5	6	7	8	9	10	11	12	13	14	15	16	17	18	19	20	21	22	23	24	25	26	27	28	29	30
	요일	수	목	금	토	일	월	화	수	목	금	토	일	월	화	수	목	금	토	일	월	화	수	목	금	토	일	월	화	수	목
	일진 日辰	甲寅	乙卯	丙辰	丁巳	戊午	己未	庚申	辛酉	壬戌	癸亥	甲子	乙丑	丙寅	丁卯	戊辰	己巳	庚午	辛未	壬申	癸酉	甲戌	乙亥	丙子	丁丑	戊寅	己卯	庚辰	辛巳	壬午	癸未
음력 04/26 ~ 05/26	음력	26	27	28	29	5/1	2	3	4	5	6	7	8	9	10	11	12	13	14	15	16	17	18	19	20	21	22	23	24	25	26
대운	남	1	1	1	1	망	10	10	10	9	9	9	8	8	8	7	7	7	6	6	6	하	5	5	4	4	4	3	3	3	2
	여	9	9	10	10	종	1	1	1	1	2	2	2	3	3	3	4	4	4	5	5	지	6	6	6	7	7	7	8	8	8

한식(4월05일), 초복(7월17일), 중복(7월27일), 말복(8월16일) ☂춘사(春社)3/17
☀추사(秋社)9/23 토왕지절(土旺之節):4월16일,7월19일,10월20일,1월17일(음12/20)
臘享(납향):2017년1월20일(음12/23)

2016 丙申年

소서 7일 01시 02분 【음6월】➡ 【乙未月(을미월)】 ☯ 대서 22일 18시 29분

양력 7 (음력 05/27 ~ 06/28)

양력	1	2	3	4	5	6	7	8	9	10	11	12	13	14	15	16	17	18	19	20	21	22	23	24	25	26	27	28	29	30	31
요일	금	토	일	월	화	수	목	금	토	일	월	화	수	목	금	토	일	월	화	수	목	금	토	일	월	화	수	목	금	토	일
일진 日辰	甲申	乙酉	丙戌	丁亥	戊子	己丑	庚寅	辛卯	壬辰	癸巳	甲午	乙未	丙申	丁酉	戊戌	己亥	庚子	辛丑	壬寅	癸卯	甲辰	乙巳	丙午	丁未	戊申	己酉	庚戌	辛亥	壬子	癸丑	甲寅
음력	27	28	29	6/1	2	3	4	5	6	7	8	9	10	11	12	13	14	15	16	17	18	19	20	21	22	23	24	25	26	27	28
대운 남	2	2	1	1	1	1	소	10	10	9	9	9	8	8	8	7	7	7	6	6	6	대	5	5	4	4	4	3	3	3	2
대운 여	9	9	9	10	10	10	서	1	1	1	1	2	2	2	3	3	3	4	4	4	5	서	5	6	6	6	7	7	7	8	8

입추 7일 10시 52분 【음7월】➡ 【丙申月(병신월)】 ☯ 처서 23일 01시 38분

양력 8 (음력 06/29 ~ 07/29)

양력	1	2	3	4	5	6	7	8	9	10	11	12	13	14	15	16	17	18	19	20	21	22	23	24	25	26	27	28	29	30	31
요일	월	화	수	목	금	토	일	월	화	수	목	금	토	일	월	화	수	목	금	토	일	월	화	수	목	금	토	일	월	화	수
일진 日辰	乙卯	丙辰	丁巳	戊午	己未	庚申	辛酉	壬戌	癸亥	甲子	乙丑	丙寅	丁卯	戊辰	己巳	庚午	辛未	壬申	癸酉	甲戌	乙亥	丙子	丁丑	戊寅	己卯	庚辰	辛巳	壬午	癸未	甲申	乙酉
음력	29	30	7/1	2	3	4	5	6	7	8	9	10	11	12	13	14	15	16	17	18	19	20	21	22	23	24	25	26	27	28	29
대운 남	2	2	1	1	1	1	입	10	10	9	9	9	8	8	8	7	7	7	6	6	6	5	처	5	4	4	4	3	3	3	2
대운 여	9	9	9	10	10	10	추	1	1	1	1	2	2	2	3	3	3	4	4	4	5	5	서	6	6	6	7	7	7	8	8

백로 7일 13시 50분 【음8월】➡ 【丁酉月(정유월)】 ☯ 추분 22일 23시 20분

양력 9 (음력 08/01 ~ 08/30)

양력	1	2	3	4	5	6	7	8	9	10	11	12	13	14	15	16	17	18	19	20	21	22	23	24	25	26	27	28	29	30
요일	목	금	토	일	월	화	수	목	금	토	일	월	화	수	목	금	토	일	월	화	수	목	금	토	일	월	화	수	목	금
일진 日辰	丙戌	丁亥	戊子	己丑	庚寅	辛卯	壬辰	癸巳	甲午	乙未	丙申	丁酉	戊戌	己亥	庚子	辛丑	壬寅	癸卯	甲辰	乙巳	丙午	丁未	戊申	己酉	庚戌	辛亥	壬子	癸丑	甲寅	乙卯
음력	8/1	2	3	4	5	6	7	8	9	10	11	12	13	14	15	16	17	18	19	20	21	22	23	24	25	26	27	28	29	30
대운 남	2	2	1	1	1	1	백	10	10	9	9	9	8	8	8	7	7	7	6	6	6	추	5	5	4	4	4	3	3	3
대운 여	8	9	9	9	10	10	로	1	1	1	1	2	2	2	3	3	3	4	4	4	5	분	5	6	6	6	7	7	7	8

한로 8일 05시 32분 【음9월】➡ 【戊戌月(무술월)】 ☯ 상강 23일 08시 45분

양력 10 (음력 09/01 ~ 10/01)

양력	1	2	3	4	5	6	7	8	9	10	11	12	13	14	15	16	17	18	19	20	21	22	23	24	25	26	27	28	29	30	31
요일	토	일	월	화	수	목	금	토	일	월	화	수	목	금	토	일	월	화	수	목	금	토	일	월	화	수	목	금	토	일	월
일진 日辰	丙辰	丁巳	戊午	己未	庚申	辛酉	壬戌	癸亥	甲子	乙丑	丙寅	丁卯	戊辰	己巳	庚午	辛未	壬申	癸酉	甲戌	乙亥	丙子	丁丑	戊寅	己卯	庚辰	辛巳	壬午	癸未	甲申	乙酉	丙戌
음력	9/1	2	3	4	5	6	7	8	9	10	11	12	13	14	15	16	17	18	19	20	21	22	23	24	25	26	27	28	29	30	10/1
대운 남	2	1	1	1	1	입	10	10	9	9	9	8	8	8	7	7	7	6	6	6	5	처	5	4	4	4	3	3	3	2	2
대운 여	9	9	10	10	10	추	1	1	1	1	2	2	2	3	3	3	4	4	4	5	5	서	6	6	6	7	7	7	8	8	8

입동 6일 08시 47분 【음10월】➡ 【己亥月(기해월)】 ☯ 소설 22일 06시 21분

양력 11 (음력 10/02 ~ 11/02)

양력	1	2	3	4	5	6	7	8	9	10	11	12	13	14	15	16	17	18	19	20	21	22	23	24	25	26	27	28	29	30
요일	화	수	목	금	토	일	월	화	수	목	금	토	일	월	화	수	목	금	토	일	월	화	수	목	금	토	일	월	화	수
일진 日辰	丁亥	戊子	己丑	庚寅	辛卯	壬辰	癸巳	甲午	乙未	丙申	丁酉	戊戌	己亥	庚子	辛丑	壬寅	癸卯	甲辰	乙巳	丙午	丁未	戊申	己酉	庚戌	辛亥	壬子	癸丑	甲寅	乙卯	丙辰
음력	2	3	4	5	6	7	8	9	10	11	12	13	14	15	16	17	18	19	20	21	22	23	24	25	26	27	28	29	11/1	2
대운 남	2	1	1	1	1	입	10	10	9	9	9	8	8	8	7	7	7	6	6	6	5	소	5	4	4	4	3	3	3	2
대운 여	8	8	9	9	9	동	1	1	1	1	2	2	2	3	3	3	4	4	4	5	5	설	6	6	6	7	7	7	8	8

대설 7일 01시 40분 【음11월】➡ 【庚子月(경자월)】 ☯ 동지 21일 19시 43분

양력 12 (음력 11/03 ~ 12/03)

양력	1	2	3	4	5	6	7	8	9	10	11	12	13	14	15	16	17	18	19	20	21	22	23	24	25	26	27	28	29	30	31
요일	목	금	토	일	월	화	수	목	금	토	일	월	화	수	목	금	토	일	월	화	수	목	금	토	일	월	화	수	목	금	토
일진 日辰	丁巳	戊午	己未	庚申	辛酉	壬戌	癸亥	甲子	乙丑	丙寅	丁卯	戊辰	己巳	庚午	辛未	壬申	癸酉	甲戌	乙亥	丙子	丁丑	戊寅	己卯	庚辰	辛巳	壬午	癸未	甲申	乙酉	丙戌	丁亥
음력	3	4	5	6	7	8	9	10	11	12	13	14	15	16	17	18	19	20	21	22	23	24	25	26	27	28	29	30	12/1	2	3
대운 남	2	2	1	1	1	1	대	9	9	9	8	8	8	7	7	7	6	6	6	5	동	5	4	4	4	3	3	3	2	2	2
대운 여	8	9	9	9	10	10	설	1	1	1	1	2	2	2	3	3	3	4	4	4	지	5	5	6	6	6	7	7	7	8	8

단기 4350 年 불기 2561 年 **2017년** 下元 **丁酉年** 납음(山下火),본명성(一白水)

대장군(午남방), 삼살(동방), 상문(亥서북방), 조객(未서남방),납음(산하화), 삼재(해자축) 臘享(납향):2018년1월27일(음12/11)

닭

소한 5일 12시 55분 【음12월】 ➡ **【辛丑月(신축월)】** ☯ 대한 20일 06시 23분

양력 1 / 음력 12/04 ~ 01/04

양력	1	2	3	4	5	6	7	8	9	10	11	12	13	14	15	16	17	18	19	20	21	22	23	24	25	26	27	28	29	30	31
요일	일	월	화	수	목	금	토	일	월	화	수	목	금	토	일	월	화	수	목	금	토	일	월	화	수	목	금	토	일	월	화
일진 日辰	戊子	己丑	庚寅	辛卯	壬辰	癸巳	甲午	乙未	丙申	丁酉	戊戌	己亥	庚子	辛丑	壬寅	癸卯	甲辰	乙巳	丙午	丁未	戊申	己酉	庚戌	辛亥	壬子	癸丑	甲寅	乙卯	丙辰	丁巳	戊午
음력	4	5	6	7	8	9	10	11	12	13	14	15	16	17	18	19	20	21	22	23	24	25	26	27	28	29	30	1/1	2	3	4
대운 남	1	1	1	1	소	10	9	9	9	8	8	8	7	7	7	6	6	6	5	대	5	4	4	4	3	3	3	2	2	2	1
대운 여	8	9	9	9	한	1	1	1	1	2	2	2	3	3	3	4	4	4	5	한	5	6	6	6	7	7	7	8	8	8	9

입춘 4일 00시 33분 【음1월】 ➡ **【壬寅月(임인월)】** ☯ 우수 18일 20시 30분

양력 2 / 음력 01/05 ~ 02/03

양력	1	2	3	4	5	6	7	8	9	10	11	12	13	14	15	16	17	18	19	20	21	22	23	24	25	26	27	28
요일	수	목	금	토	일	월	화	수	목	금	토	일	월	화	수	목	금	토	일	월	화	수	목	금	토	일	월	화
일진 日辰	己未	庚申	辛酉	壬戌	癸亥	甲子	乙丑	丙寅	丁卯	戊辰	己巳	庚午	辛未	壬申	癸酉	甲戌	乙亥	丙子	丁丑	戊寅	己卯	庚辰	辛巳	壬午	癸未	甲申	乙酉	丙戌
음력	5	6	7	8	9	10	11	12	13	14	15	16	17	18	19	20	21	22	23	24	25	26	27	28	29	2/1	2	3
대운 남	1	1	1	입	1	1	1	1	2	2	2	3	3	3	4	4	4	우	5	5	6	6	6	7	7	7	8	8
대운 여	9	9	10	춘	9	9	9	8	8	8	7	7	7	6	6	6	5	수	5	4	4	4	3	3	3	2	2	2

丁酉年

경칩 5일 18시 32분 【음2월】 ➡ **【癸卯月(계묘월)】** ☯ 춘분 20일 19시 28분

양력 3 / 음력 02/04 ~ 03/04

양력	1	2	3	4	5	6	7	8	9	10	11	12	13	14	15	16	17	18	19	20	21	22	23	24	25	26	27	28	29	30	31
요일	수	목	금	토	일	월	화	수	목	금	토	일	월	화	수	목	금	토	일	월	화	수	목	금	토	일	월	화	수	목	금
일진 日辰	丁亥	戊子	己丑	庚寅	辛卯	壬辰	癸巳	甲午	乙未	丙申	丁酉	戊戌	己亥	庚子	辛丑	壬寅	癸卯	甲辰	乙巳	丙午	丁未	戊申	己酉	庚戌	辛亥	壬子	癸丑	甲寅	乙卯	丙辰	丁巳
음력	4	5	6	7	8	9	10	11	12	13	14	15	16	17	18	19	20	21	22	23	24	25	26	27	28	29	30	3/1	2	3	4
대운 남	8	9	9	9	경	1	1	1	1	2	2	2	3	3	3	4	4	4	5	춘	5	6	6	6	7	7	7	8	8	8	9
대운 여	1	1	1	1	칩	10	9	9	9	8	8	8	7	7	7	6	6	6	5	분	5	4	4	4	3	3	3	2	2	2	1

청명 4일 23시 16분 【음3월】 ➡ **【甲辰月(갑진월)】** ☯ 곡우 20일 06시 26분

양력 4 / 음력 03/05 ~ 04/05

양력	1	2	3	4	5	6	7	8	9	10	11	12	13	14	15	16	17	18	19	20	21	22	23	24	25	26	27	28	29	30
요일	토	일	월	화	수	목	금	토	일	월	화	수	목	금	토	일	월	화	수	목	금	토	일	월	화	수	목	금	토	일
일진 日辰	戊午	己未	庚申	辛酉	壬戌	癸亥	甲子	乙丑	丙寅	丁卯	戊辰	己巳	庚午	辛未	壬申	癸酉	甲戌	乙亥	丙子	丁丑	戊寅	己卯	庚辰	辛巳	壬午	癸未	甲申	乙酉	丙戌	丁亥
음력	5	6	7	8	9	10	11	12	13	14	15	16	17	18	19	20	21	22	23	24	25	26	27	28	29	4/1	2	3	4	5
대운 남	9	9	10	청	1	1	1	1	2	2	2	3	3	3	4	4	4	5	5	곡	6	6	6	7	7	7	8	8	8	9
대운 여	1	1	1	명	10	10	9	9	9	8	8	8	7	7	7	6	6	6	5	우	5	4	4	4	3	3	3	2	2	2

입하 5일 16시 30분 【음4월】 ➡ **【乙巳月(을사월)】** ☯ 소만 21일 05시 30분

양력 5 / 음력 04/06 ~ 05/06

양력	1	2	3	4	5	6	7	8	9	10	11	12	13	14	15	16	17	18	19	20	21	22	23	24	25	26	27	28	29	30	31
요일	월	화	수	목	금	토	일	월	화	수	목	금	토	일	월	화	수	목	금	토	일	월	화	수	목	금	토	일	월	화	수
일진 日辰	戊子	己丑	庚寅	辛卯	壬辰	癸巳	甲午	乙未	丙申	丁酉	戊戌	己亥	庚子	辛丑	壬寅	癸卯	甲辰	乙巳	丙午	丁未	戊申	己酉	庚戌	辛亥	壬子	癸丑	甲寅	乙卯	丙辰	丁巳	戊午
음력	6	7	8	9	10	11	12	13	14	15	16	17	18	19	20	21	22	23	24	25	26	27	28	29	30	5/1	2	3	4	5	6
대운 남	9	9	10	10	입	1	1	1	1	2	2	2	3	3	3	4	4	4	5	5	소	6	6	6	7	7	7	8	8	8	9
대운 여	1	1	1	1	하	10	10	9	9	9	8	8	8	7	7	7	6	6	6	5	만	5	4	4	4	3	3	3	2	2	2

망종 5일 20시 36분 【음5월】 ➡ **【丙午月(병오월)】** ☯ 하지 21일 13시 23분

양력 6 / 음력 05/07 ~ 윤507

양력	1	2	3	4	5	6	7	8	9	10	11	12	13	14	15	16	17	18	19	20	21	22	23	24	25	26	27	28	29	30
요일	목	금	토	일	월	화	수	목	금	토	일	월	화	수	목	금	토	일	월	화	수	목	금	토	일	월	화	수	목	금
일진 日辰	己未	庚申	辛酉	壬戌	癸亥	甲子	乙丑	丙寅	丁卯	戊辰	己巳	庚午	辛未	壬申	癸酉	甲戌	乙亥	丙子	丁丑	戊寅	己卯	庚辰	辛巳	壬午	癸未	甲申	乙酉	丙戌	丁亥	戊子
음력	7	8	9	10	11	12	13	14	15	16	17	18	19	20	21	22	23	24	25	26	27	28	29	윤5	2	3	4	5	6	7
대운 남	9	9	10	10	망	1	1	1	1	2	2	2	3	3	3	4	4	4	5	5	하	6	6	6	7	7	7	8	8	8
대운 여	1	1	1	1	종	10	10	10	9	9	9	8	8	8	7	7	7	6	6	6	지	5	5	4	4	4	3	3	3	2

한식(4월05일), 초복(7월12일), 중복(7월22일), 말복(8월11일) ☂춘사(春社)3/22
☀추사(秋社)9/18 토왕지절(土旺之節):4월17일,7월19일,10월20일,1월17일(음12/01)
臘享(납향):2018년1월27일(음12/11)

2017 丁酉年

소서 7일 06시 50분 【음6월】 ➡ **【丁未月(정미월)】** ☯ 대서 23일 00시 14분

양력 7	양력	1	2	3	4	5	6	7	8	9	10	11	12	13	14	15	16	17	18	19	20	21	22	23	24	25	26	27	28	29	30	31
	요일	토	일	월	화	수	목	금	토	일	월	화	수	목	금	토	일	월	화	수	목	금	토	일	월	화	수	목	금	토	일	월
	일진 日辰	己丑	庚寅	辛卯	壬辰	癸巳	甲午	乙未	丙申	丁酉	戊戌	己亥	庚子	辛丑	壬寅	癸卯	甲辰	乙巳	丙午	丁未	戊申	己酉	庚戌	辛亥	壬子	癸丑	甲寅	乙卯	丙辰	丁巳	戊午	己未
음력 윤508 ~ 06/09	음력	8	9	10	11	12	13	14	15	16	17	18	19	20	21	22	23	24	25	26	27	28	29	6/1	2	3	4	5	6	7	8	9
대운	남	9	9	9	10	10	10	소	1	1	1	1	2	2	2	3	3	3	4	4	4	5	5	대	6	6	6	7	7	7	8	8
	여	2	2	1	1	1	1	서	10	10	9	9	9	8	8	8	7	7	7	6	6	6	5	서	5	4	4	4	3	3	3	2

입추 7일 16시 39분 【음7월】 ➡ **【戊申月(무신월)】** ☯ 처서 23일 07시 19분

양력 8	양력	1	2	3	4	5	6	7	8	9	10	11	12	13	14	15	16	17	18	19	20	21	22	23	24	25	26	27	28	29	30	31
	요일	화	수	목	금	토	일	월	화	수	목	금	토	일	월	화	수	목	금	토	일	월	화	수	목	금	토	일	월	화	수	목
	일진 日辰	庚申	辛酉	壬戌	癸亥	甲子	乙丑	丙寅	丁卯	戊辰	己巳	庚午	辛未	壬申	癸酉	甲戌	乙亥	丙子	丁丑	戊寅	己卯	庚辰	辛巳	壬午	癸未	甲申	乙酉	丙戌	丁亥	戊子	己丑	庚寅
음력 06/10 ~ 07/10	음력	10	11	12	13	14	15	16	17	18	19	20	21	22	23	24	25	26	27	28	29	30	7/1	2	3	4	5	6	7	8	9	10
대운	남	8	9	9	9	10	10	입	1	1	1	1	2	2	2	3	3	3	4	4	4	5	5	처	6	6	6	7	7	7	8	8
	여	2	2	1	1	1	1	추	10	10	9	9	9	8	8	8	7	7	7	6	6	6	5	서	5	4	4	4	3	3	3	2

백로 7일 19시 38분 【음8월】 ➡ **【己酉月(기유월)】** ☯ 추분 23일 05시 01분

양력 9	양력	1	2	3	4	5	6	7	8	9	10	11	12	13	14	15	16	17	18	19	20	21	22	23	24	25	26	27	28	29	30	
	요일	금	토	일	월	화	수	목	금	토	일	월	화	수	목	금	토	일	월	화	수	목	금	토	일	월	화	수	목	금	토	
	일진 日辰	辛卯	壬辰	癸巳	甲午	乙未	丙申	丁酉	戊戌	己亥	庚子	辛丑	壬寅	癸卯	甲辰	乙巳	丙午	丁未	戊申	己酉	庚戌	辛亥	壬子	癸丑	甲寅	乙卯	丙辰	丁巳	戊午	己未	庚申	
음력 07/11 ~ 08/11	음력	11	12	13	14	15	16	17	18	19	20	21	22	23	24	25	26	27	28	29	8/1	2	3	4	5	6	7	8	9	10	11	
대운	남	8	9	9	9	10	10	백	1	1	1	1	2	2	2	3	3	3	4	4	4	5	5	추	6	6	6	7	7	7	8	
	여	2	2	1	1	1	1	로	10	10	9	9	9	8	8	8	7	7	7	6	6	6	5	분	5	4	4	4	3	3	3	

한로 8일 11시 21분 【음9월】 ➡ **【庚戌月(경술월)】** ☯ 상강 23일 14시 26분

양력 10	양력	1	2	3	4	5	6	7	8	9	10	11	12	13	14	15	16	17	18	19	20	21	22	23	24	25	26	27	28	29	30	31
	요일	일	월	화	수	목	금	토	일	월	화	수	목	금	토	일	월	화	수	목	금	토	일	월	화	수	목	금	토	일	월	화
	일진 日辰	辛酉	壬戌	癸亥	甲子	乙丑	丙寅	丁卯	戊辰	己巳	庚午	辛未	壬申	癸酉	甲戌	乙亥	丙子	丁丑	戊寅	己卯	庚辰	辛巳	壬午	癸未	甲申	乙酉	丙戌	丁亥	戊子	己丑	庚寅	辛卯
음력 08/12 ~ 09/12	음력	12	13	14	15	16	17	18	19	20	21	22	23	24	25	26	27	28	29	30	9/1	2	3	4	5	6	7	8	9	10	11	12
대운	남	8	8	9	9	9	10	10	한	1	1	1	1	2	2	2	3	3	3	4	4	4	5	상	5	6	6	6	7	7	7	8
	여	2	2	2	1	1	1	1	로	10	9	9	9	8	8	8	7	7	7	6	6	6	5	강	5	4	4	4	3	3	3	2

입동 7일 14시 37분 【음10월】 ➡ **【辛亥月(신해월)】** ☯ 소설 22일 12시 04분

양력 11	양력	1	2	3	4	5	6	7	8	9	10	11	12	13	14	15	16	17	18	19	20	21	22	23	24	25	26	27	28	29	30	
	요일	수	목	금	토	일	월	화	수	목	금	토	일	월	화	수	목	금	토	일	월	화	수	목	금	토	일	월	화	수	목	
	일진 日辰	壬辰	癸巳	甲午	乙未	丙申	丁酉	戊戌	己亥	庚子	辛丑	壬寅	癸卯	甲辰	乙巳	丙午	丁未	戊申	己酉	庚戌	辛亥	壬子	癸丑	甲寅	乙卯	丙辰	丁巳	戊午	己未	庚申	辛酉	
음력 09/13 ~ 10/13	음력	13	14	15	16	17	18	19	20	21	22	23	24	25	26	27	28	29	10/1	2	3	4	5	6	7	8	9	10	11	12	13	
대운	남	8	8	9	9	9	10	입	1	1	1	1	2	2	2	3	3	3	4	4	4	5	소	5	6	6	6	7	7	7	8	
	여	2	2	1	1	1	1	동	10	9	9	9	8	8	8	7	7	7	6	6	6	5	설	5	4	4	4	3	3	3	2	

대설 7일 07시 32분 【음11월】 ➡ **【壬子月(임자월)】** ☯ 동지 22일 01시 27분

양력 12	양력	1	2	3	4	5	6	7	8	9	10	11	12	13	14	15	16	17	18	19	20	21	22	23	24	25	26	27	28	29	30	31
	요일	금	토	일	월	화	수	목	금	토	일	월	화	수	목	금	토	일	월	화	수	목	금	토	일	월	화	수	목	금	토	일
	일진 日辰	壬戌	癸亥	甲子	乙丑	丙寅	丁卯	戊辰	己巳	庚午	辛未	壬申	癸酉	甲戌	乙亥	丙子	丁丑	戊寅	己卯	庚辰	辛巳	壬午	癸未	甲申	乙酉	丙戌	丁亥	戊子	己丑	庚寅	辛卯	壬辰
음력 10/14 ~ 11/14	음력	14	15	16	17	18	19	20	21	22	23	24	25	26	27	28	29	30	11/1	2	3	4	5	6	7	8	9	10	11	12	13	14
대운	남	8	8	9	9	9	10	대	1	1	1	1	2	2	2	3	3	3	4	4	4	5	동	5	6	6	6	7	7	7	8	8
	여	2	2	1	1	1	1	설	9	9	9	8	8	8	7	7	7	6	6	6	5	5	지	4	4	4	3	3	3	2	2	2

단기 4351 年	2018년	下元 戊戌年 납음(平地木),본명성(九紫火)
불기 2562 年		대장군(午남방), 삼살(북방), 상문(子북방),조객(申서남방), 납음(평지목), 【삼재(신,유,술)년】 臘享(납향):2019년1월22일(음12/17)

【癸丑月(계축월)】

소한 5일 18시 48분 【음12월】 ➡ ☯ 대한 20일 12시 08분

양력 1	양력	1	2	3	4	5	6	7	8	9	10	11	12	13	14	15	16	17	18	19	20	21	22	23	24	25	26	27	28	29	30	31
	요일	월	화	수	목	금	토	일	월	화	수	목	금	토	일	월	화	수	목	금	토	일	월	화	수	목	금	토	일	월	화	수
	일진 日辰	癸巳	甲午	乙未	丙申	丁酉	戊戌	己亥	庚子	辛丑	壬寅	癸卯	甲辰	乙巳	丙午	丁未	戊申	己酉	庚戌	辛亥	壬子	癸丑	甲寅	乙卯	丙辰	丁巳	戊午	己未	庚申	辛酉	壬戌	癸亥
음력 11/15 – 12/15	음력	15	16	17	18	19	20	21	22	23	24	25	26	27	28	29	30	12/1	2	3	4	5	6	7	8	9	10	11	12	13	14	15
대운	남	8	9	9	9	소	1	1	1	1	2	2	2	3	3	3	4	4	4	5	대	5	6	6	6	7	7	7	8	8	8	9
	여	1	1	1	1	한	10	9	9	9	8	8	8	7	7	7	6	6	6	5	한	5	4	4	4	3	3	3	2	2	2	1

【甲寅月(갑인월)】

입춘 4일 06시 28분 【음1월】 ➡ ☯ 우수 19일 02시 17분

양력 2	양력	1	2	3	4	5	6	7	8	9	10	11	12	13	14	15	16	17	18	19	20	21	22	23	24	25	26	27	28	戊戌年
	요일	목	금	토	일	월	화	수	목	금	토	일	월	화	수	목	금	토	일	월	화	수	목	금	토	일	월	화	수	
	일진 日辰	甲子	乙丑	丙寅	丁卯	戊辰	己巳	庚午	辛未	壬申	癸酉	甲戌	乙亥	丙子	丁丑	戊寅	己卯	庚辰	辛巳	壬午	癸未	甲申	乙酉	丙戌	丁亥	戊子	己丑	庚寅	辛卯	
음력 12/16 – 01/13	음력	16	17	18	19	20	21	22	23	24	25	26	27	28	29	30	1/1	2	3	4	5	6	7	8	9	10	11	12	13	
대운	남	9	9	10	입	10	9	9	9	8	8	8	7	7	7	6	6	6	5	우	5	4	4	4	3	3	3	2	2	
	여	1	1	1	춘	1	1	1	1	2	2	2	3	3	3	4	4	4	5	수	5	6	6	6	7	7	7	8	8	

【乙卯月(을묘월)】

경칩 6일 00시 27분 【음2월】 ➡ ☯ 춘분 21일 01시 14분

양력 3	양력	1	2	3	4	5	6	7	8	9	10	11	12	13	14	15	16	17	18	19	20	21	22	23	24	25	26	27	28	29	30	31
	요일	목	금	토	일	월	화	수	목	금	토	일	월	화	수	목	금	토	일	월	화	수	목	금	토	일	월	화	수	목	금	토
	일진 日辰	壬辰	癸巳	甲午	乙未	丙申	丁酉	戊戌	己亥	庚子	辛丑	壬寅	癸卯	甲辰	乙巳	丙午	丁未	戊申	己酉	庚戌	辛亥	壬子	癸丑	甲寅	乙卯	丙辰	丁巳	戊午	己未	庚申	辛酉	壬戌
음력 01/14 – 02/15	음력	14	15	16	17	18	19	20	21	22	23	24	25	26	27	28	29	2/1	2	3	4	5	6	7	8	9	10	11	12	13	14	15
대운	남	2	1	1	1	1	경	10	9	9	9	8	8	8	7	7	7	6	6	6	5	춘	5	4	4	4	3	3	3	2	2	2
	여	8	9	9	9	10	칩	1	1	1	1	2	2	2	3	3	3	4	4	4	5	분	5	6	6	6	7	7	7	8	8	8

【丙辰月(병진월)】

청명 5일 05시 12분 【음3월】 ➡ ☯ 곡우 20일 12시 12분

양력 4	양력	1	2	3	4	5	6	7	8	9	10	11	12	13	14	15	16	17	18	19	20	21	22	23	24	25	26	27	28	29	30
	요일	일	월	화	수	목	금	토	일	월	화	수	목	금	토	일	월	화	수	목	금	토	일	월	화	수	목	금	토	일	월
	일진 日辰	癸亥	甲子	乙丑	丙寅	丁卯	戊辰	己巳	庚午	辛未	壬申	癸酉	甲戌	乙亥	丙子	丁丑	戊寅	己卯	庚辰	辛巳	壬午	癸未	甲申	乙酉	丙戌	丁亥	戊子	己丑	庚寅	辛卯	壬辰
음력 02/16 – 03/15	음력	16	17	18	19	20	21	22	23	24	25	26	27	28	29	30	3/1	2	3	4	5	6	7	8	9	10	11	12	13	14	15
대운	남	1	1	1	1	청	10	9	9	9	8	8	8	7	7	7	6	6	6	5	곡	5	4	4	4	3	3	3	2	2	2
	여	9	9	9	10	명	1	1	1	1	2	2	2	3	3	3	4	4	4	5	우	5	6	6	6	7	7	7	8	8	8

【丁巳月(정사월)】

입하 5일 22시 24분 【음4월】 ➡ ☯ 소만 21일 11시 14분

양력 5	양력	1	2	3	4	5	6	7	8	9	10	11	12	13	14	15	16	17	18	19	20	21	22	23	24	25	26	27	28	29	30	31
	요일	화	수	목	금	토	일	월	화	수	목	금	토	일	월	화	수	목	금	토	일	월	화	수	목	금	토	일	월	화	수	목
	일진 日辰	癸巳	甲午	乙未	丙申	丁酉	戊戌	己亥	庚子	辛丑	壬寅	癸卯	甲辰	乙巳	丙午	丁未	戊申	己酉	庚戌	辛亥	壬子	癸丑	甲寅	乙卯	丙辰	丁巳	戊午	己未	庚申	辛酉	壬戌	癸亥
음력 03/16 – 04/17	음력	16	17	18	19	20	21	22	23	24	25	26	27	28	29	4/1	2	3	4	5	6	7	8	9	10	11	12	13	14	15	16	17
대운	남	1	1	1	1	입	10	10	10	9	9	9	8	8	8	7	7	7	6	6	6	소	5	5	4	4	4	3	3	3	2	2
	여	9	9	9	10	하	1	1	1	1	2	2	2	3	3	3	4	4	4	5	5	만	6	6	6	7	7	7	8	8	8	9

【戊午月(무오월)】

망종 6일 02시 28분 【음5월】 ➡ ☯ 하지 21일 19시 06분

양력 6	양력	1	2	3	4	5	6	7	8	9	10	11	12	13	14	15	16	17	18	19	20	21	22	23	24	25	26	27	28	29	30
	요일	금	토	일	월	화	수	목	금	토	일	월	화	수	목	금	토	일	월	화	수	목	금	토	일	월	화	수	목	금	토
	일진 日辰	甲子	乙丑	丙寅	丁卯	戊辰	己巳	庚午	辛未	壬申	癸酉	甲戌	乙亥	丙子	丁丑	戊寅	己卯	庚辰	辛巳	壬午	癸未	甲申	乙酉	丙戌	丁亥	戊子	己丑	庚寅	辛卯	壬辰	癸巳
음력 04/18 – 05/17	음력	18	19	20	21	22	23	24	25	26	27	28	29	30	5/1	2	3	4	5	6	7	8	9	10	11	12	13	14	15	16	17
대운	남	2	1	1	1	1	망	10	10	9	9	9	8	8	8	7	7	7	6	6	6	하	5	5	4	4	4	3	3	3	2
	여	9	9	10	10	10	종	1	1	1	1	2	2	2	3	3	3	4	4	4	5	지	5	6	6	6	7	7	7	8	8

한식(4월06일), 초복(7월17일), 중복(7월27일), 말복(8월16일) ☂춘사(春社)3/17
☀추사(秋社)9/23 토왕지절(土旺之節):4월17일,7월20일,10월20일,1월17일(음12/12)
臘享(납향):2019년1월22일(음12/17)

2018 戊戌年

소서 7일 12시 41분 【음6월】 ➡ **【己未月(기미월)】** ☯ 대서 23일 05시 59분

	양력	1	2	3	4	5	6	7	8	9	10	11	12	13	14	15	16	17	18	19	20	21	22	23	24	25	26	27	28	29	30	31
양력 7	요일	일	월	화	수	목	금	토	일	월	화	수	목	금	토	일	월	화	수	목	금	토	일	월	화	수	목	금	토	일	월	화
	일진	甲	乙	丙	丁	戊	己	庚	辛	壬	癸	甲	乙	丙	丁	戊	己	庚	辛	壬	癸	甲	乙	丙	丁	戊	己	庚	辛	壬	癸	甲
	日辰	午	未	申	酉	戌	亥	子	丑	寅	卯	辰	巳	午	未	申	酉	戌	亥	子	丑	寅	卯	辰	巳	午	未	申	酉	戌	亥	子
음력 05/18 ~ 06/19	음력	18	19	20	21	22	23	24	25	26	27	28	29	6/1	2	3	4	5	6	7	8	9	10	11	12	13	14	15	16	17	18	19
대운	남	2	2	1	1	1	1	소	10	10	9	9	9	8	8	8	7	7	7	6	6	6	5	대	5	4	4	4	3	3	3	2
	여	8	9	9	9	10	10	서	1	1	1	1	2	2	2	3	3	3	4	4	4	5	5	서	6	6	6	7	7	7	8	8

입추 7일 22시 30분 【음7월】 ➡ **【庚申月(경신월)】** ☯ 처서 23일 13시 08분

	양력	1	2	3	4	5	6	7	8	9	10	11	12	13	14	15	16	17	18	19	20	21	22	23	24	25	26	27	28	29	30	31
양력 8	요일	수	목	금	토	일	월	화	수	목	금	토	일	월	화	수	목	금	토	일	월	화	수	목	금	토	일	월	화	수	목	금
	일진	乙	丙	丁	戊	己	庚	辛	壬	癸	甲	乙	丙	丁	戊	己	庚	辛	壬	癸	甲	乙	丙	丁	戊	己	庚	辛	壬	癸	甲	乙
	日辰	丑	寅	卯	辰	巳	午	未	申	酉	戌	亥	子	丑	寅	卯	辰	巳	午	未	申	酉	戌	亥	子	丑	寅	卯	辰	巳	午	未
음력 06/20 ~ 07/21	음력	20	21	22	23	24	25	26	27	28	29	7/1	2	3	4	5	6	7	8	9	10	11	12	13	14	15	16	17	18	19	20	21
대운	남	2	2	1	1	1	1	입	10	10	10	9	9	9	8	8	8	7	7	7	6	6	6	처	5	5	4	4	4	3	3	3
	여	8	9	9	9	10	10	추	1	1	1	1	2	2	2	3	3	3	4	4	4	5	5	서	6	6	6	7	7	7	8	8

백로 8일 01시 29분 【음8월】 ➡ **【辛酉月(신유월)】** ☯ 추분 23일 10시 53분

	양력	1	2	3	4	5	6	7	8	9	10	11	12	13	14	15	16	17	18	19	20	21	22	23	24	25	26	27	28	29	30	
양력 9	요일	토	일	월	화	수	목	금	토	일	월	화	수	목	금	토	일	월	화	수	목	금	토	일	월	화	수	목	금	토	일	
	일진	丙	丁	戊	己	庚	辛	壬	癸	甲	乙	丙	丁	戊	己	庚	辛	壬	癸	甲	乙	丙	丁	戊	己	庚	辛	壬	癸	甲	乙	
	日辰	申	酉	戌	亥	子	丑	寅	卯	辰	巳	午	未	申	酉	戌	亥	子	丑	寅	卯	辰	巳	午	未	申	酉	戌	亥	子	丑	
음력 07/22 ~ 08/21	음력	22	23	24	25	26	27	28	29	30	8/1	2	3	4	5	6	7	8	9	10	11	12	13	14	15	16	17	18	19	20	21	
대운	남	2	2	2	1	1	1	1	백	10	9	9	9	8	8	8	7	7	7	6	6	6	5	추	5	4	4	4	3	3	3	
	여	8	9	9	9	10	10	10	로	1	1	1	1	2	2	2	3	3	3	4	4	4	5	분	5	6	6	6	7	7	7	

한로 8일 17시 14분 【음9월】 ➡ **【壬戌月(임술월)】** ☯ 상강 23일 20시 21분

	양력	1	2	3	4	5	6	7	8	9	10	11	12	13	14	15	16	17	18	19	20	21	22	23	24	25	26	27	28	29	30	31
양력 10	요일	월	화	수	목	금	토	일	월	화	수	목	금	토	일	월	화	수	목	금	토	일	월	화	수	목	금	토	일	월	화	수
	일진	丙	丁	戊	己	庚	辛	壬	癸	甲	乙	丙	丁	戊	己	庚	辛	壬	癸	甲	乙	丙	丁	戊	己	庚	辛	壬	癸	甲	乙	丙
	日辰	寅	卯	辰	巳	午	未	申	酉	戌	亥	子	丑	寅	卯	辰	巳	午	未	申	酉	戌	亥	子	丑	寅	卯	辰	巳	午	未	申
음력 08/22 ~ 09/23	음력	22	23	24	25	26	27	28	29	9/1	2	3	4	5	6	7	8	9	10	11	12	13	14	15	16	17	18	19	20	21	22	23
대운	남	2	2	2	1	1	1	1	한	10	9	9	9	8	8	8	7	7	7	6	6	6	5	상	5	4	4	4	3	3	3	2
	여	8	8	8	9	9	9	10	로	1	1	1	1	2	2	2	3	3	3	4	4	4	5	강	5	6	6	6	7	7	7	8

입동 7일 20시 31분 【음10월】 ➡ **【癸亥月(계해월)】** ☯ 소설 22일 18시 01분

	양력	1	2	3	4	5	6	7	8	9	10	11	12	13	14	15	16	17	18	19	20	21	22	23	24	25	26	27	28	29	30	
양력 11	요일	목	금	토	일	월	화	수	목	금	토	일	월	화	수	목	금	토	일	월	화	수	목	금	토	일	월	화	수	목	금	
	일진	丁	戊	己	庚	辛	壬	癸	甲	乙	丙	丁	戊	己	庚	辛	壬	癸	甲	乙	丙	丁	戊	己	庚	辛	壬	癸	甲	乙	丙	
	日辰	酉	戌	亥	子	丑	寅	卯	辰	巳	午	未	申	酉	戌	亥	子	丑	寅	卯	辰	巳	午	未	申	酉	戌	亥	子	丑	寅	
음력 09/24 ~ 10/23	음력	24	25	26	27	28	29	30	10/1	2	3	4	5	6	7	8	9	10	11	12	13	14	15	16	17	18	19	20	21	22	23	
대운	남	2	2	1	1	1	1	입	10	9	9	9	8	8	8	7	7	7	6	6	6	5	소	5	4	4	4	3	3	3	2	
	여	8	8	9	9	9	10	동	1	1	1	1	2	2	2	3	3	3	4	4	4	5	설	5	6	6	6	7	7	7	8	

대설 7일 13시 25분 【음11월】 ➡ **【甲子月(갑자월)】** ☯ 동지 22일 07시 22분

	양력	1	2	3	4	5	6	7	8	9	10	11	12	13	14	15	16	17	18	19	20	21	22	23	24	25	26	27	28	29	30	31
양력 12	요일	토	일	월	화	수	목	금	토	일	월	화	수	목	금	토	일	월	화	수	목	금	토	일	월	화	수	목	금	토	일	월
	일진	丁	戊	己	庚	辛	壬	癸	甲	乙	丙	丁	戊	己	庚	辛	壬	癸	甲	乙	丙	丁	戊	己	庚	辛	壬	癸	甲	乙	丙	丁
	日辰	卯	辰	巳	午	未	申	酉	戌	亥	子	丑	寅	卯	辰	巳	午	未	申	酉	戌	亥	子	丑	寅	卯	辰	巳	午	未	申	酉
음력 10/24 ~ 11/25	음력	24	25	26	27	28	29	11/1	2	3	4	5	6	7	8	9	10	11	12	13	14	15	16	17	18	19	20	21	22	23	24	25
대운	남	2	2	1	1	1	1	대	10	9	9	9	8	8	8	7	7	7	6	6	6	5	동	5	4	4	4	3	3	3	2	2
	여	8	8	9	9	9	10	설	1	1	1	1	2	2	2	3	3	3	4	4	4	5	지	5	6	6	6	7	7	7	8	8

단기 4352 年	2019년
불기 2563 年	

下元 己亥年 납음(平地木)본명성,(八白土)

대장군(酉서방). 삼살(酉서방). 상문(丑동북방),조객(酉서방). 납음(평지목). 【삼재(사,오,미)년】 臘享(납향):2020년1월18일(음12/23)

소한 6일 00시 38분 【음12월】 ➡ **【乙丑月(을축월)】** ☯ 대한 20일 17시 59분

양력 1 / 음력 11/26 ~ 12/26

양력	1	2	3	4	5	6	7	8	9	10	11	12	13	14	15	16	17	18	19	20	21	22	23	24	25	26	27	28	29	30	31
요일	화	수	목	금	토	일	월	화	수	목	금	토	일	월	화	수	목	금	토	일	월	화	수	목	금	토	일	월	화	수	목
일진 日辰	戊戌	己亥	庚子	辛丑	壬寅	癸卯	甲辰	乙巳	丙午	丁未	戊申	己酉	庚戌	辛亥	壬子	癸丑	甲寅	乙卯	丙辰	丁巳	戊午	己未	庚申	辛酉	壬戌	癸亥	甲子	乙丑	丙寅	丁卯	戊辰
음력	26	27	28	29	30	12/1	2	3	4	5	6	7	8	9	10	11	12	13	14	15	16	17	18	19	20	21	22	23	24	25	26
대운 남	2	1	1	1	1	소	9	9	9	8	8	8	7	7	7	6	6	6	5	대	5	4	4	4	3	3	3	2	2	2	1
대운 여	8	9	9	9	10	한	1	1	1	1	2	2	2	3	3	3	4	4	4	한	5	5	6	6	6	7	7	7	8	8	8

입춘 4일 12시 13분 【음1월】 ➡ **【丙寅月(병인월)】** ☯ 우수 19일 08시 03분

양력 2 / 음력 12/27 ~ 01/24

양력	1	2	3	4	5	6	7	8	9	10	11	12	13	14	15	16	17	18	19	20	21	22	23	24	25	26	27	28
요일	금	토	일	월	화	수	목	금	토	일	월	화	수	목	금	토	일	월	화	수	목	금	토	일	월	화	수	목
일진 日辰	己巳	庚午	辛未	壬申	癸酉	甲戌	乙亥	丙子	丁丑	戊寅	己卯	庚辰	辛巳	壬午	癸未	甲申	乙酉	丙戌	丁亥	戊子	己丑	庚寅	辛卯	壬辰	癸巳	甲午	乙未	丙申
음력	27	28	29	30	1/1	2	3	4	5	6	7	8	9	10	11	12	13	14	15	16	17	18	19	20	21	22	23	24
대운 남	1	1	1	입	1	1	1	1	2	2	2	3	3	3	4	4	4	5	우	5	6	6	6	7	7	7	8	8
대운 여	9	9	9	춘	10	9	9	9	8	8	8	7	7	7	6	6	6	5	수	5	4	4	4	3	3	3	2	2

己亥年

경칩 6일 06시 09분 【음2월】 ➡ **【丁卯月(정묘월)】** ☯ 춘분 21일 06시 57분

양력 3 / 음력 01/25 ~ 02/25

양력	1	2	3	4	5	6	7	8	9	10	11	12	13	14	15	16	17	18	19	20	21	22	23	24	25	26	27	28	29	30	31
요일	금	토	일	월	화	수	목	금	토	일	월	화	수	목	금	토	일	월	화	수	목	금	토	일	월	화	수	목	금	토	일
일진 日辰	丁酉	戊戌	己亥	庚子	辛丑	壬寅	癸卯	甲辰	乙巳	丙午	丁未	戊申	己酉	庚戌	辛亥	壬子	癸丑	甲寅	乙卯	丙辰	丁巳	戊午	己未	庚申	辛酉	壬戌	癸亥	甲子	乙丑	丙寅	丁卯
음력	25	26	27	28	29	30	2/1	2	3	4	5	6	7	8	9	10	11	12	13	14	15	16	17	18	19	20	21	22	23	24	25
대운 남	8	9	9	9	10	경	1	1	1	1	2	2	2	3	3	3	4	4	4	5	춘	5	6	6	6	7	7	7	8	8	8
대운 여	2	1	1	1	1	칩	10	9	9	9	8	8	8	7	7	7	6	6	6	5	분	5	4	4	4	3	3	3	2	2	2

청명 5일 10시 50분 【음3월】 ➡ **【戊辰月(무진월)】** ☯ 곡우 20일 17시 54분

양력 4 / 음력 02/26 ~ 03/26

양력	1	2	3	4	5	6	7	8	9	10	11	12	13	14	15	16	17	18	19	20	21	22	23	24	25	26	27	28	29	30
요일	월	화	수	목	금	토	일	월	화	수	목	금	토	일	월	화	수	목	금	토	일	월	화	수	목	금	토	일	월	화
일진 日辰	戊辰	己巳	庚午	辛未	壬申	癸酉	甲戌	乙亥	丙子	丁丑	戊寅	己卯	庚辰	辛巳	壬午	癸未	甲申	乙酉	丙戌	丁亥	戊子	己丑	庚寅	辛卯	壬辰	癸巳	甲午	乙未	丙申	丁酉
음력	26	27	28	29	3/1	2	3	4	5	6	7	8	9	10	11	12	13	14	15	16	17	18	19	20	21	22	23	24	25	26
대운 남	9	9	9	10	청	1	1	1	1	2	2	2	3	3	3	4	4	4	5	곡	5	6	6	6	7	7	7	8	8	8
대운 여	1	1	1	1	명	10	10	9	9	9	8	8	8	7	7	7	6	6	6	우	5	5	4	4	4	3	3	3	2	2

입하 6일 04시 02분 【음4월】 ➡ **【己巳月(기사월)】** ☯ 소만 21일 16시 58분

양력 5 / 음력 03/27 ~ 04/27

양력	1	2	3	4	5	6	7	8	9	10	11	12	13	14	15	16	17	18	19	20	21	22	23	24	25	26	27	28	29	30	31
요일	수	목	금	토	일	월	화	수	목	금	토	일	월	화	수	목	금	토	일	월	화	수	목	금	토	일	월	화	수	목	금
일진 日辰	戊戌	己亥	庚子	辛丑	壬寅	癸卯	甲辰	乙巳	丙午	丁未	戊申	己酉	庚戌	辛亥	壬子	癸丑	甲寅	乙卯	丙辰	丁巳	戊午	己未	庚申	辛酉	壬戌	癸亥	甲子	乙丑	丙寅	丁卯	戊辰
음력	27	28	29	30	4/1	2	3	4	5	6	7	8	9	10	11	12	13	14	15	16	17	18	19	20	21	22	23	24	25	26	27
대운 남	9	9	9	10	10	입	1	1	1	1	2	2	2	3	3	3	4	4	4	5	소	5	6	6	6	7	7	7	8	8	8
대운 여	2	1	1	1	1	하	10	10	9	9	9	8	8	8	7	7	7	6	6	6	만	5	5	4	4	4	3	3	3	2	2

망종 6일 08시 05분 【음5월】 ➡ **【庚午月(경오월)】** ☯ 하지 22일 00시 53분

양력 6 / 음력 04/28 ~ 05/28

양력	1	2	3	4	5	6	7	8	9	10	11	12	13	14	15	16	17	18	19	20	21	22	23	24	25	26	27	28	29	30
요일	토	일	월	화	수	목	금	토	일	월	화	수	목	금	토	일	월	화	수	목	금	토	일	월	화	수	목	금	토	일
일진 日辰	己巳	庚午	辛未	壬申	癸酉	甲戌	乙亥	丙子	丁丑	戊寅	己卯	庚辰	辛巳	壬午	癸未	甲申	乙酉	丙戌	丁亥	戊子	己丑	庚寅	辛卯	壬辰	癸巳	甲午	乙未	丙申	丁酉	戊戌
음력	28	29	5/1	2	3	4	5	6	7	8	9	10	11	12	13	14	15	16	17	18	19	20	21	22	23	24	25	26	27	28
대운 남	9	9	9	10	10	망	1	1	1	1	2	2	2	3	3	3	4	4	4	5	5	하	6	6	6	7	7	7	8	8
대운 여	2	1	1	1	1	종	10	10	9	9	9	8	8	8	7	7	7	6	6	6	5	지	5	4	4	4	3	3	3	2

한식(4월06일), 초복(7월12일), 중복(7월22일), 말복(8월11일) ☂춘사(春社)3/22
☀추사(秋社)9/28 토왕지절(土旺之節):4월17일,7월20일,10월21일,1월17일(음12/22)
臘享(납향):2020년1월18일(음12/23)

2019 己亥年

소서 7일 18시 20분 【음6월】 ➡ 【辛未月(신미월)】 ☯ 대서 23일 11시 49분

양력 7		1	2	3	4	5	6	7	8	9	10	11	12	13	14	15	16	17	18	19	20	21	22	23	24	25	26	27	28	29	30	31
	요일	월	화	수	목	금	토	일	월	화	수	목	금	토	일	월	화	수	목	금	토	일	월	화	수	목	금	토	일	월	화	수
	일진 日辰	己亥	庚子	辛丑	壬寅	癸卯	甲辰	乙巳	丙午	丁未	戊申	己酉	庚戌	辛亥	壬子	癸丑	甲寅	乙卯	丙辰	丁巳	戊午	己未	庚申	辛酉	壬戌	癸亥	甲子	乙丑	丙寅	丁卯	戊辰	己巳
음력 05/29 ~ 06/29	음력	29	30	6/1	2	3	4	5	6	7	8	9	10	11	12	13	14	15	16	17	18	19	20	21	22	23	24	25	26	27	28	29
대운	남	8	9	9	9	10	10	소	1	1	1	1	2	2	2	3	3	3	4	4	4	5	5	대	6	6	6	7	7	7	8	8
	여	2	2	1	1	1	1	서	10	10	10	9	9	9	8	8	8	7	7	7	6	6	6	서	5	5	4	4	4	3	3	3

입추 8일 04시 12분 【음7월】 ➡ 【壬申月(임신월)】 ☯ 처서 23일 19시 01분

양력 8		1	2	3	4	5	6	7	8	9	10	11	12	13	14	15	16	17	18	19	20	21	22	23	24	25	26	27	28	29	30	31
	요일	목	금	토	일	월	화	수	목	금	토	일	월	화	수	목	금	토	일	월	화	수	목	금	토	일	월	화	수	목	금	토
	일진 日辰	庚午	辛未	壬申	癸酉	甲戌	乙亥	丙子	丁丑	戊寅	己卯	庚辰	辛巳	壬午	癸未	甲申	乙酉	丙戌	丁亥	戊子	己丑	庚寅	辛卯	壬辰	癸巳	甲午	乙未	丙申	丁酉	戊戌	己亥	庚子
음력 07/01 ~ 08/02	음력	7/1	2	3	4	5	6	7	8	9	10	11	12	13	14	15	16	17	18	19	20	21	22	23	24	25	26	27	28	29	8/1	2
대운	남	8	9	9	9	10	10	10	입	1	1	1	1	2	2	2	3	3	3	4	4	4	5	처	5	6	6	6	7	7	7	8
	여	2	2	2	1	1	1	1	추	10	10	9	9	9	8	8	8	7	7	7	6	6	6	서	5	5	4	4	4	3	3	3

백로 8일 07시 16분 【음8월】 ➡ 【癸酉月(계유월)】 ☯ 추분 23일 16시 49분

양력 9		1	2	3	4	5	6	7	8	9	10	11	12	13	14	15	16	17	18	19	20	21	22	23	24	25	26	27	28	29	30
	요일	일	월	화	수	목	금	토	일	월	화	수	목	금	토	일	월	화	수	목	금	토	일	월	화	수	목	금	토	일	월
	일진 日辰	辛丑	壬寅	癸卯	甲辰	乙巳	丙午	丁未	戊申	己酉	庚戌	辛亥	壬子	癸丑	甲寅	乙卯	丙辰	丁巳	戊午	己未	庚申	辛酉	壬戌	癸亥	甲子	乙丑	丙寅	丁卯	戊辰	己巳	庚午
음력 08/03 ~ 09/02	음력	3	4	5	6	7	8	9	10	11	12	13	14	15	16	17	18	19	20	21	22	23	24	25	26	27	28	29	30	9/1	2
대운	남	8	8	9	9	9	10	10	백	1	1	1	1	2	2	2	3	3	3	4	4	4	5	추	5	6	6	6	7	7	7
	여	2	2	2	1	1	1	1	로	10	9	9	9	8	8	8	7	7	7	6	6	6	5	분	5	4	4	4	3	3	3

한로 8일 23시 05분 【음9월】 ➡ 【甲戌月(갑술월)】 ☯ 상강 24일 02시 19분

양력 10		1	2	3	4	5	6	7	8	9	10	11	12	13	14	15	16	17	18	19	20	21	22	23	24	25	26	27	28	29	30	31
	요일	화	수	목	금	토	일	월	화	수	목	금	토	일	월	화	수	목	금	토	일	월	화	수	목	금	토	일	월	화	수	목
	일진 日辰	辛未	壬申	癸酉	甲戌	乙亥	丙子	丁丑	戊寅	己卯	庚辰	辛巳	壬午	癸未	甲申	乙酉	丙戌	丁亥	戊子	己丑	庚寅	辛卯	壬辰	癸巳	甲午	乙未	丙申	丁酉	戊戌	己亥	庚子	辛丑
음력 09/03 ~ 10/04	음력	3	4	5	6	7	8	9	10	11	12	13	14	15	16	17	18	19	20	21	22	23	24	25	26	27	28	29	10/1	2	3	4
대운	남	8	8	8	9	9	9	10	한	1	1	1	1	2	2	2	3	3	3	4	4	4	5	5	상	6	6	6	7	7	7	8
	여	2	2	2	1	1	1	1	로	10	10	9	9	9	8	8	8	7	7	7	6	6	6	5	강	5	4	4	4	3	3	3

입동 8일 02시 23분 【음10월】 ➡ 【乙亥月(을해월)】 ☯ 소설 22일 23시 58분

양력 11		1	2	3	4	5	6	7	8	9	10	11	12	13	14	15	16	17	18	19	20	21	22	23	24	25	26	27	28	29	30
	요일	금	토	일	월	화	수	목	금	토	일	월	화	수	목	금	토	일	월	화	수	목	금	토	일	월	화	수	목	금	토
	일진 日辰	壬寅	癸卯	甲辰	乙巳	丙午	丁未	戊申	己酉	庚戌	辛亥	壬子	癸丑	甲寅	乙卯	丙辰	丁巳	戊午	己未	庚申	辛酉	壬戌	癸亥	甲子	乙丑	丙寅	丁卯	戊辰	己巳	庚午	辛未
음력 10/05 ~ 11/04	음력	5	6	7	8	9	10	11	12	13	14	15	16	17	18	19	20	21	22	23	24	25	26	27	28	29	30	11/1	2	3	4
대운	남	8	8	9	9	9	10	10	입	1	1	1	1	2	2	2	3	3	3	4	4	4	소	5	5	6	6	6	7	7	7
	여	2	2	2	1	1	1	1	동	9	9	9	8	8	8	7	7	7	6	6	6	5	설	5	4	4	4	3	3	3	2

대설 7일 19시 17분 【음11월】 ➡ 【丙子月(병자월)】 ☯ 동지 22일 13시 18분

양력 12		1	2	3	4	5	6	7	8	9	10	11	12	13	14	15	16	17	18	19	20	21	22	23	24	25	26	27	28	29	30	31
	요일	일	월	화	수	목	금	토	일	월	화	수	목	금	토	일	월	화	수	목	금	토	일	월	화	수	목	금	토	일	월	화
	일진 日辰	壬申	癸酉	甲戌	乙亥	丙子	丁丑	戊寅	己卯	庚辰	辛巳	壬午	癸未	甲申	乙酉	丙戌	丁亥	戊子	己丑	庚寅	辛卯	壬辰	癸巳	甲午	乙未	丙申	丁酉	戊戌	己亥	庚子	辛丑	壬寅
음력 11/05 ~ 12/06	음력	5	6	7	8	9	10	11	12	13	14	15	16	17	18	19	20	21	22	23	24	25	26	27	28	29	12/1	2	3	4	5	6
대운	남	8	8	8	9	9	9	대	1	1	1	1	2	2	2	3	3	3	4	4	4	5	동	5	6	6	6	7	7	7	8	8
	여	2	2	1	1	1	1	설	10	9	9	9	8	8	8	7	7	7	6	6	6	5	지	5	4	4	4	3	3	3	2	2

단기 4353 年
불기 2564 年

2020년 下元 庚子年 납음(壁上土)본명성(七赤金)

대장군(酉서방), 삼살(남방), 상문(寅동북방),조객(戌서북방), 납음(벽상토), 【삼재(인,묘,진년】 臘享(납향):2021년1월23일(음12/11)

소한 6일 06시 29분 【음12월】 ➡ **【丁丑月(정축월)】** ☯ 대한 20일 23시 54분

양력 1 (음력 12/07 ~ 01/07)	1	2	3	4	5	6	7	8	9	10	11	12	13	14	15	16	17	18	19	20	21	22	23	24	25	26	27	28	29	30	31
요일	수	목	금	토	일	월	화	수	목	금	토	일	월	화	수	목	금	토	일	월	화	수	목	금	토	일	월	화	수	목	금
일진 日辰	癸卯	甲辰	乙巳	丙午	丁未	戊申	己酉	庚戌	辛亥	壬子	癸丑	甲寅	乙卯	丙辰	丁巳	戊午	己未	庚申	辛酉	壬戌	癸亥	甲子	乙丑	丙寅	丁卯	戊辰	己巳	庚午	辛未	壬申	癸酉
음력	7	8	9	10	11	12	13	14	15	16	17	18	19	20	21	22	23	24	25	26	27	28	29	30	1/1	2	3	4	5	6	7
대운 남	8	9	9	9	10	소	1	1	1	1	2	2	2	3	3	3	4	4	4	대	5	5	6	6	6	7	7	7	8	8	8
대운 여	2	1	1	1	1	한	9	9	9	8	8	8	7	7	7	6	6	6	5	한	5	4	4	4	3	3	3	2	2	2	1

입춘 4일 18시 02분 【음1월】 ➡ **【戊寅月(무인월)】** ☯ 우수 19일 13시 56분

양력 2 (음력 01/08 ~ 02/06)	1	2	3	4	5	6	7	8	9	10	11	12	13	14	15	16	17	18	19	20	21	22	23	24	25	26	27	28	29
요일	토	일	월	화	수	목	금	토	일	월	화	수	목	금	토	일	월	화	수	목	금	토	일	월	화	수	목	금	토
일진 日辰	甲戌	乙亥	丙子	丁丑	戊寅	己卯	庚辰	辛巳	壬午	癸未	甲申	乙酉	丙戌	丁亥	戊子	己丑	庚寅	辛卯	壬辰	癸巳	甲午	乙未	丙申	丁酉	戊戌	己亥	庚子	辛丑	壬寅
음력	8	9	10	11	12	13	14	15	16	17	18	19	20	21	22	23	24	25	26	27	28	29	30	2/1	2	3	4	5	6
대운 남	9	9	9	입	10	9	9	9	8	8	8	7	7	7	6	6	6	5	우	5	4	4	4	3	3	3	2	2	2
대운 여	1	1	1	춘	1	1	1	1	2	2	2	3	3	3	4	4	4	5	수	5	6	6	6	7	7	7	8	8	8

庚子年

경칩 5일 11시 56분 【음2월】 ➡ **【己卯月(기묘월)】** ☯ 춘분 20일 12시 49분

양력 3 (음력 02/07 ~ 03/08)	1	2	3	4	5	6	7	8	9	10	11	12	13	14	15	16	17	18	19	20	21	22	23	24	25	26	27	28	29	30	31
요일	일	월	화	수	목	금	토	일	월	화	수	목	금	토	일	월	화	수	목	금	토	일	월	화	수	목	금	토	일	월	화
일진 日辰	癸卯	甲辰	乙巳	丙午	丁未	戊申	己酉	庚戌	辛亥	壬子	癸丑	甲寅	乙卯	丙辰	丁巳	戊午	己未	庚申	辛酉	壬戌	癸亥	甲子	乙丑	丙寅	丁卯	戊辰	己巳	庚午	辛未	壬申	癸酉
음력	7	8	9	10	11	12	13	14	15	16	17	18	19	20	21	22	23	24	25	26	27	28	29	3/1	2	3	4	5	6	7	8
대운 남	1	1	1	1	경	10	9	9	9	8	8	8	7	7	7	6	6	6	5	춘	5	4	4	4	3	3	3	2	2	2	1
대운 여	9	9	9	10	칩	1	1	1	1	2	2	2	3	3	3	4	4	4	5	분	5	6	6	6	7	7	7	8	8	8	9

청명 4일 16시 37분 【음3월】 ➡ **【庚辰月(경진월)】** ☯ 곡우 19일 23시 44분

양력 4 (음력 03/09 ~ 04/08)	1	2	3	4	5	6	7	8	9	10	11	12	13	14	15	16	17	18	19	20	21	22	23	24	25	26	27	28	29	30
요일	수	목	금	토	일	월	화	수	목	금	토	일	월	화	수	목	금	토	일	월	화	수	목	금	토	일	월	화	수	목
일진 日辰	甲戌	乙亥	丙子	丁丑	戊寅	己卯	庚辰	辛巳	壬午	癸未	甲申	乙酉	丙戌	丁亥	戊子	己丑	庚寅	辛卯	壬辰	癸巳	甲午	乙未	丙申	丁酉	戊戌	己亥	庚子	辛丑	壬寅	癸卯
음력	9	10	11	12	13	14	15	16	17	18	19	20	21	22	23	24	25	26	27	28	29	30	4/1	2	3	4	5	6	7	8
대운 남	1	1	1	청	10	10	9	9	9	8	8	8	7	7	7	6	6	6	곡	5	5	4	4	4	3	3	3	2	2	2
대운 여	9	9	10	명	1	1	1	1	2	2	2	3	3	3	4	4	4	5	우	5	6	6	6	7	7	7	8	8	8	9

입하 5일 09시 50분 【음4월】 ➡ **【辛巳月(신사월)】** ☯ 소만 20일 22시 48분

양력 5 (음력 04/09 ~ 윤409)	1	2	3	4	5	6	7	8	9	10	11	12	13	14	15	16	17	18	19	20	21	22	23	24	25	26	27	28	29	30	31
요일	금	토	일	월	화	수	목	금	토	일	월	화	수	목	금	토	일	월	화	수	목	금	토	일	월	화	수	목	금	토	일
일진 日辰	甲辰	乙巳	丙午	丁未	戊申	己酉	庚戌	辛亥	壬子	癸丑	甲寅	乙卯	丙辰	丁巳	戊午	己未	庚申	辛酉	壬戌	癸亥	甲子	乙丑	丙寅	丁卯	戊辰	己巳	庚午	辛未	壬申	癸酉	甲戌
음력	9	10	11	12	13	14	15	16	17	18	19	20	21	22	23	24	25	26	27	28	29	30	윤4	2	3	4	5	6	7	8	9
대운 남	1	1	1	1	입	10	10	9	9	9	8	8	8	7	7	7	6	6	6	소	5	5	4	4	4	3	3	3	2	2	2
대운 여	9	9	10	10	하	1	1	1	1	2	2	2	3	3	3	4	4	4	5	만	5	6	6	6	7	7	7	8	8	8	9

망종 5일 13시 57분 【음5월】 ➡ **【壬午月(임오월)】** ☯ 하지 21일 06시 43분

양력 6 (음력 윤410 ~ 05/10)	1	2	3	4	5	6	7	8	9	10	11	12	13	14	15	16	17	18	19	20	21	22	23	24	25	26	27	28	29	30
요일	월	화	수	목	금	토	일	월	화	수	목	금	토	일	월	화	수	목	금	토	일	월	화	수	목	금	토	일	월	화
일진 日辰	乙亥	丙子	丁丑	戊寅	己卯	庚辰	辛巳	壬午	癸未	甲申	乙酉	丙戌	丁亥	戊子	己丑	庚寅	辛卯	壬辰	癸巳	甲午	乙未	丙申	丁酉	戊戌	己亥	庚子	辛丑	壬寅	癸卯	甲辰
음력	10	11	12	13	14	15	16	17	18	19	20	21	22	23	24	25	26	27	28	29	5/1	2	3	4	5	6	7	8	9	10
대운 남	1	1	1	1	망	10	10	10	9	9	9	8	8	8	7	7	7	6	6	6	하	5	5	4	4	4	3	3	3	2
대운 여	9	9	10	10	종	1	1	1	1	2	2	2	3	3	3	4	4	4	5	5	지	6	6	6	7	7	7	8	8	8

한식(4월5일), 초복(7월16일), 중복(7월26일), 말복(8월15일) ☂춘사(春社)3/16
☀추사(秋社)9/22 토왕지절(土旺之節):4월16일,7월19일,10월20일,1월17일(음12/05)
臘享(납향):2021년1월23일(음12/11)

2020 庚子年

소서 7일 00시 13분 【음6월】 ➡ **【癸未月(계미월)】** ☯ 대서 22일 17시 36분

양력 7	양력	1	2	3	4	5	6	7	8	9	10	11	12	13	14	15	16	17	18	19	20	21	22	23	24	25	26	27	28	29	30	31
	요일	수	목	금	토	일	월	화	수	목	금	토	일	월	화	수	목	금	토	일	월	화	수	목	금	토	일	월	화	수	목	금
	일진 日辰	乙巳	丙午	丁未	戊申	己酉	庚戌	辛亥	壬子	癸丑	甲寅	乙卯	丙辰	丁巳	戊午	己未	庚申	辛酉	壬戌	癸亥	甲子	乙丑	丙寅	丁卯	戊辰	己巳	庚午	辛未	壬申	癸酉	甲戌	乙亥
음력 05/11 ~ 06/11	음력	11	12	13	14	15	16	17	18	19	20	21	22	23	24	25	26	27	28	29	30	6/1	2	3	4	5	6	7	8	9	10	11
대운	남	2	2	1	1	1	1	소	10	10	9	9	9	8	8	8	7	7	7	6	6	6	대	5	5	4	4	4	3	3	3	2
	여	9	9	9	10	10	10	서	1	1	1	1	2	2	2	3	3	3	4	4	4	5	서	5	6	6	6	7	7	7	8	8

입추 7일 10시 05분 【음7월】 ➡ **【甲申月(갑신월)】** ☯ 처서 23일 00시 44분

양력 8	양력	1	2	3	4	5	6	7	8	9	10	11	12	13	14	15	16	17	18	19	20	21	22	23	24	25	26	27	28	29	30	31
	요일	토	일	월	화	수	목	금	토	일	월	화	수	목	금	토	일	월	화	수	목	금	토	일	월	화	수	목	금	토	일	월
	일진 日辰	丙子	丁丑	戊寅	己卯	庚辰	辛巳	壬午	癸未	甲申	乙酉	丙戌	丁亥	戊子	己丑	庚寅	辛卯	壬辰	癸巳	甲午	乙未	丙申	丁酉	戊戌	己亥	庚子	辛丑	壬寅	癸卯	甲辰	乙巳	丙午
음력 06/12 ~ 07/13	음력	12	13	14	15	16	17	18	19	20	21	22	23	24	25	26	27	28	29	7/1	2	3	4	5	6	7	8	9	10	11	12	13
대운	남	2	2	1	1	1	1	입	10	10	9	9	9	8	8	8	7	7	7	6	6	6	5	처	5	4	4	4	3	3	3	2
	여	8	9	9	9	10	10	추	1	1	1	1	2	2	2	3	3	3	4	4	4	5	5	서	6	6	6	7	7	7	8	8

백로 7일 13시 07분 【음8월】 ➡ **【乙酉月(을유월)】** ☯ 추분 22일 22시 30분

양력 9	양력	1	2	3	4	5	6	7	8	9	10	11	12	13	14	15	16	17	18	19	20	21	22	23	24	25	26	27	28	29	30
	요일	화	수	목	금	토	일	월	화	수	목	금	토	일	월	화	수	목	금	토	일	월	화	수	목	금	토	일	월	화	수
	일진 日辰	丁未	戊申	己酉	庚戌	辛亥	壬子	癸丑	甲寅	乙卯	丙辰	丁巳	戊午	己未	庚申	辛酉	壬戌	癸亥	甲子	乙丑	丙寅	丁卯	戊辰	己巳	庚午	辛未	壬申	癸酉	甲戌	乙亥	丙子
음력 07/14 ~ 08/14	음력	14	15	16	17	18	19	20	21	22	23	24	25	26	27	28	29	8/1	2	3	4	5	6	7	8	9	10	11	12	13	14
대운	남	2	2	1	1	1	1	백	10	10	9	9	9	8	8	8	7	7	7	6	6	6	추	5	5	4	4	4	3	3	3
	여	8	9	9	9	10	10	로	1	1	1	1	2	2	2	3	3	3	4	4	4	5	분	5	6	6	6	7	7	7	8

한로 8일 04시 54분 【음9월】 ➡ **【丙戌月(병술월)】** ☯ 상강 23일 07시 59분

양력 10	양력	1	2	3	4	5	6	7	8	9	10	11	12	13	14	15	16	17	18	19	20	21	22	23	24	25	26	27	28	29	30	31
	요일	목	금	토	일	월	화	수	목	금	토	일	월	화	수	목	금	토	일	월	화	수	목	금	토	일	월	화	수	목	금	토
	일진 日辰	丁丑	戊寅	己卯	庚辰	辛巳	壬午	癸未	甲申	乙酉	丙戌	丁亥	戊子	己丑	庚寅	辛卯	壬辰	癸巳	甲午	乙未	丙申	丁酉	戊戌	己亥	庚子	辛丑	壬寅	癸卯	甲辰	乙巳	丙午	丁未
음력 08/15 ~ 09/15	음력	15	16	17	18	19	20	21	22	23	24	25	26	27	28	29	30	9/1	2	3	4	5	6	7	8	9	10	11	12	13	14	15
대운	남	2	2	2	1	1	1	1	한	10	9	9	9	8	8	8	7	7	7	6	6	6	5	상	5	4	4	4	3	3	3	2
	여	8	8	9	9	9	10	10	로	1	1	1	1	2	2	2	3	3	3	4	4	4	5	강	5	6	6	6	7	7	7	8

입동 7일 08시 13분 【음10월】 ➡ **【丁亥月(정해월)】** ☯ 소설 22일 05시 39분

양력 11	양력	1	2	3	4	5	6	7	8	9	10	11	12	13	14	15	16	17	18	19	20	21	22	23	24	25	26	27	28	29	30
	요일	일	월	화	수	목	금	토	일	월	화	수	목	금	토	일	월	화	수	목	금	토	일	월	화	수	목	금	토	일	월
	일진 日辰	戊申	己酉	庚戌	辛亥	壬子	癸丑	甲寅	乙卯	丙辰	丁巳	戊午	己未	庚申	辛酉	壬戌	癸亥	甲子	乙丑	丙寅	丁卯	戊辰	己巳	庚午	辛未	壬申	癸酉	甲戌	乙亥	丙子	丁丑
음력 09/16 ~ 10/16	음력	16	17	18	19	20	21	22	23	24	25	26	27	28	29	10/1	2	3	4	5	6	7	8	9	10	11	12	13	14	15	16
대운	남	2	2	1	1	1	1	입	10	9	9	9	8	8	8	7	7	7	6	6	6	5	소	5	4	4	4	3	3	3	2
	여	8	8	9	9	9	10	동	1	1	1	1	2	2	2	3	3	3	4	4	4	5	설	5	6	6	6	7	7	7	8

대설 7일 01시 08분 【음11월】 ➡ **【戊子月(무자월)】** ☯ 동지 21일 19시 01분

양력 12	양력	1	2	3	4	5	6	7	8	9	10	11	12	13	14	15	16	17	18	19	20	21	22	23	24	25	26	27	28	29	30	31
	요일	화	수	목	금	토	일	월	화	수	목	금	토	일	월	화	수	목	금	토	일	월	화	수	목	금	토	일	월	화	수	목
	일진 日辰	戊寅	己卯	庚辰	辛巳	壬午	癸未	甲申	乙酉	丙戌	丁亥	戊子	己丑	庚寅	辛卯	壬辰	癸巳	甲午	乙未	丙申	丁酉	戊戌	己亥	庚子	辛丑	壬寅	癸卯	甲辰	乙巳	丙午	丁未	戊申
음력 10/17 ~ 11/17	음력	17	18	19	20	21	22	23	24	25	26	27	28	29	30	11/1	2	3	4	5	6	7	8	9	10	11	12	13	14	15	16	17
대운	남	2	2	1	1	1	1	대	9	9	9	8	8	8	7	7	7	6	6	6	5	동	5	4	4	4	3	3	3	2	2	2
	여	8	8	9	9	9	10	설	1	1	1	1	2	2	2	3	3	3	4	4	4	지	5	5	6	6	6	7	7	7	8	8

단기 4354 年	2021년	下元 辛丑年 납음(壁上土),본명성(六白金)
불기 2565 年		대장군(酉서방), 삼살(동방), 상문(卯동방), 조객(亥서북방),납음(벽상토), 【삼재(해,자,축)년】 臘享(납향):2022년1월18일(음12/16)

소

소한 5일 12시 22분 【음12월】 ➡ **【己丑月(기축월)】** ☯ 대한 20일 05시 39분

양력 1 (음력 11/18~12/19)	1	2	3	4	5	6	7	8	9	10	11	12	13	14	15	16	17	18	19	20	21	22	23	24	25	26	27	28	29	30	31
요일	금	토	일	월	화	수	목	금	토	일	월	화	수	목	금	토	일	월	화	수	목	금	토	일	월	화	수	목	금	토	일
일진 日辰	己酉	庚戌	辛亥	壬子	癸丑	甲寅	乙卯	丙辰	丁巳	戊午	己未	庚申	辛酉	壬戌	癸亥	甲子	乙丑	丙寅	丁卯	戊辰	己巳	庚午	辛未	壬申	癸酉	甲戌	乙亥	丙子	丁丑	戊寅	己卯
음력	18	19	20	21	22	23	24	25	26	27	28	29	12/1	2	3	4	5	6	7	8	9	10	11	12	13	14	15	16	17	18	19
대운 남	1	1	1	1	소	9	9	9	8	8	8	7	7	7	6	6	6	5	5	대	4	4	4	3	3	3	2	2	2	1	1
대운 여	8	9	9	9	한	1	1	1	1	2	2	2	3	3	3	4	4	4	5	한	5	6	6	6	7	7	7	8	8	8	9

입춘 3일 23시 58분 【음1월】 ➡ **【庚寅月(경인월)】** ☯ 우수 18일 19시 43분

양력 2 (음력 12/20~01/17)	1	2	3	4	5	6	7	8	9	10	11	12	13	14	15	16	17	18	19	20	21	22	23	24	25	26	27	28	
요일	월	화	수	목	금	토	일	월	화	수	목	금	토	일	월	화	수	목	금	토	일	월	화	수	목	금	토	일	辛
일진 日辰	庚辰	辛巳	壬午	癸未	甲申	乙酉	丙戌	丁亥	戊子	己丑	庚寅	辛卯	壬辰	癸巳	甲午	乙未	丙申	丁酉	戊戌	己亥	庚子	辛丑	壬寅	癸卯	甲辰	乙巳	丙午	丁未	丑
음력	20	21	22	23	24	25	26	27	28	29	30	1/1	2	3	4	5	6	7	8	9	10	11	12	13	14	15	16	17	年
대운 남	1	1	입	1	1	1	1	2	2	2	3	3	3	4	4	4	5	우	5	6	6	6	7	7	7	8	8	8	
대운 여	9	9	춘	10	9	9	9	8	8	8	7	7	7	6	6	6	5	수	5	4	4	4	3	3	3	2	2	2	

경칩 5일 17시 53분 【음2월】 ➡ **【辛卯月(신묘월)】** ☯ 춘분 20일 18시 36분

양력 3 (음력 01/18~02/19)	1	2	3	4	5	6	7	8	9	10	11	12	13	14	15	16	17	18	19	20	21	22	23	24	25	26	27	28	29	30	31
요일	월	화	수	목	금	토	일	월	화	수	목	금	토	일	월	화	수	목	금	토	일	월	화	수	목	금	토	일	월	화	수
일진 日辰	戊申	己酉	庚戌	辛亥	壬子	癸丑	甲寅	乙卯	丙辰	丁巳	戊午	己未	庚申	辛酉	壬戌	癸亥	甲子	乙丑	丙寅	丁卯	戊辰	己巳	庚午	辛未	壬申	癸酉	甲戌	乙亥	丙子	丁丑	戊寅
음력	18	19	20	21	22	23	24	25	26	27	28	29	2/1	2	3	4	5	6	7	8	9	10	11	12	13	14	15	16	17	18	19
대운 남	9	9	9	10	경	1	1	1	1	2	2	2	3	3	3	4	4	4	5	춘	5	6	6	6	7	7	7	8	8	8	9
대운 여	1	1	1	1	칩	10	9	9	9	8	8	8	7	7	7	6	6	6	5	분	5	4	4	4	3	3	3	2	2	2	1

청명 5일 17시 53분 【음3월】 ➡ **【壬辰月(임진월)】** ☯ 곡우 20일 05시 32분

양력 4 (음력 02/20~03/19)	1	2	3	4	5	6	7	8	9	10	11	12	13	14	15	16	17	18	19	20	21	22	23	24	25	26	27	28	29	30
요일	목	금	토	일	월	화	수	목	금	토	일	월	화	수	목	금	토	일	월	화	수	목	금	토	일	월	화	수	목	금
일진 日辰	己卯	庚辰	辛巳	壬午	癸未	甲申	乙酉	丙戌	丁亥	戊子	己丑	庚寅	辛卯	壬辰	癸巳	甲午	乙未	丙申	丁酉	戊戌	己亥	庚子	辛丑	壬寅	癸卯	甲辰	乙巳	丙午	丁未	戊申
음력	20	21	22	23	24	25	26	27	28	29	30	3/1	2	3	4	5	6	7	8	9	10	11	12	13	14	15	16	17	18	19
대운 남	9	9	10	청	1	1	1	1	2	2	2	3	3	3	4	4	4	5	5	곡	6	6	6	7	7	7	8	8	8	9
대운 여	1	1	1	명	10	10	9	9	9	8	8	8	7	7	7	6	6	6	5	우	5	4	4	4	3	3	3	2	2	2

입하 5일 15시 46분 【음4월】 ➡ **【癸巳月(계사월)】** ☯ 소만 21일 04시 36분

양력 5 (음력 03/20~04/20)	1	2	3	4	5	6	7	8	9	10	11	12	13	14	15	16	17	18	19	20	21	22	23	24	25	26	27	28	29	30	31
요일	토	일	월	화	수	목	금	토	일	월	화	수	목	금	토	일	월	화	수	목	금	토	일	월	화	수	목	금	토	일	월
일진 日辰	己酉	庚戌	辛亥	壬子	癸丑	甲寅	乙卯	丙辰	丁巳	戊午	己未	庚申	辛酉	壬戌	癸亥	甲子	乙丑	丙寅	丁卯	戊辰	己巳	庚午	辛未	壬申	癸酉	甲戌	乙亥	丙子	丁丑	戊寅	己卯
음력	20	21	22	23	24	25	26	27	28	29	30	4/1	2	3	4	5	6	7	8	9	10	11	12	13	14	15	16	17	18	19	20
대운 남	9	9	10	10	입	1	1	1	1	2	2	2	3	3	3	4	4	4	5	5	소	6	6	6	7	7	7	8	8	8	9
대운 여	1	1	1	1	하	10	10	9	9	9	8	8	8	7	7	7	6	6	6	5	만	5	4	4	4	3	3	3	2	2	2

망종 5일 19시 51분 【음5월】 ➡ **【甲午月(갑오월)】** ☯ 하지 21일 12시 31분

양력 6 (음력 04/21~05/21)	1	2	3	4	5	6	7	8	9	10	11	12	13	14	15	16	17	18	19	20	21	22	23	24	25	26	27	28	29	30
요일	화	수	목	금	토	일	월	화	수	목	금	토	일	월	화	수	목	금	토	일	월	화	수	목	금	토	일	월	화	수
일진 日辰	庚辰	辛巳	壬午	癸未	甲申	乙酉	丙戌	丁亥	戊子	己丑	庚寅	辛卯	壬辰	癸巳	甲午	乙未	丙申	丁酉	戊戌	己亥	庚子	辛丑	壬寅	癸卯	甲辰	乙巳	丙午	丁未	戊申	己酉
음력	21	22	23	24	25	26	27	28	29	5/1	2	3	4	5	6	7	8	9	10	11	12	13	14	15	16	17	18	19	20	21
대운 남	9	9	10	10	망	1	1	1	1	2	2	2	3	3	3	4	4	4	5	5	하	6	6	6	7	7	7	8	8	8
대운 여	1	1	1	1	종	10	10	10	9	9	9	8	8	8	7	7	7	6	6	6	지	5	5	4	4	4	3	3	3	2

한식(4월05일), 초복(7월11일), 중복(7월21일), 말복(8월10일)☂춘사(春社)3/21
☀추사(秋社)9/27 토왕지절(土旺之節):4월17일,7월19일,10월20일,1월17일(음12/15)
臘享(납향):2022년1월18일(음12/16)

2021 辛丑年

소서 7일 06시 04분 【음6월】 ➡ 【乙未月(을미월)】 ☯ 대서 22일 23시 25분

양력 7	양력	1	2	3	4	5	6	7	8	9	10	11	12	13	14	15	16	17	18	19	20	21	22	23	24	25	26	27	28	29	30	31
	요일	목	금	토	일	월	화	수	목	금	토	일	월	화	수	목	금	토	일	월	화	수	목	금	토	일	월	화	수	목	금	토
	일진 日辰	庚戌	辛亥	壬子	癸丑	甲寅	乙卯	丙辰	丁巳	戊午	己未	庚申	辛酉	壬戌	癸亥	甲子	乙丑	丙寅	丁卯	戊辰	己巳	庚午	辛未	壬申	癸酉	甲戌	乙亥	丙子	丁丑	戊寅	己卯	庚辰
음력 05/22 ~ 06/22	음력	22	23	24	25	26	27	28	29	30	6/1	2	3	4	5	6	7	8	9	10	11	12	13	14	15	16	17	18	19	20	21	22
대운	남	9	9	9	10	10	10	소	1	1	1	1	2	2	2	3	3	3	4	4	4	5	대	5	6	6	6	7	7	7	8	8
	여	2	2	1	1	1	1	서	10	10	9	9	9	8	8	8	7	7	7	6	6	6	서	5	5	4	4	4	3	3	3	2

입추 7일 15시 53분 【음7월】 ➡ 【丙申月(병신월)】 ☯ 처서 23일 06시 34분

양력 8	양력	1	2	3	4	5	6	7	8	9	10	11	12	13	14	15	16	17	18	19	20	21	22	23	24	25	26	27	28	29	30	31
	요일	일	월	화	수	목	금	토	일	월	화	수	목	금	토	일	월	화	수	목	금	토	일	월	화	수	목	금	토	일	월	화
	일진 日辰	辛巳	壬午	癸未	甲申	乙酉	丙戌	丁亥	戊子	己丑	庚寅	辛卯	壬辰	癸巳	甲午	乙未	丙申	丁酉	戊戌	己亥	庚子	辛丑	壬寅	癸卯	甲辰	乙巳	丙午	丁未	戊申	己酉	庚戌	辛亥
음력 06/23 ~ 07/24	음력	23	24	25	26	27	28	29	7/1	2	3	4	5	6	7	8	9	10	11	12	13	14	15	16	17	18	19	20	21	22	23	24
대운	남	8	9	9	9	10	10	입	1	1	1	1	2	2	2	3	3	3	4	4	4	5	5	처	6	6	6	7	7	7	8	8
	여	2	2	1	1	1	1	추	10	10	9	9	9	8	8	8	7	7	7	6	6	6	5	서	5	4	4	4	3	3	3	2

백로 7일 18시 52분 【음8월】 ➡ 【丁酉月(정유월)】 ☯ 추분 23일 04시 20분

양력 9	양력	1	2	3	4	5	6	7	8	9	10	11	12	13	14	15	16	17	18	19	20	21	22	23	24	25	26	27	28	29	30	
	요일	수	목	금	토	일	월	화	수	목	금	토	일	월	화	수	목	금	토	일	월	화	수	목	금	토	일	월	화	수	목	
	일진 日辰	壬子	癸丑	甲寅	乙卯	丙辰	丁巳	戊午	己未	庚申	辛酉	壬戌	癸亥	甲子	乙丑	丙寅	丁卯	戊辰	己巳	庚午	辛未	壬申	癸酉	甲戌	乙亥	丙子	丁丑	戊寅	己卯	庚辰	辛巳	
음력 07/25 ~ 08/24	음력	25	26	27	28	29	30	8/1	2	3	4	5	6	7	8	9	10	11	12	13	14	15	16	17	18	19	20	21	22	23	24	
대운	남	8	9	9	9	10	10	백	1	1	1	1	2	2	2	3	3	3	4	4	4	5	5	추	6	6	6	7	7	7	8	
	여	2	2	1	1	1	1	로	10	10	9	9	9	8	8	8	7	7	7	6	6	6	5	분	5	4	4	4	3	3	3	

한로 8일 10시 38분 【음9월】 ➡ 【戊戌月(무술월)】 ☯ 상강 23일 13시 50분

양력 10	양력	1	2	3	4	5	6	7	8	9	10	11	12	13	14	15	16	17	18	19	20	21	22	23	24	25	26	27	28	29	30	31
	요일	금	토	일	월	화	수	목	금	토	일	월	화	수	목	금	토	일	월	화	수	목	금	토	일	월	화	수	목	금	토	일
	일진 日辰	壬午	癸未	甲申	乙酉	丙戌	丁亥	戊子	己丑	庚寅	辛卯	壬辰	癸巳	甲午	乙未	丙申	丁酉	戊戌	己亥	庚子	辛丑	壬寅	癸卯	甲辰	乙巳	丙午	丁未	戊申	己酉	庚戌	辛亥	壬子
음력 08/25 ~ 09/26	음력	25	26	27	28	29	9/1	2	3	4	5	6	7	8	9	10	11	12	13	14	15	16	17	18	19	20	21	22	23	24	25	26
대운	남	8	8	9	9	9	10	10	한	1	1	1	1	2	2	2	3	3	3	4	4	4	5	상	5	6	6	6	7	7	7	8
	여	2	2	2	1	1	1	1	로	10	9	9	9	8	8	8	7	7	7	6	6	6	5	강	5	4	4	4	3	3	3	2

입동 7일 13시 58분 【음10월】 ➡ 【己亥月(기해월)】 ☯ 소설 22일 11시 33분

양력 11	양력	1	2	3	4	5	6	7	8	9	10	11	12	13	14	15	16	17	18	19	20	21	22	23	24	25	26	27	28	29	30	
	요일	월	화	수	목	금	토	일	월	화	수	목	금	토	일	월	화	수	목	금	토	일	월	화	수	목	금	토	일	월	화	
	일진 日辰	癸丑	甲寅	乙卯	丙辰	丁巳	戊午	己未	庚申	辛酉	壬戌	癸亥	甲子	乙丑	丙寅	丁卯	戊辰	己巳	庚午	辛未	壬申	癸酉	甲戌	乙亥	丙子	丁丑	戊寅	己卯	庚辰	辛巳	壬午	
음력 09/27 ~ 10/26	음력	27	28	29	30	10/1	2	3	4	5	6	7	8	9	10	11	12	13	14	15	16	17	18	19	20	21	22	23	24	25	26	
대운	남	8	8	9	9	9	10	입	1	1	1	1	2	2	2	3	3	3	4	4	4	5	소	5	6	6	6	7	7	7	8	
	여	2	2	1	1	1	1	동	10	9	9	9	8	8	8	7	7	7	6	6	6	5	설	5	4	4	4	3	3	3	2	

대설 7일 06시 56분 【음11월】 ➡ 【庚子月(경자월)】 ☯ 동지 22일 00시 58분

양력 12	양력	1	2	3	4	5	6	7	8	9	10	11	12	13	14	15	16	17	18	19	20	21	22	23	24	25	26	27	28	29	30	31
	요일	수	목	금	토	일	월	화	수	목	금	토	일	월	화	수	목	금	토	일	월	화	수	목	금	토	일	월	화	수	목	금
	일진 日辰	癸未	甲申	乙酉	丙戌	丁亥	戊子	己丑	庚寅	辛卯	壬辰	癸巳	甲午	乙未	丙申	丁酉	戊戌	己亥	庚子	辛丑	壬寅	癸卯	甲辰	乙巳	丙午	丁未	戊申	己酉	庚戌	辛亥	壬子	癸丑
음력 10/27 ~ 11/28	음력	27	28	29	11/1	2	3	4	5	6	7	8	9	10	11	12	13	14	15	16	17	18	19	20	21	22	23	24	25	26	27	28
대운	남	8	8	9	9	9	10	대	1	1	1	1	2	2	2	3	3	3	4	4	4	5	동	5	6	6	6	7	7	7	8	8
	여	2	2	1	1	1	1	설	9	9	9	8	8	8	7	7	7	6	6	6	5	5	지	4	4	4	3	3	3	2	2	2

단기 4355 年 | 불기 2566 年

2022년

下元 壬寅年 납음(金箔金),본명성(五黃土)

대장군(子북방), 삼살(북방), 상문(辰동남방),조객(子북방), 납음(금박금),【삼재(신,유,술)년】 臘享(납향):2023년1월17일(음12/26)

소한 5일 18시 13분 【음12월】 ➡ 【辛丑月(신축월)】 ☯ 대한 20일 11시 38분

양력 1 (음력 11/29 ~ 12/29)

양력	1	2	3	4	5	6	7	8	9	10	11	12	13	14	15	16	17	18	19	20	21	22	23	24	25	26	27	28	29	30	31
요일	토	일	월	화	수	목	금	토	일	월	화	수	목	금	토	일	월	화	수	목	금	토	일	월	화	수	목	금	토	일	월
일진 日辰	甲寅	乙卯	丙辰	丁巳	戊午	己未	庚申	辛酉	壬戌	癸亥	甲子	乙丑	丙寅	丁卯	戊辰	己巳	庚午	辛未	壬申	癸酉	甲戌	乙亥	丙子	丁丑	戊寅	己卯	庚辰	辛巳	壬午	癸未	甲申
음력	29	30	12/1	2	3	4	5	6	7	8	9	10	11	12	13	14	15	16	17	18	19	20	21	22	23	24	25	26	27	28	29
대운 남	8	9	9	9	소	1	1	1	1	2	2	2	3	3	3	4	4	4	5	대	5	6	6	6	7	7	7	8	8	8	9
대운 여	1	1	1	1	한	10	9	9	9	8	8	8	7	7	7	6	6	6	5	한	5	4	4	4	3	3	3	2	2	2	1

입춘 4일 05시 50분 【음1월】 ➡ 【壬寅月(임인월)】 ☯ 우수 19일 01시 42분

양력 2 (음력 01/01 ~ 01/28) 壬寅年

양력	1	2	3	4	5	6	7	8	9	10	11	12	13	14	15	16	17	18	19	20	21	22	23	24	25	26	27	28
요일	화	수	목	금	토	일	월	화	수	목	금	토	일	월	화	수	목	금	토	일	월	화	수	목	금	토	일	월
일진 日辰	乙酉	丙戌	丁亥	戊子	己丑	庚寅	辛卯	壬辰	癸巳	甲午	乙未	丙申	丁酉	戊戌	己亥	庚子	辛丑	壬寅	癸卯	甲辰	乙巳	丙午	丁未	戊申	己酉	庚戌	辛亥	壬子
음력	1/1	2	3	4	5	6	7	8	9	10	11	12	13	14	15	16	17	18	19	20	21	22	23	24	25	26	27	28
대운 남	9	9	10	입	9	9	9	8	8	8	7	7	7	6	6	6	5	5	우	4	4	4	3	3	3	2	2	2
대운 여	1	1	1	춘	1	1	1	1	2	2	2	3	3	3	4	4	4	5	수	5	6	6	6	7	7	7	8	8

경칩 5일 23시 43분 【음2월】 ➡ 【癸卯月(계묘월)】 ☯ 춘분 21일 00시 32분

양력 3 (음력 01/29 ~ 02/29)

양력	1	2	3	4	5	6	7	8	9	10	11	12	13	14	15	16	17	18	19	20	21	22	23	24	25	26	27	28	29	30	31
요일	화	수	목	금	토	일	월	화	수	목	금	토	일	월	화	수	목	금	토	일	월	화	수	목	금	토	일	월	화	수	목
일진 日辰	癸丑	甲寅	乙卯	丙辰	丁巳	戊午	己未	庚申	辛酉	壬戌	癸亥	甲子	乙丑	丙寅	丁卯	戊辰	己巳	庚午	辛未	壬申	癸酉	甲戌	乙亥	丙子	丁丑	戊寅	己卯	庚辰	辛巳	壬午	癸未
음력	29	30	2/1	2	3	4	5	6	7	8	9	10	11	12	13	14	15	16	17	18	19	20	21	22	23	24	25	26	27	28	29
대운 남	1	1	1	1	경	10	10	9	9	9	8	8	8	7	7	7	6	6	6	5	춘	5	4	4	4	3	3	3	2	2	2
대운 여	8	9	9	9	칩	1	1	1	1	2	2	2	3	3	3	4	4	4	5	5	분	6	6	6	7	7	7	8	8	8	9

청명 5일 04시 19분 【음3월】 ➡ 【甲辰月(갑진월)】 ☯ 곡우 20일 11시 23분

양력 4 (음력 03/01 ~ 03/30)

양력	1	2	3	4	5	6	7	8	9	10	11	12	13	14	15	16	17	18	19	20	21	22	23	24	25	26	27	28	29	30
요일	금	토	일	월	화	수	목	금	토	일	월	화	수	목	금	토	일	월	화	수	목	금	토	일	월	화	수	목	금	토
일진 日辰	甲申	乙酉	丙戌	丁亥	戊子	己丑	庚寅	辛卯	壬辰	癸巳	甲午	乙未	丙申	丁酉	戊戌	己亥	庚子	辛丑	壬寅	癸卯	甲辰	乙巳	丙午	丁未	戊申	己酉	庚戌	辛亥	壬子	癸丑
음력	3/1	2	3	4	5	6	7	8	9	10	11	12	13	14	15	16	17	18	19	20	21	22	23	24	25	26	27	28	29	30
대운 남	1	1	1	1	청	10	9	9	9	8	8	8	7	7	7	6	6	6	5	곡	5	4	4	4	3	3	3	2	2	2
대운 여	9	9	10	10	명	1	1	1	1	2	2	2	3	3	3	4	4	4	5	우	5	6	6	6	7	7	7	8	8	8

입하 5일 21시 25분 【음4월】 ➡ 【乙巳月(을사월)】 ☯ 소만 21일 10시 22분

양력 5 (음력 04/01 ~ 05/02)

양력	1	2	3	4	5	6	7	8	9	10	11	12	13	14	15	16	17	18	19	20	21	22	23	24	25	26	27	28	29	30	31
요일	일	월	화	수	목	금	토	일	월	화	수	목	금	토	일	월	화	수	목	금	토	일	월	화	수	목	금	토	일	월	화
일진 日辰	甲寅	乙卯	丙辰	丁巳	戊午	己未	庚申	辛酉	壬戌	癸亥	甲子	乙丑	丙寅	丁卯	戊辰	己巳	庚午	辛未	壬申	癸酉	甲戌	乙亥	丙子	丁丑	戊寅	己卯	庚辰	辛巳	壬午	癸未	甲申
음력	4/1	2	3	4	5	6	7	8	9	10	11	12	13	14	15	16	17	18	19	20	21	22	23	24	25	26	27	28	29	5/1	2
대운 남	1	1	1	1	입	10	10	10	9	9	9	8	8	8	7	7	7	6	6	6	소	5	5	4	4	4	3	3	3	2	2
대운 여	9	9	9	10	하	1	1	1	1	2	2	2	3	3	3	4	4	4	5	5	만	6	6	6	7	7	7	8	8	8	9

망종 6일 01시 25분 【음5월】 ➡ 【丙午月(병오월)】 ☯ 하지 21일 18시 13분

양력 6 (음력 05/03 ~ 06/02)

양력	1	2	3	4	5	6	7	8	9	10	11	12	13	14	15	16	17	18	19	20	21	22	23	24	25	26	27	28	29	30
요일	수	목	금	토	일	월	화	수	목	금	토	일	월	화	수	목	금	토	일	월	화	수	목	금	토	일	월	화	수	목
일진 日辰	乙酉	丙戌	丁亥	戊子	己丑	庚寅	辛卯	壬辰	癸巳	甲午	乙未	丙申	丁酉	戊戌	己亥	庚子	辛丑	壬寅	癸卯	甲辰	乙巳	丙午	丁未	戊申	己酉	庚戌	辛亥	壬子	癸丑	甲寅
음력	3	4	5	6	7	8	9	10	11	12	13	14	15	16	17	18	19	20	21	22	23	24	25	26	27	28	29	30	6/1	2
대운 남	2	1	1	1	1	망	10	10	9	9	9	8	8	8	7	7	7	6	6	6	하	5	5	4	4	4	3	3	3	2
대운 여	9	9	10	10	10	종	1	1	1	1	2	2	2	3	3	3	4	4	4	5	지	5	6	6	6	7	7	7	8	8

한식(4월06일), 초복(7월16일), 중복(7월26일), 말복(8월15일) ☂춘사(春社)3/16
☀추사(秋社)9/2 토왕지절(土旺之節):4월17일,7월20일,10월20일,1월13일(음12/22)
臘享(납향):2023년1월17일(음12/26)

2022 壬寅年

소서 7일 11시 37분 【음6월】 ➡ 【丁未月(정미월)】 ☯ 대서 23일 05시 06분

양력 7	1	2	3	4	5	6	7	8	9	10	11	12	13	14	15	16	17	18	19	20	21	22	23	24	25	26	27	28	29	30	31
요일	금	토	일	월	화	수	목	금	토	일	월	화	수	목	금	토	일	월	화	수	목	금	토	일	월	화	수	목	금	토	일
일진 日辰	乙卯	丙辰	丁巳	戊午	己未	庚申	辛酉	壬戌	癸亥	甲子	乙丑	丙寅	丁卯	戊辰	己巳	庚午	辛未	壬申	癸酉	甲戌	乙亥	丙子	丁丑	戊寅	己卯	庚辰	辛巳	壬午	癸未	甲申	乙酉
음력 (06/03~07/03)	3	4	5	6	7	8	9	10	11	12	13	14	15	16	17	18	19	20	21	22	23	24	25	26	27	28	29	30	7/1	2	3
대운 남	2	2	1	1	1	1	소	10	10	9	9	9	8	8	8	7	7	7	6	6	6	5	대	5	4	4	4	3	3	3	2
대운 여	8	9	9	9	10	10	서	1	1	1	1	2	2	2	3	3	3	4	4	4	5	5	서	6	6	6	7	7	7	8	8

입추 7일 21시 28분 【음7월】 ➡ 【戊申月(무신월)】 ☯ 처서 23일 12시 15분

양력 8	1	2	3	4	5	6	7	8	9	10	11	12	13	14	15	16	17	18	19	20	21	22	23	24	25	26	27	28	29	30	31
요일	월	화	수	목	금	토	일	월	화	수	목	금	토	일	월	화	수	목	금	토	일	월	화	수	목	금	토	일	월	화	수
일진 日辰	丙戌	丁亥	戊子	己丑	庚寅	辛卯	壬辰	癸巳	甲午	乙未	丙申	丁酉	戊戌	己亥	庚子	辛丑	壬寅	癸卯	甲辰	乙巳	丙午	丁未	戊申	己酉	庚戌	辛亥	壬子	癸丑	甲寅	乙卯	丙辰
음력 (07/04~08/05)	4	5	6	7	8	9	10	11	12	13	14	15	16	17	18	19	20	21	22	23	24	25	26	27	28	29	8/1	2	3	4	5
대운 남	2	2	1	1	1	1	입	10	10	10	9	9	9	8	8	8	7	7	7	6	6	6	처	5	5	4	4	4	3	3	3
대운 여	8	9	9	9	10	10	추	1	1	1	1	2	2	2	3	3	3	4	4	4	5	5	서	6	6	6	7	7	7	8	8

백로 8일 00시 31분 【음8월】 ➡ 【己酉月(기유월)】 ☯ 추분 23일 10시 03분

양력 9	1	2	3	4	5	6	7	8	9	10	11	12	13	14	15	16	17	18	19	20	21	22	23	24	25	26	27	28	29	30
요일	목	금	토	일	월	화	수	목	금	토	일	월	화	수	목	금	토	일	월	화	수	목	금	토	일	월	화	수	목	금
일진 日辰	丁巳	戊午	己未	庚申	辛酉	壬戌	癸亥	甲子	乙丑	丙寅	丁卯	戊辰	己巳	庚午	辛未	壬申	癸酉	甲戌	乙亥	丙子	丁丑	戊寅	己卯	庚辰	辛巳	壬午	癸未	甲申	乙酉	丙戌
음력 (08/06~09/05)	6	7	8	9	10	11	12	13	14	15	16	17	18	19	20	21	22	23	24	25	26	27	28	29	30	9/1	2	3	4	5
대운 남	2	2	2	1	1	1	1	백	10	9	9	9	8	8	8	7	7	7	6	6	6	5	추	5	4	4	4	3	3	3
대운 여	8	9	9	9	10	10	10	로	1	1	1	1	2	2	2	3	3	3	4	4	4	5	분	5	6	6	6	7	7	7

한로 8일 16시 21분 【음9월】 ➡ 【庚戌月(경술월)】 ☯ 상강 23일 19시 35분

양력 10	1	2	3	4	5	6	7	8	9	10	11	12	13	14	15	16	17	18	19	20	21	22	23	24	25	26	27	28	29	30	31
요일	토	일	월	화	수	목	금	토	일	월	화	수	목	금	토	일	월	화	수	목	금	토	일	월	화	수	목	금	토	일	월
일진 日辰	丁亥	戊子	己丑	庚寅	辛卯	壬辰	癸巳	甲午	乙未	丙申	丁酉	戊戌	己亥	庚子	辛丑	壬寅	癸卯	甲辰	乙巳	丙午	丁未	戊申	己酉	庚戌	辛亥	壬子	癸丑	甲寅	乙卯	丙辰	丁巳
음력 (09/06~10/07)	6	7	8	9	10	11	12	13	14	15	16	17	18	19	20	21	22	23	24	25	26	27	28	29	10/1	2	3	4	5	6	7
대운 남	2	2	2	1	1	1	1	한	10	9	9	9	8	8	8	7	7	7	6	6	6	5	상	5	4	4	4	3	3	3	2
대운 여	8	8	8	9	9	9	10	로	1	1	1	1	2	2	2	3	3	3	4	4	4	5	강	5	6	6	6	7	7	7	8

입동 7일 19시 44분 【음10월】 ➡ 【辛亥月(신해월)】 ☯ 소설 22일 17시 19분

양력 11	1	2	3	4	5	6	7	8	9	10	11	12	13	14	15	16	17	18	19	20	21	22	23	24	25	26	27	28	29	30
요일	화	수	목	금	토	일	월	화	수	목	금	토	일	월	화	수	목	금	토	일	월	화	수	목	금	토	일	월	화	수
일진 日辰	戊午	己未	庚申	辛酉	壬戌	癸亥	甲子	乙丑	丙寅	丁卯	戊辰	己巳	庚午	辛未	壬申	癸酉	甲戌	乙亥	丙子	丁丑	戊寅	己卯	庚辰	辛巳	壬午	癸未	甲申	乙酉	丙戌	丁亥
음력 (10/08~11/07)	8	9	10	11	12	13	14	15	16	17	18	19	20	21	22	23	24	25	26	27	28	29	30	11/1	2	3	4	5	6	7
대운 남	2	2	1	1	1	1	입	10	9	9	9	8	8	8	7	7	7	6	6	6	5	소	5	4	4	4	3	3	3	2
대운 여	8	8	9	9	9	10	동	1	1	1	1	2	2	2	3	3	3	4	4	4	5	설	5	6	6	6	7	7	7	8

대설 7일 12시 45분 【음11월】 ➡ 【壬子月(임자월)】 ☯ 동지 22일 06시 47분

양력 12	1	2	3	4	5	6	7	8	9	10	11	12	13	14	15	16	17	18	19	20	21	22	23	24	25	26	27	28	29	30	31
요일	목	금	토	일	월	화	수	목	금	토	일	월	화	수	목	금	토	일	월	화	수	목	금	토	일	월	화	수	목	금	토
일진 日辰	戊子	己丑	庚寅	辛卯	壬辰	癸巳	甲午	乙未	丙申	丁酉	戊戌	己亥	庚子	辛丑	壬寅	癸卯	甲辰	乙巳	丙午	丁未	戊申	己酉	庚戌	辛亥	壬子	癸丑	甲寅	乙卯	丙辰	丁巳	戊午
음력 (11/08~12/09)	8	9	10	11	12	13	14	15	16	17	18	19	20	21	22	23	24	25	26	27	28	29	12/1	2	3	4	5	6	7	8	9
대운 남	2	2	1	1	1	1	대	10	9	9	9	8	8	8	7	7	7	6	6	6	5	동	5	4	4	4	3	3	3	2	2
대운 여	8	8	9	9	9	10	설	1	1	1	1	2	2	2	3	3	3	4	4	4	5	지	5	6	6	6	7	7	7	8	8

단기 4356 年 / 불기 2567 年

2023년

下元 癸卯年 납음(金箔金),본명성(四綠木)

대장군(子북방), 삼살(酉서방), 상문(巳동남방),조객(丑동북방), 납음(금박금), 【삼재(사,오,미)년】 臘享(납향):2024년1월20일(음12/10)

소한 6일 00시 04분 【음12월】 ➡ **【癸丑月(계축월)】** ☯ 대한 20일 17시 28분

양력 1	양력	1	2	3	4	5	6	7	8	9	10	11	12	13	14	15	16	17	18	19	20	21	22	23	24	25	26	27	28	29	30	31
	요일	일	월	화	수	목	금	토	일	월	화	수	목	금	토	일	월	화	수	목	금	토	일	월	화	수	목	금	토	일	월	화
	일진 日辰	己未	庚申	辛酉	壬戌	癸亥	甲子	乙丑	丙寅	丁卯	戊辰	己巳	庚午	辛未	壬申	癸酉	甲戌	乙亥	丙子	丁丑	戊寅	己卯	庚辰	辛巳	壬午	癸未	甲申	乙酉	丙戌	丁亥	戊子	己丑
음력 12/10 ~ 01/10	음력	10	11	12	13	14	15	16	17	18	19	20	21	22	23	24	25	26	27	28	29	30	1/1	2	3	4	5	6	7	8	9	10
대운	남	2	1	1	1	1	소	9	9	9	8	8	8	7	7	7	6	6	6	5	대	5	4	4	4	3	3	3	2	2	2	1
	여	8	9	9	9	10	한	1	1	1	1	2	2	2	3	3	3	4	4	4	한	5	5	6	6	6	7	7	7	8	8	8

입춘 4일 11시 41분 【음1월】 ➡ **【甲寅月(갑인월)】** ☯ 우수 19일 07시 33분

양력 2	양력	1	2	3	4	5	6	7	8	9	10	11	12	13	14	15	16	17	18	19	20	21	22	23	24	25	26	27	28
	요일	수	목	금	토	일	월	화	수	목	금	토	일	월	화	수	목	금	토	일	월	화	수	목	금	토	일	월	화
	일진 日辰	庚寅	辛卯	壬辰	癸巳	甲午	乙未	丙申	丁酉	戊戌	己亥	庚子	辛丑	壬寅	癸卯	甲辰	乙巳	丙午	丁未	戊申	己酉	庚戌	辛亥	壬子	癸丑	甲寅	乙卯	丙辰	丁巳
음력 01/11 ~ 02/09	음력	11	12	13	14	15	16	17	18	19	20	21	22	23	24	25	26	27	28	29	2/1	2	3	4	5	6	7	8	9
대운	남	1	1	1	입	1	1	1	1	2	2	2	3	3	3	4	4	4	5	우	5	6	6	6	7	7	7	8	8
	여	9	9	9	춘	10	9	9	9	8	8	8	7	7	7	6	6	6	5	수	5	4	4	4	3	3	3	2	2

癸卯年

경칩 6일 05시 35분 【음2월】 ➡ **【乙卯月(을묘월)】** ☯ 춘분 21일 06시 23분

양력 3	양력	1	2	3	4	5	6	7	8	9	10	11	12	13	14	15	16	17	18	19	20	21	22	23	24	25	26	27	28	29	30	31
	요일	수	목	금	토	일	월	화	수	목	금	토	일	월	화	수	목	금	토	일	월	화	수	목	금	토	일	월	화	수	목	금
	일진 日辰	戊午	己未	庚申	辛酉	壬戌	癸亥	甲子	乙丑	丙寅	丁卯	戊辰	己巳	庚午	辛未	壬申	癸酉	甲戌	乙亥	丙子	丁丑	戊寅	己卯	庚辰	辛巳	壬午	癸未	甲申	乙酉	丙戌	丁亥	戊子
음력 02/10 ~ 윤210	음력	10	11	12	13	14	15	16	17	18	19	20	21	22	23	24	25	26	27	28	29	30	윤2	2	3	4	5	6	7	8	9	10
대운	남	8	9	9	9	10	경	1	1	1	1	2	2	2	3	3	3	4	4	4	5	춘	5	6	6	6	7	7	7	8	8	8
	여	2	1	1	1	1	칩	10	9	9	9	8	8	8	7	7	7	6	6	6	5	분	5	4	4	4	3	3	3	2	2	2

청명 5일 10시 12분 【음3월】 ➡ **【丙辰月(병진월)】** ☯ 곡우 20일 17시 13분

양력 4	양력	1	2	3	4	5	6	7	8	9	10	11	12	13	14	15	16	17	18	19	20	21	22	23	24	25	26	27	28	29	30
	요일	토	일	월	화	수	목	금	토	일	월	화	수	목	금	토	일	월	화	수	목	금	토	일	월	화	수	목	금	토	일
	일진 日辰	己丑	庚寅	辛卯	壬辰	癸巳	甲午	乙未	丙申	丁酉	戊戌	己亥	庚子	辛丑	壬寅	癸卯	甲辰	乙巳	丙午	丁未	戊申	己酉	庚戌	辛亥	壬子	癸丑	甲寅	乙卯	丙辰	丁巳	戊午
음력 윤211 ~ 03/11	음력	11	12	13	14	15	16	17	18	19	20	21	22	23	24	25	26	27	28	29	3/1	2	3	4	5	6	7	8	9	10	11
대운	남	9	9	9	10	청	1	1	1	1	2	2	2	3	3	3	4	4	4	5	곡	5	6	6	6	7	7	7	8	8	8
	여	1	1	1	1	명	10	10	9	9	9	8	8	8	7	7	7	6	6	6	우	5	5	4	4	4	3	3	3	2	2

입하 6일 03시 18분 【음4월】 ➡ **【丁巳月(정사월)】** ☯ 소만 21일 16시 08분

양력 5	양력	1	2	3	4	5	6	7	8	9	10	11	12	13	14	15	16	17	18	19	20	21	22	23	24	25	26	27	28	29	30	31
	요일	월	화	수	목	금	토	일	월	화	수	목	금	토	일	월	화	수	목	금	토	일	월	화	수	목	금	토	일	월	화	수
	일진 日辰	己未	庚申	辛酉	壬戌	癸亥	甲子	乙丑	丙寅	丁卯	戊辰	己巳	庚午	辛未	壬申	癸酉	甲戌	乙亥	丙子	丁丑	戊寅	己卯	庚辰	辛巳	壬午	癸未	甲申	乙酉	丙戌	丁亥	戊子	己丑
음력 03/12 ~ 04/12	음력	12	13	14	15	16	17	18	19	20	21	22	23	24	25	26	27	28	29	30	4/1	2	3	4	5	6	7	8	9	10	11	12
대운	남	9	9	9	10	10	입	1	1	1	1	2	2	2	3	3	3	4	4	4	5	소	5	6	6	6	7	7	7	8	8	8
	여	2	1	1	1	1	하	10	10	9	9	9	8	8	8	7	7	7	6	6	6	만	5	5	4	4	4	3	3	3	2	2

망종 6일 07시 17분 【음5월】 ➡ **【戊午月(무오월)】** ☯ 하지 21일 23시 57분

양력 6	양력	1	2	3	4	5	6	7	8	9	10	11	12	13	14	15	16	17	18	19	20	21	22	23	24	25	26	27	28	29	30
	요일	목	금	토	일	월	화	수	목	금	토	일	월	화	수	목	금	토	일	월	화	수	목	금	토	일	월	화	수	목	금
	일진 日辰	庚寅	辛卯	壬辰	癸巳	甲午	乙未	丙申	丁酉	戊戌	己亥	庚子	辛丑	壬寅	癸卯	甲辰	乙巳	丙午	丁未	戊申	己酉	庚戌	辛亥	壬子	癸丑	甲寅	乙卯	丙辰	丁巳	戊午	己未
음력 04/13 ~ 05/13	음력	13	14	15	16	17	18	19	20	21	22	23	24	25	26	27	28	29	5/1	2	3	4	5	6	7	8	9	10	11	12	13
대운	남	9	9	9	10	10	망	1	1	1	1	2	2	2	3	3	3	4	4	4	5	하	5	6	6	6	7	7	7	8	8
	여	2	1	1	1	1	종	10	10	9	9	9	8	8	8	7	7	7	6	6	6	지	5	5	4	4	4	3	3	3	2

한식(4월06일), 초복(7월11일), 중복(7월21일), 말복(8월10일) 춘사(春社)3/21
추사(秋社)9/27 토왕지절(土旺之節):4월17일,7월20일,10월21일,1월18일(음12/08)
臘享(납향):2024년1월20일(음12/10)

2023 癸卯年

【己未月(기미월)】

소서 7일 17시 30분 【음6월】 ➡ ☯ 대서 23일 10시 49분

양력 7	양력	1	2	3	4	5	6	7	8	9	10	11	12	13	14	15	16	17	18	19	20	21	22	23	24	25	26	27	28	29	30	31
	요일	토	일	월	화	수	목	금	토	일	월	화	수	목	금	토	일	월	화	수	목	금	토	일	월	화	수	목	금	토	일	월
	일진 日辰	庚申	辛酉	壬戌	癸亥	甲子	乙丑	丙寅	丁卯	戊辰	己巳	庚午	辛未	壬申	癸酉	甲戌	乙亥	丙子	丁丑	戊寅	己卯	庚辰	辛巳	壬午	癸未	甲申	乙酉	丙戌	丁亥	戊子	己丑	庚寅
음력 05/14 ~ 06/14	음력	14	15	16	17	18	19	20	21	22	23	24	25	26	27	28	29	30	6/1	2	3	4	5	6	7	8	9	10	11	12	13	14
대운	남	8	9	9	9	10	10	소	1	1	1	1	2	2	2	3	3	3	4	4	4	5	5	대	6	6	6	7	7	7	8	8
	여	2	2	1	1	1	1	서	10	10	10	9	9	9	8	8	8	7	7	7	6	6	6	서	5	5	4	4	4	3	3	3

【庚申月(경신월)】

입추 8일 03시 22분 【음7월】 ➡ ☯ 처서 23일 18시 00분

양력 8	양력	1	2	3	4	5	6	7	8	9	10	11	12	13	14	15	16	17	18	19	20	21	22	23	24	25	26	27	28	29	30	31
	요일	화	수	목	금	토	일	월	화	수	목	금	토	일	월	화	수	목	금	토	일	월	화	수	목	금	토	일	월	화	수	목
	일진 日辰	辛卯	壬辰	癸巳	甲午	乙未	丙申	丁酉	戊戌	己亥	庚子	辛丑	壬寅	癸卯	甲辰	乙巳	丙午	丁未	戊申	己酉	庚戌	辛亥	壬子	癸丑	甲寅	乙卯	丙辰	丁巳	戊午	己未	庚申	辛酉
음력 06/15 ~ 07/16	음력	15	16	17	18	19	20	21	22	23	24	25	26	27	28	29	7/1	2	3	4	5	6	7	8	9	10	11	12	13	14	15	16
대운	남	8	9	9	9	10	10	10	입	1	1	1	1	2	2	2	3	3	3	4	4	4	5	처	5	6	6	6	7	7	7	8
	여	2	2	2	1	1	1	1	추	10	10	9	9	9	8	8	8	7	7	7	6	6	6	서	5	5	4	4	4	3	3	3

【辛酉月(신유월)】

백로 8일 06시 26분 【음8월】 ➡ ☯ 추분 23일 15시 49분

양력 9	양력	1	2	3	4	5	6	7	8	9	10	11	12	13	14	15	16	17	18	19	20	21	22	23	24	25	26	27	28	29	30
	요일	금	토	일	월	화	수	목	금	토	일	월	화	수	목	금	토	일	월	화	수	목	금	토	일	월	화	수	목	금	토
	일진 日辰	壬戌	癸亥	甲子	乙丑	丙寅	丁卯	戊辰	己巳	庚午	辛未	壬申	癸酉	甲戌	乙亥	丙子	丁丑	戊寅	己卯	庚辰	辛巳	壬午	癸未	甲申	乙酉	丙戌	丁亥	戊子	己丑	庚寅	辛卯
음력 07/17 ~ 08/16	음력	17	18	19	20	21	22	23	24	25	26	27	28	29	30	8/1	2	3	4	5	6	7	8	9	10	11	12	13	14	15	16
대운	남	8	8	9	9	9	10	10	백	1	1	1	1	2	2	2	3	3	3	4	4	4	5	추	5	6	6	6	7	7	7
	여	2	2	2	1	1	1	1	로	10	9	9	9	8	8	8	7	7	7	6	6	6	5	분	5	4	4	4	3	3	3

【壬戌月(임술월)】

한로 8일 22시 14분 【음9월】 ➡ ☯ 상강 24일 01시 20분

양력 10	양력	1	2	3	4	5	6	7	8	9	10	11	12	13	14	15	16	17	18	19	20	21	22	23	24	25	26	27	28	29	30	31
	요일	일	월	화	수	목	금	토	일	월	화	수	목	금	토	일	월	화	수	목	금	토	일	월	화	수	목	금	토	일	월	화
	일진 日辰	壬辰	癸巳	甲午	乙未	丙申	丁酉	戊戌	己亥	庚子	辛丑	壬寅	癸卯	甲辰	乙巳	丙午	丁未	戊申	己酉	庚戌	辛亥	壬子	癸丑	甲寅	乙卯	丙辰	丁巳	戊午	己未	庚申	辛酉	壬戌
음력 08/17 ~ 09/17	음력	17	18	19	20	21	22	23	24	25	26	27	28	29	30	9/1	2	3	4	5	6	7	8	9	10	11	12	13	14	15	16	17
대운	남	8	8	8	9	9	9	10	한	1	1	1	1	2	2	2	3	3	3	4	4	4	5	5	상	6	6	6	7	7	7	8
	여	2	2	2	1	1	1	1	로	10	10	9	9	9	8	8	8	7	7	7	6	6	6	5	강	5	4	4	4	3	3	3

【癸亥月(계해월)】

입동 8일 01시 35분 【음10월】 ➡ ☯ 소설 22일 23시 02분

양력 11	양력	1	2	3	4	5	6	7	8	9	10	11	12	13	14	15	16	17	18	19	20	21	22	23	24	25	26	27	28	29	30
	요일	수	목	금	토	일	월	화	수	목	금	토	일	월	화	수	목	금	토	일	월	화	수	목	금	토	일	월	화	수	목
	일진 日辰	癸亥	甲子	乙丑	丙寅	丁卯	戊辰	己巳	庚午	辛未	壬申	癸酉	甲戌	乙亥	丙子	丁丑	戊寅	己卯	庚辰	辛巳	壬午	癸未	甲申	乙酉	丙戌	丁亥	戊子	己丑	庚寅	辛卯	壬辰
음력 09/18 ~ 10/18	음력	18	19	20	21	22	23	24	25	26	27	28	29	10/1	2	3	4	5	6	7	8	9	10	11	12	13	14	15	16	17	18
대운	남	8	8	9	9	9	10	10	입	1	1	1	1	2	2	2	3	3	3	4	4	4	소	5	5	6	6	6	7	7	7
	여	2	2	2	1	1	1	1	동	9	9	9	8	8	8	7	7	7	6	6	6	5	설	5	4	4	4	3	3	3	2

【甲子月(갑자월)】

대설 7일 18시 32분 【음11월】 ➡ ☯ 동지 22일 12시 26분

양력 12	양력	1	2	3	4	5	6	7	8	9	10	11	12	13	14	15	16	17	18	19	20	21	22	23	24	25	26	27	28	29	30	31
	요일	금	토	일	월	화	수	목	금	토	일	월	화	수	목	금	토	일	월	화	수	목	금	토	일	월	화	수	목	금	토	일
	일진 日辰	癸巳	甲午	乙未	丙申	丁酉	戊戌	己亥	庚子	辛丑	壬寅	癸卯	甲辰	乙巳	丙午	丁未	戊申	己酉	庚戌	辛亥	壬子	癸丑	甲寅	乙卯	丙辰	丁巳	戊午	己未	庚申	辛酉	壬戌	癸亥
음력 10/19 ~ 11/19	음력	19	20	21	22	23	24	25	26	27	28	29	30	11/1	2	3	4	5	6	7	8	9	10	11	12	13	14	15	16	17	18	19
대운	남	8	8	8	9	9	9	대	1	1	1	1	2	2	2	3	3	3	4	4	4	5	동	5	6	6	6	7	7	7	8	8
	여	2	2	1	1	1	1	설	10	9	9	9	8	8	8	7	7	7	6	6	6	5	지	5	4	4	4	3	3	3	2	2

단기 4357 年
불기 2568 年

2024년 下元 甲辰年 납음(覆燈火),본명성(三碧木)

대장군(子북방), 삼살(남방), 상문(午남방),조객(寅동북방), 납음(복등화),【삼재(인,묘,진)년】 臘享(납향):2025년1월14일(음12/15)

소한 06일 05시 48분 【음12월】 ➡ 【乙丑月(을축월)】 ☯ 대한 20일 23시 06분

양력 1	양력	1	2	3	4	5	6	7	8	9	10	11	12	13	14	15	16	17	18	19	20	21	22	23	24	25	26	27	28	29	30	31
	요일	월	화	수	목	금	토	일	월	화	수	목	금	토	일	월	화	수	목	금	토	일	월	화	수	목	금	토	일	월	화	수
	일진	甲	乙	丙	丁	戊	己	庚	辛	壬	癸	甲	乙	丙	丁	戊	己	庚	辛	壬	癸	甲	乙	丙	丁	戊	己	庚	辛	壬	癸	甲
	日辰	子	丑	寅	卯	辰	巳	午	未	申	酉	戌	亥	子	丑	寅	卯	辰	巳	午	未	申	酉	戌	亥	子	丑	寅	卯	辰	巳	午
음력 11/20 ~ 12/21	음력	20	21	22	23	24	25	26	27	28	29	12/1	2	3	4	5	6	7	8	9	10	11	12	13	14	15	16	17	18	19	20	21
대운	남	8	9	9	9	10	소	1	1	1	1	2	2	2	3	3	3	4	4	4	대	5	5	6	6	6	7	7	7	8	8	8
	여	2	1	1	1	1	한	9	9	9	8	8	8	7	7	7	6	6	6	5	한	5	4	4	4	3	3	3	2	2	2	1

입춘 4일 17시 26분 【음1월】 ➡ 【丙寅月(병인월)】 ☯ 우수 19일 13시 12분

양력 2	양력	1	2	3	4	5	6	7	8	9	10	11	12	13	14	15	16	17	18	19	20	21	22	23	24	25	26	27	28	29
	요일	목	금	토	일	월	화	수	목	금	토	일	월	화	수	목	금	토	일	월	화	수	목	금	토	일	월	화	수	목
	일진	乙	丙	丁	戊	己	庚	辛	壬	癸	甲	乙	丙	丁	戊	己	庚	辛	壬	癸	甲	乙	丙	丁	戊	己	庚	辛	壬	癸
	日辰	未	申	酉	戌	亥	子	丑	寅	卯	辰	巳	午	未	申	酉	戌	亥	子	丑	寅	卯	辰	巳	午	未	申	酉	戌	亥
음력 12/22 ~ 01/20	음력	22	23	24	25	26	27	28	29	30	1/1	2	3	4	5	6	7	8	9	10	11	12	13	14	15	16	17	18	19	20
대운	남	9	9	9	입	10	9	9	9	8	8	8	7	7	7	6	6	6	5	우	5	4	4	4	3	3	3	2	2	2
	여	1	1	1	춘	1	1	1	1	2	2	2	3	3	3	4	4	4	5	수	5	6	6	6	7	7	7	8	8	8

甲辰年

경칩 5일 11시 22분 【음2월】 ➡ 【丁卯月(정묘월)】 ☯ 춘분 20일 12시 05분

양력 3	양력	1	2	3	4	5	6	7	8	9	10	11	12	13	14	15	16	17	18	19	20	21	22	23	24	25	26	27	28	29	30	31
	요일	금	토	일	월	화	수	목	금	토	일	월	화	수	목	금	토	일	월	화	수	목	금	토	일	월	화	수	목	금	토	일
	일진	甲	乙	丙	丁	戊	己	庚	辛	壬	癸	甲	乙	丙	丁	戊	己	庚	辛	壬	癸	甲	乙	丙	丁	戊	己	庚	辛	壬	癸	甲
	日辰	子	丑	寅	卯	辰	巳	午	未	申	酉	戌	亥	子	丑	寅	卯	辰	巳	午	未	申	酉	戌	亥	子	丑	寅	卯	辰	巳	午
음력 01/21 ~ 02/22	음력	21	22	23	24	25	26	27	28	29	2/1	2	3	4	5	6	7	8	9	10	11	12	13	14	15	16	17	18	19	20	21	22
대운	남	1	1	1	1	경	10	9	9	9	8	8	8	7	7	7	6	6	6	5	춘	5	4	4	4	3	3	3	2	2	2	1
	여	9	9	9	10	칩	1	1	1	1	2	2	2	3	3	3	4	4	4	5	분	5	6	6	6	7	7	7	8	8	8	9

청명 4일 16시 01분 【음3월】 ➡ 【戊辰月(무진월)】 ☯ 곡우 19일 20시 59분

양력 4	양력	1	2	3	4	5	6	7	8	9	10	11	12	13	14	15	16	17	18	19	20	21	22	23	24	25	26	27	28	29	30
	요일	월	화	수	목	금	토	일	월	화	수	목	금	토	일	월	화	수	목	금	토	일	월	화	수	목	금	토	일	월	화
	일진	乙	丙	丁	戊	己	庚	辛	壬	癸	甲	乙	丙	丁	戊	己	庚	辛	壬	癸	甲	乙	丙	丁	戊	己	庚	辛	壬	癸	甲
	日辰	未	申	酉	戌	亥	子	丑	寅	卯	辰	巳	午	未	申	酉	戌	亥	子	丑	寅	卯	辰	巳	午	未	申	酉	戌	亥	子
음력 02/23 ~ 03/22	음력	23	24	25	26	27	28	29	30	3/1	2	3	4	5	6	7	8	9	10	11	12	13	14	15	16	17	18	19	20	21	22
대운	남	1	1	1	청	10	10	9	9	9	8	8	8	7	7	7	6	6	6	곡	5	5	4	4	4	3	3	3	2	2	2
	여	9	9	10	명	1	1	1	1	2	2	2	3	3	3	4	4	4	5	우	5	6	6	6	7	7	7	8	8	8	9

입하 5일 09시 09분 【음4월】 ➡ 【己巳月(기사월)】 ☯ 소만 20일 21시 58분

양력 5	양력	1	2	3	4	5	6	7	8	9	10	11	12	13	14	15	16	17	18	19	20	21	22	23	24	25	26	27	28	29	30	31
	요일	수	목	금	토	일	월	화	수	목	금	토	일	월	화	수	목	금	토	일	월	화	수	목	금	토	일	월	화	수	목	금
	일진	乙	丙	丁	戊	己	庚	辛	壬	癸	甲	乙	丙	丁	戊	己	庚	辛	壬	癸	甲	乙	丙	丁	戊	己	庚	辛	壬	癸	甲	乙
	日辰	丑	寅	卯	辰	巳	午	未	申	酉	戌	亥	子	丑	寅	卯	辰	巳	午	未	申	酉	戌	亥	子	丑	寅	卯	辰	巳	午	未
음력 03/23 ~ 04/24	음력	23	24	25	26	27	28	29	4/1	2	3	4	5	6	7	8	9	10	11	12	13	14	15	16	17	18	19	20	21	22	23	24
대운	남	1	1	1	1	입	10	10	9	9	9	8	8	8	7	7	7	6	6	6	소	5	5	4	4	4	3	3	3	2	2	2
	여	9	9	10	10	하	1	1	1	1	2	2	2	3	3	3	4	4	4	5	만	5	6	6	6	7	7	7	8	8	8	9

망종 5일 13시 09분 【음5월】 ➡ 【庚午月(경오월)】 ☯ 하지 21일 05시 50분

양력 6	양력	1	2	3	4	5	6	7	8	9	10	11	12	13	14	15	16	17	18	19	20	21	22	23	24	25	26	27	28	29	30
	요일	토	일	월	화	수	목	금	토	일	월	화	수	목	금	토	일	월	화	수	목	금	토	일	월	화	수	목	금	토	일
	일진	丙	丁	戊	己	庚	辛	壬	癸	甲	乙	丙	丁	戊	己	庚	辛	壬	癸	甲	乙	丙	丁	戊	己	庚	辛	壬	癸	甲	乙
	日辰	申	酉	戌	亥	子	丑	寅	卯	辰	巳	午	未	申	酉	戌	亥	子	丑	寅	卯	辰	巳	午	未	申	酉	戌	亥	子	丑
음력 04/25 ~ 05/25	음력	25	26	27	28	29	5/1	2	3	4	5	6	7	8	9	10	11	12	13	14	15	16	17	18	19	20	21	22	23	24	25
대운	남	1	1	1	1	망	10	10	9	9	9	8	8	8	7	7	7	6	6	6	5	하	5	4	4	4	3	3	3	2	2
	여	9	9	10	10	종	1	1	1	1	2	2	2	3	3	3	4	4	4	5	5	지	6	6	6	7	7	7	8	8	8

한식(4월05일), 초복(7월15일), 중복(7월25일), 말복(8월14일) ☂춘사(春社)3/15
☀추사(秋社)9/21토왕지절(土旺之節):4월16일,7월19일,10월20일,1월17일(음12/18)
臘享(납향):2025년1월14일(음12/15)

2024 甲辰年

【辛未月(신미월)】

소서 6일 23시 19분 【음6월】 ➡ ☯ 대서 22일 16시 43분

양력 7 / 음력 05/26 ~ 06/26

양력	1	2	3	4	5	6	7	8	9	10	11	12	13	14	15	16	17	18	19	20	21	22	23	24	25	26	27	28	29	30	31
요일	월	화	수	목	금	토	일	월	화	수	목	금	토	일	월	화	수	목	금	토	일	월	화	수	목	금	토	일	월	화	수
일진 日辰	丙寅	丁卯	戊辰	己巳	庚午	辛未	壬申	癸酉	甲戌	乙亥	丙子	丁丑	戊寅	己卯	庚辰	辛巳	壬午	癸未	甲申	乙酉	丙戌	丁亥	戊子	己丑	庚寅	辛卯	壬辰	癸巳	甲午	乙未	丙申
음력	26	27	28	29	30	6/1	2	3	4	5	6	7	8	9	10	11	12	13	14	15	16	17	18	19	20	21	22	23	24	25	26
대운 남	2	1	1	1	1	소	10	10	10	9	9	9	8	8	8	7	7	7	6	6	6	대	5	5	4	4	4	3	3	3	2
대운 여	9	9	9	10	10	서	1	1	1	1	2	2	2	3	3	3	4	4	4	5	5	서	6	6	6	7	7	7	8	8	8

【壬申月(임신월)】

입추 7일 09시 08분 【음7월】 ➡ ☯ 처서 22일 23시 54분

양력 8 / 음력 06/27 ~ 07/28

양력	1	2	3	4	5	6	7	8	9	10	11	12	13	14	15	16	17	18	19	20	21	22	23	24	25	26	27	28	29	30	31
요일	목	금	토	일	월	화	수	목	금	토	일	월	화	수	목	금	토	일	월	화	수	목	금	토	일	월	화	수	목	금	토
일진 日辰	丁酉	戊戌	己亥	庚子	辛丑	壬寅	癸卯	甲辰	乙巳	丙午	丁未	戊申	己酉	庚戌	辛亥	壬子	癸丑	甲寅	乙卯	丙辰	丁巳	戊午	己未	庚申	辛酉	壬戌	癸亥	甲子	乙丑	丙寅	丁卯
음력	27	28	29	7/1	2	3	4	5	6	7	8	9	10	11	12	13	14	15	16	17	18	19	20	21	22	23	24	25	26	27	28
대운 남	2	2	1	1	1	1	입	10	10	9	9	9	8	8	8	7	7	7	6	6	6	처	5	5	4	4	4	3	3	3	2
대운 여	9	9	9	10	10	10	추	1	1	1	1	2	2	2	3	3	3	4	4	4	5	서	5	6	6	6	7	7	7	8	8

【癸酉月(계유월)】

백로 7일 12시 10분 【음8월】 ➡ ☯ 추분 22일 21시 43분

양력 9 / 음력 07/29 ~ 08/28

양력	1	2	3	4	5	6	7	8	9	10	11	12	13	14	15	16	17	18	19	20	21	22	23	24	25	26	27	28	29	30
요일	일	월	화	수	목	금	토	일	월	화	수	목	금	토	일	월	화	수	목	금	토	일	월	화	수	목	금	토	일	월
일진 日辰	戊辰	己巳	庚午	辛未	壬申	癸酉	甲戌	乙亥	丙子	丁丑	戊寅	己卯	庚辰	辛巳	壬午	癸未	甲申	乙酉	丙戌	丁亥	戊子	己丑	庚寅	辛卯	壬辰	癸巳	甲午	乙未	丙申	丁酉
음력	29	30	8/1	2	3	4	5	6	7	8	9	10	11	12	13	14	15	16	17	18	19	20	21	22	23	24	25	26	27	28
대운 남	2	2	1	1	1	1	백	10	10	9	9	9	8	8	8	7	7	7	6	6	6	추	5	5	4	4	4	3	3	3
대운 여	8	9	9	9	10	10	로	1	1	1	1	2	2	2	3	3	3	4	4	4	5	분	5	6	6	6	7	7	7	8

【甲戌月(갑술월)】

한로 8일 03시 59분 【음9월】 ➡ ☯ 상강 23일 07시 14분

양력 10 / 음력 08/29 ~ 09/29

양력	1	2	3	4	5	6	7	8	9	10	11	12	13	14	15	16	17	18	19	20	21	22	23	24	25	26	27	28	29	30	31
요일	화	수	목	금	토	일	월	화	수	목	금	토	일	월	화	수	목	금	토	일	월	화	수	목	금	토	일	월	화	수	목
일진 日辰	戊戌	己亥	庚子	辛丑	壬寅	癸卯	甲辰	乙巳	丙午	丁未	戊申	己酉	庚戌	辛亥	壬子	癸丑	甲寅	乙卯	丙辰	丁巳	戊午	己未	庚申	辛酉	壬戌	癸亥	甲子	乙丑	丙寅	丁卯	戊辰
음력	29	30	9/1	2	3	4	5	6	7	8	9	10	11	12	13	14	15	16	17	18	19	20	21	22	23	24	25	26	27	28	29
대운 남	2	2	2	1	1	1	1	한	10	9	9	9	8	8	8	7	7	7	6	6	6	5	상	5	4	4	4	3	3	3	2
대운 여	8	8	9	9	9	10	10	로	1	1	1	1	2	2	2	3	3	3	4	4	4	5	강	5	6	6	6	7	7	7	8

【乙亥月(을해월)】

입동 7일 07시 19분 【음10월】 ➡ ☯ 소설 22일 04시 55분

양력 11 / 음력 10/01 ~ 10/30

양력	1	2	3	4	5	6	7	8	9	10	11	12	13	14	15	16	17	18	19	20	21	22	23	24	25	26	27	28	29	30
요일	금	토	일	월	화	수	목	금	토	일	월	화	수	목	금	토	일	월	화	수	목	금	토	일	월	화	수	목	금	토
일진 日辰	己巳	庚午	辛未	壬申	癸酉	甲戌	乙亥	丙子	丁丑	戊寅	己卯	庚辰	辛巳	壬午	癸未	甲申	乙酉	丙戌	丁亥	戊子	己丑	庚寅	辛卯	壬辰	癸巳	甲午	乙未	丙申	丁酉	戊戌
음력	10/1	2	3	4	5	6	7	8	9	10	11	12	13	14	15	16	17	18	19	20	21	22	23	24	25	26	27	28	29	30
대운 남	2	2	1	1	1	1	입	10	9	9	9	8	8	8	7	7	7	6	6	6	5	소	5	4	4	4	3	3	3	2
대운 여	8	8	9	9	9	10	동	1	1	1	1	2	2	2	3	3	3	4	4	4	5	설	5	6	6	6	7	7	7	8

【丙子月(병자월)】

대설 7일 00시 16분 【음11월】 ➡ ☯ 동지 21일 18시 19분

양력 12 / 음력 11/01 ~ 12/01

양력	1	2	3	4	5	6	7	8	9	10	11	12	13	14	15	16	17	18	19	20	21	22	23	24	25	26	27	28	29	30	31
요일	일	월	화	수	목	금	토	일	월	화	수	목	금	토	일	월	화	수	목	금	토	일	월	화	수	목	금	토	일	월	화
일진 日辰	己亥	庚子	辛丑	壬寅	癸卯	甲辰	乙巳	丙午	丁未	戊申	己酉	庚戌	辛亥	壬子	癸丑	甲寅	乙卯	丙辰	丁巳	戊午	己未	庚申	辛酉	壬戌	癸亥	甲子	乙丑	丙寅	丁卯	戊辰	己巳
음력	11/1	2	3	4	5	6	7	8	9	10	11	12	13	14	15	16	17	18	19	20	21	22	23	24	25	26	27	28	29	30	12/1
대운 남	2	2	1	1	1	1	대	9	9	9	8	8	8	7	7	7	6	6	6	5	동	5	4	4	4	3	3	3	2	2	2
대운 여	8	8	9	9	9	10	설	1	1	1	1	2	2	2	3	3	3	4	4	4	지	5	5	6	6	6	7	7	7	8	8

단기 4358 年 불기 2569 年

2025년

下元 乙巳年 납음(覆燈火),본명성(二黑土)

대장군(卯동방), 삼살(동방), 상문(未서남방), 조객(卯동방),납음(복등화),【삼재(해,자,축)년】 臘享(납향):2026년1월21일(음12/03)

뱀

소한 5일 11시 32분 【음12월】 ➡ **【丁丑月(정축월)】** ☯ 대한 20일 04시 59분

양력 1 (음력 12/02 ~ 01/03)	1	2	3	4	5	6	7	8	9	10	11	12	13	14	15	16	17	18	19	20	21	22	23	24	25	26	27	28	29	30	31
요일	수	목	금	토	일	월	화	수	목	금	토	일	월	화	수	목	금	토	일	월	화	수	목	금	토	일	월	화	수	목	금
일진 日辰	庚午	辛未	壬申	癸酉	甲戌	乙亥	丙子	丁丑	戊寅	己卯	庚辰	辛巳	壬午	癸未	甲申	乙酉	丙戌	丁亥	戊子	己丑	庚寅	辛卯	壬辰	癸巳	甲午	乙未	丙申	丁酉	戊戌	己亥	庚子
음력	2	3	4	5	6	7	8	9	10	11	12	13	14	15	16	17	18	19	20	21	22	23	24	25	26	27	28	29	1/1	2	3
대운 남	1	1	1	1	소	9	9	9	8	8	8	7	7	7	6	6	6	5	5	대	4	4	4	3	3	3	2	2	2	1	1
대운 여	8	9	9	9	한	1	1	1	1	2	2	2	3	3	3	4	4	4	5	한	5	6	6	6	7	7	7	8	8	8	9

입춘 3일 22시 09분 【음1월】 ➡ **【戊寅月(무인월** ☯ 우수 18일 19시 05분

양력 2 (음력 01/04 ~ 02/01)	1	2	3	4	5	6	7	8	9	10	11	12	13	14	15	16	17	18	19	20	21	22	23	24	25	26	27	28
요일	토	일	월	화	수	목	금	토	일	월	화	수	목	금	토	일	월	화	수	목	금	토	일	월	화	수	목	금
일진 日辰	辛丑	壬寅	癸卯	甲辰	乙巳	丙午	丁未	戊申	己酉	庚戌	辛亥	壬子	癸丑	甲寅	乙卯	丙辰	丁巳	戊午	己未	庚申	辛酉	壬戌	癸亥	甲子	乙丑	丙寅	丁卯	戊辰
음력	4	5	6	7	8	9	10	11	12	13	14	15	16	17	18	19	20	21	22	23	24	25	26	27	28	29	30	2/1
대운 남	1	1	입	1	1	1	1	2	2	2	3	3	3	4	4	4	5	우	5	6	6	6	7	7	7	8	8	8
대운 여	9	9	춘	10	9	9	9	8	8	8	7	7	7	6	6	6	5	수	5	4	4	4	3	3	3	2	2	2

乙巳年

경칩 5일 17시 06분 【음2월】 ➡ **【己卯月(기묘월)】** ☯ 춘분 20일 18시 00분

양력 3 (음력 02/02 ~ 03/03)	1	2	3	4	5	6	7	8	9	10	11	12	13	14	15	16	17	18	19	20	21	22	23	24	25	26	27	28	29	30	31
요일	토	일	월	화	수	목	금	토	일	월	화	수	목	금	토	일	월	화	수	목	금	토	일	월	화	수	목	금	토	일	월
일진 日辰	己巳	庚午	辛未	壬申	癸酉	甲戌	乙亥	丙子	丁丑	戊寅	己卯	庚辰	辛巳	壬午	癸未	甲申	乙酉	丙戌	丁亥	戊子	己丑	庚寅	辛卯	壬辰	癸巳	甲午	乙未	丙申	丁酉	戊戌	己亥
음력	2	3	4	5	6	7	8	9	10	11	12	13	14	15	16	17	18	19	20	21	22	23	24	25	26	27	28	29	3/1	2	3
대운 남	9	9	9	10	경	1	1	1	1	2	2	2	3	3	3	4	4	4	5	춘	5	6	6	6	7	7	7	8	8	8	9
대운 여	1	1	1	1	칩	10	9	9	9	8	8	8	7	7	7	6	6	6	5	분	5	4	4	4	3	3	3	2	2	2	1

청명 4일 21시 47분 【음3월】 ➡ **【庚辰月(경진월)】** ☯ 곡우 20일 04시 55분

양력 4 (음력 03/04 ~ 04/03)	1	2	3	4	5	6	7	8	9	10	11	12	13	14	15	16	17	18	19	20	21	22	23	24	25	26	27	28	29	30
요일	화	수	목	금	토	일	월	화	수	목	금	토	일	월	화	수	목	금	토	일	월	화	수	목	금	토	일	월	화	수
일진 日辰	庚子	辛丑	壬寅	癸卯	甲辰	乙巳	丙午	丁未	戊申	己酉	庚戌	辛亥	壬子	癸丑	甲寅	乙卯	丙辰	丁巳	戊午	己未	庚申	辛酉	壬戌	癸亥	甲子	乙丑	丙寅	丁卯	戊辰	己巳
음력	4	5	6	7	8	9	10	11	12	13	14	15	16	17	18	19	20	21	22	23	24	25	26	27	28	29	30	4/1	2	3
대운 남	9	9	10	청	1	1	1	1	2	2	2	3	3	3	4	4	4	5	5	곡	6	6	6	7	7	7	8	8	8	9
대운 여	1	1	1	명	10	10	9	9	9	8	8	8	7	7	7	6	6	6	5	우	5	4	4	4	3	3	3	2	2	2

입하 5일 14시 56분 【음4월】 ➡ **【辛巳月(신사월)】** ☯ 소만 21일 03시 54분

양력 5 (음력 04/04 ~ 05/05)	1	2	3	4	5	6	7	8	9	10	11	12	13	14	15	16	17	18	19	20	21	22	23	24	25	26	27	28	29	30	31
요일	목	금	토	일	월	화	수	목	금	토	일	월	화	수	목	금	토	일	월	화	수	목	금	토	일	월	화	수	목	금	토
일진 日辰	庚午	辛未	壬申	癸酉	甲戌	乙亥	丙子	丁丑	戊寅	己卯	庚辰	辛巳	壬午	癸未	甲申	乙酉	丙戌	丁亥	戊子	己丑	庚寅	辛卯	壬辰	癸巳	甲午	乙未	丙申	丁酉	戊戌	己亥	庚子
음력	4	5	6	7	8	9	10	11	12	13	14	15	16	17	18	19	20	21	22	23	24	25	26	27	28	29	5/1	2	3	4	5
대운 남	9	9	10	10	입	1	1	1	1	2	2	2	3	3	3	4	4	4	5	5	소	6	6	6	7	7	7	8	8	8	9
대운 여	1	1	1	1	하	10	10	9	9	9	8	8	8	7	7	7	6	6	6	5	만	5	4	4	4	3	3	3	2	2	2

망종 5일 18시 55분 【음5월】 ➡ **【壬午月(임오월)】** ☯ 하지 21일 11시 41분

양력 6 (음력 05/06 ~ 06/06)	1	2	3	4	5	6	7	8	9	10	11	12	13	14	15	16	17	18	19	20	21	22	23	24	25	26	27	28	29	30
요일	일	월	화	수	목	금	토	일	월	화	수	목	금	토	일	월	화	수	목	금	토	일	월	화	수	목	금	토	일	월
일진 日辰	辛丑	壬寅	癸卯	甲辰	乙巳	丙午	丁未	戊申	己酉	庚戌	辛亥	壬子	癸丑	甲寅	乙卯	丙辰	丁巳	戊午	己未	庚申	辛酉	壬戌	癸亥	甲子	乙丑	丙寅	丁卯	戊辰	己巳	庚午
음력	6	7	8	9	10	11	12	13	14	15	16	17	18	19	20	21	22	23	24	25	26	27	28	29	6/1	2	3	4	5	6
대운 남	9	9	10	10	망	1	1	1	1	2	2	2	3	3	3	4	4	4	5	5	하	6	6	6	7	7	7	8	8	8
대운 여	1	1	1	1	종	10	10	10	9	9	9	8	8	8	7	7	7	6	6	6	지	5	5	4	4	4	3	3	3	2

한식(4월05일), 초복(7월20일), 중복(7월30일), 말복(8월09일) ☂춘사(春社)3/20
☀추사(秋社)9/26 토왕지절(土旺之節):4월17일,7월20일,10월20일,1월17일(음11/29)
臘享(납향):2026년1월21일(음12/03)

2025 乙巳年

소서 7일 05시 04분 【음6월】 ➡ 【癸未月(계미월)】 ☯ 대서 22일 22시 28분

양력 7	양력	1	2	3	4	5	6	7	8	9	10	11	12	13	14	15	16	17	18	19	20	21	22	23	24	25	26	27	28	29	30	31
	요일	화	수	목	금	토	일	월	화	수	목	금	토	일	월	화	수	목	금	토	일	월	화	수	목	금	토	일	월	화	수	목
	일진 日辰	辛未	壬申	癸酉	甲戌	乙亥	丙子	丁丑	戊寅	己卯	庚辰	辛巳	壬午	癸未	甲申	乙酉	丙戌	丁亥	戊子	己丑	庚寅	辛卯	壬辰	癸巳	甲午	乙未	丙申	丁酉	戊戌	己亥	庚子	辛丑
음력 06/07 ~ 윤607	음력	7	8	9	10	11	12	13	14	15	16	17	18	19	20	21	22	23	24	25	26	27	28	29	30	윤6	2	3	4	5	6	7
	대운 남	9	9	9	10	10	10	소	1	1	1	2	2	2	3	3	3	4	4	4	5	5	대	6	6	6	7	7	7	8	8	8
	대운 여	2	2	1	1	1	1	서	10	10	9	9	9	8	8	8	7	7	7	6	6	6	서	5	5	4	4	4	3	3	3	2

입추 7일 14시 50분 【음7월】 ➡ 【甲申月(갑신월)】 ☯ 처서 23일 05시 33분

양력 8	양력	1	2	3	4	5	6	7	8	9	10	11	12	13	14	15	16	17	18	19	20	21	22	23	24	25	26	27	28	29	30	31
	요일	금	토	일	월	화	수	목	금	토	일	월	화	수	목	금	토	일	월	화	수	목	금	토	일	월	화	수	목	금	토	일
	일진 日辰	壬寅	癸卯	甲辰	乙巳	丙午	丁未	戊申	己酉	庚戌	辛亥	壬子	癸丑	甲寅	乙卯	丙辰	丁巳	戊午	己未	庚申	辛酉	壬戌	癸亥	甲子	乙丑	丙寅	丁卯	戊辰	己巳	庚午	辛未	壬申
음력 윤608 ~ 07/09	음력	8	9	10	11	12	13	14	15	16	17	18	19	20	21	22	23	24	25	26	27	28	29	7/1	2	3	4	5	6	7	8	9
	대운 남	9	9	9	10	10	10	입	1	1	1	1	2	2	2	3	3	3	4	4	4	5	5	처	6	6	6	7	7	7	8	8
	대운 여	2	2	1	1	1	1	추	10	10	9	9	9	8	8	8	7	7	7	6	6	6	5	서	5	4	4	4	3	3	3	2

백로 7일 17시 51분 【음8월】 ➡ 【乙酉月(을유월)】 ☯ 추분 23일 03시 18분

양력 9	양력	1	2	3	4	5	6	7	8	9	10	11	12	13	14	15	16	17	18	19	20	21	22	23	24	25	26	27	28	29	30
	요일	월	화	수	목	금	토	일	월	화	수	목	금	토	일	월	화	수	목	금	토	일	월	화	수	목	금	토	일	월	화
	일진 日辰	癸酉	甲戌	乙亥	丙子	丁丑	戊寅	己卯	庚辰	辛巳	壬午	癸未	甲申	乙酉	丙戌	丁亥	戊子	己丑	庚寅	辛卯	壬辰	癸巳	甲午	乙未	丙申	丁酉	戊戌	己亥	庚子	辛丑	壬寅
음력 07/10 ~ 08/09	음력	10	11	12	13	14	15	16	17	18	19	20	21	22	23	24	25	26	27	28	29	30	8/1	2	3	4	5	6	7	8	9
	대운 남	8	9	9	9	10	10	백	1	1	1	1	2	2	2	3	3	3	4	4	4	5	5	추	6	6	6	7	7	7	8
	대운 여	2	2	1	1	1	1	로	10	10	9	9	9	8	8	8	7	7	7	6	6	6	5	분	5	4	4	4	3	3	3

한로 8일 09시 40분 【음9월】 ➡ 【丙戌月(병술월)】 ☯ 상강 23일 12시 50분

양력 10	양력	1	2	3	4	5	6	7	8	9	10	11	12	13	14	15	16	17	18	19	20	21	22	23	24	25	26	27	28	29	30	31
	요일	수	목	금	토	일	월	화	수	목	금	토	일	월	화	수	목	금	토	일	월	화	수	목	금	토	일	월	화	수	목	금
	일진 日辰	癸卯	甲辰	乙巳	丙午	丁未	戊申	己酉	庚戌	辛亥	壬子	癸丑	甲寅	乙卯	丙辰	丁巳	戊午	己未	庚申	辛酉	壬戌	癸亥	甲子	乙丑	丙寅	丁卯	戊辰	己巳	庚午	辛未	壬申	癸酉
음력 11/01 ~ 12/01	음력	10	11	12	13	14	15	16	17	18	19	20	21	22	23	24	25	26	27	28	29	9/1	2	3	4	5	6	7	8	9	10	11
	대운 남	8	8	9	9	9	10	10	한	1	1	1	1	2	2	2	3	3	3	4	4	4	5	상	5	6	6	6	7	7	7	8
	대운 여	2	2	2	1	1	1	1	로	10	9	9	9	8	8	8	7	7	7	6	6	6	5	강	5	4	4	4	3	3	3	2

입동 7일 13시 03분 【음10월】 ➡ 【丁亥月(정해월)】 ☯ 소설 22일 10시 34분

양력 11	양력	1	2	3	4	5	6	7	8	9	10	11	12	13	14	15	16	17	18	19	20	21	22	23	24	25	26	27	28	29	30
	요일	토	일	월	화	수	목	금	토	일	월	화	수	목	금	토	일	월	화	수	목	금	토	일	월	화	수	목	금	토	일
	일진 日辰	甲戌	乙亥	丙子	丁丑	戊寅	己卯	庚辰	辛巳	壬午	癸未	甲申	乙酉	丙戌	丁亥	戊子	己丑	庚寅	辛卯	壬辰	癸巳	甲午	乙未	丙申	丁酉	戊戌	己亥	庚子	辛丑	壬寅	癸卯
음력 11/01 ~ 12/01	음력	12	13	14	15	16	17	18	19	20	21	22	23	24	25	26	27	28	29	30	10/1	2	3	4	5	6	7	8	9	10	11
	대운 남	8	8	9	9	9	10	입	1	1	1	1	2	2	2	3	3	3	4	4	4	5	소	5	6	6	6	7	7	7	8
	대운 여	2	2	1	1	1	1	동	10	9	9	9	8	8	8	7	7	7	6	6	6	5	설	5	4	4	4	3	3	3	2

대설 7일 06시 03분 【음11월】 ➡ 【戊子月(무자월)】 ☯ 동지 21일 00시 02분

양력 12	양력	1	2	3	4	5	6	7	8	9	10	11	12	13	14	15	16	17	18	19	20	21	22	23	24	25	26	27	28	29	30	31
	요일	월	화	수	목	금	토	일	월	화	수	목	금	토	일	월	화	수	목	금	토	일	월	화	수	목	금	토	일	월	화	수
	일진 日辰	甲辰	乙巳	丙午	丁未	戊申	己酉	庚戌	辛亥	壬子	癸丑	甲寅	乙卯	丙辰	丁巳	戊午	己未	庚申	辛酉	壬戌	癸亥	甲子	乙丑	丙寅	丁卯	戊辰	己巳	庚午	辛未	壬申	癸酉	甲戌
음력 11/01 ~ 12/01	음력	12	13	14	15	16	17	18	19	20	21	22	23	24	25	26	27	28	29	30	11/1	2	3	4	5	6	7	8	9	10	11	12
	대운 남	8	8	9	9	9	10	대	1	1	1	1	2	2	2	3	3	3	4	4	4	동	5	5	6	6	6	7	7	7	8	8
	대운 여	2	2	1	1	1	1	설	9	9	9	8	8	8	7	7	7	6	6	6	5	지	5	4	4	4	3	3	3	2	2	2

단기 4359 年 불기 2570 年

2026년 下元 丙午年 납음(天河水),본명성(一白水)

대장군(卯동방), 삼살(북방), 상문(申서남방),조객(辰동남방), 납음(천하수),【삼재(신유술년】 臘享(납향):2027년1월16일(음12/08)

말

소한 5일 17시 22분 【음12월】 ➡ **【己丑月(기축월)】** ☯ 대한 20일 10시 44분

양력 1 / 음력 11/13 ~ 12/13

양력	1	2	3	4	5	6	7	8	9	10	11	12	13	14	15	16	17	18	19	20	21	22	23	24	25	26	27	28	29	30	31
요일	목	금	토	일	월	화	수	목	금	토	일	월	화	수	목	금	토	일	월	화	수	목	금	토	일	월	화	수	목	금	토
일진 日辰	乙亥	丙子	丁丑	戊寅	己卯	庚辰	辛巳	壬午	癸未	甲申	乙酉	丙戌	丁亥	戊子	己丑	庚寅	辛卯	壬辰	癸巳	甲午	乙未	丙申	丁酉	戊戌	己亥	庚子	辛丑	壬寅	癸卯	甲辰	乙巳
음력	13	14	15	16	17	18	19	20	21	22	23	24	25	26	27	28	29	30	12/1	2	3	4	5	6	7	8	9	10	11	12	13
대운 남	8	9	9	9	소	1	1	1	1	2	2	2	3	3	3	4	4	4	5	대	5	6	6	6	7	7	7	8	8	8	9
대운 여	1	1	1	1	한	10	9	9	9	8	8	8	7	7	7	6	6	6	5	한	5	4	4	4	3	3	3	2	2	2	1

입춘 4일 05시 01분 【음1월】 ➡ **【庚寅月(경인월)】** ☯ 우수 19일 00시 51분

양력 2 / 음력 12/14 ~ 01/12

양력	1	2	3	4	5	6	7	8	9	10	11	12	13	14	15	16	17	18	19	20	21	22	23	24	25	26	27	28
요일	일	월	화	수	목	금	토	일	월	화	수	목	금	토	일	월	화	수	목	금	토	일	월	화	수	목	금	토
일진 日辰	丙午	丁未	戊申	己酉	庚戌	辛亥	壬子	癸丑	甲寅	乙卯	丙辰	丁巳	戊午	己未	庚申	辛酉	壬戌	癸亥	甲子	乙丑	丙寅	丁卯	戊辰	己巳	庚午	辛未	壬申	癸酉
음력	14	15	16	17	18	19	20	21	22	23	24	25	26	27	28	29	1/1	2	3	4	5	6	7	8	9	10	11	12
대운 남	9	9	10	입	9	9	9	8	8	8	7	7	7	6	6	6	5	5	우	4	4	4	3	3	3	2	2	2
대운 여	1	1	1	춘	1	1	1	1	2	2	2	3	3	3	4	4	4	5	수	5	6	6	6	7	7	7	8	8

丙午年

경칩 5일 22시 58분 【음2월】 ➡ **【辛卯月(신묘월)】** ☯ 춘분 20일 23시 45분

양력 3 / 음력 01/13 ~ 02/13

양력	1	2	3	4	5	6	7	8	9	10	11	12	13	14	15	16	17	18	19	20	21	22	23	24	25	26	27	28	29	30	31
요일	일	월	화	수	목	금	토	일	월	화	수	목	금	토	일	월	화	수	목	금	토	일	월	화	수	목	금	토	일	월	화
일진 日辰	甲戌	乙亥	丙子	丁丑	戊寅	己卯	庚辰	辛巳	壬午	癸未	甲申	乙酉	丙戌	丁亥	戊子	己丑	庚寅	辛卯	壬辰	癸巳	甲午	乙未	丙申	丁酉	戊戌	己亥	庚子	辛丑	壬寅	癸卯	甲辰
음력	13	14	15	16	17	18	19	20	21	22	23	24	25	26	27	28	29	30	2/1	2	3	4	5	6	7	8	9	10	11	12	13
대운 남	1	1	1	1	경	10	10	9	9	9	8	8	8	7	7	7	6	6	6	춘	5	5	4	4	4	3	3	3	2	2	2
대운 여	8	9	9	9	칩	1	1	1	1	2	2	2	3	3	3	4	4	4	5	분	5	6	6	6	7	7	7	8	8	8	9

청명 5일 03시 39분 【음3월】 ➡ **【壬辰月(임진월)】** ☯ 곡우 20일 10시 38분

양력 4 / 음력 02/14 ~ 03/14

양력	1	2	3	4	5	6	7	8	9	10	11	12	13	14	15	16	17	18	19	20	21	22	23	24	25	26	27	28	29	30
요일	수	목	금	토	일	월	화	수	목	금	토	일	월	화	수	목	금	토	일	월	화	수	목	금	토	일	월	화	수	목
일진 日辰	乙巳	丙午	丁未	戊申	己酉	庚戌	辛亥	壬子	癸丑	甲寅	乙卯	丙辰	丁巳	戊午	己未	庚申	辛酉	壬戌	癸亥	甲子	乙丑	丙寅	丁卯	戊辰	己巳	庚午	辛未	壬申	癸酉	甲戌
음력	14	15	16	17	18	19	20	21	22	23	24	25	26	27	28	29	3/1	2	3	4	5	6	7	8	9	10	11	12	13	14
대운 남	1	1	1	1	청	10	9	9	9	8	8	8	7	7	7	6	6	6	5	곡	5	4	4	4	3	3	3	2	2	2
대운 여	9	9	10	10	명	1	1	1	1	2	2	2	3	3	3	4	4	4	5	우	5	6	6	6	7	7	7	8	8	8

입하 5일 20시 48분 【음4월】 ➡ **【癸巳月(계사월)】** ☯ 소만 21일 09시 36분

양력 5 / 음력 03/15 ~ 04/15

양력	1	2	3	4	5	6	7	8	9	10	11	12	13	14	15	16	17	18	19	20	21	22	23	24	25	26	27	28	29	30	31
요일	금	토	일	월	화	수	목	금	토	일	월	화	수	목	금	토	일	월	화	수	목	금	토	일	월	화	수	목	금	토	일
일진 日辰	乙亥	丙子	丁丑	戊寅	己卯	庚辰	辛巳	壬午	癸未	甲申	乙酉	丙戌	丁亥	戊子	己丑	庚寅	辛卯	壬辰	癸巳	甲午	乙未	丙申	丁酉	戊戌	己亥	庚子	辛丑	壬寅	癸卯	甲辰	乙巳
음력	15	16	17	18	19	20	21	22	23	24	25	26	27	28	29	30	4/1	2	3	4	5	6	7	8	9	10	11	12	13	14	15
대운 남	1	1	1	1	입	10	10	10	9	9	9	8	8	8	7	7	7	6	6	6	소	5	5	4	4	4	3	3	3	2	2
대운 여	9	9	9	10	하	1	1	1	1	2	2	2	3	3	3	4	4	4	5	5	만	6	6	6	7	7	7	8	8	8	9

망종 6일 00시 47분 【음5월】 ➡ **【甲午月(갑오월)】** ☯ 하지 21일 17시 23분

양력 6 / 음력 04/16 ~ 05/16

양력	1	2	3	4	5	6	7	8	9	10	11	12	13	14	15	16	17	18	19	20	21	22	23	24	25	26	27	28	29	30
요일	월	화	수	목	금	토	일	월	화	수	목	금	토	일	월	화	수	목	금	토	일	월	화	수	목	금	토	일	월	화
일진 日辰	丙午	丁未	戊申	己酉	庚戌	辛亥	壬子	癸丑	甲寅	乙卯	丙辰	丁巳	戊午	己未	庚申	辛酉	壬戌	癸亥	甲子	乙丑	丙寅	丁卯	戊辰	己巳	庚午	辛未	壬申	癸酉	甲戌	乙亥
음력	16	17	18	19	20	21	22	23	24	25	26	27	28	29	5/1	2	3	4	5	6	7	8	9	10	11	12	13	14	15	16
대운 남	2	1	1	1	1	망	10	10	9	9	9	8	8	8	7	7	7	6	6	6	하	5	5	4	4	4	3	3	3	2
대운 여	9	9	10	10	10	종	1	1	1	1	2	2	2	3	3	3	4	4	4	5	지	5	6	6	6	7	7	7	8	8

한식(4월05일), 초복(7월15일), 중복(7월25일), 말복(8월14일) ☂춘사(春社)3/15
☀추사(秋社)9/21 토왕지절(土旺之節):4월17일,7월20일,10월21일,1월17일(음12/09)
臘享(납향):2027년1월16일(음12/08)

2026 丙午年

소서 7일 10시 56분 【음6월】➡ 【乙未月(을미월)】 ☯ 대서 23일 04시 12분

양력 7	1	2	3	4	5	6	7	8	9	10	11	12	13	14	15	16	17	18	19	20	21	22	23	24	25	26	27	28	29	30	31
요일	수	목	금	토	일	월	화	수	목	금	토	일	월	화	수	목	금	토	일	월	화	수	목	금	토	일	월	화	수	목	금
일진 日辰	丙子	丁丑	戊寅	己卯	庚辰	辛巳	壬午	癸未	甲申	乙酉	丙戌	丁亥	戊子	己丑	庚寅	辛卯	壬辰	癸巳	甲午	乙未	丙申	丁酉	戊戌	己亥	庚子	辛丑	壬寅	癸卯	甲辰	乙巳	丙午
음력 (05/17~06/18)	17	18	19	20	21	22	23	24	25	26	27	28	29	6/1	2	3	4	5	6	7	8	9	10	11	12	13	14	15	16	17	18
대운 남	2	2	1	1	1	1	소	10	10	9	9	9	8	8	8	7	7	7	6	6	6	5	대	5	4	4	4	3	3	3	2
대운 여	8	9	9	9	10	10	서	1	1	1	1	2	2	2	3	3	3	4	4	4	5	5	서	6	6	6	7	7	7	8	8

입추 7일 20시 42분 【음7월】➡ 【丙申月(병신월)】 ☯ 처서 23일 11시 18분

양력 8	1	2	3	4	5	6	7	8	9	10	11	12	13	14	15	16	17	18	19	20	21	22	23	24	25	26	27	28	29	30	31
요일	토	일	월	화	수	목	금	토	일	월	화	수	목	금	토	일	월	화	수	목	금	토	일	월	화	수	목	금	토	일	월
일진 日辰	丁未	戊申	己酉	庚戌	辛亥	壬子	癸丑	甲寅	乙卯	丙辰	丁巳	戊午	己未	庚申	辛酉	壬戌	癸亥	甲子	乙丑	丙寅	丁卯	戊辰	己巳	庚午	辛未	壬申	癸酉	甲戌	乙亥	丙子	丁丑
음력 (06/19~07/19)	19	20	21	22	23	24	25	26	27	28	29	30	7/1	2	3	4	5	6	7	8	9	10	11	12	13	14	15	16	17	18	19
대운 남	2	2	1	1	1	1	입	10	10	9	9	9	8	8	8	7	7	7	6	6	6	5	처	5	4	4	4	3	3	3	2
대운 여	8	9	9	9	10	10	추	1	1	1	1	2	2	2	3	3	3	4	4	4	5	5	서	6	6	6	7	7	7	8	8

백로 7일 23시 40분 【음8월】➡ 【丁酉月(정유월)】 ☯ 추분 23일 09시 04분

양력 9	1	2	3	4	5	6	7	8	9	10	11	12	13	14	15	16	17	18	19	20	21	22	23	24	25	26	27	28	29	30
요일	화	수	목	금	토	일	월	화	수	목	금	토	일	월	화	수	목	금	토	일	월	화	수	목	금	토	일	월	화	수
일진 日辰	戊寅	己卯	庚辰	辛巳	壬午	癸未	甲申	乙酉	丙戌	丁亥	戊子	己丑	庚寅	辛卯	壬辰	癸巳	甲午	乙未	丙申	丁酉	戊戌	己亥	庚子	辛丑	壬寅	癸卯	甲辰	乙巳	丙午	丁未
음력 (07/20~08/20)	20	21	22	23	24	25	26	27	28	29	8/1	2	3	4	5	6	7	8	9	10	11	12	13	14	15	16	17	18	19	20
대운 남	2	2	1	1	1	1	백	10	10	9	9	9	8	8	8	7	7	7	6	6	6	5	추	5	4	4	4	3	3	3
대운 여	8	9	9	9	10	10	로	1	1	1	1	2	2	2	3	3	3	4	4	4	5	5	분	6	6	6	7	7	7	8

한로 8일 15시 28분 【음9월】➡ 【戊戌月(무술월)】 ☯ 상강 23일 18시 37분

양력 10	1	2	3	4	5	6	7	8	9	10	11	12	13	14	15	16	17	18	19	20	21	22	23	24	25	26	27	28	29	30	31
요일	목	금	토	일	월	화	수	목	금	토	일	월	화	수	목	금	토	일	월	화	수	목	금	토	일	월	화	수	목	금	토
일진 日辰	戊申	己酉	庚戌	辛亥	壬子	癸丑	甲寅	乙卯	丙辰	丁巳	戊午	己未	庚申	辛酉	壬戌	癸亥	甲子	乙丑	丙寅	丁卯	戊辰	己巳	庚午	辛未	壬申	癸酉	甲戌	乙亥	丙子	丁丑	戊寅
음력 (11/01~12/01)	21	22	23	24	25	26	27	28	29	30	9/1	2	3	4	5	6	7	8	9	10	11	12	13	14	15	16	17	18	19	20	21
대운 남	2	2	2	1	1	1	1	한	10	9	9	9	8	8	8	7	7	7	6	6	6	5	상	5	4	4	4	3	3	3	2
대운 여	8	8	9	9	9	10	10	로	1	1	1	1	2	2	2	3	3	3	4	4	4	5	강	5	6	6	6	7	7	7	8

입동 7일 18시 51분 【음10월】➡ 【己亥月(기해월)】 ☯ 소설 22일 16시 22분

양력 11	1	2	3	4	5	6	7	8	9	10	11	12	13	14	15	16	17	18	19	20	21	22	23	24	25	26	27	28	29	30
요일	일	월	화	수	목	금	토	일	월	화	수	목	금	토	일	월	화	수	목	금	토	일	월	화	수	목	금	토	일	월
일진 日辰	己卯	庚辰	辛巳	壬午	癸未	甲申	乙酉	丙戌	丁亥	戊子	己丑	庚寅	辛卯	壬辰	癸巳	甲午	乙未	丙申	丁酉	戊戌	己亥	庚子	辛丑	壬寅	癸卯	甲辰	乙巳	丙午	丁未	戊申
음력 (11/01~12/01)	22	23	24	25	26	27	28	29	10/1	2	3	4	5	6	7	8	9	10	11	12	13	14	15	16	17	18	19	20	21	22
대운 남	2	2	1	1	1	1	입	10	9	9	9	8	8	8	7	7	7	6	6	6	5	소	5	4	4	4	3	3	3	2
대운 여	8	8	9	9	9	10	동	1	1	1	1	2	2	2	3	3	3	4	4	4	5	설	5	6	6	6	7	7	7	8

대설 7일 11시 51분 【음11월】➡ 【庚子月(경자월)】 ☯ 동지 22일 05시 49분

양력 12	1	2	3	4	5	6	7	8	9	10	11	12	13	14	15	16	17	18	19	20	21	22	23	24	25	26	27	28	29	30	31
요일	화	수	목	금	토	일	월	화	수	목	금	토	일	월	화	수	목	금	토	일	월	화	수	목	금	토	일	월	화	수	목
일진 日辰	己酉	庚戌	辛亥	壬子	癸丑	甲寅	乙卯	丙辰	丁巳	戊午	己未	庚申	辛酉	壬戌	癸亥	甲子	乙丑	丙寅	丁卯	戊辰	己巳	庚午	辛未	壬申	癸酉	甲戌	乙亥	丙子	丁丑	戊寅	己卯
음력 (11/01~12/01)	23	24	25	26	27	28	29	30	11/1	2	3	4	5	6	7	8	9	10	11	12	13	14	15	16	17	18	19	20	21	22	23
대운 남	2	2	1	1	1	1	대	9	9	9	8	8	8	7	7	7	6	6	6	5	5	동	4	4	4	3	3	3	2	2	2
대운 여	8	8	9	9	9	10	설	1	1	1	1	2	2	2	3	3	3	4	4	4	5	지	5	6	6	6	7	7	7	8	8

단기 4360 年	2027년	下元 丁未年 납음(天河水), 본명성(九紫火)
불기 2571 年		대장군(卯동방), 삼살(酉서방), 상문(酉서방)조객(巳동남방), 납음(천하수), 【삼재(사,오,미)년】 臘享(납향):2028년1월23일(음12/27)

소한 5일 23시 09분 【음12월】 ➡ **【辛丑月(신축월)】** ☯ 대한 20일 16시 29분

양력 1 (음력 11/24 ~ 12/24)	1	2	3	4	5	6	7	8	9	10	11	12	13	14	15	16	17	18	19	20	21	22	23	24	25	26	27	28	29	30	31
요일	금	토	일	월	화	수	목	금	토	일	월	화	수	목	금	토	일	월	화	수	목	금	토	일	월	화	수	목	금	토	일
일진 日辰	庚辰	辛巳	壬午	癸未	甲申	乙酉	丙戌	丁亥	戊子	己丑	庚寅	辛卯	壬辰	癸巳	甲午	乙未	丙申	丁酉	戊戌	己亥	庚子	辛丑	壬寅	癸卯	甲辰	乙巳	丙午	丁未	戊申	己酉	庚戌
음력	24	25	26	27	28	29	30	12/1	2	3	4	5	6	7	8	9	10	11	12	13	14	15	16	17	18	19	20	21	22	23	24
대운 남	1	1	1	1	소	10	9	9	9	8	8	8	7	7	7	6	6	6	5	대	5	4	4	4	3	3	3	2	2	2	1
대운 여	8	9	9	9	한	1	1	1	1	2	2	2	3	3	3	4	4	4	5	한	5	6	6	6	7	7	7	8	8	8	9

입춘 4일 10시 45분 【음1월】 ➡ **【壬寅月(임인월)】** ☯ 우수 19일 06시 32분

양력 2 (음력 12/25 ~ 01/22)	1	2	3	4	5	6	7	8	9	10	11	12	13	14	15	16	17	18	19	20	21	22	23	24	25	26	27	28
요일	월	화	수	목	금	토	일	월	화	수	목	금	토	일	월	화	수	목	금	토	일	월	화	수	목	금	토	일
일진 日辰	辛亥	壬子	癸丑	甲寅	乙卯	丙辰	丁巳	戊午	己未	庚申	辛酉	壬戌	癸亥	甲子	乙丑	丙寅	丁卯	戊辰	己巳	庚午	辛未	壬申	癸酉	甲戌	乙亥	丙子	丁丑	戊寅
음력	25	26	27	28	29	30	1/1	2	3	4	5	6	7	8	9	10	11	12	13	14	15	16	17	18	19	20	21	22
대운 남	1	1	1	입	1	1	1	1	2	2	2	3	3	3	4	4	4	5	우	5	6	6	6	7	7	7	8	8
대운 여	9	9	10	춘	10	9	9	9	8	8	8	7	7	7	6	6	6	5	수	5	4	4	4	3	3	3	2	2

丁未年

경칩 6일 04시 38분 【음2월】 ➡ **【癸卯月(계묘월)】** ☯ 춘분 21일 05시 24분

양력 3 (음력 01/23 ~ 02/24)	1	2	3	4	5	6	7	8	9	10	11	12	13	14	15	16	17	18	19	20	21	22	23	24	25	26	27	28	29	30	31
요일	월	화	수	목	금	토	일	월	화	수	목	금	토	일	월	화	수	목	금	토	일	월	화	수	목	금	토	일	월	화	수
일진 日辰	己卯	庚辰	辛巳	壬午	癸未	甲申	乙酉	丙戌	丁亥	戊子	己丑	庚寅	辛卯	壬辰	癸巳	甲午	乙未	丙申	丁酉	戊戌	己亥	庚子	辛丑	壬寅	癸卯	甲辰	乙巳	丙午	丁未	戊申	己酉
음력	23	24	25	26	27	28	29	2/1	2	3	4	5	6	7	8	9	10	11	12	13	14	15	16	17	18	19	20	21	22	23	24
대운 남	8	9	9	9	10	경	1	1	1	1	2	2	2	3	3	3	4	4	4	5	춘	5	6	6	6	7	7	7	8	8	8
대운 여	2	1	1	1	1	칩	10	9	9	9	8	8	8	7	7	7	6	6	6	5	분	5	4	4	4	3	3	3	2	2	2

청명 5일 09시 16분 【음3월】 ➡ **【甲辰月(갑진월)】** ☯ 곡우 20일 16시 16분

양력 4 (음력 02/25 ~ 03/24)	1	2	3	4	5	6	7	8	9	10	11	12	13	14	15	16	17	18	19	20	21	22	23	24	25	26	27	28	29	30
요일	목	금	토	일	월	화	수	목	금	토	일	월	화	수	목	금	토	일	월	화	수	목	금	토	일	월	화	수	목	금
일진 日辰	庚戌	辛亥	壬子	癸丑	甲寅	乙卯	丙辰	丁巳	戊午	己未	庚申	辛酉	壬戌	癸亥	甲子	乙丑	丙寅	丁卯	戊辰	己巳	庚午	辛未	壬申	癸酉	甲戌	乙亥	丙子	丁丑	戊寅	己卯
음력	25	26	27	28	29	30	3/1	2	3	4	5	6	7	8	9	10	11	12	13	14	15	16	17	18	19	20	21	22	23	24
대운 남	9	9	9	10	청	1	1	1	1	2	2	2	3	3	3	4	4	4	5	곡	5	6	6	6	7	7	7	8	8	8
대운 여	1	1	1	1	명	10	10	9	9	9	8	8	8	7	7	7	6	6	6	우	5	5	4	4	4	3	3	3	2	2

입하 6일 02시 24분 【음4월】 ➡ **【乙巳月(을사월)】** ☯ 소만 21일 15시 17분

5력 5 (음력 03/25 ~ 04/26)	1	2	3	4	5	6	7	8	9	10	11	12	13	14	15	16	17	18	19	20	21	22	23	24	25	26	27	28	29	30	31
요일	토	일	월	화	수	목	금	토	일	월	화	수	목	금	토	일	월	화	수	목	금	토	일	월	화	수	목	금	토	일	월
일진 日辰	庚辰	辛巳	壬午	癸未	甲申	乙酉	丙戌	丁亥	戊子	己丑	庚寅	辛卯	壬辰	癸巳	甲午	乙未	丙申	丁酉	戊戌	己亥	庚子	辛丑	壬寅	癸卯	甲辰	乙巳	丙午	丁未	戊申	己酉	庚戌
음력	25	26	27	28	29	4/1	2	3	4	5	6	7	8	9	10	11	12	13	14	15	16	17	18	19	20	21	22	23	24	25	26
대운 남	9	9	9	10	10	입	1	1	1	1	2	2	2	3	3	3	4	4	4	5	소	5	6	6	6	7	7	7	8	8	8
대운 여	2	1	1	1	1	하	10	10	9	9	9	8	8	8	7	7	7	6	6	6	만	5	5	4	4	4	3	3	3	2	2

망종 6일 06시 25분 【음5월】 ➡ **【丙午月(병오월)】** ☯ 하지 21일 23시 10분

양력 6 (음력 04/27 ~ 05/26)	1	2	3	4	5	6	7	8	9	10	11	12	13	14	15	16	17	18	19	20	21	22	23	24	25	26	27	28	29	30
요일	화	수	목	금	토	일	월	화	수	목	금	토	일	월	화	수	목	금	토	일	월	화	수	목	금	토	일	월	화	수
일진 日辰	辛亥	壬子	癸丑	甲寅	乙卯	丙辰	丁巳	戊午	己未	庚申	辛酉	壬戌	癸亥	甲子	乙丑	丙寅	丁卯	戊辰	己巳	庚午	辛未	壬申	癸酉	甲戌	乙亥	丙子	丁丑	戊寅	己卯	庚辰
음력	27	28	29	30	5/1	2	3	4	5	6	7	8	9	10	11	12	13	14	15	16	17	18	19	20	21	22	23	24	25	26
대운 남	9	9	9	10	10	망	1	1	1	1	2	2	2	3	3	3	4	4	4	5	하	5	6	6	6	7	7	7	8	8
대운 여	2	1	1	1	1	종	10	10	9	9	9	8	8	8	7	7	7	6	6	6	지	5	5	4	4	4	3	3	3	2

한식(4월06일), 초복(7월20일), 중복(7월30일), 말복(8월09일) 춘사(春社)3/20
추사(秋社)9/26 토왕지절(土旺之節):4월17일,7월20일,10월21일,1월17일(음12/21)
臘享(납향):2028년1월23일(음12/27)

2027 丁未年

【丁未月(정미월)】

소서 7일 16시 36분 【음6월】 ➡ ☯ 대서 23일 10시 03분

양력 7	1	2	3	4	5	6	7	8	9	10	11	12	13	14	15	16	17	18	19	20	21	22	23	24	25	26	27	28	29	30	31
요일	목	금	토	일	월	화	수	목	금	토	일	월	화	수	목	금	토	일	월	화	수	목	금	토	일	월	화	수	목	금	토
일진 日辰	辛巳	壬午	癸未	甲申	乙酉	丙戌	丁亥	戊子	己丑	庚寅	辛卯	壬辰	癸巳	甲午	乙未	丙申	丁酉	戊戌	己亥	庚子	辛丑	壬寅	癸卯	甲辰	乙巳	丙午	丁未	戊申	己酉	庚戌	辛亥
음력 (05/27–06/28)	27	28	29	6/1	2	3	4	5	6	7	8	9	10	11	12	13	14	15	16	17	18	19	20	21	22	23	24	25	26	27	28
대운 남	8	9	9	9	10	10	소	1	1	1	1	2	2	2	3	3	3	4	4	4	5	5	대	6	6	6	7	7	7	8	8
대운 여	2	2	1	1	1	1	서	10	10	10	9	9	9	8	8	8	7	7	7	6	6	6	서	5	5	4	4	4	3	3	3

【戊申月(무신월)】

입추 8일 02시 26분 【음7월】 ➡ ☯ 처서 23일 17시 13분

양력 8	1	2	3	4	5	6	7	8	9	10	11	12	13	14	15	16	17	18	19	20	21	22	23	24	25	26	27	28	29	30	31
요일	일	월	화	수	목	금	토	일	월	화	수	목	금	토	일	월	화	수	목	금	토	일	월	화	수	목	금	토	일	월	화
일진 日辰	壬子	癸丑	甲寅	乙卯	丙辰	丁巳	戊午	己未	庚申	辛酉	壬戌	癸亥	甲子	乙丑	丙寅	丁卯	戊辰	己巳	庚午	辛未	壬申	癸酉	甲戌	乙亥	丙子	丁丑	戊寅	己卯	庚辰	辛巳	壬午
음력 (06/29–07/30)	29	7/1	2	3	4	5	6	7	8	9	10	11	12	13	14	15	16	17	18	19	20	21	22	23	24	25	26	27	28	29	30
대운 남	8	9	9	9	10	10	10	입	1	1	1	1	2	2	2	3	3	3	4	4	4	5	처	5	6	6	6	7	7	7	8
대운 여	2	2	2	1	1	1	1	추	10	10	9	9	9	8	8	8	7	7	7	6	6	6	서	5	5	4	4	4	3	3	3

【己酉月(기유월)】

백로 8일 05시 27분 【음8월】 ➡ ☯ 추분 23일 15시 01분

양력 9	1	2	3	4	5	6	7	8	9	10	11	12	13	14	15	16	17	18	19	20	21	22	23	24	25	26	27	28	29	30
요일	수	목	금	토	일	월	화	수	목	금	토	일	월	화	수	목	금	토	일	월	화	수	목	금	토	일	월	화	수	목
일진 日辰	癸未	甲申	乙酉	丙戌	丁亥	戊子	己丑	庚寅	辛卯	壬辰	癸巳	甲午	乙未	丙申	丁酉	戊戌	己亥	庚子	辛丑	壬寅	癸卯	甲辰	乙巳	丙午	丁未	戊申	己酉	庚戌	辛亥	壬子
음력 (08/01–09/01)	8/1	2	3	4	5	6	7	8	9	10	11	12	13	14	15	16	17	18	19	20	21	22	23	24	25	26	27	28	29	9/1
대운 남	8	8	9	9	9	10	10	백	1	1	1	1	2	2	2	3	3	3	4	4	4	5	추	5	6	6	6	7	7	7
대운 여	2	2	2	1	1	1	1	로	10	9	9	9	8	8	8	7	7	7	6	6	6	5	분	5	4	4	4	3	3	3

【庚戌月(경술월)】

한로 8일 21시 16분 【음9월】 ➡ ☯ 상강 24일 00시 32분

양력 10	1	2	3	4	5	6	7	8	9	10	11	12	13	14	15	16	17	18	19	20	21	22	23	24	25	26	27	28	29	30	31
요일	금	토	일	월	화	수	목	금	토	일	월	화	수	목	금	토	일	월	화	수	목	금	토	일	월	화	수	목	금	토	일
일진 日辰	癸丑	甲寅	乙卯	丙辰	丁巳	戊午	己未	庚申	辛酉	壬戌	癸亥	甲子	乙丑	丙寅	丁卯	戊辰	己巳	庚午	辛未	壬申	癸酉	甲戌	乙亥	丙子	丁丑	戊寅	己卯	庚辰	辛巳	壬午	癸未
음력 (11/01–12/01)	2	3	4	5	6	7	8	9	10	11	12	13	14	15	16	17	18	19	20	21	22	23	24	25	26	27	28	29	10/1	2	3
대운 남	8	8	8	9	9	9	10	한	1	1	1	1	2	2	2	3	3	3	4	4	4	5	5	상	6	6	6	7	7	7	8
대운 여	2	2	2	1	1	1	1	로	10	10	9	9	9	8	8	8	7	7	7	6	6	6	5	강	5	4	4	4	3	3	3

【辛亥月(신해월)】

입동 8일 00시 37분 【음10월】 ➡ ☯ 소설 22일 22시 15분

양력 11	1	2	3	4	5	6	7	8	9	10	11	12	13	14	15	16	17	18	19	20	21	22	23	24	25	26	27	28	29	30
요일	월	화	수	목	금	토	일	월	화	수	목	금	토	일	월	화	수	목	금	토	일	월	화	수	목	금	토	일	월	화
일진 日辰	甲申	乙酉	丙戌	丁亥	戊子	己丑	庚寅	辛卯	壬辰	癸巳	甲午	乙未	丙申	丁酉	戊戌	己亥	庚子	辛丑	壬寅	癸卯	甲辰	乙巳	丙午	丁未	戊申	己酉	庚戌	辛亥	壬子	癸丑
음력 (11/01–12/01)	4	5	6	7	8	9	10	11	12	13	14	15	16	17	18	19	20	21	22	23	24	25	26	27	28	29	30	11/1	2	3
대운 남	8	8	9	9	9	10	10	입	1	1	1	1	2	2	2	3	3	3	4	4	4	소	5	5	6	6	6	7	7	7
대운 여	2	2	2	1	1	1	1	동	9	9	9	8	8	8	7	7	7	6	6	6	5	설	5	4	4	4	3	3	3	2

【壬子月(임자월)】

대설 7일 17시 36분 【음11월】 ➡ ☯ 동지 22일 11시 41분

양력 12	1	2	3	4	5	6	7	8	9	10	11	12	13	14	15	16	17	18	19	20	21	22	23	24	25	26	27	28	29	30	31
요일	수	목	금	토	일	월	화	수	목	금	토	일	월	화	수	목	금	토	일	월	화	수	목	금	토	일	월	화	수	목	금
일진 日辰	甲寅	乙卯	丙辰	丁巳	戊午	己未	庚申	辛酉	壬戌	癸亥	甲子	乙丑	丙寅	丁卯	戊辰	己巳	庚午	辛未	壬申	癸酉	甲戌	乙亥	丙子	丁丑	戊寅	己卯	庚辰	辛巳	壬午	癸未	甲申
음력 (11/01–12/01)	4	5	6	7	8	9	10	11	12	13	14	15	16	17	18	19	20	21	22	23	24	25	26	27	28	29	30	12/1	2	3	4
대운 남	8	8	8	9	9	9	대	1	1	1	1	2	2	2	3	3	3	4	4	4	5	동	5	6	6	6	7	7	7	8	8
대운 여	2	2	1	1	1	1	설	10	9	9	9	8	8	8	7	7	7	6	6	6	5	지	5	4	4	4	3	3	3	2	2

단기 4361 年
불기 2572 年

2028년

下元 戊申年 납음(大驛土),본명성(八白土)

대장군(午남방), 삼살(남방), 상문(戌서북방),조객(午남방), 납음(대역토), 【삼재(인,묘,진)년】 臘享(납향):2029년1월17일(음12/03)

소한 6일 04시 53분 【음12월】 ➡ **【癸丑月(계축월)】** ☯ 대한 20일 22시 21분

	양력	1	2	3	4	5	6	7	8	9	10	11	12	13	14	15	16	17	18	19	20	21	22	23	24	25	26	27	28	29	30	31
양력 1	요일	토	일	월	화	수	목	금	토	일	월	화	수	목	금	토	일	월	화	수	목	금	토	일	월	화	수	목	금	토	일	월
	일진 日辰	乙酉	丙戌	丁亥	戊子	己丑	庚寅	辛卯	壬辰	癸巳	甲午	乙未	丙申	丁酉	戊戌	己亥	庚子	辛丑	壬寅	癸卯	甲辰	乙巳	丙午	丁未	戊申	己酉	庚戌	辛亥	壬子	癸丑	甲寅	乙卯
음력 12/05 ~ 01/05	음력	5	6	7	8	9	10	11	12	13	14	15	16	17	18	19	20	21	22	23	24	25	26	27	28	29	30	1/1	2	3	4	5
대운	남	8	9	9	9	10	소	1	1	1	1	2	2	2	3	3	3	4	4	4	대	5	5	6	6	6	7	7	7	8	8	8
	여	2	1	1	1	1	한	9	9	9	8	8	8	7	7	7	6	6	6	5	한	5	4	4	4	3	3	3	2	2	2	1

입춘 4일 16시 30분 【음1월】 ➡ **【甲寅月(갑인월)】** ☯ 우수 19일 12시 25분

	양력	1	2	3	4	5	6	7	8	9	10	11	12	13	14	15	16	17	18	19	20	21	22	23	24	25	26	27	28	29	
양력 2	요일	화	수	목	금	토	일	월	화	수	목	금	토	일	월	화	수	목	금	토	일	월	화	수	목	금	토	일	월	화	戊申年
	일진 日辰	丙辰	丁巳	戊午	己未	庚申	辛酉	壬戌	癸亥	甲子	乙丑	丙寅	丁卯	戊辰	己巳	庚午	辛未	壬申	癸酉	甲戌	乙亥	丙子	丁丑	戊寅	己卯	庚辰	辛巳	壬午	癸未	甲申	
음력 01/06 ~ 02/05	음력	6	7	8	9	10	11	12	13	14	15	16	17	18	19	20	21	22	23	24	25	26	27	28	29	2/1	2	3	4	5	
대운	남	9	9	9	입	10	9	9	9	8	8	8	7	7	7	6	6	6	5	우	5	4	4	4	3	3	3	2	2	2	
	여	1	1	1	춘	1	1	1	1	2	2	2	3	3	3	4	4	4	5	수	5	6	6	6	7	7	7	8	8	8	

경칩 5일 10시 24분 【음2월】 ➡ **【乙卯月(을묘월)】** ☯ 춘분 20일 11시 16분

	양력	1	2	3	4	5	6	7	8	9	10	11	12	13	14	15	16	17	18	19	20	21	22	23	24	25	26	27	28	29	30	31
양력 3	요일	수	목	금	토	일	월	화	수	목	금	토	일	월	화	수	목	금	토	일	월	화	수	목	금	토	일	월	화	수	목	금
	일진 日辰	乙酉	丙戌	丁亥	戊子	己丑	庚寅	辛卯	壬辰	癸巳	甲午	乙未	丙申	丁酉	戊戌	己亥	庚子	辛丑	壬寅	癸卯	甲辰	乙巳	丙午	丁未	戊申	己酉	庚戌	辛亥	壬子	癸丑	甲寅	乙卯
음력 02/06 ~ 03/06	음력	6	7	8	9	10	11	12	13	14	15	16	17	18	19	20	21	22	23	24	25	26	27	28	29	30	3/1	2	3	4	5	6
대운	남	1	1	1	1	경	10	9	9	9	8	8	8	7	7	7	6	6	6	5	춘	5	4	4	4	3	3	3	2	2	2	1
	여	9	9	9	10	칩	1	1	1	1	2	2	2	3	3	3	4	4	4	5	분	5	6	6	6	7	7	7	8	8	8	9

청명 4일 15시 02분 【음3월】 ➡ **【丙辰月(병진월)】** ☯ 곡우 19일 22시 08분

	양력	1	2	3	4	5	6	7	8	9	10	11	12	13	14	15	16	17	18	19	20	21	22	23	24	25	26	27	28	29	30
양력 4	요일	토	일	월	화	수	목	금	토	일	월	화	수	목	금	토	일	월	화	수	목	금	토	일	월	화	수	목	금	토	일
	일진 日辰	丙辰	丁巳	戊午	己未	庚申	辛酉	壬戌	癸亥	甲子	乙丑	丙寅	丁卯	戊辰	己巳	庚午	辛未	壬申	癸酉	甲戌	乙亥	丙子	丁丑	戊寅	己卯	庚辰	辛巳	壬午	癸未	甲申	乙酉
음력 03/07 ~ 04/06	음력	7	8	9	10	11	12	13	14	15	16	17	18	19	20	21	22	23	24	25	26	27	28	29	30	4/1	2	3	4	5	6
대운	남	1	1	1	청	10	10	9	9	9	8	8	8	7	7	7	6	6	6	곡	5	5	4	4	4	3	3	3	2	2	2
	여	9	9	10	명	1	1	1	1	2	2	2	3	3	3	4	4	4	5	우	5	6	6	6	7	7	7	8	8	8	9

입하 8일 08시 11분 【음4월】 ➡ **【丁巳月(정사월)】** ☯ 소만 20일 21시 09분

	양력	1	2	3	4	5	6	7	8	9	10	11	12	13	14	15	16	17	18	19	20	21	22	23	24	25	26	27	28	29	30	31
양력 5	요일	월	화	수	목	금	토	일	월	화	수	목	금	토	일	월	화	수	목	금	토	일	월	화	수	목	금	토	일	월	화	수
	일진 日辰	丙戌	丁亥	戊子	己丑	庚寅	辛卯	壬辰	癸巳	甲午	乙未	丙申	丁酉	戊戌	己亥	庚子	辛丑	壬寅	癸卯	甲辰	乙巳	丙午	丁未	戊申	己酉	庚戌	辛亥	壬子	癸丑	甲寅	乙卯	丙辰
음력 04/07 ~ 05/08	음력	7	8	9	10	11	12	13	14	15	16	17	18	19	20	21	22	23	24	25	26	27	28	29	5/1	2	3	4	5	6	7	8
대운	남	1	1	1	1	입	10	10	9	9	9	8	8	8	7	7	7	6	6	6	소	5	5	4	4	4	3	3	3	2	2	2
	여	9	9	10	10	하	1	1	1	1	2	2	2	3	3	3	4	4	4	5	만	5	6	6	6	7	7	7	8	8	8	9

망종 5일 12시 15분 【음5월】 ➡ **【戊午月(무오월)】** ☯ 하지 21일 05시 01분

	양력	1	2	3	4	5	6	7	8	9	10	11	12	13	14	15	16	17	18	19	20	21	22	23	24	25	26	27	28	29	30
양력 6	요일	목	금	토	일	월	화	수	목	금	토	일	월	화	수	목	금	토	일	월	화	수	목	금	토	일	월	화	수	목	금
	일진 日辰	丁巳	戊午	己未	庚申	辛酉	壬戌	癸亥	甲子	乙丑	丙寅	丁卯	戊辰	己巳	庚午	辛未	壬申	癸酉	甲戌	乙亥	丙子	丁丑	戊寅	己卯	庚辰	辛巳	壬午	癸未	甲申	乙酉	丙戌
음력 05/09 ~ 윤508	음력	9	10	11	12	13	14	15	16	17	18	19	20	21	22	23	24	25	26	27	28	29	30	윤5	2	3	4	5	6	7	8
대운	남	1	1	1	1	망	10	10	9	9	9	8	8	8	7	7	7	6	6	6	5	하	5	4	4	4	3	3	3	2	2
	여	9	9	10	10	종	1	1	1	1	2	2	2	3	3	3	4	4	4	5	5	지	6	6	6	7	7	7	8	8	8

한식(4월05일), 초복(7월14일), 중복(7월24일), 말복(8월13일) ☂춘사(春社)3/24
☀추사(秋社)9/20 토왕지절(土旺之節):4월16일,7월19일,10월20일,1월17일(음12/03)
臘享(납향):2029년1월17일(음12/03)

2028 戊申年

소서 6일 22시 29분 【음6월】 ➡ 【己未月(기미월)】 ☯ 대서 22일 15시 53분

양력 7	양력	1	2	3	4	5	6	7	8	9	10	11	12	13	14	15	16	17	18	19	20	21	22	23	24	25	26	27	28	29	30	31
	요일	토	일	월	화	수	목	금	토	일	월	화	수	목	금	토	일	월	화	수	목	금	토	일	월	화	수	목	금	토	일	월
	일진 日辰	丁亥	戊子	己丑	庚寅	辛卯	壬辰	癸巳	甲午	乙未	丙申	丁酉	戊戌	己亥	庚子	辛丑	壬寅	癸卯	甲辰	乙巳	丙午	丁未	戊申	己酉	庚戌	辛亥	壬子	癸丑	甲寅	乙卯	丙辰	丁巳
음력 윤509 ~ 06/10	음력	9	10	11	12	13	14	15	16	17	18	19	20	21	22	23	24	25	26	27	28	29	6/1	2	3	4	5	6	7	8	9	10
대운	남	2	1	1	1	1	소	10	10	10	9	9	9	8	8	8	7	7	7	6	6	6	대	5	5	4	4	4	3	3	3	2
	여	9	9	9	10	10	서	1	1	1	1	2	2	2	3	3	3	4	4	4	5	5	서	6	6	6	7	7	7	8	8	8

입추 7일 08시 20분 【음7월】 ➡ 【庚申月(경신월)】 ☯ 처서 22일 23시 00분

양력 8	양력	1	2	3	4	5	6	7	8	9	10	11	12	13	14	15	16	17	18	19	20	21	22	23	24	25	26	27	28	29	30	31
	요일	화	수	목	금	토	일	월	화	수	목	금	토	일	월	화	수	목	금	토	일	월	화	수	목	금	토	일	월	화	수	목
	일진 日辰	戊午	己未	庚申	辛酉	壬戌	癸亥	甲子	乙丑	丙寅	丁卯	戊辰	己巳	庚午	辛未	壬申	癸酉	甲戌	乙亥	丙子	丁丑	戊寅	己卯	庚辰	辛巳	壬午	癸未	甲申	乙酉	丙戌	丁亥	戊子
음력 06/11 ~ 07/12	음력	11	12	13	14	15	16	17	18	19	20	21	22	23	24	25	26	27	28	29	7/1	2	3	4	5	6	7	8	9	10	11	12
대운	남	2	2	1	1	1	1	입	10	10	9	9	9	8	8	8	7	7	7	6	6	6	처	5	5	4	4	4	3	3	3	2
	여	9	9	9	10	10	10	추	1	1	1	1	2	2	2	3	3	3	4	4	4	5	서	5	6	6	6	7	7	7	8	8

백로 7일 11시 21분 【음8월】 ➡ 【辛酉月(신유월)】 ☯ 추분 22일 20시 44분

양력 9	양력	1	2	3	4	5	6	7	8	9	10	11	12	13	14	15	16	17	18	19	20	21	22	23	24	25	26	27	28	29	30
	요일	금	토	일	월	화	수	목	금	토	일	월	화	수	목	금	토	일	월	화	수	목	금	토	일	월	화	수	목	금	토
	일진 日辰	己丑	庚寅	辛卯	壬辰	癸巳	甲午	乙未	丙申	丁酉	戊戌	己亥	庚子	辛丑	壬寅	癸卯	甲辰	乙巳	丙午	丁未	戊申	己酉	庚戌	辛亥	壬子	癸丑	甲寅	乙卯	丙辰	丁巳	戊午
음력 07/13 ~ 08/12	음력	13	14	15	16	17	18	19	20	21	22	23	24	25	26	27	28	29	30	8/1	2	3	4	5	6	7	8	9	10	11	12
대운	남	2	2	1	1	1	1	백	10	10	9	9	9	8	8	8	7	7	7	6	6	6	추	5	5	4	4	4	3	3	3
	여	8	9	9	9	10	10	로	1	1	1	1	2	2	2	3	3	3	4	4	4	5	분	5	6	6	6	7	7	7	8

한로 8일 03시 07분 【음9월】 ➡ 【壬戌月(임술월)】 ☯ 상강 23일 06시 12분

양력 10	양력	1	2	3	4	5	6	7	8	9	10	11	12	13	14	15	16	17	18	19	20	21	22	23	24	25	26	27	28	29	30	31
	요일	일	월	화	수	목	금	토	일	월	화	수	목	금	토	일	월	화	수	목	금	토	일	월	화	수	목	금	토	일	월	화
	일진 日辰	己未	庚申	辛酉	壬戌	癸亥	甲子	乙丑	丙寅	丁卯	戊辰	己巳	庚午	辛未	壬申	癸酉	甲戌	乙亥	丙子	丁丑	戊寅	己卯	庚辰	辛巳	壬午	癸未	甲申	乙酉	丙戌	丁亥	戊子	己丑
음력 11/01 ~ 12/01	음력	13	14	15	16	17	18	19	20	21	22	23	24	25	26	27	28	29	9/1	2	3	4	5	6	7	8	9	10	11	12	13	14
대운	남	2	2	2	1	1	1	1	한	10	9	9	9	8	8	8	7	7	7	6	6	6	5	상	5	4	4	4	3	3	3	2
	여	8	8	9	9	9	10	10	로	1	1	1	1	2	2	2	3	3	3	4	4	4	5	강	5	6	6	6	7	7	7	8

입동 7일 06시 26분 【음10월】 ➡ 【癸亥月(계해월) 】 ☯ 소설 22일 03시 53분

양력 11	양력	1	2	3	4	5	6	7	8	9	10	11	12	13	14	15	16	17	18	19	20	21	22	23	24	25	26	27	28	29	30
	요일	수	목	금	토	일	월	화	수	목	금	토	일	월	화	수	목	금	토	일	월	화	수	목	금	토	일	월	화	수	목
	일진 日辰	庚寅	辛卯	壬辰	癸巳	甲午	乙未	丙申	丁酉	戊戌	己亥	庚子	辛丑	壬寅	癸卯	甲辰	乙巳	丙午	丁未	戊申	己酉	庚戌	辛亥	壬子	癸丑	甲寅	乙卯	丙辰	丁巳	戊午	己未
음력 11/01 ~ 12/01	음력	15	16	17	18	19	20	21	22	23	24	25	26	27	28	29	10/1	2	3	4	5	6	7	8	9	10	11	12	13	14	15
대운	남	2	2	1	1	1	1	입	9	9	9	8	8	8	7	7	7	6	6	6	5	5	소	4	4	4	3	3	3	2	2
	여	8	8	9	9	9	10	동	1	1	1	1	2	2	2	3	3	3	4	4	4	5	설	5	6	6	6	7	7	7	8

대설 6일 23시 23분 【음11월】 ➡ 【甲子月(갑자월)】 ☯ 동지 21일 17시 18분

양력 12	양력	1	2	3	4	5	6	7	8	9	10	11	12	13	14	15	16	17	18	19	20	21	22	23	24	25	26	27	28	29	30	31
	요일	금	토	일	월	화	수	목	금	토	일	월	화	수	목	금	토	일	월	화	수	목	금	토	일	월	화	수	목	금	토	일
	일진 日辰	庚申	辛酉	壬戌	癸亥	甲子	乙丑	丙寅	丁卯	戊辰	己巳	庚午	辛未	壬申	癸酉	甲戌	乙亥	丙子	丁丑	戊寅	己卯	庚辰	辛巳	壬午	癸未	甲申	乙酉	丙戌	丁亥	戊子	己丑	庚寅
음력 11/01 ~ 12/01	음력	16	17	18	19	20	21	22	23	24	25	26	27	28	29	30	11/1	2	3	4	5	6	7	8	9	10	11	12	13	14	15	16
대운	남	2	1	1	1	1	대	10	9	9	9	8	8	8	7	7	7	6	6	6	5	동	5	4	4	4	3	3	3	2	2	2
	여	8	8	9	9	9	설	1	1	1	1	2	2	2	3	3	3	4	4	4	5	지	5	6	6	6	7	7	7	8	8	8

단기 4362 年	2029년
불기 2573 年	

下元 **己酉年** 납음(大驛土), 본명성(七赤金)

대장군(午남방), 삼살(동방), 상문(亥서북방), 조객(未서남방), 납음(대역토), 삼재(해,자,축)년 臘享(납향):2030년1월24일(음12/21)

소한 5일 10시 41분 【음12월】 ➡ **【乙丑月(을축월)】** ☯ 대한 20일 04시 00분

양력 1	양력	1	2	3	4	5	6	7	8	9	10	11	12	13	14	15	16	17	18	19	20	21	22	23	24	25	26	27	28	29	30	31
	요일	월	화	수	목	금	토	일	월	화	수	목	금	토	일	월	화	수	목	금	토	일	월	화	수	목	금	토	일	월	화	수
	일진 日辰	辛卯	壬辰	癸巳	甲午	乙未	丙申	丁酉	戊戌	己亥	庚子	辛丑	壬寅	癸卯	甲辰	乙巳	丙午	丁未	戊申	己酉	庚戌	辛亥	壬子	癸丑	甲寅	乙卯	丙辰	丁巳	戊午	己未	庚申	辛酉
음력 11/17 ▮ 12/17	음력	17	18	19	20	21	22	23	24	25	26	27	28	29	30	12/1	2	3	4	5	6	7	8	9	10	11	12	13	14	15	16	17
대운	남	1	1	1	1	소	9	9	9	8	8	8	7	7	7	6	6	6	5	5	대	4	4	4	3	3	3	2	2	2	1	1
	여	9	9	9	10	한	1	1	1	1	2	2	2	3	3	3	4	4	4	5	한	5	6	6	6	7	7	7	8	8	8	9

입춘 3일 22시 20분 【음1월】 ➡ **【丙寅月(병인월)】** ☯ 우수 18일 18시 07분

양력 2	양력	1	2	3	4	5	6	7	8	9	10	11	12	13	14	15	16	17	18	19	20	21	22	23	24	25	26	27	28
	요일	목	금	토	일	월	화	수	목	금	토	일	월	화	수	목	금	토	일	월	화	수	목	금	토	일	월	화	수
	일진 日辰	壬戌	癸亥	甲子	乙丑	丙寅	丁卯	戊辰	己巳	庚午	辛未	壬申	癸酉	甲戌	乙亥	丙子	丁丑	戊寅	己卯	庚辰	辛巳	壬午	癸未	甲申	乙酉	丙戌	丁亥	戊子	己丑
음력 12/18 ▮ 01/16	음력	18	19	20	21	22	23	24	25	26	27	28	29	1/1	2	3	4	5	6	7	8	9	10	11	12	13	14	15	16
대운	남	1	1	입	1	1	1	1	2	2	2	3	3	3	4	4	4	5	우	5	6	6	6	7	7	7	8	8	8
	여	9	9	춘	10	9	9	9	8	8	8	7	7	7	6	6	6	5	수	5	4	4	4	3	3	3	2	2	2

己酉年

경칩 5일 16시 16분 【음2월】 ➡ **【丁卯月(정묘월)】** ☯ 춘분 20일 17시 01분

양력 3	양력	1	2	3	4	5	6	7	8	9	10	11	12	13	14	15	16	17	18	19	20	21	22	23	24	25	26	27	28	29	30	31
	요일	목	금	토	일	월	화	수	목	금	토	일	월	화	수	목	금	토	일	월	화	수	목	금	토	일	월	화	수	목	금	토
	일진 日辰	庚寅	辛卯	壬辰	癸巳	甲午	乙未	丙申	丁酉	戊戌	己亥	庚子	辛丑	壬寅	癸卯	甲辰	乙巳	丙午	丁未	戊申	己酉	庚戌	辛亥	壬子	癸丑	甲寅	乙卯	丙辰	丁巳	戊午	己未	庚申
음력 01/17 ▮ 02/17	음력	17	18	19	20	21	22	23	24	25	26	27	28	29	30	2/1	2	3	4	5	6	7	8	9	10	11	12	13	14	15	16	17
대운	남	9	9	9	10	경	1	1	1	1	2	2	2	3	3	3	4	4	4	5	춘	5	6	6	6	7	7	7	8	8	8	9
	여	1	1	1	1	칩	10	9	9	9	8	8	8	7	7	7	6	6	6	5	분	5	4	4	4	3	3	3	2	2	2	1

청명 4일 20시 57분 【음3월】 ➡ **【戊辰月(무진월)】** ☯ 곡우 20일 03시 54분

양력 4	양력	1	2	3	4	5	6	7	8	9	10	11	12	13	14	15	16	17	18	19	20	21	22	23	24	25	26	27	28	29	30
	요일	일	월	화	수	목	금	토	일	월	화	수	목	금	토	일	월	화	수	목	금	토	일	월	화	수	목	금	토	일	월
	일진 日辰	辛酉	壬戌	癸亥	甲子	乙丑	丙寅	丁卯	戊辰	己巳	庚午	辛未	壬申	癸酉	甲戌	乙亥	丙子	丁丑	戊寅	己卯	庚辰	辛巳	壬午	癸未	甲申	乙酉	丙戌	丁亥	戊子	己丑	庚寅
음력 02/18 ▮ 03/17	음력	18	19	20	21	22	23	24	25	26	27	28	29	30	3/1	2	3	4	5	6	7	8	9	10	11	12	13	14	15	16	17
대운	남	9	9	10	청	1	1	1	1	2	2	2	3	3	3	4	4	4	5	5	곡	6	6	6	7	7	7	8	8	8	9
	여	1	1	1	명	10	10	9	9	9	8	8	8	7	7	7	6	6	6	5	우	5	4	4	4	3	3	3	2	2	2

입하 5일 14시 07분 【음4월】 ➡ **【己巳月(기사월)】** ☯ 소만 21일 02시 55분

양력 5	양력	1	2	3	4	5	6	7	8	9	10	11	12	13	14	15	16	17	18	19	20	21	22	23	24	25	26	27	28	29	30	31
	요일	화	수	목	금	토	일	월	화	수	목	금	토	일	월	화	수	목	금	토	일	월	화	수	목	금	토	일	월	화	수	목
	일진 日辰	辛卯	壬辰	癸巳	甲午	乙未	丙申	丁酉	戊戌	己亥	庚子	辛丑	壬寅	癸卯	甲辰	乙巳	丙午	丁未	戊申	己酉	庚戌	辛亥	壬子	癸丑	甲寅	乙卯	丙辰	丁巳	戊午	己未	庚申	辛酉
음력 03/18 ▮ 04/19	음력	18	19	20	21	22	23	24	25	26	27	28	29	4/1	2	3	4	5	6	7	8	9	10	11	12	13	14	15	16	17	18	19
대운	남	9	9	10	10	입	1	1	1	1	2	2	2	3	3	3	4	4	4	5	5	소	6	6	6	7	7	7	8	8	8	9
	여	1	1	1	1	하	10	10	9	9	9	8	8	8	7	7	7	6	6	6	5	만	5	4	4	4	3	3	3	2	2	2

망종 5일 18시 09분 【음5월】 ➡ **【庚午月(경오월)】** ☯ 하지 21일 10시 47분

양력 6	양력	1	2	3	4	5	6	7	8	9	10	11	12	13	14	15	16	17	18	19	20	21	22	23	24	25	26	27	28	29	30
	요일	금	토	일	월	화	수	목	금	토	일	월	화	수	목	금	토	일	월	화	수	목	금	토	일	월	화	수	목	금	토
	일진 日辰	壬戌	癸亥	甲子	乙丑	丙寅	丁卯	戊辰	己巳	庚午	辛未	壬申	癸酉	甲戌	乙亥	丙子	丁丑	戊寅	己卯	庚辰	辛巳	壬午	癸未	甲申	乙酉	丙戌	丁亥	戊子	己丑	庚寅	辛卯
음력 04/20 ▮ 05/19	음력	20	21	22	23	24	25	26	27	28	29	30	5/1	2	3	4	5	6	7	8	9	10	11	12	13	14	15	16	17	18	19
대운	남	9	9	10	10	망	1	1	1	1	2	2	2	3	3	3	4	4	4	5	5	하	6	6	6	7	7	7	8	8	8
	여	1	1	1	1	종	10	10	10	9	9	9	8	8	8	7	7	7	6	6	6	지	5	5	4	4	4	3	3	3	2

한식(4월05일), 초복(7월19일), 중복(7월29일), 말복(8월08일) ☂춘사(春社)3/19
☀추사(秋社)9/25 토왕지절(土旺之節):4월17일,7월19일,10월20일,1월17일(음12/14)
臘享(납향):2030년1월24일(음12/21)

2029 己酉年

소서 7일 04시 21분 【음6월】 ➡ 【辛未月(신미월)】 ☯ 대서 22일 21시 41분

양력 7	양력	1	2	3	4	5	6	7	8	9	10	11	12	13	14	15	16	17	18	19	20	21	22	23	24	25	26	27	28	29	30	31
	요일	일	월	화	수	목	금	토	일	월	화	수	목	금	토	일	월	화	수	목	금	토	일	월	화	수	목	금	토	일	월	화
	일진 日辰	壬辰	癸巳	甲午	乙未	丙申	丁酉	戊戌	己亥	庚子	辛丑	壬寅	癸卯	甲辰	乙巳	丙午	丁未	戊申	己酉	庚戌	辛亥	壬子	癸丑	甲寅	乙卯	丙辰	丁巳	戊午	己未	庚申	辛酉	壬戌
음력 05/20 ~ 06/20	음력	20	21	22	23	24	25	26	27	28	29	30	6/1	2	3	4	5	6	7	8	9	10	11	12	13	14	15	16	17	18	19	20
대운	남	9	9	9	10	10	10	소	1	1	1	1	2	2	2	3	3	3	4	4	4	5	대	5	6	6	6	7	7	7	8	8
	여	2	2	1	1	1	1	서	10	10	9	9	9	8	8	8	7	7	7	6	6	6	서	5	5	4	4	4	3	3	3	2

입추 7일 14시 11분 【음7월】 ➡ 【壬申月(임신월)】 ☯ 처서 23일 04시 50분

양력 8	양력	1	2	3	4	5	6	7	8	9	10	11	12	13	14	15	16	17	18	19	20	21	22	23	24	25	26	27	28	29	30	31
	요일	수	목	금	토	일	월	화	수	목	금	토	일	월	화	수	목	금	토	일	월	화	수	목	금	토	일	월	화	수	목	금
	일진 日辰	癸亥	甲子	乙丑	丙寅	丁卯	戊辰	己巳	庚午	辛未	壬申	癸酉	甲戌	乙亥	丙子	丁丑	戊寅	己卯	庚辰	辛巳	壬午	癸未	甲申	乙酉	丙戌	丁亥	戊子	己丑	庚寅	辛卯	壬辰	癸巳
음력 06/21 ~ 07/22	음력	21	22	23	24	25	26	27	28	29	7/1	2	3	4	5	6	7	8	9	10	11	12	13	14	15	16	17	18	19	20	21	22
대운	남	8	9	9	9	10	10	입	1	1	1	1	2	2	2	3	3	3	4	4	4	5	5	처	6	6	6	7	7	7	8	8
	여	2	2	1	1	1	1	추	10	10	9	9	9	8	8	8	7	7	7	6	6	6	5	서	5	4	4	4	3	3	3	2

백로 7일 17시 11분 【음8월】 ➡ 【癸酉月(계유월)】 ☯ 추분 23일 02시 37분

양력 9	양력	1	2	3	4	5	6	7	8	9	10	11	12	13	14	15	16	17	18	19	20	21	22	23	24	25	26	27	28	29	30
	요일	토	일	월	화	수	목	금	토	일	월	화	수	목	금	토	일	월	화	수	목	금	토	일	월	화	수	목	금	토	일
	일진 日辰	甲午	乙未	丙申	丁酉	戊戌	己亥	庚子	辛丑	壬寅	癸卯	甲辰	乙巳	丙午	丁未	戊申	己酉	庚戌	辛亥	壬子	癸丑	甲寅	乙卯	丙辰	丁巳	戊午	己未	庚申	辛酉	壬戌	癸亥
음력 07/23 ~ 08/23	음력	23	24	25	26	27	28	29	8/1	2	3	4	5	6	7	8	9	10	11	12	13	14	15	16	17	18	19	20	21	22	23
대운	남	8	9	9	9	10	10	백	1	1	1	1	2	2	2	3	3	3	4	4	4	5	5	추	6	6	6	7	7	7	8
	여	2	2	1	1	1	1	로	10	10	9	9	9	8	8	8	7	7	7	6	6	6	5	분	5	4	4	4	3	3	3

한로 8일 08시 57분 【음9월】 ➡ 【甲戌月(갑술월)】 ☯ 상강 23일 12시 07분

양력 10	양력	1	2	3	4	5	6	7	8	9	10	11	12	13	14	15	16	17	18	19	20	21	22	23	24	25	26	27	28	29	30	31
	요일	월	화	수	목	금	토	일	월	화	수	목	금	토	일	월	화	수	목	금	토	일	월	화	수	목	금	토	일	월	화	수
	일진 日辰	甲子	乙丑	丙寅	丁卯	戊辰	己巳	庚午	辛未	壬申	癸酉	甲戌	乙亥	丙子	丁丑	戊寅	己卯	庚辰	辛巳	壬午	癸未	甲申	乙酉	丙戌	丁亥	戊子	己丑	庚寅	辛卯	壬辰	癸巳	甲午
음력 11/01 ~ 12/01	음력	24	25	26	27	28	29	30	9/1	2	3	4	5	6	7	8	9	10	11	12	13	14	15	16	17	18	19	20	21	22	23	24
대운	남	8	8	9	9	9	10	10	한	1	1	1	1	2	2	2	3	3	3	4	4	4	5	상	5	6	6	6	7	7	7	8
	여	2	2	2	1	1	1	1	로	10	9	9	9	8	8	8	7	7	7	6	6	6	5	강	5	4	4	4	3	3	3	2

입동 7일 12시 16분 【음10월】 ➡ 【乙亥月(을해월)】 ☯ 소설 22일 09시 48분

양력 11	양력	1	2	3	4	5	6	7	8	9	10	11	12	13	14	15	16	17	18	19	20	21	22	23	24	25	26	27	28	29	30
	요일	목	금	토	일	월	화	수	목	금	토	일	월	화	수	목	금	토	일	월	화	수	목	금	토	일	월	화	수	목	금
	일진 日辰	乙未	丙申	丁酉	戊戌	己亥	庚子	辛丑	壬寅	癸卯	甲辰	乙巳	丙午	丁未	戊申	己酉	庚戌	辛亥	壬子	癸丑	甲寅	乙卯	丙辰	丁巳	戊午	己未	庚申	辛酉	壬戌	癸亥	甲子
음력 11/01 ~ 12/01	음력	25	26	27	28	29	10/1	2	3	4	5	6	7	8	9	10	11	12	13	14	15	16	17	18	19	20	21	22	23	24	25
대운	남	8	8	9	9	9	10	입	1	1	1	1	2	2	2	3	3	3	4	4	4	5	소	5	6	6	6	7	7	7	8
	여	2	2	1	1	1	1	동	10	9	9	9	8	8	8	7	7	7	6	6	6	5	설	5	4	4	4	3	3	3	2

대설 7일 05시 13분 【음11월】 ➡ 【丙子月(병자월)】 ☯ 동지 21일 23시 13분

양력 12	양력	1	2	3	4	5	6	7	8	9	10	11	12	13	14	15	16	17	18	19	20	21	22	23	24	25	26	27	28	29	30	31
	요일	토	일	월	화	수	목	금	토	일	월	화	수	목	금	토	일	월	화	수	목	금	토	일	월	화	수	목	금	토	일	월
	일진 日辰	乙丑	丙寅	丁卯	戊辰	己巳	庚午	辛未	壬申	癸酉	甲戌	乙亥	丙子	丁丑	戊寅	己卯	庚辰	辛巳	壬午	癸未	甲申	乙酉	丙戌	丁亥	戊子	己丑	庚寅	辛卯	壬辰	癸巳	甲午	乙未
음력 11/01 ~ 12/01	음력	26	27	28	29	11/1	2	3	4	5	6	7	8	9	10	11	12	13	14	15	16	17	18	19	20	21	22	23	24	25	26	27
대운	남	8	8	9	9	9	10	대	1	1	1	1	2	2	2	3	3	3	4	4	4	동	5	5	6	6	6	7	7	7	8	8
	여	2	2	1	1	1	1	설	9	9	9	8	8	8	7	7	7	6	6	6	5	지	5	4	4	4	3	3	3	2	2	2

단기 4363 年	2030년	下元 庚戌年 납음(釵釧金),본명성(六白金)
불기 2574 年		대장군(午남방), 삼살(북방), 상문(子북방),조객(申서남방), 납음(차천금), 【삼재(신,유,술)년】 臘享(납향):2031년1월19일(음12/06)

소한 5일 16시 29분 【음12월】 ➡ **【丁丑月(정축월)】** ☯ 대한 20일 09시 53분

양력 1	1	2	3	4	5	6	7	8	9	10	11	12	13	14	15	16	17	18	19	20	21	22	23	24	25	26	27	28	29	30	31
요일	화	수	목	금	토	일	월	화	수	목	금	토	일	월	화	수	목	금	토	일	월	화	수	목	금	토	일	월	화	수	목
일진 日辰	丙申	丁酉	戊戌	己亥	庚子	辛丑	壬寅	癸卯	甲辰	乙巳	丙午	丁未	戊申	己酉	庚戌	辛亥	壬子	癸丑	甲寅	乙卯	丙辰	丁巳	戊午	己未	庚申	辛酉	壬戌	癸亥	甲子	乙丑	丙寅
음력 (11/28 ~ 12/28)	28	29	30	12/1	2	3	4	5	6	7	8	9	10	11	12	13	14	15	16	17	18	19	20	21	22	23	24	25	26	27	28
대운 남	8	9	9	9	소	1	1	1	1	2	2	2	3	3	3	4	4	4	5	대	5	6	6	6	7	7	7	8	8	8	9
대운 여	1	1	1	1	한	10	9	9	9	8	8	8	7	7	7	6	6	6	5	한	5	4	4	4	3	3	3	2	2	2	1

입춘 4일 04시 07분 【음1월】 ➡ **【戊寅月(무인월)】** ☯ 우수 18일 23시 59분

양력 2	1	2	3	4	5	6	7	8	9	10	11	12	13	14	15	16	17	18	19	20	21	22	23	24	25	26	27	28
요일	금	토	일	월	화	수	목	금	토	일	월	화	수	목	금	토	일	월	화	수	목	금	토	일	월	화	수	목
일진 日辰	丁卯	戊辰	己巳	庚午	辛未	壬申	癸酉	甲戌	乙亥	丙子	丁丑	戊寅	己卯	庚辰	辛巳	壬午	癸未	甲申	乙酉	丙戌	丁亥	戊子	己丑	庚寅	辛卯	壬辰	癸巳	甲午
음력 (12/29 ~ 01/26)	29	30	1/1	2	3	4	5	6	7	8	9	10	11	12	13	14	15	16	17	18	19	20	21	22	23	24	25	26
대운 남	9	9	10	입	9	9	9	8	8	8	7	7	7	6	6	6	5	우	5	4	4	4	3	3	3	2	2	2
대운 여	1	1	1	춘	1	1	1	1	2	2	2	3	3	3	4	4	4	수	5	5	6	6	6	7	7	7	8	8

庚戌年

경칩 5일 22시 02분 【음2월】 ➡ **【己卯月(기묘월)】** ☯ 춘분 20일 22시 51분

양력 3	1	2	3	4	5	6	7	8	9	10	11	12	13	14	15	16	17	18	19	20	21	22	23	24	25	26	27	28	29	30	31
요일	금	토	일	월	화	수	목	금	토	일	월	화	수	목	금	토	일	월	화	수	목	금	토	일	월	화	수	목	금	토	일
일진 日辰	乙未	丙申	丁酉	戊戌	己亥	庚子	辛丑	壬寅	癸卯	甲辰	乙巳	丙午	丁未	戊申	己酉	庚戌	辛亥	壬子	癸丑	甲寅	乙卯	丙辰	丁巳	戊午	己未	庚申	辛酉	壬戌	癸亥	甲子	乙丑
음력 (01/27 ~ 02/28)	27	28	29	2/1	2	3	4	5	6	7	8	9	10	11	12	13	14	15	16	17	18	19	20	21	22	23	24	25	26	27	28
대운 남	1	1	1	1	경	10	10	9	9	9	8	8	8	7	7	7	6	6	6	춘	5	5	4	4	4	3	3	3	2	2	2
대운 여	8	9	9	9	칩	1	1	1	1	2	2	2	3	3	3	4	4	4	5	분	5	6	6	6	7	7	7	8	8	8	9

청명 5일 02시 40분 【음3월】 ➡ **【庚辰月(경진월)】** ☯ 곡우 20일 09시 42분

양력 4	1	2	3	4	5	6	7	8	9	10	11	12	13	14	15	16	17	18	19	20	21	22	23	24	25	26	27	28	29	30
요일	월	화	수	목	금	토	일	월	화	수	목	금	토	일	월	화	수	목	금	토	일	월	화	수	목	금	토	일	월	화
일진 日辰	丙寅	丁卯	戊辰	己巳	庚午	辛未	壬申	癸酉	甲戌	乙亥	丙子	丁丑	戊寅	己卯	庚辰	辛巳	壬午	癸未	甲申	乙酉	丙戌	丁亥	戊子	己丑	庚寅	辛卯	壬辰	癸巳	甲午	乙未
음력 (02/29 ~ 03/28)	29	30	3/1	2	3	4	5	6	7	8	9	10	11	12	13	14	15	16	17	18	19	20	21	22	23	24	25	26	27	28
대운 남	1	1	1	1	청	10	9	9	9	8	8	8	7	7	7	6	6	6	5	곡	5	4	4	4	3	3	3	2	2	2
대운 여	9	9	10	10	명	1	1	1	1	2	2	2	3	3	3	4	4	4	5	우	5	6	6	6	7	7	7	8	8	8

입하 5일 19시 45분 【음4월】 ➡ **【辛巳月(신사월)】** ☯ 소만 21일 08시 40분

양력 5	1	2	3	4	5	6	7	8	9	10	11	12	13	14	15	16	17	18	19	20	21	22	23	24	25	26	27	28	29	30	31
요일	수	목	금	토	일	월	화	수	목	금	토	일	월	화	수	목	금	토	일	월	화	수	목	금	토	일	월	화	수	목	금
일진 日辰	丙申	丁酉	戊戌	己亥	庚子	辛丑	壬寅	癸卯	甲辰	乙巳	丙午	丁未	戊申	己酉	庚戌	辛亥	壬子	癸丑	甲寅	乙卯	丙辰	丁巳	戊午	己未	庚申	辛酉	壬戌	癸亥	甲子	乙丑	丙寅
음력 (03/29 ~ 04/30)	29	4/1	2	3	4	5	6	7	8	9	10	11	12	13	14	15	16	17	18	19	20	21	22	23	24	25	26	27	28	29	30
대운 남	1	1	1	1	입	10	10	9	9	9	8	8	8	7	7	7	6	6	6	5	소	5	4	4	4	3	3	3	2	2	2
대운 여	9	9	9	10	하	1	1	1	1	2	2	2	3	3	3	4	4	4	5	5	만	6	6	6	7	7	7	8	8	8	9

망종 5일 23시 43분 【음5월】 ➡ **【壬午月(임오월)】** ☯ 하지 21일 16시 30분

양력 6	1	2	3	4	5	6	7	8	9	10	11	12	13	14	15	16	17	18	19	20	21	22	23	24	25	26	27	28	29	30
요일	토	일	월	화	수	목	금	토	일	월	화	수	목	금	토	일	월	화	수	목	금	토	일	월	화	수	목	금	토	일
일진 日辰	丁卯	戊辰	己巳	庚午	辛未	壬申	癸酉	甲戌	乙亥	丙子	丁丑	戊寅	己卯	庚辰	辛巳	壬午	癸未	甲申	乙酉	丙戌	丁亥	戊子	己丑	庚寅	辛卯	壬辰	癸巳	甲午	乙未	丙申
음력 (05/01 ~ 05/30)	5/1	2	3	4	5	6	7	8	9	10	11	12	13	14	15	16	17	18	19	20	21	22	23	24	25	26	27	28	29	30
대운 남	1	1	1	1	망	10	10	10	9	9	9	8	8	8	7	7	7	6	6	6	하	5	5	4	4	4	3	3	3	2
대운 여	9	9	10	10	종	1	1	1	1	2	2	2	3	3	3	4	4	4	5	5	지	6	6	6	7	7	7	8	8	8

한식(4월05일), 초복(7월14일), 중복(7월24일), 말복(8월13일) ☂춘사(春社)3/24
☀추사(秋社)9/20 토왕지절(土旺之節):4월17일,7월19일,10월20일,1월17일(음12/04)
臘享(납향):2031년1월19일(음12/06)

2030 庚戌年

소서 7일 09시 54분 【음6월】 ➡ **【癸未月(계미월)】** ☯ 대서 23일 03시 24분

	양력	1	2	3	4	5	6	7	8	9	10	11	12	13	14	15	16	17	18	19	20	21	22	23	24	25	26	27	28	29	30	31
양력 7	요일	월	화	수	목	금	토	일	월	화	수	목	금	토	일	월	화	수	목	금	토	일	월	화	수	목	금	토	일	월	화	수
	일진 日辰	丁酉	戊戌	己亥	庚子	辛丑	壬寅	癸卯	甲辰	乙巳	丙午	丁未	戊申	己酉	庚戌	辛亥	壬子	癸丑	甲寅	乙卯	丙辰	丁巳	戊午	己未	庚申	辛酉	壬戌	癸亥	甲子	乙丑	丙寅	丁卯
음력 06/01 ~ 07/02	음력	6/1	2	3	4	5	6	7	8	9	10	11	12	13	14	15	16	17	18	19	20	21	22	23	24	25	26	27	28	29	7/1	2
대운	남	2	2	1	1	1	1	소	10	10	9	9	9	8	8	8	7	7	7	6	6	6	5	대	5	4	4	4	3	3	3	2
	여	9	9	9	10	10	10	서	1	1	1	1	2	2	2	3	3	3	4	4	4	5	5	서	6	6	6	7	7	7	8	8

입추 7일 19시 46분 【음7월】 ➡ **【甲申月(갑신월)】** ☯ 처서 23일 10시 35분

	양력	1	2	3	4	5	6	7	8	9	10	11	12	13	14	15	16	17	18	19	20	21	22	23	24	25	26	27	28	29	30	31
양력 8	요일	목	금	토	일	월	화	수	목	금	토	일	월	화	수	목	금	토	일	월	화	수	목	금	토	일	월	화	수	목	금	토
	일진 日辰	戊辰	己巳	庚午	辛未	壬申	癸酉	甲戌	乙亥	丙子	丁丑	戊寅	己卯	庚辰	辛巳	壬午	癸未	甲申	乙酉	丙戌	丁亥	戊子	己丑	庚寅	辛卯	壬辰	癸巳	甲午	乙未	丙申	丁酉	戊戌
음력 07/03 ~ 08/03	음력	3	4	5	6	7	8	9	10	11	12	13	14	15	16	17	18	19	20	21	22	23	24	25	26	27	28	29	30	8/1	2	3
대운	남	2	2	1	1	1	1	입	10	10	9	9	9	8	8	8	7	7	7	6	6	6	5	처	5	4	4	4	3	3	3	2
	여	8	9	9	9	10	10	추	1	1	1	1	2	2	2	3	3	3	4	4	4	5	5	서	6	6	6	7	7	7	8	8

백로 7일 22시 52분 【음8월】 ➡ **【乙酉月(을유월)】** ☯ 추분 23일 08시 26분

	양력	1	2	3	4	5	6	7	8	9	10	11	12	13	14	15	16	17	18	19	20	21	22	23	24	25	26	27	28	29	30
양력 9	요일	일	월	화	수	목	금	토	일	월	화	수	목	금	토	일	월	화	수	목	금	토	일	월	화	수	목	금	토	일	월
	일진 日辰	己亥	庚子	辛丑	壬寅	癸卯	甲辰	乙巳	丙午	丁未	戊申	己酉	庚戌	辛亥	壬子	癸丑	甲寅	乙卯	丙辰	丁巳	戊午	己未	庚申	辛酉	壬戌	癸亥	甲子	乙丑	丙寅	丁卯	戊辰
음력 08/04 ~ 09/04	음력	4	5	6	7	8	9	10	11	12	13	14	15	16	17	18	19	20	21	22	23	24	25	26	27	28	29	9/1	2	3	4
대운	남	2	2	1	1	1	1	백	10	10	9	9	9	8	8	8	7	7	7	6	6	6	5	추	5	4	4	4	3	3	3
	여	8	9	9	9	10	10	로	1	1	1	1	2	2	2	3	3	3	4	4	4	5	5	분	6	6	6	7	7	7	8

한로 8일 14시 44분 【음9월】 ➡ **【丙戌月(병술월)】** ☯ 상강 23일 17시 59분

	양력	1	2	3	4	5	6	7	8	9	10	11	12	13	14	15	16	17	18	19	20	21	22	23	24	25	26	27	28	29	30	31
양력 10	요일	화	수	목	금	토	일	월	화	수	목	금	토	일	월	화	수	목	금	토	일	월	화	수	목	금	토	일	월	화	수	목
	일진 日辰	己巳	庚午	辛未	壬申	癸酉	甲戌	乙亥	丙子	丁丑	戊寅	己卯	庚辰	辛巳	壬午	癸未	甲申	乙酉	丙戌	丁亥	戊子	己丑	庚寅	辛卯	壬辰	癸巳	甲午	乙未	丙申	丁酉	戊戌	己亥
음력 11/01 ~ 12/01	음력	5	6	7	8	9	10	11	12	13	14	15	16	17	18	19	20	21	22	23	24	25	26	27	28	29	30	10/1	2	3	4	5
대운	남	2	2	2	1	1	1	1	한	10	9	9	9	8	8	8	7	7	7	6	6	6	5	상	5	4	4	4	3	3	3	2
	여	8	8	9	9	9	10	10	로	1	1	1	1	2	2	2	3	3	3	4	4	4	5	강	5	6	6	6	7	7	7	8

입동 7일 18시 07분 【음10월】 ➡ **【丁亥月(정해월)】** ☯ 소설 22일 15시 43분

	양력	1	2	3	4	5	6	7	8	9	10	11	12	13	14	15	16	17	18	19	20	21	22	23	24	25	26	27	28	29	30
양력 11	요일	금	토	일	월	화	수	목	금	토	일	월	화	수	목	금	토	일	월	화	수	목	금	토	일	월	화	수	목	금	토
	일진 日辰	庚子	辛丑	壬寅	癸卯	甲辰	乙巳	丙午	丁未	戊申	己酉	庚戌	辛亥	壬子	癸丑	甲寅	乙卯	丙辰	丁巳	戊午	己未	庚申	辛酉	壬戌	癸亥	甲子	乙丑	丙寅	丁卯	戊辰	己巳
음력 11/01 ~ 12/01	음력	6	7	8	9	10	11	12	13	14	15	16	17	18	19	20	21	22	23	24	25	26	27	28	29	11/1	2	3	4	5	6
대운	남	2	2	1	1	1	1	입	10	9	9	9	8	8	8	7	7	7	6	6	6	5	소	5	4	4	4	3	3	3	2
	여	8	8	9	9	9	10	동	1	1	1	1	2	2	2	3	3	3	4	4	4	5	설	5	6	6	6	7	7	7	8

대설 7일 11시 06분 【음11월】 ➡ **【戊子月(무자월)】** ☯ 동지 22일 05시 08분

	양력	1	2	3	4	5	6	7	8	9	10	11	12	13	14	15	16	17	18	19	20	21	22	23	24	25	26	27	28	29	30	31
양력 12	요일	일	월	화	수	목	금	토	일	월	화	수	목	금	토	일	월	화	수	목	금	토	일	월	화	수	목	금	토	일	월	화
	일진 日辰	庚午	辛未	壬申	癸酉	甲戌	乙亥	丙子	丁丑	戊寅	己卯	庚辰	辛巳	壬午	癸未	甲申	乙酉	丙戌	丁亥	戊子	己丑	庚寅	辛卯	壬辰	癸巳	甲午	乙未	丙申	丁酉	戊戌	己亥	庚子
음력 11/01 ~ 12/01	음력	7	8	9	10	11	12	13	14	15	16	17	18	19	20	21	22	23	24	25	26	27	28	29	30	12/1	2	3	4	5	6	7
대운	남	2	2	1	1	1	1	대	9	9	9	8	8	8	7	7	7	6	6	6	5	5	동	4	4	4	3	3	3	2	2	2
	여	8	8	9	9	9	10	설	1	1	1	1	2	2	2	3	3	3	4	4	4	5	지	5	6	6	6	7	7	7	8	8

단기 4364 年 불기 2575 年	2031년	下元 辛亥年 납음(釵釧金),본명성(五黃土)
		대장군(酉서방), 상살(酉서방), 상문(丑동북방),조객(酉서방), 납음(차천금), 【삼재(사,오,미)년】 臘享(납향):2032년1월26일(음12/014)

소한 5일 22시 22분 【음12월】 ➡ **【己丑月(기축월)】** ☯ 대한 20일 15시 47분

양력 1 (음력 12/08 ~ 01/09)	1	2	3	4	5	6	7	8	9	10	11	12	13	14	15	16	17	18	19	20	21	22	23	24	25	26	27	28	29	30	31
요일	수	목	금	토	일	월	화	수	목	금	토	일	월	화	수	목	금	토	일	월	화	수	목	금	토	일	월	화	수	목	금
일진 日辰	辛丑	壬寅	癸卯	甲辰	乙巳	丙午	丁未	戊申	己酉	庚戌	辛亥	壬子	癸丑	甲寅	乙卯	丙辰	丁巳	戊午	己未	庚申	辛酉	壬戌	癸亥	甲子	乙丑	丙寅	丁卯	戊辰	己巳	庚午	辛未
음력	13	14	15	16	17	18	19	20	21	22	23	24	25	26	27	28	29	30	1/1	2	3	4	5	6	7	8	9	10	11	12	13
대운 남	1	1	1	1	소	10	9	9	9	8	8	8	7	7	7	6	6	6	5	대	5	4	4	4	3	3	3	2	2	2	1
대운 여	8	9	9	9	한	1	1	1	1	2	2	2	3	3	3	4	4	4	5	한	5	6	6	6	7	7	7	8	8	8	9

입춘 4일 09시 57분 【음1월】 ➡ **【庚寅月(경인월)】** ☯ 우수 19일 05시 50분

양력 2 (음력 01/10 ~ 02/07)	1	2	3	4	5	6	7	8	9	10	11	12	13	14	15	16	17	18	19	20	21	22	23	24	25	26	27	28
요일	토	일	월	화	수	목	금	토	일	월	화	수	목	금	토	일	월	화	수	목	금	토	일	월	화	수	목	금
일진 日辰	壬申	癸酉	甲戌	乙亥	丙子	丁丑	戊寅	己卯	庚辰	辛巳	壬午	癸未	甲申	乙酉	丙戌	丁亥	戊子	己丑	庚寅	辛卯	壬辰	癸巳	甲午	乙未	丙申	丁酉	戊戌	己亥
음력	10	11	12	13	14	15	16	17	18	19	20	21	22	23	24	25	26	27	28	29	30	2/1	2	3	4	5	6	7
대운 남	1	1	1	입	1	1	1	1	2	2	2	3	3	3	4	4	4	5	우	5	6	6	6	7	7	7	8	8
대운 여	9	9	10	춘	10	9	9	9	8	8	8	7	7	7	6	6	6	5	수	5	4	4	4	3	3	3	2	2

辛亥年

경칩 6일 03시 50분 【음2월】 ➡ **【辛卯月(신묘월)】** ☯ 춘분 21일 04시 40분

양력 3 (음력 02/08 ~ 03/09)	1	2	3	4	5	6	7	8	9	10	11	12	13	14	15	16	17	18	19	20	21	22	23	24	25	26	27	28	29	30	31
요일	토	일	월	화	수	목	금	토	일	월	화	수	목	금	토	일	월	화	수	목	금	토	일	월	화	수	목	금	토	일	월
일진 日辰	庚子	辛丑	壬寅	癸卯	甲辰	乙巳	丙午	丁未	戊申	己酉	庚戌	辛亥	壬子	癸丑	甲寅	乙卯	丙辰	丁巳	戊午	己未	庚申	辛酉	壬戌	癸亥	甲子	乙丑	丙寅	丁卯	戊辰	己巳	庚午
음력	8	9	10	11	12	13	14	15	16	17	18	19	20	21	22	23	24	25	26	27	28	29	3/1	2	3	4	5	6	7	8	9
대운 남	8	9	9	9	10	경	1	1	1	1	2	2	2	3	3	3	4	4	4	5	춘	5	6	6	6	7	7	7	8	8	8
대운 여	2	1	1	1	1	칩	10	9	9	9	8	8	8	7	7	7	6	6	6	5	분	5	4	4	4	3	3	3	2	2	2

청명 5일 08시 27분 【음3월】 ➡ **【壬辰月(임진월)】** ☯ 곡우 20일 15시 30분

양력 4 (음력 03/10 ~ 윤309)	1	2	3	4	5	6	7	8	9	10	11	12	13	14	15	16	17	18	19	20	21	22	23	24	25	26	27	28	29	30
요일	화	수	목	금	토	일	월	화	수	목	금	토	일	월	화	수	목	금	토	일	월	화	수	목	금	토	일	월	화	수
일진 日辰	辛未	壬申	癸酉	甲戌	乙亥	丙子	丁丑	戊寅	己卯	庚辰	辛巳	壬午	癸未	甲申	乙酉	丙戌	丁亥	戊子	己丑	庚寅	辛卯	壬辰	癸巳	甲午	乙未	丙申	丁酉	戊戌	己亥	庚子
음력	10	11	12	13	14	15	16	17	18	19	20	21	22	23	24	25	26	27	28	29	30	윤3	2	3	4	5	6	7	8	9
대운 남	9	9	9	10	청	1	1	1	1	2	2	2	3	3	3	4	4	4	5	곡	5	6	6	6	7	7	7	8	8	8
대운 여	1	1	1	1	명	10	10	9	9	9	8	8	8	7	7	7	6	6	6	우	5	5	4	4	4	3	3	3	2	2

입하 6일 01시 34분 【음4월】 ➡ **【癸巳月(계사월)】** ☯ 소만 21일 14시 27분

양력 5 (음력 윤310 ~ 04/11)	1	2	3	4	5	6	7	8	9	10	11	12	13	14	15	16	17	18	19	20	21	22	23	24	25	26	27	28	29	30	31
요일	목	금	토	일	월	화	수	목	금	토	일	월	화	수	목	금	토	일	월	화	수	목	금	토	일	월	화	수	목	금	토
일진 日辰	辛丑	壬寅	癸卯	甲辰	乙巳	丙午	丁未	戊申	己酉	庚戌	辛亥	壬子	癸丑	甲寅	乙卯	丙辰	丁巳	戊午	己未	庚申	辛酉	壬戌	癸亥	甲子	乙丑	丙寅	丁卯	戊辰	己巳	庚午	辛未
음력	10	11	12	13	14	15	16	17	18	19	20	21	22	23	24	25	26	27	28	29	4/1	2	3	4	5	6	7	8	9	10	11
대운 남	9	9	9	10	10	입	1	1	1	1	2	2	2	3	3	3	4	4	4	5	소	5	6	6	6	7	7	7	8	8	8
대운 여	2	1	1	1	1	하	10	10	9	9	9	8	8	8	7	7	7	6	6	6	만	5	5	4	4	4	3	3	3	2	2

망종 6일 05시 34분 【음5월】 ➡ **【甲午月(갑오월)】** ☯ 하지 21일 22시 16분

양력 6 (음력 04/12 ~ 05/11)	1	2	3	4	5	6	7	8	9	10	11	12	13	14	15	16	17	18	19	20	21	22	23	24	25	26	27	28	29	30
요일	일	월	화	수	목	금	토	일	월	화	수	목	금	토	일	월	화	수	목	금	토	일	월	화	수	목	금	토	일	월
일진 日辰	壬申	癸酉	甲戌	乙亥	丙子	丁丑	戊寅	己卯	庚辰	辛巳	壬午	癸未	甲申	乙酉	丙戌	丁亥	戊子	己丑	庚寅	辛卯	壬辰	癸巳	甲午	乙未	丙申	丁酉	戊戌	己亥	庚子	辛丑
음력	12	13	14	15	16	17	18	19	20	21	22	23	24	25	26	27	28	29	30	5/1	2	3	4	5	6	7	8	9	10	11
대운 남	9	9	9	10	10	망	1	1	1	1	2	2	2	3	3	3	4	4	4	5	하	5	6	6	6	7	7	7	8	8
대운 여	2	1	1	1	1	종	10	10	9	9	9	8	8	8	7	7	7	6	6	6	지	5	5	4	4	4	3	3	3	2

한식(4월06일), 초복(7월19일), 중복(7월29일), 말복(8월08일) 춘사(春社)3/19
추사(秋社)9/25 토왕지절(土旺之節):4월17일,7월20일,10월20일,1월17일(음12/05)
臘享(납향):2032년1월26일(음12/014)

2031 辛亥年

소서 7일 15시 48분 【음6월】 ➡ 【乙未月(을미월)】 ☯ 대서 23일 09시 09분

양력 7	양력	1	2	3	4	5	6	7	8	9	10	11	12	13	14	15	16	17	18	19	20	21	22	23	24	25	26	27	28	29	30	31
	요일	화	수	목	금	토	일	월	화	수	목	금	토	일	월	화	수	목	금	토	일	월	화	수	목	금	토	일	월	화	수	목
	일진 日辰	壬寅	癸卯	甲辰	乙巳	丙午	丁未	戊申	己酉	庚戌	辛亥	壬子	癸丑	甲寅	乙卯	丙辰	丁巳	戊午	己未	庚申	辛酉	壬戌	癸亥	甲子	乙丑	丙寅	丁卯	戊辰	己巳	庚午	辛未	壬申
음력 05/12 ~ 06/13	음력	12	13	14	15	16	17	18	19	20	21	22	23	24	25	26	27	28	29	6/1	2	3	4	5	6	7	8	9	10	11	12	13
대운	남	8	9	9	9	10	10	소	1	1	1	1	2	2	2	3	3	3	4	4	4	5	5	대	6	6	6	7	7	7	8	8
	여	2	2	1	1	1	1	서	10	10	10	9	9	9	8	8	8	7	7	7	6	6	6	서	5	5	4	4	4	3	3	3

입추 8일 01시 42분 【음7월】 ➡ 【丙申月(병신월)】 ☯ 처서 23일 16시 22분

양력 8	양력	1	2	3	4	5	6	7	8	9	10	11	12	13	14	15	16	17	18	19	20	21	22	23	24	25	26	27	28	29	30	31
	요일	금	토	일	월	화	수	목	금	토	일	월	화	수	목	금	토	일	월	화	수	목	금	토	일	월	화	수	목	금	토	일
	일진 日辰	癸酉	甲戌	乙亥	丙子	丁丑	戊寅	己卯	庚辰	辛巳	壬午	癸未	甲申	乙酉	丙戌	丁亥	戊子	己丑	庚寅	辛卯	壬辰	癸巳	甲午	乙未	丙申	丁酉	戊戌	己亥	庚子	辛丑	壬寅	癸卯
음력 06/14 ~ 07/14	음력	14	15	16	17	18	19	20	21	22	23	24	25	26	27	28	29	30	7/1	2	3	4	5	6	7	8	9	10	11	12	13	14
대운	남	8	9	9	9	10	10	10	입	1	1	1	1	2	2	2	3	3	3	4	4	4	5	처	5	6	6	6	7	7	7	8
	여	2	2	2	1	1	1	1	추	10	10	9	9	9	8	8	8	7	7	7	6	6	6	서	5	5	4	4	4	3	3	3

백로 8일 04시 49분 【음8월】 ➡ 【丁酉月(정유월)】 ☯ 추분 23일 14시 14분

양력 9	양력	1	2	3	4	5	6	7	8	9	10	11	12	13	14	15	16	17	18	19	20	21	22	23	24	25	26	27	28	29	30
	요일	월	화	수	목	금	토	일	월	화	수	목	금	토	일	월	화	수	목	금	토	일	월	화	수	목	금	토	일	월	화
	일진 日辰	甲辰	乙巳	丙午	丁未	戊申	己酉	庚戌	辛亥	壬子	癸丑	甲寅	乙卯	丙辰	丁巳	戊午	己未	庚申	辛酉	壬戌	癸亥	甲子	乙丑	丙寅	丁卯	戊辰	己巳	庚午	辛未	壬申	癸酉
음력 07/15 ~ 08/14	음력	15	16	17	18	19	20	21	22	23	24	25	26	27	28	29	30	8/1	2	3	4	5	6	7	8	9	10	11	12	13	14
대운	남	8	8	9	9	9	10	10	백	1	1	1	1	2	2	2	3	3	3	4	4	4	5	추	5	6	6	6	7	7	7
	여	2	2	2	1	1	1	1	로	10	9	9	9	8	8	8	7	7	7	6	6	6	5	분	5	4	4	4	3	3	3

한로 8일 20시 42분 【음9월】 ➡ 【戊戌月(무술월)】 ☯ 상강 23일 23시 48분

양력 10	양력	1	2	3	4	5	6	7	8	9	10	11	12	13	14	15	16	17	18	19	20	21	22	23	24	25	26	27	28	29	30	31
	요일	수	목	금	토	일	월	화	수	목	금	토	일	월	화	수	목	금	토	일	월	화	수	목	금	토	일	월	화	수	목	금
	일진 日辰	甲戌	乙亥	丙子	丁丑	戊寅	己卯	庚辰	辛巳	壬午	癸未	甲申	乙酉	丙戌	丁亥	戊子	己丑	庚寅	辛卯	壬辰	癸巳	甲午	乙未	丙申	丁酉	戊戌	己亥	庚子	辛丑	壬寅	癸卯	甲辰
음력 11/01 ~ 12/01	음력	15	16	17	18	19	20	21	22	23	24	25	26	27	28	29	9/1	2	3	4	5	6	7	8	9	10	11	12	13	14	15	16
대운	남	8	8	8	9	9	9	10	한	1	1	1	1	2	2	2	3	3	3	4	4	4	5	상	5	6	6	6	7	7	7	8
	여	2	2	2	1	1	1	1	로	10	10	9	9	9	8	8	8	7	7	7	6	6	6	강	5	5	4	4	4	3	3	3

입동 8일 00시 04분 【음10월】 ➡ 【己亥月(기해월)】 ☯ 소설 22일 21시 31분

양력 11	양력	1	2	3	4	5	6	7	8	9	10	11	12	13	14	15	16	17	18	19	20	21	22	23	24	25	26	27	28	29	30
	요일	토	일	월	화	수	목	금	토	일	월	화	수	목	금	토	일	월	화	수	목	금	토	일	월	화	수	목	금	토	일
	일진 日辰	乙巳	丙午	丁未	戊申	己酉	庚戌	辛亥	壬子	癸丑	甲寅	乙卯	丙辰	丁巳	戊午	己未	庚申	辛酉	壬戌	癸亥	甲子	乙丑	丙寅	丁卯	戊辰	己巳	庚午	辛未	壬申	癸酉	甲戌
음력 11/01 ~ 12/01	음력	17	18	19	20	21	22	23	24	25	26	27	28	29	30	10/1	2	3	4	5	6	7	8	9	10	11	12	13	14	15	16
대운	남	8	8	9	9	9	10	10	입	1	1	1	1	2	2	2	3	3	3	4	4	4	소	5	5	6	6	6	7	7	7
	여	2	2	2	1	1	1	1	동	9	9	9	8	8	8	7	7	7	6	6	6	5	설	5	4	4	4	3	3	3	2

대설 7일 17시 02분 【음11월】 ➡ 【庚子月(경자월)】 ☯ 동지 22일 10시 54분

양력 12	양력	1	2	3	4	5	6	7	8	9	10	11	12	13	14	15	16	17	18	19	20	21	22	23	24	25	26	27	28	29	30	31
	요일	월	화	수	목	금	토	일	월	화	수	목	금	토	일	월	화	수	목	금	토	일	월	화	수	목	금	토	일	월	화	수
	일진 日辰	乙亥	丙子	丁丑	戊寅	己卯	庚辰	辛巳	壬午	癸未	甲申	乙酉	丙戌	丁亥	戊子	己丑	庚寅	辛卯	壬辰	癸巳	甲午	乙未	丙申	丁酉	戊戌	己亥	庚子	辛丑	壬寅	癸卯	甲辰	乙巳
음력 11/01 ~ 12/01	음력	17	18	19	20	21	22	23	24	25	26	27	28	29	11/1	2	3	4	5	6	7	8	9	10	11	12	13	14	15	16	17	18
대운	남	8	8	8	9	9	9	대	1	1	1	1	2	2	2	3	3	3	4	4	4	5	동	5	6	6	6	7	7	7	8	8
	여	2	2	1	1	1	1	설	10	9	9	9	8	8	8	7	7	7	6	6	6	5	지	5	4	4	4	3	3	3	2	2

단기 4365 年	불기 2576 年

2032년

下元 壬子年 납음(桑柘木),본명성(四綠木)

대장군(酉서방), 삼살(남방), 상문(寅동북방),조객(戌서북방), 납음(상자목), 【삼재(인,묘,진)년】 臘享(납향):2033년1월20일(음12/020)

쥐

소한 6일 04시 15분 【음12월】 ➡ **【辛丑月(신축월)】** ☯ 대한 20일 21시 30분

양력 1 (음력 11/19~12/19)	1	2	3	4	5	6	7	8	9	10	11	12	13	14	15	16	17	18	19	20	21	22	23	24	25	26	27	28	29	30	31
요일	목	금	토	일	월	화	수	목	금	토	일	월	화	수	목	금	토	일	월	화	수	목	금	토	일	월	화	수	목	금	토
일진 日辰	丙午	丁未	戊申	己酉	庚戌	辛亥	壬子	癸丑	甲寅	乙卯	丙辰	丁巳	戊午	己未	庚申	辛酉	壬戌	癸亥	甲子	乙丑	丙寅	丁卯	戊辰	己巳	庚午	辛未	壬申	癸酉	甲戌	乙亥	丙子
음력	19	20	21	22	23	24	25	26	27	28	29	30	12/1	2	3	4	5	6	7	8	9	10	11	12	13	14	15	16	17	18	19
대운 남	8	9	9	9	10	소	1	1	1	1	2	2	2	3	3	3	4	4	4	대	5	5	6	6	6	7	7	7	8	8	8
대운 여	2	1	1	1	1	한	9	9	9	8	8	8	7	7	7	6	6	6	5	한	5	4	4	4	3	3	3	2	2	2	1

입춘 4일 15시 48분 【음1월】 ➡ **【壬寅月(임인월)】** ☯ 우수 19일 11시 31분

양력 2 (음력 12/20~01/19)	1	2	3	4	5	6	7	8	9	10	11	12	13	14	15	16	17	18	19	20	21	22	23	24	25	26	27	28	29
요일	일	월	화	수	목	금	토	일	월	화	수	목	금	토	일	월	화	수	목	금	토	일	월	화	수	목	금	토	일
일진 日辰	丁丑	戊寅	己卯	庚辰	辛巳	壬午	癸未	甲申	乙酉	丙戌	丁亥	戊子	己丑	庚寅	辛卯	壬辰	癸巳	甲午	乙未	丙申	丁酉	戊戌	己亥	庚子	辛丑	壬寅	癸卯	甲辰	乙巳
음력	20	21	22	23	24	25	26	27	28	29	1/1	2	3	4	5	6	7	8	9	10	11	12	13	14	15	16	17	18	19
대운 남	9	9	9	입	10	9	9	9	8	8	8	7	7	7	6	6	6	5	우	5	4	4	4	3	3	3	2	2	2
대운 여	1	1	1	춘	1	1	1	1	2	2	2	3	3	3	4	4	4	5	수	5	6	6	6	7	7	7	8	8	8

壬子年

경칩 5일 09시 39분 【음2월】 ➡ **【癸卯月(계묘월)】** ☯ 춘분 20일 10시 21분

양력 3 (음력 01/20~02/20)	1	2	3	4	5	6	7	8	9	10	11	12	13	14	15	16	17	18	19	20	21	22	23	24	25	26	27	28	29	30	31
요일	월	화	수	목	금	토	일	월	화	수	목	금	토	일	월	화	수	목	금	토	일	월	화	수	목	금	토	일	월	화	수
일진 日辰	丙午	丁未	戊申	己酉	庚戌	辛亥	壬子	癸丑	甲寅	乙卯	丙辰	丁巳	戊午	己未	庚申	辛酉	壬戌	癸亥	甲子	乙丑	丙寅	丁卯	戊辰	己巳	庚午	辛未	壬申	癸酉	甲戌	乙亥	丙子
음력	20	21	22	23	24	25	26	27	28	29	30	2/1	2	3	4	5	6	7	8	9	10	11	12	13	14	15	16	17	18	19	20
대운 남	1	1	1	1	경	10	9	9	9	8	8	8	7	7	7	6	6	6	5	춘	5	4	4	4	3	3	3	2	2	2	1
대운 여	9	9	9	10	칩	1	1	1	1	2	2	2	3	3	3	4	4	4	5	분	5	6	6	6	7	7	7	8	8	8	9

청명 4일 14시 16분 【음3월】 ➡ **【甲辰月(갑진월)】** ☯ 곡우 19일 21시 13분

양력 4 (음력 02/21~03/21)	1	2	3	4	5	6	7	8	9	10	11	12	13	14	15	16	17	18	19	20	21	22	23	24	25	26	27	28	29	30
요일	목	금	토	일	월	화	수	목	금	토	일	월	화	수	목	금	토	일	월	화	수	목	금	토	일	월	화	수	목	금
일진 日辰	丁丑	戊寅	己卯	庚辰	辛巳	壬午	癸未	甲申	乙酉	丙戌	丁亥	戊子	己丑	庚寅	辛卯	壬辰	癸巳	甲午	乙未	丙申	丁酉	戊戌	己亥	庚子	辛丑	壬寅	癸卯	甲辰	乙巳	丙午
음력	21	22	23	24	25	26	27	28	29	3/1	2	3	4	5	6	7	8	9	10	11	12	13	14	15	16	17	18	19	20	21
대운 남	1	1	1	청	10	10	9	9	9	8	8	8	7	7	7	6	6	6	곡	5	5	4	4	4	3	3	3	2	2	2
대운 여	9	9	10	명	1	1	1	1	2	2	2	3	3	3	4	4	4	5	우	5	6	6	6	7	7	7	8	8	8	9

입하 5일 07시 25분 【음4월】 ➡ **【乙巳月(을사월)】** ☯ 소만 20일 20시 14분

양력 5 (음력 03/22~04/23)	1	2	3	4	5	6	7	8	9	10	11	12	13	14	15	16	17	18	19	20	21	22	23	24	25	26	27	28	29	30	31
요일	토	일	월	화	수	목	금	토	일	월	화	수	목	금	토	일	월	화	수	목	금	토	일	월	화	수	목	금	토	일	월
일진 日辰	丁未	戊申	己酉	庚戌	辛亥	壬子	癸丑	甲寅	乙卯	丙辰	丁巳	戊午	己未	庚申	辛酉	壬戌	癸亥	甲子	乙丑	丙寅	丁卯	戊辰	己巳	庚午	辛未	壬申	癸酉	甲戌	乙亥	丙子	丁丑
음력	22	23	24	25	26	27	28	29	4/1	2	3	4	5	6	7	8	9	10	11	12	13	14	15	16	17	18	19	20	21	22	23
대운 남	1	1	1	1	입	10	10	9	9	9	8	8	8	7	7	7	6	6	6	소	5	5	4	4	4	3	3	3	2	2	2
대운 여	9	9	10	10	하	1	1	1	1	2	2	2	3	3	3	4	4	4	5	만	5	6	6	6	7	7	7	8	8	8	9

망종 5일 11시 27분 【음5월】 ➡ **【丙午月(병오월)】** ☯ 하지 21일 04시 07분

양력 6 (음력 04/24~05/23)	1	2	3	4	5	6	7	8	9	10	11	12	13	14	15	16	17	18	19	20	21	22	23	24	25	26	27	28	29	30
요일	화	수	목	금	토	일	월	화	수	목	금	토	일	월	화	수	목	금	토	일	월	화	수	목	금	토	일	월	화	수
일진 日辰	戊寅	己卯	庚辰	辛巳	壬午	癸未	甲申	乙酉	丙戌	丁亥	戊子	己丑	庚寅	辛卯	壬辰	癸巳	甲午	乙未	丙申	丁酉	戊戌	己亥	庚子	辛丑	壬寅	癸卯	甲辰	乙巳	丙午	丁未
음력	24	25	26	27	28	29	30	5/1	2	3	4	5	6	7	8	9	10	11	12	13	14	15	16	17	18	19	20	21	22	23
대운 남	1	1	1	1	망	10	10	9	9	9	8	8	8	7	7	7	6	6	6	5	하	5	4	4	4	3	3	3	2	2
대운 여	9	9	10	10	종	1	1	1	1	2	2	2	3	3	3	4	4	4	5	5	지	6	6	6	7	7	7	8	8	8

한식(4월05일), 초복(7월13일), 중복(7월23일), 말복(8월12일) ☂춘사(春社)3/23
☀추사(秋社)9/19 토왕지절(土旺之節):4월16일,7월19일,10월20일,1월17일(음12/17)
臘享(납향):2033년1월20일(음12/20)

2032 壬子年

소서 6일 21시 40분 【음6월】 ➡ 【丁未月(정미월)】 ☯ 대서 22일 15시 03분

양력 7 / 음력 05/24 – 06/25

양력	1	2	3	4	5	6	7	8	9	10	11	12	13	14	15	16	17	18	19	20	21	22	23	24	25	26	27	28	29	30	31
요일	목	금	토	일	월	화	수	목	금	토	일	월	화	수	목	금	토	일	월	화	수	목	금	토	일	월	화	수	목	금	토
일진	戊	己	庚	辛	壬	癸	甲	乙	丙	丁	戊	己	庚	辛	壬	癸	甲	乙	丙	丁	戊	己	庚	辛	壬	癸	甲	乙	丙	丁	戊
日辰	申	酉	戌	亥	子	丑	寅	卯	辰	巳	午	未	申	酉	戌	亥	子	丑	寅	卯	辰	巳	午	未	申	酉	戌	亥	子	丑	寅
음력	24	25	26	27	28	29	6/1	2	3	4	5	6	7	8	9	10	11	12	13	14	15	16	17	18	19	20	21	22	23	24	25
대운 남	2	1	1	1	1	소	10	10	10	9	9	9	8	8	8	7	7	7	6	6	6	대	5	5	4	4	4	3	3	3	2
대운 여	9	9	9	10	10	서	1	1	1	1	2	2	2	3	3	3	4	4	4	5	5	서	6	6	6	7	7	7	8	8	8

입추 7일 07시 31분 【음7월】 ➡ 【戊申月(무신월)】 ☯ 처서 22일 22시 17분

양력 8 / 음력 06/26 – 07/26

양력	1	2	3	4	5	6	7	8	9	10	11	12	13	14	15	16	17	18	19	20	21	22	23	24	25	26	27	28	29	30	31
요일	일	월	화	수	목	금	토	일	월	화	수	목	금	토	일	월	화	수	목	금	토	일	월	화	수	목	금	토	일	월	화
일진	己	庚	辛	壬	癸	甲	乙	丙	丁	戊	己	庚	辛	壬	癸	甲	乙	丙	丁	戊	己	庚	辛	壬	癸	甲	乙	丙	丁	戊	己
日辰	卯	辰	巳	午	未	申	酉	戌	亥	子	丑	寅	卯	辰	巳	午	未	申	酉	戌	亥	子	丑	寅	卯	辰	巳	午	未	申	酉
음력	26	27	28	29	30	7/1	2	3	4	5	6	7	8	9	10	11	12	13	14	15	16	17	18	19	20	21	22	23	24	25	26
대운 남	2	2	1	1	1	1	입	10	10	9	9	9	8	8	8	7	7	7	6	6	6	처	5	5	4	4	4	3	3	3	2
대운 여	9	9	9	10	10	10	추	1	1	1	1	2	2	2	3	3	3	4	4	4	5	서	5	6	6	6	7	7	7	8	8

백로 7일 10시 37분 【음8월】 ➡ 【己酉月(기유월)】 ☯ 추분 22일 20시 10분

양력 9 / 음력 07/27 – 08/26

양력	1	2	3	4	5	6	7	8	9	10	11	12	13	14	15	16	17	18	19	20	21	22	23	24	25	26	27	28	29	30
요일	수	목	금	토	일	월	화	수	목	금	토	일	월	화	수	목	금	토	일	월	화	수	목	금	토	일	월	화	수	목
일진	庚	辛	壬	癸	甲	乙	丙	丁	戊	己	庚	辛	壬	癸	甲	乙	丙	丁	戊	己	庚	辛	壬	癸	甲	乙	丙	丁	戊	己
日辰	戌	亥	子	丑	寅	卯	辰	巳	午	未	申	酉	戌	亥	子	丑	寅	卯	辰	巳	午	未	申	酉	戌	亥	子	丑	寅	卯
음력	27	28	29	30	8/1	2	3	4	5	6	7	8	9	10	11	12	13	14	15	16	17	18	19	20	21	22	23	24	25	26
대운 남	2	2	1	1	1	1	백	10	10	9	9	9	8	8	8	7	7	7	6	6	6	추	5	5	4	4	4	3	3	3
대운 여	8	9	9	9	10	10	로	1	1	1	1	2	2	2	3	3	3	4	4	4	5	분	5	6	6	6	7	7	7	8

한로 8일 02시 29분 【음9월】 ➡ 【庚戌月(경술월)】 ☯ 상강 23일 05시 45분

양력 10 / 음력 11/01 – 12/01

양력	1	2	3	4	5	6	7	8	9	10	11	12	13	14	15	16	17	18	19	20	21	22	23	24	25	26	27	28	29	30	31
요일	금	토	일	월	화	수	목	금	토	일	월	화	수	목	금	토	일	월	화	수	목	금	토	일	월	화	수	목	금	토	일
일진	庚	辛	壬	癸	甲	乙	丙	丁	戊	己	庚	辛	壬	癸	甲	乙	丙	丁	戊	己	庚	辛	壬	癸	甲	乙	丙	丁	戊	己	庚
日辰	辰	巳	午	未	申	酉	戌	亥	子	丑	寅	卯	辰	巳	午	未	申	酉	戌	亥	子	丑	寅	卯	辰	巳	午	未	申	酉	戌
음력	27	28	29	9/1	2	3	4	5	6	7	8	9	10	11	12	13	14	15	16	17	18	19	20	21	22	23	24	25	26	27	28
대운 남	2	2	2	1	1	1	1	한	10	9	9	9	8	8	8	7	7	7	6	6	6	5	상	5	4	4	4	3	3	3	2
대운 여	8	8	9	9	9	10	10	로	1	1	1	1	2	2	2	3	3	3	4	4	4	5	강	5	6	6	6	7	7	7	8

입동 7일 05시 53분 【음10월】 ➡ 【辛亥月(신해월)】 ☯ 소설 22일 03시 30분

양력 11 / 음력 11/01 – 12/01

양력	1	2	3	4	5	6	7	8	9	10	11	12	13	14	15	16	17	18	19	20	21	22	23	24	25	26	27	28	29	30
요일	월	화	수	목	금	토	일	월	화	수	목	금	토	일	월	화	수	목	금	토	일	월	화	수	목	금	토	일	월	화
일진	辛	壬	癸	甲	乙	丙	丁	戊	己	庚	辛	壬	癸	甲	乙	丙	丁	戊	己	庚	辛	壬	癸	甲	乙	丙	丁	戊	己	庚
日辰	亥	子	丑	寅	卯	辰	巳	午	未	申	酉	戌	亥	子	丑	寅	卯	辰	巳	午	未	申	酉	戌	亥	子	丑	寅	卯	辰
음력	29	30	10/1	2	3	4	5	6	7	8	9	10	11	12	13	14	15	16	17	18	19	20	21	22	23	24	25	26	27	28
대운 남	2	2	1	1	1	1	입	9	9	9	8	8	8	7	7	7	6	6	6	5	5	소	4	4	4	3	3	3	2	2
대운 여	8	8	9	9	9	10	동	1	1	1	1	2	2	2	3	3	3	4	4	4	5	설	5	6	6	6	7	7	7	8

대설 6일 22시 52분 【음11월】 ➡ 【壬子月(임자월)】 ☯ 동지 21일 16시 55분

양력 12 / 음력 11/01 – 12/01

양력	1	2	3	4	5	6	7	8	9	10	11	12	13	14	15	16	17	18	19	20	21	22	23	24	25	26	27	28	29	30	31
요일	수	목	금	토	일	월	화	수	목	금	토	일	월	화	수	목	금	토	일	월	화	수	목	금	토	일	월	화	수	목	금
일진	辛	壬	癸	甲	乙	丙	丁	戊	己	庚	辛	壬	癸	甲	乙	丙	丁	戊	己	庚	辛	壬	癸	甲	乙	丙	丁	戊	己	庚	辛
日辰	巳	午	未	申	酉	戌	亥	子	丑	寅	卯	辰	巳	午	未	申	酉	戌	亥	子	丑	寅	卯	辰	巳	午	未	申	酉	戌	亥
음력	29	30	11/1	2	3	4	5	6	7	8	9	10	11	12	13	14	15	16	17	18	19	20	21	22	23	24	25	26	27	28	29
대운 남	2	1	1	1	1	대	10	9	9	9	8	8	8	7	7	7	6	6	6	5	동	5	4	4	4	3	3	3	2	2	2
대운 여	8	8	9	9	9	설	1	1	1	1	2	2	2	3	3	3	4	4	4	5	지	5	6	6	6	7	7	7	8	8	8

단기 4366 年	**2033년**
불기 2577 年	

下元 癸丑年 납음(桑柘木), 본명성(三碧木)

대장군(酉서방), 삼살(동방), 상문(卯동방), 조객(亥서북방), 납음(상자목). 【삼재(해,자축)년】 臘享(납향):2034년1월27일(음12/08)

소한 5일 10시 07분 【음12월】 ➡ **【癸丑月(계축월)】** ☯ 대한 20일 03시 31분

양력 1 / 음력 12/01 ~ 01/01

구분	1	2	3	4	5	6	7	8	9	10	11	12	13	14	15	16	17	18	19	20	21	22	23	24	25	26	27	28	29	30	31
요일	토	일	월	화	수	목	금	토	일	월	화	수	목	금	토	일	월	화	수	목	금	토	일	월	화	수	목	금	토	일	월
일진 日辰	壬子	癸丑	甲寅	乙卯	丙辰	丁巳	戊午	己未	庚申	辛酉	壬戌	癸亥	甲子	乙丑	丙寅	丁卯	戊辰	己巳	庚午	辛未	壬申	癸酉	甲戌	乙亥	丙子	丁丑	戊寅	己卯	庚辰	辛巳	壬午
음력	12/1	2	3	4	5	6	7	8	9	10	11	12	13	14	15	16	17	18	19	20	21	22	23	24	25	26	27	28	29	30	1/1
대운 남	1	1	1	1	소	9	9	9	8	8	8	7	7	7	6	6	6	5	5	대	4	4	4	3	3	3	2	2	2	1	1
대운 여	9	9	9	10	한	1	1	1	1	2	2	2	3	3	3	4	4	4	5	한	5	6	6	6	7	7	7	8	8	8	9

입춘 3일 21시 40분 【음1월】 ➡ **【甲寅月(갑인월)】** ☯ 우수 18일 17시 32분

양력 2 / 음력 01/02 ~ 01/29

구분	1	2	3	4	5	6	7	8	9	10	11	12	13	14	15	16	17	18	19	20	21	22	23	24	25	26	27	28
요일	화	수	목	금	토	일	월	화	수	목	금	토	일	월	화	수	목	금	토	일	월	화	수	목	금	토	일	월
일진 日辰	癸未	甲申	乙酉	丙戌	丁亥	戊子	己丑	庚寅	辛卯	壬辰	癸巳	甲午	乙未	丙申	丁酉	戊戌	己亥	庚子	辛丑	壬寅	癸卯	甲辰	乙巳	丙午	丁未	戊申	己酉	庚戌
음력	2	3	4	5	6	7	8	9	10	11	12	13	14	15	16	17	18	19	20	21	22	23	24	25	26	27	28	29
대운 남	1	1	입	1	1	1	1	2	2	2	3	3	3	4	4	4	5	우	5	6	6	6	7	7	7	8	8	8
대운 여	9	9	춘	10	9	9	9	8	8	8	7	7	7	6	6	6	5	수	5	4	4	4	3	3	3	2	2	2

癸丑年

경칩 5일 15시 31분 【음2월】 ➡ **【乙卯月(을묘월)】** ☯ 춘분 20일 16시 21분

양력 3 / 음력 02/01 ~ 03/01

구분	1	2	3	4	5	6	7	8	9	10	11	12	13	14	15	16	17	18	19	20	21	22	23	24	25	26	27	28	29	30	31
요일	화	수	목	금	토	일	월	화	수	목	금	토	일	월	화	수	목	금	토	일	월	화	수	목	금	토	일	월	화	수	목
일진 日辰	辛亥	壬子	癸丑	甲寅	乙卯	丙辰	丁巳	戊午	己未	庚申	辛酉	壬戌	癸亥	甲子	乙丑	丙寅	丁卯	戊辰	己巳	庚午	辛未	壬申	癸酉	甲戌	乙亥	丙子	丁丑	戊寅	己卯	庚辰	辛巳
음력	2/1	2	3	4	5	6	7	8	9	10	11	12	13	14	15	16	17	18	19	20	21	22	23	24	25	26	27	28	29	30	3/1
대운 남	9	9	9	10	경	1	1	1	1	2	2	2	3	3	3	4	4	4	5	춘	5	6	6	6	7	7	7	8	8	8	9
대운 여	1	1	1	1	칩	10	9	9	9	8	8	8	7	7	7	6	6	6	5	분	5	4	4	4	3	3	3	2	2	2	1

청명 4일 20시 07분 【음3월】 ➡ **【丙辰月(병진월)】** ☯ 곡우 20일 03시 12분

양력 4 / 음력 03/02 ~ 04/02

구분	1	2	3	4	5	6	7	8	9	10	11	12	13	14	15	16	17	18	19	20	21	22	23	24	25	26	27	28	29	30
요일	금	토	일	월	화	수	목	금	토	일	월	화	수	목	금	토	일	월	화	수	목	금	토	일	월	화	수	목	금	토
일진 日辰	壬午	癸未	甲申	乙酉	丙戌	丁亥	戊子	己丑	庚寅	辛卯	壬辰	癸巳	甲午	乙未	丙申	丁酉	戊戌	己亥	庚子	辛丑	壬寅	癸卯	甲辰	乙巳	丙午	丁未	戊申	己酉	庚戌	辛亥
음력	2	3	4	5	6	7	8	9	10	11	12	13	14	15	16	17	18	19	20	21	22	23	24	25	26	27	28	29	4/1	2
대운 남	9	9	10	청	1	1	1	1	2	2	2	3	3	3	4	4	4	5	5	곡	6	6	6	7	7	7	8	8	8	9
대운 여	1	1	1	명	10	10	9	9	9	8	8	8	7	7	7	6	6	6	5	우	5	4	4	4	3	3	3	2	2	2

입하 5일 13시 12분 【음4월】 ➡ **【丁巳月(정사월)】** ☯ 소만 21일 02시 10분

양력 5 / 음력 04/03 ~ 05/04

구분	1	2	3	4	5	6	7	8	9	10	11	12	13	14	15	16	17	18	19	20	21	22	23	24	25	26	27	28	29	30	31
요일	일	월	화	수	목	금	토	일	월	화	수	목	금	토	일	월	화	수	목	금	토	일	월	화	수	목	금	토	일	월	화
일진 日辰	壬子	癸丑	甲寅	乙卯	丙辰	丁巳	戊午	己未	庚申	辛酉	壬戌	癸亥	甲子	乙丑	丙寅	丁卯	戊辰	己巳	庚午	辛未	壬申	癸酉	甲戌	乙亥	丙子	丁丑	戊寅	己卯	庚辰	辛巳	壬午
음력	3	4	5	6	7	8	9	10	11	12	13	14	15	16	17	18	19	20	21	22	23	24	25	26	27	28	29	5/1	2	3	4
대운 남	9	9	10	10	입	1	1	1	1	2	2	2	3	3	3	4	4	4	5	5	소	6	6	6	7	7	7	8	8	8	9
대운 여	1	1	1	1	하	10	10	9	9	9	8	8	8	7	7	7	6	6	6	5	만	5	4	4	4	3	3	3	2	2	2

망종 5일 17시 12분 【음5월】 ➡ **【戊午月(무오월)】** ☯ 하지 21일 10시 00분

양력 6 / 음력 05/05 ~ 06/04

구분	1	2	3	4	5	6	7	8	9	10	11	12	13	14	15	16	17	18	19	20	21	22	23	24	25	26	27	28	29	30
요일	수	목	금	토	일	월	화	수	목	금	토	일	월	화	수	목	금	토	일	월	화	수	목	금	토	일	월	화	수	목
일진 日辰	癸未	甲申	乙酉	丙戌	丁亥	戊子	己丑	庚寅	辛卯	壬辰	癸巳	甲午	乙未	丙申	丁酉	戊戌	己亥	庚子	辛丑	壬寅	癸卯	甲辰	乙巳	丙午	丁未	戊申	己酉	庚戌	辛亥	壬子
음력	5	6	7	8	9	10	11	12	13	14	15	16	17	18	19	20	21	22	23	24	25	26	27	28	29	30	6/1	2	3	4
대운 남	9	9	10	10	망	1	1	1	1	2	2	2	3	3	3	4	4	4	5	5	하	6	6	6	7	7	7	8	8	8
대운 여	1	1	1	1	종	10	10	10	9	9	9	8	8	8	7	7	7	6	6	6	지	5	5	4	4	4	3	3	3	2

한식(4월05일), 초복(7월18일), 중복(7월28일), 말복(8월07일) ☂춘사(春社)3/18
☀추사(秋社)9/24 토왕지절(土旺之節):4월17일,7월19일,10월20일,1월17일(음11/27)
臘享(납향):2034년1월27일(음12/08)

2033 癸丑年

소서 7일 03시 24분 【음6월】 ➡ 【己未月(기미월)】 ☯ 대서 22일 20시 51분

양력 7 / 음력 06/05 ~ 07/06

양력	1	2	3	4	5	6	7	8	9	10	11	12	13	14	15	16	17	18	19	20	21	22	23	24	25	26	27	28	29	30	31
요일	금	토	일	월	화	수	목	금	토	일	월	화	수	목	금	토	일	월	화	수	목	금	토	일	월	화	수	목	금	토	일
일진 日辰	癸丑	甲寅	乙卯	丙辰	丁巳	戊午	己未	庚申	辛酉	壬戌	癸亥	甲子	乙丑	丙寅	丁卯	戊辰	己巳	庚午	辛未	壬申	癸酉	甲戌	乙亥	丙子	丁丑	戊寅	己卯	庚辰	辛巳	壬午	癸未
음력	5	6	7	8	9	10	11	12	13	14	15	16	17	18	19	20	21	22	23	24	25	26	27	28	29	7/1	2	3	4	5	6
대운 남	9	9	9	10	10	10	소	1	1	1	1	2	2	2	3	3	3	4	4	4	5	대	5	6	6	6	7	7	7	8	8
대운 여	2	2	1	1	1	1	서	10	10	9	9	9	8	8	8	7	7	7	6	6	6	서	5	5	4	4	4	3	3	3	2

입추 7일 13시 14분 【음7월】 ➡ 【庚申月(경신월)】 ☯ 처서 23일 04시 01분

양력 8 / 음력 07/07 ~ 윤707

양력	1	2	3	4	5	6	7	8	9	10	11	12	13	14	15	16	17	18	19	20	21	22	23	24	25	26	27	28	29	30	31
요일	월	화	수	목	금	토	일	월	화	수	목	금	토	일	월	화	수	목	금	토	일	월	화	수	목	금	토	일	월	화	수
일진 日辰	甲申	乙酉	丙戌	丁亥	戊子	己丑	庚寅	辛卯	壬辰	癸巳	甲午	乙未	丙申	丁酉	戊戌	己亥	庚子	辛丑	壬寅	癸卯	甲辰	乙巳	丙午	丁未	戊申	己酉	庚戌	辛亥	壬子	癸丑	甲寅
음력	7	8	9	10	11	12	13	14	15	16	17	18	19	20	21	22	23	24	25	26	27	28	29	30	윤7	2	3	4	5	6	7
대운 남	8	9	9	9	10	10	입	1	1	1	1	2	2	2	3	3	3	4	4	4	5	5	처	6	6	6	7	7	7	8	8
대운 여	2	2	1	1	1	1	추	10	10	9	9	9	8	8	8	7	7	7	6	6	6	5	서	5	4	4	4	3	3	3	2

백로7일 16시 19분 【음8월】 ➡ 【辛酉月(신유월)】 ☯ 추분 23일 01시 50분

양력 9 / 음력 윤708 ~ 08/08

양력	1	2	3	4	5	6	7	8	9	10	11	12	13	14	15	16	17	18	19	20	21	22	23	24	25	26	27	28	29	30
요일	목	금	토	일	월	화	수	목	금	토	일	월	화	수	목	금	토	일	월	화	수	목	금	토	일	월	화	수	목	금
일진 日辰	乙卯	丙辰	丁巳	戊午	己未	庚申	辛酉	壬戌	癸亥	甲子	乙丑	丙寅	丁卯	戊辰	己巳	庚午	辛未	壬申	癸酉	甲戌	乙亥	丙子	丁丑	戊寅	己卯	庚辰	辛巳	壬午	癸未	甲申
음력	8	9	10	11	12	13	14	15	16	17	18	19	20	21	22	23	24	25	26	27	28	29	8/1	2	3	4	5	6	7	8
대운 남	8	9	9	9	10	10	백	1	1	1	1	2	2	2	3	3	3	4	4	4	5	5	추	6	6	6	7	7	7	8
대운 여	2	2	1	1	1	1	로	10	10	9	9	9	8	8	8	7	7	7	6	6	6	5	분	5	4	4	4	3	3	3

한로 8일 08시 13분 【음9월】 ➡ 【壬戌月(임술월)】 ☯ 상강 23일 11시 26분

양력 10 / 음력 11/01 ~ 12/01

양력	1	2	3	4	5	6	7	8	9	10	11	12	13	14	15	16	17	18	19	20	21	22	23	24	25	26	27	28	29	30	31
요일	토	일	월	화	수	목	금	토	일	월	화	수	목	금	토	일	월	화	수	목	금	토	일	월	화	수	목	금	토	일	월
일진 日辰	乙酉	丙戌	丁亥	戊子	己丑	庚寅	辛卯	壬辰	癸巳	甲午	乙未	丙申	丁酉	戊戌	己亥	庚子	辛丑	壬寅	癸卯	甲辰	乙巳	丙午	丁未	戊申	己酉	庚戌	辛亥	壬子	癸丑	甲寅	乙卯
음력	9	10	11	12	13	14	15	16	17	18	19	20	21	22	23	24	25	26	27	28	29	30	9/1	2	3	4	5	6	7	8	9
대운 남	8	8	9	9	9	10	10	한	1	1	1	1	2	2	2	3	3	3	4	4	4	5	상	5	6	6	6	7	7	7	8
대운 여	2	2	2	1	1	1	1	로	10	9	9	9	8	8	8	7	7	7	6	6	6	5	강	5	4	4	4	3	3	3	2

입동 7일 11시 40분 【음10월】 ➡ 【癸亥月(계해월)】 ☯ 소설 22일 09시 15분

양력 11 / 음력 11/01 ~ 12/01

양력	1	2	3	4	5	6	7	8	9	10	11	12	13	14	15	16	17	18	19	20	21	22	23	24	25	26	27	28	29	30
요일	화	수	목	금	토	일	월	화	수	목	금	토	일	월	화	수	목	금	토	일	월	화	수	목	금	토	일	월	화	수
일진 日辰	丙辰	丁巳	戊午	己未	庚申	辛酉	壬戌	癸亥	甲子	乙丑	丙寅	丁卯	戊辰	己巳	庚午	辛未	壬申	癸酉	甲戌	乙亥	丙子	丁丑	戊寅	己卯	庚辰	辛巳	壬午	癸未	甲申	乙酉
음력	10	11	12	13	14	15	16	17	18	19	20	21	22	23	24	25	26	27	28	29	30	10/1	2	3	4	5	6	7	8	9
대운 남	8	8	9	9	9	10	입	1	1	1	1	2	2	2	3	3	3	4	4	4	5	소	5	6	6	6	7	7	7	8
대운 여	2	2	1	1	1	1	동	10	9	9	9	8	8	8	7	7	7	6	6	6	5	설	5	4	4	4	3	3	3	2

대설 7일 04시 44분 【음11월】 ➡ 【甲子月(갑자월)】 ☯ 동지 21일 22시 45분

양력 12 / 음력 11/01 ~ 12/01

양력	1	2	3	4	5	6	7	8	9	10	11	12	13	14	15	16	17	18	19	20	21	22	23	24	25	26	27	28	29	30	31
요일	목	금	토	일	월	화	수	목	금	토	일	월	화	수	목	금	토	일	월	화	수	목	금	토	일	월	화	수	목	금	토
일진 日辰	丙戌	丁亥	戊子	己丑	庚寅	辛卯	壬辰	癸巳	甲午	乙未	丙申	丁酉	戊戌	己亥	庚子	辛丑	壬寅	癸卯	甲辰	乙巳	丙午	丁未	戊申	己酉	庚戌	辛亥	壬子	癸丑	甲寅	乙卯	丙辰
음력	10	11	12	13	14	15	16	17	18	19	20	21	22	23	24	25	26	27	28	29	30	11/1	2	3	4	5	6	7	8	9	10
대운 남	8	8	9	9	9	10	대	1	1	1	1	2	2	2	3	3	3	4	4	4	동	5	5	6	6	6	7	7	7	8	8
대운 여	2	2	1	1	1	1	설	9	9	9	8	8	8	7	7	7	6	6	6	5	지	5	4	4	4	3	3	3	2	2	2

단기 4367 年	2034년	下元 甲寅年 납음(大溪水),본명성(二黑土)
불기 2578 年		대장군(子북방), 삼살(북방), 상문(辰동남방),조객(子북방), 납음(대계수), 【삼재(신,유,술)년】 臘享(납향):2035년1월22일(음12/13)

소한 5일 16시 03분 【음12월】 ➡ **【乙丑月(을축월)】** ☯ 대한 20일 09시 26분

양력 1	양력	1	2	3	4	5	6	7	8	9	10	11	12	13	14	15	16	17	18	19	20	21	22	23	24	25	26	27	28	29	30	31
	요일	일	월	화	수	목	금	토	일	월	화	수	목	금	토	일	월	화	수	목	금	토	일	월	화	수	목	금	토	일	월	화
	일진 日辰	丁巳	戊午	己未	庚申	辛酉	壬戌	癸亥	甲子	乙丑	丙寅	丁卯	戊辰	己巳	庚午	辛未	壬申	癸酉	甲戌	乙亥	丙子	丁丑	戊寅	己卯	庚辰	辛巳	壬午	癸未	甲申	乙酉	丙戌	丁亥
음력 11/11 ~ 12/12	음력	11	12	13	14	15	16	17	18	19	20	21	22	23	24	25	26	27	28	29	12/1	2	3	4	5	6	7	8	9	10	11	12
대운	남	8	9	9	9	소	1	1	1	1	2	2	2	3	3	3	4	4	4	5	대	5	6	6	6	7	7	7	8	8	8	9
	여	1	1	1	1	한	10	9	9	9	8	8	8	7	7	7	6	6	6	5	한	5	4	4	4	3	3	3	2	2	2	1

입춘 4일 03시 40분 【음1월】 ➡ **【丙寅月(병인월)】** ☯ 우수 18일 23시 29분

양력 2	양력	1	2	3	4	5	6	7	8	9	10	11	12	13	14	15	16	17	18	19	20	21	22	23	24	25	26	27	28	
	요일	수	목	금	토	일	월	화	수	목	금	토	일	월	화	수	목	금	토	일	월	화	수	목	금	토	일	월	화	甲
	일진 日辰	戊子	己丑	庚寅	辛卯	壬辰	癸巳	甲午	乙未	丙申	丁酉	戊戌	己亥	庚子	辛丑	壬寅	癸卯	甲辰	乙巳	丙午	丁未	戊申	己酉	庚戌	辛亥	壬子	癸丑	甲寅	乙卯	寅
음력 12/13 ~ 01/10	음력	13	14	15	16	17	18	19	20	21	22	23	24	25	26	27	28	29	30	1/1	2	3	4	5	6	7	8	9	10	
대운	남	9	9	10	입	9	9	9	8	8	8	7	7	7	6	6	6	5	우	5	4	4	4	3	3	3	2	2	2	年
	여	1	1	1	춘	1	1	1	1	2	2	2	3	3	3	4	4	4	수	5	5	6	6	6	7	7	7	8	8	

경칩 5일 21시 31분 【음2월】 ➡ **【丁卯月(정묘월)】** ☯ 춘분 20일 22시 16분

양력 3	양력	1	2	3	4	5	6	7	8	9	10	11	12	13	14	15	16	17	18	19	20	21	22	23	24	25	26	27	28	29	30	31
	요일	수	목	금	토	일	월	화	수	목	금	토	일	월	화	수	목	금	토	일	월	화	수	목	금	토	일	월	화	수	목	금
	일진 日辰	丙辰	丁巳	戊午	己未	庚申	辛酉	壬戌	癸亥	甲子	乙丑	丙寅	丁卯	戊辰	己巳	庚午	辛未	壬申	癸酉	甲戌	乙亥	丙子	丁丑	戊寅	己卯	庚辰	辛巳	壬午	癸未	甲申	乙酉	丙戌
음력 01/11 ~ 02/12	음력	11	12	13	14	15	16	17	18	19	20	21	22	23	24	25	26	27	28	29	2/1	2	3	4	5	6	7	8	9	10	11	12
대운	남	1	1	1	1	경	10	10	9	9	9	8	8	8	7	7	7	6	6	6	춘	5	5	4	4	4	3	3	3	2	2	2
	여	8	9	9	9	칩	1	1	1	1	2	2	2	3	3	3	4	4	4	5	분	5	6	6	6	7	7	7	8	8	8	9

청명 5일 02시 05분 【음3월】 ➡ **【戊辰月(무진월)】** ☯ 곡우 20일 09시 02분

양력 4	양력	1	2	3	4	5	6	7	8	9	10	11	12	13	14	15	16	17	18	19	20	21	22	23	24	25	26	27	28	29	30
	요일	토	일	월	화	수	목	금	토	일	월	화	수	목	금	토	일	월	화	수	목	금	토	일	월	화	수	목	금	토	일
	일진 日辰	丁亥	戊子	己丑	庚寅	辛卯	壬辰	癸巳	甲午	乙未	丙申	丁酉	戊戌	己亥	庚子	辛丑	壬寅	癸卯	甲辰	乙巳	丙午	丁未	戊申	己酉	庚戌	辛亥	壬子	癸丑	甲寅	乙卯	丙辰
음력 02/13 ~ 03/12	음력	13	14	15	16	17	18	19	20	21	22	23	24	25	26	27	28	29	30	3/1	2	3	4	5	6	7	8	9	10	11	12
대운	남	1	1	1	1	청	10	9	9	9	8	8	8	7	7	7	6	6	6	5	곡	5	4	4	4	3	3	3	2	2	2
	여	9	9	10	10	명	1	1	1	1	2	2	2	3	3	3	4	4	4	5	우	5	6	6	6	7	7	7	8	8	8

입하 5일 19시 08분 【음4월】 ➡ **【己巳月(기사월)】** ☯ 소만 21일 07시 56분

양력 5	양력	1	2	3	4	5	6	7	8	9	10	11	12	13	14	15	16	17	18	19	20	21	22	23	24	25	26	27	28	29	30	31
	요일	월	화	수	목	금	토	일	월	화	수	목	금	토	일	월	화	수	목	금	토	일	월	화	수	목	금	토	일	월	화	수
	일진 日辰	丁巳	戊午	己未	庚申	辛酉	壬戌	癸亥	甲子	乙丑	丙寅	丁卯	戊辰	己巳	庚午	辛未	壬申	癸酉	甲戌	乙亥	丙子	丁丑	戊寅	己卯	庚辰	辛巳	壬午	癸未	甲申	乙酉	丙戌	丁亥
음력 03/13 ~ 04/14	음력	13	14	15	16	17	18	19	20	21	22	23	24	25	26	27	28	29	4/1	2	3	4	5	6	7	8	9	10	11	12	13	14
대운	남	1	1	1	1	입	10	10	9	9	9	8	8	8	7	7	7	6	6	6	5	소	5	4	4	4	3	3	3	2	2	2
	여	9	9	9	10	하	1	1	1	1	2	2	2	3	3	3	4	4	4	5	5	만	6	6	6	7	7	7	8	8	8	9

망종 5일 23시 05분 【음5월】 ➡ **【庚午月(경오월)】** ☯ 하지 21일 15시 43분

양력 6	양력	1	2	3	4	5	6	7	8	9	10	11	12	13	14	15	16	17	18	19	20	21	22	23	24	25	26	27	28	29	30
	요일	목	금	토	일	월	화	수	목	금	토	일	월	화	수	목	금	토	일	월	화	수	목	금	토	일	월	화	수	목	금
	일진 日辰	戊子	己丑	庚寅	辛卯	壬辰	癸巳	甲午	乙未	丙申	丁酉	戊戌	己亥	庚子	辛丑	壬寅	癸卯	甲辰	乙巳	丙午	丁未	戊申	己酉	庚戌	辛亥	壬子	癸丑	甲寅	乙卯	丙辰	丁巳
음력 04/15 ~ 05/15	음력	15	16	17	18	19	20	21	22	23	24	25	26	27	28	29	5/1	2	3	4	5	6	7	8	9	10	11	12	13	14	15
대운	남	1	1	1	1	망	10	10	10	9	9	9	8	8	8	7	7	7	6	6	6	하	5	5	4	4	4	3	3	3	2
	여	9	9	10	10	종	1	1	1	1	2	2	2	3	3	3	4	4	4	5	5	지	6	6	6	7	7	7	8	8	8

한식(4월05일), 초복(7월13일), 중복(7월23일), 말복(8월12일) ☂춘사(春社)3/22
☀추사(秋社)9/19 토왕지절(土旺之節):4월17일,7월19일,10월20일,1월17일(음12/08)
臘享(납향):2035년1월22일(음12/13)

2034 甲寅年

소서 7일 09시 16분 【음6월】➡ 【辛未月(신미월)】 ☯ 대서 23일 02시 35분

양력 7 / 음력 05/16 ~ 06/16

양력	1	2	3	4	5	6	7	8	9	10	11	12	13	14	15	16	17	18	19	20	21	22	23	24	25	26	27	28	29	30	31
요일	토	일	월	화	수	목	금	토	일	월	화	수	목	금	토	일	월	화	수	목	금	토	일	월	화	수	목	금	토	일	월
일진 日辰	戊午	己未	庚申	辛酉	壬戌	癸亥	甲子	乙丑	丙寅	丁卯	戊辰	己巳	庚午	辛未	壬申	癸酉	甲戌	乙亥	丙子	丁丑	戊寅	己卯	庚辰	辛巳	壬午	癸未	甲申	乙酉	丙戌	丁亥	戊子
음력	16	17	18	19	20	21	22	23	24	25	26	27	28	29	30	6/1	2	3	4	5	6	7	8	9	10	11	12	13	14	15	16
대운 남	2	2	1	1	1	1	소	10	10	9	9	9	8	8	8	7	7	7	6	6	6	5	대	5	4	4	4	3	3	3	2
대운 여	9	9	9	10	10	10	서	1	1	1	1	2	2	2	3	3	3	4	4	4	5	5	서	6	6	6	7	7	7	8	8

입추 7일 19시 08분 【음7월】➡ 【壬申月(임신월)】 ☯ 처서 23일 09시 46분

양력 8 / 음력 06/17 ~ 07/18

양력	1	2	3	4	5	6	7	8	9	10	11	12	13	14	15	16	17	18	19	20	21	22	23	24	25	26	27	28	29	30	31
요일	화	수	목	금	토	일	월	화	수	목	금	토	일	월	화	수	목	금	토	일	월	화	수	목	금	토	일	월	화	수	목
일진 日辰	己丑	庚寅	辛卯	壬辰	癸巳	甲午	乙未	丙申	丁酉	戊戌	己亥	庚子	辛丑	壬寅	癸卯	甲辰	乙巳	丙午	丁未	戊申	己酉	庚戌	辛亥	壬子	癸丑	甲寅	乙卯	丙辰	丁巳	戊午	己未
음력	17	18	19	20	21	22	23	24	25	26	27	28	29	7/1	2	3	4	5	6	7	8	9	10	11	12	13	14	15	16	17	18
대운 남	2	2	1	1	1	1	입	10	10	9	9	9	8	8	8	7	7	7	6	6	6	5	처	5	4	4	4	3	3	3	2
대운 여	8	9	9	9	10	10	추	1	1	1	1	2	2	2	3	3	3	4	4	4	5	5	서	6	6	6	7	7	7	8	8

백로 7일 22시 13분 【음8월】➡ 【癸酉月(계유월)】 ☯ 추분 23일 07시 38분

양력 9 / 음력 07/19 ~ 08/18

양력	1	2	3	4	5	6	7	8	9	10	11	12	13	14	15	16	17	18	19	20	21	22	23	24	25	26	27	28	29	30
요일	금	토	일	월	화	수	목	금	토	일	월	화	수	목	금	토	일	월	화	수	목	금	토	일	월	화	수	목	금	토
일진 日辰	庚申	辛酉	壬戌	癸亥	甲子	乙丑	丙寅	丁卯	戊辰	己巳	庚午	辛未	壬申	癸酉	甲戌	乙亥	丙子	丁丑	戊寅	己卯	庚辰	辛巳	壬午	癸未	甲申	乙酉	丙戌	丁亥	戊子	己丑
음력	19	20	21	22	23	24	25	26	27	28	29	30	8/1	2	3	4	5	6	7	8	9	10	11	12	13	14	15	16	17	18
대운 남	2	2	1	1	1	1	백	10	10	9	9	9	8	8	8	7	7	7	6	6	6	5	추	5	4	4	4	3	3	3
대운 여	8	9	9	9	10	10	로	1	1	1	1	2	2	2	3	3	3	4	4	4	5	5	분	6	6	6	7	7	7	8

한로 8일 14시 06분 【음9월】➡ 【甲戌月(갑술월)】 ☯ 상강 23일 17시 15분

양력 10 / 음력 11/01 ~ 12/01

양력	1	2	3	4	5	6	7	8	9	10	11	12	13	14	15	16	17	18	19	20	21	22	23	24	25	26	27	28	29	30	31
요일	일	월	화	수	목	금	토	일	월	화	수	목	금	토	일	월	화	수	목	금	토	일	월	화	수	목	금	토	일	월	화
일진 日辰	庚寅	辛卯	壬辰	癸巳	甲午	乙未	丙申	丁酉	戊戌	己亥	庚子	辛丑	壬寅	癸卯	甲辰	乙巳	丙午	丁未	戊申	己酉	庚戌	辛亥	壬子	癸丑	甲寅	乙卯	丙辰	丁巳	戊午	己未	庚申
음력	19	20	21	22	23	24	25	26	27	28	29	9/1	2	3	4	5	6	7	8	9	10	11	12	13	14	15	16	17	18	19	20
대운 남	2	2	2	1	1	1	1	한	10	9	9	9	8	8	8	7	7	7	6	6	6	5	상	5	4	4	4	3	3	3	2
대운 여	8	8	9	9	9	10	10	로	1	1	1	1	2	2	2	3	3	3	4	4	4	5	강	5	6	6	6	7	7	7	8

입동 7일 17시 32분 【음10월】➡ 【乙亥月(을해월)】 ☯ 소설 22일 15시 04분

양력 11 / 음력 11/01 ~ 12/01

양력	1	2	3	4	5	6	7	8	9	10	11	12	13	14	15	16	17	18	19	20	21	22	23	24	25	26	27	28	29	30
요일	수	목	금	토	일	월	화	수	목	금	토	일	월	화	수	목	금	토	일	월	화	수	목	금	토	일	월	화	수	목
일진 日辰	辛酉	壬戌	癸亥	甲子	乙丑	丙寅	丁卯	戊辰	己巳	庚午	辛未	壬申	癸酉	甲戌	乙亥	丙子	丁丑	戊寅	己卯	庚辰	辛巳	壬午	癸未	甲申	乙酉	丙戌	丁亥	戊子	己丑	庚寅
음력	21	22	23	24	25	26	27	28	29	30	10/1	2	3	4	5	6	7	8	9	10	11	12	13	14	15	16	17	18	19	20
대운 남	2	2	1	1	1	1	입	10	9	9	9	8	8	8	7	7	7	6	6	6	5	소	5	4	4	4	3	3	3	2
대운 여	8	8	9	9	9	10	동	1	1	1	1	2	2	2	3	3	3	4	4	4	5	설	5	6	6	6	7	7	7	8

대설 7일 10시 35분 【음11월】➡ 【丙子月(병자월)】 ☯ 동지 22일 04시 33분

양력 12 / 음력 11/01 ~ 12/01

양력	1	2	3	4	5	6	7	8	9	10	11	12	13	14	15	16	17	18	19	20	21	22	23	24	25	26	27	28	29	30	31
요일	금	토	일	월	화	수	목	금	토	일	월	화	수	목	금	토	일	월	화	수	목	금	토	일	월	화	수	목	금	토	일
일진 日辰	辛卯	壬辰	癸巳	甲午	乙未	丙申	丁酉	戊戌	己亥	庚子	辛丑	壬寅	癸卯	甲辰	乙巳	丙午	丁未	戊申	己酉	庚戌	辛亥	壬子	癸丑	甲寅	乙卯	丙辰	丁巳	戊午	己未	庚申	辛酉
음력	21	22	23	24	25	26	27	28	29	30	11/1	2	3	4	5	6	7	8	9	10	11	12	13	14	15	16	17	18	19	20	21
대운 남	2	2	1	1	1	1	대	9	9	9	8	8	8	7	7	7	6	6	6	5	5	동	4	4	4	3	3	3	2	2	2
대운 여	8	8	9	9	9	10	설	1	1	1	1	2	2	2	3	3	3	4	4	4	5	지	5	6	6	6	7	7	7	8	8

단기 4368 年 / 불기 2579 年

2035년

下元 乙卯年 납음(大溪水), 본명성(一白水)

대장군(子북방), 삼살(酉서방), 상문(巳동남방), 조객(丑동북방), 납음(대계수), 【삼재(사,오,미)년】 臘享(납향):2036년1월17일(음12/20)

소한 5일 21시 54분 【음12월】 ➡ **【丁丑月(정축월)】** ☯ 대한 20일 15시 13분

양력 1 (음력 11/22 ~ 12/22)

양력	1	2	3	4	5	6	7	8	9	10	11	12	13	14	15	16	17	18	19	20	21	22	23	24	25	26	27	28	29	30	31
요일	월	화	수	목	금	토	일	월	화	수	목	금	토	일	월	화	수	목	금	토	일	월	화	수	목	금	토	일	월	화	수
일진 日辰	壬戌	癸亥	甲子	乙丑	丙寅	丁卯	戊辰	己巳	庚午	辛未	壬申	癸酉	甲戌	乙亥	丙子	丁丑	戊寅	己卯	庚辰	辛巳	壬午	癸未	甲申	乙酉	丙戌	丁亥	戊子	己丑	庚寅	辛卯	壬辰
음력	22	23	24	25	26	27	28	29	30	12/1	2	3	4	5	6	7	8	9	10	11	12	13	14	15	16	17	18	19	20	21	22
대운 남	1	1	1	1	소	10	9	9	9	8	8	8	7	7	7	6	6	6	5	대	5	4	4	4	3	3	3	2	2	2	1
대운 여	8	9	9	9	한	1	1	1	1	2	2	2	3	3	3	4	4	4	5	한	5	6	6	6	7	7	7	8	8	8	9

입춘 4일 09시 30분 【음1월】 ➡ **【戊寅月(무인월)】** ☯ 우수 19일 05시 15분

양력 2 (음력 12/23 ~ 01/21)

양력	1	2	3	4	5	6	7	8	9	10	11	12	13	14	15	16	17	18	19	20	21	22	23	24	25	26	27	28
요일	목	금	토	일	월	화	수	목	금	토	일	월	화	수	목	금	토	일	월	화	수	목	금	토	일	월	화	수
일진 日辰	癸巳	甲午	乙未	丙申	丁酉	戊戌	己亥	庚子	辛丑	壬寅	癸卯	甲辰	乙巳	丙午	丁未	戊申	己酉	庚戌	辛亥	壬子	癸丑	甲寅	乙卯	丙辰	丁巳	戊午	己未	庚申
음력	23	24	25	26	27	28	29	1/1	2	3	4	5	6	7	8	9	10	11	12	13	14	15	16	17	18	19	20	21
대운 남	1	1	1	입	1	1	1	1	2	2	2	3	3	3	4	4	4	5	우	5	6	6	6	7	7	7	8	8
대운 여	9	9	10	춘	10	9	9	9	8	8	8	7	7	7	6	6	6	5	수	5	4	4	4	3	3	3	2	2

乙卯年

경칩 6일 03시 20분 【음2월】 ➡ **【己卯月(기묘월)】** ☯ 춘분 21일 04시 01분

양력 3 (음력 01/22 ~ 02/22)

양력	1	2	3	4	5	6	7	8	9	10	11	12	13	14	15	16	17	18	19	20	21	22	23	24	25	26	27	28	29	30	31
요일	목	금	토	일	월	화	수	목	금	토	일	월	화	수	목	금	토	일	월	화	수	목	금	토	일	월	화	수	목	금	토
일진 日辰	辛酉	壬戌	癸亥	甲子	乙丑	丙寅	丁卯	戊辰	己巳	庚午	辛未	壬申	癸酉	甲戌	乙亥	丙子	丁丑	戊寅	己卯	庚辰	辛巳	壬午	癸未	甲申	乙酉	丙戌	丁亥	戊子	己丑	庚寅	辛卯
음력	22	23	24	25	26	27	28	29	30	2/1	2	3	4	5	6	7	8	9	10	11	12	13	14	15	16	17	18	19	20	21	22
대운 남	8	9	9	9	10	경	1	1	1	1	2	2	2	3	3	3	4	4	4	5	춘	5	6	6	6	7	7	7	8	8	8
대운 여	2	1	1	1	1	칩	10	9	9	9	8	8	8	7	7	7	6	6	6	5	분	5	4	4	4	3	3	3	2	2	2

청명 5일 07시 52분 【음3월】 ➡ **【庚辰月(경진월)】** ☯ 곡우 20일 14시 18분

양력 4 (음력 02/23 ~ 03/23)

양력	1	2	3	4	5	6	7	8	9	10	11	12	13	14	15	16	17	18	19	20	21	22	23	24	25	26	27	28	29	30
요일	일	월	화	수	목	금	토	일	월	화	수	목	금	토	일	월	화	수	목	금	토	일	월	화	수	목	금	토	일	월
일진 日辰	壬辰	癸巳	甲午	乙未	丙申	丁酉	戊戌	己亥	庚子	辛丑	壬寅	癸卯	甲辰	乙巳	丙午	丁未	戊申	己酉	庚戌	辛亥	壬子	癸丑	甲寅	乙卯	丙辰	丁巳	戊午	己未	庚申	辛酉
음력	23	24	25	26	27	28	29	3/1	2	3	4	5	6	7	8	9	10	11	12	13	14	15	16	17	18	19	20	21	22	23
대운 남	9	9	9	10	청	1	1	1	1	2	2	2	3	3	3	4	4	4	5	곡	5	6	6	6	7	7	7	8	8	8
대운 여	1	1	1	1	명	10	10	9	9	9	8	8	8	7	7	7	6	6	6	우	5	5	4	4	4	3	3	3	2	2

입하 6일 00시 54분 【음4월】 ➡ **【辛巳月(신사월)】** ☯ 소만 21일 13시 42분

양력 5 (음력 03/24 ~ 04/24)

양력	1	2	3	4	5	6	7	8	9	10	11	12	13	14	15	16	17	18	19	20	21	22	23	24	25	26	27	28	29	30	31
요일	화	수	목	금	토	일	월	화	수	목	금	토	일	월	화	수	목	금	토	일	월	화	수	목	금	토	일	월	화	수	목
일진 日辰	壬戌	癸亥	甲子	乙丑	丙寅	丁卯	戊辰	己巳	庚午	辛未	壬申	癸酉	甲戌	乙亥	丙子	丁丑	戊寅	己卯	庚辰	辛巳	壬午	癸未	甲申	乙酉	丙戌	丁亥	戊子	己丑	庚寅	辛卯	壬辰
음력	24	25	26	27	28	29	30	4/1	2	3	4	5	6	7	8	9	10	11	12	13	14	15	16	17	18	19	20	21	22	23	24
대운 남	9	9	9	10	10	입	1	1	1	1	2	2	2	3	3	3	4	4	4	5	소	5	6	6	6	7	7	7	8	8	8
대운 여	2	1	1	1	1	하	10	10	9	9	9	8	8	8	7	7	7	6	6	6	만	5	5	4	4	4	3	3	3	2	2

망종 6일 04시 49분 【음5월】 ➡ **【壬午月(임오월)】** ☯ 하지 21일 21시 32분

양력 6 (음력 04/25 ~ 05/25)

양력	1	2	3	4	5	6	7	8	9	10	11	12	13	14	15	16	17	18	19	20	21	22	23	24	25	26	27	28	29	30
요일	금	토	일	월	화	수	목	금	토	일	월	화	수	목	금	토	일	월	화	수	목	금	토	일	월	화	수	목	금	토
일진 日辰	癸巳	甲午	乙未	丙申	丁酉	戊戌	己亥	庚子	辛丑	壬寅	癸卯	甲辰	乙巳	丙午	丁未	戊申	己酉	庚戌	辛亥	壬子	癸丑	甲寅	乙卯	丙辰	丁巳	戊午	己未	庚申	辛酉	壬戌
음력	25	26	27	28	29	5/1	2	3	4	5	6	7	8	9	10	11	12	13	14	15	16	17	18	19	20	21	22	23	24	25
대운 남	9	9	9	10	10	망	1	1	1	1	2	2	2	3	3	3	4	4	4	5	하	5	6	6	6	7	7	7	8	8
대운 여	2	1	1	1	1	종	10	10	9	9	9	8	8	8	7	7	7	6	6	6	지	5	5	4	4	4	3	3	3	2

한식(4월06일), 초복(7월18일), 중복(7월28일), 말복(8월17일) ☂춘사(春社)3/18
☀추사(秋社)9/24 토왕지절(土旺之節):4월17일,7월20일,10월20일,1월17일(음12/20)
臘享(납향):2036년1월17일(음12/20)

2035 乙卯年

소서 7일 15시 00분 【음6월】➡ **【癸未月(계미월)】** ☯ 대서 23일 08시 27분

양력 7 (음력 05/26 ~ 06/27)	1	2	3	4	5	6	7	8	9	10	11	12	13	14	15	16	17	18	19	20	21	22	23	24	25	26	27	28	29	30	31
요일	일	월	화	수	목	금	토	일	월	화	수	목	금	토	일	월	화	수	목	금	토	일	월	화	수	목	금	토	일	월	화
일진 日辰	癸亥	甲子	乙丑	丙寅	丁卯	戊辰	己巳	庚午	辛未	壬申	癸酉	甲戌	乙亥	丙子	丁丑	戊寅	己卯	庚辰	辛巳	壬午	癸未	甲申	乙酉	丙戌	丁亥	戊子	己丑	庚寅	辛卯	壬辰	癸巳
음력	26	27	28	29	6/1	2	3	4	5	6	7	8	9	10	11	12	13	14	15	16	17	18	19	20	21	22	23	24	25	26	27
대운 남	8	8	9	9	9	10	소	1	1	1	1	2	2	2	3	3	3	4	4	4	5	5	대	6	6	6	7	7	7	8	8
대운 여	2	2	1	1	1	1	서	10	10	10	9	9	9	8	8	8	7	7	7	6	6	6	서	5	5	4	4	4	3	3	3

입추 8일 00시 53분 【음7월】➡ **【甲申月(갑신월)】** ☯ 처서 23일 15시 43분

양력 8 (음력 06/28 ~ 07/28)	1	2	3	4	5	6	7	8	9	10	11	12	13	14	15	16	17	18	19	20	21	22	23	24	25	26	27	28	29	30	31
요일	수	목	금	토	일	월	화	수	목	금	토	일	월	화	수	목	금	토	일	월	화	수	목	금	토	일	월	화	수	목	금
일진 日辰	甲午	乙未	丙申	丁酉	戊戌	己亥	庚子	辛丑	壬寅	癸卯	甲辰	乙巳	丙午	丁未	戊申	己酉	庚戌	辛亥	壬子	癸丑	甲寅	乙卯	丙辰	丁巳	戊午	己未	庚申	辛酉	壬戌	癸亥	甲子
음력	28	29	30	7/1	2	3	4	5	6	7	8	9	10	11	12	13	14	15	16	17	18	19	20	21	22	23	24	25	26	27	28
대운 남	8	9	9	9	10	10	10	입	1	1	1	1	2	2	2	3	3	3	4	4	4	5	처	5	6	6	6	7	7	7	8
대운 여	2	2	2	1	1	1	1	추	10	10	9	9	9	8	8	8	7	7	7	6	6	6	서	5	5	4	4	4	3	3	3

백로 8일 04시 01분 【음8월】➡ **【乙酉月(을유월)】** ☯ 추분 23일 13시 38분

양력 9 (음력 07/29 ~ 08/29)	1	2	3	4	5	6	7	8	9	10	11	12	13	14	15	16	17	18	19	20	21	22	23	24	25	26	27	28	29	30
요일	토	일	월	화	수	목	금	토	일	월	화	수	목	금	토	일	월	화	수	목	금	토	일	월	화	수	목	금	토	일
일진 日辰	乙丑	丙寅	丁卯	戊辰	己巳	庚午	辛未	壬申	癸酉	甲戌	乙亥	丙子	丁丑	戊寅	己卯	庚辰	辛巳	壬午	癸未	甲申	乙酉	丙戌	丁亥	戊子	己丑	庚寅	辛卯	壬辰	癸巳	甲午
음력	29	8/1	2	3	4	5	6	7	8	9	10	11	12	13	14	15	16	17	18	19	20	21	22	23	24	25	26	27	28	29
대운 남	8	8	9	9	9	10	10	백	1	1	1	1	2	2	2	3	3	3	4	4	4	5	추	5	6	6	6	7	7	7
대운 여	2	2	2	1	1	1	1	로	10	9	9	9	8	8	8	7	7	7	6	6	6	5	분	5	4	4	4	3	3	3

한로 8일 19시 56분 【음9월】➡ **【丙戌月(병술월)】** ☯ 상강 23일 23시 15분

양력 10 (음력 11/01 ~ 12/01)	1	2	3	4	5	6	7	8	9	10	11	12	13	14	15	16	17	18	19	20	21	22	23	24	25	26	27	28	29	30	31
요일	월	화	수	목	금	토	일	월	화	수	목	금	토	일	월	화	수	목	금	토	일	월	화	수	목	금	토	일	월	화	수
일진 日辰	乙未	丙申	丁酉	戊戌	己亥	庚子	辛丑	壬寅	癸卯	甲辰	乙巳	丙午	丁未	戊申	己酉	庚戌	辛亥	壬子	癸丑	甲寅	乙卯	丙辰	丁巳	戊午	己未	庚申	辛酉	壬戌	癸亥	甲子	乙丑
음력	9/1	2	3	4	5	6	7	8	9	10	11	12	13	14	15	16	17	18	19	20	21	22	23	24	25	26	27	28	29	30	10/1
대운 남	8	8	8	9	9	9	10	한	1	1	1	1	2	2	2	3	3	3	4	4	4	5	상	5	6	6	6	7	7	7	8
대운 여	2	2	2	1	1	1	1	로	10	9	9	9	8	8	8	7	7	7	6	6	6	5	강	5	4	4	4	3	3	3	2

입동 7일 23시 22분 【음10월】➡ **【丁亥月(정해월)】** ☯ 소설 22일 21시 02분

양력 11 (음력 11/01 ~ 12/01)	1	2	3	4	5	6	7	8	9	10	11	12	13	14	15	16	17	18	19	20	21	22	23	24	25	26	27	28	29	30
요일	목	금	토	일	월	화	수	목	금	토	일	월	화	수	목	금	토	일	월	화	수	목	금	토	일	월	화	수	목	금
일진 日辰	丙寅	丁卯	戊辰	己巳	庚午	辛未	壬申	癸酉	甲戌	乙亥	丙子	丁丑	戊寅	己卯	庚辰	辛巳	壬午	癸未	甲申	乙酉	丙戌	丁亥	戊子	己丑	庚寅	辛卯	壬辰	癸巳	甲午	乙未
음력	2	3	4	5	6	7	8	9	10	11	12	13	14	15	16	17	18	19	20	21	22	23	24	25	26	27	28	29	30	11/1
대운 남	8	8	9	9	9	10	입	1	1	1	1	2	2	2	3	3	3	4	4	4	5	소	5	6	6	6	7	7	7	8
대운 여	2	2	1	1	1	1	동	10	9	9	9	8	8	8	7	7	7	6	6	6	5	설	5	4	4	4	3	3	3	2

대설 7일 16시 24분 【음11월】➡ **【戊子月(무자월)】** ☯ 동지 22일 10시 30분

양력 12 (음력 11/01 ~ 12/01)	1	2	3	4	5	6	7	8	9	10	11	12	13	14	15	16	17	18	19	20	21	22	23	24	25	26	27	28	29	30	31
요일	토	일	월	화	수	목	금	토	일	월	화	수	목	금	토	일	월	화	수	목	금	토	일	월	화	수	목	금	토	일	월
일진 日辰	丙申	丁酉	戊戌	己亥	庚子	辛丑	壬寅	癸卯	甲辰	乙巳	丙午	丁未	戊申	己酉	庚戌	辛亥	壬子	癸丑	甲寅	乙卯	丙辰	丁巳	戊午	己未	庚申	辛酉	壬戌	癸亥	甲子	乙丑	丙寅
음력	2	3	4	5	6	7	8	9	10	11	12	13	14	15	16	17	18	19	20	21	22	23	24	25	26	27	28	29	12/1	2	3
대운 남	8	8	9	9	9	10	대	1	1	1	1	2	2	2	3	3	3	4	4	4	5	동	5	6	6	6	7	7	7	8	8
대운 여	2	2	1	1	1	1	설	10	9	9	9	8	8	8	7	7	7	6	6	6	5	지	5	4	4	4	3	3	3	2	2

단기 4369 年	2036년
불기 2580 年	

下元 丙辰年 납음(沙中土), 본명성(九紫火)

대장군(子북방), 삼살(남방), 상문(午남방), 조객(寅동북방), 납음(사중토), 【삼재(인,묘,진)년】 臘享(납향):2037년1월23일(음12/08)

용

소한 6일 03시 42분 【음12월】 ➡ 【己丑月(기축월)】 ☯ 대한 20일 21시 10분

양력 1 / 음력 12/04 ~ 01/04

양력	1	2	3	4	5	6	7	8	9	10	11	12	13	14	15	16	17	18	19	20	21	22	23	24	25	26	27	28	29	30	31
요일	화	수	목	금	토	일	월	화	수	목	금	토	일	월	화	수	목	금	토	일	월	화	수	목	금	토	일	월	화	수	목
일진 日辰	丁卯	戊辰	己巳	庚午	辛未	壬申	癸酉	甲戌	乙亥	丙子	丁丑	戊寅	己卯	庚辰	辛巳	壬午	癸未	甲申	乙酉	丙戌	丁亥	戊子	己丑	庚寅	辛卯	壬辰	癸巳	甲午	乙未	丙申	丁酉
음력	4	5	6	7	8	9	10	11	12	13	14	15	16	17	18	19	20	21	22	23	24	25	26	27	28	29	30	1/1	2	3	4
대운 남	8	9	9	9	10	소	1	1	1	1	2	2	2	3	3	3	4	4	4	대	5	5	6	6	6	7	7	7	8	8	8
대운 여	2	1	1	1	1	한	9	9	9	8	8	8	7	7	7	6	6	6	5	한	5	4	4	4	3	3	3	2	2	2	1

입춘 4일 15시 19분 【음1월】 ➡ 【庚寅月(경인월)】 ☯ 우수 19일 11시 13분

양력 2 / 음력 01/05 ~ 02/03

양력	1	2	3	4	5	6	7	8	9	10	11	12	13	14	15	16	17	18	19	20	21	22	23	24	25	26	27	28	29
요일	금	토	일	월	화	수	목	금	토	일	월	화	수	목	금	토	일	월	화	수	목	금	토	일	월	화	수	목	금
일진 日辰	戊戌	己亥	庚子	辛丑	壬寅	癸卯	甲辰	乙巳	丙午	丁未	戊申	己酉	庚戌	辛亥	壬子	癸丑	甲寅	乙卯	丙辰	丁巳	戊午	己未	庚申	辛酉	壬戌	癸亥	甲子	乙丑	丙寅
음력	5	6	7	8	9	10	11	12	13	14	15	16	17	18	19	20	21	22	23	24	25	26	27	28	29	30	2/1	2	3
대운 남	9	9	9	입	10	9	9	9	8	8	8	7	7	7	6	6	6	5	우	5	4	4	4	3	3	3	2	2	2
대운 여	1	1	1	춘	1	1	1	1	2	2	2	3	3	3	4	4	4	5	수	5	6	6	6	7	7	7	8	8	8

丙辰年

경칩 5일 09시 10분 【음2월】 ➡ 【辛卯月(신묘월)】 ☯ 춘분 20일 10시 01분

양력 3 / 음력 02/04 ~ 03/04

양력	1	2	3	4	5	6	7	8	9	10	11	12	13	14	15	16	17	18	19	20	21	22	23	24	25	26	27	28	29	30	31
요일	토	일	월	화	수	목	금	토	일	월	화	수	목	금	토	일	월	화	수	목	금	토	일	월	화	수	목	금	토	일	월
일진 日辰	丁卯	戊辰	己巳	庚午	辛未	壬申	癸酉	甲戌	乙亥	丙子	丁丑	戊寅	己卯	庚辰	辛巳	壬午	癸未	甲申	乙酉	丙戌	丁亥	戊子	己丑	庚寅	辛卯	壬辰	癸巳	甲午	乙未	丙申	丁酉
음력	4	5	6	7	8	9	10	11	12	13	14	15	16	17	18	19	20	21	22	23	24	25	26	27	28	29	30	3/1	2	3	4
대운 남	1	1	1	1	경	10	9	9	9	8	8	8	7	7	7	6	6	6	5	춘	5	4	4	4	3	3	3	2	2	2	1
대운 여	9	9	9	10	칩	1	1	1	1	2	2	2	3	3	3	4	4	4	5	분	5	6	6	6	7	7	7	8	8	8	9

청명 4일 13시 45분 【음3월】 ➡ 【壬辰月(임진월)】 ☯ 곡우 19일 20시 49분

양력 4 / 음력 03/05 ~ 04/05

양력	1	2	3	4	5	6	7	8	9	10	11	12	13	14	15	16	17	18	19	20	21	22	23	24	25	26	27	28	29	30
요일	화	수	목	금	토	일	월	화	수	목	금	토	일	월	화	수	목	금	토	일	월	화	수	목	금	토	일	월	화	수
일진 日辰	戊戌	己亥	庚子	辛丑	壬寅	癸卯	甲辰	乙巳	丙午	丁未	戊申	己酉	庚戌	辛亥	壬子	癸丑	甲寅	乙卯	丙辰	丁巳	戊午	己未	庚申	辛酉	壬戌	癸亥	甲子	乙丑	丙寅	丁卯
음력	5	6	7	8	9	10	11	12	13	14	15	16	17	18	19	20	21	22	23	24	25	26	27	28	29	4/1	2	3	4	5
대운 남	1	1	1	청	10	10	9	9	9	8	8	8	7	7	7	6	6	6	곡	5	5	4	4	4	3	3	3	2	2	2
대운 여	9	9	10	명	1	1	1	1	2	2	2	3	3	3	4	4	4	5	우	5	6	6	6	7	7	7	8	8	8	9

입하 5일 06시 48분 【음4월】 ➡ 【癸巳月(계사월)】 ☯ 소만 20일 19시 43분

양력 5 / 음력 04/06 ~ 05/06

양력	1	2	3	4	5	6	7	8	9	10	11	12	13	14	15	16	17	18	19	20	21	22	23	24	25	26	27	28	29	30	31
요일	목	금	토	일	월	화	수	목	금	토	일	월	화	수	목	금	토	일	월	화	수	목	금	토	일	월	화	수	목	금	토
일진 日辰	戊辰	己巳	庚午	辛未	壬申	癸酉	甲戌	乙亥	丙子	丁丑	戊寅	己卯	庚辰	辛巳	壬午	癸未	甲申	乙酉	丙戌	丁亥	戊子	己丑	庚寅	辛卯	壬辰	癸巳	甲午	乙未	丙申	丁酉	戊戌
음력	6	7	8	9	10	11	12	13	14	15	16	17	18	19	20	21	22	23	24	25	26	27	28	29	30	5/1	2	3	4	5	6
대운 남	1	1	1	1	입	10	10	10	9	9	9	8	8	8	7	7	7	6	6	소	5	5	5	4	4	4	3	3	3	2	2
대운 여	9	9	10	10	하	1	1	1	1	2	2	2	3	3	3	4	4	4	5	만	5	6	6	6	7	7	7	8	8	8	9

망종 6일 10시 46분 【음5월】 ➡ 【甲午月(갑오월)】 ☯ 하지 21일 03시 31분

양력 6 / 음력 05/07 ~ 06/07

양력	1	2	3	4	5	6	7	8	9	10	11	12	13	14	15	16	17	18	19	20	21	22	23	24	25	26	27	28	29	30
요일	일	월	화	수	목	금	토	일	월	화	수	목	금	토	일	월	화	수	목	금	토	일	월	화	수	목	금	토	일	월
일진 日辰	己亥	庚子	辛丑	壬寅	癸卯	甲辰	乙巳	丙午	丁未	戊申	己酉	庚戌	辛亥	壬子	癸丑	甲寅	乙卯	丙辰	丁巳	戊午	己未	庚申	辛酉	壬戌	癸亥	甲子	乙丑	丙寅	丁卯	戊辰
음력	7	8	9	10	11	12	13	14	15	16	17	18	19	20	21	22	23	24	25	26	27	28	29	6/1	2	3	4	5	6	7
대운 남	2	1	1	1	1	망	10	9	9	9	8	8	8	7	7	7	6	6	6	5	하	5	4	4	4	3	3	3	2	2
대운 여	9	9	10	10	10	종	1	1	1	1	2	2	2	3	3	3	4	4	4	5	지	5	6	6	6	7	7	7	8	8

한식(4월05일), 초복(7월12일), 중복(7월22일), 말복(8월11일) ☂춘사(春社)3/22
☀추사(秋社)9/18토왕지절(土旺之節):4월16일,7월19일,10월20일,1월17일(음12/02)
臘享(납향):2037년1월23일(음12/08)

소서 6일 20시 56분 【음6월】 ➡ 【乙未月(을미월)】 ☯ 대서 22일 14시 21분

	양력	1	2	3	4	5	6	7	8	9	10	11	12	13	14	15	16	17	18	19	20	21	22	23	24	25	26	27	28	29	30	31
양력 7	요일	화	수	목	금	토	일	월	화	수	목	금	토	일	월	화	수	목	금	토	일	월	화	수	목	금	토	일	월	화	수	목
	일진 日辰	己巳	庚午	辛未	壬申	癸酉	甲戌	乙亥	丙子	丁丑	戊寅	己卯	庚辰	辛巳	壬午	癸未	甲申	乙酉	丙戌	丁亥	戊子	己丑	庚寅	辛卯	壬辰	癸巳	甲午	乙未	丙申	丁酉	戊戌	己亥
음력 06/08 ▮ 윤609	음력	8	9	10	11	12	13	14	15	16	17	18	19	20	21	22	23	24	25	26	27	28	29	윤6	2	3	4	5	6	7	8	9
대운	남	2	1	1	1	1	소	10	10	10	9	9	9	8	8	8	7	7	7	6	6	6	대	5	5	4	4	4	3	3	3	2
	여	8	9	9	9	10	서	1	1	1	1	2	2	2	3	3	3	4	4	4	5	5	서	6	6	6	7	7	7	8	8	8

입추 7일 06시 48분 【음7월】 ➡ 【丙申月(병신월)】 ☯ 처서 22일 21시 31분

	양력	1	2	3	4	5	6	7	8	9	10	11	12	13	14	15	16	17	18	19	20	21	22	23	24	25	26	27	28	29	30	31
양력 8	요일	금	토	일	월	화	수	목	금	토	일	월	화	수	목	금	토	일	월	화	수	목	금	토	일	월	화	수	목	금	토	일
	일진 日辰	庚子	辛丑	壬寅	癸卯	甲辰	乙巳	丙午	丁未	戊申	己酉	庚戌	辛亥	壬子	癸丑	甲寅	乙卯	丙辰	丁巳	戊午	己未	庚申	辛酉	壬戌	癸亥	甲子	乙丑	丙寅	丁卯	戊辰	己巳	庚午
음력 윤610 ▮ 07/10	음력	10	11	12	13	14	15	16	17	18	19	20	21	22	23	24	25	26	27	28	29	30	7/1	2	3	4	5	6	7	8	9	10
대운	남	2	2	1	1	1	1	입	10	10	9	9	9	8	8	8	7	7	7	6	6	6	처	5	5	4	4	4	3	3	3	2
	여	9	9	9	10	10	10	추	1	1	1	1	2	2	2	3	3	3	4	4	4	5	서	5	6	6	6	7	7	7	8	8

백로 7일 09시 54분 【음8월】 ➡ 【丁酉月(정유월)】 ☯ 추분 22일 19시 22분

	양력	1	2	3	4	5	6	7	8	9	10	11	12	13	14	15	16	17	18	19	20	21	22	23	24	25	26	27	28	29	30
양력 9	요일	월	화	수	목	금	토	일	월	화	수	목	금	토	일	월	화	수	목	금	토	일	월	화	수	목	금	토	일	월	화
	일진 日辰	辛未	壬申	癸酉	甲戌	乙亥	丙子	丁丑	戊寅	己卯	庚辰	辛巳	壬午	癸未	甲申	乙酉	丙戌	丁亥	戊子	己丑	庚寅	辛卯	壬辰	癸巳	甲午	乙未	丙申	丁酉	戊戌	己亥	庚子
음력 07/11 ▮ 08/11	음력	11	12	13	14	15	16	17	18	19	20	21	22	23	24	25	26	27	28	29	8/1	2	3	4	5	6	7	8	9	10	11
대운	남	2	2	1	1	1	1	백	10	10	9	9	9	8	8	8	7	7	7	6	6	6	추	5	5	4	4	4	3	3	3
	여	9	9	9	10	10	10	로	1	1	1	1	2	2	2	3	3	3	4	4	4	5	분	5	6	6	6	7	7	7	8

한로 8일 01시 48분 【음9월】 ➡ 【戊戌月(무술월)】 ☯ 상강 23일 04시 57분

	양력	1	2	3	4	5	6	7	8	9	10	11	12	13	14	15	16	17	18	19	20	21	22	23	24	25	26	27	28	29	30	31
양력 10	요일	수	목	금	토	일	월	화	수	목	금	토	일	월	화	수	목	금	토	일	월	화	수	목	금	토	일	월	화	수	목	금
	일진 日辰	辛丑	壬寅	癸卯	甲辰	乙巳	丙午	丁未	戊申	己酉	庚戌	辛亥	壬子	癸丑	甲寅	乙卯	丙辰	丁巳	戊午	己未	庚申	辛酉	壬戌	癸亥	甲子	乙丑	丙寅	丁卯	戊辰	己巳	庚午	辛未
음력 11/01 ▮ 12/01	음력	12	13	14	15	16	17	18	19	20	21	22	23	24	25	26	27	28	29	9/1	2	3	4	5	6	7	8	9	10	11	12	13
대운	남	2	2	2	1	1	1	1	한	10	9	9	9	8	8	8	7	7	7	6	6	6	5	상	5	4	4	4	3	3	3	2
	여	8	8	9	9	9	10	10	로	1	1	1	1	2	2	2	3	3	3	4	4	4	5	강	5	6	6	6	7	7	7	8

입동 7일 05시 13분 【음10월】 ➡ 【己亥月(기해월)】 ☯ 소설 22일 02시 44분

	양력	1	2	3	4	5	6	7	8	9	10	11	12	13	14	15	16	17	18	19	20	21	22	23	24	25	26	27	28	29	30
양력 11	요일	토	일	월	화	수	목	금	토	일	월	화	수	목	금	토	일	월	화	수	목	금	토	일	월	화	수	목	금	토	일
	일진 日辰	壬申	癸酉	甲戌	乙亥	丙子	丁丑	戊寅	己卯	庚辰	辛巳	壬午	癸未	甲申	乙酉	丙戌	丁亥	戊子	己丑	庚寅	辛卯	壬辰	癸巳	甲午	乙未	丙申	丁酉	戊戌	己亥	庚子	辛丑
음력 11/01 ▮ 12/01	음력	14	15	16	17	18	19	20	21	22	23	24	25	26	27	28	29	30	10/1	2	3	4	5	6	7	8	9	10	11	12	13
대운	남	2	2	1	1	1	1	입	9	9	9	8	8	8	7	7	7	6	6	6	5	5	소	4	4	4	3	3	3	2	2
	여	8	8	9	9	9	10	동	1	1	1	1	2	2	2	3	3	3	4	4	4	5	설	5	6	6	6	7	7	7	8

대설 6일 22시 15분 【음11월】 ➡ 【庚子月(경자월)】 ☯ 동지 21일 16시 11분

	양력	1	2	3	4	5	6	7	8	9	10	11	12	13	14	15	16	17	18	19	20	21	22	23	24	25	26	27	28	29	30	31
양력 12	요일	월	화	수	목	금	토	일	월	화	수	목	금	토	일	월	화	수	목	금	토	일	월	화	수	목	금	토	일	월	화	수
	일진 日辰	壬寅	癸卯	甲辰	乙巳	丙午	丁未	戊申	己酉	庚戌	辛亥	壬子	癸丑	甲寅	乙卯	丙辰	丁巳	戊午	己未	庚申	辛酉	壬戌	癸亥	甲子	乙丑	丙寅	丁卯	戊辰	己巳	庚午	辛未	壬申
음력 11/01 ▮ 12/01	음력	14	15	16	17	18	19	20	21	22	23	24	25	26	27	28	29	11/1	2	3	4	5	6	7	8	9	10	11	12	13	14	15
대운	남	2	1	1	1	1	대	10	9	9	9	8	8	8	7	7	7	6	6	6	5	동	5	4	4	4	3	3	3	2	2	2
	여	8	8	9	9	9	설	1	1	1	1	2	2	2	3	3	3	4	4	4	5	지	5	6	6	6	7	7	7	8	8	8

단기 4370 年	2037년	下元 丁巳年 납음(沙中土),본명성(八白土)
불기 2581 年		대장군(卯동방), 삼살(동방), 상문(未서남방), 조객(卯동방),납음(사중토),【삼재(해,자,축)년】 臘享(납향):2038년1월18일(음12/14)

소한 5일 09시 33분 【음12월】 ➡ 【辛丑月(신축월)】 ☯ 대한 20일 02시 52분

양력 1	1	2	3	4	5	6	7	8	9	10	11	12	13	14	15	16	17	18	19	20	21	22	23	24	25	26	27	28	29	30	31
요일	목	금	토	일	월	화	수	목	금	토	일	월	화	수	목	금	토	일	월	화	수	목	금	토	일	월	화	수	목	금	토
일진 日辰	癸酉	甲戌	乙亥	丙子	丁丑	戊寅	己卯	庚辰	辛巳	壬午	癸未	甲申	乙酉	丙戌	丁亥	戊子	己丑	庚寅	辛卯	壬辰	癸巳	甲午	乙未	丙申	丁酉	戊戌	己亥	庚子	辛丑	壬寅	癸卯
음력 (11/16 ~ 12/16)	16	17	18	19	20	21	22	23	24	25	26	27	28	29	30	12/1	2	3	4	5	6	7	8	9	10	11	12	13	14	15	16
대운 남	1	1	1	1	소	9	9	9	8	8	8	7	7	7	6	6	6	5	5	대	4	4	4	3	3	3	2	2	2	1	1
대운 여	9	9	9	10	한	1	1	1	1	2	2	2	3	3	3	4	4	4	5	한	5	6	6	6	7	7	7	8	8	8	9

입춘 3일 21시 10분 【음1월】 ➡ 【壬寅月(임인월)】 ☯ 우수 18일 16시 57분

양력 2	1	2	3	4	5	6	7	8	9	10	11	12	13	14	15	16	17	18	19	20	21	22	23	24	25	26	27	28
요일	일	월	화	수	목	금	토	일	월	화	수	목	금	토	일	월	화	수	목	금	토	일	월	화	수	목	금	토
일진 日辰	甲辰	乙巳	丙午	丁未	戊申	己酉	庚戌	辛亥	壬子	癸丑	甲寅	乙卯	丙辰	丁巳	戊午	己未	庚申	辛酉	壬戌	癸亥	甲子	乙丑	丙寅	丁卯	戊辰	己巳	庚午	辛未
음력 (12/17 ~ 01/14)	17	18	19	20	21	22	23	24	25	26	27	28	29	30	1/1	2	3	4	5	6	7	8	9	10	11	12	13	14
대운 남	1	1	입	1	1	1	1	2	2	2	3	3	3	4	4	4	5	우	5	6	6	6	7	7	7	8	8	8
대운 여	9	9	춘	10	9	9	9	8	8	8	7	7	7	6	6	6	5	수	5	4	4	4	3	3	3	2	2	2

丁巳年

경칩 5일 15시 05분 【음2월】 ➡ 【癸卯月(계묘월)】 ☯ 춘분 20일 15시 49분

양력 3	1	2	3	4	5	6	7	8	9	10	11	12	13	14	15	16	17	18	19	20	21	22	23	24	25	26	27	28	29	30	31
요일	일	월	화	수	목	금	토	일	월	화	수	목	금	토	일	월	화	수	목	금	토	일	월	화	수	목	금	토	일	월	화
일진 日辰	壬申	癸酉	甲戌	乙亥	丙子	丁丑	戊寅	己卯	庚辰	辛巳	壬午	癸未	甲申	乙酉	丙戌	丁亥	戊子	己丑	庚寅	辛卯	壬辰	癸巳	甲午	乙未	丙申	丁酉	戊戌	己亥	庚子	辛丑	壬寅
음력 (01/15 ~ 02/15)	15	16	17	18	19	20	21	22	23	24	25	26	27	28	29	30	2/1	2	3	4	5	6	7	8	9	10	11	12	13	14	15
대운 남	9	9	9	10	경	1	1	1	1	2	2	2	3	3	3	4	4	4	5	춘	5	6	6	6	7	7	7	8	8	8	9
대운 여	1	1	1	1	칩	10	9	9	9	8	8	8	7	7	7	6	6	6	5	분	5	4	4	4	3	3	3	2	2	2	1

청명 4일 19시 43분 【음3월】 ➡ 【甲辰月(갑진월)】 ☯ 곡우 20일 02시 39분

양력 4	1	2	3	4	5	6	7	8	9	10	11	12	13	14	15	16	17	18	19	20	21	22	23	24	25	26	27	28	29	30
요일	수	목	금	토	일	월	화	수	목	금	토	일	월	화	수	목	금	토	일	월	화	수	목	금	토	일	월	화	수	목
일진 日辰	癸卯	甲辰	乙巳	丙午	丁未	戊申	己酉	庚戌	辛亥	壬子	癸丑	甲寅	乙卯	丙辰	丁巳	戊午	己未	庚申	辛酉	壬戌	癸亥	甲子	乙丑	丙寅	丁卯	戊辰	己巳	庚午	辛未	壬申
음력 (02/16 ~ 03/15)	16	17	18	19	20	21	22	23	24	25	26	27	28	29	30	3/1	2	3	4	5	6	7	8	9	10	11	12	13	14	15
대운 남	9	9	10	청	1	1	1	1	2	2	2	3	3	3	4	4	4	5	5	곡	6	6	6	7	7	7	8	8	8	9
대운 여	1	1	1	명	10	10	9	9	9	8	8	8	7	7	7	6	6	6	5	우	5	4	4	4	3	3	3	2	2	2

입하 5일 12시 48분 【음4월】 ➡ 【乙巳月(을사월)】 ☯ 소만 21일 01시 34분

양력 5	1	2	3	4	5	6	7	8	9	10	11	12	13	14	15	16	17	18	19	20	21	22	23	24	25	26	27	28	29	30	31
요일	금	토	일	월	화	수	목	금	토	일	월	화	수	목	금	토	일	월	화	수	목	금	토	일	월	화	수	목	금	토	일
일진 日辰	癸酉	甲戌	乙亥	丙子	丁丑	戊寅	己卯	庚辰	辛巳	壬午	癸未	甲申	乙酉	丙戌	丁亥	戊子	己丑	庚寅	辛卯	壬辰	癸巳	甲午	乙未	丙申	丁酉	戊戌	己亥	庚子	辛丑	壬寅	癸卯
음력 (03/16 ~ 04/17)	16	17	18	19	20	21	22	23	24	25	26	27	28	29	4/1	2	3	4	5	6	7	8	9	10	11	12	13	14	15	16	17
대운 남	9	9	10	10	입	1	1	1	1	2	2	2	3	3	3	4	4	4	5	5	소	6	6	6	7	7	7	8	8	8	9
대운 여	1	1	1	1	하	10	10	9	9	9	8	8	8	7	7	7	6	6	6	5	만	5	4	4	4	3	3	3	2	2	2

망종 5일 16시 45분 【음5월】 ➡ 【丙午月(병오월)】 ☯ 하지 21일 09시 21분

양력 6	1	2	3	4	5	6	7	8	9	10	11	12	13	14	15	16	17	18	19	20	21	22	23	24	25	26	27	28	29	30
요일	월	화	수	목	금	토	일	월	화	수	목	금	토	일	월	화	수	목	금	토	일	월	화	수	목	금	토	일	월	화
일진 日辰	甲辰	乙巳	丙午	丁未	戊申	己酉	庚戌	辛亥	壬子	癸丑	甲寅	乙卯	丙辰	丁巳	戊午	己未	庚申	辛酉	壬戌	癸亥	甲子	乙丑	丙寅	丁卯	戊辰	己巳	庚午	辛未	壬申	癸酉
음력 (04/18 ~ 05/17)	18	19	20	21	22	23	24	25	26	27	28	29	30	5/1	2	3	4	5	6	7	8	9	10	11	12	13	14	15	16	17
대운 남	9	9	10	10	망	1	1	1	1	2	2	2	3	3	3	4	4	4	5	5	하	6	6	6	7	7	7	8	8	8
대운 여	1	1	1	1	종	10	10	10	9	9	9	8	8	8	7	7	7	6	6	6	지	5	5	4	4	4	3	3	3	2

한식(4월05일), 초복(7월17일), 중복(7월27일), 말복(8월06일) ☂춘사(春社)3/17
☀추사(秋社)9/23 토왕지절(土旺之節):4월17일,7월19일,10월20일,1월17일(음12/13)
臘享(납향):2038년1월18일(음12/14)

2037 丁巳年

소서 7일 02시 54분 【음6월】➡ 【丁未月(정미월)】 ☯ 대서 22일 20시 11분

양력 7	양력	1	2	3	4	5	6	7	8	9	10	11	12	13	14	15	16	17	18	19	20	21	22	23	24	25	26	27	28	29	30	31
	요일	수	목	금	토	일	월	화	수	목	금	토	일	월	화	수	목	금	토	일	월	화	수	목	금	토	일	월	화	수	목	금
	일진 日辰	甲戌	乙亥	丙子	丁丑	戊寅	己卯	庚辰	辛巳	壬午	癸未	甲申	乙酉	丙戌	丁亥	戊子	己丑	庚寅	辛卯	壬辰	癸巳	甲午	乙未	丙申	丁酉	戊戌	己亥	庚子	辛丑	壬寅	癸卯	甲辰
음력 05/18 ~ 06/19	음력	18	19	20	21	22	23	24	25	26	27	28	29	6/1	2	3	4	5	6	7	8	9	10	11	12	13	14	15	16	17	18	19
대운	남	9	9	9	10	10	10	소	1	1	1	1	2	2	2	3	3	3	4	4	4	5	대	5	6	6	6	7	7	7	8	8
	여	2	2	1	1	1	1	서	10	10	9	9	9	8	8	8	7	7	7	6	6	6	서	5	5	4	4	4	3	3	3	2

입추 7일 12시 42분 【음7월】➡ 【戊申月(무신월)】 ☯ 처서 23일 03시 21분

양력 8	양력	1	2	3	4	5	6	7	8	9	10	11	12	13	14	15	16	17	18	19	20	21	22	23	24	25	26	27	28	29	30	31
	요일	토	일	월	화	수	목	금	토	일	월	화	수	목	금	토	일	월	화	수	목	금	토	일	월	화	수	목	금	토	일	월
	일진 日辰	乙巳	丙午	丁未	戊申	己酉	庚戌	辛亥	壬子	癸丑	甲寅	乙卯	丙辰	丁巳	戊午	己未	庚申	辛酉	壬戌	癸亥	甲子	乙丑	丙寅	丁卯	戊辰	己巳	庚午	辛未	壬申	癸酉	甲戌	乙亥
음력 06/20 ~ 07/21	음력	20	21	22	23	24	25	26	27	28	29	7/1	2	3	4	5	6	7	8	9	10	11	12	13	14	15	16	17	18	19	20	21
대운	남	8	9	9	9	10	10	입	1	1	1	1	2	2	2	3	3	3	4	4	4	5	5	처	6	6	6	7	7	7	8	8
	여	2	2	1	1	1	1	추	10	10	9	9	9	8	8	8	7	7	7	6	6	6	5	서	5	4	4	4	3	3	3	2

백로 7일 15시 44분 【음8월】➡ 【己酉月(기유월)】 ☯ 추분 23일 01시 12분

양력 9	양력	1	2	3	4	5	6	7	8	9	10	11	12	13	14	15	16	17	18	19	20	21	22	23	24	25	26	27	28	29	30
	요일	화	수	목	금	토	일	월	화	수	목	금	토	일	월	화	수	목	금	토	일	월	화	수	목	금	토	일	월	화	수
	일진 日辰	丙子	丁丑	戊寅	己卯	庚辰	辛巳	壬午	癸未	甲申	乙酉	丙戌	丁亥	戊子	己丑	庚寅	辛卯	壬辰	癸巳	甲午	乙未	丙申	丁酉	戊戌	己亥	庚子	辛丑	壬寅	癸卯	甲辰	乙巳
음력 07/22 ~ 08/21	음력	22	23	24	25	26	27	28	29	30	8/1	2	3	4	5	6	7	8	9	10	11	12	13	14	15	16	17	18	19	20	21
대운	남	8	9	9	9	10	10	백	1	1	1	1	2	2	2	3	3	3	4	4	4	5	5	추	6	6	6	7	7	7	8
	여	2	2	1	1	1	1	로	10	10	9	9	9	8	8	8	7	7	7	6	6	6	5	분	5	4	4	4	3	3	3

한로 8일 07시 36분 【음9월】➡ 【庚戌月(경술월)】 ☯ 상강 23일 10시 48분

양력 10	양력	1	2	3	4	5	6	7	8	9	10	11	12	13	14	15	16	17	18	19	20	21	22	23	24	25	26	27	28	29	30	31
	요일	목	금	토	일	월	화	수	목	금	토	일	월	화	수	목	금	토	일	월	화	수	목	금	토	일	월	화	수	목	금	토
	일진 日辰	丙午	丁未	戊申	己酉	庚戌	辛亥	壬子	癸丑	甲寅	乙卯	丙辰	丁巳	戊午	己未	庚申	辛酉	壬戌	癸亥	甲子	乙丑	丙寅	丁卯	戊辰	己巳	庚午	辛未	壬申	癸酉	甲戌	乙亥	丙子
음력 11/01 ~ 12/01	음력	22	23	24	25	26	27	28	29	9/1	2	3	4	5	6	7	8	9	10	11	12	13	14	15	16	17	18	19	20	21	22	23
대운	남	8	8	9	9	9	10	10	한	1	1	1	1	2	2	2	3	3	3	4	4	4	5	상	5	6	6	6	7	7	7	8
	여	2	2	2	1	1	1	1	로	10	9	9	9	8	8	8	7	7	7	6	6	6	5	강	5	4	4	4	3	3	3	2

입동 7일 11시 03분 【음10월】➡ 【辛亥月(신해월)】 ☯ 소설 22일 08시 37분

양력 11	양력	1	2	3	4	5	6	7	8	9	10	11	12	13	14	15	16	17	18	19	20	21	22	23	24	25	26	27	28	29	30
	요일	일	월	화	수	목	금	토	일	월	화	수	목	금	토	일	월	화	수	목	금	토	일	월	화	수	목	금	토	일	월
	일진 日辰	丁丑	戊寅	己卯	庚辰	辛巳	壬午	癸未	甲申	乙酉	丙戌	丁亥	戊子	己丑	庚寅	辛卯	壬辰	癸巳	甲午	乙未	丙申	丁酉	戊戌	己亥	庚子	辛丑	壬寅	癸卯	甲辰	乙巳	丙午
음력 11/01 ~ 12/01	음력	24	25	26	27	28	29	10/1	2	3	4	5	6	7	8	9	10	11	12	13	14	15	16	17	18	19	20	21	22	23	24
대운	남	8	8	9	9	9	10	입	1	1	1	1	2	2	2	3	3	3	4	4	4	5	소	5	6	6	6	7	7	7	8
	여	2	2	1	1	1	1	동	10	9	9	9	8	8	8	7	7	7	6	6	6	5	설	5	4	4	4	3	3	3	2

대설 7일 04시 06분 【음11월】➡ 【壬子月(임자월)】 ☯ 동지 21일 22시 06분

양력 12	양력	1	2	3	4	5	6	7	8	9	10	11	12	13	14	15	16	17	18	19	20	21	22	23	24	25	26	27	28	29	30	31
	요일	화	수	목	금	토	일	월	화	수	목	금	토	일	월	화	수	목	금	토	일	월	화	수	목	금	토	일	월	화	수	목
	일진 日辰	丁未	戊申	己酉	庚戌	辛亥	壬子	癸丑	甲寅	乙卯	丙辰	丁巳	戊午	己未	庚申	辛酉	壬戌	癸亥	甲子	乙丑	丙寅	丁卯	戊辰	己巳	庚午	辛未	壬申	癸酉	甲戌	乙亥	丙子	丁丑
음력 11/01 ~ 12/01	음력	25	26	27	28	29	30	11/1	2	3	4	5	6	7	8	9	10	11	12	13	14	15	16	17	18	19	20	21	22	23	24	25
대운	남	8	8	9	9	9	10	대	1	1	1	1	2	2	2	3	3	3	4	4	4	동	5	5	6	6	6	7	7	7	8	8
	여	2	2	1	1	1	1	설	9	9	9	8	8	8	7	7	7	6	6	6	5	지	5	4	4	4	3	3	3	2	2	2

단기 4371 年	2038년	下元 戊午年 납음(天上火),본명성(七赤金)
불기 2582 年		대장군(卯동방), 삼살(북방), 상문(申서남방),조객(辰동남방), 납음(천상화),【삼재(신,유,술)년】 臘享(납향):2039년1월13일(음12/19)

말

소한 5일 15시 25분 【음12월】 ➡ **【癸丑月(계축월)】** ☯ 대한 20일 08시 47분

양력 1 (음력 11/26~12/27)	1	2	3	4	5	6	7	8	9	10	11	12	13	14	15	16	17	18	19	20	21	22	23	24	25	26	27	28	29	30	31
요일	금	토	일	월	화	수	목	금	토	일	월	화	수	목	금	토	일	월	화	수	목	금	토	일	월	화	수	목	금	토	일
일진 日辰	戊寅	己卯	庚辰	辛巳	壬午	癸未	甲申	乙酉	丙戌	丁亥	戊子	己丑	庚寅	辛卯	壬辰	癸巳	甲午	乙未	丙申	丁酉	戊戌	己亥	庚子	辛丑	壬寅	癸卯	甲辰	乙巳	丙午	丁未	戊申
음력	26	27	28	29	12/1	2	3	4	5	6	7	8	9	10	11	12	13	14	15	16	17	18	19	20	21	22	23	24	25	26	27
대운 남	8	9	9	9	소	1	1	1	1	2	2	2	3	3	3	4	4	4	5	대	5	6	6	6	7	7	7	8	8	8	9
대운 여	1	1	1	1	한	10	9	9	9	8	8	8	7	7	7	6	6	6	5	한	5	4	4	4	3	3	3	2	2	2	1

입춘 4일 03시 02분 【음1월】 ➡ **【甲寅月(갑인월)】** ☯ 우수 18일 22시 51분

양력 2 (음력 12/28~01/25)	1	2	3	4	5	6	7	8	9	10	11	12	13	14	15	16	17	18	19	20	21	22	23	24	25	26	27	28	
요일	월	화	수	목	금	토	일	월	화	수	목	금	토	일	월	화	수	목	금	토	일	월	화	수	목	금	토	일	戊午年
일진 日辰	己酉	庚戌	辛亥	壬子	癸丑	甲寅	乙卯	丙辰	丁巳	戊午	己未	庚申	辛酉	壬戌	癸亥	甲子	乙丑	丙寅	丁卯	戊辰	己巳	庚午	辛未	壬申	癸酉	甲戌	乙亥	丙子	
음력	28	29	30	1/1	2	3	4	5	6	7	8	9	10	11	12	13	14	15	16	17	18	19	20	21	22	23	24	25	
대운 남	9	9	10	입	9	9	9	8	8	8	7	7	7	6	6	6	5	우	5	4	4	4	3	3	3	2	2	2	
대운 여	1	1	1	춘	1	1	1	1	2	2	2	3	3	3	4	4	4	수	5	5	6	6	6	7	7	7	8	8	

경칩 5일 20시 54분 【음2월】 ➡ **【乙卯月(을묘월)】** ☯ 춘분 20일 21시 39분

양력 3 (음력 01/26~02/26)	1	2	3	4	5	6	7	8	9	10	11	12	13	14	15	16	17	18	19	20	21	22	23	24	25	26	27	28	29	30	31
요일	월	화	수	목	금	토	일	월	화	수	목	금	토	일	월	화	수	목	금	토	일	월	화	수	목	금	토	일	월	화	수
일진 日辰	丁丑	戊寅	己卯	庚辰	辛巳	壬午	癸未	甲申	乙酉	丙戌	丁亥	戊子	己丑	庚寅	辛卯	壬辰	癸巳	甲午	乙未	丙申	丁酉	戊戌	己亥	庚子	辛丑	壬寅	癸卯	甲辰	乙巳	丙午	丁未
음력	26	27	28	29	30	2/1	2	3	4	5	6	7	8	9	10	11	12	13	14	15	16	17	18	19	20	21	22	23	24	25	26
대운 남	1	1	1	1	경	10	10	9	9	9	8	8	8	7	7	7	6	6	6	춘	5	5	4	4	4	3	3	3	2	2	2
대운 여	8	9	9	9	칩	1	1	1	1	2	2	2	3	3	3	4	4	4	5	분	5	6	6	6	7	7	7	8	8	8	9

청명 5일 01시 28분 【음3월】 ➡ **【丙辰月(병진월)】** ☯ 곡우 20일 08시 27분

양력 4 (음력 02/27~03/26)	1	2	3	4	5	6	7	8	9	10	11	12	13	14	15	16	17	18	19	20	21	22	23	24	25	26	27	28	29	30
요일	목	금	토	일	월	화	수	목	금	토	일	월	화	수	목	금	토	일	월	화	수	목	금	토	일	월	화	수	목	금
일진 日辰	戊申	己酉	庚戌	辛亥	壬子	癸丑	甲寅	乙卯	丙辰	丁巳	戊午	己未	庚申	辛酉	壬戌	癸亥	甲子	乙丑	丙寅	丁卯	戊辰	己巳	庚午	辛未	壬申	癸酉	甲戌	乙亥	丙子	丁丑
음력	27	28	29	30	3/1	2	3	4	5	6	7	8	9	10	11	12	13	14	15	16	17	18	19	20	21	22	23	24	25	26
대운 남	1	1	1	1	청	10	9	9	9	8	8	8	7	7	7	6	6	6	5	곡	5	4	4	4	3	3	3	2	2	2
대운 여	9	9	10	10	명	1	1	1	1	2	2	2	3	3	3	4	4	4	5	우	5	6	6	6	7	7	7	8	8	8

입하 5일 18시 30분 【음4월】 ➡ **【丁巳月(정사월)】** ☯ 소만 21일 07시 21분

양력 5 (음력 03/27~04/28)	1	2	3	4	5	6	7	8	9	10	11	12	13	14	15	16	17	18	19	20	21	22	23	24	25	26	27	28	29	30	31
요일	토	일	월	화	수	목	금	토	일	월	화	수	목	금	토	일	월	화	수	목	금	토	일	월	화	수	목	금	토	일	월
일진 日辰	戊寅	己卯	庚辰	辛巳	壬午	癸未	甲申	乙酉	丙戌	丁亥	戊子	己丑	庚寅	辛卯	壬辰	癸巳	甲午	乙未	丙申	丁酉	戊戌	己亥	庚子	辛丑	壬寅	癸卯	甲辰	乙巳	丙午	丁未	戊申
음력	27	28	29	4/1	2	3	4	5	6	7	8	9	10	11	12	13	14	15	16	17	18	19	20	21	22	23	24	25	26	27	28
대운 남	1	1	1	1	입	10	10	9	9	9	8	8	8	7	7	7	6	6	6	5	소	5	4	4	4	3	3	3	2	2	2
대운 여	9	9	9	10	하	1	1	1	1	2	2	2	3	3	3	4	4	4	5	5	만	6	6	6	7	7	7	8	8	8	9

망종 5일 22시 24분 【음5월】 ➡ **【戊午月(무오월)】** ☯ 하지 21일 15시 08분

양력 6 (음력 04/29~05/28)	1	2	3	4	5	6	7	8	9	10	11	12	13	14	15	16	17	18	19	20	21	22	23	24	25	26	27	28	29	30
요일	화	수	목	금	토	일	월	화	수	목	금	토	일	월	화	수	목	금	토	일	월	화	수	목	금	토	일	월	화	수
일진 日辰	己酉	庚戌	辛亥	壬子	癸丑	甲寅	乙卯	丙辰	丁巳	戊午	己未	庚申	辛酉	壬戌	癸亥	甲子	乙丑	丙寅	丁卯	戊辰	己巳	庚午	辛未	壬申	癸酉	甲戌	乙亥	丙子	丁丑	戊寅
음력	29	30	5/1	2	3	4	5	6	7	8	9	10	11	12	13	14	15	16	17	18	19	20	21	22	23	24	25	26	27	28
대운 남	1	1	1	1	망	10	10	10	9	9	9	8	8	8	7	7	7	6	6	6	하	5	5	4	4	4	3	3	3	2
대운 여	9	9	10	10	종	1	1	1	1	2	2	2	3	3	3	4	4	4	5	5	지	6	6	6	7	7	7	8	8	8

한식(4월05일), 초복(7월12일), 중복(7월22일), 말복(8월11일) ☂춘사(春社)3/22
☀추사(秋社)9/18 토왕지절(土旺之節):4월17일,7월19일,10월20일,1월17일(음12/23)
臘享(납향):2039년1월13일(음12/19)

2038 戊午年

소서 7일 08시 31분 【음6월】➡ 【己未月(기미월)】 ☯ 대서 23일 01시 58분

양력 7	1	2	3	4	5	6	7	8	9	10	11	12	13	14	15	16	17	18	19	20	21	22	23	24	25	26	27	28	29	30	31
요일	목	금	토	일	월	화	수	목	금	토	일	월	화	수	목	금	토	일	월	화	수	목	금	토	일	월	화	수	목	금	토
일진 日辰	己卯	庚辰	辛巳	壬午	癸未	甲申	乙酉	丙戌	丁亥	戊子	己丑	庚寅	辛卯	壬辰	癸巳	甲午	乙未	丙申	丁酉	戊戌	己亥	庚子	辛丑	壬寅	癸卯	甲辰	乙巳	丙午	丁未	戊申	己酉
음력 (05/29~06/30)	29	6/1	2	3	4	5	6	7	8	9	10	11	12	13	14	15	16	17	18	19	20	21	22	23	24	25	26	27	28	29	30
대운 남	2	2	1	1	1	1	소	10	10	9	9	9	8	8	8	7	7	7	6	6	6	5	대	5	4	4	4	3	3	3	2
대운 여	9	9	9	10	10	10	서	1	1	1	1	2	2	2	3	3	3	4	4	4	5	5	서	6	6	6	7	7	7	8	8

입추 7일 18시 20분 【음7월】➡ 【庚申月(경신월)】 ☯ 처서 23일 09시 09분

양력 8	1	2	3	4	5	6	7	8	9	10	11	12	13	14	15	16	17	18	19	20	21	22	23	24	25	26	27	28	29	30	31
요일	일	월	화	수	목	금	토	일	월	화	수	목	금	토	일	월	화	수	목	금	토	일	월	화	수	목	금	토	일	월	화
일진 日辰	庚戌	辛亥	壬子	癸丑	甲寅	乙卯	丙辰	丁巳	戊午	己未	庚申	辛酉	壬戌	癸亥	甲子	乙丑	丙寅	丁卯	戊辰	己巳	庚午	辛未	壬申	癸酉	甲戌	乙亥	丙子	丁丑	戊寅	己卯	庚辰
음력 (07/01~08/02)	7/1	2	3	4	5	6	7	8	9	10	11	12	13	14	15	16	17	18	19	20	21	22	23	24	25	26	27	28	29	8/1	2
대운 남	2	2	1	1	1	1	입	10	10	9	9	9	8	8	8	7	7	7	6	6	6	5	처	5	4	4	4	3	3	3	2
대운 여	8	9	9	9	10	10	추	1	1	1	1	2	2	2	3	3	3	4	4	4	5	5	서	6	6	6	7	7	7	8	8

백로 7일 21시 25분 【음8월】➡ 【辛酉月(신유월)】 ☯ 추분 23일 07시 01분

양력 9	1	2	3	4	5	6	7	8	9	10	11	12	13	14	15	16	17	18	19	20	21	22	23	24	25	26	27	28	29	30
요일	수	목	금	토	일	월	화	수	목	금	토	일	월	화	수	목	금	토	일	월	화	수	목	금	토	일	월	화	수	목
일진 日辰	辛巳	壬午	癸未	甲申	乙酉	丙戌	丁亥	戊子	己丑	庚寅	辛卯	壬辰	癸巳	甲午	乙未	丙申	丁酉	戊戌	己亥	庚子	辛丑	壬寅	癸卯	甲辰	乙巳	丙午	丁未	戊申	己酉	庚戌
음력 (08/03~09/02)	3	4	5	6	7	8	9	10	11	12	13	14	15	16	17	18	19	20	21	22	23	24	25	26	27	28	29	30	9/1	2
대운 남	2	2	1	1	1	1	백	10	10	9	9	9	8	8	8	7	7	7	6	6	6	5	추	5	4	4	4	3	3	3
대운 여	8	9	9	9	10	10	로	1	1	1	1	2	2	2	3	3	3	4	4	4	5	5	분	6	6	6	7	7	7	8

한로 8일 13시 20분 【음9월】➡ 【壬戌月(임술월)】 ☯ 상강 23일 16시 39분

양력 10	1	2	3	4	5	6	7	8	9	10	11	12	13	14	15	16	17	18	19	20	21	22	23	24	25	26	27	28	29	30	31
요일	금	토	일	월	화	수	목	금	토	일	월	화	수	목	금	토	일	월	화	수	목	금	토	일	월	화	수	목	금	토	일
일진 日辰	辛亥	壬子	癸丑	甲寅	乙卯	丙辰	丁巳	戊午	己未	庚申	辛酉	壬戌	癸亥	甲子	乙丑	丙寅	丁卯	戊辰	己巳	庚午	辛未	壬申	癸酉	甲戌	乙亥	丙子	丁丑	戊寅	己卯	庚辰	辛巳
음력 (11/01~12/01)	3	4	5	6	7	8	9	10	11	12	13	14	15	16	17	18	19	20	21	22	23	24	25	26	27	28	29	10/1	2	3	4
대운 남	2	2	2	1	1	1	1	한	10	9	9	9	8	8	8	7	7	7	6	6	6	5	상	5	4	4	4	3	3	3	2
대운 여	8	8	9	9	9	10	10	로	1	1	1	1	2	2	2	3	3	3	4	4	4	5	강	5	6	6	6	7	7	7	8

입동 7일 16시 49분 【음10월】➡ 【癸亥月(계해월)】 ☯ 소설 22일 14시 30분

양력 11	1	2	3	4	5	6	7	8	9	10	11	12	13	14	15	16	17	18	19	20	21	22	23	24	25	26	27	28	29	30
요일	월	화	수	목	금	토	일	월	화	수	목	금	토	일	월	화	수	목	금	토	일	월	화	수	목	금	토	일	월	화
일진 日辰	壬午	癸未	甲申	乙酉	丙戌	丁亥	戊子	己丑	庚寅	辛卯	壬辰	癸巳	甲午	乙未	丙申	丁酉	戊戌	己亥	庚子	辛丑	壬寅	癸卯	甲辰	乙巳	丙午	丁未	戊申	己酉	庚戌	辛亥
음력 (11/01~12/01)	5	6	7	8	9	10	11	12	13	14	15	16	17	18	19	20	21	22	23	24	25	26	27	28	29	11/1	2	3	4	5
대운 남	2	2	1	1	1	1	입	10	9	9	9	8	8	8	7	7	7	6	6	6	5	소	5	4	4	4	3	3	3	2
대운 여	8	8	9	9	9	10	동	1	1	1	1	2	2	2	3	3	3	4	4	4	5	설	5	6	6	6	7	7	7	8

대설 7일 09시 55분 【음11월】➡ 【甲子月(갑자월)】 ☯ 동지 22일 04시 01분

양력 12	1	2	3	4	5	6	7	8	9	10	11	12	13	14	15	16	17	18	19	20	21	22	23	24	25	26	27	28	29	30	31
요일	수	목	금	토	일	월	화	수	목	금	토	일	월	화	수	목	금	토	일	월	화	수	목	금	토	일	월	화	수	목	금
일진 日辰	壬子	癸丑	甲寅	乙卯	丙辰	丁巳	戊午	己未	庚申	辛酉	壬戌	癸亥	甲子	乙丑	丙寅	丁卯	戊辰	己巳	庚午	辛未	壬申	癸酉	甲戌	乙亥	丙子	丁丑	戊寅	己卯	庚辰	辛巳	壬午
음력 (11/01~12/01)	6	7	8	9	10	11	12	13	14	15	16	17	18	19	20	21	22	23	24	25	26	27	28	29	30	12/1	2	3	4	5	6
대운 남	2	2	1	1	1	1	대	9	9	9	8	8	8	7	7	7	6	6	6	5	5	동	4	4	4	3	3	3	2	2	2
대운 여	8	8	9	9	9	10	설	1	1	1	1	2	2	2	3	3	3	4	4	4	5	지	5	6	6	6	7	7	7	8	8

단기 4372 年 불기 2583 年

2039년

下元 己未年 납음(天上火), 본명성(六白金)

대장군(卯동방). 삼살(酉서방), 상문(酉서방),조객(巳동남방), 납음(천상화), 【삼재(사,오,미)년】 臘享(납향):2040년1월20일(음12/07)

소한 5일 21시 15분 【음12월】 ➡ **【乙丑月(을축월)】** ☯ 대한 20일 14시 42분

양력 1 / 음력 12/07 ~ 01/08

양력	1	2	3	4	5	6	7	8	9	10	11	12	13	14	15	16	17	18	19	20	21	22	23	24	25	26	27	28	29	30	31
요일	토	일	월	화	수	목	금	토	일	월	화	수	목	금	토	일	월	화	수	목	금	토	일	월	화	수	목	금	토	일	월
일진 日辰	癸未	甲申	乙酉	丙戌	丁亥	戊子	己丑	庚寅	辛卯	壬辰	癸巳	甲午	乙未	丙申	丁酉	戊戌	己亥	庚子	辛丑	壬寅	癸卯	甲辰	乙巳	丙午	丁未	戊申	己酉	庚戌	辛亥	壬子	癸丑
음력	7	8	9	10	11	12	13	14	15	16	17	18	19	20	21	22	23	24	25	26	27	28	29	1/1	2	3	4	5	6	7	8
대운 남	1	1	1	1	소	10	9	9	9	8	8	8	7	7	7	6	6	6	5	대	5	4	4	4	3	3	3	2	2	2	1
대운 여	8	9	9	9	한	1	1	1	1	2	2	2	3	3	3	4	4	4	5	한	5	6	6	6	7	7	7	8	8	8	9

입춘 4일 08시 51분 【음1월】 ➡ **【丙寅月(병인월)】** ☯ 우수 19일 04시 44분

양력 2 / 음력 01/09 ~ 02/06

양력	1	2	3	4	5	6	7	8	9	10	11	12	13	14	15	16	17	18	19	20	21	22	23	24	25	26	27	28
요일	화	수	목	금	토	일	월	화	수	목	금	토	일	월	화	수	목	금	토	일	월	화	수	목	금	토	일	월
일진 日辰	甲寅	乙卯	丙辰	丁巳	戊午	己未	庚申	辛酉	壬戌	癸亥	甲子	乙丑	丙寅	丁卯	戊辰	己巳	庚午	辛未	壬申	癸酉	甲戌	乙亥	丙子	丁丑	戊寅	己卯	庚辰	辛巳
음력	9	10	11	12	13	14	15	16	17	18	19	20	21	22	23	24	25	26	27	28	29	30	2/1	2	3	4	5	6
대운 남	1	1	1	입	1	1	1	1	2	2	2	3	3	3	4	4	4	5	우	5	6	6	6	7	7	7	8	8
대운 여	9	9	10	춘	10	9	9	9	8	8	8	7	7	7	6	6	6	5	수	5	4	4	4	3	3	3	2	2

己未年

경칩 6일 02시 42분 【음2월】 ➡ **【丁卯月(정묘월)】** ☯ 춘분 21일 03시 31분

양력 3 / 음력 02/07 ~ 03/07

양력	1	2	3	4	5	6	7	8	9	10	11	12	13	14	15	16	17	18	19	20	21	22	23	24	25	26	27	28	29	30	31
요일	화	수	목	금	토	일	월	화	수	목	금	토	일	월	화	수	목	금	토	일	월	화	수	목	금	토	일	월	화	수	목
일진 日辰	壬午	癸未	甲申	乙酉	丙戌	丁亥	戊子	己丑	庚寅	辛卯	壬辰	癸巳	甲午	乙未	丙申	丁酉	戊戌	己亥	庚子	辛丑	壬寅	癸卯	甲辰	乙巳	丙午	丁未	戊申	己酉	庚戌	辛亥	壬子
음력	7	8	9	10	11	12	13	14	15	16	17	18	19	20	21	22	23	24	25	26	27	28	29	30	3/1	2	3	4	5	6	7
대운 남	8	9	9	9	10	경	1	1	1	1	2	2	2	3	3	3	4	4	4	5	춘	5	6	6	6	7	7	7	8	8	8
대운 여	2	1	1	1	1	칩	10	9	9	9	8	8	8	7	7	7	6	6	6	5	분	5	4	4	4	3	3	3	2	2	2

청명 5일 07시 14분 【음3월】 ➡ **【戊辰月(무진월)】** ☯ 곡우 20일 14시 16분

양력 4 / 음력 03/08 ~ 04/08

양력	1	2	3	4	5	6	7	8	9	10	11	12	13	14	15	16	17	18	19	20	21	22	23	24	25	26	27	28	29	30
요일	금	토	일	월	화	수	목	금	토	일	월	화	수	목	금	토	일	월	화	수	목	금	토	일	월	화	수	목	금	토
일진 日辰	癸丑	甲寅	乙卯	丙辰	丁巳	戊午	己未	庚申	辛酉	壬戌	癸亥	甲子	乙丑	丙寅	丁卯	戊辰	己巳	庚午	辛未	壬申	癸酉	甲戌	乙亥	丙子	丁丑	戊寅	己卯	庚辰	辛巳	壬午
음력	8	9	10	11	12	13	14	15	16	17	18	19	20	21	22	23	24	25	26	27	28	29	4/1	2	3	4	5	6	7	8
대운 남	9	9	9	10	청	1	1	1	1	2	2	2	3	3	3	4	4	4	5	곡	5	6	6	6	7	7	7	8	8	8
대운 여	1	1	1	1	명	10	9	9	9	8	8	8	7	7	7	6	6	6	5	우	5	4	4	4	3	3	3	2	2	2

입하 5일 00시 17분 【음4월】 ➡ **【己巳月(기사월)】** ☯ 소만 21일 13시 09분

양력 5 / 음력 04/09 ~ 05/09

양력	1	2	3	4	5	6	7	8	9	10	11	12	13	14	15	16	17	18	19	20	21	22	23	24	25	26	27	28	29	30	31
요일	일	월	화	수	목	금	토	일	월	화	수	목	금	토	일	월	화	수	목	금	토	일	월	화	수	목	금	토	일	월	화
일진 日辰	癸未	甲申	乙酉	丙戌	丁亥	戊子	己丑	庚寅	辛卯	壬辰	癸巳	甲午	乙未	丙申	丁酉	戊戌	己亥	庚子	辛丑	壬寅	癸卯	甲辰	乙巳	丙午	丁未	戊申	己酉	庚戌	辛亥	壬子	癸丑
음력	9	10	11	12	13	14	15	16	17	18	19	20	21	22	23	24	25	26	27	28	29	30	5/1	2	3	4	5	6	7	8	9
대운 남	9	9	9	10	입	1	1	1	1	2	2	2	3	3	3	4	4	4	5	5	소	6	6	6	7	7	7	8	8	8	9
대운 여	1	1	1	1	하	10	10	10	9	9	9	8	8	8	7	7	7	6	6	6	만	5	5	4	4	4	3	3	3	2	2

망종 6일 04시 14분 【음5월】 ➡ **【庚午月(경오월)】** ☯ 하지 21일 20시 56분

양력 6 / 음력 05/10 ~ 윤509

양력	1	2	3	4	5	6	7	8	9	10	11	12	13	14	15	16	17	18	19	20	21	22	23	24	25	26	27	28	29	30
요일	수	목	금	토	일	월	화	수	목	금	토	일	월	화	수	목	금	토	일	월	화	수	목	금	토	일	월	화	수	목
일진 日辰	甲寅	乙卯	丙辰	丁巳	戊午	己未	庚申	辛酉	壬戌	癸亥	甲子	乙丑	丙寅	丁卯	戊辰	己巳	庚午	辛未	壬申	癸酉	甲戌	乙亥	丙子	丁丑	戊寅	己卯	庚辰	辛巳	壬午	癸未
음력	10	11	12	13	14	15	16	17	18	19	20	21	22	23	24	25	26	27	28	29	30	윤5	2	3	4	5	6	7	8	9
대운 남	9	9	10	10	10	망	1	1	1	1	2	2	2	3	3	3	4	4	4	5	하	5	6	6	6	7	7	7	8	8
대운 여	2	1	1	1	1	종	10	10	9	9	9	8	8	8	7	7	7	6	6	6	지	5	5	4	4	4	3	3	3	2

한식(4월06일), 초복(7월17일), 중복(7월27일), 말복(8월16일) ☂춘사(春社)3/17
☀추사(秋社)9/23 토왕지절(土旺之節):4월17일,7월20일,10월20일,1월17일(음12/04)
臘享(납향):2040년1월20일(음12/07)

2039 己未年

소서 7일 14시 25분 【음6월】 ➡ **【辛未月(신미월)】** ☯ 대서 23일 07시 47분

양력 7	양력	1	2	3	4	5	6	7	8	9	10	11	12	13	14	15	16	17	18	19	20	21	22	23	24	25	26	27	28	29	30	31
	요일	금	토	일	월	화	수	목	금	토	일	월	화	수	목	금	토	일	월	화	수	목	금	토	일	월	화	수	목	금	토	일
	일진	甲	乙	丙	丁	戊	己	庚	辛	壬	癸	甲	乙	丙	丁	戊	己	庚	辛	壬	癸	甲	乙	丙	丁	戊	己	庚	辛	壬	癸	甲
음력 윤510 ▮ 06/11	日辰	申	酉	戌	亥	子	丑	寅	卯	辰	巳	午	未	申	酉	戌	亥	子	丑	寅	卯	辰	巳	午	未	申	酉	戌	亥	子	丑	寅
	음력	10	11	12	13	14	15	16	17	18	19	20	21	22	23	24	25	26	27	28	29	6/1	2	3	4	5	6	7	8	9	10	11
대운	남	8	9	9	9	10	10	소	1	1	1	1	2	2	2	3	3	3	4	4	4	5	5	대	6	6	6	7	7	7	8	8
	여	2	2	1	1	1	1	서	10	10	10	9	9	9	8	8	8	7	7	7	6	6	6	서	5	5	4	4	4	3	3	3

입추 8일 00시 17분 【음7월】 ➡ **【壬申月(임신월)】** ☯ 처서 23일 14시 57분

양력 8	양력	1	2	3	4	5	6	7	8	9	10	11	12	13	14	15	16	17	18	19	20	21	22	23	24	25	26	27	28	29	30	31
	요일	월	화	수	목	금	토	일	월	화	수	목	금	토	일	월	화	수	목	금	토	일	월	화	수	목	금	토	일	월	화	수
	일진	乙	丙	丁	戊	己	庚	辛	壬	癸	甲	乙	丙	丁	戊	己	庚	辛	壬	癸	甲	乙	丙	丁	戊	己	庚	辛	壬	癸	甲	乙
음력 06/12 ▮ 07/12	日辰	卯	辰	巳	午	未	申	酉	戌	亥	子	丑	寅	卯	辰	巳	午	未	申	酉	戌	亥	子	丑	寅	卯	辰	巳	午	未	申	酉
	음력	12	13	14	15	16	17	18	19	20	21	22	23	24	25	26	27	28	29	30	7/1	2	3	4	5	6	7	8	9	10	11	12
대운	남	8	9	9	9	10	10	10	입	1	1	1	1	2	2	2	3	3	3	4	4	4	5	처	5	6	6	6	7	7	7	8
	여	2	2	2	1	1	1	1	추	10	10	9	9	9	8	8	8	7	7	7	6	6	6	서	5	5	4	4	4	3	3	3

백로 8일 03시 23분 【음8월】 ➡ **【癸酉月(계유월)】** ☯ 추분 23일 12시 48분

양력 9	양력	1	2	3	4	5	6	7	8	9	10	11	12	13	14	15	16	17	18	19	20	21	22	23	24	25	26	27	28	29	30
	요일	목	금	토	일	월	화	수	목	금	토	일	월	화	수	목	금	토	일	월	화	수	목	금	토	일	월	화	수	목	금
	일진	丙	丁	戊	己	庚	辛	壬	癸	甲	乙	丙	丁	戊	己	庚	辛	壬	癸	甲	乙	丙	丁	戊	己	庚	辛	壬	癸	甲	乙
음력 07/13 ▮ 08/13	日辰	戌	亥	子	丑	寅	卯	辰	巳	午	未	申	酉	戌	亥	子	丑	寅	卯	辰	巳	午	未	申	酉	戌	亥	子	丑	寅	卯
	음력	13	14	15	16	17	18	19	20	21	22	23	24	25	26	27	28	29	8/1	2	3	4	5	6	7	8	9	10	11	12	13
대운	남	8	8	9	9	9	10	10	백	1	1	1	1	2	2	2	3	3	3	4	4	4	5	추	5	6	6	6	7	7	7
	여	2	2	2	1	1	1	1	로	10	9	9	9	8	8	8	7	7	7	6	6	6	5	분	5	4	4	4	3	3	3

한로 8일 19시 16분 【음9월】 ➡ **【甲戌月(갑술월)】** ☯ 상강 23일 22시 24분

양력 10	양력	1	2	3	4	5	6	7	8	9	10	11	12	13	14	15	16	17	18	19	20	21	22	23	24	25	26	27	28	29	30	31
	요일	토	일	월	화	수	목	금	토	일	월	화	수	목	금	토	일	월	화	수	목	금	토	일	월	화	수	목	금	토	일	월
	일진	丙	丁	戊	己	庚	辛	壬	癸	甲	乙	丙	丁	戊	己	庚	辛	壬	癸	甲	乙	丙	丁	戊	己	庚	辛	壬	癸	甲	乙	丙
음력 11/01 ▮ 12/01	日辰	辰	巳	午	未	申	酉	戌	亥	子	丑	寅	卯	辰	巳	午	未	申	酉	戌	亥	子	丑	寅	卯	辰	巳	午	未	申	酉	戌
	음력,	14	15	16	17	18	19	20	21	22	23	24	25	26	27	28	29	30	9/1	2	3	4	5	6	7	8	9	10	11	12	13	14
대운	남	8	8	8	9	9	9	10	한	1	1	1	1	2	2	2	3	3	3	4	4	4	5	상	5	6	6	6	7	7	7	8
	여	2	2	2	1	1	1	1	로	10	9	9	9	8	8	8	7	7	7	6	6	6	5	강	5	4	4	4	3	3	3	2

입동 7일 22시 41분 【음10월】 ➡ **【乙亥月(을해월)】** ☯ 소설 22일 20시 11분

양력 11	양력	1	2	3	4	5	6	7	8	9	10	11	12	13	14	15	16	17	18	19	20	21	22	23	24	25	26	27	28	29	30
	요일	화	수	목	금	토	일	월	화	수	목	금	토	일	월	화	수	목	금	토	일	월	화	수	목	금	토	일	월	화	수
	일진	丁	戊	己	庚	辛	壬	癸	甲	乙	丙	丁	戊	己	庚	辛	壬	癸	甲	乙	丙	丁	戊	己	庚	辛	壬	癸	甲	乙	丙
음력 11/01 ▮ 12/01	日辰	亥	子	丑	寅	卯	辰	巳	午	未	申	酉	戌	亥	子	丑	寅	卯	辰	巳	午	未	申	酉	戌	亥	子	丑	寅	卯	辰
	음력	15	16	17	18	19	20	21	22	23	24	25	26	27	28	29	10/1	2	3	4	5	6	7	8	9	10	11	12	13	14	15
대운	남	8	8	9	9	9	10	입	1	1	1	1	2	2	2	3	3	3	4	4	4	5	소	5	6	6	6	7	7	7	8
	여	2	2	1	1	1	1	동	10	9	9	9	8	8	8	7	7	7	6	6	6	5	설	5	4	4	4	3	3	3	2

대설 7일 15시 44분 【음11월】 ➡ **【丙子月(병자월)】** ☯ 동지 22일 09시 39분

양력 12	양력	1	2	3	4	5	6	7	8	9	10	11	12	13	14	15	16	17	18	19	20	21	22	23	24	25	26	27	28	29	30	31
	요일	목	금	토	일	월	화	수	목	금	토	일	월	화	수	목	금	토	일	월	화	수	목	금	토	일	월	화	수	목	금	토
	일진	丁	戊	己	庚	辛	壬	癸	甲	乙	丙	丁	戊	己	庚	辛	壬	癸	甲	乙	丙	丁	戊	己	庚	辛	壬	癸	甲	乙	丙	丁
음력 11/01 ▮ 12/01	日辰	巳	午	未	申	酉	戌	亥	子	丑	寅	卯	辰	巳	午	未	申	酉	戌	亥	子	丑	寅	卯	辰	巳	午	未	申	酉	戌	亥
	음력	16	17	18	19	20	21	22	23	24	25	26	27	28	29	30	11/1	2	3	4	5	6	7	8	9	10	11	12	13	14	15	16
대운	남	8	8	9	9	9	10	대	1	1	1	1	2	2	2	3	3	3	4	4	4	5	동	5	6	6	6	7	7	7	8	8
	여	2	2	1	1	1	1	설	10	9	9	9	8	8	8	7	7	7	6	6	6	5	지	5	4	4	4	3	3	3	2	2

단기 4373 年	2040년
불기 2584 年	

下元 庚申年 납음(石榴木),본명성(五黃土)

대장군(午남방). 삼살(남방), 상문(戌서북방),조객(午남방), 납음(석류목),【삼재(인,묘,진)년】 臘享(납향):2041년1월14일(음12/12)

소한 6일 03시 02분 【음12월】 ➡ **【丁丑月(정축월)】** 대한 20일 20시 20분

	양력	1	2	3	4	5	6	7	8	9	10	11	12	13	14	15	16	17	18	19	20	21	22	23	24	25	26	27	28	29	30	31
양력 1	요일	일	월	화	수	목	금	토	일	월	화	수	목	금	토	일	월	화	수	목	금	토	일	월	화	수	목	금	토	일	월	화
	일진 日辰	戊子	己丑	庚寅	辛卯	壬辰	癸巳	甲午	乙未	丙申	丁酉	戊戌	己亥	庚子	辛丑	壬寅	癸卯	甲辰	乙巳	丙午	丁未	戊申	己酉	庚戌	辛亥	壬子	癸丑	甲寅	乙卯	丙辰	丁巳	戊午
음력 11/17 ~ 12/18	음력	17	18	19	20	21	22	23	24	25	26	27	28	29	12/1	2	3	4	5	6	7	8	9	10	11	12	13	14	15	16	17	18
대운	남	8	9	9	9	10	소	1	1	1	1	2	2	2	3	3	3	4	4	4	대	5	5	6	6	6	7	7	7	8	8	8
	여	2	1	1	1	1	한	9	9	9	8	8	8	7	7	7	6	6	6	5	한	5	4	4	4	3	3	3	2	2	2	1

입춘 4일 14시 38분 【음1월】 ➡ **【戊寅月(무인월)】** 우수 19일 10시 22분

	양력	1	2	3	4	5	6	7	8	9	10	11	12	13	14	15	16	17	18	19	20	21	22	23	24	25	26	27	28	29
양력 2	요일	수	목	금	토	일	월	화	수	목	금	토	일	월	화	수	목	금	토	일	월	화	수	목	금	토	일	월	화	수
	일진 日辰	己未	庚申	辛酉	壬戌	癸亥	甲子	乙丑	丙寅	丁卯	戊辰	己巳	庚午	辛未	壬申	癸酉	甲戌	乙亥	丙子	丁丑	戊寅	己卯	庚辰	辛巳	壬午	癸未	甲申	乙酉	丙戌	丁亥
음력 12/19 ~ 01/18	음력	19	20	21	22	23	24	25	26	27	28	29	1/1	2	3	4	5	6	7	8	9	10	11	12	13	14	15	16	17	18
대운	남	9	9	9	입	10	9	9	9	8	8	8	7	7	7	6	6	6	5	우	5	4	4	4	3	3	3	2	2	2
	여	1	1	1	춘	1	1	1	1	2	2	2	3	3	3	4	4	4	5	수	5	6	6	6	7	7	7	8	8	8

庚申年

경칩 5일 08시 30분 【음2월】 ➡ **【己卯月(기묘월)】** 춘분 20일 09시 10분

	양력	1	2	3	4	5	6	7	8	9	10	11	12	13	14	15	16	17	18	19	20	21	22	23	24	25	26	27	28	29	30	31
양력 3	요일	목	금	토	일	월	화	수	목	금	토	일	월	화	수	목	금	토	일	월	화	수	목	금	토	일	월	화	수	목	금	토
	일진 日辰	戊子	己丑	庚寅	辛卯	壬辰	癸巳	甲午	乙未	丙申	丁酉	戊戌	己亥	庚子	辛丑	壬寅	癸卯	甲辰	乙巳	丙午	丁未	戊申	己酉	庚戌	辛亥	壬子	癸丑	甲寅	乙卯	丙辰	丁巳	戊午
음력 01/19 ~ 02/19	음력	19	20	21	22	23	24	25	26	27	28	29	30	2/1	2	3	4	5	6	7	8	9	10	11	12	13	14	15	16	17	18	19
대운	남	1	1	1	1	경	10	9	9	9	8	8	8	7	7	7	6	6	6	5	춘	5	4	4	4	3	3	3	2	2	2	1
	여	9	9	9	10	칩	1	1	1	1	2	2	2	3	3	3	4	4	4	5	분	5	6	6	6	7	7	7	8	8	8	9

청명 4일 13시 04분 【음3월】 ➡ **【庚辰月(경진월)】** 곡우 19일 19시 58분

	양력	1	2	3	4	5	6	7	8	9	10	11	12	13	14	15	16	17	18	19	20	21	22	23	24	25	26	27	28	29	30
양력 4	요일	일	월	화	수	목	금	토	일	월	화	수	목	금	토	일	월	화	수	목	금	토	일	월	화	수	목	금	토	일	월
	일진 日辰	己未	庚申	辛酉	壬戌	癸亥	甲子	乙丑	丙寅	丁卯	戊辰	己巳	庚午	辛未	壬申	癸酉	甲戌	乙亥	丙子	丁丑	戊寅	己卯	庚辰	辛巳	壬午	癸未	甲申	乙酉	丙戌	丁亥	戊子
음력 02/20 ~ 03/20	음력	20	21	22	23	24	25	26	27	28	29	3/1	2	3	4	5	6	7	8	9	10	11	12	13	14	15	16	17	18	19	20
대운	남	1	1	1	청	10	10	9	9	9	8	8	8	7	7	7	6	6	6	곡	5	5	4	4	4	3	3	3	2	2	2
	여	9	9	10	명	1	1	1	1	2	2	2	3	3	3	4	4	4	5	우	5	6	6	6	7	7	7	8	8	8	9

입하 5일 06시 08분 【음4월】 ➡ **【辛巳月(신사월)】** 소만 20일 18시 54분

	양력	1	2	3	4	5	6	7	8	9	10	11	12	13	14	15	16	17	18	19	20	21	22	23	24	25	26	27	28	29	30	31
양력 5	요일	화	수	목	금	토	일	월	화	수	목	금	토	일	월	화	수	목	금	토	일	월	화	수	목	금	토	일	월	화	수	목
	일진 日辰	己丑	庚寅	辛卯	壬辰	癸巳	甲午	乙未	丙申	丁酉	戊戌	己亥	庚子	辛丑	壬寅	癸卯	甲辰	乙巳	丙午	丁未	戊申	己酉	庚戌	辛亥	壬子	癸丑	甲寅	乙卯	丙辰	丁巳	戊午	己未
음력 03/21 ~ 04/21	음력	21	22	23	24	25	26	27	28	29	30	4/1	2	3	4	5	6	7	8	9	10	11	12	13	14	15	16	17	18	19	20	21
대운	남	1	1	1	1	입	10	10	9	9	9	8	8	8	7	7	7	6	6	6	소	5	5	4	4	4	3	3	3	2	2	2
	여	9	9	10	10	하	1	1	1	1	2	2	2	3	3	3	4	4	4	5	만	5	6	6	6	7	7	7	8	8	8	9

망종 5일 10시 07분 【음5월】 ➡ **【壬午月(임오월)】** 하지 21일 02시 45분

	양력	1	2	3	4	5	6	7	8	9	10	11	12	13	14	15	16	17	18	19	20	21	22	23	24	25	26	27	28	29	30
양력 6	요일	금	토	일	월	화	수	목	금	토	일	월	화	수	목	금	토	일	월	화	수	목	금	토	일	월	화	수	목	금	토
	일진 日辰	庚申	辛酉	壬戌	癸亥	甲子	乙丑	丙寅	丁卯	戊辰	己巳	庚午	辛未	壬申	癸酉	甲戌	乙亥	丙子	丁丑	戊寅	己卯	庚辰	辛巳	壬午	癸未	甲申	乙酉	丙戌	丁亥	戊子	己丑
음력 04/22 ~ 05/21	음력	22	23	24	25	26	27	28	29	30	5/1	2	3	4	5	6	7	8	9	10	11	12	13	14	15	16	17	18	19	20	21
대운	남	1	1	1	1	망	10	10	9	9	9	8	8	8	7	7	7	6	6	6	5	하	5	4	4	4	3	3	3	2	2
	여	9	9	10	10	종	1	1	1	1	2	2	2	3	3	3	4	4	4	5	5	지	6	6	6	7	7	7	8	8	8

한식(4월05일), 초복(7월11일), 중복(7월21일), 말복(8월10일) 춘사(春社)3/21
추사(秋社)9/27 토왕지절(土旺之節):4월16일,7월19일,10월20일,1월17일(음12/15)
臘享(납향):2041년1월14일(음12/12)

2040 庚申年

소서 6일 20시 18분 【음6월】 ➡ 【癸未月(계미월)】 대서22일 13시 39분

양력 7	양력	1	2	3	4	5	6	7	8	9	10	11	12	13	14	15	16	17	18	19	20	21	22	23	24	25	26	27	28	29	30	31
	요일	일	월	화	수	목	금	토	일	월	화	수	목	금	토	일	월	화	수	목	금	토	일	월	화	수	목	금	토	일	월	화
	일진 日辰	庚寅	辛卯	壬辰	癸巳	甲午	乙未	丙申	丁酉	戊戌	己亥	庚子	辛丑	壬寅	癸卯	甲辰	乙巳	丙午	丁未	戊申	己酉	庚戌	辛亥	壬子	癸丑	甲寅	乙卯	丙辰	丁巳	戊午	己未	庚申
음력 05/22 ~ 06/23	음력	22	23	24	25	26	27	28	29	6/1	2	3	4	5	6	7	8	9	10	11	12	13	14	15	16	17	18	19	20	21	22	23
대운	남	2	1	1	1	1	소	10	10	10	9	9	9	8	8	8	7	7	7	6	6	6	대	5	5	4	4	4	3	3	3	2
	여	9	9	9	10	10	서	1	1	1	1	2	2	2	3	3	3	4	4	4	5	5	서	6	6	6	7	7	7	8	8	8

입추 7일 06시 09분 【음7월】 ➡ 【甲申月(갑신월)】 처서 22일 20시 52분

양력 8	양력	1	2	3	4	5	6	7	8	9	10	11	12	13	14	15	16	17	18	19	20	21	22	23	24	25	26	27	28	29	30	31
	요일	수	목	금	토	일	월	화	수	목	금	토	일	월	화	수	목	금	토	일	월	화	수	목	금	토	일	월	화	수	목	금
	일진 日辰	辛酉	壬戌	癸亥	甲子	乙丑	丙寅	丁卯	戊辰	己巳	庚午	辛未	壬申	癸酉	甲戌	乙亥	丙子	丁丑	戊寅	己卯	庚辰	辛巳	壬午	癸未	甲申	乙酉	丙戌	丁亥	戊子	己丑	庚寅	辛卯
음력 06/24 ~ 07/24	음력	24	25	26	27	28	29	30	7/1	2	3	4	5	6	7	8	9	10	11	12	13	14	15	16	17	18	19	20	21	22	23	24
대운	남	2	2	1	1	1	1	입	10	10	9	9	9	8	8	8	7	7	7	6	6	6	처	5	5	4	4	4	3	3	3	2
	여	9	9	9	10	10	10	추	1	1	1	1	2	2	2	3	3	3	4	4	4	5	서	5	6	6	6	7	7	7	8	8

백로 7일 09시 13분 【음8월】 ➡ 【乙酉月(을유월)】 추분 22일 18시 43분

양력 9	양력	1	2	3	4	5	6	7	8	9	10	11	12	13	14	15	16	17	18	19	20	21	22	23	24	25	26	27	28	29	30
	요일	토	일	월	화	수	목	금	토	일	월	화	수	목	금	토	일	월	화	수	목	금	토	일	월	화	수	목	금	토	일
	일진 日辰	壬辰	癸巳	甲午	乙未	丙申	丁酉	戊戌	己亥	庚子	辛丑	壬寅	癸卯	甲辰	乙巳	丙午	丁未	戊申	己酉	庚戌	辛亥	壬子	癸丑	甲寅	乙卯	丙辰	丁巳	戊午	己未	庚申	辛酉
음력 07/25 ~ 08/24	음력	25	26	27	28	29	30	8/1	2	3	4	5	6	7	8	9	10	11	12	13	14	15	16	17	18	19	20	21	22	23	24
대운	남	2	2	1	1	1	1	백	10	10	9	9	9	8	8	8	7	7	7	6	6	6	추	5	5	4	4	4	3	3	3
	여	8	9	9	9	10	10	로	1	1	1	1	2	2	2	3	3	3	4	4	4	5	분	5	6	6	6	7	7	7	8

한로 8일 01시 04분 【음9월】 ➡ 【丙戌月(병술월)】 상강 23일 04시 18분

양력 10	양력	1	2	3	4	5	6	7	8	9	10	11	12	13	14	15	16	17	18	19	20	21	22	23	24	25	26	27	28	29	30	31
	요일	월	화	수	목	금	토	일	월	화	수	목	금	토	일	월	화	수	목	금	토	일	월	화	수	목	금	토	일	월	화	수
	일진 日辰	壬戌	癸亥	甲子	乙丑	丙寅	丁卯	戊辰	己巳	庚午	辛未	壬申	癸酉	甲戌	乙亥	丙子	丁丑	戊寅	己卯	庚辰	辛巳	壬午	癸未	甲申	乙酉	丙戌	丁亥	戊子	己丑	庚寅	辛卯	壬辰
음력 11/01 ~ 12/01	음력	25	26	27	28	29	9/1	2	3	4	5	6	7	8	9	10	11	12	13	14	15	16	17	18	19	20	21	22	23	24	25	26
대운	남	2	2	2	1	1	1	1	한	10	9	9	9	8	8	8	7	7	7	6	6	6	5	상	5	4	4	4	3	3	3	2
	여	8	8	9	9	9	10	10	로	1	1	1	1	2	2	2	3	3	3	4	4	4	5	강	5	6	6	6	7	7	7	8

입동 7일 04시 28분 【음10월】 ➡ 【丁亥月(정해월)】 소설 22일 02시 04분

양력 11	양력	1	2	3	4	5	6	7	8	9	10	11	12	13	14	15	16	17	18	19	20	21	22	23	24	25	26	27	28	29	30
	요일	목	금	토	일	월	화	수	목	금	토	일	월	화	수	목	금	토	일	월	화	수	목	금	토	일	월	화	수	목	금
	일진 日辰	癸巳	甲午	乙未	丙申	丁酉	戊戌	己亥	庚子	辛丑	壬寅	癸卯	甲辰	乙巳	丙午	丁未	戊申	己酉	庚戌	辛亥	壬子	癸丑	甲寅	乙卯	丙辰	丁巳	戊午	己未	庚申	辛酉	壬戌
음력 11/01 ~ 12/01	음력	27	28	29	30	10/1	2	3	4	5	6	7	8	9	10	11	12	13	14	15	16	17	18	19	20	21	22	23	24	25	26
대운	남	2	2	1	1	1	1	입	9	9	9	8	8	8	7	7	7	6	6	6	5	5	소	4	4	4	3	3	3	2	2
	여	8	8	9	9	9	10	동	1	1	1	1	2	2	2	3	3	3	4	4	4	5	설	5	6	6	6	7	7	7	8

대설 6일 21시 29분 【음11월】 ➡ 【戊子月(무자월)】 동지 21일 15시 31분

양력 12	양력	1	2	3	4	5	6	7	8	9	10	11	12	13	14	15	16	17	18	19	20	21	22	23	24	25	26	27	28	29	30	31
	요일	토	일	월	화	수	목	금	토	일	월	화	수	목	금	토	일	월	화	수	목	금	토	일	월	화	수	목	금	토	일	월
	일진 日辰	癸亥	甲子	乙丑	丙寅	丁卯	戊辰	己巳	庚午	辛未	壬申	癸酉	甲戌	乙亥	丙子	丁丑	戊寅	己卯	庚辰	辛巳	壬午	癸未	甲申	乙酉	丙戌	丁亥	戊子	己丑	庚寅	辛卯	壬辰	癸巳
음력 11/01 ~ 12/01	음력	27	28	29	11/1	2	3	4	5	6	7	8	9	10	11	12	13	14	15	16	17	18	19	20	21	22	23	24	25	26	27	28
대운	남	2	1	1	1	1	대	10	9	9	9	8	8	8	7	7	7	6	6	6	5	동	5	4	4	4	3	3	3	2	2	2
	여	8	8	9	9	9	설	1	1	1	1	2	2	2	3	3	3	4	4	4	5	지	5	6	6	6	7	7	7	8	8	8

단기 4374 年
불기 2585 年

2041년

下元- 辛酉年 납음(石榴木),본명성(四綠木)

대장군(午남방), 삼살(동방), 상문(亥서북방),조객(未서남방), 납음(석류목),【삼재(해,자,축)년】 臘享(납향):2042년1월21일(음12/30)

소한 5일 08시 47분 【음12월】 ➡ 【己丑月(기축월)】 ☯ 대한 20일 02시 12분

양력 1 / 음력 11/29 ~ 12/29

양력	1	2	3	4	5	6	7	8	9	10	11	12	13	14	15	16	17	18	19	20	21	22	23	24	25	26	27	28	29	30	31
요일	화	수	목	금	토	일	월	화	수	목	금	토	일	월	화	수	목	금	토	일	월	화	수	목	금	토	일	월	화	수	목
일진 日辰	甲午	乙未	丙申	丁酉	戊戌	己亥	庚子	辛丑	壬寅	癸卯	甲辰	乙巳	丙午	丁未	戊申	己酉	庚戌	辛亥	壬子	癸丑	甲寅	乙卯	丙辰	丁巳	戊午	己未	庚申	辛酉	壬戌	癸亥	甲子
음력	29	30	12/1	2	3	4	5	6	7	8	9	10	11	12	13	14	15	16	17	18	19	20	21	22	23	24	25	26	27	28	29
대운 남	1	1	1	1	소	9	9	9	8	8	8	7	7	7	6	6	6	5	5	대	4	4	4	3	3	3	2	2	2	1	1
대운 여	9	9	9	10	한	1	1	1	1	2	2	2	3	3	3	4	4	4	5	한	5	6	6	6	7	7	7	8	8	8	9

입춘 3일 20시 24분 【음1월】 ➡ 【庚寅月(경인월)】 ☯ 우수 18일 16시 16분

양력 2 / 음력 01/01 ~ 01/28

양력	1	2	3	4	5	6	7	8	9	10	11	12	13	14	15	16	17	18	19	20	21	22	23	24	25	26	27	28
요일	금	토	일	월	화	수	목	금	토	일	월	화	수	목	금	토	일	월	화	수	목	금	토	일	월	화	수	목
일진 日辰	乙丑	丙寅	丁卯	戊辰	己巳	庚午	辛未	壬申	癸酉	甲戌	乙亥	丙子	丁丑	戊寅	己卯	庚辰	辛巳	壬午	癸未	甲申	乙酉	丙戌	丁亥	戊子	己丑	庚寅	辛卯	壬辰
음력	1/1	2	3	4	5	6	7	8	9	10	11	12	13	14	15	16	17	18	19	20	21	22	23	24	25	26	27	28
대운 남	1	1	입	1	1	1	1	2	2	2	3	3	3	4	4	4	5	우	5	6	6	6	7	7	7	8	8	8
대운 여	9	9	춘	10	9	9	9	8	8	8	7	7	7	6	6	6	5	수	5	4	4	4	3	3	3	2	2	2

辛酉年

경칩 5일 14시 16분 【음2월】 ➡ 【辛卯月(신묘월)】 ☯ 춘분 20일 15시 05분

양력 3 / 음력 01/29 ~ 02/29

양력	1	2	3	4	5	6	7	8	9	10	11	12	13	14	15	16	17	18	19	20	21	22	23	24	25	26	27	28	29	30	31
요일	금	토	일	월	화	수	목	금	토	일	월	화	수	목	금	토	일	월	화	수	목	금	토	일	월	화	수	목	금	토	일
일진 日辰	癸巳	甲午	乙未	丙申	丁酉	戊戌	己亥	庚子	辛丑	壬寅	癸卯	甲辰	乙巳	丙午	丁未	戊申	己酉	庚戌	辛亥	壬子	癸丑	甲寅	乙卯	丙辰	丁巳	戊午	己未	庚申	辛酉	壬戌	癸亥
음력	29	30	2/1	2	3	4	5	6	7	8	9	10	11	12	13	14	15	16	17	18	19	20	21	22	23	24	25	26	27	28	29
대운 남	9	9	9	10	경	1	1	1	1	2	2	2	3	3	3	4	4	4	5	춘	5	6	6	6	7	7	7	8	8	8	9
대운 여	1	1	1	1	칩	10	9	9	9	8	8	8	7	7	7	6	6	6	5	분	5	4	4	4	3	3	3	2	2	2	1

청명 4일 18시 51분 【음3월】 ➡ 【壬辰月(임진월)】 ☯ 곡우 20일 01시 53분

양력 4 / 음력 03/01 ~ 04/01

양력	1	2	3	4	5	6	7	8	9	10	11	12	13	14	15	16	17	18	19	20	21	22	23	24	25	26	27	28	29	30
요일	월	화	수	목	금	토	일	월	화	수	목	금	토	일	월	화	수	목	금	토	일	월	화	수	목	금	토	일	월	화
일진 日辰	甲子	乙丑	丙寅	丁卯	戊辰	己巳	庚午	辛未	壬申	癸酉	甲戌	乙亥	丙子	丁丑	戊寅	己卯	庚辰	辛巳	壬午	癸未	甲申	乙酉	丙戌	丁亥	戊子	己丑	庚寅	辛卯	壬辰	癸巳
음력	3/1	2	3	4	5	6	7	8	9	10	11	12	13	14	15	16	17	18	19	20	21	22	23	24	25	26	27	28	29	4/1
대운 남	9	9	10	청	1	1	1	1	2	2	2	3	3	3	4	4	4	5	5	곡	6	6	6	7	7	7	8	8	8	9
대운 여	1	1	1	명	10	10	9	9	9	8	8	8	7	7	7	6	6	6	5	우	5	4	4	4	3	3	3	2	2	2

입하 5일 11시 53분 【음4월】 ➡ 【癸巳月(계사월)】 ☯ 소만 21일 00시 47분

양력 5 / 음력 04/02 ~ 05/02

양력	1	2	3	4	5	6	7	8	9	10	11	12	13	14	15	16	17	18	19	20	21	22	23	24	25	26	27	28	29	30	31
요일	수	목	금	토	일	월	화	수	목	금	토	일	월	화	수	목	금	토	일	월	화	수	목	금	토	일	월	화	수	목	금
일진 日辰	甲午	乙未	丙申	丁酉	戊戌	己亥	庚子	辛丑	壬寅	癸卯	甲辰	乙巳	丙午	丁未	戊申	己酉	庚戌	辛亥	壬子	癸丑	甲寅	乙卯	丙辰	丁巳	戊午	己未	庚申	辛酉	壬戌	癸亥	甲子
음력	2	3	4	5	6	7	8	9	10	11	12	13	14	15	16	17	18	19	20	21	22	23	24	25	26	27	28	29	30	5/1	2
대운 남	9	9	10	10	입	1	1	1	1	2	2	2	3	3	3	4	4	4	5	5	소	6	6	6	7	7	7	8	8	8	9
대운 여	1	1	1	1	하	10	10	9	9	9	8	8	8	7	7	7	6	6	6	5	만	5	4	4	4	3	3	3	2	2	2

망종 5일 15시 48분 【음5월】 ➡ 【甲午月(갑오월)】 ☯ 하지 21일 08시 34분

양력 6 / 음력 05/03 ~ 06/03

양력	1	2	3	4	5	6	7	8	9	10	11	12	13	14	15	16	17	18	19	20	21	22	23	24	25	26	27	28	29	30
요일	토	일	월	화	수	목	금	토	일	월	화	수	목	금	토	일	월	화	수	목	금	토	일	월	화	수	목	금	토	일
일진 日辰	乙丑	丙寅	丁卯	戊辰	己巳	庚午	辛未	壬申	癸酉	甲戌	乙亥	丙子	丁丑	戊寅	己卯	庚辰	辛巳	壬午	癸未	甲申	乙酉	丙戌	丁亥	戊子	己丑	庚寅	辛卯	壬辰	癸巳	甲午
음력	3	4	5	6	7	8	9	10	11	12	13	14	15	16	17	18	19	20	21	22	23	24	25	26	27	28	29	6/1	2	3
대운 남	9	9	10	10	망	1	1	1	1	2	2	2	3	3	3	4	4	4	5	5	하	6	6	6	7	7	7	8	8	8
대운 여	1	1	1	1	종	10	10	10	9	9	9	8	8	8	7	7	7	6	6	6	지	5	5	4	4	4	3	3	3	2

한식(4월05일), 초복(7월16일), 중복(7월26일), 말복(8월15일) ☂춘사(春社)3/16
☀추사(秋社)9/22토왕지절(土旺之節):4월16일,7월19일,10월20일,1월17일(음12/26)
臘享(납향):2042년1월21일(음12/30)

2041 辛酉年

소서 7일 01시 57분 【음6월】 ➡ 【乙未月(을미월)】 ☯ 대서 22일 19시 25분

양력 7 / 음력 06/04 ~ 07/04

양력	1	2	3	4	5	6	7	8	9	10	11	12	13	14	15	16	17	18	19	20	21	22	23	24	25	26	27	28	29	30	31
요일	월	화	수	목	금	토	일	월	화	수	목	금	토	일	월	화	수	목	금	토	일	월	화	수	목	금	토	일	월	화	수
일진 日辰	乙未	丙申	丁酉	戊戌	己亥	庚子	辛丑	壬寅	癸卯	甲辰	乙巳	丙午	丁未	戊申	己酉	庚戌	辛亥	壬子	癸丑	甲寅	乙卯	丙辰	丁巳	戊午	己未	庚申	辛酉	壬戌	癸亥	甲子	乙丑
음력	4	5	6	7	8	9	10	11	12	13	14	15	16	17	18	19	20	21	22	23	24	25	26	27	28	29	30	7/1	2	3	4
대운 남	9	9	9	10	10	10	소	1	1	1	1	2	2	2	3	3	3	4	4	4	5	대	5	6	6	6	7	7	7	8	8
대운 여	2	2	1	1	1	1	서	10	10	9	9	9	8	8	8	7	7	7	6	6	6	서	5	5	4	4	4	3	3	3	2

입추 7일 11시 47분 【음7월】 ➡ 【丙申月(병신월)】 ☯ 처서 23일 02시 35분

양력 8 / 음력 07/05 ~ 08/05

양력	1	2	3	4	5	6	7	8	9	10	11	12	13	14	15	16	17	18	19	20	21	22	23	24	25	26	27	28	29	30	31
요일	목	금	토	일	월	화	수	목	금	토	일	월	화	수	목	금	토	일	월	화	수	목	금	토	일	월	화	수	목	금	토
일진 日辰	丙寅	丁卯	戊辰	己巳	庚午	辛未	壬申	癸酉	甲戌	乙亥	丙子	丁丑	戊寅	己卯	庚辰	辛巳	壬午	癸未	甲申	乙酉	丙戌	丁亥	戊子	己丑	庚寅	辛卯	壬辰	癸巳	甲午	乙未	丙申
음력	5	6	7	8	9	10	11	12	13	14	15	16	17	18	19	20	21	22	23	24	25	26	27	28	29	30	8/1	2	3	4	5
대운 남	8	9	9	9	10	10	입	1	1	1	1	2	2	2	3	3	3	4	4	4	5	5	처	6	6	6	7	7	7	8	8
대운 여	2	2	1	1	1	1	추	10	10	9	9	9	8	8	8	7	7	7	6	6	6	5	서	5	4	4	4	3	3	3	2

백로 7일 14시 52분 【음8월】 ➡ 【丁酉月(정유월)】 ☯ 추분 23일 00시 25분

양력 9 / 음력 08/06 ~ 09/06

양력	1	2	3	4	5	6	7	8	9	10	11	12	13	14	15	16	17	18	19	20	21	22	23	24	25	26	27	28	29	30
요일	일	월	화	수	목	금	토	일	월	화	수	목	금	토	일	월	화	수	목	금	토	일	월	화	수	목	금	토	일	월
일진 日辰	丁酉	戊戌	己亥	庚子	辛丑	壬寅	癸卯	甲辰	乙巳	丙午	丁未	戊申	己酉	庚戌	辛亥	壬子	癸丑	甲寅	乙卯	丙辰	丁巳	戊午	己未	庚申	辛酉	壬戌	癸亥	甲子	乙丑	丙寅
음력	6	7	8	9	10	11	12	13	14	15	16	17	18	19	20	21	22	23	24	25	26	27	28	29	9/1	2	3	4	5	6
대운 남	8	9	9	9	10	10	백	1	1	1	1	2	2	2	3	3	3	4	4	4	5	5	추	6	6	6	7	7	7	8
대운 여	2	2	1	1	1	1	로	10	10	9	9	9	8	8	8	7	7	7	6	6	6	5	분	5	4	4	4	3	3	3

한로 8일 06시 45분 【음9월】 ➡ 【戊戌月(무술월)】 ☯ 상강 23일 10시 00분

양력 10 / 음력 09/07 ~ 10/07

양력	1	2	3	4	5	6	7	8	9	10	11	12	13	14	15	16	17	18	19	20	21	22	23	24	25	26	27	28	29	30	31
요일	화	수	목	금	토	일	월	화	수	목	금	토	일	월	화	수	목	금	토	일	월	화	수	목	금	토	일	월	화	수	목
일진 日辰	丁卯	戊辰	己巳	庚午	辛未	壬申	癸酉	甲戌	乙亥	丙子	丁丑	戊寅	己卯	庚辰	辛巳	壬午	癸未	甲申	乙酉	丙戌	丁亥	戊子	己丑	庚寅	辛卯	壬辰	癸巳	甲午	乙未	丙申	丁酉
음력	7	8	9	10	11	12	13	14	15	16	17	18	19	20	21	22	23	24	25	26	27	28	29	30	10/1	2	3	4	5	6	7
대운 남	8	8	9	9	9	10	10	한	1	1	1	1	2	2	2	3	3	3	4	4	4	5	상	5	6	6	6	7	7	7	8
대운 여	2	2	2	1	1	1	1	로	10	9	9	9	8	8	8	7	7	7	6	6	6	5	강	5	4	4	4	3	3	3	2

입동 7일 10시 12분 【음10월】 ➡ 【己亥月(기해월)】 ☯ 소설 22일 07시 48분

양력 11 / 음력 10/08 ~ 11/07

양력	1	2	3	4	5	6	7	8	9	10	11	12	13	14	15	16	17	18	19	20	21	22	23	24	25	26	27	28	29	30
요일	금	토	일	월	화	수	목	금	토	일	월	화	수	목	금	토	일	월	화	수	목	금	토	일	월	화	수	목	금	토
일진 日辰	戊戌	己亥	庚子	辛丑	壬寅	癸卯	甲辰	乙巳	丙午	丁未	戊申	己酉	庚戌	辛亥	壬子	癸丑	甲寅	乙卯	丙辰	丁巳	戊午	己未	庚申	辛酉	壬戌	癸亥	甲子	乙丑	丙寅	丁卯
음력	8	9	10	11	12	13	14	15	16	17	18	19	20	21	22	23	24	25	26	27	28	29	30	11/1	2	3	4	5	6	7
대운 남	8	8	9	9	9	10	입	1	1	1	1	2	2	2	3	3	3	4	4	4	5	소	5	6	6	6	7	7	7	8
대운 여	2	2	1	1	1	1	동	10	9	9	9	8	8	8	7	7	7	6	6	6	5	설	5	4	4	4	3	3	3	2

대설 7일 03시 14분 【음11월】 ➡ 【庚子月(경자월)】 ☯ 동지 21일 21시 17분

양력 12 / 음력 11/08 ~ 12/09

양력	1	2	3	4	5	6	7	8	9	10	11	12	13	14	15	16	17	18	19	20	21	22	23	24	25	26	27	28	29	30	31
요일	일	월	화	수	목	금	토	일	월	화	수	목	금	토	일	월	화	수	목	금	토	일	월	화	수	목	금	토	일	월	화
일진 日辰	戊辰	己巳	庚午	辛未	壬申	癸酉	甲戌	乙亥	丙子	丁丑	戊寅	己卯	庚辰	辛巳	壬午	癸未	甲申	乙酉	丙戌	丁亥	戊子	己丑	庚寅	辛卯	壬辰	癸巳	甲午	乙未	丙申	丁酉	戊戌
음력	8	9	10	11	12	13	14	15	16	17	18	19	20	21	22	23	24	25	26	27	28	29	12/1	2	3	4	5	6	7	8	9
대운 남	8	8	9	9	9	10	대	1	1	1	1	2	2	2	3	3	3	4	4	4	동	5	5	6	6	6	7	7	7	8	8
대운 여	2	2	1	1	1	1	설	9	9	9	8	8	8	7	7	7	6	6	6	5	지	5	4	4	4	3	3	3	2	2	2

단기 4375 年	2042년
불기 2586 年	

下元 壬戌年 납음(大海水),본명성(三碧木)

대장군(午남방), 삼살(북방), 상문(子북방),조객(申서남방), 납음(대해수),【삼재(신,유,술)년】臘享(납향):2043년1월16일(음12/06)

소한 5일 14시 34분 【음12월】➡ **【辛丑月(신축월)】** ☯ 대한 20일 07시 59분

양력 1 / 음력 12/10 – 01/10

양력	1	2	3	4	5	6	7	8	9	10	11	12	13	14	15	16	17	18	19	20	21	22	23	24	25	26	27	28	29	30	31
요일	수	목	금	토	일	월	화	수	목	금	토	일	월	화	수	목	금	토	일	월	화	수	목	금	토	일	월	화	수	목	금
일진 日辰	己亥	庚子	辛丑	壬寅	癸卯	甲辰	乙巳	丙午	丁未	戊申	己酉	庚戌	辛亥	壬子	癸丑	甲寅	乙卯	丙辰	丁巳	戊午	己未	庚申	辛酉	壬戌	癸亥	甲子	乙丑	丙寅	丁卯	戊辰	己巳
음력	10	11	12	13	14	15	16	17	18	19	20	21	22	23	24	25	26	27	28	29	30	1/1	2	3	4	5	6	7	8	9	10
대운 남	8	9	9	9	소	1	1	1	1	2	2	2	3	3	3	4	4	4	5	대	5	6	6	6	7	7	7	8	8	8	9
대운 여	1	1	1	1	한	10	9	9	9	8	8	8	7	7	7	6	6	6	5	한	5	4	4	4	3	3	3	2	2	2	1

입춘 4일 02시 11분 【음1월】➡ **【壬寅月(임인월)】** ☯ 우수 18일 22시 03분

양력 2 / 음력 01/11 – 02/09

양력	1	2	3	4	5	6	7	8	9	10	11	12	13	14	15	16	17	18	19	20	21	22	23	24	25	26	27	28	
요일	토	일	월	화	수	목	금	토	일	월	화	수	목	금	토	일	월	화	수	목	금	토	일	월	화	수	목	금	壬
일진 日辰	庚午	辛未	壬申	癸酉	甲戌	乙亥	丙子	丁丑	戊寅	己卯	庚辰	辛巳	壬午	癸未	甲申	乙酉	丙戌	丁亥	戊子	己丑	庚寅	辛卯	壬辰	癸巳	甲午	乙未	丙申	丁酉	戌
음력	11	12	13	14	15	16	17	18	19	20	21	22	23	24	25	26	27	28	29	2/1	2	3	4	5	6	7	8	9	
대운 남	9	9	10	입	9	9	9	8	8	8	7	7	7	6	6	6	5	우	5	4	4	4	3	3	3	2	2	2	年
대운 여	1	1	1	춘	1	1	1	1	2	2	2	3	3	3	4	4	4	수	5	5	6	6	6	7	7	7	8	8	

경칩 5일 20시 04분 【음2월】➡ **【癸卯月(계묘월)】** ☯ 춘분 20일 20시 52분

양력 3 / 음력 02/10 – 윤210

양력	1	2	3	4	5	6	7	8	9	10	11	12	13	14	15	16	17	18	19	20	21	22	23	24	25	26	27	28	29	30	31
요일	토	일	월	화	수	목	금	토	일	월	화	수	목	금	토	일	월	화	수	목	금	토	일	월	화	수	목	금	토	일	월
일진 日辰	戊戌	己亥	庚子	辛丑	壬寅	癸卯	甲辰	乙巳	丙午	丁未	戊申	己酉	庚戌	辛亥	壬子	癸丑	甲寅	乙卯	丙辰	丁巳	戊午	己未	庚申	辛酉	壬戌	癸亥	甲子	乙丑	丙寅	丁卯	戊辰
음력	10	11	12	13	14	15	16	17	18	19	20	21	22	23	24	25	26	27	28	29	30	윤2	2	3	4	5	6	7	8	9	10
대운 남	1	1	1	1	경	10	10	9	9	9	8	8	8	7	7	7	6	6	6	춘	5	5	4	4	4	3	3	3	2	2	2
대운 여	8	9	9	9	칩	1	1	1	1	2	2	2	3	3	3	4	4	4	5	분	5	6	6	6	7	7	7	8	8	8	9

청명 5일 00시 39분 【음3월】➡ **【甲辰月(갑진월)】** ☯ 곡우 20일 07시 38분

양력 4 / 음력 윤211 – 03/11

양력	1	2	3	4	5	6	7	8	9	10	11	12	13	14	15	16	17	18	19	20	21	22	23	24	25	26	27	28	29	30
요일	화	수	목	금	토	일	월	화	수	목	금	토	일	월	화	수	목	금	토	일	월	화	수	목	금	토	일	월	화	수
일진 日辰	己巳	庚午	辛未	壬申	癸酉	甲戌	乙亥	丙子	丁丑	戊寅	己卯	庚辰	辛巳	壬午	癸未	甲申	乙酉	丙戌	丁亥	戊子	己丑	庚寅	辛卯	壬辰	癸巳	甲午	乙未	丙申	丁酉	戊戌
음력	11	12	13	14	15	16	17	18	19	20	21	22	23	24	25	26	27	28	29	3/1	2	3	4	5	6	7	8	9	10	11
대운 남	1	1	1	1	청	10	9	9	9	8	8	8	7	7	7	6	6	6	5	곡	5	4	4	4	3	3	3	2	2	2
대운 여	9	9	10	10	명	1	1	1	1	2	2	2	3	3	3	4	4	4	5	우	5	6	6	6	7	7	7	8	8	8

입하 5일 17시 41분 【음4월】➡ **【乙巳月(을사월)】** ☯ 소만 21일 06시 30분

양력 5 / 음력 03/12 – 04/13

양력	1	2	3	4	5	6	7	8	9	10	11	12	13	14	15	16	17	18	19	20	21	22	23	24	25	26	27	28	29	30	31
요일	목	금	토	일	월	화	수	목	금	토	일	월	화	수	목	금	토	일	월	화	수	목	금	토	일	월	화	수	목	금	토
일진 日辰	己亥	庚子	辛丑	壬寅	癸卯	甲辰	乙巳	丙午	丁未	戊申	己酉	庚戌	辛亥	壬子	癸丑	甲寅	乙卯	丙辰	丁巳	戊午	己未	庚申	辛酉	壬戌	癸亥	甲子	乙丑	丙寅	丁卯	戊辰	己巳
음력	12	13	14	15	16	17	18	19	20	21	22	23	24	25	26	27	28	29	4/1	2	3	4	5	6	7	8	9	10	11	12	13
대운 남	1	1	1	1	입	10	10	9	9	9	8	8	8	7	7	7	6	6	6	5	소	5	4	4	4	3	3	3	2	2	2
대운 여	9	9	9	10	하	1	1	1	1	2	2	2	3	3	3	4	4	4	5	5	만	6	6	6	7	7	7	8	8	8	9

망종 5일 21시 37분 【음5월】➡ **【丙午月(병오월)】** ☯ 하지 21일 14시 14분

양력 6 / 음력 04/14 – 05/13

양력	1	2	3	4	5	6	7	8	9	10	11	12	13	14	15	16	17	18	19	20	21	22	23	24	25	26	27	28	29	30
요일	일	월	화	수	목	금	토	일	월	화	수	목	금	토	일	월	화	수	목	금	토	일	월	화	수	목	금	토	일	월
일진 日辰	庚午	辛未	壬申	癸酉	甲戌	乙亥	丙子	丁丑	戊寅	己卯	庚辰	辛巳	壬午	癸未	甲申	乙酉	丙戌	丁亥	戊子	己丑	庚寅	辛卯	壬辰	癸巳	甲午	乙未	丙申	丁酉	戊戌	己亥
음력	14	15	16	17	18	19	20	21	22	23	24	25	26	27	28	29	30	5/1	2	3	4	5	6	7	8	9	10	11	12	13
대운 남	1	1	1	1	망	10	10	10	9	9	9	8	8	8	7	7	7	6	6	6	하	5	5	4	4	4	3	3	3	2
대운 여	9	9	10	10	종	1	1	1	1	2	2	2	3	3	3	4	4	4	5	5	지	6	6	6	7	7	7	8	8	8

한식(4월05일), 초복(7월11일), 중복(7월21일), 말복(8월10일) ☂춘사(春社)3/21
☀추사(秋社)9/27 토왕지절(土旺之節):4월17일,7월19일,10월20일,1월17일(음12/07)
臘享(납향):2043년1월16일(음12/06)

2042 壬戌年

소서 7일 07시 46분 【음6월】 ➡ 【丁未月(정미월)】 ☯ 대서 23일 01시 05분

양력 7	양력	1	2	3	4	5	6	7	8	9	10	11	12	13	14	15	16	17	18	19	20	21	22	23	24	25	26	27	28	29	30	31
	요일	화	수	목	금	토	일	월	화	수	목	금	토	일	월	화	수	목	금	토	일	월	화	수	목	금	토	일	월	화	수	목
	일진 日辰	庚子	辛丑	壬寅	癸卯	甲辰	乙巳	丙午	丁未	戊申	己酉	庚戌	辛亥	壬子	癸丑	甲寅	乙卯	丙辰	丁巳	戊午	己未	庚申	辛酉	壬戌	癸亥	甲子	乙丑	丙寅	丁卯	戊辰	己巳	庚午
음력 05/26 ~ 06/15	음력	14	15	16	17	18	19	20	21	22	23	24	25	26	27	28	29	6/1	2	3	4	5	6	7	8	9	10	11	12	13	14	15
대운	남	2	2	1	1	1	1	소	10	10	9	9	9	8	8	8	7	7	7	6	6	6	5	대	5	4	4	4	3	3	3	2
	여	9	9	9	10	10	10	서	1	1	1	1	2	2	2	3	3	3	4	4	4	5	5	서	6	6	6	7	7	7	8	8

입추 7일 17시 37분 【음7월】 ➡ 【戊申月(무신월)】 ☯ 처서 23일 08시 17분

양력 8	양력	1	2	3	4	5	6	7	8	9	10	11	12	13	14	15	16	17	18	19	20	21	22	23	24	25	26	27	28	29	30	31
	요일	금	토	일	월	화	수	목	금	토	일	월	화	수	목	금	토	일	월	화	수	목	금	토	일	월	화	수	목	금	토	일
	일진 日辰	辛未	壬申	癸酉	甲戌	乙亥	丙子	丁丑	戊寅	己卯	庚辰	辛巳	壬午	癸未	甲申	乙酉	丙戌	丁亥	戊子	己丑	庚寅	辛卯	壬辰	癸巳	甲午	乙未	丙申	丁酉	戊戌	己亥	庚子	辛丑
음력 06/16 ~ 07/16	음력	16	17	18	19	20	21	22	23	24	25	26	27	28	29	30	7/1	2	3	4	5	6	7	8	9	10	11	12	13	14	15	16
대운	남	2	2	1	1	1	1	입	10	10	9	9	9	8	8	8	7	7	7	6	6	6	5	처	5	4	4	4	3	3	3	2
	여	8	9	9	9	10	10	추	1	1	1	1	2	2	2	3	3	3	4	4	4	5	5	서	6	6	6	7	7	7	8	8

백로 7일 20시 44분 【음8월】 ➡ 【己酉月(기유월)】 ☯ 추분 23일 06시 10분

양력 9	양력	1	2	3	4	5	6	7	8	9	10	11	12	13	14	15	16	17	18	19	20	21	22	23	24	25	26	27	28	29	30
	요일	월	화	수	목	금	토	일	월	화	수	목	금	토	일	월	화	수	목	금	토	일	월	화	수	목	금	토	일	월	화
	일진 日辰	壬寅	癸卯	甲辰	乙巳	丙午	丁未	戊申	己酉	庚戌	辛亥	壬子	癸丑	甲寅	乙卯	丙辰	丁巳	戊午	己未	庚申	辛酉	壬戌	癸亥	甲子	乙丑	丙寅	丁卯	戊辰	己巳	庚午	辛未
음력 07/17 ~ 08/17	음력	17	18	19	20	21	22	23	24	25	26	27	28	29	8/1	2	3	4	5	6	7	8	9	10	11	12	13	14	15	16	17
대운	남	2	2	1	1	1	1	백	10	10	9	9	9	8	8	8	7	7	7	6	6	6	5	추	5	4	4	4	3	3	3
	여	8	9	9	9	10	10	로	1	1	1	1	2	2	2	3	3	3	4	4	4	5	5	분	6	6	6	7	7	7	8

한로 8일 12시 39분 【음9월】 ➡ 【庚戌月(경술월)】 ☯ 상강 23일 15시 46분

양력 10	양력	1	2	3	4	5	6	7	8	9	10	11	12	13	14	15	16	17	18	19	20	21	22	23	24	25	26	27	28	29	30	31
	요일	수	목	금	토	일	월	화	수	목	금	토	일	월	화	수	목	금	토	일	월	화	수	목	금	토	일	월	화	수	목	금
	일진 日辰	壬申	癸酉	甲戌	乙亥	丙子	丁丑	戊寅	己卯	庚辰	辛巳	壬午	癸未	甲申	乙酉	丙戌	丁亥	戊子	己丑	庚寅	辛卯	壬辰	癸巳	甲午	乙未	丙申	丁酉	戊戌	己亥	庚子	辛丑	壬寅
음력 11/01 ~ 12/01	음력	18	19	20	21	22	23	24	25	26	27	28	29	30	9/1	2	3	4	5	6	7	8	9	10	11	12	13	14	15	16	17	18
대운	남	2	2	2	1	1	1	1	한	10	9	9	9	8	8	8	7	7	7	6	6	6	5	상	5	4	4	4	3	3	3	2
	여	8	8	9	9	9	10	10	로	1	1	1	1	2	2	2	3	3	3	4	4	4	5	강	5	6	6	6	7	7	7	8

입동 7일 16시 06분 【음10월】 ➡ 【辛亥月(신해월)】 ☯ 소설 22일 13시 36분

양력 11	양력	1	2	3	4	5	6	7	8	9	10	11	12	13	14	15	16	17	18	19	20	21	22	23	24	25	26	27	28	29	30
	요일	토	일	월	화	수	목	금	토	일	월	화	수	목	금	토	일	월	화	수	목	금	토	일	월	화	수	목	금	토	일
	일진 日辰	癸卯	甲辰	乙巳	丙午	丁未	戊申	己酉	庚戌	辛亥	壬子	癸丑	甲寅	乙卯	丙辰	丁巳	戊午	己未	庚申	辛酉	壬戌	癸亥	甲子	乙丑	丙寅	丁卯	戊辰	己巳	庚午	辛未	壬申
음력 11/01 ~ 12/01	음력	19	20	21	22	23	24	25	26	27	28	29	30	10/1	2	3	4	5	6	7	8	9	10	11	12	13	14	15	16	17	18
대운	남	2	2	1	1	1	1	입	10	9	9	9	8	8	8	7	7	7	6	6	6	5	소	5	4	4	4	3	3	3	2
	여	8	8	9	9	9	10	동	1	1	1	1	2	2	2	3	3	3	4	4	4	5	설	5	6	6	6	7	7	7	8

대설 7일 09시 08분 【음11월】 ➡ 【壬子月(임자월)】 ☯ 동지 22일 03시 03분

양력 12	양력	1	2	3	4	5	6	7	8	9	10	11	12	13	14	15	16	17	18	19	20	21	22	23	24	25	26	27	28	29	30	31
	요일	월	화	수	목	금	토	일	월	화	수	목	금	토	일	월	화	수	목	금	토	일	월	화	수	목	금	토	일	월	화	수
	일진 日辰	癸酉	甲戌	乙亥	丙子	丁丑	戊寅	己卯	庚辰	辛巳	壬午	癸未	甲申	乙酉	丙戌	丁亥	戊子	己丑	庚寅	辛卯	壬辰	癸巳	甲午	乙未	丙申	丁酉	戊戌	己亥	庚子	辛丑	壬寅	癸卯
음력 11/01 ~ 12/01	음력	19	20	21	22	23	24	25	26	27	28	29	30	11/1	2	3	4	5	6	7	8	9	10	11	12	13	14	15	16	17	18	19
대운	남	2	2	1	1	1	1	대	9	9	9	8	8	8	7	7	7	6	6	6	5	5	동	4	4	4	3	3	3	2	2	2
	여	8	8	9	9	9	10	설	1	1	1	1	2	2	2	3	3	3	4	4	4	5	지	5	6	6	6	7	7	7	8	8

단기 4376 年 | 불기 2587 年

2043년

下元 癸亥年 납음(大海水),본명성(二黑土)

대장군(酉서방), 삼살(酉서방), 상문(丑동북방),조객(酉서방), 납음(대해수), 【삼재(사,오,미)년】 臘享(납향):2044년1월23일(음12/24

돼지

소한 5일 20시 24분 【음12월】 ➡ **【癸丑月(계축월)】** ☯ 대한 20일 13시 40분

양력 1	양력	1	2	3	4	5	6	7	8	9	10	11	12	13	14	15	16	17	18	19	20	21	22	23	24	25	26	27	28	29	30	31
	요일	목	금	토	일	월	화	수	목	금	토	일	월	화	수	목	금	토	일	월	화	수	목	금	토	일	월	화	수	목	금	토
	일진 日辰	甲辰	乙巳	丙午	丁未	戊申	己酉	庚戌	辛亥	壬子	癸丑	甲寅	乙卯	丙辰	丁巳	戊午	己未	庚申	辛酉	壬戌	癸亥	甲子	乙丑	丙寅	丁卯	戊辰	己巳	庚午	辛未	壬申	癸酉	甲戌
음력 11/20 ~ 12/21	음력	20	21	22	23	24	25	26	27	28	29	12/1	2	3	4	5	6	7	8	9	10	11	12	13	14	15	16	17	18	19	20	21
대운	남	1	1	1	1	소	10	9	9	9	8	8	8	7	7	7	6	6	6	5	대	5	4	4	4	3	3	3	2	2	2	1
	여	8	9	9	9	한	1	1	1	1	2	2	2	3	3	3	4	4	4	5	한	5	6	6	6	7	7	7	8	8	8	9

입춘 4일 07시 57분 【음1월】 ➡ **【甲寅月(갑인월)】** ☯ 우수 19일 03시 40분

양력 2	양력	1	2	3	4	5	6	7	8	9	10	11	12	13	14	15	16	17	18	19	20	21	22	23	24	25	26	27	28
	요일	일	월	화	수	목	금	토	일	월	화	수	목	금	토	일	월	화	수	목	금	토	일	월	화	수	목	금	토
	일진 日辰	乙亥	丙子	丁丑	戊寅	己卯	庚辰	辛巳	壬午	癸未	甲申	乙酉	丙戌	丁亥	戊子	己丑	庚寅	辛卯	壬辰	癸巳	甲午	乙未	丙申	丁酉	戊戌	己亥	庚子	辛丑	壬寅
음력 12/22 ~ 01/19	음력	22	23	24	25	26	27	28	29	30	1/1	2	3	4	5	6	7	8	9	10	11	12	13	14	15	16	17	18	19
대운	남	1	1	1	입	1	1	1	1	2	2	2	3	3	3	4	4	4	5	우	5	6	6	6	7	7	7	8	8
	여	9	9	10	춘	10	9	9	9	8	8	8	7	7	7	6	6	6	5	수	5	4	4	4	3	3	3	2	2

癸亥年

경칩 6일 01시 46분 【음2월】 ➡ **【乙卯月(을묘월)】** ☯ 춘분 21일 02시 26분

양력 3	양력	1	2	3	4	5	6	7	8	9	10	11	12	13	14	15	16	17	18	19	20	21	22	23	24	25	26	27	28	29	30	31
	요일	일	월	화	수	목	금	토	일	월	화	수	목	금	토	일	월	화	수	목	금	토	일	월	화	수	목	금	토	일	월	화
	일진 日辰	癸卯	甲辰	乙巳	丙午	丁未	戊申	己酉	庚戌	辛亥	壬子	癸丑	甲寅	乙卯	丙辰	丁巳	戊午	己未	庚申	辛酉	壬戌	癸亥	甲子	乙丑	丙寅	丁卯	戊辰	己巳	庚午	辛未	壬申	癸酉
음력 01/20 ~ 02/21	음력	20	21	22	23	24	25	26	27	28	29	2/1	2	3	4	5	6	7	8	9	10	11	12	13	14	15	16	17	18	19	20	21
대운	남	8	9	9	9	10	경	1	1	1	1	2	2	2	3	3	3	4	4	4	5	춘	5	6	6	6	7	7	7	8	8	8
	여	2	1	1	1	1	칩	10	9	9	9	8	8	8	7	7	7	6	6	6	5	분	5	4	4	4	3	3	3	2	2	2

청명 5일 06시 19분 【음3월】 ➡ **【丙辰月(병진월)】** ☯ 곡우 20일 13시 13분

양력 4	양력	1	2	3	4	5	6	7	8	9	10	11	12	13	14	15	16	17	18	19	20	21	22	23	24	25	26	27	28	29	30
	요일	수	목	금	토	일	월	화	수	목	금	토	일	월	화	수	목	금	토	일	월	화	수	목	금	토	일	월	화	수	목
	일진 日辰	甲戌	乙亥	丙子	丁丑	戊寅	己卯	庚辰	辛巳	壬午	癸未	甲申	乙酉	丙戌	丁亥	戊子	己丑	庚寅	辛卯	壬辰	癸巳	甲午	乙未	丙申	丁酉	戊戌	己亥	庚子	辛丑	壬寅	癸卯
음력 02/22 ~ 03/21	음력	22	23	24	25	26	27	28	29	30	3/1	2	3	4	5	6	7	8	9	10	11	12	13	14	15	16	17	18	19	20	21
대운	남	9	9	9	10	청	1	1	1	1	2	2	2	3	3	3	4	4	4	5	곡	5	6	6	6	7	7	7	8	8	8
	여	1	1	1	1	명	10	9	9	9	8	8	8	7	7	7	6	6	6	5	우	5	4	4	4	3	3	3	2	2	2

입하 5일 23시 21분 【음4월】 ➡ **【丁巳月(정사월)】** ☯ 소만 21일 12시 08분

양력 5	양력	1	2	3	4	5	6	7	8	9	10	11	12	13	14	15	16	17	18	19	20	21	22	23	24	25	26	27	28	29	30	31
	요일	금	토	일	월	화	수	목	금	토	일	월	화	수	목	금	토	일	월	화	수	목	금	토	일	월	화	수	목	금	토	일
	일진 日辰	甲辰	乙巳	丙午	丁未	戊申	己酉	庚戌	辛亥	壬子	癸丑	甲寅	乙卯	丙辰	丁巳	戊午	己未	庚申	辛酉	壬戌	癸亥	甲子	乙丑	丙寅	丁卯	戊辰	己巳	庚午	辛未	壬申	癸酉	甲戌
음력 03/22 ~ 04/23	음력	22	23	24	25	26	27	28	29	4/1	2	3	4	5	6	7	8	9	10	11	12	13	14	15	16	17	18	19	20	21	22	23
대운	남	9	9	9	10	입	1	1	1	1	2	2	2	3	3	3	4	4	4	5	5	소	6	6	6	7	7	7	8	8	8	9
	여	1	1	1	1	하	10	10	10	9	9	9	8	8	8	7	7	7	6	6	6	만	5	5	4	4	4	3	3	3	2	2

망종 6일 03시 17분 【음5월】 ➡ **【戊午月(무오월)】** ☯ 하지 21일 19시 57분

양력 6	양력	1	2	3	4	5	6	7	8	9	10	11	12	13	14	15	16	17	18	19	20	21	22	23	24	25	26	27	28	29	30
	요일	월	화	수	목	금	토	일	월	화	수	목	금	토	일	월	화	수	목	금	토	일	월	화	수	목	금	토	일	월	화
	일진 日辰	乙亥	丙子	丁丑	戊寅	己卯	庚辰	辛巳	壬午	癸未	甲申	乙酉	丙戌	丁亥	戊子	己丑	庚寅	辛卯	壬辰	癸巳	甲午	乙未	丙申	丁酉	戊戌	己亥	庚子	辛丑	壬寅	癸卯	甲辰
음력 04/24 ~ 05/24	음력	24	25	26	27	28	29	5/1	2	3	4	5	6	7	8	9	10	11	12	13	14	15	16	17	18	19	20	21	22	23	24
대운	남	9	9	10	10	10	망	1	1	1	1	2	2	2	3	3	3	4	4	4	5	하	5	6	6	6	7	7	7	8	8
	여	2	1	1	1	1	종	10	10	9	9	9	8	8	8	7	7	7	6	6	6	지	5	5	4	4	4	3	3	3	2

한식(4월06일), 초복(7월16일), 중복(7월26일), 말복(8월15일) ☂춘사(春社)3/16
☀추사(秋社)9/22 토왕지절(土旺之節):4월17일,7월20일,10월20일,1월17일(음12/18)
臘享(납향):2044년1월23일(음12/24)

2043 癸亥年

소서 7일 13시 26분 【음6월】 ➡ ## 【己未月(기미월)】 ☯ 대서 23일 06시 52분

양력 7 / 음력 05/25 ~ 06/25

양력	1	2	3	4	5	6	7	8	9	10	11	12	13	14	15	16	17	18	19	20	21	22	23	24	25	26	27	28	29	30	31
요일	수	목	금	토	일	월	화	수	목	금	토	일	월	화	수	목	금	토	일	월	화	수	목	금	토	일	월	화	수	목	금
일진 日辰	乙巳	丙午	丁未	戊申	己酉	庚戌	辛亥	壬子	癸丑	甲寅	乙卯	丙辰	丁巳	戊午	己未	庚申	辛酉	壬戌	癸亥	甲子	乙丑	丙寅	丁卯	戊辰	己巳	庚午	辛未	壬申	癸酉	甲戌	乙亥
음력	25	26	27	28	29	30	6/1	2	3	4	5	6	7	8	9	10	11	12	13	14	15	16	17	18	19	20	21	22	23	24	25
대운 남	8	9	9	9	10	10	소	1	1	1	1	2	2	2	3	3	3	4	4	4	5	5	대	6	6	6	7	7	7	8	8
대운 여	2	2	1	1	1	1	서	10	10	9	9	9	8	8	8	7	7	7	6	6	6	5	서	5	4	4	4	3	3	3	2

입추 7일 23시 19분 【음7월】 ➡ ## 【庚申月(경신월)】 ☯ 처서 23일 14시 08분

양력 8 / 음력 06/26 ~ 07/27

양력	1	2	3	4	5	6	7	8	9	10	11	12	13	14	15	16	17	18	19	20	21	22	23	24	25	26	27	28	29	30	31
요일	토	일	월	화	수	목	금	토	일	월	화	수	목	금	토	일	월	화	수	목	금	토	일	월	화	수	목	금	토	일	월
일진 日辰	丙子	丁丑	戊寅	己卯	庚辰	辛巳	壬午	癸未	甲申	乙酉	丙戌	丁亥	戊子	己丑	庚寅	辛卯	壬辰	癸巳	甲午	乙未	丙申	丁酉	戊戌	己亥	庚子	辛丑	壬寅	癸卯	甲辰	乙巳	丙午
음력	26	27	28	29	7/1	2	3	4	5	6	7	8	9	10	11	12	13	14	15	16	17	18	19	20	21	22	23	24	25	26	27
대운 남	8	9	9	9	10	10	입	1	1	1	1	2	2	2	3	3	3	4	4	4	5	5	처	6	6	6	7	7	7	8	8
대운 여	2	2	1	1	1	1	추	10	10	10	9	9	9	8	8	8	7	7	7	6	6	6	서	5	5	4	4	4	3	3	3

백로 8일 02시 29분 【음8월】 ➡ ## 【辛酉月(신유월)】 ☯ 추분 23일 12시 05분

양력 9 / 음력 07/28 ~ 08/28

양력	1	2	3	4	5	6	7	8	9	10	11	12	13	14	15	16	17	18	19	20	21	22	23	24	25	26	27	28	29	30
요일	화	수	목	금	토	일	월	화	수	목	금	토	일	월	화	수	목	금	토	일	월	화	수	목	금	토	일	월	화	수
일진 日辰	丁未	戊申	己酉	庚戌	辛亥	壬子	癸丑	甲寅	乙卯	丙辰	丁巳	戊午	己未	庚申	辛酉	壬戌	癸亥	甲子	乙丑	丙寅	丁卯	戊辰	己巳	庚午	辛未	壬申	癸酉	甲戌	乙亥	丙子
음력	28	29	8/1	2	3	4	5	6	7	8	9	10	11	12	13	14	15	16	17	18	19	20	21	22	23	24	25	26	27	28
대운 남	8	9	9	9	10	10	10	백	1	1	1	1	2	2	2	3	3	3	4	4	4	5	추	5	6	6	6	7	7	7
대운 여	2	2	2	1	1	1	1	로	10	9	9	9	8	8	8	7	7	7	6	6	6	5	분	5	4	4	4	3	3	3

한로 8일 18시 26분 【음9월】 ➡ ## 【壬戌月(임술월)】 ☯ 상강 23일 21시 45분

양력 10 / 음력 11/01 ~ 12/01

양력	1	2	3	4	5	6	7	8	9	10	11	12	13	14	15	16	17	18	19	20	21	22	23	24	25	26	27	28	29	30	31
요일	목	금	토	일	월	화	수	목	금	토	일	월	화	수	목	금	토	일	월	화	수	목	금	토	일	월	화	수	목	금	토
일진 日辰	丁丑	戊寅	己卯	庚辰	辛巳	壬午	癸未	甲申	乙酉	丙戌	丁亥	戊子	己丑	庚寅	辛卯	壬辰	癸巳	甲午	乙未	丙申	丁酉	戊戌	己亥	庚子	辛丑	壬寅	癸卯	甲辰	乙巳	丙午	丁未
음력	29	30	9/1	2	3	4	5	6	7	8	9	10	11	12	13	14	15	16	17	18	19	20	21	22	23	24	25	26	27	28	29
대운 남	8	8	8	9	9	9	10	한	1	1	1	1	2	2	2	3	3	3	4	4	4	5	상	5	6	6	6	7	7	7	8
대운 여	2	2	2	1	1	1	1	로	10	9	9	9	8	8	8	7	7	7	6	6	6	5	강	5	4	4	4	3	3	3	2

입동 7일 21시 54분 【음10월】 ➡ ## 【癸亥月(계해월)】 ☯ 소설 22일 19시 34분

양력 11 / 음력 11/01 ~ 12/01

양력	1	2	3	4	5	6	7	8	9	10	11	12	13	14	15	16	17	18	19	20	21	22	23	24	25	26	27	28	29	30
요일	일	월	화	수	목	금	토	일	월	화	수	목	금	토	일	월	화	수	목	금	토	일	월	화	수	목	금	토	일	월
일진 日辰	戊申	己酉	庚戌	辛亥	壬子	癸丑	甲寅	乙卯	丙辰	丁巳	戊午	己未	庚申	辛酉	壬戌	癸亥	甲子	乙丑	丙寅	丁卯	戊辰	己巳	庚午	辛未	壬申	癸酉	甲戌	乙亥	丙子	丁丑
음력	30	10/1	2	3	4	5	6	7	8	9	10	11	12	13	14	15	16	17	18	19	20	21	22	23	24	25	26	27	28	29
대운 남	8	8	9	9	9	10	입	1	1	1	1	2	2	2	3	3	3	4	4	4	5	소	5	6	6	6	7	7	7	8
대운 여	2	2	1	1	1	1	동	10	9	9	9	8	8	8	7	7	7	6	6	6	5	설	5	4	4	4	3	3	3	2

대설 7일 14시 56분 【음11월】 ➡ ## 【甲子月(갑자월)】 ☯ 동지 22일 09시 00분

양력 12 / 음력 11/01 ~ 12/01

양력	1	2	3	4	5	6	7	8	9	10	11	12	13	14	15	16	17	18	19	20	21	22	23	24	25	26	27	28	29	30	31
요일	화	수	목	금	토	일	월	화	수	목	금	토	일	월	화	수	목	금	토	일	월	화	수	목	금	토	일	월	화	수	목
일진 日辰	戊寅	己卯	庚辰	辛巳	壬午	癸未	甲申	乙酉	丙戌	丁亥	戊子	己丑	庚寅	辛卯	壬辰	癸巳	甲午	乙未	丙申	丁酉	戊戌	己亥	庚子	辛丑	壬寅	癸卯	甲辰	乙巳	丙午	丁未	戊申
음력	11/1	2	3	4	5	6	7	8	9	10	11	12	13	14	15	16	17	18	19	20	21	22	23	24	25	26	27	28	29	30	12/1
대운 남	8	8	9	9	9	10	대	1	1	1	1	2	2	2	3	3	3	4	4	4	5	동	5	6	6	6	7	7	7	8	8
대운 여	2	2	1	1	1	1	설	10	9	9	9	8	8	8	7	7	7	6	6	6	5	지	5	4	4	4	3	3	3	2	2

단기 4377 年	2044년	上元 甲子年 납음(海中金), 본명성(一白水)
불기 2588 年		대장군(酉서방). 삼살(남방). 상문(寅동북방),조객(戌서북방). 납음(해중금). 【삼재(인,묘,진)년】 臘享(납향):2045년1월29일(음12/12)

쥐

소한 06일 02시 11분 【음12월】 ➡ **【乙丑月(을축월)】** ☯ 대한 20일 19시 36분

양력 1 · 음력 12/02 ~ 01/02

양력	1	2	3	4	5	6	7	8	9	10	11	12	13	14	15	16	17	18	19	20	21	22	23	24	25	26	27	28	29	30	31
요일	금	토	일	월	화	수	목	금	토	일	월	화	수	목	금	토	일	월	화	수	목	금	토	일	월	화	수	목	금	토	일
일진 日辰	己酉	庚戌	辛亥	壬子	癸丑	甲寅	乙卯	丙辰	丁巳	戊午	己未	庚申	辛酉	壬戌	癸亥	甲子	乙丑	丙寅	丁卯	戊辰	己巳	庚午	辛未	壬申	癸酉	甲戌	乙亥	丙子	丁丑	戊寅	己卯
음력	2	3	4	5	6	7	8	9	10	11	12	13	14	15	16	17	18	19	20	21	22	23	24	25	26	27	28	29	30	1/1	2
대운 남	8	9	9	9	10	소	1	1	1	1	2	2	2	3	3	3	4	4	4	대	5	5	6	6	6	7	7	7	8	8	8
대운 여	2	1	1	1	1	한	9	9	9	8	8	8	7	7	7	6	6	6	5	한	5	4	4	4	3	3	3	2	2	2	1

입춘 4일 13시 43분 【음1월】 ➡ **【丙寅月(병인월)】** ☯ 우수 19일 09시 34분

양력 2 · 음력 01/03 ~ 02/01

양력	1	2	3	4	5	6	7	8	9	10	11	12	13	14	15	16	17	18	19	20	21	22	23	24	25	26	27	28	29
요일	월	화	수	목	금	토	일	월	화	수	목	금	토	일	월	화	수	목	금	토	일	월	화	수	목	금	토	일	월
일진 日辰	庚辰	辛巳	壬午	癸未	甲申	乙酉	丙戌	丁亥	戊子	己丑	庚寅	辛卯	壬辰	癸巳	甲午	乙未	丙申	丁酉	戊戌	己亥	庚子	辛丑	壬寅	癸卯	甲辰	乙巳	丙午	丁未	戊申
음력	3	4	5	6	7	8	9	10	11	12	13	14	15	16	17	18	19	20	21	22	23	24	25	26	27	28	29	30	2/1
대운 남	9	9	9	입	10	9	9	9	8	8	8	7	7	7	6	6	6	5	우	5	4	4	4	3	3	3	2	2	2
대운 여	1	1	1	춘	1	1	1	1	2	2	2	3	3	3	4	4	4	5	수	5	6	6	6	7	7	7	8	8	8

甲子年

경칩 5일 07시 30분 【음2월】 ➡ **【丁卯月(정묘월)】** ☯ 춘분 20일 08시 19분

양력 3 · 음력 02/02 ~ 03/03

양력	1	2	3	4	5	6	7	8	9	10	11	12	13	14	15	16	17	18	19	20	21	22	23	24	25	26	27	28	29	30	31
요일	화	수	목	금	토	일	월	화	수	목	금	토	일	월	화	수	목	금	토	일	월	화	수	목	금	토	일	월	화	수	목
일진 日辰	己酉	庚戌	辛亥	壬子	癸丑	甲寅	乙卯	丙辰	丁巳	戊午	己未	庚申	辛酉	壬戌	癸亥	甲子	乙丑	丙寅	丁卯	戊辰	己巳	庚午	辛未	壬申	癸酉	甲戌	乙亥	丙子	丁丑	戊寅	己卯
음력	2	3	4	5	6	7	8	9	10	11	12	13	14	15	16	17	18	19	20	21	22	23	24	25	26	27	28	29	3/1	2	3
대운 남	1	1	1	1	경	10	9	9	9	8	8	8	7	7	7	6	6	6	5	춘	5	4	4	4	3	3	3	2	2	2	1
대운 여	9	9	9	10	칩	1	1	1	1	2	2	2	3	3	3	4	4	4	5	분	5	6	6	6	7	7	7	8	8	8	9

청명 4일 12시 02분 【음3월】 ➡ **【戊辰月(무진월)】** ☯ 곡우 19일 19시 05분

양력 4 · 음력 03/04 ~ 04/03

양력	1	2	3	4	5	6	7	8	9	10	11	12	13	14	15	16	17	18	19	20	21	22	23	24	25	26	27	28	29	30
요일	금	토	일	월	화	수	목	금	토	일	월	화	수	목	금	토	일	월	화	수	목	금	토	일	월	화	수	목	금	토
일진 日辰	庚辰	辛巳	壬午	癸未	甲申	乙酉	丙戌	丁亥	戊子	己丑	庚寅	辛卯	壬辰	癸巳	甲午	乙未	丙申	丁酉	戊戌	己亥	庚子	辛丑	壬寅	癸卯	甲辰	乙巳	丙午	丁未	戊申	己酉
음력	4	5	6	7	8	9	10	11	12	13	14	15	16	17	18	19	20	21	22	23	24	25	26	27	28	29	30	4/1	2	3
대운 남	1	1	1	청	10	10	9	9	9	8	8	8	7	7	7	6	6	6	곡	5	5	4	4	4	3	3	3	2	2	2
대운 여	9	9	10	명	1	1	1	1	2	2	2	3	3	3	4	4	4	5	우	5	6	6	6	7	7	7	8	8	8	9

입하 5일 05시 04분 【음4월】 ➡ **【己巳月(기사월)】** ☯ 소만 20일 18시 00분

양력 5 · 음력 04/04 ~ 05/05

양력	1	2	3	4	5	6	7	8	9	10	11	12	13	14	15	16	17	18	19	20	21	22	23	24	25	26	27	28	29	30	31
요일	일	월	화	수	목	금	토	일	월	화	수	목	금	토	일	월	화	수	목	금	토	일	월	화	수	목	금	토	일	월	화
일진 日辰	庚戌	辛亥	壬子	癸丑	甲寅	乙卯	丙辰	丁巳	戊午	己未	庚申	辛酉	壬戌	癸亥	甲子	乙丑	丙寅	丁卯	戊辰	己巳	庚午	辛未	壬申	癸酉	甲戌	乙亥	丙子	丁丑	戊寅	己卯	庚辰
음력	4	5	6	7	8	9	10	11	12	13	14	15	16	17	18	19	20	21	22	23	24	25	26	27	28	29	5/1	2	3	4	5
대운 남	1	1	1	1	입	10	10	9	9	9	8	8	8	7	7	7	6	6	6	소	5	5	4	4	4	3	3	3	2	2	2
대운 여	9	9	10	10	하	1	1	1	1	2	2	2	3	3	3	4	4	4	5	만	5	6	6	6	7	7	7	8	8	8	9

망종 5일 09시 02분 【음5월】 ➡ **【庚午月(경오월)】** ☯ 하지 21일 01시 50분

양력 6 · 음력 05/06 ~ 06/06

양력	1	2	3	4	5	6	7	8	9	10	11	12	13	14	15	16	17	18	19	20	21	22	23	24	25	26	27	28	29	30
요일	수	목	금	토	일	월	화	수	목	금	토	일	월	화	수	목	금	토	일	월	화	수	목	금	토	일	월	화	수	목
일진 日辰	辛巳	壬午	癸未	甲申	乙酉	丙戌	丁亥	戊子	己丑	庚寅	辛卯	壬辰	癸巳	甲午	乙未	丙申	丁酉	戊戌	己亥	庚子	辛丑	壬寅	癸卯	甲辰	乙巳	丙午	丁未	戊申	己酉	庚戌
음력	6	7	8	9	10	11	12	13	14	15	16	17	18	19	20	21	22	23	24	25	26	27	28	29	6/1	2	3	4	5	6
대운 남	1	1	1	1	망	10	10	9	9	9	8	8	8	7	7	7	6	6	6	5	하	5	4	4	4	3	3	3	2	2
대운 여	9	9	10	10	종	1	1	1	1	2	2	2	3	3	3	4	4	4	5	5	지	6	6	6	7	7	7	8	8	8

한식(4월05일), 초복(7월20일), 중복(7월30일), 말복(8월09일) ☂춘사(春社)3/20
☀추사(秋社)9/26 토왕지절(土旺之節):4월16일,7월19일,10월20일,1월17일(음11/30)
臘享(납향):2045년1월29일(음12/12)

2044 甲子年

소서 6일 19시 14분 【음6월】 ➡ **【辛未月(신미월)】** ☯ 대서 22일 12시 42분

양력 7	양력	1	2	3	4	5	6	7	8	9	10	11	12	13	14	15	16	17	18	19	20	21	22	23	24	25	26	27	28	29	30	31
	요일	금	토	일	월	화	수	목	금	토	일	월	화	수	목	금	토	일	월	화	수	목	금	토	일	월	화	수	목	금	토	일
	일진 日辰	辛亥	壬子	癸丑	甲寅	乙卯	丙辰	丁巳	戊午	己未	庚申	辛酉	壬戌	癸亥	甲子	乙丑	丙寅	丁卯	戊辰	己巳	庚午	辛未	壬申	癸酉	甲戌	乙亥	丙子	丁丑	戊寅	己卯	庚辰	辛巳
음력 06/07 ▮ 07/07	음력	7	8	9	10	11	12	13	14	15	16	17	18	19	20	21	22	23	24	25	26	27	28	29	30	7/1	2	3	4	5	6	7
대운	남	2	1	1	1	1	소	10	10	10	9	9	9	8	8	8	7	7	7	6	6	6	대	5	5	4	4	4	3	3	3	2
	여	9	9	9	10	10	서	1	1	1	1	2	2	2	3	3	3	4	4	4	5	5	서	6	6	6	7	7	7	8	8	8

입추 7일 05시 07분 【음7월】 ➡ **【壬申月(임신월)】** ☯ 처서 22일 19시 53분

양력 8	양력	1	2	3	4	5	6	7	8	9	10	11	12	13	14	15	16	17	18	19	20	21	22	23	24	25	26	27	28	29	30	31
	요일	월	화	수	목	금	토	일	월	화	수	목	금	토	일	월	화	수	목	금	토	일	월	화	수	목	금	토	일	월	화	수
	일진 日辰	壬午	癸未	甲申	乙酉	丙戌	丁亥	戊子	己丑	庚寅	辛卯	壬辰	癸巳	甲午	乙未	丙申	丁酉	戊戌	己亥	庚子	辛丑	壬寅	癸卯	甲辰	乙巳	丙午	丁未	戊申	己酉	庚戌	辛亥	壬子
음력 07/08 ▮ 윤709	음력	8	9	10	11	12	13	14	15	16	17	18	19	20	21	22	23	24	25	26	27	28	29	윤7	2	3	4	5	6	7	8	9
대운	남	2	2	1	1	1	1	입	10	10	9	9	9	8	8	8	7	7	7	6	6	6	처	5	5	4	4	4	3	3	3	2
	여	9	9	9	10	10	10	추	1	1	1	1	2	2	2	3	3	3	4	4	4	5	서	5	6	6	6	7	7	7	8	8

백로 7일 08시 15분 【음8월】 ➡ **【癸酉月(계유월)】** ☯ 추분 22일 17시 46분

양력 9	양력	1	2	3	4	5	6	7	8	9	10	11	12	13	14	15	16	17	18	19	20	21	22	23	24	25	26	27	28	29	30
	요일	목	금	토	일	월	화	수	목	금	토	일	월	화	수	목	금	토	일	월	화	수	목	금	토	일	월	화	수	목	금
	일진 日辰	癸丑	甲寅	乙卯	丙辰	丁巳	戊午	己未	庚申	辛酉	壬戌	癸亥	甲子	乙丑	丙寅	丁卯	戊辰	己巳	庚午	辛未	壬申	癸酉	甲戌	乙亥	丙子	丁丑	戊寅	己卯	庚辰	辛巳	壬午
음력 윤710 ▮ 08/10	음력	10	11	12	13	14	15	16	17	18	19	20	21	22	23	24	25	26	27	28	29	8/1	2	3	4	5	6	7	8	9	10
대운	남	2	2	1	1	1	1	백	10	10	9	9	9	8	8	8	7	7	7	6	6	6	추	5	5	4	4	4	3	3	3
	여	8	9	9	9	10	10	로	1	1	1	1	2	2	2	3	3	3	4	4	4	5	분	5	6	6	6	7	7	7	8

한로 8일 00시 12분 【음9월】 ➡ **【甲戌月(갑술월)】** ☯ 상강 23일 03시 25분

양력 10	양력	1	2	3	4	5	6	7	8	9	10	11	12	13	14	15	16	17	18	19	20	21	22	23	24	25	26	27	28	29	30	31
	요일	토	일	월	화	수	목	금	토	일	월	화	수	목	금	토	일	월	화	수	목	금	토	일	월	화	수	목	금	토	일	월
	일진 日辰	癸未	甲申	乙酉	丙戌	丁亥	戊子	己丑	庚寅	辛卯	壬辰	癸巳	甲午	乙未	丙申	丁酉	戊戌	己亥	庚子	辛丑	壬寅	癸卯	甲辰	乙巳	丙午	丁未	戊申	己酉	庚戌	辛亥	壬子	癸丑
음력 11/01 ▮ 12/01	음력	11	12	13	14	15	16	17	18	19	20	21	22	23	24	25	26	27	28	29	30	9/1	2	3	4	5	6	7	8	9	10	11
대운	남	2	2	2	1	1	1	1	한	10	9	9	9	8	8	8	7	7	7	6	6	6	5	상	5	4	4	4	3	3	3	2
	여	8	8	9	9	9	10	10	로	1	1	1	1	2	2	2	3	3	3	4	4	4	5	강	5	6	6	6	7	7	7	8

입동 7일 03시 40분 【음10월】 ➡ **【乙亥月(을해월)】** ☯ 소설 22일 01시 14분

양력 11	양력	1	2	3	4	5	6	7	8	9	10	11	12	13	14	15	16	17	18	19	20	21	22	23	24	25	26	27	28	29	30
	요일	화	수	목	금	토	일	월	화	수	목	금	토	일	월	화	수	목	금	토	일	월	화	수	목	금	토	일	월	화	수
	일진 日辰	甲寅	乙卯	丙辰	丁巳	戊午	己未	庚申	辛酉	壬戌	癸亥	甲子	乙丑	丙寅	丁卯	戊辰	己巳	庚午	辛未	壬申	癸酉	甲戌	乙亥	丙子	丁丑	戊寅	己卯	庚辰	辛巳	壬午	癸未
음력 11/01 ▮ 12/01	음력	12	13	14	15	16	17	18	19	20	21	22	23	24	25	26	27	28	29	10/1	2	3	4	5	6	7	8	9	10	11	12
대운	남	2	2	1	1	1	1	입	9	9	9	8	8	8	7	7	7	6	6	6	5	5	소	4	4	4	3	3	3	2	2
	여	8	8	9	9	9	10	동	1	1	1	1	2	2	2	3	3	3	4	4	4	5	설	5	6	6	6	7	7	7	8

대설 6일 20시 44분 【음11월】 ➡ **【丙子月(병자월)】** ☯ 동지 21일 14시 42분

양력 12	양력	1	2	3	4	5	6	7	8	9	10	11	12	13	14	15	16	17	18	19	20	21	22	23	24	25	26	27	28	29	30	31
	요일	목	금	토	일	월	화	수	목	금	토	일	월	화	수	목	금	토	일	월	화	수	목	금	토	일	월	화	수	목	금	토
	일진 日辰	甲申	乙酉	丙戌	丁亥	戊子	己丑	庚寅	辛卯	壬辰	癸巳	甲午	乙未	丙申	丁酉	戊戌	己亥	庚子	辛丑	壬寅	癸卯	甲辰	乙巳	丙午	丁未	戊申	己酉	庚戌	辛亥	壬子	癸丑	甲寅
음력 11/01 ▮ 12/01	음력	13	14	15	16	17	18	19	20	21	22	23	24	25	26	27	28	29	30	11/1	2	3	4	5	6	7	8	9	10	11	12	13
대운	남	2	1	1	1	1	대	10	9	9	9	8	8	8	7	7	7	6	6	6	5	동	5	4	4	4	3	3	3	2	2	2
	여	8	8	9	9	9	설	1	1	1	1	2	2	2	3	3	3	4	4	4	5	지	5	6	6	6	7	7	7	8	8	8

단기 4378 年
불기 2589 年

2045년

上元 乙丑年 납음(海中金), 본명성(九紫火)

대장군(酉서방), 삼살(동방), 상문(卯동방), 조객(亥서북방), 납음(해중금), 【삼재(해,자,축)년】 臘享(납향):2046년1월24일(음12/18)

소한 5일 08시 01분 【음12월】 ➡ **【丁丑月(정축월)】** ☯ 대한 20일 01시 21분

양력 1 / 음력 11/14 ~ 12/14

양력	1	2	3	4	5	6	7	8	9	10	11	12	13	14	15	16	17	18	19	20	21	22	23	24	25	26	27	28	29	30	31
요일	일	월	화	수	목	금	토	일	월	화	수	목	금	토	일	월	화	수	목	금	토	일	월	화	수	목	금	토	일	월	화
일진 日辰	乙卯	丙辰	丁巳	戊午	己未	庚申	辛酉	壬戌	癸亥	甲子	乙丑	丙寅	丁卯	戊辰	己巳	庚午	辛未	壬申	癸酉	甲戌	乙亥	丙子	丁丑	戊寅	己卯	庚辰	辛巳	壬午	癸未	甲申	乙酉
음력	14	15	16	17	18	19	20	21	22	23	24	25	26	27	28	29	30	12/1	2	3	4	5	6	7	8	9	10	11	12	13	14
대운 남	1	1	1	1	소	9	9	9	8	8	8	7	7	7	6	6	6	5	5	대	4	4	4	3	3	3	2	2	2	1	1
대운 여	9	9	9	10	한	1	1	1	1	2	2	2	3	3	3	4	4	4	5	한	5	6	6	6	7	7	7	8	8	8	9

입춘 3일 19시 35분 【음1월】 ➡ **【戊寅月(무인월)】** ☯ 우수 18일 15시 21분

양력 2 / 음력 12/15 ~ 01/12

양력	1	2	3	4	5	6	7	8	9	10	11	12	13	14	15	16	17	18	19	20	21	22	23	24	25	26	27	28
요일	수	목	금	토	일	월	화	수	목	금	토	일	월	화	수	목	금	토	일	월	화	수	목	금	토	일	월	화
일진 日辰	丙戌	丁亥	戊子	己丑	庚寅	辛卯	壬辰	癸巳	甲午	乙未	丙申	丁酉	戊戌	己亥	庚子	辛丑	壬寅	癸卯	甲辰	乙巳	丙午	丁未	戊申	己酉	庚戌	辛亥	壬子	癸丑
음력	15	16	17	18	19	20	21	22	23	24	25	26	27	28	29	30	1/1	2	3	4	5	6	7	8	9	10	11	12
대운 남	1	1	입	1	1	1	1	2	2	2	3	3	3	4	4	4	5	우	5	6	6	6	7	7	7	8	8	8
대운 여	9	9	춘	10	9	9	9	8	8	8	7	7	7	6	6	6	5	수	5	4	4	4	3	3	3	2	2	2

乙丑年

경칩 5일 13시 23분 【음2월】 ➡ **【己卯月(기묘월)】** ☯ 춘분 20일 14시 06분

양력 3 / 음력 01/13 ~ 02/13

양력	1	2	3	4	5	6	7	8	9	10	11	12	13	14	15	16	17	18	19	20	21	22	23	24	25	26	27	28	29	30	31
요일	수	목	금	토	일	월	화	수	목	금	토	일	월	화	수	목	금	토	일	월	화	수	목	금	토	일	월	화	수	목	금
일진 日辰	甲寅	乙卯	丙辰	丁巳	戊午	己未	庚申	辛酉	壬戌	癸亥	甲子	乙丑	丙寅	丁卯	戊辰	己巳	庚午	辛未	壬申	癸酉	甲戌	乙亥	丙子	丁丑	戊寅	己卯	庚辰	辛巳	壬午	癸未	甲申
음력	13	14	15	16	17	18	19	20	21	22	23	24	25	26	27	28	29	30	2/1	2	3	4	5	6	7	8	9	10	11	12	13
대운 남	9	9	9	10	경	1	1	1	1	2	2	2	3	3	3	4	4	4	5	춘	5	6	6	6	7	7	7	8	8	8	9
대운 여	1	1	1	1	칩	10	9	9	9	8	8	8	7	7	7	6	6	6	5	분	5	4	4	4	3	3	3	2	2	2	1

청명 4일 17시 56분 【음3월】 ➡ **【庚辰月(경진월)】** ☯ 곡우 20일 00시 51분

양력 4 / 음력 02/14 ~ 03/14

양력	1	2	3	4	5	6	7	8	9	10	11	12	13	14	15	16	17	18	19	20	21	22	23	24	25	26	27	28	29	30
요일	토	일	월	화	수	목	금	토	일	월	화	수	목	금	토	일	월	화	수	목	금	토	일	월	화	수	목	금	토	일
일진 日辰	乙酉	丙戌	丁亥	戊子	己丑	庚寅	辛卯	壬辰	癸巳	甲午	乙未	丙申	丁酉	戊戌	己亥	庚子	辛丑	壬寅	癸卯	甲辰	乙巳	丙午	丁未	戊申	己酉	庚戌	辛亥	壬子	癸丑	甲寅
음력	14	15	16	17	18	19	20	21	22	23	24	25	26	27	28	29	3/1	2	3	4	5	6	7	8	9	10	11	12	13	14
대운 남	9	9	10	청	1	1	1	1	2	2	2	3	3	3	4	4	4	5	5	곡	6	6	6	7	7	7	8	8	8	9
대운 여	1	1	1	명	10	10	9	9	9	8	8	8	7	7	7	6	6	6	5	우	5	4	4	4	3	3	3	2	2	2

입하 5일 10시 58분 【음4월】 ➡ **【辛巳月(신사월)】** ☯ 소만 20일 23시 44분

양력 5 / 음력 03/15 ~ 04/15

양력	1	2	3	4	5	6	7	8	9	10	11	12	13	14	15	16	17	18	19	20	21	22	23	24	25	26	27	28	29	30	31
요일	월	화	수	목	금	토	일	월	화	수	목	금	토	일	월	화	수	목	금	토	일	월	화	수	목	금	토	일	월	화	수
일진 日辰	乙卯	丙辰	丁巳	戊午	己未	庚申	辛酉	壬戌	癸亥	甲子	乙丑	丙寅	丁卯	戊辰	己巳	庚午	辛未	壬申	癸酉	甲戌	乙亥	丙子	丁丑	戊寅	己卯	庚辰	辛巳	壬午	癸未	甲申	乙酉
음력	15	16	17	18	19	20	21	22	23	24	25	26	27	28	29	30	4/1	2	3	4	5	6	7	8	9	10	11	12	13	14	15
대운 남	9	9	10	10	입	1	1	1	1	2	2	2	3	3	3	4	4	4	5	소	5	6	6	6	7	7	7	8	8	8	9
대운 여	1	1	1	1	하	10	10	9	9	9	8	8	8	7	7	7	6	6	6	만	5	5	4	4	4	3	3	3	2	2	2

망종 5일 14시 55분 【음5월】 ➡ **【壬午月(임오월)】** ☯ 하지 21일 07시 32분

양력 6 / 음력 04/16 ~ 05/16

양력	1	2	3	4	5	6	7	8	9	10	11	12	13	14	15	16	17	18	19	20	21	22	23	24	25	26	27	28	29	30
요일	목	금	토	일	월	화	수	목	금	토	일	월	화	수	목	금	토	일	월	화	수	목	금	토	일	월	화	수	목	금
일진 日辰	丙戌	丁亥	戊子	己丑	庚寅	辛卯	壬辰	癸巳	甲午	乙未	丙申	丁酉	戊戌	己亥	庚子	辛丑	壬寅	癸卯	甲辰	乙巳	丙午	丁未	戊申	己酉	庚戌	辛亥	壬子	癸丑	甲寅	乙卯
음력	16	17	18	19	20	21	22	23	24	25	26	27	28	29	5/1	2	3	4	5	6	7	8	9	10	11	12	13	14	15	16
대운 남	9	9	10	10	망	1	1	1	1	2	2	2	3	3	3	4	4	4	5	5	하	6	6	6	7	7	7	8	8	8
대운 여	1	1	1	1	종	10	10	10	9	9	9	8	8	8	7	7	7	6	6	6	지	5	5	4	4	4	3	3	3	2

한식(4월05일), 초복(7월15일), 중복(7월25일), 말복(8월14일) ☂춘사(春社)3/25
☀추사(秋社)9/21 토왕지절(土旺之節):4월16일,7월19일,10월20일,1월17일(음12/11)
臘享(납향):2046년1월24일(음12/18)

2045 乙丑年

소서 7일 01시 07분 【음6월】 ➡ 【癸未月(계미월)】 ☯ 대서 22일 18시 25분

양력 7 / 음력 05/17 ▮ 06/18

양력	1	2	3	4	5	6	7	8	9	10	11	12	13	14	15	16	17	18	19	20	21	22	23	24	25	26	27	28	29	30	31
요일	토	일	월	화	수	목	금	토	일	월	화	수	목	금	토	일	월	화	수	목	금	토	일	월	화	수	목	금	토	일	월
일진 日辰	丙辰	丁巳	戊午	己未	庚申	辛酉	壬戌	癸亥	甲子	乙丑	丙寅	丁卯	戊辰	己巳	庚午	辛未	壬申	癸酉	甲戌	乙亥	丙子	丁丑	戊寅	己卯	庚辰	辛巳	壬午	癸未	甲申	乙酉	丙戌
음력	17	18	19	20	21	22	23	24	25	26	27	28	29	6/1	2	3	4	5	6	7	8	9	10	11	12	13	14	15	16	17	18
대운 남	9	9	9	10	10	10	소	1	1	1	1	2	2	2	3	3	3	4	4	4	5	대	5	6	6	6	7	7	7	8	8
대운 여	2	2	1	1	1	1	서	10	10	9	9	9	8	8	8	7	7	7	6	6	6	서	5	5	4	4	4	3	3	3	2

입추 7일 10시 58분 【음7월】 ➡ 【甲申月(갑신월)】 ☯ 처서 23일 01시 38분

양력 8 / 음력 06/19 ▮ 07/19

양력	1	2	3	4	5	6	7	8	9	10	11	12	13	14	15	16	17	18	19	20	21	22	23	24	25	26	27	28	29	30	31
요일	화	수	목	금	토	일	월	화	수	목	금	토	일	월	화	수	목	금	토	일	월	화	수	목	금	토	일	월	화	수	목
일진 日辰	丁亥	戊子	己丑	庚寅	辛卯	壬辰	癸巳	甲午	乙未	丙申	丁酉	戊戌	己亥	庚子	辛丑	壬寅	癸卯	甲辰	乙巳	丙午	丁未	戊申	己酉	庚戌	辛亥	壬子	癸丑	甲寅	乙卯	丙辰	丁巳
음력	19	20	21	22	23	24	25	26	27	28	29	30	7/1	2	3	4	5	6	7	8	9	10	11	12	13	14	15	16	17	18	19
대운 남	8	9	9	9	10	10	입	1	1	1	1	2	2	2	3	3	3	4	4	4	5	5	처	6	6	6	7	7	7	8	8
대운 여	2	2	1	1	1	1	추	10	10	9	9	9	8	8	8	7	7	7	6	6	6	5	서	5	4	4	4	3	3	3	2

백로 7일 14시 04분 【음8월】 ➡ 【乙酉月(을유월)】 ☯ 추분 22일 23시 31분

양력 9 / 음력 07/20 ▮ 08/20

양력	1	2	3	4	5	6	7	8	9	10	11	12	13	14	15	16	17	18	19	20	21	22	23	24	25	26	27	28	29	30
요일	금	토	일	월	화	수	목	금	토	일	월	화	수	목	금	토	일	월	화	수	목	금	토	일	월	화	수	목	금	토
일진 日辰	戊午	己未	庚申	辛酉	壬戌	癸亥	甲子	乙丑	丙寅	丁卯	戊辰	己巳	庚午	辛未	壬申	癸酉	甲戌	乙亥	丙子	丁丑	戊寅	己卯	庚辰	辛巳	壬午	癸未	甲申	乙酉	丙戌	丁亥
음력	20	21	22	23	24	25	26	27	28	29	8/1	2	3	4	5	6	7	8	9	10	11	12	13	14	15	16	17	18	19	20
대운 남	8	9	9	9	10	10	백	1	1	1	1	2	2	2	3	3	3	4	4	4	5	추	5	6	6	6	7	7	7	8
대운 여	2	2	1	1	1	1	로	10	10	9	9	9	8	8	8	7	7	7	6	6	6	분	5	5	4	4	4	3	3	3

한로 8일 05시 59분 【음9월】 ➡ 【丙戌月(병술월)】 ☯ 상강 23일 09시 11분

양력 10 / 음력 11/01 ▮ 12/01

양력	1	2	3	4	5	6	7	8	9	10	11	12	13	14	15	16	17	18	19	20	21	22	23	24	25	26	27	28	29	30	31
요일	일	월	화	수	목	금	토	일	월	화	수	목	금	토	일	월	화	수	목	금	토	일	월	화	수	목	금	토	일	월	화
일진 日辰	戊子	己丑	庚寅	辛卯	壬辰	癸巳	甲午	乙未	丙申	丁酉	戊戌	己亥	庚子	辛丑	壬寅	癸卯	甲辰	乙巳	丙午	丁未	戊申	己酉	庚戌	辛亥	壬子	癸丑	甲寅	乙卯	丙辰	丁巳	戊午
음력	21	22	23	24	25	26	27	28	29	9/1	2	3	4	5	6	7	8	9	10	11	12	13	14	15	16	17	18	19	20	21	22
대운 남	8	8	9	9	9	10	10	한	1	1	1	1	2	2	2	3	3	3	4	4	4	5	상	5	6	6	6	7	7	7	8
대운 여	2	2	2	1	1	1	1	로	10	9	9	9	8	8	8	7	7	7	6	6	6	5	강	5	4	4	4	3	3	3	2

입동 7일 09시 28분 【음10월】 ➡ 【丁亥月(정해월)】 ☯ 소설 22일 07시 02분

양력 11 / 음력 11/01 ▮ 12/01

양력	1	2	3	4	5	6	7	8	9	10	11	12	13	14	15	16	17	18	19	20	21	22	23	24	25	26	27	28	29	30
요일	수	목	금	토	일	월	화	수	목	금	토	일	월	화	수	목	금	토	일	월	화	수	목	금	토	일	월	화	수	목
일진 日辰	己未	庚申	辛酉	壬戌	癸亥	甲子	乙丑	丙寅	丁卯	戊辰	己巳	庚午	辛未	壬申	癸酉	甲戌	乙亥	丙子	丁丑	戊寅	己卯	庚辰	辛巳	壬午	癸未	甲申	乙酉	丙戌	丁亥	戊子
음력	23	24	25	26	27	28	29	30	10/1	2	3	4	5	6	7	8	9	10	11	12	13	14	15	16	17	18	19	20	21	22
대운 남	8	8	9	9	9	10	입	1	1	1	1	2	2	2	3	3	3	4	4	4	5	소	5	6	6	6	7	7	7	8
대운 여	2	2	1	1	1	1	동	10	9	9	9	8	8	8	7	7	7	6	6	6	5	설	5	4	4	4	3	3	3	2

대설 7일 02시 34분 【음11월】 ➡ 【戊子月(무자월)】 ☯ 동지 21일 20시 34분

양력 12 / 음력 11/01 ▮ 12/01

양력	1	2	3	4	5	6	7	8	9	10	11	12	13	14	15	16	17	18	19	20	21	22	23	24	25	26	27	28	29	30	31
요일	금	토	일	월	화	수	목	금	토	일	월	화	수	목	금	토	일	월	화	수	목	금	토	일	월	화	수	목	금	토	일
일진 日辰	己丑	庚寅	辛卯	壬辰	癸巳	甲午	乙未	丙申	丁酉	戊戌	己亥	庚子	辛丑	壬寅	癸卯	甲辰	乙巳	丙午	丁未	戊申	己酉	庚戌	辛亥	壬子	癸丑	甲寅	乙卯	丙辰	丁巳	戊午	己未
음력	23	24	25	26	27	28	29	11/1	2	3	4	5	6	7	8	9	10	11	12	13	14	15	16	17	18	19	20	21	22	23	24
대운 남	8	8	9	9	9	10	대	1	1	1	1	2	2	2	3	3	3	4	4	4	동	5	5	6	6	6	7	7	7	8	8
대운 여	2	2	1	1	1	1	설	9	9	9	8	8	8	7	7	7	6	6	6	5	지	5	4	4	4	3	3	3	2	2	2

단기 4379 年
불기 2590 年

2046년

上元 丙寅年 납음(爐中火),본명성(八白土)

대장군(子북방), 삼살(북방), 상문(辰동남방),조객(子북방), 납음(노중화),【삼재(신,유,술)년】臘享(납향):2047년1월19일(음12/24)

소한 5일 13시 54분 【음12월】 ➡ **【己丑月(기축월)】** ☯ 대한 20일 07시 14분

양력 1 (음력 11/25 ~ 12/25)	양력	1	2	3	4	5	6	7	8	9	10	11	12	13	14	15	16	17	18	19	20	21	22	23	24	25	26	27	28	29	30	31
	요일	월	화	수	목	금	토	일	월	화	수	목	금	토	일	월	화	수	목	금	토	일	월	화	수	목	금	토	일	월	화	수
	일진 日辰	庚申	辛酉	壬戌	癸亥	甲子	乙丑	丙寅	丁卯	戊辰	己巳	庚午	辛未	壬申	癸酉	甲戌	乙亥	丙子	丁丑	戊寅	己卯	庚辰	辛巳	壬午	癸未	甲申	乙酉	丙戌	丁亥	戊子	己丑	庚寅
	음력	25	26	27	28	29	30	12/1	2	3	4	5	6	7	8	9	10	11	12	13	14	15	16	17	18	19	20	21	22	23	24	25
대운	남	8	9	9	9	소	1	1	1	1	2	2	2	3	3	3	4	4	4	5	대	5	6	6	6	7	7	7	8	8	8	9
	여	1	1	1	1	한	10	9	9	9	8	8	8	7	7	7	6	6	6	5	한	5	4	4	4	3	3	3	2	2	2	1

입춘 4일 01시 30분 【음1월】 ➡ **【庚寅月(경인월)】** ☯ 우수 18일 21시 14분

양력 2 (음력 12/26 ~ 01/23)	양력	1	2	3	4	5	6	7	8	9	10	11	12	13	14	15	16	17	18	19	20	21	22	23	24	25	26	27	28
	요일	목	금	토	일	월	화	수	목	금	토	일	월	화	수	목	금	토	일	월	화	수	목	금	토	일	월	화	수
	일진 日辰	辛卯	壬辰	癸巳	甲午	乙未	丙申	丁酉	戊戌	己亥	庚子	辛丑	壬寅	癸卯	甲辰	乙巳	丙午	丁未	戊申	己酉	庚戌	辛亥	壬子	癸丑	甲寅	乙卯	丙辰	丁巳	戊午
	음력	26	27	28	29	30	1/1	2	3	4	5	6	7	8	9	10	11	12	13	14	15	16	17	18	19	20	21	22	23
대운	남	9	9	10	입	9	9	9	8	8	8	7	7	7	6	6	6	5	우	5	4	4	4	3	3	3	2	2	2
	여	1	1	1	춘	1	1	1	1	2	2	2	3	3	3	4	4	4	수	5	5	6	6	6	7	7	7	8	8

丙寅年

경칩 5일 19시 16분 【음2월】 ➡ **【辛卯月(신묘월)】** ☯ 춘분 20일 19시 56분

양력 3 (음력 01/24 ~ 02/24)	양력	1	2	3	4	5	6	7	8	9	10	11	12	13	14	15	16	17	18	19	20	21	22	23	24	25	26	27	28	29	30	31
	요일	목	금	토	일	월	화	수	목	금	토	일	월	화	수	목	금	토	일	월	화	수	목	금	토	일	월	화	수	목	금	토
	일진 日辰	己未	庚申	辛酉	壬戌	癸亥	甲子	乙丑	丙寅	丁卯	戊辰	己巳	庚午	辛未	壬申	癸酉	甲戌	乙亥	丙子	丁丑	戊寅	己卯	庚辰	辛巳	壬午	癸未	甲申	乙酉	丙戌	丁亥	戊子	己丑
	음력	24	25	26	27	28	29	30	2/1	2	3	4	5	6	7	8	9	10	11	12	13	14	15	16	17	18	19	20	21	22	23	24
대운	남	1	1	1	1	경	10	9	9	9	8	8	8	7	7	7	6	6	6	5	춘	5	4	4	4	3	3	3	2	2	2	1
	여	8	9	9	9	칩	1	1	1	1	2	2	2	3	3	3	4	4	4	5	분	5	6	6	6	7	7	7	8	8	8	9

청명 4일 23시 43분 【음3월】 ➡ **【壬辰月(임진월)】** ☯ 곡우 20일 06시 37분

양력 4 (음력 02/25 ~ 03/25)	양력	1	2	3	4	5	6	7	8	9	10	11	12	13	14	15	16	17	18	19	20	21	22	23	24	25	26	27	28	29	30
	요일	일	월	화	수	목	금	토	일	월	화	수	목	금	토	일	월	화	수	목	금	토	일	월	화	수	목	금	토	일	월
	일진 日辰	庚寅	辛卯	壬辰	癸巳	甲午	乙未	丙申	丁酉	戊戌	己亥	庚子	辛丑	壬寅	癸卯	甲辰	乙巳	丙午	丁未	戊申	己酉	庚戌	辛亥	壬子	癸丑	甲寅	乙卯	丙辰	丁巳	戊午	己未
	음력	25	26	27	28	29	3/1	2	3	4	5	6	7	8	9	10	11	12	13	14	15	16	17	18	19	20	21	22	23	24	25
대운	남	1	1	1	청	10	10	9	9	9	8	8	8	7	7	7	6	6	6	5	곡	5	4	4	4	3	3	3	2	2	2
	여	9	9	10	명	1	1	1	1	2	2	2	3	3	3	4	4	4	5	5	우	6	6	6	7	7	7	8	8	8	9

입하 5일 16시 39분 【음4월】 ➡ **【癸巳月(계사월)】** ☯ 소만 21일 05시 27분

양력 5 (음력 03/26 ~ 04/26)	양력	1	2	3	4	5	6	7	8	9	10	11	12	13	14	15	16	17	18	19	20	21	22	23	24	25	26	27	28	29	30	31
	요일	화	수	목	금	토	일	월	화	수	목	금	토	일	월	화	수	목	금	토	일	월	화	수	목	금	토	일	월	화	수	목
	일진 日辰	庚申	辛酉	壬戌	癸亥	甲子	乙丑	丙寅	丁卯	戊辰	己巳	庚午	辛未	壬申	癸酉	甲戌	乙亥	丙子	丁丑	戊寅	己卯	庚辰	辛巳	壬午	癸未	甲申	乙酉	丙戌	丁亥	戊子	己丑	庚寅
	음력	26	27	28	29	30	4/1	2	3	4	5	6	7	8	9	10	11	12	13	14	15	16	17	18	19	20	21	22	23	24	25	26
대운	남	1	1	1	1	입	10	10	9	9	9	8	8	8	7	7	7	6	6	6	5	소	5	4	4	4	3	3	3	2	2	2
	여	9	9	10	10	하	1	1	1	1	2	2	2	3	3	3	4	4	4	5	5	만	6	6	6	7	7	7	8	8	8	9

망종 5일 20시 31분 【음5월】 ➡ **【甲午月(갑오월)】** ☯ 하지 21일 13시 13분

양력 6 (음력 04/27 ~ 05/26)	양력	1	2	3	4	5	6	7	8	9	10	11	12	13	14	15	16	17	18	19	20	21	22	23	24	25	26	27	28	29	30
	요일	금	토	일	월	화	수	목	금	토	일	월	화	수	목	금	토	일	월	화	수	목	금	토	일	월	화	수	목	금	토
	일진 日辰	辛卯	壬辰	癸巳	甲午	乙未	丙申	丁酉	戊戌	己亥	庚子	辛丑	壬寅	癸卯	甲辰	乙巳	丙午	丁未	戊申	己酉	庚戌	辛亥	壬子	癸丑	甲寅	乙卯	丙辰	丁巳	戊午	己未	庚申
	음력	27	28	29	30	5/1	2	3	4	5	6	7	8	9	10	11	12	13	14	15	16	17	18	19	20	21	22	23	24	25	26
대운	남	1	1	1	1	망	10	10	10	9	9	9	8	8	8	7	7	7	6	6	6	하	5	5	4	4	4	3	3	3	2
	여	9	9	10	10	종	1	1	1	1	2	2	2	3	3	3	4	4	4	5	5	지	6	6	6	7	7	7	8	8	8

한식(4월05일), 초복(7월20일), 중복(7월30일), 말복(8월09일) ☂춘사(春社)3/20
☀추사(秋社)9/26 토왕지절(土旺之節):4월17일,7월19일,10월20일,1월17일(음12/22)
臘享(납향):2047년1월19일(음12/24)

2046 丙寅年

소서 7일 06시 39분 【음6월】 ➡ 【乙未月(을미월)】 ☯ 대서 23일 00시 07분

양력 7	양력	1	2	3	4	5	6	7	8	9	10	11	12	13	14	15	16	17	18	19	20	21	22	23	24	25	26	27	28	29	30	31
	요일	일	월	화	수	목	금	토	일	월	화	수	목	금	토	일	월	화	수	목	금	토	일	월	화	수	목	금	토	일	월	화
	일진 日辰	辛酉	壬戌	癸亥	甲子	乙丑	丙寅	丁卯	戊辰	己巳	庚午	辛未	壬申	癸酉	甲戌	乙亥	丙子	丁丑	戊寅	己卯	庚辰	辛巳	壬午	癸未	甲申	乙酉	丙戌	丁亥	戊子	己丑	庚寅	辛卯
음력 05/27 ~ 06/28	음력	27	28	29	6/1	2	3	4	5	6	7	8	9	10	11	12	13	14	15	16	17	18	19	20	21	22	23	24	25	26	27	28
대운	남	2	2	1	1	1	1	소	10	10	9	9	9	8	8	8	7	7	7	6	6	6	5	대	5	4	4	4	3	3	3	2
	여	9	9	9	10	10	10	서	1	1	1	1	2	2	2	3	3	3	4	4	4	5	5	서	6	6	6	7	7	7	8	8

입추 7일 16시 32분 【음7월】 ➡ 【丙申月(병신월)】 ☯ 처서 23일 07시 23분

양력 8	양력	1	2	3	4	5	6	7	8	9	10	11	12	13	14	15	16	17	18	19	20	21	22	23	24	25	26	27	28	29	30	31
	요일	수	목	금	토	일	월	화	수	목	금	토	일	월	화	수	목	금	토	일	월	화	수	목	금	토	일	월	화	수	목	금
	일진 日辰	壬辰	癸巳	甲午	乙未	丙申	丁酉	戊戌	己亥	庚子	辛丑	壬寅	癸卯	甲辰	乙巳	丙午	丁未	戊申	己酉	庚戌	辛亥	壬子	癸丑	甲寅	乙卯	丙辰	丁巳	戊午	己未	庚申	辛酉	壬戌
음력 06/29 ~ 07/30	음력	29	7/1	2	3	4	5	6	7	8	9	10	11	12	13	14	15	16	17	18	19	20	21	22	23	24	25	26	27	28	29	30
대운	남	2	2	1	1	1	1	입	10	10	9	9	9	8	8	8	7	7	7	6	6	6	5	처	5	4	4	4	3	3	3	2
	여	8	9	9	9	10	10	추	1	1	1	1	2	2	2	3	3	3	4	4	4	5	5	서	6	6	6	7	7	7	8	8

백로 7일 19시 42분 【음8월】 ➡ 【丁酉月(정유월)】 ☯ 추분 23일 05시 20분

양력 9	양력	1	2	3	4	5	6	7	8	9	10	11	12	13	14	15	16	17	18	19	20	21	22	23	24	25	26	27	28	29	30
	요일	토	일	월	화	수	목	금	토	일	월	화	수	목	금	토	일	월	화	수	목	금	토	일	월	화	수	목	금	토	일
	일진 日辰	癸亥	甲子	乙丑	丙寅	丁卯	戊辰	己巳	庚午	辛未	壬申	癸酉	甲戌	乙亥	丙子	丁丑	戊寅	己卯	庚辰	辛巳	壬午	癸未	甲申	乙酉	丙戌	丁亥	戊子	己丑	庚寅	辛卯	壬辰
음력 08/01 ~ 09/01	음력	8/1	2	3	4	5	6	7	8	9	10	11	12	13	14	15	16	17	18	19	20	21	22	23	24	25	26	27	28	29	9/1
대운	남	2	2	1	1	1	1	백	10	10	9	9	9	8	8	8	7	7	7	6	6	6	5	추	5	4	4	4	3	3	3
	여	8	9	9	9	10	10	로	1	1	1	1	2	2	2	3	3	3	4	4	4	5	5	분	6	6	6	7	7	7	8

한로 8일 11시 41분 【음9월】 ➡ 【戊戌月(무술월)】 ☯ 상강 23일 15시 02분

양력 10	양력	1	2	3	4	5	6	7	8	9	10	11	12	13	14	15	16	17	18	19	20	21	22	23	24	25	26	27	28	29	30	31
	요일	월	화	수	목	금	토	일	월	화	수	목	금	토	일	월	화	수	목	금	토	일	월	화	수	목	금	토	일	월	화	수
	일진 日辰	癸巳	甲午	乙未	丙申	丁酉	戊戌	己亥	庚子	辛丑	壬寅	癸卯	甲辰	乙巳	丙午	丁未	戊申	己酉	庚戌	辛亥	壬子	癸丑	甲寅	乙卯	丙辰	丁巳	戊午	己未	庚申	辛酉	壬戌	癸亥
음력 11/01 ~ 12/01	음력	2	3	4	5	6	7	8	9	10	11	12	13	14	15	16	17	18	19	20	21	22	23	24	25	26	27	28	29	10/1	2	3
대운	남	2	2	2	1	1	1	1	한	10	9	9	9	8	8	8	7	7	7	6	6	6	5	상	5	4	4	4	3	3	3	2
	여	8	8	9	9	9	10	10	로	1	1	1	1	2	2	2	3	3	3	4	4	4	5	강	5	6	6	6	7	7	7	8

입동 7일 15시 13분 【음10월】 ➡ 【己亥月(기해월)】 ☯ 소설 22일 12시 55분

양력 11	양력	1	2	3	4	5	6	7	8	9	10	11	12	13	14	15	16	17	18	19	20	21	22	23	24	25	26	27	28	29	30
	요일	목	금	토	일	월	화	수	목	금	토	일	월	화	수	목	금	토	일	월	화	수	목	금	토	일	월	화	수	목	금
	일진 日辰	甲子	乙丑	丙寅	丁卯	戊辰	己巳	庚午	辛未	壬申	癸酉	甲戌	乙亥	丙子	丁丑	戊寅	己卯	庚辰	辛巳	壬午	癸未	甲申	乙酉	丙戌	丁亥	戊子	己丑	庚寅	辛卯	壬辰	癸巳
음력 11/01 ~ 12/01	음력	4	5	6	7	8	9	10	11	12	13	14	15	16	17	18	19	20	21	22	23	24	25	26	27	28	29	30	11/1	2	3
대운	남	2	2	1	1	1	1	입	10	9	9	9	8	8	8	7	7	7	6	6	6	5	소	5	4	4	4	3	3	3	2
	여	8	8	9	9	9	10	동	1	1	1	1	2	2	2	3	3	3	4	4	4	5	설	5	6	6	6	7	7	7	8

대설 7일 08시 20분 【음11월】 ➡ 【庚子月(경자월)】 ☯ 동지 22일 02시 27분

양력 12	양력	1	2	3	4	5	6	7	8	9	10	11	12	13	14	15	16	17	18	19	20	21	22	23	24	25	26	27	28	29	30	31
	요일	토	일	월	화	수	목	금	토	일	월	화	수	목	금	토	일	월	화	수	목	금	토	일	월	화	수	목	금	토	일	월
	일진 日辰	甲午	乙未	丙申	丁酉	戊戌	己亥	庚子	辛丑	壬寅	癸卯	甲辰	乙巳	丙午	丁未	戊申	己酉	庚戌	辛亥	壬子	癸丑	甲寅	乙卯	丙辰	丁巳	戊午	己未	庚申	辛酉	壬戌	癸亥	甲子
음력 11/01 ~ 12/01	음력	4	5	6	7	8	9	10	11	12	13	14	15	16	17	18	19	20	21	22	23	24	25	26	27	28	29	12/1	2	3	4	5
대운	남	2	2	1	1	1	1	대	9	9	9	8	8	8	7	7	7	6	6	6	5	5	동	4	4	4	3	3	3	2	2	2
	여	8	8	9	9	9	10	설	1	1	1	1	2	2	2	3	3	3	4	4	4	5	지	5	6	6	6	7	7	7	8	8

단기 4380 年
불기 2591 年

2047년

上元 丁卯年 납음(爐中火),본명성(七赤金)

대장군(子북방), 삼살(酉서방), 상문(巳동남방),조객(丑동북방), 납음(노중화),【삼재(사,오,미)년】 臘享(납향):2048년1월26일(음12/12)

소한 5일 19시 41분 【음12월】 ➡ 【辛丑月(신축월)】 ☯ 대한 20일 13시 08분

양력 1 / 음력 12/06 ~ 01/06

양력	1	2	3	4	5	6	7	8	9	10	11	12	13	14	15	16	17	18	19	20	21	22	23	24	25	26	27	28	29	30	31
요일	화	수	목	금	토	일	월	화	수	목	금	토	일	월	화	수	목	금	토	일	월	화	수	목	금	토	일	월	화	수	목
일진 日辰	乙丑	丙寅	丁卯	戊辰	己巳	庚午	辛未	壬申	癸酉	甲戌	乙亥	丙子	丁丑	戊寅	己卯	庚辰	辛巳	壬午	癸未	甲申	乙酉	丙戌	丁亥	戊子	己丑	庚寅	辛卯	壬辰	癸巳	甲午	乙未
음력	6	7	8	9	10	11	12	13	14	15	16	17	18	19	20	21	22	23	24	25	26	27	28	29	30	1/1	2	3	4	5	6
대운 남	1	1	1	1	소	10	9	9	9	8	8	8	7	7	7	6	6	6	5	대	5	4	4	4	3	3	3	2	2	2	1
대운 여	8	9	9	9	한	1	1	1	1	2	2	2	3	3	3	4	4	4	5	한	5	6	6	6	7	7	7	8	8	8	9

입춘 4일 07시 16분 【음1월】 ➡ 【壬寅月(임인월)】 ☯ 우수 19일 03시 09분

양력 2 / 음력 01/07 ~ 02/04

양력	1	2	3	4	5	6	7	8	9	10	11	12	13	14	15	16	17	18	19	20	21	22	23	24	25	26	27	28
요일	금	토	일	월	화	수	목	금	토	일	월	화	수	목	금	토	일	월	화	수	목	금	토	일	월	화	수	목
일진 日辰	丙申	丁酉	戊戌	己亥	庚子	辛丑	壬寅	癸卯	甲辰	乙巳	丙午	丁未	戊申	己酉	庚戌	辛亥	壬子	癸丑	甲寅	乙卯	丙辰	丁巳	戊午	己未	庚申	辛酉	壬戌	癸亥
음력	7	8	9	10	11	12	13	14	15	16	17	18	19	20	21	22	23	24	25	26	27	28	29	30	2/1	2	3	4
대운 남	1	1	1	입	1	1	1	1	2	2	2	3	3	3	4	4	4	5	우	5	6	6	6	7	7	7	8	8
대운 여	9	9	10	춘	10	9	9	9	8	8	8	7	7	7	6	6	6	5	수	5	4	4	4	3	3	3	2	2

丁卯年

경칩 6일 01시 04분 【음2월】 ➡ 【癸卯月(계묘월)】 ☯ 춘분 21일 01시 51분

양력 3 / 음력 02/05 ~ 03/06

양력	1	2	3	4	5	6	7	8	9	10	11	12	13	14	15	16	17	18	19	20	21	22	23	24	25	26	27	28	29	30	31
요일	금	토	일	월	화	수	목	금	토	일	월	화	수	목	금	토	일	월	화	수	목	금	토	일	월	화	수	목	금	토	일
일진 日辰	甲子	乙丑	丙寅	丁卯	戊辰	己巳	庚午	辛未	壬申	癸酉	甲戌	乙亥	丙子	丁丑	戊寅	己卯	庚辰	辛巳	壬午	癸未	甲申	乙酉	丙戌	丁亥	戊子	己丑	庚寅	辛卯	壬辰	癸巳	甲午
음력	5	6	7	8	9	10	11	12	13	14	15	16	17	18	19	20	21	22	23	24	25	26	27	28	29	3/1	2	3	4	5	6
대운 남	8	9	9	9	10	경	1	1	1	1	2	2	2	3	3	3	4	4	4	5	춘	5	6	6	6	7	7	7	8	8	8
대운 여	2	1	1	1	1	칩	10	9	9	9	8	8	8	7	7	7	6	6	6	5	분	5	4	4	4	3	3	3	2	2	2

청명 5일 05시 31분 【음3월】 ➡ 【甲辰月(갑진월)】 ☯ 곡우 20일 12시 31분

양력 4 / 음력 03/07 ~ 04/06

양력	1	2	3	4	5	6	7	8	9	10	11	12	13	14	15	16	17	18	19	20	21	22	23	24	25	26	27	28	29	30
요일	월	화	수	목	금	토	일	월	화	수	목	금	토	일	월	화	수	목	금	토	일	월	화	수	목	금	토	일	월	화
일진 日辰	乙未	丙申	丁酉	戊戌	己亥	庚子	辛丑	壬寅	癸卯	甲辰	乙巳	丙午	丁未	戊申	己酉	庚戌	辛亥	壬子	癸丑	甲寅	乙卯	丙辰	丁巳	戊午	己未	庚申	辛酉	壬戌	癸亥	甲子
음력	7	8	9	10	11	12	13	14	15	16	17	18	19	20	21	22	23	24	25	26	27	28	29	30	4/1	2	3	4	5	6
대운 남	9	9	9	10	청	1	1	1	1	2	2	2	3	3	3	4	4	4	5	곡	5	6	6	6	7	7	7	8	8	8
대운 여	1	1	1	1	명	10	9	9	9	8	8	8	7	7	7	6	6	6	5	우	5	4	4	4	3	3	3	2	2	2

입하 5일 22시 27분 【음4월】 ➡ 【乙巳月(을사월)】 ☯ 소만 21일 11시 18분

양력 5 / 음력 04/07 ~ 05/07

양력	1	2	3	4	5	6	7	8	9	10	11	12	13	14	15	16	17	18	19	20	21	22	23	24	25	26	27	28	29	30	31
요일	수	목	금	토	일	월	화	수	목	금	토	일	월	화	수	목	금	토	일	월	화	수	목	금	토	일	월	화	수	목	금
일진 日辰	乙丑	丙寅	丁卯	戊辰	己巳	庚午	辛未	壬申	癸酉	甲戌	乙亥	丙子	丁丑	戊寅	己卯	庚辰	辛巳	壬午	癸未	甲申	乙酉	丙戌	丁亥	戊子	己丑	庚寅	辛卯	壬辰	癸巳	甲午	乙未
음력	7	8	9	10	11	12	13	14	15	16	17	18	19	20	21	22	23	24	25	26	27	28	29	30	5/1	2	3	4	5	6	7
대운 남	9	9	9	10	입	1	1	1	1	2	2	2	3	3	3	4	4	4	5	5	소	6	6	6	7	7	7	8	8	8	9
대운 여	1	1	1	1	하	10	10	10	9	9	9	8	8	8	7	7	7	6	6	6	만	5	5	4	4	4	3	3	3	2	2

망종 6일 02시 19분 【음5월】 ➡ 【丙午月(병오월)】 ☯ 하지 21일 19시 02분

양력 6 / 음력 05/08 ~ 윤508

양력	1	2	3	4	5	6	7	8	9	10	11	12	13	14	15	16	17	18	19	20	21	22	23	24	25	26	27	28	29	30
요일	토	일	월	화	수	목	금	토	일	월	화	수	목	금	토	일	월	화	수	목	금	토	일	월	화	수	목	금	토	일
일진 日辰	丙申	丁酉	戊戌	己亥	庚子	辛丑	壬寅	癸卯	甲辰	乙巳	丙午	丁未	戊申	己酉	庚戌	辛亥	壬子	癸丑	甲寅	乙卯	丙辰	丁巳	戊午	己未	庚申	辛酉	壬戌	癸亥	甲子	乙丑
음력	8	9	10	11	12	13	14	15	16	17	18	19	20	21	22	23	24	25	26	27	28	29	윤5	2	3	4	5	6	7	8
대운 남	9	9	10	10	10	망	1	1	1	1	2	2	2	3	3	3	4	4	4	5	하	5	6	6	6	7	7	7	8	8
대운 여	2	1	1	1	1	종	10	10	9	9	9	8	8	8	7	7	7	6	6	6	지	5	5	4	4	4	3	3	3	2

한식(4월06일), 초복(7월15일), 중복(7월25일), 말복(8월14일) ☂춘사(春社)3/25
☀추사(秋社)9/21 토왕지절(土旺之節):4월17일,7월20일,10월20일,1월17일(음12/03)
臘享(납향):2048년1월26일(음12/12)

2047 丁卯年

소서 7일 12시 29분 【음6월】 ➡ 【丁未月(정미월)】 ☯ 대서 23일 05시 54분

양력 7	양력	1	2	3	4	5	6	7	8	9	10	11	12	13	14	15	16	17	18	19	20	21	22	23	24	25	26	27	28	29	30	31
	요일	월	화	수	목	금	토	일	월	화	수	목	금	토	일	월	화	수	목	금	토	일	월	화	수	목	금	토	일	월	화	수
	일진 日辰	丙寅	丁卯	戊辰	己巳	庚午	辛未	壬申	癸酉	甲戌	乙亥	丙子	丁丑	戊寅	己卯	庚辰	辛巳	壬午	癸未	甲申	乙酉	丙戌	丁亥	戊子	己丑	庚寅	辛卯	壬辰	癸巳	甲午	乙未	丙申
음력 윤509 ~ 06/09	음력	9	10	11	12	13	14	15	16	17	18	19	20	21	22	23	24	25	26	27	28	29	30	6/1	2	3	4	5	6	7	8	9
대운	남	8	9	9	9	10	10	소	1	1	1	1	2	2	2	3	3	3	4	4	4	5	5	대	6	6	6	7	7	7	8	8
	여	2	2	1	1	1	1	서	10	10	9	9	9	8	8	8	7	7	7	6	6	6	5	서	5	4	4	4	3	3	3	2

입추 7일 22시 24분 【음7월】 ➡ 【戊申月(무신월)】 ☯ 처서 23일 13시 09분

양력 8	양력	1	2	3	4	5	6	7	8	9	10	11	12	13	14	15	16	17	18	19	20	21	22	23	24	25	26	27	28	29	30	31
	요일	목	금	토	일	월	화	수	목	금	토	일	월	화	수	목	금	토	일	월	화	수	목	금	토	일	월	화	수	목	금	토
	일진 日辰	丁酉	戊戌	己亥	庚子	辛丑	壬寅	癸卯	甲辰	乙巳	丙午	丁未	戊申	己酉	庚戌	辛亥	壬子	癸丑	甲寅	乙卯	丙辰	丁巳	戊午	己未	庚申	辛酉	壬戌	癸亥	甲子	乙丑	丙寅	丁卯
음력 06/10 ~ 07/11	음력	10	11	12	13	14	15	16	17	18	19	20	21	22	23	24	25	26	27	28	29	7/1	2	3	4	5	6	7	8	9	10	11
대운	남	8	9	9	9	10	10	입	1	1	1	1	2	2	2	3	3	3	4	4	4	5	5	처	6	6	6	7	7	7	8	8
	여	2	2	1	1	1	1	추	10	10	10	9	9	9	8	8	8	7	7	7	6	6	6	서	5	5	4	4	4	3	3	3

백로 8일 01시 37분 【음8월】 ➡ 【己酉月(기유월)】 ☯ 추분 23일 11시 07분

양력 9	양력	1	2	3	4	5	6	7	8	9	10	11	12	13	14	15	16	17	18	19	20	21	22	23	24	25	26	27	28	29	30
	요일	일	월	화	수	목	금	토	일	월	화	수	목	금	토	일	월	화	수	목	금	토	일	월	화	수	목	금	토	일	월
	일진 日辰	戊辰	己巳	庚午	辛未	壬申	癸酉	甲戌	乙亥	丙子	丁丑	戊寅	己卯	庚辰	辛巳	壬午	癸未	甲申	乙酉	丙戌	丁亥	戊子	己丑	庚寅	辛卯	壬辰	癸巳	甲午	乙未	丙申	丁酉
음력 07/12 ~ 08/11	음력	12	13	14	15	16	17	18	19	20	21	22	23	24	25	26	27	28	29	30	8/1	2	3	4	5	6	7	8	9	10	11
대운	남	8	9	9	9	10	10	10	백	1	1	1	1	2	2	2	3	3	3	4	4	4	5	추	5	6	6	6	7	7	7
	여	2	2	2	1	1	1	1	로	10	9	9	9	8	8	8	7	7	7	6	6	6	5	분	5	4	4	4	3	3	3

한로 8일 17시 36분 【음9월】 ➡ 【庚戌月(경술월)】 ☯ 상강 23일 20시 47분

양력 10	양력	1	2	3	4	5	6	7	8	9	10	11	12	13	14	15	16	17	18	19	20	21	22	23	24	25	26	27	28	29	30	31
	요일	화	수	목	금	토	일	월	화	수	목	금	토	일	월	화	수	목	금	토	일	월	화	수	목	금	토	일	월	화	수	목
	일진 日辰	戊戌	己亥	庚子	辛丑	壬寅	癸卯	甲辰	乙巳	丙午	丁未	戊申	己酉	庚戌	辛亥	壬子	癸丑	甲寅	乙卯	丙辰	丁巳	戊午	己未	庚申	辛酉	壬戌	癸亥	甲子	乙丑	丙寅	丁卯	戊辰
음력 11/01 ~ 12/01	음력	12	13	14	15	16	17	18	19	20	21	22	23	24	25	26	27	28	29	9/1	2	3	4	5	6	7	8	9	10	11	12	13
대운	남	8	8	8	9	9	9	10	한	1	1	1	1	2	2	2	3	3	3	4	4	4	5	상	5	6	6	6	7	7	7	8
	여	2	2	2	1	1	1	1	로	10	9	9	9	8	8	8	7	7	7	6	6	6	5	강	5	4	4	4	3	3	3	2

입동 7일 21시 06분 【음10월】 ➡ 【辛亥月(신해월)】 ☯ 소설 22일 18시 37분

양력 11	양력	1	2	3	4	5	6	7	8	9	10	11	12	13	14	15	16	17	18	19	20	21	22	23	24	25	26	27	28	29	30
	요일	금	토	일	월	화	수	목	금	토	일	월	화	수	목	금	토	일	월	화	수	목	금	토	일	월	화	수	목	금	토
	일진 日辰	己巳	庚午	辛未	壬申	癸酉	甲戌	乙亥	丙子	丁丑	戊寅	己卯	庚辰	辛巳	壬午	癸未	甲申	乙酉	丙戌	丁亥	戊子	己丑	庚寅	辛卯	壬辰	癸巳	甲午	乙未	丙申	丁酉	戊戌
음력 11/01 ~ 12/01	음력	14	15	16	17	18	19	20	21	22	23	24	25	26	27	28	29	10/1	2	3	4	5	6	7	8	9	10	11	12	13	14
대운	남	8	8	9	9	9	10	입	1	1	1	1	2	2	2	3	3	3	4	4	4	5	소	5	6	6	6	7	7	7	8
	여	2	2	1	1	1	1	동	10	9	9	9	8	8	8	7	7	7	6	6	6	5	설	5	4	4	4	3	3	3	2

대설 7일 14시 09분 【음11월】 ➡ 【壬子月(임자월)】 ☯ 동지 22일 08시 06분

양력 12	양력	1	2	3	4	5	6	7	8	9	10	11	12	13	14	15	16	17	18	19	20	21	22	23	24	25	26	27	28	29	30	31
	요일	일	월	화	수	목	금	토	일	월	화	수	목	금	토	일	월	화	수	목	금	토	일	월	화	수	목	금	토	일	월	화
	일진 日辰	己亥	庚子	辛丑	壬寅	癸卯	甲辰	乙巳	丙午	丁未	戊申	己酉	庚戌	辛亥	壬子	癸丑	甲寅	乙卯	丙辰	丁巳	戊午	己未	庚申	辛酉	壬戌	癸亥	甲子	乙丑	丙寅	丁卯	戊辰	己巳
음력 11/01 ~ 12/01	음력	15	16	17	18	19	20	21	22	23	24	25	26	27	28	29	30	11/1	2	3	4	5	6	7	8	9	10	11	12	13	14	15
대운	남	8	8	9	9	9	10	대	1	1	1	1	2	2	2	3	3	3	4	4	4	5	동	5	6	6	6	7	7	7	8	8
	여	2	2	1	1	1	1	설	10	9	9	9	8	8	8	7	7	7	6	6	6	5	지	5	4	4	4	3	3	3	2	2

단기 4381 年	2048년	上元 戊辰年 납음(大林木),본명성(六白金)
불기 2592 年		대장군(子북방), 삼살(남방), 상문(午남방),조객(寅동북방), 납음(대림목),【삼재(인,묘,진)년】 臘享(납향):2049년1월20일(음12/17)

용

소한 6일 01시 28분 【음12월】 ➡ **【癸丑月(계축월)】** ☯ 대한 20일 18시 46분

양력 1 / 음력 11/16 ~ 12/17

양력	1	2	3	4	5	6	7	8	9	10	11	12	13	14	15	16	17	18	19	20	21	22	23	24	25	26	27	28	29	30	31
요일	수	목	금	토	일	월	화	수	목	금	토	일	월	화	수	목	금	토	일	월	화	수	목	금	토	일	월	화	수	목	금
일진 日辰	庚午	辛未	壬申	癸酉	甲戌	乙亥	丙子	丁丑	戊寅	己卯	庚辰	辛巳	壬午	癸未	甲申	乙酉	丙戌	丁亥	戊子	己丑	庚寅	辛卯	壬辰	癸巳	甲午	乙未	丙申	丁酉	戊戌	己亥	庚子
음력	16	17	18	19	20	21	22	23	24	25	26	27	28	29	12/1	2	3	4	5	6	7	8	9	10	11	12	13	14	15	16	17
대운 남	8	9	9	9	10	소	1	1	1	1	2	2	2	3	3	3	4	4	4	대	5	5	6	6	6	7	7	7	8	8	8
대운 여	2	1	1	1	1	한	9	9	9	8	8	8	7	7	7	6	6	6	5	한	5	4	4	4	3	3	3	2	2	2	1

입춘 4일 13시 03분 【음1월】 ➡ **【甲寅月(갑인월)】** ☯ 우수 19일 08시 47분

양력 2 / 음력 12/18 ~ 01/16

양력	1	2	3	4	5	6	7	8	9	10	11	12	13	14	15	16	17	18	19	20	21	22	23	24	25	26	27	28	29
요일	토	일	월	화	수	목	금	토	일	월	화	수	목	금	토	일	월	화	수	목	금	토	일	월	화	수	목	금	토
일진 日辰	辛丑	壬寅	癸卯	甲辰	乙巳	丙午	丁未	戊申	己酉	庚戌	辛亥	壬子	癸丑	甲寅	乙卯	丙辰	丁巳	戊午	己未	庚申	辛酉	壬戌	癸亥	甲子	乙丑	丙寅	丁卯	戊辰	己巳
음력	18	19	20	21	22	23	24	25	26	27	28	29	30	1/1	2	3	4	5	6	7	8	9	10	11	12	13	14	15	16
대운 남	9	9	9	입	10	9	9	9	8	8	8	7	7	7	6	6	6	5	우	5	4	4	4	3	3	3	2	2	2
대운 여	1	1	1	춘	1	1	1	1	2	2	2	3	3	3	4	4	4	5	수	5	6	6	6	7	7	7	8	8	8

戊辰年

경칩 5일 06시 53분 【음2월】 ➡ **【乙卯月(을묘월)】** ☯ 춘분 20일 07시 32분

양력 3 / 음력 01/17 ~ 02/18

양력	1	2	3	4	5	6	7	8	9	10	11	12	13	14	15	16	17	18	19	20	21	22	23	24	25	26	27	28	29	30	31
요일	일	월	화	수	목	금	토	일	월	화	수	목	금	토	일	월	화	수	목	금	토	일	월	화	수	목	금	토	일	월	화
일진 日辰	庚午	辛未	壬申	癸酉	甲戌	乙亥	丙子	丁丑	戊寅	己卯	庚辰	辛巳	壬午	癸未	甲申	乙酉	丙戌	丁亥	戊子	己丑	庚寅	辛卯	壬辰	癸巳	甲午	乙未	丙申	丁酉	戊戌	己亥	庚子
음력	17	18	19	20	21	22	23	24	25	26	27	28	29	2/1	2	3	4	5	6	7	8	9	10	11	12	13	14	15	16	17	18
대운 남	1	1	1	1	경	10	9	9	9	8	8	8	7	7	7	6	6	6	5	춘	5	4	4	4	3	3	3	2	2	2	1
대운 여	9	9	9	10	칩	1	1	1	1	2	2	2	3	3	3	4	4	4	5	분	5	6	6	6	7	7	7	8	8	8	9

청명 4일 11시 24분 【음3월】 ➡ **【丙辰月(병진월)】** ☯ 곡우 19일 18시 16분

양력 4 / 음력 02/19 ~ 03/18

양력	1	2	3	4	5	6	7	8	9	10	11	12	13	14	15	16	17	18	19	20	21	22	23	24	25	26	27	28	29	30
요일	수	목	금	토	일	월	화	수	목	금	토	일	월	화	수	목	금	토	일	월	화	수	목	금	토	일	월	화	수	목
일진 日辰	辛丑	壬寅	癸卯	甲辰	乙巳	丙午	丁未	戊申	己酉	庚戌	辛亥	壬子	癸丑	甲寅	乙卯	丙辰	丁巳	戊午	己未	庚申	辛酉	壬戌	癸亥	甲子	乙丑	丙寅	丁卯	戊辰	己巳	庚午
음력	19	20	21	22	23	24	25	26	27	28	29	30	3/1	2	3	4	5	6	7	8	9	10	11	12	13	14	15	16	17	18
대운 남	1	1	1	청	10	10	9	9	9	8	8	8	7	7	7	6	6	6	곡	5	5	4	4	4	3	3	3	2	2	2
대운 여	9	9	10	명	1	1	1	1	2	2	2	3	3	3	4	4	4	5	우	5	6	6	6	7	7	7	8	8	8	9

입하 5일 04시 23분 【음4월】 ➡ **【丁巳月(정사월)】** ☯ 소만 20일 17시 06분

양력 5 / 음력 03/19 ~ 04/19

양력	1	2	3	4	5	6	7	8	9	10	11	12	13	14	15	16	17	18	19	20	21	22	23	24	25	26	27	28	29	30	31
요일	금	토	일	월	화	수	목	금	토	일	월	화	수	목	금	토	일	월	화	수	목	금	토	일	월	화	수	목	금	토	일
일진 日辰	辛未	壬申	癸酉	甲戌	乙亥	丙子	丁丑	戊寅	己卯	庚辰	辛巳	壬午	癸未	甲申	乙酉	丙戌	丁亥	戊子	己丑	庚寅	辛卯	壬辰	癸巳	甲午	乙未	丙申	丁酉	戊戌	己亥	庚子	辛丑
음력	19	20	21	22	23	24	25	26	27	28	29	30	4/1	2	3	4	5	6	7	8	9	10	11	12	13	14	15	16	17	18	19
대운 남	1	1	1	1	입	10	10	9	9	9	8	8	8	7	7	7	6	6	6	소	5	5	4	4	4	3	3	3	2	2	2
대운 여	9	9	10	10	하	1	1	1	1	2	2	2	3	3	3	4	4	4	5	만	5	6	6	6	7	7	7	8	8	8	9

망종 5일 08시 17분 【음5월】 ➡ **【戊午月(무오월)】** ☯ 하지 21일 00시 52분

양력 6 / 음력 04/20 ~ 05/20

양력	1	2	3	4	5	6	7	8	9	10	11	12	13	14	15	16	17	18	19	20	21	22	23	24	25	26	27	28	29	30
요일	월	화	수	목	금	토	일	월	화	수	목	금	토	일	월	화	수	목	금	토	일	월	화	수	목	금	토	일	월	화
일진 日辰	壬寅	癸卯	甲辰	乙巳	丙午	丁未	戊申	己酉	庚戌	辛亥	壬子	癸丑	甲寅	乙卯	丙辰	丁巳	戊午	己未	庚申	辛酉	壬戌	癸亥	甲子	乙丑	丙寅	丁卯	戊辰	己巳	庚午	辛未
음력	20	21	22	23	24	25	26	27	28	29	5/1	2	3	4	5	6	7	8	9	10	11	12	13	14	15	16	17	18	19	20
대운 남	1	1	1	1	망	10	10	9	9	9	8	8	8	7	7	7	6	6	6	5	하	5	4	4	4	3	3	3	2	2
대운 여	9	9	10	10	종	1	1	1	1	2	2	2	3	3	3	4	4	4	5	5	지	6	6	6	7	7	7	8	8	8

한식(4월05일), 초복(7월19일), 중복(7월29일), 말복(8월08일) ☂춘사(春社)3/19
☀추사(秋社)9/25 토왕지절(土旺之節):4월16일,7월19일,10월20일,1월17일(음12/14)
臘享(납향):2049년1월20일(음12/17)

2048 戊辰年

소서 6일 18시 25분 【음6월】➡ **【己未月(기미월)】** ☯ 대서 22일 11시 45분

양력 7	양력	1	2	3	4	5	6	7	8	9	10	11	12	13	14	15	16	17	18	19	20	21	22	23	24	25	26	27	28	29	30	31
	요일	수	목	금	토	일	월	화	수	목	금	토	일	월	화	수	목	금	토	일	월	화	수	목	금	토	일	월	화	수	목	금
	일진 日辰	壬申	癸酉	甲戌	乙亥	丙子	丁丑	戊寅	己卯	庚辰	辛巳	壬午	癸未	甲申	乙酉	丙戌	丁亥	戊子	己丑	庚寅	辛卯	壬辰	癸巳	甲午	乙未	丙申	丁酉	戊戌	己亥	庚子	辛丑	壬寅
음력 05/21 ~ 06/21	음력	21	22	23	24	25	26	27	28	29	30	6/1	2	3	4	5	6	7	8	9	10	11	12	13	14	15	16	17	18	19	20	21
대운	남	2	1	1	1	1	소	10	10	10	9	9	9	8	8	8	7	7	7	6	6	6	대	5	5	4	4	4	3	3	3	2
	여	9	9	9	10	10	서	1	1	1	1	2	2	2	3	3	3	4	4	4	5	5	서	6	6	6	7	7	7	8	8	8

입추 7일 04시 17분 【음7월】➡ **【庚申月(경신월)】** ☯ 처서 22일 19시 01분

양력 8	양력	1	2	3	4	5	6	7	8	9	10	11	12	13	14	15	16	17	18	19	20	21	22	23	24	25	26	27	28	29	30	31
	요일	토	일	월	화	수	목	금	토	일	월	화	수	목	금	토	일	월	화	수	목	금	토	일	월	화	수	목	금	토	일	월
	일진 日辰	癸卯	甲辰	乙巳	丙午	丁未	戊申	己酉	庚戌	辛亥	壬子	癸丑	甲寅	乙卯	丙辰	丁巳	戊午	己未	庚申	辛酉	壬戌	癸亥	甲子	乙丑	丙寅	丁卯	戊辰	己巳	庚午	辛未	壬申	癸酉
음력 06/22 ~ 07/22	음력	22	23	24	25	26	27	28	29	30	7/1	2	3	4	5	6	7	8	9	10	11	12	13	14	15	16	17	18	19	20	21	22
대운	남	2	2	1	1	1	1	입	10	10	9	9	9	8	8	8	7	7	7	6	6	6	처	5	5	4	4	4	3	3	3	2
	여	9	9	9	10	10	10	추	1	1	1	1	2	2	2	3	3	3	4	4	4	5	서	5	6	6	6	7	7	7	8	8

백로 7일 07시 26분 【음8월】➡ **【辛酉月(신유월)】** ☯ 추분 22일 16시 59분

양력 9	양력	1	2	3	4	5	6	7	8	9	10	11	12	13	14	15	16	17	18	19	20	21	22	23	24	25	26	27	28	29	30
	요일	화	수	목	금	토	일	월	화	수	목	금	토	일	월	화	수	목	금	토	일	월	화	수	목	금	토	일	월	화	수
	일진 日辰	甲戌	乙亥	丙子	丁丑	戊寅	己卯	庚辰	辛巳	壬午	癸未	甲申	乙酉	丙戌	丁亥	戊子	己丑	庚寅	辛卯	壬辰	癸巳	甲午	乙未	丙申	丁酉	戊戌	己亥	庚子	辛丑	壬寅	癸卯
음력 07/23 ~ 08/23	음력	23	24	25	26	27	28	29	8/1	2	3	4	5	6	7	8	9	10	11	12	13	14	15	16	17	18	19	20	21	22	23
대운	남	2	2	1	1	1	1	백	10	9	9	9	8	8	8	7	7	7	6	6	6	5	추	5	4	4	4	3	3	3	2
	여	8	9	9	9	10	10	로	1	1	1	1	2	2	2	3	3	3	4	4	4	5	분	5	6	6	6	7	7	7	8

한로 7일 23시 25분 【음9월】➡ **【壬戌月(임술월)】** ☯ 상강 23일 02시 41분

양력 10	양력	1	2	3	4	5	6	7	8	9	10	11	12	13	14	15	16	17	18	19	20	21	22	23	24	25	26	27	28	29	30	31
	요일	목	금	토	일	월	화	수	목	금	토	일	월	화	수	목	금	토	일	월	화	수	목	금	토	일	월	화	수	목	금	토
	일진 日辰	甲辰	乙巳	丙午	丁未	戊申	己酉	庚戌	辛亥	壬子	癸丑	甲寅	乙卯	丙辰	丁巳	戊午	己未	庚申	辛酉	壬戌	癸亥	甲子	乙丑	丙寅	丁卯	戊辰	己巳	庚午	辛未	壬申	癸酉	甲戌
음력 11/01 ~ 12/01	음력	24	25	26	27	28	29	30	9/1	2	3	4	5	6	7	8	9	10	11	12	13	14	15	16	17	18	19	20	21	22	23	24
대운	남	2	2	1	1	1	1	한	10	10	9	9	9	8	8	8	7	7	7	6	6	6	5	상	5	4	4	4	3	3	3	2
	여	8	8	9	9	9	10	로	1	1	1	1	2	2	2	3	3	3	4	4	4	5	5	강	6	6	6	7	7	7	8	8

입동 7일 02시 55분 【음10월】➡ **【癸亥月(계해월)】** ☯ 소설 22일 00시 32분

양력 11	양력	1	2	3	4	5	6	7	8	9	10	11	12	13	14	15	16	17	18	19	20	21	22	23	24	25	26	27	28	29	30
	요일	일	월	화	수	목	금	토	일	월	화	수	목	금	토	일	월	화	수	목	금	토	일	월	화	수	목	금	토	일	월
	일진 日辰	乙亥	丙子	丁丑	戊寅	己卯	庚辰	辛巳	壬午	癸未	甲申	乙酉	丙戌	丁亥	戊子	己丑	庚寅	辛卯	壬辰	癸巳	甲午	乙未	丙申	丁酉	戊戌	己亥	庚子	辛丑	壬寅	癸卯	甲辰
음력 11/01 ~ 12/01	음력	25	26	27	28	29	10/1	2	3	4	5	6	7	8	9	10	11	12	13	14	15	16	17	18	19	20	21	22	23	24	25
대운	남	2	2	1	1	1	1	입	9	9	9	8	8	8	7	7	7	6	6	6	5	5	소	4	4	4	3	3	3	2	2
	여	8	9	9	9	10	10	동	1	1	1	1	2	2	2	3	3	3	4	4	4	5	설	5	6	6	6	7	7	7	8

대설 6일 19시 59분 【음11월】➡ **【甲子月(갑자월)】** ☯ 동지 21일 14시 01분

양력 12	양력	1	2	3	4	5	6	7	8	9	10	11	12	13	14	15	16	17	18	19	20	21	22	23	24	25	26	27	28	29	30	31
	요일	화	수	목	금	토	일	월	화	수	목	금	토	일	월	화	수	목	금	토	일	월	화	수	목	금	토	일	월	화	수	목
	일진 日辰	乙巳	丙午	丁未	戊申	己酉	庚戌	辛亥	壬子	癸丑	甲寅	乙卯	丙辰	丁巳	戊午	己未	庚申	辛酉	壬戌	癸亥	甲子	乙丑	丙寅	丁卯	戊辰	己巳	庚午	辛未	壬申	癸酉	甲戌	乙亥
음력 11/01 ~ 12/01	음력	26	27	28	29	30	11/1	2	3	4	5	6	7	8	9	10	11	12	13	14	15	16	17	18	19	20	21	22	23	24	25	26
대운	남	2	1	1	1	1	대	10	9	9	9	8	8	8	7	7	7	6	6	6	5	동	5	4	4	4	3	3	3	2	2	2
	여	8	8	9	9	9	설	1	1	1	1	2	2	2	3	3	3	4	4	4	5	지	5	6	6	6	7	7	7	8	8	8

단기 4382 年	2049년	上元 己巳年 납음(大林木), 본명성(五黃土)
불기 2593 年		대장군(卯동방), 삼살(동방), 상문(未서남방), 조객(卯동방), 납음(대림목), 【삼재(해,자,축)년】 臘享(납향):2050년1월15일(음12/20

소한 5일 07시 17분 【음12월】 ➡ 【乙丑月(을축월)】 ☯ 대한 20일 00시 40분

양력 1 / 음력 11/27 ~ 12/28

양력	1	2	3	4	5	6	7	8	9	10	11	12	13	14	15	16	17	18	19	20	21	22	23	24	25	26	27	28	29	30	31
요일	금	토	일	월	화	수	목	금	토	일	월	화	수	목	금	토	일	월	화	수	목	금	토	일	월	화	수	목	금	토	일
일진 日辰	丙子	丁丑	戊寅	己卯	庚辰	辛巳	壬午	癸未	甲申	乙酉	丙戌	丁亥	戊子	己丑	庚寅	辛卯	壬辰	癸巳	甲午	乙未	丙申	丁酉	戊戌	己亥	庚子	辛丑	壬寅	癸卯	甲辰	乙巳	丙午
음력	27	28	29	12/1	2	3	4	5	6	7	8	9	10	11	12	13	14	15	16	17	18	19	20	21	22	23	24	25	26	27	28
대운 남	1	1	1	1	소	9	9	9	8	8	8	7	7	7	6	6	6	5	5	대	4	4	4	3	3	3	2	2	2	1	1
대운 여	9	9	9	10	한	1	1	1	1	2	2	2	3	3	3	4	4	4	5	한	5	6	6	6	7	7	7	8	8	8	9

입춘 3일 18시 52분 【음1월】 ➡ 【丙寅月(병인월)】 ☯ 우수 18일 14시 41분

양력 2 / 음력 12/29 ~ 01/27

양력	1	2	3	4	5	6	7	8	9	10	11	12	13	14	15	16	17	18	19	20	21	22	23	24	25	26	27	28	
요일	월	화	수	목	금	토	일	월	화	수	목	금	토	일	월	화	수	목	금	토	일	월	화	수	목	금	토	일	己
일진 日辰	丁未	戊申	己酉	庚戌	辛亥	壬子	癸丑	甲寅	乙卯	丙辰	丁巳	戊午	己未	庚申	辛酉	壬戌	癸亥	甲子	乙丑	丙寅	丁卯	戊辰	己巳	庚午	辛未	壬申	癸酉	甲戌	巳
음력	29	1/1	2	3	4	5	6	7	8	9	10	11	12	13	14	15	16	17	18	19	20	21	22	23	24	25	26	27	年
대운 남	1	1	입	1	1	1	1	2	2	2	3	3	3	4	4	4	5	우	5	6	6	6	7	7	7	8	8	8	
대운 여	9	9	춘	10	9	9	9	8	8	8	7	7	7	6	6	6	5	수	5	4	4	4	3	3	3	2	2	2	

경칩 5일 12시 41분 【음2월】 ➡ 【丁卯월(정묘월)】 ☯ 춘분 20일 13시 27분

양력 3 / 음력 01/28 ~ 02/28

양력	1	2	3	4	5	6	7	8	9	10	11	12	13	14	15	16	17	18	19	20	21	22	23	24	25	26	27	28	29	30	31
요일	월	화	수	목	금	토	일	월	화	수	목	금	토	일	월	화	수	목	금	토	일	월	화	수	목	금	토	일	월	화	수
일진 日辰	乙亥	丙子	丁丑	戊寅	己卯	庚辰	辛巳	壬午	癸未	甲申	乙酉	丙戌	丁亥	戊子	己丑	庚寅	辛卯	壬辰	癸巳	甲午	乙未	丙申	丁酉	戊戌	己亥	庚子	辛丑	壬寅	癸卯	甲辰	乙巳
음력	28	29	30	2/1	2	3	4	5	6	7	8	9	10	11	12	13	14	15	16	17	18	19	20	21	22	23	24	25	26	27	28
대운 남	9	9	9	10	경	1	1	1	1	2	2	2	3	3	3	4	4	4	5	춘	5	6	6	6	7	7	7	8	8	8	9
대운 여	1	1	1	1	칩	10	9	9	9	8	8	8	7	7	7	6	6	6	5	분	5	4	4	4	3	3	3	2	2	2	1

청명 4일 17시 13분 【음3월】 ➡ 【戊辰月(무진월)】 ☯ 곡우 20일 00시 12분

양력 4 / 음력 02/29 ~ 03/29

양력	1	2	3	4	5	6	7	8	9	10	11	12	13	14	15	16	17	18	19	20	21	22	23	24	25	26	27	28	29	30
요일	목	금	토	일	월	화	수	목	금	토	일	월	화	수	목	금	토	일	월	화	수	목	금	토	일	월	화	수	목	금
일진 日辰	丙午	丁未	戊申	己酉	庚戌	辛亥	壬子	癸丑	甲寅	乙卯	丙辰	丁巳	戊午	己未	庚申	辛酉	壬戌	癸亥	甲子	乙丑	丙寅	丁卯	戊辰	己巳	庚午	辛未	壬申	癸酉	甲戌	乙亥
음력	29	3/1	2	3	4	5	6	7	8	9	10	11	12	13	14	15	16	17	18	19	20	21	22	23	24	25	26	27	28	29
대운 남	9	9	10	청	1	1	1	1	2	2	2	3	3	3	4	4	4	5	5	곡	6	6	6	7	7	7	8	8	8	9
대운 여	1	1	1	명	10	10	9	9	9	8	8	8	7	7	7	6	6	6	5	우	5	4	4	4	3	3	3	2	2	2

입하 5일 10시 11분 【음4월】 ➡ 【己巳月(기사월)】 ☯ 소만 20일 23시 02분

양력 5 / 음력 03/30 ~ 05/01

양력	1	2	3	4	5	6	7	8	9	10	11	12	13	14	15	16	17	18	19	20	21	22	23	24	25	26	27	28	29	30	31
요일	토	일	월	화	수	목	금	토	일	월	화	수	목	금	토	일	월	화	수	목	금	토	일	월	화	수	목	금	토	일	월
일진 日辰	丙子	丁丑	戊寅	己卯	庚辰	辛巳	壬午	癸未	甲申	乙酉	丙戌	丁亥	戊子	己丑	庚寅	辛卯	壬辰	癸巳	甲午	乙未	丙申	丁酉	戊戌	己亥	庚子	辛丑	壬寅	癸卯	甲辰	乙巳	丙午
음력	30	4/1	2	3	4	5	6	7	8	9	10	11	12	13	14	15	16	17	18	19	20	21	22	23	24	25	26	27	28	29	5/1
대운 남	9	9	10	10	입	1	1	1	1	2	2	2	3	3	3	4	4	4	5	소	5	6	6	6	7	7	7	8	8	8	9
대운 여	1	1	1	1	하	10	10	9	9	9	8	8	8	7	7	7	6	6	6	만	5	5	4	4	4	3	3	3	2	2	2

망종 5일 14시 02분 【음5월】 ➡ 【庚午月(경오월)】 ☯ 하지 21일 06시 46분

양력 6 / 음력 05/02 ~ 06/01

양력	1	2	3	4	5	6	7	8	9	10	11	12	13	14	15	16	17	18	19	20	21	22	23	24	25	26	27	28	29	30
요일	화	수	목	금	토	일	월	화	수	목	금	토	일	월	화	수	목	금	토	일	월	화	수	목	금	토	일	월	화	수
일진 日辰	丁未	戊申	己酉	庚戌	辛亥	壬子	癸丑	甲寅	乙卯	丙辰	丁巳	戊午	己未	庚申	辛酉	壬戌	癸亥	甲子	乙丑	丙寅	丁卯	戊辰	己巳	庚午	辛未	壬申	癸酉	甲戌	乙亥	丙子
음력	2	3	4	5	6	7	8	9	10	11	12	13	14	15	16	17	18	19	20	21	22	23	24	25	26	27	28	29	30	6/1
대운 남	9	9	10	10	망	1	1	1	1	2	2	2	3	3	3	4	4	4	5	5	하	6	6	6	7	7	7	8	8	8
대운 여	1	1	1	1	종	10	10	10	9	9	9	8	8	8	7	7	7	6	6	6	지	5	5	4	4	4	3	3	3	2

한식(4월05일), 초복(7월14일), 중복(7월24일), 말복(8월13일) ☂춘사(春社)3/24
☀추사(秋社)9/20토왕지절(土旺之節):4월16일,7월19일,10월20일,1월17일(음12/22)
臘享(납향):2050년1월15일(음12/20)

2049 己巳年

소서 7일 00시 07분 【음6월】 ➡ 【辛未月(신미월)】 ☯ 대서 22일 17시 35분

양력 7 (음력 06/02 ~ 07/02)	1	2	3	4	5	6	7	8	9	10	11	12	13	14	15	16	17	18	19	20	21	22	23	24	25	26	27	28	29	30	31
요일	목	금	토	일	월	화	수	목	금	토	일	월	화	수	목	금	토	일	월	화	수	목	금	토	일	월	화	수	목	금	토
일진 日辰	丁丑	戊寅	己卯	庚辰	辛巳	壬午	癸未	甲申	乙酉	丙戌	丁亥	戊子	己丑	庚寅	辛卯	壬辰	癸巳	甲午	乙未	丙申	丁酉	戊戌	己亥	庚子	辛丑	壬寅	癸卯	甲辰	乙巳	丙午	丁未
음력	2	3	4	5	6	7	8	9	10	11	12	13	14	15	16	17	18	19	20	21	22	23	24	25	26	27	28	29	30	7/1	2
대운 남	9	9	9	10	10	10	소	1	1	1	1	2	2	2	3	3	3	4	4	4	5	대	5	6	6	6	7	7	7	8	8
대운 여	2	2	1	1	1	1	서	10	10	9	9	9	8	8	8	7	7	7	6	6	6	서	5	5	4	4	4	3	3	3	2

입추 7일 09시 56분 【음7월】 ➡ 【壬申月(임신월)】 ☯ 처서 23일 00시 46분

양력 8 (음력 07/03 ~ 08/04)	1	2	3	4	5	6	7	8	9	10	11	12	13	14	15	16	17	18	19	20	21	22	23	24	25	26	27	28	29	30	31
요일	일	월	화	수	목	금	토	일	월	화	수	목	금	토	일	월	화	수	목	금	토	일	월	화	수	목	금	토	일	월	화
일진 日辰	戊申	己酉	庚戌	辛亥	壬子	癸丑	甲寅	乙卯	丙辰	丁巳	戊午	己未	庚申	辛酉	壬戌	癸亥	甲子	乙丑	丙寅	丁卯	戊辰	己巳	庚午	辛未	壬申	癸酉	甲戌	乙亥	丙子	丁丑	戊寅
음력	3	4	5	6	7	8	9	10	11	12	13	14	15	16	17	18	19	20	21	22	23	24	25	26	27	28	29	8/1	2	3	4
대운 남	8	9	9	9	10	10	입	1	1	1	1	2	2	2	3	3	3	4	4	4	5	5	처	6	6	6	7	7	7	8	8
대운 여	2	2	1	1	1	1	추	10	10	9	9	9	8	8	8	7	7	7	6	6	6	5	서	5	4	4	4	3	3	3	2

백로 7일 13시 04분 【음8월】 ➡ 【癸酉月(계유월)】 ☯ 추분 22일 22시 41분

양력 9 (음력 08/05 ~ 09/04)	1	2	3	4	5	6	7	8	9	10	11	12	13	14	15	16	17	18	19	20	21	22	23	24	25	26	27	28	29	30
요일	수	목	금	토	일	월	화	수	목	금	토	일	월	화	수	목	금	토	일	월	화	수	목	금	토	일	월	화	수	목
일진 日辰	己卯	庚辰	辛巳	壬午	癸未	甲申	乙酉	丙戌	丁亥	戊子	己丑	庚寅	辛卯	壬辰	癸巳	甲午	乙未	丙申	丁酉	戊戌	己亥	庚子	辛丑	壬寅	癸卯	甲辰	乙巳	丙午	丁未	戊申
음력	5	6	7	8	9	10	11	12	13	14	15	16	17	18	19	20	21	22	23	24	25	26	27	28	29	30	9/1	2	3	4
대운 남	8	9	9	9	10	10	백	1	1	1	1	2	2	2	3	3	3	4	4	4	5	추	5	6	6	6	7	7	7	8
대운 여	2	2	1	1	1	1	로	10	10	9	9	9	8	8	8	7	7	7	6	6	6	분	5	5	4	4	4	3	3	3

한로 8일 05시 03분 【음9월】 ➡ 【甲戌月(갑술월)】 ☯ 상강 23일 08시 24분

양력 10 (음력 11/01 ~ 12/01)	1	2	3	4	5	6	7	8	9	10	11	12	13	14	15	16	17	18	19	20	21	22	23	24	25	26	27	28	29	30	31
요일	금	토	일	월	화	수	목	금	토	일	월	화	수	목	금	토	일	월	화	수	목	금	토	일	월	화	수	목	금	토	일
일진 日辰	己酉	庚戌	辛亥	壬子	癸丑	甲寅	乙卯	丙辰	丁巳	戊午	己未	庚申	辛酉	壬戌	癸亥	甲子	乙丑	丙寅	丁卯	戊辰	己巳	庚午	辛未	壬申	癸酉	甲戌	乙亥	丙子	丁丑	戊寅	己卯
음력	5	6	7	8	9	10	11	12	13	14	15	16	17	18	19	20	21	22	23	24	25	26	27	28	29	30	10/1	2	3	4	5
대운 남	8	8	9	9	9	10	10	한	1	1	1	1	2	2	2	3	3	3	4	4	4	5	상	5	6	6	6	7	7	7	8
대운 여	2	2	2	1	1	1	1	로	10	9	9	9	8	8	8	7	7	7	6	6	6	5	강	5	4	4	4	3	3	3	2

입동 7일 08시 37분 【음10월】 ➡ 【乙亥月(을해월)】 ☯ 소설 22일 06시 18분

양력 11 (음력 11/01 ~ 12/01)	1	2	3	4	5	6	7	8	9	10	11	12	13	14	15	16	17	18	19	20	21	22	23	24	25	26	27	28	29	30
요일	월	화	수	목	금	토	일	월	화	수	목	금	토	일	월	화	수	목	금	토	일	월	화	수	목	금	토	일	월	화
일진 日辰	庚辰	辛巳	壬午	癸未	甲申	乙酉	丙戌	丁亥	戊子	己丑	庚寅	辛卯	壬辰	癸巳	甲午	乙未	丙申	丁酉	戊戌	己亥	庚子	辛丑	壬寅	癸卯	甲辰	乙巳	丙午	丁未	戊申	己酉
음력	6	7	8	9	10	11	12	13	14	15	16	17	18	19	20	21	22	23	24	25	26	27	28	29	11/1	2	3	4	5	6
대운 남	8	8	9	9	9	10	입	1	1	1	1	2	2	2	3	3	3	4	4	4	5	소	5	6	6	6	7	7	7	8
대운 여	2	2	1	1	1	1	동	10	9	9	9	8	8	8	7	7	7	6	6	6	5	설	5	4	4	4	3	3	3	2

대설 7일 01시 45분 【 음11월】 ➡ 【丙子月(병자월)】 ☯ 동지 21일 19시 51분

양력 12 (음력 11/01 ~ 12/01)	1	2	3	4	5	6	7	8	9	10	11	12	13	14	15	16	17	18	19	20	21	22	23	24	25	26	27	28	29	30	31
요일	수	목	금	토	일	월	화	수	목	금	토	일	월	화	수	목	금	토	일	월	화	수	목	금	토	일	월	화	수	목	금
일진 日辰	庚戌	辛亥	壬子	癸丑	甲寅	乙卯	丙辰	丁巳	戊午	己未	庚申	辛酉	壬戌	癸亥	甲子	乙丑	丙寅	丁卯	戊辰	己巳	庚午	辛未	壬申	癸酉	甲戌	乙亥	丙子	丁丑	戊寅	己卯	庚辰
음력	7	8	9	10	11	12	13	14	15	16	17	18	19	20	21	22	23	24	25	26	27	28	29	30	12/1	2	3	4	5	6	7
대운 남	8	8	9	9	9	10	대	1	1	1	1	2	2	2	3	3	3	4	4	4	동	5	5	6	6	6	7	7	7	8	8
대운 여	2	2	1	1	1	1	설	9	9	9	8	8	8	7	7	7	6	6	6	5	지	5	4	4	4	3	3	3	2	2	2

단기 4383 年 불기 2594 年	2050년	上元 庚午年 납음(路傍土), 본명성(四綠木) 대장군(卯동방), 삼살(북방), 상문(申서남방), 조객(辰동남방), 납음(로방토), 【삼재(신,유,술)년】 臘享(납향):2051년1월22일(음12/10)

소한 5일 13시 06분 【음12월】 ➡ **【丁丑月(정축월)】** ☯ 대한 20일 06시 32분

양력 1 / 음력 12/08 ~ 01/09

양력	1	2	3	4	5	6	7	8	9	10	11	12	13	14	15	16	17	18	19	20	21	22	23	24	25	26	27	28	29	30	31
요일	토	일	월	화	수	목	금	토	일	월	화	수	목	금	토	일	월	화	수	목	금	토	일	월	화	수	목	금	토	일	월
일진 日辰	辛巳	壬午	癸未	甲申	乙酉	丙戌	丁亥	戊子	己丑	庚寅	辛卯	壬辰	癸巳	甲午	乙未	丙申	丁酉	戊戌	己亥	庚子	辛丑	壬寅	癸卯	甲辰	乙巳	丙午	丁未	戊申	己酉	庚戌	辛亥
음력	8	9	10	11	12	13	14	15	16	17	18	19	20	21	22	23	24	25	26	27	28	29	1/1	2	3	4	5	6	7	8	9
대운 남	8	9	9	9	소	1	1	1	1	2	2	2	3	3	3	4	4	4	5	대	5	6	6	6	7	7	7	8	8	8	9
대운 여	1	1	1	1	한	10	9	9	9	8	8	8	7	7	7	6	6	6	5	한	5	4	4	4	3	3	3	2	2	2	1

입춘 4일 00시 42분 【음1월】 ➡ **【戊寅月(무인월)】** ☯ 우수 18일 20시 34분

양력 2 / 음력 01/10 ~ 02/07

양력	1	2	3	4	5	6	7	8	9	10	11	12	13	14	15	16	17	18	19	20	21	22	23	24	25	26	27	28	
요일	화	수	목	금	토	일	월	화	수	목	금	토	일	월	화	수	목	금	토	일	월	화	수	목	금	토	일	월	庚
일진 日辰	壬子	癸丑	甲寅	乙卯	丙辰	丁巳	戊午	己未	庚申	辛酉	壬戌	癸亥	甲子	乙丑	丙寅	丁卯	戊辰	己巳	庚午	辛未	壬申	癸酉	甲戌	乙亥	丙子	丁丑	戊寅	己卯	午
음력	10	11	12	13	14	15	16	17	18	19	20	21	22	23	24	25	26	27	28	29	30	2/1	2	3	4	5	6	7	年
대운 남	9	9	10	입	9	9	9	8	8	8	7	7	7	6	6	6	5	우	5	4	4	4	3	3	3	2	2	2	
대운 여	1	1	1	춘	1	1	1	1	2	2	2	3	3	3	4	4	4	수	5	5	6	6	6	7	7	7	8	8	

경칩 5일 18시 31분 【음2월】 ➡ **【己卯月(기묘월)】** ☯ 춘분 20일 19시 18분

양력 3 / 음력 02/08 ~ 03/09

양력	1	2	3	4	5	6	7	8	9	10	11	12	13	14	15	16	17	18	19	20	21	22	23	24	25	26	27	28	29	30	31
요일	화	수	목	금	토	일	월	화	수	목	금	토	일	월	화	수	목	금	토	일	월	화	수	목	금	토	일	월	화	수	목
일진 日辰	庚辰	辛巳	壬午	癸未	甲申	乙酉	丙戌	丁亥	戊子	己丑	庚寅	辛卯	壬辰	癸巳	甲午	乙未	丙申	丁酉	戊戌	己亥	庚子	辛丑	壬寅	癸卯	甲辰	乙巳	丙午	丁未	戊申	己酉	庚戌
음력	8	9	10	11	12	13	14	15	16	17	18	19	20	21	22	23	24	25	26	27	28	29	3/1	2	3	4	5	6	7	8	9
대운 남	1	1	1	1	경	10	9	9	9	8	8	8	7	7	7	6	6	6	5	춘	5	4	4	4	3	3	3	2	2	2	1
대운 여	8	9	9	9	칩	1	1	1	1	2	2	2	3	3	3	4	4	4	5	분	5	6	6	6	7	7	7	8	8	8	9

청명 4일 23시 02분 【음3월】 ➡ **【庚辰月(경진월)】** ☯ 곡우 20일 06시 01분

양력 4 / 음력 03/10 ~ 윤310

양력	1	2	3	4	5	6	7	8	9	10	11	12	13	14	15	16	17	18	19	20	21	22	23	24	25	26	27	28	29	30
요일	금	토	일	월	화	수	목	금	토	일	월	화	수	목	금	토	일	월	화	수	목	금	토	일	월	화	수	목	금	토
일진 日辰	辛亥	壬子	癸丑	甲寅	乙卯	丙辰	丁巳	戊午	己未	庚申	辛酉	壬戌	癸亥	甲子	乙丑	丙寅	丁卯	戊辰	己巳	庚午	辛未	壬申	癸酉	甲戌	乙亥	丙子	丁丑	戊寅	己卯	庚辰
음력	10	11	12	13	14	15	16	17	18	19	20	21	22	23	24	25	26	27	28	29	윤3	2	3	4	5	6	7	8	9	10
대운 남	1	1	1	청	10	10	9	9	9	8	8	8	7	7	7	6	6	6	5	곡	5	4	4	4	3	3	3	2	2	2
대운 여	9	9	10	명	1	1	1	1	2	2	2	3	3	3	4	4	4	5	5	우	6	6	6	7	7	7	8	8	8	9

입하 5일 16시 00분 【음4월】 ➡ **【辛巳月(신사월)】** ☯ 소만 21일 04시 49분

양력 5 / 음력 윤311 ~ 04/11

양력	1	2	3	4	5	6	7	8	9	10	11	12	13	14	15	16	17	18	19	20	21	22	23	24	25	26	27	28	29	30	31
요일	일	월	화	수	목	금	토	일	월	화	수	목	금	토	일	월	화	수	목	금	토	일	월	화	수	목	금	토	일	월	화
일진 日辰	辛巳	壬午	癸未	甲申	乙酉	丙戌	丁亥	戊子	己丑	庚寅	辛卯	壬辰	癸巳	甲午	乙未	丙申	丁酉	戊戌	己亥	庚子	辛丑	壬寅	癸卯	甲辰	乙巳	丙午	丁未	戊申	己酉	庚戌	辛亥
음력	11	12	13	14	15	16	17	18	19	20	21	22	23	24	25	26	27	28	29	30	4/1	2	3	4	5	6	7	8	9	10	11
대운 남	1	1	1	1	입	10	10	9	9	9	8	8	8	7	7	7	6	6	6	5	소	5	4	4	4	3	3	3	2	2	2
대운 여	9	9	10	10	하	1	1	1	1	2	2	2	3	3	3	4	4	4	5	5	만	6	6	6	7	7	7	8	8	8	9

망종 5일 19시 53분 【음5월】 ➡ **【壬午月(임오월)】** ☯ 하지 21일 12시 31분

양력 6 / 음력 04/12 ~ 05/12

양력	1	2	3	4	5	6	7	8	9	10	11	12	13	14	15	16	17	18	19	20	21	22	23	24	25	26	27	28	29	30
요일	수	목	금	토	일	월	화	수	목	금	토	일	월	화	수	목	금	토	일	월	화	수	목	금	토	일	월	화	수	목
일진 日辰	壬子	癸丑	甲寅	乙卯	丙辰	丁巳	戊午	己未	庚申	辛酉	壬戌	癸亥	甲子	乙丑	丙寅	丁卯	戊辰	己巳	庚午	辛未	壬申	癸酉	甲戌	乙亥	丙子	丁丑	戊寅	己卯	庚辰	辛巳
음력	12	13	14	15	16	17	18	19	20	21	22	23	24	25	26	27	28	29	5/1	2	3	4	5	6	7	8	9	10	11	12
대운 남	1	1	1	1	망	10	10	10	9	9	9	8	8	8	7	7	7	6	6	6	하	5	5	4	4	4	3	3	3	2
대운 여	9	9	10	10	종	1	1	1	1	2	2	2	3	3	3	4	4	4	5	5	지	6	6	6	7	7	7	8	8	8

한식(4월05일), 초복(7월19일), 중복(7월29일), 말복(8월08일) 춘사(春社)3/19
추사(秋社)9/25 토왕지절(土旺之節):4월17일,7월19일,10월20일,1월17일(음12/05)
臘享(납향):2051년1월22일(음12/10)

2050 庚午年

소서 7일 06시 00분 【음6월】 ➡ **【癸未月(계미월)】** 대서 22일 23시 20분

양력 7 / 음력 05/13 ~ 06/13

양력	1	2	3	4	5	6	7	8	9	10	11	12	13	14	15	16	17	18	19	20	21	22	23	24	25	26	27	28	29	30	31
요일	금	토	일	월	화	수	목	금	토	일	월	화	수	목	금	토	일	월	화	수	목	금	토	일	월	화	수	목	금	토	일
일진 日辰	壬午	癸未	甲申	乙酉	丙戌	丁亥	戊子	己丑	庚寅	辛卯	壬辰	癸巳	甲午	乙未	丙申	丁酉	戊戌	己亥	庚子	辛丑	壬寅	癸卯	甲辰	乙巳	丙午	丁未	戊申	己酉	庚戌	辛亥	壬子
음력	13	14	15	16	17	18	19	20	21	22	23	24	25	26	27	28	29	30	6/1	2	3	4	5	6	7	8	9	10	11	12	13
대운 남	2	2	1	1	1	1	소	10	10	9	9	9	8	8	8	7	7	7	6	6	6	대	5	5	4	4	4	3	3	3	2
대운 여	9	9	9	10	10	10	서	1	1	1	1	2	2	2	3	3	3	4	4	4	5	서	5	6	6	6	7	7	7	8	8

입추 7일 15시 51분 【음7월】 ➡ **【甲申月(갑신월)】** 처서 23일 06시 31분

양력 8 / 음력 06/14 ~ 07/15

양력	1	2	3	4	5	6	7	8	9	10	11	12	13	14	15	16	17	18	19	20	21	22	23	24	25	26	27	28	29	30	31
요일	월	화	수	목	금	토	일	월	화	수	목	금	토	일	월	화	수	목	금	토	일	월	화	수	목	금	토	일	월	화	수
일진 日辰	癸丑	甲寅	乙卯	丙辰	丁巳	戊午	己未	庚申	辛酉	壬戌	癸亥	甲子	乙丑	丙寅	丁卯	戊辰	己巳	庚午	辛未	壬申	癸酉	甲戌	乙亥	丙子	丁丑	戊寅	己卯	庚辰	辛巳	壬午	癸未
음력	14	15	16	17	18	19	20	21	22	23	24	25	26	27	28	29	7/1	2	3	4	5	6	7	8	9	10	11	12	13	14	15
대운 남	2	2	1	1	1	1	입	10	10	9	9	9	8	8	8	7	7	7	6	6	6	5	처	5	4	4	4	3	3	3	2
대운 여	8	9	9	9	10	10	추	1	1	1	1	2	2	2	3	3	3	4	4	4	5	5	서	6	6	6	7	7	7	8	8

백로 7일 18시 59분 【음8월】 ➡ **【乙酉月(을유월)】** 추분 23일 04시 27분

양력 9 / 음력 07/16 ~ 08/15

양력	1	2	3	4	5	6	7	8	9	10	11	12	13	14	15	16	17	18	19	20	21	22	23	24	25	26	27	28	29	30
요일	목	금	토	일	월	화	수	목	금	토	일	월	화	수	목	금	토	일	월	화	수	목	금	토	일	월	화	수	목	금
일진 日辰	甲申	乙酉	丙戌	丁亥	戊子	己丑	庚寅	辛卯	壬辰	癸巳	甲午	乙未	丙申	丁酉	戊戌	己亥	庚子	辛丑	壬寅	癸卯	甲辰	乙巳	丙午	丁未	戊申	己酉	庚戌	辛亥	壬子	癸丑
음력	16	17	18	19	20	21	22	23	24	25	26	27	28	29	30	8/1	2	3	4	5	6	7	8	9	10	11	12	13	14	15
대운 남	2	2	1	1	1	1	백	10	10	9	9	9	8	8	8	7	7	7	6	6	6	5	추	5	4	4	4	3	3	3
대운 여	8	9	9	9	10	10	로	1	1	1	1	2	2	2	3	3	3	4	4	4	5	5	분	6	6	6	7	7	7	8

한로 8일 10시 59분 【음9월】 ➡ **【丙戌月(병술월)】** 상강 23일 14시 10분

양력 10 / 음력 11/01 ~ 12/01

양력	1	2	3	4	5	6	7	8	9	10	11	12	13	14	15	16	17	18	19	20	21	22	23	24	25	26	27	28	29	30	31
요일	토	일	월	화	수	목	금	토	일	월	화	수	목	금	토	일	월	화	수	목	금	토	일	월	화	수	목	금	토	일	월
일진 日辰	甲寅	乙卯	丙辰	丁巳	戊午	己未	庚申	辛酉	壬戌	癸亥	甲子	乙丑	丙寅	丁卯	戊辰	己巳	庚午	辛未	壬申	癸酉	甲戌	乙亥	丙子	丁丑	戊寅	己卯	庚辰	辛巳	壬午	癸未	甲申
음력	16	17	18	19	20	21	22	23	24	25	26	27	28	29	30	9/1	2	3	4	5	6	7	8	9	10	11	12	13	14	15	16
대운 남	2	2	2	1	1	1	1	한	10	9	9	9	8	8	8	7	7	7	6	6	6	5	상	5	4	4	4	3	3	3	2
대운 여	8	8	9	9	9	10	10	로	1	1	1	1	2	2	2	3	3	3	4	4	4	5	강	5	6	6	6	7	7	7	8

입동 7일 14시 32분 【음10월】 ➡ **【丁亥月(정해월)】** 소설 22일 12시 05분

양력 11 / 음력 11/01 ~ 12/01

양력	1	2	3	4	5	6	7	8	9	10	11	12	13	14	15	16	17	18	19	20	21	22	23	24	25	26	27	28	29	30
요일	화	수	목	금	토	일	월	화	수	목	금	토	일	월	화	수	목	금	토	일	월	화	수	목	금	토	일	월	화	수
일진 日辰	乙酉	丙戌	丁亥	戊子	己丑	庚寅	辛卯	壬辰	癸巳	甲午	乙未	丙申	丁酉	戊戌	己亥	庚子	辛丑	壬寅	癸卯	甲辰	乙巳	丙午	丁未	戊申	己酉	庚戌	辛亥	壬子	癸丑	甲寅
음력	17	18	19	20	21	22	23	24	25	26	27	28	29	10/1	2	3	4	5	6	7	8	9	10	11	12	13	14	15	16	17
대운 남	2	2	1	1	1	1	입	10	9	9	9	8	8	8	7	7	7	6	6	6	5	소	5	4	4	4	3	3	3	2
대운 여	8	8	9	9	9	10	동	1	1	1	1	2	2	2	3	3	3	4	4	4	5	설	5	6	6	6	7	7	7	8

대설 7일 07시 40분 【음11월】 ➡ **【戊子月(무자월)】** 동지 22일 01시 37분

양력 12 / 음력 11/01 ~ 12/01

양력	1	2	3	4	5	6	7	8	9	10	11	12	13	14	15	16	17	18	19	20	21	22	23	24	25	26	27	28	29	30	31
요일	목	금	토	일	월	화	수	목	금	토	일	월	화	수	목	금	토	일	월	화	수	목	금	토	일	월	화	수	목	금	토
일진 日辰	乙卯	丙辰	丁巳	戊午	己未	庚申	辛酉	壬戌	癸亥	甲子	乙丑	丙寅	丁卯	戊辰	己巳	庚午	辛未	壬申	癸酉	甲戌	乙亥	丙子	丁丑	戊寅	己卯	庚辰	辛巳	壬午	癸未	甲申	乙酉
음력	18	19	20	21	22	23	24	25	26	27	28	29	30	11/1	2	3	4	5	6	7	8	9	10	11	12	13	14	15	16	17	18
대운 남	2	2	1	1	1	1	대	9	9	9	8	8	8	7	7	7	6	6	6	5	5	동	4	4	4	3	3	3	2	2	2
대운 여	8	8	9	9	9	10	설	1	1	1	1	2	2	2	3	3	3	4	4	4	5	지	5	6	6	6	7	7	7	8	8

춘하추동 실전 사주학 시리즈(1-10)

❶ 건강과 질병

정가 : 15,000원

시디첨부시; ₩ 20,000

❷ 사주명리에 빠져봅시다.

정가 27,000원

시디첨부시; ₩ 32,000

❸ 부부클리닉

정가 18,000원

시디첨부시; ₩ 23,000

❹ 사주 통변술의 이차방정식

정가 25,000원

시디첨부시; ₩ 30,000

❺ 사주격국의 원류와 흐름을 찾아서

❻ 사주 용신의 발톱을 찾아라.

❶ 건강과 질병

건강에 관심이 날로 커가는 당연한 이치에 과연 어떻게 판단을 하고 어떻게 통변을 할 것인가? 관상으로 보는 관점등 생로병사에 관한 사항들을 집중으로 분석. 전문가 못지않은 실력을 배양토록 하였다. 약초의 활용도 첨가하였다.

❷ 사주명리에 빠져봅시다.

입문 과정에서 필수적으로 알아야 할 사항들을 집대성한 것으로 초보자들의 입문서이고, 반복적으로 참고해야 할 사항들을 모은 책이다. 커다란 활자로 편집 이해를 한층 쉽게 하는데 주력한 도서이다.

❸ 부부클리닉

남녀간의 만남과 이별, 팔자를 다룬 도서이다.

각자의 심성과 운을 첨가하여 인생의 반을 성공으로 이끄는 방법을 제시한 도서이다. 과연 팔자로만 치부할 것인가? 만남과 헤어짐의 원인을 분석한다.

❹ 사주 통변술의 이차방정식.

기본적인 사항을 익힌 후 어떻게 활용을 하고, 어떻게 통변을 할 것인가? 육친의 활용과 통변에 대한 자습서이다. 말문이 막히는 사람들을 위한 해결서이다. 백문이 불여일견(不如一見)이다.

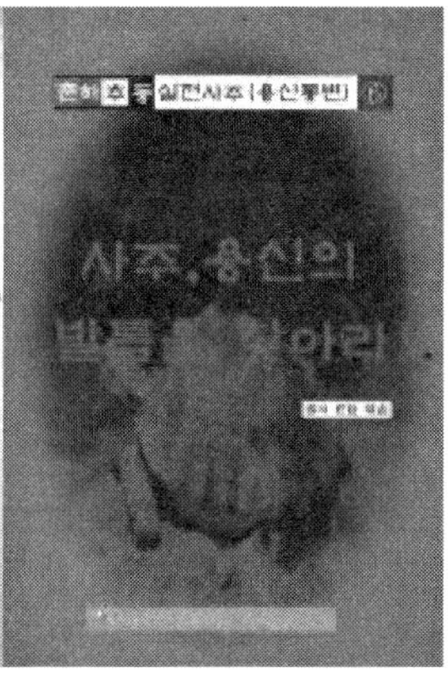

정가 27,000원
시디첨부시; ₩ 30,000

정가 30,000원
시디첨부시; ₩ 33,000

❼ 사주신살 약인가, 독인가?

❽ 내 팔자가 내 복이다.

정가 27,000원
시디첨부시; ₩ 30,000

정가 38,000원
시디첨부시; ₩ 38,000

❾ 대박은 터트리고 쪽박은 깨야 한다.

❿ 사주 명리격론

❺ 사주격국의 원류와 흐름을 찾아서

사주의 틀을 논하는 격국에 대한 안내서이다.
모양을 보면 알면서 들리는 소리는 듣고 아는데 왜?
사주를 보면서 틀을 모양과 규격을 왜 판단하지 못하는 가?
해결책과 비법을 알려주는 방법을 서술한 책이다.

❻ 사주 용신의 발톱을 찾아라.

배가 고프면 무엇인가 음식물을 섭취해야 한다.
사주의 격을 논하면 무엇이 중요한 요소 인가?를 판단하는 방법과 실전을 통한 자세한 설명이 첨부된다. 어디가 아프고? 무엇이 부족한가? 고쳐주고 채워주는 간결한 방법을 서술한다.

❼ 사주신살 약인가, 독인가?

신살로 통변하는 방법을 논하는 것이다.
외면시하는 신살 실제로는 그것이 상담의 묘미를 더한다. 간편하면서도 피부에 와닿는 통변이다.
실질적인 상황에 대한 가까우면서도 먼 것 같은 핵심을 제시하는 것이다.

❽ 내 팔자가 내 복이다.

실전사주에 대한 사항이다.
남성을 대상으로 전반적으로 종합적인 뷘야를 두루 섭협할 수 있는 내용이다.
추명가의 남성편전체를 해부한 책이다. 각 항목별로 다루어 구분을 확실히 하고 실전사주들을 놓고 해부한다.

정가 ₩ 33,000
시디첨부시; ₩ 33,000

정가 ₩ 27,000
시디첨부시; ₩ 27,000

⑨ 대박은 터트리고 쪽박은 깨야 한다.

여성에 대한 항목을 전체적으로 다루는 경우이다. 남성과 여성의 차이는 무엇인가? 실전사주들을 파헤치면서 분석하고 해석한 내용이다. 추명가의 여명편을 집대성한 것이다. 내용이 광대하여 나누어 설명한다.

⑩ 사주 명리격론

⑨편에 이은 정라편이다.

여성의 사주를 다룬 책으로 팔자와 운의 심도를 더욱 가한 내용이다. 사망자들의 사주를 집중으로 다룬 것이 눈에 확 들어온다. 당신의 수명과 팔자의 관계는? 어떤가 묻는 책이다.

메 모

메 모

메 모

메 모

춘하추동 만세력- Ⅱ

엮은이 / 한명호
펴 낸 이 / 한원석
펴 낸 곳 / 두원출판미디어
강원도 춘천시 효자3동612-2
☎ 033) 242-5612,244-5612 FAX 033) 251-5611

등록 / 2010.02.24. 제333호
♣ 파본, 낙장본은 교환하여 드립니다.
홈페이지: www.dooweonmedia.co.kr
: www.internetsajoo.com
♣ E-mail :doo1616@naver.com

초판 1쇄 2020. 10. 30 ISBN 979-11-85895-20-2

정가 15,000 원

메 모